2022

浙江民营经济年鉴

《浙江民营经济年鉴》社
浙江省民营经济研究中心
浙 江 省 统 计 局 主 办
浙江省工商业联合会
浙江经济职业技术学院
浙 江 财 经 大 学

中 华 书 局

图书在版编目（CIP）数据

浙江民营经济年鉴. 2022 / 《浙江民营经济年鉴》编纂委员会编. -- 北京 : 中华书局, 2022.12
ISBN 978-7-101-16012-3

Ⅰ. ①浙… Ⅱ. ①浙… Ⅲ. ①民营经济－浙江－2022－年鉴 Ⅳ. ①F121.23-54

中国版本图书馆CIP数据核字(2022)第229042号

浙江民营经济年鉴2022

《浙江民营经济年鉴》编纂委员会 编
地址：浙江省杭州市西湖区文一西路83号学渊楼
邮政编码：310012
*
中 华 书 局 出 版
（北京市丰台区太平桥西里38号 100073）
http://www.zhbc.com.cn
E-mail:zhbc@zhbc.com.cn
杭州恒力通印务有限公司 印刷
*
787 *1092 1/16 29印张 900千字
2022年12月第1版 2022年12月第1次印刷
定价： 550.00元

ISBN 978-7-101-16012-3

编辑说明

一、《浙江民营经济年鉴·2022》是反映2021年中，浙江民营经济（包括城乡集体经济、城乡个体经济、港澳台经济和外商经济）发展成就的大型资料性工具书。

二、本《年鉴》内容基本分以下几个部分：综述、非国有工业、非国有建筑业、非国有房地产业、非国有投资、农林牧渔业、教育卫生事业、非国有批发和零售业·住宿餐饮业、利用外资、金融业、民营科技、非国有制企业工会、地级市篇、县（市、区）选篇、统计资料、专题研究、政策法规及附录，每年有差异。

三、各篇编写的体例虽不尽相同，但基本一致，即着重反映了三个问题：1.全省和各地级市、县（市、区）民营经济的发展变化和特点；2.民营经济发展中存在的问题；3.发展民营经济的主要措施。

四、大量统计资料是由浙江省统计局、各级地方统计局和各级地方政府有关部门提供的，其中部分统计资料尚属首次公开发表。除表式已有注释外，现作如下说明：

1.统计资料中列入国民经济主要指标的国内生产总值、财政、金融等各表，既包括了非国有也包括了国有。这样便于读者了解整个国民经济的发展状况。

2.非国有农业应扣除国营农、林、牧、渔场，但由于现在资料较难剔除，故农业统计资料中仍含农、林、牧、渔场数据。

3.规模以上工业、建筑业和规模以上批发零售贸易·餐饮业扣除国有及国有控股企业则为非国有企业，也就是表中所列的非国有及非国有控股企业。

4.表式中符号的使用："#"表示其中主要项；"…"表示数据不足本表最小单位数；空格或"-"表示无该数据。

五、在编辑过程中，我们得到省和市县领导的重视和关心，以及省和市县各部门的大力支持，在此，我们表示衷心感谢。

六、《浙江民营经济年鉴》自公开出版以来，受到了社会各界的重视和好评。但由于资料限制、国家统计指标体系的不够健全等原因，年鉴中尚存在一定的缺点和不足，为进一步提高年鉴的编辑水平，敬请广大读者指正。

编辑部

2022年12月1日

目 录

综 述

农林牧渔业

供销合作社

地级市篇

温州市

绍兴市

台州市

嘉兴市

县(市、区)选篇

遂昌县

富阳区

上虞区

专题研究

政策法规

附 录

Contents

Summary

Agriculture, Forestry, Animal husbandry and Fishery

Supply and Marketing cooperative

Prefecture Level City

Hangzhou

Ningbo

Wenzhou

Shaoxing

Taizhou

Jiaxing

Monographic Study

Policies and Regulations

Appendix

综 述

·综合·

2021年浙江全省生产总值为73516亿元，按可比价格计算，比上年增长8.5%。第一、二、三产业增加值分别为2209亿元、31189亿元和40118亿元，比上年分别增长2.2%、10.2%和7.6%，与2019年相比，两年平均增长1.7%、6.5%和5.9%。一季度、上半年、前三季度全省生产总值同比分别增长19.5%、13.4%和10.6%，两年平均分别增长6.2%、6.8%和6.4%。人均地区生产总值为113032元(按年平均汇率折算为17520美元)，比上年增长7.1%。全年居民消费价格比上年上涨1.5%，其中，城市上涨1.5%，农村上涨1.4%；消费品价格上涨1.7%，服务价格上涨1.3%。商品零售价格上涨2.2%。工业生产者出厂价格上涨6.3%，其中，生产资料价格上涨7.9%，生活资料价格上涨0.7%；34个调查大类行业产品价格“23升3平8降”，上涨面为67.6%。购进价格上涨14.5%，九大类原材料购进价格全面上涨。年末就业人员预计3900万人，比上年增长1.1%，占常住人口的59.6%，比重与上年持平。全年城镇新增就业122.4万人，城镇调查失业率实现低于5.5%左右的宏观调控目标。供给侧结构性改革继续深化。全年规模以上工业企业产能利用率为82.5%，比上年提高3.4个百分点。规模以上工业中，高耗能行业增加值增长8.3%，按可比价格计算占30.4%，占比降低1.3个百分点。规模以上工业企业每百元营业收入中的费用为9.71元，比上年下降0.83元。高新技术产业、生态环保城市更新和水利设施、交通投资分别增长20.5%、12.0%和2.4%，工业技改投资增长13.9%。数字经济引领增长。全年以新产业、新业态、新模式为主要特征的“三新”经济增加值预计占GDP的27.8%。数字经济核心产业增加值8348亿元，按可比价格计算比上年增长13.3%。数字经济核心产业制造业增加值增长20.0%，增速比规模以上工业高7.1个百分点，拉动规模以上工业增加值增长2.9个百分点。装备、高技术、战略性新兴、人工智能和高新技术产业增加值分别增长17.6%、17.1%、17.0%、16.8%和14.0%，分别拉动规模以上工业增加值增长7.5、2.7、5.5、0.7和8.7个百分点。在战略性新兴产业中，新一代信息技术、新能源、生物、节能环保产业增加值分别增长18.7%、20.4%、14.4%和13.7%。发展质量稳步提升。全年全员劳动生产率预计为19.0万元/人；规模以上工业劳动生产率28.5万元/人，按可比价格计算，比上年提高8.6%。财政总收入14517亿元，比上年增长16.9%；一般公共预算收入8263亿元，增长14.0%。其中，税收收入7172亿元，增长14.5%，占一般公共预算收入的86.8%。一般公共预算支出11017亿元，增长9.3%。规模以上工业企业利润总额6789亿元，增长21.0%，其中，高新技术、高技术、战略性新兴和数字经济核心产业利润总额分别增长20.8%、21.3%、23.0%和21.0%；营业收入利润率6.93%，为近年来较高水平。服务业持续恢复。全年服务业增加值40118亿元，突破4万亿大关，按可比价计算，比上年增长7.6%。规模以上服务业企业营业收入26929亿元，增长22.8%。10个服务业行业门类营业收入比上年均实现增长，其中，交通运输、仓储和邮政业，租赁和商务服务业，科学研究和技术服务业营业收入分别比上年增长40.3%、23.9%和18.3%，居前三位。规模以上服务业企业户均营业收入2.2亿元，比上年提高0.4亿元。年营业收入10亿元以上企业合计304家，占规模以上服务业企业数的2.5%，营业收入占规模以上服务业的63.4%。民营经济活力不断增强。全年民营经济增加值占全省生产总值的比重预计为67%。规模以上工业民营企业增加值比上年增长13.3%，增速高出规模以上工业0.4个百分点，增加值占比为69.5%，比重提高0.7个百分点。规模以上服务业民营企业营业收入增长27.2%，增速高出规模以上服务业4.4个百分点。民间投资占固定资产投资总额的58.8%。民营企业货物出口2.46万亿元，增长19.0%，进口6814亿元，增长37.2%，分别占全省总额的81.6%和60.3%。在册市场主体868万户，比上年增加65.2万户，新设民营企业53.1万户，增长11.4%，占新设企业数的94.2%，私营企业290万户，占企业总量的92.5%。民营经济创造的税收占全省税收收入的

73.4%。

·农业和农村·

主要农产品稳产保供。全年粮食播种面积1007千公顷，比上年增长1.3%，总产量621万吨，增长2.5%；油菜籽播种面积120千公顷，增长5.6%；蔬菜664千公顷，增长0.7%；中药材47千公顷，下降6.2%；瓜果类88千公顷，下降9.2%。猪牛羊禽肉总产量103万吨，增长15.2%；猪肉产量65万吨，增长20.2%；禽蛋产量31万吨，下降6.7%；牛奶产量19万吨，增长1.2%。水产品总产量626万吨，增长1.7%，其中，海水产品产量484万吨，增长1.5%；淡水产品产量142万吨，增长2.5%。年末生猪存栏640万头，增长2.0%，存栏总量为2017年末的118%；其中能繁母猪存栏69万头，增长19.4%。全年生猪出栏774万头，增长16.3%。农业现代化效果显现。高标准建设现代农业园区和粮食生产功能区。累计创建省级现代农业园区79个、建成验收特色农业强镇109个，严格保护好810万亩粮食生产功能区。农业"双强"行动强势开局，组建农业农村"三农九方"科技联盟，发布农业主导品种122个、主推技术113项，良种覆盖率98%、比全国平均高3个百分点。实施农业机械"尖兵""领雁"、首台套等攻关项目35个。深化"肥药两制"改革，强化"三品一标"建设，新增农产品地理标志16个，累计154个；新认定绿色食品674个，有效期内绿色食品2444个；新建国家农产品地理标志保护工程10个，累计30个；新建省级精品绿色农产品基地10个，累计35个。统筹推进百条十亿级农业全产业链创建、十万农创客培育和乡村产业"一县一平台"建设，认定国家级特色农产品优势区10个，省级特色农产品优势区114个。新时代美丽乡村建设全面推进。持续深化"千万工程"，基本实现农村无害化卫生厕所全覆盖，生活垃圾分类处理行政村覆盖率96%，完成农村生活污水处理设施标准化运维1.9万个。创建美丽乡村示范县11个、美丽乡村示范乡镇110个、特色精品村315个；新时代美丽乡村达标村5512个。健全自治法治德治智治"四治融合"的乡村治理机制，累计建成善治(示范)村6036个。统筹推进路、水、电、网、气、能等基础设施城乡互联互通、共建共享。具备条件200人以上自然村公路通达率达到100%，农村公路优良中等路比例超85%；饮用水达标人口覆盖率超95%，供水工程水质达标率超92%，基本实现城乡同质饮水；行政村4G和光纤全覆盖，重点乡镇5G全覆盖。农民农村共富有效提升。实施农民扩中提低行动计划，推进强村惠民，98.8%的行政村集体经济总收入达到20万元且经营性收入10万元以上。推进城乡公共服务均等化，农村标准化学校达标率98.6%，规范化村级卫生室比例78.3%，居家养老服务中心实现乡镇全覆盖，新时代文明实践中心全覆盖、实践所站覆盖率80%。实施先富带后富"三同步"行动，构建新型帮共体，实现26个山区县、2397个乡村振兴重点帮促村、所有低收入农户帮扶全覆盖；健全低收入农户返贫监测预警机制，全省低收入农户年人均可支配收入增长14.8%，高出全省农民收入增速4.4个百分点。开展农村实用人才和高素质农民培训9.8万人次，线上课程学习315.5万人次。

·工业和建筑业·

全年规模以上工业增加值20248亿元，迈上2万亿元新台阶，比上年增长12.9%，两年平均增长9.1%。其中，国有及国有控股企业比上年增长10.0%，私营企业增长13.1%；外商投资企业增长14.1%，港澳台商投资企业增长10.7%。17个传统制造业增加值增长11.1%。规模以上工业销售产值91191亿元，增长22.8%，其中，出口交货值15273亿元，增长24.5%。38个工业行业大类中，35个行业增加值比上年增长，增长面为92.1%，19个行业两位数增长。其中，金属制品(25.6%)、计算机通信电子(22.7%)、通用设备(19.0%)、电气机械(17.2%)、专用设备(14.2%)和汽车(10.0%)等6个行业合计拉动规模以上工业增加值增长10.5个百分点。规模以上工业企业新产品产值比上年增长30.5%，新产品产值率首次突破40%，为40.8%，比上年提高2.6个百分点。全年建筑业增加值4225亿元，占GDP的比重为5.7%。

·固定资产投资和房地产业·

全年固定资产投资比上年增长10.8%，两年平均增长8.1%。三次产业投资稳步推进。第一、二、三产业投资比上年分别增长2.7%、17.8%和9.0%，两年平均分别增长35.8%、12.1%和6.9%。三大领域投资稳定增长。制造业投资增长19.8%，拉动投资增长3.4个百分点；两年平均增长11.3%。基础设施投资增长2.0%，拉动投资增长0.5个百分点；两年平均增长3.7%。民间投资比上年增长8.9%，拉动全部投资增长5.3个百分点；

两年平均增长5.7%。其中,民间项目投资增长11.6%。房地产开发投资比上年增长8.5%,拉动投资增长3.7个百分点;两年平均增长7.7%。其中,住宅投资8802亿元,增长8.8%;办公楼投资457亿元,下降4.7%;商业营业用房投资890亿元,增长11.0%。商品房销售面积9991万平方米,比上年下降2.5%,两年平均增长3.2%。商品房销售额增长11.1%,两年平均增长15.2%。

·国内贸易·

全年社会消费品零售总额29211亿元,比上年增长9.7%,两年平均增长3.4%。按经营地统计,城镇、乡村社会消费品零售分别增长9.6%和10.1%,两年平均分别增长3.2%和4.0%。按消费类型统计,餐饮收入增长15.5%,商品零售增长9.0%,两年平均分别增长2.8%和3.4%。在限额以上批发零售企业商品零售额中,饮料、烟酒、服装鞋帽针纺织品类、日用品类零售额增速平稳,比上年分别增长20.4%、17.3%、18.3%和20.2%。消费结构持续提升,升级类商品零售额增长13.4%,保持较快增速。其中可穿戴智能设备、照相器材、金银珠宝类、化妆品类、通讯器材类商品零售额分别增长92.4%、41.9%、27.2%、22.6%和19.5%。线上消费持续增长。限额以上批发和零售业单位通过公共网络实现的零售额比上年增长25.9%,高于限上批发和零售业单位零售额增速12.0个百分点,拉动限上批发和零售业零售额增长5.9个百分点,占限上零售额的25.2%,比上年提高2.9个百分点。全省各类商品市场3255家,全年实现成交总额23271亿元,比上年增长9.6%,其中,年成交额超10亿元的有243家、超百亿元的有38家、超千亿元的有2家。中国社会科学院发布的“2021年中国商品市场综合百强榜单”和“中国商品市场十大数字化领跑者榜单”,我省分别获33席和6席,继续领跑全国。

·对外经济·

全年货物进出口41429亿元,其中,出口30121亿元,进口11308亿元,分别比上年增长22.4%、19.7%和30.3%,分别占全国的10.6%、13.9%和6.5%,年度进出口规模首次居全国第三。对主要市场进出口保持较快增长,其中,对欧盟、美国、东盟进出口分别增长22.3%、20.4%和22.2%;对“一带一路”沿线国家进出口1.42万亿元,增长22.9%;对RCEP国家进出口1.04万亿元,增长18.5%。出口商品结构持续优化,机电高新产品出口比重稳步提升。机电高新产品合计(剔除交叉部分)出口1.45万亿元,增长22.5%,占全省出口总值的48.2%,比重比上年提升1.1个百分点。中欧(义新欧)班列开行1904列。高质量推动中国(浙江)自由贸易试验区建设,10个自贸试验区所在县市区固定资产投资增长10.6%,新增注册企业42629家,增长54.5%,实际使用外资25.3亿美元,增长73.1%。全年新批外商直接投资项目3547个,合同外资385亿美元,比上年增长9.8%,实际使用外资183亿美元,增长16.2%。制造业实际使用外资45亿美元,下降10.2%。第三产业外商投资项目3095个,占外商直接投资项目总数的87.3%,合同外资282亿美元,增长11.8%,占合同外资总额的73.3%,实际使用外资131亿美元,增长27.1%,占实际外资总额的71.7%。全年经备案核准的境外企业和机构673家,比上年增加42家。境外直接投资备案额573亿元,下降20.4%。国外经济合作完成营业额510亿元,增长18.7%。其中,对外承包工程完成营业额505亿元,增长17.7%;新签合同额287亿元,增长12.4%;共派出各类劳务人员18741人次,外派劳务人员实际收入4亿元。

·交通运输和邮电业·

全年交通运输、仓储和邮政业增加值2252亿元,比上年增长10.3%。年末全省公路总里程12.39万公里,其中,高速公路5184公里,实现陆域县县通高速。共有民航机场7个,全年旅客吞吐量5183万人,其中发送量2659万人。铁路、公路和水运货物周转量12936亿吨公里,比上年提高5.0%;旅客周转量714亿人公里,增长5.9%。全省港口货物吞吐量19.3亿吨,增长4.0%,其中,沿海港口14.9亿吨,增长5.4%。宁波舟山港货物吞吐量12.2亿吨,连续13年居全球第一,集装箱吞吐量3108万标箱,连续4年全球第三,继上海港、新加坡港之后,跻身“3000万俱乐部”港口。年末全省小型载客汽车保有量1726万辆,其中私家车(个人小型、微型载客汽车)保有量1593万辆。邮电业保持稳中有进的发展态势,继续走在全国前列。全年邮政业务总量2232亿元,稳居全国第二,比上年增长28.0%。活跃的电子商务交易促进快递需求大幅增长,快递业务量228亿件,仅次于广东省(295亿件),比上年增长26.9%,占全国比重21.0%。全年电信业务总量1088亿元,居全国第三,增长27.3%。移动电话用户8860万户,普及率达137.2部/百人,居全国第三。5G基站总数达到11.3万个,每万人拥有5G基站数达17.6个,居全国第四,仅次于北京、上海、天津。固定互联网宽带接入用户3117万户,普及率达48.3%,居全国第一。

·金融、证券和保险·

年末全部金融机构本外币各项存款余额170816亿元,比上年末增长12.2%,其中人民币存款余额增长12.0%。住户本外币存款余额67487亿元,增长9.6%。全部金融机构本外币各项贷款余额165756亿元,增长15.4%,其中人民币贷款余额增长15.4%。主要农村金融机构(农村信用社、农村合作银行、农村商业银行)人民币贷款余额24317亿元,比上年末增加4084亿元。年末境内上市公司606家,累计融资16063亿元。其中,主板434家,占全国主板总数的13.8%,位居全国第二;创业板137家,占全国创业板总数的12.6%,位居全国第三;科创板32家,占全国科创板总数的8.5%,位居全国第五;北交所3家,占全国北交所上市公司总数的3.7%,位居全国第七。新三板挂牌企业612家,占全国新三板挂牌企业总数的8.8%,位居全国第四。全年保险业保费收入2860亿元,比上年增长2.8%。其中,财产险保费收入921亿元,下降0.5%;人身险保费收入1939亿元,增长4.5%。各类赔款及给付1030亿元,增长14.9%。其中,财产险赔付619亿元,人身险赔付410亿元。

·人民生活和社会保障·

根据城乡一体化住户调查,全年全体及城乡居民人均可支配收入分别为57541元、68487元和35247元,比上年名义增长9.8%、9.2%和10.4%,两年平均增长7.4%、6.7%和8.6%;扣除价格因素实际增长8.2%、7.6%和8.9%,两年平均实际增长5.4%、4.8%和6.4%。城乡居民人均可支配收入比值为1.94,比上年缩小0.02。全省居民人均可支配收入中位数为51746元,增长12.2%。全省居民人均生活消费支出36668元,比上年增长17.2%,扣除价格因素增长15.5%。按常住地分,城镇居民人均生活消费支出为42193元,增长16.6%,农村居民人均生活消费支出25415元,增长17.9%,扣除价格因素分别增长14.9%和16.3%。年末每百户居民家庭拥有家用汽车53.3辆;计算机62.5台,其中接入互联网的计算机58.3台;移动电话253.6部,其中接入互联网的移动电话222.0部;彩色电视机175.0台、电冰箱111.7台、洗衣机97.8台、空调217.9台、热水器106.7台。年末全省参加基本养老保险人数4423万人,参加基本医疗保险人数5655万人,参加失业保险、工伤保险、生育保险人数分别为1793.5万人、2741.6万人和1811万人。城乡居民养老保险基础养老金最低标准提高到180元/月,因工死亡职工供养亲属抚恤金月人均提高105元。年末在册低保对象59.3万人(不含五保),其中,城镇6.0万人,农村53.3万人。全年低保资金(含各类补贴)支出70.7亿元,比上年减少4.5%;城乡低保同标,平均每人每月941元。全年发行各类福利彩票116.3亿元,比上年减少1.3亿元,筹集公益金35.9亿元。

·教育和科学技术·

年末全省共有幼儿园7890所,在园幼儿200.9万人,比上年增长1.1%。共有小学3257所,招生67.0万人;在校生383.4万人,增长2.9%,小学学龄儿童入学率为99.99%。小学生均校舍建筑面积10.4平方米;生均图书34.1册;每百名学生拥有教学终端20.8台;体育运动场(馆)面积达标的学校比例为99.7%。共有初中1768所,招生56.7万人;在校生166.4万人,比去年增加2.7万人,初中入学率为99.97%。初中生均校舍建筑面积23.1平方米;生均图书57.2册;每百名学生拥有教学终端35台;体育运动场(馆)面积达标的学校比例为99.8%。全省各类中等职业教育学校249所(不含技工学校),招生18.7万人,在校生57.2万人;普通高中631所,招生28.5万人,在校生83.7万人,毕业生25.2万人。全省共有普通高校109所(含独立学院)。研究生(含非全日制)、本科、专科招生比例为1:3.9:4;高等教育毛入学率为64.8%。全年研究生(含非全日制)招生47505人,其中,博士生5014人,硕士生42491人。幼儿园专任教师15.2万人,比上年增加0.91万人;幼儿教师学历合格率为99.99%。义务教育中小学专任教师36.4万人,增长2.6%。中等职业教育(不含技工学校)专任教师3.8万人,生师比14.6:1;专任教师学历合格率为97.8%。双师型教师占专任教师和专业(技能)教师的比例分别为44.9%和86.4%。普通高等学校专任教师中副高及以上职称教师比例为48.5%;具有硕士及以上学位教师比例为92%。全年全社会研究和试验发展(R&D)经费支出与生产总值之比预计为2.9%,

比上年提高0.02个百分点。财政一般公共预算支出中科技支出579亿元,比上年增长22.5%。全省有国家认定的企业技术中心138家(含分中心)。新建省实验室2家、累计6家,新建省技术创新中心6家。新认定高新技术企业7179家,累计有效高新技术企业28581家。新培育科技型中小企业18922家,累计86597家。全年专利授权量46.5万件,其中发明专利授权量5.7万件,比上年增长13.8%。科技进步贡献率为66%。新增“浙江制造”标准627个,累计2606个。

·卫生和文化体育·

年末全省卫生机构3.51万个(含村卫生室),其中,医院1486个,卫生院1055个,社区卫生服务中心(站)4659个,诊所(卫生室、医务室)13412个,村卫生室11218个,疾病预防控制中心103个,卫生监督所(中心)99个。卫生技术人员57.6万人,比上年末增长5.1%,其中,执业(助理)医师23.2万人,注册护士25万人,分别增长6.8%和7.3%。医疗卫生机构床位数37.0万张,增长2.4%,其中,医院32.7万张,卫生院1.93万张。医院全年总诊疗2.99亿人次,比上年增长15.2%。全年诊疗服务平台预约请求量1338万人次,预约成功量904万人次,分别比上年增长28%和34%,日均预约成功量2.48万人次;新增注册用户961万人,增长109%,日均注册量为2.63万人;新接入医疗卫生机构201家,累计接入医疗卫生机构1693家。年末全省县级以上公共图书馆102个,文化馆101个,文化站1351个,博物馆406个,世界遗产4个,县级文化馆和图书馆覆盖率均达100%,乡镇文化站和行政村文化活动室覆盖率均达100%,公共图书馆虚拟网络基本全覆盖。广播人口覆盖率为99.8%,电视人口覆盖率为99.9%。全年制作完成影片119部,获得公映许可证影片45部,电影票房收入35.7亿元。图书出版社15家,公开发行报纸64种,出版期刊239种。浙江运动员全年共获取全国一类比赛冠军45个。经常参加体育锻炼(不含学生)人数占总人口的29.6%,城乡居民国民体质合格率保持在94%以上。省级全民健身中心38个、中心村全民健身广场(体育休闲公园)908个、社区多功能运动场1317个。国家级体育后备人才基地18个,省级体育后备人才基地64个。国家级体育传统项目学校8个。省级青少年体育俱乐部413所。国家体育产业示范基地(运动休闲示范区)11个、体育旅游示范基地2个。省级运动休闲基地28个、运动休闲旅游示范基地31个。全年销售体育彩票169.1亿元,比上年增长28.0%。

·资源、环境保护和社会安全·

全省水资源总量为1343.4亿立方米。全年完成造林更新面积47.5万亩,其中迹地更新2.8万亩。建设战略储备林和美丽生态廊道59.2万亩,其中战略储备林42.2万亩,美丽生态廊道17.1万亩。根据2021年浙江省森林资源年度监测结果,全省森林覆盖率为61.17%(含灌木林)。完成水土流失治理面积为429.0平方公里。年末有新一代天气雷达站17个,气象卫星接收站15个,地面自动气象观测站4329个。全年霾平均日数25天,比上年减少8天。11个设区城市环境空气PM2.5年平均浓度为24微克/立方米,比上年下降4.0%;日空气质量优良天数比例为84.4%~99.7%,平均为94.4%,比上年提高0.8个百分点。66个县级以上城市日空气质量优良天数比例为84.4%~100%,平均为96.9%,提高0.5个百分点。296个省控断面中,III类及以上水质断面占95.2%,比上年提高1.3个百分点;满足水环境功能区目标水质要求断面占98.6%,提高1.3个百分点。按达标水量和个数统计,11个设区城市的主要集中式饮用水水源以及县级以上城市集中式饮用水水源水质达标率均为100%,与上年持平。148个跨行政区域河流交接断面水质达标率为99.3%,比上年提高0.7个百分点。近岸海域共发现赤潮22次,累计影响面积7084平方千米,其中有害赤潮4次,累计面积1714平方千米,均未造成直接经济损失和人员伤亡。全年城市(县城)污水排放量40.7亿立方米,比上年增长3.7%;污水处理量39.6亿立方米,增长3.4%;污水处理率97.3%;城市(县城)生活垃圾无害化处理率100%;用水普及率100%;燃气普及率99.6%。累计建成国家生态文明建设示范区35个,国家“绿水青山就是金山银山”实践创新基地10个,省级生态文明建设示范市8个,省级生态文明建设示范县(市、区)74个。全年发生各类生产安全事故(包括工矿商贸企业、道路运输、水上交通、渔业船舶、铁路交通、海上交通事故)1252起、死亡1010人,比前两年均值(可比口径)分别下降23.8%、22.3%,其中,道路运输共发生事故925起、死亡666人,与前两年平均数相比分别下降22.9%、23.9%。

(责任编辑:王怡然 金瑞锋 赵峰)

(数据来源:浙江省统计局)

农林牧渔业

·概况·

2021年，浙江省瞄准加快建设农业农村现代化先行省，聚焦农业双强、美丽乡村、数字乡村、共同富裕、等重点，统筹疫情防控与农村经济社会发展，做好脱贫攻坚成果与乡村振兴有效衔接，深入实施新时代浙江"三农"工作"369"行动和农业农村本质建设，农业良种覆盖率达到98%，科技进步贡献率65.2%，粮食播种面积、总产量和亩产均创六年新高，农民收入连续37年居各省区首位，城乡收入倍差连续9年缩小至1.94：1，26县低收入农户人均可支配收入14965元。

一、实施农业双强行动，高标准实现稳产保供

粮食产量和播种面积均创近六年新高。落实粮食安全党政同责，强化粮食安全责任制考核、层层分解粮食生产任务，播种面积、总产量、亩产实现"三增"，全年实现粮食播种面积1510.1万亩，总产量124.18亿斤，超额完成国家下达1490.1万亩、121.2亿斤的任务。"三稳"联动保障生猪供应。建立生猪稳产稳供稳价联络调度工作机制，稳定政策、稳定预期、稳定优势产能。全年生猪存栏量668.69万头、出栏量851.31万头，同比增长5.02%和14.76%。能繁母猪保有量71.26万头，同比增长14.38%，超额完成国家下达能繁母猪保有量任务。水产品总产量625.8万吨，同比增长1.7%，其中水产养殖265.7万吨，同比增长2.7%。油料、蔬菜、肉、奶产量保持持续增长，其中油菜籽播种面积18万亩，增长5.6%；蔬菜99.6万亩，增长0.7%；牛羊禽肉总产量37.95万吨，增长7.2%；牛奶产量18.55万吨，增长1.2%。

强化农业科技支撑。推进需求链、创新链、产业链"三链"融合，农业科技进步贡献率达66.5%，主要农作物良种覆盖率达98%以上，水稻耕种收综合机械化率达83.5%。创建和培育省级农业科技园区40家、省级重点农业企业研究院36家。组建"三农九方"科技联盟，开展科技攻关项目83项、主推技术项目113项、产业技术项目238项。启动新一轮农业新品种选育重大科技专项，开展种源"卡脖子"技术攻关和推广应用，建设省级良种繁育基地60个，发布农业主导品种122个，省级审(认)定农作物新品种69个。

强化农机设施装备保障。农机创新研发有序开展。实施农业机械"尖兵""领雁"、首台套等攻关项目35个。成立农机创新研发推广联盟，摸排农机短板需求206项，主导产业全程机械化和丘陵山地农机具研发攻关有序开展。研发农机装备新产品30余种，近1/3初步实现商业化。加大农机购置补贴力度，补贴机具种类数量达155个品目，同比增长56.6%，累计补贴机具6.5万台(套)，受益农户4.3万户。农机社会化服务能力不断增强，创建农业"机器换人"高质量发展先行县15个、农机综合服务中心69个、全程机械化应用基地132个、农机创新试验基地22个，推广高效植保机械1250台，发放跨区作业证2500张。

二、推进一二三产融合，乡村产业加快振兴

构建现代农业产业体系。特色主导产业平稳增长。2021年全省农林牧渔业产值3566亿元，总产值比上年增加1.94%。优做强农业全产业链。持续推进百条农业全产业链创建，创建生猪全国农业全产业链重点链，庆元、仙居两县成为全国农业全产业链典型县。区域优势产业效应显现。新创建8个国家农业产业强镇，全省已累计建成特色农业强镇144个。认定国家级特色农产品优势区10个，省级特色农产品优势区114个。"浙八味"成功创建国家优势特色产业集群建设项目。新创建11个全国"一村一品"专业示范村镇。发展乡村产业新业态。提升乡村休闲旅游业。全年农家乐接待游客2.1亿人次、营业总收入479亿元。推出"浙里田园"休闲农业品牌，新创建2个全国休闲农业重点县、12个中国美丽休闲乡村，推出100条休闲农业精品线路。累计47个村入选全国乡村旅游重点村，排名全国第一。安吉县余村村成功入选首批世界最佳旅游乡村。"农业+乡愁文创"产业方兴未艾，文创基地、乡愁记忆馆、农耕文化体验点加速落地，"百县千碗"等小吃振兴活力涌现，缙云烧饼、永嘉麦饼、嵊州小笼包、新昌年糕等产业发展壮大。大力发展美丽经济。在深化新时代美丽乡村建设的基础上，高质量推出景区村庄2.0版本，

打造新时代旅游休闲乡村，累计建成A级景区村庄11531个，景区村覆盖率达56.5%，建立“一亩山万元钱”科技富民行动示范基地128.6万亩，安吉、常山等地积极探索“两山银行”绿色发展实践。大力发展数字经济。在完善乡村数字基础设施建设的基础上，推动产业数字化转型纵深推进。农业生产信息化发展水平达41.6%，高出全国发展水平19个百分点。启动数字农业工厂“三个一百”试点建设行动，首批认定数字农场、数字牧场、数字渔场210家，示范带动1686个种养基地完成数字化改造。全省建有电商服务站的行政村达94.4%，培育电子商务示范村1970个，建成农村电商示范服务站（点）350个，建设电子商务进农村综合示范县34个。当前全省拥有活跃的涉农网店2万余家，14个县（市、区）入围全国农产品网络零售百强，年度农产品网络零售额达1109.5亿元，同比增长35.7%。其中“网上农博”已设立11个市馆、90个县（市、区）馆、16个省外对接对口帮扶支援县馆，4400余家农业主体的22000余款产品上线。

大力发展集体经济合作经济。全省共有农民专业合作社4.1万家，国家级示范社205家，认定公布省级示范社653家，县级以上示范性农民合作社5239家，农民专业合作社成员数78.6万个。2021年统一组织销售农产品总值280.5亿元，统一组织购买农业生产投入品94.2亿元。合作社经营收入293.44亿元，与去年收入基本持平。推动“三位一体”农合联标准化示范化建设。开展示范性乡镇农合联创建工作，认定余姚市泗门镇农合联等为第一批示范性乡镇农合联。数字农合联改革有效推进，形成了瑞安等地多跨应用场景典型案例。接续实施村级集体经济巩固提升三年行动计划，全面推广“飞地”抱团、强村公司、片区组团等经营模式，全省集体经济年收入20万元以上且经营性收入10万元以上的村达到90%以上，村均年收入263.4万元。高质量组织实施第三批675个中央和省级财政扶持发展集体经济项目，在全省选择100个村开展红色村组织振兴、红色美丽村庄建设推广“飞地抱团”等做法，各县（市、区）每年安排不少于当年新增建设用地计划指标的3%用于发展集体经济。

三、实施先富带后富“三同步”行动，扎实推进农村共同富裕

高水平巩固脱贫攻坚成果。低收入农户收入持续快速增长。2021年低收入农户年人均可支配收入达16491元，比2020年增长14.9%，与全体农村居民人均可支配收入倍差缩小到2.14，比上年缩小0.08，全面消除年家庭人均可支配收入9000元以下情况。修订异地搬迁项目管理办法，明确将异地搬迁补助对象扩大到低收入农户和所有整村（自然村）搬迁农户。2021年启动异地搬迁2万人。依托数字化帮促应用，将全省低收入农户全部纳入监测范围，实施绿黄红三色风险预警管理，2021年累计预警5258户、风险消除率99.1%。两不愁三保障水平不断提升。实行全省低收入农户医疗补充政策性保险全覆盖，安排补助资金1.08亿元，健全教育奖补政策，累计为6400名低收入农户子女提供雨露计划补助1920余万元。修订低收入农户小额信贷管理办法，累计为从事生产经营活动的低收入农户贷款8354万元。建立重大项目吸纳就业机制，安排公益岗位1.2万个，2.46万低收入农户受益。实行低收入农户劳动预备制、岗前、订单和岗位技能提升等免费政策，有针对性地开展菜单式培训，岗前培训低收入农户5万余人次。

加快缩小城乡区域收入差距。2021年，实现农村居民人均可支配收入35247元，连续37年位居各省（区）第一，比2020年增长10.39%。城乡居民收入水平差距持续缩小。农村居民人均可支配收入增长快于城镇居民，城乡居民人均可支配收入比为1.94，比上年缩小0.06，比全国平均水平（2.50）低0.56。打好“扩中”“提低”改革组合拳，全省累计盘活农房总数达到8万宗、实现价值增收100亿元，2021年全省村级集体经济经济总收入超650亿元，集体福利分配达到110亿元。途径促进农民高质量就业，实施千万农民素质培训工程，累计培训高素质农民9.76万人。农村居民恩格尔系数已低于30%，达到联合国划分标准的富足水平，教育文化娱乐、衣着支出等快速增长。重塑一县一团、一村一组、一户一策一干部结对帮扶体系，组建26个帮扶团组结对山区26县，省市县三级与2397个乡村振兴重点帮促村逐村结对，14.6万名干部与47.6万户低收入农户逐一结对，建立26个团组帮扶个性化清单，明确13项重点专项帮扶责任清单，落实各类帮扶资金51亿元。深化山海协作，实行跨越式发展差异化政策体系，引导资金、技术、人才等要素向山区农业平台集聚，2021年，26县建成十亿元全产业链5条，省级以上农业龙头企业138家、产值395亿元。编制山区全域旅游规划，深入实施小县大城战略，大力发展“飞地经济”，建设山区大花园。加速均衡城乡公共服务。深入推进城乡教育共同体。2021年农村标准化学校达标率98.6%，实现教共体覆盖60%以上的镇区学校，新增县域内融合型、共建型教育共同体学校（校区）合计1532

家。加快推广城乡医疗共同体。2021年规范化村级卫生室比例达78.3%,基层就诊率同比提升2个百分点,达到65%。加强巡回医疗服务力度,健全完善县域中医服务网络。构建整合型医疗卫生服务体系,打造县级强院,全面达到二甲以上能力水平,县域就诊率同比提升1个百分点,达到90%。 完善农村社会保障制度。全省城乡居民基础养老金最低标准提高至每人每月180元。县域内住院政策范围内报销比例稳定在70%左右,低保家庭成员住院救助比例不低于80%;低保边缘家庭成员住院救助比例不低于70%;医疗保险实现全覆盖;居家养老服务中心实现乡镇全覆盖。 全省人均月低保标准为941元,比上年提高55元。完成困难老人家庭适老化改造27094户。

提升农村基础设施水平。加强巩固四好农村路,具备条件200人以上自然村公路通达率达到100%,农村公路优良中等路比例超85%。持续改善提升农村物流体系。全年改造提升10余个县级物流分拨中心、整合提升100多个乡镇级物流服务站、1000多个乡村驿站式物流快递综合服务站点。实现饮用水达标人口覆盖率超95%,供水工程水质达标率超92%,在全国率先基本实现“城乡同质饮水”目标;行政村4G和光纤全覆盖,重点乡镇5G全覆盖。累计完成3014个中心村电网改造升级,1191个小城镇电力线路整治,建成精品台区500个、精品台区带57个、“乡村振兴?电力先行”示范区58个,试点建成600个新时代乡村电气化村。

四、突出集成改革,农村经济发展活力绽放

新时代乡村集成改革扩面提效。以国家改革试点为牵引,分批推进新时代乡村集成改革。探索建立县域农村集成改革标准体系。扎实推进温州、柯桥、海盐、义乌等国家级农村改革试验区工作。突出农村改革“系统集成、协同高效”,聚焦现代农业发展、乡村产业发展、农村人居环境、乡村治理、农村发展五大领域,启动第2批乡村集成改革,首批衢州、绍兴等2市、16县(市、区)试点一年,成效明显。

深化农村集体产权制度改革。深入推进农村承包地“三权分置”改革。开展第二轮土地承包到期后再延长30年试点,确保农村土地承包关系稳定并长久不变。建立健全工商资本通过流转取得土地经营权的资格审查、项目审核和风险防范制度,推广整村整组整畈流转、委托流转,推动适度规模经营。深化农业标准地改革。出台《关于加强农村集体资产管理的意见》,优化农村集体资产运行体系、健全农村集体资产监管体系。推动建设农村集体“三资”数字管理系统,实现管理阳光化、规范化,并与基层公权力大数据监督应用实现贯通。全省已有2.2万个村社上线应用系统,服务农户758万户。

稳慎推进农村宅基地制度改革。深入推进国家农村宅基地改革试点,德清县采取按人认定、按户归集的方式,在全国率先颁发宅基地农户资格权登记证,实现“一村一簿”“一户一证”。出台《关于深化农村宅基地制度改革试点的指导意见》,创全国之先提出负面清单管理。农村宅基地管理工作推进规范有序,建立“浙农宅地”三色码动态预警监管,实现宅基地管理系统性重塑。数字赋能优服务,指导各地推进农民建房“一件事”联办。全省域开展农房财产权(含宅基地使用权)抵押贷款试点工作。累计盘活闲置农房8.04(万宗),总价值41.69亿元。集体经营性建设用地入市改革稳步推进,加快制订农村集体经营性建设用地入市试点的指导意见。

深化农村财政金融保险改革。发挥财政资金支撑保障和引导作用,全省一般公共预算安排农林水支出758.10亿元,比上年增长5.6%。健全涉农资金统筹整合长效机制,2021年全省各地共统筹整合涉农资金规模逾300亿元。进一步做大农业新型主体的政策性农业信贷担保,2021年末余额超过82亿元,比上年增长超过40%。创新推进数字担保服务水平,打造财政金融协同支农平台(浙里担),上线运行并向全国农担系统推广。出台《浙江省金融机构服务乡村振兴考核评估办法》等系列政策,全省涉农贷款余额5.48万亿元,农户贷款余额2.19万亿元,同比均高出全省各项贷款增速。引导金融机构创新“农机e贷”“生猪活体贷”等金融产品,创新农业标准地使用权和农业生产设施产权抵押贷款、“强村贷”等产品。拓展优化政策性农业保险,印发《加快农业保险高质量发展的实施意见》。

(浙江省农业农村厅 祝美群)

(责任编辑:王怡然 金瑞锋 赵峰)

供销合作社

·概况·

2021年，全省供销社实现社有经济总经营收入4916.5亿元、利润60.5亿元，分别增长21.3%和39.4%。在全国总社综合业绩考核中，省供销社再获省级社一等奖，杭州市、宁波市供销社再获副省级省会城市和计划单列市供销社一等奖。

【“三位一体”改革持续提升】 深化改革创新。将深化“三位一体”改革和强化农合联服务作为建设共同富裕示范区的重要举措，“构建新型农业经营主体+‘三位一体’合作经济组织的现代农业经营体系”写入《浙江高质量发展建设共同富裕示范区实施方案(2021—2025年)》，宁波市将深化“三位一体”农合联改革列入建设共同富裕先行市行动计划。积极运行农合联农民合作基金、资产经营公司两项制度，省农合联联合式农民合作基金、股份制资产经营公司(浙江农合集团)投资建设了一批涉农项目、服务龙头，一些县级农合联资产经营公司牵头组建强村公司。着力发挥农合联为农服务“公共汽车”作用，杭州市三年投入3000万元支持农合联为农服务体系建设，平湖市将涉农补贴纳入农合联运作。完善“三位一体”改革考核机制，温州、绍兴等市将“三位一体”改革纳入对县(市、区)党政考核内容。推进示范创建。围绕建设“三位一体”改革示范省，推进两批21个市县“三位一体”改革示范建设。树立基层先进榜样，认定首批10个示范性乡镇农合联，表彰第三届全省十佳合作经济组织和十佳合作经济人物。建设数字农合联。开展为农服务数字化改革，推进数字农合联“浙农服”平台建设并上线浙里办、浙政钉，将“浙农服”推广到10个市80个县(市、区)，全省覆盖率95.7%，初步形成为农服务信息对称、众方共生、多跨协同、运行高效、整体智治格局，“浙农服”被评为浙江省数字化改革“最佳应用”和2021年度浙江省改革突破奖铜奖，得到省委主要领导和全国总社主要领导肯定。湖州市社开发红美人柑橘等6个产业数字应用场景。总结创新成果。以“三位一体”改革15周年为契机，总结“三位一体”改革经验，编辑《浙江省“三位一体”改革绿皮书》，组织开展“三位一体”综合合作“1+14”标准体系制定工作，在实践创新基础上努力形成理论创新、制度创新成果。举办国际合作社日，探讨农合联在应对新冠疫情、减缓不平等中的作用。

【现代为农服务体系建设深入推进】 提升生产服务。健全农业服务组织，建成产业农合联313家、区域性现代农业服务中心311家、庄稼医院1136家。创新农资服务方式，克服农资价格大幅上涨影响，全面完成春耕农资保供稳价任务，浙农股份集团让利2000余万元销售化肥，向受台风“烟花”影响较大的5个县各捐赠20万元农资；推进“配方肥”替代“平衡肥”行动，发展肥料专用化、定制化服务；浙农股份集团积极发展以农资服务为基础的农作物全生长周期综合服务，台州市社为西蓝花等12个农产品制定作物解决方案，全省供销社开展土地托管、测土配方施肥、统防统治、农机作业等服务1247万亩次。创新农技推广方式，深化“农技专家团队+产业农合联+合作社”的新型农技推广体系建设，联合省农科院举办4次科技服务活动。优化供销服务。加强农产品流通服务，发挥“1+11+N”农产品产销联盟作用，举办农产品采购会、展销会及农业节庆活动800多场，全年直接收购和推销农副产品757亿元；运管128家农批、农贸市场，完成61家农贸市场智慧化改造，全年农产品批发市场交易额1541亿元，增长27%；加快发展农产品冷链物流服务体系。深化农业品牌战略，培育和运营区域农业公用品牌36个，杭州市社发布“醉忆杭鲜”农产品公用品牌，推进品牌农产品与头部采购商精准对接，“三衢味” 授权企业产品年销售额突破70亿元。发展消费品配送服务，建成乡镇商贸服务中心163家、村综合服务社7617家，全年实现消费品销售498亿元；开展村综合服务社提档升级和星级社评定工作，认定三星级以上村综合服务社211个。扩大信用服务。扩大信贷服务，农信机构“丰收农合通”向2.6万个农合联会员授信，年末贷款户数2.6万户、贷款余额140亿元。扩大担保服务，省农信担保公司83个基层办事处(代办点)全年提供担保贷款3534笔、金额20.5亿元，温州市社推广农民资产授托代管融资服务，年提供涉农低利率贷款超200亿元。扩大保险服务，联合保险公司发展气象指数、价格指数、田间作业等特色农业保险服务，台州市农合联在全省率先试点新型农业特色保险，推广杨梅降水气象保险等7个新型农业特色保险产品。深化环境服务。参与美丽浙江和无废城市、无废乡村建设，印发《“绿色供销”行动计划(2021—2023年)》，建成城乡回收网点6548个、分拣中心58个、集散交易市场8个、回收利用企业100多家，宁波“搭把手”建设分拣中心8个、回收网点超3000个，金华市社搭建再生资源回收数字化平台。全面开展农资废弃包装物回收、秸秆综合利用和土壤修复改良等服务，全年回收农药废弃包装物3亿多只、废旧农膜1万多吨。此外，做好茶业和小吃服务，联合举办多场茶叶节、茶文化节活动、“浙茶杯”优质红茶推选活动，完成第四届中国国际茶叶博览会承办任务；浙江农家小吃协会举办农家小吃美食嘉年华、展销会；编辑出版《浙江通志?茶叶专志》《浙江省农家小吃集锦》。加强为农育才服务，浙江经贸学院、浙江农商学院“双高”院校建设取得积极成果，浙江茶业学院招收第二期80名学员。

【联农带农共同富裕成果丰硕】 积极参与共同富裕示范区建设。“乡村合作经济发展方式创新”纳入全省共同富裕示范区建设重大改革清单，支持长兴等9个县(市、区)开展“点型”“链型”“群型”合作经济创新发展试点。实施带农共同富裕“七大行动”。制定和实施《为农服务高质量发展推进共同富裕行动计划(2021—2025年)》，建立重点任务清单、突破性抓手清单、重大改革清单、典型案例清单和绩效考评办法，推进改革带共富、服务带共富、合作带共富、社企带共富、人才带共富、数字带共富、党建带共富“七大行动”，涌现一批如余杭和临平区社“党建带社建、村社共建”、瓯海区社“强村公司”、海宁市社“共富菜园”等带农共富先进典型。联合省商务厅印发《关于充分发挥商务、供销优势推进共同富裕示范区建设的实施意见》，聚合资源推进带农联农共同富裕。支持山区26县跨越式高质量发展。印发《关于支持山区26县跨越式高质量发展的意见》，组织14个县级社实现跨域结对协作，实施18个共建项目，投资6612万元。在26县全面推广“供富大篷车”服务模式，丽水市各县(市、区)开通119辆“供富大篷车”并加快推广“供享菜篮子”，建设“大篷车”进山区、“菜篮子”进社区的道地农品产销体系，有效解决偏远山区消费品下乡难、农资进村难、农产品进城难问题，中央和省级主流媒体进行了专题报道。进一步做好结对帮扶和对口帮扶工作。启动新一轮常山县结对帮扶工作，推动团组成员五年帮扶规划制定和项目资金落地，全年共落实投资项目17个、争取资金2529万元。积极做好东西部协作，印发《关于进一步做好对口帮扶工作的意见》，助力四川、青海、新疆、西藏等对口地区巩固拓展脱贫攻坚成果同乡村振兴有效衔接；深入推进以茶叶、长毛兔、蓝莓为重点的跨省产业帮扶，浙茶集团普安县“白叶一号”茶产业园建成投产，“携茶”入驻线上帮扶平台和国内知名茶馆，蓝莓产业拓展至贵州、四川等9省50多县。拓展消费帮扶，全省供销社举办或参与对口地区农产品产销对接活动138场次，依托294个专区专柜采购销售对口地区农产品65.8亿元，杭州、嘉兴、金华水果市场消费帮扶作用不断增强，嘉兴水果市场完成对口四省消费帮扶超40亿元，入选国家发改委2021年度全国消费帮扶助力乡村振兴典型案例。

【社有经济高质量发展勇毅向上】 提升社有经济质量效益。首次召开社有经济高质量发展工作会议，出台《关于推进社有经济高质量发展的指导意见》，深入推进传统产业转型、特色产业升级、新兴产业拓展，2021年全省供销社销售额亿元以上企业230家、十亿元以上企业51家、百亿元以上企业6家，兴合集团、浙北大厦集团、万丰集团入选2021年浙江省服务业百强企业，“浙农股份”股价和市值大幅上升。壮大为农服务主责主业。推动社有资本、优势资源加快向为农服务主责主业配置，2021年兴合集团及成员企业实施为农服务项目44个、实际投资6.1亿元，兴合集团组建浙江供富冷链发展集团，浙农股份集团组建浙农现代农业公司，特产集团组建浙江新农里供应链科技公司，福士达集团组建久耕农业科技公司；全省供销社为农服务总经营额2523.5亿元，增长28.6%，拥有各级政府认定的龙头企业221家，其中省部级龙头企业48家。完善为农服务保障机制，省供销社合作发展基金有效运行，10个市、62个县级供销社建立合作发展基金，到位资金1.2亿元。深化社有经济体制改革。健全市县两级“理事会+社资委+资产运营公司+成员企业”的社有资本授权经营体制，11个市级社和70个县级社建立社资委，舟山市社组建供销集团，11个市级社和63个县级社设立资产经营公司。夯实社有经济基层基础。制定全省《20强县级社创建评分标准(试行)》《百强基层社创建评分标准(试行)》《基层社“消薄”标准(试行)》，全省认定20强县级社、53家百强基层社，85个基层社完成“消薄”工作。推广平湖—松阳区域合作“消薄”模式，一批无资产无功能无作为的县级社逐步恢复生机。

(责任编辑：王怡然　金瑞锋　赵峰)

地级市篇

杭　州　市

·综述·

【历史变迁】 杭州历史悠久，自秦时设县治以来，已有2200多年历史。距今8000年前的杭州萧山跨湖桥遗址，是浙江境内已知最早的新石器时期文化遗存，4700多年前就产生了被称为人类闻名曙光的良渚文化。杭州曾是五代吴越国和南宋王朝两代建都地，是我国七大古都之一，被13世纪意大利旅行家马可·波罗赞叹为"世界上最美丽华贵之城"。杭州古称钱唐，隋开皇九年(589年)废钱唐郡，置杭州，杭州之名首次在历史上出现。民国元年(1912年)，原钱塘、仁和县并置杭县。民国十六年(1927年)，城区及西湖等地从杭县划出，另设杭州市，杭州置市始此。1949年5月3日，杭州解放，从此揭开了杭州发展的历史新篇章。

【区位与资源】 杭州是浙江省省会和经济、文化、科教中心，长江三角洲中心城市之一，国家历史文化名城和重要的风景旅游城市。杭州地处长江三角洲南翼、杭州湾西端、钱塘江下游、京杭大运河南端，是中国东南部交通枢纽，市区中心地理坐标为北纬30°16′、东经120°12′。杭州山水相依、湖城合璧，江、河、湖、海、溪五水共导。世界上最长的人工运河——京杭大运河和以大涌潮闻名的钱塘江穿城而过。杭州属亚热带季风性气候，四季分明，温和湿润，光照充足，雨量充沛。杭州物产丰富，素有"鱼米之乡"、"丝绸之府"、"人间天堂"之美誉。杭州市辖上城、拱墅、西湖、滨江、萧山、余杭、临平、钱塘、富阳、临安10个区，建德1个县级市，桐庐、淳安2个县。全市总面积16596平方千米，其中市区面积8000平方千米。

【经济发展】 2021年，杭州坚持以习近平新时代中国特色社会主义思想为指导，深入贯彻党的十九大和十九届历次全会精神，坚持稳中求进工作总基调，立足新发展阶段，践行新发展理念，构建新发展格局，科学统筹疫情防控和经济社会发展，扎实推进浙江高质量发展建设共同富裕示范区城市范例建设，全市经济社会在逆境中促发展，于变局中开新局，"十四五"新征程迈出坚实步伐。2021年杭州实现地区生产总值18109亿元，比上年增长8.5%，两年平均增长6.2%。分产业看，第一、二、三产业增加值分别为333亿元、5489亿元和12287亿元，比上年增长1.8%、8.6%和8.7%，两年平均增长0.6%、5.4%和6.8%。三次产业增加值结构为1.8∶30.3∶67.9。人均地区生产总值为149857元(按年平均汇率折算为2.3万美元)，增长5.8%。

【数字经济】 数字经济保持引领。全年以新产业、新业态、新模式为主要特征的"三新"经济增加值占GDP的36.2%。数字经济核心产业增加值4905亿元，增长11.5%，高于GDP增速3.0个百分点，占GDP的27.1%，其中人工智能产业、集成电路产业、电子信息产品制造产业增加值分别增长26.9%、21.9%和16.2%。规模以上数字经济核心产业制造业增加值同比增长16.4%，高于规模以上工业增速5.8个百分点。

【民营经济】 民营经济活力持续增强。全年民营经济增加值占GDP的比重预计为61.3%，比上年提高0.1个百分点。民间投资占固定资产投资总额的49.6%。民营企业货物出口3282亿元，增长26.9%，占出口总额的70.6%。年末，全市私营企业74.3万户，个体工商户71.2万户，分别比上年末增长9.5%和8.1%。

·农业·

【概况】 2021年，杭州市认真学习贯彻习近平总书记关于"三农"工作重要论述，紧紧围绕"农业高质高效、乡村宜居宜业、农民富裕富足"，扎实推进"三农"和乡村振兴工作，农业农村发展保持稳中有进良好态势，实现"十四五"良好开局。全市农林牧渔业增加值342亿元，增长2.0%。农村居民人均可支配收入42692元，增长10.3%，超过城镇居民收入增幅1.5个百分点。低收入农户人均可支配收入 20131 元,增长 14.0%。

【共同富裕开启新局】 2021 年,杭州市委召开了高质量推进乡村振兴促进城乡共富工作会议,谋划制订了《杭州高质量促进农民农村共同富裕行动计划(2021—2025 年)》等“1+4”政策体系,对“十四五”时期杭州市乡村振兴、城乡共富政策进行顶层设计,形成了未来 5 年的政策框架。同时,制订了农业农村现代化 2 个“十四五”规划。进一步完善区县协作、联乡结村等工作机制,推进交通、旅游、科技、文创、人才、现代服务业“六大西进”。2021 年,全市落实协作资金 4.02 亿元,启动协作项目 153 个,筹集“联乡结村”资金 1.83 亿元,落实帮扶项目 588 个。加强低收入人口帮扶,持续推进低收入农户与低保边缘户认定标准“两线合一” 工作。完善“一户一策一干部”帮扶机制,干群结对率实现 100%。2021 年末,全市共有低收入农户 70964 户 98848 人。

【农业生产稳中向好】 牢牢守住耕地红线,促进粮食和“菜篮子”稳定生产,全力保障农产品供应量足价稳,为全市经济社会平稳运行奠定良好基础。2021 年,全市播种粮食 137.08 万亩,产量 10.6 亿斤,均超省市下达任务;蔬菜种植 148.59 万亩,产量 344.31 万吨,生产保持平稳;能繁母猪存栏 11.05 万头,累计出栏生猪 115.09 万头,建成省级美丽牧场 12 家、数字牧场 14 家;水产品产量 20.04 万吨,同比增长 3.7%,创建省级渔业健康养殖示范场 38 个、示范县 1 个。积极稳妥推进耕地“非粮化”整治工作,全市粮食生产功能区“非粮化”整治完成 21.44 万亩,超省定任务 2 万余亩。建成高标准农田 14.62 万亩,超省定任务 4.4 万亩。

【集体经济稳中提质】 积极推广抱团物业、飞地项目、强村公司等新型集体经济发展方式,不断探索强村富民新模式,推广土地开发、历史人文、山谷经济等 12 种多元化发展类型和“定制化”招商、“公司化”经营、“联合体”运作及“项目化”带动等新型集体经济发展模式。全市 1919 个行政村总收入 60.39 亿元,总经营性收入 38.99 亿元,分别增长 5.7%和 12.6%,92%的行政村完成“5030”目标(村集体经济总收入达到 50 万元,经营性收入达到 30 万元)。力争到 2022 年,西部富阳、临安、桐庐、建德、淳安 5 区县(市)全部实现“5030”目标,东部地区 75%以上村经营性收入超过 100 万元。

【乡村产业活力强劲】 全市累计培育市级以上农业龙头企业 653 家,其中省级以上骨干农业龙头企业 83 家,新认定 1 家农业产业化国家重点龙头企业,国家级龙头企业达到 9 家。累计培育家庭农场 5355 家、农民专业合作社 3196 家、农创客(新农人)2600 余名。全年农村电商销售额达 186 亿元,同比增长 12.7%,“网上农博”杭州馆实现销售 1248 万元。乡村休闲旅游接待游客 8426 万人次,实现经营收入 83.26 亿元。桐庐、淳安等地联合申报的“浙八味”道地药材产业集群项目获批为国家农业产业融合发展项目。农产品直播、农创、共享等经济蓬勃发展,萧山本味、禹上田园、千岛农品等六大区域公共品牌知名度不断提高。西湖龙井以 74.03 亿元的品牌价值,连续多年蝉联中国茶叶区域公用品牌榜首。

【美丽乡村提档升级】 高质量承办全省深化 “千万工程”建设新时代美丽乡村现场会,全面展示杭州市高质量推进乡村振兴促进城乡共富的实践成果和未来乡村美好生活的图景。制订出台《关于深化“千万工程”开展新一轮高水平高质量美丽乡村建设的实施意见》,深入开展“美丽乡村普惠、数字乡村赋能、未来乡村引领”的新一轮乡村建设行动。累计创建省级美丽乡村示范乡镇 69 个、美丽乡村风景线 39 条、特色精品村 168 个、高标准农村生活垃圾分类示范村 74 个、新时代美丽乡村达标创建村 1513 个(其中精品村 506 个),建设省级历史文化 (传统) 村落保护利用重点村 35 个、一般村 168 个,全市美丽乡村覆盖率达到 80%。率先开展未来乡村实践探索,在全省率先发布《未来乡村评价指标体系》,首批启动 38 个未来乡村创建。推进农村人居环境整治工作开新局,3986 个农村生活污水处理设施标准化运维,农村生活垃圾分类处理、无害化卫生厕所标准化运维全覆盖。

【数字乡村加速建设】 率先在全省上线数字乡村智慧平台。启动数字乡村“景秀计划”,首批以“揭榜挂帅”形式推出了乡村“三块田”、农房“一件事”、掌上农机等十大应用场景。 临安山核桃产业大脑、西湖龙井茶数字化管理、建德“建村钉”被评为全省农业农村数字化改革优秀应用。临安顺利完成数字乡村国家试点县建设任务,萧山、余杭、桐庐、建德纳入第二批省级数字乡村试点。启动建设数字乡村样板镇村 110 个,创建数字农业示范园区 10 个,省级数字农业工厂 7 个,完成种养基地数字化改造 40 个。大力实施科技强农、机械强农“双强行动”。推动市政府与中国农科院建立战略合作关系,共同组建城乡共富研究院,市农科院、杭州种业集团及 9 个区县(市)与中国农科院相关院所签订了“4+9”合作协议,力争把市院合作项目打造成集科技、机械、数字等于一体的示范基地。

【乡村善治创新赋能】 全面加强农村基层组织建设,扎实推进“整乡推进、整县提升”和“双基十条”,创新构建市域社会治理现代化“六和塔”工作体系,建设完善乡村自治、法治、德治、智治相融合的治理体系,打好“平安杭州”“清廉村居”建设等组合拳,打造充满活力、和谐有序的乡村治理“杭州样本”。全域推进数字赋能乡村治理工作。大力推进农村文化礼堂建设,弘扬乡村优秀传统文化和技艺,累计建成农村文化礼堂1954家,基本实现500人规模以上村全覆盖。建德市创建全国乡村治理示范县,余杭区径山镇获评全国乡村治理示范镇,西湖区上城埭村等7个村获评全国乡村治理示范村。全市258个行政村获评浙江省善治(示范)村,累计796个。全市累计创建7个全国文明镇(乡),23个省级文明镇(乡);27个全国文明村,134个省级文明村。

【乡村改革纵深推进】 深化新时代乡村集成改革,全年共争取23项全国性、27项全省性的试点、示范。萧山、桐庐和余杭、临平、建德分别列入全省第一批和第二批新时代乡村集成改革试点,萧山、富阳、淳安列入全省共同富裕示范区建设首批试点。临安成为首批全国休闲农业重点县、全国农业社会化服务创新试点县。有202个村社完成“股社分离”改革,经验获农业农村部发文推广。积极探索宅基地“三权分置”有效实现形式,放活承包地经营权和闲置宅基地农房的使用权,在全面完成承包地经营权登记颁证工作基础上,在全省率先启动经营权证动态调整。全市土地流转率达到65%,7600余幢闲置农房已得到有效盘活利用。完善农村产权交易体系建设,累计完成农村产权交易743宗,价值8.4亿元,溢价0.9亿元。

【城乡融合步伐加快】 围绕加快补齐城乡基础设施、公共服务和民生保障短板,大力推进城乡优质教育、医疗、卫生资源共建共享。所有建制村实现“村村通客车”,城乡同质化供水覆盖率达到99.57%,基本实现城乡同质饮水目标。累计建成名师乡村工作室125个,义务教育学校城乡教共体覆盖所有乡村学校和73%的镇区学校,全市农村幼儿园参与城乡互助共同体学校比例达9.89%。城乡医联体、县域医共体全覆盖,全市村级卫生室规范化率达到92.15%,县域内就诊率达93.46%,每万常住人口全科医师数5.37名。

【重大活动成果丰硕】 成功举办第四届中国国际茶叶博览会,现场交易额2.24亿元,比上届增长20%,意向交易额63.9亿元,比上届增长18%,均创历届新高,农业农村部部长唐仁健和省委书记袁家军都给予了高度评价。经过两年多的建设,桐庐无规定马属动物疫病区成功通过国家评估,在通过世界动物卫生组织和欧盟专家评估后,将成为中国内地第二个获得国际认可的“无疫区”。成功举办第四个中国农民丰收节杭州主场活动和区县(市)14场丰收节系列活动,全面展现了“产业兴、乡村美、百姓富”的丰收成果。成功承办全国农产品质量安全信用体系建设工作推进会和全国乡村振兴人才大会。成功举办全市茶艺师、农机操作、植保无人机、农业品牌四项农技技能大赛,促进乡村技能人才培养。

·工业和建筑业·

【概述】 2021年,杭州市全面贯彻落实省委省政府决策部署,奋力推进数字化改革、数字经济和制造业高质量发展“双引擎”建设、企业培育服务等重点工作,工信经济不断开创新局面,总体呈现“平稳增长、稳中向好、稳中趋优”发展态势。全市规上工业增加值4100亿元,同比增长10.6%,“十三五”以来首超GDP增速;数字经济核心产业增加值4905亿元,增长11.5%;工业投资增长15.2%,列全省第7;制造业投资增长28.4%,列全省第1,占全年工业投资80.9%。企业质效稳中向好。全市819家新入规企业持续发力,实现产值680亿元,同比增长86.6%,拉动产值增长2.1个百分点,贡献率为14.0%,规上工业百元营收成本80.6元,低于全省3.0元;规上工业亩均税收54.4万元、亩均增加值218.82万元,均居全省第一;全年共为企业减负降本927.08亿元,惠及企业923万家次,减负降本取得实效。高新技术产业、装备制造业、战略性新兴产业增加值占规上工业比重分别为69.0%、50.3%、45.1%,连续6年稳步提升。

【全力推动数字经济系统建设】 一是场景建设全省领先。在数智杭州”门户完成7大主跑道重大改版,开发积累场景应用103个,其中区县特色场景应用57个。二是推进行业产业大脑建设。生物医药、数字安防等行业大脑建设方案已上报省经信厅;萧山区化纤大脑、桐庐县快递大脑已初步完成1.0版本建设,建德市获批开展“省级智慧化化工园区试点”。三是推进未来工厂试点建设。发布“未来工厂”培育名单326家,评定48家,其中链主工厂、智能工厂和数字化车间分别评定5家、18家和25家。人民日报、浙江日报等国家级、省级媒体均对杭州市“未来工厂”探索实践进行了深度报道;杭州日报开辟“未来工厂”专栏推出系列报道。

【深入实施数字经济“一号工程”2.0版】 一是加快数字产业化。2021年,电子信息产品制造产业营收5499亿元,同比增长21.9%;软件与信息服务产业营收12167亿元,同比增长15.8%;杭州市获批建设国家人工智能创新应用先导区，人工智能应用场景已发布 3 批 113 个,发布人工智能优秀解决方案 30 个;数字安防入选国家先进制造业集群。二是加快产业数字化,继续推进数字化改造“百千万”工程。2021 年,全市组织实施攻关项目 395 个,通过验收 53 个。2021 年全市新增省级工业互联网创建平台 15 个,居全省第一。杭州获批国家服务型制造示范城市,新增 3 个国家级、15 个省级服务型制造示范企业(平台)。三是推进数字新基建。杭州市获批全国首批“千兆城市”。新增 5G 基站 6600 个,全市 5G 基站超过 27030 个;核心主城区、县域核心区、重点乡镇实现 5G 全覆盖,处于全国领先地位;新增服务器 7.1 万台。

【统筹推进全市制造业高质量发展】 一是推进新一轮“腾笼换鸟、凤凰涅槃”攻坚行动。召开全市推进大会,出台市级攻坚行动方案,组建专班全面攻坚。二是积极推进传统制造业改造提升 2.0 版。印发《2021 年传统制造业改造提升工作要点》《加快传统制造业改造提升行动计划 2021 年关键性量化指标责任分解方案》,2021 年,十七大传统制造业增加值同比增长 7.1%,汽车零部件(同比增长 30.3%)、文体用品(同比增长 22.9%)等行业增加值增速较快。三是深化“亩均论英雄”改革。“亩均论英雄”多跨应用场景建设纳入省市数字化改革任务,省市共建的“亩均论英雄”3.0 版上线运行,全面完成全市规上工业企业和用地 3 亩以上规下企业的亩均综合评价。持续做好工业用地占补平衡管控,淘汰落后产能工作年度评价位居全省第一。

【扎实推进产业集群建设】 一是认真谋划相关产业政策和规划。浙江省人民政府办公厅印发建设杭州国家人工智能创新应用先导区行动计划(2022—2024 年),杭州市人民政府办公厅出台关于加快杭州市生物医药产业高质量发展的若干意见。牵头推进落实“十个字”中的“数”“智”“生”“平”“美”5 字工作,《杭州市数字经济发展“十四五”规划》等八个产业专项规划均已印发。二是深入实施产业基础再造和产业链提升工程。参与省级产业链“一键通”大脑项目建设,认定省级产业链协同创新项目 19 个,急用先行项目 8 个,共获省级资金支持 1.56 亿元。编制九大细分产业链提升方案,绘制产业链图谱,梳理产业链风险、技术攻关、项目清单。三是加快项目招引和推进重大工程落地。各区、县(市)全盘谋项目、用力招项目、务实推项目,制造业项目建设全面换档提速。全市工业项目土地摘牌后半年内开工率由“新制造业计划”实施前的 30%左右提高到现在的 90%以上。

【聚焦数字产业化，产业能级加快提升】 推动大中小企业融通发展。一是积极完善大企业大集团培育机制。实施“十百千亿”企业培育工程,动态更新 58 家鲲鹏企业,完成第三批“鲲鹏企业”评选;编制第二批“雄鹰行动”企业“一企一策”培育计划书。二是推动“隐形冠军”“小巨人”“单项冠军”企业培育。新增省级隐形冠军企业 18 家、省级“专精特新”中小企业 310 家、国家级专精特新“小巨人”企业 32 家、单项冠军示范企业(产品) 6 家。三是积极开展助企服务。实现制造业 300 强企业走访服务全覆盖,市四套班子领导走访服务 69 家重点制造企业,参与 549 人(次)。

【打造数智杭州建设“硬核”成果】 对标省五大系统跑道,持续推进上下贯通、应用落地,加快打造具有杭州辨识度的数字化改革“硬核”成果。党政机关整体智治系统,聚焦加强党的全面领导和全面加强党的建设,对标省 5 条主跑道,上线“民呼我为”等 17 个场景。“七张问题清单”和“应急处突”两大省级试点实现上下贯通,率先推出的“民呼我为”应用在全省推广,“数智人大”“数智政协”“基层公权力大数据监督”“数智组工”“数智杭宣”“数智统战”“数智群团”等多项工作获得中央、省有关领导充分肯定。数字政府系统,聚焦打造“整体智治、唯实惟先” 现代政府,对标省 12 条跑道,上线“生态智卫”、落地入境人员疫情防控管理、平安工地一码通等 86 个特色场景。围绕亚运会筹办等重点工作,增设“亚运在线”特色跑道,“智能亚运一站通”注册用户超 1700 万,日均访问用户超 73 万。开发“地下隐患智防系统”,上线以来已研判处置高风险 32 处、中风险 117 处。数字经济系统,聚焦构建以数字经济为核心的现代产业体系,对标省“9+N”跑道,上线“一键找园”等 51 个特色场景。创新联动共建开发模式,实现“部门按主题归集功能、区县按资源优势试点”,市县两级共承接省试点项目 19 个,数量居全省第一。承担 4 项分行业产业大脑省级试点,“化纤产业大脑”“快递产业大脑”已上线运行。培育“未来工厂”企业 326 家,列入 2021 度浙江省“未来工厂”认定企业 5 家,试点企业 6 家。数字社会系统,聚焦建设共同富裕美好社会,对标省“12 个有”跑道,上线“住房智保”等 75 个特色场景和 52 个未来社区(乡村)。推进浙里民生“关键小事智能速办”、浙里智惠“基本公共服务”两大省级试点贯通落地。率先探索的“医学检查检验结果互认共享”已上升为“浙医互认”省级重大应用。电子劳动合同、失业保险金申领、宠物犬证服务等 50 项“关键小事”改革做法纳入《浙里民生“关键小事智能速办”重大应用标准规范(1.

0 版)》,上升为省级标准。数字法治系统,聚焦平安法治一体化,对标省“1338”总体框架,上线“平安法治实时报表”等 53 个特色场景。制定实施多跨场景建设指导意见、五阶”管理办法,常态化评估场景建设情况。“社会矛盾风险防范化解”“交通安全治理一码一图”“平安工地通”等 3 个场景被评为省“数字法治好应用”,“一码解纠纷”获评法治浙江建设十五周年“十大最佳实践”,“在押人员数字监管羁押码”“凤凰金融智审”等 8 个典型案例在全省推广,“统一地址库”等 12 个场景在全省揭榜挂帅,数量居全省第一。

【数字化改革加速赋能】 全面实施“工厂物联网”“企业上云”等专项行动,加强产业数字化服务。全力创建数字生活新服务先行市,“安心找家政”“食安慧眼”“文旅一码通”等应用场景相继上线,创新推出“一键借阅·满城书香”改革举措。新天地商圈“1520 网格处置”多跨协同数字化治理模式获省委书记袁家军批示全省推广。

【积极稳妥推进工业领域碳达峰工作】 一是制定专项行动方案。认真排摸工业领域碳排放家底,科学分析碳排放重点行业及趋势,起草《杭州市工业领域碳达峰行动方案》,同时对化工、建材、纺织三大碳排放重点行业分别制定了专项行动方案。二是加大高耗低效企业整治和节能减碳技术改造力度。全市累计完成高耗低效企业整治销号 396 家,销号率 100%,腾出用地 5344.7 亩,腾出用能 42.3 万吨标煤。加强节能减碳技术改造储备项目库建设,目前已入储备库项目 40 个,有 25 个项目列入省首批节能减碳技术改造项目清单,计划投资 56.96 亿元。三是系统推进绿色制造体系建设。首次开展市级绿色低碳园区和工厂创建,首批通过市级绿色低碳工业园区 2 个、绿色低碳工厂 83 家;新增省级绿色低碳园区 1 个、绿色低碳工厂 15 家;新增国家级绿色园区 1 个、绿色工厂 4 家、绿色设计产品 18 个、绿色供应链管理企业 2 家、绿色设计示范企业 2 家。

【建筑业】 2021 年,杭州市建筑业总产值实现较快增长,签订合同额稳定增加,企业效益有所提高,建筑业市场继续呈现良好发展态势。全年建筑业增加值 685 亿元,增长 5.7%,占 GDP 的比重为 3.8%。建筑业总产值较快增长。2021 年,全市建筑业企业完成总产值 5575 亿元,增长 13.2%;比 2019 年增长 21.8%,两年平均增长 10.3%。其中,完成建筑工程产值 4846 亿元,增长 12.6%;安装工程产值 594 亿元,增长 12.6%;其他产值 135 亿元,增长 38.7%。省内产值增幅较高。2021 年,全市建筑业企业完成省内产值 4335 亿元,增长 16.4%;比 2019 年增长 30.0%,两年平均增长 14.0%;完成省外产值 1240 亿元,增长 3.3%,与 2019 年相比,两年平均下降 0.2%。签订合同额保持平稳增长。2021 年,全市建筑业企业签订合同额 12036 亿元,增长 6.1%;比 2019 年增长 19.3%,两年平均增长 9.2%。其中,上年结转合同额 6392 亿元,增长 18.7%;本年新签合同额 5644 亿元,下降 5.2%。房屋施工面积低位增长。2021 年,全市建筑业企业房屋建筑施工面积 33134 万平方米,增长 2.9%;比 2019 年同期增长 12.4%,两年平均增长 6.0%。其中,本年房屋新开工面积 9053 万平方米,下降 4.1%。企业经营效益有所提高。2021 年,全市建筑业企业实现营业收入 5541 亿元,增长 15.1%;比 2019 年增长 24.0%,两年平均增长 11.4%。实现利润总额 107 亿元,增长 1.4%。

·固定资产投资·

今年以来,全市上下认真贯彻落实市委、市政府决策部署,持续加大项目招引和推进力度,切实发挥有效投资支撑作用,全市固定资产投资发展势头良好。12 月,受国内及本市疫情影响,投资增速有所回落,但总体仍保持稳定健康发展。

【投资规模保持稳定增长】 2021 年,全市完成固定资产投资 7621 亿元,较上年同期增长 9.0%。与 2019 年同期增长 16.4%,两年平均增幅 7.9%。与全省相比,同比增幅低于全省 1.7 个百分点;两年平均增幅低于全省 0.1 个百分点。分产业看,第一产业完成投资 7 亿元,增长 49.1%;第二产业 735 亿元,增长 15.3%;第三产业 6879 亿元,增长 8.3%。

【基础设施投资增速放缓】 2021 年,全市完成基础设施投资 1821 亿元,较上年同期增长 8.2%,较 1-11 月回落 4.2 个百分点,占全部固定资产投资的比重为 23.9%。与 2019 年同比相比,增长 16.5%,两年平均增长 7.9%。分行业看,交通运输业投资 1043 亿元,增长 13.0%,占基础设施投资比重 57.3%,拉动基础设施投资增长 7.1 个百分点;水利、环境和公共设施管理业投资 529 亿元,增长 16.7%,拉动基础设施投资增长 4.5 个百分点;电力、信息基础设施投资同比下降。重大项目对基础设施投资带动作用较强。1-12 月,全市完成投资超 10 亿元的重大基础设施项目 34 个,完成投资 1067 亿元,增长 15.4%;完成投资超 3 亿元的项目 93 个,完成投资 1398 亿元,增长 11.0%,拉动基础设施投资增长 8.2 个百分点。公共服务投快速增长。全年完成公共服务投资 331 亿元，增长 20.6%；较 2019 年增长 16.2 %，两年平均 7.8 %。

【制造业投资增势强劲】 2021 年，全市工业投资 736 亿元，增长 15.2%；与 2019 年同期相比，增长 23.1%，两年平均增长 11.0%。制造业投资 595 亿元，增长 28.4%；较 2019 年同期增长 29.6%，两年平均增长 13.8%。制造业投资同比高于全部固定资产投资 19.4 个百分点；两年平均增幅高于固定资产投资 5.9 个百分点。从制造业投资额总量居前的行业看，计算机、通信和其他电子设备制造业投资 125 亿元，增长 72.9%；医药制造业投资 58 亿元，增长 60.3%，此外，通用设备制造业投资 56 亿元，增长 4.5%；电气机械及器材业 47 亿元，增长 27.2%。制造业项目新开工态势良好。2021 年，制造业新入库项目 1330 个，同比增加 120 个，增长 9.9%；计划总投资 1412 亿元，增长 54.8%。在 12 月新入库项目中，计划投资亿元以上项目 49 个，10 亿元以上项目 10 个，吉海半导体项目(49 亿元)如期入库。

【高新技术产业投资较快增长】 2021 年，全市高新技术产业投资 688 亿元，较上年同期增长 19.7%；较 2019 年同期增长 31.6%，两年平均增长 14.7%。其中，高新技术制造业投资 349 亿元，增长 41.8%，两年平均增长 20.3%；高技术服务业投资 339 亿元，比去年同期增长 3.1%，两年平均增长 9.8%。高新技术制造业八大行业中，投资总量居前三的依次是计算机、通信和其他电子设备制造业 125 亿元，增长 72.9%；设备制造业 73 亿元，增长 18.9%；医药制造业 58 亿元，增长 60.3%；高技术服务业中，投资总量最大的是信息服务业 200 亿元，比上年同期增长 7.7%，占全部高技术服务业比重 59.1%。

【重大项目投资发挥压舱石作用】 2021 年，全市在建项目 6307 个，但增长主要仍由大项目带动。固定资产投资(不含房地产)中，计划投资 10 亿元及以上项目 477 个，合计完成投资额 2372 亿元，占项目投资的比重为 59.4%。本年完成投资额 3 亿元以上的项目 218 个，完成投资额 2102 亿元，占全部项目投资的 52.6%。

【房地产投资增速回落】 2021 年，全市房地产开发投资 3628 亿元，较上年同期增长 1.5%；与 2019 年同期相比，增长 6.8%，两年平均增长 3.4%。全市商品房施工面积 13291 万平方米，下降 0.1%；其中住宅 6811 万平方米，下降 2.1%；办公楼 1482 万平方米，同比持平；商业营业用房 1429 万平方米，下降 6.0%；新开工面积 2447 万平方米，下降 30.9%；其中住宅 1221 万平方米，下降 42.1%；办公楼 265 万平方米，增长 54.9%；商业营业用房 219 万平方米，下降 22.3%。新建商品房销售持续旺盛。2021 年，全市新建商品房销售面积 2236 万平方米，比上年同期增长 31.6%。其中住宅 1954 万平方米，增长 32.8%；办公楼 143 万平方米，增长 21.0%；商业营业用房 115 万平方米，增长 31.1%。房地产企业到位资金稳定增长。2021 年，全市房地产企业本年到位资金 5831 亿元，增长 7.7%，较 1–11 月下降 5.6 个百分点；其中国内贷款 862 亿元，下降 21.6%；定金及预收款 2559 亿元，增长 26.1%；个人按揭贷款 1019 亿元，增长 102.7%；自筹资金 1332 亿元，下降 19.7%。

·交通和邮电业·

【构建互联互通的基础设施网络】 加快建设都市可达、全市快联、多心加密、组团互通的综合交通网，持续推进“5433” 综合交通大会战。全年完成综合交通建设投资 1123 亿元，占全省总量的三分之一。全年新建改建高速公路 4 条 133 公里、新建改建普通国省道项目 10 个 145.6 公里。沪杭甬改建工程主线高架基本建成，临建高速、杭绍甬高速、运河二通道等项目加快实施，杭州都市区中环全面推进。地铁三期建设有序收尾。2021 年是全面打赢杭州轨道交通五年攻坚行动计划的关键之年，全年建设高峰时期有 9 条线路、210 公里在同步推进。已建成地铁 3 号线首通段、地铁 4 号线二期，开通地铁 8 号线一期、7 号线过江段、9 号线北段、6 号线二期等。

【迎亚运道路建设提速】 建成时代高架路滨江段等快速路 75 公里。开工建设通城大道(萧绍路–晨晖路)等 12 公里，续建 25 个项目约 127 公里。新建成主次道路 43 公里、联网路 3 条、人行过街设施 3 个、港湾式公交停靠站 18 个，打通“断头路”24 条 26.4 公里。完成复兴路、江南大道、金城路等地铁重建道路 71 条，修缮道路 100 条(段)。二是供排水一张网扩能。千岛湖供水工程闲林水厂投用，祥符水厂扩建、取水口上移一期工程开工。建成之江净水厂等 5 个新扩建项目，完成清洁排放提标改造项目 18 个，新增污水处理能力 52.8 万吨/日，处理量达 403.9 万吨/日。新建改造污水管网 156 公里。输变电工程建设发力。滚动实施杭州电网提升四年行动，供电可靠性走在全国前列。加快推进白鹤滩至浙江特高压直流工程，换流站开工建设，打通 3 条地下电力通道，实现城东区域内高压电力缆线入地。

【交通治理工作全面推进】 坚持公交优先推动低碳出

行。一是精准实施“双限”新政。市区主要道路、高架道路通行平稳顺畅,核心区域、非浙A车辆出行区域、快速路交通量和延误指数均有小幅下降。根据高德交通发布的报告,杭州市高峰时段拥堵延时指数1.593,在全国50个主要城市中排名第34位。二是凸显轨道交通骨干作用。9条线运营总里程达401公里,10城区全覆盖,日均运送乘客246万人次。杭海、杭绍城际开通运营,杭州都市区实现轨道交通互联互通。三是加快地面公交转型升级。累计新增优化调整公交线路57条,并对83条线路实施车型动态优化。新开通通勤、求知、就医、旅游、接驳等各类专线142条,累计开通专线1152条。四是推动地铁、公交、慢行“三网融合”。实现地铁口50米“零距离”换乘公交站点占比78.1%,150米近距离换乘占比98.3%,推出“地铁一到,公交即发”同步线路,试点建设公交地铁换乘风雨连廊,新增地铁口非机动车泊位1.4万余个。五是深化假日交通治理模式。固化实施货车错峰出行、攻略式精准诱导、西湖景区公交微循环和外围接驳换乘、网约车空车控制通行及定点投放等有效措施,试点景区“公交优先、削减流量、绿色出行、综合施策”的治堵措施,积极施行西湖景区假日预约通行模式,取得明显成效。

【邮政快递业务稳步增长】 全年交通运输、仓储和邮政业增加值449亿元,增长13.4%,两年平均增长4.8%。全年货运量4.7亿吨,增长12.0%。客运量1.4亿人次,增长13.5%。至年末萧山国际机场开通航线268条,其中国际航线30条,港澳台航线2条。航空客运吞吐量2816万人次,下降0.2%;货物吞吐量91.4万吨,增长14.0%。地铁客运量9.0亿人次,增长54.2%。全年邮政企业和规模以上快递服务企业实现业务收入507.1亿元,增长12.7%,其中快递业务收入416.3亿元,增长13.4%。年末固定电话用户194.9万户,移动电话用户1833.0万户,固定互联网宽带接入用户579.4万户。

·财政、金融、保险业·

【财政】 全年财政总收入4561.7亿元,增长18.4%;一般公共预算收入2386.6亿元,增长14.0%,其中税收收入2233.6亿元,增长12.9%,占一般公共预算收入的93.6%。一般公共预算支出2392.6亿元,增长15.6%,其中民生支出1839.7亿元,占一般公共预算支出的76.9%。

【金融】 全年金融业增加值2189亿元,增长6.4%,两年平均增长7.5%。年末金融机构本外币存款余额61044.3亿元,增长12.5%;贷款余额56274.8亿元,增长13.0%。年末上市公司262家,其中境内上市201家;全年新增上市公司52家,IPO融资503.2亿元。年末主板上市公司121家,创业板上市公司58家。建立健全基金与投资企业(项目)的科技、经济和社会贡献挂钩的利益让渡机制。稳步推进金融科技创新监管、区域股权市场改革和合格境外有限合伙人(QFLP)等试点工作。全市跨境人民币结算量达6267亿元,同比增长25%。

【保险】 全年保费收入969.0亿元,增长3.7%,其中财产险保费收入303.0亿元,增长5.4%;人身险保费收入666.1亿元,增长2.9%。支付各类保险赔款316.1亿元,增长20.9%,其中财产险赔付178.3亿元,增长7.5%;人身险赔付137.7亿元,增长44.3%。

·商贸业和餐饮业·

2021年,杭州市认真贯彻落实促消费、稳增长各项政策措施,全力打赢经济社会发展“攻坚战”和疫情防控处置“阻击战”,消费市场持续稳步恢复。后疫情时代,随着消费技术不断革新、消费理念追求改变、消费结构优化升级,杭州市消费新业态、新模式茁壮成长,正成为引领增长的新动能。

【市场稳步恢复,发展位居前列】 2021年,全市实现社会消费品零售总额(以下简称“社零总额”)6744亿元,较上年增长11.4%,增速较全省高1.7个百分点,较全国低1.1个百分点;全市两年平均增长3.7%,增速高于全省0.3个百分点;占全省社零总额的比重达23.1%,较上年提升0.4个百分点。社零总额总体保持较快稳定增长,增速与省内城市、重点对标城市比较,排名较上年年有所提升。在全省11个地市中,增速排名第3,较上年年进步5个位次;在11个重点对标城市中,增速排名第5,较上年进步1个位次。

【增长韧性较足,年末喜忧参半】 2021年,全市消费市场恢复态势明显,月度增速始终维持在合理运行区间,全年除3月外其余各月增速均高于全省增长水平,7–11月份增速均高于全国增长水平。但12月份全市遭受疫情影响,逐渐复苏的消费市场再次受到冲击。在努力做好科学精准防控、全力保运保供工作下,全市12月份社零总额增速回落在0.1%,与其他爆发疫情城市相比,仍能维持正增长殊为不易。

【批零支撑力强,住餐回落较快】 按消费类型分,全市实现商品零售 5577 亿元，增长 10.2%，两年平均增长 3.7%；餐饮收入 1167 亿元，增长 17.2%，两年平均增长 3.6%。年末住宿和餐饮业受疫情影响较深，商务、会展、旅游等行业无法旺季经营，11 月份、12 月份餐饮市场持续萎缩，餐饮收入分别同比下降 4.1%、12.0%，呈逐月扩大态势。

【区域发展分化，引领作用突出】 疫情影响进一步扩大了各区、县（市）经济结构的差异，2021 年以来，互联网零售、商圈经济以及新能源车是杭州市消费的亮点，而旅游消费仍未恢复，各区域发展有所分化。拱墅区（1273 亿元）、上城区（977 亿元）、萧山区（813 亿元）社零总量位居杭州市前三，余杭区（22.7%）、桐庐县（15.4%）、萧山区（14.4%）社零增速居前。从全省 90 个区、县（市）视角来看，杭州市各区域总量大、增长好，多数处于前 1/3 分位，对全省贡献强，引领作用突出。

【多数商品消费回暖，结构持续优化】 从主要商品类值来看，2021 年，杭州市限上批零单位 21 类商品零售额较去年同期"17 升 4 降"，较 2019 年同期水平"14 升 7 降"。基本生活类商品保持平稳增长。粮油食品类、饮料类、烟酒类、服装鞋帽针纺织品类和日用品类分别增长 10.1%、36.3%、12.9%、16.6%和 9.8%。这 5 类商品合计占限上批零单位零售额的 34.1%，拉动限上批零单位零售额增长 4.6 个百分点，充分发挥基础性托底作用。升级类商品消费较为活跃。新能源汽车、通讯器材类、化妆品类分别增长 1.67 倍、34.6%和 29.7%。居住类相关商品直接消费需求下降较快。受目前新房精装交付影响，家用电器和音像器材类、建筑及装潢材料类、五金电料类零售额两年平均下降 2.8%、34.8%、20.2%，未恢复到疫情前消费水平。

【消费模式持续变革，加速线上转移】 受疫情影响，居民消费场景加速向线上转移，传统零售企业加快数字化转型，拓展线上渠道和到家业务，线上消费需求持续释放。2021 年，全市限上批零单位通过公共网络实现零售额 1437 亿元，较上年增长 32.1%，高于全市商品零售平均增速 21.9 个百分点；占全市限上批零单位零售额的比重达 38.1%，较上年提升 5.5 个百分点。全市限额以上零售业法人中，共有 449 家从事网络零售，占比达 30.6%，比上年提升 3.1 个百分点。

【出行类商品快速恢复，贡献近半份额】 2021 年，全市汽车类实现零售额 1088 亿元，同比增长 13.4%，两年平均增长 3.5%，增速好于 2019 年（0.6%）、2018 年（-1.3%）。得益于新能源车技术长足进步、政策补贴到位，全年实现新能源汽车零售额 231 亿元，同比增长 1.67 倍，两年平均增长 82.1%，拉动限上批零单位零售额增长 4.5 个百分点，成为全市消费增长新动力。受价格总体回升因素影响，全市石油及制品类实现零售额 472 亿元，同比增长 33.6%，两年平均增长 1.8%。 汽车类和石油及制品类是我市零售额最大的商品类值，合计占限上批零单位零售额的比重达 41.4%，对全市限上批零单位零售额增长的贡献率达 45.1%。

·旅游业·

全年旅游休闲产业增加值 1068 亿元，增长 4.5%，两年平均下降 6.5%。旅游总收入 1524.2 亿元，增长 6.9%；旅游总人数 8951.8 万人次，增长 5.0%，其中接待入境过夜游客 18.2 万人次，增长 26.4%。年末各类旅行社 959 家。星级宾馆 105 家，其中五星级 22 家。A 级景区 111 个，其中 5A 级 3 个。

·对外经济·

【概况】 2021 年，全市积极应对国际经贸领域的各项挑战，围绕进一步扩大对外开放，拓宽对外交流合作，全力推进开放型经济各项工作，为全市高质量发展建设共同富裕示范区提供动力。

【招商引资精准发力】 2021 年，全市共落地亿元以上产业项目 785 个，同比增长 10.56%。其中，落地亿元以上制造业项目 265 个，同比增长 33.84%。从制造业大项目落地情况看，10 亿元以上项目落地 46 个，比上年增加了 6 个。全市新引进外商投资企业 989 家，实际利用外资 81.71 亿美元，同比增长 13.46%，完成年计划的 111.93%。其中，全市高技术产业实际利用外资 40.17 亿美元，同比增长 64.44%，占全市总量的 49.16%。重大项目谋划成效明显。积极引导各地围绕"十四五"规划目标，强化产业研究，确定重点赛道，对照项目生成九大路径和"十个一"工作法，开展重大项目策划生成行动，大力实施挂图作战、定点爆破，并将"一把手出勤率"等纳入招商赛马机制。全市上下围绕"万亿产业、千亿企业、百亿投资"目标，紧盯细分产业赛道，瞄准行业龙头企业，加快项目对接。全市共盯引 10 亿元以上项目 152 个（其中制造业 66 个），签约 10 亿元以上项目 139 个（其中制造业 64 个）。市级专班引领精准招商。市级产业专班以产业细分领域、行业龙头企业为突破口，引领产业链精准招商不断深入。生物医药专班指导各地瞄准 170 家头部企业开展精准对接，积极推动赛默飞 CD-

MO 项目落地自贸区杭州片区,成功举办生物医药行业“启思会”。航空制造专班加大与中国商飞等大型央企及其核心供应商的对接力度，推动与罗尔斯罗伊斯和赛峰等知名航空企业的洽谈合作。信息技术与通信(ICT)专班围绕集成电路、智能计算、视觉智能、网络通信、产业互联网等赛道目标清单挂图作战,并积极推动中科曙光等项目落地。港澳专班促成香港新鸿基、嘉里集团等企业来杭考察、扩大布局。新组建总部经济专班聚焦恒逸、荣盛等 200 多家本地总部企业，分解任务、压实责任,全面开展“浙商回归杭商回家”工程。服务外企拓宽引资渠道。以强化项目招引、深化企业服务、优化营商环境等任务为抓手,多措并举稳外资。开展外企“三服务”活动,加强与外商投资企业的沟通对接,及时了解企业信息和投资意向,对企业提交的政策和经营等方面问题，协调沟通各部门针对性地提出解决办法,提供个性化解决方案,不断优化杭州市的营商环境。同时,坚持招商与留商并举,开拓新项目,深挖存量企业再投资。用好企业境外融资、海外上市等实际利用外资渠道,推进大项目进展。全市引进投资总额 3000 万美元以上外资项目 110 个，总投资 1 亿美元以上外资项目 46 个,欧力燕麦奶项目、开市客(COSTCO)杭州商超项目等一批新引进项目已注册落地，野村证券浙江公司项目、世邦魏理仕管理咨询项目等重点项目积极推进中。投资宣传热度持续提升。充分利用微信、抖音、头条推送等网络平台,扩大投资杭州宣传和影响,让国内外投资者充分感受到杭州经济的活力和实力。举办杭州投资环境宣传短视频邀请赛，吸引了包括 B 站顶流视频 UP 主、本土说唱歌手等在内的一大批优秀创作者及机构参与,30 多天内共征集作品 655 部,近 20 万人次观看了获奖作品颁奖仪式，并在头部财经媒体 21 财经 APP,微信视频号、抖音、B 站等视频平台,中青网、学习强国、新华网、人民网等央级媒体平台宣传。微信公众号平均单篇阅读量 7746 次,阅读量超 1 万的文章 39 篇,粉丝量突破 7.65 万,杭州产业投资促进工作吸引了国内外社会各界的高度关注。

【对外贸易再创新高】 2021 年，全市实现货物进出口总额(不含省属)6899.4 亿元,比上年增长 24.5%;其中,货物出口额 4460.8 亿元,增长 27.2%,增速高于全省 7.5 个百分点,高于全国 6 个百分点,高于宁波 8.2 个百分点,占全国出口总额的 2.05% (省下达杭州出口全国占比任务为 1.97%);进口额 2438.6 亿元,增长 19.9%,创下进出口新高。抓数字贸易,外贸发展共享新机遇。数贸会筹办工作有序推进。2021 年 10 月 27 日省政府新闻办召开全球数字贸易博览会新闻发布会，官方宣布会议主题是“数字贸易·商通全球”,总体架构设置为五个一,即“一会、一馆、一展、一平台、一系列体验活动”,正在全力筹备。服务贸易创新案例再创新高。全市实现服务贸易出口额 152.53 亿美元,同比增长 10.2%。“全链路服务助力数字外贸增长”等 6 个案例入选 2021 年服贸会服务示范案例;“数智化” 在线商事调解模式成功入选国务院服务贸易创新发展试点 “最佳实践案例”;“以数字化新媒体为抓手推动扩大影视服务出口”案例成功入选国家文化出口基地首批创新实践案例，为全国服务贸易发展提供了“杭州经验”。数字贸易领跑全省。“浙江数字文化国际合作区”入选第二批国家文化出口基地,这也是全国唯一的数字文化贸易功能区。在 2021 年服贸会上发布的 2020 年度浙江省数字贸易百强榜中,杭州市企业独占 91 席;4 个案例获得浙江省数字贸易创新应用优秀案例一等奖,占全省的三分之二;7 家企业与合作伙伴签约,合同金额达 1.68 亿美元,占全省的 50%。四是出台外贸新政服务企业。上半年根据省统一部署,落实好 1210.14 万元专项资金对 3–5 外贸集装箱空箱调运进行政策扶持，争取到 60505 个新增集装箱。下半年出台外贸物流支持新政,做好海运舱柜对接、集装箱落箱和多式联运工作,9–12 月宁波港为杭州外贸企业争取舱位 10458 个标箱。12 月单月萧山至宁波港海铁联运破 10000 个集装箱,是全省继义乌、湖州后第三条万级体量的海铁线。五是首创杭州数字外贸服务平台。在中国国际服务贸易交易会上获得“业态创新服务示范案例”,平台经验复制推广至广东、江西,深圳、广州、宁波、苏州、嘉兴等 10 个省市。2021 年继续推广杭州市全国首创的“信保+担保+银行”的“杭信贷”融资模式,累计为 108 家企业授信 8.8 亿元,签约合作银行扩大至 14 家。六是“海外杭州”效果明显。线上展会已吸引超过 5000 家次企业、近 26 万人次采购商参与,有近 3500 场次的直播,共开展 1V1 数字商洽 943 场,转化订单率达到 14%左右。抓制度创新,自贸试验区建设步入新赛道。一是制度创新有新进展。“全球中心仓”“知识产权集成服务改革”等 6 大项目入选中国(浙江)自由贸易试验区制度创新案例。“保税进口+零售加工”模式、企业创新积分等 25 项入选省自贸试验区六批次“十大成果”,数量位居全省第一。加强《区域全面经济伙伴关系协定》(RCEP)研究,全力做好 RCEP 生效准备工作，第一时间签发 RCEP 项下原产地证书,保障企业享受优惠关税待遇。积极争取国家第五航权开放试点，杭州萧山国际机场开通全省首条第五航权国际货运航线"纽约-杭州-首尔-纽约"航线。全年杭州萧山国际机场及港澳台地区货运量同比增长54%。二是创业创新资源不断集聚。杭州片区共有重点项目111个,总投资额1300多亿元,其中世界500强外资项目6个。三个区块均有产品填补了国内空白。新注册企业8050家。三是跨境贸易便利性不断提升。2021年,全市持续加强对外联系,争取海港口岸城市支持,推进杭甬口岸一体化协作,有效开展跨境贸易便利化专项行动,跨境贸易营商环境不断得到优化。全市实现跨境电商出口额131.26亿美元,同比增长20%。四是数字金融方面有新进展。成为全国首批4个本外币合一银行结算账户体系试点城市之一,从7月26日试点至12月底,新开账户8805户,办理人民币资金收付3580亿元、外币资金收付36.5亿美元,大幅提升企业资金周转效率、降低资金成本。成功落地跨境融资转卖、新型离岸转口贸易等业务,推动地方金融监管局联合出台QFLP试点暂行办法。东洲内河国际港试行全国第一批B2B2C海外仓备货通关新模式,打造杭州唯一水上跨境电商园区。杭州综试区实现跨境电商进出口总额171.41亿美元,同比增长9.4%。培育年交易额2000万元以上跨境电商企业411家,培育跨境电商高新技术企业134家,46家上市企业布局跨境电商。抓境外投资,对外合作探索新天地。全市实现境外企业总投资额80.45亿美元,境外企业中方投资额31.85亿美元。其中新批境外投资项目256个,总投资68.27亿美元,中方投资额24.21亿美元。一是境外投资量减质增,工程承包领域拓展。虽然境外投资额指标有下降,但质量提升明显,境外投资中汽车制造、半导体、药物研发、互联网、服务贸易等行业在非贸易项目中占比超过一半,投资向高端领域集中较为明显。对外工程承包营业额同比增长,其中房屋建筑业、交通运输业等传统行业占比下降,风电、太阳能、电子通讯业等新兴领域占比上升,结构更为优化。二是疫情防控严密有效,外派人员安全稳定。组织各区、县(市)将杭州市974个境外企业(项目)录入浙江境外服务码管理平台,境外企业(项目)定期在平台上报境外项目情况、人员情况、安全情况及感染新冠肺炎情况等信息,做好境外企业(项目)的疫情防控工作。同时,积极做好国外商务人员来杭邀请,共邀请347批次450余人,疫情下帮助杭州市企业急需、必要的外籍高管、技术人员、境外客户在确保安全前提下来杭,恢复正常生产经营活动。三是及时处置突发事件,保护在外企业安全。全年共协调处置3起境外相关项目突发事件,维护各方利益,保持杭州市在外项目和人员的平稳有序和社会的和谐稳定。针对南非、巴基斯坦、缅甸等地发生安全事件后,迅速摸排我市在当地投资合作项目、人员情况,并与外派企业保持密切联系,及时掌握动态,做好精准服务。此外,组织各区、县(市)重点对外投资合作企业40多人次参加"丝路护航"行动暨企业外派员工安全技能培训,提高应对突发事件的能力。四是着力构建"双循环"新发展格局,加快培育本土跨国公司。组织各区、县(市)重点企业参加第二届中国-非洲经贸博览会、中美省州绿色低碳合作研讨会暨对接会、2021国际工程发展高峰论坛、杭州—开普敦视频会议等对外经贸活动,帮助企业获取境外投资合作信息,开展对外合作,和钱塘区共同举办日本(静冈)境外经贸合作区推介会,畅通国内国际"双循环"。在800万市级"走出去"资金分配上,继续重点用于培育本土跨国公司,加速本土跨国公司成长。推进全市企业的财富世界500强评选工作,在2021年公布的财富世界500强全市共有7家本土企业上榜,排名全国第四,仅次于北京、上海、深圳。五是积极组织参与重点展会。组织28家企业参加首届中国国际消费品博览会采购,意向采购金额达7000余万元;组织63家企业在第二届中国-中东欧国家博览会暨国际消费品博览会上参展,全市共登记场内、场外采购意向成交额31.39亿元,超额完成省政府意向成交目标任务;积极参与第四届中国国际进口博览会,组织企业参与其中的第七届中国浙江—欧洲数字经济和高新技术产业高峰对接会,重大项目签约和进口采购集中签约总额32亿元。

【对外交流合作不断拓宽】 贸促工作亮点纷呈。一是首创中国(杭州)知识产权·国际商事调解云平台。创新"数智化"在线商事调解模式成功入选国务院服务贸易创新发展试点"最佳实践案例"、浙江自贸区第四批"十大标志性改革成果"、杭州市首届"十大法治实践"。调解云平台业务覆盖全国29个省市自治区和14个国家(地区),上线以来累计受理案件14519件,调解完结10552件,调解成功3716件,成功率达35%,履行率达99%,较好地维护了中外企业当事人的合法权益。二是首创"非接触式"国际贸易投资促进方式。主动应对疫情形势下国际合作新挑战,举办中美汽车行业投资研讨会、越南进出口商品交流会等20场线上线下国际经贸对接活动及中国(杭州)休闲产业博览会线上展;实施"数字赋能,品牌出海"行动,举办"杭州市出口商品线上展暨海外独立站培训营",帮助企业建立对外贸易新渠道。首批帮助中策橡胶、浙江中控等50家企业完成独立站建站,品牌曝光量达37万余次,点击2万余次,转化总数546次,接收订单逾100个,部分企业询盘转化率达6.28%。实施“世界科技前哨”项目,汇集27个国家87个经贸项目信息精准推介,推动德国乎泊停车科技项目、加拿大电子商务软件服务公司WPIC集团项目等成功落户杭州。三是大力开展贸易便利化服务。全年共签发各类商事证明书151865份,同比增长9.8%。持续推进和深化“最多跑一次”改革,原产地签证事项成功上线杭州“亲清在线”平台,成为全国首家获得总会商事认证中心授权开放申报数据端口机构。积极开展《区域全面经济伙伴关系协定》(RCEP)政策宣介和专题培训,引导企业用好用足自贸协定,全年共签发优惠原产地证22651份,签证商品金额10.78亿美元,为企业节约关税成本约6400万美元。出具全省首份“烟花”台风不可抗力事实性认证,帮助企业避免损失近1.25亿元。扎实推进口岸对外开放。持续推广杭州口岸“两步申报”“两段准入”“船边直提” “抵港直装”通关便利化措施,分批次实现现场“两段准入”信息化监管全覆盖;积极推动长三角区域“陆路航班”业务发展,建立与宁波、上海、南京三地航空口岸的联动机制;进一步提升杭州空港口岸国际化水平,新开全货机航点1个、国际客改货航点2个,共计拥有稳定且长期运营的国际(地区)定期货运通航点24个,客运通航点14个;共检疫入境人员11.63万人,疫情防控物资出口通关约6828余万件,共计约3亿元人民币,涉及51个国家和地区;累计完成国际及地区货邮吞吐量17.88万吨,同比增长54%,国际货量排名提升至全国机场第七位。杭台交流工作平稳有序。一是杭台经贸融合发展持续推进。聚焦杭台优势产业对接,拓展“东引台资”“以台引台”新渠道。推动杭台生物医药科技产业园开工、两岸数字经济产业园加快建设;开展杭州友佳、桦桐集团等台企IPO专项服务;推动康师傅、统一、旺旺等台企扩大再投资。举办杭州台湾“创意对话创意”暨两岸文化创意产业对接会,推动杭台文创产业融合发展。全市新批台资企业127家,同比增长61%,投资总额超1亿美元。二是杭台各领域交流进一步深化。成功举办“画合·梦圆”《富春山居图》合璧十周年纪念系列活动,引发海内外关注和热议,创下涉台活动媒体关注度和点击量的历史新高;举办以“山水相连,共兴两湖”为主题的第十三届“两湖论坛”,深化巩固杭州南投两地的交流与合作。深入实施“聚梦启杭”计划,组织开展“千名台青主播培养计划”,累计完成500位台青培训。成立杭台青年企业家联盟,开展两岸青年文化研习营、台青体验式创业培训等活动,增进两岸青年交流与合作。外侨活动富有成效。一是积极服务国家总体外交。推进“中国-中东欧国家智慧城市中心”筹建工作,该中心在第四届“杭州国际日”开幕式上正式揭牌。积极发挥“一带一路”地方合作委员会(BRLC)秘书处作用,连任世界城地组织亚太区执行局和理事会成员,举办BRLC2021专题会议暨委员会第二届理事会会议,吸收6个新会员,会员数已增至83个。参加2021中国—东盟省市长对话会、加勒比地区对华友好组织对话会,中瑞地方可持续发展论坛、新会员加入BRLC证书颁发仪式等,组织“一带一路”青年创新论坛以及与海德堡、开普敦、卢加诺的互动交流会,加强疫情防控常态化下的“云外事”,2021年共举行有影响力的“云外事”17场。强化资源统筹,对海外统战工作资源进行摸排和整合,依托海联会在全球范围内设立14个“杭州海联驿站”,协调30个杭州籍海外侨团、24个海外工作联络处、114个侨联海外联络点的资源力量,确保步调一致、协同有力,实现侨务资源利用效益的最大化。二是积极服务国际抗疫合作。做好对外捐赠工作,向驻阿根廷、科威特和捷克大使馆捐赠6200个“春节健康包”;向美国波士顿、印第安纳波利斯、苏里南帕拉马里博、斐济楠迪捐赠口罩17万只。做好全市“浙外防”体系建设和入境人员核查工作,定期收集杭州企业在疫情高风险国家项目动态。全年共完成省外口岸入境人员核查17023人次,核查率100%。核查数量占全省21%。“浙外防”体系累计审核入库全市各类境外项目974个,涉及对外投资总额275亿美元,分别占全省比重达33.7%、54.2%。统筹做好在杭外籍人员接种新冠疫苗工作。全年在杭外籍人士已接种新冠疫苗13566针剂。三是积极办好各项活动。成功举办第八届“杭州国际友城市长论坛”、“杭州澳门周” 等活动。成为继北京之后,2021年首个举办“澳门周” 活动的内地城市,同期举办了“杭澳科技、经济和旅游发展座谈会”“澳门旅游及会展推介会”“杭澳商业配对洽谈会”等配套活动,开展杭澳两地企业家洽谈85场,共吸引70.27万人次入场。举办“杭港澳座谈交流暨政策说明会”,22位港澳各界代表人士出席,形成《杭州市港澳工作建议》。主办2021年第七届“杭州民营企业牵手‘一带一路’国家”对接交流会,进一步拓展国际市场,促进互利共赢。持续开展“海外侨领杭州行”活动,先后共组织21个国家和地区80余位海外联络处负责人和海外委员参加活动。组织海外华人华侨共迎亚运,不断扩大海外影响,发起海外侨界助力亚运宣传倡议,组织海外侨团参与“中国新时代、杭州新亚运、我们心祝福”视频征集活动,三大洲数十个国家和地区的侨团拍摄祝福视频，被收录《2022我们杭州见》宣传片,献礼亚运开幕倒计时一周年。成功举办“创业中华-2021侨界精英创新创业峰会”,为参会专家嘉宾和海外侨界人才搭建更多服务侨界精英创新创业、投资发展平台，共签约29个项目，总投资额110.7亿元。

·科技、教育·

【创业创新成效显著】 全年研究与试验发展(R&D)经费支出与生产总值之比预计为3.6%。财政一般公共预算支出中科技支出179.7亿元，占一般公共预算支出的7.5%。全年专利授权量12.3万件,增长13.6%,其中发明专利授权量2.3万件,增长32.4%。累计拥有市级以上企业技术中心862家,其中国家级48家;国家技术创新示范企业12家,省级技术创新示范企业11家。科技企业孵化器260家,其中国家级57家,省级117家。众创空间192家,其中国家级91家,省级160家。全年共签订技术合同总量2.2万项，技术合同成交额875.2亿元。

【创新动能有效提升】 全市新增省科技型中小企业5199家。至年末培育认定研发中心4507家,其中省级研发中心1690家,科技企业孵化器260家,孵化器面积463万平方米。大力引进和培育高端人才,认定高层次人才2.26万人,新增高技能人才3.97万人,新引进35岁以下大学生48.3人,连续11年入选外籍人才眼中最具吸引力的中国城市。

【创新成果不断涌现】 全市新增发明专利授权量2.3万件，增长32.4%。PCT国际专利申请量2062件,增长1.6%。有效发明专利拥有量9.5万件,增长29.9%。企业创新力度加大,新产品产值率达到39.9%。集成电路、工业机器人、医疗仪器设备及器械等新产品产量分别增长29.7%、54.1%和99.7%。

【创新投入持续增加】 全年财政科技支出180亿元,增长24.5%,占全部支出的7.5%,比上年同期提高0.5个百分点。规上工业研发费用631亿元,增长24.9%,占营业收入的3.3%,比上年同期提高0.2个百分点。

【人才保障优质坚实】 成功举办中国杭州国际人力资源峰会、中国(浙江)人力资源服务博览会,打造全国领先的人力资源服务展示对接平台。人力资源服务机构、产业园、科研院所等多主体持续强化人才支撑,其中国家级人力资源服务产业园入驻企业263家，引进各类高端人才2.8万人。

【教育事业亮点纷呈】 基础教育不断完善。中小学、幼儿园建设连续两年纳入市政府民生实事项目，全市新建104所中小学、幼儿园,新增学位9.67万个。继续落实义务教育民办学校公民同招、审批地招生、电脑派位录取等政策，民办初中报名派位录取比从2020年的2.62:1进一步下降到2.50:1,民办“择校热”呈现持续降温态势。新增融合型、共建型义务教育城乡教共体结对学校(校区)175家。“双减”新政落地见效。有序推进培训机构“两转一注销”工作,提前完成压减率100%的目标。全面推进学校减负提质,义务教育段学校课后服务实现学校、学段、有需求的学生三个“全覆盖”,参加课后服务学生占比达85.62%，教师参与率94.07%。出台提高作业管理水平实施方案、引进社会资源参与课后服务指导意见等系列配套政策。各级青少年宫与中小学合作开设拓展性课程197门，市级单位提供可供学校选用的课程清单285门。“三名工程”深入实施。西湖大学启用云谷校区,新冠病毒入侵宿主细胞机制等前沿基础研究取得重大原创成果;杭州师范大学成为博士学位授予单位,获批生物学、教育博士学位授予点;浙大城市学院成为硕士学位授予单位,获批电子信息等三个专业硕士学位授予点。(四)职业教育高质量发展。成功入选国家产教融合试点城市,不断优化职业教育专业组群布局,全市中职学校专业布点共计281个,涵盖16大行业,与全市文化创意、旅游休闲、电子商务、信息软件等主导产业基本匹配。全市6所中职学校、19个专业和市属高职院校3个专业群持续推进省“双高”项目建设,打造技术技能人才培养高地。

·文化事业·

【概况】 全年文化产业增加值2586亿元,增长8.7%,两年平均增长8.4%。年末全市文化馆(含省)13个,公共图书馆(含省)13个,剧场(含省)11个,音乐厅(含省)12个,博物馆、纪念馆80个,全国重点文物保护单位48处。人类非物质文化遗产代表作名录4项,国家级非物质文化遗产代表性项目名录48项。全年制作电视剧?4部142集。年末有线电视注册用户312.4万户。

【文化事业不断发展】 数字改革创新应用。推出60岁以上老人“20秒”入园适老服务;升级上线“一键借阅”2.0版,实现多跨场景联动,实现“手机下单,纸本图书快递到家”等新型图书馆服务;构建“文旅一码通”,把健康码、景区入园码、公交码、地铁码等多码合一,在全国率先实现“吃住行游购娱”一码畅游;推出“杭州文旅一张图”,率先建设推出娱乐场所“一件事”数字监管平台。宣传推广开创新局。举办首届“宋韵杭式生活节”,三天雅集活动将宋韵美学与旅游、文创、美食、研学等产业紧密融合,成为文物激活最佳实践案例;举办第二届“文旅市集·杭州奇妙夜”,联动6大分会场和25个夜游点,共同打造了城市文化消费的奇妙空间。启动2021年大运河文化旅游季,推出百县千碗美食嘉年华、百人百匠非遗市集、运河旗袍嘉年华三大系列活动。评选出“十大历史文化建筑”“十大文化新地标”“十大文化新现象”“十大文旅新势力”。公共文化惠及民生。持续开展送文化下乡活动,全年群文预约配送文艺演出250场,新建杭州书房47家,开展各类活动580场。以“庆祝中国共产党成立100周年”为主题,推出“舞动红韵”原创剧目展演、“红曲声动”致敬经典民乐演奏等红色主题单元,艺术节期间累计吸引6.7万人次观演观展和参与网络互动活动。文化产业后劲持续集聚。浙江数字文化国际合作区获批全国唯一数字文化贸易功能区。国家文化和科技融合示范基地总数增加至5家。网易雷火、绝地科技等7家文化企业获评国家文化出口重点企业。全市上市文化企业增加至54家。创新举办第十五届杭州文博会,实现项目签约及融资意向总额达48.5亿元。

【文广集团工作成效明显】 做强做大主流舆论。在总台央视《新闻联播》刊播涉杭新闻报道94次。参与联合制作的大型纪录片《复兴路上》,节目覆盖3亿观众。充分发挥《我们圆桌会》《今日关注》《民情热线》等“民意直通车”机制载体功能,配合全市“民呼我为”主题活动,转交办结市民投诉建议达2390件。继续强化媒体传播。以“212”百万级新媒体矩阵为核心圈层积极向全网辐射,目前拥有百万级粉丝新媒体平台(账号)15个。无线数字电视信号覆盖地铁、公交、游船等移动端设备约3.3万个,与浙江长龙航空签署战略合作协议,实现“水陆空”一体化传播。繁荣文艺精品创作。先后创作演出《信仰的旗帜》《省委书记》《唱支山歌给党听》等原创大型献礼文艺作品。深入挖掘宋韵文化,全新包装“西子国乐”品牌。围绕宋韵文化内核创排歌舞诗画剧《宋韵》,继续打磨原创舞剧《梅妻鹤子》。继续擦亮城市品牌,连续第十年举办杭州(国际)戏剧节,历时17天,21部剧目,43场演出,4万余名观众走进剧场观看演出,创历史之最。

【精神文明建设稳步推进】 社会主义核心价值观深入践行。组织百个爱国主义教育基地开展百场爱国主义教育活动,百家基地通过打造百个精品展陈、开展百场爱国主义教育活动、讲好百个红色故事活动。组织开展第17届杭州市道德模范推选活动,雷鸣、钱益品等4人被评为第七届浙江省道德模范,杨明获全国道德模范提名奖。全国文明城市创建成果巩固提升。以“共建社区文化家园,共享和谐宜居生活”为主题,以大力培育社区邻里文化、志愿文化、社工文化为重点,全年新建成260家社区文化家园。组织创作设计“讲文明树新风”“社会主义核心价值观”“文明健康有你有我”公益广告作品。新时代文明实践杭州样板成效初显。2021年全市共培训红十字救护员64328名,比去年同期增长66%;普及培训310.9万人次,比去年增长6.2倍。新增自动体外除颤器(AED)1996台。共建成文明实践所192个,覆盖率100%,实践站2958个,覆盖率98.5%。组织志愿者开展“迎亚运、讲文明、树新风”活动3000余场次,服务市民15.3万人。

·卫生事业·

【概况】 全年健康产业增加值1332亿元,增长8.2%,两年平均增长8.2%。年末拥有各类医疗卫生机构5633个,其中医院370个。各类专业卫生技术人员14.2万人,其中执业(助理)医师5.5万人,注册护士6.3万人。拥有床位9.1万张,其中医院床位8.5万张。全市医疗机构完成诊疗人数14199万人次。

【卫生健康事业担当有为】 聚焦“共富裕”,全局性谋定均衡普惠新航标。完成卫生健康事业发展、公共卫生事业发展、健康杭州等6个规划编制。新增婴幼儿照护服务社区成长驿站163家、托位2398个,组织婴幼儿家长养育技能课堂592场。首次评选出“杭州市老年友好型社区”50个,其中入选“全国示范性老年友好型社区”9个。聚焦“数智化”,全景式构建健康大脑新生态。完成“出生一件事2.0”“互联网+医疗健康”新服务上线和25个试点未来社区数字健康新服务等省“规定”的数改项目。并打造舒心就医、数智婴育、检查互认、商保理赔、数字中医等十大“自选”多跨协同应用场景。在全省率先开展医学检查检验结果互认共享改革,建立了医保激励、财政补助、绩效考核等配套激励制度。聚焦“常态化”,全市域筑牢公共卫生新防线。依托市属医院建设7家城市核酸检测基地,设置采样点3727个,经培训考核合格采样人员23941万人,核酸检测能力达86.3万管/日,并实现数据同步共享。市区两级组织开展大规模人群核酸筛查实战演练100余次。

【疫情防控基本情况】 以实战演练为依托,不断强化疫情防控指挥体系。一是强化指挥体系。根据疫情形势，在常态化疫情防控体制基础上加强市级疫情防控指挥体系力量,出台以市委、市政府主要领导为指挥长的突发疫情处置机制，市和区县均明确一名党政主要领导负责疫情防控工作。市委、市政府主要领导在疫情期间每天到市指挥部现场指挥，市疫情防控指挥部每天上午 11 时连线各区、县(市),发出指令,统一调度,确保全市疫情防控指挥体系高效运转。二是开展实战演练。2021 年 7 月以来,针对大规模核酸检测、萧山机场全员核酸筛查、萧山机场发现疫情传播等场景,组织了多次大型实战演练,提升实战能力,及时处置了钱塘区入境涉疫人员脱管、雅思托福考试涉疫、赴新加坡及文莱过境乘客核酸初筛阳性、西湖区入境人员核酸复阳、过境列车截下阳性人员等 5 起涉疫突发事件。三是高效处置疫情。针对“11.25”“12.7”等本土疫情,疫情,杭州市做到接报 1 小时内掌握核心流调信息，摸清同轨迹密接、次密接人员;确诊 4 小时内召开新闻发布会、公布病例信息，封闭涉疫场所并做好环境采样和消杀，涉疫人员转运至集中隔离场所;24 小时内完成特定区域全员核酸检测，在最短时间内阻断疫情进一步传播蔓延风险。在多次严峻疫情考验面前,杭州市首创首席流调员制度、首调负责制和联合流调工作机制,果断开展特定区域全员核酸检测和特定行业的高频核酸检测,严抓集中隔离点管控,全力抓好医疗救治,积极引导社会舆论,多次化危为机,取得防控工作的最后胜利果。在一次次演练和实战中，全市疫情防控体系得到了强化,应急处置流程得到了优化,疫情处置水平得到了提升。2022 年 3 月以来,国内外疫情形势日趋严峻,全市接连发生了“3.5”“3.9”“3.10”等突发疫情。在省委省政府和市委市政府坚强领导下，全市上下众志成城,合力抗疫,力争早日实现动态清零目标。以外防输入为重点,不断加强机场口岸防控力度。一是完善组织协调体系。成立以两名副市长为召集人的萧山机场疫情防控协调机制,设一办三组,整合卫健、公安、交通、数据、市场监管等部门力量,协同省属机场、海关、民航等部门,坚守国门一线阵地。二是建立健全防控制度。印发《入境航班航司重点督查制度》《涉疫突发处置快报制度》《货物核酸检测阳性应急指引》《工作人员感染新冠肺炎疫情应急处置预案》等制度,使机场防控有章可循。三是提升数“智”治疫水平。开发“空港疫智控”系统平台,实现海关监管二级仓库、值机柜台、入境行李消杀区等不接触督查。四是强化人员集中管理。落实机场及航司工作人员“两集中”“四指定”“四固定”管理要求,实行隔天核酸检测和“14+7+7”轮换工作机制。五是处置突发涉疫事件。处置 147 例感染“奥密克戎”病毒病例的疫情和多起阳性货物入境事件。六是规范处置有效隔离。从核酸检测、诊断救治、日常护理,到人员转运、酒店入住、健康监测,再到环境消杀、垃圾清运、废物处置,均做到严格规范。以精密智控为手段,织牢织密重点场所防控网。一是健全疫情预警监测体系。重点场所全面执行“一码一卡一温”,全方位加强防控排查。二是加强集中隔离场所管控。举办隔离点专题培训,开展全市集中隔离场所专项治理工作，配合做好全省集中隔离点交叉检查;加强隔离点监管,严格限定用餐、垃圾清运、采样等时间,所有在用集中隔离酒店按 17 个重要点位做到视频监控全覆盖，建立责任倒查机制,每个隔离点明确区级、街道、酒店、楼层 4 名责任人。三是加强医疗机构的管控。各级各类医疗机构和零售药店切实履行“哨点”监测职能,医院严格对发热、咳嗽等病人落实预检分诊、首诊负责制度,医院“一把手”履行院感防控第一责任,确保不发生院感事故;各零售药店对前来购买退热、抗病毒、抗菌素类药品的人员一律登记实名信息,做好处方登记、留存和报告。发生疫情立即停售四类药品,并向追溯期内的购药者赋黄码,排查核酸。四是加强公共场所管控。对未落实疫情防控要求的 KTV、酒吧、迪厅、棋牌室等密闭场所实行一次通报、二次督办、三次关停。同时,加强对养老院、学校等重点场所的管控。五是创新健康码扫码核验工作。通过杭州市一体化智能化公共数据平台，掌握人员密集公共场所扫码入场人员信息和轨迹,确保疫情出现时,第一时间精准锁定关联人员,提升流调溯源的效率和精准性。六是开发疫情精密智控系统。通过集合人、地、物、事四个子系统,打造疫情防控“一网统管”杭州范例。一键即可全面掌握入境来杭人员、境内来杭人员管控情况,掌握隔离酒店、公共场所、交通工具和站场、商场超市、网吧迪厅等防控不规范情况，掌握进口冷冻食品和进口货物的监管信息，查询涉疫物品流向，全面了解国家、省、市的疫情动态、要情报告等。

·体育事业·

【概况】 全年运动员获得全国性奖牌 138 枚，其中金牌 53.5 枚,银牌 51.5 枚。国家级体育后备人才基地 4 个,省级体育后备人才基地 9 个,省体育传统项目学校阳光后备人才基地 5 个。全年销售体育彩票 38.35 亿元,增长 30.1%。

【体育事业成绩突出】 着力打造“赛事之城”金名片。场馆条件再升级,全面加快杭州体育馆、杭州游泳健身馆水球训练馆、全民健身中心手球训练馆和陈经纶体育学校足球训练场4个亚运会比赛、训练场馆的建设改造升级工程。赛事赛场亮点多,在东京奥运会上,全市运动员共10人参加比赛,取得了1金1银,杭州奥运金牌总数已达10枚;在第十四届陕西全运会上,全市运动员取得16金11银12铜,金牌数占全省36%、居全国副省级城市第三位;在省第四届体育大会上,全市运动员取得83金67银54铜,总分1903.75分,金牌数、奖牌数、总分均位居全省第一。着力掀起全民健身新高潮。加快完善群众身边的体育设施,新增体育设施3000余处,体育场地面积400余万平方米,人均体育场地面积增至2.4平方米以上。广泛开展群众乐见的体育活动,落实《杭州市亚运城市行动计划纲要》八大行动,构建“全民健身共享亚运10+100+1000+1500”赛事活动体系,举办各类全民健身赛事活动1900余场,超额完成年度目标任务。持续提供群众易懂的健身指导,全年举办各类健身培训1400余场(次),超额完成年度目标。其中开展科学健身线上培训、操类活动进社区、亚运文化知识和科学健身公益课堂进农村文化礼堂等市级培训700余场。

【扎实推进亚运会亚残运会筹办工作】 2021年,全市深入实施“决战2021”亚运攻坚行动,积极克服疫情影响,各领域筹备工作有序推进,提前实现“办赛条件基本具备、赛事运行基本就绪”。坚持“统筹联动”,赛事组织高效有力。一是全力加强沟通协调,与亚奥理事会、亚残奥委员会密切配合,成功筹办首次代表团团长大会、世界媒体大会、技术代表大会。强化与宁波、温州等协办城市有效衔接,形成协同筹办良好态势。二是竞赛组织有序推进,确定40个亚运竞赛项目和22个亚残运竞赛项目设置,将产生482枚亚运会金牌和564枚亚残运会金牌。公布亚运会总赛程,完成第二阶段按人数报名,报名人数达1.9万人。三是市场开发成效明显,累计签约10家亚运会官方合作伙伴,确定14大类58家特许生产企业,市场开发总金额41.3亿元。坚持“又快又好”,场馆运行提速提质。一是场馆设施基本完成,全省56个竞赛场馆已完工54个。31个训练场馆全部按计划开工建设,已竣工12个。亚运场馆无障碍建设获中残联“国内一流、国际领先”的高度评价。二是杭州亚运村完成竣工验收,成为我省首个获得国家二星级绿色生态城区设计评价标识的示范项目。三是场馆运行稳步启动,完成场馆运行计划编制。确定竞赛场馆团队41个、非竞赛场馆团队31个、独立训练场馆团队21个,杭州奥体中心体育场场馆团队入驻运行。成功组织田径、帆船、龙舟、篮球、跆拳道等8场测试赛。赛会志愿者全球招募顺利收官。坚持“精益求精”,开闭幕式深度谋划。一是持续优化开闭幕式创意,深度打磨开闭幕式各项方案,确保让开闭幕式成为弘扬中国文化、提振民族精神、展现时代风采、彰显浙江气质、呈现杭州韵味的文化盛宴、视觉盛宴、艺术盛宴。二是精心遴选主创团队,完成开闭幕式主创团队组建,由陆川、沙晓岚分别担任杭州亚运会、亚残运会开幕式总导演。三是不断完善火炬设计方案,火炬塔设计方案基本成型,圣火采集和火炬传递初步建议已获国家体育总局和亚奥理事会认可。坚持“数字赋能”,智能亚运成效初显。一是赋能赛事组织,发布智能亚运十大领域重点项目最佳解决方案,推进51个智能化项目加快落地。智能场馆应用项目获世界互联网大会总决赛一等奖。二是赋能创意策划,在亚运史上首次推出数字吉祥物和采用区块链技术的数字火炬,受到广大年轻人追捧。三是赋能观赛服务,打造“智能亚运一站通”观赛平台,综合票务功能和防疫谋划,“食、住、行、游、购、娱”6方面18种场景正式上线,高效、便捷的“一站式”服务不断完善。坚持“人人参与”,全民亚运加速升温。一是积极开展全民健身活动,全市共举办迎亚运全民健身赛事活动1500余场,参与人数24万余人次。二是积极开展迎亚运系列主题活动,开展“筑梦亚运”“亚运加速度”“亚运主题跨年”等80余项主题活动,直接参与人数超千万,形成全民迎亚运的生动局面。三是积极开展全方位宣传活动,亚运城市宣传片亮相央视。举办国际文明礼仪大赛、短视频大赛,发布首批优秀音乐作品。面向全国开展“亚运走十城”文化推广活动。亚运史上首个系列纪录片《嗨,亚运》海内外同步拍摄,主题电影、电视剧授权摄制。坚持“抓早抓细”,综合保障持续夯实。一是严密制定疫情防控预案,编制完成《亚运会和亚残运会疫情防控专项保障工作方案(第一版)》,动态优化分级防控响应措施,加快构建闭环管理与常态化疫情防控相结合的管理机制。二是全面优化各项服务保障,建立交通、物流、餐饮、住宿保障工作联席会议机制,完成官方接待饭店遴选、物流中心建设。三是扎实做好亚运安保工作,完成安保工作总体规划编制,做到“一馆一方案”“一赛一对策”。开展安保实战演练,不断磨合完善赛时10万人参与的“亚运大安保”方案。坚持“整体提升”,城市行动纵深推进。一是突出亚运交通基础设施建设,新开通地铁线路94公里,杭州地铁运营总里程数达

401 公里。"迎亚运"地铁重建道路完成 71 条。快速路新增建成通车 75 公里。打通"断头路"24 条。二是突出城市品质提升,大力推进"迎亚运"城市环境大整治、城市面貌大提升专项行动,处置问题累计 612 万余个。实施城市国际化推进行动,编制《杭州城市国际化标识系统导则》。三是突出城市文明共建,积极推动开展以"杭州欢迎你"服务大提升、志愿城市建设等城市文明共建行动。

·城建、环境·

【概况】 2021 年,全市深入践行习近平总书记关于"人民城市人民建"的重要理念,厚植生态文明之都的底色、彰显历史文化名城的底蕴、增强创新活力之城的底气,争当浙江高质量发展建设共同富裕示范区的城市范例,奋力打造人民城市建设和治理的杭州样本,全面展现现代化国际大都市的杭州形象。全市上下聚焦聚力"办一届成功的亚运会"这一中心工作,城市空间布局更优化、城市基础建设更完善、城市治理能力更提升、人民群众获得感和幸福感显著增强。

【坚持高质量为核心,谋篇布局"十四五"开局】 高水平编制国土空间规划。一是优化国土空间格局。加快构建形成多中心、网络化、组团式、生态型的城市空间格局。根据区域资源禀赋、空间承载能力,坚持市域大统筹、差异化发展,促进优势区域更大发展、生态功能区有效保护,实现资源要素配置效益的最大化,推动城市发展方式实现深层次变革。二是抓好"三区三线"试划。把三条控制线试划作为国土空间规划编制的核心内容,发挥国土空间规划的引领和管控作用,层层传导要求。坚持开门编规划,完成向市人大、市政协专题汇报,开展多轮论证,结合各方意见做好规划成果修改。高品质建设重点发展片区。一是大城北建设。大运河国家文化公园示范区首发项目大运河音乐公园建成投用,大运河国家文化公园规划展示馆启用。京杭大运河博物院、大运河杭钢工业旧址综保等标志性项目有序推进。二是大会展中心建设。围绕一期工程"三年建成投用"目标,完成一期项目桩基工程、地下室主体结构建设,积极推进配套酒店、公交枢纽综合体、市政基础设施等技术前期工作。三是西站枢纽建设。西站枢纽站房屋面工程完成,北综合体项目顺利开工,综合配套设施及疏解通道项目有序推进,特大型综合交通枢纽初现轮廓。四是三江汇未来城市实践区建设。编制《三江汇杭州未来城市实践区控制规划》,制定三江汇《规划管理实施方案》《规划管理实施细则》,完成三江汇绿心公园、生态海塘(江堤)项目方案国际征集工作。高效能实施重大基础设施。一是构建互联互通的基础设施网络。加快建设都市可达、全市快联、多心加密、组团互通的综合交通网,持续推进"5433"综合交通大会战。全年完成综合交通建设投资 1123 亿元,占全省总量的三分之一。全年新建改建高速公路 4 条 133 公里、新建改建普通国省道项目 10 个 145.6 公里。沪杭甬改建工程主线高架基本建成,临建高速、杭绍甬高速、运河二通道等项目加快实施,杭州都市区中环全面推进。二是提高城市基础设施承载能力。天子岭填埋场生态治理有序推进,餐厨一期、厨余一期及污水厂除臭系统提升改造进入收尾阶段。临江环境能源、天子岭餐厨二期等 8 个项目正式投入运行。在住建部 2020 年第三季度至 2021 第二季度全国 46 个重点城市生活垃圾分类工作排名中,杭州连续四次名列第三。在 2021 年第三季度全国地级以上城市生活垃圾分类工作评估中列大城市第三。渣土消纳市域统筹保障 900 万方目标提前完成,新增确认市域统筹保障场地 84 个,容量 2752 万方,有效保障重大建设项目实施。四是人防工程增量提质。加快人防综合体建设,全市现有结建人防工程 7105 个共计 3989 万平方米,其中竣工验收 5337 个,在建人防工程 1768 个;现有兼顾人防地下空间 672.90 万平方米,其中地铁兼顾 553.17 万平方米。

【坚持绿色低碳发展,精心打造生态文明之都】 加强资源保护利用效率。一是统筹强化耕地保护。加密卫星遥感检查频次,及时遏制耕地"非农化"。全力推进"百千万"工程,促进永久基本农田集中连片管护与永续高效利用,切实提高优质耕地质量和产能。坚守耕地红线,落实占补平衡。在全省年度耕地保护责任目标考核中杭州市连续两年被评为优秀,并获得新增建设用地计划指标奖励。二是升级全域乡村土地综合整治 2.0 版。重塑、重构、重整农村"三生"空间,实施整治修复区域占全市土地总面积近三分之一,位居全省前列。其中,6 个项目入选国家试点,双浦镇项目入选联合国生物多样性大会"中国生态修复典型案例"。三是深挖存量潜力。消化批而未供、供而未用、低效用地 17. 36 万亩。节约集约用地,坚持以 TOD 综合开发为引领,西站枢纽综合体项目"一地多用、三维确权"做法在《中国自然资源报》头版头条报道,获省领导批示推广。实施专项行动提升生态效益。一是开展全市"迎亚运"山体生态修复景观提升专项行动,对 1658 处裸露山体生态损毁图斑进行整治,沿高速、高铁、高架、钱塘江、富春江、千岛湖可视山体裸露问题得到有效改善，达到美化生态环境、改善农村面貌、促进资源利用、消除地灾隐患等“多赢”效果。二是持续推进拥江发展行动,加强沿线城市修补、水环境治理,以钱塘江、富春江、新安江为轴线,联动运河、苕溪,串联山水资源,统筹自然水系、山体、湿地、绿地等生态资源,构建绿色开敞空间和生态安全屏障。实施湿地保护三年行动,高水平推进西湖西溪一体化保护提升工程,打造世界湿地保护与利用的典范。三是推进实施生态工程。全市 35 平方公里区域达到海绵城市建设要求,获评“国家系统化全域推进海绵城市建设示范城市”。完成 751 公里钱塘江绿道主线建设,余杭区径山(双溪、小古城村)绿道、建德新安绿道九景连珠段被评为全省最美绿道。坚持公交优先推动低碳出行。一是精准实施“双限”新政。市区主要道路、高架道路通行平稳顺畅,核心区域、非浙 A 车辆出行区域、快速路交通量和延误指数均有小幅下降。根据高德交通发布的报告,全市高峰时段拥堵延时指数 1.593,在全国 50 个主要城市中排名第 34 位。二是凸显轨道交通骨干作用。9 条线运营总里程达 401 公里,10 城区全覆盖,日均运送乘客 246 万人次。杭海、杭绍城际开通运营,杭州都市区实现轨道交通互联互通。三是加快地面公交转型升级。累计新增优化调整公交线路 57 条,并对 83 条线路实施车型动态优化。新开通通勤、求知、就医、旅游、接驳等各类专线 142 条,累计开通专线 1152 条。 四是推动地铁、公交、慢行“三网融合”。实现地铁口 50 米“零距离”换乘公交站点占比 78.1%,150 米近距离换乘占比 98.3%,推出“地铁一到,公交即发”同步线路,试点建设公交地铁换乘风雨连廊,新增地铁口非机动车泊位 1.4 万余个。五是深化假日交通治理模式。固化实施货车错峰出行、攻略式精准诱导、西湖景区公交微循环和外围接驳换乘、网约车空车控制通行及定点投放等有效措施,试点景区“公交优先、削减流量、绿色出行、综合施策”的治堵措施, ,积极施行西湖景区假日预约通行模式,取得明显成效。

【坚持保护利用并举，着力建设历史文化名城】 加强文保顶层设计。 制定出台《杭州市加强文物保护利用改革实施方案(2021–2025 年)》《杭州市经营性用地考古前置工作指导意见(试行)》,系统总结历史建筑保护利用经验,发布浙江省建设工程标准《历史建筑修缮与利用技术规程》《历史文化名镇名村风貌保护技术标准》,填补全省历史建筑保护行业标准的空白。筑牢文物安全防线。全力组织全市文物安全“三责”“三防”“四风险”安全评估和大排查,深入推进数字化改革,打造全市文物安全智慧监管平台,实施“智慧园文”二期工程,建成文物资源一张图、文物信息一个库、保护监测管理一平台。建成“杭城迹忆”公共服务平台,在“浙里办”上线,满足对外宣传展示等需要,引领浙江文物领域数字化改革。放大遗产联动效应。持续放大西湖、大运河、良渚古城三大世界遗产综合带动效应,不断擦亮世界级文化金名片。高水平推进良渚国家考古遗址公园、之江文化产业带、钱塘江诗路文化带建设,有序推进南宋临安城遗址、钱塘江古海塘等考古工作,着力打造世界遗产群落。

【坚持改革创新思维,全力构建创新活力之城】 (一)深化工程审批制度改革。推动区、县(市)施工许可“一件事”,将消防审查、人防工程易地建设核实、地下空间开发兼顾人防及人防工程质量监督手续与施工许可手续合并办理,提高企业报批效率。推广水气报装 102 改革成果全市域项目通用、工业项目全流程审批“小时制”,联合验收从 26 天缩至 3 个工作日。在全省营商环境考核中,取得水气改革、建筑施工许可全省第 1 名的好成绩。试点新城建 CIM 平台。抢抓数字化改革机遇,积极推进住建部全国首批新城建城市信息模型(CIM)基础平台建设,开发“地下隐患智防应用系统”,十城区试点区域实现地下隐患因子全部三维可视。开发完成全省统一的工程建设数字化“1369”管理体系,率先在全市 506 个试点工地上线试运行。牵头省级城市地下市政设施建设管理试点。以亚运村、武林广场、钱江新城核心区、西溪湿地及周边、富阳区作为先行试点区域,统筹推进基础信息普查、隐患排查处置、数字化转型、制度标准建设等工作。工程建设电子文件单套归档和电子档案单套管理试点工作通过国家档案局验收。推进综合执法“一体化”改革。《杭州市推进“大综合一体化”行政执法改革实施方案》已上报省政府待批,基本完成杭州拓展目录事项清单和职责边界编制。市县行政执法统筹协调指挥机制全面建立;60%的高频率、高综合、高需求执法事项纳入综合执法范围，综合执法事项拓展到 70%以上的执法领域，部门专业执法队伍种类已确定精简至 8 支以下，综合执法事项划转总量和执法队伍种类减少幅度在全省名列前茅；以执法力量进一步下沉为核心，县级及以下综合执法力量占总量 85%以上,乡镇(街道)达到 60%以上,基层治理能力进一步增强。县域行政执法集成改革走在前列,桐庐县首创建成区、集镇案件处置“1 分钟响应、3 分钟出门、15 分钟到场”的行政执法快速处置机制,推动“多部门执法”向“整体政府行政执法” 转变。

【坚持以民为本理念，争当共同富裕示范区】 构建多层次住房保障体系。着力构建以公租房、保障性租赁住房和共有产权住房为主体的多层次、广覆盖、具有杭州特色住房保障体系，工作成效在全国住房保障工作会议上交流推介。一是积极探索建立共有产权保障住房制度，制定《杭州市共有产权保障住房管理办法》，指导有关城区积极推进试点项目地块选址，着力满足“夹心层”家庭拥有自有住房的需求。二是加快筹建保障性租赁住房，明确“十四五”期间全市力争筹建保障性租赁住房33万套(间)的总目标。三是全年新增公租房开工36.89万平方米，分配公租房实物配租房源6006套，新增货币补贴保障家庭5.43万户。四是全面提升人才住房保障工作，人才专项租赁住房开工74.74万平方米，发放新引进应届大学生租房补贴17.62万人、17.59亿元，发放高层次人才购房(租赁)补贴2.4亿元。五是坚持“房住不炒”，落实城市主体责任。调控政策持续发力，2021年新建商品住宅价格平均同比指数103.7，保持在合理区间，摇号中签率有较大幅度提升，确保了房地产市场平稳健康发展。呼应期盼聚焦民生福祉。一是完成改造提升老旧小区211个，建设“美好家园”住宅示范小区148个，保护修缮农村乡土建筑70处。融入未来社区、连片改造理念，探索拆改结合模式，推动片区资源统筹配置、多元主体参与改造，努力打造老百姓“家门口”的民心工程，改造量和综合考评结果连续两年位居全省第一。二是完成回迁安置1.22万户，其中5年及以上在外过渡户已回迁安置8609户，有安置意愿的全部完成回迁安置。安置房开工476万平方米、竣工1035万平方米，配套设施项目开工77个、竣工97个。三是完成加装电梯项目1405台，累计完工3219台，惠及住户约3.9万户，居全省第一、全国前列。出台全国首部加装电梯的政府规章，配套制定管理工作指南。加强加装电梯意愿协调，创新项目公开听证，指导成立全市首个加装电梯个人工作室，并组建“帮帮团”志愿者队伍，多方合力共同推进加装电梯工作。四是全面摸清全市103.26万户农村房屋基本信息，首次摸清全市26.24万幢城镇房屋的楼幢基础信息，完成910处农村危房治理和67幢城镇危房实质性解危。五是完成120个老旧高层住宅小区二次供水改造，新增70486个停车泊位，完成97条城市道路、63座城市公厕、47座人行天桥、36座人行地道的无障碍环境提升。六是全市邮政行业业务收入(不包括邮政储蓄银行直接营业收入)累计完成507.1亿元，同比增长12.7%；业务总量累计完成652.4亿元，同比增长30.3%。快递业务量和业务收入分列全国各大城市第五位和第四位。大力开展快递业“两进一出”工程，全市行政村实现“快递进村”全覆盖，开通全货机国际航线26条，服务全球224个国家和地区。七是大力推进“中邮驿站”末端投递布点工作，已建成快递末端网点2291个，明显改善了全市快递行业的末端投递能力。

【坚持弘扬工匠精神，精心筹备迎接亚运】 全面收官亚运村“三村四地块”建设。完成亚运村赛时赛事功能性用房建设目标，并通过验收，亚运村由建设收官攻坚阶段转入运行全面启动阶段；组建亚运村运行实体，完成亚运村运行设计等多个计划编制，提前开展亚残转换筹备，全面推进亚运村赛时运行保障工作。全力冲刺迎亚运基础设施建设任务。一是迎亚运道路建设提速。建成时代高架路滨江段等快速路75公里。开工建设通城大道(萧绍路-晨晖路)等12公里，续建25个项目约127公里。新建成主次道路43公里、联网路3条、人行过街设施3个、港湾式公交停靠站18个，打通“断头路”24条26.4公里。完成复兴路、江南大道、金城路等地铁重建道路71条，修缮道路100条(段)。二是供排水一张网扩能。千岛湖供水工程闲林水厂投用，祥符水厂扩建、取水口上移一期工程开工。建成之江净水厂等5个新扩建项目，完成清洁排放提标改造项目18个，新增污水处理能力52.8万吨/日，处理量达403.9万吨/日。新建改造污水管网156里。三是输变电工程建设发力。滚动实施杭州电网提升四年行动，供电可靠性走在全国前列。加快推进白鹤滩至浙江特高压直流工程，换流站开工建设，打通3条地下电力通道(三)持续发力迎亚运城市环境治理。有序推进亚运城市行动，城市环境显著提升，对标“无街不美景、无处不精细”要求，以“城市环境大整治、城市面貌大提升”活动为主要载体，重点推进城市道路及河道两侧、建筑工地、住宅小区等9大类整治，市区两级累计处置问题612万余个，确保城市面貌有明显提升，行业乱象得到显著治理。

【环境质量概况】 2021年，全市深入贯彻习近平生态文明思想，以改善生态环境质量为核心，统筹污染治理、生态保护、应对气候变化，更高标准深入打好污染防治攻坚战，推动绿色低碳发展，提高生态环境治理现代化水平，加快推进新时代美丽杭州建设，助力打造共同富裕示范区城市范例，取得了较好成效。全市环境空气优良率87.9%，市区PM2.5平均浓度28.2微克/立方米，PM10平均浓度55.2微克/立方米，臭氧浓度162微克/立方米。市控以上断面Ⅰ-Ⅲ类比例为100%，县级以上集中式饮用水水源地水质达标率100%。跨行政区河流交接断面考核结果为优秀。

【美丽杭州建设取得新成效】 强化生态文明政治责任落实。将生态文明建设纳入市委理论中心组学习、纳入党政领导实绩考核、纳入市综合考评,召开新时代美丽杭州建设推进大会,举办市管领导专题培训。编制《杭州市生态文明建设规划(2021-2025年)》《杭州市生态环境保护"十四五"规划》,督促抓好贯彻落实。深化生态文明示范创建,余杭和临平建成国家级示范区,滨江建成省级示范区。加大自然生态保护力度。严格落实"三线一单"生态环境分区管控方案,加强桐庐、淳安、建德等重要生态赋能区保护;加快推进萧山、余杭、富阳等重要产业发展区绿色低碳转型,建设产城融合、生态宜居的新城区。推进森林扩面提质,森林覆盖率保持在66%以上,连续多年位居全国省会城市和副省级城市首位。印发《杭州市湿地保护"十四五"规划》,加强全市湿地保护。处置23例生态环境损害赔偿案件。加快淳安特别生态功能区建设,制定落实2021年度保护措施清单和支持政策措施清单"两张清单",完成《杭州市淳安特别生态功能区条例》立法,开展临湖地带整治"回头看",深化杭黄合作流域共治,推动千岛湖水质稳中向好。加强生物多样性保护。参加联合国《生物多样性公约》第十五次缔约方大会和线上成果展览,大篇幅呈现"杭州元素"。开展4个重点区域和其他非重点区域的生物多样性调查。加强野生动植物资源调查监测,强化落实长效保护机制。清凉峰华南梅花鹿群由建区前80头左右增长到350余头,黑脸琵鹭、中华秋沙鸭、海南鳽、中华水韭、野生莼菜等珍稀濒危和国家重点保护野生动植物频频出现。

【污染防治攻坚取得新进展】 实施空气质量提升行动。推广新能源出租车929辆、非道路移动机械247辆,淘汰国三柴油车1242辆,完成锅炉淘汰(治理)365台、产业结构调整75个、VOCs治理项目276个,高排放非道路移动机械禁用范围从118平方公里扩大到828平方公里;强化扬尘污染治理,累计安装在线监测设备2100多台,线上交办问题7500个;实施污染天气应对29次,"污染削峰"效果明显。深化"五水共治"碧水行动。截至2021年底,"污水零直排区"建设已完成镇街36个省级考核任务,29个市级考核任务;已完成工业园区(工业集聚区)类11个省级考核任务,33个市级考核任务;已完成生活小区类254个省级考核任务,749个市级考核任务。推进之江净水厂等项目,新增处理能力52.8万吨/日。实施22个国控断面走航分析,对各类断面预警、约谈、督导210次。深化饮用水水源地保护专项行动,发现问题144个并全部完成整改。全面实施入海河流总氮总磷总量控制,加强7个入海排污口规范化建设。全面推进净土清废行动。积极争创全省五星级"无废城市",完成35项建设指标和70项清单任务,建成"无废细胞"800余个、约占全省50%;规范工业固废治理体系,建成一般工业固废处置项目1个、新增处理能力2000吨/日,建成危废处置项目5个、新增处理能力6.64万吨/年,安全处置涉疫医废295.6吨、隔离点(含机场)涉疫垃圾3841.9吨。完成407个地块土壤污染状况调查,加快推进杭钢半山基地等污染地块治理,探索"水土共治+开发利用"新模式。推进5个地下水国考点位水质提升行动,完成5个地下水国考点巩固方案和18家地下水重点污染企业管控方案编制。协同推进减污降碳工作。积极推进主要污染物减排,组织碳达峰前期研究并形成专题报告,开展低碳建设试点,指导25家重点企业参与全国碳排放交易,指导百合花集团等8家企业开展减污降碳协同增效试点。深化区域联防联治,编制《杭州都市圈生态环境共保规划》,签署杭甬"双城记"生态环境共保框架协议,深化拓展杭黄合作,完成新安江流域水生态环境共保规划编制,开展联合例会、联合监测、联合巡湖等活动。

【环境问题整治取得新突破】 扎实推进环保督察整改。第一轮中央督察整改任务已全面完成;第二轮中央督察14项问题已完成整改8项,1157件信访已完成整改1146件;省级督察49项问题和356件信访已全部完成整改。省委专项督察交办的10个问题已完成整改,157件信访件已完成整改141件,其余问题整改均按时序推进。强化问题主动排查整改。积极变"被动改"为"主动查""源头防",在全省率先建立问题发现和整改闭环机制,常态开展明察暗访,每季度通报一批典型案例,已曝光四期共149个典型问题,形成强大震慑效应。主动排查发现各类问题1.7万个,均第一时间落实整改。保持执法高压态势。2021年,全市共查办环境违法案件1156,位居全省第一;罚款11283万元,位居全省第二;强化行刑衔接力度,与公安部门签订《执法协作备忘录》,查办移送公安案件56件,查办"4·26"特大非法处置废矿物油污染环境窝案,办理移交刑事案件26、采取刑事强制措施85人。加强环境隐患整治,深入推进"拉网清零"专项行动,发现整改隐患2978处。启动环境应急响应10次(突发环境事件1起),均得到妥善处置。全市共受理信访12246件、同比下降9.98%,11件国家级和9件省级重复信访得到妥善化解。

【环境治理能力实现新提升】 全力推进数字化改革。围绕"大生态"格局,按照"一张图"理念,坚持以数据为核心,通过重塑业务、建好平台,分析研判、闭环整改,清亲服务、助推发展,率先构建"生态智卫"大场景,引接"大生态"数据83.8T,在建好底座的基础上,建成空气卫士、秀水卫士、督察在线、环保智管服等应用场景,实现底数清、风险清、动态清、能监测、能预警、能处置。累计处置问题11409个,"环保智管服"预警提醒57473次、引导查处犯罪案件8起,被评为全省数字化改革门户优秀应用、全市数字政府十大场景之一,督察在线、环保智管服2个应用场景被省生态环境厅列为"一地创新、全省共享"项目,空气污染预警及应对数字孪生系统纳入全省试点。深化生态文明体制改革。积极开展排污许可与总量减排联动、营商环境审批制度等改革试点,深入推进"区域环评+环境标准"改革,累计完成92个区域规划环评审查、1592个项目实现降级审批。推进车辆检测"一件事"集成改革,在全国率先实施小客车10年环保免检政策。全市机动车排放检验监管与服务改革评为全省生态环境系统第一批共同富裕最佳实践。强化环境保护基础支撑,开展生态环境监测AI人工智能实验室建设试点,完成新一轮PM2.5源解析和千岛湖农业面源污染治理、钱塘江水环境承载能力评估等课题研究,推进VOCs及臭氧污染防控等课题研究,为精准治污提供支撑。创新环境宣传教育,高标准承办"浙江生态日"纪念活动,成功举办全市"六五"环境日暨公众开放节、绿色生活节活动,积极推动环保宣教首次在钱江新城灯光秀、公交(地铁)、大型商圈和户外电子屏上展示,累计在市级以上媒体用稿1456篇(其中国家级媒体378篇)。

·人口、居民生活、社会保障·

【人口保持低速增长】 年末全市常住人口1220.4万人,比上年末增加23.9万人,其中城镇人口1020.3万人,占常住人口的83.6%,比上年末提高0.3个百分点;人口出生率为7.6‰,自然增长率为2.9‰。全市户籍人口834.5万人。年末就业人员预计760万人,比上年增长1.6%,占常住人口的62.3%。

【人民生活稳步提高】 全年全市居民人均可支配收入67709元,增长9.4%,扣除价格因素实际增长8.0%。按常住地分,城乡居民人均可支配收入分别为74700元和42692元,增长8.8%和10.3%,扣除价格因素实际增长7.4%和8.9%。城乡居民人均可支配收入比值为1.75,比上年缩小0.02。全市居民人均消费支出44609元,增长16.7%。按常住地分,城乡居民人均消费支出分别为48629元和30224元,增长16.0%和17.8%,扣除价格因素增长14.5%和16.3%。年末城镇居民人均住房建筑面积40.2平方米,每百户居民家庭拥有家用汽车68.1辆、家用电脑94.2台、空调258.0台,分别增长4.3%、4.0%和2.3%。农村居民人均住房建筑面积77.1平方米,每百户居民家庭拥有家用汽车57.2辆、空调216.3台,分别增长4.2%和2.2%,家用电脑61.0台,下降0.5%。

2021年全市居民人均收支主要指标

指标名称	全市居民		城镇常住居民		农村常住居民	
	绝对数(元)	比上年增长(%)	绝对数(元)	比上年增长(%)	绝对数(元)	比上年增长(%)
人均可支配收入	67709	9.4	74700	8.8	42692	10.3
(一)工资性收入	39396	9.4	43245	8.9	25626	9.7
(二)经营净收入	7016	8.8	6099	8.1	10297	12.0
(三)财产净收入	9144	11.0	11198	10.0	1792	13.0
(四)转移净收入	12153	8.7	14158	7.9	4977	9.2
人均消费支出	44609	16.7	48629	16.0	30224	17.8

【人力社保事业稳中提升】 就业创业积极有为。全市城镇新增就业 92.79 万人，帮助失业人员再就业 5.97 万人,其中就业困难人员再就业 2.52 万人,接收应届高校毕业生 14.2 万人,均已超额完成年度目标任务;城镇登记失业率 2.34%,继续保持在较低位运行。

充分运用“数字之城”基础优势,“网签电子劳动合同”平台已汇聚电子劳动合同超 255 万份,走在全国同类型城市前列。

人才引育不断优化。认定高层次人才 2.26 万余人。推进博士后工作站建设,全市新建站 53 家,引进博士后研究人员 608 名。

开展职业技能提升行动培训 19.7 万人次，新增高技能人才 3.97 万余人。深化事业单位人事制度改革,拓展多层次招聘模式,累计招聘工作人员 9464 名。

社会保障更加完善。规范被征地农民规范参保,全市 10.52 万人参保规范和 8241 名人员签字确认两项攻坚任务提前完成,待遇全部按时到账。

城乡居民基本养老保险基础养老金市区提高到 310 元/人/月、三县(市)275 元/人/月,惠及 40 余万人;企业职工养老保险人均养老金达到 3135.59 元/月，提升了 4.5%,惠及 162.1 万人;失业保险金从 1608 元/月提高到 1824 元/月。调整市区最低月工资标准为 2280 元,最低小时工资标准为 22 元，较 2017 年的标准分别提高了 13.43%和 19.57%。

社会保障相关待遇标准

	2020 年 (元/月)	2021 年 (元/月)
失业保险金最低标准 (市区城镇居民)	1608	1824
城乡最低生活保障标准 (市区)	1102	1102
城乡最低生活保障标准 (桐庐、建德)	882	1102
城乡最低生活保障标准 (淳安)	955	1102
职工最低工资标准 (市区)	2010	2280

【民政事业持续深化】 以畅通“三边服务”攻坚居家养老短板。突出“身边、家边、周边”养老,累计打造康养联合体 39 家,实施智能床位搬进家,累计建成家庭养老床位 700 余张,逐步拓宽居家养老融入康复、护理等专业照护服务路径。新增养老机构床位 2475 张,已实施困难老年人家庭适老化改造 4201 户。以坚持“四位一体”攻坚服务亚运短板。统筹服务亚运和社区治理、社会工作、公益服务“四位一体”建设,累计打造邻里中心 150 家,完成 61 个乡镇(街道)特色社会工作站建设,超额完成 35 个省定计划任务,精心组织开展“万社联动迎亚运”品牌活动和“亚运进社区”活动,全市各类社会组织开展活动 6300 余场次，总服务时长超过 24 万小

时。以实施“精准保障”攻坚分类救助短板。稳步提升救助保障水平,2021年实现低保、特困人员基本生活标准、低边认定标准、低边生活补助和价格补贴标准、孤儿和困境儿童基本生活补贴标准全市域统一,低保标准统一调整为1102元/人/月。全市在册低保、低边、特困等困难群众12.1万人,发放各类救助金10.65亿元。全面推行“物质+服务”救助模式,通过“幸福码”开展入户探访关爱31万余人次,依托“助联体”发布救助服务项目89个。建立健全流浪乞讨人员动态数据库和长期滞留人员信息库,精准开展救助工作。

(责任编辑:王怡然　金瑞锋　赵峰)

宁 波 市

·综述·

【概况】 2021年,宁波市民营经济深入贯彻习近平新时代中国特色社会主义思想,积极落实宁波市委市政府工作部署,统筹推进疫情防控和经济社会发展,全市民营经济发展成效明显。以争先创优进位为导向,以数字化改革为引领,加快推动制造业高质量发展,全力打造全球先进智造基地。

2021年,宁波市民营经济运行持续向好。全市规上工业总产值2.2万亿元,同比增长21.8%;规上工业增加值4865亿元,同比增长11.9%;全部工业增加值6298亿元,比上年增长11.0%。全国城市排名继续进位。全部工业增加值占GDP比重43.1%,比2020年提升2.4个百分点;工业投资1088亿元,同比增长20.4%,总量居全省首位,增速连续三年保持两位数增长。企业梯队培育成效显著,新增国家级单项冠军18家,占全省增量的51%,累计63家,稳居全国城市首位;新增国家级专精特新"小巨人"127家,占全省增量的41%,累计182家,居全国城市第三位;新增极氪汽车、荣芯半导体、健世科技等3家独角兽企业;新增产值超十亿元企业52家、超百亿企业2家、千亿元以上企业1家,新增"小升规"入库企业1315家。

规模以上民营企业增长13.0%。分行业看,在35个行业大类中,30个行业增加值实现正增长,其中汽车制造业增长7.9%,电气机械和器材制造业增长17.9%。分经济类型看,国有及国有控股企业增加值增长8.3%,股份有限公司增长5.5%,有限责任公司增长7.2%,私营企业增长15.8%,外商投资企业增长8.3%,港澳台投资企业增长13.3%。全年全市规模以上工业企业完成销售产值21727.3亿元,增长21.6%,其中出口交货值4075.4亿元,增长21.1%。规模以上工业企业完成利税总额2563.8亿元,增长9.4%,其中利润总额1724.1亿元,增长10.2%。

【民营企业转型升级】 规模以上民营企业投入研发费用503.0亿元,比上年增长28.1%;规模以上民营企业新产品产值增长26.3%,新产品产值率达到34.3%。规模以上民营企业中,人工智能产业、数字经济核心产业、新材料产业、高技术制造业、装备制造业增加值分别增长21.3%、17.5%、16.6%、16.1%和16.1%。年末全市民营企业"246"万千亿级产业集群拥有规模以上工业企业6656家,实现增加值3876.2亿元,增长11.6%。新增国家级制造业单项冠军企业(产品)18家,累计达63家,占全国比重为7.4%,稳居全国城市首位。新增国家级专精特新"小巨人"127家,累计182家,居全国城市第三位。

产业集群培育亮点突出,磁性材料产业集群列入国家培育计划,文具产业集群获评全国轻工业先进产业集群,北仑"光芯"产业群入选省"新星"产业培育计划,磁性材料产业产值同比增长70.6%,集成电路产业产值同比增长56.7%。产业基础高级化和产业链现代化扎实推进,新增9家国家级重点产品工艺"一条龙"应用计划企业,成功申报国家关键零部件领域(气动件)创新成果产业化公共服务平台建设项目,新建省级产业链上下游企业共同体21家、居全省第一,累计实施"四个百场"产业链对接活动598场。

数字经济系统建设领先发展,被评为全省数字经济系统建设优秀设区市,地方门户综合评价三次位居全省首位,"企服淘"平台获省数字经济系统应用场景大赛一等奖,5个产业大脑入围省"揭榜挂帅"计划,数量全省最多,镇海、鄞州、慈溪等5地列入省级区域/产业集群新智造试点,4家企业列入省级"未来工厂"试点;获批国家综合型信息消费示范城市、国家服务型制造示范城市,新增国家级服务型制造示范企业5家、省级7家;累计建成5G基站超1.7万个,网络质量在全国36个省会城市和计划单列市中排名第一。

全域产业治理有序推进,整治销号高耗低效企业1290家,淘汰落后产能涉及企业278家,整治提升"低散乱污"企业2716家,全市规模以上工业企业亩均增加值增长12.2%、亩均税收增长10.5%;新增国家级绿色工厂22家、绿色设计产品32个、绿色供应链管理企业3家。民营经济在全省工作目标责任制考核中位列前茅。

【民营经济聚焦产业链补短锻长,全力打造集群发展新优势】 一是加快打造标志性产业链。实施产业基础高级化和产业链现代化行动,落实产业链"链长制",择优遴选一批重点企业、龙头项目,强化监测分析和跟踪服务。继续实施产业链龙头企业产业协同创新和本地化配套对接活动,新组建产业链企业共同体30个。实施产业链协同创新工程,推进建设40个产业链关键环节强链补链延链项目。

二是大力培育先进制造业集群。重点推进绿色石化、汽车零部件、磁性材料等国家级产业集群建设,谋划推动高端模具等争创第三批国家级先进制造业集群,推动绿色石化、汽车及零部件等产业集群融合联动发展。"246"产业集群增加值增速7.5%以上。大力培育5G、工业互联网、人工智能、量子计算等新兴产业,加快应用场景谋划建设,全年新增5G示范应用场景10个、人工智能应用场景示范项目10个、区块链典型应用案例10个,新增5G基站6000个。做好常态化疫情防控物资保障,强化储备物资及承储企业动态管理。

三是打造传统制造业改造提升2.0版。聚焦纺织服装等12个重点传统制造业,编制"一业一案"。推动余姚、宁海、北仑等地传统制造业改造试点,探索形成"一县一经验"。

【民营经济聚焦数字经济五年倍增,全力打造特色智造新引擎】 一是推动数字经济"三名"和软件名城建设。围绕数字经济"名人名家""名企名品""名园名城",实施"数字产业特色培育"等重点工程。全年集成电路、光学电子产值增速达到20%和15%以上。统筹推进软件园扩容和软件名园试点建设,推动工业软件公共服务平台升级,开展首版次软件产品(服务)认定推广和区块链应用试点示范,全年软件业务收入突破1250亿元。

二是强化数字项目建设。加快中芯N2工厂、甬矽二期等重大项目建设,支持舜宇、中芯宁波等"链主型"企业带动上下游企业协同发展,推动盛吉盛、全芯微电子等初创企业加快发展。加快建设集成电路"一园四基地"、杭州湾数字经济产业园、鲲鹏生态产业园等数字经济特色产业园区,推进数字化园区建设。

三是实施智能制造2.0版。继续开展数字化赋能对接活动,推进企业和行业智能化改造提升,新增市级数字化车间/智能工厂50个,创造省级项目20个,新增工业机器人3000台。打造以supOS为基础的工业互联网"1+N"平台体系,持续推进"5G+工业互联网"试点,培育"5G+工业互联网"试点项目30家以上,新增上云上平台标杆企业20家。完善工控管理体系,建立数字化车间/智能工厂建设项目全流程工控安全工作机制。发展服务型制造,创造省级以上示范企业10家、工业设计中心10家。

【民营经济聚焦工业投资提质扩量,全力打造稳健发展新动能】 一是加强重大项目谋划招商。大力实施"一局长一项目",谋划一批重大产业项目和重点产业链强链补链延链项目,加大强链补链延链项目招引。创建央企国企民企创新融通发展试验区。全年有100个亿元以上重点产业链项目落地开工。

二是强化项目管理建设。实施"双百"工程和"增资扩产"行动,加快绿色石化基地项目等续建项目建设,推进舜宇光学智能手机镜头生产项目等新建项目落地,吉利汽车梅山项目竣工投产。探索开展重大项目"签约-开工-竣工-投产-达产"的全过程跟踪和评价机制,开展重点项目建设"比赶超"亮灯活动,建立精准服务机制。

三是优化产业布局。绘制产业地图,推动重大项目与产业地图精准匹配、快速落地。强化政策与项目联动,市级层面按照产业地图给予政策支持。支持工业集聚区根据主导产业制定项目入园标准,实现"一县一特色园区"。

【民营经济聚焦创新能力提档升级,全力打造企业竞争新实力】 一是加强关键核心技术攻关。聚焦"卡脖子"环节,动态完善关键核心技术需求清单。实施工业强基2.0计划,推进10条"四基"产业链建设,实施工业强基项目20个。创新"三首"产品应用推广机制,完善支持政策,强化"三首"产品认定,全年新认定装备首台(套)产品40个以上。

二是加快创新载体建设。推动石墨烯创新中心争创国家级创新中心,加快筹建一批细分领域制造业创新中心,全年新谋划建设市级以上制造业创新中心2家。加快推动吉利研究院、中石化宁波新材料研究院等建设,新增省级企业技术中心10家。

三是创新培育专精特新企业。动态更新企业培育清单,推动单项冠军、专精特新"小巨人"全链条培育,全年新增国家级单项冠军10家、"小巨人"企业30家。实施"放水养鱼"行动,动态培育"放水养鱼"企业565家。实施"千百"亿级龙头企业培育计划,新增千亿级企业1家,五百亿级企业1家,百亿级企业2家。新增"小升规"企业550家。

【民营经济聚焦产业治理创新突破,全力打造产业发展新空间】 一是加强工业集聚区管控。发布工业集聚区规划,制定工业集聚区控制线管理办法,建立"三区两线"工业用地空间管控体系。推进老旧低效工业区块改造提升,建立"一区块一方案"整治提升机制,全年推进30个重点区块改造提升。推进特色产业园建设,新增市级特色产业园13个。高质量建设小微企业园，全年新建小微企业园20个，创建四星级以上小微企业园5个。

二是深化“亩均论英雄”改革。推进“企业+宗地”评价方法，完善亩均效益评价规则，提升评价速度，强化结果运用。建立低效企业市场化退出机制，实施用地、用能、用水、金融等差别化要素配置政策，倒逼亩均税收1万元以下企业退出和整治提升。全年整治提升“低散乱”企业1500家，完成低效企业达标提升500家，淘汰落后产能涉及企业150家。指导企业加强安全生产工作。

三是推进绿色制造。推进绿色设计产品、绿色供应链示范创建，在“两高”重点行业探索规上企业绿色工厂创建全覆盖，入选省级及以上绿色工厂20家。探索推进工业领域“绿色工厂(项目)”系列贷试点。创建市级绿色园区。

【民营经济聚焦企业服务迭代升级，全力打造产业生态新高地】 一是强化政策兑现和企业服务。制定制造业高质量发展实施细则和集成电路、工业互联网等个性化扶持政策，推动国家、省、市系列惠企政策落地兑现。推动“一十百千”服务载体升级，强化“一企一档”建设，畅通政企互动，新建企业公共服务平台36个。常态化开展“三巡三微两解”企业服务活动。谋划建设工业大脑，加强趋势性、苗头性问题预警预判和风险化解。

二是弘扬企业家创新创业精神。制定尊重爱护激励企业家的意见，举办“企业家活动周”，营造尊重企业家爱护企业家的良好氛围。落实公平竞争审查制度，推进民营企业健康发展。开展“线上+线下”多元化培训方式，加快打造一支新生代企业家队伍。

三是加大要素保障力度。加强部门协作，建立“土地跟着项目走”工作机制，推动土地资源优先向重点产业、重点项目、重点平台倾斜。引导金融机构加大对制造业的信贷支持，谋划开展高星级小微企业园“伙伴银行”试点。深化产教融合，探索校企合作、产教融合新模式。

【民营经济聚焦“十四五”规划，谋深谋实高质量发展】

一是完成制造业高质量发展和智慧城市“十四五”规划编制。立足长远，谋定发展定位，做好目标科学测算，谋细谋实“十四五”时期各项重点任务和战略举措。

二是完善和拓展“246+”分行业规划。根据新形势新变化新要求，修改完善“246”产业集群规划。编制人工智能、5G+、工业互联网、大数据、区块链、空天信息等新兴产业专项规划。

三是编制重点任务专项规划。结合重点专题，做好产业人才、绿色制造、工业投资、产业创新、民营企业服务体系建设等重点功能专项的规划编制。

【民营经济工商皆本，经世致用】 宁波历史上素有“儒商摇篮”之称，以黄宗羲为代表的“浙东学派”倡导“经世致用”，提出“工商皆本”，这些是宁波民营经济的思想渊源。宁波民营经济来自于重工商的传统，也广泛弥漫于政府、社会和民营企业等各个层面，并影响了宁波的城市禀性和市民行为，宁波人敢闯敢试、敢为天下先的精神品质与宁波民营经济高度一致，宁波民营经济深刻影响并推动形成了“诚信、务实、开放、创新”的宁波城市精神，成为宁波城市发展的重要精神力量。

制造业是立国之本、兴国之器、强国之基，在任何时候，怎么强调制造业都不为过。宁波民营经济依托港口优势，推进沿海、沿湾、沿路三大产业带建设，调整优化产业结构，提升产业国际竞争力，加快建设先进制造业基地。以创新国家制造业高质量发展示范区为牵引，打造现代产业集群，打造一流企业梯队，提高在国际竞争中的话语权。

纵观宁波民营企业，创新、坚韧、挑战、内敛和责任构成了宁波工业经济的最本质内涵。他们坚持走创新之路，咬定一个“钻”字：“钻技术”“钻管理”“钻渠道”，始终确保在全球市场竞争愈加激烈的常态下抢得先机。他们拥有坚韧不拔之志，重视一个“专”字：专业、专注和专心，以国际化的视野，咬住某一专业领域，紧盯全球市场的变化，谋划企业的转型升级，进而形成企业“涅槃重生”的盎然生机。申洲集团专注服装行业30多年初心不改，是坚韧之志的典范。他们勇于迎接挑战，为升级换代，在脱离传统产品的成熟市场时，善于打好“突围战”；在面对崭新的市场奋力拓展时，善于打好“冲锋战”。这种挑战精神，使得他们在产品创新换代中总能占领制高点。他们不喜张扬，踏实做事，低调做人。他们没有削尖脑袋挤在聚光灯下和红地毯上，而是放眼国际市场，勇于攻关，敢于开拓，善于合作，厚积薄发，创造出一个又一个“世界第一”。他们诚信守法、富有责任，既赢得社会的尊重和信任，也为企业长远发展打下坚实基础。

·2021年宁波民营经济十大事件·

【宁波民营经济规上工业总产值首破2万亿元，站上新起点】 2021年宁波民营经济规上工业总产值首破2万亿元大关，达22108.2亿元，同比增长22.3%。这是继

2008 年突破万亿元大关后所取得的又一次历史性成就，实现“十四五”良好开局。2021 年，宁波民营经济聚焦高端化、数字化、绿色化发展方向，狠抓工业稳增长，实现工业增加值 6297.5 亿元，占 GDP 增量的 57.3%，对 GDP 增长的贡献率达 54.7%，拉动 GDP 增长 4.5 个百分点，助推经济增量创新高。

【高水平编制《宁波市民营经济制造业高质量发展“十四五”规划》】 立足新起点，贯彻新理念，找准新标杆，抢抓新机遇，为在更高起点、更高层次、更高目标上推进宁波制造业高质量发展，宁波市编制印发《宁波市民营经济制造业高质量发展“十四五”规划》。《规划》全面回顾总结“十三五”以来我市民营经济制造业发展取得的成绩，擘画了 2035 年远景目标，系统谋划了 10 个方面重点任务和 17 项重点工程，打造一批优势产业、一批新兴产业、一批传统产业、一批未来产业、一批现代制造服务业等“五个一批”现代产业体系，奋力实现“二争先、三突破、六倍增”的总体目标。

【“大优强”、“专精特新”、单项冠军企业梯度培育有成效】 宁波市民营经济深入贯彻习近平总书记考察浙江时的重要指示精神，2021 年从政策、资金、人才、创新、服务等方面持续发力，加强民营企业梯队建设，突出优势民营企业引领带动作用，支持民营企业做专做精，聚力打造一批行业地位突出、专业技术领先的制造业优质民营企业群体。2021 年宁波市公布了民营经济制造业“大优强”培育名单，由 10 家千亿级培育企业，10 家五百亿级培育企业，35 家百亿级培育企业以及 49 家五十亿级民营企业构成的“宁波制造天团”。新增专精特新“小巨人”企业 127 家，累计 182 家，占全国专精特新“小巨人”(4762 家)比重 3.82%，总数居全国城市第三，非直辖市城市第一。新增 18 家单项冠军企业(产品)，占浙江省上榜企业数量的 51.4%，累计 63 家，继续保持全国同类城市领先水平。宁波市创客组项目“下一代超高速硅光集成芯片”和企业组项目“光电耦合器”在第六届“创客中国”民营企业创新创业大赛全国总决赛双双中斩获一等奖。

【宁波民营企业数字经济系统建设阔步向前，成果丰硕】 2021 年全省吹响数字化改革号角，以数字化改革为新发展阶段全面深化改革的总抓手，引领经济社会发展全方位跃升。作为数字经济排头兵，宁波民营经济加快细分行业产业大脑建设，率先探索构建“产业大脑+未来工厂”新发展模式，获评数字经济系统第一批优秀省级重大应用和省级优秀细分行业产业大脑。镇海、鄞州、慈溪 3 地列入省级区域新智造试点，海曙纺织服装、北仑模具列入省级产业集群新智造试点，并参与建设新智造公共服务“智造荟”等未来工厂相关的省级重大应用。承接新产品研发、新材云创、数字孪生楼宇经济等 14 项省级应用试点，谋划“甬 e 通”、“一链助企”、“企服通”等创新场景应用，5 个项目入选市级数字化改革“最佳应用”，5 个项目入围全省数字经济系统第一批特色应用，8 家民营企业入选省级“未来工厂”名单。推动“实践–理论–制度”三位一体协同创新，已形成理论成果 22 项、制度成果 23 项，其中《“港口大脑+未来码头”建设 激发强港数字新动能》获评省级优秀理论成果，《数字化车间/智能工厂评估规范》《县级企业综合服务平台管理与服务规范》获评省级优秀制度成果。宁波民营企业数字经济系统建设在全省考核中为优秀设区市，海曙区、镇海区考核评价为优秀县(市、区)，宁海县、江北区、鄞州区为良好县(市、区)。

【民营经济磁性材料入选先进制造业集群“国家队”】

2021 年 3 月，工信部公布了代表着国内最高水准的 25 个先进制造业集群，其中宁波民营经济磁性材料集群成功上榜，成为我市第一个获得全国先进制造业集群“金名片”的产业集群。宁波市稀土磁性材料产业集聚程度高、产业竞争力强、创新资源丰富、生态体系完善，是全球重要的磁材制造和应用基地之一。入选国家先进制造业集群，对宁波加快产业转型升级具有重要意义。

【民营经济网络质量评价全国第一，获评全国首批“千兆城市”】 2021 年，宁波市民营经济深入贯彻数字化改革总体要求，系统部署数字新基建，加快建设 5G 网络、千兆光网协同发展的“千兆城市”，全面夯实数字化、智能化发展网络基石。

2021 年，宁波市民营经济累计建成 5G 基站超 1.7 万个，家庭千兆光纤网络覆盖率 96.91%，城市 10G-PON 端口占比 28.6%，500Mbps 及以上用户占比 30.8%。5G 融合创新应用不断涌现，6 个项目入选工信部、国家卫生健康委“5G+卫生健康”应用试点。2021 年 9 月 28 日，工信部、中国信通院联合发布报告显示，宁波城市网络质量以 107.12 的总分位列全国第一。工信部公布宁波等 29 个城市率先成为全国首批“千兆城市”。

【民营企业党史学习教育深入开展，“三为”活动成效显著】 党史学习教育开展以来，宁波市民营企业全面落实中央及省、市委部署，组织领导有力、理论学习有为、指导督促有方、实践活动有招、成果转化有效，机关基层党组织的创造力、凝聚力、战斗力实现提升，广大党员、干部干事创业、争先进位的精气神得到提振，推动宁波制造业高质量发展迈上新台阶，服务宁波经济大局取得新成效，达到了学党史、悟思想、办实事、开新局的目的。扎实开展“三为”专题实践活动，民营企业围绕重点产业链、重点区域、重点项目开展专题调研40余批次，解决了26个“急难愁盼”问题。

【宁波民营经济入选全国服务型制造示范城市和综合型信息消费示范城市】 宁波民营经济紧紧围绕数字改革总体要求，聚焦传统制造业向服务型制造转型和新型智慧城市建设，全力打造制造业发展和信息消费升级版。2021年宁波民营经济成功入选全国服务型制造示范城市和综合型信息消费示范城市，培育出10家全国服务型制造示范民营企业和宁波云医院、海上鲜、啾啾云、小遛共享等一批新型信息消费业态，高水平举办世界数字经济大会暨智博会、中国机器人峰会等重大活动。

【和丰纱厂成为宁波首个国家工业遗产】 2021年工信部公布第五批国家工业遗产名单，宁波民营企业和丰创意广场申报的和丰纱厂项目成功入围，成为宁波市首个国家工业遗产。民营企业和丰纱厂旧址位于江东北路317号，始建于1905年，是宁波乃至全国近代纺织厂工业史上的重要纺织老企业，当时与太丰面粉厂、永耀电力公司、通力源榨油厂并称为宁波的“三支半烟囱”，见证宁波近代工业的发展。宁波市政府充分考量和丰纱厂地处三江口的优越区位，尊重和丰纱厂的主体结构及特性，保留了老厂房、小洋楼等工业建筑及格局，结合现代元素规划建设和丰创意广场，在确保有效保护工业遗产基础上，探索利用发展新模式，打造展示宁波民营企业文化内核以及智能制造新形象的工业地标。

【宁波民营经济在全国率先出台留工优工政策】 2021年1月4日，宁波民营经济在全国率先出台《关于支持民营企业留工优工稳增促投的若干意见》，推出稳定生产、留工稳岗、暖心行动、加强服务等7套政策“组合拳”。据不完全统计，74%的企业采取了留工措施，外地员工留甬率达55%，为一季度民营经济实现开门红奠定良好基础。政策共兑现补助资金8770万元，获得补助的877家企业一季度产值1517.6亿元，比2020年三、四季度平均值高18.6%；与上年度一季度比，同比增长58.0%，增速高于规上平均19.3个百分点，对全市规上工业的贡献明显。

·民营经济科技创新·

创新，是城市竞争的核心内容。2021年，宁波市民营经济不断加快高水平创新型城市建设步伐，为全市高质量发展提供坚强有力的科技支撑。2021年，我国经济已经由高速增长阶段转向高质量发展阶段，正处在转变发展方式、优化经济结构、转换增长动力的攻关期。如何抢抓新一轮科技革命和产业变革带来的重大机遇，补齐科技创新短板，实现创新驱动发展，是宁波建设现代化滨海大都市、共同富裕先行市的重要推动力。

【宁波市民营经济获浙江省首届“科技创新鼎”，连续三年获省政府科技创新工作督查激励】 2021年，宁波市民营经济被授予2020年度省首届“科技创新鼎”，宁波市及北仑区、余姚市获评市县党政领导科技进步目标责任制考核优秀单位，北仑区还获评市县党政领导人才工作述职评议考核优秀单位。2021年，宁波市实施科技新政、建设三大科创高地、构建“产学研用金、才政介美云”十联动创业创新生态系统工作成效明显，连续三年获省政府督查激励。

【民营经济甬江实验室（新材料浙江省实验室）揭牌运行】 2021年5月19日，宁波市民营经济首个获批建设的省实验室——甬江实验室（新材料浙江省实验室）揭牌成立。甬江实验室建设是我市史上投资规模最大的一项“科创工程”，目前材料与微纳器件、材料分析与检测2个平台已启动建设，7个高层次创新团队签约入驻。

【民营经济江丰电子主持完成的重大成果获国家技术发明二等奖】 2021年，民营经济江丰电子主持完成的“超高纯铝钛铜钽金属溅射靶材制备技术及应用”项目获国家技术发明二等奖，成为近五年来首个由甬企作为第一完成单位获得的国家技术发明奖。该项目攻克了超高纯金属溅射靶材在形变热加工过程中的精细调控等多项关键核心技术，开发出用于芯片制造的超高纯金属溅射靶材的全套生产工艺，设计并建设了完全基于国产化装备的世界一流的溅射靶材生产基地。加上江丰电子，去年我市共有9项成果获国家科学技术奖，50项成果获省科学技术奖，获奖数量和奖励级别历年最多。

【民营经济与中东欧科技交流合作取得新突破】 2021年，宁波市民营经济积极响应习近平主席在中国-中东欧国家领导人峰会上关于“成立中国-中东欧国家创新合作研究中心、举办中国-中东欧国家青年科技人才论坛”的倡议,推进与中东欧科技合作取得突破性进展。6月30日,宁波民营经济筹建中国-中东欧国家创新合作研究中心方案获科技部批复同意;9月22日,第一届中国-中东欧国家青年科技人才论坛在甬成功举办。宁波民营经济与中东欧科技合作交流依托两大平台加快建立常态沟通机制、交流机制,通过持续实践赋予宁波国际科技合作新内涵。

【宁波民营经济首支科技成果转化基金成立】 2021年7月6日,《宁波国家自主创新示范区科技成果转化基金管理办法》发布,标志着宁波国家自主创新示范区科技成果转化基金正式成立,这也是宁波市民营经济首支科技成果转化基金。该基金由宁波市政府和宁波国家高新区管委会共同发起设立,共10亿元,通过政府增信和适度让利,吸引社会民营资本投资科技创新创业,最终达到50亿元的规模。

【民营经济永新光学“太空显微实验仪”助力中国空间站】 2021年4月29日,中国空间站天和核心舱发射任务取得圆满成功,由民营经济甬企永新光学承制的我国首台“太空显微实验仪”一同升空。该设备将应用于航天医学及空间生命科学研究、开展太空微重力环境下细胞观测等,探索宇宙中的生命奇迹。此前,永新光学还承担了嫦娥系列探月卫星的星载光学镜头制造。

【宁波市民营经济首次入围“魅力中国—外籍人才眼中最具吸引力的中国城市”十强】 在科技部国外人才研究中心发布的2020年“魅力中国-外籍人才眼中最具吸引力的中国城市”榜单中,宁波市民营经济首次入围“外籍人才眼中最具吸引力的中国城市”十强,排名第7位,居计划单列市之首。2021年,宁波市高度重视引进外国专家人才,不断优化简化外国人才来华工作许可审批程序,确保外国人才“来得了、待得住、用得好、流得动”。2021年,宁波市民营企业累计引进2282名海外工程师,12名外国专家获中国政府友谊奖、88名外国专家获浙江省“西湖友谊奖”,一批高端外国专家加快在甬创新创业。

【民营经济伏尔肯高性能特种陶瓷材料及部件助力神舟十二号返回地球】 2021年9月17日,神舟十二号载人飞船返回舱顺利着陆,宁波市民营经济甬企伏尔肯自主研制的高性能特种陶瓷材料——高端大尺寸陶瓷密封环,被应用于深空探测装备关键系统中。此前,该产品被应用于“嫦娥五号”探月工程,为“嫦娥五号”出征提供有力支撑。

【民营经济籼粳杂交早熟中稻“甬优4949”创川鄂湘三省再生稻高产纪录】 “甬优4949”是宁波市民营经济杂交水稻育种创新团队育成的优质、广适、早熟籼粳杂交中稻组合。2021年“甬优4949”相继创造了四川省再生季442.9公斤和周年两季总产1103.6公斤的“中稻+再生稻”模式全省纪录,湖南省头季763.9公斤和周年两季总产1229.6公斤的再生稻全省高产纪录,湖北省再生季595.75公斤和周年两季总产1345.75公斤的全省纪录。“甬优4949”开创了籼粳杂交水稻大面积作再生稻应用的先河,对我国水稻生产朝绿色高效、生态安全方向发展将产生重要影响。

【国内首个民营经济有色合金新材料数字化研发平台启用】 2021年10月27日,国内首个民营经济有色合金新材料数字化研发平台在博威合金建成并投入使用。将数字化转型作为民营企业未来重要战略的博威合金,创新打造了有色合金新材料数字化研发平台。该平台应用前沿数字化技术,实现了全流程仿真模拟、大数据分析以及数字孪生,打通了研发与产业化的信息孤岛,将推动有色合金新材料行业创新频率与研发效率。

·民营经济技术改造·

2021年宁波市民营经济共规划了386个市级重点工程技术改造项目,总投资9739.7亿元。其中总投资1345亿的28个重大项目已经顺利开工,64个项目纳入浙江省十四五规划重大技术改造项目名单。

【总投资1345亿的28个民营企业重大技术改造项目集中开工】 3月17日上午,2021年全省扩大有效投资重大技术改造项目集中开工活动以视频形式举行。宁波市28个民营企业重大技术改造项目齐刷刷亮相,总投资达1345亿元,其中工业服务业实体产业项目12个、城市基础设施项目10个,超百亿级项目2个,40亿元以上项目13个。这些项目建成后将对促进新旧动能转换、补齐短板弱项、优化产业发展环境和增强区域发展后劲起到强有力的支撑作用。宁波市28个民营企业重大技术改造项目中,先进制造业和现代服务业项目牢牢占据了“主赛道”,其中最引人关注的是宁波鲲鹏生态产业园项目。该技术改造项目位于宁波国家高新区新材料科技城核心区,计划总投资50亿元,将建设以鲲鹏计算产业和5G产业为核心、聚集鲲鹏生态和5G上下游相关产业的智慧产业园区。该项目可容纳100余家鲲鹏上下游企业及计算机、通信等相关产业单位入驻,年产值超过100亿元。到2025年,宁波鲲鹏计算产业规模将达到500亿元,成为宁波“246”万千亿级产业集群发展的强力引擎。爱柯迪智能制造科技产业园项目作为新动能产业项目用地面积约118亩,总建筑面积约140000平方米,年产铝合金汽车零部件6500万件。

【宁波64个民营经济项目纳入浙江省十四五规划】

《浙江省重大建设项目“十四五”规划》聚焦科技创新、现代产业、交通设施、生态环保和社会民生五大领域,共规划了245个重大建设项目,总投资8.2万亿元。其中,实施类项目235个,有64个民营经济项目来自宁波或和宁波有关,包括科技创新项目5个、现代产业项目13个、交通设施项目13个、生态环保项目16个和社会民生项目17个。

1、科技创新:打造一城三高地

建设新材料、工业互联网和关键核心基础件三大科创高地,打造高水平创新型城市,是市“十四五”规划纲要中明确宁波未来发展任务。为此,宁波将从开放揽才产业聚智、提升科技创新能力、强化企业创新主体地位、营造一流创业创新生态四个方面下锚,该《规划》中提到的甬江实验室、中国宁波新材料高端创新平台、东海绿色石化技术创新中心和浙江省智能汽车及零部件创新中心等科技创新项目都是其中重要的抓手。

根据市“十四五”规划纲要,到2025年,宁波计划构建省级(含)以上重点实验室40家,建成各类产业技术研究院80家以上,争创省级新型研发机构30家以上,实施关键核心技术攻关项目500个以上。

此次《规划》中提到的甬江实验室,被寄予了“高起点建设”、“争创国家级实验室”等厚望,“十四五”期间计划投资高达168亿元。按计划,到2025年,它将建成极端条件材料综合研究装置(一期)、8个国际一流的新材料研究中心、3-4个国际领先的国家级科创基地,将形成800人左右的专业化科研、管理、技术转移、战略研究队伍,将突破光学级透明聚酰亚胺、深/极紫外光刻胶、大尺寸单晶金刚石等10种以上关键卡脖子材料或满足未来需求的国际首创材料,大幅提升我国关键材料自主供给能力。

浙江省智能汽车及零部件创新中心项目,计划到2025年,为宁波培育一支超过2000人的高水平技术创新队伍和10个以上领军型创新创业团队;中国宁波新材料高端创新平台,将是现有中石化宁波新材料研究院的“升格版”,将建成具备前沿技术研究、技术成果转化与应用、高端人才培育和创新公共服务等功能于一体的全球一流高端化工新材料创新平台;东海绿色石化技术创新中心则将成为石化领域打通科研成果到产业推广应用一体化瓶颈的省技术创新中心。

2、现代产业:加快建设先进制造业集群

发射规模100发的商业航天发射基地和千亿元级别的商业航天配套产业基地,将带动航天发射服务、卫星制造、物联网和空天信息应用服务等四大核心产业。此前,宁波市政府与中国航天科工集团合作共建宁波航天智慧科技城,自建设伊始,航天智慧科技城就将产业发展目光瞄准商业航天、智能装备、新一代信息技术应用等未来产业,目标是打造千亿级航天产业集聚区、建设国际航天港和未来产业示范基地。

同时,“十四五”期间,宁波也将持续推进“3433”服务业倍增发展行动,其中文化创意和旅游休闲都在规划的四大千亿级产业之列。到2025年,宁波文化创意产业营业收入和旅游总收入计划双双达到5000亿元。此次《规划》中提到的浙东唐诗之路国家文化公园创建项目、大运河诗路、十大海岛公园等文化及旅游项目都有涉及宁波。

作为制造业大市,产业基础高级化和产业链现代化是宁波必须要打好的攻坚战。为加快建设先进制造业集群,市“十四五”规划纲要明确10条全力打造的自主安全可控的标志性产业链,包括化工新材料、节能与新能源汽车、特色工艺集成电路、光学电子、机器人、智能成型装备、高端模具、稀土磁性材料、智能家电和时尚服装。

大榭石化馏分油五期项目,将把现有的800万吨炼油能力提升至1200万吨,并新建多套化工装置;宁波吉利智能网联汽车系列项目,不仅将建造吉利5G智能工厂项目,形成年产30万辆整车的生产能力,还将建立宁波国际高端新能源智能汽车核心零部件制造产业园、智能网联汽车大数据中心及智能网联汽车驾驶平台、汽车核心零部件研发中心及孵化科技园区等一系列项目,整合和优化从研发到应用的产业链条。这两个项目,将为绿色石化和汽车这两个“246”万千亿级产业集群输入新的血液。

加快军民融合产业发展也是建设先进制造业集群的重要一环。《规划》中提到,宁波国际商业航天发射项目将落地象山。

【2021年宁波市386个市级重点民营经济建设项目名单公布】 为了充分发挥重大项目建设的引领示范作用,为经济社会高质量发展提供坚实支撑,宁波市发布了《2021年宁波市民营经济重点工程建设项目计划》,2021年计划安排市重点工程建设项目386个,总投资

9739.7亿元，年度计划投资1361.5亿元。其中，新开工项目101个，年度计划投资227.4亿元；完工投产项目48个，年度计划投资190.6亿元；续建项目237个，年度计划投资943.5亿元。

宁波市2021年宁波市的市级民营经济重点建设项目名单包含：金甬铁路宁波段(含动车所)、甬舟铁路(宁波段)、吉利总部、爱柯迪智能制造科技产业园、汽车轻量化零部件制造及总部中心、镇海双智双创产业园一期、宁波(奉化)万洋众创城、清控科创(宁波)创新基地、中车商用车创新工厂与长三角配套产业园、杭州湾方太理想城、宁波市古林职业高级中学迁建项目、中国科学院大学宁波材料工程学院等386个项目。

·民营经济疫情防控·

2021年，宁波民营经济疫情防控积极贯彻落实市委市政府和市卫健委的决策部署，紧紧围绕中心"十四五"发展规划，狠抓党史教育活动，在疫情防控、疫苗接种、民生实事工程、重大活动保障等全市公共卫生重点工作任务上发力，各项工作取得显著成绩，为实现中心"十四五"建设目标迈出可喜的一步。

一、赓续红色血脉，在党史学习教育中激发全体干部职工干事创业动力

开展"线上+线下"学习模式，实现宣传教育全覆盖。举办援河北、福建经验分享会等活动，实现党史教育领学、互学、自学"三学联动"。实现党史教育与"疾控业务、工作推进、规划发展"相结合。

二、展现窗口担当，在创新转型发展中推进现代化疾控建设高质量发展

宁波市疾控中心圆满完成第一轮"创新转型三年行动计划(2018-2021)"，应急能力、科教产出以及国内影响力均处于同类城市第一方阵。"十四五"建设发展规划，围绕"三大原则、六项目标和六大工程"明确现代化疾控中心建设路径。中心迁建工程进展顺利，实验楼已进行八层结构施工，综合楼进行七层结构施工。完成投资超2.1亿元。

三、着眼大局大势，在攻克急难险重工作任务中凸显疾控先锋本色

高质量开展新冠疫情常态化防控，出色完成了包括中东欧博览会、两会、广交会、全市中高考、国家公务员考试等疫情防控保障任务40余起。高效率处置"8.10北仑新冠疫情"，深化"源头查控+硬核隔离+精密智控"工作机制，6小时实现从初筛阳性报告到明确诊断，12小时完成病毒基因测序确认为德尔塔变异株，32小时锁定感染来源，跑出疫情防控的"宁波速度"。高水平应对"12.5镇海新冠疫情"，黄金时间内启动I级应急响应，实现7天内"社区清零"，1个潜伏期内解封目标，创造出新冠疫情防控工作"宁波水准"，为全省"六大机制"提供了宁波经验。高质量完成新冠病毒疫苗接种工作，2021年全市累计接种新冠病毒疫苗2037.5万剂次，其中3岁及以上人群完成第一剂次接种964.1万人，全程接种868.9万人，18岁以上加强针接种118.8万人。高速度建成全国第四片区公共检测实验室，先后在"810北仑疫情"、"125镇海疫情"、进口冷食品排查中发挥出重大作用。

四、坚持人民至上，在维护公众健康上践行预防为主服务于民初心使命

快速推进老年人流感疫苗接种。2021年宁波市共完成65岁以上老年人接种48万人，市任务完成率达106.9%；其中70周岁以上老年人接种32万人，任务完成率达129.6%。权威技术助力全闭环冷链管理。率先在国内制订出台《宁波市进口冷链食品预防性全面消毒工作规范》和《宁波市进口冷链食品预防性全面消毒效果评估工作方案》，在国内同行中树立了先行标杆。立体化健康宣教促进素养提升。累计 报道388篇次、参加 新闻发布会13场、接受媒体采访42人次；新媒体"宁波疾控微信公众号"15次入围宁波市政务类微信公众号30强榜单，关注人数实现翻倍增长；健康教育云平台成功入选"健康中国行动"优秀案例。主动融入人群健康服务。国内首个在全市范围启动老年人跌倒高风险人群和骨质疏松症健康管理；国内首创建成基于区域PACS的市域范围内的医疗照射频次监测平台；艾滋病防控与公安部门联动利用多维大数据开展艾滋病溯源调查和精准防控工作；消除丙肝公共卫生危害的"四位一体"随访管理模式纳入全国丙肝随访指南；结核病防控推动教育联合卫生出台宁波市学校肺结核防控专题文件。

五、永葆发展韧性，在提升核心竞争力上推进新时代疾控人才队伍建设

持续强化各层次人才培养。中心引进高端团队1个、特优人才1名、领军人才2名、拔尖人才2名、高级人才4名。现有省151人才工程2名、省卫生创新人才1名、省医坛新秀3名；宁波市突出贡献专家2名、宁波市领军和拔尖人才7名；市优秀卫生学科带头人2名、市优秀中青年卫生人才3名、市卫生健康青年技术骨干人才2名、市巾帼科技人才1名、"六争攻坚、三年

攀高”创新人才1名;市优秀青年医师2名、市技术能手1名、市最美医(技)师3名。通过内因外优不断优化人才队伍结构,中心被评为“宁波市服务人才先进单位”。重点学科建设再上新台阶。“劳动卫生与环境卫生”学科获得第四轮宁波市医学重点学科立项建设;现场流行病学学科在市级医疗卫生品牌学科在第一轮建设周期考核中取得总分第一的成绩,获第二周期建设经费共550万元;《现场流行病学》人卫版慕课成功申报为省级一流本科课程,《现场流行病学案例教程2》人卫版等6部论著正式出版。重大科教平台建设成效明显。2021年中心与北京大学联合开展的3项基于区域卫生信息平台的疫苗主动监测项目正式启动。科教产出和成果获重大突破。2021年,中心获省、市级科技项目立项14项,累计获科研类经费1430万元,创历史新高;获浙江省科技进步三等奖1项;宁波市科技进步二等奖1项、三等奖2项;授权专利12项,参与制定国家卫生行业标准1项;科研论文发表70篇,其中SCI文32篇。

·民营经济软件产业·

【民营经济软件产业稳健发展】 2021年,宁波市民营经济软件和信息技术服务业(下称“民营经济软件业”)完成软件业务收入共计802.28亿元,同比增长11.8%。其中10月的软件业务收入为85.21亿元。2021年,宁波市民营经济软件业实现利润总额为78.71亿元,同比增长7.8%。其中10月的利润总额为13.2亿元。分各领域来看,2021年,宁波市民营经济软件业软件产品实现收入163.41亿元,同比增长26.6%,占全行业收入的比重为20.4%;信息技术服务实现收入309.7亿元,同比下降0.8%,占全行业收入的比重为38.6%;信息安全实现收入3.15亿元,同比增长51%,占全行业收入的比重为0.4%;嵌入式系统软件实现收入326.02亿元,同比增长18.8%,占全行业收入的比重为40.6%。

【宁波市民营经济软件协会20周年暨2021中国(宁波)软件峰会举行】 2021年10月24日,宁波市民营经济软件行业协会20周年暨2021中国(宁波)软件峰会举行,宁波市副市长陈炳荣出席峰会并致辞。在开幕致辞中,陈炳荣回顾了我市软件产业的发展历程,并对软件行业协会成立20年来所做的工作和取得的成绩表示肯定。陈炳荣指出,在数字经济大潮迭起的当下,软件产业作为数字经济的“核心”和“灵魂”,已然成为决胜未来的制高点。要紧紧围绕“数字化改革”和特色型中国软件名城创建工作,精心谋篇布局、多方挖潜增效,着力在“空间再拓展、特色再突出、举措再多样”等三个方面强化软件产业发展,增强创新突破、深化数字赋能、加强产业集聚,全力推进软件产业高质量发展。本次峰会安排在“1024程序员节”举行,以“激发新动能,开启新征程”为主题。在峰会上,中国工程院院士谭建荣、复旦大学智能机器人研究院院长甘中学、宁波工业互联网研究院院长褚健等多位行业专家结合各自专业研究领域,就推进软件产业高质量发展、推进制造业数字化转型等话题做了精彩分享。中软国际、金蝶软件、浙江蓝卓等企业代表做了行业报告。

宁波市经信局发布了2020年度宁波市优秀软件企业、优秀工业软件企业、新一代信息技术新兴企业、特色优势软件产品、软件业年度人物等一批“名企、名品、名人”榜单。同时,也对20年来在宁波市软件产业发展历程中的突出贡献人物及风云人物进行了表彰。

宁波市软件行业协会在峰会召开之际,正式上线“宁波云上软件公共服务平台”,着力于以数字化手段提升协会服务企业的能力和效率。平台集政策支持、解决方案、产品与服务、企业服务等功能为一体,将为宁波软件业发展注入新动能。

浙江云朵网、迈新科技、宁波美象、德塔森特、中航安贞(浙江)等本地软件企业也在峰会上发布了年度新品。

2021年,宁波市深入贯彻中央决策部署,以落细落实《部省市协同开展中国软件名城创建工作合作备忘录》为抓手,聚焦“工业软件”名城创建特色方向,主攻工业互联网创新突破、融合发展和应用深化,稳步推进特色型中国软件名城创建,软件和信息服务业持续保持高速增长,产业发展未来可期。

【宁波民营经济软件业成为引领城市创新发展的主力军】 2021年,中国城市的竞争,软件业的重要性毋庸置疑。随着人工智能、物联网、云计算、大数据时代到来,数字经济如火如荼。作为数字经济“核心”和“灵魂”的软件产业,是决胜未来的制高点,也是一片“蓝海”。谁能率先进军这片领域,在未来的竞争中就将占据优势。2021年,中国电子信息行业联合会发布了2021年度软件和信息技术服务企业竞争力报告及前百家企业,宁波均胜电子自2019年实现宁波企业在中国软件百强榜上“零”的突破后,连续3年入围榜单,最新排名第22位。2021年,宁波软件业迎来一波新的发展浪潮,追赶全球科创主流。

【民营企业均胜电子三入百强榜】 2021年的中国软件百强企业榜单中,华为、腾讯、百度位列前3强。中国通信、中兴通讯、海康威视、网易、海尔、海信、小米分列第4位至第10位。作为宁波软件的"独苗",民营企业均胜电子连续第3年入围榜单,排名第22位。

2021年上榜100强企业营业收入合计达18516亿元,同比增长16.7%;百强企业实现利润总额4279亿元,同比增长31.3%。

从营收规模来看,中国软件企业100强中,有20家企业的软件业务收入规模超过100亿元。此外,百强榜入围企业软件业务收入门槛超过15亿元。而均胜能够入围,凭借的是其近百亿元的软件收入,以及软硬集成的综合能力。

2021年,均胜电子在智能座舱、智能驾驶、新能源电控、汽车安全等领域的基础上强化软件实力,已形成"软硬协同"的研发能力和量产能力。公司在全球拥有工程技术和研发人员超5300人,专利逾5000项。

2021年,均胜电子基于各主流芯片,可以向各大整车厂商提供从域控制器、操作系统至应用层的软硬件智能座舱完整解决方案。同时,该公司交互界面、触屏应用、触觉反馈和手势识别等多模化座舱交互技术也已实现商用。此外,均胜电子近期还加强与整车企业、芯片供应商、模块提供商、工具链提供商等伙伴的多方位合作。

宁波软件业独角兽来了。

按照全球惯例,独角兽企业要符合"双十"标准——成立10年之内,估值10亿美元。

宁波软件业首个独角兽诞生,这家民营企业就是宁波森浦融讯科技有限公司。2021年,宁波森浦接连获得红杉资本、世界银行、CMC华人文化等PE/VC领域巨头的投资。在最新一轮融资之后,宁波森浦估值突破10亿美元。

2021年,宁波森浦融讯科技有限公司专注打造全球领先的金融信息服务平台,服务于银行间市场,是国内首家将中国债券交易市场、货币经纪实时债券报价数据进行整合发布、为中国金融市场提供综合信息服务的金融科技创新企业。

宁波森浦是一家提供金融数据及资讯的平台类软件公司,主要聚焦债券市场,此外还正在布局外汇、期货、股票等市场。

通常,老百姓眼中的资本市场就是股市,但债券市场的交易额非常巨大。2021年,我国银行间债券市场现券交易量达232.8万亿元,日均成交9350.4亿元;交易所债券市场现券成交20.2万亿元,日均成交830.4亿元。而同期A股市场成交额为206万亿元。

投资股市,需要资金面、基本面、技术面等大量信息。而投资债券市场,投资者也一样需要大量的相关数据和咨询。2021年,全球金融数据资讯巨头有路透社、彭博社等,宁波森浦正在朝着这个目标努力。

2021年,宁波软件业发展迅速,不仅有宁波森浦这样的独角兽,还有上面提到的均胜电子,以及宁波数益工联、大掌柜、搜布、知学教育、轻蜓视觉科技、易豹网络、薄言豆豆等软件公司。

2021年,宁波数益工联获得高瓴资本数千万元PRE-A轮融资,估值5亿元左右,成为国内工业互联网的领军企业。大掌柜、搜布、知学教育、轻蜓视觉科技、易豹网络、薄言豆豆等也均获得超千万元的融资。

【宁波民营企业软件园亮相2021世界数字经济大会】 2021年10月18日,2021世界数字经济大会暨第十一届智慧城市与智能经济博览会在浙江宁波开幕,宁波民营企业软件园携园内企业亮相。

2021年,宁波民营企业软件园已经集聚了一大批数字经济企业。此次大会期间,拥有核心技术的物联网企业极望信息、海大物联、智讯联科、涂鸦智能,重深耕信创与网络安全的绿盟网络,本土软件企业麦度智联、中航安贞、博登科技……多数都在宁波软件名城展览区及企业单独展位上亮相。

宁波博登智能公司作为本土民营企业,借这次大会,向社会各界展示自我,跟同行伙伴近距离交流沟通,不断提升自己,同时也为宁波展示数字经济新发展出一份力。

大会期间,宁波民营企业软件园还在展台区域设置了平台发布会、项目推荐会等环节,邀请园区内企业前来宣讲,展示自己在数字领域的发展现状和特色。很多参展单位都对宁波软件园产生了浓厚的兴趣,表达了进一步了解和合作的意向。

2021年,宁波软件园积极参与宁波市信息化、数字化建设。作为全市创新聚集之地,宁波软件园坚持借力引商、强化行业发展支撑、持续优化营商环境,为宁波数字经济建设提供高效的服务、一流的环境,以及扎实的人才基础。

2021年,宁波市高新区安排5亿元专项资金支持软件产业发展,在全市首次推出"高新精英软件人才计划",重点面向软件、人工智能、数字经济等领域引进专业人才,给予最高1000万元支持软件领域国内外高层次人才前来创新创业。同时,举办国际黑客松大赛、宁波范式绿色智慧教育网络视频会议等，加大对外宣传推介力度，不断提升软件园在全国显示度。2021年软件园接连引进2个院士工作站，成功入围甬江引才工程项目数量和引进高端科研机构数量均取得突破性成绩。

2021年，宁波民营企业软件园区共有各类软件项目达1000余家，吸引软件产业投资约300亿元。2021年核心区软件收入295.4亿元，同比增长26%。软件企业数量和软件开发人员占全市1/3以上，是宁波市软件和信息服务业企业创业成长的引领区。

·民营经济电子信息制造业·

2021年，宁波民营经济电子信息制造业产业规上工业实现增加值4865亿元，与上一年相比净增800亿元。规上工业完成总产值22108亿元，首破2万亿元大关。电子芯片产业也高达上万亿元。

5年之间，2个首破，跃动的数字逐步勾勒出宁波电子信息制造业体量趋大、质量趋优的优美线条。宁波电子信息制造业留下的一串串数字留下历史的印痕，成为宁波由制造大市向制造强市加速迈进的见证。

2021年，宁波民营经济电子信息制造业产业规上工业实现增加值3266.7亿元，首破3000亿元大关。规上工业完成总产值15866亿元，与上一年相比增长17.6%。

2021年，注定是宁波工业经济重要的历史时刻。这一年，宁波电子信息制造业18家民营企业入围工信部第六批国家级制造业单项冠军名单，加上此前的45个国家级制造业单项冠军，宁波入选总量已达63个，并且连续4年总量位列全国第一，全国电子信息制造业单项冠军之城呼之欲出。

2021年，宁波电子信息制造业127家民营企业入围工信部第三批专精特新"小巨人"企业名单，加上此前的55家企业，宁波电子信息制造业国家级专精特新"小巨人"企业总数已达182家，占全国总量的3.82%，在全国城市中排名第三，仅次于上海、北京。

【民营经济推动柔性电子爆发式发展，成为宁波的下一个未来产业"火车头"】 随着现代科学技术的发展，在信息技术、新材料、新能源等领域，特别是交叉融合方向，正涌现出一批能够改变科技、经济、社会格局的颠覆性技术。柔性电子就是在学科高度交叉融合基础上产生的颠覆性技术，能够突破经典硅基电子学的局限，为电子器件设计集成、能源革命、医疗技术等领域的变革等提供创新引领，是引领未来产业发展的重要技术之一。2021年，柔性电子已成为炙手可热的未来产业，包括宁波、深圳、重庆、西安等城市都将其列为重要发展产业。2021年10月28日，宁波市柔性电子学会成立大会暨第一次会员大会在西北工业大学宁波研究院召开。宁波市柔性电子学会是由宁波市从事柔性电子领域的科技工作者和相关领域的高校、科研院所和企业单位自愿共同发起的地方性、学术性、非营利性的社会团体。学会立足宁波、面向浙江，旨在汇聚柔性电子领域创新资源，搭建柔性电子领域学术交流平台，打造宁波市一流的柔性电子技术产学研孵化基地。柔性电子是指在柔性可延展的塑料或薄金属基板上制作有机或无机材料电子器件的电子技术，通过卷对卷输送柔性基板完成材料制备、沉积、图案化和封装工序。相较于传统CMOS电路中的刚性系统，柔性电子突破了经典硅基电子学的局限，实现产品处于一定范围内弯曲、折叠、扭转、压缩、拉伸时，仍具有高效光电性能、高可靠性和集成度。柔性电子产业链上游包括产品制造所需的主要材料与设备，有发光材料、柔性基板、镀膜设备等。中游以柔性电子器件生产制造为主，主要有柔性显示屏、柔性电路板、柔性传感器等。下游应用领域主要有电子类产品、航空军工类产品、医疗设备、汽车产品等，目前柔性电子终端产业化应用主要集中在智能手机、液晶电视、平板电脑、车载产品等领域。2021年，宁波市加快推动"三城三高地"目标建设，柔性电子产业作为具有高技术、高附加值、高成长性的前沿产业，正处于技术的突破期、应用的推广期和产业的成长期。培育柔性电子产业，加速柔性电子领域国产替代，助力宁波孵化柔性电子领域单项冠军企业，做大做强新兴产业，有利于提升宁波数字经济产业竞争力，打造宁波制造业发展的新动能。在柔性电子材料和零部件研发领域拥有技术积累也是宁波加大柔性电子产业扶持力度的主要原因之一。中科院宁波材料所、西北工业大学宁波研究院、浙江省磁性材料应用技术制造业创新中心、浙江省石墨烯制造业创新中心均已开展柔性电子材料和器件研究——

1、中科院宁波材料所在电子皮肤研究领域取得较大进展，利用碳纳米材料开发高性能柔软可穿戴器件，研发出可穿戴的无线脉搏监测系统。2021年，在用于可穿戴人机交互领域的抗冻有机凝胶摩擦纳米发电机方面取得进展。

2、西北工业大学宁波研究院设有柔性电子技术研究中心，依托西工大柔性电子研究院(IFE)的科研团队，主攻柔性有机电子材料与器件、柔性纳米电子材料与器件研究。

2021 年，宁波市已培育寰采星科技、柔印电子、柔创纳米科技等一批创新型企业——

1、寰采星科技是宁波“专精特新”培育重点关注企业，打破长期以来的国外技术垄断，主攻半导体显示的关键核心材料，研发精密金属掩膜版，2021 年入选浙江省重点技术创新项目计划名单。

2、柔印电子研发出高性能的纳米银导电浆料、纳米铜导电浆料，实现了在纸基上高性能易碎型射频识别电子标签的制造。

3、柔创纳米科技主要产品是用于柔性电子和可穿戴设备的柔性锂电池、用于锂电池和超级电容的耐高温纳米纤维隔膜等，已经进入小批量产业化生产阶段。

为加快抢占柔性电子产业排头兵的位置，提前完成柔性电子产业布局，把自身打造成“中国柔都”——中国柔性电子产业之都。宁波市须聚焦“中国柔都”建设目标，从柔性电子产业培育、技术研发、招商引智、政策支持等方面发力施策。

1、加快产业培育，壮大柔性电子产业规模

一是通过“技术-材料-器件”路径培育柔性电子产业；二是打造柔性电子智能制造产业园。

2、突破关键核心技术，构建协同创新体系

一是加强柔性电子核心技术攻关；二是推动建设高水平创新载体；三是完善创新服务体系。

3、聚焦项目人才引培，打造产业发展的积聚效应

一是强化重大项目招引；二是引进培育多层次产业人才。

4、加大政策支持力度，优化产业发展环境

一是强化顶层设计和政策资源支持；二是加大产业金融支持力度；三是深入开展国内外交流合作。

【2021 年 12 月 16 日，宁波市民营经济发布电子信息制造业产业集群“十四五”发展规划，力争到 2025 年总产值超 5000 亿】 宁波市民营经济将进一步聚焦集成电路、光学电子、汽车电子、智能电子产品等重点领域，培育打造以新一代信息技术为主体的现代产业体系。

按照宁波市电子信息制造业产业集群“十四五”发展规划，宁波电子信息制造业总体竞争力明显提升，成为全国领先的特色工艺集成电路产业基地、具有国际影响力的电子信息制造业集聚地；全市电子信息制造业总产值突破 5000 亿元；规上企业研发投入占主营业务收入比重超过 3.5%，新产品产值超过 2500 亿元。

电子信息制造业是当今全球范围内最具创新活力和发展潜力的高新技术产业之一。经过近年来的发展，宁波已基本形成了以集成电路、汽车电子、光学电子、智能终端、电子材料、新型元器件等为特色的新一代信息技术产业体系。

光学电子领域，车载镜头、手机摄像模组、手机光学镜头产量分别居全球第一、全球第二、国内第一；集成电路领域，形成从半导体材料、设备、设计、制造、封测等完整产业链，建成了国内唯一量产化的自主可控高压模拟及射频集成电路特种工艺生产线，ArF 光刻胶产品成为国内第一款通过产品验证的国产 ArF 光刻胶。

按照计划，宁波市将在强化标志性产业链建设，促进产业集群发展；突破关键核心技术，提升产业创新能力；强化智能技术应用，驱动传统领域转型；加大市场主体培育，激发集群发展活力；加强产业增量引培，构建开放协同生态等方面入手，不断做大做强电子信息制造业。

空间布局方面，宁波市将推进和完善集成电路“一链四区”产业布局，突出鄞州、北仑、前湾新区和镇海区特色，重点提升集成电路设计服务、装备研发、特色工艺制造及配套产业竞争力。

在光学电子产业，宁波市将加速构建以保税区光学显示、余姚光学成像、江北光学薄膜、鄞州光电芯片、甬江科创大走廊光电材料与器件为主体的“四区一带”产业布局，集中提升光学成像模组、光学传感器、光通信芯片、光学薄膜等领域的研发设计、生产制造和产业配套能力，构建以光学显示、光学成像、光通讯为主攻方向，具有国际竞争力的光学电子产业基地。

在汽车电子产业，宁波市将依托高新区软件及工业互联网产业园、鄞州汽车零部件产业园、宁海汽车零部件产业园、海曙新能源材料产业园等园区，重点发展汽车电子系统、新能源汽车“三电”、智能传感器、动力系统等关键核心高端零部件和汽车底盘系统、智能车灯、自动变速器等特色产品，打造多点联动汽车电子特色发展趋势。

在智能电子产业，宁波市将在国家高新区、奉化智能终端产业园、鄞州智能家电产业园、江北高新技术产业园、宁海光伏新能源产业园，重点发展智能手机终端、手持智能终端、智能家电、智能可穿戴、智能仪器仪表、智能光伏组件等产品。

2021 年，宁波已集聚了一批优质的光学膜企业。光学膜产业已成为宁波光学电子产业中最亮眼的明星

产业。数据显示，2021年前11月，宁波光学膜企业完成产值42.1亿元，与去年同期相比增长16.6%，产业发展形势持续向好。

在激智科技、长阳科技、惠之星、勤邦新材料、东旭成新材料等光学膜企业不断做大做强的同时，他们与本地新材料企业以及下游光学显示企业的联动也变得越发紧密。通过联合开发，优势互补，逐步串珠成链的宁波光学膜产业正在蓬勃发展中。

产业持续向好的背后，固然有企业引进、培育的功劳，但更重要的是依托宁波扎实的工业基础，一批光学膜企业的合作共赢以及与产业上下游的紧密联动。

以激智科技为例，在产业链上游，勤邦新材料为其提供扩散膜、增亮膜以及太阳能背板膜的原材料基膜；在下游，激智科技也与甬企视睿迪光电以及群创光电、易维视有着紧密的合作。

2021年8月，激智科技联合西北工业大学宁波研究院、勤邦新材料、卢米蓝、激智创新材料研究院在高新区组建了领军人才的创新驱动中心——宁波市新型显示创新联合体。

该联合体将重点聚焦新型显示产业“核心材料–光学功能膜–光电模组–显示面板–智能终端应用”新型显示产业链，重点开展核心材料制备技术攻坚、关键装备国产化替代、新一代高色域显示技术应用等科技创新联合攻关三大计划研究，进一步促进上下游产业链合作攻关和机制创新，提升宁波产业整体竞争优势。

·民营经济智慧城市建设·

【2021年宁波市民营经济加快推进一体化智能化公共数据平台建设，打造数字化改革标志性成果】 2021年，宁波市民营经济勇立潮头，塑造变革，加快打造数字化改革标志性成果。宁波认真贯彻落实全省数字化改革推进会的部署要求，上跑道、进赛道，主动破除思维惯性、路径依赖，守正创新、革故鼎新，积极谋划和推进一体化智能化公共数据平台、社区中脑、新型智慧城市等建设，着力打造一批标志性成果，为宁波形成数字变革金名片、建设共同富裕先行市提供有力支撑。

2021年，宁波深入贯彻落实中央、省有关决策部署，按照省数字化改革工作会议精神，围绕“执行好、特色化、创新性”的要求，推进一体化智能化公共数据平台建设，高效配置数据资源，迭代升级“浙里办”“浙政钉”两端，谋划建设多跨应用场景，助力“掌上办事”“掌上办公”城市建设，为各领域数字化改革提供有力支撑。

一、夯实基础支撑，建成一体化智能化公共数据平台

公共数据平台统筹建设。按照省一体化智能化公共数据平台“四横四纵”和“两掌”总架构，构建具有宁波特色的“851”总体架构，今年3月，宁波市一体化智能化公共数据平台上线运营，目前已接入市、县77个系统和江北、慈溪、海曙等分平台。平台采取统建模式，区县(市)依托宁波市一体化智能化公共数据平台部署建设以应用为主的分平台，不再单独建设区县(市)平台。政务云服务体系优化升级。建设全市统一政务云，政务云性能不断提升，容量持续扩充，有效支撑市县系统统一部署。除视频监控等特殊情况外，新建系统均部署于市政务云，原有系统逐步迁移。2021年，市政务云计算中心入驻单位280个，入驻系统780个。网络支撑水平不断提升。整合互联网出口，实现省市县三级政务外网互联互通、高效管理。升级改造电子政务骨干网网络，核心骨干网互联总带宽达到60G。“雪亮工程”建设加快推进，视联网平台基本覆盖全市各部门、镇(街道)及部分学校医院，为全市疫情防控、防台防汛等重点工作开展提供有力保障。

二、开展IRS应用，加强数据资源体系建设

开展IRS应用试点工作。升级完善宁波市公共数据管理工作平台相关功能，完成平台与省IRS对接，实现省市县三级的政务云基础设施、应用组件、数据资源统一调度和统筹利用。推动各地各部门在应用项目方案论证、最佳应用评选等过程中充分利用IRS系统开展工作。通过IRS对项目进行前期论证和功能模块查重，有效节省预算资金。我市项目“前期论证应用查重”“浙政钉应用发布审核”等4个案例入选省大数据局第一批优秀使用案例集。加强数据资源归集共享。排摸梳理十多年来信息化项目清单，基本完成全市应用系统建档，关联编制1万多类数据资源目录，形成53个市县两级特色专题库，累计归集120亿条数据。推进省级公共数据回流，完成9.5亿条省级公共数据向市、县数据仓回流。开展数据共享开放“百日攻坚”行动，推进责任清单落实，全面征集数据共享需求。数据共享需求满足率达98.5%，为数字化改革五大系统应用提供高质量数据支撑。推进数据资源开放利用。推进公共数据开放，市公共数据开放平台已开放1147个数据集，共3.3亿多条数据。开展2021年宁波市数据开放创新应用大赛，其中12个作品进入省复赛，3个作品进入省决赛，1件作品获得二等奖，2件作品获得优胜奖。复旦大学

联合国家信息中心发布的“2021上半年中国开放数林指数——城市标杆”暨《中国地方政府数据开放报告：指标体系与城市标杆》,宁波综合指数位列全省第一。

三、完善两端门户，持续推进“掌上办事”“掌上办公”之市建设

全面推进“互联网+政务服务”。持续提升政务服务“一网通办”,推进政务服务2.0建设,做好“智能秒办”事项改造,已完成年度111个智能秒办事项改造目标,全市乡镇街道窗口的2.0工作台全部开通。持续完善宁波市一体化政务服务平台，平台已覆盖全市所有办事服务部门。上线运行“浙里办”宁波城市频道,汇聚上架“甬尚老兵”“新居民一件事”等43个高频应用,并开展“应用亮星”活动。在《2021省级政府和重点城市一体化政务服务能力(政务服务“好差评”)调查评估报告》中,宁波市以94.49分在全国32个重点城市中位列第三,网上政务服务能力总体指数连续两年被评为“非常高”。全力推进“浙政钉”宁波工作台建设。组织完成“浙政钉”2.0用户开通、激活和应用迁移等工作,在掌上端实现办文办会办事,“宁波市基层治理平台”“宁波文明创建管理协同”“宁波耕地智保”分别入选“浙政钉”示范应用、典型案例和最佳实践应用。2021年,全市注册用户数超过22万，基本覆盖全市所有机关事业单位,用户数位列全省第一,日活跃率超82%。

四、提升集成能力，积极谋划建设宁波特色多跨应用场景

加快中台组件共建共享。按照省定标准,推动部门和区县(市)项目建设组件化。组件由三级共同建设,市级有关单位和区县(市)在新系统开发时可充分利用省市两级公共数据平台已有组件,实现“一地创新,全省受益”。2021年宁波市已有40余个高质量组件上架省组件服务超市,在全省名列前茅。加快多跨应用系统集成。一体化智能化公共数据平台数字驾驶舱已集成“甬易办”、智慧水利、健康大脑、“甬管家”“浙里甬e通”、海事“深蓝智享”、国际贸易单一窗口、金融大脑、基层治理四平台、公正检察、“新居民”一件事、危化品全链条安全风险智控、退役军人全生命周期服务管理“一件事”等优秀多跨数字应用。“甬易办”2.0平台累计上线1112项惠企惠民政策,惠及51.2万户企业(个人),兑现(减免)金额133.6亿元。“新居民”一件事应用场景成为首批省数字政府系统“一地创新、全省共享”应用项目。宁波“一码通”已在奉化开展试点,2500个数字门牌正在印刷上墙。

【民营经济加快构建社区中脑,赋能宁波未来社区高质量发展】 社区是解决群众最关心、最直接、最现实生活问题的重要空间载体，是城市治理的重要支点和落脚点,也是城市治理的“最后一公里”。加快建设社区中脑,打造社区智能中枢系统,有助于宁波全面展现未来社区幸福生活新图景,是忠实践行“八八战略”、奋力打造“重要窗口”、塑造现代化滨海大都市新风貌的内在要求,是满足人民对美好生活向往的重要举措。

一、2021年主要建设内容

突出以人为本、上下贯通、协同集成、塑造变革、服务智能等原则,构建以物联网中台、数据中台、数字孪生中台、AI中台、业务中台等子平台为核心的社区中脑,纵向充分对接一体化智能化公共数据平台,实现数字政府、数字社会、数字法治等各类相关系统的按需贯穿,横向对接基层治理四平台信息系统,打通纵横条线的相关工作机制、数据、平台、应用,通过对我市未来社区的技术、业务、数据赋能,统筹打造未来社区综合化智能化应用场景,提升社区整体智治和智慧服务水平。

一是构建物联网中台，强化感知能力。推进社区(小区)感知物联网系统建设,加快部署广覆盖、大连接、低功耗窄带物联网,完善感知“神经末梢”,标准化接入社区公共安全、建筑楼宇、物业管理、智能家居等物联网设备,构建社区物联网中台。

二是构建数据中台,形成数据底座。依托市公共数据平台的软硬件设施,明确社区数据资源目录范围,建立健全社区公共数据采集标准、流程和方法,全面打通市公共数据平台、县(市)数据仓,建立社区数据中台,推进社区公共数据采集归集。

三是构建数字孪生中台，实现虚实映射。利用BIM/CIM等技术,搭建社区三维模型,实现地上、地下建筑物全面数字化,形成未来社区CIM底层,联通物联网中台,接入水电能源、灯感、烟感、声感、智慧灯杆等IoT物联设备,提供智能设备管理和反向操控功能,数字模型与社区实体的状态同步，提升社区运行可视化和感知控制水平,实现现实与虚拟社区融为一体。

四是构建AI中台,提升智能水平。依托宁波城市大脑,建设集面向未来社区需求的智能算力资源、应用算法资源、设计工具资源于一体的智能化功能模块,强化社区数据分析挖掘能力，提升社区治理和服务智能化能力和水平。

五是构建业务中台,优化场景部署。发挥城市大脑对跨部门、跨层级、跨领域事件的自动流转和协同处置等功能,贯通城市大脑应用支撑层,实现应用接入、验证、发布等标准化管理,提供数据集成、消息集成、应用

集成等业务中台能力，快速实现数字应用场景搭建。

六是建设社区数字应用，提升居住体验。围绕医、学、住、行、生、老、病、养等民生领域，强化系统融合、综合集成，加快机制通、数据通、平台通、业务通，打造集未来社区“三化九场景”多跨应用、“浙里”系列综合应用、“零跑”系列综合应用、“甬有”系列综合应用于一体的数字化融合应用场景。

二、加快宁波社区中脑建设步伐

1、协同谋划，统筹推进。建立城市大脑、社区中脑、家庭小脑贯通工作小组，建立市县街道(乡、镇)联动的建设工作机制，研究协调解决重大事项，积极落实试点建设主体责任，明确任务分工，强化协同推进。根据业务事项承接需要，推动乡镇(街道)机构职能和人员力量优化配置，重塑组织架构、体制机制，构建上下贯通、执行有力的严密组织体系。明确事项执行各环节人员角色、工作职责、协同机制、履职流程，理清工作边界、完善工作闭环。

2、强化贯通，全面兼容。依托“152”与“141”贯通工作体系，按照数字化改革“1512”体系新架构，从加快县乡一体、推动平台融合、加快数据共享等方面发力，探索建立逐层分解、向下贯穿的全过程闭环“业务流”，推动城市大脑、社区中脑、家庭小脑有机全贯通。加快梳理应用和事项清单，梳理需要延伸社区的应用清单、事项清单。探索建立城市大脑、社区中脑、家庭小脑有机全贯通的方法、路径、模式，推动省、市、县重大应用功能按需下沉到社区中脑，实现体制机制贯通、平台贯通、应用贯通。

3、创新模式，营造生态。借力市未来社区产业联盟，搭建完善平台支撑，整合完善未来社区产业链和供应链。推动传统社区物业企业向未来社区运营商转型，通过职能部门和企事业机构联合，打造统一规范的社区运营商。加快制定出台相关建设指标体系，并加快转化为建设导则，确保技术上更定量化和规范化。争取相关国家补助资金及省市专项资金，支持城市大脑、社区中脑、家庭小脑有机贯通项目。

4、找准试点，示范推广。统筹规划新建和改造更新两大类型，优先选定数字化基础好、数字应用需求大、复合开发难度低的重点地区，先行进行试点应用改造和对接，实现在试点社区的落地贯通。探索经验并形成可复制模式，开展与其他地区改造的与对接，逐步推广，形成示范。

【民营经济以数字化改革为引领，加快宁波新型智慧城市建设】 2021年，宁波民营经济把推进新型智慧城市建设与落实省市数字化改革部署相结合，按照“整体智治、高效协同”要求，坚持“以人为本、便民惠民”，强化智慧城市建设整体顶层设计，夯实数字基础设施支撑，加快推动数据资源共享开放，持续深化多跨场景应用建设，培育壮大数字经济发展动能，积极推进治理体系和治理能力现代化，全市智慧城市建设取得了良好成效。宁波城市网络质量全国第一，获得第六届中国国际人工智能领袖峰会(AIC)智慧城市最佳应用奖等一系列荣誉。但与数字化改革的更高要求相比，与先进城市的快速崛起相比，宁波新型智慧城市建设仍需进一步高标准改革谋划、高质量集成协同、高水平试点创新、高速度应用突破，加快争先进位发展，为宁波打造数字化改革先行市、共同富裕示范区贡献更大力量。

一、吸取上海、深圳智慧城市建设的经验

智慧城市是城市能级和核心竞争力的重要体现，是推进数字化转型发展的关键抓手。2021年，上海、深圳等地纷纷在智慧城市建设上深度发力。

1、上海智慧城市建设的经验。设立由市长任组长、3名副市长任副组长的智慧城市建设领导小组，2020年出台《关于进一步加快智慧城市建设的若干意见》《关于全面推进上海城市数字化转型的意见》等，推动“经济、生活、治理”全面数字化转型，打造全球新型智慧城市的排头兵和具有国际影响力的国际数字之都；成立全国首家市域物联网运营中心，率先建成“双千兆宽带第一城”；成立上海市城市运行管理中心，建设上海市数据共享交换平台，推进数据归集治理与共享开放，以城市运行“一网统管”为抓手，着力实现“一屏观天下，一网管全城”；通过数据共享、业务协同，创新打造共享停车、交通治堵等多跨应用场景。以深基坑安全监管、玻璃幕墙安全监管、违法建筑治理等小领域应用为突破口，建设多个数字孪生城市治理场景。

2、深圳智慧城市建设的经验。设立由市长任组长的智慧城市和数字政府建设领导小组，2020年出台《关于加快智慧城市和数字政府建设的若干意见》等，建设数字政府、数字经济和数字市民三位一体的数字深圳，打造具有深度学习能力的鹏城智能体，成为全球新型智慧城市标杆和“数字中国”城市典范。实现物联感知NB-IoT(窄带物联网)网络市区重点领域感知设备初步覆盖，在全国率先开展多功能智慧灯杆部署。建立市政府管理服务指挥中心，建设深圳市政务信息资源共享平台，加强数据归集共享和开放利用，提供“一图全面感知、一键可知全局、一体运行联动”的智慧化管理服务能力。掌上政府、指尖服务、刷脸办事全面推广，

“秒批”“秒报”“无感申办”等系列品牌全面打响。

二、加快宁波新型智慧城市建设

2021年是推动数字化改革全面贯通、集成突破、集中展示之年。宁波新型智慧城市建设应借鉴先进城市经验，深入贯彻“十四五”规划，围绕省市数改和共富目标，借鉴上海、深圳等相关经验，聚焦跑道，创新突破，打造更多标志性应用和成果，加快推进“全国数字化改革先行区、数字孪生城市标杆市、数字社会发展先行区、智慧产业发展新高地”建设。

1、高标准改革谋划，进一步强化智慧城市“制度理论”之基。进一步重视和加强宁波市智慧城市建设领导小组、智慧城市建设专家咨询委的建设，积极推进有关数据立法工作，加快出台宁波市新型智慧城市建设实施意见，构建数字服务、数字治理、数字经济、数字生态统筹推进和有机衔接的新型智慧城市发展体系，明晰数字化改革总体要求下智慧城市建设的重点方向和路径举措。

2、高质量集成协同，进一步夯实智慧城市“平台数据”之要。加快新型基础设施建设，依托市智能公共数据平台底座，强化系统融合、综合集成，加快机制通、数据通、平台通、业务通，为各应用系统提供有力支撑，为全市数字化改革提供智能安全的数字基础设施底座。深化一体化数字资源系统(IRS)建设，推进公共数据的归集共享和开放应用，提升数据流通共享的便捷性和高效性，加快健全数据共享供需对接和异议协调评判机制、数据闭环流转机制，完善市公共数据平台开放域管理系统，扩大数据开放应用领域。

3、高水平试点创新，进一步提升智慧城市“整体智治”之效。聚焦城市治理体系和治理能力现代化建设，加快推进“一网统管”、“152”与“141”双体系贯通两个省级试点建设，构建城市整体智治体系。加快构建市、区县(市)、街镇三级平台横向到边、纵向到底的城市治理“一网统管”平台，厘清城市治理业务事项、流程脉络，建立“安全、干净、有序、活力”的城市运行生命体征指标体系，探索县级全域治理中心指挥运行体系建设，优化重大应用贯通中各职能部门工作机制和流程。推进“152”和“141”体系贯通，从“体系”“贯通”“应用”三个关键词入手，推动试点重大应用功能按需贯通到“141”体系,实现应用贯通、平台贯通、体制机制贯通，建立标准，形成示范。

4、高速度应用突破，进一步建好智慧城市“数字孪生”之城。数字孪生城市是智慧城市发展的必然选择。强化数字孪生顶层谋划设计，制定数字孪生建设行动方案。加快构建泛智能感知平台、城市信息模型平台等城市数字孪生基础平台。以应用场景试点为突破，在第一批、第二批的四个省级试点基础上，加快从局部走向全域、从粗粝走向细腻、从映射走向操控，从产业、楼宇、社区、园区、校园、港口等小切口开始，不断丰富宁波特色“数字孪生”应用场景，逐步向城市全域、城乡一体化的孪生大空间过渡。

【2021年7月22日，宁波市民营经济出炉《宁波市智慧城市建设“十四五”规划》】 2021年7月22日，宁波市民营经济提出，未来五年，我们城市的智慧生活会发展成什么样？真正的5G世界会是怎样的？自动驾驶真的会走进现实世界吗？手机究竟还能给市民带来怎样的便利？上述种种问题，2021年7月22日，宁波市民营经济发布的《宁波市智慧城市建设“十四五”规划》给出了初步的答案。规划提出，到2025年，宁波智慧城市建设将迈入全球领先行列，成为全国数字化改革先行区、数字孪生城市标杆市、数字社会发展先行区、智慧产业发展新高地，建成国内领先的城市大脑，构建全国知名和有影响力的“一次不跑”“一网共治”“一站通服”“一云通惠”等智慧城市品牌。宁波将把智慧城市打造成为当好“模范生”的鲜明标识。

规划确定了“十四五”的宏伟目标：

到2025年，宁波将建成5G基站超过4万个，5G网络全市覆盖，建成全国领先的城市物联网一体化开放平台。

未来五年，宁波将建成全国领先的人工智能超算中心。数据共享平台和开放流通平台进一步完善，实现数据归集率100%。公共数据、商业数据、互联网数据实现有效整合关联和广泛利用。

到2025年，宁波城市大脑体系全面建成，并建成多个宁波城市大脑·区域分平台，城市大脑下的细分领域智慧应用场景超过100个；打造全国知名的“一次不跑”“一网共治”“一站通服”等集成化、一体化的智慧城市品牌。

未来五年，宁波将打造成为国际智能制造新高地、中国特色型软件名城、工业互联网领军城市、国家新一代人工智能创新发展试验区，打造省级“未来工厂”15家以上，建设市级智能工厂(数字化车间)350家以上。同时，规划还提出了如下重点任务：

建设万物互联的网络设施体系，提升基础支撑新能级。宁波将重点推进基站共建共享，实现中心城区、交通枢纽、工业园区等重点区域5G网络优质覆盖，实现5G信号全覆盖、精品网络建成和5G商用。建设整合共享的数据资源体系，构筑数据治理新层级。宁波将建设北斗数据云平台，推进北斗产业相关数据在宁波汇聚，构建北斗大数据综合应用服务中心，推动北斗技术在应急救灾、区域规划、港口海运、现代农业、数字经济等行业的示范应用。建设智能超算的城市大脑体系，构建智慧应用新场景。宁波将在城市大脑架构下，实现“一部手机治理一个城市”。同时，建设“一次不跑”的智慧政务综合应用场景，实现各类政务服务应用“一端”集成，提供“菜单式”“网购式”服务体验。发展融合创新的智慧产业体系，壮大智慧发展新动能。宁波将聚焦数字经济重点发展领域，加快推进新一代信息技术创新，并强化重点创新载体建设，优化产业生态，推进产业创新能力倍增。推进重大项目实质性建设，做大做强甬江科创大走廊、甬江实验室、阿里宁波中心、华为鲲鹏生态产业园、中芯宁波等重点项目、重点工程。建设先行先试的智慧示范体系，打造智慧城市新窗口。宁波将以未来社区、智慧园区、智慧商圈建设为支撑，结合前湾新区、东部新城、创智钱湖、镇海新城、空铁新城、姚江新城等重点开发区域，建设宜居宜业、功能完善的智慧新城。建设自主可控的网络安全体系，强化智慧城市新保障。制定“宁波市关键信息基础设施认定办法”，探索出台数据安全、个人信息保护等地方性法规。同时，这份规划还提到，计划在杭州湾新区滨海新城12.8平方公里作为自动驾驶深化试点实施区域，分阶段对14公里市政道路进行智能化改造，新建1座智能停车场，推进自动代客泊车(AVP)、自动驾驶、辅助驾驶、网联公交车开放道路测试等内容，建成全域支持车路协同的自动驾驶示范区。此外，在规划中，宁波还谋划提出了5G网络建设及应用行动、数据治理行动、城市大脑—领导驾驶舱建设行动、智慧综合应用场景协同设计行动等7大行动，以及城市物联网平台建设工程、城市数字孪生平台建设工程、城市大脑建设工程、数据银行建设工程、人工智能超算平台建设工程等16个重大标志性工程，以及对应的网络设施、数据资源、城市大脑、智慧产业、智慧示范等体系的65个项目。

·综合·

【地区生产总值】 2021年，宁波市实现地区生产总值14594.9亿元，按可比价格计算，比上年增长8.2%。分产业看，第一产业实现增加值356.1亿元，增长2.8%；第二产业实现增加值6997.2亿元，增长9.8%；第三产业实现增加值7241.6亿元，增长7.1%。三次产业之比为2.4:48.0:49.6。按常住人口计算，全市人均地区生产总值为153922元(按年平均汇率折合23858美元)。

2021年宁波市分行业增加值情况

	实绩(亿元)	比上年增长(%)
按行业分		
农林牧渔业	372.5	3.0
工业	6297.5	11.0
建筑业	707.8	0.3
批发和零售业	1762.2	11.3
交通运输、仓储和邮政业	599.6	10.4
住宿餐饮业	163.9	17.9
金融业	1062.7	7.3
房地产业	1090.7	-1.3
其他服务业	2538.0	6.7
营利性服务业	1491.2	9.2
非营利性服务业	1046.8	3.2

【财政收支】 2021年,宁波市完成财政总收入3264.4亿元,比上年增长15.1%,其中一般公共预算收入1723.1亿元,增长14.1%。全年全市完成一般公共预算支出1944.4亿元,增长11.6%,其中交通运输支出、住房保障支出和卫生健康支出分别增长65.8%、42.4%和12.2%。

【就业和再就业】 2021年,宁波市新增城镇就业人员34.4万人,4.8万名城镇失业人员完成再就业,其中困难人员2.6万人。年末全市城镇登记失业率为2.31%。

【市场价格】2021年,宁波市的市区居民消费价格比上年上涨2.1%,其中食品类价格上涨1.5%。商品零售价格上涨3.3%。工业生产者出厂价格上涨8.5%,工业生产者购进价格上涨21.2%。12月全市新建商品住宅销售价格同比上涨3.3%,同比涨幅在全国70个大中城市中排第27位。

2021年宁波市区CPI同浙江、全国比较(上年=100)

指　标	宁波	浙江	全国
居民消费价格指数	102.1	101.5	100.9
一、食品烟酒	102.1	100.7	99.7
二、衣着	99.6	101.0	100.3
三、居住	100.8	100.9	100.8
四、生活用品及服务	102.3	101.6	100.4
五、交通通信	105.3	104.1	104.1
六、教育文化娱乐	104.4	103.5	101.9
七、医疗保健	100.4	100.8	100.4
八、其他用品及服务	97.3	97.1	98.7

·农业、美丽乡村建设·

【农业生产】 2021年,宁波市完成农林牧渔业增加值372.5亿元,比上年增长3.0%。粮食产量67.8万吨,增长0.6%;肉类总产量8.5万吨,增长12.0%;禽蛋产量3.7万吨,下降6.0%;牛奶产量4.2万吨,增长39.3%;水产品总产量107.1万吨,增长4.5%。全年新增市级农业龙头企业17家,累计达322家,其中农业产业化国家重点龙头企业11家。

【美丽乡村建设】 2021年,宁波市新增新一轮省级新时代美丽乡村示范县1个、示范乡镇(街道)12个、特色精品村36个,累计分别达到1个、67个和193个。新增省级高标准农村生活垃圾分类处理示范村20个、历史文化村落保护利用重点村3个,累计分别达79个和29个。完成农村公厕改造1131座。

·工业、建筑业·

【工业经济】 2021年,宁波市实现工业增加值6297.5亿元,比上年增长11.0%。规模以上工业增加值增长11.9%,其中民营企业增长13.0%。分行业看,在35个行业大类中,30个行业增加值实现正增长,其中汽车制造业增长7.9%,电气机械和器材制造业增长17.9%。分经济类型看,国有及国有控股企业增加值增长8.3%,股份有限公司增长5.5%,有限责任公司增长7.2%,私营企业增长15.8%,外商投资企业增长8.3%,港澳台投资企业增长13.3%。全年全市规模以上工业企业完成销售产值21727.3亿元,增长21.6%,其中出口交货值4075.4亿元,增长21.1%。规模以上工业企业完成利税总额2563.8亿元,增长9.4%,其中利润总额1724.1亿元,增长10.2%。

【工业转型升级】 2021年,宁波市规模以上工业企业投入研发费用503.0亿元,比上年增长28.1%;规模以上工业新产品产值增长26.3%,新产品产值率达到34.3%。规模以上工业中,人工智能产业、数字经济核心产业、新材料产业、高技术制造业、装备制造业增加值分别增长 21.3%、17.5%、16.6%、16.1%和 16.1%。年末全市“246”万千亿级产业集群拥有规模以上工业企业 6656 家，实现增加值 3876.2 亿元，增长 11.6%。新增国家级制造业单项冠军企业(产品)18 家，累计达 63 家，占全国比重为 7.4%，稳居全国城市首位。新增国家级专精特新“小巨人”127 家，累计 182 家，居全国城市第三位。

【建筑业】 2021 年，宁波市建筑业实现增加值 707.8 亿元，比上年增长 0.3%。

·固定资产投资·

2021 年，宁波市固定资产投资比上年增长 11.0%。全年全市完成商品房销售面积 1606.2 万平方米，下降 13.6%。

2021 年宁波市固定资产投资主要领域增速

领域名称	比上年增长(%)
工业投资	20.4
制造业投资	27.0
房地产投资	14.1
基础设施投资	-9.9
高新技术产业投资	26.3
民间投资	8.7

·城市建设·

2021 年，宁波市城市快速路建设稳步推进，环城南路西延(薛家路-望童路)、世纪大道快速路跨北外环段、余慈胜陆高架建成通车；新增城市快速路 22 公里，累计总里程达 129 公里。新建成绿道 260 公里，绿道总里程超 1700 公里，全市域“沿山、沿江、沿湖、沿海”的绿道格局初步成形。全年全市完成“三改”建筑面积 1515 万平方米，拆除违法建筑面积 1115 万平方米。创建省级高标准垃圾分类示范小区 305 个。

·国内贸易·

2021 年，宁波市完成社会消费品零售总额 4649.1 亿元，比上年增长 9.7%，其中限额以上社会消费品零售总额 1735.9 亿元，增长 15.1%。从限额以上主要商品类别看，汽车类商品零售额增长 16.0%，其中新能源汽车增长 206.2%；服装鞋帽针纺织品、日用品、家用电器和音像器材等商品零售额分别增长 22.5%、4.1%和 7.8%；粮油食品下降 1.1%。年末全市限额以上贸易法人企业达 7333 家，全年完成营业收入 33609.8 亿元，利润总额 500.9 亿元。

·对外经济·

2021 年，宁波口岸完成进出口总额 20531.2 亿元，比上年增长 23.7%。全市完成自营进出口总额 11926.1 亿元，增长 21.6%，其中出口总额 7624.3 亿元，增长 19.0%；进口总额 4301.8 亿元，增长 26.3%。进出口总额占全国比重为 3.05%。全年全市新增对外贸易经营备案登记企业 5337 家，累计达 57366 家；全年有进出口实绩的企业 24532 家。民营企业(包括私营企业和集体企业)进出口额 8400.0 亿元，增长 20.1%，占同期进出口总额的 70.4%。从产品结构看，机电产品出口额占全市出口总额的 57.7%。从贸易伙伴看，直接与我市开展贸易往来的国家和地区达 223 个，其中对欧盟、美国和东盟的进出口额分别为 2127.7 亿元、2084.4 亿元和 1248.9 亿元，分别增长 24.5%、20.1%和 15.5%。全年全市完成对“一带一路”沿线 65 国进出口额 3330.6 亿元，增长 20.3%，其中对中东欧国家进出口额 392.7 亿元，增长 40.4%。全年对 RCEP 其他成员国进出口额 3123.4 亿元，占同期我市进出口总额的 26.2%。

2021 年宁波市自营进出口主要分类情况

指　　标	实绩(亿元)	比上年增长(%)
进出口总额	11926.1	21.6
出口总额	7624.3	19.0
其中:一般贸易	6861.8	20.0
加工贸易	632.1	7.2
其他贸易	130.4	32.3
进口总额	4301.8	26.3
其中:一般贸易	3749.3	30.5
加工贸易	284.8	4.9
其他贸易	267.7	2.5

·利用外资·

2021 年，宁波市累计批准外商投资项目数 564 个;合同利用外资 86.4 亿美元,比上年增长 83.9%;实际利用外资 32.7 亿美元,增长 32.7%。第三产业新批项目 492 个,实际利用外资 22.4 亿美元,增长 66.0%。至年末,累计有 69 家境外世界 500 强企业在全市投资 153 个项目(分支机构)。

·对外合作·

2021 年，宁波市新批境外投资企业和机构 186 家;备案中方投资额 24.3 亿美元,比上年下降 2.1%。全年完成境外承包工程劳务合作营业额 18.8 亿美元,增长 6.2%。

·服务贸易·

2021 年，宁波市完成国际服务贸易进出口额 1401.9 亿元,其中出口额 947.0 亿元,进口额 454.9 亿元,比上年分别增长 36.8%、37.9%和 34.6%。全年承接服务外包执行额 526.0 亿元,增长 20.4%,其中承接离岸服务外包执行额 287.4 亿元,增长 25.2%。年末全市服务外包企业 1745 家,从业人员 6.8 万人。

·国内合作·

2021 年,宁波市上缴省财政东西部协作帮扶资金 68772 万元,追加拨付凉山财政资金 3200 万元,安排帮扶项目 193 个；落实财政对口支援资金 5.02 亿元,实施援助项目 72 个;全年全市山海协作产业合作项目 67 个,实到资金 43.3 亿元。

·电子商务·

2021 年，宁波市完成网络零售额 2814.2 亿元,比上年增长 12.0%。全年全市实现跨境电商进出口额 1786.1 亿元,其中网购保税进口 1.22 亿单、货值 258.6 亿元。

·旅游业·

2021 年,宁波市完成旅游总收入 838.8 亿元,比上年增长 5.5%。接待国内游客 5151.1 万人次，增长 8.1%;完成国内旅游收入 837.8 亿元,增长 5.5%。接待入境游客 4.8 万人次,完成入境旅游收入 0.14 亿美元。年末全市共有星级酒店 80 家,其中五星级 21 家;共有 4A 级以上景区 37 处,其中 5A 级 2 处;共有省级以上旅游度假区 7 处,其中国家级旅游度假区 1 处。

·会展业·

2021 年，宁波市举办各类会展项目超过 300 个，其中举办展览 54 个,展览总面积 95.2 万平方米,展览面积2万平方米以上的大型展会18个。县级以上举办商务会议(论坛)超过200个,特色节庆活动19个。年度获“2020年中国最具竞争力会展城市(计划单列市)”等荣誉称号。

·港口生产·

2021年,宁波舟山港完成货物吞吐量12.2亿吨,比上年增长4.4%,连续13年蝉联世界首位,其中宁波港域完成吞吐量6.2亿吨,增长3.7%。全年宁波港域完成铁矿石吞吐量9598.9万吨,增长5.9%;煤炭吞吐量6339.3万吨,增长18.1%;原油吞吐量6275.3万吨,增长1.0%。全年宁波舟山港完成集装箱吞吐量3107.9万标箱,增长8.2%,全球第三大集装箱港的地位进一步巩固,其中宁波港域完成集装箱吞吐量2937.3万标箱,增长8.6%。年末宁波舟山港共有集装箱航线287条,其中远洋干线134条,近洋支线101条,内支线20条,内贸线32条。全年宁波港域完成海铁联运120.4万标箱,增长19.8%。

·交通基础设施·

2021年末,宁波市公路总里程达11523公里,其中高速公路583.9公里。宁波港域建成万吨级以上泊位3个,已拥有万吨级及以上港口泊位114个,码头前沿最大水深27.5米。

·综合运输·

2021年,宁波市完成全社会货运量7.9亿吨,比上年增长9.5%,货物周转量4395.1亿吨公里,增长5.4%。全年完成全社会客运量0.7亿人次,下降4.6%。其中,公路客运量1427.0万人次,下降41.2%;铁路客运量4620.5万人次,增长14.0%;民航客运量946.3万人次,增长5.5%。

2021年宁波市交通货运情况

指标	单位	实绩	比上年增长(%)
货运量	万吨	78747.1	9.5
其中:铁路	万吨	3298.2	10.8
水路	万吨	31510.7	4.9
公路	万吨	43923.0	13.0
民航	万吨	11.3	-5.4
货物转运量	亿吨公里	4395.1	5.4
其中:水路	亿吨公里	3737.4	3.6
公路	亿吨公里	657.7	16.9

·公共交通体系·

2021年末,宁波市共有公交运营车辆9850标台,运营线路1212条。轨道交通建成投运全省首条全自动运行线路5号线一期,新增运营里程27.9公里,累计运营里程182.3公里;全年完成客运量2.6亿人次,增长63.1%。年末全市共有公共自行车4.2万辆,全年累计租车2026.9万辆次。年末全市共有出租车6111辆。

·邮电业·

2021年,宁波市完成邮政业务总量149亿元,比上年增长30%。年末全市拥有移动电话用户1375.2万户,其中5G移动电话用户329.1万户;固定互联网宽带接入用户471.1万户。全年完成快递业务量15.3亿件,增长33%。

·银行业·

2021年末,宁波市拥有银行业金融机构65家,其中政策性银行3家,大型银行6家,股份制商业银行12家,城市商业银行13家,外资银行6家,农村合作金融机构9家,新型农村金融机构12家,非银行金融机构4家。

·证券业·

2021年,宁波市完成证券成交总额12.3万亿元,比上年增长29.4%,其中股票和基金成交额7.6万亿元,增长23.3%。年末证券客户交易结算资金余额245.4亿元,增长28.9%。期货代理交易量11355.7万手,增长13.4%;代理交易额7.6万亿元,增长34.6%。年末证券投资者开户数259.6万户,增长9.8%。年末全市共有1家证券公司、29家证券分公司、168家证券营业部、1家证券投资咨询公司、1家期货公司、13家期货分公司和39家期货营业部。继续推进"凤凰行动"宁波计划,年内新增境内上市公司14家,完成首发(IPO)融资87.1亿元,年末境内上市公司总数达107家。全年各类公司通过定向增发、公司债券等工具再融资910.8亿元。

·保险业·

2021年末,宁波市共有市级及以上产险机构32家、寿险机构25家、专业中介机构93家。全年全市完成保费收入375.1亿元,比上年增长1.5%。其中财产险保费收入175.7亿元,增长2.4%;人身险保费收入199.4亿元,增长0.7%。全年累计提供风险保障48.4万亿元,增长58.5%。全年赔付支出159.8亿元,其中财产险赔付支出120.4亿元,人身险赔付支出39.3亿元。

·科学技术·

2021年,宁波市完成专利授权7.2万件,其中发明专利7819件。全年净增高新技术企业817家,有效高新技术企业数达到3919家;新认定市级科技型中小企业3832家;新增省级高新技术企业研究开发中心87家,累计685家;新增省级企业研究院18家,累计166家。新增省级众创空间9家,累计40家;新增国家级孵化器1家,累计13家。全年全市共认定登记技术合同3824项,比上年增长15.3%;完成技术交易额319.5亿元,增长17.7%。

·教育事业·

2021年末,宁波市共有各级各类学校1851所,在校学生总数145.2万人。其中,在甬高校15所,全日制在校学生18.4万人;普通高中84所,在校学生9.9万人;中职学校33所,在校学生6.1万人;初中238所,在校学生22.2万人;小学418所,在校学生53.8万人。年末全市共有全日制民办中小学(幼儿园)789所,在校(园)生25万人,占全市全日制中小学(幼儿园)在校(园)生数的20.7%。落实"双减"政策,全面推进中小学课后服务工作,实现课后服务义务段学校100%全覆盖。

·人才开发·

2021年,宁波市新增就业大学生21.6万人,比上年增长30.7%;新遴选支持市级高层次人才项目309个,增长82%;新增博士后科研工作站53家,累计277家。新增高技能人才8.2万人,累计达63.3万人;新建技能大师工作室15家,累计115家;全年全市完成技能人才培训42.3万人。

·文化建设·

2021年末,宁波市共有国家级非物质文化遗产代表性项目28项,省、市级非物质文化遗产代表性项目438项。奉化博物馆成功创建4A级景区。天一阁古籍修复技艺、红帮裁缝制作技艺、象山竹根雕入围第五批国家级非物质文化遗产代表性名录。吕岙遗址、胡坑基遗址入选2021年度"浙江考古重要发现"。年末全市共有全国重点文物保护单位33处,主要国有博物馆16家。

·卫生事业·

2021年末,宁波市共有医疗卫生机构4786家,医院198家,其中三级甲等医院8家,三级乙等医院11家。年末全市实有病床4.5万张,拥有各类专业卫生人员9.7万人,卫生技术人员8.3万人,其中执业医师(含助理)3.4 万人,注册护士 3.5 万人。按户籍人口统计,每千人床位数、卫技人员数、执业医师(含助理)数和注册护士数分别达到 7.3 张、13.4 人、5.5 人和 5.7 人。全市适龄儿童免疫规划疫苗接种率 99.6%。

·体育事业·

2021 年,宁波市共举办全国性以上赛事和活动 22 项。组队参加东京奥运会,7 人参赛夺得 5 枚金牌,创造 1 个世界纪录、1 个奥运会纪录和 1 个亚洲纪录,创造宁波参赛历史最好成绩。组队参加陕西全运会,在竞技体育项目上摘得 20 金、11 银、11 铜,共 42 枚奖牌,成绩居全国第 4、全省第 1。截至年底,全市共有体育场地 27227 个,总面积达 2397 万平方米,人均体育场地面积约 2.5 平方米。全年完成新建(改建)体育公园 12 个、百姓健身房和社区多功能运动场 110 个,足球场(含笼式)10 个。全年体育彩票销售额达 22.6 亿元,比上年增长 15%。

·人口规模·

2021 年末,宁波市拥有户籍人口 610.3 万人,其中市区 311.2 万人。全年全市出生 37599 人,其中男性 19547 人,男女性别比为 108 : 100。人口出生率为 6.10‰,死亡率为 6.97‰,自然增长率为–0.86‰;人口净迁入 52199 人,净迁移率为 8.47‰。年末全市常住人口为 954.4 万人,城镇人口占总人口的比重(即城镇化率)为 78.4%。

·居民收支·

2021 年,宁波市居民人均可支配收入 65436 元,比上年增长 9.1%。按城乡分,城镇居民人均可支配收入 73869 元,增长 8.6%,扣除价格因素影响,实际增长 6.4%;农村居民人均可支配收入 42946 元,增长 9.7%,实际增长 7.5%。城乡居民人均收入倍差为 1.72。全市居民人均生活消费支出 40478 元,增长 17.5%。按城乡分,城镇居民人均生活消费支出 45362 元,增长 17.2%;农村居民人均生活消费支出 27451 元,增长 16.9%。

·社会保险·

2021 年末,宁波市企业职工基本养老、医疗、失业、工伤和生育保险参保人数分别为 511.2 万人、477.1 万人、333.5 万人、443.2 万人和 313.9 万人,城乡居民基本养老保险、城乡居民医疗保险参保人数分别为 101.4 万人和 315.6 万人。年末全市累计发行社保卡 973.5 万张,社保卡金融账户激活率达 74.1%。

·民生保障·

2021 年末,宁波市共有养老机构 260 个,床位 5.5 万张。全年全市共有最低生活保障对象 5.9 万人,低保资金实际发放 5.7 亿元。企业职工最低工资标准为 2280 元/月、2070 元/月两档。全市低收入农户人均可支配收入为 19217 元,比上年增长 15.2%。全年有 4.8 万名困难残疾人享受生活补贴,8.9 万名重度残疾人享受护理补贴。全市 2.6 万名有康复服务需求的残疾人全部得到康复服务。年末全市特困对象集中供养 2560 人,集中供养率为 73.8%。

·保障性安居工程·

2021 年,宁波市发放租赁补贴 2.3 万户,建设筹集保障性租赁住房 2.3 万套,并在 33 个商品住房项目配建 22.1 万平方米人才安居专用房。完成老旧小区改造项目 221 个、建筑面积 1133 万平方米。筹集新改建租赁住房 6.9 万套,盘活租赁住房 5.7 万套,超额完成国家住房租赁市场试点任务。探索开展共有产权住房试点,并在全省率先将符合条件的一线环卫工人全部纳入住房保障。

·慈善事业·

2021 年,宁波市的市县两级慈善机构募集善款 10.5 亿元。市慈善总会救助支出 1.9 亿元,受益群体 10587 人次;历年累计支出 9.6 亿元,受益群体 30.0 万人次。全年市慈善总会各直属义工队伍累计开展活动 2400 多场,服务时长超 2.8 万小时,受益 2.5 万人次。

·生态建设·

2021 年,宁波市中心城区空气质量优良天数比率为 95.9%;PM2.5 浓度为 21 微克/立方米。全年全市新增排污权交易 90 笔,交易金额 2448.1 万元;新增有偿使用674笔,金额1.95亿元。全年全市污水处理量7.8亿吨,污水处理率为99%,COD减排总量16.2万吨。全市地表水市控以上断面水质优良率为87.5%,比上年上升1.2个百分点;水环境功能区达标率为98.8%,与上年持平。县级及以上饮用水源地水质常年保持100%达标率。年末全市共有国家级生态文明建设示范县(区)4个、省级生态文明建设示范县(区)9个。

·“平安宁波”建设·

2021年,宁波市成功捧回“一星平安金鼎”;截至年末,全市10个区县(市)全部迈入“金鼎”时代。全年全市共发生各类生产安全事故160起,死亡114人,与前两年平均数相比分别下降26.4%、26.2%。全年全市共立案查处食品安全各类违法案件4709件,其中大要案10件,罚没款3015.9万元,移送公安机关涉嫌犯罪案件29件。全年人民调解组织共调处各类民事纠纷9.78万件,调解成功9.76万件,成功率达99.8%。

(宁波市经济和信息化局　董其岳)

(责任编辑:王怡然　金瑞锋　赵峰)

温 州 市

·综合·

初步核算,2021年全市实现地区生产总值(GDP)7585亿元,按可比价格计算(下同),比上年增长7.7%。分产业看,第一、二、三产业增加值分别为164.3亿元、3191.3亿元和4229.4亿元,比上年分别增长3.7%、9.2%和6.8%,与2019年相比,两年平均分别增长3.0%、6.1%和5.2%。三次产业增加值结构为2.2:42.1:55.8。一季度、上半年、前三季度全市生产总值同比分别增长21.9%、13.9%和10.2%,两年平均分别增长5.8%、6.6%和5.9%。人均地区生产总值为78879元(按年平均汇率折算为12226美元),比上年增长7.2%。

按照我国地区生产总值统一核算和数据发布制度规定,地区生产总值核算包括初步核算和最终核实两个步骤。经最终核实,2020年,全市生产总值现价总量为6850.5亿元,按可比价格计算,比上年增长3.4%,三次产业增加值结构为2.3:41.0:56.6。

2021年末,全市户籍总人口832.8万人。从性别看,男性人口430.7万人,女性人口402.1万人,分别占总人口的51.7%和48.3%。据2021年全省5‰人口变动抽样调查推算,年末全市常住人口964.5万人,比上年末增加5.8万人。全年出生人口6.5万人,出生率为6.8‰;死亡人口5.7万人,死亡率为5.9‰;自然增长率为0.9‰。常住人口城镇化率为72.8%。

全年市区居民消费价格(CPI)比上年上涨1.4%。其中:教育文化娱乐类、交通和通信类、生活用品及服务类、衣着类、食品烟酒类、医疗保健类和居住类分别上涨4.6%、3.0%、1.4%、1.4%、0.8%、0.5%和0.5%,其他用品和服务类下降3.0%。工业生产者出厂价格比上年上涨3.7%,工业生产者购进价格比上年上涨11.7%。

全年城镇新增就业人数17.3万人,城镇失业人员再就业3.0万人。年末城镇登记失业人数4.2万人,城镇登记失业率为1.8%。

供给侧结构性改革继续深化。2021年,规模以上工业企业产能利用率为80.4%,比上年提高5.7个百分点。规模以上工业中,八大高耗能行业增加值增长8.6%,按可比价格计算占17.8%,占比降低2.0个百分点。工业技改投资、高新技术产业投资、生态环保城市更新和水利设施投资分别增长21.3%、21.6%、17.4%。年末商品房待售面积比上年末下降36.2%,其中商品住宅待售面积下降38.8%。

发展效益效率提升。全年实现财政总收入和一般公共预算收入1081.5亿元和657.6亿元,分别比上年增长12.4%和9.2%。全年完成一般公共预算支出1066.8亿元,比上年增长3.9%,其中民生支出799.4亿元,比上年增长4.7%,占一般公共预算支出的比重达74.9%。规模以上工业企业实现利润总额345.4亿元,增长4.8%,其中高新技术产业、战略性新兴产业、数字经济核心产业制造业利润总额分别增长11.6%、11.0%和8.1%。全年规上工业全员劳动生产率为17.6万元/人,同比提高6.1%。规模以上服务业企业营业收入806.7亿元,增长22.8%。

·农业和农村·

全年完成农林牧渔业产值260.7亿元,按可比价格计算,比上年增长5.0%。分行业看,种植业产值118.3亿元,增长0.7%;林业产值6.8亿元,下降0.9%;畜牧业产值37.5亿元,增长20.8%;渔业产值92.0亿元,增长3.4%;农林牧渔服务业产值6.0亿元,增长7.1%。全年粮食种植面积167.3万亩,增长2.6%;粮食产量68.5万吨,增长4.3%。在经济作物中,蔬菜播种面积106.7万亩,下降0.3%;油菜籽12.0万亩,增长15.9%;中草药材播种面积13.0万亩,下降8.0%;果用瓜17.4万亩,下降3.7%。全年水产品总产量66.2万吨,增长3.4%,其中海水产品产量61.4万吨,增长3.3%。国内海洋捕捞产量39.2万吨,增长1.5%;海水养殖产量20.5万吨,增长3.0%;远洋渔业产量1.7万吨,增长89.7%。美丽乡村全域拓展。全年实施西部生态休闲产业带项目320个,带动乡村旅游人数5996万人次。新增国家级现代农业产业园1个、国家级特色农业强镇1个,省级现代农业园区1个、市级田园综合体2个,新增中国美丽休闲乡村2个、省级休闲乡村4个、省级农家乐集聚村5个。新建成乡村振兴示范带28条,累计建成109条;新建成省级新时代美丽乡村776个,累计建成2347个、覆盖面达79.5%。全年新增垃圾分类处理村319个，累计完成2827个，覆盖率95.8%，农村生活污水全部实现集中处理，规范化农村公厕实现行政村全覆盖。

·工业和建筑业·

全市规模以上工业企业6708家，实现工业增加值1319.6亿元，增长10.1%，两年平均增长6.6%。其中轻工业增加值430.1亿元，增长8.1%，重工业增加值889.5亿元，增长11.1%。规模以上工业销售产值6417.6亿元，增长19.4%，其中出口交货值776.4亿元，增长17.4%。

规模以上工业中，高新技术产业、装备制造业、战略性新兴产业增加值分别比上年增长8.9%、11.2%、11.4%，占规模以上工业的比重分别达64.7%、55.5%、32.3%；高端装备、时尚、新材料、数字经济核心产业制造业增加值分别增长9.4%、9.6%、12.8%、10.4%。规上工业新产品产值增长21.3%；新产品产值率为38.6%，比上年提高0.9个百分点。

全年实现建筑业增加值640.3亿元，占GDP的比重为8.4%。年末具有总承包和专业承包资质的建筑企业1189家。

·固定资产投资和房地产业·

全年固定资产投资比上年增长11.4%，两年平均增长8.1%。全市民间投资增长13.9%，其中民间项目投资增长9.6%，两年平均分别增长8.0%和14.0%。工业投资增长18.8%，其中制造业投资增长13.4%，两年平均分别增长20.4%和14.6%。服务业投资增长9.8%，两年平均增长5.9%。基础设施投资增长1.7%，两年平均增长1.6%。

全市房地产开发投资比上年增长18.3%，两年平均增长9.6%。房屋施工面积6724.3万平方米，其中住宅施工面积4693.4万平方米；商品房销售面积886.3万平方米，其中住宅销售面积768.3万平方米。

·国内贸易和旅游·

全年社会消费品零售总额3807.7亿元，比上年增长8.9%，两年平均增长2.9%。

在限额以上批发零售业商品零售额中，饮料类、服装鞋帽类、中西药品类、烟酒类分别比上年增长5.3%、6.8%、7.7%和19.3%。升级类商品消费需求持续释放，新能源汽车类、通讯器材类、金银珠宝类、照相器材类分别增长140.1%、83.6%、38.6%和28.5%。全市网络零售额2199.8亿元，增长8.4%；居民网络消费额1546.1亿元，增长8.2%。

全年接待海内外游客4957.8万人次，实现旅游总收入657.1亿元，分别比上年增长11.4%和16.0%。其中，接待国内游客4956.6万人次，实现收入656.8亿元，分别比上年增长11.4%和16.2%；接待海外游客1.2万人次，实现海外创汇472.9万美元。

·对外经济·

全年货物进出口总额2411.2亿元，比上年增长10.1%，其中进口375.4亿元，增长20.3%；出口2035.8亿元，增长8.4%。服务贸易进出口额103.8亿元，比上年增长24.5%。民营企业出口1938.6亿元，增长8.4%，占全市货物出口总额的95.2%。对美国、俄罗斯、拉丁美洲等市场出口分别增长44.6%、26.5%和39.6%。全市新增进出口权企业达2637家，其中本年度自营出口超千万美元企业数达714家，比上年末增加153家，出口超5000万美元企业数71家。全年实际使用外资5.45亿美元，比上年增长66.4%；高技术产业实际使用外资1.75亿美元，比上年增长41.5%。在“一带一路”沿线建成俄罗斯、越南、乌兹别克斯坦3个国家级境外经贸合作区，塞尔维亚、乌兹别克斯坦、印尼3个省级境外经贸合作区。全市境外投资中方投资总额达6.09亿美元，新批境外投资项目17个，其中对“一带一路”沿线国家投资1.67亿美元，占全部境外投资比重27.4%。

·交通、邮电和电力·

年末公路总里程15363公里，其中高速公路566公里，一级公路677公里，二、三级公路2123公里。年末实有公共汽(电)车营运车辆5816辆，年载客量2.93亿人次，年末实有出租车7179辆。年末机动车保有量283.0万辆，比上年末增长4.7%；其中汽车保有量261.3万辆，增长5.1%；私人汽车保有量240.6万辆，增长5.0%，其中新能源汽车保有量4.56万辆，比上年末增长16.4%。全年公路和水路完成货物周转量601.6亿吨公里，比上年增长12.2%；旅客周转量34.9亿人公里，下降27.6%。铁路客运量1967.7万人次，增长8.8%；货运量612.2万吨，增长32.2%。航空旅客吞吐量

923.1 万人次，增长 5.1%；货邮吞吐量 7.3 万吨，下降 0.5%。温州港完成货物吞吐量 7975.9 万吨，增长 7.8%；集装箱吞吐量 103.6 万标箱，增长 2.4%。

全年电信业务总量 137.8 亿元，比上年增长 26.1%。年末固定电话用户数 109.8 万户，移动电话用户数 1226.2 万户；固定互联网宽带接入用户 447.0 万户，移动互联网用户 1124.5 万户。全市邮政业务总量 149.6 亿元，增长 23.1%。全年函件 606.3 万件，包裹 18.6 万件，汇兑 1.0 万笔，订销报纸 8722.6 万份，订销杂志 331.5 万份。全市快递业务量 16.8 亿件，增长 23.6%。

全市电力系统最高负荷 1054.3 万千瓦，增长 3.6%。全年用电量 513.8 亿千瓦时，增长 14.3%。其中工业用电量 293.0 亿千瓦时，增长 15.7%；建筑业用电量 13.9 亿千瓦时，增长 18.8%；服务业用电量 87.8 亿千瓦时，增长 20.1%；居民生活用电量 117.9 亿千瓦时，增长 6.7%。

·金融、证券和保险·

年末金融机构本外币存款余额 16535.5 亿元，比上年末增长 8.3%，其中人民币存款余额 16213.9 亿元，增长 7.9%。年末住户人民币存款余额 9214.4 亿元，增长 7.8%。年末金融机构本外币贷款余额 15825.2 亿元，增长 16.0%，其中人民币贷款余额 15755.4 亿元，增长 16.1%。

2021 年全市新增境内外上市公司 8 家，累计达 49 家；新增新三板挂牌企业 1 家，累计挂牌企业达 93 家；新增区域性资本市场挂牌企业 28 家，累计达 918 家；新增股份有限公司 193 家，累计达 1931 家。全年证券交易额 4.38 万亿元，比上年增长 11.0%，期货交易额 3.16 万亿元，比上年增长 6.1%。全市民间融资综合年化利率指数（简称温州指数）为 14.4%，比上年下降 0.4 个百分点。

全年保费收入 308.7 亿元，比上年增长 5.0%。其中人身险保费收入 209.2 亿元，增长 6.7%；财产险保费收入 99.5 亿元，增长 1.7%。各类赔款和给付支出 97.0 亿元，比上年增长 11.3%。其中人身险赔付 32.5 亿元，增长 10.6%；财产险赔款 64.5 亿元，增长 11.7%。

·教育和科学技术·

年末全市共有小学 560 所，招生 10.16 万人，在校生 63.31 万人，小学学龄儿童入学率为 100%。小学生均校舍建筑面积 8.81 平方米。共有初中 327 所，招生 9.77 万人，在校生 28.80 万人。初中生均校舍建筑面积 19.37 平方米。全市各类中等职业教育学校 39 所，招生 3.29 万人，在校生 9.45 万人；普通高中 101 所，招生 4.50 万人，在校生 13.21 万人，毕业生 3.90 万人。全市共有普通高校 11 所（其中本科独立学院 1 所），在校生 13.63 万人。义务教育中小学专任教师 6.13 万人，中等职业教育（不含技工学校）专任教师 0.60 万人。全市共有幼儿园 1341 所，在园幼儿 29.65 万人。

年末全市拥有国家高新区 1 家、省级高新区 5 家；国家级火炬计划特色产业基地 5 个；国家级孵化器 4 个、国家级大学科技园 1 家、国家级众创空间 15 个（其中星创天地 6 个），省级孵化器 8 个、省级众创空间 39 个（其中星创天地 8 个）、市级科技企业孵化器 11 家、市级众创空间 29 家、市级科创园 5 家；省级产业创新服务综合体创建 14 家；国家级企业技术中心 6 家，省级企业研究院 195 家（其中省级企业重点研究院 17 家）、省级高新技术企业研发中心 492 家、市级企业研发中心 1566 家。全年新增高新技术企业 763 家，有效高新技术企业 3085 家，新培育省级科技型中小企业 2347 家，累计 12571 家。全年专利授权量 61313 件，比上年增长 17.5%，其中发明专利授权量 5218 件。

·文化、卫生和体育·

年末全市共有文化站 185 个，文化馆 12 个，博物馆 57 个，公共图书馆 12 个，电影放映单位 108 个，城市书房 112 家，百姓书屋 80 家，文化驿站 241 家。公共图书馆藏书 15008.4 千册，比上年增加 727.6 千册。全年院线电影放映 106.4 万场次，观众 957.7 万人次；农村数字电影放映 5.14 万场次，观众 700 万人次。年末入选联合国教科文组织非遗名录 4 项（永嘉昆剧、乐清细纹刻纸、瑞安东源木活字印刷术、泰顺编梁木拱桥营造技艺），国家级非遗项目 35 项，省级非遗项目 145 项，市级非遗项目 779 项（保护单位 966 个）。现有国家级代表性传承人 37 位，省级代表性传承人 206 位，市级代表性传承人 930 位，代表性传承团体 14 个，代表性传承群体 20 个。

全市共有医疗卫生机构 5880 家，其中医院 161 家，卫生院（社区卫生服务中心）256 家，村卫生室 2194 家，各类诊所（卫生所、医务室）2461 家，门诊部 442 家。年末医疗卫生机构床位数 45830 张，卫生技术人员

78118 人，增长 5.4%；其中，执业（助理）医师 33374 人，注册护士 33484 人，分别增长 6.1%和 6.7%。全年医疗卫生机构诊疗 9435.4 万人次，孕产妇死亡率 2.44/10万，五岁以下儿童死亡率 2.59‰，婴儿死亡率 1.47‰。

全年全市共举办全国性以上赛事和活动 2 项。组队参加东京奥运会，4 人参赛夺得 2 枚银牌。组队参加陕西全运会，在竞技体育项目上摘得 11 金、12 银、10 铜，列全省第 3，在群众体育项目上摘得 5 金、2 银、3 铜，列全省第 1。截至年底，全市共有公共体育场馆 36 个，独立设置的业余体校 9 所，各类公共体育场所 27576 个。年新增公共健身设施 162 个，年末拥有公共健身设施 26758 个。全年新建村落健身路径 30 条，累计 8062 条。新建各类球场 63 个，累计 13137 个。全年发行体育彩票 21.8 亿元，比上年增长 21.7%。

·人民生活和社会保障·

全年全市居民人均可支配收入 59588 元，比上年增长 10.3%，扣除价格因素增长 8.8%。按常住地分，城镇居民和农村居民人均可支配收入分别为 69678 元和 35844 元，分别增长 9.8%和 10.5%，扣除价格因素分别增长 8.3%和 9.0%。低收入农户人均可支配收入 14645 元，增长 15.2%。

全市居民人均消费支出 39900 元，比上年增长 16.4%，扣除价格因素增长 14.8%。其中，城镇居民和农村居民人均消费支出分别为 46147 元和 25198 元，分别增长 15.8%和 17.0%，扣除价格因素分别增长 14.2%和 15.4%。城乡居民恩格尔系数分别为 27.6%和 34.9%。年末全市居民人均住房建筑面积 53.9 平方米，其中城镇居民人均住房建筑面积 51.4 平方米，农村居民人均住房建筑面积 59.9 平方米。年末每百户城镇居民家用汽车拥有量 60.4 辆，每百户农村居民家用汽车拥有量 37.6 辆。

全市设乡 26 个，镇 92 个，街道 67 个。社区居委会（含居委会）703 个，村委会 2951 个。年末实有社会团体 3827 个、民办非企业单位 5578 个、基金会 75 个。

全年全市参加企业职工基本养老保险人数 357.0 万人，参加城乡居民基本养老保险人数 186.5 万人，参加城镇职工基本医疗保险人数 241.3 万人，参加城乡居民基本医疗保险人数 557.4 万人，参加失业保险 156.1 万人，参加工伤保险 341.1 万人，参加生育保险 160.4 万人。全市企业退休人员基本养老金月人均水平为 2894 元；全市城乡居民养老保险基础养老金最低月标准 255 元；全市社会保险基金（五大险种）支出总额 623.9 亿元。

年末全市在册低保对象 10.73 万人，其中城镇 0.91 万人，农村 9.82 万人，低保资金（含各类补贴）支出 9.16 亿元。新增各类养老机构床位数 0.58 万张，其中投入运营的养老机构床位数 0.19 万张，新增乡镇（街道）居家养老服务中心 56 个。全市全年共办理结婚登记 37027 对、离婚登记 9988 对、补发婚姻登记证 11117 件；办理收养登记 67 件。

·生态建设、环境保护和其他社会事业·

全年全市平均降水量为 2228.7 毫米（折合降水总量 269.4 亿立方米），全市水资源总量为 180.7 亿立方米。

全市已建成国家生态文明建设示范县（市、区）3 个，省级生态文明建设示范县（市、区）6 个；自然保护区 3 个，其中国家级 2 个，省级 1 个；国家“绿水青山就是金山银山”实践创新基地 2 个。

全年市区环境空气质量达到一级标准的有 131 天，达到二级标准的有 230 天。全年市区 PM2.5 年均浓度为 25 微克/立方米，与去年持平；市区空气质量优良率 98.9%，比上年提高 1.9 个百分点。全市地表水市控及市控以上站位 77 个，水质达到Ⅰ至Ⅲ类的站位 56 个，达到功能区水质目标的站位 67 个。市区区域环境噪声昼间等效声级平均值 55.2 分贝；昼间道路交通噪声等效声级平均值 67.8 分贝。

全市规模以上工业能耗总量同比增长 9.9%，单位工业增加值能耗同比下降 0.2%。其中，八大高耗能行业能源消费量同比增长 9.8%，单位增加值能耗同比上升 1.1%。

全市共发生各类生产安全事故 132 起、死亡 103 人，比前两年均值（可比口径）分别下降 20.2%和 26.4%。其中，道路运输领域共发生事故 76 起、死亡 56 人，与前两年平均数相比分别下降 18.3%和 30.9%；工矿商贸（含生产经营性火灾）发生事故 51 起、死亡 38 人，与前两年平均数相比分别下降 23.3%和 28.3%。

·民营经济·

持续释放“两个健康”创建红利。实施 2021 版新清单，形成10项具有示范意义的改革成果，力争“两个健康”评价指标体系成为国家标准，争取获批全国民营经济示范城市。办好新时代“两个健康”论坛、世界温州人大会、民营企业家节等重大活动。启动内外“双百万”市场主体挖潜拓市计划，市场主体突破120万，企业占比达30%。分类调整阶段性惠企政策，系统集成一批制度性政策，为企业减负300亿元左右。打造“三服务”2.0版，高质量落地优化营商环境“十大举措”“十大品牌”，深化探索“一证准营”“柔性执法”和民营企业“精力减负”等举措，建立“有求必应、无事不扰”“企业需要、部门报到”帮企机制，实施“政企携手·共促清廉”计划，让百万市场主体感受到政府服务有力度、有速度、有温度。

加快提升制造业竞争力。坚持工业强市战略不动摇，实施制造业产业基础再造和产业链提升工程，五大传统制造业规上工业增加值增长8%以上，战新产业增加值占规上工业比重27%以上。大力推进传统制造业改造提升2.0版，加快培育世界级智能电气产业集群，推动鞋业、服装、泵阀、汽车零部件产业向千亿级产业链迈进，培育一批百亿级“新星”产业群，每个产业引育1–2家链主企业。高品位打造G104时尚走廊。推进数字经济“一号工程”2.0版，招引亿元以上数字经济项目30个，数字经济核心产业增加值增长12%以上。实施“5G+工业互联网”工程，新增智能化技改项目1000个，力争工业技改投资360亿元。大力推动规上企业股改，加大企业上市和并购重组力度，争取上市报会15家以上，力争上市企业达到50家。建立单项冠军企业培育库，新增单项冠军3个、专精特新“小巨人”10家、“隐形冠军”培育企业35家。新增省级首台(套)产品15项，净增“小升规”工业企业500家。争创省政府质量奖，全力冲刺中国质量奖。

强化大平台承载大项目。加快开发区(园区)整合提升，争取设立东部新区，力争温州经开区进入全国40强，瑞安、乐清万亩千亿新产业平台建设综合评价走在前列。争取省级特色小镇命名1个，开竣工小微企业园各20个以上。坚持把谋大招强作为“生命线工程”来抓，聚焦重大产业项目尤其是重大制造业项目，谋划招引省市县长工程项目54个，落地率50%以上，单体制造业项目比重60%以上。落地亿元以上产业项目250个，其中单体制造业项目150个、市“251”工程项目70个、超50亿元单体制造业项目6个、超百亿元单体制造业项目2个以上。招引“500强”项目25个，实际使用外资3.5亿美元。放眼全球绘制“产业地图”“人才地图”，提高“双招双引”精准度。健全工业项目全流程闭环管理，竣工投产100个。加快浙江三澳核电一期、北斗产业基地、中国眼谷、基因药谷、正威电子、大唐5G、温州LNG、中国温州安全(应急)产业园、正泰物联网传感器产业园、瑞安东新科创园等产业新地标建设，力争开工泰顺抽水蓄能电站等项目，提速推进三澳核电二期、三期报批工作，以高效投入引领发展升级。坚持陆海统筹，加快建设国家海洋经济发展示范区，深度参与甬台温临港产业带规划建设，大力发展港航物流、临港石化、生物制药、现代渔业、滨海旅游等产业，做大做强海洋经济。

大力推动服务业提升发展。积极培育工业设计、软件信息服务、检验检测认证等生产性服务业，新增“小升规”服务业企业200家。集聚发展楼宇经济，认定总部企业50家，引进总部项目45个、回归税收55亿元以上。实施会展经济培育三年行动计划，开工新国际会展中心，进一步提升文博会、轻博会等影响力。发挥国家综合物流信息平台集聚效应，提速推进航空物流园一期，联动创建国家绿色货运配送示范城市、中国快递示范城市，争创国家物流枢纽城市。打响“诗画山水·温润之州”旅游品牌，引进落地10亿元以上重大旅游项目5个，旅游业增加值增长10%以上。支持洞头、永嘉、文成、泰顺创建国家全域旅游示范区，推动楠溪江创5A景区、廊氡旅游度假区创国家级。

（数据来源：温州市统计局发布的统计公报数据、温州市政府工作报告等）

（责任编辑：王怡然　金瑞锋　赵峰）

绍 兴 市

·农业和农村建设·

全年农林牧渔业总产值341.22亿元,按可比价格计算,比上年增长3.5%。粮食作物播种面积123.06千公顷,增长0.9%。其中,冬小麦种植面积8.64千公顷,增长19.5%;早稻面积13.55千公顷,下降17.3%;晚稻面积67.50千公顷,下降3.9%。冬油菜籽播种面积10.95千公顷,增长10.0%。粮食总产量79.29万吨,增长0.4%。茶叶总产量4.23万吨,增长0.8%。年末生猪存栏54.97万头,比上年末增长7.0%;其中能繁母猪存栏5.14万头,下降23.9%。水产品产量12.74万吨,增长3.5%。建立省级水稻绿色高产创建示范区12个、攻关方3个,建立旱粮示范区7个,建成省级数字农业工厂13家。年末共有农民专业合作社3905家,家庭农场3276家,省级以上农业龙头企业48家。全市村级集体经济经营性收入26.95亿元,增长11.5%。基本消除集体经济年经营性收入30万元以下相对薄弱村。低收入农户人均可支配收入18472元,增长13.3%。全面消除家庭人均收入9000元困难农户现象。实施"闲置农房激活计划",带动农户就业29863人,分别带动村集体、农民年增收3.36亿元、6.25亿元。新认证绿色食品34个,有效期内的绿色食品166个,无公害农产品522个,地理标志登记保护农产品17个,绿色优质农产品认证率58.8%。农作物秸秆综合利用率96.8%,农药废弃包装物回收率90.0%、处置率100%,农村生活垃圾分类覆盖率96.0%。

·工业和建筑业·

全年规模以上工业增加值1934亿元,按可比价格计算,比上年增长15.8%,两年平均增长10.2%。规模以上工业35个行业大类中,25个行业增加值比上年增长;18个行业两年平均增速在10%及以上。增加值总量前十位行业中,纺织业、通用设备制造业增加值分别增长22.2%、27.6%,两年平均分别增长10.1%、18.9%;化学原料和化学制品制造业增加值下降23.4%,两年平均下降9.6%。规模以上工业中,高新技术产业增加值比上年增长13.8%,占比57.9%;装备制造业增加值增长31.0%;数字经济核心产业制造业增加值增长17.2%。规模以上工业五大传统产业增加值增长7.8%。规模以上工业利润总额586亿元,比上年增长13.3%。其中,化学纤维制造业、黑色金属冶炼和压延加工业、纺织业分别增长108.1%、92.4%、39.3%。规模以上工业营业收入7739亿元,比上年增长21.2%,营业收入利润率7.6%。有资质等级的总承包和专业承包建筑业企业全年实现总产值4881亿元,比上年增长7.9%。新开工装配式建筑1008.24万平方米,增长7.6%,占新建建筑比例32.7%。

·固定资产投资和房地产业·

全年固定资产投资比上年增长12.3%,两年平均增长9.5%。其中,民间投资增长12.5%,生态环保、城市更新和水利设施投资增长7.8%,高新技术产业投资增长30.0%,制造业投资增长23.9%,交通投资下降1.9%。房地产开发投资1027亿元,比上年增长14.0%,两年平均增长11.5%。其中,住宅投资782亿元,增长14.2%。商品房销售面积1121.53万平方米,销售额1734亿元,分别比上年下降10.2%、4.5%,两年平均分别增长0.7%、13.8%。75个省重点建设项目、9个省集中攻关在建项目投资完成率分别达136.0%、126.0%,居全省前列。74个省"4+1"重大项目和255个省"六个千亿"投资工程项目投资完成率分别达114.4%、119.3%。29个省市县长项目开工率100%。

·国内贸易·

全年社会消费品零售总额2477亿元,比上年增长6.7%,两年平均增长2.6%。按经营地统计,城镇、乡村消费品零售额分别增长5.6%、10.0%,两年平均分别增长1.7%、5.1%。按消费类型统计,限额以上单位商品零售额、餐饮收入额分别增长6.8%、25.2%,两年平均分别增长1.3%、15.9%。在限额以上批发零售企业商品零售额中,按占比从高到低,汽车类零售额比上年下降1.1%;石油及制品类增长41.4%;服装、鞋帽、针纺织品类增长47.9%;家用电器和音像器材类下降21.8%;粮食、食品类增长 15.0%；中西药品类增长 66.3%；金银珠宝类增长 40.6%；通讯器材类下降 56.8%。全年实现网络零售总额 857 亿元，比上年增长 14.6%；实现居民网络消费总额 814 亿元，增长 8.2%。年末纳入统计的商品交易市场 302 家。其中，成交额超亿元市场 59 家，超十亿元市场 15 家，超百亿元市场 6 家。全年商品市场成交额 3906 亿元，比上年增长 3.2%。其中，消费品市场成交额 2614 亿元，增长 4.8%，生产资料市场成交额 1292 亿元，与上年基本持平。

·对外经济·

全年货物进出口 2993 亿元，比上年增长 16.1%。其中，出口 2757 亿元，增长 15.5%；进口 236 亿元，增长 23.1%。按贸易方式分，加工贸易进出口 158 亿元，一般贸易进出口 2676 亿元，其他贸易进出口 159 亿元。有进出口国家和地区 217 个。"一带一路"沿线国家进出口 1247 亿元，比上年增长 20.0%。其中，出口 1200 亿元，增长 21.2%。实现服务进出口总额 132 亿元，比上年增长 7.2%。其中，服务出口总额 112 亿元，增长 8.2%；服务进口总额 20 亿元，增长 2.0%。对"一带一路"沿线国家和地区服务出口总额 36 亿元，增长 21.3%，占服务出口总额 31.6%。跨境电商出口 119 亿元，增长 20.6%。全年新批外资项目 216 个，合同外资 19.42 亿美元，比上年下降 33.7%。实到外资 7.59 亿美元，增长 5.3%。新引进总投资亿美元以上项目 5 个，实到外资 3000 万美元以上制造业项目、5000 万美元以上服务业项目 4 个。

·交通运输、邮电和旅游·

全年货物运输总量 1.96 亿吨，比上年增长 10.1%。其中，公路货物运输总量 1.78 亿吨，增长 10.6%；水运货物运输总量 1828.77 万吨，增长 5.5%。货物运输总周转量 184.27 亿吨公里，增长 10.1%。其中，公路货物运输周转量 145.78 亿吨公里，增长 11.7%；水运货物运输周转量 38.49 亿吨公里，增长 4.4%。全年累计完成港口集装箱吞吐量 91080 标箱，下降 8.3%。旅客运输总量 837.23 万人次，比上年下降 22.5%。其中，公路旅客运输总量 760 万人次，下降 25.7%；水运旅客运输总量 77.23 万人次，增长 35.9%。旅客运输总周转量 8.66 亿人公里，下降 41.7%。其中，公路旅客运输周转量 8.63 亿人公里，下降 41.9%；水运旅客运输周转量 353.10 万人公里，增长 70.3%。年末机动车保有量 181.70 万辆，比上年末增长 6.8%。其中汽车 166.69 万辆，增长 6.1%。杭甬高速孙端互通、镜水路南延、诸暨官庄至弦腔公路建设工程等项目建成通车，绍兴南部综合交通枢纽完成整体竣工验收。轨道交通 1 号线柯桥段开通运营，绍兴进入"地铁时代"。杭绍台铁路建成，实现"县县通高铁"。全社会用电量 515.79 亿千瓦时，比上年增长 13.8%。其中，城乡居民生活用电量 54.95 亿千瓦时，增长 5.1%。工业用电量 393.54 亿千瓦时，增长 14.4%。全社会最高负荷 919.82 万千瓦，增长 12.0%。建成投产杭绍台铁路浙江绍兴东关牵引站 220kV 外部供电配套工程、110 千伏梅渚输变电工程等 15 项重点工程。全年建成城市公共充电站 30 座，充电桩 198 台。充电量比上年增长 57.5%。全年完成电网投资 22 亿元，绍兴电网 110 千伏及以上变电站达 202 座。全年邮电业务收入 76.50 亿元，比上年增长 13.6%。年末电话用户数(含小灵通)97.91 万户，下降 7.7%。移动电话用户数(通话用户)642.32 万户，增长 6.6%。固定电话普及率21.91 号线/百人，下降 7.6%。移动电话普及率 143.74 部/百人，增长 6.8%。互联网用户数(不含手机上网用户)239.57 万户，增长 8.9%。全年新增 5G 基站 5049 个，年末共有 5G 基站 12652 个，基本实现全市主城区和重要镇街 5G 网络全覆盖。全市共接待游客 2757.8 万人次，比上年增长 5.1%，实现旅游总收入 380.8 亿元，增长 15.8%。其中，接待国内游客 2757.1 万人次，国内旅游收入 380.6 亿元，分别增长 5.1%、15.8%。我市当选"第二批国家文化和旅游消费试点城市"。年末全市有 A 级景区 85 个。其中，5A 级景区 1 个，4A 级景区 18 个，3A 级景区 39 个。

·金融、证券和保险·

年末金融机构本外币存款余额 12291 亿元，比上年末增长 12.4%。其中，住户存款 5705 亿元，增长 8.4%。金融机构本外币各项贷款余额 11717 亿元，增长 15.6%。其中，中长期贷款余额 7259 亿元，增长 21.1%，短期贷款余额 4076 亿元，增长 6.4%。全年保费收入 191.23 亿元，总赔付金额 71.77 亿元，分别比上年增长 5.6%、12.3%。其中，财产险公司保费收入 68.38 亿元，赔付金额 47.85 亿元，分别增长 1.3%、7.2%；人身险公司保费收入 122.85 亿元，赔付金额 23.92 亿元，分别增长 8.2%、23.9%。全年新增股份公司 178 家，新增上市公司 9 家。年末累计实现上市公司 92 家，其中 A 股上市公司77家。全年共实现股权融资133.53亿元,比上年增长12.2%。证券交易额66801亿元,增长12.1%。

·教育和科学技术·

年末有普通高校12所，普通本专科在校生12.7万人,比上年增长8.8%。中等职业教育学校(不含技工学校)18所,在校生(不含一年级技工生)4.54万人。普通高中55所,在校生8.84万人,下降1.9%。初中139所,在校生12.82万人,下降2.9%,初中毕业生升学率99.2%。小学314所,在校生27.83万人,增长3.8%,小学毕业生升学率100%。幼儿园585所，在园幼儿14.29万人，增长0.3%。专任教师6.05万人，增长1.8%。全市"双减"工作学生满意度98.7%,家长满意度98.8%,均位列全省第二。全国高中五大联赛,斩获金牌7枚。在第十五届亚洲和太平洋地区信息学奥林匹克竞赛(APIO2021)中获得金牌11枚。新认定高新技术企业421家、省科技型中小企业1147家。12家企业荣膺2021年度浙江省高新技术企业创新能力百强,上榜数居全省第三。新认定省级技术创新中心1家、省级新型研发机构2家、省级重点企业研究院3家、省级企业研究院15家、省级高新技术企业研究开发中心22家。获省"尖兵""领雁"研发计划23项。21项科技成果获省级以上科技奖,其中国家科技进步二等奖1项、省技术发明一等奖1项、省科技进步一等奖1项、二等奖6项、三等奖12项。积极引进培育高端科技创新人才(团队)，国家级和省级科技人才计划入选数居全省前列。63名外籍人才入选省海外工程师,2家企业入选省级外国专家工作站,均居全省第二。实施发明专利产业化项目225项,实现技术市场交易额144亿元。新增省国际科技合作基地3家、海外研发中心1家。新引进共建浙江大学绍兴研究院、上海交通大学绍兴研究院、天津大学浙江国际创新设计与智造研究院、西安交通大学浙江宽禁带半导体研究院等4家研究院。全年专利授权量38293件,比上年增长7.6%,其中发明专利授权量4137件,增长15.5%。全年全社会研究和试验发展(R&D)经费支出与生产总值之比预计为2.9%。

·文化、卫生和体育·

年末全市有公共图书馆7家，其中6家公共图书馆列入全省第一批"满意图书馆"。博物馆61家(含国有非国有)。全市每万人拥有公共文化设施面积达1800.03平方米。全年送戏下乡1796场，送书下乡296054册,送展览下乡491场,文化走亲90场,文化大巴70场,"越乡莲歌"48场。开展线上服务场次1400场,参与人次近815万次。年末有卫生机构2864个(含村卫生室1002个),比上年末增加32个。其中,医院101个,卫生院及社区卫生服务中心(服务站)653个。卫生机构床位数32342张,增长1.0%。其中,医院床位25503张，增长5.8%。医生数18108人，注册护士数18899人,分别增长1.6%、9.9%。每万人拥有医疗床位72.38张,比上年增加0.87张;每万人拥有医生40.52人,比上年增加0.69人。新建村卫生室57家,定向培养村医128人,全市基层就诊率64.4%,县域内就诊率90.3%。建成托育机构342家,千人托位数由2020年的1.29个增加到2.53个,建成母婴室172家。基层医疗机构"哨点"建设全覆盖,闭环管理发热病人27.1万人次。全市累计接种新冠疫苗1127.1万剂次,脱漏种率持续保持全省最低。建成标准化传染病院(病)区25个,完成5家疾控机构标准化改造,日检测能力达30万份,新增1家三甲综合医院。为15万余名老年人接种流感疫苗和肺炎疫苗，完成重点人群结直肠癌筛查20.9万例、结直肠镜检查1.3万例。全年新建10个社会足球场、20个社区多功能运动场、8个村级全民健身广场、30个"体育+公园"项目、100个百姓健身房、500公里健身步道(骑行道)。积极创建浙江省运动休闲旅游示范基地、精品路线、优秀项目,获评2条精品路线,3个优秀项目。全年实现体彩销售11.40亿元。全年共举办水马、摩托艇公开赛、全国田径锦标赛等23项全国性赛事、44项省级赛事、210项市级赛事，入选省体育品牌赛事名录库5项,品牌赛事居全省第三位。4名运动员入选中国体育代表团参赛东京奥运会。培养国家一级运动员33人,国家二级运动员165人,新注册青少年运动员6498人,国际级裁判员5人,国家级裁判员36人。

·人口、人民生活和社会保障·

根据5‰人口变动抽样调查,年末常住人口533.7万人,比上年末增加4.6万人。城镇化率71.5%,比上年提高0.5个百分点。出生率5.9‰,死亡率6.4‰。年末户籍总户数165.58万户,比上年增加1.57万户。户籍人口446.85万人,比上年减少0.79万人。其中,男性221.91万人,女性224.94万人。据居民收支与生活状况调查,全年全体居民人均可支配收入62509元,比上年增长10.4%,两年平均增长7.7%。其中,城镇常住居民人均可支配收入73101元,增长9.6%,两年平均增长6.9%,农村常住居民人均可支配收入42636元,增长10.2%,两年平均增长8.6%。城乡居民收入差距缩小。城乡居民人均可支配收入比值为1.71,居全省第四位,比上年缩小0.01。低收入农户人均可支配收入与农村居民人均可支配收入之比为0.43,比上年增加0.01。全体居民人均生活消费支出37448元,比上年增长18.5%。其中,城镇常住居民、农村常住居民人均生活消费支出分别为42766元、27471元,分别增长17.5%、18.7%。年末全体居民人均住房建筑面积59.1平方米。其中,城镇常住居民人均住房建筑面积53.6平方米,农村常住居民人均住房建筑面积69.4平方米。年末每百户居民家庭拥有家用汽车66.2辆、计算机73.9台、移动电话260.4部、热水器103.4台、洗衣机101.9台、电冰箱(柜)112.8台、彩色电视机197.8台、空调233.8台。城镇常住居民恩格尔系数26.6%,比上年下降0.6个百分点,农村常住居民恩格尔系数29.9%,比上年下降0.3个百分点。当年新增城镇就业人员27.2万人,城镇失业人员实现再就业21.2万人,城镇登记失业率2.02%,比上年提高0.3个百分点。年末基本医疗保险参保人数479.41万人,比上年末增长1.7%。基本养老保险参保人数368.93万人,比上年末下降0.1%;企业职工养老保险参保人数263.43万人,增长2.3%。城镇失业保险参保人数136.87万人,比上年末增长4.1%。当年推出首款政府指导的商业补充医疗保险产品—"越惠保",全市参保人数306.8万人,参保率达67%,分别居全省第二、第三位。当年建成乡镇(街道)级居家养老中心16家。建设老年健康服务示范点10家。完成9个康养联合体试点建设,2683户生活困难老年人家庭完成适老化改造。年末在册低保对象38442人。其中,城镇4989人,农村33453人。低保资金支出3.4亿元。城乡最低生活保障标准为每人每月890元。全年救助临时困难群众6404人次,支出临时救助金911.0万元,分别比上年增长16.2%、51.2%。福利彩票销售8.90亿元,比上年增长2.4%。筹集公益金0.75亿元。公益金支出0.93亿元,增长9.4%。青少年近视防控工作稳步推进。年末青少年近视率为54.7%,比上年下降1.0个百分点。当年棚户区改造住房新开工1408套,基本建成3200套。完成城中村和城市旧住宅区拆迁(征收)14174户、523.45万平方米。10个乡镇(街道)成功创建美丽城镇省级样板。

·资源、环境保护和社会安全·

年末有国家气象观测站5个,区域自动气象观测站398个。国内首家综合性气象博物馆已正式对公众开放。全年平均气温18.7℃,比常年偏高1.3℃,创历史最高记录。年日照时数1632.4小时,比常年偏少5.6%。年降水量1870.9毫米,比常年偏多29.0%,历史第三多。全年共完成国土绿化造林面积2.02万亩,森林质量精准提升面积6.85万亩,新建省级森林城镇3个,"一村万树"示范村23个。在省内率先实现永久基本农田保护"田长制"全市域覆盖。完成水利建设投资47.5亿元。水利工程年供水量17.48亿立方米,比上年增长0.8%。年末已有水库554座,水库总容量15.47亿立方米。深化农村饮用水达标提质工作,改善受益人口6.5万人,建成省级规范水厂4座,农村饮用水水质合格率97.4%。完成水土流失治理31.27平方公里。全市空气质量综合指数3.50。空气质量优良天数比例达93.4%,比上年提高2.1个百分点。PM2.5浓度27微克/立方米,下降6.9%。全市11个国控断面均达到年度目标要求,Ⅰ–Ⅲ类水比例为100%;25个省控断面Ⅰ–Ⅲ类水比例、功能区达标率均为100%;128个市级考核断面Ⅰ–Ⅲ类水比例、功能区达标率均为100%;交接断面考核保持优秀;县级及以上饮用水源水质达标率保持100%。生态文明建设取得成效。上虞区被生态环境部命名为"国家生态文明建设示范区",柯桥区被省政府命名为"省级生态文明建设示范区"。年末全市城镇生活垃圾分类覆盖率达到99.7%,城乡生活垃圾总量降幅达到5.0%。城镇资源化利用率100%,城镇回收利用率60.4%,城镇无害化处理率达到100%。全市规模以上工业能耗总量比上年增长7.6%,单位工业增加值能耗下降7.1%。其中八大高耗能行业单位增加值能耗下降1.6%。全年发生各类生产安全事故69起、死亡57人,分别比上年下降5.5%、增长3.6%。发生3起较大生产安全事故。

(责任编辑:王怡然　金瑞锋　赵峰)

(数据来源:绍兴市统计局)

台州市

2021年是党和国家历史上具有里程碑意义的一年，是我国现代化进程中具有特殊重要性的一年。这一年，面对纷繁复杂的国际国内形势和各种风险挑战，台州坚持以习近平新时代中国特色社会主义思想为指导，全面落实党的十九大和十九届历次全会精神，忠实践行“八八战略”，奋力打造“重要窗口”，持续巩固拓展疫情防控和经济社会发展成果，发展质量稳步提升，全市经济社会保持稳中有进的良好态势，人民生活福祉持续增进，各项社会事业繁荣发展，生态环境质量持续改善，实现了“十四五”的良好开局。

·综合·

经济运行稳中有进。经初步核算，2021年，全市实现生产总值5786.19亿元，按可比价格计算，比上年增长8.3%。其中，第一产业增加值303.94亿元，增长2.0%；第二产业增加值2543.01亿元，增长9.3%；第三产业增加值2939.24亿元，增长8.1%；三次产业结构为5.3∶43.9∶50.8。市区实现生产总值2056.28亿元，比上年增长7.0%。经最终核实，2020年，台州市生产总值现价总量为5238.39亿元，比上年增长3.3%；三次产业增加值结构为5.6∶43.5∶50.9。

·农业·

农业生产增长平稳。全市预计实现农林牧渔业总产值542.34亿元，按可比价格计算，比上年增长2.7%。其中，农业产值182.14亿元，增长1.4%；林业产值5.97亿元，下降4.6%；牧业产值31.96亿元，增长38.3%；渔业产值315.06亿元，下降0.2%；农林牧渔服务业产值7.21亿元，增长7.0%。

全年粮食作物播种面积87.72千公顷（131.58万亩），比上年增长2.6%；粮食总产量56.00万吨，增长7.5%。全年经济作物播种面积115.99千公顷，比上年增长1.0%。全年蔬菜产量231.66万吨，比上年增长2.9%；油料产量1.34万吨，增长1.4%；水果产量145.69万吨，下降2.8%。

全年完成造林更新面积1480公顷，其中，人工造林面积889公顷。全市有森林面积525千公顷，森林覆盖率为61.37%。全市有自然保护区（含小区）32个，面积143.91千公顷。

全年水产品产量145.19万吨，比上年下降2.6%，其中，海洋捕捞产量80.77万吨，下降3.8%；海水养殖产量52.72万吨，增长0.4%。

全市注册登记的农民专业合作社7812家，其中省级示范性专业合作社100家。全市共认证有机食品93个，绿色食品274个，国家无公害农产品232个，浙江省无公害农产品产（基）地232个。国家级农业龙头企业3家，省级农业龙头企业45家，市级农业龙头企业210家。

全市完成河道疏浚清淤23.7公里，其中，市区13.4公里。治理水土流失面积36.2平方公里，新增高标田范围内高效节水灌溉面积1.974万亩。年末全市拥有农业机械总动力213.78万千瓦。

·工业和建筑业·

工业生产整体平稳。全市实现工业增加值2162.34亿元，比上年增长11.5%。全市规模以上工业企业（年主营业务收入2000万元及以上工业企业）4692家，实现工业增加值1453.90亿元，比上年增长12.4%。

全市规模以上轻工业实现工业增加值497.35亿元，比上年增长10.0%；重工业实现工业增加值956.55亿元，增长13.6%。轻重工业比例为34.2∶65.8。

全市规模以上工业增加值总量排在前五位的行业中，通用设备制造业、电力热力生产供应业、医药制造业、汽车制造业、橡胶和塑料制品业分别完成工业增加值233.51亿元、153.90亿元、149.85亿元、139.21亿元和133.96亿元，分别比上年增长19.5%、19.7%、3.2%、–2.0%和11.7%。

全年规模以上高新技术产业实现增加值926.89亿元，比上年增长10.9%；规模以上装备制造业实现增加值732.58亿元，增长13.3%；规模以上战略性新兴产业实现增加值342.27亿元，增长12.2%；规模以上数字经济核心产业实现增加值75.94亿元，增长14.1%。

全市规模以上工业企业产品产销率为98.42%；新

产品产值2388.44亿元,比上年增长18.35%;新产品产值率为37.89%,比上年下降了0.11个百分点。

全市规模以上工业企业实现利税总额614.18亿元,比上年增长10.7%,其中,利润总额438.01亿元,增长12.9%。

全市实现建筑业增加值381.84亿元,比上年下降1.9%。资质以上建筑企业完成房屋建筑施工面积12241万平方米,房屋竣工面积2852万平方米。

·固定资产投资和房地产业·

固定资产投资结构转好。全市固定资产投资施工项目4173个,其中本年新开工项目1364个。全年固定资产投资比上年增长7.1%。其中,第一产业投资增长48.5%,第二产业投资增长12.1%,第三产业投资增长5.5%。固定资产投资中,工业性投资比上年增长12.1%,工业企业技术改造投资增长7.8%;公共服务投资增长18.4%;民间投资增长3.1%。

重点工程建设有新突破。杭台高铁、金台铁路、一江山大道等重大项目建成投用。市域铁路S1线、杭台高铁温岭至玉环段、台州路桥机场改扩建工程、甬台温高速至沿海高速温岭联络线、台州南部湾区引水工程、华海制药科技产业园等重大项目顺利推进。台州国际博览中心、天台抽水蓄能电站、台州南铁路智慧陆港新区等重大项目开工建设。

全年房地产开发投资比上年增长6.9%。房屋施工面积4946.44万平方米,比上年下降1.7%;房屋竣工面积521.66万平方米,增长41.4%。全年商品房销售面积954.67万平方米,比上年增长11.2%,其中,住宅销售面积750.63万平方米,增长12.3%。

·交通和邮电业·

全年交通运输、仓储和邮政业增加值为135.13亿元,比上年增长9.3%。

全年完成货物周转量1807.6亿吨公里,旅客周转量182.3亿人公里。全年台州港完成货物吞吐量5937.6万吨,其中外贸吞吐量1146.4万吨;完成集装箱吞吐量55.1万标箱。民航完成旅客吞吐量133.9万人次,货邮吞吐量10151.1吨。

年末全市公路总里程(含村道)13359.5公里,其中,高速公路500.3公里。年末全市汽车保有量达198.92万辆,比上年增加11.98万辆;其中,私人汽车163.55万辆,比上年减少7.02万辆。

邮电业保持稳中向好发展态势。全年邮电业务总量830.12亿元;邮电业务收入98.99亿元,其中,电信业务收入86.20亿元,邮政业务收入12.79亿元。年末国际互联网宽带接入用户283.22万户,比上年增加22.03万户;移动互联网用户785.89万户,比上年增加32.35万户。年末移动电话用户为927.99万户,城乡固定电话用户为93.07万户。

活跃的电子商务交易促进了快递业的增长,全年快递服务企业完成业务量13.23亿件,比上年增长20.9%;完成业务收入72.10亿元,增长25.3%。

·国内贸易和旅游业·

全市实现社会消费品零售总额2605.62亿元,比上年增长8.7%。按消费类型分,商品零售额2259.50亿元,增长8.7%;餐饮收入346.12亿元,增长9.1%。按经营地分,城镇零售额2086.18亿元,增长9.3%;乡村零售额519.45亿元,增长6.7%。限额以上批发零售企业中,化妆品类零售额比上年增长19.1%;石油及制品类、汽车类分别比上年增长33.8%、10.1%;粮油食品类零售额比上年下降0.2%。

全年新设市场主体14.53万家,其中,新设企业4.03万家,新设个体工商户10.47万家。年末在册市场主体74.10万家,其中,企业23.80万家,个体工商户49.29万家。

年末全市拥有各类商品交易市场340家,成交额1310.9亿元,年成交额超亿元的市场有109家。全年网络零售额1227.3亿元,比上年增长11.1%。全市已创设淘宝镇51个(全省第一),淘宝村376个,电商产业园28个,活跃网络零售网店3.8万家。

市区居民消费价格总水平比上年上涨1.7%,其中,消费品价格上涨2.0%,服务项目价格上涨1.3%。工业生产者出厂价格比上年上涨2.7%,工业生产者购进价格上涨12.9%。

台州连续4年上榜“中国旅游业最发达城市”榜单。全年实现旅游总收入423.97亿元,增长13.7%,其中,国内旅游收入423.3亿元,增长13.6%;入境旅游收入1060.3万美元,增长263.1%。全市共有5A级旅游区2个,4A级旅游区18个,3A级旅游区70个,2A级旅游区13个;共有星级饭店32家,客房5879间,床位9121张;旅行社171家,其中,星级品质旅行社66家。

·对外经济·

全年外贸进出口总额2399.36亿元，比上年增长26.4%。其中，出口总额2197.09亿元，增长24.8%；进口总额202.27亿元，增长46.6%。全年外贸企业出口505.14亿元，比上年增长27.8%；三资企业出口142.11亿元，增长14.1%；生产企业出口1549.83亿元，增长24.9%。在出口总额中，一般贸易出口1894.23亿元，比上年增长16.1%；加工贸易出口172.52亿元，增长33.6%。全年高新技术产品出口133.2亿元，回落4.9%；机电产品出口1210.3亿元，增长26.1%。全年对美国出口399.6亿元，增长15.6%；对欧盟出口491.1亿元，增长18.3%；对“一带一路”沿线国家出口731.0亿元，比上年增长32.6%。全年有进出口实绩企业7589家，其中有出口实绩企业7204家。全市进出口国家和地区为226个，其中出口国家和地区为223个。

全年新批外商投资项目81个，比上年增长3.9%。合同利用外资7.43亿美元，下降17.4%；实际利用外资4.83亿美元，增长32.9%。

全年新批境外投资企业30家，中方投资额1.79亿美元。全市累计境外投资项目753个，中方累计投资额41.8亿美元。

全年服务贸易进出口总额91.0亿元，其中出口额65.5亿元，前三大出口领域分别为运输服务、建筑及相关工程服务、计算机和信息服务。全年服务外包离岸合同执行额16873万美元，同比增长110.7%。

·财政、金融和保险业·

全年财政总收入770.06亿元，比去年同期增长12.8%；其中，地方财政收入455.43亿元，增长13.5%。

年末全市金融机构本外币存款余额12049.58亿元，比上年末增长13.4%；当年新增存款1419.27亿元。年末本外币住户存款余额6721.10亿元，比上年末增长11.2%；当年新增存款674.04亿元。年末金融机构本外币贷款余额11669.97亿元，比上年末增长18.2%；当年新增贷款1797.72亿元。年末金融机构本外币存贷款比率为96.85%，不良贷款率为0.53%。

全年新增上市公司6家，年末已有上市公司65家，累计融资总额达到1563.66亿元。其中，新三板挂牌企业数43家。年末有小额贷款公司26家，注册资本金总额30.41亿元，全年发放贷款46.42亿元。

年末有证券营业部115家，全年股票交易额4.55万亿元，比上年增长26.7%。

全年保险业实现保费总收入218.87亿元，其中，财产险保费收入91.36亿元，人身险保费收入127.51亿元。全年各类赔款、给付支出80.65亿元，其中，财产险支出60.13亿元，人身险支出20.52亿元。

·科学技术和教育·

深入推进国家创新型城市建设。台州成功入选科技部支持建设国家创新型城市和中科协“科创中国”试点城市名单。台州湾科创走廊纳入省级科创走廊体系，引进了陈十一、许祖彦院士等一批顶尖人才创业项目。全市共有省级企业研究院151家，省级高新技术企业研发中心501家；新增国家重点扶持的高新技术企业381家，累计1514家；新增省级科技型中小企业1199家，累计6494家。共有市级以上众创空间104家，其中，国家级9家，省级41家。

全年专利授权39269件，其中发明5282件，比上年增长20.0%。全年实现技术交易额115.81亿元。

大力实施质量强市战略。市政府获省政府“质量奖组织奖”(全省唯一)；浙江精诚模具机械有限公司获中国质量奖提名奖(全省唯一中小企业)，实现台州“零的突破”。获批全省首个专利融入标准试点市。全市新制定“浙江制造”标准63项，地理标志保护产品12个，新增“品字标”企业62家，累计230家。全市有533家单位取得食品生产许可证。年末有各类检验机构182家，其中国家级检测中心2家，省级质检中心12家。全市被国家工商总局认定的驰名商标累计达到59件。

教育高质量发展成效明显。“双减”工作稳步推进，在全国率先实施“双减”评价指数测评，央视三次点赞台州做法。创建浙江省现代化学校41所。北大附中台州飞龙湖学校建成投用。新(改扩)建二级以上标准幼儿园45所、中小学9所，二级以上幼儿园覆盖面达67%，义务教育标准化学校占比提升至97%，随迁子女在义务教育公办学校就读比例达88.43%。台州学院申硕成功，台州职业技术学院被列为省高水平职业院校建设单位。

全市有幼儿园1014所，在园幼儿19.36万人；普通小学354所，在校生42.24万人；初中201所，在校生20.80万人；高中78所，在校生10.50万人，中等职业学校24所(不含技工学校)，在校生7.67万人，高中段在校生18.17万人，初升高比例99.32%。全市特殊教育学校招生(不含随班就读)342人，在校生1666人。

全市全日制普通高校招生 13867 人,在校生 42356 人,成人高校在校学生 36489 人。

·文化、卫生和体育·

深入打造文化强市。引进朵云书院、大隐书局、钟书阁、三联书店等品牌文化资源,新时代文明实践中心(所、站)覆盖率达 100%,创成国家公共文化服务体系示范区。年末全市有文化馆 10 个,博物馆 62 个,公共图书馆 10 个、图书总藏量 991.78 万册;自办广播节目 9 套,自办电视节目 9 套;全市有线广播电视覆盖用户 183.65 万户,其中数字电视实际用户 115.64 万户。全年广播节目播出时间 71574 小时, 电视节目播出时间 58978 小时。广播人口综合覆盖率和电视人口综合覆盖率均为 100%。全市共有 2707 个行政村建有农村文化礼堂,共有和合书吧 118 家。年末全市拥有人类非物质文化遗产 1 项,国家级非物质文化遗产 17 项,省级 106 项,市级 382 项。

加快建设健康台州。县域医共体建设高效推进,城市医联体建设列为国家试点,新增三甲综合医院 2 家、三甲专科医院 2 家。全面做实基本医保市级统筹,创新推出"台州利民保"。年末全市有各类医疗卫生机构 3805 家,其中,社区卫生服务机构 273 家。大力推进社会办医,全市共有民营医院 91 家。全市医疗卫生机构床位 31482 张,各类卫生技术人员 50341 人,其中,执业医生和执业助理医生 20491 人,注册护士 21632 人。全年总诊疗 7391.64 万人次。全市甲、乙类传染病发病率为 132.45/10 万。全市五岁以下儿童死亡率 3.4‰,其中, 婴儿死亡率 2.3‰, 户籍孕产妇零死亡。全年有 51411 人次参加无偿献血。农村自来水普及率 100%,卫生户厕普及率 100%。

坚持科学精准高效的疫情防控策略, 坚决守护好人民群众的生命健康安全。全市上下同舟共济、众志成城,大爱无疆担当异地防疫隔离,在疫情防控的人民战争、总体战、阻击战中构筑起钢铁防线,守牢了台州本地"零感染"的底线。

体育事业蓬勃开展。台州运动健儿参加东京奥运会、全运会成绩突出受到省政府表彰,1 名运动员获劳动模范称号。全市运动员参加国际各项赛事共夺得金牌 2 枚、银牌 1 枚、铜牌 1 枚;共夺得全国、全省锦标赛金牌 219 枚、银牌 215 枚、铜牌 301 枚。

全市共建有市、县级体育社团 291 个。全年销售各类体育彩票 13.91 亿元。

·能耗、环境保护和安全生产·

全市万元生产总值能耗预计比上年上升 2.0%左右。

全市省控以上断面Ⅰ-Ⅲ水质断面占比 84.4%,地表水满足水环境功能区达标率为 93.8%。市本级城市生活污水处理率为 97.92%,城镇生活垃圾无害化处理率为 100%。

台州城市空气质量综合指数 2.94, 在全国 168 个重点城市中排名第 13; 空气优良率 99.2%, 同比上升 3.8 个百分点;PM2.5 平均浓度 23 微克/立方米,同比下降 8.0%。"台州蓝"城市金名片成色更足。

全市共发生各类生产经营性安全事故 80 起,死亡 64 人,分别比上两年平均下降 29.2%和 28.5%。

·人口、就业、社会保障和人民生活·

根据 5‰人口变动抽样调查推算,2021 年末全市常住人口 666.1 万人,比上年末增加 3.4 万人。全市城镇化率为 62.6%。

截止 2021 年 11 月 30 日,全市户籍总人口 605.94 万人,其中,男性人口 308.86 万人,女性人口 297.08 万人,男女性别比为 104.0:100。全年共出生 3.69 万人,死亡 3.90 万人,人口出生率为 6.09‰,死亡率为 6.44‰,人口自然增长率-0.35‰。市区户籍人口 164.27 万人。全市就业局势基本稳定。全年城镇新增就业 24.42 万人,帮助 2.12 万名城镇失业人员实现再就业。年末城镇登记失业率为 1.08%。

稳步推进社会保险参保扩面。城乡居民基本养老保险基础养老金每人每月提高 45 元,提升幅度为历年之最。年末全市职工基本养老保险、基本医疗保险、工伤保险、生育保险和失业保险参保人数分别达到 282.63 万人、197.59 万人、242.52 万人、135.72 万人和 119.33 万人。全市有 160.92 万人参加城乡居民基本养老保险,有 405.71 万人参加城乡居民医疗保险。

健全大救助体系。全市城乡居民最低生活保障人数为 6.51 万人,全年共投入低保资金 5.45 亿元。全市共有各类养老机构 239 个,床位 31926 张,年末在院老人 13338 人。全市有城乡社区居家养老服务照料中心 3220 家。全市共资助困难群众参保 9.63 万人,资助参保资金 5242.94 万元,累计医疗救助 94.6 万人次,直接救助资金1.04亿元。全年发行各类福利彩票11.77亿元。

城乡居民收入稳步增长。全市全体居民人均可支配收入55499元，比上年增长9.6%，扣除价格因素实际增长7.7%。城镇常住居民人均可支配收入68053元，增长8.7%，扣除价格因素实际增长6.9%；农村常住居民人均可支配收入35419元，增长10.0%，扣除价格因素实际增长8.2%。城乡居民收入差距倍数为1.92。全体居民人均生活消费支出36227元，比上年增长17.0%。城镇常住居民和农村常住居民人均生活消费支出分别为42096和26838元，增长16.5%和16.7%，扣除价格因素，实际增长14.6%和14.7%。

年末城镇常住居民和农村常住居民人均现住房建筑面积分别为51.9平方米和59.7平方米。城乡居民每百户家庭家用汽车、空调等高档耐用消费品拥有量继续增加。

注：

〔1〕公报中生产总值、各产业增加值绝对数按现行价格计算，增长速度按可比价格计算。公报中所列各项数据为年度初步统计数据。部分数据因四舍五入的原因，存在着与分项合计不等的情况。

〔2〕全市规模以上工业企业利税总额不含台州电业局数据。

〔3〕旅游收入相关数据因部门统计测算口径发生变化，与往年数据不可比。

（责任编辑：王怡然　金瑞锋　赵峰）

（数据来源：台州市统计局）

嘉 兴 市

·概况·

【国民经济总体发展】 2021年，嘉兴全市经济总量突破6000亿元，三次产业、三大需求、三个口袋实现稳增，高质量发展韧性持续彰显。初步核算，全市生产总值(GDP)6355.28亿元，比上年增长8.5%，居全省第5位，高于全国平均0.4个百分点，与全省平均持平；两年平均增长6.0%，高于全国平均水平0.9个百分点，和全省持平。三次产业增加值结构2.1:54.3:43.6。

三大收入保持增长。2021年，全市城乡收入再创佳绩。嘉兴全体居民人均可支配收入60048元，居全省第5位，比上年增长9.8%。其中，农村居民人均可支配收入43598元，首次跨上"四万元"台阶，连续十八年居全省首位，比上年增长9.5%；城镇居民人均可支配收入69839元，连续十年居全省第4位，比上年增长8.9%。企业效益持续改善。全市规模以上工业企业利润总额856.66亿元，增长34.5%，增速高于全省平均13.5个百分点，列全省第3位，两年平均增长18.3%。财政收入稳健增长。全市财政总收入1122.77亿元，其中一般公共预算收入674.80亿元，总量均居全省第3位，比上年分别增长11.9%和12.7%。一般公共预算支出793.72亿元，增长11.4%。

【经济体制改革取得新成效】 2021年，全市认真贯彻落实国家、省、市关于深化经济体制改革的部署要求，以深化供给侧结构性改革为主线，以处理好政府和市场关系为核心，突出数字化改革总抓手，撬动经济体制改革重点领域和关键环节改革，着力优化营商环境，全力推进经济体制改革各项工作。

全面推进长三角一体化发展和示范区嘉善片区建设。嘉善联合青浦、吴江推动年度35项一体化改革破题见效，新增20多项具有突破性的制度创新成果，共建虹桥国际开放枢纽"金南翼"。与上海虹桥国际中央商务区管委会签订战略合作框架协议，制定《嘉兴市共建虹桥国际开放枢纽行动计划》协同推进毗邻区域重点板块建设。加快建设杭嘉、嘉湖一体化合作先行区和金山—平湖产城融合发展区建设，与杭州、湖州联合印发《杭嘉一体化合作先行区建设方案》《嘉湖一体化合作先行区建设方案》。强化统筹推进市域一体化改革。印发《关于明确嘉兴市强化市域统筹推进市域一体化改革领导小组架构和工作专班组成的通知》(嘉市域统筹办〔2021〕1号)和《关于印发嘉兴市强化市域统筹推进市域一体化改革六大行动计划的通知》(嘉市域统筹办〔2021〕2号)，聚焦规划布局、基础设施、产业平台、社会事业、社会治理和生态环境等六大领域一体化改革行动。深入推进开发区(园区)整合提升。全市70个开发区(园区)整合为14个重大产业平台。深化嘉兴科技城(嘉兴南湖高新技术产业园区)国家双创示范基地建设。推进海盐县国家新型城镇化示范县建设。

完善深化投融资体制改革。深化企业投资项目审批改革。持续深化一般企业投资项目"最多80天"改革，进一步推广投资项目在线审批监管平台3.0应用。推进"标准地+承诺制"改革。全市新增工业用地100%以标准地形式出让，规范全市"标准地"指标确认"一件事"流程，各县(市、区)完成工业项目"标准地"控制性指标体系修订与发布。强化投融资改革创新。全年全市共申报新增政府专项债券104.7亿元。落实省发改委与省国开行"两新一重"专项及"共同富裕"专项融资、省发改委与省农行"重要窗口"和共同富裕示范区建设专项融资，按月调度、积极对接，支持重大项目建设。积极探索重大政府性投资项目投融资体制创新。强化市域一体化统筹、丰富投融资手段、创新投融资长效机制等方面进一步提升政府投资质量效益，加大社会资本投资生态建设、公共服务、基础设施等重点领域引导力度。

完善资源要素市场化体制机制。深化"亩均论英雄"改革。年内推出4.0版"亩均论英雄"评价及应用体系，印发《深化工业企业绩效综合评价加快资源要素优化配置实施方案》，各县(市、区)及时修订升级本地评价及应用体系。市级层面对印染、化工、化纤、纺织(不含印染)、服装服饰、皮革、家具、农副食品加工等8个行业实行分行业评价。深化国资国企改革。推进落实国企改革三年行动。印发《嘉兴市国企改革三年行动实施方案(2020–2022年)》，围绕完善现代企业制度、国有经济布局优化和结构调整、健全市场化经营机制等方面。大力推动国有企业股改上市。贯彻落实《关于深化市属国有企业改革推进股改上市的实施意见》，对全市

20家苗子企业或入库单位进行梯队划分，做好企业股改上市服务工作。积极稳妥深化混合所有制改革。鼓励积极探索先行先试，卓越交通、嘉源环卫和航天恒嘉3家国企先行探路亮相省混改项目推介会。健全市场化经营机制。加快完善国有资本授权经营体制三级运营模式全面落实经营性资产集中统一监管改革。全面推进嘉善县省域空间治理数字化平台试点建设。建设多规合一应用场景，对自然资源全业务、全流程、全要素统一精准管理，提升国土空间资源配置效率。加快推进平湖市省制造业高质量发展改革试点。

完善民营经济高质量发展体制机制。一是健全服务体系，提升服务能级。出台《2021年中小企业和民营企业工作要点》，建立健全市场化规范经营机制和内部管理制度。实施上市100专项行动，支持企业上市融资，不断拓宽企业上市渠道。二是开展宣传活动，弘扬企业家精神。出台《嘉兴市关于弘扬企业家精神支持企业家干事创业的若干意见》。开展“百年百企 雄鹰展翅——迎接建党百年嘉兴风云企业家口述录大型融媒体报道活动”。三是贯彻落实《条例》，激发内在活力。持续贯彻落实《浙江省民营企业发展促进条例》，出台《嘉兴市关于营造更好发展环境支持民营企业改革发展的若干意见》，从优化公平竞争的市场环境、保障民营企业发展空间等七个方面，破解民营企业发展中的难题。四是精心搭建平台，营造发展生态。深化惠企政策落地“一件事”集成改革。

完善打造营商环境最优市的体制机制。提升政务服务水平。围绕“企业全生命周期”和“公民个人全生命周期”，深化“一件事”集成改革，大力推进实现高质量网上办、掌上办。打造营商环境最优市“金名片”。认真落实袁家军书记提出的打造营商环境最优市“金名片”要求，制定《关于打造营商环境最优市的专项行动方案》。发布《嘉兴市深化改革创新 打造一流营商环境实施方案》(嘉兴市优化营商环境3.0版)，印制《优化营商环境100条》宣传册。创新营商环境数字赋能，推进“浙里营商”应用场景建设。推进政府数字化转型。打造智慧赋能的一体化数字资源平台。强化高质量数据供给，数据共享需求满足率达98.3%。加快建设全市域一体的“城市大脑”。编制《嘉兴市数字政府建设“十四五”规划》，赋能市域社会治理现代化。创新完善数字化项目建设管理。制定出台《嘉兴市信息化项目建设管理暂行办法》《市场化手段赋能嘉兴市域一体数字化项目建设实施方案》等文件，重新设计数字化项目全生命周期建设管理路径。组建“浙里办”运营专班，编制《嘉兴市域一体“浙里办”城市频道建设运营方案》。建立市县联动的“浙里办”宣传推广机制，市场化运营初显成效。

·个私经济发展·

截至2021年底，全市实有各类市场主体共计64.83万户，注册资本金总额2.39万亿元，分别比上年末增长7.4%和6.1%。其中：内资企业20.85万户，注册资金3.23万亿元，分别比上年末增长8.9%和26.2%；个体工商户43.9万户，资金数额585亿元，分别比上年末增长6.9%和16.4%；农民专业合作社2228户，注册资本19.07亿元，比上年末下降2.8%和增长1.7%。

2021年末，全市私营企业159768户，比上年增长10.01%；年内全市累计新登记私营企业26247户，增长5.95%；年内全市注销私营企业11705户，下降9.17%。全市私营企业中，第一产业1334户，第二产业43796户，第三产业114638户，分别比上年末增长11.17%、7.29%和11.08%。第一、二、三产业私营企业比重为0.8%、27.4%和71.8%。其中全市制造业私营企业33141户，比上年增长4.61%，占私营企业总量20.7%。

·开放型经济·

【概况】 2021年，全市进出口总额3783.8亿元，比上年增长24.0%，增速高于全省平均1.6个百分点；两年平均增长15.6%，较一季度、上半年、前三季度分别提升1.9个、0.9个和1.2个百分点。其中，出口总额2800.8亿元，比上年增长23.3%，增速高于全省平均3.6个百分点，两年平均增长15.3%；出口占全省的份额为9.3%，较上年提升0.3个百分点。进口总额983.0亿元，比上年增长26.1%，两年平均增长16.4%。全市新批外商投资项目356个，其中投资总额超亿美元项目73个，居全省第一；全市实际利用外资30.43亿美元，创历史新高，位列全省第三。新批境外投(增)资备案项目81个，对外直接投资备案额15.01亿美元，总量居全省第三位。

【外贸出口实现新跨越】 2021年，全市外贸增速快于全省。全市进出口、出口、进口总值均列全省第4位，其中出口位次较2020年上升1位，首次超过绍兴。进出口、出口、进口增速分列全省第5、6、7位。全市进出口增速高于全国(21.4%)、全省(22.4%) 2.6个、1.6个百分点，创15年新高。出口增速高于全国(21.2%)、全省

(19.7%) 2.1 个、3.6 个百分点，占全国出口份额 12.89‰，较 2020 年提高 0.21 个千分点。出口结构进一步优化。?全市机电产品、高新技术产品持续走强，拉动出口增长。机电产品、高新技术产品出口 1361.5 亿元、456.7 亿元，增长 32.5%、33.0%，占全市出口比重 48.6%、16.3%。其中，其他通信设备零件出口 20.6 亿元，增长 12.3 倍，40 英尺集装箱出口 52.3 亿元，增长 3.1 倍。重点企业出口拉动明显。全市出口 100 强企业合计出口 1162.5 亿元，增长 33.5%，占全市出口比重 41.5%，较上年提升 3.2 个百分点。其中，立讯智造出口额达到 136.2 亿元，成为嘉兴第一家出口实绩超百亿的企业。100 家重点出口企业中 85 家企业实现出口正增长。

【引资结构继续优化】 2021 年，全市高技术产业实际利用外资 14.2 亿美元，增长 59.9%，占比达到 46.5%，比重高于上年 13 个百分点。平湖、海盐、海宁占比均超过 60%。招大引强成效明显。全市共引进总投资(增资)超亿美元产业项目 73 个，数量居全省第一。主要投资来源地利用外资总体增长较快。香港是全市实际利用外资主要来源地，实际利用外资 21.1 亿美元，增长 17.6%，占全市实际利用外资总额的 69.2%，居首位。其余投资来源地依次为：新加坡 2.2 亿美元，增长 26.9%、占比 7.4%；英属维尔京群岛 1.4 亿美元，增长 42.0%、占比 4.7%；荷兰 1.3 亿美元，增长 59.2%、占比 4.4%；日本 0.79 亿美元，减少 5.3%、占比 2.6%。外资结构进一步优化。全市制造业实际利用外资 12.8 亿美元，占全市总额的 42.3%。服务业利用外资 17.4 亿美元，占全市总额的 57.2%。其中商务服务业实际利用外资 4.8 亿美元，增长 31.7%；科技推广和应用服务业实际利用外资 3.4 亿美元，增长 32.8%。

【外经合作项目量质并举】 2021 年，全市投资行业以制造业和采矿业为主。其中制造业共有 37 个项目，对外直接投资备案额 8.5 亿美元、占比 56.3%；采矿业共有 5 个项目，对外直接投资备案额 2.6 亿美元、占比 17%。从投资方式看，新设企业(机构)44 个，投资额 5.97 亿美元、占比 39.8%；并购项目 19 个，投资额 4.95 亿美元、占比 33.0%；增资项目 18 个，投资额 4.1 亿美元、占比 27.2%。大项目支撑作用明显。全市对外直接投资备案额在 1000 万美元以上的项目 18 个，对外直接投资备案额 13.7 亿美元、占比 91.6%；1 亿美元以上的项目 4 个，对外直接投资备案额 9.1 亿美元，占比 60.9%。“一带一路”沿线国家(地区)投资活跃。全市对外投资覆盖 34 个国家(地区)，其中在“一带一路”沿线国家(含港澳台地区)项目 27 个，占总项目数 33.3%。对外直接投资额 10.97 亿美元，占比 73.1%。全市在 RCEP 协议国家新批境外投(增)资 33 家，对外直接投资备案额 12.8 亿美元。

【服务外包合同签约额及执行额实现双增长】 2021 年，全市完成服务外包合同签约金额 65.9 亿元，增长 3%；完成服务外包执行金额 55.7 亿元，增长 15.2%，其中离岸外包执行金额 6.97 亿美元，增长 28.3%。全市离岸服务外包业务覆盖全球 147 个国家和地区，其中承接中国香港和美国离岸外包执行额合计 4.1 亿美元，占全市离岸外包执行额的 59.1%。承接“一带一路”沿线国家和地区离岸外包执行额 8049.2 万美元，增长 5.9%，占全市离岸外包执行总额的 11.5%。知识流程外包执行额 45.8 亿元，占全市合同执行总额的 82.2%；信息技术外包和业务流程外包合同执行额占比较小，分别占总量的 6.8%和 11.0%。

·农业·

【概况】 2021 年，全市完成农林牧渔业增加值 143.41 亿元，比上年增长 2.0%。粮食播种面积连续 16 年保持全省第一，全年粮食播种面积 226.4 万亩，比上年增长 0.3%；粮食产量创近八年新高，总产量 97.8 万吨，增长 0.3%；油菜籽产量 1.4 万吨，增长 13.6%。蔬菜及食用菌产量 267.4 万吨，下降 0.5%；盆栽观赏植物销售 2.2 亿盆，增长 43.9%；果用瓜产量 17.2 万吨，下降 9.4%；园林水果产量 32.3 万吨，下降 11.4%。全年猪牛羊禽肉总产量 9.0 万吨，比上年增长 15.3%；水产品总产量 16.29 万吨，下降 2.6%，其中海水产品产量 526 吨，增长 0.6%，淡水产品产量 16.2 万吨，下降 2.6%。年末生猪存栏 27.1 万头，下降 0.6%，全年生猪出栏 26.1 万头，增长 10.1%。

农业现代化提质增效。高标准建设现代农业园区和粮食生产功能区。累计创建省级现代农业园区 8 个、特色农业强镇 17 个，建成单条产值 10 亿元以上的示范性农业全产业链 6 条。严格保护好 115.7 万亩粮食生产功能区。大力实施农业“双强行动”。农业主推技术到位率达 95%以上；大力发展适度规模经营，土地流转率超 70%，累计培育市级以上农业龙头企业 162 家、家庭农场 6659 家、农民合作社 1138 家。深入实施农产品品牌战略，累计培育区域农产品公用品牌 6 个，其中“嘉田四季”品牌许可企业(组织)数量达到 65 家，许可农产品数量 418 个，销售额达 20 亿元。加强“三品一标”建设,新增绿色食品63个、地理标志农产品3个,主要食用农产品中“三品”比率达58%。

美丽乡村建设持续发力。全市累计创建省级高标准农村生活垃圾分类示范村79个,建成省级农村生活垃圾减量化资源化处理试点村220个,农村生活垃圾分类处理行政村覆盖率达100%。全市共建成美丽乡村精品线36条,成功创建省级美丽乡村示范县4个、示范镇44个、3A级景区村庄81个、特色精品村140个,3个村入选“中国美丽乡村百佳范例”、2个村入选全国乡村旅游重点村。全年农家乐休闲农业接待游客3569.7万人次,直接营收33.84亿元。

农业农村共富基础不料夯实。2021年,全市858个村集体年经常性总收入达50.64亿元,村均590万元;年经营性总收入达19.37亿元,村均225万元;年经常性收入达到150万元且经营性收入达到50万元的行政村占比达到90%。健全低收入农户动态监测和精准帮扶机制,全市低收入农户年人均可支配收入22068元,高于全省平均5577元,居全省首位;全市年家庭人均收入10500元以下实现清零。

·工业·

【概况】 2021年,全市工业增加值3126.43亿元,比上年增长11.8%;与2019年相比,两年平均增长7.8%;占全市生产总值的49.2%。规模以上工业增加值2594.48亿元,比上年增长14.0%,两年平均增长9.4%;其中重工业增加值1673.85亿元,增长16.8%,轻工业增加值920.63亿元,增长9.4%。全市规上工业销售产值13182.73亿元,比上年增长28.6%,其中出口交货值2428.16亿元,增长29.8%。全市规模以上工业企业营业收入13904.86亿元,增长30.0%,两年平均增长15.0%;利润总额856.66亿元,增长34.5%,两年平均增长18.3%。全市32个行业全部实现盈利,24个行业利润比上年增长。全市规模以上工业产品销售率99.4%,资本保值增值率114.7%,成本费用利润率6.52%。

民营工业生产好于全省。2021年,全市5591家规上民营工业企业增加值1702.04亿元,比上年增长13.4%,高于全省平均0.1个百分点。前十大行业中,金属制品、化纤、计算机通信、电气机械、通用设备和纺织业等六大行业实现两位数增长,分别增长26.1%、19.9%、19.1%、19.0%、16.5%和10.2%。全市规上工业民营企业中数字经济核心产业、战略性新兴产业、高端装备制造业增加值同比分别增长18.9%、16.9%和18.4%,均快于规上工业平均水平,有力促进了产业结构调整。全市规上工业民营企业实现利润总额514.76亿元,占规上工业比重60.1%,比重较2020年提升6.5个百分点;较上年增长36.9%,对规上工业利润总额的贡献率达到了六成以上。

新旧动能快速转换。2021年,全市规上工业实现新产品产值6391.90亿元,较上年增长38.4%,高于全省平均7.9个百分点,列全省第3位;新产品产值率48.2%,高于全省平均7.4个百分点,列全省第2位。装备制造业增加值首次突破1000亿元,达1020.95亿元,较上年增长22.6%,增速快于全省平均5.0个百分点;装备制造业增加值占规上工业增加值比重达39.4%,分别较2020年和2019年提升1.4个和7.1个百分点。高新技术产业、数字经济核心制造业和高技术制造业增加值占规上工业增加值比重分别为67.7%、19.8%和16.1%,分别较上年提升2.9个、0.3个和0.8个百分点。产销高度衔接。全市规上工业实现出口交货值2428.16亿元,较上年增长29.8%,增速高于全省平均5.3个百分点;实现国内销售产值10754.57亿元,增长28.4%,增速高于全省平均6.0个百分点。截至2021年底,全市累计培育专精特新“小巨人”企业34家,其中32家规上工业企业实现营业收入158.89亿元,较2020年增长21.7%;营业收入利润率14.6%,远高于规上工业(6.2%)8.4个百分点;研发费用占营业收入比重5.2%,高于规上工业(2.8%)2.4个百分点;劳动生产率32.16万元/人,高于规上工业(28.41万元/人)3.75万元/人。

·批发零售贸易、住宿餐饮业·

2021年,全市社会消费品零售总额2275.04亿元,比上年增长8.7%,两年平均增长3.1%。按消费类型分,商品零售2104.71亿元,增长8.3%;餐饮收入170.33亿元,增长15.0%。按经营地分,城镇消费品零售额1919.39亿元,增长8.9%;乡村消费品零售额355.65亿元,增长7.9%。2021年末,全市拥有各类实体交易市场262个,全年成交额2599.31亿元,比上年增长23.2%。

限上批发和零售业、住宿和餐饮业稳步恢复。全市限上批发和零售业销售额4937.1亿元,增长34.0%,其中限上批发业销售额增长38.9%,限上零售业销售额增长9.4%;全市限上住宿和餐饮业实现营业额53.8亿元,增长 17.3%。其中限上住宿业营业额增长 14.0%,限上餐饮业营业额增长 19.3%。全市限上消费品零售额总额 616.4 亿元,增长 9.5%。分地区看,嘉善县、平湖市和海盐县社零增速靠前,增长 10.6%、10.3 和 10.1%,高于全省平均 0.9、0.6 和 0.4 个百分点。

生活必需品市场供应稳定。全市重点监测 40 家零售企业累计实现商品销售额 222.2 亿元,增长 5.7%;8 家批发企业累计实现商品销售额 313.8 亿元,增长 11.0%,主要生活必需品市场供应稳定。百货(超市)销售保持增长,限上百货(超市)销售总额 104.9 亿元,增长 4.9%。网络零售额稳步增长。全市实现网络零售额 2057.6 亿元,列全省第 5 位,增长 10.8%。全市居民网络消费额 965.7 亿元,增长 12.4%。全市网络零售额前三名的行业分别是服饰鞋包、家居家装、3C 数码,占比 65.6%、10.0%、7.3%;三大行业网络零售总额占全市网络零售总额的 82.9%。

民营贸易企业销售增长快。2021 年,全市限上民营贸易企业销售持续向好,实现销售额 3486.41 亿元,增长 29.8%,两年平均增长 20%。批发业增长较快。2021 年,1353 家民营批发业企业销售额 3094.25 亿元,增长 33.5%,高于限上民营贸易企业 3.7 个百分点。2021 年,民营企业出口总额 1906 亿元,比 2018 年增长 53.7%。入围中国民企 500 强企业数量达到 6 家。

·交通运输业·

【概况】 2021 年末,全市公路通车里程 8215 公里,其中高速公路 428 公里。各种运输方式(不包括铁路,下同)货物周转量 410.08 亿吨公里,比上年增长 6.6%,其中公路 174.86 亿吨公里,增长 7.3%;全年旅客周转量(营业性车辆)8.09 亿人公里,下降 1.2%。全年嘉兴港货物吞吐总量 12690.80 万吨,比上年增长 8.3%,其中外贸货物吞吐量 1437.87 万吨,下降 3.0%,集装箱吞吐量 222.19 万标箱,增长 13.6%。嘉兴海河联运吞吐量达 3473.35 万吨,占全省 82.5%,比上年增长 13.3%;海河联运集装箱量达 52.58 万标箱,比上年增长 45%。全市年末机动车总量达 193.9 万辆,其中汽车 169.4 万辆,比上年增长 6.6%,私人汽车 147.3 万辆,增长 7.2%。

【重大项目建设取得"新突破"】 抢抓建党百年历史机遇,全力推进枢纽嘉兴建设。制定实施"1+8+7+5"综合交通规划体系,包括 1 个总体规划,8 个专项规划,7 个县(市、区)规划和 5 个专题研究,明确了"12336 发展目标",重点打造以"三圈三枢纽"为核心的高水平现代交通体系。交通投资再创历史新高。全年共完成综合交通投资 190 亿元,比上年增长 2.4%。其中,公路完成投资 119.1 亿元,比上年增长 27.7%;水运完成投资 41.3 亿元,比上年增长 8.2%,公路水运投资增速列全省第一。重大项目建设加快推进。综合交通立体网取得重大突破,杭海城际、有轨电车示范段、钱江通道北接线、沪杭高速公路许村段改建工程建成通车;建成杭平申线桐乡段、京杭运河"四改三"嘉兴段、丁诸线航道、浙江嘉兴(平湖)LNG 应急调峰储运站码头工程;苏台高速二期、浙北集装箱运输通道加快推进;"一环十一射"快速道路网、杭申线航道改造工程加快前期推进。

【市域一体化呈现"新格局"】 谋划实施交通支持共富行动。84 个事项被纳入省支持清单,2 个项目入选市共同富裕第一批标志性工程,2 项发展指标被纳入市目标体系,不断完善交通共富体系。聚焦快速网、高速网、水运网、公交网等"七张网"建设,全力推进 16 项重点项目,完成投资 99.1 亿元。率先实现市域公交一体化。全域公共客运全部公交化运营,统一实行"两元一票制"票价,实现一码通行、三网融合、四个统一、五个规范,获高兴夫副省长批示肯定,被评为嘉兴市共同富裕示范区典范城市第一批典型案例。全面完成省政府民生实事项目。全年共完成新(改)建农村公路 71.94 公里、农村公路养护 376.86 公里、农村公路安防工程 17.3 公里,组建老年人、残疾人出租车爱心服务车队 123 辆,建设改造公交站点 74 个。

【交通数字化改革取得"新成效"】 根据省市统一部署,瞄准"152"跑道,聚焦改革目标、改革成效和改革场景,构建"1+7+X"总体架构,系统谋划 9 个集成应用,率先推出 26 个应用场景。在全省率先试点未来出行车路协同应用、无人艇航道巡检、桥梁安全"三码联防"等。建成南湖核心水域智能船闸,有效保障核心区域水上安全。"省界高速集箱车辆拥堵治理"获评省级"最佳实践",每年节约物流成本约 5000 万元。"320 国道嘉善段施工进度数字孪生应用"被列为省交通厅和省大数据局大型基建工程监管领域试点,获评市级"最佳实践"。"重点货物货源数字化治超"通过整合源头点、非现场点、车辆轨迹等分布数据,形成治超闭环监管新模式,获高兴夫副省长批示肯定。

·金融业·

【概况】 2021 年末,全市金融机构本外币存款余额 12060.33 亿元,比上年末增长 12.3%;其中人民币存款余额 11700.69 亿元，增长 11.6%。住户本外币存款余额 5351.95 亿元，增长 10.2%。金融机构本外币贷款余额 12279.56 亿元，增长 20.8%，其中人民币贷款余额 12066.71 亿元，增长 20.4%。

2021 年，嘉兴新增境内外上市公司 5 家；年末全市境内外上市公司达到 70 家，总市值 9455.38 亿元，上市公司数量位列全省第四。其中，50 家境内上市公司中，在主板的上市公司占全省主板总数的 9.2%，位列全省第五；在创业板的上市公司占全省创业板总数的 4.4%，位列全省第七；在科创板的上市公司占全省科创板总数的 9.4%，位列全省第二。新三板挂牌企业 62 家，占全省新三板挂牌企业总数的 10.2%，位列全省第三。

全市保险业保费收入 197.35 亿元，比上年增长 3.2%。其中，财产险业务保费收入 69.27 亿元，下降 0.8%；人身险业务保费收入 128.07 亿元，增长 5.4%。全年赔付支出 76.11 亿元，增长 19.0%。其中，财产险业务赔付 45.44 亿元，增长 14.3%；人身险业务赔付 30.66 亿元，增长 26.5%。

【省农信联社嘉兴办事处】 2021 年，嘉兴办事处坚守主责主业，强化风险管控，大力开展“业务提升年”活动，各项工作成效明显。截至 12 月末，嘉兴农信各项存款余额 2596.56 亿元，比年初新增 316.70 亿元，增幅 13.89%，同比多增 33.54 亿元；各项贷款余额 2061.72 亿元，比年初新增 418.19 亿元，增幅 25.44%，同比多增 42.15 亿元。增量创历史新高，存、贷增幅分别位列全省第 5 位和第 1 位。一是市场份额稳步提升。截至 12 月末，嘉兴农信各项存款余额占全市银行业 21.53%，市场份额比年初上升 0.3 个百分点；各项贷款余额占全市银行业 16.79%，市场份额比年初上升 0.6 个百分点。存贷市场份额继续保持全市首位，也是全市存贷规模 3000 亿元以上金融机构中唯一份额“双升”的机构。二是资产质量持续向好。截至 12 月末，嘉兴农信不良贷款余额 16.02 亿元，比年初下降 1.27 亿元，不良贷款率 0.78%，比年初下降 0.28 个百分点，不良贷款实现“额、率”双降。资产质量继续保持全省农信系统前列，总体风险可控。三是经营效益稳中向好。截至 12 月末，嘉兴农信拨备前利润总额 50.40 亿元，同比增长 17.14%，增幅同比提升 6.3 个百分点，自有资金收益率 4.01%，收益率排名列全省首位，比全省平均高 0.4 个百分点。

【中信银行嘉兴分行】 2021 年，嘉兴分行以“更高标准、更高要求、更大贡献、走在前列”的目标引领发展，助推嘉兴“共同富裕示范区典范城市”建设。分行制造业贷款比年初增加 32.55 亿元，民营企业贷款增加 32.64 亿元，战略性新兴产业贷款增加 22.04 亿元，普惠小微贷款新增 5.06 亿元，计划完成率分别达到 392%、393%、275%和 101.38%。一是规模达到新量级。截至 12 月末，分行自营存款余额达到 376.28 亿元，比年初增加 50.57 亿元，增幅 15.53%[]；全行综合融资余额近 910 亿元。其中，各项贷款余额 399.74 亿元，比年初增加 57.42 亿元，增幅 16.77%。贷款新增占全市股份制银行的 28.5%，余额和增量分别超过交行 10 亿元、51 亿元，保持了存贷款指标的“两个领先”。二是经营效益稳步增长。分行实现营业净收入 11.51 亿元，同比增长 1.42 亿元，增幅 14.1%。全行非息收入总量（含同业）较去年增长 30%以上；实现净利润 5.59 亿元，增长 59.36%。三是资产质量保持优良。不良贷款余额比年初减少 0.12 亿元；不良率 0.37%，比年初下降 0.1 个百分点，与全市金融机构平均持平。资产质量指标完成情况，全部控制在分行下达的限额内。

·投资与房地产业·

投资消费平稳增长。2021 年，全市固定资产投资比上年增长 6.2%，两年平均增长 4.6%。全市第二产业完成投资 883.33 亿元，占固定资产投资 32.4%，较上年增长 11.1%；第三产业完成投资 1837.45 亿元，占固定资产投资 67.3%，增长 4.0%，与上年同期持平。第一产业完成投资 8.66 亿元，占固定资产投资 0.3%，下降 1.0%。

全市工业投资、高新技术产业投资和数字经济核心产业投资较上年分别增长 11.1%、12.7%和 27.4%，两年平均分别增长 5.6%、5.0%和 10.0%，均高于全部固定资产投资增速。非国有投资增长 1.8%，占全部固定资产投资额比重 71.4%。从重点领域看，全市高新技术产业投资、交通运输投资分别比上年增长 12.7%、2.5%，民间投资、生态环保城市更新和水利设施投资分别下降 0.1%、0.6%。民间投资占比高于全省平均。2021 年，全市民间投资 1700.40 亿元，占全部固定资产投资的 62.3%，比重高于全省平均 3.5 个百分点。从投资主体看，内资和港澳台投资实现正增长。全市内资完成投资 2391.79 亿元，较上年增长 5.3%，比上年同期提高 2.1 个百分点；港澳台商完成投资 203.97 亿元，增长 24.2%，增幅比上年提高 17.6 个百分点；外商完成投资完成投资 133.50 亿元，下降 0.3%，比上年同期收窄 3.6 个百分点。

房地产市场保持平稳运行。2021年，全市房地产开发投资1059.52亿元，占固定资产投资38.8%，房地产开发投资比上年下降3.7%，两年平均增长4.0%；其中住宅投资下降4.2%，两年平均增长4.8%。房屋施工面积5616.22万平方米，下降1.3%；房屋竣工面积620.21万平方米，下降21.3%；商品房销售面积932.31万平方米，下降21.3%。全市房地产开发项目入库134个，下降19.3%，计划总投资1472.43亿元，下降0.8%。2021年，新入库项目投资当年完成投资额达428.37亿元，下降18.4%；新入库房地产开发项目当年完成投资额299.08亿元，下降35.9%。城市品质风貌快速提升。近年来，我市大力实施未来社区建设、老旧小区改造等，城市更新工作从未止步。加快城市更新，优化城市功能，提升城市形象，极大改善了人民群众生产生活条件，增强了城市综合竞争力。2021年，城市更新投资完成191.12亿元，增长19.0%。其中，未来社区建设投资增长225.7%，公共设施管理业投资增长11.1%。城市更新行动的快速有效实施，进一步优化配置城市空间、综合环境和城市功能，有效提升城市的功能和品质。

·教育事业·

【概况】 2021年，全市拥有各类学校（含幼儿园）742所，在校生79.56万人。全市共有各类高校10所，在校生11.94万人，其中普通高校4所，在校生5.38万人；普通高中38所，在校生5.52万人；初级中学128所，在校生11.37万人；小学152所，在校学生29.70万人。小学、初中入学率和巩固率均为100%。义务教育中小学专任教师2.58万人，增长2.3%，专任教师合格率为100%。初中毕业生升高中段各类学校比例达99.41%，高于全省平均0.17个百分点。全市普通本专科、高职招生2.76万人，毕业学生1.74万人。高等自学考试报考人数2.0万人，获得大专以上文凭人数1339人。全市各类民办学校50所（不含幼儿园），在校学生9.98万人。

教育质量全面提升。学前教育更加普及普惠。出台《关于学前教育深化改革规范发展的实施办法》，启动学前教育第四期行动计划。全市省等级园覆盖率达99.6%，普惠性幼儿园覆盖率达90%。一级幼儿园占比18.82%，位列全省第一，高于省平均8.26个百分点；农村等级园100%，公办中心园占比100%；公办幼儿园覆盖率达61%，高于全省平均8个百分点。持续推进集团化办学和城乡学校共同体建设，义务教育优质均衡发展走在全国前列。全市建成基础教育集团38个，城乡学校共同体64个，结对学校269所；全市已培育义务教育新优质学校103所，确立首批初中提升培优行动学校38所。普通高中更加特色多元。推动分类办学，促进特色发展，全市确定首批普通高中“分类办学”市级试点学校5所，建立普通高中学科课程基地21个。职业教育产教融合更加深入。实施嘉兴市产教融合“五个一批”项目64个，。全市新增“直播电商服务”等专业7个累计229个，新增“1+X”证书试点专业38个累计112个。全市完成职业培训14.26万人次，全民培训80.72万人次。高等教育发展更加有力。成功转设嘉兴南湖学院，嘉兴学院硕士点申报成功，嘉兴职业技术学院获建省高职高水平专业群2个。全市高校平均就业率96.25%，市区高校留禾就业率平均为28.51%。

教育改革深入推进。坚持内外联动，坚决落实“双减”。成立“双减”工作专班并实体化运作，制定嘉兴“双减”工作行动方案，印发《嘉兴市校外培训机构风险防范与化解工作指引》，建立风险闭环管理机制，教育部下发《关于印发浙江嘉兴校外培训机构风险处置做法的通知》在全国予以推广。在全省率先建立学科类校外培训机构统一登记制度，全市义务教育阶段营利性学科类培训机构压减率达100%。嘉兴精锐教育培训机构风险处置案例得到省委黄建发副书记肯定，并推广全省。坚持数字赋能，推进教育数字化改革。“慧通校地”项目列入嘉兴市多跨场景重大应用并在浙政钉、浙里办上架试用，被教育部命名为网络学习空间应用优秀区域，被省政府确定为省级数字化转型重点示范试点区。全市已建成省级数字校园示范校15所、市级智慧校园示范校102所、创新实验室（学科教室）1000余个、新型教学空间207个。

教师管理制度不断完善。大力选树优秀楷模和育人模范。全市涌现全国模范教师2人、全国优秀教师4人和全国五一劳动奖章获得者1人；浙江省杰出教师1人、省“春蚕奖”42人、省中小学师德楷模8人和省农村教师突出贡献奖8人；评选市中小学师德楷模、市优秀教师、“十佳班主任”等1071名。教师人才队伍不断壮大。全市培育正高级教师41名、特级教师18人、国家“万人计划”中小学教学名师1人、省“万人计划”中小学教学名师2人。“名师名校长培养工程”成效显著，第四、第五轮名校长培养人选共66名，建设市名校长工作室18个。全市在岗正高级教师24名，省特级教师72名，市级名师400名，市级学科带头人各800名。全年成立特级教师工作室15个、名师工作室16个。开展义务教育城乡教师轮岗交流、中小学教师“县管校聘”管理等改革试点。全市共284所学校27959名教职工参与“县管校聘”。全市107所学校试点开展高级职称以下自主评聘,200所学校自主评聘中初级职称。

教育治理水平不断提升。科学组织编制“十四五”教育规划。明确建设“八大工程”、实施“六大行动”的任务措施。“十四五”期间,全市计划新建、改扩建学校和幼儿园221所,新增各类学位19.59万个。大力推进各类教育创建工作。加快推进全国义务教育优质均衡发展县、全国学前教育普及普惠县和浙江省教育现代化水平等各项创建工作。做好省义务教育标准化学校和现代化学校创建。筑牢校园安全防线。集中开展了防范校园欺凌专项治理行动、防范学生溺水、反诈防骗等专项行动,确保了学校总体安全稳定。全面加强校园疫情防控,及时全面掌握全体师生员工健康信息。积极开展12-17岁人群新冠病毒疫苗接种工作,全市12-17岁学生疫苗接种率达97.34%。

·卫健事业·

【概况】 2021年末,全市共有医疗卫生机构1788个,各类卫生技术人员44278人,其中执业(助理)医师17726人,注册护士19271人,医疗床位29871张。平均每千户籍人口拥有执业(助理)医师4.77名,每千户籍人口拥有医院床位8.03张。全年门诊病人4288万人次,住院86.57万人次。

常态化疫情防控精准有效。全面实施专班运作,高效规范处置紧急疫情,全市疫情防控态势总体平稳有序。坚决筑牢外防输入防线。扎实做好上海空港口岸入境来浙人员转接隔离工作,累计安全转接2773车次、44279人,受到国务院和省、市主要领导批示肯定。严防海港口岸、铁路疫情输入,强化督导检查,嘉兴港区完成29批次共428人次外轮船员核酸检测、转运隔离。认真抓好中高风险地区人员协查管控,累计下发、核查重点人员信息131批、13万条,纳入管控44796人。全力守好各类防控小门。全面提升医疗救治能力、核酸检测能力,日最大检测量达18.9万单管。坚持“人物并防”,强化督查指导,落细落实重点场所、重点环节常态化疫情防控举措。坚决抓好院感防控,提升规范化发热门诊30家、设置留观室345间,紧急筹建嘉兴市公共卫生临床中心。有序推进新冠疫苗接种。截至11月30日,全市已累计接种1112.92万剂次。

争做均衡普惠“模范生”。坚持“以基层为重点”,加快优质医疗资源下沉和区域共享,基层医疗卫生机构绩效考核全省第一。大力推进城乡医联体医共体改革,全市县域就诊率88.07%、基层就诊率69.28%,“小病在基层、大病进医院、康复回基层”就医格局逐步形成。大力推进城乡医养护一体化改革,家庭医生签约服务、“两慢病”医防融合改革全面深化,海盐县成功争创国家级基层卫生健康综合试验区(全国共8家,海盐是浙江省唯一一家)。有序推进医疗卫生资源扩容提质。以新建市第二医院为核心主体,建设长三角国际医学中心。稳步推进市中医院改扩建和市第一医院二期建设,启动建设市康复医院项目。积极推进3岁以下婴幼儿照护服务。目前,全市共有托育服务机构320家,总托位数1.56万个,每千人托位数2.46个,实现全市幼儿养育照护小组师资、场所、人群全覆盖。

深化综合医改取得新成效。持续推进“三医”联动、“六医”统筹,4家市级医院在全国公立医院绩效考核中全部达到A等级。锚定创建省中医药综合改革先行市目标,实施中医医联体“薪火工程”。推进数字化改革呈现新亮点。我市成为全省首个实现省-市-县三级医学检查检验数据贯通结果互认的设区市,医学检查检验互认共享全省推广会上作介绍,受到省委袁家军书记充分肯定。嘉善县“健康大脑+智慧医院”理论体系与实现路径、海盐县老年人“两慢病”数字健康服务率先列入省发展改革委首批“揭榜挂帅”项目。

健康嘉兴建设再上新台阶。成功通过国家卫生城市复审重确认,创建国家级卫生镇36个,创建比例达85.71%(36/42),列全省第一;省卫生村全市满堂红;全省唯一获得病媒生物防制工作考核“AA”城市;农村卫生户厕普及率和无害化卫生户厕普及率均达到100%;共建成病媒生物密度控制水平B级镇11个、“无蚊村”68个、“无蝇村”28个,数量全省最多。健康浙江考核连续三年优秀,嘉兴获评2019-2020年“健康中国年度标志城市”。持续深化服务平台建设,着力打造全民健心“金名片”。线上启用“嘉心在线”2.0版本,472名心理顾问入驻,为1.6万人次嘉兴市民提供咨询;线下首发“健心客厅”建设标准,在全市图书馆系统嵌入式建成“健心客厅”48家,培养心理顾问500名。全民健心典型经验被《光明日报》“学习强国”《健康报》等刊载,获国家卫生健康委等九部委肯定。

(嘉兴市统计局　蒋明祥)

(责任编辑:王怡然　金瑞锋　赵峰)

湖 州 市

·综述·

【行政区划】 湖州市位于浙江北部、太湖南岸，是环太湖地区唯一因湖得名的城市。市域面积5820平方公里，东部为水乡平原，西部以山地、丘陵为主，概称“五山一水四分田”。辖吴兴、南浔2个区，德清、长兴、安吉3个县和南太湖新区。地区生产总值从2016年的2391.1亿元增加到2021年的3644.9亿元，年均增长7.4%，增速居全省第2位。财政总收入从360.9亿元增加到683.8亿元，一般公共预算收入从211.2亿元增加到413.5亿元，年均分别增长13.6%和14.4%，增速居全省第2和第1位。吴兴区入选综合实力百强区，下辖三县全部入选县域经济综合竞争力全国百强县。湖州先后被列为国家绿色金融改革创新试验区、国家创新型试点城市、全国文明城市、全国首个地市级生态文明先行示范区、国家生态市、国家森林城市、国家园林城市、国家环保模范城市、全国城市综合实力百强城市、全国双拥模范城市、国家历史文化名城。作为绿水青山就是金山银山理念诞生地，湖州实现国家级生态区县实现全覆盖，是首批国家生态文明建设示范市和全国绿水青山就是金山银山实践创新基地，跻身全国水生态文明城市。作为一座具有4700多年文明史、2300年建城史的江南名城，湖州素有“丝绸之府、鱼米之乡、文化之邦”的美誉，是中国丝绸文化、湖笔文化、茶文化、瓷文化的发祥地之一，市郊钱山漾遗址曾出土了迄今为止世界上最悠久的蚕丝织物，被命名为“世界丝绸之源”；列为“文房四宝”之首的湖笔就产于湖州。湖州境内留有保存最为完整的溇港圩田等文化遗产，太湖溇港、桑基鱼塘系统成功入选世界灌溉工程遗产和全球重要农业文化遗产。湖州地处长三角地理中心，是连接长三角城市群南北两翼、贯通长三角与中西部地区的重要节点城市。湖州铁公水综合交通网络发达，建成运营杭宁高铁、商合杭高铁，湖州至杭州西高铁加快建设，沪苏湖高铁全线开建，拥有杭宁、杭长、练杭和申苏浙皖、申嘉湖、杭州绕城高速西复线“三纵三横”高速公路网，未来几年每个区县都将通高铁、都有三条以上高速公路。作为以上海浦东开发开放为龙头的长江三角洲地区“先行规划、先行发展”的14个重点城市之一，近年来，湖州紧紧抓住被纳入上海“1+10”同城化都市圈、“1+8”大都市圈、G60科创走廊共建城市和全省“四大”建设的历史机遇，高水平推进对外开放，成功承办长三角地区主要领导座谈会，加快打造总规划控制面积225平方公里的湖州南太湖新区。加快发展绿色智造产业，培育形成高端装备、现代纺织2个千亿级，数字经济核心产业、金属新材、绿色家居3个五百亿级，生物医药1个百亿级和地理信息若干个“新星”产业集群。作为中国美丽乡村发源地，湖州所有区县均为省级美丽乡村先进区县，其中德清、安吉为全省首批美丽乡村示范区县，所有城市规划区外的行政村均建成市级美丽乡村，由湖州市主导制定的《美丽乡村建设指南》成为国家标准，被誉为社会主义新农村的典范。2021年，全市城镇、农村居民人均可支配收入分别为67983元、41303元，城乡收入倍差进一步缩小至1.65，低于全省、全国平均水平。

【经济发展】 2021年，湖州坚持以习近平新时代中国特色社会主义思想为指导，全面贯彻党的十九大和十九届历次全会精神，继续深入贯彻习近平总书记考察浙江、湖州时的重要讲话精神，坚决执行中央和省委决策部署，忠实践行“八八战略”，各项工作落实见效，经济社会发展迈上新台阶，高质量发展取得新突破，实现“十四五”良好开局。全年全市实现地区生产总值(GDP)3644.9亿元，比上年增长9.5%。分产业看，第一产业增加值148.6亿元，增长2.9%；第二产业增加值1865.0亿元，增长10.6%；第三产业增加值1631.3亿元，增长9.0%。三次产业增加值结构调整为4.1:51.2:44.7。按常住人口计算的人均GDP为107534元，增长8.2%。全年财政总收入683.8亿元，其中一般公共预算收入413.5亿元，分别比上年增长17.5%和22.9%。财政总收入占GDP的比重为18.8%。一般公共预算收入中的税收收入379.6亿元，增长21.3%；从主要税种看，增值税124.9亿元，增长4.3%，企业所得税58.7亿元，增长31.6%，个人所得税26.6亿元，下降13.4%。全年财政支出524.5亿元，增长8.3%，其中民生改善支出382.5亿元，增长8.2%。城市居民消费价格总水平比上年上涨2.1%，其中服务项目价格上涨1.2%，消费品价格上涨2.8%。从八大类商品和服务价格看，食品烟酒上涨2.4%,衣着上涨2.2%,居住上涨0.1%,生活用品及服务上涨2.6%,交通通信上涨4.7%,教育文化娱乐上涨3.9%,医疗保健上涨2.6%,其他用品及服务下降3.8%。。

·个私经济·

【市场主体壮大】 2021年,全市深入开展"冠军领航·制造强基"攻坚,全面推进"雄鹰""金象金牛"培育行动,着力培育一批主业突出、产业带动强、具有国际竞争力的"链主型"企业。优化中小企业梯度培育机制,将"新升规""专精特新""隐形冠军"培育有机结合,滚动更新冠军企业培育库,签订冠军领航计划书,开展分类指导、精准服务、动态跟踪,打造冠军企业群。全市"金象金牛"企业、上市公司分别达26家、44家,五年时间实现翻番。累计培育国家制造业单项冠军9家、专精特新"小巨人"29家,入围中国民营企业制造业500强10家;入选省重点技术创新项目和省重点高新技术产品项目35个,居全省第2位。全市规上工业新产品产值率47.2%,列全省第3位。

【实力不断增强】 位列全国先进制造业百强市第29位、较2018年首次排名提升了16个位次;制造业高质量发展指数跃居全省第4位、仅次于杭宁温。湖州工业获省部领导批示19次,省级以上主流媒体宣传报道28次。全年新增国家级绿色工厂4个(累计48个)、绿色工业园区1个(累计5个),均列全省第1位。推进新一轮制造业"腾笼换鸟、凤凰涅槃"攻坚行动,加快高耗低效企业整治,提前1个月完成省定591家高耗低效企业整治任务,盘活低效用地1.4万亩,腾出用能空间25.2万吨标煤,全市规上工业亩均增加值超过省均水平。全年整治"低散乱"企业(作坊)1012家,淘汰落后产能涉及企业105家,获评"全省淘汰落后产能工作先进市"。建成了全国首个工业碳平台,获批全省唯一改革试点市。工业碳效码获工信部肖亚庆部长、省委袁家军书记等6位部省领导批示关注。

·农业·

【概况】 2021年,农业平稳发展。全年农林牧渔业总产值252.4亿元,比上年增长4.1%。其中,农业产值108.9亿元,增长2.1%;林业产值22.4亿元,下降1.4%;牧业产值21.5亿元,增长14.4%;渔业产值85.4亿元,增长5.4%。粮食播种面积120.5万亩,增长1.6%;粮食总产量52.7万吨,增长0.4%。经济作物播种面积(不含苗木面积)86.14万亩,其中蔬菜面积61.11万亩。全年生猪出栏33.01万头,增长24.1%;羊出栏42.7万只,增长16.1%;家禽出栏2986.4万羽,增长13.6%。主要畜产品(猪牛羊禽)肉类产量7.7万吨,增长22.6%;禽蛋产量1.8万吨,下降19.1%;水产品产量55.8万吨,增长4.6%。

【农业科技不断创新】 大力推进农业科技创新,不断强化农业科技支撑能力。全面实施"1+3+X"省级数字乡村示范市体系建设,以产业强镇、现代农业园区为平台,深化遥感、区块链、物联网、大数据等先进技术与农业生产深度融合,湖州市成为全国唯一县域数字农业农村发展水平评价先进县全覆盖的地级市,德清县成为全省唯一一个全国数字农业试点创建县。强化与浙江大学等高校院所开展合作,全力打造"1+1+N产学研联盟"等平台。

【经营主体发展壮大】 拥有市级以上家庭农场、农民专业合作社、农业龙头企业、挂牌上市企业分别为364家、115家、294家、10家,建成省级以上农业平台33个、省级示范性农业全产业链13条,引进千万元以上农业重点项目410个,完成投资204.6亿元。"洋家乐"等民宿品牌成为全国行业标杆。省级农业绿色发展先行县实现全覆盖,成功创建省级农业绿色发展先行市、国家农产品质量安全市。全市年末拥有现代农业示范园404个,其中省级112个;全年新建现代农业示范园10个。年末拥有农业龙头企业288家。年末拥有绿色食品基地22.42万亩,绿色食品398个。

·工业经济·

【概况】 2021年,工业回升趋稳。规模以上工业实现增加值1245.6亿元,按可比价计算,比上年增长13.3%,其中轻工业457.6亿元、重工业788.0亿元,分别增长10.8%和14.8%。33个大类行业中,有28个行业增加值实现增长。从重点产业看,高新技术产业772.6亿元,增长14.5%,占比为62.0%;战略性新兴产业462.9亿元,增长17.0%,占比为37.2%;装备制造业391.1亿元,增长20.2%,占比为31.4%。规模以上工业实现营业收入6397.3亿元,比上年增长27.5%;利税578.4亿元,其中利润415.1亿元,分别增长15.1%和15.7%。14个工业行业达到了"营业收入超100亿元、利税超10亿元",共实现营业收入5172.3亿元、利税总额493.3亿元,分别占规模以上工业的80.9%和

85.3%。

【综合实力不断增强】　2021年，全面实施数字经济"一号工程"2.0版，率先启动"万物智联强市"建设，推进一批集成电路、5G通信等数字经济核心产业项目，发展"一品牌三基地"的万物智联产业。全年数字经济规上核心产业规模突破1000亿元，增加值增长18.1%，列全省第3位；数字经济发展水平总指数列全省第5位，历史性跨进全省第二梯队。推进数字经济系统建设，加快"产业大脑+未来工厂"融合应用，构建新智造培育机制，打造了一批具有湖州辨识度的多跨场景。全年争取实施数字经济系统省级先行先试项目23个，"揭榜挂帅"项目11个、居全省第3位。童装、动力电池产业大脑揭榜全省首批；累计创建省级"未来工厂"4家，居全省第2位。成为全省唯一产业集群(区域)新智造试点区县全覆盖的地市。数字经济系统建设综合考核列全省第一。

【转型升级步伐加快】　2021年，以"一区县一行业"抓传统制造业改造提升，实施"千企智联"，加快工业机器人应用和数字化车间、智能工厂建设，推动童装、木地板等传统制造业智能化升级。成立军民融合咨询委员会，大力发展军民融合产业。全年规上工业增加值达1215.6亿元，增长13.3%，超全省0.4个百分点，战略性新兴产业、高新技术产业、装备制造业增加值分别增长17%、14.5%、20.2%，占比较上年分别提高了2.2、2.3、0.6个百分点。

·典型企业·

【概况】　2021年，天能控股集团有限公司、超威集团、浙江升华控股集团有限公司、美欣达集团有限公司、德华集团控股股份有限公司等5家企业入选"2021中国民营企业500强"。

【天能集团】　天能集团是中国新能源动力电池行业的龙头企业，是一家以电动车环保动力电池制造为主，集新能源汽车锂电池、汽车起动启停电池、风能太阳能储能电池的研发、生产、销售，以及城市智能微电网建设、绿色智造产业园建设等为一体的大型实业企业。截至目前，公司已在浙、苏、皖、豫、黔五省建成十大生产基地，下属子公司50多家，是中国新能源动力电池行业领军企业，综合实力位居全球新能源企业500强、中国企业500强、中国民营企业500强、中国电池工业10强。年报显示，公司及其子公司实现营业收入约人民币387.16亿元。

【超威集团】　公司创立于1998年，超威集团创立于1998年，2010年在香港主板上市，在全球拥有108家子分公司和2万多名员工，产品远销全球100多个国家和地区，综合实力位居中国企业500强第171位、中国制造业500强第71位、中国新能源电池行业十强企业第1位，连续多年领跑我国电池行业，是全球领先的新能源制造商、运营商、服务商。2021年年报显示，超威动力营收294.89亿元。

【升华集团】　升华集团控股有限公司(简称：升华集团)已形成横跨智能制造、物贸流通、金融科技、矿业开发、股权投资等五大支柱型产业板块。在全屋定制、氧化铁颜料产品制造等产业领域独有建树，其开发运营的升华临杭物流园区已成为浙北乃至长三角地区最大的钢材物流集散地。企业经营规模连年位居中国制造业企业500强、中国民营企业500强、浙江省百强企业和湖州市"金象"企业。

【美欣达集团】　公司创始于1993年6月，从成立之初的一家小型绒布厂，不断转型升级、开拓创新，已成长为以环保固废产业为主体，金融投资、健康休闲产业为两翼的的科技型、集约型、品牌型大型民营企业集团。截至目前，集团下属核心层一级子公司18家(其中上市公司1家，旺能环境 股票代码.002034)，二级子公司230家，形成网络化的集团公司组织结构体系。2020年，美欣达集团入选中国民营企业500强(340位)、制造业民营企业500强(191位)。

【德华集团】　德华集团创建于1993年，是一家以木制品装饰材料为主体，涉及经济林营造、钢琴制造、创业投资、房地产、金融等多元化协调发展的跨行业、跨地区的控股型资产经营集团，为国家高新技术企业。公司核心控股子公司德华兔宝宝装饰新材股份有限公司是中国贴面板行业首家上市企业，也是行业内产销规模最大企业。

·开放型经济·

【对外贸易较快增长】　2021年，全年实现外贸进出口总额1490.9亿元，比上年增长31.8%。其中，出口1356.2亿元，增长32.3%；进口134.7亿元，增长26.6%。按贸易方式分，一般贸易出口1223.8亿元，增长24.8%；加工贸易出口45.3亿元，增长13.2%。按企业性质分，生产企业出口758.7亿元，增长23.4%；流通企业出口353.9亿元，增长43.7%；外资企业出口243.6亿元，增长48.7%。按产品分，机电产品出口528.6亿元,增长 34.8%;纺织原料及制品出口 265.9 亿元,增长 16.8%。按主要市场分,拉丁美洲出口增长较快,达到 71.3%;亚洲、欧洲、北美洲、非洲、大洋洲分别增长 31.0%、50.4%、10.6%、21.1%、19.6%。一带一路出口额 410.7 亿元,增长 36.0%。

【利用外资不断增加】 2021 年,全年新批准及增减资利用外资项目 368 个。其中,增资项目 78 个,总投资千万美元以上项目 146 个。全年合同外资 54.7 亿美元,比上年增长 39.4%。实到外资 12.1 亿美元。

【服务贸易较快发展】 2021 年,继跨境电商及市场采购两大国家级试点获批,跨境零售进口试点城市成功获批。全市跨境电商进出口额 117.0 亿元,其中 9710、9810 出口报关单模式业务量连续 11 个月保持全省第一,在上半年全省综试区综合评价中居七个新批综试区试点首位;市场采购试点报关出口 13228 单,共计金额 80.7 亿元,出口单数和金额位居全国新试点前列。全球数字贸易云展会平台、国际集装箱“一件事”和单用途预付卡预警管理等 6 个商务领域应用场景被列入试点

·服务业·

【概况】 2021 年,推动服务业创新融合发展,服务业增加值增长 9%,居全省第 1 位。加快推进旅游市场稳步复苏,接待过夜游客 4335 万人次,实现旅游总收入 1390 亿元。

【增长势头良好】 全年服务业增加值 1631.3 亿元,同比增长 9%。全年实现社会消费品零售总额 1556.2 亿元,比上年增长 9.2%。限额以上批发零售业销售额 4517.3 亿元,增长 24.2%;住宿餐饮业营业额 61.0 亿元,增长 19.6%。全市年末公路通车里程 8249 公里,其中高速公路 452 公里。全年完成客运量 643.2 万人,比上年下降 81.8%;客运周转量 7.2 亿人公里,下降 32.3%。完成货运量 22372.3 万吨,增长 13.3%,其中公路 14167.0 万吨,增长 17.2%,内河 8205.3 万吨,增长 7.3%;货运周转量 225.6 亿吨公里,增长 13.0%,其中公路 102.4 亿吨公里,增长 18.4%,内河 123.2 亿吨公里,增长 8.9%。全年内河港口货物吞吐量 13107.7 万吨,增长 7.3%,内河集装箱吞吐量 61.3 万标箱,增长 9.8%。全市年末汽车保有量达到 100.5 万辆,比上年末增加 5.5 万辆;私人汽车保有量 91.1 万辆,增加 5.0 万辆,增长 5.8%,其中轿车 86.1 万辆,增加 4.7 万辆。全年小型汽车上牌量 10.8 万辆。全年邮政业务收入 48.2 亿元,其中快递业务收入 40.0 亿元,比上年增长 30.9%。全年电信业务收入 47.1 亿元,增长 15.7%;全市年末固定电话用户 61.6 万户,比上年减少 2.5 万户;移动电话用户 445.4 万户,其中 4G 用户 358.0 万户,增长 5.5%;年末宽带用户 245.6 万户,增加 23.3 万户。全市金融机构年末本外币存款余额 6862.3 亿元,比上年增长 15.2%,其中住户存款 3113.1 亿元,增长 11.4%;本外币贷款余额 7203.6 亿元,增长 21.3%;不良贷款率为 0.38%,比年初降低 0.13 个百分点,信贷资产质量居全省第 2 位。全年证券营业机构股票成交额 11048.9 亿元,比上年增长 54.3%,其中代理 A 股成交 10981.2 亿元,增长 54.6%。新增天能股份、微宏动力、森赫电梯、汇隆新材、久盛电气等 5 家上市公司,实现首发融资 111.5 亿元;浙江鼎力、东尼电子等 2 家上市公司通过资本市场平台实现再融资 19.7 亿元。全市年末已拥有上市公司 44 家,其中境外 11 家,境内 33 家。全年保险公司保费收入 131.6 亿元,增长 3.7%。其中,财产险 47.6 亿元,增长 3.9%;人身险 84.0 亿元,增长 3.6%。各项保险赔款和给付支出 46.5 亿元,增长 17.0%。其中,财险赔款 31.7 亿元,增长 20.7%;人身险赔款和给付支出 14.8 亿元,增长 9.8%。

·固定资产投资和建筑业·

【投资较快增长】 全年固定资产投资额比上年增长 14.2%。民间投资增长 8.4%,其中民间项目投资增长 14.1%;交通投资增长 6.0%;高新技术产业投资增长 31.5%;生态环保、城市更新和水利设施增长 3.2%。房地产开发投资完成 683.2 亿元,比上年增长 8.6%。全年房屋施工面积 4329.1 万平方米,增长 1.4%,其中新开工面积 910.3 万平方米,下降 5.0%;商品房销售面积 879.8 万平方米,下降 1.8%,其中住宅 785.0 万平方米,下降 4.3%。

【建筑业稳步发展】 全年房屋建筑施工面积 5273.2 万平方米,增长 7.1%;竣工面积 1935.1 万平方米,下降 2.0%。全市年末资质以上建筑企业 419 家,其中特级资质企业 5 家,一级资质企业 36 家。

·社会事业·

【教育事业】 全市年末拥有各级各类学校 519 所,全年招收学生 13.28 万人,在校学生 49.01 万人,毕业生 11.55 万人。高等教育毛入学率 65.74%,比上年提高

2.11个百分点;初中毕业升高中段比例99.34%,提高0.03个百分点;初中、小学入学率均为100%;十五年教育毛入学率99.80%,提高0.01个百分点。全市各类学校拥有专任教师3.34万人,其中普通中小学专任教师2.10万人;每百名普通中小学生拥有专任教师6.80人。

【科技事业】 实施“五谷丰登”计划,浙大湖州研究院、电子科大长三角研究院等新型研发机构建设取得实质性进展,省“鲲鹏行动”顶尖人才实现零的突破,新增国家和省引才计划、万人计划人才146名。出台实施支持创新创业创强“湖十条”等政策措施。全市新认定高新技术企业285家,累计有效高新技术企业1379家;新建省级高新技术研究开发中心67家、累计552家;全年经认定登记的技术成交项目1906项,技术成交金额133.13亿元、比上年增长72.3%;全年每万人有效发明专利拥有量达43.3件、每万人高价值发明专利拥有量达12.7件,均位居全省第2位。

【卫生事业】 全力抗击新冠肺炎疫情,成为全省确诊病例最少、“清零”最早、唯一没有发生“二代病例”的地市,率先启动来湖人员管控措施,有效管控无症状感染者。全市年末拥有医疗卫生机构1596个,其中医院82家、卫生院(社区服务中心)83家(其中乡镇、街道建制67家)、妇幼保健院4家、社区卫生服务站(村卫生室)697个;等级医院22家,其中三级医院6家(不含妇保院);拥有医疗床位20087张,其中医院(含妇保院、卫生院)床位19258张;卫生技术人员29008人,其中执业医师9451人、执业助理医师1537人、注册护士12747人。全年婴儿死亡率、5岁以下儿童死亡率分别为1.56‰、2.51‰。

【文化、体育事业】 全市年末拥有文化馆6个,全年举办展览913个,组织文艺活动3751次;公共图书馆6个,总藏量4087千册件;乡镇街道文化站72个;博物馆(文化馆)38个;文物保护单位422个,其中国家级28个,省级53个。新建农村文化礼堂98个。全年出版各类报纸13.9万份,其中湖州日报4.7万份,湖州晚报6.2万份,湖州广电报3.0万份。高质量完成省民生实事项目,全市新建省市两级体育公园(体育设施进公园)10个、足球场(含笼式足球场)10个、社区多功能运动场20个、村级全民健身广场19个、百姓健身房32个。完成36个新建住宅区配套体育设施验收,343件健身器材更新维护;成功举办湖州市第三届全民健身节及8月8日浙江省全民健身日主会场活动。持续抓好公共大型体育场馆低免开放,开展“周三全民健身免费开放日”活动,全年免费开放4003场,受益人群10.1万人次。打造成长三角地区最佳体育旅游目的地、户外运动新高地,成功举办2021年湖州市第一届城市定向赛;协助举办中国围棋甲级联赛(长兴站)、TNF100莫干山国际越野跑挑战赛、2021第三届南浔古镇桨板公开赛、中国名校水上运动公开赛暨吴兴“十漾连珠”第三届时尚嘉年华等系列品牌赛事。

·各项改革·

【政府自身改革加快推进】 深入推进党史学习教育,忠诚拥护“两个确立”,“四个意识”更加牢固、“四个自信”更加坚定、“两个维护”更加坚决。切实履行全面从严治党主体责任,严格落实意识形态工作责任制,扎实做好中央和省委巡视反馈意见等整改工作,政府系统党风廉政建设和反腐败斗争深入推进。提12345政务服务热线质量评估居全国第14位。实施“两强三提高”建设行动,争先创优、专班推进、闭环落实等工作机制进一步完善。重大行政决策程序更加规范。“一支队伍管执法”等改革扎实推进。

【改革全面推进】 全面启动数字化改革工作,“一指减负”应用等5项改革获得省改革突破奖,数字经济系统建设综合考评居全省第1位,城市数字大脑物联中台入选工信部唯一地市级示范项目,工业碳效码、五四村未来乡村等18个项目入选省级和系统最佳(优秀)应用,41个重大应用实现省市县全贯通。营商环境改革扎实推进,低成本创业之城、高品质生活之城加快建设,企业开办实现“一日办、零费用”,依申请政务服务事项“一网通办”率达到87.2%。持续深化要素市场化配置改革,新供工业用地1.98万亩,居全省第2位。

【生态文明体制改革积极探索】 深入践行绿水青山就是金山银山理念,持续打好污染防治攻坚战,空气、水环境质量进一步改善,有序推进碳达峰碳中和,“在湖州看见美丽中国”城市品牌进一步打响,实现“美丽浙江”考核九连优,入选中国美好生活城市十大秀美之城。实施大气源头治理三年行动,设区市PM2.5平均浓度每立方米25微克,下降3.8%;空气优良率84.4%,下降3.3个百分点;县控以上地表水断面全部达到或优于Ⅲ类,县级以上集中式饮用水水源地水质达标率稳定保持100%,入太湖水连续14年保持Ⅲ类,获得全省首批“五水共治”大禹鼎金鼎,在全国率先发布《绿色乡镇创建指南》地方标准,推进实施264个“无废城市”细胞和100个“无废城市”载体建设,在最新发布的浙江省“无废指数”中湖州市位居第一。全市污染地块安全利用率100%。“无废指数”居全省第1位。

【城乡体制改革走在前列】 城乡基础设施建设进一步完善,湖山大道、城市内环快速改造东段、城市规划展览馆等项目建成投运。城乡风貌进一步提升,率先实现省级美丽乡村示范县、市级美丽乡村全覆盖,获批全国文明典范城市创建试点。高标准建设新时代美丽乡村样板片区、高水平打造组团式“未来乡村”,首批10个基本建成。安吉余村被联合国世界旅游组织评为“最佳旅游乡村”。社会治理水平进一步提高,推进智慧城市建设,实现平安湖州建设“十四连冠”,群众安全感满意率居全省前列。坚决打好污染防治攻坚战。在全国率先发布《绿色乡镇创建指南》地方标准,推进实施264个“无废城市”细胞和100个“无废城市”载体建设,在最新发布的浙江省“无废指数”中湖州市位居第一。生活垃圾分类工作位列全国同类城市第一。

【社会领域改革不断深化】 全市年末常住人口340.7万人,比2020年末增加3.5万人。其中,城镇人口224.9万人,农村人口115.8万人,城镇人口占常住人口比重为66.0%。全市出生人口2.1万人,死亡人口2.2万人;出生率为6.2‰,死亡率为6.5‰,自然增长率为-0.3‰。据住户抽样调查,全年城镇居民人均可支配收入达到67983元,比上年名义增长10.1%。其中,工资性收入增长10.3%,经营净收入增长10.6%,财产净收入增长10.6%,转移净收入增长8.5%。人均生活消费支出41532元,增长17.0%。全年农村居民人均可支配收入达到41303元,比上年名义增长10.9%。其中,工资性收入增长11.0%,经营净收入增长11.4%,财产净收入增长9.6%,转移净收入增长9.1%。人均生活消费支出27134元,增长18.1%。全市年末参加基本养老保险人数达到228.59万人,比上年增加7.20万人;参加城镇职工基本医疗保险人数161.50万人,增加6.71万人;参加失业保险人数93.40万人,增加5.43万人;参加工伤保险人数136.77万人,增加6.96万人;参加生育保险人数96.26万人,减少19.16万人。全年归集住房公积金89.16亿元,增长7.3%;当年发放个人住房贷款52.88亿元,增长3.6%。就业和社会保障水平持续提升,全年新增城镇就业10.98万人,帮扶再就业3.58万人;年末城镇登记失业率为1.81%。城乡居民最低生活保障标准统一提高到每人每月917元。全年销售社会福利彩票6.45亿元,筹集社会福利资金1.91亿元。

(责任编辑:王怡然　金瑞锋　赵峰)

金 华 市

·概况·

金华市位于浙江省中部，为省辖地级市，以境内金华山得名。界于东经 119°14′－120°46′30″，北纬 28°32′－29°41′。东邻台州，南毗丽水，西连衢州，北接绍兴、杭州。南北跨度 129 公里，东西跨度 151 公里，土地面积 10942 平方公里。市区位于东阳江、武义江和金华江交汇处，面积 2049 平方公里，建成区面积 104.3 平方公里。

金华建制已有 2200 多年。古属越国地，秦入会稽郡。金华古称婺州，因其“地处金星与婺女两星争华之处”得名，自三国吴元宝鼎元年(266)始设东阳郡建置以来，具有 1800 多年的历史和灿烂文化。历名金华、婺州，或设郡、州、路、府，或设道、区、专区和地区。

1949 年 5 月 7 日金华解放，设立浙江省第八行政区——金华专区，辖 2 市 9 县。1955 年 3 月，衢州专区撤销并入。1985 年 5 月，国务院批准撤销金华地区，分设金华、衢州两市，实行市辖县体制。并于金华城区设立婺城区，郊区设立金华县，同时撤销兰溪县，设立兰溪市(县级)。1988 年 5 月，撤销义乌县设立义乌市(县级)，撤销东阳县设立东阳市(县级)。1992 年 10 月，撤销永康县设立永康市(县级)。2000 年 12 月，撤销金华县，设立金华市金东区。

金华昔称“百工之乡”。早在新石器时代，境内已有陶器生产。唐、宋渐趋发达的陶瓷、丝织、印刷、棉纺、铁器、造纸、五金、铸造等业，至明、清发展成为多种手工业工场。金、石、泥、木、竹、棕、织、酿，百工争巧；瓷、陶、纸、油、布、绸、糖、酒，万商云集；为近代工商业的兴起奠定基础。

金华史称“小邹鲁”，素有“历史文化之邦、名人荟萃之地、文风鼎盛之城、山清水秀之乡”的美誉。物华天宝、人杰地灵，后学得先贤之风范，世代相传而名人辈出。有文坛巨匠、丹青大师、爱国志士、民族英雄、专家学者。如：“初唐四杰”之一的骆宾王，五代诗僧、书画家贯休，宋代抗金名将宗泽，南宋“浙东学派”的代表人物吕祖谦、陈亮，金元四大名医之一的朱丹溪，明朝“开国文臣之首”宋濂，明清之际东渡扶桑传经授艺、被日本尊为“篆刻之开祖”的东皋心越禅师，清初戏剧家、人称中国莎士比亚的李渔。近现代，有国画大师黄宾虹、张书旗、吴茀之、张振铎，新闻学家、一代报人邵飘萍，史学家、教育家何炳松，现代思想家、文学家陈望道，文坛理论家冯雪峰，历史学家吴晗，著名诗人潘漠华、艾青，音乐家施光南，当代摄影大师郎静山，杰出科学家严济慈、蔡希陶等。他们的功绩、成就，彪炳于史，为后人留下了一份宝贵的财富。

·综述·

【经济发展】 经初步核算，全市地区生产总值(GDP) 5355.44 亿元，比上年增长 9.8%，两年平均增长 6.2%。其中：第一产业增加值 150.31 亿元，增长 1.9%，两年平均增长 1.9%；第二产业增加值 2208.71 亿元，增长 12.3%，两年平均增长 6.2%；第三产业增加值 2996.41 亿元，增长 8.5%，两年平均增长 6.6%。第一、二、三产业对 GDP 增长的贡献率分别为 0.6%、49.4%、50.0%。全市人均 GDP 为 75524 元（按年平均汇率折算为 11706 美元），增长 8.1%。三次产业增加值结构为 2.8：41.2：56.0。

【财政金融和保险】 财政收支。全市财政总收入 800.06 亿元，比上年增长 17.5%，其中：上划中央财政收入 307.74 亿元，增长 19.5%；一般公共预算收入 492.32 亿元，增长 16.3%。一般公共预算收入中，税收收入 446.59 亿元，增长 17.4%；其中增值税 161.58 亿元，增长 15.0%；企业所得税 63.63 亿元，增长 61.3%；个人所得税 21.72 亿元，下降 5.5%。全市一般公共预算支出 792.44 亿元，增长 12.7%。2021 年一般公共预算支出的 72.4%用于保障和改善民生。其中文化旅游体育与传媒支出、卫生健康支出、社会保障和就业支出、农林水支出、教育支出分别增长 25.0%、11.0%、8.7%、24.5%、9.2%。

税费收入。全市累计组织各项税费收入 1754.4 亿元，可比口径比上年增长 20.3%。其中：税收收入 794.0 亿元，增长 16.8%；非税收入 615.5 亿元，可比口径增长 14.7%；社保费收入（含职业年金）344.9 亿元，增长 29.8%。全市共办理出口退(免)税 257.4 亿元，增长 27.1%，其中：出口退税 214.3 亿元，增长 36.2%。办理增值税留抵退税 52.1 亿元。

金融业。年末全市金融机构本外币各项存款余额 12469.07 亿元，比上年增长 10.9%。其中住户存款 6592.66 亿元，增长 8.1%；非金融企业存款 3259.24 亿元，增长 19.7%；机关团体存款 1961.44 亿元，增长 7.2%。金融机构本外币各项贷款余额 11594.90 亿元，增长 15.8%。其中住户贷款 5379.55 亿元，增长 18.9%；非金融企业及机关团体贷款 6152.96 亿元，增长 13.1%。

保险业。全市保险机构全年保费收入 282.41 亿元，比上年增长 0.7%，其中财产险公司保费收入 92.43 亿元，下降 0.9%，人身险公司保费收入 189.97 亿元，增长 1.5%。全年支付各类赔偿及给付 103.35 亿元，增长 15.6%，其中财产险公司赔款 64.01 亿元，增长 11.3%，人身险公司赔款及给付 39.34 亿元，增长 23.3%。

证券。全年新增上市公司 6 家，居全省第四位，占全省新增上市公司数量的 7%。年末全市境内上市公司 36 家。当年上市公司新增融资 132.85 亿元，其中首次公开发行股票募集资金 32.85 亿元，再融资 100 亿元。全年证券交易额 54028.9 亿元，居全省第五位。

【交通运输】 全市完成综合交通建设投资 284.6 亿元，其中：铁路建设完成投资 127.7 亿元，公路建设完成投资 120.14 亿元，物流站场建设完成投资 28.48 亿元，水运建设完成投资 1.93 亿元，通用机场建设完成投资 6.31 亿元。全市境内公路总里程 1.33 万公里。年内公路旅客周转量 19.21 亿人公里，下降 14.7%；公路货物周转量 149.96 亿吨公里，增长 17.5%。

【居民收入】 全市常住居民人均可支配收入 55880 元，比上年增长 10.5%。分城乡看，城镇常住居民人均可支配收入 67374 元，增长 9.5%；农村常住居民人均可支配收入 33709 元，增长 11.0%。从全体居民收入来源看，人均工资性收入 30926 元，增长 9.7%；人均经营净收入 9943 元，增长 15.0%；人均财产净收入 7260 元，增长 9.3%；人均转移净收入 7751 元，增长 9.0%。全体居民人均生活消费支出 36471 元，增长 17.8%。其中城镇常住居民人均生活消费支出 43031 元，增长 16.8%，农村常住居民人均生活消费支出 23816 元，增长 18.4%。

年末全市每百户居民家庭拥有家用汽车 57.4 辆；拥有计算机 68.8 台，其中接入互联网的计算机 59.1 台；拥有移动电话 239 部，其中接入互联网的移动电话 195.4 部；拥有彩色电视机 171.6 台、电冰箱 97.6 台、洗衣机 91.3 台、空调 161.9 台、热水器 100 台。

【价格指数】 市区居民消费价格总水平比上年同期上涨 1.4%，涨幅比上年同期低 1.0 个百分点。所调查的八大类消费品及服务项目价格“五涨三降”，教育文化和娱乐价格上涨 4.1%，交通和通信价格上涨 3.4%，生活用品及服务价格上涨 2.1%，食品烟酒价格上涨 1.5%，居住价格上涨 0.3%；其他用品和服务价格下降 3.7%，医疗保健价格下降 0.4%，衣着价格下降 0.1%。商品零售价格指数上涨 2.0%。全市工业生产者出厂价格上涨 5.8%，工业生产者购进价格上涨 16.2%，购销价格差 10.4 个百分点。

【人口就业】 年末全市常住人口 712 万人，比上年末增加 5.8 万人；其中城镇人口 488.8 万人，农村人口 223.2 万人。城镇人口占总人口的比重（即城镇化率）为 68.7%，比上年末上升 0.5 个百分点；常住人口出生率为 7.6‰，死亡率为 5.3‰，自然增长率为 2.3‰。出生率与上年持平，死亡率上升 0.2 个千分点，自然增长率下降 0.2 个千分点。年末全市拥有户籍人口 495.4 万人，比上年增加 1.49 万人；其中，男性人口 250.2 万人，女性人口 245.2 万人，男女性别比为 1.020:1。全市出生人口 35898 人，出生率为 7.25‰；死亡人口 31363 人，死亡率为 6.33‰；自然增长率为 0.92‰。全市城镇新增就业 25.62 万人，新增就业人数比上年下降 3.8%；城镇失业人员实现再就业 2.68 万人，再就业人数比上年下降 20.9%；年末城镇登记失业率 1.56%，失业率比上年下降 0.07 个百分点。

·农业·

【农业经济】 全市农林牧渔业增加值 155.99 亿元，比上年增长 2.0%。农作物播种面积 263.95 万亩，其中：粮食播种面积 121.63 万亩，产量 45.82 万吨；棉花播种面积 1.37 万亩，产量 0.13 万吨；蔬菜播种面积 75.56 万亩，产量 115.47 万吨；药材播种面积 13.27 万亩，产量 3.62 万吨；果用瓜种植面积 13.11 万亩，产量 20.92 万吨。

全市累计建成国家级特色农产品优势区 2 个、省级特色农产品优势区 11 个、省级特色农业强镇 9 个，创建 73 家生态茶园、精品果园、放心菜园、特色菌园、道地药园和 241 家美丽牧场。强化 93.89 万亩粮食生产功能区的建设和管护。新获证绿色食品 70 个，新增绿色食品基地面积 2.61 万亩，主要食用农产品中绿色优质农产品比率为 58.4%，新增国家农产品地理标志 4 个。

【林业经济】 全市完成新造林3.83万亩,新建(改造)浙中生态廊道彩色林带45.7公里、彩色林3362亩;新增"一村万树"示范村29个、省级森林城镇5个、市级森林村庄63个;新命名浙江省林业特色产业示范县1个、林业特色产业强镇1个、森林康养名镇1个。全市省级以上生态公益林建设面积485万亩。全市森林覆盖率为61.86%。

【畜牧业】 全市肉类总产量13.32万吨,其中猪肉10.24万吨,全年生猪出栏123.01万头;家禽出栏1805.8万羽;牛奶产量5.74万吨;水产品产量9.27万吨。全年化肥施用量(折纯)7.56万吨,下降3.7%。

·工业·

【工业经济】 全市规模以上工业增加值1198.26亿元,比上年增长21.3%,分行业看,在33个行业大类中,32个行业增加值实现正增长,其中,金属制品业增长13.5%,电气机械和器材制造业增长86.9%。分经济类型看,国有及国有控股企业增长15.2%,民营企业增长22.1%,港澳台及外商投资企业增长14.2%。全市规模以上工业企业完成销售产值5934.51亿元,其中,出口交货值1456.88亿元。

规模以上工业中,高新技术产业、装备制造业、战略性新兴产业、数字经济核心产业制造业增加值分别比上年增长28.2%、34.1%、49.7%、73.0%。新产品产值2638.47亿元,增长49.7%,新产品产值率为44.1%。利税总额414.58亿元,增长23.7%,其中,利润总额284.39亿元,增长32.8%。"2+4+X"产业集群完成产值4287.5亿元,增长38.0%,占全部规模以上工业产值比重为71.6%。

·固定资产投资、建筑业和房地产业·

【固定资产投资】 全市固定资产投资(不含农户)比上年增长16.0%,其中,民间投资增长25.2%,生态环保、城市更新和水利设施投资增长18.1%,高新技术产业投资增长7.6%,交通投资下降0.6%。分产业看,第一产业投资增长60.5%,第二产业投资增长11.2%,第三产业投资增长17.3%,三次产业投资结构为0.5∶23.0∶76.5。

【重点建设项目】 全市省级重点建设项目58个,年计划投资259亿元,其中新增省重点项目25个,全年完成投资319亿元,为年度计划的123.4%,开工率为100%,竣工投产项目9个。列入市重点建设实施类项目326个,年计划投资829亿元,其中新增项目151个,全年完成投资1087亿元,为年度计划的131%,开工项目319个,开工率为98%。

【房地产业】 全市房地产开发房屋施工面积3609.76万平方米,比上年增长9.1%;竣工面积210.25万平方米,比上年下降39.9%。全市商品房销售面积724.35万平方米,增长9.7%;其中住宅销售面积631.06万平方米,增长4.2%。住房保障体系不断完善,全市棚户区改造基本建成13559套、竣工9191套,发放城镇住房保障家庭租赁补贴17630户,完成省定目标的138%;全市启动改造城镇老旧小区126个,新增加装电梯47台,完成率为118%;全市鉴定农村房屋10.02万户,完成C、D级危房整治2362户。

·国内贸易、旅游·

【国内贸易】 全市社会消费品零售总额2881.92亿元,比上年增长10.3%。其中,限额以上社会消费品零售额775.95亿元,增长14.1%。按城乡消费结构分,城镇限额以上社会消费品零售额760.14亿元,增长13.9%;乡村限额以上社会消费品零售额15.8亿元,增长27.4%。按消费类型分,餐饮收入24.15亿元,增长9.4%;商品零售751.80亿元,增长14.3%。分商品类别看,化妆品类、石油类、日用品类、粮油食品类、汽车类、服装鞋帽针纺织品类,分别增长36.2%、32.8%、23.6%、22.4%、9.8%、8.5%。

【电子商务发展】 全年网络零售额3955亿元,比上年增长10.1%,占全省网络零售额的15.7%,网络零售额居全省第二位。居民网络消费1257亿元,增长11.3%。全年培育农村电商示范服务点41个,培育电商示范村46个。

【市场发展】 全市共有各类市场267家,市场总成交额4135.29亿元,其中实体市场235家,年成交额3045.82亿元;网上交易市场2家,年成交额11.35亿元。拥有年成交额超亿元的市场84家,总成交额4093.96亿元。十亿级市场25家,百亿级市场5家,千亿级市场1家。

【旅游发展】 全市共接待游客4331.3万人次,比上年增长5.5%,实现旅游收入683.6亿元,增长11.3%;其中接待国内游客4326.6万人次,增长5.5%,实现国内旅游收入682亿元,增长11.3%;接待入境旅游者5万人次,增长13.4%,实现旅游外汇收入2497.44万美元,增长34%。

·开放型经济·

【对外贸易】 全市完成货物贸易进出口总额5880.1亿元,比上年增长20.8%,其中,出口总额5326.3亿元,增长15.5%;进口总额553.7亿元,增长1.2倍。全年有进出口实绩企业12976家,比上年净增1618家。全市与231个国家和地区建立了贸易关系,其中出口超10亿元的国家和地区82个。全年对"?一带一路"沿线国家和地区出口1991.7亿元,总量居全省首位。

【利用外资】 全市新批外商投资企业836家,比上年增长85.0%;实际使用外资4.29亿美元,增长31.8%。二产实际使用外资金额2.1亿美元,下降13.4%,三产实际使用外资金额2.22亿美元,增长156.2%。

【对外合作】 全市新批备案境外投资项目24个,境外投资总额4.82亿美元,其中中方投资4.78亿美元,比上年下降63.9%。在"一带一路"沿线国家地区,中方投资额4.60亿美元,占全市总额的96.1%。全市完成对外承包工程劳务合作营业额3.27亿美元。全年设立境外营销网络项目22个,中方投资额4.77亿美元。

【服务贸易】 全市服务贸易实现进出口总额156.17亿元,比上年增长37.2%,其中出口121.79亿元,增长51.6%,进口34.38亿元,增长2.5%。国际服务外包离岸合同执行额32.88亿元,增长17.2%。文化服务出口21745万元。

·各项改革·

【数字化改革】 一是坚持"五个必须",把牢核心要义。坚持在全省"152"总跑道上搭建"四梁八柱",边学边干、以学促干,把思想和行动统一到话语体系上面来。特别是10月份市委提出"五个必须"工作要求以来,带领推动全市上下在学中干、在干中学,猛补数字化倒逼改革的思想贯通之课,严格按照"五个必须"要求指导推进全市数字化改革特别是重点场景应用建设,话语体系从普遍不理解、逐步向领会"五个必须"转变,工作氛围从个别单位急先锋、逐步向全员竞跑转变,形成整体推进、集中攻关的良好态势。

二是搭建体系架构,推进"三个贯通"。初步建成一体化智能化公共数据平台,实现省市县三级互联互通。五大系统全面承接省定跑道,重点功能模块全面上线、顺畅运行,119个省级重大应用已贯通79个。制订出台市、县两级"县乡一体、条抓块统"县域整体智治改革实施方案,研究谋划"基层治理四平台"迭代升级,部署开展下沉乡镇事项业务梳理。

三是紧扣"一本账",规范项目建设。按照"非必要不新建、能迭代不新建"原则,常态化分析改革需求,对照全省"一本账",结合自身实际推动谋划生成和迭代升级,全市承接的166个省厅级试点应用中,在省"一本账S1"中找到位置的有122个。率先出台数字化改革项目统筹管理办法,通过"1+5+1+X"联审严把项目质量关,去年一年仅市本级暂缓实施或核减重复应用项目49个,核减不合理经费1.4亿元。

四是聚焦"重构重塑",打磨重点应用。围绕"紧迫性、辨识度、影响力",先后确定3批标志性场景应用,组建工作专班开展集中攻坚,整合人员力量,反复打磨、密集迭代,一批特色应用日臻成熟、崭露头角。影视文化大脑获评省第二批"最佳应用",并在12月全省数字化推进会上演示;村务清廉钉办应用在省重大应用成果新闻发布会上交流;人才科技"揭榜挂帅"、工业固废"一件事"等5个应用被省里采用推广。评选出我市全民安心医保城市等10项改革突破奖和工业固废"一件事"等10个最佳应用。

【重点领域改革】 一是统筹纵深推进中国(义乌)国贸改革试验区、中国(义乌)跨境电商综试区、义乌全国进口贸易促进创新示范区改革,迭代创新"市场采购+跨境电商"出口新模式,建设全国首个"保税+展示"新型进口市场,开展跨境电商数字清关业务。

二是深化自贸区金义片区建设,新型离岸国际贸易业务试点、国际快递业务经营许可审批权限下放等一批国家级改革赋权落地实施,形成省级制度创新成果16项,出口退税备案单证数字化管理等6项改革入选浙江自贸区制度创新最佳案例,11项工作入选浙江自贸区建设标志性成果。

三是打造全民安心医保城市,率先实现全省唯一覆盖DRGs支付体系全流程的智能监控,药品带量采购、门诊支付方式改革得到国家医保局肯定,在全国医保智能监控示范点建设终期评估中被评为"优秀"。

四是完善"放管服"改革统筹协调机制,政务服务体制机制创新做法得到省委改革委肯定,"放管服"改革和政务服务工作年度考核排名全省第一。

五是义务教育"双减"工作全省唯一试点取得实效,有关做法在教育部"双减"工作新闻通气会上作经验介绍，省委袁家军书记批示“金华‘双减’工作思路好、举措实，值得借鉴”。

六是国家影视文化产业先行示范区申创进展顺利，省委袁家军书记亲自指导创建工作，目前申创方案已获中宣部原则同意。

七是婺城区“大综合、一体化”行政执法改革试点走在全省前列，相关做法在省委改革委会议、全省“县乡一体、条抓块统”现场会上作交流汇报。

八是义乌市新一轮全国农村宅基地制度改革试点获中央政研室调研组充分肯定。

（责任编辑：王怡然　金瑞锋　赵峰）

舟 山 市

·概况·

【总况】 舟山是我国第一个以群岛建制的地级市，区域总面积2.22万平方公里，其中海域2.08万平方公里，陆域1459平方公里，共有大小岛屿2085个，舟山本岛面积502.65平方公里，为我国第四大岛。常住人口116.5万人。辖定海、普陀两区和岱山、嵊泗两县，设有海洋产业集聚区、普陀山-朱家尖、新城、金塘、六横等5个经济功能区。舟山地处我国东部黄金海岸线与长江黄金水道的交汇处，区位和资源优势突出，海岸线总长2788公里，适宜开发建港的自然深水岸线总长280公里，占到全省的55.2%、全国的18.4%。其中水深20米以上岸线107.9公里，占全省89.2%。全市海洋经济增加值占GDP比重约68%左右。环境优美，空气质量优良，居全国城市前列。承担国家级新区、江海联运服务中心、浙江自贸试验区等系列国家战略。

【地理概况】 舟山市位于长江口南测、杭州湾外缘的东海海域。舟山群岛由嵊泗列岛、马鞍列岛、崎岖列岛、川湖列岛、中街山列岛、浪岗山列岛、七姊八妹列岛、火山列岛和梅散列岛组成。地理座标东经121°30′~123°25′，北纬29°32′~31°04′。东濒太平洋，南接象山县海界，西临杭州湾，北与上海市海界相接。处中国沿海南北航线与长江水道交汇点，北靠长三角经济区，是中国南北海运和远东国际航线的主通道之一。境域东西长182千米，南北宽169千米，总面积2.22万平方千米，其中海域面积2.08万平方千米。4696个岛礁陆地总面积1440.2平方千米，有岛屿1390个，住人岛103个。人口、资源发展主要集中在一本岛(舟山本岛包括朱家尖岛)、两县城(岱山县城所在地岱山岛和嵊泗县城所在地泗礁岛)、三大岛(金塘、六横、衢山三个乡镇大岛)。

市境地质构造复杂。地层大部分为中生界侏罗系、白垩系火山———沉积岩所覆盖，偶见上古生界变质岩系露头，新生界第四系分布在各岛边缘。

境内广布巨厚的中生代火山岩，有火山喷岩、侵入岩、变质岩三大类。

群岛呈西南-东北走向排列，地势由西南向东北倾斜，南部岛大，海拔高，排列密集；北部岛小，地势低，分布稀疏。岛上丘陵起伏，高丘占9%，低丘占61%，平原30%，形成不同土壤类型及农作利用格局。桃花岛对峙山为最高峰，海拔544米。多数岛屿山峰在海拔200米以下，南半地势差400米。

海岸线总长2444千米，其中基岩海岸1855千米，人工海岸(海塘)530千米，砂砾海岸50千米，泥质海岸(涂)13千米。水深15米以上岸线200.7千米，水深20米以上岸线103.7千米。

舟山本岛东西长45千米，南北宽18千米，面积502平方千米(不包括朱家尖岛)，是我国第四大岛，浙江第一大岛。水资源总量5.86亿立方米，其中：地下水总量1.45亿立方米。

【舟山历史】 春秋时属越，称“甬东”。战国时楚灭越，遂属楚。秦王政二十五年(前222)甬东为会稽郡鄮县东境地。两汉、三国(吴)、晋、宋(南朝)、齐、梁、陈因之。隋开皇九年(589)废会稽郡，并鄞、鄮、余姚三县为句章县，甬东随鄮县并入句章县。

唐武德四年(621)以句章、鄞、鄮地置鄞州，甬东归鄞州。八年，又废鄞州置鄮县，甬东属之。开元二十六年(738)，江南东道采访使齐澣奏请，析越州鄮县地，置鄮、慈溪、奉化、翁山(今定海)四县。古甬东境始置翁山县，下辖富都、安期、蓬莱三乡。鄮县县令王叔通兼翁山县第一任县令。宝应元年(762)翁山设富都监，隶朝廷盐铁使。袁晁率起义军占翁山。大历六年(771)翁山县废，属鄮县。五代·吴越后梁开平三年(909)升明州为望海军，改鄮县为鄞县。原翁山地域析出复翁山县，隶于望海军。

北宋太平兴国三年(978)废翁山入鄞县。端拱二年(989)置巡检司。熙宁六年(1073)七月，应原鄞县令王安石奏，析鄞县之富都、安期、蓬莱三乡，建县治，名昌国。

元至元十五年(1278)，因“海道险要”和“户口倍万”，升县为州。

明洪武二年(1369)，改昌国州为县。十二年(1379)，置昌国守御千户所。至十七年置昌国卫。二十年(1387)六月，废昌国县，置昌国乡。徙昌国卫于象山县南天门山。舟山置中中、中左两千户所，隶昌国卫，二十五年改隶定海卫。二十年六月废昌国县。此后，始称昌国为舟山。

清康熙二十三年(1684),朝廷颁“展海令”,开海禁,舟山开始展复,渔业农业渐兴。移定海镇总兵于舟山,建舟山镇。二十六年五月,康熙帝以“山名为舟,则动而不静”,诏改“舟山”为“定海山”,并题“定海山”匾额。二十七年(1688),建定海县(原定海县改为镇海县)。

道光二十年(1840),鸦片战争爆发,定海陷落。二十一年(1841)二月,英军自定海撤退。定海镇总兵葛云飞、寿春镇总兵王锡朋、处州镇总兵郑国鸿率兵3000人重建定海防务。四月,定海县升为直隶厅。

辛亥革命(1911)后,新置定海县治。

1949年7月,中共定海县委、定海县人民政府在宁波庄桥成立。1950年5月17日定海解放后,定海县人民政府迁至定海城关。1953年6月10日,经国务院批准,析定海县为定海、普陀、岱山3县,划入嵊泗县,设立舟山专区。1967年3月,舟山专区改称舟山地区。1978年9月,成立舟山地区行政公署。1987年1月,撤消舟山地区,建立舟山市,辖定海、普陀两区和岱山、嵊泗两县。2011年6月30日,国务院正式批准设立浙江舟山群岛新区。

【自然资源】 浙江在我国素称“文物之邦”。而舟山群岛虽悬水于海中,但历代人才辈出,文化积淀深厚,拥有丰富独特的海洋经济和文化资源。定海古城是浙江省历史文化名城。舟山市集港、渔、景为一体,全市综合实力现已跻身全国地级市百强,成为全国海洋经济比重最高的城市和具有独特海洋文化特色的花园式城市。

境域港湾众多,航道纵横,水深浪平。舟山港港域面积1000平方千米,已发展成为以水运中转为主,集大宗物资中转储备基地和大型船舶服务基地于一身的深水良港。

舟山群岛“得海独厚”,舟山渔场面积10.6万平方公里,外侧是浩瀚的东海洋面,大陆架渔场面积为57.29万平方公里,是中国最大的渔场,素有“东海渔仓”和“中国渔都”之美誉。也是世界著名渔场,与千岛渔场、加拿大纽芬兰渔场和秘鲁的秘鲁渔场齐名为世界四大渔场。沈家门渔港与挪威的卑尔根港和秘鲁的卡俄亚港并称为世界三大渔港。

舟山群岛有两个国家级风景名胜区和两个省级风景名胜区。自然普陀山佛教旅游的文化内涵,吸引着众多海内外弟子、佛教信徒、香客游人聚缘“海天佛国”。2007年5月,舟山市普陀山景区被国家旅游局评为“全国首批AAAAA级景区”。

【人杰地灵】 得天独厚的渔港景资源,孕育了舟山特色鲜明的海洋文化,如底蕴深厚的海洋佛教文化,历史悠久的海洋文化、浓郁粗犷的海洋民俗文化、瑰丽奇秀的海洋景观文化、闯荡四海的海洋商贸文化、鱼水情深的千岛“双拥”文化等。舟山海洋文化有别于内陆农耕文化,其根在海洋,特色在海洋文化。从历史看,舟山海洋文化源远流长。早在新石器时代,就有人类在此樵山渔海,生息繁衍。定海马岙镇发现的被称为“千岛第一村”的唐家墩遗址群,是舟山群岛发现的规模最大的原始村落,距今约有6000年历史。近年来舟山发展海洋文化方面作了许多有益的尝试,如举办国际沙雕节、开发桃花岛武侠文化、发展休闲渔业、举办国际国内运动赛事等等。

舟山钟灵毓秀、人杰地灵,是原全国人大常委会委员长乔石、原全国政协副主席安子介、原全国政协副主席丁光训、全国政协副主席董建华(原香港首任特首)等一大批国内外著名人士的故乡。舟山还是我省著名侨乡,约有10多万舟山人侨居海外,分布在世界38个国家和地区,也是全国去台人员最多的地区之一。许多舟山籍港澳台侨胞和海外人士积极为舟山建设发展作贡献,被授予舟山市荣誉市民称号:舟山舰全体官兵、大森信吾(日本)、董建华、许克勤、方新道、董建成、铃木升(日本)、杨永曼、王福元、王惠成、王惠、性海法师、洪才贤、郑秀菊。

·经济发展情况·

2021年,面对复杂多变的国内外环境,舟山市认真贯彻落实中央、省委和市委各项决策部署,坚持稳中求进工作总基调,科学统筹疫情防控和经济社会发展,争当高质量发展建设共同富裕示范区先行,经济运行持续稳定增长,高质量发展成效显著,自贸区建设不断推进,“十四五”经济发展开局良好。初步核算,2021年,全市生产总值,按可比价格计算,同比增长8.4%,从两年平均增幅看,全市增长10.2%,高于全省(6.0%)4.2个百分点,列全省第一。从三次产业看,第一产业增加值增长2.2%;第二产业增加值增长15.9%;第三产业增加值增长3.6%。

一、经济恢复支撑有力,发展韧性持续显现

(一)生产形势健康良好,三次产业协同复苏

一是渔农业保持平稳。2021年。全市农林牧渔业总产值为292.2亿元,按可比价计算,比上年增长3.0%。其中,渔业产值275.0亿元,比上年增长2.0%;

受全市生猪产能大幅增长带动，牧业产值4.8亿元，增长96.9%。

水产品产量平稳增长。全年实现水产品总产量182.8万吨，比上年增长2.0%；其中，远洋渔业产量67.6万吨，增长7.2%，占全市水产品产量的比重为37.0%，比上年同期提升1.8个百分点。

二是工业保持快速增长态势。2021年，全年实现规模以上工业增加值543.7亿元，比上年增长18.8%，两年年均增长38.0%，居全省第一，是拉动我市经济增长的最主要因素。重点行业拉动有力。石油化工业增加值比上年增长33.9%。电力生产供应业、汽配制造业、水产加工业增加值分别增长26.8%、16.5%、1.5%。

工业用电量保持较快增长。全社会用电量134.8亿千瓦时，比上年增长30.4%；其中，工业用电量97.6亿千瓦时，增长51.5%。

三是服务业保持较快增长。2021年，全市规模以上服务业营业收入409.18亿元，比上年增长18.3%。规上服务业7大行业门类营业收入均实现两位数正增长，前期受疫情影响较大的文化体育和娱乐业、交通运输仓储和邮政业、租赁和商务服务业3个行业门类延续恢复态势，营业收入比上年分别增长37.4%、18.4%、18.7%。

港口航运稳定发展。2021年，舟山港域完成港口货物吞吐量60065万吨，比上年增长5.1%。从主要货种看，粮油类比上年增长71.1%，煤炭及制品增长35.0%，石油及天然气增长4.0%，金属矿石增长2.7%。2021年，舟山港域完成集装箱吞吐量170.6万TEU，增长2.3%。

（二）三大需求稳定恢复，支撑经济平稳向好

一是固定资产投资稳定增长。2021年全年全市固定资产投资比上年增长5.1%。其中，制造业投资增长27.3%，占全市比重50.1%。从重点领域投资看，呈现两升两降的态势。高新技术产业投资增长33.9%，民间投资增长6.6%；生态环保、城市更新和水利设施投资下降4.7%，交通投资下降23.9%。

二是消费品市场稳定复苏。2021年，全市社会消费品零售总额比上年增长8.0%；其中限额以上单位零售额比上年增长14.5%。网络零售增势较好，实现网络零售额106.5亿元，比上年增长32.1%。从批发零售业销售和住宿餐饮业营业情况看，限额以上批发零售业销售额和限额以上住宿餐饮业营业额比上年分别增长13.1%和11.3%。

三是对外贸易持续增长。2021年，全市货物进出口总额2354.9亿元，比上年增长41.8%。其中，出口773.9亿元，增长31.6%。进出口总额和出口总额占全省比重分别由2020年的4.9%和2.3%提高到5.7%和2.6%。

（三）发展质量持续改善，就业民生保障有力

一是财政金融稳健运行。2021年，全市一般公共预算收入180.7亿元，比上年增长13.5%。其中，税收收入130.8亿元，增长15.9%，税收占比72.4%。全市金融机构本外币存款余额2773.8亿元，比上年增长9.2%；金融机构本外币贷款余额3276.6亿元、增长18.1%。

二是共同富裕扎实开局。2021年，全市居民人均可支配收入60848元，比上年同期增长9.0%；两年平均增长6.6%。渔农村居民人均可支配收入增速为9.8%，高于城镇居民1.3个百分点。城乡居民收入差距进一步缩小，收入比1.61，远低于全省平均1.94，为全省次低。低收入渔农户人均可支配收入21137元，增长10.3%。

三是企业效益持续向好。2021年，全市406家规模以上工业企业实现营业收入2192.8亿元，比上年增长41.8%，远高于全省平均(24.5%)，居全省第一。全市规模以上工业企业实现利润总额318.9亿元，比上年增长2.5倍，居全省第一。

四是就业物价总体稳定。2021年，全市新增城镇就业4.6万人，比上年增长13.9%。城镇登记失业率为1.56%，比上年提高0.01个百分点。消费价格涨势温和。2021年，居民消费价格比上年上涨0.9%，涨幅比上年同期收窄1.0个百分点。

五是民生投入较快增长。2021年，全市一般公共预算支出比上年增长7.5%。其中，社会保障和就业增长41.6%，占一般公共预算支出比重为13.2%，较上年同期提升3.2个百分点；卫生健康的支出比上年增长6.0%；占一般公共预算支出比重为6.2%。

二、新发展理念引领，高质量发展成效显著

（一）科技创新能力进一步提高

一是科技投入强度提升明显。全年全市财政科技支出增长30.8%，教育支出增长12.0%，在创新发展理念的引领下，创新主体规模不断壮大。规上工业研发经费52.4亿元，比上年增长48.2%。

二是科技性服务业增势向好。2021年，全市规模以上高技术服务业企业实现营业收入33.38亿元，比上年增长15.8%。科技服务业企业营业收入比上年增长10.0%，数字经济核心产业服务业企业营业收入比上年增长4.1%。

（二）发展动力进一步增强

一是先进制造业增势强劲。2021年，高新技术产业增加值比上年增长27.4%，高于全市规上工业增加值增幅8.6个百分点，拉动规上工业增加值增长39.2个百分点，两年年均增长58.1%，居全省首位。数字经济和战略性新兴产业制造业增加值分别增长20.4%和14.1%，两年年均分别增长16.0%和11.6%。

二是新业态快速成长。2021年，全市限额以上批发零售业通过网络实现零售额5.1亿元，比上年增长1.2倍，高于限额以上零售额增幅104.9个百分点。限额以上住宿餐饮业通过网络实现客房收入、餐费收入分别增长46.6%、31.1%。

三是绿色发展扎实推进。科学有序推进碳达峰碳中和协同推进减污降碳，严格落实能耗“双控”。2021年，全市规上工业综合能耗2252万吨标准煤，比上年下降5.2%。环境空气质量整体良好，空气质量优良率97.9%、居全省第一，市区PM2.5浓度为15微克/立方米，全市域建成省级生态文明建设示范县区。

（三）市场运行进一步激发活力

一是市场主体保持活力。全年新增规模以上企业438家，其中，新增工业规上企业81家。新增市场主体1.1万户，增长16.4%。民间投资占全部投资的比重为68.8%，比上年提高1.0个百分点。

二是招商引资承压前行。2021年，全市实际利用市外资金和实际利用外资双双实现正增长，全市实际利用市外资金626.8亿元，比上年增长20 %；实际使用外资5亿美元，增长25.4%。

三是金融服务经济有力。年末金融机构本外币贷款余额3276.6亿元，增长18.1%，其中，项目贷款余额589.8亿元，比上年增长1.4倍。

三、自贸区建设快速推进，对全市贡献不断提升

（一）市场主体集聚热度不减

不断营造高效便利的营商环境，市场主体发展活力持续显现，增势明显好于去年。2021年，浙江自贸区舟山片区新增注册企业8954家，比上年增长21.7%，今年以来始终保持两位数以上的快速增长态势，占全市新增注册企业比重达78.1%，与上年相比提高了3.4个百分点。

（二）油气全产业链建设特色明显

持续聚焦以油气全产业链为核心的大宗商品投资便利化、贸易自由化。截至2021年底，全年实现LNG接卸量351.1万吨，比上年增长31.7%。实现大宗商品贸易额8945.1亿元，增长27.7%；其中油气贸易额7379.0亿元，增长24.4%，占全市比重为94.6%。线上油气交易额641.6亿元，增长155.6%。

（三）海事服务能级不断提升

创新实施保税燃料油跨关区直供、港外锚地供油等举措，供应业务稳定开展，跃升为全国第一、全球第六大船用燃料油加注港。2021年，实现船用燃料油直供量552.17万吨，比上年增长16.9%。其中，港内锚地直供量191.26万吨，港外锚地直供量85.39万吨，跨关区直供量275.52万吨，增长49.5%。船用燃料油结算量突破1100万吨，增长29.6%。截至2021年底，共有船用燃料油供应企业数17家，其中国家颁发5家，授权地方12家；船用燃料油供油船71艘，其中3000吨及以上33艘。保税船用燃料油供应带动物资供应、船舶维修、航运交易等海事服务产业良好发展。截至2021年底，全市共有外轮供应企业数80家，规上外轮修理企业数20家。2021年，实现外轮供应货值30.9亿美元，增长28.4%，比去年同期提高19.3个百分点；其中物料供应货值8.5亿元，增长21.4%。外轮修理数1340艘，规上企业修理船舶1.7亿载重吨。实现船舶交易额61.3亿元，增长16.9%。

·民营经济单位情况·

根据统计基本单位名录库系统显示，2021年末，全市有各类法人企业4.0万家（不含个体户），其中，民营企业共有3.89家，占总数的97.2%。在民营企业中私营企业数量最多，有3.63家，占全部民营企业比93.4%。在全市2238家“四上”企业中，“四上”民营企业1856家，占比为82.9%。其中，规模以上民营工业企业381家，规模以上民营服务业企业381家，限额以上民营批零住餐业企业648家，资质内民营建筑业企业226家。

·个体工商户发展情况·

2021年，新设个体工商户14084户，资金数额24.2410亿元，同比分别下降11.44%和11.15%；注销个体工商户11690户，同比增长31.84%；全市累计实有个体工商户90744户，资金数额124.5582亿元，同比分别增长5.31%和11.18%。。

本期个体工商户新设数同比下降，注销数同比大增，充分显现了持续存在的疫情对个体工商户的冲击和影响仍然较大。尤其是受下半年省内周边地市疫情

反复的影响，进入 9 月以后，我市个体工商户每月新设数较去年同期降幅明显，每月注销数较去年同期增幅明显，个体工商户的发展步入了“寒冬”。

从行业分布情况看，本期我市个体工商户新设数排在前三位的行业分别为批发零售业 5781 家、住宿和餐饮业 2661 家以及租赁和商务服务业 1520 家，其中批发零售业和住宿餐饮业虽然新设数相对较大，但与去年同期相比仍出现降幅，同比分别下降 11.02%、27.87%。注销数排在前三位的行业同上，分别为批发零售业 4782 家、住宿和餐饮业 2279 家以及租赁和商务服务业 1478 家，同比分别增加 16.95%、12.71%以及 194.42%。此外，本期注销文化、体育和娱乐业个体工商户 164 家，同比增加 40.17%，增幅亦较大。

（舟山市统计局 郑倩）

（责任编辑：王怡然　金瑞锋　赵峰）

衢 州 市

·综述·

【市情概况】 衢州市位于浙江省西部，钱塘江源头，介于东经 118°01′15"~119°20′20"，北纬 28°15′26"~29°30′00"。南接福建南平，西连江西上饶、景德镇，北邻安徽黄山，东与省内金华、丽水、杭州三市相交，历来是浙闽赣皖四省边际交通枢纽和物资集散地，素有“四省通衢、五路总头”之称。全境东西宽 127.5 公里，南北长 140.25 公里，总面积 8844 平方公里，境辖柯城区、衢江区、江山市、常山县、开化县和龙游县两区一市三县。

2021 年末全市户籍人口 255.94 万人，常住人口 228.70 万人。衢州市属亚热带季风气候区，四季分明，光热充足，雨量充沛，无霜期长，地貌类型多样，小气候资源丰富，丘陵山地垂直气候分布明显。境内天然资源优势显著，矿产贮藏种类多，全境探明矿产 50 余种，开发利用 30 多种。石灰岩、石煤的资源储量居全省前列，建材资源、化工资源和部分有色金属、稀有金属矿资源都颇丰富。土地资源人均占有量居全省前位，耕地面积人均量略高于全省水平。森林资源丰富，是浙江省三大重点林区之一。水资源总量 125.64 亿立方米，水面水产资源丰盛。境内植物区兼有南北相承的特征，动植物种类多，有国家重点保护野生动物 56 种、国家重点保护野生植物 20 种，是全国 12 个具有国际意义的生物多样性分布中心之一。属于国家保护的珍稀树种和野生动物各有 20 多种。

衢州认真贯彻落实习近平总书记在浙江工作时提出的“让南孔文化重重落地”重要指示精神，南孔古城提品质、成景区，核心圈层优功能、聚人气，高铁新城拉框架、现雏形，市体育中心、文化艺术和便民服务中心等成为衢州新地标，荣获联合国“国际花园城市”称号。衢州是浙江的重要生态屏障、国家级生态示范区、国家园林城市、国家森林城市，“全球免费游衢州” 深入开展，成为全国首批绿水青山就是金山银山实践创新基地、国家绿色金融改革创新试验区，荣获全国水生态文明城市、全国森林旅游示范市称号。衢州是中国优秀旅游城市、首个国家休闲区试点，共有根宫佛国文化旅游区、江郎山-廿八都旅游区等 2 个 5A 级景区和 14 个 4A 级景区，江郎山是浙江第一个世界自然遗产，钱江源国家公园是华东地区唯一的国家公园体制试点，龙游姜席堰与都江堰、灵渠等一同跻身世界灌溉工程遗产。衢州交通十分便捷，陆、水、空交通网四通八达。衢州地处四省交界，交通便利，境内航空、铁路、公路、水运齐全，民航已开通航班直达北京、深圳、成都、重庆、阿克苏、广州、贵阳、武汉、海口、昆明、舟山、青岛、郑州、北海、大连、珠海、太原、三亚、南宁、兴义、天津、济南、厦门、西安等 24 个城市，衢州港龙游港区、衢江港区正式开港，杭衢游轮正式开通，杭金衢、杭新景高速和黄衢南、龙丽温高速形成“两横两纵”路网框架，全长 215 公里的美丽沿江公路全线贯通，浙赣铁路、杭长高铁、衢九铁路横贯全境，衢宁铁路于 2020 年 9 月 27 日正式通车，在衢州逐步形成“米”字型铁路枢纽，是全省首个县县通高铁（动车）、高速公路的地级市，区位优势愈发凸显。衢州到四省边际各中心城市之间已形成两小时交通圈，区位优势十分明显。市政府所在地离省会杭州距离 250 千米，离首都北京直线距离 1440 千米，距上海港 450 千米，距宁波港 366 千米，距温州港 350 千米。浙江时代锂电项目成为全市首个省长工程项目，常山江航电枢纽项目等列入国家“十四五”专项规划，巨化 PVDF、巴莫 3C 用正极材料、一道新能源高效单晶电池、智慧新城数字经济产业园、高铁西站综合交通枢纽、双叶线道路改造、鹿鸣未来社区等项目开工建设。

衢州是一座历史文化名城。始建于东汉初平三年（192），有六千多年的文明史、一千八百多年的建城史，1994 年被命名为国家历史文化名城，文脉绵延流长，有江南地区保存最好的古代州级城池衢州府城、全国重点文物保护单位衢州府城墙，复建的天王塔院、文昌阁等历史文化古迹。衢州是圣人孔子后裔的世居地和第二故乡，是儒学文化在江南的传播中心，历史上儒风浩荡、人才辈出，素有“东南阙里、南孔圣地”的美誉，位于市区的衢州孔氏南宗家庙是全国仅有的两座孔氏家庙之一。衢州是伟人毛泽东的祖居地，江山清漾村被中央党史研究室、国家档案局以及毛泽东嫡孙一致确认为毛泽东祖居地和“江南毛氏发祥地”，《清漾毛氏族谱》被列入首批《中国档案文献遗产名录》。衢州还是围棋文化发源地，早在东晋时期就有樵夫王质在烂柯山遇神仙下围棋的故事，这是我国围棋起源最早的文字记载,烂柯山也被誉为“围棋仙地”。2016年,以柯城九华立春祭为代表的中国24节气,被列入联合国教科文组织人类非物质文化遗产代表作名录。衢州认真贯彻落实习近平总书记在浙江工作时提出的“让南孔文化重重落地”重要指示精神,大力推动优秀传统文化创造性转化、创新性发展,结合创建全国文明城市,全力打响“南孔圣地·衢州有礼”城市品牌,打造一座“车让人”的城市、一座“自觉排队”的城市、一座“烟头不落地”的城市、一座“使用公筷公勺”的城市、一座“行作揖礼”的城市、一座“不随地吐痰”的城市、一座“没有牛皮癣”的城市、一座“拆墙透绿”的城市,使衢州成为名副其实的有礼之城。2020年11月衢州以全国第四名的优异成绩荣获第六届“全国文明城市”称号。2021中国地级市品牌综合影响力指数,衢州列第35位。

衢州也是一座创新活力之城。1985年从金华地区分设,复建地级市。30多年来,经济社会发展取得历史性成就、发生历史性变革,全面建成小康社会取得阶段性成果。2020年,全市实现生产总值1639.1亿元、增长3.5%,增幅列全省第3,是近7年最高位次;固定资产投资增长7.7%、社会消费品零售总额增长0%、出口总额增长6.4%,增幅分列全省第1、第2、第9;一般公共预算收入140.9亿元、增长2.8%;城乡居民人均可支配收入49300元、26290元,分别增长5%和7.6%,增幅分列全省第1、第2;10项主要经济指标中,有8项增幅在全省实现进位。平安建设实现十五连冠。以“最多跑一次”改革为“牛鼻子”,撬动全方位、各领域、深层次改革,努力打造中国营商环境最优城市,在2018年、2019年全国营商环境评价中,衢州在各地级市中均列第1;在国家发改委发布的《中国营商环境报告2020》中,衢州被评选为15个标杆城市之一。以“最多跑一地”改革为牵引,做实做细做深做优党建统领基层治理这篇大文章,加快构建“县乡一体、条抓块统”高效协同治理格局,努力打造中国基层治理最优城市,“雪亮工程”成为全国标杆,和阿里共建的城市数据大脑2.0让城市更智慧,基层治理体系和治理能力现代化水平不断提升。坚定不移走以集聚人才集聚青年为导向、以山水融合生态宜居为特色、以配套完善能级提升为核心的新型城市化道路,谋划推进南孔古城·历史街区、核心圈层·城市阳台、高铁新城·未来社区“小三城”和智慧新城、智造新城、空港新城“大三城”规划建设,重点打造综合交通、商贸物流、教育医疗、绿色金融、人才集聚、美丽经济、数字经济等七个方面的“桥头堡”,努力建成一座特色鲜明、独具魅力的江南山水城市、生态宜居城市、创新活力城市。大力发展美丽经济幸福产业、数字经济智慧产业,阿里、中兴、网易、安恒、深兰科技、华为、海康威视、浪潮等互联网领军企业纷至沓来,电子科技大学和浙大工程师学院衢州分院、浙大衢州研究院开工建设,“村播学院”落地,树兰医院签约,与叶檀财经、温州医科大学、浙江中医药大学、武汉卓尔开展合作,产业创新探出新路,创新驱动生态体系日益健全。

·综合经济·

【概况】 2021年,初步核算,全年全市生产总值1875.61亿元,按可比价格计算,比上年增长8.7%。分产业看,第一产业增加值87.11亿元,增长2.8%;第二产业增加值811.05亿元,增长10.7%,其中工业增加值663.81亿元,增长12%;第三产业增加值977.45亿元,增长7.8%。人均地区生产总值(户籍)73152元,增长9%,人均地区生产总值(常住)82174元。全年全市实现规模以上工业总产值2500.30亿元;固定资产投资比上年增长16.2%;社会消费品零售总额839.17亿元,增长11.6%;财政总收入272.13亿元,增长19.0%,其中一般公共预算收入163.93亿元,增长16.3%;城镇居民人均可支配收入54577元,增长10.7%,农村居民人均可支配收入29266元,增长11.3%。

·民营经济·

【概况】经初步测算,2021年全市民营经济增加值1311.16亿元,占全市地区生产总值的比重为69.9%。在民营经济增加值中,第一产业实现增加值77.75亿元;第二产业实现增加值656.46亿元,其中工业增加值513.17亿元;第三产业实现增加值576.96亿元。据市场监管局统计,截止2021年末,共有市场主体26.8万户,其中在册企业6.4万户。

·个私经济·

【概况】 至2021年末,全市实有私营企业5.52万户,比上年增加10.1%,注册资本3074.19亿元,增长11.8%。全市实有个体工商户20.34万户,增长8.0%,资金数额411.54亿元,增长16.8%。

全市新登记私营企业9357户,比上年增长2.4%,

注册资本383.83亿元,减少20.7%。全市新设个体工商户33197户,减少4.9%,资金数额86.37亿元,增长1.9%。共注销私营企业及个体工商户20629户,增长31.3%。

·新动能·

【概况】 全市拥有国家高新技术企业555家，国有独立研发机构25家,企业技术开发机构498家。新增国家高新技术企业113家、省科技型中小企业301家,获批建设省高端化学品技术创新中心。巨化大数据中心冷却液项目列入科技部"揭榜挂帅"重点专项,华康股份荣获省政府质量管理创新奖。全年获得省级科技进步奖5项。全年专利授权量7940件,其中发明专利授权量773件。

·农业·

【概况】 全年全市农林牧渔业产值141.18亿元,其中农业产值73.27亿元,林业产值11.23亿元,牧业产值44.41亿元,渔业产值9.55亿元。实现农林牧渔业增加值89.35亿元,比上年增长2.9%

【农作物播种面积】 全年农作物播种面积171622公顷，其中，粮食播种面积89535公顷，油料播种面积30229公顷,蔬菜种植面积38610公顷,瓜果类种植面积3847公顷。

【农产品产出】 全年粮食总产量55.37万吨，比上年增长0.5%。油料产量5.93万吨,下降2.1%;其中油菜籽产量5.51万吨,下降4.4%;蔬菜产量107.09万吨，下降1.5%;食用菌产量3.55万吨,下降46.9%;瓜果产量12.17万吨,下降29.1%;茶叶产量7921吨,增长0.8%;水果产量55.63万吨,下降12.0%,其中柑桔产量48.15万吨,下降13.4%。

全年肉类总产量18.13万吨,比上年增长28.8%;其中猪肉10.80万吨，增长34.3%。全年生猪出栏120.45万头,增长33.2%;家禽出栏4621.51万只,增长26.5%;禽蛋产量5.23万吨,增长4.0%;牛奶产量9662吨,增长23.1%;水产品产量7.48万吨,增长1.8%。

【农民收入】 2021年,全市农村居民人均可支配收入29266元,比上年增长11.3%,四大项收入全面增长:工资性收入17497元,增长12.1%,占可支配收入比重为59.8%,是收入增长的主要动力;经营净收入6688元，增长9.5%,占可支配收入比重为22.9%,对收入增长的贡献率仅次于工资；财产净收入480元，增长21.3%,占可支配收入比重为1.6%;转移净收入4601元,增长10.2%,占可支配收入比重为15.7%,是农民增收的重要支撑。全年"千万农民素质提升工程"培训4.14万人,其中各类农村实用人才1.54万人。全市低收入农户年人均可支配收入增长15.9%

【农民专业合作社】 至2021年末,全市共有在册农民专业合作社3513户，比上年减少13.7%，经营收入12.79亿元,示范社541个,其中省级示范社44个,市级示范社341个，成员总数52363个，全年注销559户。

·工业·

【概况】 2021年，全市实现工业增加值663.81亿元，比上年增长12.0%,规模以上工业企业1278家,实现产值2500.30亿元,主营业务收入2608.75亿元,实现利税300.23亿元,其中利润总额232.03亿元。

【民营工业】 2021年,规模以上民营企业1175家,实现产值1809.94亿元，主营业务收入1914.95亿元,实现利税203.42亿元,利润154.98亿元,占规模以上工业的比重分别为91.9%、72.4%、73.4%、67.8%、66.8%。

【非国有工业】 2021年，规模以上非国有工业企业1211家，实现产值2111.64亿元，主营业务收入2190.83亿元，实现利税257.02亿元，利润200.67亿元，占规模以上工业的比重分别为94.8%、84.5%、84.0%、85.6%、86.5%。全市年销售收入亿元以上非国有企业369家,实现工业总产值1710.74亿元,占规模以上非国有工业企业比重分别达到30.5%、81.0%。规上非国有工业企业中主营业务收入达到1-5亿之间的企业有297家,5-10亿之间的有41家,10-50亿之间的有29家,50-100亿1家,100亿及以上1家。

【私营、个体工业】 2021年,全市共有私营工业企业6873家,其中规模以上的私营工业企业有1096家,实现工业产值1429.51亿元,实现主营业务收入1514.59亿元，实现利税144.10亿元，实现利润104.54亿元。2021年末全市城乡个体工业为7515家，比上年增加241家。

·建筑业·

【概况】 2021年,全市在库资质内总承包和专业承包建筑业实现总产值446.78亿元,比上年增长11.3%。全年建筑业实现增加值148.23亿元,增长5.6%。全年实现营业收入380.11亿元,增长18.2%;利润总额7.0亿元,增长13.1%。

【建筑企业】 2021年,全市共有在库资质以上总承包和专业承包建筑业512家,其中施工总承包一级企业36家、二级企业105家;专业承包一级企业9家,二级企业16家。全年建筑业产值超亿元的企业有93家。全年共完成省外建筑业产值53.7亿元,占总产值的12.0%,比上年下降2.98个百分点。建筑业人才素质提升,全市建筑业从业人数达13.0万人,其中工程技术人员2.5万人,人员结构更加优化。

【优质工程】 2021年,由浙江省二建建设集团有限公司施工的衢州市区生活垃圾焚烧发电项目获得了鲁班杯优质工程奖(全国工程建设领域最高等级工程质量奖)。浙江宏图建筑工程有限公司施工的衢州市妇幼保健院1#–9#楼及地下室、浙江明城建设有限公司施工柯城区七里乡新店村农民安置点项目、浙江省建工集团有限责任公司施工的浙江衢化医院职业病防治大楼工程、浙江天工建设集团有限公司施工的衢州市综合客运枢纽项目、杭州萧宏建设环境集团有限公司施工的衢州市盈川东路(西区—迎宾大道)工程——道路排水(含桥梁)工程获2021年度浙江省建设工程钱江杯(优质工程)。

·固定资产投资和房地产业·

【概况】 全年固定资产投资比上年增长16.2%。非国有投资增长6.6%,占50.1%;生态环保、城市更新和水利设施投资增长23.7%,高新技术产业投资增长22.4%,民间投资增长7.8%,交通投资增长5.4%;工业投资、制造业投资分别增长20.9%、16.3%。

年末全市共有命名、创建和培育类省级特色小镇8个,其中命名类特色小镇2个,创建类特色小镇4个,培育类特色小镇2个。

全年房地产开发投资254.38亿元,比上年增长22.2%;其中住宅投资207.49亿元,增长22.5%。本年房屋施工面积1264.55万平方米,增长13.9%;竣工面积82.95万平方米,下降54.5%。商品房销售面积204.97万平方米,下降4.5%,其中,住宅销售面积180.57万平方米,增长0.7%;商业营业用房销售面积6.43万平方米,下降67.6%。商品房销售额321.51亿元,增长21.6%,其中,住宅销售额306.14亿元,增长25.8%;商业营业用房销售额6.23亿元,下降56.2%。年内全市棚户区改造开工2746套,基本建成15648套;发放家庭租赁补贴2938户。

·国内贸易·

【概况】 全年社会消费品零售总额839.16亿元,比上年增长11.6%。按经营地统计,城镇消费品零售额725.45亿元,增长11.5%;乡村消费品零售额113.71亿元,增长12.4%。按消费类型统计,商品零售额720.18亿元,增长9.6%;餐饮收入额118.98亿元,增长19.1%。

全市限额以上社会消费品零售额201.88亿元,比上年增长15.8%。限额以上批发和零售业零售额中,日用品类增长147.7%,石油及制品类增长35.4%,粮油、食品类增长27.1%,通讯器材类增长12.1%,汽车类增长7.9%,服装、鞋帽、针、纺织品类增长1.1%,家用电器及音像器材类下降0.9%,中西药品类下降4.7%,化妆品类下降6.8%,五金、电料类下降34.5%。限额以上批发和零售业单位通过公共网络实现的零售额比上年增长33.9%。

【批发零售业】 至2021年末,全市有个体批发零售11.64万户,注册资金183.89亿元;私营批发零售企业1.82万家,注册资金514.46亿元。2021年全市共有成交额超亿元的各类市场58个,比上年净增2家,总摊位数12240个,出租摊位数7968个,实现成交额555.41亿元,比上年增长25.2%,成交额超十亿元市场有12家,比上年净增3家,超百亿市场1家。

【住宿餐饮业】 至2021年末,全市有个体住宿餐饮业2.21万户,注册资金41.59亿元;有私营住宿餐饮业416家,注册资金13.09亿元。

【电商贸易】 2021年,共有限额以上电商企业50家。全年共实现网络零售额504.0亿元,比上年增长29.6%;居民网络消费245.9亿元,增长6.2%。跨境网络零售出口额16.4亿元。

·对外经济·

【概况】 全年实现进出口总额491.44亿元,比上年增长36.4%。其中:出口315.77亿元,增长24.6%;进口175.67亿元,增长64.4%。

全市有出口实绩的企业1078家,比上年增加54家;出口额在100万元以上企业761家,其中1000万元以上的企业373家,增加41家。

全市出口排前三位的市场依次是:美国、韩国、欧盟。对美国出口56.33亿元,比上年增长14.5%;对韩国出口52.0亿元,增长75.9%;对欧盟出口41.84亿元,增长38.1%。对这三大主要市场出口额合计占全市出口总额的47.6%。

在主要商品出口中:机电产品出口86.36亿元,比上年增长19.3%;服装、纺织品出口24.32亿元,下降7.1%;高新技术产品出口17.90亿元,增长36.4%。

·交通运输、仓储和邮政·

【概况】 全年交通运输、仓储和邮政业增加值66.31亿元,比上年增长21.9%。

全年各种运输方式完成货物运输量13416.27万吨,比上年增长11.0%,其中,铁路389.84万吨,增长18.3%;公路12986.11万吨,增长10.6%;水运40.22万吨,增长106.0%;民航1003.5吨,增长43.5%。全年各种运输方式完成旅客运输量3957.97万人,增长46.2%,其中,铁路515.45万人,增长27.8%;公路3394.0万人,增长49.8%;水运1.50万人,增长256.1%;民航47.02万人,增长21.8%。

年末民用汽车拥有量53.41万辆,比上年增长5.0%,其中,载客汽车47.29万辆,载货汽车5.91万辆;私人汽车48.05万辆,增长4.4%。全市摩托车拥有量10.42万辆。年末共有城乡公共汽车营运车辆1458辆,运送乘客7375.5万人次,其中城市公共汽车533辆,运送乘客4130.8万人次。年末共有巡游出租汽车781辆。

年末各类公路里程8682.62公里,其中高速公路422.37公里,一般国道381.24公里,省道205.15公里,县道2427.90公里,乡道1259.61公里,村道3986.34公里。

全年邮政业务收入(不包括邮政储蓄银行直接营业收入)10.42亿元,比上年增长7.5%;电信业务总量24.93亿元,增长27.2%。全年邮政函件业务累计完成124.9万件,包裹业务累计3.0万件,报纸业务累计3342.8万份,杂志业务累计141.8万份。年末全市共有快递法人企业36家,全年实现业务收入7.16亿元,增长5.2%;快递收件11278.7万件,增长22.4%,其中国际及港澳台收件8.9万件,增长6.3%;快递派件14156.3万件,增长25.3%。年末移动电话用户247.61万户,增长2.6%。互联网宽带接入用户数100.29万户,增长6.9%。

·旅游业·

【概况】 2021年全年旅游总收入177.4亿元,比上年增长14.5%,其中:接待国内旅游1437.1万人次,增长11.2%,国内旅游收入177.37亿元,增长14.5%。住宿设施接待入境旅游者人数776人,下降18.6%,住宿设施接待入境游客收入21.3万美元,下降34.6%。全市拥有星级饭店30家,星级饭店客房间数4589间。至年末,全市共有A级旅游景点72个。实施民宿产业提升行动,新增省白金宿1家、金宿4家、银宿15家、文化非遗主题5家。

·金融业·

【农村合作机构】 至2021年末,全市年末农村合作机构各项本外币存款余额达到1204亿元,比上年增长13.8%,占全部金融机构本外币存款余额的34.1%,存款中个人存款为主体,个人存款余额861.09亿元,增长16.5%,占农村合作机构全部存款的71.5%;各项本外币贷款余额881.85亿元,增长16%,占全部金融机构本外币贷款余额的24.7%。

·其他行业·

【民办教育】 据教育年报统计,2021年末,全市有民办学校(含幼儿园)339所,其中:十二年一贯制学校1所、中职学校6所、完全中学6所、高级中学7所、初级中学4所、九年一贯制学校2所、小学6所、幼儿园307所。民办学校在校生71766人,占在校生总数的21.2%;其中:中职7467人、占中职学生的29.33%;普通高中8766人、占高中学生的22.7%;初中4758人,占初中学生的7.0%;小学7778人,占小学生的5.9%;幼儿园42997人,占幼儿园学生的58.7%。民办学校专任教师总数5372人,占专任教师总数的21.1%;其中:中职451人、占中职教师的25.7%;中学1563人、占中学老师的16.9%;小学429人,占小学老师的4.7%;幼儿园2929人,占幼儿园老师的55.6%。

【民办医疗、养老】 全市共有医疗类民办非企业单位62家,其中医院25家,各类卫生服务站、卫生院、卫生室等基层民办医疗机构37家。养老类民办非企业单位91家,其中养老院32家,养老服务中心32家。

【基金会】 至2021年末，衢州市共有各类基金会13家，其中：教育类基金会6家，原始注册基金共计1800万元，主要开展奖励优秀教师、优秀学生，资助困难学生，支持学校建设等活动；科技类基金会1家，原始注册基金400万元，主要开展基层农技推广项目资助、农技培训等活动；社会创新类基金会1家，原始注册基金200万元，主要资助公益慈善类公益组织发展；公益慈善类社会组织5家，原始注册基金1498万元，主要开展困难帮扶、留守儿童关爱、困难党员慰问、见义勇为表彰等活动。

（责任编辑：王怡然　金瑞锋　赵峰）

丽 水 市

2021年,丽水市坚持以习近平新时代中国特色社会主义思想为指导,全面贯彻党的十九大和十九届历次全会精神,认真落实中央和省委省政府决策部署,统筹疫情防控和经济社会发展,坚持稳中求进工作总基调,完整准确全面贯彻新发展理念,坚毅笃行"丽水之干",经济社会发展取得新成绩,实现"十四五"良好开局。

·综合·

【丽水概况】 丽水地处浙江省西南部,古名处州。据明代《名胜志》记载,"隋开皇九年,处士星见于分野,因置处州"。市域面积1.73万平方公里,是全省陆域面积最大的地级市(占全国的1/600,全省的1/6),辖9个县(市、区)(莲都区、龙泉市和青田、云和、庆元、缙云、遂昌、松阳、景宁县),总人口270万。

2021年,全市实现地区生产总值1710.03亿元,增长8.3%;一般公共预算收入163.97亿元,增长14.0%;规上工业增加值 364.20亿元,增长15.0%;进出口总额329.28亿元,其中出口287.37亿元;城乡居民人均可支配收入分别达到53259元和26386元,分别增长9.7 %和11.6%。与此同时,环境质量持续领先,县级以上城市集中式饮用水水源地水质达标率为100%。跨行政区域河流交接断面中,满足水环境功能区目标水质要求断面占100%。全市日空气质量(AQI)优良天数比例为99.7%。

丽水是美不胜收的生态绿谷。丽水是"浙江绿谷",是华东地区重要生态屏障,有着无与伦比的生态优势,素有"中国生态第一市"的美誉。山是江浙之巅,水是六江之源。瓯江、钱塘江、闽江、飞云江、灵江和福安江的源头都在丽水。全市森林覆盖率高达81.7%。水和空气质量常年居全省前列,是全国空气质量十佳城市中唯一的非沿海、低海拔城市。生态环境状况指数连续17年全省第一,是首批国家生态文明先行示范区、国家森林城市、中国气候养生之乡、中国天然氧吧城市。2002年11月,习近平总书记第一次来到丽水,由衷赞叹"秀山丽水、天生丽质"。

丽水是积淀深厚的文化之都。丽水是浙江省历史文化名城、中国地级市第一个民间艺术之乡,历史文化遗存丰富。蜚声中外的龙泉青瓷、龙泉宝剑、青田石雕被誉为"丽水三宝"。全市共有3项联合国人类非物质文化遗产(龙泉青瓷、丽水木拱廊桥、遂昌班春劝农),18项国家级非物质文化遗产;这里保存有全世界最古老拱形水坝、首批世界排灌工程遗产的通济堰;还有51个国家级、省级历史文化名城名镇名村,257个国家级传统村落,是华东地区古村落数量最多、风貌最完整的地区,被誉为"最后的江南秘境"。丽水历代名人辈出,有宋代著名诗人叶绍翁、明代开国功臣刘基,近代救国会"七君子"之一的章乃器、国民党政要陈诚等。明代汤显祖曾任遂昌县令,在此期间创作了中国文学史上脍炙人口的《牡丹亭》,被誉为"东方的莎士比亚"。

丽水是令人心驰神往的旅游胜地。丽水是中国优秀旅游城市、国家全域旅游示范区、国际休闲养生城市、国家园林城市、全国文明城市。全域就是一个千姿百态的大花园,9个县(市、区)风光旖旎、各具特色,画乡莲都、剑瓷龙泉、世界青田、童话云和、廊桥庆元、仙都缙云、淘金遂昌、田园松阳、畲乡景宁精彩纷呈。全市共有旅游资源单体2365个,其中优良级353个,已创成22家4A级景区,缙云仙都景区成功创建国家5A级旅游景区。1891个美丽乡村镶嵌在绿水青山间,犹如一幅幅美丽的风景画。

丽水是历经革命洗礼的红色热土。丽水作为浙西南革命老区所在地,是全省唯一所有县(市、区)都是革命老根据地县的地级市。1927年1月建立了党在浙西南的第一个组织——中共遂昌支部。1935年中国工农红军挺进师在丽水创建浙江省第一块革命根据地——浙西南革命根据地。抗战时期,丽水一度是中共浙江省委机关驻地。解放战争时期,丽水是浙江三大革命根据地之一。周恩来、刘英、粟裕等革命领导人都在丽水留下战斗足迹。长期的革命斗争在丽水留下了465处党史胜迹。如今,"忠诚使命、求是挺进、植根人民"的伟大浙西南革命精神深深融入到丽水大地,流淌在广大丽水人民的血脉中,使丽水不仅有绿色生态环境的"接天莲叶无穷碧",更有红色革命精神的"映日荷花别样红"。

丽水是朝气蓬勃的发展之城。丽水是习近平总书记“绿水青山就是金山银山”理念的重要萌发地和先行实践地。十多年来,丽水始终坚定生态优先、绿色发展的核心战略定力,一张蓝图绘到底,一任接着一任干,实现了生态保护与经济发展的双丰收。习近平总书记在深入推动长江经济带发展座谈会上作出“丽水之赞”后,我们进一步深刻认识、准确把握“绿水青山就是金山银山”理念所蕴含的科学发展内涵,确立了加快高质量绿色发展的使命目标,明晰了加快建设以“生态经济化、经济生态化”为基本特征的现代化生态经济体系的战略任务,提出了跨山统筹、创新引领、问海借力三把“金钥匙”等系列策略方法,进一步为丽水发展厘清了思路、指明了方向。全市上下全面奏响“丽水之干”最强音,推动GDP(地区生产总值)和GEP(生态系统生产总值)规模总量协同较快增长、转化效率持续较快增长,以“绿起来”首先带动“富起来”进而加快实现“强起来”,精彩书写践行“绿水青山就是金山银山”理念的时代答卷。

【概况】 初步核算,全年地区生产总值(GDP)1710.03亿元,比上年增长8.3%,与2019年相比,两年平均增长5.8%,其中,第一产业增加值107.84亿元,第二产业增加值637.27亿元,第三产业增加值964.92亿元,分别增长2.1%、9.2%和8.4%,两年平均分别增长2.3%、5.1%和6.7%。三次产业增加值结构为6.3:37.3:56.4。人均GDP为68101元(按年平均汇率折算为10556美元),比上年增长7.4%。经最终核实,2020年,全市生产总值现价总量为1527.75亿元,按可比价格计算,比上年增长3.3%,三次产业增加值结构为6.8:36.0:57.2。全年市区居民消费价格总水平比上年上涨1.8%,其中:消费品价格上涨1.7%,服务价格上涨1.8%,工业品价格上涨2.6%。商品零售价格上涨2.3%。

全年财政总收入270.91亿元,比上年增长12.8%;一般公共预算收入163.97亿元,增长14.0%。其中,税收收入137.85亿元,增长17.2%,占一般公共预算收入的84.1%。一般公共预算支出545.69亿元,增长3.5%,其中民生支出403.90亿元,增长1.4%,占比74.0%。全年新增城镇就业33065人,其中5144名城镇失业人员实现再就业,1626名就业困难人员实现就业。年末城镇登记失业率为1.56%,比上年下降0.09个百分点。

·个体私营经济·

【概况】 全年新设市场主体6.31万户,其中企业1.39万户,同比增长25.2%,个体工商户4.92万户,下降7.9%。年末在册市场主体30.77万户,增长4.94%,其中在册企业6.52万户,增长14.2%,在册个体工商户23.77万户,增长3.0 %。新增“个转企”474家。

·农业和农村·

【概况】 全年粮食播种面积73.03千公顷,比上年增长0.2%;粮食总产量41.77万吨,增长11.4%。油菜籽播种面积3.08千公顷,增长14.7%;蔬菜45.36千公顷,减少1.9%;花卉苗木0.34千公顷,下降4.7%;中药材4.89千公顷,下降1.2%;果用瓜2.70千公顷,下降11.3%。

年末生猪存栏51.61万头,比上年增长16.9%,生猪出栏55.77万头,增长2.7%;全年畜禽肉类总产量6.37万吨,增长8.0%。

年末累计建成粮食生产功能区548个,总面积44.98万亩。累计成功申报10个省级现代农业园区、验收4个。累计申报9个特色农业强镇,创成特色农业强镇8个。农业产业化组织1603家,县级以上农业龙头企业403家。

年末有效期内绿色食品达269个。全年新增地理标志农产品2个,累计达19个。

年末建制村全部实现生活垃圾集中收集有效处理。全年创建省级美丽乡村示范县1个、示范乡镇13个、特色精品村28个,累计创建省级美丽乡村示范县5个、示范乡镇68个,特色精品村174个。年末农家乐民宿3507户,餐位20.26万个,床位4.43万个,从业人数2.9万人。全年农家乐(民宿)共接待游客2660.92万人次,实现营业总收入24.61亿元。“千万农民素质提升工程”培训6.33万人,其中,农村实用人才培训0.81万人。年末金融系统涉农贷款余额1691.59亿元,增长23.6%。其中,农户贷款余额915.34亿元,增长16.3%。年末,全市共有省级特色小镇11个。庆元香菇小镇命名为省级特色小镇,青田欧洲小镇入选为第七批省级特色小镇创建对象名单。

·工业和建筑业·

【概况】 全年全市实现工业增加值510.65亿元,比上年增长12.6%,两年平均增长7.4%。规模以上工业增加值364.20亿元,增长15.0%,两年平均增长9.6%。规模以上工业企业销售产值1916.96亿元,增长32.7%,其中出口交货值192.17亿元,增长26.1%。分行业看,在35个行业大类中，29个行业增加值同比增长。其中，通用设备制造业增长22.5%，拉动规上工业增加值增长1.8个百分点；电力、热力生产和供应业增长14.7%，化学原料和化学制品制造业增长23.3%，电气机械和器材制造业增长13.3%，分别拉动规上工业增加值增速1.5、1.3、1.2个百分点。

全年规模以上工业企业实现利润总额121.01亿元，比上年增长17.0%。全员劳动生产率22.6万元/人，比上年提高2.4万元/人。

全年规模以上工业企业投入研发费用52.55亿元，比上年增长31.7%；规模以上工业新产品产值增长26.0%。新产品产值率35.1%。规模以上工业中，高技术制造业、装备制造业、战略性新兴产业、高新技术产业分别增长25.1%、20.7%、23.4%和17.9%，增速均高于规模以上工业10.1、5.7、8.4、2.9个百分点，分别拉动规模以上工业增加值增长1.3、6.2、3.6、7.6个百分点。"八大万亿"产业均保持两位数增长，高端装备、节能环保、健康产品、时尚制造业分别增长21.9%、16.2%、29.1%、13.7%。

全年建筑业增加值126.69亿元，占GDP的比重为7.4%。

·固定资产投资和房地产·

【概况】 全年固定资产投资比上年增长15.1%，两年平均增长10.8%。制造业投资、项目投资分别增长20.1%和11.0%，两年平均增长2.8%和3.5%。民间投资、交通投资、生态环保城市更新和水利设施投资、高新技术产业投资均增长，分别增长16.0%、8.8%、0.8%和7.4%。

分产业看，第一产业投资下降31.3%，第二产业投资增长13.7%，第三产业投资增长16.3%，占全部投资的比重分别为0.9%、18.7%和80.4%。

全年房地产开发投资331.57亿元，比上年增长21.3%，两年平均增长24.0%。其中住宅投资246.37亿元，增长21.6%。商品房销售面积332.06万平方米，增长12.2%，两年平均增长15.2%。商品房销售额498.35亿元，增长24.7%，两年平均增长31.3%。

·国内贸易·

【概况】 全年社会消费品零售总额822.87亿元，比上年增长13.1%，两年平均增长6.1%。按经营地统计，城镇消费品零售额656.81亿元，增长18.8%；乡村消费品零售额166.07亿元，下降5.0%。按消费类型统计，餐饮收入下降0.6%，商品零售增长15.2%。网络零售额591.1亿元，增长22.8%；居民网络消费298.9亿元，增长8.1%。

全年限额以上社会消费品零售总额149.93亿元，比上年增长11.2%。在限额以上企业销售的商品类别中，粮油食品类、服装鞋帽针织品类、日用品类零售额稳定增长，分别增长9.2%、23.6%、29.0%。升级类商品消费需求持续释放，化妆品类、照相器材类、家用电器和音像器材类商品零售额分别增长55.9%、58.1%和29.0%。线上消费持续增长。限额以上批发和零售业单位通过公共网络实现的商品零售额增长27.9%。

年末商品交易实体市场106个，全年交易额为289.64亿元，比上年增长3.2%。其中，1亿元以上市场40个，10亿元以上市场8个。

【对外贸易】 全年货物进出口总额329.28亿元，比上年下降4.1%。其中，出口287.37亿元，下降4.3%；进口41.91亿元，下降2.4%。其中：流通公司出口94.52亿元，下降38.5%；生产企业出口187.83亿元，增长32.8%，占全市出口总额的65.4%。

从出口国别看，对欧洲、北美洲出口分别增长10.0%和19.1%，对美出口82.56亿元，增长19.8%，占全市出口总额的28.7%，对"一带一路"沿线国家出口84.21亿元，下降19.7%。出口商品结构持续优化，机电、高新产品出口比重稳步提升。机电产品出口158.17亿元，增长10.3%，占全市出口总额的55.0%，比重比上年提升7.3个百分点；高新技术产品出口11.09亿元，增长29.9%，占全市出口总额的3.9%，比重比上年提升1.1个百分点。

全市新设外资企业46个，比上年增加14个；实际利用外资0.84亿美元，增长40.4%。

·交通运输和邮电·

【概况】 全年交通运输、仓储和邮政业增加值42.23亿元，比上年增长7.3%。

年末全市公路总里程15892.9公里，其中高速公路418.6公里。公路和水运完成货物周转量91.72亿吨公里，比上年增长9.8%；公路和水运旅客周转量5.72亿人公里，下降12.1%。铁路客运量976.91万人，增长22.4%；货运量319.86万吨，增长34.1%。

全年完成邮政行业业务总量20.08亿元，比上年增长17.5%；邮政行业业务收入(不包括邮政储蓄银行直接营业收入)16.34亿元，增长9.3%；快递业务量完成1.79亿件，增长16.8%。电信业务总量24.7亿元，增长22.9%。年末，移动电话用户275.25万户，比上年增加11.46万户，其中使用3G、4G、5G移动电话用户248.54万户，增加21.89万户。固定互联网宽带(含华数)接入用户110.25万户，增加8.05万户。移动互联网用户259.13万户，增加18.04万户。

·旅游·

【概况】 全年旅游总收入288.4亿元，按可比口径计算，比上年增长18.2%。其中，国内旅游收入288.4亿元，增长18.2%；旅游外汇收入25.4万美元，下降54.0%。

全年成功创建1家4A级景区。年末全市共有4A级及以上旅游景区25家，其中5A级旅游景区1家。

·金融保险·

【概况】 年末全部金融机构本外币各项存款余额3972.16亿元，比上年末增长11.9%，其中人民币存款余额3888.37亿元，增长11.9%。住户本外币存款余额2360.33亿元，增长10.0%。金融机构本外币各项贷款余额3291.89亿元，增长18.7%，其中人民币贷款余额3277.70亿元，增长18.6%。年末主要农村合作金融机构人民币贷款余额809.70亿元，比年初增加142.88亿元，增长21.4%。

年末A股上市公司5家（主板4家、创业板1家)，境外(纳斯达克)上市公司5家，“新三板”挂牌公司18家。

全年保险业保费收入63.61亿元，按可比口径计算，比上年增长6.7%。其中，财产险保费收入22.25亿元，增长6.7%；人身险保费收入41.36亿元，增长6.7%。各类赔款及给付23.19亿元，增长18.2%。其中，财产险赔付14.69亿元，人身险赔付8.50亿元。

·卫生事业·

【概况】 年末，全市卫生机构1694个(含村卫生室、诊所)，其中，医院60个，乡镇卫生院186个，社区卫生服务中心(站)46个，诊所(卫生所、门诊部、医务室)599个，村卫生室762个。卫生技术人员22401人，比上年末增长4.2%，其中，执业(助理)医师9044人，注册护士9623人，分别增长5.5%和8.3%。医疗卫生机构床位数15321张，增长7.2%。医疗机构年诊疗人次2493万，增长14.2%。

·教育·

【概况】 年末全市共有幼儿园418所，在园幼儿7.94万人，比上年增长3.5%。共有小学196所，招生2.37万人；在校生15.35万人，下降1.9%。共有初中79所，招生2.77万人；在校生8.36万人，下降0.3%。全市各类中等职业教育学校13所，招生1.02万人，在校生3.08万人；普通高中25所，招生1.40万人，在校生3.90万人，毕业生1.16万人。

全市共有普通高校3所（含独立学院及筹建院校）。高考录取率为96.8%，高等教育毛入学率为64.6%。

幼儿园专任教师0.57万人，比上年增加304人；幼儿教师学历合格率为100%。义务教育中小学专任教师1.68万人，增长1.3%。中等职业教育专任教师0.22万人，生师比14:1；专任教师学历合格率为98.1%。双师型教师占专任教师和专业课教师的比例分别为46.9%和87.3%。普通高等学校专任教师中具有硕士以上学位教师比例为44.4%。

（丽水市统计局　宋李英）

（责任编辑：王怡然　金瑞锋　赵峰）

县(市、区)选篇

萧 山 区

·概况·

【地理位置】 杭州市萧山区位于浙江省北部，钱塘江南岸，属杭州市。距上海市180公里，宁波市150公里。地理坐标为东经120°04′22″–120°43′46″，北纬29°50′54″–30°23′47″。

2021年杭州市部分行政区划调整，设立杭州市钱塘区，以原江干区的下沙街道、白杨街道和杭州市萧山区的河庄街道、义蓬街道、新湾街道、临江街道、前进街道的行政区域为钱塘区的行政区域，调整后萧山区由12个镇、15个街道调整为12个镇、10个街道，区域面积931平方千米，政府驻地不变。

四周边界：东邻绍兴县，南接诸暨市，西连杭州市富阳区，西北接滨江区，北接钱塘区，与西湖区、上城区和海宁市隔江相望。

【概略】 2021年底，萧山区有12个镇和10个街道办事处。分别是楼塔镇、河上镇、戴村镇、义桥镇、所前镇、浦阳镇、进化镇、临浦镇、衙前镇、瓜沥镇、益农镇、党湾镇和城厢街道、北干街道、蜀山街道、新塘街道、宁围街道、盈丰街道、闻堰街道、南阳街道、靖江街道、新街街道等。全区有342个行政村，216个社区。

【人口与劳动力资源】 萧山是浙江文明之源头。早在新石器时代，这里就有人类繁衍生息，境内跨湖桥文化遗址距今有8000年的历史。春秋霸主越王勾践在这里留下了“卧薪尝胆”的立志典故；唐代著名大诗人贺知章为后人留下了“少小离家老大回，乡音无改鬓毛衰”的名句。

萧山户籍人口以汉族为主。1949年，萧山总人口55.06万人。20世纪60年代后，人口开始过快增长，直至实行计划生育后，才得到控制。1995年之后，人口出生率连续控制在10‰以下。第七次全国人口普查，全区常住人口为2011699人，与2010年第六次全国人口普查的1346190人相比，十年共增加665509人，增长49.44%，年平均增长率为4.09%。全区常住人口中，居住在城镇的人口为1625340人，占80.79%；居住在乡村的人口为386359人，占19.21%。与2010年第六次全国人口普查相比，城镇人口增加768637人，乡村人口减少103128人，城镇人口比重上升17.15个百分点。

2021年末，全区户籍人口124.01万人，人口出生率为9.12‰，人口死亡率为5.48‰，自然增长率为3.64‰。

全区有从业人员121.08万人，其中从事第一产业4.60万人，第二产业57.19万人，第三产业59.29万人。非国有经济从业人员约占全部从业人员的97.3%。

【萧山围垦】 萧山围垦，蜚声海外，被联合国粮农组织称为“人类造地史上的奇迹”。40余年的萧山围垦史，是萧山经济和社会发展历程的见证，是“奔竞不息、勇立潮头”萧山精神的集中体现。历史上钱塘江河口段河道多变，两岸坍淤无常，萧山人民深受其害。历代封建王朝和民国政府，虽采取过不少治江措施，但收效甚微。中华人民共和国成立后，萧山实行“治江和围涂相结合”的方针，制定钱塘江治理规划，以南沙为依托，有计划地向北向东围涂造地，开发利用大片滩涂资源，控制江流主槽摆动幅度和坍江失地。至2007年，在西起浦沿半爿山，东至益农闸的南沙大堤以北地区，共围垦33次，圈围土地364平方公里。

围垦之最：

1、新中国成立以后的首次围垦是1950年的长河、长一、江三、江二等村不约而同在钱塘江边的自发围涂，面积均比较少。

2、1966年下半年，浙江省、杭州市、萧山县联合在九号坝下游围得土地15平方公里，是萧山大规模围涂的开始。

3、1968年7~12月的24平方公里围垦，白虎山至蜀山段南沙大堤西、北、东三面临江，需三面筑堤，是历次大规模围涂中最具攻坚性的围垦。

4、萧山围垦史上面积最大的围涂是1970年11月至1971年1月的军民联围，面积达66.7平方公里。

5、萧山围垦史上出劳动力最多的是1986年的34.7平方公里的围涂，共出劳动力15.4万人。

6、萧山围垦史上第一次机械化围涂是1993年的8.9平方公里围涂。

7、最后一次围垦是2005年12月至2007年12月，在萧围二十工段至二十二工段围成的11.9平方公里围涂。

【荣誉萧山】 据初步统计，萧山历年来拥有“全国十大财神县(市)”、“全国明星县(市)”、“国家卫生城市”、全国百强县市第七名”、“大陆极具投资地第一名”、“中国园林绿化产业基地”、“中国最令人向往地方城市十强”、“浙江省首批小康县（市)”、“浙江省品牌强县(市)”、浙江省商标品牌示范区、“浙江省科技综合实力第一名”、“世界羽绒之都”、“中国羽绒之都”、“中国纺织生产基地”、“中国钢结构之乡”、“中国伞乡”、“中国镜乡”、“中国制造业十佳投资城市”、“亚洲制造业示范基地”、“中国汽车零部件产业基地”、“中国淋浴房之乡”、“中国卫浴配件基地”、“中国花边之都”、“中国纸业之乡”、“中国花木之乡”、“中国民间文化艺术之乡”、“浙江省青梅之乡”、“浙江省十大旅游休闲城市”、“华东地区十大旅游休闲风情城市”、“浙江省旅游强区”、“浙江省建筑强区”等荣誉。

【经济总量】 历史上，萧山是一个以传统农业为主的小县。

1978年，全县生产总值只有4.03亿元，人均生产总值仅386元。改革开放伊始，萧山农村促富大会召开，掀起了勤劳致富的热潮，乡镇企业异军突起。20世纪90年代，萧山完成了由乡镇企业大规模向私有企业的制度转型，实现了由典型的农业社会向工业社会和市场经济体制的转型，经济社会呈跨越式发展。连续多年在全国发达县域社会经济综合发展指数排名中列第7位，主要经济指标居浙江省区、县(市)首位。

近年来，萧山坚持以第一产业为基础，第二产业为主导，第三产业为新增长点，构筑三次产业协调发展新局面。初步核算，2021年，萧山区实现地区生产总值2011.62亿元，比上年增长8.7%(按可比价格计算，下同)；其中第一产业增加值58.41亿元，第二产业增加值775.27亿元，第三产业增加值1177.94亿元，分别增长1.7%、7.7%和9.7%；三次产业结构为2.9:38.5:58.6。按常住人口计算，萧山区人均地区生产总值9.88万元，为1.53万美元(年平均汇率6.4515)。

2021年完成财政总收入564.98亿元，比上年增长22.6%，其中一般公共预算收入343.03亿元，增长14.3%。公共财政预算支出324.23亿元，增长17.6%，其中用于民生支出228.2亿元，增长13.0%，占公共财政预算支出的70.4%；城乡社区支出、教育支出卫生健康支出、等民生项目支出为49.73亿元、62.63亿元和26.45亿元，分别增长22.8%、10.2%和15.9%。全区财政收入有90%以上来自于非国有经济单位。

【结构调整】 全区不断加大产业结构调整力度，坚持以第一产业为基础，第二产业为主导，第三产业为新增长点，构筑三次产业协调发展新局面。三次产业结构调整为2.9:38.5:58.6。

2021年持续加大转型升级力度，加快数字经济，传统产业提升发展持续推进。全年实现数字经济核心产业增加值150.66亿元，比上年增长18.0%，占GDP的比重为7.5%。数字经济八大行业中，电子信息制造业、信息软件产业和数字内容分别实现增加值84.0亿元、58.3亿元和46.2亿元，分别增长26.5%、22.2%和21.0%。

截止2021年末，规上数字经济核心产业中，制造业企业138家，服务业企业115家，分别完成增加值71.72亿元和56.94亿元。

【农业】 历史上，萧山的农业以粮食、棉花和络麻等为主，随着工业经济和第三产业的发展，农业在国民经济中的比例逐年下降。1981年后，推行家庭联产承包责任制，逐步形成了畜禽、水产、蔬菜、花木、茶果等五大特色产业，并以此为依托，走农业产业化的道路，引进和应用农业高科技，增加农产品附加值，实现农业增效，农民增收，农村焕发了勃勃生机。萧山荣获了浙江省农业优势特色产业综合强县第一名、浙江省花卉苗木产业强县第一名、浙江省畜牧产业强县第三名、外向型农业考核县(市、区)第一名、瓜沥镇航民村、宁围街道新华村名列中国名村影响力排行榜等。

2021年实现农林牧渔业增加值60.77亿元，比上年增长2.0%。全年实现农林牧渔业总产值90.16亿元，比上年增长2.4%。其中农业61.12亿元、林业1.33亿元、畜牧业10.52亿元、渔业10.53亿元、农林牧渔服务业6.65亿元，分别增长1.7%、16.5%、95.3%、3.0%和8.1%。蔬菜、花木、畜牧、水产和茶果五大特色产业产值77.5亿元，占农业总产值的比重为86.0%。全年瓜果类产量7.37万吨，增长4.8%；水产品产量3.69万吨，增长0.3%。

成功举办全省深化“千万工程”建设新时代美丽乡

村现场会,成为省新时代美丽乡村标杆县。创建美丽乡村提升村 47 个。新街、戴村、衙前等 3 个镇街创建成为美丽城镇省级样板。新改建“四好农村路”40.76 公里,获评省级示范县。美丽公路建设全面推进,县级交通共富指数排名全省第一。“农业+旅游”“农业+康养”等融合业态加快发展,区乡村民宿行业协会正式成立。

【工业】 改革开放伊始,萧山充分利用传统工业、手工业的基础优势,兴办社队工业(1984 年 5 月改称乡镇工业),奠定了萧山的工业基础,实现了以农业为主向工业化发展的转型。1992 年后,通过明晰产权,转换企业经营机制,培育和发展私营经济,建立和完善现代企业制度,萧山的工业产值连续位居浙江省各区、县(市)第一。

进入 21 世纪后,为适应经济全球化和可持续发展,萧山加快了工业结构调整,正在形成汽车电子产业基地、数控装备产业基地、信息软件产业基地、生物工程产业基地、精密模具产业基地等。目前,萧山工业呈现出企业规模化、产业优势化、产品名优化、市场海外化等特点,率先进入工业化后期阶段。

2021 年实现工业增加值 686.14 亿元,比上年增长 7.8%,其中规上工业增加值 554.11 亿元,增长 8.5%。规上高新技术产业实现增加值 351.97 亿元,增长 9.8%;战略性新兴产业实现增加值 130.67 亿元,增长 13.8%;装备制造业实现增加值 227.08 亿元,增长 14.7%。按企业大小类型分里看,大型企业增加值 106.34 亿元,增长 13.0%;中型企业增加值 189.40 亿元,增长 6.7%;小微企业增加值 258.37 亿元,增长 7.8%。

2021 年规模以上工业企业实现利税总额 269.62 亿元,其中利润总额 202.48 亿元,分别增长 28.2%和 40.1%;亏损企业 251 家,亏损面为 16.6%,比上年缩窄 4.5 个百分点,亏损总额 15.06 亿元;营业收入利润率为 5.4%,比上年提高 0.6 个百分点;规上工业企业全员劳动生产率 25.0 万元/人。

【建筑业】 萧山是浙江省首批“建筑之乡”之一,是中国钢结构产业基地、中国园林绿化产业基地、国家住宅产业基地。建筑业是萧山的传统产业,又是萧山的支柱产业。20 世纪 80 年代以后有较大发展,90 年代中后期开始快速发展,1999 年建筑业产值首次突破 50 亿元,2002 年突破 100 亿元,2004 年突破 200 亿元,2012 年突破 1000 亿元。

2021 年实现建筑业增加值 89.35 亿元,比上年增长 7.0%。全年,建筑安装工程投资额增长 17.1%。年末,拥有总承包和专业承包资格的建筑企业 357 家。全年完成建筑业总产值 910.50 亿元,比上年增长 14.5%;建筑业竣工产值 359.0 亿元,比上年增长 3.5%。

【固定资产投资】 2021 年完成固定资产投资 1372.10 亿元,比上年增长 13.0%。从产业投向看,第二产业完成投资 106.08 亿元,增长 17.9%,其中完成工业技改投资 70.52 亿元,增长 10.1%;完成第三产业投资 1266.02 亿元,增长 12.7%。

【房地产】 20 世纪 90 年代初,萧山即正式开始实施大规模的住房改革,2001 年萧山撤市设区融入大杭州发展,加之优越的区位优势和萧山人强劲的购买力等因素,知名企业纷纷抢滩萧山开发,萧山的房地产业快速发展。

2021 年房地产开发投资 786.72 亿元,比上年增长 7.1%。房屋施工面积 2452.90 万平方米,下降 4.7%;竣工面积 332.11 万平方米,下降 27.7%。全年商品房销售面积 488.04 万平方米,增长 44.9%。

【国内贸易】 2021 年实现批发和零售业增加值 208.87 亿元,比上年增长 13.3%。实现社会消费品零售总额 813.43 亿元,增长 14.4%;其中限额以上社会消费品零售总额 422.09 亿元,增长 26.9%。在限额以上批发零售贸易业零售额中,汽车类增长 53.8%、服装鞋帽针纺织品类增长 10.2%,石油及制品类增长 27.9%,日用品类下降 22.0%。全年实现网络零售额 1363.68 亿元,增长 5.5%。

【市场价格】 2021 年居民消费价格比上年上涨 1.4%。八大类商品和服务项目价格呈现五涨二平一跌格局。其中:衣着类上涨 4.2%,交通和通信类上涨 4.0%,食品烟酒类上涨 1.6%,教育文化和娱乐类上涨 1.1%,生活用品及服务类上涨 0.7%,居住类和医疗保健类与上年持平,其他用品和服务类下跌 2.7%。商品零售价格总指数为 102.2%。

【交通运输】 萧山是浙江交通之枢纽。萧山临江近海,地理位置十分优越。拥有排名全国十大机场之一的杭州萧山国际机场,2021 年萧山国际机场航线 268 条,其中国际航线 30 条,民航出港客运量 1432 万人次。境内铁路和公路交通路网稠密,杭甬高铁、杭长高铁、沪昆铁路及绕行线、萧甬铁路、萧萧及萧浙联络线浙赣铁路穿境而过,铁路总里程达 200 多公里。按特等站标准涉及改造的杭州火车南站坐落于萧山已启用。萧山境内有杭州绕城高速、沪昆高速、杭州湾环线高速、杭州支线、钱江三桥—机场、苏绍高速、104 国道等干线公路。2021 年末,全区公路通车总里程达到 2024 公里,其中高速公路98.6公里。

年末民用汽车拥有量59.39万辆，其中私人汽车拥有量51.19万辆。

地铁一号线、二号线、五号线、六号线、七号线建成运行。萧山水运资源十分丰富，杭甬运河和钱塘江、富春江、浦阳江在境内汇流。杭甬运河是杭州五大干线航道之一，国家水运主通道组成部分，是杭州、宁波两港水运货物集疏运的唯一通道。境内杭甬运河长30.50千米，经拓宽改造，通航能力为四级航道标准。萧山已经形成了区内40分钟交通圈和20分钟上高速的便捷交通网。

【邮电通讯】 2021年全年实现快递业务收入151.38亿元，比上年增长72.8%；完成快递业务量15.83亿件，增长57.0%。

【旅游】 萧山旅游业从20世纪80年代开始起步，现拥有国家级湘湖旅游度假区、杭州东方文化园、杭州乐园、杭州海洋极地公园、浙旅院国际教育旅游体验区等5家4A级景区和跨湖桥遗址博物馆、浙江省农业高科技示范园区、浙江（中国）花木城等一大批旅游景区和设施。2016年9月G20峰会在杭州国际博览中心成功举办。萧山旅游节庆活动内容丰富，除旅游节、杜家杨梅节等节庆活动外，动漫节、中国国际（萧山）跨湖桥文化节以及部分镇街举办的节庆活动，如新街花木节、新湾沙地文化节、义桥渔浦文化节、坎山七夕文化节、党湾建筑文化节、三清茶文化节等，乡土气味浓厚，地方特色鲜明。

2021年末拥有各类旅行社64家，增长1.6%；星级宾馆8家，其中五星级3家，四星级4家；4A级景点5个。成功创建省级全域旅游示范区、省3A级景区城，建成4个省级景区镇和25个省A级及以上景区村庄，设计发布萧山文旅亚运线路。

【金融业】 萧山金融事业随着萧山经济社会的发展而飞速壮大，已基本形成以中国人民银行萧山支行为核心的银行业金融体系、保险业金融体系、证券业金融体系和邮政储蓄体系，门类齐全，功能完备。其中人民路和金城路沿线是萧山金融机构分布最密集的两个区域。2020年末，实现金融业增加值213.39亿元，比上年增长5.1%。年末萧山区银行金融机构35家，金融机构本外币存款余额5919.69亿元，增长7.0%；贷款余额5897.40亿元，增长15.7%，其中住户贷款2617.23亿元，增长13.0%，非金融企业及机关团体贷款3752.45亿元，增长13.9%。当年新增5家上市企业，新三板挂牌企业迁入1家。成立区属私募基金管理公司，设立规模20亿元的新兴产业基金，新增政府产业基金和创投引导基金子基金投资项目7个、直投项目4个。

【教育】 2021年末，全区共有小学80所，在校学生11.01万人；初中53所，在校学生4.04万人；普通高中13所，在校学生2.06万人。学前三年幼儿园净入园率为99.6%，初中毕业生升入各类高中比例为99.97%。

萧山中学改造提升工程有力推进，完成信息港初中等学校建设项目21个，新增学位1.68万个。义务段学后托管服务覆盖率和营利性学科类机构“压减率”均实现100%。高考一段上线率78.94%，高于全省平均18.94个百分点。11人获得全国中学生生物学奥林匹克竞赛金牌，10人入选国家集训队，均位居全国第一。

【文化体育】 近年来，萧山体育中心、萧山图书馆、文化馆、博物馆、跨湖桥遗址公园等一大批文体设施建成投入使用；萧山花边、西施传说、七夕祭星乞巧、细十番等17项列入杭州市级以上非物质文化遗产。2021年实现文化产业增加值65.61亿元，比上年增长18.3%。艺术表演团体全年演出840场次，观众22.5万人次；年末图书馆藏书301.18万册。

庆祝中国共产党成立100周年系列活动顺利举办。深化拓展党史学习教育，挖掘红色资源，守好“红色根脉”。文化惠民工程深入实施，城市文化公园开工建设，浙农·东巢艺术公园建成开园，新建城市书房10家，打造全省首个钱塘江古海塘遗址公园。跨湖桥遗址博物馆“勇立潮头——跨湖桥文化主题展”获评第十八届全国博物馆十大陈列展览优胜奖。

【卫生】 2021年末，萧山区拥有各类医疗卫生机构772个，其中医院59个。拥有床位10643张，其中医院床位10390张。有各类专业卫生技术人员15459人，其中执业（助理）医师5678人，注册护士6895人。

全年累计接种新冠疫苗420余万剂次。启动高质量建设“健康萧山”三年行动，入选杭州市新一轮重点（或区域共建）学科6个。浙大二院总部院区、省妇保钱江院区加快建设，建成投用社区卫生服务站13个。公共场所配置安装AED630台，建成标准化院前急救站点12个。新增婴幼儿照护服务托位571个、成长驿站34家。

【人民生活】 改革开放后，城乡居民的收入来源渠道增多，从老一辈梦寐以求的温饱到基本小康，萧山人民生活水平发生了翻天覆地的变化。在农村，农民收入来源由集体统一分配为主向家庭经营收入为主转换。同时，乡镇企业的异军突起和农村富余劳动力进城务工经商，拓宽了收入渠道，工资性收入占纯收入的比重大幅度攀升。在城镇,单一的公有制结构模式被打破,个体经济、私营经济和“三资”企业如雨后春笋般涌现,居民的工资性收入虽然还是主要的收入来源，但财产性收入比重开始逐年提高。根据抽样调查,全年全体居民人均可支配收入 68030 元,比上年增长 9.4%;人均生活消费支出 42245 元,增长 14.9%;其中城镇居民人均可支配收入 75935 元,比上年增长 8.5%;人均生活消费支出 44346 元,增长 13.9%。农村居民人均可支配收入 46657 元,增长 9.5%;人均消费支出 36565 元,增长 16.7%;城镇和农村居民人均住房面积分别为 54.1 平方米和 78.3 平方米,增长 1.2%和 0.3%。

【劳动就业】 2021 年末拥有 15 家职业介绍机构,全年提供职业介绍服务 1.2 万人次；城镇新增就业人数 10.92 万人。最低月工资标准调整为 2280 元,非全日制工作的最低小时工资标准调整为 22 元。

【社会保障】 2021 年末参加城镇企业养老保险 109.88 万人;参加医疗保险 151.16 万人;参加工伤、生育和失业保险人数分别达 99.79 万人、70.39 万人和 69.93 万人。全区各类养老保险参保率达到 99.14%,城乡居民医疗保险参保率保持在 99.74%以上。完成 26.77 万平方米老旧小区综合改造提升,既有住宅加装电梯 33 台。新开工公租房 18.61 万平方米,交付运营蓝领公寓 4368 套。完成 5 个城中村征迁工作。新开工安置房 112 万平方米,竣工 269.83 万平方米,回迁安置 4169 户。新增住房公积金建制职工 11.87 万人。

【社会福利】 2021 年末,拥有社区居家养老服务照料中心 478 家,示范型居家养老服务中心 27 家。拥有各类养老机构 40 家,养老机构床位 4993 张。儿童福利机构 1 家,床位 200 张。城乡居民最低生活保障标准仍为每人每月 1102 元;2021 年年末,享受城乡最低生活保障人数为 12711 人,全年发放最低生活保障金额 1.56 亿元。全年发放救助资金 1.78 亿元,发放善款 8885.2 万元。

【城市建设】 2021 年末建成区面积 125.23 平方公里,建成区绿化覆盖率 38.2%。基本完成亚运场馆主体验收和赛事功能验收,亚运三村顺利竣工。举办“韵味杭州”系列测试赛 2 场、各类测试活动 17 场。亚运村国际区、地下综合管廊等核心区基础配套基本完工,博奥隧道、滨盛路隧道建成通车,完成钱江世纪公园亚运观赛空间设施改造。萧山机场 T4 航站楼和陆侧交通中心主体基本完工,人民广场、铁路杭州南站综合交通枢纽东广场建成,地铁 6 号线二期正式运营。时代大道高架、03 省道东复线高架南延建成通车,风情大道、彩虹大道部分通车,打通新康路等一批支小断头路。

【环境保护】 2021 年积极推进第二轮中央生态环保督察和 2021 年省委生态环保专项督察整改。地表水各级控制断面水质均达到 III 类及以上,集中式饮用水源地水质 100%达标。PM2.5 浓度降至 31.6 微克/立方米,为有记录以来最低值。617 个垃圾分类小区实现“定时定点”全覆盖,318 个垃圾分类村实现“四定一撤”全覆盖。获评省生活垃圾分类工作优秀区。

【公共安全】 2021 年生产安全事故量、死亡人数均保持两位数下降。道路交通事故死亡人数近年来首次降至两位数。连续十六年被评为平安区,获得首批一星平安金鼎。

·非国有经济发展特点·

【概况】 萧山是浙江省的一个经济发达地区，在全国享有较高的知名度。2001 年以来,连续五年获全国百强县市第七位、浙江省第一位。

改革开放以来，全区民营经济的发展大致经历了三个阶段,每个阶段都是一个思想逐步解放的过程,因此,解放思想的过程,就是民营经济发展的过程。什么时候思想解放了,民营经济就发展了,思想大解放,民营经济就大发展。萧山的发展得益于率先崛起的乡镇企业;90 年代以后，萧山的发展更多地得益于乡镇企业的机制转换;近几年来,萧山经济持续健康快速地发展开始得益于民营企业为主的经营决策方式。2002 年萧山区委、区政府掀起民营企业“二次创业”高潮,推动萧山工业产值冲上“千亿”。在非国有经济的发展过程中，民营企业初步完成了从家庭小作坊到现代型企业的转变,走出了一条体现萧山特色的路子。这就是“奔竞不息,勇立潮头”的萧山精神,是萧山宝贵的精神财富。

改革开放三十年来,萧山人民秉承“喜奔竞、善商贾”的传统文化,以巨大的创造力丰富、充实和发展着萧山精神,成为推进萧山现代化建设的力量源泉。萧山精神在不同时代具有不同的具体内涵，也见证了不同时代的辉煌成就。从战天斗地的围垦精神,到“历尽千山万水、吃尽千辛万苦、说尽千言万语、想尽千方百计”的“四千”精神,到“抢上头班车、抢抓潮头鱼、抢开逆风船、抢进快车道”的“四抢”精神,到“敢与强的比、敢同勇的争、敢向高的攀、敢跟快的赛”的“四敢”精神,都集中反映了萧山人民强烈的竞争意识、争先精神、创业激情和创新能力，见证了萧山速度、萧山实力和萧山荣誉。大力弘扬以"奔竞不息，勇立潮头"为核心的萧山精神，必将进一步凝聚全区人民力量，激励全区人民斗志，为我们"实现两个率先，建设文明幸福新萧山"提供强大的精神动力。

【发展历程】 新中国成立以来，萧山经济社会发展大致经历了四个阶段。

第一阶段是改革开放前。这一阶段萧山人口多，土地少，是一个农业小县。60年代中期萧山揭开了大规模有计划围涂的序幕。萧山人民把治江和造地有机地结合起来，采取"围一块、保一块"的办法，进行了三十多期围涂，共围土地56.62万亩，累计投工7900余万工，完成土石方66.6多亿立方米，其中十七期达到万亩以上。萧山的围垦有效地缓解了人多地少的矛盾，为萧山经济社会的可持续发展提供了广阔的空间。

第二阶段改革开放起至1988年撤县设市。这一阶段萧山乡镇工业如雨后春笋拔地而起，第二产业超越第一产业确立了萧山经济的先发优势。

第三阶段自撤县设市到2001年撤市设区。这一阶段萧山及时进行企业转制工作，确立民营经济地位，较早完成了民营资本原始积累并进入二次创业阶段，再次将先发优势扩大。

第四阶段自撤市设区至今。这一阶段萧山融入大杭州发展，三次产业由二三一向三二一转型，着手全力打造体现世界名城风貌的现代化国际城区，开始全面建设小康社会，构建社会主义和谐社会。

【规模型】 改革开放以来，萧山区委、区政府注重强队工程建设，力促企业做大做强。先后创立了国家级萧山经济技术开发区和萧山现代农业开发区，省级临江工业园区、江东工业园区和浙江湘湖旅游度假区。

近几年又进一步强化工业布局，为萧山非国有经济做大做强提供了一个发展平台。区委、区政府每年开展百强企业、苗子成长型企业、十强乡镇、现代化建设标兵村评选活动，2004年又开展了20强纳税大户评选，并对上榜企业予以重奖。2005年着手电子信息等五大高科技产业基地和"四大百亿市场"建设。由于导向正确，萧山规模经济开始形成，其形成过程可以归纳为"四个变"：

一是"小厂"变"大厂"。昔日的家庭作坊变成了现代化的大公司。

二是变"分散"为"集中"。经济技术开发区和工业园区的崛起，结束了昔日萧山工业"村村点火、户户冒烟"的分散经营、"满天星"布局的历史，代之的是基础设施齐全、交通便捷的现代化工业区块。

三是变"小市场"为"大市场"。昔日的萧山工业以"小、散、加"为特点，市场主要在国内，且市场占有量较低，目前"小、散、加"的现状得以改变，国内市场占有量不断上升，纺织、羽绒及其制品、钢结构等行业处全国领先地位；国外市场不断得到扩张，产品出口40多个国家和地区，万向集团等企业在境外设立了公司(办事处)，加速了全区经济全球化进程。

四是变传统产业为高科技产业。过去萧山经济依靠纺织等传统工业闯市场，纺织业"一业独大"，占工业比重达到近40%，近几年区委、区政府提出工业、现代服务业"两轮驱动"，现代服务业已成为推动萧山经济发展的新亮点，传化物流基地等民营企业的崛起，为萧山现代服务业发展开好了头，同时工业向"两高两低"即高科技、高效益，低污染、低消耗转变，纺织业"一业独大"的局面有较大改变。

【科技型】 近年来，萧山区委、区政府认真贯彻实施"科教兴区"战略，科技、教育经费支出逐年增加，全社会尊重科学、尊重教育、尊重人才、崇尚知识、热爱创造已蔚然成风。加快科技项目信息网、人才智力服务网和市场信息服务网建设，巩固和发展与中科院、浙江大学等科研院所的合作，增强企业技术创新力度和区域科技创新活力，达成多项合作项目，重大课题取得新突破。民办科技机构不断发展壮大。按照"大力发展高新技术产业、适度发展新型重化工业、提升发展传统优势工业"三位一体的发展思路，大力实施科教兴区战略，全面强化区域创新体系和自主创新能力建设，努力提升科技发展水平。科技发展为结构转型和增长方式转变提供了强大的支撑力。先后荣获全国科技进步县(市、区)与示范县(市、区)称号；创建了国家级星火技术密集区、杭州市国家制造业信息化试点城市示范区、浙江省区域支柱产业(机电产业)重大科技攻关试点县(市、区)和国家火炬计划高性能几点基础件特色产业基地；并连续获得浙江省科技综合实力第一名。被授予"浙江省科技强县(市、区)"称号。

2021年浙大杭州国际科创中心启动区块全面启用，集成电路创新平台入选省级技术创新中心，宽禁带功率半导体材料与器件实验室入选省级重点实验室。西电杭州研究院新认定为省级新型研发机构。北大信息技术高等研究院与企业新建联合实验室8家。新增省级博士后科研工作站8家、省级研究院55家、市级以上科技企业孵化器(众创空间)12家。新开建"4286"产业载体项目41个，年度完成投资188.33亿元，入选省重大产业项目6个。创新活力不断增强，新认定国高企470家、省科技型中小企业806家,28家企业入选“独角兽”“准独角兽”榜单。新增市场主体3.3万户,在册市场主体总量21.5万户,居全市首位。新增发明专利授权1122件,增长109%。参与制(修)订国家标准、行业标准和“浙江制造”标准32项,新增“品字标浙江制造”企业认证15家。

【外向型】 适应经济全球化的新形势,大力发展开放型经济,基本形成了全方位、多层次、高水平的对外开放格局。区政府出台《鼓励外向型经济发展若干奖励意见》,财政部门及时落实出口退税政策,用活用好专项资金,外贸进出口乘势而上。

据海关统计,2021年完成进出口总额1027.07亿元,增长29.7%。其中进口总额238.64亿元,增长31.7%;出口总额788.42亿元,增长29.2%。出口总额中,机电产品238.18亿元,增长22.0%;纺织品204.52亿元,增长24.8%;羽绒及其制品59.25亿元,增长10.2%;服装32.60亿元,下降5.9%;家具32.99亿元,增长35.4%;化工30.54亿元,增长23.7%。出口总额中,汽车配件31.47亿元,增长24.7%;新能源16.11亿元,增长17.1%;高新技术产品16.08亿元,下降1.9%。

2021年,全区合同利用外资13.99亿美元,同比增加10.0%,其中,新批外商投资企业132家,新批项目合同利用外资9.80亿美元;全区实际利用外资8.86亿美元。“双招双引”成效明显,新招引落地亿元以上产业项目98个,总投资599.2亿元,其中10亿元以上项目20个。

【质量型】 萧山区委、区政府积极组织开展“企业和产品树形象”、打击假冒伪劣行为、制止压价竞销、整顿市场秩序、推动企业梯队建设、扶持重点企业和重点产品上档次上水平等系列活动,取得了较好的成效。区域性、行业性的产品质量问题已得到较好解决,形成了一批在全省乃至全国有一定知名度的企业和产品。企业综合素质不断提高。企业综合素质不断提升。萧山荣获“中国制造业十佳投资城市”和“亚洲制造业示范基地”、“中国淋浴房之乡”、“中国卫浴配件基地”等称号。产品竞争力逐渐增强。2016年成功创建为浙江省商标品牌示范区。花木、钢结构、卫浴、羽绒产业被列为“浙江省专业商标品牌基地”。瓜沥镇被认定为浙江省商标品牌示范乡镇。

·政策措施·

【投资环境】 继续加大力度,积极深化提升“最多跑一次”、“一网通办”等服务,进一步营造民营经济发展氛围。近几年来,政府始终把为企业服务放在工作的重中之重。在软件和硬件上,不断为企业的孵化和壮大营造良好的体制环境。在基础设施建设上,近几年来,开展城区改造、道路、绿化建设、供水、污水处理、供电设施等建设。在政策上,设立了专项资金,进一步引导和扶持企业做大做强做优。按照企业发展需要,切实帮助企业协调解决发展中碰到的实际问题,让尽可能多的民营企业实现生产规模、产业技术、竞争能力的进位升级,成为区域性、全国性的规模型企业。同时,萧山注重进一步深化审批制度改革,从创新机制上改进服务。建立了萧山区办事服务中心,减少了审批事项,简化了办事手续,方便了群众,改进了服务。正是政府创造优越的投资环境,使萧山在近几年连续多年被台湾机电电子工业同业公会列为大陆“极力推荐投资城市”之首。

扶持非国有经济发展的主要措施是:进一步放宽市场准入,放开民营经济的投资领域和范围;对个私企业实行国民待遇,在用地、用电、资金等方面予以平等权利;进一步建立健全社会化服务体系,给民营企业在人才、技术、信息、出口、营销、管理等方面提供优质服务;进一步加快审批制度改革,取消不合理的收费项目和审批环节;进一步完善投融资渠道,完善民营经济向社会融资的政策规定;进一步引导民营经济向园区集聚,吸收、鼓励、支持个民营企业发展壮大;进一步坚持正确的舆论宣传导向,努力使个私经营者在政治上有荣誉、社会上有地位、经济中有实惠、事业上有作为。

【转型升级】 推进产业结构调整,加快产业升级,提高民营企业的整体素质。

一是进一步扶优促强。引导民营企业加快以特色优势产品为龙头,以“小巨人”企业为支撑,着力培育“专精特新”企业,以主导产品为纽带的产业结构调整,走规模型、科技型、外向型的集约化发展道路。

二是加快发展高新技术和信息产业。出台一系列政策,鼓励民营企业加大技术创新力度。

三是大力改造传统产业。鼓励民营企业与优势企业、世界500强企业等合作,加快传统产业的技术和管理创新。

四是加快发展第三产业。紧紧围绕“创大都市强区,建现代化萧山”的目标,鼓励民营经济涉足现代服务业领域。

围绕转型升级,是年主要做了两件事:

一是加快升级传统产业,快速发展先进制造业和高新技术产业。首先,保持了财政高投入力度,保障基础设施和重点项目的建设，形成有效的投资拉动。其次，积极研究出台促进产业链延伸、集群化发展和促进外贸出口的财税政策，稳工业、保出口。第三，大力推进工业结构调整，进一步加大对落后技术、工艺和产品的淘汰力度，发展高新技术企业。优化完善了现有的工业企业技改政策，认真落实高新技术企业的扶持政策，设立创业投资引导基金，通过阶段参股、跟进投资等方式，重点投向萧山区域内的高新技术产业领域；第四，按照产业政策确定的方向，积极培育和支持新能源、新材料、电子信息、生物医药等新的经济增长点，大力推进产业集聚，出台了推进工业功能区建设及管理工作的意见，在基础设施建设、标准化建设、公共服务平台建设等方面加大扶持力度。

二是提升服务业比重和水平。首先，积极筹措落实支持服务业发展的各项专项资金，集中财力支持服务业重点项目建设，调整服务业引导资金的支持范围。目前，区财政每年安排文化创意产业专项引导资金、旅游业发展资金、商贸物流业发展资金，集中财力支持相关产业的重点项目建设。其次，加大对服务业重大项目、服务业集聚区建设、服务业领域标准化建设和中介机构发展的支持力度，全面扎实推进工业企业分离发展服务业等。第三，充分发挥财税职能，通过出台和完善现代服务业发展政策，在前几年出台了对旅游业、商贸物流业、文化创意产业扶持政策并设立专项扶持资金的基础上，今年又出台了对信息化应用和信息产业发展、服务外包产业发展、现代物流业发展、楼宇经济发展的扶持政策，为引导服务业加快发展，优化产业结构，源源不断地输送“动力”。

【品牌战略】 区委、区政府出台一系列私营经济产品名牌战略的具体措施，把名牌战略从一般的口号变为实际行动。以实施名牌为突破口，促进民营企业加大技术投入，加快新产品研制开发步伐，全面提高产品质量。把全面提高民营企业产品质量放到经济战略的高度来对待，帮助企业树立品牌意识，注重名牌战略，立品牌、创名牌。加大国家、省、市著名商标和浙江名牌产品的认定推荐工作力度，对获得市级以上名牌产品、著名商标和驰名商标予以重奖。

【培育优势产业】 工业是萧山的主体和支柱、强项和名片。近几年来，坚持从实际出发，实施“工业兴区、工业强区”战略，通过推进工业园区集聚发展、加大技改投入力度、提升规模经济水平等措施，着力培育发展特色产业，增强了支柱产业的区域特色和生命力。近几年先后推出了民营百强企业、成长型企业、苗子型企业评比与培育政策，鼓励民营资本介入新兴战略产业，助推新兴战略产业做大做强。全区现已成为全国最大的羽绒业基地、全国钢结构开发制造业基地，是全国最大的轻纺生产基地之一。工业化还有力地促进了都市型特色农业和服务业大发展。物流业异军突起，现代物流市场和临空（港）产业加速成型，会展产业已经具备扎实的基础，全区第三产业多元化、多层次、多业态、开放式的格局基本形成。

【体制创新】 萧山在经济发展中，始终坚持市场化改革抢先一步，坚持“谁先进就跟谁学，市场怎么要求就怎么去做，怎样对发展有利就怎样去争取”，不断增创发展的机制创新优势。从乡镇企业异军突起，到民营经济的蓬勃发展，萧山的民本经济表现出极强的竞争能力。以非公有制企业为主的新生市场主体发展迅速。近几年来，萧山又通过发展外向型经济以及推进民资与外资的合资合作，外贸依存度和国际竞争力也有很大提高，市场在萧山经济发展中已经成为资源配置的主要方式，经济体制已基本完成向初级市场经济转变。

【培育创业文化】 在加快发展的过程中，注重培育萧山独特的地域文化和强大的精神动力，形成了“奔竞不息、勇立潮头”的萧山精神。这种精神集中体现在脚踏实地、刻苦耐劳、勇于开拓、敢于创新的品质上，体现在较深的市场意识及务工经商素质上，也体现在那种“无工不富”、“兴工强区”的强烈发展意识上。在城市主导下的区域发展中，塑造“实力萧山、活力萧山、魅力萧山”，打造体现世界名城风貌的现代化国际城区的城市品牌。它的价值体现于无形，最具魅力之处在于它能够引起人们意识、观念和思维方式发生根本性变化，成为创造财富的巨大潜能并持续不断地创造新价值。

【和谐发展】 近几年，萧山在发展过程中也遇到了经济社会发展欠协调、城乡发展欠协调、地区间发展欠协调等现实和矛盾。为此萧山立足于统筹协调、全面发展，坚持“三生融合”“三化联动”发展，合理调整规划布局，以社会主义新农村建设为抓手，做到“富民为先、亲民为本、安民为重、智民为要、益民为旨”，解决了制约经济发展的许多难题。坚持以城带乡、以工哺农、统一规划、协调推进，打破城乡壁垒，推进户籍、就业、教育、土地等方面的制度创新和政策调整，构筑了低保、养老、医保、征地补偿、动迁补偿等“五道保障”，实现了城乡优势互补、互相促进、共同发展，初步展现了一幅城乡共荣的现代化新农村的美好蓝图。坚持以经济建设为中心，努力推进经济发展和社会的全面进步，较早摆脱了单纯强调经济建设的做法，做到优先发展教育，不断提高公共卫生管理水平，努力挖掘和弘扬以围垦创业为代表的“萧山精神”，大力推进生态城市建设，积极推进基层民主政治建设，大力加强党的先进性建设和执政能力建设，形成了经济、政治、文化、社会建设和党的建设互相促进、协调发展的良好布局。通过不断创新富民举措，缩小了贫富差距，社会中间群体日益扩大，真正做到了改革发展的成果惠及全体人民。

【服务型政府】 改革开放的40多年里，萧山各级政府在富民的基础上，始终把为企业服务放在工作的重中之重。

在软件和硬件条件上，不断为企业的孵化和壮大营造良好的体制环境。按照中小企业的发展需要，萧山政府努力改善企业所需的人力、资本、基础设施等资源的配置条件，切实帮助企业协调解决人才引进培训、融资担保、水电供应、设施条件、厂址迁移等方面碰到的实际问题，目的就是让尽可能多的中小企业实现生产规模、产业技术、竞争能力的进位升级，成为区域性、全国性的规模型企业。比如，为了进一步加快高新技术及科技型中小企业发展，自2003年起，区财政每年拿出专项资金用于补助国家、省、市级高新技术企业和高新技术产品的技术开发费；每年安排专项资金投资于国家、省和高级企业高新技术研发中心、区域科技创新服务中心、科技示范基地，以及各类科技计划项目、专利的奖励和补助；每年安排专项资金用于经批准引进的国内外高新技术企业或重大高新技术项目。此外，鼓励知识产权、信息、法律、管理、资信评估等中介机构的发展，鼓励民营企业和个人投资兴办孵化器，并对高新技术成果作为无形资产参股给予优惠政策。政府创造优越的投资环境，从萧山被台湾电机电子同业公会2001年值得推荐的第20位上升到2003年极力推荐第1位，并连续多年保持第1位，可见一斑。

·民营经济发展载体·

近几年，萧山民营经济发展依托多个发展平台开展“二次创业”，助力民营经济继续腾飞。

【杭州临空经济示范区】 杭州临空经济示范区包括杭州萧山国际机场、杭州空港经济区以及瓜沥镇、红垦农场、红山农场的部分区域，总规划面积142.7平方公里。按照集约紧凑、产业融合、区域协同的发展理念，杭州临空经济示范区规划形成“一心一轴五区”的总体布局框架。即以杭州萧山国际机场为核心，以机场快速路、地铁7号线、沪乍杭城际铁路等交通干线形成空港连接杭州城市中心区的快捷通道和经济纽带，打造航空港区、临空现代服务区、临空先进制造区、城市功能区、生态功能区，努力建设成国家级临空经济示范区。

【湘湖国家旅游度假区】 湘湖国家旅游度假区位于萧山城区西南部，范围涉及湘湖景区、闻堰镇全境和义桥镇、蜀山街道、城厢街道的部分。新城以生态建城为导向，总体突出“湖中有山、山中有城、城融湖山、江湖辉映”的格局，结构上突出“半边湖山半边城、三片五廊六核心”的特点。

湘湖，因其风景秀丽而被誉为杭州西湖的“姊妹湖”。湘湖还是浙江文明的发祥地。这里发掘的跨湖桥文化遗址，是国家级文物保护单位，这里出土了世界上最早的独木舟，把浙江文明史前推到八千年；湘湖城山之颠的越王城遗址，距今已有2500多年的历史，是当年勾践屯兵抗吴的重要军事城堡，见证了“卧薪尝胆”的历史风云，为迄今为止保存最好的古城墙遗址；湘湖是唐代大诗人贺知章的故里，李白、陆游、文天祥、刘基等历代名人在此留有不朽诗文。

目前，湘湖以5A级景区为标准的三期工程全部完工，形成一湖二带三园四中心三大酒店十大景区五十个景点。即一个湖面，两个沿湖岸景观带；跨湖桥遗址、越王城遗址、少儿公园极地海洋世界三个主题公园；湘湖养生休闲中心、罗家坞野外体验中心、陈家埠休闲度假中心、眉山岛科普休闲中心四个休闲中心；开元森泊度假酒店、杭州湘湖逍遥庄园、杭州娃哈哈湘湖开元名庭度假酒店三大酒店；老虎洞、石岩山等十大景区和五十个景点，达到年接待游客300多万人次，使度假区成为集观光、休闲、度假、生态、文化、科普、健身、购物、演艺、会展的国际化旅游综合体。

【钱江世纪城】 钱江世纪城规划面积22.27平方公里，为浙江省政府、杭州市政府、萧山区政府共同倾力建设的新金融中心、科创中心、城市新中心、中央商务区(CBD)、中央活动区(CAZ)，是集聚世界500强企业总部、国际组织(机构)总部、中国500强总部和新经济领域成长型企业总部的金融科技集聚区、金融(上市)总部基地、产业金融示范区、产城融合示范区、全球总部创新地，是浙江省、杭州市展现新时代中国特色社会主义建设成果的重要窗口与封面的开发建设，是贯彻杭州市委、市政府实施“拥江发展”战略，使杭州由“西湖时代”逐步迈向“钱塘江时代”的重大举措。

【萧山经济技术开发区】 萧山经济技术开发区创建于1990年8月，1993年5月经国务院批为国家级经济技术开发区。萧山经济技术开发区内设有市北区、桥南区、高新区、女装区、三产区等区块。

近年来，开发区内成功建设了高新园区创业中心、日本静冈工业团地、台湾机械工业城、中国(杭州)女装产业园等，为提升产业结构，聚集产业优势，促进区域经济发展发挥了重要作用。

【中国·萧山科技城】 中国·萧山科技城由萧山区人民政府、传化集团与上海陆家嘴金融发展有限公司合作共建，以“政府主导、企业主体”为开发模式，将萧山科技城核心区规划打造成为以生命科学、新能源新材料、高端装备制造为主导产业的集总部办公、星级酒店、特色商业、精致住宅、滨水社区、主题公园等于一体的产城融合的新型城市板块，形成宜业、宜居、宜行的杭州南部科技新城，大幅度提升区域品质与价值，带动萧山科技城整体的开发和服务升级，迅速成为萧山发展创新型经济的重要平台。

(萧山区统计局)

(责任编辑：王怡然　金瑞锋　赵峰)

海 宁 市

·概况·

【地理位置与历史沿革】 海宁市位于浙江省东北部、杭嘉湖平原南端,东距上海125公里,西离杭州60公里,南濒钱塘江。地理坐标北纬30°15′~30°35′,东经120°18′~120°53′。地形狭长,东西长51.65公里,南北宽28.94公里,行政区域总面积862.74平方公里(含钱塘江水域)。

海宁市历史悠久。距今约6000年的新石器时代,就有人类在这里繁衍生息。三国吴黄武二年(公元223年)置县,称盐官县,因其境东南濒海,历代不断筑修海塘以御潮汐之患,至清乾隆年间,筑成长达二十多公里的鱼鳞石塘,海水始宁,乃易名海宁,沿用至今。新中国建立后为海宁县,1986年11月经国务院批准撤县设市。海宁是全国首批沿海对外开放县市之一,浙江省首批小康县市,列全国县域经济百强县市第17位,进入浙江省5强,高水平全面建成小康社会圆满收官。2021年,全市实现地区生产总值1196.30亿元,财政总收入188.08亿元,一般公共预算收入114.40亿元。

【人口与资源】 2021年末,海宁市总户数210136户,户籍总人口714079人。按户籍人口计算的人口密度为828人/平方公里。按性别分为男性346360人,女性367719人,人口性别比为94.19(以女性为100)。2021年,全市人口出生率为5.26‰,人口死亡率为6.75‰,人口自然增长率为-1.49‰。

海宁市地势平坦、河流众多、水源丰富,素有"鱼米之乡、丝绸之府、才子之乡、文化之邦、皮革之都"的美誉。海宁自古名人辈出、名胜古迹众多,天下奇观海宁潮更是闻名海内外。海宁市气候四季分明,物产丰富,市场繁荣,工业经济发达。2021年粮食总产量达到12.20万吨,蚕茧总产量0.20万吨,油菜籽总产量0.41万吨,水产品总产量2.16万吨。海宁是全国皮革服装及皮革制品、家用装饰布、经编布的重点产区和集散中心。

海宁位于长江三角洲南翼、浙江省东北部,东距上海125公里,西接杭州,南濒钱塘江,是杭州都市圈的紧密层和重要节点。海宁交通便利,客货运输畅通,水运便捷,内河航运贯通全市,京杭运河穿境而过,海宁港已投入使用。航空方面,距上海浦东机场车程2小时,杭州萧山机场车程45分钟。高铁和动车组停靠海宁站。融杭接沪更进一步,杭海城际铁路建成通车,日均客流量3万人次。境内五条高速公路形成"两横三纵"之势,沪杭、杭浦为两横,嘉绍、钱江隧道、杭州绕城为三纵。全市公路通车里程961公里。2021年完成货物周转量268655万吨公里,客运周转量14241万人公里。

【经济实力】 海宁经济综合实力近几年来不断增强,已于2019年成功跻身"千亿俱乐部"之列,2021年,实现地区生产总值1196.30亿元,比上年增长7.0%,其中,第一产业实现增加值19.42亿元,下降0.8%;第二产业实现增加值692.03亿元,增长8.1%;第三产业实现增加值484.85亿元,增长8.8%。三次产业结构持续优化调整,以第二、三产业为经济发展主要推动力,三次产业结构比为1.6:57.8:40.5。2020年,按户籍人口计算的人均生产总值达到168243元,增长6.2%,按平均汇率计算为26078美元。

财政收入较快增长。2021年,海宁市财政总收入为188.08亿元,同比增长11.3%,其中一般公共预算收入111.40亿元,增长13.3%。一般公共预算支出111.40亿元,增长5.9%。用于教育、科技、文化、社会保障、卫生健康、节能环保、农林水等的民生支出84.97亿元,增长9.7%,占一般公共预算支出的比重为76.3%,比上年同期提升2.6个百分点。

海宁市是全国首批沿海对外开放县(市)、国家卫生城市、全国绿化模范市、国家园林城市、全国科技进步先进市、全国科普示范市、国家级妇幼健康优质服务示范市、全国首批义务教育发展基本均衡(县)市、国家公共文化服务体系示范区、中国优秀旅游城市、国家级生态示范区、全国国土资源节约集约模范县(市)、中国金融生态县(市)、全国轮滑城市、全国游泳之乡、"中国制造2025浙江行动"试点示范城市、浙江省生态文明建设示范市、浙江省信息经济发展示范区、浙江省电子商务示范县(市)、浙江省"两化"深度融合国家示范区、浙江省军民融合产业基地、浙江省森林城市、浙江省美丽乡村示范县(市)、浙江省"五水共治"优秀县(市)、浙江省首批"基本无违建县(市)"、浙江省首批"小康县(市)"、浙江省首批基本实现教育现代化县(市)、浙江省历史文化名城、浙江省首批体育现代化县(市)、浙江省平安县(市)、浙江省食品安全市、浙江省"双拥"模范城 、浙江省扶残助残爱心城市。

【文化特色】 海宁拥有三大文化。第一大文化是灯文化。海宁硖石灯彩是首批国家级非物质文化遗产，以其工艺独特、制作精细的“八字技法”闻名中外，堪称“江南一绝”，早在宋代就被列为贡品，现在，党和国家领导人多把它作为国礼赠送给国际友人，2006年，硖石灯彩就被列入了首批国家级非物质文化遗产名录。2017年，海宁成功举办了首届“硖石灯会”灯彩艺术节。第二大文化是潮文化。天下奇观海宁潮，又称钱江潮，因大自然的特殊恩赐以及涌潮受地壳抬升和地形变化，形成了起头潮、交叉潮、一线潮和回头潮。历史上，白居易、李白、苏东坡等历代文人墨客观潮后留下了千余首咏潮诗词，清代乾隆皇帝六下江南中曾四次到盐官观赏海宁潮，毛泽东、江泽民、李鹏等党和国家领导人都曾来海宁观潮，给海宁人民留下了一笔丰富的“潮文化”资源。每年农历八月十八，海宁盐官举办的中国国际钱江观潮节是重要的旅游节庆活动，不断吸引着中外游客的到来。第三大文化是名人文化。海宁历史上涌现了许多名人，《影响中国的海宁人》一书收录名人88位。象唐代诗人顾况、宋代女词人朱淑真、明代史学家谈迁、清代数学家李善兰、近代“国学大师”王国维、著名诗人徐志摩、军事理论家蒋百里、戏剧家沙可夫、英语教育家许国璋、书法家张宗祥、篆刻书画家钱君匋、著名武侠小说作家金庸等，都是海宁人。

【城市建设、环境保护】 城市建设不断加快，城市空间继续拓展，城市功能日趋完善，积极打造“城在水中、城在绿中、城在文中”的城市特色。城市建城区面积扩大到56.80平方公里，市区绿化覆盖率达41.5%，绿地率达38.9%，人均公园绿地面积达15.78平方米。城市污水管网工程建设得到扩建和完善，新增供水管10公里，供水网络总长已达1290公里。天然气利用工程取得新进展，完成管网敷设4.5公里，总长度达478.7公里。2021年，赞山公园被评为浙江省优质综合公园；由拳路（文苑路—海宁大道）被评为浙江省绿化美化示范路；紫薇环线绿道被评为浙江最美绿道；康桥名城被评为浙江省园林式居住区。

全年共审批（备案）新、改、扩建工业性建设项目442个，计划环保投资4.79亿元，建设项目环境影响评价制度执行率达100%。全年空气质量指数（AQI）优良率为90.4%，同比下降3.9个百分点，PM2.5年均浓度为29微克/立方米。跨行政区域交接断面水质考核为“良好”。14个地表水嘉兴市控以上断面中Ⅲ类水断面占比85.7%，同比提高14.3%。全市2个饮用水水源地水质达到Ⅲ类标准，水质达标率100%。以争创首批省级“无废城市”为目标，开展“无废工厂”建设20家；10个“无废园区”启动建设，46家企业开展固废管理规范化创建。获评省级生态文明建设和美丽乡村建设“双示范”，国家卫生城市通过复审，创成国家节水型城市和全国文明城市。

【人民生活、社会保障】 城乡居民收入稳步增加。根据住户抽样调查，全年城镇常住居民人均可支配收入和农村常住居民人均可支配收入分别为73003元和45415元，分别比上年增长8.2%和10.4%。城镇居民人均消费支出和农村居民人均消费支出分别为41615元和28943元，分别增长15.4%和15.1%。其中，城镇居民的教育文化娱乐支出、交通通讯支出增长较快，分别增长24.8%和23.4%；农村居民的医疗保健支出增长最快，增长了43.2%。年末城镇居民人均住房建筑面积43.00平方米，农村居民人均住房建筑面积64.50平方米。2021年恩格尔系数27.11%。

着力解决失业人员再就业。全年共举办各类现场招聘会79期，提供就业岗位10.72万个。全年创业培训1993人，农村电商培训44人。着力解决失业人员再就业，年内帮助城镇失业人员实现再就业5341人。全年登记失业人数7923人，登记失业率为1.82%。全力推进基本养老保险全覆盖，年末全市基本养老保险参保人数63.42万人，其中企业参保人数48.77万人，比上年末增加8087人。收缴基本养老保险基金91.27亿元，收缴失业基金达1.39亿元，劳动保障部门为5.17万人次发放了失业保险金。医疗保险参保人数80.41万人（其中职工医疗保险参保人数46.40万人，城乡居民医保参保34.01万人），下降6.56%，户籍人员参保率达99.85%。

社会福利事业继续发展。年末有社会福利事业单位17个，提供夜间照料床位3091张，收养1627人。除医疗救助外的社会救济总人数（包括低保人数）达4845人。年末全市共有最低生活保障对象3342人，其中城镇居民和农村居民最低生活保障人数分别为571人和2771人，全年共发放低保金额2371万元。

养老服务事业水平不断提高，全市218个居家养老服务照料中心实现社会化运营，其中城市（镇）社区养老服务中心81个，农村社区养老服务中心137个，覆盖率达100%。各类老年公寓（包括敬老院）累计收养社会老人1732人。

社区服务得到进一步完善。年末拥有镇（街道）社区服务中心229个（社区一站式服务大厅229个），开展公益创投项目294个，共提供服务活动13.74万人次。农村社会保障网络覆盖12个镇（街道）。

·非国有经济主要产业·

【概述】 改革开放以来，海宁市的非国有经济不断发展壮大，在国民经济中的比重不断攀升，地位日趋突出，特别是在工业经济中的发展成绩更为亮眼，海宁的产业兴盛，是著名的中国皮革之都、中国纺织产业基地和中国经编名城。近五年来，海宁大张旗鼓抓产业，转型发展走出新路子，被列入省制造业高质量发展示范创建县市，入选了两业融合发展国家试点，获评中国优质原创时装基地、世界级家纺产业集群先行区。皮革时尚小镇、阳光科技小镇被命名为省级特色小镇。

【农业】 现代农业经济快速发展。海宁市始终坚持扶农、支农、强农相关政策措施，不断增加农业投入，强化农业基础地位，提高农业科技水平，大力发展现代农业，当前农业经济呈现出稳定、持续、高效的增长态势。全市实现农业总产值32.57亿元，其中农业完成产值17.52亿元，林业完成产值0.25亿元，牧业完成产值5.12亿元，渔业完成产值6.16亿元，农林牧渔专业及辅助性活动3.51亿元。

农业产业结构持续优化。传统产业和特色优势产业共同发展，形成了以粮油、蔬菜、蚕桑三大传统产业为基础，花卉、苗木、水果三大绿色产业和特种水产、肉鸡和湖羊三大高效养殖业齐头并进的农业产业新格局。粮食生产能力跨上新台阶，在建成17.14万亩粮食生产功能区基础上完成功能区提标改造2.45万亩。积极推进产业集聚发展，形成了“一带四园”(生态休闲农业带、万亩美丽花园、万亩彩色苗园、万亩魅力果园和万亩生态桑园)的现代农业发展格局。全年农作物总播种面积50.33万亩，其中，粮食播种面积29.26万亩，经济作物种植面积21.08万亩。经济作物中，油菜播种面积2.39万亩，增长11.2%，蔬菜播种面积16.31万亩，下降0.6%。粮经种植比调整为58.13:41.87。全年粮食总产量12.20万吨；蔬菜总产量28.35万吨；油菜籽总产量0.41万吨；蚕茧总产量0.20万吨；水产品总产量2.16万吨。

农业产业化水平不断提升，农业龙头企业不断壮大，全市有农业龙头企业32家，各类专业合作组织获得新的发展，各类农民专业合作社(含联合社)176家，家庭农场648家。

农业机械化保持较高水平，年末拥有农业机械总动力15.14万千瓦，农业耕种收综合机械化水平为88.0%，水稻综合机械化水平达89.9%。入选首批省级特色产业农业“机器换人”高质量发展先行县，创建重点环节农机综合服务中心1个，全程机械化应用基地4个。

高效生态都市型现代农业加快发展，全市有无公害农产品83个，绿色食品29个，有机食品6个，农产品地理标志1个。全市共有浙江省名牌农产品5个，知名农业企业1个，嘉兴市名牌农产品2个。农业节庆活动发展加快，成功举办2021世界花园大会和第四届“中国农民丰收节”海宁庆祝活动。

美丽乡村建设持续推进。全市共有绿色秀美村128个；省级美丽乡村示范镇7个，省级特色精品村21个。2021年，全市村级集体经济总收入10.51亿元，村均600万元，17个村(社区)村级经济收入超1000万元。86个股份经济合作社实现“股份分红+积分奖励”，分红金额达3370万元。

全年完成水利建设总投入13.23亿元，水利工程建设进一步加强。农田有效灌溉面积29.22千公顷，旱涝保收面积27.73千公顷，整治及疏浚河道94.62千米。

【工业】 2021年，海宁市坚持工业强市战略不动摇，工业经济继续向高质量发展迈进，不断推动产业结构优化，提升发展质量效益。2021年实现工业增加值620.05亿元，比上年增长8.8%，实现规模以上工业总产值2441.20亿元，增长18.6%，其中国有控股企业实现产值75.24亿元。

近年来，通过改制、改组、改造等形式，国有及国有控股工业企业数量在逐渐减少。同时，海宁市非国有经济通过扶强扶优扶新，紧抓当前难得的发展机遇，充分利用非国有经济基础良好的发展条件，努力做大做强一批品牌企业。通过加快工业经济的产业结构调整，有重点、分步骤实施工业产业集聚提升战略，大力培植具有海宁特色的产业群，无论是皮革、经编、家纺等传统产业向时尚产业、纺织品新材料领域的转型，还是新材料、新能源、电子信息与高端装备制造产业的集聚扩张，以及泛半导体、生命健康、航空航天等战略产业的布局均取得了显著成效。

1、皮革工业

海宁素有“皮革之乡、皮衣之都”的美誉，皮革产业是海宁的传统优势产业，也是海宁重要的区域特色产业。今天的海宁被誉为“中国皮革之都”，已成为全国最重要的皮革、皮草生产基地和贸易集散中心。作为海宁市重要的支柱产业，皮革产业经历了萌芽、发展、提升三个发展阶段。1993年，海宁市政府决定划拨33亩土地启动招商，建设3万平方米的皮革综合交易市场，并于1994年建成开业,“海宁中国皮革城”雏形初现。2001年,中国皮都科技工业园被列入省级重点建设项目,海宁“中国皮革之都”的美名经过多年的积累和传播已享誉海内外。2008年,海宁皮革产业集群进入转型提升阶段,不再片面追求简单规模扩展、局限于低附加值的制造环节,而是注重挖掘集群整体效应,实现区域、企业的联动发展。在政府扶持引导下,皮革产业集群转型、升级成效显著:2009年“海宁皮革”被授予浙江区域名牌;2011年海宁皮革被列为省级工业设计示范基地,同一年又被列为浙江省产业集群区域国际品牌试点产业。区域品牌建设方面,继2009年“海宁皮革”被认定为浙江区域名牌之后,2013年海宁又荣获了“中国皮革皮草服装名城”称号,海宁皮革产业集群示范区被列为全省第一批区域国际品牌试点。2013年“中国海宁皮革指数”在北京钓鱼台国宾馆发布,则标志着皮革产业指数时代的到来,中国海宁皮革指数为企业生产经营提供了科学风向标,更为推广海宁皮革区域品牌提供了有力的平台,提升了海宁皮革产业在国内的影响力和知名度。与此同时,部分规模较大的皮革企业与国外建立了长期的技术合作伙伴关系,皮革产品的科技含量逐渐提高。特别是近几年来,通过加快科技创新步伐,全市在皮革行业中建立起了一批技术研究中心,在科技开发和工业创新上再上新台阶。同时,海宁中国皮革城新城启用和扩建后,依托这一全国最大的皮革服装市场,每年举办皮革博览会,举办国际时尚皮衣发布会,发布皮革服装流行趋势,海宁的皮革产业对外辐射力越来越大。在产业健康发展同时,品牌培育扶植步伐也继续加快,“海宁皮革”成为我市第二个省级区域名牌,通过“海宁皮革”这一区域品牌,调整产品结构,推动产业升级,鼓励和扶持企业向高端、品牌方向发展,走上集体到个体、数量到质量、区域品牌到国内外品牌的改革创新之路。

2021年全市拥有规模以上皮革企业79家,实现工业增加值9.35亿元,实现营业收入69.95亿元。海宁市皮革业的产销能力、国内市场份额和出口规模均位居全国前列,在国际国内市场竞争中具有一定的优势。2021年皮革类产品(皮革服装、票夹箱包、毛皮裘革、皮沙发套等)出口13.12亿元。同时,皮革工业企业尤其是规模骨干企业也不断加大技改力度。

2、纺织工业

纺织业在海宁市工业经济中占据重要地位,纺织业中又以经编、家纺、袜业为优势产业,具有明显的区域特色。2021年,全市拥有规模以上纺织企业755家,实现工业增加值147.15亿元,实现营业收入773.14亿元,实现利税67.02亿元,实现利润47.47亿元。

经编工业是继皮革工业之后的又一大主要产业,近年来,海宁经编产业正从“快速增长”过渡到“稳中求进”时期。经编企业已具备生产2000多种产品的能力,产品涉及产业用、装饰用和服装用三大领域。2021年,全市经编行业拥有规模以上企业296家,实现工业增加值56.92亿元,实现营业收入343.33亿元,实现利税27.36亿元,实现利润20.81亿元。产业用经编产品在国内继续保持龙头和领导地位,并涌现出了海利得新材料、锦达新材料、德俊新材料、明士达、港龙新材料等一批具有代表性的企业,形成了一定的品牌知名度。

海宁经编产业园区位于马桥街道,是全国经编产业集群中唯一一个省级开发区、全国首批新型工业化产业示范基地(产业用纺织品)",被科技部列为“纺织新材料产业基地”。围绕“打造世界经编之都”的战略目标,园区借力于产业优势和生产性服务业省级示范优势,以经编产业为核心,联动发展电子信息、装备制造、智能家居,成功打造了转型升级的区域样本。目前正积极推进园区扩容、引进高质量外资,推动园区从单一主导产业向多产业协同发展转变。海宁市是中国纺织工业联合会(时中国纺织工业协会)命名的“中国经编名城”和“全国纺织产业基地县(市)”,园区所在的马桥街道(原马桥镇)是其命名的“中国经编名镇”。短短十余年时间,海宁经编产业后来居上,从小到大、从乡镇工业园到省级开发区,并一举崛起为全球最大的经编产品生产加工基地。代表中国经编制造的最高水平——海宁马桥经编业发展速度之快,层次之高,被纺织界同行惊叹为“马桥奇迹”。

家纺工业是海宁市根据市场需求变化而发展起来的工业,其产品经过多年来的不断创新,逐渐由原来的中低档窗帘布、沙发布等为主向高档沙发布、成品窗帘、地毯、桌布、台毯、垫子、浴帘和床上用品等方面发展,形成了以大提花色织物为主的家纺布艺产品特色,因而具有明显的产品特色优势。由于其用途广泛,花色品种繁多,深受市场喜爱,产品的经销范围逐渐扩大,在全国销售市场上树立了良好形象。海宁中国家纺城专业市场的建设与发展,进一步促进了海宁家纺产业量质并重的技术优势、产销联动的营销优势、外资外贸的外向优势。特别是近几年来,通过参与和举办家纺博览会,加强与中外客商的合作与交流,提升了家纺行业设计的整体素质,增进了创建家纺产品国际品牌的理念,加快了家纺产业、产品的结构调整和升级,推进了

“家纺时尚，潮起海宁”的步伐，使海宁家纺业的发展走上了一条国际化的“高速公路”。2021年，全市家纺行业已拥有规模以上企业220家，实现工业增加值31.00亿元，实现营业收入159.52亿元，实现利税11.84亿元，实现利润6.40亿元。海宁中国家纺城坐落于中国布艺名镇——海宁市许村镇，是中国家纺布艺专业市场，窗帘布、沙发布重要产销集散中心，中国沙发面料交易领军市场，全球提花家纺重要产销中心。现已形成了被面装饰布市场、家纺装饰城、纺织原料交易中心、国际贸易中心“四大主体交易市场”与科技产业园、智慧物流园区等“产业配套服务区”协调发展的格局，已开业市场及配套设施建筑面积约50万平方，入驻经营企业近3000家，市场年成交额超百亿，先后获得“中国商品市场百强”、“中国优质纺织市场”等众多荣誉。

袜业通过海宁市近年来的积极培育和发展，继续在整个纺织业中占据着重要地位，生产企业主要集中在海宁海昌街道、袁花镇等范围。经过近年来的不懈努力，海宁市袜业的产业规模逐渐扩大，发展势头良好，在全国的地位也不断提高。海宁的袜业占全国袜业总量的比例为8%左右。全市袜业生产以出口为主导的中高档袜子，有棉袜、丝袜、运动袜、毛线袜、五指袜、印花时装袜、比基尼连裤袜等等。随着技术的不断进步和创新，又研发出了束腹提臀、抗压力、防菌防臭、健康医疗等新产品，主要销往欧美、日本等国家和地区。经过几年来的发展，海宁市袜业逐步成为纺织业中继经编、家纺后的第三个特色纺织业。

3、电子产业

电子产业作为海宁市重点发展产业，科技含量高、经济效益好。经过多年的培植和发展，海宁市电子产业已形成一定的规模。国家科技部火炬中心组织专家组对海宁市软磁产业基地进行实地考察、评审，同意认定海宁市为“国家火炬计划软磁材料产业基地”，成为了海宁市高新技术产业发展的前沿阵地。2006年被确定为“国家(嘉兴)机电产业园海宁磁性材料产业区”。当前，全市电子企业产品主要有三大类，第一类是软磁磁性材料，第二类是电子变压器，第三类是永磁元件和电子陶瓷片等电子配套产品。在电子龙头企业天通控股股份有限公司的带动下，电子行业发展迅速，2021年，海宁市电子行业拥有规模以上的工业企业77家，实现工业增加值36.39亿元，实现营业收入165.91亿元，实现利税24.94亿元，其中利润19.81亿元。

4、数字经济核心产业

近年来，海宁市大力推动大数据、人工智能、互联网和实体经济的深度融合，实现发展质量新提升，实施数字经济一号工程，以“数字经济产业化、产业经济数字化”为发展主线，培育发展数字经济产业新体系，努力把海宁打造成为全省数字经济工业强市。2021年，海宁市规上数字经济核心产业实现工业总产值546.65亿元，实现增加值96.09亿元，分别占规上工业产值和增加值的22.4%和21.6%。海宁大力培育发展以泛半导体产业为重点的数字经济，泛半导体产业发展按下“快进键”。位于海宁海昌街道的泛半导体产业园定位高端化、国际化、个性定制化和多功能化的国内一流特色产业园区，主导产业为半导体核心装备及零部件制造，总体布局为“一心一园三区”(即半导体产业创新中心，半导体产业创业园，重大项目承载区、关联制造提升区、先进半导体装备产业拓展区)，已入选第四批浙江省“万亩千亿”新产业平台培育名单。目前，海宁(中国)泛半导体产业园区拥有“天通瑞宏、立昂东芯、确安科技、拓荆科技、众凌科技”等67个签约入驻项目，是海宁市产业经济高质量发展的重要引擎和创新平台。

【投资、建筑和房地产业】 建筑业、房地产稳定健康发展。2021年，实现建筑业增加值72.07亿元，占GDP比重的6.0%。全年新开工施工面积215.35万平方米，同比下降3.5%。全年商品房销售面积151.51万平方米，下降21.1%，商品房销售额271.31元，下降15.0%。全市固定资产投资同比增长2.2%，非国有投资增长4.7%，占74.0%；工业投资增长9.8%；第三产业投资下降1.5%。三次产业投资比重由上年的0.06:31.06:68.88调整为0.25:33.38:66.37。固定资产投资中，社会事业投资增长42.9%，制造业投资增长10.5%，民间投资增长8.4%，高新技术产业投资下降3.3%。

【交通和邮电业】 交通设施不断完善，年末全市公路通车里程达961公里(乡道以上)。全年完成货物运输量2658万吨，与上年持平，其中，铁路9882吨，下降75.9%，公路1810万吨，下降0.4%，水运847万吨，增长1.1%；完成货物周转量26.87亿吨公里，增长0.9%，其中，公路15.77亿吨公里，增长0.8%，水运11.10亿吨公里，增长0.9%。全年客运量276万人，其中，铁路190万人，公路86万人；客运周转量1.42亿人公里。年末全市民用汽车保有量30.31万辆，比上年增长5.6%，其中个人汽车26.80万辆，增长6.1%。全年邮电业务收入12.01亿元，比上年增长6.8%。其中，邮政业务收入1.34亿元，增长12.7%；电信业务收入10.67亿元，增长6.1%。年末固定电话用户13.21万户，下降13.8%；年末移动电话用户126.17万户，增长0.4%；年末互联网用户达到35.49万户，增长7.3%。

【国内贸易和旅游业】 全年实现社会消费品零售总额508.68亿元，比上年增长7.1%。其中城镇实现消费品零售额471.44亿元，增长7.1%；乡村实现消费品零售额37.25亿元，增长7.1%。分行业看，批发和零售业实现零售额459.90亿元，增长5.7%，住宿餐饮业实现零售额32.79亿元，增长24.0%。年末全市有各类商品交易市场51个，其中成交额超亿元的市场14个。全年市场交易成交额313.31亿元。在限额以上批发和零售业零售额中，通讯器材类比上年增长351.1%，五金、电料类增长107.2%，石油及制品类增长68.0%，金银珠宝类增长66.0%，中西药品类增长28.5%，家用电器和音像器材类增长15.0%，书报杂志类增长9.5%，汽车类增长9.3%，其中新能源汽车增长456.7%。全年共接待国内游客[3]574.36万人次，比上年增长8.8%，接待海外游客0.22万人次。旅游总收入88.28亿元，增长4.7%。接待国内外游客总人数574.58万人次，旅游总收入88.28亿元。

·非国有经济发展特点·

【非国有企业拉动作用明显】 近年来，海宁市不断加大对工业的投入力度，特别是加强对规模以上工业企业的扶持，力求扶大、扶优、扶强。同时，继续优化非国有经济的发展环境，努力营造合力兴工的良好氛围，加快国有、集体企业的转制、改制，加强与外商企业的合作，股份制企业、外资企业得以迅速发展。截至2021年，海宁市拥有上市股份有限公司18家，分别是浙江钱江生物化学股份有限公司、天通控股股份有限公司、卡森国际控股有限公司、宏达高科控股股份有限公司、浙江海利得新材料股份有限公司、海宁中国皮革城股份有限公司、晶科能源控股有限公司、兄弟科技股份有限公司、浙江美大实业股份有限公司、慕容控股有限公司、安正时尚集团股份有限公司、浙江晨丰科技股份有限公司、浙江芯能光伏科技股份有限公司、浙江原石文化传媒股份有限公司、浙江力天影视有限公司、浙江海象新材料股份有限公司、火星人股份有限公司、浙江华生科技股份有限公司。2021年，非国有控股企业实现产值2365.96亿元，利税总额184.23亿元，其中利润总额125.39亿元。

【各镇、街道区域特色鲜明】 经过多年来的精心培育和扶持发展，各镇、街道充分利用自身资源优势和良好的产业基础，继续做好区域特色经济文章。全市基本形成了以中国皮革城为中心，辐射周边各镇、街道的皮革贸易、生产区域；以马桥为中心的经编工业园区；主要聚集在长安、盐官的五金工业；以许村装饰布市场为中心，辐射周边乡镇的装饰布生产、贸易区域；周王庙的皮革生产区域；袁花的太阳能光伏、装饰材料生产区域；斜桥的包装印刷、榨菜种植及加工区域；东西大道两侧的苗木花卉生产区域；黄湾、袁花的水果生产区域；丁桥的家禽养殖业。各镇（街道）凭借其特色产业竞相发展。同时，随着特色产业的发展，全市工业企业规模也不断扩大，企业带动作用愈加明显。

【重点产业平台建设不断提升】 重点产业发展平台是集聚生产要素，提升产业层次，推进中小企业快速发展的重要载体。海宁市将重点产业平台发展建设作为巩固和发展区域经济的基本战略之一，经过近几年的努力，现已初具规模。作为省级开发区的海宁市经济开发区成立于1992年，2009年与上海漕河泾新兴技术开发区合作建立了上海漕河泾开发区海宁分区，成为浙沪两地首个国家级开发区合作项目。2016年开发区被命名为长江经济带国家级转型升级示范区。目前，开发区已逐渐形成以时尚产业、装备制造及电子信息三大核心产业为主的发展格局，重点培育泛半导体、高端装备、航空航天等战略新兴产业，全面打造漕河泾海宁分区、泛半导体产业园、东区智慧港、航空产业园等平台载体，全力争创国家级开发区；海宁高新技术产业园区位于海宁西侧，“与杭同城”暨杭嘉一体化合作先行区，依托于杭州都市经济圈的区位优势，积极把握浙江大湾区大花园大通道建设机遇，全力推动产业高质量发展，初步形成以战略性新兴产业为先导、电子信息产业为龙头、智慧医疗产业和装备制造业为支撑的产业结构，打造浙江中瑞（海宁）产业合作园、CBD中心；海宁经编产业园区则是全国经编产业集群中唯一一个省级开发区、全国首批新型工业化产业示范基地（产业用纺织品），被科技部列为“纺织新材料产业基地”。

【外向型经济发展平稳】 海宁市外贸经济呈多元化发展，出口产品水平不断提高，2021年，全年完成进出口总额652.69亿元，增长19.6%，其中，出口总额595.53亿元，增长19.6%，进口总额57.17亿元，增长19.9%。2021年，机电高新产品出口157.41亿元，增长15.0%，对“一带一路”沿线国家合计出口234.69亿元。对外招商力度持续加大，全年新设外商投资企业54家。利用外资规模持续扩大，全年合同利用外资8.02亿美元，比上年增长23.9%，实际利用外资2.62亿美元，下降20.9%。出口市场遍布全球，美国、越南、日本、印度、德国、澳大利亚等均是主要出口市场，2021 年，对美国、越南、印度、荷兰等主要出口市场出口额分别增长 8.4%、10.1%、18.5%和 48.5%。

【科技创新引领发展】 创新主体队伍不断做大做强，新认定国家级高新技术企业 102 家，新增省科技型中小企业 188 家。科技经费投入较快增长，全年财政科技投入 5.73 亿元，比上年增长 15.7%；全市规上工业研发经费 71.89 亿元，增长 29.7%。科技成果不断涌现，经各级批准鉴定科技成果 52 项，其中获省级以上科学技术奖励 6 项，1 个项目获得中央引导地方科技发展资金支持，省“尖兵”“领雁”研发攻关计划项目立项 4 项，省级新产品试制计划首批已列入 898 项。2021 年专利授权 6395 项，其中发明专利授权 612 项。全年经认定登记和网上技术市场等签约的技术合同金额 20.37 亿元，“淘科技”平台技术交易成交项目 36 项，签约金额 2200 余万元。科技创新载体建设取得新成效，新增嘉兴市级孵化器 2 家和嘉兴市级域外孵化器 2 家，引进浙大海宁再生医学材料国际研究中心、浙大睿医海宁人工智能研究中心、杭电（海宁）信息科技研究院等三大创新载体。召开 2021 海宁人才科技创新暨高质量发展大会，共举办各类科创路演等高规格对接活动 19 场，落地科创项目 81 个。全社会 R&D 经费支出占 GDP 比重提升至 3.37%。

·政策措施·

【聚精会神抓发展，综合实力迈上新台阶】 自觉践行新发展理念，有效应对各种困难挑战，加压奋进、团结拼搏，全市经济社会发展取得了一系列明显成效。近五年来，全国百强县市排名前移至第 17 位，高水平全面建成小康社会圆满收官。地区生产总值从 773 亿元提升到 1196 亿元，跻身“千亿”行列；一般公共预算收入从 72 亿元提升到 114 亿元，迈上“百亿”台阶；规上工业总产值从 1466 亿元提升到 2441 亿元，跨入“两千亿”时代。累计完成固定资产投资 2543 亿元，实际利用外资 19 亿美元；上市公司总数翻番、达 19 家，外贸出口达 596 亿元，金融机构存贷款余额双双突破 2000 亿元。产业发展转型脚步加快，数字经济等 9 项工作得到国务院通报表扬或省政府督查激励。城市能级加速提升，浙大国际联合学院、漕河泾海宁分区写入国家长三角规划纲要，全域纳入虹桥国际开放枢纽南向拓展带。融杭接沪更进一步，杭海城际铁路建成通车，日均客流量 3 万人次；城市品质显著提升，改造西南河等老旧小区 50 个，新建、改造硖许公路等城乡道路 67 条，获评全国首批“四好农村路”示范市。城镇化率突破 70%，常住人口达 109.94 万，营商环境列全省第 8。污染防治攻坚战取得阶段性成效，嘉兴市控以上断面Ⅲ类水占比从 14.3%提升到 85.7%，空气质量优良率从 79.1%提升到 90.4%，新增各类固体废物集中利用处置能力 123.1 万吨/年。

【农业现代化水平提升 城乡统筹展新貌】 农业产业化水平不断提高，农业龙头企业不断壮大，全市有农业龙头企业 32 家，实现产值 61.67 亿元。各类专业合作组织获得新发展，全市有各类农民专业合作社（含联合社）176 家，家庭农场 648 家。高效生态都市型现代农业蓬勃发展，全市有无公害农产品 83 个，绿色食品 29 个，有机食品 6 个，农产品地理标志 1 个。农产品品牌建设加速推进，全市共有浙江省名牌农产品 5 个，知名农业企业 1 个，嘉兴市名牌农产品 2 个。农业机械化保持较高水平，年末拥有农业机械总动力为 15.14 万千瓦，农业耕种收综合机械化水平为 88.0%，水稻综合机械化水平达 89.9%。入选首批省级特色产业农业“机器换人”高质量发展先行县，创建重点环节农机综合服务中心 1 个，全程机械化应用基地 4 个。农业节庆活动丰富多彩，成功举办 2021 世界花园大会和第四届“中国农民丰收节”海宁庆祝活动。统筹城乡发展水平全省领先，城乡居民收入比缩小到 1.61∶1，农村居民人均收入连续 10 年嘉兴第 1，所有村集体经济年经营性收入超 70 万元，获评省级生态文明建设和美丽乡村建设“双示范”。

【经济运行稳中有进 产业结构进一步优化】 海宁这个传统工业强市向高质量发展步伐迈得更加坚定，在加快推动皮革、经编、家纺等传统产业转型升级的同时，加速推动“142”先进制造业集群，以时尚产业、高端装备产业、新材料产业、泛半导体、光伏新能源、航空航天、生命健康的多元产业发展，谋划未来海宁工业经济发展蓝图。2021 年，实现规上工业增加值 444.79 亿元，战略性新兴产业、装备制造业、高新技术产业增加值占规上工业增加值比重分别达 29.9%、40.0%和 61.9%。招商引资力度加强，年签约项目 166 个、总投资 700 亿元，引进“招大引强”项目 17 个，并成功举办海商大会等活动。组建有效投资专班，建立清单化管理等推进机制，新开工超亿元产业项目 72 个，新增亿元以上工业内资备案项目 69 个。出台新一轮制造业发展政策，完成纺织新材料等产业规划编制，规上工业增加值增长 9.2%。泛半导体产业园建成投用，泛半导体产业群入选省首批新星产业群培育名单。时尚产业转型提速，与北京服装学院开启新一轮合作，经编产业列入省产业集群新智造试点。2家企业上市(含过会)，2家企业入选国家专精特新“小巨人”培育名单。召开服务业高质量发展大会，修订新一轮服务业发展政策，引进首店型、总部型企业32家，新增亿元以上服务业企业9家。银泰鹊湖店、奥特莱斯二期开业，皮革城直播基地销售超百亿。出台建筑业高质量发展“13条”，建筑业总产值377.6亿元。

【发展动能持续增强 改革发展再上新台阶】 与浙大共编国际合作教育样板区建设方案，下沙至长安线等5个项目列入国家长三角多层次轨交规划。钱塘国际新城建设提速，许村杭海国际数字贸易新城开园，盐官古城入选省首批千年古城复兴试点。经济开发区列省级开发区考评第1。首个内河集装箱专用码头海昌作业区运营。数字海宁总门户和专题门户全面上线，“慧眼智治”“数字化招标”分获省数字政府、数字经济最佳应用，人防工程产权制度改革、公民遗产省心办分获省改革突破奖银奖、提名奖。杭海集团成功组建，钱江生化重大资产重组获证监会通过。召开人才科技创新大会，发布杭海城际“科创走廊”规划，新认定高企102家，省科技进步奖获奖数量创历史新高。8个产教融合联盟运营，HR和CTO联盟覆盖企业400多家。培育省级以上领军人才58人，引进博士和博士后人才210人、大学生2万人，3个国家科学大奖一等奖产业化项目落地。

【全域治理扎实推进 绿色发展稳步迈进】 深化全域土地综合整治，完成低效用地腾退收储6388亩、低效用地再开发2644亩，超额完成耕地功能恢复任务。深刻吸取教训，强势推进安全生产大排查大整治大执法，生产安全事故同比前两年平均分别下降25%和40.4%。深化交通安全大会战，路口标准化建设嘉兴推广，交通事故亡人数下降10.2%。打赢建党百年等维稳安保硬仗，开展信访积案大化解，实施依法用工和根治欠薪百日攻坚，获评全国根治拖欠农民工工资先进集体和全省扫黑除恶先进集体。深入推进反诈人民战争，电诈发案下降7.4%。健全“14151”社会治理架构，推行“双向推送”“双向派驻”，命名首批56个“五无”村社。实施绿色低碳发展行动计划，完成节能技改项目42项，淘汰落后用能6万吨标煤。加快分布式光伏开发整县试点，装机容量达688兆瓦。实施新一轮制造业“腾笼换鸟 凤凰涅槃”攻坚行动，整治低散乱企业1206家，竣工小微园区72.7万方。

【潮城魅力更彰显 城乡品质再提升】 2021年，建成区面积扩展到56.80平方公里，常住人口数已达到109.94万人。城市品质加快提升，有机更新签约1810户，新增绿道12.3公里、绿地50.2公顷，增设停车位1.4万个，海宁大道等亮化工程精彩亮相。双漾里、风和丽苑列入省未来社区创建，周王庙博儒桥村列入省未来乡村试点。加快城乡风貌整治提升，“花溪侠影”美丽乡村精品线获嘉兴一等奖，获评省新时代美丽城镇建设优秀县市。46个村启动星级共同富裕村创建，第七轮强村计划19个市镇抱团项目完工。启动国家生态文明示范市创建，农村生活污水治理和建筑垃圾资源化利用率均列嘉兴第1，获美丽浙江建设工作考核优秀县市。市行政中心被评为全国首批“公共机构水效领跑者”。建成碧水河道28.8公里，麻泾港市区片获评省美丽河湖；PM2.5平均浓度29微克/立方米，空气质量稳定保持国家二级标准。

【共同富裕开启征程 人民生活幸福感更强】 率先启动党建引领共富工程，创新“共富厂房”等增收模式，1774户低收入家庭通过资产性增收工程户均增收1.2万元。完成低保家庭“暖巢行动”改造提升510户，农村困难家庭危房治理22户，城镇家庭住房保障1077户。建成智慧养老综合服务中心，入选省智慧养老社区试点。办好教育10件“关键小事”，12所学校与沪杭名校结对，技工学校升格为技师学院。全面落实“双减”政策，义务段学校课后服务实现全覆盖。落实常态化疫情防控措施，新冠疫苗接种人次超265万。深化市人民医院与浙一医院、市中心医院与省人民医院紧密合作，市人民医院、市中医院通过三乙复评，许村中心卫生院等3个项目投用。深入挖掘本土文化IP，成立海宁名人研究院和潮文化(海塘文化)联盟。非遗馆陈列布展项目开馆，历史文化档案陈列馆启用。举办2021国际追潮马拉松等省级以上赛事30余项，创成省体育现代化市。

·海宁中国皮革城·

海宁中国皮革城是目前中国规模最大、最具影响力的皮革专业市场，中国皮革业的龙头市场，也是全国中高端秋冬时装的一级批发基地，已建成以海宁为总部，辐射东北、华北、华东、川渝、湖广、新疆等地的连锁市场网络，经营面积300万平方米，经营企业11200多家，直接辐射人口近3亿，年交易额超200亿元、客流量1400多万人次。海宁总部位于浙江省海宁市海州西路201号,东至南北大道、西至盛家港,北起沙泾桥小区、南抵钱江西路,已开业市场及配套设施建筑面积180万平方米,入驻经营企业6000余家。2021年,皮革城全力推动时尚产业高质量发展,创新举办皮博会、流行趋势发布、面辅料展、中国好设计大赛、采购节等活动60余场。直播基地引进主播、大型供应链企业57户,新增签约主播400余名,培养10万量级粉丝海宁皮草代言人45名,全年直播销售超100亿元。设计基地入驻企业153家,专职设计师1054人,新增专利136件。加快数字化应用,打造市场管理平台、总部安防客流、智慧停车系统、园区智慧大脑系统。2021年,皮革城获得中国商品市场百强、中国商品交易市场数字化领跑者、省皮革行业最具影响力品牌企业、省商贸企业百强、省重点文化产业园区、省直播电商产业基地等荣誉。

(海宁市统计局　王洁)

(责任编辑:王怡然　金瑞锋　赵峰)

仙 居 县

·概况·

【综合经济】 地区生产总值。根据初步核算,2021 年全县实现地区生产总值 282.84 亿元, 按可比价格计算,比上年增长 5.1%。其中:第一产业增加值 16.86 亿元,比上年增长 2.9%;第二产业增加值 114.36 亿元,增长 2.2%;第三产业增加值 151.62 亿元,增长 7.6%。三次产业结构调整为 6.0:40.4:53.6。按常住人口计算人均生产总值为 65624 元 (按年平均汇率折算为 10172 美元),比上年增长 4.1%。财政收支。全年全县实现一般预算总收入 37.12 亿元,比上年增长 12.6%,其中一般预算收入 21.81 亿元,增长 10.0%。在一般预算收入中,税收收入 17.99 亿元,比上年增长 9.8%,其中增值税 8.25 亿元, 下降 0.3%, 企业所得税 4.02 亿元, 增长 69.9%,个人所得税 0.67 亿元,下降 21.6%。全县财政总支出 55.90 亿元,比上年增长 4.5%。其中,教育支出 10.69 亿元,比上年增长 5.8%;农林水事务支出 7.46 亿元,增长 13.7%;社会保障和就业支出 7.38 亿元,下降 8.4%;卫生健康支出 6.85 亿元,增长 22.4%;一般公共服务支出 5.58 亿元,增长 2.7%;交通运输支出 3.93 亿元,增长 14.6%。

就业和再就业。2021 年全县新增城镇就业人员 13421 人,2128 名失业人员实现再就业,其中困难人员再就业 339 人。年末城镇登记失业率为 0.9%。

【农业、农村】 农业生产。全年全县实现农林牧渔业总产值 26.11 亿元,按可比价格计算,比上年增长 4.1%。其中农业产值 19.41 亿元,比上年下降 0.4%;林业产值 2.08 亿元, 增长 3.8%; 牧业产值 3.52 亿元, 增长 25.1%;渔业产值 0.81 亿元,增长 8.6%。2021 年农作物播种面积 2.32 万公顷,比上年下降 2.6%。粮食作物播种面积 1.22 万公顷,比上年增长 0.11%,总产量 8.23 万吨,增长 6.2%。经济作物播种面积 1.10 万公顷,比上年下降 5.3%,其中蔬菜及食用菌播种面积 0.57 万公顷,下降 2.0%;中草药材播种面积 0.16 万公顷,下降 15.4%;油料播种面积 0.18 万公顷,增长 9.8%。年末生猪存栏 12.32 万头,比上年增长 69.0%,年内出栏 6.09 万头, 增长 83.7%; 年末家禽存栏 74.54 万只, 下降 16.5%,年内出栏 147.41 万只,下降 33.2%。全年肉类总产量 0.69 万吨,增长 20.8%。

现代农业。现代农业发展成果凸出。入选全国农业全产业链典型县建设名单、全国农村一二三产业融合发展先导区,创成省级示范性全产业链 3 条,连续三年获批农业农村部 "粮食绿色高质高效创建示范县",获评全省第三届"河姆渡杯"粮食生产先进县,台创园获评首批国家农村产业融合发展示范园。仙居花猪被列为省级地方保护品种,仙居鸡被列为省十大名禽,通过农业部农产品地理标志认证,已建成国家、省级品种资源保护场。仙居古杨梅群复合种养系统列入第二批中国全球重要农业文化遗产预备名录。制订实施全国首个绿色农业地方标准,绿色优质农产品比达 61.6%,建成 6 万亩全国绿色食品原料(水稻)标准化生产基地和 13 万亩全国绿色食品原料(杨梅)标准化生产基地。

新农村建设。美丽乡村建设高质量推进,入选全省唯一国家级美丽乡村标准化试点, 被列入全省首批大花园典型示范建设单位,获评"浙江省新时代美丽乡村示范县",白塔镇、淡竹乡、埠头镇、田市镇、湫山乡被评为省级美丽乡村示范乡镇, 高迁村入选全国最美休闲乡村。实现了行政村"三化"处理全覆盖,连续五年获评省农村生活垃圾治理工作优胜县。农村基础设施和公共服务持续改善,创成省级"四好农村路"示范县,农村饮用水达标提标任务全面完成, 获评国家节水型社会建设达标县。"仙猪公寓"移栏出村有效解决了散养户问题,成为浙江散养户治理的典型,获得了省领导多次批示和浙江日报等媒体专题报道。

【工业、建筑业】 工业经济。2021 年我县工业经济克服了疫情反复、能源双控、出口形势多变等诸多不利因素,全年保持平稳有序的发展态势,经济韧性进一步增强, 全年实现工业增加值 94.43 亿元, 按可比价格计算,比上年增长 8.0%。其中规模以上工业企业 198 家,实现规模以上工业增加值 62.90 亿元,增长 6.4%。分行业看,规模以上工业 25 大行业增加值 18 增 7 降,五大支柱行业 3 增 2 降。其中橡胶和塑料制品业,电力、热力生产和供应业及医药制造业分别实现增加值 10.37 亿元、6.88 亿元、18.68 亿元, 比上年增长 25.5%、11.8%、5.9%;文教、工美、体育和娱乐用品制造业,化学原料和化学制品制造业分别实现增加值 5.18 亿元和 5.41 亿元,下降 1.4%和 14.8%。企业产销衔接良好,全县规模以上工业实现销售产值 225.11 亿元,比上年增长 13.0%, 产销率达 98.7%。企业效益状况持续改善,实现利税 29.60 亿元,比上年增长 9.3%;实现利润 21.85 亿元,增长 8.7%。

工业创新转型。全年全县规模以上工业企业研发费用支出8.68亿元,比上年增长26.0%,占营业收入的比重达到3.9%。实现新产品产值77.61亿元,比上年增长17.6%;新产品产值率34.0%,比上年提高2.1个百分点。新兴行业加快发展,产业结构不断优化,规模以上工业中高新技术产业、战略性新兴产业、高端装备制造业分别实现增加值42.65亿元、22.58亿元、7.37亿元,比上年增长5.9%、4.8%、10.1%。规模以上工业劳动生产率达19.50万元/人,劳动生产率提高率3.4%,人均创利税9.18万元。数字经济加快发展,搭建仙居智造工业互联网平台,为企业数字化改造提供一站式服务,2021年规模以上工业企业数字经济核心产业制造业实现增加值2.95亿元,占规模以上工业增加值的4.7%。县经济开发区列入省首批12个化工产业大脑试点化工园区(集聚区)名单。医药健康产业群入选全省首批"新星"产业群培育名单。医械小镇入选省级特色小镇创建名单。入选国家重点专精特新"小巨人"企业1家,入选市专精特新"小巨人"企业5家,入选省级"放水养鱼"行动培育计划15家,列入市级企业技术中心名单32家,列入省级企业技术中心名单10家。君业药业与中科院天津工业生物技术研究所联合研发的雄烯二酮(4-AD)智能化项目获得了省市领导的充分肯定。

建筑业。2021年全县实现建筑业增加值19.94亿元,比上年下降18.7%。具有资质等级建筑企业完成建筑业产值77.28亿元,其中完成省内建筑业产值51.16亿元,完成省外建筑业产值26.12亿元。

【固定资产投资、城市建设】 固定资产投资。2021年全县固定资产投资项目329个,其中新开工项目111个。全年完成固定资产投资比上年下降7.4%(含金台铁路仙居段),其中第一产业投资下降18.6%,第二产业投资增长25.5%,第三产业投资下降6.7%。固定资产投资中工业性投资比上年增长25.5%,基础设施投资增长39.6%,民间投资下降24.5%。

房地产开发。全年完成房地产开发投资21.44亿元,比上年下降42.7%;房屋施工面积173.72万平方米,下降29.8%;商品房销售面积34.67万平方米,下降11.8%,其中住宅销售面积26.39万平方米,下降4.7%。商品房销售额34.69亿元,比上年下降15.7%。

城市建设。城市功能不断完善,城市品质持续提升。2021年共征收拆除房屋1517户,建筑面积58.46万平方米。顺利完成安置区建设3个,安置住宅总面积18.33万平方米,共1646套,安置商业总面积6418平方米,共70间。建立督查考核机制、组建安置房"超市"、采用"预分配"的新方式先予以抽签择房,共交付1270套,面积14.24万平方米。全域推进美丽城镇建设,横溪镇成功创建美丽城镇建设省级样板,田市镇、湫山乡、安岭乡、上张乡、溪港乡等5个乡镇美丽城镇建设基本达标。开工建设西部区域污水主干管,涉及田市镇、官路镇、度假区等,集中纳入污水处理厂,新增污水管网约15公里;开工建设城区污水零直排零星工程,新增雨水管网5公里;完成仙居县永安溪绿道文化内涵提升工程。

【交通、邮电】 交通基础设施。2021年有序推进杭温高铁、S321椒江至武义公路仙居朱溪至白塔段工程、东部环线、通乡镇公路等在建工程。科学规划,抢抓建设351国道仙居界岭头至桐桥段改建工程、210省道仙居至景宁、公路下各至田市段、轨道交通、物流园区规划、诸永高速埠头互通、通用机场等项目。按时完成环神仙居路域环境整治工程和安防提升工程、铁路南站至城区道路(管步线)、石牛大桥和双庙下溪桥维修加固工程、X704东高线大中修工程等。年末全县公路总里程达到1994.10里,公路网密度99.70公里/百平方公里或38.26公里/万人。其中高速公路105.68公里,一级公路82.49公里。持续深化"四好农村路"建设,新建改造农村公路18公里,提升改造美丽公路39公里。

综合运输。全年完成全社会公路货运量602万吨,比上年增长5.1%,货物周转量56170万吨公里,增长30.4%;全社会公路客运量135万人次,比上年下降60.3%,旅客周转量5765万人公里,下降3.9%。

汽车拥有量。全县年末汽车拥有量104765辆,比上年增加7428辆,增长7.6%,其中私人汽车拥有量98218辆,比上年增加6886辆,增长7.5%。

邮电通信业。年末全县邮电局30所,其中邮政局19所。实现邮电业务收入5.37亿元,其中邮政业务收入1.04亿元,比上年增长14.7%,电信、移动、联通等业务收入4.33亿元,增长15.6%。年末城乡固定电话用户45008户,比上年增长3.3%,移动电话用户495356户,增长3.9%,其中5G移动电话用户169210户。互联网宽带接入用户166292户,比上年增长9.1%,移动互联网用户431822户,增长5.2%。

【贸易、旅游】 贸易业。2021年全县实现社会消费品零售总额116.16亿元,比上年增长9.6%。按城乡分,城镇消费品零售额72.14亿元,比上年增长12.0%;乡村消费品零售额44.02亿元,增长5.9%。按消费类型分,商品零售额101.61亿元,比上年增长9.3%;餐饮收入14.55亿元,增长12.0%。网络零售额28.62亿元,比上年增长33.7%。

旅游业。旅游产业蓬勃发展,上榜2021年全国县域旅游综合实力百强县(列第26位),入选省旅游业“微改造、精提升”行动试点县、省“百县千碗”数字化试点县。全年全县共接待游客749.05万人次,比上年增长24.7%,实现旅游总收入76.66亿元,增长51.4%。其中接待入境旅游者1.80万人次,旅游外汇收入847.41万美元;接待国内旅游者747.25万人次,增长24.5%,国内旅游收入76.08亿元,增长50.4%。景点门票收入1.78亿元,比上年下降18.2%。淡竹乡下叶村入选首批全国乡村旅游重点村名录,神仙居被评为省首批示范级文化和旅游IP。大力发挥资源优势打造特色旅游品牌,新增国家3A级旅游景区1个,省4A级景区镇1个、3A级景区镇3个、3A级景区村7个;创成省等级民宿6家,其中金宿2家。

【对外经济、合作交流】 对外贸易。全年实现外贸自营进出口71.72亿元,比上年增长21.2%,其中出口70.08亿元,增长22.3%;进口1.64亿元,下降12.7%。在出口企业中,外贸企业出口12.93亿元,比上年增长362.5%;生产企业自营出口49.42亿元,增长7.1%;三资企业出口7.73亿元,下降7.6%。在出口产品中,机械制造类6.78亿元,比上年增长28.1%;橡塑制品类3.45亿元,增长16.3%;工艺美术品类21.21亿元,增长7.8%;医药化工类23.40亿元,下降8.8%;其他类出口15.24亿元,增长313.2%。从出口目的地看,美国仍是最大出口国,出口美国16.76亿元,比上年增长25.0%。

利用外资。2021年全县利用外资新签项目6个,协议利用外资3032万美元,实际利用外资2883万美元。

国内合作。深入实施“招商引资突破年”,引进落地项目38个,其中5亿元以上项目18个。全年新增地方政府债券10.20亿元。充分发挥国有平台作用,引来更多“银资”,全年完成融资采购45笔,融资70.7亿元,国有企业融资余额突破100亿元。

【银行、保险】 银行业。2021年末全县金融机构本外币存款余额608.42亿元,比上年增长9.2%,其中人民币存款余额600.44亿元,增长9.2%。金融机构本外币贷款余额547.84亿元,比上年增长15.4%,其中人民币贷款余额544.51亿元,增长15.7%。年末住户人民币存款余额361.24亿元,增长13.4%。

保险业。全年保险业实现保费收入10.30亿元,比上年增长2.3%。其中,财产险保费收入3.47亿元,比上年增长0.8%;人身险保费收入6.83亿元,增长3.1%。支付赔款和给付3.21亿元,比上年增长4.8%。其中,财产险赔付支出2.33亿元,比上年增长7.8%;人身险赔付支出0.88亿元,下降2.4%。

【科技、教育、人才】 科技创新。加快提升区域科技创新水平,入选2021“科创中国”省级试点县。创新主体培育不断增强,新培育认定国家高新技术企业20家,省级科技型中小企业71家。高新技术产业稳步提升,绿色医药高新技术产业园区列入省级高新技术产业园区创建名单,君业药业获批省级重点企业研究院,橡塑产业服务综合体获评市级综合体,医械小镇科技企业孵化器、和.wo众创空间被评为市级孵化器、市级众创空间。积极推进科创飞地建设,仙居—上海生命科技协同创新中心正式揭牌实质化运营,先后入驻孵化企业15家,其中已落地仙居4家,台州市500人才项目10个。2021年专利授权数968件,比上年增长23.2%,其中发明专利125件,增长10.6%,实用新型专利597件,增长61.8%,外观设计专利246件,下降19.1%。

教育事业。年末全县共有各级各类学校131所,在校学生总数79148人。其中,普通高中6所,在校学生10773人;职业中学1所,在校学生9064人;初中18所,在校学生18247人;小学30所,在校学生27550人;幼儿园75所,在园幼儿13382人;特殊教育1所,在校学生132人。严格落实“双减”政策,城区公办幼儿园实行阳光招生。促进学前教育补短提升,成为公办幼儿园办园体制改革创新配套政策试点县。推动职业教育规模集聚发展,仙居技师学院成功申筹、台州学院文化旅游与大健康学院挂牌成立并实质运营。推进未来社区教育,与浙江开放大学签定战略合作协议,仙居县社区学院获评浙江省未来社区教育场景构建试点培育单位。

人才开发。新引进国家和省领军人才9人,全县完成技能人才培训13206人,培养高技能人才2447人。

【文化、卫生、体育】 文化建设。文化事业持续繁荣发展,仙居花灯、朱溪灯舞获评省民间文化艺术之乡,白塔镇文旅小站、图书馆广度乡分馆、括苍公共文化空间(双庙乡)获评市首批最美公共文化空间。公共服务设施建设稳步推进,全年建成文化礼堂19家、文化广场2个、和合书吧2家、图书馆主题分馆6家。持续开展送书、送电影、送戏等下乡惠民活动,全年送电影3400场、送戏120场、送展览讲座86场、送书45032册。

卫生事业。以“健康仙居”建设为主线,持续深化医疗体制改革。"山海"提升工程协议正式签订,县人民医院挂牌省人民医院浙东南院区。基础设施建设有序推进,人民医院迁建工程开工。年末拥有卫生机构281个,实有床位2237张,卫生技术人员3583人,其中执业医师(含助理)1479人,注册护士1560人,按户籍人口统计,每千人床位数、卫技人员数、执业医师(含助理)数和注册护士数分别达到4.30张、6.88人、2.84人和3.00人。

体育事业。深度推进体旅融合,神仙居景区获评省运动休闲旅游示范基地,神仙居(飞拉达)—永安溪绿道(骑行)—淡竹休闲谷(徒步)获评省运动休闲旅游精品线路,仙居马拉松获评省特色赛事。完善全民健身公共服务体系,全县体育场地面积达115万平方米,全年人均体育场地面积达2.67平方米,完成全县889个体育场地信息录入"浙里办",实现"一机在手,全县场地掌上看、掌上查"功能。全年完成国民体质监测2109人,合格率达95.6%。竞技体育再获佳绩,我县运动员参加省级以上比赛获12金17银31铜。

【人口、居民生活、社会保障】 人口情况。年末全县户籍人口520813人,其中男性人口268783人,女性人口252030人,男女性别比为106.6:100。全年共出生3752人,死亡3389人,人口出生率7.2‰,死亡率6.5‰,人口自然增长率0.7‰。

居民收支。2021年我县居民人均可支配收入39717元,比上年增长8.9%。按常住地分,城镇常住居民和农村常住居民人均可支配收入分别为49620元和26956元,比上年增长8.5%和10.2%。全年居民人均生活消费支出26680元,比上年增长14.2%。其中,城镇常住居民和农村常住居民人均生活消费支出分别为30868元和21285元,比上年增长13.9%和15.0%。

社会保障。年末参加企业基本养老保险人数14.39万人,参加城镇职工基本医疗保险人数11.01万人,参加失业保险人数6.09万人,参加工伤保险人数10.56万人,参加生育保险人数8.81万人,城乡居民基本养老保险参保人数17.00万人。企业退休人员年人均养老金为2515元/月,比上年增长5.7%;失业保险金发放标准从8月开始提高至1472元/月,比上年增长10.8%。

民生保障。圆满完成65件民生实事项目。营商环境全省排名跃升至第11名。数字化改革行之有效,获得市厅级以上数字化改革试点47个、重大领域改革试点21个。"五环智控"获评全省首批最佳应用、全省法治系统十大"好应用"。"亲农在线"获评数字政府系统年度最佳应用,入选省高质量发展创新案例,在2021年世界互联网大会乌镇峰会上予以发布。一体化智能化公共数据平台综合评估排名全省第9。截至2021年建成省级示范型居家养老服务中心20家,其中新建示范型居家养老服务中心9家。年末我县9家养老机构共有床位1418张,其中护理型床位783张;城乡社区居家养老照料中心达到312家。1月起城乡居民最低生活保障标准统一为每人每月880元,12月起标准调整为每人每月950元。年末全县共有最低生活保障对象5807户、9070人,累计发放低保资金8137.74万元,为困难群众守住生活"保障线"。完善困难群众大病救助机制,救助城乡患病困难群众11.43万人次,直接医疗救助988万元。

慈善事业。慈善工作健康有序发展,接收捐赠款(物)4084万元,发放各类救助款(物)3884万元,救助困难群众1.85万人次。集募捐、救助、公示、捐赠证书生成为一体的"爱心无限"应用在"浙里办"成功上线。《浙江城市慈善发展指数报告》中仙居县综合指数总分居全市第1、全省第17。

【生态建设、社会安全】 生态建设。紧扣"生态优先、绿色发展"主线,持续加强生态文明建设。获评"中国天然氧吧",顺利通过省级生态文明建设示范县复核,新增省级生态文明教育基地1处(淡竹乡下叶村),市级绿色学校1家(下各镇中心小学)。建成国内规模最大的生物多样性科教中心。创成阳光首府、香格里拉等省级高标准生活垃圾分类示范小区13个。环境整治显成效,相继开展了环境问题排查见底"百日攻坚"、五水共治"找寻查挖"以及固废倾倒大排查等行动,全面排查各类环境问题1270个,现已基本完成整改。全年15个县控以上地表水断面、集中式饮用水源地水质均100%达标,出境断面水质稳定达地表水Ⅱ类标准且改善明显,其中氨氮浓度比上年下降55.6%,环境空气优良率达99.7%。督察整改见成果,现代园区地下水污染问题整改取得阶段性成效,得到卢山副省长的批示肯定,顺利通过华东督察局4次现场盯办。生活垃圾焚烧发电项目建成投用,仙居县危废焚烧处置项目、一般工业固废分拣中心试运行。

"平安仙居"建设。扎实推进"平安仙居"建设,实现"平安仙居"十六连创。生产安全事故起数和死亡人数分别比上年下降50%、80%。深入开展"护航中心·优化营商"、扫黑除恶、电诈治理等专项行动。常态化开展金融风险宣传,加强对金融科技等新金融领域的风险监测、预警和处置。全面开展信访整治,积案化解,工作成效显著。

·民营经济发展特点·

2021年面对复杂严峻的国际环境和国内外疫情散发等多重考验，全县科学统筹疫情防控和工业经济发展，有效应对企业“三缺”、成本上涨等多重考验，经济持续恢复发展。全县工业经济总体趋稳向好，展现了仙居工业经济的强大韧性和蓬勃活力，全县198家规模上工业企业实现产值227.98亿元，同比增长10.19%，实现规模上工业增加值62.90亿元，同比增长6.4%，规模下工业增加值按可比价计算，同比增长13.5%。主要呈现以下特点：

工业经济高开稳走。2021年一季度，国内疫情得到有效控制，全县也出台留工稳产政策，实现了一季度规上工业增加值增速29.1%的“开门红”。但由于“三缺”及原材料价格上涨等因素影响，经济运行遭受一定压力，且支柱行业医化行业因搬迁、安全整治等因素影响，发展速度偏慢。全县通过梯度培育企业、“三服务”、领导联系企业等形式积极解决企业发展难题，全年经济发展总体实现平稳增长。

企业出口形势平稳。全球疫情仍在反复，在疫情防控常态化的背景下，很多国外企业生产在短期内停滞或受限，我县出口企业虽也遭受缺船、缺箱等问题，但在相关部门的积极协调下，出口难题得到一定缓解，全年规模上出口交货值同比增长9.68%。

企业效益稳步增长。2021年，全县规模以上工业企业完成营业收入220.87亿元，比上年增长12.5%，增速比上年提高12.4个百分点；利润总额21.85亿元，增长8.7%，提高9.3个百分点；产值利润率9.4%，提高0.2个百分点。

工业发展质量向好。全年规模以上工业中高新技术产业增加值42.65亿元，同比增长5.9%；高端装备制造业增加值亿元7.37，同比增长10.1%；新产品产值77.61亿元，同比增长17.59%；新产品产值率34.04%，比上年提高2.14个百分点。

·主要政策措施·

1.推动“数智融合”发展，实现仙居智造新跨越。一是大力实施新智造行动。以新智造为主攻方向，按照“以诊断促改造、以改造促提升”的思路，分行业推进企业实施“点线面”数字化改造，组织企业与智能制造改造服务商开展供需对接，提供量身定制改造方案。组织实施一批引领性、带动性、示范性强的智能制造试点项目，鼓励中小企业根据自身条件推进智能化改造，着力构建形成“智造单元设备-数字化生产线-数字化车间-智能工厂-未来工厂”的仙居新智造企业梯度培育体系。二是推动工业互联网创新发展。实施“上云用数赋智”行动，针对中小微企业的需求场景，鼓励开发推广操作便捷、成本适宜的解决方案，积极推行更加普惠的云服务支持政策，引导更多中小企业“上平台、用平台”。三是发展服务型制造和生产性服务业。推动先进制造业和现代服务业深度融合，支持工艺礼品企业开展以制造能力共享为重点、以创意设计能力和市场开拓能力共享为支撑的共享制造新模式。抢抓仙居“高铁时代”机遇，依托高铁新城建设，以现代物流、电子商务、创意设计、科技孵化、产品检测、知识产权、总部经济、金融服务为重点，建设现代物流产业园、总部经济基地、仙居工艺创意设计基地等重大生产性服务平台。

2.畅通“山海协作”通道，增创集群发展新优势。一是借力培育新兴产业链。着眼于长三角区域产业分工协作和产业链重构，以“飞地”引智引技引资为手段，以“链长制”为工作机制，积极培育甾体医药、医学影像诊断设备、轨道交通装备零部件、新型催化材料等重点新兴产业链核心环节，打好强链补链建链延链组合拳。实施新兴产业链基础能力提升行动，组织实施一批具有含金量、示范性、带动性的重大建设项目、关键技术协同攻关项目等，着力打造一批拳头性技术产品，加快在新兴产业链关键环节形成具有仙居特色的规模化优势，提升产业链的竞争力和影响力。二是推进传统制造业改造提升升级版。推进传统制造业改造提升工作，加快推动工艺礼品、橡塑制品、电子电气等传统产业数字化提升、集群化发展、服务化转型，打好高质量发展组合拳，激发传统制造业发展新活力。持续推进“低散乱”工业企业(作坊)整治，倒逼低效企业腾出发展空间。建立与环杭州湾产业带地区的传统制造业改造提升协同联动机制，差异化承接和吸引知名企业生产基地整体转移和关联产业协同转移，通过吸纳发达地区的高新技术、先进设备、管理方法和经营理念，带动仙居传统制造业转型升级。

3.实施“育苗壮干”行动，激发企业梯队新活力。一是大力培育一批产业链龙头企业。实施主导产业骨干企业倍增计划，建立健全亿元企业培育库，遴选一批创新能力强、发展潜力大、成长速度快的企业入库培育，全力壮大亿元企业群体。促进上市、挂牌企业围绕产业链实施以先进技术、高端人才和知名品牌为重点的并购重组,在更大范围整合优势资源,实现创新发展。鼓励龙头企业牵头联合上下游企业、行业内企业、科研单位、金融机构等组建产业联盟,促进协同制造和协同创新。二是支持中小微企业专精特新发展。深入实施企业梯度培育标杆工程,引导和支持中小微企业瞄准专业化、精品化、特色化、高新化发展方向。搭建中小微企业与大型企业交流合作平台,支持中小企业以"专精特新"的产品、技术和服务,嵌入大企业供应链配套体系,实现大中小企业融通发展。加快完善中小企业公共服务体系,进一步完善政策咨询、创业创新、人才培训、投资融资等各类服务功能,为中小企业提供质优价廉的普惠服务。

4.聚焦"平台提质"发展,拓展产业发展新空间。一是做强做优开发区主平台。聚焦经济开发区整合提升和扩容提质,以推动平台向高能级跃升、产业向现代化升级为主线,按照"一城一镇一园"总体发展格局,加快实施核心区块南扩、北拓和西延工程,有序引导先进制造业、优质现代服务业向经济开发区集聚,持续提升经济开发区整体产业层次规模、吸引承载能力和综合发展能级,争创国家级生态工业示范园区和省级高新技术产业园区。健全完善经济开发区与属地政府"政区分离、各负其责、相互协调"的工作机制,积极探索"管委会+公司+基金+专业团队"等多种管理运行模式,实现扁平化管理、市场化运作、专业化开发。二是建设提升特色小镇和小微企业园。以小微企业园建设提升重点县为抓手,鼓励和引导各类市场主体投资建设运营小微企业园,强化小微企业园专业化公共服务供给。

5.突出"绿色低碳"升级,探索生态工业新模式。一是推进节能低碳转型。实施医药、橡塑制品等重点行业节能、降碳、减排改造,加快高耗能落后企业、产能、设备的淘汰和退出。推动企业开发绿色产品、创建绿色工厂、建设绿色供应链,以小微企业园为重点,大力推进绿色园区建设。加大源头管控力度,强化"散乱污"企业分类处置,实行更加严格的高耗能项目节能审查政策。继续推行清洁生产。二是强化资源综合利用。深入推进经济开发区循环化改造示范试点建设,加强对气体、电力、供热、供水、照明等基础设施进行绿色化循环化改造,引导区块内上下游企业间实现废物交换利用、能源梯级利用、危险废物资源化和无害化处理。对标"无废城市"试点建设,加强工业垃圾协同处置,健全固体废物收运体系,建立分类收集网络和机制。深化"污水零直排区"建设提升,鼓励企业积极采用高效、安全、可靠的水处理技术工艺装备,重点推进现代区块医药配套污水处理厂建设和医药企业废水输送明管化改造。完善区域再生资源回收利用体系。

(仙居县发展和改革局　夏明志)

(责任编辑:王怡然　金瑞锋　赵峰)

临 安 区

·概况·

【地理位置】 临安区位于浙江省西北部,杭州市西部。地处浙江省西北部天目山区,东邻杭州市余杭区,南连富阳区和桐庐县、淳安县,西接安徽省歙县,北界安吉县及安徽省绩溪县、宁国市。

临安区境东西宽约100千米,南北长约50千米,总面积3126.8平方千米;辖5个街道13个乡镇298个行政村。区人民政府设在锦城街道。

【地名由来】 临安是太湖水系的源头,位于杭州市西郊,距杭州市区46千米。“临安”作为县名由来已久,据临安旧志记载,临安县建置始于东汉建安十六年(211),时称临水县,县治在高虹镇高乐村。西晋太康元年(280),因境内临安山而更名临安县。清乾隆《临安县志》载:临安山位于“县西南十八里”,“高一百丈,周二十三里,《太平寰宇记》云:‘县取此山为名’”。南宋建炎三年(1129),置杭州为行在所,升杭州为临安府,临安为其属县。“杭州”当时称“临安”,有三说:一是寓有“君临即安”之意;二是南宋朝廷感念吴越国王钱镠对杭州的历史功绩,以其故里“临安”为府名;三是南宋偏安江南,有“临时安置”之意。1996年12月28日,临安撤县设市。2017年9月15日,临安撤市设区。

【历史沿革】 出土文物表明,早在旧石器时期,就有先人在临安这片土地上繁衍生息,出土的石斧石刀,为境内发现最早的原始农业生产工具,距今约10万年;新石器时期的石器残件。陶器残片和磨制工具等多有发现,距今约1万年;良渚文明时期的玉器在临安也有出土。临安全境系原临安。於潜。昌化三县合并。西汉前,三县无建置。春秋时,区境东南地域属越,西北地域属吴。周敬王二十六年(前494),吴占越地,全境属吴。战国时,周元王三年(前473)吴为越所灭,属越地;周显王三十五年(前334),楚败越,属楚;秦王政二十五年(前222),秦灭楚,境东南属会稽郡余杭地,西北属故鄣地。县治建置有2100余年。西汉武帝元封二年(前109)设於潜县,东汉建安十六年(211)置临水县,晋太康元年(280)改称临安,唐垂拱二年(686)置紫溪县,北宋太平兴国三年(978)改称昌化。1958年,余杭县并入临安县,於潜县并入昌化县。1960年,昌化县(含於潜)并入临安县。1961年,原余杭县析出。

【历史文化】 临安的儒、佛、道教文化历史悠久,有大禹、防风氏、秦始皇的遗迹;有保存完好的唐末五代十国之一吴越国王钱镠的墓葬和出土的钱镠父母钱宽。水丘氏墓及康陵等吴越国王陵;有郭璞、谢安、昭明太子、李白、白居易、苏轼、郁达夫、周恩来等名人的足迹和诗文;有宋代文人洪咨夔、清代数学家方克猷、现代革命烈士来学照和爱民模范赵尔春、当代著名经济学家骆耕漠和高原赤子陈金水等地方杰出人物。

西汉初,佛教传入中国,印度僧人入天目山传教,天目山被尊为韦驮菩萨道场,历代高僧辈出。天目山佛教对东南亚尤其是日本影响很大。西天目山有道教宗师张道陵的张公舍等遗迹,青山湖街道洞霄宫村有著名的洞霄宫遗迹,昔日为江南著名道观。

·综合·

2021年,面对复杂严峻的国际环境和新冠肺炎疫情的影响,临安深入贯彻落实党中央、省市各项决策部署,以攻坚求突破,以实干促发展,巩固拓展疫情防控和经济社会发展成果,经济发展的强大韧性和旺盛活力持续彰显,实现了“十四五”良好开局。

【经济总量】 初步核算,全年实现地区生产总值658.35亿元,增长7.6%。其中第一产业增加值45.57亿元,第二产业增加值331.99亿元,第三产业增加值280.79亿元,分别增长2.1%、8.5%和7.6%。三次产业结构为6.9:50.4:42.7。按户籍人口计算,人均地区生产总值121638元(按年平均汇率折算为18855美元)。

【数字经济】 全年数字经济核心产业增加值83.10亿元,增长18.3%,占GDP的12.6%。其中电子信息制造产业增加值76.2亿元,增长25.4%。

【财政收支】 全年财政总收入148.92亿元,增长35.9%;一般公共预算收入90.39亿元,增长31.9%。全年一般公共预算支出103.7亿元,增长14.6%,用于民生支出达83.94亿元,增长19.7%,占一般公共预算支出的80.9%。

【人口规模】 年末全区户籍人口54.22万人,比上年末增加2702人,其中男性人口26.88万人,女性人口27.34万人,男女性别比为98.31(以女性为100)。人口出生率6.3‰,死亡率6.8‰,自然增长率-0.5‰。年末全区常住人口64.2万人,比上年末增加0.7万人。

表 1:2021 年末户籍人口主要构成情况

指　标	年末数(人)	比重(%)
全区总人口	542175	100
其中:出生人口	3395	-
死亡人口	3671	-
其中:男性	268778	49.6
女性	273397	50.4
其中:0-17 岁	79311	14.6
18-34 岁	99176	18.3
35-59 岁	218643	40.3
60 岁及以上	145045	26.8

·农业·

【农业生产】 全年农林牧渔业增加值 46.21 亿元，增长 2.2%。全年农林牧渔业总产值 66.58 亿元，增长 2.7%。其中:农业种植业(含坚果类)产值 34.11 亿元，增长 3.3%;林业(不含坚果类)产值 22.23 亿元，增长 2.7%;畜牧业产值 7.48 亿元，增长 0.1%;渔业产值 0.96 亿元，增长 7.5%;农业服务业产值 1.81 亿元，增长 9.2%。

【主导产业】 全年竹笋产值 16.53 亿元，增长 3.2%;山核桃产值 8.45 亿元，增长 12.5%;生猪产值 4.51 亿元，下降 38.3%;蔬菜产值 7.34 亿元，增长 11.7%;花卉园艺产值 4.83 亿元，下降 0.2%;水果产值 4.62 亿元，增长 14.9%;茶叶产值 3.37 亿元，增长 1.2%。七大主导产业总产值 49.65 亿元，占农业总产值的比重达到 74.6%。粮食作物总产量(按照粮食监测推算数据)3.99 万吨，增长 2.4%。

表 2:2021 年全区主要农产品产量

产品名称	产量(万吨)	比上年增减(%)
粮食	3.99	2.4
竹笋	28.00	4.7
茶叶	0.27	2.8
山核桃	1.48	-5.1
蔬菜	22.58	4.2
水果	6.25	3.8
猪肉	1.56	18.2
水产品	0.52	0.5

·工业和建筑业·

【工业经济】 全年规模工业总产值 1218.51 亿元，增长 22.3%。工业产品产销衔接良好，规模工业企业产销率为 99.7%。规模工业新产品产值率达到 36.3%。规模工业增加值 230.82 亿元，增长 13.2%。高新技术产业增加值占规模工业增加值的 81.4%,比上年提高 2.4 个百分点。

【企业效益】 年末有规模以上工业企业 660 家，全年总产值超亿元企业 202 家(按独立法人计算),其中超 100 亿元以上 2 家,50 至 100 亿元 1 家,20 至 50 亿元 4 家,10 至 20 亿元 10 家。全年规模工业营业收入 1332 亿元,增长 25.1%;利税总额 118.84 亿元,增长 5.8%,其中利润总额 90.77 亿元,增长 3.6%。

【建筑业】 全年建筑业增加值 42.39 亿元,占 GDP 的比重达 6.4%。全区有总承包和专业承包资质的企业 88 家。

·固定资产投资和房地产业·

【固定资产投资】 全年固定资产投资增长 14.6%。其中工业投资、高新技术产业投资、交通投资、项目民间投资、生态环境和公共设施投资分别增长 15.2%、20.5%、8.4%、32.3%、38.7%。全区 106 个重点实施项目共实现投资 190.4 亿元。

【房地产业】 全年房地产开发投资 313.51 亿元，增长 12.8%。年末房屋施工面积 1448.03 万平方米，增长 8.6%,新开工面积 308.08 万平方米,下降 21.8%;竣工面积 271.14 万平方米,增长 69.0%。全年商品房销售面积 230.5 万平方米，下降 14.3%，商品房销售额 484.81 亿元,下降 6.8%。

·国内贸易·

【消费市场】 全年批发和零售业增加值 45.80 亿元，增长 10.1%；住宿和餐饮业增加值 9.81 亿元，增长 9.4%。社会消费品零售总额 212.68 亿元,增长 11.4%。

【旅游业】 全年创成新时代美丽乡村 88 个、精品村 9 个,湍口成为全区首个省 5A 级景区镇。全年旅游接待游客 575.5 万人次,旅游综合收入 107.94 亿元,分别增长 2.0%和 3.2%。旅游景点接待游客 447.29 万人次,下降 14.7%;门票收入 6996.52 万元,增长 12.5%。乡村旅游接待游客 831.31 万人次,下降 25.4%;经营收入 9.37 亿元,增长 0.3%。

·对外经济·

【对外贸易】 全年货物进出口总额 244.43 亿元,增长 32.6%,其中出口 164.85 亿元,增长 25.3%。从出口商品来看:电线电缆出口 34.58 亿元,增长 44.0%;照明灯具出口 24.42 亿元，增长 26.5%；光伏材料出口 16.47 亿元，增长 31.2%；装饰纸出口 14.30 亿元，增长 47.6%。对一带一路地区货物出口总额 72.74 亿元,增长 31.2%,占出口总额的 44.1%。

【招商引资】 全年招引亿元以上项目 42 个，其中 10 亿元以上签约注册项目 10 个,总投资 263 亿元。实际利用外资 2.63 亿美元。

·就业、人民生活、社会保障和福利·

【劳动就业】 全年新增城镇就业 41026 人，本年就业安置 815 人。年末全区城镇登记失业人数 5045 人,城镇登记失业率 2.34%。

【人民生活】 全年城镇常住居民人均可支配收入 65377 元，增长 9.4%，人均消费支出 42645 元，增长 16.7%。农村常住居民人均可支配收入 39506 元,增长 10.3%,人均消费支出 30034 元,增长 19.6%。低收入农户人均可支配收入增长 13.8%。年末城镇居民恩格尔系数 27.0%,农村居民恩格尔系数 29.7%。城镇每百户居民家庭拥有家用汽车 73 辆、电冰箱 132 台、空调 313 台；农村每百户居民家庭分别拥有汽车 36 辆、电冰箱 131 台、空调 203 台。

【社会保障】 全年新增参保企业 1702 家,新增参保人员 13372 人,年末养老保险、基本医疗、工伤、生育保险参保人数分别达到 42.18 万人、53.40 万人、28.16 万人和 16.59 万人。

【社会福利】 年末拥有城乡社区居家养老服务照料中心 306 个,镇(街道)级居家养老服务中心 20 个。拥有各类福利院、敬老院、养老机构 25 所,床位 2599 张,收养 1495 人。居民最低生活保障标准调整至每人每月 1102 元。年末全区最低生活保障对象 1.34 万人,全年发放各项困难家庭救助金 1.94 亿元。

·城市建设、公用事业、环境保护和安全生产·

【城市基础设施建设】 全年城改征迁签约 300 户,限价房交付 4835 套以上,老旧小区综合改造 64.7 万方,加装电梯 65 台,新增停车位 6000 余个。建成秀水公园等5个城市小公园,建设绿道68.5公里。新建5G基站436个,75个停车场10685个泊位实现“先离场后付费”,38家医疗机构开通“先看病后付费”。

【公用事业】 全年全社会用电量47.10亿千瓦时,增长10.3%,其中城乡居民生活用电7.88亿千瓦时,增长8.8%。自来水日供水量平均18.81万吨/日,全年供水量6865.23万吨,其中居民家庭用水量2445.83万吨。全年城区修复路面17.33万平方米,人行道2.68万平方米,侧平石约2700米,养护桥梁47座。疏通管道151公里,清理各类窨井10782只。全年处理数字城管12.8万条,民生热线3685余件。

【环境保护】 全年完成5个镇街、10个工业园区、30个生活小区污水零直排区建设,农村生活垃圾分类“三率”实现全覆盖,生态环境状况指数保持全市第一、全省领先。全年空气质量优良天数为346天,优良率94.8%;全区PM2.5平均浓29.5微克/立方米。

【安全生产】 全年发生生产安全事故11起,死亡10人,与去年同期相比,事故起数、死亡人数分别下降8.3%、9.1%。

·交通运输和邮电·

【交通运输】 全年建设和改造城市道路30条,打通城市断头路6条。全年公路客运量84万人次,公路客运周转量7001万人公里。公路货运量1303万吨,公路货运周转量104848万吨公里。年末高速公路里程104公里。

【邮电通讯】 全年快递业务收入2.59亿元,增长8.5%;快递业务量0.64亿件,增长15.0%。

·金融·

【金融】 年末不良贷款率下降到0.29%,低于省市平均。年末金融机构本外币存款余额达1253.39亿元,比上年末增长7.0%,其中居民储蓄525.06亿元,增长11.7%;本外币贷款余额1218.35亿元,比上年末增长25.0%。

·教育和科技·

【教育】 全年城南小学等14所学校(幼儿园)新建改建投用。年末全区共有小学42所,在校学生33918人;初中18所,在校生14818;普通高中5所,在校学生7200人;职业高中2所,在校生学3837人。学前三年幼儿园入园率99.2%,初中毕业生升入各类高中比例99.5%。

【科技】 全年专利授权量8979件,同比增长88.9%,其中发明专利授权量517件,同比增长67.3%。全年新增国家高新技术企业100家、省科技型中小企业221家,累计分别达443家和1035家。全年研究与试验发展(R&D)经费支出与地区生产总值之比为3.34%,财政一般公共预算支出中科技支出4.23亿元。

·文体和卫生·

【文体】 全年文化产业增加值15.4亿元,增长8.0%。全年完成4个城市书房建设,开展送戏下乡108场,送书下乡4万余册,组织全民阅读活动660场,组织全民健身活动超100场次。

多年来,临安市取得了诸多荣誉,以下为2008年以来的部分荣誉称号:

2008年4月20日,临安市被中国金融生态城市评审委员会。中国金融网。中国金融研究会。搜狐财经4家单位评为2007年度中国“金融生态市”。

2009年2月,临安市被国家林业局列为“国家现代林业建设示范市”。

2009年9月18日,在第二届中国和谐城市可持续发展高层论坛上临安市获“中国十佳和谐可持续发展城市”称号(县级城市组)。

2009年9月,中国经济林协会授予临安市“中国山核桃之都”称号。

2010年2月10日,临安市被命名为“国家环境保护模范城市”。

2010年5月,临安市入选“中国商标发展百强县”。

2010年7月30日,临安市再次获省“双拥模范城”称号。

2010年10月23日,临安市获“中国坚果炒货食品城”称号。

2010年10月28日,临安市成为“中国节能电光源制造基地”。

2010年12月,临安市再次被确认为“国家卫生城市”。

2010年12月18日,在第三届中国和谐城市可持续发展高层论坛上,临安市获县市级“中国十佳和谐可持续发展城市”和“中国十佳休闲宜居生态城市”称号。

2011 年 4 月 8 日，临安市获“中国竹笋美食之都”称号。

2011 年 7 月 15 日，临安市获“国家生态市”称号。

2011 年 12 月 28 日，临安市获“中国工具五金生产基地”称号。

2012 年 11 月 10 日，临安市被中国林产业工业协会授予“中国装饰纸之都”称号。

2012 年 12 月 8 日，临安市被中国茶叶学会授予“中国名茶之乡”称号。

2012 年 12 月 13 日，临安市被中国珠宝玉石首饰行业协会授予 “中国珠宝玉石首饰特色产业基地”称号。

2013 年 9 月 1 日，临安市被国家体育总局评为“2009—2012 年度全国群众体育先进单位”。

2014 年 3 月 18 日，中国轻工业联合会和中国钟表协会联合评审通过，临安市被授予“中国钟表配件之乡”称号。

2014 年 7 月，在首届中国县域经济与电子商务峰会上，临安市被授予“中国电子商务发展百佳县”称号。

2014 年 7 月，在第二届美丽中华特色旅游品牌宣传推广会上，临安市被授予“中国最佳养生休闲旅游城市”称号。

2015 年 12 月，临安市获“国家园林城市”称号。

2015 年 12 月 24 日，临安市获“中国最美城镇”称号。

2016 年 7 月，临安市被列入“县域经济 100 强”名单。

2016 年 11 月 8 日，临安市被评为 “全国书香城市”。

2017 年 9 月，临安区被评为全国第一批生态文明建设示范县。

2017 年 12 月，临安区被评为“中国最美乡村旅游目的地”。

2017 年 12 月，临安区被评为“浙江省食品安全县(市、区)”。

2017 年 12 月，临安区被评为浙江省“基本无违建县(市、区)”、杭州市“无违建”创建行动优胜单位、杭州市“四边三化”专项整治优胜单位。

2017 年 12 月，临安区被评为全国县级防震减灾工作先进单位、浙江省县级防震减灾工作先进单位、全省“公众创业创新服务行动”优秀县(市、区)。

2017 年 12 月，临安区获浙江双十一天猫优品村均 GSV▲第一名，被评为全国“农产品电商 50 强县”。

2018 年 9 月 26 日，临安被授予“中国天然氧吧”称号。

2018 年 10 月 8 日，2018 年中国中小城市科学发展指数研究报告公布，临安入选 2018 年度全国综合实力百强区、全国绿色发展百强区。

2018 年 12 月 30 日，在北京举行的“第四届加强和创新社会治理成果交流会”上，临安区获“2018 全国社会治理创新示范区”称号。

2019 年 1 月 13 日，临安区被评为“首批全国文化旅游胜地”。

2019 年 4 月，临安区在全国第二届“电子商务促进乡村振兴”高峰论坛中被评为“电子商务促进乡村振兴十佳县域城市”。

2019 年 6 月，临安区被评为中国“绿水青山典范城市”。

2019 年 7 月 26 日，临安区入选全国农村钢结构装配式住宅试点县。

2019 年 12 月 31 日，临安区被农业农村部命名为“全国农村创新创业典型县”。

【卫生】 全年健康产业增加值 43.3 亿元，增长 8.9%。全年完成中医院等医院迁建扩建 6 家。年末全区拥有各类医疗卫生机构 513 个，比上年增加 19 个；拥有床位 2929 张，专业卫生技术人员 5264 人，其中执业(助理)医师 2465 人。医联体、医共体建设有序推进，家庭医生签约服务 285630 人。

注释：

1.本公报所列各项数据为年度初步数据。部分数据因四舍五入原因，存在分项与合计不等的情况。

2. 全区生产总值和各产业增加值为初步核算数据，绝对数按现行价格计算，增长速度按不变价格计算；三次产业划分执行国家统计局 2017 年制定的《三次产业划分规定》。人均生产总值按年平均户籍人口口径计算。

(责任编辑：王怡然　金瑞锋　赵峰)

义 乌 市

·概况·

【经济发展】 经济平稳较快增长。初步核算,2021 年全市实现地区生产总值(GDP)1730.16 亿元,同比增长 11.6%。其中第一产业增加值 24.58 亿元,增长 7.2%;第二产业增加值 554.17 亿元,增长 21.4%;第三产业增加值 1151.41 亿元,增长 7.8%。全市按户籍人口计算人均 GDP 达到 200594 元（按年平均汇率折算为 31093 美元),增长 9.3%,按常住人口计算人均 GDP 达到 92339 元,增长 9.1%。三次产业结构由上年的 1.6:28.4:70.0 调整为 1.4:32.0:66.6,第二产业比重比上年提高 3.6 个百分点。

全年完成财政总收入 193.7 亿元,增长 19.4%,完成一般公共预算收入 127.5 亿元,增长 20.3%。一般公共预算收入中,税收收入 124.3 亿元,增长 21.3%;其中增值税收入 31.7 亿元，增长 7.9%；企业所得税收入 18.5 亿元,增长 40.7%。完成一般公共预算支出 154.3 亿元,增长 12.4%,其中一般公共服务支出 16.9 亿元,下降 1.8%，社会保障和就业支出 14.3 亿元，增长 9.9%,卫生健康支出 10.4 亿元,增长 26.4%,教育支出 34.3 亿元,增长 5.8%。

【国际性商贸城市】 全市拥有有证市场建筑面积 611 万平方米,市场经营户数 8.58 万户,市场从业人员数 23 万人,总成交额 2172.1 亿元,增长 15.2%,其中中国小商品城成交额 1866.8 亿元,增长 14.8%。全年义乌城区公、铁、航客流量 2332.7 万人次,外商入境 34105 人次；市场周边金融网点共实现资金、现金总流量 23571.1 亿元。全年实现电子商务交易额 3715.05 亿元，同比增长 18.9%，其中电子商务内贸交易额 2701.48 亿元,同比增长 19.9%;跨境电子商务交易额 1013.57 亿元,同比增长 16.4%。全市实现网络零售额 2187.93 亿元,同比增长 14.6%,位居全省各县(市、区)第一。全年跨境电商保税进口(1210)业务量为 2686 万单,销售额 42.5 亿元,同比增长 34.0%。2021 年电商专业村数量增至 197 个,电商镇 13 个,其中省级电子商务示范村 97 个。全年快递服务企业业务量累计完成 92.9 亿件,同比增长 29.5%;全省排名第一,全国城市排名第二,位列广州市之后;业务收入累计完成 249.4 亿元,同比增长 24.5%。其中同城业务量累计完成 3.67 亿件,同比下降 21.7%;异地业务量累计完成 88.74 亿件，同比增长 33.4%；国际及港澳台业务量累计完成 4904.8 万件,同比下降 11.4%。国际邮件互换局业务量全年累计处理 1615.22 万件,同比下降 34.1%,其中累计出口 1550.64 万件,同比下降 36.3%;累计进口 64.58 万件,同比增长 287.9%。

“义新欧”班列(义乌平台)共开行 1277 列,发运 105292 标箱,同比增长 31%,全年开行首次突破千列,回程班列占比由 2020 年的 8.5%提升至 2021 年的 23%。海铁联运班列发运重箱 68416 标箱，同比增长 94.6%。航空口岸进出口货物 5150.7 吨，同比增长 70%,“义乌–大阪” 国际货运航线实现每周 6 班常态化,往返航班共计 319 班。打造“义新欧”班列双平台、海铁联运全程提单改革等 7 个案例(成果)入选 2021 年中国（浙江）自贸试验区制度创新案例和标志性成果。

·民营经济主要产业·

【农业】 全年完成农林牧渔业总产值 37.38 亿元,同比增长 9.6%；实现增加值 25.09 亿元，按可比价增长 7.2%,比 2020 年提高 1.9 个百分点。

全年完成粮食播种面积 12.17 万亩，收获产量 4.47 万吨,同比分别增长 9.4%、1.6%。其中谷物播种面积 10.33 万亩,收获产量 4.04 万吨,分别增长 12.8%、4.8%。新建现代化蔬菜园区 1 个，全市蔬菜种植面积 13.05 万亩,略增于上年,收获产量 23.57 万吨(含食用菌),增长 1.3%。

全年饲养生猪 20.34 万头、增长 2.1%,其中肥猪出栏 13.59 万头、增长 135.9%,猪肉产量 1.07 万吨、增长 141.2%;全年饲养家禽 1080.16 万羽、增长 3.9%,其中出栏家禽 946.47 万羽、增长 9.1%，禽肉产量 1.48 万吨、增长 17.6%;淡水产品产量 4021 吨、增长 2.6%。

坚持以绿色发展推动生态振兴，推行绿色发展方式和生活方式,促进农业农村可持续发展。2021 年创建高品质绿色科技示范基地 2 家，新增省级美丽牧场和渔业健康养殖示范场各 3 家。截至 2021 年,共有“两品一标”农产品 9 个,面积达 1.81 万亩,义乌南枣、义乌红糖获国家农产品地理标志登记证书。

全市新增农业“标准地”1 万多亩,累计建成农业“标准地”项目 392 个 9.8 万亩,带动全市农业科技化、机械化发展。2021 年,全市共有 4 家养殖场获得省首批数字农业工厂认定。通过深化“消薄”攻坚提升行动，全市所有行政村经营性收入全部达到20万元以上，全市行政村年集体经济总收入7.54亿元，年经营性收入3.96亿元，分别增长23.0%和29.4%。

着力完善农村基础设施，加强村庄建筑风貌整治，提升公共服务水平，把新农村建设得更加美丽宜居。按照“以点带面、连线成片”的思路，开展“七个一”和美乡村建设提升行动。全年新增一星样板村25个、三星村22个，累计创建星级和美乡村379个，新增省级美丽乡村示范乡镇1个、特色精品村5个。深化“国企+精品线”结对模式，完成精品线建设项目投资1.2亿元。“望道信仰+人文上溪”和美乡村精品带获评全省首批共同富裕新时代美丽乡村示范带。

【工业】 全年实现工业增加值502.8亿元，增长24.4%，其中规模以上工业增加值269.7亿元，增长47.4%。规模以上工业总产值1163.7亿元，增长66.7%，销售产值1169.5亿元，增长70.3%。全年累计工业用电量69.95亿千瓦时，增长25.9%。

规模以上电气机械和器材制造业、工业纺织服装服饰业、电力热力生产和供应业、文教工美体育和娱乐用品制造业、纺织业、造纸和纸制品业、计算机通信和其他电子设备制造业、化学纤维制造业等八大主导行业实现产值933.8亿元，占规上工业总产值80.2%，同比增长94.6%；实现营业收入977.1亿元，同比增长98.4%；实现利润总额27.4亿元，同比增长15.7%。

规模以上数字经济核心产业制造业、高新技术产业、装备制造业、战略性新兴产业增加值分别增长161.3%、71.9%、123.7%和107.2%，增速分别高于规上工业113.9、24.5、76.3和59.8个百分点，占规上工业的比重分别为47.6%、75.9%、53.8%和60.8%，比重分别较上年提高19.9、16.2、24.5和29.7个百分点，产业结构持续优化，产业层次不断升级。

【建筑业】 2021年有总承包和专业承包资质建筑业企业共计216家，较去年增加17家；完成总产值154.8亿元，下降7.5%，较上年回调2.3个百分点；其中省内建筑业总产值146.4亿元，下降4.6%，较上年回调3.7个百分点。全年建筑业增加值51.34亿元，占GDP的比重为3.0%。

【商贸业】 全年社会消费品零售总额1033.7亿元，增长9.2%。其中：城镇消费品零售额682.5亿元，增长10.1%；乡村消费品零售额351.2亿元，增长7.7%。分行业看，批发零售业零售额934.8亿元，增长11.8%；住宿餐饮业零售额99.0亿元，下降9.9%。

消费品市场全面企稳，部分消费升级类商品需求迅速增长，在限额以上单位零售额中，化妆品类、金银珠宝类零售额分别增长38.9%、35.1%；新能源汽车零售额同比增长103.4%，全市限额以上汽车类零售额占比从去年的3.5%提高到今年的7.0%。

【房地产业】 全年房地产投资同比增长21.6%，高出固定资产投资增速1.3个百分点，拉动固定资产投资增长9.5个百分点；两年平均增长27.3%，分别高出浙江省、金华市的房地产投资增速19.6个和13个百分点。房地产投资总额占固定资产投资的比重较2019年提高了7.5个百分点，房地产投资比重进一步提高。商品房销售面积同比增长25%，连续4年保持2位数高速增长。

【会展业】 全年举办商业性展览项目41个，展览面积87.8万平方米，吸引专业客商102.4万人次；组织市内364家企业参加上海服装服饰展、深圳礼品展等17个国内重要展会。10月21日，中国会展经济研究会发布《2020年度中国城市会展业竞争力指数报告》，义乌市位列全国县域城市会展业竞争力第一。

【旅游业】 全年共接待游客657.5万人次，同比增长2%，其中境外游客4.89万人次，同比增长24.25%；实现旅游总收入108.4亿元，同比增长11.5%，创旅游外汇2532.19万美元。星级饭店数10个，星级饭店客房总数2391间。义乌全年创建4A级景区镇(街道)2个(大陈镇、赤岸镇)，3A级景区镇(街道)2个(后宅街道、上溪镇)，AAA级景区村庄4个(神坛村、陇头朱村、西楼村、钟村)、AA级景区村庄15个。

【文化体育和卫生业】 陈望道故居等20处文物保护单位入选浙江省第一批不可移动革命文物名录，吴晗故居入选第十二批省级爱国主义教育基地。朱丹溪中医药文化入选第五批国家级非物质文化遗产代表性项目名录扩展项目，义乌市中医医院入选第五批国家级非物质文化遗产代表性项目保护单位；骆宾王的传说等5个项目入选金华市第八批非物质文化遗产项目名录；婺剧《义乌高华》入选浙江省党史学习教育推荐剧目，并参加了在北京梅兰芳大剧院举办的“百年辉煌——中国文联、中国剧协庆祝中国共产党成立100周年戏剧晚会”、浙江省庆祝中国共产党成立100周年优秀舞台艺术作品展演；“望道之路——陈望道与《共产党宣言》暨中国共产党成立100周年纪念展”入选中宣部、国家文物局庆祝中国共产党建党100周年精品展。完成新建和提升基层阅读场所10个，丝路文化驿站1个。“公共文化场馆预约”、“图书一键借阅”二个关键小事应用列入省级关键小事智能速办。

通过争创浙江省体育现代化市，全年共新建健身路径40条、塑胶灯光篮球场20个、更新篮球架10副、多功能运动场3个、足球场4个，百姓健身房11个，下拨奖励经费406.5万元。形成“10分钟”健身圈。截至目前全市共有健身路径1279条，篮球场1107片，室内外羽毛球场268个，室内外乒乓球桌463张，小型健身场地120多片(含门球场)，小康健身工程示范点(即全民健身广场)100个，农村社区体育设施达到全覆盖。

成功举办浙江省足球超级联赛、2021年（IET)义乌国际电子竞技大赛、2021年中国义乌三对三国际篮球精英赛、2020义乌半程马拉松赛等多项高水平赛事(疫情影响，暂停举办)，培育义乌市武林大会、义乌市“足协杯”足球赛、义乌市俱乐部羽毛球联赛、义乌市校园足球联赛等品牌赛事。2020年，义乌国际半程马拉松赛被田径协会认定为金牌赛事，我市被浙江省体育局授予“十三五”浙江省社会足球场建设先进单位称号(改成2021年获十三五期间全国群众体育先进单位)。

全市现有医院、卫生院数53个，其中三级以上医院4个；实际开放床位数8579张，其中三级以上医院床位数3320张；全市共有卫生技术人员13258人，执业医师和执业助理医师6190人，注册执业护士7281人。全年产妇数17606人，接产活产数17825人，住院分娩率100%。其中义乌市户籍产妇数6630人，活产数6755人，系管率98.13%，高危妊娠数5086人，高危管理率100%。共办理《出生医学证明》18580人次。抢救危重孕产妇36例。

【交通业】 截至2021年底全市共建成公路总里程约1542公里，境内等级公路里程约1542公里，境内一级及以上公路里程约315公里，境内高速公路里程76公里。全年共完成交通项目投资85.4亿元，增长12.7%。其中公路项目投资约15亿元。

公路建设方面，江东连接线于2021年12月24日正式通车，与环城路、阳光大道闭合形成完整城市内环；临苍公路二标计划春节前通车；03省道改建二期(即国贸大道)义亭镇区段完成55%，江赤公路完成桥梁59%隧道87%，义永公路完成隧道85%，义浦二线拓宽完成26%，G527金义东公路路面整治工程主体完成，G527与临苍公路义乌佛堂联络线（朝阳路下穿通道)已于3月份开工建设，完成形象进度17%。农村公路方面，完成养护大中修60公里，完成农村公路新改建40公里，成功获评“四好农村路”全国示范县。

义乌机场共完成总起降架次16506次，增长20.7%。全年旅客吞吐量为167.7万人次，增长22.8%。进港旅客为80.8万人次，增长21.3%，出港旅客为86.9万人次，增长24.2%。完成行货邮吞吐量21921.7吨，增长16.1%。

截至2021年底，全市机动车保有量83.9万辆，增长9.8%，其中，汽车拥有量为77.7万辆，增长8.9%。全年完成商贸货运量8258.7万吨，同比增长32.6%。其中，公路货运量7889.7万吨，同比增长32.5%；铁路发运量367.1万吨，同比增长47.0%；义乌机场货邮吞吐量21921.7吨，同比增长16.1%。累计新增物流仓储场所77.2万方。

·政策举措·

【数字化改革多维突破】 锚定“152”跑道加速快跑，率先建成省市县三级贯通的县级公共数据平台，综合考评全省第一。领导挂帅集中攻坚，五大综合应用高效运转。省数字化改革例会每期均有义乌元素，“非伤人轻微物损交通事故处理”作为典型案例现场演示，“村务清廉钉办”亮相全省首次新闻发布会，数字审批经验获全省推广，数字经济、数字社会系统建设综合评价全省领先，鸡鸣山社区场景入选最佳实践案例。承接省级试点项目46个，创新理论制度成果70余项。跨区域通办“朋友圈”拓展至18个城市。行政服务中心获评省政务服务示范大厅。自贸区改革多向发力。构建以五大自由为重点的改革体系，获批省级以上试点及赋权事项8个，涌现改革“首单”“首例”23个。列入省自贸区制度创新案例5个、标志性成果14个。首创出口退税备案单证数字化管理，每年可为企业节省成本超亿元。创新“市场采购+一般贸易”拼箱业务，预包装食品出口监管模式获全国推广。落地全国首个县级国际商事法律服务中心。实现外籍商友卡“一卡通”。重点领域改革多点开花。新增农业标准地5508亩，改革经验写入全省土地管理条例。落地全国首个县级海外知识产权纠纷应对指导中心，荣获国家版权金奖。深化国资国企改革，国企营业收入增长84.1%。

【外循环节点持续贯通】 实施市场采购2.0版，实现数字贸易全链路打通。推进国际贸易“单一窗口”铁路运输试点，义新欧班列开行1277列，增长31.1%。与宁波舟山港实现海铁联运“一次申报、一次查验、一次放行”，发运标箱增长94.6%。开通至马尼拉国际货运航线。实施出口信保政府统保等稳外贸举措，培育省重点进口平台3个。全年完成出口3659.2亿元，增长

21.7%,增速超全省2个百分点;进口243.9亿元,增长95.3%;转口贸易增长6倍。内循环网络持续织密。构建"一盘好货"供应链体系。新增专业市场联盟成员13家,"城市经理人计划"链接国内终端门店3万家。实施促消费系列举措,拉动消费超26亿元。获评全省首批夜间经济样板城市。市场韧性持续增强。义西进口市场、跨境电商产业园等项目启动。市场人流、周边资金流分别增长18.2%和25%。快递业务量增长29.5%,总量达92.9亿件。入选全国首批商品市场优化升级试点市。商城集团获批商业保理牌照。

【新兴产业不断壮大】 引进光伏光电强链延链项目11个,爱旭六期、彩易达、宏禧科技等项目开工,爱旭四五期、天合光能二期、东方日升二期等项目投产,世界光明之都加速崛起。引进安测、纳芯等半导体项目,芯片产业园集聚企业4家,半导体产业高地呼之欲出。平台能级不断增强。完成开发区(园区)整合。高新区获评全省园区建设突出贡献集体。丝路金融小镇获省特色小镇命名,亩均效益领跑全省。光源科技小镇成功创建3A景区。绿色动力小镇新增变速器产能30万台。云驿小镇落地物流企业33家。传统产业不断提升。实施两化融合项目35个,打造数字化车间3个,列入省智能工厂培育企业2家。针织服装行业入选省产业集群新智造试点。新增省级小微企业园10个,总数保持全省第一。新增专精特新企业21家,获评省级企业研发机构11家。统筹工业用地全生命周期管理、"工业用地不姓工"整治,改造提升低效工业用地3533亩。

【片区建设提速】 植物园一期建成,铁路综合交通枢纽大楼启用,复旦大学义乌研究院首批项目启动,浙大国际医学院主体工程结顶、健康研究院建成投用。完成有机更新区块7个,改造提升老旧小区8个,创建省级未来社区5个。城乡融合提速。金义东轨道金义线试运营,"高速免费圈"扩大至15个道口。构建15分钟文明实践服务圈,文明城市创建成果不断巩固。获评美丽城镇建设省级样板3个。新增美丽乡村示范镇1个,"望道信仰+人文上溪"精品线入选全省首批美丽乡村示范带。农村有机更新首批试点完成审批1.4万户,第二批试点完成签约39个村。成功创建国家"四好农村路"示范县。生态治理提速。公众生态满意度全省排名提升16位,入选全省首批整体清洁生产审核试点,获评美丽浙江建设工作优秀市,再次捧得"大禹鼎"银鼎。

【社会事业全面进步】 十件民生实事圆满完成。落地"双减"政策,实现营利性学科类培训机构清零,"5+2"课后服务义务教育阶段全覆盖。建成中小学、幼儿园41所,新增学位1.6万个。儿童医院启动建设,浙大四院、中医院、妇保院成功创建"三甲"。完成所有基层卫生院标准化改造,基层卫生机构考核全省第一。新增家庭医生签约3.6万人。"望道之路纪念展"获评庆祝建党百年精品展。朱丹溪中医药文化入选国家非物质文化遗产名录。成功创建省体育现代化市、省食品安全示范市。共富共享全面推进。全国首试跨村有偿调剂宅基地资格权,新增农房抵押贷款70.6亿元,激活农村沉睡资产211亿元。实施消薄项目128个,发放乡村振兴贷款5.8亿元,村集体年经营性收入均超20万元、80%以上超50万元。建成三级联动公共就业平台,就业创业培训4.3万人,实现低收入家庭无劳动能力人员100%虚拟就业。创建省高质量就业村社5个。"一对一"结对帮扶低收入家庭3845户。实现低保对象、特困人员等社保应保尽保。"百县万品"为全国421个地区搭建平台,消费助农超亿元。入选缩小城乡差距全省首批试点。

【政治坚定坚决】 把学懂弄通做实习近平新时代中国特色社会主义思想作为首要政治任务。高质量开展党史学习教育,聚焦主题主线,有力有序推进,在"学党史、悟思想、办实事、开新局"中进一步筑牢政治根基。履职依法依规。自觉接受人大依法监督、政协民主监督,人民代表大会会议案建议284件、政协委员提案272件全部办复。全面开展法治镇街、法治村创建。认真落实环保督察、安全生产督察、商贸服务业集聚区管委会巡视问题整改,配合做好经济责任审计,严格落实信访工作责任制。作风扎实务实。开展隐患大排查大起底大整治,安全生产事故、火灾数较前两年平均分别下降25.6%和37.1%。"两问大走访""春风暖企行"解决问题1.2万个。完成"非粮化"整治优化2.4万亩。深入推进财政预算绩效评估,全面开展扶持政策清理规范。审计查处管理不规范资金6.4亿元,促进增收节支超6700万元。

(责任编辑:王怡然 金瑞锋 赵峰)

武 义 县

·概况·

2021年武义县生产总值313.25亿元，比上年增长10.6%；固定资产投资78.47亿元，比上年增长3.4%；社会消费品零售总额105.68亿元，比上年增长7.2%；财政收入49.27亿元，比上年增长10.2%，其中一般公共预算收入29.56亿元，增长7.7%；全体常住居民人均可支配收入40814元，比上年增长11.4%；其中，城镇常住居民人均可支配收入49702元，比上年增长11.0%；农村常住居民人均可支配收入23778元，比上年增长12.8%。

·各主要行业民营经济状况·

民营农业经济。武义县农业经济以民营经济为主。近年来，随着乡村振兴战略的实施，武义县规模农业、绿色生态有机农业等特色农业发展明显加快。2021年全县农林牧渔业总产值26.05亿元，农、林、牧、渔业比重为72.6%、4.9%、15.6%和3.2%，另有农林牧渔服务业占比3.7%，结构持续改善。武义县主要农产品生产有：

粮食生产。2021年全县永久基本农田面积27万亩，建成高标准农田23.94万亩，建成粮食生产功能区12.08万亩。2021年粮食播种面积为14.23万亩，粮食产量5.87万吨。粮食主要品种为水稻，其它品种有玉米、薯类、大豆等，但占比较小。2021年水稻产量4.97万吨。完成高标准农田建设项目面积1.49万亩。全县土地流转率为46.9%。

蔬菜生产。2021年蔬菜面积9.57万亩，产量12.77万吨。高山蔬菜又称反季节蔬菜，利用山区与平原季节差异的气候特点，在海拔600–800米的山区种植，全年种植面积超过2万亩。武义县高山蔬菜品种主要是四季豆、青毛豆，由于土质好，高山四季豆个长、肉厚、口感好，产品畅销宁波、温州、上海等城市，深受广大市民的欢迎。另外，武义的大棚生姜、毛芋等也在县内外远近有名，据统计，武义大棚生姜达4800亩，毛芋3000亩左右。

茶叶生产。茶叶种植遍布全县，2001年被命名为“中国有机茶之乡”。2004年“武阳春雨”茶被评为浙江省十大名茶，通过整合，县内的众多茶叶品牌统一使用“武阳春雨”品牌，提高了武义茶叶的知名度。2018年入选中国茶业百强县、武阳春雨荣获第二届中国国际茶叶博览会金奖。全县茶产业素来以绿茶为主导、黑茶作辅助，近年来，武义县打破这一固定产业模式，红茶、白茶、花茶生产相继出现，开始初具规模。2019年武义县被授予“中国有机抹茶之乡”称号。“武阳春雨”正式纳入“全国名特新优农产品名录”，估值达18.8亿元。2021年是武义县获评“中国有机茶之乡”20周年，获评“中国有机茶产业发展示范县”、“2021年度茶业百强县”、“2021年度科技兴茶富民典型县域”等荣誉称号，区域公用品牌“武阳春雨”获评“中国气候生态优品”、“最具溢价力品牌” 等荣誉。2021年全县茶园面积11.51万亩，茶叶产量2.03万吨，产值12.03亿元，比上年增长12.9%，其中名优茶产量6050吨，产值8.12亿元，武阳春雨系列茶产量3865吨，产值5.38亿元，为全省十大产茶县之一，有机茶等绿色农业面积稳定在5万亩以上。

蜜梨生产。蜜梨在武义县种植有较悠久的历史，早在上世纪七十年代，就以“西湖蜜梨”的品牌出口香港。近年来，县委、县政府高度重视蜜梨产业发展，通过实施政策推动、资金扶持、品牌运作、市场营销等措施，不断扩大蜜梨种植规模，提高产业化水平。“桐琴”牌蜜梨以其高品质闻名省内外，先后获得了国家级绿色食品标志使用权、浙江省十大名梨、省优质早熟梨金奖、第七届金华华东农交会金奖农产品等荣誉称号。2010年7月武义县举办首届“桐琴蜜梨节”，得到了省内外社会各界的广泛关注，之后每年均在7月蜜梨成熟时举办蜜梨节。桐琴蜜梨节成功举办，进一步提升了蜜梨的知名度和美誉度，上海、杭州等地多家果品公司和超市与武义县蜜梨生产专业合作社签署了产销合作协议，有力地推动了蜜梨产业的发展，使果农的收入得到较大提高。2021年，全县梨园面积达0.91万亩，年产量1.48万吨。蜜梨深加工产品有“熟溪桥”牌梨膏，2021年有两条梨膏生产线。

中药材生产。近年来，武义县中药材种植异军突起。由于中草药材经济价值高、销路好，武义县一批农业龙头企业采用“公司+基地”或者“公司+基地+农户”产业运行模式和产加销一条龙的发展体系发展中药材种植，农民种植积极性高涨，铁皮石斛等中草药材种植持续升温，注册了全国首个铁皮石斛国家地理标志产品。2021年，全县中药材(含灵芝、莲子)面积2.67万亩，较去年增 3.0%，产量 0.26 万吨。

宣莲生产。武义宣莲与湖南湘莲、福建建莲并称为中国三大莲子，是莲子中一个著名品种，也是武义县传统名贵特产，因产于原宣平县得名。始种于唐朝显庆年间(公元 656 年)，清嘉庆 6 年(1801 年)列为贡品。宣莲颗粒硕大、圆润饱满、酥而不烂、味美爽口、营养丰富，食用价值高。宣莲主要产于武义的柳城、西联等乡镇。建国后种植面积变化较大，一度濒于断种。1978 年后，经武义县有关部门扶持才逐渐恢复，并开始少量出口。经过各级政府的大力扶持和培育，如今武义宣莲这一土特产品牌在市场上越来越响亮，其独特品质越来越得到消费者的认可，注册了“武义宣莲”国家地理标志证明商标。2017 年出台政策，鼓励宣莲主产区大力发展，近年来成为武义县农民的一大增收渠道，2021 年武义县宣莲种植面积约 8000 亩。

畜牧业生产。2021 年全县畜牧业形势稳定，畜牧业产值 4.08 亿元，增长 5.6%。2021 年生猪出栏 22.40 万头，增长 10.4%，家禽全年出栏达 106.5 万只，下降 7.8%。近年来，畜牧业生产逐渐从散养向规模养殖转变，全县 2021 年末生猪规模养殖户年末存栏 12.82 万头，增长 5.8%；生猪规模养殖户出栏 20.81 万头，增长 6.3%。

民营工业。近年来，武义县从本地实际情况出发，提出“工业强县”发展战略，抓住周边发达地区资本向外扩散加快的机遇，营造有利于外来企业到武义县发展的氛围，走出了符合武义县工业经济发展的路子。根据武义县第四次经济普查资料，2018 年末，全县有工业法人单位 3429 家，比 2013 年末增长 8.2%，从业人员 11.34 万人，比 2013 年末下降 10.1%。在工业企业法人单位中，集体企业 13 家；有限责任公司 33 家，其中国有独资公司 4 家；股份有限公司 10 家；私营企业 3322 家；其他企业 36 家；港澳台商投资企业 3 家，外商投资企业 12 家。

2021 年，全县规模工业企业 724 家，规模工业总产值 714.02 亿元。其中民营规模工业企业 714 家，工业总产值 700.22 亿元，占 98.1%。

民营工业所有制分布。在规模以上工业企业中，国有企业 3 家，私人控股企业 714 家，港、澳、台商企业 2 家，外商控股企业 5 家。按企业规模分，按企业规模分，大型企业 7 家，中型企业 52 家，均为民营企业；小微企业 665 家。

民营工业的 10 大产业。武义县民营工业主要由五金机械、文教休闲用品和医药化工等组成，五金机械又分为金属小五金、建筑五金、装备制造、汽车配件等。其中机床制造比较有特色，特色装备制造业列入全省 42 个向现代产业集群转型示范点。武义还先后被评为“中国旅游休闲产品出口基地、中国文教用品生产基地、中国扑克牌生产基地、中国门业产业基地”，扑克牌全国市场占有量在 50%以上。在规模以上工业中，金属制品、电气机械及器材制造、通用设备、化学原料及化学制品制造业、黑色金属冶炼和压延、汽车制造业、有色金属冶炼和压延、家具制造、纺织、电力、热力生产和供应业等优势产业逐渐发展壮大。2021 年这 10 个行业的主要数据如下：金属制品业 254 家，工业总产值 228.52 亿元；通用设备制造业 87 家，工业总产值 75.78 亿元；黑色金属压延加工业 20 家，工业总产值 52.63 亿元；家具制造业 37 家，工业总产值 34.60 亿元；化学原料及化学制品制造业 8 家，工业总产值 34.18 亿元；电气机械及器材制造 33 家，工业总产值 33.77 亿元；纺织业 29 家，工业总产值 22.95 亿元；汽车制造业 16 家，工业总产值 21.61 亿元；文教用品、工艺美术、体育和娱乐用品制造业 33 家，工业总产值 21.09 亿元；有色金属冶炼和压延加工业 10 家，工业总产值 16.88 亿元。

2021 年全年亿元以上产值民营工业企业达到 162 家。另有 189 家企业生产规模在 5000-10000 万元之间。2021 年民营工业资产 572.94 亿元(规上)。2021 年全县规模以上民营工业实现利税总额达到 46.92 亿元，其中利润总额达到 24.49 亿元。

旅游休闲用品产业。武义县是中国旅游休闲产品出口基地，发展旅游休闲用品行业已有三十多年的历史，主要产品有沙滩椅、休闲椅、折叠椅、帐篷、铁艺蓬、户外家具、编藤家具、铸铝家具等。目前，武义县共有旅游休闲产品生产出口企业 130 余家，出口供货企业及相关配套企业 270 多家，规上企业 69 家，商标注册 1553 个。

外贸出口生产发展较快。外贸在武义经济中占有相当重要的地位，在工业经济中占据三分之一的份额，武义县外贸出口生产全部是民营企业。2021 年全县出口生产发展平稳，全县海关进出口额 285.38 亿元，增长 17.7%。其中出口 283.54 亿元，增长 17.7%。规模以上工业出口交货值 236.13 亿元，增长 20.6%。工业出口占规模以上工业销售产值的比重达到 33.9%。

民营建筑业。2021 年民营建筑企业 78 家，年末从业人员 6031 人，总资产 33.0 亿元，2021 年完成产值 30.3 亿元，实现利润 6710.3 万元。

民营交通运输业。武义县民营交通运输业主要是个体运输业。客运以国有经营为主，货运则以个体运输为主。2021 年全县拥有各种机动车 14.32 万辆，增长 9.2%，其中汽车 12.55 万辆，增长 9.5%。全年完成公路货运量 520.32 万吨，公路客运量 214.32 万人，公路货运周转量 6.00 亿吨公里，公路客运周转量 1.54 亿人公里。

民营批零贸易、餐饮业。2021 年，全县有商品交易市场 3 个，成交额 6.4 亿元。限上民营批发零售企业 75 家、住宿餐饮 23 家。全年实现社会消费品零售总额 105.68 亿元，增长 7.2%。

民营旅游业。2010 年县委县政府提出“旅游富县”战略，温泉旅游开发取得新进展。旅游促销活动丰富多彩，成功举办了全国摩托车越野锦标赛和全国汽车场地越野锦标赛武义分站赛。星级旅游饭店、旅行社接待能力不断提高。2021 年全年接待国内外游客 464.36 万人次，旅游总收入 79.84 亿元，增长 2.0%，景点门票收入 0.53 亿元，下降 5.2%。

民营房地产开发。2021 年，全县房地产开发企业 26 家，全部为民营企业，房地产开发投资 20.9 亿元，房屋施工面积 179.2 万平方米，竣工面积 0 万平方米，商品房销售面积 45.9 万平方米。2021 年全县民间投资达 49.5 亿元，占固定资产投资 63.1%。2021 年制造业投资 19.9 亿元，房地产开发投资 20.9 亿元，制造业和房地产开发投资占民间投资 82.3%。

·全县民营经济发展特点·

农业农村高产增效，特色产业优势集聚，数字化改革成果明显。省农业重大技术协同项目推进现场会在我县召开，成功创建省级渔业健康养殖示范县。一是农业种植结构不断优化，主要经济特产稳定发展。设施农业不断增加，现代农业加快发展。2021 年设施农业数量 39415 个，增长 20.7%，占地面积达 42808 亩。我县设施农业主要指大棚等用于农业生产的农业设施，近年来，我县设施农业发展明显加快，不仅推动了农民增收，也推动了农业企业生产的更新换代，寿仙谷的智能数字大棚促进了名贵药材生产设施现代化，泉溪等地的生姜大棚助推姜农明显增收。二是经济作物总播种面积保持平稳，产业间结构更趋完善。中草药材中一些高端药材如铁皮石斛、灵芝等新种面积增加，2021 年全县铁皮石斛面积 2842 亩，增长 89.5%。药材种植结构朝着高端、高质、高品方向发展。食用菌产量随着创新菇业的十多个光伏大棚陆续投产和新兴菇业（如大球盖菇）种植户增加，增长较快，全年干鲜混合 4269.1 吨，增长 33.7%。三是茶叶和园林水果生产稳中提质提量，彰显我县特色。获评“中国有机茶产业发展示范县”、“2021 年度科技兴茶富民典型县域”，蝉联“全国茶业百强县”。近年来，我县的茶产业结构更加完整。目前，全县生产茶类包含针形、扁形、卷曲形名优绿茶，以及黑茶、红茶、白茶、香茶、蒸青、碾茶、抹茶、茉莉花茶等，茶类花色丰富，形成了“绿、红、白、黑四色齐全，春、夏、秋、冬四季生产，高、中、低档花色齐全”的产业发展格局近几年来，武阳柚、红美人等柑橘类水果兴起，全县柑橘类水果产量达 0.90 万吨，增长 25.7%。四是渔业生产发展较快，增速位居五大行业之首。2021 年，在湖州师范学院、金华职业技术学院的帮助下，养殖户养殖积极性得以提升，在养殖过程中也更加注重管理。我县的“利用珍珠蚌苗繁育大棚空闲时期养殖罗氏沼虾模式成功，实现了一水两收、一棚两用的双赢效果，双重助力我县渔业的生产发展，2021 年全县水产品总产量 7950 吨，增长 4.2%。渔业总产值 0.83 亿元，增长 12.4%增速居五大行业之首。

下山脱贫和扶贫开发。下山脱贫是武义县农业农村工作的一张金名片，习近平总书记在浙江工作时就对此高度关注、充分肯定。武义下山脱贫的成功范例，被纳入《可持续发展之路—中国 10 年》画册，作为 2002 年在南非召开的世界可持续发展首脑会议—“地球峰会”的交流材料。武义县下山脱贫工作开始于 1993 年，当年下山脱贫试点工作在王宅镇紫溪村、柳城畲族镇上天仓、下天仓和西联乡杨梅岗村四个村展开。1994 年在试点成功的基础上，县政府发布了《武义县高山、深山农民居住迁移试行办法》。《办法》提出下山脱贫与小城镇建设相结合，实现人口、资源与信息的适当聚集等五项原则，同时出台了《武义县下山脱贫总体实施规划》。实现了“搬得下、稳得住、富得起”的预期目标。近年来，武义下山脱贫工作开始向 3.0 版发展，推进集聚整体搬迁、“山民向市民一步跨越”，不断深化“小县大城”战略和下山脱贫 3.0 行动。截至 2021 年底，累计下山脱贫 425 个自然村，17032 户、51439 人，占全县自然村数的 1/4、人口数的 1/7。

工业区建设成效显著。工业区建设为民营工业企业提供了良好的创业平台，全县紧紧围绕建设先进制造业基地的目标，主动接轨“金华、义乌、永康”，自觉融入“长三角”，结合实际、突出重点，坚持以“亩产论英雄”，工业区的产出效益明显得到提升。

民营工业经济较快发展，规模总量迅速增加。进入新世纪以来，武义县坚持“工业强县不动摇”，十多年持之以恒、一以贯之抓工业，特别是抓民营工业的发展，武义县民营工业企业出现了良好的发展势头，武义迅速成为浙中制造业的重要基地。首先是民营工业规模以上企业家数明显增加，2021年末已达714家。其次是生产规模明显扩大。2021年规模以上民营工业产值达到700.22亿元，已占规模以上工业的98.1%。2021年全年亿元以上产值民营工业企业达到162家。另有189家企业生产规模在5000–10000万元之间。第三是民营规模以上工业企业资产总量增大，实力增强。1998年武义县民营工业资产只有4亿元，2021年民营工业资产572.94亿元(规上)。民营工业资本成为武义县工业资本的主要部分。第四是民营工业经济运行质量明显提高。2021年全县规模以上民营工业实现利税总额达到46.92亿元，其中利润总额达到24.49亿元。

区域特色产业发展良好，集聚效应日趋明显。武义县是浙江“永武缙”五金产业基地的重要一翼，又是金华汽摩配产业的重要基地，同时是省先进装备制造业基地。全县五金电动工具、汽摩配制造、机床装备制造等产业占规模工业的70%以上。该县工业经济主要集中在10大行业。在规模以上工业企业中，金属制品、化学原料及化学制品制造业、电气机械及器材制造、通用设备、黑色金属冶炼和压延、汽车制造业、有色金属冶炼和压延、家具制造、纺织等10大行业产值规模均在16亿元以上。2021年金属制品业工业总产值达到228.52亿元，主营业务收入223.29亿元，资产总计166.16亿元。金属制品业的工业总产值、主营业务收入、资产总计均超过150亿元，成为武义县首个过150亿元的产业。

工业经济转型升级积极推进，结构调整取得明显成效，创新能力明显提高。近年来，随着产业升级的加快和市场竞争的加剧，武义县民营企业科技投入明显增强。2020年全县R&D经费支出8.60亿元，较上年度增长29.3%；R&D经费占GDP比重3.17%，居全市首位。研发经费投入增加，为工业经济转型升级增添了活力，2021年全县新产品产值245.6亿元，比上年增长50.4%，占工业产值的34.4%。

民间投资成为武义县投资的主体。从2000年国有工业改制完成后，武义县国有投资从竞争性领域退出，转向交通、城市道路建设、卫生、教育等公共领域和民生领域。而民间投资大举进入制造业、房地产、农业等国民经济各个行业。2021年全县民间投资达49.5亿元，占固定资产投资63.1%。民间投资主要集中在制造业和房地产开发投资，2021年制造业投资19.9亿元，房地产开发投资20.9亿元，制造业和房地产开发投资占民间投资82.3%。

民营经济成为外向型经济的主要力量。近年来，武义民营经济积极拓展国外市场，民营经济成为外向型经济的主要力量。全年海关进出口总额285.38亿元，增长17.7%。其中出口额283.54亿元，增长17.7%；进口额1.84亿元，增长19.2%。

·政策措施·

武义县紧紧围绕“打造中国温泉名城，构建东方养生胜地”的总体目标，以“生态发展、绿色崛起”为战略主线，坚持创新、协调、绿色、开放、共享发展理念，深入实施“生态立县、工业强县、旅游富县、科技兴县”战略，全面优化“一城三园”空间发展布局，全力打造“信息智造高地、健康休闲宝地、文化时尚名地、生态宜居福地”。努力为民营经济发展打造政策环境宽松、政府服务周到的氛围。

农业和农村：一是着力提升重要农产品有效供给能力，专班推进保障粮食安全。全力推进粮食功能区非粮化整治，提前完成生猪保供任务。加大种猪引种力度，稳定能繁母猪数量，进一步扩大全县生猪基本盘。抓实农产品质量安全。全年共开展各级农产品质量安全监测抽检708批次，主要农产品质量安全省级例行监测合格率98.85%，其中产地监测合格率100%。二是高质量发展推动农业现代化。数字化助推产业发展，获浙江省级现代农业园区认定。新建数字农业工厂2家，推动种养基地数字化改造5个。全国首条全自动秀珍菇菌包加工生产线、省内首条茶叶数字化加工生产线—更香有机茶数字化生产线先后建成投产。开展“浙八味”产业集群道地药材基地建设。稳步推进农业双强行动。首创“共享农机”服务模式，打造全程机械化、智慧化的综合农事社会化服务平台。平台共完成机耕面积5685亩、水稻机插作业服务25.58万盘、飞防服务4516亩。《武义县破解山区农业机械化应用难题 加快农业现代化发展》被浙江政务信息(专报)采用。聚力发展农业品牌。新增国家级农业龙头企业1家(寿仙谷)，2021年企业品牌价值评估22.4亿元；武阳春雨品牌估值21.37亿元，获评最具溢价力品牌。整合推出完成中药材品牌“武七味”。三是纵深推进乡村建设，整治提升农村人居环境。全域推广使用垃圾分类智能化监管平台“考垃 APP”，农村生活垃圾分类处理优秀村覆盖率达 90%，农村公厕“所长制”覆盖率达 100%。突出亮点抓好重点村建设。建设新时代美丽乡村 70 个，其中精品村 25 个，推进实施省级历史文化保护利用 2 个重点村和 3 个一般村建设，履坦镇叶长埠村成功入围第十批历史文化保护利用重点村名单。指导开展未来乡村创建。围绕打造田园公社，结合全县非粮化整治、高标准农田建设以及绿色农田的创建试点，已评选出老农天地等全县 10 个最美田园。指导履坦镇坛头村开展未来乡村试点建设，制定了坛头村乐游型未来乡村 10 大场景打造方案。四是农业数字化改革奋勇争先。三项工作入选省厅第一批“先行先试”多跨应用场景。分别是绿色优质农产品生产服务（“肥药两制”改革）、低收入农户帮促、农村集体“三资”管理服务，均已完成全部建设任务。积极开展新试点。“浙样销”试运行两个月，产销信息撮合量达 600 多笔；建设完成农村土地地理信息管理系统“武易云”，实现农业农村一张图移动平台，提高农村土地数字化管理服务水平。五是量身定制“富民增收 20 招”。以五大行动为主线，全面实施富民工程。《武义县 20 招组合拳 实施“富民增收计划”推进共同富裕》作为市县典型做法报送国家乡村振兴局。总结提炼的建设促共富、帮扶促共富、改革促共富三大典型案例入选全省第一批农业农村领域共同富裕典型案例清单，为全省入选数量最多的县。

工业：坚持“工业强县”战略不动摇，聚焦“再造一个武义工业”的战略目标，紧盯产业转型、数字化改革等重点工作，主动应对困难风险挑战，全力打好高质量发展组合拳。加大对创新驱动、品牌培育、市场开拓的引导和支持力度，坚定不移推进大平台、大产业、大项目、大企业建设。一是坚持有为敢担当，提高服务企业水平。政策扶持力度和兑现进度“双提升”。一方面出台《关于推动工业经济高质量发展的意见》，将科技局、市场监管局政策整合，计划每年安排一定的专项资金，用于第三方机构对投资、隐形冠军、数字经济、强企培育、智能制造示范等项目进行评价、评定、审计等工作。另一方面整合了现有的服务业政策，并正式出台《武义县推进服务业高质量发展若干意见》，鼓励企业做大做强和扩大有效投资，还着重总部经济、超市经济、再生资源业、商贸流通业、电子商务业等 9 个重点行业培育。同时制定了《武义县推进贸易高质量发展行动计划（2021–2023）》，为我县由外贸大县向外贸强县转变理清了目标和方向。打造一流营商环境“不停歇”。精准服务铸造项目备案，针对企业备案过程中熔化炉型号、公称容量或熔化率等重要指标混淆不清，开展上门指导企业备案服务，核验熔化炉，现场指导企业进行项目备案及熔化炉产能置换。创新特别突出技能人才破格申报晋升机制、举办“2021 年武义县企业数字化转型与领导力提升专项培训班暨经信（商务）基层干部推进共同富裕履职能力提升专项培训班”等，大力培养企业人才。二是凝心聚力促转型，不断深化产业发展。全面推进数字化改革。完成 3.0 版数字经济综合门户上线，涵盖产业大脑+未来工厂、浙企数贸、浙企成长、浙企要素等 7 大跑道，建设首批任务数据仓，加快数据对接贯通。聚焦重大需求，建设“以地管企”重点应用场景，构建地企对应、行业建模、企业评价、土地体检、风险预警、码上租赁等模块，实现企业、宗地亩均效益双维精准评价和建立高质量发展月度评价体系，为深化“亩均论英雄改革”做出探索，该场景列入省数字经济系统地方创新应用和金华市数字化改革重点场景。今年以来，共申报省级智能工厂 4 家、省级工业互联网平台创建项目 3 个、省级重点工业互联网平台项目 1 个；纳入市级数字化车间（智能工厂）培育库企业 13 家；聚杰电器榕器共享智造工业互联网平台被认定为省级服务型制造示范企业和省级工业互联网平台创建项目，实现我县零的突破。深化产业数字化升级。通过构建地区服务资源池，赋能企业数字化智能化转型，联合智能制造研究院实施“智能制造入企业”活动，并在电动工具、厨具等行业开展共性应用场景解决方案探索。实现创新能力新提升。持续推进企业创新载体建设，金澳兰、拓为汽车部件 3 家企业被认定为省级工业设计中心，数量位居全市第一；铂动工贸和西林德两家企业认定为省级企业技术中心；保康电器等两家企业被认定为市级企业技术中心；8 家企业认定为市级工业设计中心，数量位居全市第一。鼓励企业开发新产品、新技术，新天齿轮、天泰机械等 3 个项目被认定为市级技术创新项目，推荐焱木科技的项目申报浙江省重点高新技术产品项目，推荐金澳兰申报省首台（套）产品工程化攻关项目，推荐金澳兰等 6 家企业的产品申报省装备制造业首台套产品。三是腾笼换鸟强主体，绿色智造扎实推进。聚力“亩均论英雄”改革。对全县规模以上工业企业，以及登记确权且用地面积在 3 亩（含）以上的工业企业开展亩均效益综合评价，并对 2019 年度及 2020 年度的 D 类企业执行差别化政策。此外，今年在“云企服”数字化平台基础上，迭代升级了“武义县工业企业数字化管理服务平台”，功能更全面、服务更精准。全力推进企业整治提升。加压整治低效企业。梳理亩均税收

3万元以下低效企业，并分2批次下达低效企业整治任务，按照“一企一策”“因企施策”对标对表进行整治。持续淘汰落后产能。定期指导帮助开发区、桐琴镇、泉溪镇开展淘汰落后产能工作。在过去3年面上整治的基础上进行“回头看”，对整治成效产生反弹的企业重点整治。优化市场主体格局。通过深入实施“雄鹰行动”培育计划、“放水养鱼”行动，借助“雏鹰”行动以及“小升规”培育库等。此外还通过新建小微园，帮助小微企业集聚发展。冠威小微园、浦峻小微园(一期)、法德小微园(一期)验收完成，部分企业已入驻小微园进行生产工作；隆盛旅游休闲用品小微园、浦峻小微园(二期)、法德小微园(二期)正在建设中。四是项目推进有突破，增强经济发展后劲。创新模式稳发展。推行“全链式”工业项目管理模式，贯穿项目招引落地、项目帮扶推进、项目建设投产等各环节，全面推动工业项目建设，为全县工业经济高质量发展积蓄动能。特别是今年已成功洽谈了5G全氟高聚光纤、太阳能高倍聚光光伏发电、网易国际数字贸易港等省重大产业项目。四色预警促开工。根据项目计划开工时间和进展情况，将38个已供未建项目划分为“红、黄、绿、蓝”四色预警清单进行管理，并将预警情况同步抄送所在片区进行联动督办，有效推进了一批“钉子户”项目开工建设。今年以来，已完成3个历史遗留项目政策处理，推动23个已供未建项目开工建设，总面积达59.15万平方米，计划总投资49.54亿元。逐一摸排抓入库。以施工许可证为有力抓手，对全县300余个备案项目情况进行逐项排摸，提前开展投资情况核对及入库可行性分析。以此为基础，通过每月跟踪备案项目的厂房建设进度和投资数据情况，进行倒排时间计划和入库资料准备，一旦该项目符合入库标准即可完成“一秒入库”。

对外贸易：一是提升品牌效应。加快出口名牌培育是外贸企业实现优化升级、迈向高质量发展的内在要求，公布的2020年度品牌认定中我县新认定的省市出口名牌数量占全市比例高达三分之一，总数居全市首位，其中“浙江出口名牌”新增4家、复核通过5家；“金华出口名牌”新增10家、复核通过9家。今年，还创新实施县级出口名牌评选，进一步提升企业的品牌意识。二是外贸帮扶助力拓市。以组展拓市提升武义制造知名度，今年先后组织企业参加第2届中东欧博览会，开拓“一带一路”市场，全县共计17家企业参展；组织企业参加130届线上广交会，我县共有94家(次)参展，参展企业数位居全市第二。此外还组织参加浙江出口网上交易会等展会，并做好与浙江远大、中国制造网等平台合作自主举办线上展会等。为帮助外贸企业应对“一舱难求、运费高涨”的困难，组织了首趟“中欧班列”武义号，将货值2500万元的扫雪机、园林机电等产品送达俄罗斯等“一带一路”沿线国家。三是全心全意常态帮扶。坚持一月一次进行五色预警更新，做好风险提示预警和企业帮扶工作。此外，制定出台了《关于进一步扩大开放促进外经贸发展实施意见》、《武义县进一步扩大开放促进外经贸发展实施细则》等。特别是针对疫情情况，加大线上线下展会的补助力度，加强对补助资金的管理，提高财政资金的使用绩效。四是积极主动招引外资。今年我县积极开展外资引进工作，经深入挖掘和招引我县共有外资项目2个，实到资金1000万美元，完成全年外商投资任务的121.21%，在2020年外商投资额“0”的基础上有了较大的提高。

全域旅游：围绕“诗画浙江，中国最佳旅游目的地”总方向，武义县提出“打造中国温泉名城 构建东方养生胜地”，以“唐韵温养、宋风印迹、牛头山水、飞驰时光”为主题，持续擦亮温泉康养品牌、积极深化文化遗产传承、加强多元产业融合，将全县文化资源、旅游景区、体育基地融入四条诗路旅游线路。一是高规格完成规划编制。明确发展目标，完成《全域旅游规划》和《文旅体发展十四五规划》编制工作。制定出台《武义县推动发展乡村民宿的十条政策意见》《十条政策意见实施细则》。二是打造高等级民宿。持续推进武义温泉民宿集聚区助推乡村振兴改革试点工作，同温泉度假区管委会、山海协作产业园等多个部门对接沟通，并根据浙江省文旅厅开展文化和旅游资源开发改革第一批试点成效评估要求，向省厅进行工作情况专题汇报1次，通过第一次效果评估。借助温泉、生态、古村资源优势，积极引进社会资本打造精品景区，鼓励利用农村闲置房发展乡村旅游，着力推动发展全县乡村旅游。丰富民宿业态，指导善渡、小黄山、梧鸣谷精品民宿项目建设，其中善渡、梧鸣谷民宿完成开业。培育高等级民宿，指导牛头山鸟巢、蝶来、乡悦星宿等7家民宿争创省等级民宿，田庐、随园民宿等2家等级民宿争创省文化非遗主题民宿。柳城畲族镇梁家山民宿入选《2021世界旅游联盟—旅游助力乡村振兴案例》全省共3家，系全市唯一。三是全力推进“微改造、精提升”工作。列入省级旅游业“微改造、精提升”工作试点县，承办全市“微改造、精提升”工作现场会。制定《武义县省级旅游业“微改造、精提升”行动试点县实施方案》，梳理“微改造、精提升”项目65个，总投资2.07亿元；启动旅游大通道建设，现已完成金武快速路“康养之都欢迎您”“来武义、我养你”景观节点、金武快速路旅游交通指示牌、俞源景区入口景观节点建设;推进“百城千镇万村”景区化工程。通过3A级景区城验收,启动4A级景区城创建,编制完成《武义县创建浙江省高等级景区城实施方案》、《武义县高等级景区城创建提升方案》等初稿。新评定市级研学营地1家(牛头山),市级研学基地3家(寿仙谷国药基地、八婺非遗研学基地、抱朴艺墅研学基地),新评定市级红色旅游教育基地2家。

服务业:一是多措并举促消费,商贸流通提质扩容。精准施策稳增长。今年以来,共开展了两次消费券发放活动,共计490余万元、拉动消费5700余万元,同时紧抓春节、暑期、中秋、国庆、“双十一”等节假日及消费集中期,举办夏季建材家居惠民工程、“人保杯”2021武义大型端午惠民车展等大型促销活动,年累计已举办各类促销活动100场以上。在商贸主体培育方面,一方面,深入挖掘新增入统单位,鼓励引导符合条件的、成长型好的企业及大个体纳入统计范围,引进大型批发企业中色贸易落户武义,并实现运营公司月度入统。另一方面开展限下样本单位替换、大个体入统、企业年度入统等工作,优化库内企业及大个体结构。富民增收谋发展。依托富民增收工程,全力推进“超市经济”建设,积极招引、培育亿都超市,拟发展成超市总部经济,目前“超市经济”入选了浙江省高质量发展建设共同富裕示范区典型案例。提升家政行业服务品质,首次联合举办武义县康养护理技能大赛,进一步推进我县家政服务技能人才队伍建设,提高家政服务行业职工的技能水平,提升家政服务业规范化职业化。二是电子商务谋创新,电商优势逐步凸显。大力发展跨境电商。据不完全统计,全县通过阿里巴巴国际站、亚马逊、速卖通等跨境电商平台从事的跨境电商主体达800多家,跨境电商超亿元企业数量位居山区26县第一,成功培育孵化金跃动力、上水工贸、大瑞贸易等一批跨境电商头部企业以及外贸企业转型发展跨境电商,“wuyi”在运动娱乐行业里已成为具有产地属性的“热门搜索词”,跨境电商品牌武义产业带专区成效明显。稳步推进农村电商。借助国家电子商务进农村综合示范项目实施,已总结和探索出“一个中心,六大体系”的武义县农村电商特色综合服务网,全面推动县域电子商务产业发展。培育提升“武阳春雨”和“宣平小吃”区域公共品牌及5个本土优秀品牌、培育线上店铺7家、开设线下O2O体验店2家、打造俞源和坛头2个乡村旅游示范点,通过实现线上销售赋能,实现销售额同比线下翻番。丰富完善配套资源。我局积极打造电子商务服务综合体,形成以“电商公共服务中心”为核心,“网易联合创新中心”和“武义电商生态体系”为两翼的电商服务格局。

城镇建设:一是推进城市有机更新,提高城市品质。总建筑面积109.42万㎡,投资近100亿元的溪南、程王处、下王宅鸣阳三大安置区块和配套工程全面完工,累计2154户产权调换被征收人完成选房3196套,24户商业用房产完成权调换房选房工作,我县有史以来征迁体量最大、征迁情况最复杂的城中村改造项目圆满收官。加快老旧小区改造提升,2021年完成三个街道30个老旧小区改造任务,提前一年完成《武义县老旧小区综合改造提升工作实施方案(2020~2022)》目标任务;完成9个绿色社区创建,完成既有住宅加装电梯2部,5个高层住宅及需要二次加压的多层住宅小区二次供水设施完成改造。推进古城保护开发建设,古城保护开发建设方面,投资3500万元,完成壶山上街一期、二期及横街二标、三标工程;文庙文昌阁工程累计完成投资额8000万元,占总工程量的53%;永丰路和西寺溪改造工程已进场施工。二是补齐城市基础设施短板,健全城市功能。加强城市道路建设,打通环城西路、下王宅路、阳春路、鸣阳路、武通路、市政路城市断头路6条,明招路、环城北路道路改造和景观提升工程,武川路延伸等重点项目按节点推进。推进交通微循环系统建设,完成环壶山小学-武川小学、星光菜场周边道路交通设施建设。完成新增城区停车泊位1000个。加快城镇生活污水提标改造,中成污水处理厂扩建工程投入试运行;柳城污水处理厂已完成总工程量60%。不断推进绿道建设,年内新建绿道5.5公里。三是推动行业高质量发展,提升经济指标。根据省市相关政策,借鉴周边兄弟县市经验和做法,县政府84次会议审议通过了《武义县人民政府关于促进建筑业总部经济发展的若干意见(修订)》;省内建筑业全年产值29.9亿元,同比增长44.5%,增速居全市第一;对建筑市场进行全面清理整顿,持续推动新型建筑工业化发展,完成新开工装配式建筑面积达54.88万平方米,超额完成56.8%;争创县级及以上优质工程数量26个,今年竣工项目数量111个,占比23%,超额完成15%;完成既有公共建筑节能改造1.2万平方米,超额完成20%;完成可再生能源建筑应用面积90.8万平方米,较目标任务超两倍;实施高星级绿色建筑示范工程1项。

(责任编辑:王怡然　金瑞锋　赵峰)

桐 乡 市

·概况·

【地理位置与行政区划】 桐乡市位于浙江北部杭嘉湖平原,地理坐标为北纬30°28′—30°47′、东经120°17′—120°39′。东连嘉兴市秀洲区,南邻海宁市,西毗德清县、杭州市临平区,西北接湖州市南浔区,北界江苏省苏州市吴江区。市区距上海市148千米,距杭州市65千米。沪昆高速公路(G60)、申嘉湖高速公路(S12)、练杭高速公路(S13)、320国道、沪杭铁路客运专线、京杭大运河等水陆交通要道贯穿全境。

2021年,桐乡市辖乌镇、濮院、屠甸、石门、河山、洲泉、大麻、崇福8个镇,城区设梧桐、凤鸣、高桥3个街道,下辖176个村和41个社区。其中,梧桐街道辖14个村、18个居委会;凤鸣街道辖10个村、1个居委会;高桥街道辖22个村、3个居委会;崇福镇辖26个村、3个居委会;乌镇镇辖26个村、4个居委会;濮院镇辖13个村、7个居委会;石门镇辖18个村、1个居委会;洲泉镇辖19个村、1个居委会;屠甸镇辖8个村、1个居委会;大麻镇辖11个村、1个居委会;河山镇辖9个村、1个居委会。

【人口与自然环境】 2021年底全市总户数为201697户,总人口为711582人,平均每家庭户3.53人。城镇人口416412人,乡村人口295170人。其中:男性347707人,女性363875人,男女性别比为100:104.65,去年男女性别比为100:104.19,今年女性比例仍略有上升。2021年人口出生率为6.35‰,死亡率为7.03‰,自然增长率为-0.68‰,年增长率为5.53‰,机械增长率为6.20‰,城镇年增长率为7.87‰,迁入率为37.02‰,迁出率为30.82‰。全市新居民登记在册总数为584383人,同比上升5.50%,其中16周岁以下儿童40576人,同比下降1.20%,登记在册出租房屋61569户。

桐乡市境为长江三角洲平原的一部分,境内地势低平,无一山丘,大致东南高、西北低,略向太湖倾斜,平均海拔5.3米。东西宽约36千米,南北长约34千米,总面积727平方千米。

境内土壤为江、海、湖沼沉积物,分属水稻土和潮土两类,土地肥沃,适宜种植水稻和经济类作物。全市有耕地3.9万公顷,占全市土地总面积的53.7%。其中:水田3.14万公顷,旱地7593公顷,分别占耕地面积的80.5%、19.5%。

境内生物资源种类繁多。主要植物资源有720种,其中孢子植物74种、种子植物646种(裸子植物25种、被子植物621种)。主要动物资源有451种,其中:脊椎动物218种、节肢动物192种、软体动物32种、其他动物9种。

境内河流属长江流域太湖运河水系。市境河流南接海宁长安上塘河水系,北经澜溪塘与江苏省河道贯通,京杭大运河流经市境段长41.77千米。全市有骨干河道46条,大部分河道与运河垂直相交,呈网状分布。与运河桐乡段相连的河道主要有金牛塘、白马塘、康泾塘、长安塘、含山塘、灵安港、羔羊港、西圣埭港、长山河等。境内河道总长2060.8千米,水域面积51.9平方千米,占全市总面积的7.13%。属典型的江南水网平原。

【经济发展】 2021年,桐乡市统筹疫情常态化防控和经济社会发展,综合实力持续增强,产业结构不断优化,数字化改革纵深推进,民生保障更加有力,生态环境持续改善。全年实现地区生产总值1141.7亿元,比上年增长8.5%。其中,第一产业增加值25.95亿元,增长2.9%;第二产业增加值564.33亿元,增长11.1%;第三产业增加值551.41亿元,增长6.4%。三次产业结构调整为2.3:49.4:48.3。全市实现规模以上工业总产值2208.5亿元,比上年增长33.2%,其中新材料产值794.4亿元、新制造229.8亿元、新时尚506.2亿元,分别增长40.9%、56.1%和19.1%。实现规模以上工业增加值396.1亿元,比上年增长14.5%,其中高新技术产业267.73亿元、战略性新兴产业157.72亿元、高端装备制造业42.22亿元,分别增长14.9%、26.6%和25.7%。实现服务业增加值551.4亿元,总量居嘉兴第一,比上年增长6.4%。高新技术产业增加值占规模以上工业增加值的67.6%。实现财政总收入178.1亿元,比上年增长16.2%,其中一般公共预算收入109.3亿元,增长16.3%。全社会研究开发经费36.24亿元,占地区生产总值的3.17%,比上年提升0.17个百分点。实际利用外资3.8亿美元。金融机构年末本外币存款余额2051.44亿元,本外币贷款余额2133.12亿元,分别比上年增长14%和25.9%。实施融资畅通工程,"梧桐树"中小微企业担保服务平台提供担保7.1亿元。完成固定资产投资433.8亿元,比上年增长10.6%,其中工业投资161.1亿元、服务业投资272.8亿元,分别增长22.5%、4.6%。实现进出口总值509.7亿元、出口总值

341.4 亿元,分别比上年增长 31.7%和 22.1%;社会消费品零售总额 456.9 亿元,比上年增长 8.9%。市场主体总量 16.4 万户,其中企业 4 万户,均居嘉兴首位。年内,供应国有建设用地 8644 亩,盘活存量土地 2226 亩,腾退低效用地 3900.5 亩,耕地功能恢复 2.8 万亩。争取省级土地指标奖励 5566 亩、企业债 12 亿元、政府专项债 9.5 亿元。保障重大项目用能 24 万吨标煤,完成用能权交易 4732.9 万元。

2021 年,桐乡市城镇居民人均可支配收入 6.82 万元、农村居民人均可支配收入 4.37 万元,分别比上年增长 9.3%和 8.3%。全年保障民生支出 97.3 亿元,比上年增长 13.2%,占一般公共预算总支出的 84.2%。加强重点人群就业帮扶,新增城镇就业岗位 4.3 万个。居民健康素养水平 37.6%,户籍人口基本养老保险参保率 98.2%,发放社保待遇 44.4 亿元;户籍人口基本医疗保险参保率 99.5%,医疗保险基金支出 21.3 亿元。构建“党建+社会救助”新模式,全年救助困难家庭 3.3 万余户次,发放救助资金 3500 余万元。推进 15 条美丽乡村精品线建设,开展粮食生产功能区“非粮化”整治,腾退耕地 1.9 万亩;启动新一轮“强村富民”计划,全市所有村经常性收入达 165 万元以上、经营性收入达 65 万元以上,实施“共富大棚”等创新模式,低收入农户人均可支配收入 2.3 万元,比上年增长 11.8%。

【发展环境全面优化】 2021 年,桐乡市深入实施营商环境建设“四大工程”(政务服务全领域提质、企业全生命周期管理服务提优、市场环境全环节监管提效、安商稳商全方位服务提档),以“四大机制”(督查、反馈、考核、破难)全力推动百余项重点工作。落实各项惠企政策,全年为企业减负 50.6 亿元,“拿地即开工”、基层医疗电子票据等多项改革在全省推广。桐乡市列 2021 年全国营商环境百强县第二位。纵深推进数字化改革,3 项数字化改革经验在《竞跑者》刊发,“合成纤维产业大脑”“GEP 辅助决策”“公租房申请一件事”等 44 个应用被纳入省级试点,“数字招商一体化”“数智环保”“田保姆”等一批优秀应用应运而生。

【重大项目有序推进】 2021 年,桐乡市开展扩大有效投资“四大竞赛”,“项目‘回头看’、聚力‘破六未’”争先创优攻坚行动,聚焦重点经济领域和民生领域,谋划实施一批重点投资项目,获全省第三季度、第四季度投资“赛马”激励。179 个市级重大项目完成投资 271 亿元,完成年度计划的 138.5%,开工率 98.3%;亿元以上新开工项目 60 个、竣工项目 65 个,数量均居嘉兴前列;9 个省重点建设项目、34 个省“六个千亿”产业投资工程均超额完成年度计划。151 项 2000 万元以上政府投资项目完成投资 40.5 亿元,完成年度计划的 98.8%,其中市级 63 项、完成投资 26 亿元,完成年度计划的 103.4%。

【数字经济加快发展】 2021 年,桐乡市深入实施数字经济“一号工程”2.0 版,谋划打造高能级大平台,出台数字经济高质量发展支持政策,夯实数字经济基础。新增数字经济规模以上企业 18 家、亿元以上备案项目 26 个,全年实现数字经济核心制造业产值 222.2 亿元,比上年增长 35.96%,实现增加值 40.5 亿元,增长 22%。完成数字制造业投资 30.3 亿元,增长 172%,增速居嘉兴市第一。年内,浦华新能源等数字产业项目加快推进,开发区、乌镇两大数字经济主平台不断壮大,桐昆集团股份有限公司列入 2021 年省级“未来工厂”建设试点名单,桐乡化纤产业集群新试点成功入选 2021 年省级产业集群新智造试点,新凤鸣入围国家级智能制造示范企业,并顺利完成“未来工厂”现场验收,亘美集团、新澳纺织等企业获 7 项省级以上产业数字化示范试点,两化融合发展指数 101.89,稳居全省一类地区。

【创新动能有效增强】 2021 年,桐乡市加快布局“12310”创新矩阵,以乌镇大道为中心轴,布局一个高新区、两个生态园、三大科技城和十个“园中园”,加快建设国际科创湖区。高标准推进乌镇大数据高新技术产业园区建设,“乌镇之光”超算中心建成运营,投资 12.8 亿元,建设乌镇实验室战略科创平台和浙江清华长三角研究院桐乡创新中心,设研发中心 4 个,引进人才 48 名。实施高新技术企业“育苗造林”工程,新认定国家高新技术企业 108 家、省科技型企业 194 家,累计分别达 504 家和 1061 家。实施“金凤凰人才 2150 计划”,全年引进大学生 20077 人,引进高层次人才 1063 人(其中博士 187 人)。

【民生福祉持续改善】 2021 年,桐乡市以共同富裕建设为契机,扎实推进教育、卫生、文化等社会事业发展。教育资源提标扩容,丰子恺学校小学部、洲泉小学等投入使用,义务教育学校标准化达标率 100%,中、高考成绩保持嘉兴市领先。深化“健康桐乡”建设,基本完成突发公共卫生事件应急指挥平台改造,医疗防疫物资满足 30 天满负荷运转。新增与上海瑞金医院、与省人民医院等沪杭医院合作项目 9 个,县域就诊率和基层就诊率分别达到 90%和 72.7%,市中医院迁建工程开工。10 月,桐乡市通过国家级健康促进县(区)技术评估。启动全国文明城市创建,通过省级年度测评。围绕“建设人文名城、打造风雅桐乡”战略目标，坚持以文化人、以文惠民、以文兴业、以文塑城，基层公共文化服务评估位列全省第一。推进“县乡一体、条抓块统”改革，迭代“四治融合”场景应用，健全风险闭环管控大平安机制，“平安桐乡”实现十六连冠，成功入评首届平安中国建设示范县。

【城乡品质全面提升】 2021 年，桐乡市加强污染防治，推进排污许可管理制度改革试点工作和县域空气质量预报改革试点工作，做实、做深生活垃圾分类工作，其中居民小区易腐垃圾就地减量处置、数字赋能垃圾分类等做法得到央视等中央媒体专题报道。西部饮用水源保护建设项目建成并投入使用。开展清洁能源替代改造，推进整市光伏规模化开发，新增并网容量 62.7 兆瓦，淘汰所有 35 蒸吨/小时以下燃煤锅炉，天然气消费量突破 8 亿立方米。省级大花园示范县建设工作年度考核获优秀。推进品质城市建设，乌镇互联网培训中心、全民健身中心(李宁体育园)、未来广场等一批基础设施建成开放。杨家门国际商务区等项目加速推进。庆北生态公园建成开放。全市新增口袋公园 17 个、绿道 38.1 千米。

·主要产业·

【概况】 2021 年，桐乡坚持稳中求进工作总基调，围绕市委、市政府工作部署，面对国际贸易争端和新冠疫情影响下的复杂严峻局势，完成规上总产值 2208 亿元，首次突破 2000 亿大关、同比增长 33.2%；实现规上工业增加值 396.1 亿元、总量列嘉兴第 2，同比增长 14.5%。数字经济核心制造业产值 222.2 亿元、同比增长 35.96%，实现增加值 40.5 亿元，增速 22%，完成数字制造业投资 30.3 亿元，同比增长 172%、增速嘉兴第 1。完成工业生产性投资 161 亿元，同比增长 22.5%、总量嘉兴第 2。其中新产品产值 778 亿元，下降 6.6%，新产品产值率 47.1%。数字经济核心产业产值 164.1 亿元，增长 3.9%。实现销售产值 1637.1 亿元，下降 8.7%，产销率 99.1%，其中出口交货值 204.95 亿元，下降 16.4%。规模以上工业企业实现主营业收入 1813.3 亿元，下降 4.1%；实现利税 133.9 亿元，下降 6.7%，其中利润 96 亿元，增长 1.1%。全市规模以上工业企业账面亏损企业 288 家，亏损额 24.1 亿元，增长 94.2%。主要产品化纤产量增长 4.9%、布下降 15.0%、纱增长 6.6%、轻革下降 2.4%、皮鞋下降 23.9%、服装下降 26.9%、水泥下降 0.1%、玻纤下降 9.6%。主导行业中化纤、纺织、建材、化学产品分别实现产值 423.3 亿元、280 亿元、207.8 亿元、84.7 亿元，分别下降 23.9%、下降 11.9%、增长 12.5%、下降 1.8%。化纤、纺织、建材、化学产品分别实现利润 16 亿元、6.6 亿元、42.3 亿元、10.7 亿元，分别下降 35.6%、下降 39.4%、增长 66%和增长 30.4%；全市装备制造业、新材料、数字经济核心制造业和时尚产业分别实现产值 285.6 亿元、685.7 亿元、164.1 亿元和 437.4 亿元，分别增长 3.4%、下降 13.6%、增长 3.9%和下降 13.8%。

全市规模以上(年主营业务收入 2000 万元以上)企业 1248 家，增加 130 家，其中年主营业务收入超亿元企业 281 家，5 亿元及以上企业 53 家，10 亿元及以上企业 23 家，桐昆集团股份有限公司主营业务收入超 300 亿元。拥有国家级企业技术中心 3 家、省级企业技术中心 25 家、嘉兴市级企业技术中心 137 家。

全年完成工业生产性投入 136.49 亿元，下降 13.55%，其中技改投入 105.42 亿元，下降 7.18%，占生产性投入的 77.2%；设备投资 61.4 亿元，下降 2.74%；战略性新兴产业项目数占全市重大项目 42%，完成投资 53.2 亿元，占全年重大项目完成投资总额的 55%。工业投资备案项目 505 个，仅赋码项目 10 个，共 515 个，增长 7.74%；总投资 735.81 亿元，增长 124.67%，其中“零土地”技改项目 424 个。全市 93 个工业重点项目开工 93 个，开工率 100%，完成投资 96.8 亿元；新开工超亿元项目 55 个、超 10 亿元项目 6 个。

桐乡市围绕先进制造业重构和重点产业链提升，全力实施“1388”产业链提升工程，巩固传统产业优势，强化优势产业领先地位，积极打造“未来工业社区”。

桐乡市积极承接世界互联网大会红利，深入实施数字经济 “一号工程”2.0 版，全力建设数字文明先行市，奋力擦亮“互联网+”高地金名片，数字经济发展成效显著。

一是数字产业量质齐升。成功创建省信息经济发展试验区和省数字经济创新发展试验区。首届世界互联网大会以来，全市数字经济企业数从 355 家增加到 2732 家，数字制造业产值从 49 亿元增长至 222 亿元。“三智一网”产业生态初步形成，智能汽车产值达 140 亿元，智能传感产值达 55 亿元，智能计算标志性项目成功落地，孵化集聚工业互联网企业 50 家。

二是数字赋能引领转型。成功创建省“两化”深度融合国家示范区，两化融合指数连续七年进位，稳居全省一类地区。化纤产业入选省产业集群新智造试点，合成纤维产业大脑揭榜全省首批建设试点，巨石、新凤鸣、桐昆入选“未来工厂”示范试点，数量嘉兴第一。2021年获得嘉兴唯一省数字经济系统建设考核优秀县。

三是数字基建支撑有力。建成浙江首个大型超算中心“乌镇之光”，开通全国首条县级国际互联网数据专用通道，上线浙北首个国家工业互联网标识解析二级节点。全市互联网出口带宽达2080G，固定宽带网络全面光网化；开通5G基站1550个，数量嘉兴第一。

推动企业技术装备创新发展，发挥首台套产业引领作用，以智能制造为重点，推动企业提质增效，不断壮大高端装备产业，促进桐乡由制造强市向“智造”强市转变，全力推动经济高质量发展。

一是推进各级企业技术中心建设。桐昆集团浙江恒通化纤有限公司、桐乡市中维化纤有限公司和浙江天女集团制漆有限公司被认定为2021年(第28批)省级企业技术中心，截至目前桐乡市共有省级企业技术中心28家，数量位列嘉兴第一。浙江永金生物科技有限公司技术中心等22家企业技术中心入围嘉兴市级企业技术中心公示名单。各级企业技术中心总数保持嘉兴领先。

二是打造单项冠军企业。推荐华友钴业等企业申报第六批制造业单项冠军示范企业(产品)，其中华友钴业“四氧化三钴”入围第六批单项冠军产品公示名单，嘉兴共3家。单项冠军总数保持嘉兴第一，全省领先。

三是组织开展各类技术创新项目申报工作。桐昆集团股份有限公司凉感抗菌复合弹性纤维项目列入2021年浙江省重点技术创新项目计划，浙江中鼎纺织股份有限公司的“纯天然多组份混纺抗菌针织纱线”等4个项目列入2021年浙江省重点高新技术产品开发项目计划。(浙经信技术〔2021〕111号)截至目前，桐乡市省级新产品已备案840余项，580余项目已通过验收。桐昆集团股份有限公司入围2021年浙江省“未来工厂”试点企业名单，嘉兴共4家。新凤鸣集团股份有限公司参与起草浙江省《“未来工厂”建设导则》团体标准。

【纺织服装业】 纺织服装业是桐乡市工业经济的传统产业和主导产业之一。2021年，全市有规模以上纺织服装企业582家，实现工业总产值355.1亿元，占全市规模以上工业总产值的21.5%；实现主营业务收入378.7亿元，比上年下降5%；实现利税18.5亿元，其中利润8.99亿元。

桐乡市纺织服装业经过多年发展，形成毛针织服装、家纺布艺、植绒、绢纺、蚕丝被等特色产业集群。毛针织服装以濮院镇羊毛衫市场为中心，与屠甸镇、梧桐街道、乌镇镇等地形成完整的生产、销售产业链。全市毛针织服装企业2.2万家(含个体户)，规模以上毛衫针织企业175家，占全市规模以上纺织服装企业总数的30.1%。2021年3月17日—19日，组织毛衫企业抱团参加“PH Value 2021中国国际针织(春夏)博览会”，桐乡市30余家毛衫企业、市场商户、设计师和时尚平台参展，在展会上举办2021时尚产业推介会、第六届“濮院杯”中国针织设计师设计大赛总决赛、专业论坛和濮院时尚品牌带来的联合发布秀等活动。蚕丝制品是桐乡市特色产业，以洲泉镇为中心形成集养蚕、制绵、研发、生产、销售于一体的相对完整产业链。洲泉镇从事蚕丝被生产、销售企业118家，其中规模以上企业14家，年产值9.37亿元。家纺布艺主要集中在大麻镇、洲泉镇，以大麻镇特色工业功能区为支撑，专业化市场为依托，销售覆盖全国各省，远销欧美、中东、东南亚、日本、韩国等多个国家和地区，是大麻经济的支柱产业。2021年，大麻镇有家纺布艺企业3144家(含个体户)，规模以上家纺企业76家，实现产值134.6亿元；实现销售收入133.5亿元；实现利润2.55亿元。大麻镇家纺从业人员9945人，有剑杆机8420台，全年生产各类装饰布2.46亿米，主要产品有沙发布、窗帘布、家居布艺等软家居用品；生产各类纱1.8万吨。10月9日—10月11日，2021年中国国际家用纺织品及辅料（秋冬)博览会在上海国家会展中心举行。桐乡市65家企业统一使用“桐乡家纺”标识参加博览会，并在展会上设“桐乡家纺馆”集中展示，主要展出沙发布、窗帘布、家纺面料等。

【化纤业】 2021年，化纤行业面临的国内外挑战错综复杂。上半年产业链完全恢复到疫情前水平，企业产销两旺，各项经济指标高速增长。进入下半年，国内多地疫情此消彼长、能耗双控持续加码，对行业的回升幅度影响明显；同时由于全年化纤市场价格处于上升通道，为化纤企业带来了原料和产品的库存盘盈，成为行业的一个重要盈利点。总体来说，化纤行业全年运行良好，呈现难得的量、价、利齐升的局面。至年底，全行业有规模以上工业企业82家，比上年减少14家；其中亏损企业8家，比上年减少16家。全年生产化学纤维78.5万吨，比上年增长14.6%。其中：涤纶纤维76.8万吨，比上年增长14.9%；绵纶纤维1.7万吨，比上年增长3.4%。全行业实现营业收入699.3亿元，比上年39.2%，占全市工业企业营业收入的29.3%；实现利润总额38.9亿元，比上年142.1%，占全市利润总额的25%。

对外投资方兴未艾，产能继续扩大。受本市土地、能源等资源要素的制约，桐昆、新凤鸣两大集团在桐乡总部发展的同时，积极对外投资。桐昆集团浙江恒超化纤有限公司全面达产，总产量56.61万吨，其中切片产量4.03万吨，长丝产量52.58万吨；桐昆集团江苏嘉通能源有限公司首套聚酯装置投料开车一次成功，全部投产后形成年产500万吨PTA，240万吨新型功能性纤维；浙江恒翔新材料有限公司（海盐）年产15万吨表面活性剂、20万吨纺织专用助剂项目投料生产，助力桐昆精细化工产业更进一步；江苏桐昆恒欣新材料有限公司以收购海欣纤维资产为基础，形成年产22万吨涤纶长丝生产能力。新凤鸣集团独山能源PCP1&2项目顺利投产，形成年产60万吨智能化、功能性差别化纤维的生产能力；湖州基地中磊化纤一期30万吨功能柔性定制化短纤项目正式投产。与此同时，两大集团在本省及江苏、新疆、广西、福建等地实行战略布局，多个项目签约立项并启动建设，继续扩大产能，以持续保持在行业中的领先地位。据中国化学纤维工业协会排名，桐昆集团、新凤鸣集团获中国化学纤维产量排名第一、第三，涤纶POY产量第一、第二，涤纶民用长丝产量第一、第三，中国聚酯产量第二、第三，涤纶FDY产量第二、第四。两集团均入选中国500强、中国制造业企业500强、中国民营企业制造业500强、《财富》中国500强。

产业数字化持续推进，上下游共同发力。在智能制造、产业数字化领域有着诸多新成果：桐昆集团主持的国家工信部智能制造项目顺利通过验收，牵头完成的《功能性聚酯纤维智能制造系统关键技术与应用模式创新》荣获中国纺织工业联合会科技进步奖。新凤鸣集团股份有限公司累计投资2.56亿元建成聚酯长丝未来工厂，成功入围2021年浙江省“未来工厂”名单。融合桐昆行业优势与联想技术优势的工业科技服务企业——恒云智联开业，桐昆的化纤行业工业互联网平台入选2021年度纺织行业工业互联网平台示范项目，被授予“工业互联网融合创新应用·典型案例”的荣誉，成功入选工业和信息化部2021年大数据产业发展试点示范项目名单，成为204个入选项目中唯一一个化纤类项目及嘉兴市唯一入选项目，还在2021年度纺织行业信息化成果奖项发布会上荣获解决方案奖一等奖。在发展产业链上下游企业共同体上，新凤鸣牵头承担的新型高端纺织产业链，桐昆集团公司牵头成立的“先进聚酯产业共同体”和集团恒超公司参与成立的“流程工业智能制造企业共同体”均入选省产业链上下游企业共同体名单。

突出绿色发展，科技创新上新台阶。桐昆集团坚持“绿色发展和绿色制造”理念，获评国家工信部工业产品绿色设计示范企业，恒邦厂区获评省级绿色工厂。依靠技术创新、高质量发展，两大集团同时荣获化纤行业“十三五”高质量发展领军企业、技术创新示范企业，下属的浙江恒通化纤有限公司、桐乡市中维化纤有限公司被认定为省企业技术中心。桐昆集团荣获“纺织之光”科技进步一等奖，恒隆公司成功入围专精特新“小巨人”。新凤鸣集团中维公司的全消光涤纶长丝入选2020年度“浙江制造精品”。

【建材业】 建材行业是桐乡市重要的材料工业之一。2021年，桐乡市建材工业平稳发展，全市有非金属矿物制品业规模以上企业61家，实现工业产值280.3亿元，比上年增长33.3%，实现工业增加值71.3亿元，营业收入295.4亿元，占全市规模以上工业企业营业收入12.4%；实现利税75.7亿元，增加54.3%，利润68.3亿元，增加61.5%。水泥产量有所增加，全年生产水泥总量839.28万吨，增加31.34%。墙材行业全年生产新型墙体材料（折标准砖）7.67亿块，增加20.7%。

2021年，玻纤行业龙头企业巨石集团经营相对平稳，盈利能力持续稳定，高质量发展初显成效。企业综合能源消费量控制在合理区间，实现总量控制的同时，完成吨粗纱综合能耗0.3338吨标准煤，单位产品能耗基本持平；完成吨细纱综合能耗0.5140吨标准煤，单位产品能耗同比下降1.00%，产品节能量效益明显。完成单位万元产值综合能耗0.5835吨标准煤，由于21年市场行业景气，单位万元产值综合能耗下降25.9.%。2021年全年提交国内外专利申请159件，其中发明申请98件（含国际及涉外发明申请52件），实用新型申请61件；全年获得授权专利120件，其中发明专利授权62件（含涉外发明授权40件），实用新型专利授权58件；截止2021年底，集团公司有效专利累计806件，其中发明专利319件（含涉外发明149件），实用新型专利487件。桐乡本部2021年全年申报国内外专利申请137件，其中发明申请94件（含国际及涉外发明专利申请52件），实用新型申请43件；全年获得专利授权103件，其中发明62件（含涉外发明授权40件），实用新型专利41件；截止2021年底，有效专利累计647件，其中发明专利307件，实用新型专利340件。

【皮革皮草工业】 皮革、皮草及其制品业是桐乡市工业经济的重要行业,包括制革、制鞋、革皮服装、皮毛制品等自然门类,生产企业主要集中在崇福镇、石门镇、高桥街道、洲泉镇。2021年,全市有皮革、皮草及其制品工业企业2700余家,从业人员3万余人,规模以上工业企业67家,占全市规模以上工业企业的5.4%。规模以上企业实现营业收入31.2亿元,比上年下降21.3%;利润1687万元,下降52.3%。

皮草业是皮革业重要分支之一,生产区域主要集中在崇福镇,有工业企业(个体)1723家,其中规模以上工业企业20家,小型企业(个体)1703家,工业总产值163.34亿元,占全镇工业总产值38.8%,毛皮制品海关累计出口6.09亿元(含:革制品及箱包)。2021年3月17-19日,崇福皮毛协会组织中辉、中莹、凯利、顺威、振源、冰狐6家企业参加在上海举办的2021中国国际服装服饰博览会[CHIC2021春季],帮助企业开拓市场。2021年4月17日-18日,崇福皮草协会组织53家会员企业赴江苏参观位于江阴市新桥镇的海澜集团,帮助企业提升开拓创新能力。2021年5月19日,崇福皮毛协会和阿里巴巴(桐乡)跨境电商服务中心共同承办的桐乡市崇福皮草服装行业跨境电商交流会在协会会议中心举行,26家皮草服装企业38人参加了此次交流会。2021年11月26日,第十二届"崇福杯"裘(革)皮服装设计大奖赛作品评审工作在崇福镇举行,近400多件作品参加评审,自由设计师梁恂的参赛作品(冰川下)获金奖。

皮鞋业是桐乡市的特色产业,主要集中在石门镇、洲泉镇,现有皮鞋生产加工及相关企业254家,其中规模以上工业企业3家,小型企业251家;固定职工3771人,全年皮鞋产业工业总产值约8.1亿元,下降30%。鞋业协会实施品牌战略,提高企业创牌意识,鼓励引导会员企业争创"中国真皮标志产品""中国真皮名鞋""中国真皮鞋王"。制革业主要集中在开发区(高桥街道),有规上规模制革企业5家,桐乡市高桥皮革有限公司、嘉兴祥隆皮革有限公司、浙江牧羊人实业有限公司等企业规模较大;企业规模较大。崇福镇有制革企业3家,浙江中辉裘革科技有限公司、浙江金鑫皮革有限公司企业规模较大。全市生产能力最大的制革企业——桐乡市高桥皮革有限公司位于开发区(高桥街道),2021年销售收入约6亿元。

【高端装备制造工业】 高端装备制造工业属于机械制造工业中装备制造业的延伸产业,以高新技术为引领,处于价值链高端和产业链核心环节,决定着整个产业链综合竞争力的,是桐乡市大力引进和培育的战略性新兴产业。主要包括通用设备制造业、专用设备制造业、汽车制造业和电气机械器材制造业等,产品涉及煤矿机械、调速电机、微特电机、汽车及配件等。2021年高端装备制造产业规模以上企业121家,其中亏损企业27家。全年实现规上工业总产值229.8亿元,同比增长56.1%。实现工业增加值49.81亿元,同比增长11.4%。实现营业收入252.8亿元,同比提高63.9%。亏损企业亏损额19.7亿元,亏损额同比增长21.1%。

深化企业技术创新体系建设,提升装备产业综合竞争力。不断加大企业技术中心建设指导,夯实创新基础,加大新产品(新技术)开发力度,促进技术攻关和产品创新,提高技术的成果转化率。2021年推动企业成功入选省级企业技术中心3家,嘉兴市级22家,各级企业技术中心总数保持嘉兴领先。鼓励企业增强创新能力,积极申报新产品、省重点技术创新专项和省重点高新技术产品开发等项目。2021年,桐乡市省级新产品备案858项,其中600多个项目已通过验收;4个项目列入《2021年浙江省重点高新技术产品开发项目计划》。浙江同力重型机械制造有限公司ZJTL-K基于动态选粉的高性能超大型立式磨机和浙江欧亚轻工装备制造有限公司植物纤维模塑包装制品吸滤成型一体设备等两项产品,入围2021年度浙江省装备制造业重点领域首台(套)产品名单。桐乡市三精自动化科技有限公司"用于复杂锯片齿型磨削的数控机床SJ-150"、浙江翔晟净化科技有限公司"XS系列大流量组合式低露点压缩气体干燥机设备"、嘉兴丰沃增压技术有限公司"高性能、高品质的汽油机涡轮增压器"、浙江博源农机有限公司"2ZG-8F水稻高速插秧机"、浙江阿尔法动力技术有限公司"新能源低电压平台车辆用单管IGBT并联型电机控制器总成"、浙江华章科技有限公司"用于造纸固体废弃物衍生燃料制备的高效成型联动线"、浙江桐能环保科技有限公司"地源恒温冷却水系统"和浙江桐梧环保科技有限公司"污泥及工业固体废弃物资源综合利用成套设备"等8项产品被认定为2021年度嘉兴市装备制造业重点领域首台(套)产品。浙江嘉澳环保科技股份有限公司等7件"桐乡制造"产品名列"浙江制造精品"名单,入围数量嘉兴第一。此外,双环传动被确定为德国采埃孚高端乘用车变速箱制造中国地区唯一齿轮供应商,吉利集团嘉兴轩孚自动变速器有限公司6AT自动变速器的成功研发以及丰沃增压、鑫可传动等项目陆续建设投产等的影响,智能汽车相关产业发展也日益壮大。

推动传统产业装备转型升级,促进工业制造向"智造”转变。依托桐乡市试点示范企业和省智能制造数字化车间/智能工厂的创建优势,出台《桐乡市数字化车间智能工厂、未来工厂培育方案》,强化“智能工厂、数字化车间”等智能项目培育,强化“智能工厂、数字化车间”等智能项目实施,提升新制造企业水平,增强竞争力和可持续发展能力。亘美、新澳等获7项省级以上产业数字化示范试点,新增生迪光电科技股份有限公司等3家企业成为省级数字化车间/智能工厂;实施数字化改造项目1083项,新购工业机器人777台,两化融合指数101.89,稳居全省一类地区。数字新基建建设持续发力,发展环境进一步优化,国家工业互联网标识解析二级节点标识注册量达1.9亿个,累计开通5G基站1550个。桐乡市五疆科技发展有限公司、桐乡华锐自控技术装备有限公司、浙江恒云智联数字科技有限公司和京马电机有限公司入围省新智造公共服务应用第一批入库供应商名单。

【电子信息工业】 2021年,桐乡市全力承接世界互联网大会红利,推进数字经济“一号工程”2.0版,按照数字经济“十四五”发展目标,稳中求进、争先创优,加快打造数字经济发展高地。数字经济核心制造业实现平稳增长,全年实现总产值222.2亿元,同比增长35.96%,完成增加值40.5亿元,增加值增速22%。至年底,数字经济核心产业新增规上企业18家,总计95家,其中制造业79家,服务业16家。主要行业涉及电线电缆制造、通信系统设备制造、电子元件及组件制造、光电子器件及其他照明器具制造、光伏设备及元器件制造、工业自动控制系统装置制造、安防视频监控产品制造等。引进新引进美仪智能传感、墨卓生物、硕大电子等一批数字经济核心产业重大项目。“乌镇之光”超算中心和中科曙光年产20万台高端服务器智能制造基地两大标志性项目竣工投产。行业龙头企业宇视科技保持良好的发展态势,全年完成产值50.5亿元,增长21%。全年数字经济核心制造业完成投资30.51亿元,同比增长172%。数字经济核心服务业实现主营业务收入13.75亿元,增长21.5%。至年底,全市共有数字经济类企业2732家,总量比2020年底新增289家。

【化工医药】 桐乡市化工医药工业规模总体较小,2021年规模以上化工医药企业49家,完成工业总产值118.9亿元,增长33%,占规模以上工业企业总产值的5.4%。其中,化学原料和化学制品制造业实现营业务收入124.9亿元,增长38.1%,实现利税16亿元,增长14.8%;医药行业完成营业务收入4.2亿元,下降3.1%,利润亏损0.3亿元,亏损企业减少至1家,上交税金1.8亿元,增长40.4%。

2021年,桐乡全力推进化工产业数字化建设工作。针对化工上下游协同程度低、产业资源配置效率低、共性技术难以获取、企业数字化水平参差不齐等行业痛点,推进政府决策更精准更科学、园区管理更安全更绿色、企业发展更智能更高效,全省建立了第一个上线运行的产业大脑——化工产业大脑。2021年8月6日,桐乡市人民政府决定成立桐乡市化工产业大脑接入工作专班,全力提升桐乡市化工产业的数字化水平。化工产业大脑构建有开放、共享、实用的工业化知识社区平台,覆盖控制系统、自动化及信息化、智能工厂、生产安全等专业课程,助力企业提升专业知识水平和内部综合实力,提升企业核心竞争力,助力提升化工行业整体生产水平。

·发展成果·

【濮院举办第四届中国毛纺织产品交易会】 2021年4月18日至19日,由中国毛纺织行业协会、桐乡市濮院羊毛衫市场管理委员会、濮院镇人民政府联合主办,阿里巴巴集团、濮院毛衫创新园和浙江省羊毛衫协会联合承办的2021第四届中国毛纺织产品交易会(PRIME2021)在桐乡市濮院镇举办。本届交易会展出面积10000平方米,展品涉及毛纺织产业链上下游多个门类,涵盖羊毛及各类特种动物纤维,包括了羊毛、山羊绒、兔毛、驼绒、羊驼绒、牦牛绒、毛型化学纤维等多种原料。展会期间,阿里巴巴集团将协同构筑2021淘宝直播源头好物节,围绕濮院中国毛衫时尚小镇特色,协助毛衫产业基地打造产业带标杆,促进品牌快速成长。濮院正以“专业化、数字化、时尚化、国际化”的发展路径,高质量打造“中国时尚第一镇”和建设“世界级针织时尚产业集群”。

【两集团同登中国企业五百强榜单】 2021年9月25日,中国企业联合会、中国企业家协会共同发布2021中国企业500强排行榜。桐昆、新凤鸣两大集团作为化纤行业领军企业,再度荣登该榜单,排名第293、380位。同时发布的还有2021中国制造业企业500强榜单,分列第134、180位;2021中国民营企业500强榜单,排名第124、185位;2021中国民营企业制造业500强榜单,排名第64、99位。

【桐昆、新凤鸣跻身《财富》中国500强前300】 2021年《财富》中国500强排行榜发布,桐昆、新凤鸣两大集团分别排名250、289。该榜单由《财富》(中文版)与中金公司财富管理部合作编制，考量了全球范围内最大的中国上市企业在过去一年的业绩和成就。

【两集团在中国化纤行业产量排名中名列前茅】 据中国化学纤维工业协会排名，桐昆集团、新凤鸣集团获2021年度中国化学纤维产量排名第一、第三，涤纶POY产量第一、第二，涤纶民用长丝产量第一、第三，中国聚酯产量第二、第三，涤纶FDY产量第二、第四。

【崇福皮草协会开展“崇福皮草服装行业跨境电商交流会”】 2021年5月19日，崇福皮草协会和阿里巴巴(桐乡)跨境电商服务中心共同承办的桐乡市崇福皮草服装行业跨境电商交流会在协会会议中心举行，桐乡跨境电商优秀商家代表分享了亲身实战经验和跨境新蓝海的未来无限可能，面对全球新冠大流行的“后疫情”时期，要解放思想，积极开拓跨境电商业务，借助跨境电商这一平台，把企业做大做强。26家皮草服装企业38人参加了此次交流会。

【嘉兴双环与邦奇签约35亿元订单】 2021年10月19日，双环传动（嘉兴）精密制造有限公司与Punch Powertrain PSA e-Transmissions NV(中文名称：邦奇标致雪铁龙电气化变速箱有限公司）签署有关商务协议文件，双方就新能源动力系统DT2项目批量供应有关事项达成合作。邦奇项目是嘉兴双环首次获得直接出口海外的新能源汽车动力系统齿轮项目，预计累计销售金额约为35.54亿元人民币。嘉兴双环最终凭借在质量、成本、技术等方面的优势促成了此次合作，这也是嘉兴双环有史以来首次获得的单笔金额最大的新能源汽车动力系统齿轮项目出口订单。

【哪吒汽车单月交付量破万台】 浙江合众新能源汽车有限公司旗下哪吒汽车，2021年11月交付10013台，同比增长372%，环比增长24%，;2021年12月，实现汽车交付10127辆，同比增长236%，连续二个月实现汽车月交付量破万。2021年连续十次打破交付纪录，成功迈入月销万台俱乐部，稳居造车新势力第一阵营。哪吒汽车全年累计交付汽车69674辆，同比增长362%。且自从汽车交付以来，哪吒汽车累计交付已达95977辆，即将突破10万辆。

【合众汽车与360集团宣布联合造车】 2021年5月，浙江合众新能源汽车有限公司与三六零签署全面战略合作，围绕网络安全、智能硬件安全、车联网安全等领域展开研究，系统打造合众汽车产品的智能交互和车联网安全体系。2021年11月，360平台全资子公司(天津奇睿、三六零(北京))两大平台领投合众汽车D轮融资，投资总额为20亿元。

【伏尔特成为第一批建议支持的国家级专精特新小巨人企业】 浙江伏尔特医疗器械股份有限公司专业从事麻醉疼痛治疗及精密输注系列医疗器械产品研发、生产及销售，主要产品分为过滤器、输注泵、管路类、输液器、包类(麻/疼)、针类(麻/疼)等系列。公司专注技术创新，累计获得国家创新基金项目2项，国家火炬计划项目2项，省级重点科研项目4项；拥有医疗器械注册证42项，其中III类医疗器械注册证28项；有效专利122项，其中发明专利10项。2021年3月，公司被中国医疗器械行业协会医用高分子制品分会评定为“2020年标准化工作先进单位”。2021年5月，公司被工业和信息化部中小企业局列入“建议支持的国家级专精特新小巨人企业(第一批第一年)”名单。

【鼎泰药业获评专精特新“小巨人”企业】 浙江鼎泰药业股份有限公司专注于医药行业外用药和外用卫生材料及敷料的研发、生产与销售。公司持续深入研究药物高效释放、安全无副作用的新型基质和材料，并致力于医药行业产业链的开发应用，拥有国际一流的贴膏剂、软膏剂等一系列外用药的先进技术和生产经验，拥有药品生产许可证、医疗器械生产企业许可证、第一类医疗器械生产备案凭证、药品GMP证书、全国工业产品生产许可证、对外贸易经营者备案登记表、中华人民共和国海关报关单位注册登记证书，并通过美国FDA认证。2021年，浙江鼎泰药业股份有限公司被列入2021年度国家级专精特新“小巨人”企业名单。

【天女集团油漆产销再创历史新高】 2021年，浙江天女集团油漆产量7.36万吨，销售7.4万吨，分别比上年增长16.57%和18.40%，产销再创历史新高。公司持续专注科技创新，新建了省级博士后工作站、省级企业技术中心和嘉兴市新型涂料重点实验室。立项承担浙江省“尖兵”“领雁”研发攻关计划项目(浙江省重点科技计划项目)和桐乡市重点科技计划项目各1项，作为主要起草单位参与修订了化工行业标准《预涂卷材涂料》。全年申请发明专利5件、实用新型专利13件，获得授权发明专利2件、实用新型专利11件。2021年，公司第三次当选为浙江省涂料工业协会会长单位，获得浙江省节水标杆企业、嘉兴市绿色工厂、桐乡经济开发区十佳工业企业、桐乡经济开发区十强纳税企业等荣誉称号。

【嘉澳环保与壳牌石油达成长期供货协议】 浙江嘉澳环保科技股份有限公司是国内最早研发、生产环保增塑剂的领军企业，也是严格执行欧盟EN14214标准、且影响力较大的生物柴油生产企业。2021年,公司与欧洲壳牌石油达成长期供货协议,这是对公司产品和信誉的极大肯定。作为国家火炬计划重点高新技术企业,长期以来一直非常重视技术研发,不断提高自主创新能力。2021年,公司20项新产品、新工艺被列入浙江省省级科学技术成果;2021年公司申请国家发明专利17项,申请实用新型专利5项,被授权国家发明专利26项,实用新型专利39项。公司全资子公司东江能源作为中国生物柴油行业标准的主要起草单位,参与起草和制定《废弃油脂预处理工艺规范》《生物重油》《生物柴油储运操作规范》三个行业标准。2021年度,公司营业收入19.2亿元,较上年度增长55.8%,归属于母公司股东的净利润1亿元,较上年度增长174.61%,经营业绩创历史新高。

【桐乡市橡胶塑料企业稳步发展】 浙江晶通塑胶有限公司三期年产1100万平方米塑胶地板技改项目、浙江晶顺建材科技有限公司智能化车间建设项目、浙江双箭橡胶股份有限公司全资子公司桐乡德升胶带有限公司年产1500万平方米高强力节能环保输送带建设项目等项目按期竣工投产;浙江双箭橡胶股份有限公司年产1000万平方米钢丝绳芯输送带项目配套技改项目进展顺利。双箭股份公司通过新建项目的不断推进,生产能力和技术装备水平得到不断提升,企业发展后劲得到不断增强。双箭股份公司2021年完成各类橡胶输送带产量5717万平方米,比上年度增长7.7%;实现主营业务收入18.7亿元,比上年度增长10.5%;实现利税总额2亿元;完成工业增加值4.3亿元;产品出口创汇4751万美元;产品毛利率达19.55%。

【双箭橡胶股份公司位列“中国输送带十强企业”榜首】

双箭股份公司作为中国橡胶工业协会副会长单位、胶管胶带分会理事长单位、输送带产品国家标准、行业标准的主要起草单位之一,致力于绿色环保节能产品的开发创新,引领行业发展未来,连续十三年列入“中国输送带行业十强”并连续十一年位列榜首。

【双箭橡胶股份公司入选省级制造业与互联网融合发展试点示范企业】 双箭橡胶股份公司在网络协同制造方向与个性化定制方向上,成功入选省级制造业与互联网融合发展试点示范企业名单。双箭股份将依托网络协同制造和个性化定制方向,积极践行智能制造和绿色制造,发挥示范试点作用,引领输送带行业转型升级,带动行业智能化技术装备和绿色制造水平,确保行业地位,提升国际竞争力。

【双箭橡胶股份公司合作创新项目全面开展】 双箭股份公司与奥地利多贝玛亚公司合作开发出复杂地形输送带(索道输送带),与传统的输送系统相比,索道输送带通过更少的支撑站实现输送系统悬空运行,特别在崎岖地形、穿越森林等复杂地形环境下输送物料。双箭股份公司成功为舟山鼠浪湖码头配套了2条智能输送线。该智能输送带通过内置RFID智能芯片、预埋智能线圈防撕裂保护系统、输送带接头智能监测系统、输送带钢丝绳状态检测系统、智能输送带表面监测系统+磨损检测,实现了整个使用期运行数据可跟踪、可识别、可追溯,赋予了输送带更加高效、唯一的身份标识。同时,通过智能输送带大数据平台智慧化数据推送(邮箱、手机平台等),可以将物流系统和办公区域完全独立,做到有故障就推送报修,解放人力消耗,最终达到无人值守的目标。

·桐乡经济开发区·

【概况】 2021年,桐乡经济开发区实现地区生产总值243.3亿元(含高桥街道,下同),比上年增长13.6%;实缴税金42.8亿元,增长15.5%;固定资产投资111.4亿元,增长26.4%。至年底,规模以上工业企业247家;新增规模以上工业企业29家、规模以上服务业企业17家、销售收入超亿元企业19家;完成企业股改12家。实现规模以上工业企业产值670.6亿元,增长45.1%;规模以上工业企业增加值167.4亿元,增长19.6%。位居全省省级开发区综合考评第三名,获评2021年度综合发展水平省级先进开发区、2021年度浙江省开发区产业链“链长制”优秀示范单位。全年签约项目39个,总投资370亿元。其中,百亿项目1个,超1亿美元和10亿元项目11个。37个市级重大项目全部开工建设,实现投资73亿元。高新技术产业投资66.2亿元,高新技术产业增加值占工业增加值比重87.9%。新增各类人才创业项目36个,其中博士领衔11个;申报国家级、省级引才计划119人。“一区四园五中心”产业布局不断完善,“万亩千亿”前沿材料产业生态园征迁有序推进,城市有机更新启动,高铁产业新城完成规划编制,数字经济双创中心C区块加快建设,视觉物联创新中心完成主体结顶。实施城市品质提升项目62个,完成低小散企业整治211家,腾退低效用地47.4公顷,推动小微企业入园141家。数字园区建设加快,建立智慧环境监测体系,园区内企业服务、能耗监测、安全生产、智慧环保等得到一体化保障和管理。聚焦数字经济双创中心和视觉物联创新中心两大数字经济主平台，打造高能级大平台。数字经济双创中心获评省级科技企业孵化器，区街被评为省级商标品牌战略示范乡镇(街道)。2月3日，中央电视台《新闻联播》报道嘉兴加快数字经济发展，数字经济双创中心登上央视。

·濮院针织产业园区·

【概况】 2021年，濮院针织产业园区围绕高质量打造"中国时尚第一镇"和高水平建设"世界级针织时尚产业集群"两大战略目标，投入近1亿元建设改造园区、市场，推进智慧园区、智慧市场、智慧物流建设。实现工业总产值325亿元，其中规模以上工业企业总产值70.6亿元；完成固定资产投资35.3亿元。坚持招大引强，全面实施"先进制造业提升行动"，全年实到外资3301万美元，实到市外内资11亿元。完成新星大道(桐星大道至恒兴路)及全段的标志标线工程、桐星大道(工贸大道至联越路)工程招标工作、金龙口袋公园工程。以"小切口，大场景"为理念，以濮院物流为切入口，打造时尚、生活、休闲、旅游、购物等一体化的全生态链，引入金融服务功能，实现物流数据价值化。运用5G技术，打通大宗物流"最后1公里"服务，将"智慧物流"平台打造成为"立足濮院，面向桐乡，走向全国"的智慧化服务平台。11月，濮院物流园区入选浙江省发改委公布的2021年度物流创新发展试点名单。紧抓安全生产工作。编制园区企业生产安全、消防安全整治方案，开展安全生产、消防安全、"多合一"隐患问题排查。举办4场"护航建党百年"消防安全专题培训并开展消防演练，累计培训占地企业200余家。以"铁拳执法，护航百年"百日大行动为契机，开展常态化消防和安全生产排查。推进知识产权保护。与国内外高校开展产学研合作，启用浙传桐乡研究院。建成中国桐乡(现代服饰)知识产权快速维权中心，提高企业开展专利申请授权、确权、维权效率，提供综合服务平台，打造知识产权公共服务"最多跑一地"桐乡模式。

【2021中国·濮院国际毛针织博览会】 2021年3月17—19日，濮院羊毛衫市场管理委员会组织濮院时尚企业抱团参加"PH Value中国国际针织服装博览会"，并举行2021中国·濮院国际毛针织博览会。2021中国·濮院国际毛针织博览会由桐乡市政府主办，濮院羊毛衫市场管委会、濮院镇政府和浙江省羊毛衫协会承办，由展览展示、时尚发布、产业推介、设计大赛、论坛沙龙和商贸对接等六大活动板块组成。博览会包含毛博会开幕式、浙江桐乡出口网上交易会(香港时装节专场)、时尚产业推介会暨智创园项目发布会、濮院时尚品牌联合发布秀、第六届"濮院杯"PH Value针织设计师大赛决赛、第七届"濮院杯"PH Value针织设计师大赛启动仪式以及中国针织设计师人才交流会等活动。《新民晚报》《浙江日报》、中新社、今日头条、搜狐、凤凰网、腾讯网、香港大公网、时尚芭莎等50余家媒体参与报道，报道量100多次；浙江新闻客户端、哔哩哔哩、浙视频直播等网站对毛博会开幕式、赛兔发布秀、推介会、设计师大赛四场活动进行直播，观看人次达120万；邀请KOL(关键意见领袖)进行微博联动。博览会吸引观众约14万人次，接待客商约3万人次，产生意向客户数量500余人次，新客户比例较高，达成订单200多个。

【濮院国际毛衫时尚产业创新发展区入选首批浙江省现代服务业创新发展区名单】 2021年10月22日，浙江省服务业发展工作领导小组印发《关于公布首批浙江省现代服务业创新发展区名单的通知》，濮院国际毛衫时尚产业创新发展区入选。省级现代服务业创新发展区是推动服务业数字化和改革开放的重要平台。濮院国际毛衫时尚产业创新发展区遵循"数字化、专业化、时尚化、国际化"发展要求，聚焦数字创新、模式创新、平台创新、管理创新、服务创新、改革创新"六大创新"，坚持以数字贸易为主导，现代物流和数字文旅为配套支撑的"1+2+X"毛衫产业数字化发展体系，打造国际时尚消费活力中心、全国商旅融合创新样板、浙江数字贸易展示窗口。

【濮院针织产业园区管理委员会获评全国纺织劳动关系和谐企业】 2021年12月21日，中国纺织工业联合会公布全国纺织劳动关系和谐企业名单，濮院针织产业园区管理委员会上榜。园区建立以来，濮院针织产业园区管委会重视劳动关系和谐园区创建工作，支持园区企业开展创建劳动关系和谐企业活动，形成部门共抓、企业共建工作机制。园区内所有的企业均建立工会组织，企业厂务公开、职工代表大会制度覆盖面逐步扩大，职工民主管理形式灵活多样，职工的诉求表达机制健全，诉求表达渠道畅通。围绕构建和谐劳动关系主线，推行集体合同制度，探索"三治融合"进企业有效路径，以浙江雀屏纺织化工股份有限公司、桐乡濮院协鑫环保热电有限公司等四星劳动关系和谐企业、五星劳动关系和谐企业以及市"三治融合"三星级示范企业濮院物流园区为典型，以点带面促成更多企业劳资双方达成共识。2021年5月，根据浙江省总工会"红五月"系列活动，开展特殊时期法律服务活动，围绕《中华人民共和国劳动法》《中华人民共和国劳动合同法》等劳动法律法规广泛开展政策理论宣讲进企业、劳动法律法规宣讲为职工、公益法律服务促和谐等活动，促进劳动关系和谐稳定。2021 年 7 月 16 日，濮院针织产业园区管理委员会入选嘉兴市和谐劳动关系品牌园区。

·濮院羊毛衫市场·

【概况】 2021 年，濮院羊毛衫市场实现成交额 1180.8 亿元，其中电商成交额 590 亿元，物流货运周转量 48.92 万吨。加速推进智慧园区、智慧市场、智慧物流建设。濮院国际毛衫时尚产业创新发展区入选首批浙江省现代服务业创新发展区名单。2021 年 12 月 10 日，国家级知识产权快速维权中心——桐乡现代服饰知识产权快速维权中心启用。濮院物流园区入选浙江省物流创新发展试点名单。提升濮院时尚知名度。举办 2021 年中国·濮院国际毛针织服装博览会、“濮院杯”PH Value 中国针织设计师大赛，组织承办“创客丝路”中国纺织服装行业创新创业大赛。发挥综合体作用，加强对入驻企业管理考核工作，通过举办大型活动，联合商协会开展供应链对接活动，发挥行业集聚效应，推动企业抱团发展。拓展新零售。自濮院抖音电商直播基地落户濮院轻纺城以来，引进深圳原创设计师品牌 30 余家，300 余家抖音直播平台入驻，全年销售额超 16.8 亿元。

【举行 2021 中国·濮院国际毛针织博览会】 2021 年 3 月 17–19 日，2021 中国·濮院国际毛针织博览会在上海国家会展中心举办，博览会由桐乡市政府主办，濮院羊毛衫市场管委会、濮院镇政府及浙江省羊毛衫协会承办。此次博览会由浙江桐乡出口网上交易会(香港时装节专场)、时尚产业推介会暨智创园项目发布会、濮院时尚品牌联合发布秀、第六届“濮院杯”PH Value 针织设计师大赛决赛、第七届“濮院杯”PH Value 针织设计师大赛启动仪式、中国针织设计师人才交流会等活动组成。“中国特色小镇？时尚濮院馆”展区总面积 5000 平方米，30 余家新锐品牌企业、市场商户、设计师、时尚平台等抱团参展。2021 浙江桐乡出口网上交易会(香港时装节专场)正沪上线启动。

吸引观众总人数约 14 万人次，现场接待客商 3 万人次，产生意向客户 500 余个，达成订单 200 余个。展会吸引浙江日报、今日头条等 50 余个平台媒体报道 100 余次，浙江新闻客户端、Bilibili、浙视频直播等网站对博览会开幕式、赛兔发布秀、推介会、设计师大赛四场活动进行直播，观看人数 120 万人次。

【1 个发展区入选全省首批现代服务业创新发展区名单】 2021 年 10 月 21 日，浙江省服务业发展工作领导小组公布全省首批现代服务业创新发展区，濮院国际毛衫时尚产业创新发展区入选。省级现代服务业创新发展区是推动服务业数字化和改革开放的重要平台。濮院国际毛衫时尚产业创新发展区创新发展区规划区域范围东至濮院港、洪合镇交界处、西至建园路、南至金龙路、高压线走廊北侧、北至环园北路、洪合镇交界处，总面积 3.65 平方千米，由濮院镇政府统筹管理。创新发展区现有主导产业为服装批发和零售业，具有大型毛衫市场，近三年来，市场成交额尤其是电子商务交易额连续实现两位数高速增长。2021 年，创新发展区服务业营业收入 1180 亿元，规划主导产业营业收入1089.89 亿元。

【入围中国商品市场综合百强榜单】 2021 年 10 月 22 日，第 12 届中国商品市场峰会在义乌市举行。峰会上发布第 12 届中国商品市场综合百强榜单，濮院羊毛衫市场位列第九。2021 年，濮院羊毛衫市场成交额实现 1180 亿元，其中线上成交额突破 590 亿元。市场内从事直播销售商户占比 80%以上，涉及企业、网店约 1 万余家，主播、带货达人 1000 余名，拥有从事设计业务的市场主体 677 家，设计师超 5000 人。

【濮院物流园区入选浙江省物流创新发展试点名单】

2021 年 11 月 14 日，浙江省发展改革委公布 2021 年浙江省物流创新发展试点名单，濮院物流园区“智慧物流”建设项目入选省物流园区提质增效试点名单。2021 年 10 月 8 日，濮院物流园区“智慧物流”建设项目启动，计划投资 1200 万元，项目根据市场和园区实际调研情况，设计“智慧物流”平台，通过园区“智慧化”改造，以大数据为引领，物流业务为基础，实现生态链企业的集成共享和全方位联动发展，实现物流、信息流和资金流自动对接，提高业务效率。至年底，濮院物流园有干线物流企业 67 家，仓储和电商企业 158 家。109 条经营线路覆盖全国各地，全年物流货运周转量 48.92 万吨。

·崇福皮毛市场·

【概况】 2021 年，崇福皮毛行业有皮毛工业企业 1723 家，实现工业总产值 151.11 亿元，比上年增长 6.4%，占全镇工业总产值 39.4%，毛皮制品出口增长迅猛，累计出口 6.09 亿元，增长 123.2%。开展疫情防控，调查摸底

148家会员企业生产经营情况，掌握一手信息，编制协会会员信息统计表，按照企业需求办理复产手续，推动企业尽快复工复产。同步开展“抗击新型冠状病毒肺炎疫情”捐款倡议，号召广大皮毛企业捐款捐物。其中中辉皮草、雄达皮草、恒球皮草、崇福皮草大世界等16家会员总计捐款超100万元。对外考察交流，2021年3月13—16日，武汉理工大学研究生团队调研崇福皮草业。2021年6月7日，中国科学院沈阳自动化研究所数字工厂研究室主任史海波、副主任潘福成、武汉理工大学科技合作与成果转化中心王寒博士一行到桐乡市崇福皮草协会，调研智能工厂建设并举行座谈会沟通交流。2021年7月24日，中国皮革协会和浙江省皮革行业协会联合党建和业务考察活动走进崇福，到中辉集团和金鑫皮革的党建阵地和智慧工厂调研、座谈。2021年7月19—25日，中辉、雪球等6家企业参加首届中国(桐乡)数字营销+产业推广博览会，并参观桐乡市全国电子商务进农村综合示范项目数字营销产业秋冬选品会。2021年11月14日，哥本哈根皮草国际销售副总裁卡思博、中国区总裁崔溢云走访中莹皮草，就当前国内外毛皮市场的现状及第二年拍卖会规划等进行交流。2021年12月2日，桐乡市政府驻杭州招商处主任陆远和新落地桐乡的杭州直播电商机构负责人应泉峰一行，就电商直播机构与皮草类服饰企业供应链相对接。制定行业标准，2021年4月2日，桐乡市恒球皮草制品有限公司的服装用水貂毛皮和服装用兔毛皮、浙江雪球皮草制品有限公司的《狐狸毛领》三个标准通过答辩会的答辩，开始启动三个标准的制定。2021年6月21日，以浙江中辉裘革科技有限公司、桐乡市恒球皮草制品有限公司申请研制的《鞋类用毛革》“品字标浙江制造”团体标准启动会暨研讨会在中辉裘革科技有限公司召开，与会专家和代表进行研讨，确定了标准主要内容及框架。

【飞虎·四季城(崇福风尚中心)开业】 2021年11月2日，飞虎·四季城(崇福风尚中心)开业。飞虎?四季城(崇福风尚中心)是大型皮草主题专业市场，位于崇福镇语溪大道黄金地段，总建筑面积约6万平方米，有5层。中心引进国内外品牌和厂家200余个，服装、配饰、裘皮、箱包等一应俱全。整合产业直播带基地，线上、线下融合经营，集零售批发、休闲餐饮、风尚会展、电商网红、直播带货于一体。

【召开桐乡市崇福皮草协会五届三次代表大会】 2021年7月10日，桐乡市崇福皮草协会五届三次会员代表大会在崇福镇镇政府召开。浙江省皮革行业协会理事长李伟娟、桐乡市工商联副主席傅晓莉、桐乡市崇福镇党委委员、副镇长黄明华、桐乡市崇福皮草协会会长胡建中、桐乡市崇福皮草协会名誉会长陆荣坤，协会全体副理事长、理事单位、会员企业等130余名代表出席会议。大会由桐乡市崇福皮草协会秘书长姚夏其主持。会议回顾2019年至2020年协会工作，确定2021年工作目标与计划；报告协会2019年、2020年财务收支情况；表彰2020年抗击新冠肺炎疫情先进单位16家；通过增补桐乡市崇福皮草协会五届理事单位及副理事长建议名单；为新入会10家会员企业授牌。

(责任编辑：王怡然　金瑞锋　赵峰)

嵊 州 市

·经济社会发展·

【概况】 2021年作为"十四五"规划的开局之年,全市上下坚持以习近平新时代中国特色社会主义思想为指导,全面贯彻党的十九大和十九届历次全会精神,坚持稳中求进工作总基调,忠实践行"八八战略",奋力打造"重要窗口",全力推进浙江高质量发展建设共同富裕示范区县域样板建设,经济社会发展取得新成绩,实现了"十四五"良好开局。

经济运行稳步提升。据初步统计数据显示,2021年全市实现地区生产总值658.39亿元,按可比价计算,同比增长7.2%。按户籍人口计算,全市人均生产总值96185元。按年平均汇率折算,人均生产总值14905美元。其中:第一产业实现增加值41.81亿元,同比增长2.5%;第二产业实现增加值294.64亿元,同比增长8.5%;第三产业实现增加值321.95亿元,同比增长6.8%。一、二、三产业结构比为6.3:44.8:48.9。

财政收入持续增长。全市完成财政总收入80.06亿元,比上年增长12.0%。一般公共预算收入完成52.03亿元,比上年增长13.5%。转移性收入57.30亿元。收入合计109.33亿元。2021年全市一般公共预算支出80.21亿元(含上年结转、省级拨款),比上年增长11.1%。剔除一般债券因素影响,比上年增长18.9%。转移性支出29.11亿元。支出合计109.33亿元。

投资发展稳健增长。实施招大引强"1330"工程,亿元以上项目新签约58个、开工31个、投产30个。比亚迪新能源动力电池项目高效落地,晶越半导体、长鸿生物建成试产,贝达药业、科元精化、金达视讯推进顺利,市县长项目全部落地。2021年,全市完成固定资产投资229.76亿元,同比增长13.7%。分产业看,第二产业完成投资额60.02亿元,同比增长20.0%;第三产业完成投资额168.96亿元,同比增长12.0%。从重点领域看,民间投资完成投资额172.37亿元,同比增长26.9%;交通投资完成投资额34.73亿元,同比增长19.6%;生态环保和公共设施投资完成投资额27.71亿元,同比增长33.4%;高新技术产业投资完成投资额28.32亿元,同比增长12.4%。

房产销售回归常态。2021年,全市房地产开发投资实现82.03亿元,同比增长0.6%。全年商品房销售面积实现111.14万平方米,同比下降14.5%,商品房销售额实现108.46亿元,同比下降5.3%。

城乡建设展露新颜。通过"微改造、精提升",加快美丽城区建设,不断改善城乡风貌环境,有效提升居民的获得感和满意度。全年完成西后街、阳光花苑、上高里等11个小区的提升改造;白莲堂未来社区建设启动。整体加梯模式深入推进,全年完成35台电梯的加装工作。紧盯"建设新时代美丽城镇",全年实施美丽城镇建设项目119个,投资34.96亿元;完成三界镇、黄泽镇美丽城镇示范创建工作。国家节水型城市创建工作全面启动。

科技事业硕果累累。实施科技企业"双倍增"行动,高新技术企业通过专家评审93家,科技型中小企业新增115家。平台建设实现较大突破,新增绍兴市级众创空间3家、市级科技企业孵化器1家,科创中心新增入孵企业12家,在孵企业62家。北航(嵊州)科创园入驻企业37家,嵊州创新中心(驻杭研发"飞地")入驻企业11家。全力打造"中国智能厨房""中国丝高地",省级厨具电器产业创新服务综合体,完成搭建嵊州市浙工大创新研究院、国家级检验检测机构"方圆检测"和5个中心;省级真丝?领带产业创新服务综合体完成搭建真丝原材料研究院和3个中心。

教育事业扎实推进。高考成绩稳中有升,全市一段线上线率和二段上线率分别超省平均水平3.49个百分点和9.7个百分点;高职考上线率达100%;1位学生位列浙江省第31名、绍兴市第4名,被清华大学录取;1名学生被中科大少年班录取,为绍兴市唯一。软实力建设不断增强,全年新增浙江省教坛新秀3人,绍兴市名师9人,绍兴市最美教师2人;引进优秀青年教师114名,其中研究生14名。双减行动打出组合拳,小学放学后晚托服务、初中晚自修全面推开,校外培训机构压减率达100%,学科类校外培训机构仅剩27家。截至2021年底,全市有小学49所,在校生32367人,专任教师1938人;初中25所(其中九年一贯制10所),在校生15392人,专任教师1792人;普高7所,职高3所,在校生合计15257人,专任教师1344人。

文化事业全面发展。成立嵊州市非遗中心(嵊州市越剧文化研究中心),组建专家组,加快推动越剧申遗工作。原创越剧现代戏《核桃树之恋》成功入选庆祝中国共产党成立100周年优秀舞台艺术作品展演,成为全国唯一的一部晋京演出的越剧舞台艺术作品,10月参加第十七届中国戏剧节,并开展全国巡演。文化馆牵头编创的《永远的船娘》入选“学习强国”建党百年歌曲展播——浙江原创歌曲选集。原创越剧现代戏《傲雪芬芳》作为“风华再现——百越文创首届越剧优秀剧目邀请展”在杭州作开幕首场演出。举办民营剧团共庆“建党100周年”优秀剧目展演活动,52个民营剧团轮番演出,共持续27天,逾5万观众现场参与观看。

卫生事业行稳致远。聚焦疫情防控,抓好新冠疫情常态化防控和新冠病毒疫苗接种工作,完成返乡人员核酸检测浙里办线上开单全省试点建设,并成为全省唯一实现检测点全覆盖的县市区。加快妇幼保健院(嵊州市第二人民医院)及疾控中心异地新建工程、中医院公共救治能力提升工程、市人民医院放疗中心建设项目、浦口街道社区卫生服务中心提档升级工程建设。2021年末,全市共有医疗卫生机构443个,其中:医院17家(二级及以上公立医院4家),社区卫生服务中心(站)134家,卫生院17家,门诊部24家。全市共有卫生技术人员5069人,其中:执业医师和执业助理医师2010人,注册护士2124人。全市共有医疗卫生机构床位3974张,其中:医院3133张(二级及以上公立医院1700张),卫生院617张;社区卫生服务中心124张。

体育事业蓬勃发展。全市27个点32个项目的训练扎实开展,集训人数达1500余人。全年新注册运动员1139名,引进优秀运动员3名和高水平教练员1名,安置省队退役优秀运动员4名。14名嵊州健儿参加14届全运会,共获银牌2枚,铜牌1枚,7人进前8名。高校新生体质测试合格率、优良率省级排名较去年分别提升34位和9位。成功举办“浙东唐诗之路”山水挑战赛。

节能降耗有效推进。2021年,全市规模以上工业企业综合能耗49.14万吨标准煤(当量能耗),增长9.48%(当量能耗);当量万元产值能耗0.0904吨标准煤/万元,下降6.95%;规模以上单位工业增加值能耗下降2.32%。

全社会用电量回升迅速。全社会用电量达35.20亿千瓦时,同比增长16.7%。全年累计工业用电量22.43亿千瓦时,同比增长21.5%。

环境质量持续优化。全力打好污染防治攻坚战,2021年我市PM2.5年均浓度为26微克/立方米,同比下降10.3%,改善率为绍兴市第一,全省排名较去年进位10名;AQI优良率为98.1%,同比提升1.4个百分点,超出市定目标7.1个百分点。加快工业园区“污水零直排区”建设,加强饮用水水源地保护,协同推进水环境治理,15个地表水常规监测断面达标率100%。完成3个农村环境整治行政村任务,8个变更地块土壤污染状况调查备案。完成全域“无废城市”建设年度任务,创建无废细胞57个;完成工业固废“大排查”“大整治”年度任务。

居民收入保持增长。全体居民均可支配收入达56242元,同比增长10.4%。从收入来源看:人均工资性收入25646元,同比增长11.1%;人均经营净收入15238元,同比增长10.5%;人均财产净收入6633元,同比增长9.2%;人均转移净收入8725元,同比增长9.0%。城乡居民人均可支配收入分别达到69692元、37876元,分别同比增长9.3%和10.2%,两项增速均跑赢了GDP。城乡居民收入比1.84,比上年缩小0.01,收入差距不断减小。

社会保障全面覆盖。2021年,全市新增城镇就业20882人,城镇失业人员再就业5588人,城镇登记失业率2.85%。全市基本养老保险参保率98.88%。完善“智慧养老”网络,开展康养联合体试点工作,积极谋划市级普惠型养老综合体建设,建立健全“居家+社区+机构”融合式养老服务体系。加强社会心理服务体系建设,切实保护妇女儿童、残疾人合法权益。

·主要行业发展状况·

【农业】 农业生产平稳发展。深入实施乡村振兴战略,全面贯彻落实关于加强“三农”工作的方针政策和决策部署,努力打造嵊州特色乡村振兴县域范例。2021年,全市实现农林牧渔业实现总产值61.66亿元,同比增长3.4%。其中,农、林、牧、渔和服务业总产值分别增长3.4%、-10.6%、9.5%、-3.4%和16.3%。据粮食监测数据推算,全年粮食播种面积31.13万亩,粮食总产量13.14万吨。年末生猪存栏69.22万头;出栏22.75万头;猪肉产量1.89万吨,能繁育母猪存栏6.25万头;年末家禽存栏1205.27万只;出栏1082.92万只;全年肉类产量3.80万吨。

【工业】 工业生产稳中有进。2021年,全市618家规上工业企业累计实现产值543.73亿元,同比增长17.7%;累计实现工业增加值130.62亿元,同比增长11.6%。发展动能加快释放,2021年,全市规上工业装备制造、高新技术、战略性新兴、数字经济核心产业和高端装备制造增加值分别增长25.9%、18.0%、20.4%、23.0%和17.7%,占规上工业增加值的比重分别为51.2%、62.2%、34.7%、6.2%和21.8%。企业效益较快增长,规上工业企业营业收入实现530.20亿元,增长

20.8%；利润总额31.72亿元，增长62.0%。新中港、盛泰集团A股上市，入选省“放水养鱼”培育企业33家，列入省“未来工厂”试点企业1家，新增股改企业29家，完成企业数字化改造106家，获评中国集成智能厨房产业转型升级先行区。

【建筑业】 建筑产业增长稳定。2021年，全市建筑业省内总产值实现131.65亿元，同比增长15.2%；建筑业总产值实现194.73亿元，同比增长4.0%。

【国内贸易】 国内贸易持续向好。从四大行业来看，限额以上批发业实现销售额213.28亿元，同比增长79.9%；限额以上零售业实现销售额44.86亿元，同比增长11.0%；限额以上住宿业实现营业额2.26亿元，同比增长8.5%；限额以上餐饮业实现营业额3.19亿元，同比增长31.4%。从商品分类销售情况来看，比重占前七大类的商品中，呈“四增三降”态势。其中石油及制品类同比增长39.4%，书报杂志类商品同比增长3.6%，汽车类商品同比增长2.4%，粮油食品饮料烟酒类同比增长0.7%；中西药品类同比下降1.9%，家用电器和音像器材类商品同比下降14.2%，服装鞋帽针织类商品同比下降33.0%。

商品市场保持活跃。中国领带城、江滨市场和浙东农副产品批发市场三大亿元以上市场合计成交额47.32亿元，同比增长3.7%。其中浙东农副产品批发市场32.95亿元，成交额居首位，江滨市场和中国领带城分别实现成交额8.28亿元和6.09亿元。

【对外贸易】 对外贸易形势趋好。全市自营进出口73.28亿元，同比下降9.7%，其中出口71.50亿元，同比下降10.0%，进口1.78亿元，同比增长2.6%。加工贸易进出口呈现良好发展态势，全年加工贸易进出口总值2.54亿元，同比增长15.8%，其中出口2.06亿元，同比增长18.5%，进口0.48亿元，同比增长5.5%。

【交通】 交通事业稳步发展。杭台高铁(嵊州段)全线完工，甬金铁路(嵊州段)“管线迁改”工作已基本完成，三界码头二期工程、清风船闸及航道工程、527国道黄泽段等重点建设项目顺利推进。完成金庭互通省发改委工可审批，基本完成诸嵊高速、浦口至高铁新城快速通道、嵊州城关码头、S310规划省道嵊州段项目研究工作。创建农村公路灾毁保险1个国家级试点项目以及普通国省道全寿命周期养护、农村公路管理养护改革等6个省级以上试点项目，嵊州“四港联动”相关工作已列入省“交通强国”试点内容。着力打通农村物流最后一公里，“一路嵊风”农村物流体系逐步完善。

【金融】 金融市场运行平稳。2021年底，全市金融机构本外币存款余额为1123.62亿元，同比增长11.5%；金融机构本外币贷款余额为910.41亿元，同比增长10.3%。全年分别新增存款和贷款116.24亿元和152.81亿元。

【旅游】 旅游事业稳中有进。推进全域旅游建设，嵊州文化博物馆群、嵊州市博物馆、唐诗之城、温泉城二期、文化传媒中心等重大项目建设进展顺利。开展旅游业改造提升，实施旅游业“微改造、精提升”五年行动计划，全年实施项目91个，完成投资1.67亿元。做好文旅宣传工作，成功举办第十八届书法朝圣活动；完成越剧现代戏《核桃树之恋》晋京演出，相关报道被人民日报、新华社、光明日报等150多个媒体平台报道或转载；推动浙东唐诗之路核心区建设，做好“享诗路风华品诗韵绍兴”全国新闻媒体代表“跟着唐诗游绍兴”嵊州唐诗之路段推广宣传活动。

·特色之乡简介·

【中国茶叶之乡】 嵊州市素以产茶著名，茶文化底蕴深厚，是中国茶饮、茶道、茶事、茶文化的主要发源地之一。

嵊州茶业一直在全国占有重要的地位。全市有茶园面积18万亩，茶叶总产量超2万吨，产值近10亿元，是全国最大的龙井茶生产中心、最大的珠茶加工出口集散中心。1996年3月，嵊州市被国务院发展研究中心和中国农学会特产经济专业委员会命名为“中国茶叶之乡”。2010年4月，被中国国际茶文化研究会命名为“中国茶文化之乡”，“越乡龙井”被授予“中华文化名茶”称号。2012年10月，被中国茶叶流通协会授予“2012年中国茶叶产业发展示范县”“2012年度全国十大重点产茶县”荣誉称号，11月，被中国茶叶学会评为“中国名茶之乡”。

嵊州地处浙东，四面环山，四江汇聚，气候宜茶，种植茶叶历史悠久。南北朝时，剡地种茶、饮茶已较普遍，南朝?宋《异苑》载有“剡县陈务妻”故事。“剡茶声，唐已著”，茶圣陆羽来剡溪考察茶叶生产。皎然亦写诗盛赞剡溪茶：“越人遗我剡溪茗，采得金芽爨金鼎。素瓷雪色飘沫香，何似诸仙琼蕊浆。”宋高似孙在《剡录》中还记录了剡地十种茶品，即瀑布茶、五龙茶、真如茶、紫岩茶、焙坑茶、大昆茶、小昆茶、鹿苑茶、细坑茶、焦坑茶。宋代，嵊州茶叶在日铸茶影响下，品质亦很优异，常充作日铸茶，“世之烹日铸者多剡茶也”。元、明、清三朝，嵊州均有茶叶进贡朝廷。清代至民国，嵊州茶叶作为平水珠茶的重要组成部分,出口欧美及非洲国家,清同治年间,嵊州创制出“前冈辉白”,不久即驰名大江南北,成为全国名茶。1936年,吴觉农在嵊州三界创办浙江省农林改良场茶场,引进良种及先进的机械设备,开展茶叶生产技术研究及推广工作。中华人民共和国成立后,人民政府设立茶叶生产指导机构,引进优良品种,发展条栽专业茶园及密植茶,推广生产技术,引进和研制应用先进的制茶及茶园作业机械,建设了一批初精制茶厂,生产逐步得到恢复和发展。

嵊州市对珠茶生产的发展作出了重大的历史性贡献。20世纪60年代中后期,嵊州人马传进、张德兴与浙江农业大学茶学系教师合作,研制成功珠茶炒干机,后获国家发明四等奖,这一成果是我国茶机行业最为成功的典型之一。1981年,天坛牌特级珠茶获国家银质奖,1984年,又获国际金奖,之后嵊州市被确定为全国珠茶出口三个基地县之一。嵊州市开始恢复历史名茶、1985年开始创制新名茶。先后恢复和创制了前岗辉白、金钟茶、桂岩雾尖、舜皇云尖、湖尚院龙井、麦饭石龙井等一批名优茶品,20世纪90年代后,嵊州市名优茶发展速度加快,1998年名优茶产量达4.9万担,产值超亿元。品牌价值和知名度不断提升,先后被评为浙江名牌、浙江省著名商标、浙江省十大名茶、最具影响力中国农产品区域公用品牌100强,2013年经评估品牌价值达18.05亿元,50多次获国内国际名茶评比金奖,2001年被中国茶叶博物馆收藏,2010年“越乡龙井”入驻上海世博会。是全国最大的龙井茶生产中心、最大的珠茶加工出口集散中心。

【中国香榧之乡】 香榧是会稽山区特有干果,嵊州市占居会稽山腹地大部分山区,出产香榧历史 久远。全市香榧盛产面积433,3公顷,有成年榧树4.6万株。香榧树寿命长,树体大,根系发达,是保持水土、涵养水源的生态型树种,其榧果味香、肉脆、壳薄、营养丰富,经济效益比之其他经济林树种要高得多。

近年来,在市委、市政府出合的优惠政策扶持下,香榧生产得到快速发展,其中新种植香榧面积3900公顷,使香榧树种植 面积达到全国第一;年平均产榧果50万公斤,产量仅次于诸暨市,列全国第二位。为了提高香榧果品质量,打响品牌,榧区果农少施化肥,多施土肥,不用高毒高残留农药,使香榧生产实现无公害化。全市已有1160公顷香榧基地被评定为省级森林食品基地。还以“山珍”“山森”等品牌使榧果在市场上畅销,产品走向宁波、上海、北京、广州、香港、台湾等国内大市场。2004年,嵊州市被国家林业局命名为“中国香榧之乡”。2013年9月7日,“嵊州香榧’地理标志证明商标正式经国家工商总局商标局批准注册。

【中国竹编之乡】 嵊州市竹资源丰富,竹编工艺分布在全市的产竹区,其中上规模的有市区、长乐、崇仁、黄泽、石璜、甘霖等地区。竹编始于2000多年前的战国时期,当时,勤劳聪慧的先民就利用竹子破篾编制简易的用具。汉晋时期,竹编往精细方 面发展。明清两代,竹编工艺水平进一步提高,竹编器皿成为民间必不可少的日常生活用品。到清光绪年间,出现了竹编作坊。据《乘县志》记载,清光绪初细篾匠达90多人,以苍岩一带最多。1937年“叶广华”篾篮荣获“浙赣特产联合展览会”优等奖。新中国成立后,竹编艺人组织办场,创办“嵊县篾业产销工场”,1954年改为“嵊县竹器生产合作社”,1959年改名工艺竹编厂。1957年开始,嵊州竹编成为出口产品并畅销海外,后来,嵊州竹编还成为出口工艺品的中国著名品牌。嵊州以艺人众、工艺高、精品多被誉为“中外竹编第一家”。1996年,国务院发展研究中心和中国农学会特产经济专业委员会命名嵊州市为“中国竹编之乡”。

嵊州竹编以编织精巧、工艺繁多、花色丰富见长。其编织方法粗细并茂,细者,能在一寸长度肉编进150根竹丝,精巧细腻,薄如羽翼;粗者,则充分利用竹材的弹性,巧插灵编,粗犷豪放,工致质朴。在长期的创作生涯中,嵊州竹编艺人们首创并形成了四大工艺特征:竹编模拟动物、竹丝篾片的漂白、篾片烫印花筋和蓝胎漆器。到20世纪80年代,嵊州竹编已有篮、盘、罐、盒、瓶、屏风、动物、人物、建筑物、家具、灯具、现场等12个大类,7000余个花色品种,畅销日本、美国意大利、德国等80多个国家和地区,赢得“东方珍宝”“世上精品”的赞誉。嵊州竹编代表作品有:“六和塔”“岳飞”“苏武牧羊”“昭陵六骏”等,其中价编“九狮舞绣球’陈列在北京人民大会堂浙江厅,“沧海还珠”成了浙江省人民政府赠给澳门特区新政府的唯一礼品。

【中国花木之乡】 2010年12月,嵊州市被中国经济林协会命名为“中国花木之乡”。花木栽培历史悠久,区域分布特色明显,致富农民成效显著。全市拥有花卉苗木种植面积10万亩,年生产苗木6850万株,有资质的园林绿化企业24家,其中省、绍兴市级龙头企业4家,省花卉三十佳企业2家。发展专业合作社近20家,其中3家合作社被命名为省级林业专业示范性合作社。是年,销售产值4.5亿元,承接园林绿化工程2.5亿元。

【中国桃形李之乡】 2009年7月,中国经济林协会命名嵊州市为“中国桃形李之乡”。桃形李为嵊州市特色产业,全市以事桃形李种植农户达4800户,共建立省级桃形李示范基地2个,市级现代农业示范园区1个,桃形李产地批发市场2个,专业合作社3家,拥有省林业龙头企业1家,年加工产值超5000多万元。"義之"牌桃形李先后获得"全国农业博览会银奖""浙江名牌产品""首届全国优质鲜食李"等称号。

·大事记·

【浙东清风馆开馆】 2021年1月11日上午,举行浙东清风馆开馆仪式。市委书记徐建役,市委副书记、市长严钢共同为"浙东清风馆"揭牌。浙东清风馆坐落于长乐镇,总建筑面积约5000平方米,是一座融法纪教育基地、清廉文化阵地、"三资"管理领地和乡镇纪检监察工作规范化建设高地于一体的综合性廉政警示教育场馆。全馆共三层,以"清廉剡溪·人文越乡"为主题,以"剡溪廉风竞,剡诗律韵清,剡乡正道行"为主线,主要有警示厅、吟廉厅和贤德厅三大主题展厅。

【嵊州市存款首超千亿发布会暨政银企对接活动举行】

1月11日下午,嵊州市存款首超千亿发布会暨政银企对接活动举行。市委书记徐建役出席并讲话,市委副书记、市长严钢主持,市领导孙海荣、裘建勇、史向俊等参加。

【浙江湃肽与华熙生物共建研发实验室签约揭牌】

1月19日上午,浙江湃肽与华熙生物共建研发实验室签约仪式在杭州医药港小镇举行。市委书记徐建役见证签约并为实验室揭牌,市委常委、常务副市长裘建勇,华熙生物董事长赵燕,浙江湃肽董事长邢海英参加。

浙江湃肽生物有限公司位于嵊州高新园区(三界镇),是一家专业从事多肽原料药及美容肽原料研发生产的国家高新技术企业。企业设有浙江省博士后工作站和绍兴市院士专家工作站,拥有全球领先的全固相合成多肽开发与生产工艺。华熙生物是全球玻尿酸研发生产龙头企业,也是国内唯一同时拥有发酵法生产玻璃酸钠原料药和药用辅料批准文号,并实现商业化生产的企业,其微生物发酵生产透明质酸技术处于全球领先。此次签约,双方将通过共建研发实验室,共同开发更适合终端的科技鲜活功能性原料,为化妆品行业发展注入强劲动力。

【严钢率党政企代表团赴青田考察】 1月28日上午,市委副书记、市长严钢率党政企代表团赴青田,就山海协作及乡村振兴项目开展考察。青田县领导潘伟、陈铭、李剑光陪同考察。我市领导王德兵、余丹参加考察。考察团一行先后来到仁庄镇新彭村、山口石雕小镇客厅等地,详细了解当地在特色农产品销售、文旅资源开发、民生事业发展等领域取得的新进展。

【30万吨涂布白板纸项目主体厂房结顶】 2月20日,仙岩镇西鲍村的浙江华天再生资源有限公司30万吨涂布白板纸项目建设主体厂房结顶。据了解,该项目已完成总体工程量的65%,预计8月底前投产,投产后年产值将达3亿元以上。

【江南环球港、希尔顿逸林酒店项目签约落户嵊州】

3月2日,嵊州市江南环球港、希尔顿逸林酒店项目签约仪式举行。市委书记徐建役在签约仪式上讲话,中铁十八局集团总经理闫广天,月星集团董事、执行总裁丁佐勇等分别致辞,市委副书记、市长严钢主持。嵊州市江南环球港项目,位于高铁新城站前核心区,占地约3.9万平方米,总投资约9亿元。该项目以商业为载体,融合文化、旅游、体育、艺术演艺、主题特色街区、集市文化于一体,建成后将成为嵊新两地体量最大的商业综合体。希尔顿酒店项目此次引进的是逸林和花园两个子品牌,总投资约6亿元,与环球港同步动建。项目建成后将有力提升我市城市经济、城市品质、优化营商环境,成为嵊州市的城市新地标和城市金名片。

【杭绍台铁路嵊州新昌站主体结构封顶】 3月15日,杭绍台高铁嵊州新昌站站房主体结构完成封顶。杭绍台站房项目部总工程师付国平表示,站房工程目前已完成约55%工程量,根据计划,站房预计于今年8月底全面完工。

【巴贝全龄工厂化养蚕一期改造项目投产】 3月20日,巴贝集团(陌桑高科)股份有限公司全球首家全龄工厂化养蚕一期改造项目成功投产。该改造项目蚕茧产量比改造前单位产量提高了50%,经国家权威机构检测,蚕丝质量达到国家标准5A乃至6A的最高等级,为我市打造"中国丝高地"、浙江建设"丝绸强省"筑基夯石。

【第二十届嵊州·中国民间越剧节开幕式】 3月27日上午,为纪念越剧诞辰115周年,第二十届嵊州·中国民间越剧节开幕式暨纪念新越剧改革主题研讨会在嵊州市举行。省委宣传部副部长、省电影局局长葛学斌,省文旅厅党组成员、副厅长朱海闵和嵊州市领导徐建役、严钢、孙海荣、柴理明、潘启富以及越剧名家代表、全国越剧界代表等参加。开幕式上,浙江工商大学发布越剧文化基因解码成果;浙江音乐学院发布越剧研学游规范标准(草案);"我们的越越、迷迷"系列越剧文创产品发布；为纪念新越剧改革，四位专家围绕主题作主旨发言；举行《越剧十姐妹纪念文集》捐赠仪式；“新时代越剧十姐妹”评选活动方案发布；越剧申报人类非物质文化遗产代表作工作正式启动。

【中国·嵊州“5G数字化产业”高峰论坛举行】 3月28日，以“5G新赋能·智造新未来”为主题的中国·嵊州“5G数字化产业”高峰论坛在嵊州市举行。绍兴市委常委、组织部长王琴英，嵊州市市委书记徐建役分别致辞。市委副书记、市长严钢主持揭幕式。中国工程院院士、原西安电子科技大学校长段宝岩，中国工程院院士、北京邮电大学教授张平，俄罗斯工程院外籍院士荣毅超，西安交通大学党委常委、副校长郑庆华及我市领导孙海荣、柴理明、梁中、王正军、史向俊等参加。

【嵊州实现平安县(市、区)创建“十二连冠”】 3月30日上午，全省建设平安浙江工作暨扫黑除恶专项斗争总结表彰会议召开。嵊州市荣获2020年度平安县(市、区)，至此嵊州市已连续12年获此殊荣，被授予“平安金鼎”，这是我省市、县(市、区)在平安建设方面的最高奖项。市委书记徐建役代表嵊州市在杭州主会场接受“平安金鼎”。市领导严钢、孙海荣等在嵊州分会场参加会议。

【贝达药业(嵊州)创新药产业化基地项目开工】 4月16日上午，贝达药业(嵊州)创新药产业化基地项目开工仪式举行。市委书记徐建役宣布项目开工。市委副书记、市长严钢，贝达药业有限公司董事长兼首席执行官丁列明在开工仪式上致辞。

贝达药业(嵊州)创新药产业化基地项目位于经济开发区城北化工园区区块，总投资20亿元，项目总用地约300亩，主要进行抗肿瘤原料药的生产和研发，属于高新技术、高产出、低污染、低能耗的项目。项目达产后预计可实现年产值50亿元，税收6亿元，有力推动嵊创新原料药的发展。项目计划分两期实施，一期工程计划于2024年建成投产，届时可达到年产40吨类创新药。

【沈阳市嵊州商会成立】 4月18日晚，沈阳市嵊州商会在沈阳市正式成立。这是嵊州市今年成立的第一家异地商会，也是全市异地商会大家庭中的第13位成员。辽宁舜燕新型管业有限公司董事长、辽宁悦利建设科技发展集团有限公司总经理徐苏江先生担任第一届沈阳市嵊州商会会长。沈阳市嵊州商会共有会员单位80多家，涵盖了建筑、管业、装饰、厨具、门业、餐饮等行业。

【姒健敏来嵊调研教科文卫领域工作】 4月20日下午，省人大常委会副主任姒健敏一行来嵊，就教科文卫领域工作进行专题调研。姒健敏一行调研了越剧小镇、越剧艺术学校等场所，姒健敏对越剧小镇积极融合市场需求，不断传承、创新、发展越剧文化的做法表示肯定。他希望越剧艺术学校充分发挥优势，创新优化招生方式，不断提升办学质量，为越剧文化事业的发展作出新的更大贡献。

【《刘阮归来》开演】 4月20日晚，越剧原创神话戏《刘阮归来》在越剧艺术中心精彩开演。该剧取材于神话传说《刘阮遇仙》，以爱情为主线，通过入山、遇仙、结缘、回乡、抗疫、化神等场景，运用戏曲艺术的虚拟手法，借助舞台时空，诠释了一个具有浪漫情怀、憧憬美好生活、弘扬奉献精神、彰显时代特色的动人故事。

【2021中国嵊州“浙东唐诗之路”山水挑战赛开幕】

4月24日上午，2021中国嵊州“浙东唐诗之路”山水挑战赛在越剧小镇隆重开幕。市委书记徐建役宣布比赛开幕，市委副书记、市长严钢致辞，省体育局副局长李华，市领导孙海荣、柴理明、钱群飞等参加开幕式。本次山水挑战赛吸引了多位优秀运动员同场竞技，也让众多社会精英阶层选手来到嵊州一展所长。经过激烈的角逐，来自德国的Peter Wolkowize以1小时52分22秒的成绩获得铁人二项赛男子全程第 ，来自德国的Svenja Rehr以2小时14分51秒的成绩获得女子全程第一。

【签约七个重点招商项目】 4月30日下午，2021嵊州市重点招商项目签约活动在嵊州宾馆举行，7个重点招商项目在现场集中签约，总投资达55.31亿元。市委书记徐建役、中国科学院院士王建宇、俄罗斯工程院院士荣毅超出席并讲话。市委副书记、市长严钢主持。

据悉，此次签约的7个项目，涉及高端研发机构、前沿高端科技、5G数字经济、高端装备、智能制造、新材料等多个领域。项目投资总量实，科技含量足，新增就业多，支撑作用强，综合效益大，带动能力明显，不仅深度契合嵊州三大战略性新兴产业发展方向，也符合浙江三大科创高地的重点培育标准。

【获评省第四批“无违建县(市、区)”】 5月18日日下午，全省建设新时代美丽浙江暨中央生态环境保护督察整改工作推进大会召开。大会为获得2020年度美丽浙江建设(生态文明示范创建行动计划)工作考核优秀的市、县(市、区)代表，省第四批“无违建县(市、区)”代表授奖牌、授鼎，嵊州市获评省第四批“无违建县(市、区)”。

【“嵊州新昌站”正式获得命名】 5月22日，国铁集团正式下发《关于公布杭州经绍兴至台州高速铁路等有关名称的通知》，确定将杭州经绍兴至台州高速铁路命名为杭台高速铁路，简称杭台高铁。同时，杭台高铁“嵊州新昌站”正式获得命名，这在全国铁路站名命名中，属于首次以县(市、区)两地地域名称的方式命名。

【海昶生物、昂利康制药高端制剂合作项目签约】 5月28日下午，海昶生物、昂利康制药高端制剂合作项目签约仪式举行。市委书记徐建役在签约仪式上讲话，浙江昂利康制药有限公司董事长方南平，浙江海昶生物医药技术有限公司董事长赵孝斌等分别致辞。

据了解，海昶生物与昂利康制药计划在嵊州市投资5亿元新建高端制剂产业化生产基地，规划建成2500平方米的GMP生产车间。其中一期投资1.5亿元，利用昂利康制药现有的生产厂房和设施，采取具有自主知识产权、国际先进的制剂生产工艺，购置国际、国内先进的生产设施，建成具有国际领先水准的高端制剂生产线，预计可达到年产50万支的高端脂质体和微球制剂生产能力，生产系列长效止痛药及抗癌药等，预估年产值可达20亿元，实现利税6.5亿元。该项目的实施将加快推进嵊州百亿“生命健康产业园”建设，为嵊州市工业经济高质量发展作出有力贡献。

【正威嵊州5G新材料科技城项目签约】 6月12日上午，在绍兴市委书记马卫光和正威国际集团董事局主席王文银的见证下，正威嵊州5G新材料科技城项目正式签约。正威嵊州5G新材料科技城项目由正威国际集团投资兴建，项目总投资150亿元，用地约1500亩，一次性规划，分三期建设，项目全部达产后，年销售将超过500亿元。其中，项目一期投资约70亿元，用地约600亩。据悉，该项目是嵊州历史上最大的工业投资项目，可有效配强嵊州5G产业链，加快建成5G万亩千亿产业园，大幅提升嵊州的工业能级。

【徐建役率队赴安吉秀洲等地考察学习】 6月16日，市委书记徐建役率考察团赴湖州市安吉县、嘉兴市秀洲区等地，考察学习美丽建设、生态环境建设等方面工作的先进经验和做法。秀洲区委书记吴燕，秀洲区委副书记、区长刘德威，安吉县委副书记、县长宋波等分别陪同，市领导余丹、竺理文、史向俊、李江、李香富、裘庆军等参加。

【民营剧团优秀剧目展演启动】 6月17日晚，嵊州市民营剧团百团共庆“建党100周年”优秀剧目展演启动仪式在吾悦广场举行。据悉，本次活动共有52个民营剧团参加展演，将连续展演26个晚上，演出地点分别在吾悦广场1号门广场和越剧艺术城。同时，为充分展示越剧故乡的魅力，主办单位还设置了线上直播。

【第十八届中国嵊州书法朝圣活动举行】 6月19日上午，第十八届中国嵊州书法朝圣活动在金庭举行。中国文联书法艺术中心主任王彦，省文联副主席、省书协主席赵雁君，及市领导严钢、孙海荣、柴理明、潘启富、俞忠毅等参加。

王羲之是中国历史上著名的书法家，有“书圣”之名。1700多年前，他慕剡溪山水，钟情于嵊州，结缘于金庭，携妻带子归隐瀑布山麓，寄情山水，以写字牧鹅为乐，并在此终其一生。后世文人墨客来此探寻书圣足迹，留下了不少佳作绝句，并演变成独特的“书圣文化”。嵊州市从2004年以来每年举办书法朝圣节，近年来，嵊州市更是主抓“书法+”金名片，将书法文化和祭祀文化相结合，创造出新型的文化传承载体，打造出了文化旅游新品牌。

【广播剧《音乐家任光》出版物出版发行】 6月25日下午，广播剧《音乐家任光》出版物首发式暨听评研讨会在嵊州宾馆举行，相关专家和主创人员齐聚一堂进行深度交流。

任光是一位从嵊州市走出去的音乐家，被称为人民的音乐家，民族的号手。他第一个把《义勇军进行曲》灌制成唱片，为抗日歌曲的传播和中国国歌的诞生做出了杰出贡献。

广播剧《音乐家任光》由中共嵊州市委宣传部、嵊州市融媒体中心、绍兴市加东文化传播有限公司等单位联合出品。该剧撷取了任光创作生命中最重要的三个阶段，围绕《渔光曲》《义勇军进行曲》《新四军东进曲》的创作与诞生，展现出一幅幅生动的历史画卷。2021年3月起，该剧在学习强国、绍兴之声、嵊州人民广播电台等平台播出，并被中宣部列入庆祝中国共产党成立100周年优秀广播剧展播剧目。广播剧《音乐家任光》由钱勇编剧、导演。

【嵊州被授予“农工党浙江省委会社会服务基地”】

6月29日，“农工党浙江省委会社会服务基地”授牌仪式暨农工党嵊州市委会“助力贵门乡村振兴”名师、名医师徒结对仪式在贵门乡举行，农工党省委会专职副主委田野参加活动。活动中，嵊州市被农工党省委会授予“农工党浙江省委会社会服务基地”。

【杭绍台高速鉴湖枢纽至镜岭段通车】 7月6日零时，杭绍台高速鉴湖枢纽至镜岭(十九峰)段正式通车了，鉴湖枢纽至镜岭(十九峰)段平水南、稽东(王坛)、谷来、崇仁、嵊州西、新昌西(苍岩)、镜岭(十九峰)7个收费站正式开通运营，与全国高速路网相连。

【南昌市嵊州商会成立】 7月17日晚，南昌市嵊州商会成立大会在江西省南昌市举行。市委副书记、市长严钢出席成立大会并致辞。南昌市嵊州商会是嵊州第14家异地商会组织。江西旭立建材有限公司董事长商施松被选为商会会长。南昌市嵊州商会共有会员63名，囊括了建材、商贸、教育、服装、文化传媒等行业的在赣嵊州籍人士。

【嵊州桃形李文化节暨擂台争霸赛举行】 7月20日，2021年嵊州桃形李文化节暨擂台争霸赛在金庭镇华堂村举行，金庭镇的果农们带着自己亲手种植的桃形李纷纷前来参赛。经过一番紧张角逐，决出了今年最大和最甜桃形李奖项。果农郑见明选送的桃形李，以5个果子总重572克的成绩，摘得本次比赛最大桃形李奖；果农王洪波选送的桃形李，以甜度20.2度获得最甜桃形李奖。

【台风“烟花”对嵊州造成一定影响】 7月26日上午9时50分前后，2021年第6号台风“烟花”在嘉兴市平湖市沿海二次登陆，登陆时强度为强热带风暴级，中心附近最大风力有10级(28米/秒)。由于此次台风“烟花”存在路径复杂、影响范围广、风雨潮叠加，登陆后陆上维持时间长、累计雨量大等特点，对嵊州市的交通、水利、农业和城市运行等方面受到了一定影响。受台风影响，7月22日8时至26日19时，全市平均雨量288.3毫米，6座大中型水库总蓄水率接近饱和，多处道路出现中断或堵塞情况，多处溪江出现溃堤等情况。

【镇海中学嵊州分校合作办学签约仪式举行】 7月31日上午，镇海中学嵊州分校合作办学签约仪式在嵊州宾馆举行，这标志着双方的战略合作迈入实质性阶段。绍兴市委书记马卫光，宁波市纪委副书记、市监委副主任杨晔，绍兴市委常委、秘书长陆维共同见证签约。

镇海中学是百年名校，一直以来，以特有的教育教学理念、科学有效的学校管理经验为全社会培养造就了一大批优秀人才，并连续多年入选“中国高中教育50强”，被清华大学、北京大学等多所顶尖名校授予“优质生源中学”称号。此次签约的镇海中学嵊州分校，是嵊州市近年来接受宁波都市圈辐射引进的第一所全国知名重点中学。根据协议，该校将坐落在我市经济开发区，按照6年一贯制完全中学和Ⅰ类标准设计建设，占地面积约160亩，预设初中、高中共60个班级，总投资约6.5亿元。建成后，双方将在教师互派、学生互访、教学互通、教研互助、管理嫁接、资源共享等方面开展深度合作，有力助推嵊州市教育在更高起点上实现突破。

【王贤琴 获评全国“诚实守信”好人】 8月初，中国文明网公布了2021年7月中国好人榜，嵊州市三江街道仙湖社区居民王贤琴获评“诚实守信”好人！作为《核桃树之恋》女主角的原型，她的故事曾让无数人为之感动。

1966年，21岁的王贤琴嫁给31岁的核工业建设者王荣浩，因工作的机密性，王荣浩不能将自己的身份告诉她。婚后，夫妻聚少离多，两人没有孩子，她和丈夫一起栽下核桃树，看着核桃树茁壮成长，总能想到自己对丈夫许下的诺言：绝不过问任何关于工作的事。她相信丈夫为国尽责，默默操持着整个家，她悉心照顾年迈的公婆，无怨无悔。直到丈夫退休后，她才偶然发现丈夫的真实身份，但她依旧保守秘密，直至丈夫离世。2021年改编于此的越剧现代戏《核桃树之恋》成功入选庆祝中国共产党成立100周年晋京展演优秀舞台艺术作品，核桃树下的承诺和坚守感动了无数人。2021年王贤琴入选“绍兴好人”。

【副省长成岳冲来嵊调研完善医共体财政补偿政策工作】 8月12日，副省长成岳冲一行来嵊调研完善医共体财政补偿政策工作。成岳冲强调，要进一步完善医共体财政补偿政策，有效保障县域医共体建设的可持续发展。调研组一行实地走访了嵊州市人民医院医共体崇仁分院，认真听取情况介绍，与有关负责人深入交谈，详细了解医共体组织架构、人员配备、运行管理、诊疗服务等情况。

【嵊新第一高楼昨日封顶】 8月26日上午，嵊州新昌地区的第一高楼嵊州开元名都大酒店项目主体结构顺利封顶，标志着该项目工程建设取得了重要的阶段性胜利，为工程后续进展奠定坚实基础。嵊州开元名都大酒店项目是我市的重点项目，主楼建筑高度189.9米，总建筑面积13.74万平方米。酒店主楼四十五层，项目自2019年11月进场，主体工程历时660天完成结构封顶，力争在年底前完成其他结构工程。

【“嵊州城市通”平台系统正式上线】 8月31日下午，由市城投集团出资打造，市融媒体中心开发的“嵊州城市通”APP上线启动仪式在市融媒体中心指挥中心举行。“嵊州城市通”项目从构思筹划，到设计研发再到线上测试，历时半年多。该平台系统主要把全市城区路面停车泊位（包括城投集团旗下停车场）、小品出行助力车、公共自行车等三大城市交通服务系统整合归一，市民使用一个平台即可实现停车在线查询缴费、附近空余停车位导航等停车系统功能，同时也融合了在线缴纳水电费等与市民生活密切相关的服务功能。

【郑兴国根雕艺术精品展在省博物馆开展】 9月3日，“凿光留痕——郑兴国根雕艺术精品展”在浙江省博物馆(武林馆区)拉开帷幕。展览共展出浙江省工艺美术大师、浙江省非物质文化遗产项目(嵊州根雕)代表性传承人郑兴国的作品约40件，旨在展现嵊州根雕新貌，同时，通过传承与创新对话，引发观者新的思考。据悉，展览将持续至11月28日。

【第五届“剡溪英才”创业创新大赛举行】 9月27日上午，第五届“剡溪英才”创业创新大赛暨北航全球科创大赛新材料行业总决赛在嵊州宾馆举行。经过分组答辩、专家评审、项目路演等环节的比拼之后，共评选产生“剡溪英才计划”A类、B类、C类人才项目12个、大赛人才奖6个。“剡溪英才”创业创新大赛是嵊州市层次最高、规模最大、影响力最强的人才赛事。本届大赛参与总决赛的41个项目，历经上海、深圳、北京等地分站赛后，在100多个项目中脱颖而出，所有项目的团队带头人均有国内外知名高校硕士及以上学位，其中近70%的项目团队带头人拥有博士学位。

【2021浙江·长江下游水稻新品种大会暨庆丰收活动举行】 7月27日，2021浙江·长江下游水稻新品种大会暨庆丰收活动在嵊州市良种繁育场举行，全面展示和推广我国自主育成、优质绿色水稻新品种，探讨加快现代种业发展对策，为推进现代农业高质量发展提供科技支撑。中国工程院院士、中国水稻研究所所长胡培松，全国农业技术推广服务中心副主任刘信、浙江省农业农村厅厅长王通林、浙江省农业农村厅副厅长蔡元杰，以及嵊州市领导裘建勇、宁春等参加。

嵊州市水稻种植面积19.5万亩，水稻总产量达9.7万吨，平均亩产超500公斤。自建立“看禾选种”基地以来，五年间嵊州市共展示评价水稻新品种1500余个次，出色完成了水稻新品种展示示范任务，为保障国家粮食安全作出了重要贡献，现已发展成为长江下游规模最大的水稻品种展示基地，2021年6月还被认定为首批国家农作物品种展示评价基地。此次水稻新品种大会共展示和区试9个省市53家单位选送的530个品种，规模为历年最大，再一次为育种、种子企业提供了一个水稻新品种品牌展示和良种筛选的平台，也为广大农技人员和农民群众搭建了一座认识新品种、共享新技术的交流桥梁。

【嵊州村嫂政协委员会客厅获评全省政协系统“五星级政协委员会客厅”】 10月9日，全省政协委员会客厅工作推进会召开，嵊州村嫂政协委员会客厅被评为全省政协系统“五星级政协委员会客厅”，是8个“五星级政协委员会客厅”中唯一一家由县(市、区)政协牵头的会客厅。嵊州村嫂政协委员会客厅自2019年5月创建以来，将委员工委与妇联两大组织强强联合，把委员会客厅这个政协履职“新载体”与嵊州村嫂这张“金名片”强强联合，以“万名村嫂”组成的“村嫂之家”为主阵地，通过影响有影响力的人，广泛团结一切可以团结的力量，成功打造了既接地气又独具特色的委员会客厅。

【第十四届中国(嵊州)电机·厨具展开展】 第十四届中国(嵊州)电机·厨具展于10月21日在嵊州国际会展中心拉开帷幕。据了解，本届展会以“绿色低碳、健康智能”为主题，分为四个展馆，展出面积达2万多平方米，展位1006个，吸引了各地的350家厨具、电机以及机械生产企业参展。本届展会的最大特点是，特装展位达到了70%，有6家上市企业参加，分别是厨电板块的帅丰、亿田，还有机械领域的大族、诺力、信捷，电机领域的迪贝等。

【中国集成智能厨房绿色发展论坛举行】 10月21日下午，作为第十四届中国(嵊州)电机·厨具展览会暨暨高新技术成果交易会活动之一的中国集成智能厨房绿色发展论坛在嵊州宾馆举行，市厨具行业协会成员单位主要负责人及技术负责人、高校院所专家教授代表，各乡镇(街道)科技工作分管负责人，科技创新委员会成员单位分管负责人等100多人参加论坛。本次论坛，基于国际视野，贴近时代主题，各位行业智慧“大伽”分析行业未来发展趋势和方向，探讨前沿理念和技术，描绘中国集成智能厨房发展路径，理解“智能厨房·绿色低碳”的深远意义，进而促进我市经济转型升级，实现我市厨电行业的高质量发展。

【省第十八届大学生机械设计竞赛暨嵊州市中国智能厨房创意设计大赛决赛在嵊举行】 10月23日上午，浙江省第十八届大学生机械设计竞赛暨嵊州市中国智能厨房创意设计大赛决赛开幕式在嵊举行。中国大学生机械创新设计大赛组委会委员、大赛秘书长王晶宣布开幕，省教育厅高教处二级调研员王国银、省大学生科技竞赛委员会主任应富强参加，市委副书记、市长严钢致欢迎辞，市领导梁中、俞忠毅、史向俊、袁辉尧参加。

浙江省大学生机械设计竞赛是省级A类学科竞赛，从2004年开始创办，每年举办一届，目前已经举办到第十八届，培养出了一大批具有创新精神和实践能力的优秀学子，已经成为浙江省推进创新创业教育改革的“重要窗口”。2021年共有来自浙江全省46所高校的近 400 个项目报名。经过省初赛专家严格评审,共有 69 支队伍闯入决赛,赛事将根据项目初赛材料成绩和决赛答辩成绩,遴选优秀项目代表浙江省参加全国赛。

【盛泰集团登陆上交所】 10 月 27 日上午,浙江盛泰服装集团股份有限公司(股票简称:盛泰集团;股票代码:605138)在上海证券交易所鸣锣上市,成为嵊州市 2021 年上市的第 2 家企业,也是 A 股"嵊州板块"的第 7 家上市企业。盛泰集团董事长徐磊,中信证券党委副书记、总经理杨明辉,河南省商水县县委副书记、县长田林和嵊州市领导严钢、俞仲兴、史向俊、杨军等参加。盛泰集团本次发行 5556 万股,发行价格 9.97 元,发行市盈率为 22.98 倍,发行后总股本 55556 万股。截至 2020 年末,公司总资产 48.21 亿元,2020 年实现营业收入 47.02 亿元,净利润 2.93 亿元。

【"核桃树之恋"女主人公——王贤琴获省道德模范受表彰】 11 月 12 日晚,"浙里好人 德润之江——第七届浙江省道德模范表彰晚会"在杭州举行。嵊州市市民、"核桃树之恋"的女主人公王贤琴被授予"浙江省道德模范"称号,并获省委书记袁家军接见。

【嵊州获评 长三角最佳悠享旅游城市】 11 月 13–14 日,第七届长三角慢生活旅游峰会暨第五届长三角慢生活旅游目的地联盟峰会在江苏宜兴举行。会上,10 个县市区被评定为长三角最佳悠享旅游城市,嵊州市当选。

【市越剧团荣获首批全国文化和旅游系统先进集体】

11 月 18 日,人力资源社会保障部、文化和旅游部发布《关于表彰全国文化和旅游系统先进集体、先进工作者和劳动模范的决定》,表彰全国文化和旅游系统先进集体 231 个,嵊州市越剧团榜上有名。市越剧团创建于 1951 年。七十年来,在袁雪芬、范瑞娟、傅全香、王文娟等诸多老一辈越剧表演艺术家的眷顾与呵护下,嵊越不断汲取越剧发源地的充足营养,在艺术发展上有着得天独厚的优势,坚持以"出人、出戏、出精品"为办团方针,继承和发扬越剧善于吸收、勇于创新的优良传统,不断改革前进、发展成长。据悉,市越剧团在浙江省历届考评中均被评为省一级剧团,2 次荣获嵊州市市长奖,2020 年被中宣部评为全国"双服务"文化建设先进集体。

【金甬铁路邵家坪隧道顺利贯通】 12 月 6 日上午 8 时,由中铁二局承建的金甬铁路项目首条超 5000 米隧道——邵家坪隧道顺利贯通。邵家坪隧道位于长乐镇境内,为单洞双线隧道,全长 5505 米,最大埋深约 186 米,于 2020 年 5 月正式进洞施工。邵家坪隧道的贯通,为金甬铁路 2023 年全线贯通打下了基础。

【国内最长铜雕壁画诞生】 12 月 27 日,国内最长的铜雕壁画在杭台高铁嵊州新昌站旅客通道亮相。该壁画经过近半年设计、制作与安装,壁画总长 108 米,宽 3 米,以紫铜浮雕形式展现"浙东唐诗之路"全景,着重展现剡中(现嵊州、新昌)山水风光、诗人风骨、人文遗存等地方特色文化元素。壁画由嵊州新昌两地和杭绍台铁路公司共同建设,国家级铜雕艺术大师朱炳仁与杭州金星铜工程公司设计制作,省书协主席赵雁君书写标题。

(撰稿人:过庆东)

(责任编辑:王怡然 金瑞锋 赵峰)

乐 清 市

·概况·

【人口与资源】 2021年末全市常住人口为146.40万人,比上年增加0.98万人,城镇化率为65.9%,比上年提高0.53个百分点。根据公安统计年报显示,年末全市户籍总户数39.85万户,户籍总人口131.67万人,其中,男性68.68万人,女性62.99万人,城镇75.61万人。全市出生人口(含补报)9301人,死亡人口7179人,人口自然增长率为1.61‰。登记的新居民人数68.13万人。

【经济发展】 据初步核算,2021年全市生产总值(GDP)1433.48亿元,比上年增长10.8%。其中,第一产业增加值22.20亿元,增长3.4%;第二产业增加值672.23亿元,增长9.8%;第三产业增加值739.06亿元,增长11.9%。按常住人口计算,人均地区生产总值98244元(按年平均汇率折算15228美元),增长10.6%。三次产业结构为1.5∶46.9∶51.6。综合实力居全国百强县(市)第18位,中国工业百强县第18位,中国创新百强县第12位,“2021中国未来投资潜力百佳县市”第9位。全年财政总收入166.86亿元,比上年增长6.4%。一般公共预算收入97.01亿元,增长2.8%,其中税收收入83.78亿元,占一般公共预算收入的86.4%,增长10.9%;一般公共预算支出129.48亿元,增长2.4%,其中民生类支出100.90亿元,增长5.7%,占一般公共预算支出的77.9%。年末金融机构人民币存款余额2045.81亿元,比上年末增长10.6%,其中,住户存款余额1401.20亿元,增长10.7%;非金融企业存款余额357.81亿元,增长14.8%。金融机构人民币贷款余额1936.31亿元,增长20.6%,其中,住户贷款余额1106.56亿元,增长13.5%,非金融企业及机关团体贷款余额829.71亿元,增长31.6%。全年规模以上工业企业1573家,实现增加值385.47亿元,增长10.8%,其中大中型企业实现增加值183.04亿元,增长17.4%。规上工业销售产值1807.32亿元,增长19.3%,其中出口交货值154.23亿元,增长28.3%。规模以上工业中,高新技术产业增加值290.13亿元,比上年增长7.5%;战略性新兴产业增加值169.29亿元,增长7.2%;装备制造业增加值215.10亿元,增长4.2%;分别占规模以上工业的75.3%、43.9%和55.8%。数字经济核心产业制造业增加值106.09亿元,增长9.5%,占温州全市的比重为49.7%。高端装备制造业、环保制造业、时尚制造业、高技术等新产业分别增长4.2%、0.4%、8.6%、和14.4%。全年规上工业企业研发费用51.95亿元,比上年增长20.8%,占营业收入的2.89%。规上工业新产品产值739.12亿元,增长18.9%;新产品产值率为39.8%;全员劳动生产率达20.45万元/人年,比上年增长6.5%。全年建筑业增加值50.12亿元,占GDP的比重为3.5%。具有总承包和专业承包资质的建筑企业101家,其中一级6家。全年社会消费品零售总额580.91亿元,比上年增长11.7%。其中,限上消费品零售额136.67亿元,增长23.4%。网络零售额253.57亿元,增长7.5%,在重点监测第三方电子商务平台上共有各类活跃网络零售网店1.3万家。限上批零住餐销售额745.49亿元,增长49.0%。其中,限上批发业销售额625.39亿元,增长52.6%;限上零售业销售额103.57亿元,增长31.8%;限上住宿业营业额3.11亿元,增长14.7%;限上餐饮业营业额13.41亿元,增长45.6%。全年固定资产投资同比增长5.5%。全市民间项目投资同比增长3.4%,高新技术产业投资同比增长10.3%,工业投资和服务业投资分别增长18.6%和0.7%,省“152”工程落地开工4个。柳市中学、虹桥镇第一小学新城校区、乐清市中医院建成投用;宴海综合供能站、港区综合供能服务站、南金线南塘综合供能服务站建成投用;正大广场建成开业。全市房地产开发投资同比增长1.2%。房屋施工面积916.96万平方米,增长11%。开工建设兆盛·君兰和著及青坤·琨玉园,住房品质进一步提高。全年全市居民人均可支配收入62942元,比上年增长10.0%。按常住地分,城镇和农村居民人均可支配收入分别为73287元和41991元,增长9.3%和10.3%。全市居民人均消费支出42988元,增长16.3%,其中,城镇和农村居民人均消费支出分别为49928元和28965元,增长15.5%和16.8%。城乡居民恩格尔系数分别为27.0%和35.2%。年末全市居民人均住房建筑面积60.17平方米,其中,城镇居民人均住房建筑面积60.25平方米,农村居民人均住房建筑面积60.02平方米。年末每百户城镇居民家用汽车拥有量56.7辆,每百户农村居民家用汽车拥有量37.1辆。

【城市化建设】 城市品质有力提升。入选国家县城新型城镇化建设示范、并成为全省唯一的国家发改委10个联系点之一,高标打造盐盆山清和公园一体化开发、胜利塘未来新城等一批新地标项目。扎实推动“大拆大整”“大建大美”向“精建精美”转变提升，完成乐清史上最大规模9个整村、15个区块、1.4万余户城中村改造征迁工作，拆出城市发展空间3500余亩，开工建设城中村安置房项目18个，有效破除中心城区半城市化现象，建成区面积从22平方公里扩大到30平方公里。完成城区环卫一体化改革，改造老旧小区6个，处置违法建筑1227万平方米，创成省“基本无违建市”、省示范文明城市。深入开展“全域美”建设，建成中央绿轴、东运河公园、林宅湿地公园等一批城市公园，打造“三纵四横”绿带、半马风情跑道等亮点项目，建成区绿化覆盖率达42.7%、人均公园绿地面积达16.3平方米，创成国家园林城市。

公共配套持续完善。坚持大干交通，建成乐清湾跨海大桥及连接线、甬台温高速公路复线、温州绕城高速公路等一批外联通道，新增高速互通4个，瓯江北口大桥实现合龙，雁荡山旅游环线、大门大桥二期、电器城大道、天蒲公路一期、疏港公路等域内交通网络加速构建，盐盆山隧道及连接线、六环路、城西大道一期、晨曦路一期、清东路等一批城市主干道建成通车。新增停车位37158个。优化公交线路208条，新建智能公交廊点580个，“全域智慧出行?品质公交”获评全省首批十大公共服务亮点项目；投放公共自行车2万余辆，绿色出行更加便捷。建成淡溪水库保安加固、大荆溪防洪一期、清江南岸标准塘加固等一批重点水利工程，城市防洪排涝能力显著提升。建成投用220千伏变电站2座、110千伏变电站7座和4.5兆瓦全省首个分布式储能示范项目；建成天然气门站3座。建成供水主管道872公里、单村水站166个，惠及13万山老区群众，获评国家县域节水型社会、省农村饮用水达标提标行动成绩突出县。

美丽乡村全域推进。创成省级样板美丽城镇4个、美丽乡村示范乡镇7个、特色精品村23个，成功打造总面积2万亩的美丽田园示范区11个。深入推进农村垃圾、污水、厕所“三大革命”，实现农村污水处理设施、管网全覆盖，获评省农村公厕改造工作先进县市。生态短板加速补齐。全力打好铁腕治水攻坚战，新建扩建污水处理厂5座，建成“污水零直排区”项目644个，创成省级美丽河湖4条，获评全省剿灭劣V类水突出贡献集体。深入开展“无废城市”创建，建成投用飞灰填埋场、一般工业固废填埋场、餐厨可再生资源利用中心，电镀园区综合整治提升为全省示范园区；创成省市生活垃圾分类示范小区57个，建成再生资源分拣中心4座；空气质量优良率达99.7%，获评省生态文明建设示范县市、省清新空气示范区。

【社会事业】 社会保障体系不断完善。年末全市参加基本养老保险参保人数76.24万人，其中，企业职工养老保险参保39.07万人，机关事业单位参保2.75万人。职工基本医疗保险参保31.5万人，工伤、失业、生育保险参保分别为50.05万人、26.14万人、23.52万人。全市基本医疗保险参保率99%，基本养老保险参保率96%。全市共有各类社会福利机构32所，拥有床位数2698张，每万人拥有床位数110张。现有低保对象6849户，9893人。有455家居家养老服务照料中心。全年共办理结婚登记5419对，离婚登记1447对。

教育事业发展规范有序。坚持教育优先发展战略，创成省教育基本现代化市，高考一段上线率从18.5%提升至26.9%，创成省教育基本现代化市。年末全市共有小学84所，在校生10.99万人，小学入学率100%，小学专任教师6124人；初中52所，在校生4.67万人，初中毕业生升入高中阶段比例为98.56%，专任教师3480人；普通高中16所，在校生1.85万人，专任教师1662人；中等职业学校5所，在校生1.21万人，专任教师619人；幼儿园233所，在园幼儿4.56万人，3–5周岁幼儿入园率99.87%。

健康乐清创建扎实推进。“健康乐清”扎实推进，建成投用市人民医院急诊大楼、市三医、市中医院一期迁扩建工程，新改迁扩建基层卫生院和卫生服务站项目18个，实现县域医共体全覆盖，建成全省首个县域远程医疗服务平台，创成国家卫生城市、国家妇幼保健机构机制创新试点县，县域就诊率和基层就诊率进一步提升。全市共有医院20家，社区卫生服务中心8家，乡镇卫生院23家，社区卫生服务站58家。年末医疗机构床位5377张，其中，医院床位4597张，乡镇卫生院床位780张。卫生技术人员9903人，其中，医生4519人，注册护士3931人。孕产妇0死亡，婴儿死亡率和5岁以下儿童死亡率分别为1.6‰和2.91‰。

文化建设不断深化。年末全市共有文化站25个，文化馆、博物馆、公共图书馆各1个。乐清市图书馆总藏量1392.50千册，比上年增加219.36千册。新建22家高品质城市书苑，藏书33万册，新增城市公共文化空间约1.1万平方米。全年送戏205场，送书8.6万册，送展览讲座84场；举办阅读推广活动621场，公益讲座118场次，公益大联盟54期，文化走亲5场；培训文艺骨干305人次，新建乡村艺术团23支，累计共建乡村艺术团583支。年末拥有人类非遗代表性项目1个，国家级非遗代表性项目5个，省级非遗代表性项目19

个,温州市级非遗代表性项目108个,乐清市级非遗项157个;国家级非遗代表性传承人7人(其中1人去世),省级非遗代表性传承人24人,温州市级非遗代表性传承51人(其中5人去世),乐清市级非遗代表性传承人23人。全市广播节目综合人口覆盖率99.25%,电视节目综合人口覆盖率98.46%。

体育事业发展进一步加快。全年新建百姓健身房6个、社区多功能公共运动场1个、门球场3块、网球场2块、篮球场12块、羽毛球场7块、足球场3块、登山健身步道10条、健身步道7条、村级全民健身广场1个,更新或新建健身苑健身器材75套。成功举办本级及以上体育赛事活动55场,创成首批全国县域足球典型。温州市第十七届运动会中,乐清市代表队在各县市区中综合成绩排名第二(金牌榜排名第二、奖牌榜排名第二、总分榜排名第二),创历史最好成绩。

·非国有经济主要产业·

【农业】 全年实现农林牧渔业产值33.95亿元,比上年增长4.4%。分行业看,农业产值15.24亿元,下降2.4%;林业产值0.15亿元,增长1.6%;牧业产值4.24亿元,增长32.0%;渔业产值11.98亿元,增长3.1%;农林牧渔服务业产值2.33亿元,增长8.6%。全年粮食种植面积31.40万亩,粮食产量12.02万吨。在经济作物中,蔬菜播种面积10.65万亩,下降4.0%;油菜籽1.36万亩,增长7.2%;中草药材1.13万亩,下降7.5%;果用瓜1.77万亩,下降9.5%。全年水产品总产量77663吨,比上年增长3.0%。其中,海水产品总产量73689吨,增长3.9%,海水养殖73689吨,增长3.9%;淡水产品总产量3974吨,下降11.2%。

乡村振兴深入推进,全面消除农村家庭人均收入9000元以下现象,动态清零"两不愁三保障"问题。强化乡村振兴人才支撑,完成农村实用人才和高素质农民培训1252人次。高品质打造乡村振兴示范带,新建"瓯潮柳风""七彩虹川""鹭兴万象"等3条乡村振兴示范带。精心培育特色农业产业,铁皮石斛成功列入"药食同源"试点,"雁山龙湫"、"芳芯绿雁"、"龙湫红"等3个产品获2021年温州市精品名茶,创建种植业"五园创建"省级示范基地5个、浙江省高品质绿色科技示范基地3个、温州市"瓯越鲜风"标准化生产基地55个。农村人居环节逐步提升,创建新时代美丽乡村118个,创成省级美丽乡村示范乡镇1个、特色精品村5个。

【工业】 工业经济加快转型。规上工业增加值从292.8亿元提高至385.5亿元,工业总产值迈上2500亿台阶。电气产业获评国家25个先进制造业集群之一、也是唯一一个以县域为主导命名的集群,列入省数字经济创新发展试验区、省首批产业转型类低碳试点县市、省"两业融合"试点、省新智造试点,入选全国质量强市示范城市创建名单。实施智能化技改项目1179个,规上企业智能化技改覆盖率达90%以上;开工小微园21个、建成14个,竣工面积150万平方米,实施老旧厂房改造项目202个、新增面积156万平方米;建成投用云谷云数据中心、正泰物联网传感器产业园一期等一批数字基建,入选省级数字化车间、智能工厂13家,正泰电器入选全省首批未来工厂,数字经济综合评价跃居至全省第4位。4次获评省级"腾笼换鸟"和淘汰落后产能工作先进县市,入选国家级绿色工厂(产品)21家。企业梯队做大做强,新增"小升规"1137家、累计达1828家,产值超亿元企业达340家、"专精特新"小巨人企业达10家,新增上市企业5家、总数达11家,正泰电器成为温州首家市值超千亿元上市企业。

创新动能加速集聚。经济开发区综合考评跃升至全省第1。建成投用长三角电气工程师创新中心、泰尔终端实验室等一批高能级创新平台,创建省级产业创新服务综合体3个,智能电气小镇、乐清湾电力科技小镇获得省级特色小镇命名,电子智联小镇列入省级特色小镇创建名单,入选智能电力物联网"万亩千亿"新产业平台。新增高新技术企业642家、科技型中小企业1628家,总数分别达775家和2400家,新增国家级工业设计中心1家、省级企业研究院和研发中心93家;引进院士专家团队12个,设立省级以上博士后工作站20个,科技进步综合评价从全省第18位跃升至第4位,获评全国县域知识产权竞争力百强榜单第7位,入选全国首批创新型县市。

改革活力持续激发。承接省级重大改革试点69项、国家级16项。数字化社会大救助获评民政部创新实践优秀案例,智能电气产业大脑等4个应用场景入围省"揭榜挂帅"试点,获评省改革突破奖;移风易俗成效显著,殡改工作在全国作典型发言;宅基地制度改革取得突破;"亩均论英雄"改革持续深化,规上企业亩均税收居全省各县市第1;金融风险得到有效化解,不良率从2.7%下降到0.6%;三大市管国企挂牌成立,传统制造业改造提升、数字经济、亩均论英雄、财政管理、企业上市等工作6次获省政府督查激励。开放能级不断提升。获批设立乐清湾临港经济开发区(筹),港区口岸实现临时开放,保税物流中心主体工程结顶,乐清湾铁路建成通车,集装箱航线顺利开通,成功开辟全省第二条集装箱海铁联运大通道。区域战略合作全面深化,RCEP电气行业合作委员会在乐成立,连续成功举办三届国际物联网传感技术峰会,浙大紫金港·乐清数字经济创新基地、乐清·南翔科创合作基地入选省示范"飞地"。

招大引强成效显著。招引亿元以上项目189个、10亿元以上项目34个;列入省"152"项目27个、已开工25个,均居全省前列;新增招商引资到位资金410.4亿元、实际利用外资3.1亿美元,实现总部引税41.1亿元。要素供给明显改善。新增建设用地指标13484亩,完成工业供地8700亩、土地清理48563亩,盘活存量土地17988亩,城镇低效用地再开发16743亩,创成省级国土资源节约集约模范县;争取中央和省级补助资金101亿元,获批债券182.6亿元。

【服务业】 正大广场、路之遥?奥特莱斯、华都天元广场等一批重大现代服务业项目建成开业,电商、文创等新经济新业态蓬勃发展,三产占比从46.2%提高到51.6%。雁荡山列入省十大名山公园建设试点,获评省首个"无废景区"、省生态文化建设突出贡献集体奖;总投资120亿元的荆山文旅项目成功签约,岭底高山漂流等一批全域旅游项目建成投用,"飞拉达"入选中国体育旅游精品项目,铁定溜溜创成4A级景区,创成3A级景区镇8个、景区村17个。年末共有商品交易市场59个,实现年成交额156.95亿元。其中,年成交额超亿元市场12个,共实现年成交额146.2亿元。全年接待游客总人数达617万人次,实现旅游总收入80.4亿元。现有旅行社23家,星级饭店6家,三星级3家,五星级3家。成功创建4A级景区1个、3A级景区1个、景区村4个、3A级景区镇5个,新增2A级景区村19个,1A级景区村30个。培育等级民宿3家,非遗主题民宿2家,侨家乐主题民宿2家。

·非国有经济发展特点·

【产业集群化】 初步形成沿104国道产业带和沿海产业带两大产业带,有十几个优势特色产业集群。沿104国道产业带主要有高低压电器、电子、摩托头盔、服装、机械、钻头、精密模具等产业集群,沿海产业带主要有清江—蒲岐的水产品加工业和黄华—七里港的船舶制造业。

【企业规模化】 全年规模以上工业企业1573家,实现增加值385.47亿元,增长10.8%,其中大中型企业实现增加值183.04亿元,增长17.4%。规上工业销售产值1807.32亿元,增长19.3%,其中出口交货值154.23亿元,增长28.3%。全市境内外上市公司总数11家,新三板挂牌企业累计20家。

【经济国际化】 全年货物进出口总额280.62亿元,比上年增长40.6%。其中,出口275.15亿元,增长40.5%;进口5.46亿元,增长41.6%。从出口市场来看,东盟、欧盟和美国分别增长74.0%、30.3%和30.0%;对新兴市场俄罗斯和巴西分别增长40.0%和44.0%;对"一带一路"沿线国家出口133.81亿元,增长42.5%。

【发展科技化】 全市新增高新技术企业197家,累计775家,培育省科技型中小企业450家、温州市创新型领军(瞪羚)企业2家、省级重点企业研究院2家、省企业研究院2家、省高新技术企业研发中心16家。列入省"尖兵""领雁"研发攻关计划2项、温州重大科技创新攻关项目和自创区专项1项。全年专利授权量12543件,其中发明专利授权量820件。

【产品品牌化】 品牌建设、品牌创建意识不断增强,全市已形成了一批在全国具有相当知名度和美誉度的企业和产品,品牌经济成为全市经济增长的重要依托。全市拥有注册商标9.2万件,其中,驰名商标11件,地理标志证明商标2件,集体商标5件。

·重点企业介绍·

【正泰集团股份有限公司】 正泰集团股份有限公司始创于1984年,是全球知名的智慧能源系统解决方案提供商。创立38年来,正泰始终聚精会神干实业、一门心思创品牌,聚焦绿色能源、智能电气、智慧低碳城市核心业务,培育科创孵化器,形成"3+1"产业体系。持续深耕国际市场,业务遍及140多个国家和地区,全球员工4万余名,年营业收入逾1000亿元,连续20年上榜中国企业500强。旗下正泰电器(股票代码:601877)为中国首家以低压电器为主营业务的A股上市公司,位列亚洲上市公司50强。正泰坚持实业发展、创新驱动理念不动摇,拥有以正泰集团研究院为核心的24个研究院,已形成多元化、开放式研发体系,年均研发投入占销售额4%-12%。截至目前,累计授权专利7000余项,参加90多个标准化相关组织,累计主导及参与400余项国际、国家及行业等标准制修订。先后被认定为国家认定企业技术中心、国家级工业设计中心,荣获国家技术创新示范企业、国家知识产权示范企业、中国产学研合作创新奖等称号。正泰积极履行社会责任,先后出资设立“中国中学生正泰品学奖”“浙江省贫困大学生正泰助学基金”,发起设立“中华红丝带基金会”,并注资9000万元成立“正泰公益基金会”。截至目前,已为扶贫济困、捐资助学、抗震救灾、公益创业、生态环保等各类社会公益事业捐资捐物累计超4.5亿元,2021年位列中国民营企业社会责任100强第一位,先后荣获“全国就业和社会保障先进民营企业”“全国民族团结进步模范集体”“全国先进基层党组织”“全国就业先进企业”“全国五一劳动奖状”“中华慈善奖”“中国机械工业最具核心竞争力十强企业”“国家级智能制造试点示范工厂”等荣誉和称号。

【德力西集团有限公司】 德力西集团创办于1984年,是一家集产业运营、品牌运营、资本运营为一体的大型企业集团,连续20年荣登中国企业500强,现有员工2万余人。作为中国电气行业的龙头企业,德力西现有五大生产基地:上海高压电器和成套设备生产基地、温州低压输配电和工业自动化控制电气生产基地、杭州智能工业控制和自动化仪器仪表生产基地、安徽芜湖低压电器生产基地、河南濮阳智能电气中部基地。电气产品在中国境内遍布60000多家销售门店,产品和服务支持网络覆盖60多个国家和地区。集团拥有全国同行业生产企业首家国家企业技术中心和博士后科研工作站,旗下6家企业被认定为“高新技术企业”,先后3次荣获“国家科技进步奖”。产品服务于国防、冶金、交通、石油、化工等十几个重点行业的重大工程及援外项目,成功助力“神舟”、“嫦娥”及“北斗”卫星导航系统等重大工程,被评为“天宫一号/神舟八号首次交会对接任务贡献单位”,荣获中华慈善突出贡献奖、“全国文明单位”等诸多殊荣。“德报人类,力创未来”,是德力西矢志不渝的企业使命。扎根实体经济和产业自强,德力西始终坚持创新发展、兴业报国,为全球用户和中国社会创造永续价值。

【人民电器集团有限公司】 人民电器始创于1986年,总部位于浙江乐清。人民电器集团是中国500强企业、世界机械500强企业,是第一批荣获全国质量奖企业。人民品牌价值近600亿,是中国工业电器最具价值品牌。产品畅销全球125多个国家和地区公司,并在东亚、中东地区、北美、欧盟等50多个国家建立了分支机构。人民电器集团坚持“以智慧创新,为人民服务”的核心价值观,凭着超前的理念、坚毅的品质、大胆的改革,以勤劳、智慧的精神,致力于引领智慧产业生态圈创新发展,实现了从产品经营到品牌经营、从传统制造到实体产业与金融资本产融结合发展的转型跨越。

【天正集团】 天正集团是一家以工业电气为主、房地产为辅、金融投资为补充的适度多元化大型企业集团。总部位于上海,拥有温州、上海、南京、嘉兴四个产业基地,拥有16家全资或控股子公司,生产低压电器、仪器仪表、变频器、建筑电器等80大系列万余种规格电器产品。天正电气连续多年上榜中国机械工业百强,中国电气工业百强,荣获浙江省质量管理奖、苏浙皖赣沪地区质量工作先进单位、温州市市长质量奖。天正品牌入选中国企业最高品牌荣誉的“首届中国标志性品牌”。系中国企业500强。公司主要生产以低压配电及工控电器、智能仪表、电源电器、变频器、高压电器、建筑电器为主的工业电器产品,为电力、通讯、新能源、工民建、冶金、石化、机械制造等行业提供优质的低压电器产品和解决方案。公司现有员工4000多人,其中30%为销售、研发及质量管理人员。每年投入销售收入的5%用于新产品和新技术的开发。天正集团投入1000多万元建成的“低压电器测试中心”,成为国内首家与国际接轨的第一方实验室,“科技研发中心”也是经浙江省政府确认的“省级技术中心”。自1999年以来,共投资近10亿元,先后在上海浦东、江苏南京和美国硅谷建立天正工业园和技术研发中心。天正集团“天正”商标系国家工商行政管理总局认定的“中国驰名商标”;上海天正机电集团入选“上海市百户重点工商企业”,并进入上海市经委“百户直通车”服务范围。

·政策措施·

紧紧围绕奋战“1310”,争当九大标兵,在共富路上全力打造“醉美之城·幸福乐清”。在新时代新征程中推动各项工作实现新突破新跨越,率先展现共同富裕美好社会的乐清图景,充分彰显自然之美、经济之美、城乡之美、生活之美、人文之美,把最美作品写在乐清大地上,努力让145万乐清父老乡亲每个人、每一天都拥有一张发自内心的笑脸。

“1”是锚定一个总目标,即打造共同富裕示范区县域标杆。乐清作为“七山二水一分田”的千年古县和拥有国家先进制造业集群的工业强市,无论地理环境和城乡形态、发展规模和发展水平、产业基础和社会结构,都是全省的一个缩影。乐清推动共同富裕的实践对全省具有很强的典型意义和示范意义。我们要把打造共同富裕示范区县域标杆,作为胸怀“国之大者”、践行“两个维护”的重大检验,作为推进高质量发展、竞争力提升、现代化先行的鲜明标志,加快缩小“三大差距”、推动“扩中”“提低”，以“乐清之窗”展示“浙江风采”，以“乐清之治”回答“时代之问”，以“乐清之富”回应“人民期盼”，努力做到共富路上一个都不掉队，不断为全省示范区建设提供具有普遍性意义、可复制可推广的共同富裕县域实践。

“3”是打好三套组合拳，即打好“三升一优”“三比一讲”“三学一争”三套组合拳。把“三升一优”作为打造县域标杆的主攻方向。打造县域标杆既要统筹全局，更要抓住重点。要围绕“产业升级、城乡升质、文化升华，优民生”，锚定数字化、绿色化、服务化升级方向，加速推动产业质量变革、效率变革、动力变革；深入实施以人为核心的新型城镇化，加速城乡有机更新；以全国县级文明城市创建为载体，彰显乐清文化魅力，提升群众文明素养；加强困难群众兜底保障，推进公共服务优质共享，全力打造产业竞争新优势、跃升城乡蝶变新高度、展现文化文明新风采、提升民生幸福新温度。把“三比一讲”作为打造县域标杆的主要抓手。打造县域标杆不是轻轻松松、敲锣打鼓就能实现的，需要广大干部群众的共同奋斗。要以“三比一讲”提振干事创业精气神、鼓足争先创优新干劲，形成你追我赶、比学赶超的浓厚氛围。具体来讲，乡镇（街道）层面要比谁发展质量高、比谁环境风貌美、比谁平安稳定好，讲贡献度；部门层面要对上比争取、对下比服务、对内比风气，讲执行力；社会层面要比创业创新、比诚实诚信、比友善友爱，讲价值观。把“三学一争”作为打造县域标杆的关键支撑。打造县域标杆既需共同奋斗，更需相匹配的能力素质。要聚焦“学理论、学业务、学法律，争做新时代好干部”，更加注重生成性学习、保持创造性张力，把学习当成一种生活态度、一种工作责任、一种精神追求。只有不断提升理论水平、业务能力、法治意识，强化系统观念、战略素养、前瞻思维，锤炼驾驭复杂局面、推进现代化建设的过硬本领，才能在新的赶考路上创造经得起历史和人民检验的新业绩。

“10”是夺取“十大标志性成果”，即对标共同富裕领跑担当、先行示范的要求，聚焦乐清特质潜力所在、群众现实所盼、未来发展所需，系统谋划实施一批创新性突破性引领性重大举措，匠心打造一批人无我有、人有我优、人优我强、人强我特的标志性成果，不断提升“重要窗口”的乐清辨识度和影响力。一是冲刺全国十强。坚定扛起温州发展排头兵和顶梁柱的使命担当，在新一轮区域竞争中比学赶超、争先进位，全力跻身全省第一方阵最前列、奋进全国县域经济前十强。到2026年，实现地区生产总值突破2000亿元，工业总产值突破4000亿元，规上工业增加值超600亿元；财政总收入超258亿元，其中一般公共预算收入超150亿元。二是打造数字高地。以数字化改革为引领，全面落实“152”工作体系，大力推进产业数字化、数字产业化，率先形成与数字变革时代相适应的生产方式、生活方式和治理方式，让城市更聪明、经济更智慧、治理更高效、生活更便捷。三是落地百亿项目。深入实施谋大招强“一号工程”，以大项目支撑大产业、带动大发展，围绕延链补链强链育链，大力招引、培育、落地一批百亿级项目，确保实现百亿级单体制造业项目“零突破”，为全市经济发展注入新动能。四是建设未来城市。秉持“城市让生活更美好”的理念，抢抓国家县城新型城镇化示范创建机遇，面向现代化、面向未来，构建未来社区、未来乡村、未来工厂等城市未来新场景，赋予城市宜居、绿色、韧性、智慧、人文的品质内涵。五是重振雁荡雄风。大力探索雁荡山高质量发展路径，高标打造国际一流休闲旅游康养度假胜地；以雁荡山为龙头，推动核心景区“内外”开发、周边乡镇联动发展，加快形成大雁荡旅游发展新格局，全域绘就“山水诗路?诗画乐清”美丽图景。六是实现乡村振兴。以“农村让人们更向往”为目标，深化“千万工程”建设新时代美丽乡村，高标建成一批共同富裕带和美丽乡村风景线，推动农业与工业争辉，率先闯出城乡融合、共富共美新路子。七是构建高铁枢纽。全力争取乐清站接轨杭温高铁、温福高铁、甬台温高铁，融入“全省1小时交通圈”，构建温州北翼现代综合交通枢纽，加快联接沪杭甬、融入长三角。八是兴建东方大港。深入贯彻“海洋强省”战略，突出乐清湾港区的温州主港区地位，推动全方位提级扩能，加快港产城融合发展，不断提升港口综合竞争力和对外开放水平，打造东南沿海对外开放重要口岸。九是创办本土大学。以教育部和省政府共建温台职教创新高地为契机，深化与全国知名大学产教融合、校地合作，实现高等院校“零突破”，为乐清现代化建设提供强劲的人才支撑。十是保障山海安澜。聚力做好“水”的大文章，念好新时代“山海经”，把乐清人民的水碗牢牢端在自己手里，以水灾害防控、水资源开发、水生态保护为核心，开展山溪、水库、河网、海塘、海湾全域综合治理，提升城市防洪排涝能力，谋划打造以滨海大道为主干线的沿海生态走廊、安全屏障，保一方平安、促一方发展。重点要在九个方面走前列、当标兵：

（一）在深化数字化改革上走前列、当标兵。数字化改革是通往现代化先行和共同富裕的“船”和“桥”。要把数字化贯穿到发展的全过程各方面，对生产方式、生活方式和治理方式进行全方位、系统性重塑，整体推动生产力水平跃升、生产关系优化，打造数字高地。一是强化数字化改革攻坚。坚持“顶层设计、增量开发、迭代升级”总体思路，体系化规范化推进数字化改革，建好用好一体化智能化公共数据平台，推动党政机关整体智治、数字政府、数字经济、数字社会、数字法治五大综合应用重点突破，守牢网络数据安全底线，推动数字化改革全上跑道、全速竞跑、全力领跑。健全完善全生命周期管理系统，动态管理“三张清单”，建立赛马比拼、应用评价等机制，力争更多项目纳入省最佳应用清单、获得全省改革突破奖。二是打造数字化共富场景。把数字化改革贯穿共同富裕场景建设，聚焦缩小“三大差距”、推动“扩中”“提低”等重点领域，谋划实施牵一发动全身的重大抓手，有效破除制约高质量发展、高品质生活的体制机制，率先探索建设共同富裕美好社会，加快取得突破性进展、创造普遍性经验。深化政务服务数字化改革，迭代升级数字化社会大救助、远程教育、远程诊疗等一批应用场景，创新社区与社会组织、社会工作者、社区志愿者、社会慈善资源的联动机制，深化社会力量参与社会事业改革、市民化集成改革等一批改革项目，高效协同、联动解决社会问题、推动共同富裕。三是推动数字化赋能增效。全面建立产业大脑多元数据融合应用体制机制，以“产业大脑+未来工厂”为突破口，发展具有全国影响力的数字产业集群，壮大一批数字经济头部企业，支持中小微企业开展数字化改造，加快构建新型无线城市，建成全国跨境电商综试区创新引领示范区，打造全省数字经济创新发展试验区、产业集群新智造试点示范标杆，到2026年，力争全市数字经济核心产业增加值达260亿元。实施“县乡一体、条抓块统”县域整体智治改革，推进“152”与“141”体系贯通融合，优化县乡资源配置，推动县乡一体协同，加快构建县域整体智治格局。加速推进执法、司法、普法相关领域数字化升级，构建形成政法一体化办案体系、综合行政执法体系。

（二）在提升产业能级上走前列、当标兵。产业是强市之基、共富之源。要加快推动三次产业高端化、规模化、集群化发展，加速产业升级步伐，做大共同富裕“蛋糕”。一是做强先进制造业。迭代升级电气产业国家先进制造业集群，大力培育发展“新基建”、数字经济、临港经济三大五百亿级产业集群和高端装备、新能源汽车零部件、智慧家居、智能电子终端、未来产业等五大百亿级产业集群，打造国内领先、国际知名的标志性产业链。抢抓“双碳”战略机遇，深化全省首批低碳试点县市建设，运行好全国首个县级碳普惠市场平台，优化“碳均论英雄”应用场景，高标打造一批示范引领的“近零碳工厂”和“低碳园区”，积极培育新兴低碳产业，加快构建绿色低碳、循环发展的现代产业体系，力争在全省率先实现碳达峰、碳中和目标。二是做优特色农业。以铁皮石斛入选“药食同源”目录为契机，打造百亿规模国家级铁皮石斛生物产业基地，争创国家特色农产品优势区、国家农业产业示范园。大力发展特色农业、特色渔业，打造“一镇一业”“一村一品”现代农业发展新格局，促进一二三产融合发展，打响“乐耕清耘”区域公共品牌。深入推进农业“双强”行动，加快数字农业建设，全域建设高标准农田，坚决遏制耕地“非农化”、防止“非粮化”，进一步夯实区域性粮食安全基础。三是做大现代服务业。加快省级先进制造业和现代服务业融合发展试点建设，做大做强高端智造型服务业经济。大力发展现代金融、商务会展、现代物流、软件和信息等服务业，做优楼宇经济和总部经济生态圈，积极引进服务业企业区域性功能性总部，提升整体活力和发展动能。集聚消费资源，优化消费供给，促进消费升级，构建城市特色商圈体系，改造提升一批特色商区街区，打造知名品牌首店首发集聚地、优质消费资源汇集地、时尚潮流消费引领地，加快建成更具区域影响力、竞争力和美誉度的温州北部区域性消费中心。

（三）在攻坚重大项目上走前列、当标兵。推进产业升级，项目是第一支撑。要聚焦“大好高”项目、重大生产力布局，千方百计做大项目“盘子”、提升项目“层次”、清除项目“路障”，以项目攻坚的加速度打造产业升级、共同富裕的强支撑。一是在平台建设上再提升。加快推动产业园区整合提升，构筑项目落地、产业升级的主阵地。加快经济开发区提级扩能，做强温州国家自创区乐清园区，高标准建设省级“万亩千亿”新产业平台，争创国家级经济技术开发区。加快乐清湾港区空间资源整合，推动港区口岸正式开放，加速港区B型保税物流中心建设，争设“义新欧”班列始发站，大力开辟集装箱航线，做大集装箱海铁联运，打造浙南闽北赣东物流集散中心，兴建东方大港。推进各乡镇（街道）工业平台错位发展，进一步完善配套、拓展空间，不断提升项目承载力。二是在招大引强上再攻坚。以国内外500强企业、实力央企、知名民企和头部企业为重点，大力发扬千山万水、千辛万苦、千家万户、千言万语的“四千精神”，打好“驻点招商、以商招商、产业链招商”等招商引资组合拳，落地一批牵一发动全身的“大好高”项目。大力实施“152”工程，力争每年落地开工省“152”项目

5个以上,五年累计招引亿元项目230个以上、回归总部税收60亿元以上,实现百亿级单体制造业项目“零突破”。三是在要素保障上再突破。全方位强化用地、用能、资金等配套支撑,争取五年新增建设用地超2万亩、低效用地再开发1万亩以上,争取获批镇安塘未利用地垦造耕地、翁垟围垦等项目,实现小微园开工建设、老旧厂房改造项目数量翻番。科学抓好能耗“双控”,大力发展太阳能光伏等可再生能源,全面推广分布式光伏项目建设,争取上级项目能耗单列指标。强化项目策划包装和储备,争取中央预算内和政府专项债券等政策和资金支持。四是在营商环境上再优化。健全完善重大项目推进协调服务机制,推动高新战新产业和重大生产力布局加快落地,建成正泰关键零部件先进制造基地、益海嘉里中央厨房园区及现代食品配套产业、电光防爆智慧矿山高端装备等一批重大项目。持续深化“三服务”活动,在服务理念、方法、机制、作风等方面系统重塑、不断升级,让“无事不扰、有呼必应”一流营商环境成为新常态。

(四)在强化创新驱动上走前列、当标兵。创新是推进产业升级、促进共同富裕的核心引擎。要加快推动传统要素驱动向创新驱动跃升,把科技创新的关键变量转化为产业升级的最大增量。一是建设高能级创新载体。突出造塔尖、谋重器理念,深度融入温州“一区一廊一会一室”创新格局,高标建设运营长三角电气工程师创新中心、5G物联网创新赋能中心等高能级创新平台,加快三大“未来园区”建设,系统提升省级产业创新服务综合体“一站式”服务功能,构建更加系统、完备、高效的科技创新平台体系。二是培育高水平创新主体。打造一批“链主型”企业、高市值上市企业、单项冠军企业和专精特新“小巨人”企业,大范围培育科技型中小企业,推动企业结构优化、制度创新、层次提升,力争五年内上市企业总数达30家,高新技术企业、省科技型中小企业数实现翻番,R&D经费占比达3.2%以上,打造具有国际竞争力的企业群。三是集聚高层次创新人才。全力建设人才“安居乐业”最优县市,持续办好世界青年科学家峰会乐清分会、智能电气人才节,实施人才竞争力指数提升行动,做好乐清籍大学生回归工作,力争五年内引进高层次创业创新领军人才120人、顶尖和重大创新团队10个。大力实施新生代企业家“双传承”计划,全面提升企业家和企业高层次管理人才全球视野、战略素养和创新能力。四是构建高效能创新生态。完善科技金融体系,创新产业投融资体制机制,积极引进一批头部创投机构,推进“技改贷”“科技贷”“亩均信用贷”“低碳贷”提质拓面,为更多科技型、高成长型中小企业提供低利率无抵押信用贷款。健全科技成果评价机制、容错机制,厚植宽容失败、鼓励创新的土壤,为每一位勇攀高峰的科研人、创新创造的企业家、追梦圆梦的创业者构筑创新共同体。

(五)在加速城市蝶变上走前列、当标兵。城乡升质是城乡共富的重要路径,必须坚持以城带乡、促进城乡融合。要加速构建未来体系,建设未来城市,做好全域“拥山拥海拥江”大文章,整体塑造“大气开放、精致靓丽,面朝大海、春暖花开”的独特气质。一是优化城市空间布局。高质量编制国土空间总体规划,以滨海大道串联乐清湾港区、乐成中心城区、经济开发区、柳白新区,推进“一城、两廊、三组团”联动发展。中心城区全面迈向“滨海时代”,统筹新城建设与老城更新,力争成为国家县城新型城镇化建设标准制订地。东部滨海产业创新走廊、西部绿色生态经济走廊串联全域、山海呼应,打造全省大湾区大花园建设的重要节点标识。南部滨江新城城镇组团主攻拥江发展,深度融入温州大都市区主中心一体化战略布局,高品质推进瓯江北岸开发建设,打造具有核心竞争力的滨江产业新城。中部港口新城城镇组团主攻港产城融合发展,强化区域资源整合,打造蓝色经济高地。北部农文体旅融合城镇组团主攻绿色发展,拓宽“两山”转换通道,构建环雁荡山发展带,打造绿色共富示范样板。二是凸显城市独特魅力。全面拉开中心城区拥海发展大框架,匠心打造胜利塘北片未来新城,实现城市发展的第三次跨越。以城市八大系统为抓手,实施八大蝶变行动,建成乐清湾之星、传媒大厦、建筑业大厦、市科技馆等“东海之窗”现代建筑群;精心刻画东运河沿岸等三条城市魅力轴带,打造北互通迎宾大道最美入城口,建成现代都市农业公园,重塑山海天际线。全面建成盐盆山清和公园一体化、海洋生态公园、滨海大道、城市阳台等重点项目,串联打造最美黄金海岸线。加速老城有机更新,留住老城古韵乡愁,系统推进北大街历史文化街区保护开发等重点项目,打造历史与现实交映、文化与生态互融、自然与人文相连的“印象乐成”。高标准创建一批省市城乡风貌样板区和未来社区试点,努力打造绿色低碳智慧的“有机生命体”、宜居宜业宜游的“生活共同体”、资源高效配置的“社会综合体”。三是提升城市综合能级。以交通、市政、电力等建设为重点,加快实施一批补短板、强功能、利长远、惠民生的基础设施项目,推动城市能级迈上新台阶。坚持大干交通、干大交通,全力打通一批市域“断头路”,进一步畅通城市微循环;加快构建对外交通大通道，力争2022年建成瓯江北口大桥，2023年市域铁路S2线乐清段建成通车，2026年前乐永青高速乐清段、甬台温高速柳市互通、温乐快速路一期等一批交通主干道建成投用，争取乐清站成为温福高铁起点站，推动杭温高铁和甬台温高铁经乐清站，实现20分钟通行市内“一城三组团”、30分钟到温州主城区、60分钟到杭州、90分钟到上海，构建高铁枢纽。加快推进智慧停车楼建设、老旧小区改造等工作，持续完善市政和便民设施。建成投产一批输变电工程，打造“不怕台风”的坚强智能电网。

（六）在推进乡村振兴上走前列、当标兵。城乡升质带动城乡共富，最艰巨最繁重的任务在乡村，最大的潜力和后劲也在乡村。要深入践行“绿水青山就是金山银山”理念，全面推进乡村振兴，加快实现全域美丽，绘就共同富裕大场景下新时代美丽乡村新画卷。一是全域建设美丽乡村。深化“千万工程”建设新时代美丽乡村，攻坚农村人居环境提升、乡村数字化改革、农村基础设施建设等重点任务，高水平建设“石斛之乡?康养胜境”等一批共同富裕新时代美丽乡村示范带，建成大荆下山头村、清江北塘村、柳市黄华村等一批未来乡村试点，形成一批引领品质生活、呈现未来元素、彰显江南韵味的示范性乡村新社区，让美丽乡村成为农民幸福生活的美好家园、市民旅游休闲的理想乐园、大众创业创新的希望热土。二是全力重振雁荡雄风。对标全省5A级景区前三强，建成荆山文旅投资的雁荡山文旅开发项目，投用与曲江文旅、欢瑞世纪合作开发的雁湖岗等“四个一”项目，精准招引中青旅、港中旅、携程等一批头部企业落地，全力推进旅游品质、旅游业态大提升，重振“中国东南第一山”雄风。纵深推进“大雁荡、大旅游、大产业”发展战略，打造西门岛海岛休闲花园、慢方适田园综合体、芙蓉池省级旅游度假区等环雁荡山旅游平台，推进雁荡山、中雁荡山、灵山、白龙山、淡溪景区联动发展，全域绘就新时代乐清版“富春山居图”。三是全速推进山老区发展。持续优化山老区教育、医疗、公交、供水、供电等公共服务供给，让改革发展成果更多惠及山老区群众，更好满足山老区群众对美好生活的新期待。系统实施《大荆片区跨越式高质量发展五年规划(2021-2025年)》，建成一批交通共联、生态共保、产业共兴、民生共享的重点项目，努力在五年内将大荆片区打造成为生态空间山清水秀、生活空间宜居适度、生产空间集约高效的践行“绿水青山就是金山银山”理念标杆地。开展新一轮东西部协作、山海协作，促进共同富裕。四是全面擦亮生态底色。深入推进生态文明建设，持续实施蓝天、碧水、净土、清废四大行动，扎实做好垃圾分类，全域建成“污水零直排区”，创成国家生态文明建设示范县市、国家森林城市和省“无废城市”，全力构建山水辉映、蓝绿交织、自然和谐的生态风光。开展山溪、水库、河网、海塘、海湾全域综合治理，谋划实施域内水库联网联调工程，争取域外瓯江南北水源联网建设，确保2025年前建成蓝色海湾、安澜海塘、大荆溪分洪、乐柳虹平原防洪排涝等项目，筑牢山海安澜的“水上长城”。

（七）在促进精神富有上走前列、当标兵。共同富裕既是物质富裕，更是精神富有。要以文化升华为共同富裕铸魂塑形赋能，在现代化先行中实现文化先行，在共同富裕中实现精神富有。一是彰显文化辨识度。深入挖掘“山海乐清”文化基因，汲取“千年文脉”文化精髓，打造山海文化展示高地等6大文化高地，持续擦亮“海上名山?诗画雁荡”等9张文化金名片，重点推进“山海文化传承保护利用工程”等6大系统工程，打造“瓯江山水诗路文化带”乐清样板，推动实现“一个文化核心要素代表一座城、一句话叫响一座城、一部典籍介绍一座城、一个城市标识点亮一座城”。二是增强文化竞争力。围绕提升文化竞争力，加快推进“文化+创意”“文化+旅游”等“文化+”行动，积极打造文旅融合发展项目，加大古民居、古牌坊、古桥、古树等代表性文物和遗址保护利用力度，加强黄杨木雕、细纹刻纸等非物质文化遗产传承和创新，形成“乐清记忆”系列历史文化产品。加快建设文化创意产业群，推动乐清文化与数字、科技、会展等十大新业态融合发展，真正把文化“软实力”转化为发展“硬支撑”。三是拓展文化服务圈。统筹规划城乡公共文化设施建设，完善城市书苑、村社“乐读点”布局，建成一批全国一流文化地标，加快推动优质公共文化资源向基层、向乡村延伸，构建高水平“15分钟品质文化生活圈”，让广大市民乐享诗和远方。精心扶持创作一批富有时代气息、体现乐清特色的“大作、大戏、大剧、大片”，创作提升《王十朋》等本土剧目，唱响《对鸟》等乡音民歌，让一批能传得开、留得下的优秀文艺作品温润人民心灵、启迪群众心智。到2026年，每万人拥有文化设施面积达8000平方米以上，居民综合阅读率达94%以上。四是塑造文明新风尚。深化拓展新时代文明实践全国试点，实现新时代文明实践站全覆盖，打响“志愿我先行、同建文明城”志愿服务周品牌。锚定“高标开局、次年定局、三年夺冠”目标，深入实施文明创建系列行动，提升城市精细化管理水平，确保2023年创成全国县级文明城市。大力培育和践行社会主义核心价值观，推进家庭家教家风建设，提升市民综合素质，健全守信激励和失信惩戒联动机制，巩固提升移风易俗工作成效，引导全社会树立文明观念、提高文明程度、形成文明风尚，让“礼让斑马线、聚餐用公筷、垃圾要分类、餐饮不浪费”成为市民自觉行动。

（八）在优化公共服务上走前列、当标兵。共同富裕，就是要让广大人民群众过上好日子。要深入践行以人民为中心的发展思想，聚焦人的全生命周期公共服务优质共享，办好民生“关键小事”，以优民生提升群众幸福感，努力让城市更有温度、让生活更具温情、让市民更感温暖。一是促进更加充分的高质量就业。坚持就业优先，以创业促就业，重点关注“平均数以下”问题，探索完善收入分配调节机制，实施中等收入群体规模倍增和居民收入十年倍增计划，加快形成以中等收入群体为主体的橄榄型社会结构。到2026年，恩格尔系数稳步下降，全市居民人均可支配收入超9万元，家庭年可支配收入20-60万元中等收入群体比例达45%以上。二是打造更加普惠的大救助体系。深入实施数字化社会大救助，迭代升级一站式智慧救助平台，稳步推进社会保险扩面，积极发展商业补充医疗保险，推动社会福利和慈善、红十字事业全面发展，加大对低保家庭、低保边缘家庭、残疾人、失能失智老年人和困难儿童等各类特殊群体的保障力度，实现社会救助从“兜底保障”向“幸福提质”迈进。三是办好更加优质的现代化教育。围绕推进教育高水平现代化建设，加快推进教育综合改革，全面落实“双减”政策，大力实施学前教育普惠发展、义务教育优质均衡、普通高中特色发展等十大重点建设计划，落地一所具有乐清特色的高等院校，创办乐清人自己的大学。到2026年，创成省现代化学校30所以上，创成全国学前教育普及普惠县市、全国义务教育优质均衡发展县市。四是发展更加均衡的智慧型医疗。加速卫生健康数字化进程，建成微医互联网医院，推动远程诊疗服务向村社医疗机构延伸，打造长三角“数字健共体”示范标杆。深化城市医联体和县域医共体建设，加快构建平战结合的强大公共卫生体系，健全完善以县级医院为龙头、乡镇（街道）卫生院为枢纽、村社卫生服务站为网底、民营医疗机构为有效补充的立体式医疗卫生服务网，不断提升县域就诊率、基层就诊率。到2026年，每千人医疗机构床位数达4.7张以上，人均预期寿命达82岁以上。五是建设更加温暖的友好型社会。着重补齐“一老一小”服务短板，大力发展普惠型养老、家门口托幼服务，推进社会适老化建设，构建幸福养老服务体系，完善推广“公建民营”养老服务机构发展模式，加快康养联合体建设，落实长期护理保险、老年人优待、居家社区探访关爱等制度；践行儿童友好理念，坚持从“1米高度看城市”，深入实施三孩生育政策及配套支持措施，关爱特殊的未成年人群体、新居民儿童群体、残疾儿童，建设全民友好型社会。到2026年，实现每千名老人养老机构床位数40张以上、每千人拥有3岁以下婴幼儿托位数5个以上。

（九）在维护平安稳定上走前列、当标兵。平安稳定是实现共同富裕的重要基石。要统筹发展和安全，坚持居安思危，树牢底线思维，下好先手棋、打好主动仗，持续营造平安稳定的良好社会环境。一是全力筑牢安全屏障。牢固树立“大平安”理念，增强“一叶知秋意”的敏锐性和鉴别力，慎终如始抓好疫情防控，迭代升级“全面防控+精密智控+网格管控”机制，筑牢群体免疫安全屏障，全方位构筑“外防输入、内强管控”的坚固防线；全力维护社会政治稳定，狠抓安全生产、消防安全、交通运输、生态环境、金融市场等重点领域风险防范化解，推进综合防灾减灾救灾能力和应急体系建设，确保政治更安全、社会更安定、人民更安宁。二是全力深化法治建设。持续深化依法治市，实施重大行政决策目录化管理专项行动、政府法务质量提升行动，全面推进“大综合一体化”行政执法改革和乡镇（街道）法治化综合改革，提升法治化水平。践行司法为民宗旨，健全高效规范的执法司法制约监督体系，完善“切实解决执行难”长效机制，构建普惠均等的现代公共法律服务体系，努力让人民群众在每一个司法案件中感受到公平正义。全面落实普法责任制，加快形成全民参与的社会大普法格局。三是全力完善社会治理。严厉打击各类违法犯罪活动，健全扫黑除恶长效机制，持续开展电信网络诈骗犯罪打击治理，加快构建信息化、立体化治安防控体系。迭代升级“基层治理四平台”，融合提升“一体两翼”防火翼、灭火翼，完善矛盾纠纷一站式、多元化解决机制，实施信访工作系统性重塑，推动诉源治理向基层下沉，提升村社基层平安综治水平，切实把问题解决在未发之时、萌芽之初。

（责任编辑：王怡然　金瑞锋　赵峰）

玉 环 市

·概况·

【地理位置】玉环位于浙江省东南沿海,东经121。05,~121。32,,北纬28。01,~28。19,,地处温州和台州两个港口城市之间。东濒东海,南连洞头洋,西嵌乐清湾,北接温岭市。全境由楚门半岛、玉环本岛、大鹿岛等135个外围岛屿组成。市域总面积2279.4平方公里,其中陆地面积(含岛屿面积)509.6平方公里,是全国12个海岛县(市)之一。

该市地域面积辽阔,全市海岸线总长为329.1公里,其中岛屿海岸线总长为261.65公里。大雷山主峰大雷头海拔443米,为全市最高峰。市境内约有大小河流200余条,总长765公里。境内最大的河流为玉环湖,从泗头闸至漩门大坝,流经清港、楚门、芦浦3镇,流域面积为170平方公里。

【气候】市境地处亚热带大陆东岸,属亚热带季风性气候区,有较明显的海洋性气候特征。常年温暖湿润,四季分明,雨量充沛,日照充足,无霜期长。冬暖无严寒,夏长无酷暑,秋短多夜雨,春冷时回寒。全年平均气温在16.9。C至17.6。C,平均降水量为1300至1500毫米之间,年平均降水量为52658万立方米,常年无霜期一般为252天至266天之间。

【行政区划】玉环市下辖3街道6镇2乡,36个社区、185个行政村、1个居委会。分别为玉城街道、坎门街道、大麦屿街道、楚门镇、清港镇、芦浦镇、干江镇、沙门镇、龙溪镇、鸡山乡、海山乡。市政府驻地玉城街道,是全市政治、经济和文化中心。楚门镇入选浙江省省级小城市培育试点镇,沙门镇为浙江省省级中心镇。

【人口与资源】 2021年底,全市户籍人口为437303人,人口密度为1157人/平方公里。

玉环是浙江重要的制造业基地。多年来,玉环形成了汽摩配件、阀门水暖、家具、眼镜配件、药械包装、机床等6大特色产业集群,培育新能源汽车、智能机器人、绿色建材、生物制药、智能水务、清洁能源等6大新兴产业。2003年7月,该市被中国五金制品协会授予"中国阀门之都"称号。2004年11月被中国汽车工业协会命名为"中国汽车零部件产业基地"。近年来玉环相继被命名为"中国五金建材(阀门)出口基地"、"中国水暖、阀门精品生产(采购)基地"、"中国水龙头生产基地"、"中国欧式古典家具生产基地"和"中国无菌医疗器械自动化装备制造产业(玉环)基地",是浙江省阀门商标品牌基地。拥有"中国新古典家具精品生产(采购)基地"、"中国眼镜零配件生产基地"等荣誉称号。并有"中国环保填料之乡"、"中国甲壳素之乡"美誉。

玉环境内旅游资源山海兼备,景色宜人且多名胜古迹。大鹿岛风景区,是1991年国家林业部批准的省级"森林公园",山秀石美,峰危岩峻,誉称"东海碧玉",被评为"国家AAAA景区"和台州市"十大旅游景观之一",自然景观与奇礁异石、岩雕艺术堪称"三绝"。总面积1.75平方公里,森林覆盖率87.5%,岛上奇礁怪石形成各种海蚀景观,是避暑、疗养、游览的胜地。漩门湾观光农业园是集生态农业、观光农业项目开发于一体,发展旅游观光、休闲度假的大型综合性项目,被评为"全国农业旅游示范点"、"浙江省农家乐特色点",是国家AAAA级旅游景区。2011年经国家林业局批准建立的漩门湾国家湿地公园,是浙江省首个滨海型国家湿地公园,也是国家AAAA级旅游景区,总面积31.5平方公里,其中水域面积7.1平方公里,内陆湿地21.5平方公里。鸡山成省级旅游风情小镇、省4A级景区镇,景区规划面积3平方公里,渔乡特色浓郁,是一个集海鲜、运动休闲、观光游憩、渔家体验、民宿度假等功能为一体的"海岛度假小镇"。龙溪动漫花谷位于玉环市龙溪镇山里村,已形成一定规模的特色乡村休闲旅游景区。芦浦百丈岩成3A级旅游景区。玉环被誉为"中国文旦之乡",是国家级文旦商品基地。特产玉环柚(又称楚门文旦)被评为台州市首届"十大农业品牌",在全国柚类评比中曾获得"八连冠"。2002年玉环柚被评为中国柑桔博览会和浙江省农博会金奖产品,获得国家原产地地理标记注册认证,被中国国际贸易促进会列为向欧盟市场推荐产品。

【交通干线】 市境内交通网络健全,基础设施完善。截止2021年底,全市公路总里程约796公里。市域内有228国道和沿海高速,76省道泽坎线纵贯全境,境内各条支线已全部铺设水泥路面,村道全部硬化。境内港湾众多,其中大麦屿港是天然深水良港,属国家二类口岸,是中国航海学会推荐的中国沿海8个天然避风港湾之一,也是对台贸易港,港内已建成码头14座,其中7.4万吨级兼靠10万吨卸煤码头泊位2座,5万吨级集装箱专用码头1座;坎门渔港是国家一级渔港;市内各大岛港与乐清、洞头、温州等地之间均有定期客轮航班,并有运输船直达上海、连云港、大连、福州和厦门等沿海港口及长江沿岸城市。海上航线得天独厚，可直达日本、韩国、新加坡、香港等地。2009 年 7 月开通玉环(大麦屿)到台湾(基隆)海上客运直航。境内陆地交通便利，汽车可直达全国各大城市。航空运输便捷，西距温州机场 50 公里，北至台州路桥机场距离 40 公里。

【经济发展】 2021 年，全市实现生产总值 711.4 亿元，比上年增长 10.9%，人均国内生产总值达 162709 元，居全省第二位。其中第一产业增加值为 40.9 亿元，第二产业增加值为 380.1 亿元，第三产业增加值为 290.3 亿元。全年财政总收入达 89.69 亿元，比上年增长 11.6%，其中地方财政收入 52.63 亿元，比上年增长 10.0%。社会消费品零售总额 239.88 亿元，比上年增长 13.2%。城乡居民生活水平快速提高，城镇居民人均可支配收入为 81806 元，居全省前三位，比上年增长 9.8%；农村居民人均可支配收入为 41871 元，增长 11.2%。

近年来，玉环相继获得全国综合改革试点县、全国科技工作先进县、全国农村电气化县、全国体育先进县、全国生态示范区建设试点县、全国农民收入先进县以及浙江省首批小康县、省文明城市、省知识产权示范县、省新农村建设优秀县和省教育强县，被列为浙江省首批提前基本实现现代化的县(市、区)和规划发展的中等城市之一。现有上市企业 8 家。市境内建有仓容 1.82 亿斤的中央直属粮库。2006 年 11 月 28 日，我国第一个国产 100 千瓦超超临界电站项目–华能玉环电厂一号机组正式投入商业运行。华能玉环电厂是我国目前国内装机总容量最大、单机容量也最大的电厂。2008 年国务院批复同意该市大麦屿港口岸对外开放，2009 年大麦屿港被国家独立增设为大陆对台直航港口，同年实现对台海上客运首航。2020 年该港实现集装箱吞吐量突破 35 万标箱，对台客运总量突破 20 万人次。2012 年 5 月，浙江省政府批准同意玉环县成为全省首个海岛统筹发展试验区。2013 年 2 月，总投资达 123.6 亿元的乐清湾大桥及接线工程获得审批施工。2013 年 3 月，国家海洋局正式批准玉环县成为首批国家级海洋生态文明建设示范区。玉环曾八度跻身国家统计局“中国综合实力百强县”行列，最后一次公布的 2005 年社会经济综合发展指数在全国 2070 个县(市)中排名第 33 位、浙江省第 15 位。2002 年该县被浙江省列为全省 17 个强县市（即浙江省扩权经济强县)之一。连续 21 届进入全国县域经济基本竞争力百强县(市)行列。2017 年 4 月 9 日，经国务院批准，同意撤销玉环县，设立县级玉环市。2017 年 8 月，挂牌成立台州南部湾区管理委员会，划定了 120 平方公里的湾区建设范畴，明确了“一区一港一城一岛”的开发思路，加快融入全省“大湾区”建设。2018 年，乐清湾大桥及接线工程全线贯通，杭绍台高铁温岭至玉环段开工，玉环人的高铁梦即将实现；漩门湾大桥开工建设专题报道登上《人民日报》头版头条，并于 2021 年初通车。

·民营经济主要产业·

【概况】 玉环市政府为民营经济的发展构建起一种自主性的开放性的制度环境，使得玉环成长成为我省乃至于我国民营经济较为发达的地区之一。玉环民营经济经历了解放思想谋生存、勇于实践搞建设、快速发展求超越的奋斗历程，创造了玉环经济的辉煌篇章。特别是改革开放以来，玉环市委、市政府抢抓机遇，通过采取舆论引导、政策扶持、环境优化、机制创新等一系列措施给民营经济注入了强劲发展的动力，闯出了一条独具区域特色的经济发展之路，使玉环这一交通闭塞、人多地少、资源禀赋贫乏的地区，民营经济得以顺利、快速地生成和扩散，并实现了从落后小县向经济强市的历史性跨越。近年来，玉环通过实施全岛股份化等五大战略，通过还本租赁、转让拍卖、破产兼并、股份重组等形式，实现国有、集体工业及流通企业经营机制的转换，形成了以民营经济为主体的所有制格局。据统计，2021 年全市实现生产总值 711.39 亿元，其中民营经济部分约为 589.74 亿元，占 82.9%。从产业构成看，第一产业增加值为 40.92 亿元，全部为民营经济创造。第二产业增加值为 380.14 亿元，其中民营经济部分约为 353.16 亿元，占 92.9%。第三产业增加值为 290.33 亿元，其中民营经济部分约为 195.65 亿元，占 67.4%。

从玉环的经济结构来看，工业是支撑该市经济持续快速发展的主要产业。据统计，2021 年全市实现工业总产值为 1699 亿元，其中民营经济部分为 1576.4 亿元，占 92.8%。民营经济是推动该市经济快速增长的第一大动力。(见下页表格）

【汽摩配件行业】玉环的汽摩配件产业从 1966 年发展。经过 50 多年的发展，目前全市汽摩零部件生产企业达 1700 多家，其中年产值超亿元的企业有 50 家、上市企业 2 家、被授予“国家汽车零部件出口基地企业”有 5 家。2021 年该行业工业总产值达到 470 亿元，占全市工业总产值的 27.7%，约占全国汽摩配行业总产值的 2%，成为玉环工业的第一支柱产业。全市汽摩配件以其品种全、质量精、技术要求高为特点，赢得国内

2021年玉环市经济成分构成表

计量单位:万元

指　　标	全部增加值	其中:民营经济	
		增加值	比重(%)
地区生产总值	7113879	5897350	82.9
第一产业	409227	409227	100.0
第二产业	3801400	3531612	92.9
工业	3550686	3295691	92.8
建筑业	250714	235921	94.1
第三产业	2903252	1956511	67.4
交通仓储邮政业	87824	74834	85.2
批发和零售业	790199	790199	100.0
住宿和餐饮业	157971	155285	98.3
金融业	361329	51308	14.2
房地产业	534154	534154	100.0
其他服务业	961898	350731	36.5
营利性服务业	413522	342396	82.8
非营利性服务业	548375	8335	1.5

外众多客户的信赖。2004年11月,被中国汽车工业协会命名为"中国汽车零部件产业基地";2007年12月,被浙江省工商局命名为"浙江省汽摩配专业商标品牌基地";2012年12月,被浙江省质量技术监督局命名为"浙江省区域名牌"。2021年,玉环汽摩配行业自营出口已达到108.02亿元,比上年增长46.2%,其比重占全市自营出口总额的29.6%。

玉环的汽摩配行业发展历史悠久,其成长历程是玉环工业发展的缩影。玉环坎门在"八五"期间曾被誉为"我国南方最大的汽配工业基地"。经过几十年来的发展,玉环汽摩配在全国已形成明显的区域优势。产品品种多、规格齐全,汽配产品包罗重、中、微、轿、轻、农用、专用等车型,摩配囊括除发动机、外壳以外的所有产品。其中高强度标准件、非标件系列、液压系列、传动机构、齿轮类、减震器类、起动电机等成为国内大宗配套或维修产品。

浙江双环传动机械股份有限公司是我国齿轮散件生产规模最大的企业之一,2010年在深交所上市,2021年产值达27.2亿元,增长47.1%,是中国摩托车齿轮标准制定单位;浙江正裕工业股份有限公司被中国汽车工业协会评定为"中国汽车零部件减震器行业龙头企业",2021年产值达6.58亿元,增长40.9%,其公司股票于2017年在上海证券交易所挂牌交易;专业生产发动机减震器的浙江骆氏减震件股份有限公司是省级高新技术企业,产品与一汽、上汽、奇瑞等众多厂家定点配套,并且产品远销美国、德国、台湾、香港等多个国家和地区,2021年产值达3.38亿元;玉环凯凌集团生产的摩托车盘式制动器是省级名牌产品,2021年产值为4.93亿元,在国内市场占有率达30%以上;浙江隆中机械制造有限公司成为国内摩托车制动盘最大的生产企业,2021年产值达到2.47亿元;浙江和日摇臂有限公司生产的摩托车摇臂,国内制造技术最强,产品配套率达到100%,在国内市场份额占到45%以上,2021年产值达到4.28亿元。

【阀门行业】 玉环是我国最大的中低压铜制阀门生产和出口基地,也是浙江省阀门专业商标品牌基地。低压阀门占国内出口市场50%左右,内销市场占有率在50%以上,已覆盖全国各个市场。2021年该市阀门行业实现产值达431.6亿元,增长16.8%,其中阀门水暖洁具行业出口额达197.6亿元,增长36.7%,出口份额已占据全市自营出口的55.1%。产品主要包括阀门、水暖器材、柱塞阀三大系列100多个品种1000多种规格,其中铜阀门及配件类占90%以上。

2003年7月,中国五金协会在北京人民大会堂正式授牌玉环为"中国阀门之都",真正确立了玉环在国内阀门行业的地位。玉环阀门行业自1981年起步,经过40年的发展,已成为玉环工业第二支柱产业和出口创汇的龙头产业。现拥有生产和加工企业1300家,其中年产值超亿元的企业有58家，主要集中在楚门、清港、龙溪、坎门、城关、陈屿等地。近年来，该行业技改力度不断加大，产品从过去专门生产球阀、闸阀、水嘴等近10个品种扩大到现在的30个品种600多个规格的系列产品及相关配件，且出口产品能根据不同国家、地区标准生产，已形成从各类模具制作到铜棒加工、锻造、电镀、抛砂、装配、包装等各个环节衔接完整的专业化分工配套协作产业链。产品质量档次逐渐接近意大利产品，且价位低，完全具备承接国际阀门制造产业转移的坚实基础，成为世界上一个主要的低压铜阀门采购基地。内销中拥有“宁锚”、“永德信”、“巨水”、“新颖”、“丰华”、“飞环”等数十个全国性品牌产品。并在多个国家注册自己品牌的商标，如“BH”、“TDB”、“HY”等品牌产品已打入欧美等发达国家市场。全行业有90家企业通过ISO9000系列认证，有71家企业获自营进出口权，并拥有自己的进出口公司。

阀门行业主要上规模企业有浙江艾迪西盛大暖通科技有限公司2021年实现产值4.70亿元；浙江华龙巨水科技股份有限公司2021年产值实现10.67亿元；玉环县富立达金属有限公司2021年实现产值3.34亿元。其它重点企业还有浙江苏尔达洁具有限公司，2021年产值实现5.09亿元，苏尔达水龙头还被评为国家免检产品。这些企业技术设备先进，资金雄厚，企业规模不断扩大，全年实行自营出口，产品远销欧美国家。

【家具制造业】 玉环的家具制造业始于20世纪80年代中后期，其以简洁流畅线条、典雅凝重色泽、美观大方造型、精工考究制作的套房家具系列在国内家具同行中独树一帜。2004年12月被命名为“中国新古典家具精品生产(采购)基地”。2007年被中国家具协会授予“中国欧式古典家具生产基地”称号。同年被授予“浙江省家具专业商标品牌基地”。

玉环家具以其自然和谐的产品文化品位与设计工艺手法的完美融合，构塑独具特色的“玉环派”家具文化。玉环家具的模拟仿真木纹装饰纸贴家具技术美学水平被业内人士称为“在国内家具界堪称一流，与国外意大利同类产品相媲美，有异曲同工之妙。”近年来，玉环市委、市政府把家具行业作为新兴主导行业进行扶持。2000年专门投资1800万元建成玉环现代家具城，召开玉环首届国际家具展，参展9.6万人次。至今，该市已成功举办五届玉环国际家具博览会。目前全市家具企业拥有中国驰名商标3个，省名牌产品6个，省著名商标4个。

2021年，全市家具生产企业达200多家，其中能生产成套家具的企业近100家。从业人员3万多人，实现总产值17.1亿元。现拥有玉环天源家具有限公司、台州金得利家具有限公司、玉环国森家具有限公司等30多家骨干企业，形成了年产中西式套房、办公系列、宾馆客房家具等15万套的生产能力。该市积极培育名牌企业和名牌产品，努力打造“玉环家具”区域品牌，已形成了相关的产业链。通过加大技改投入、新产品开发和管理创新，全行业已有20多家企业通过ISO9000系列认证，涌现出“飞龙”、“国森”、“雄族”、“诺贝”、“大风范”、“新光明”、“金得利”等一批知名品牌。木制家具因设计新颖美观受到了很多国家的欢迎。产品远销美国、日本、澳大利亚、东南亚、中东等20多个国家和地区。2021年全市家具出口创汇2.71亿元，增长12.1%。2021年浙江欧宜风家具有限公司为5934万元。全市近90%的企业生产欧式古典家具，占据了全国同类产品市场30%的份额，成为华东地区重要的家具生产销售和出口基地。

【眼镜配件】 玉环是全国重要的眼镜配件生产基地，年产眼镜达420多万付，产值近20亿元，占全国眼镜配件产值的六成左右。产品以生产眼镜配件为主，整镜为辅，眼镜配件生产量占60–70%，产品远销港澳台、美国、印度、韩国、日本等国家和地区。2005年9月，“中国眼镜零配件生产基地”荣誉称号正式落户玉环。2014年4月，中国眼镜协会七届五次理事会决定在玉环设立中国眼镜零配件专业委员会。

经过30多年的发展，玉环的眼镜配件制造行业已逐渐成为玉环工业经济一个新的增长点。主要分布在大麦屿开发区、城关、鲜迭等地。现有企业近300家，从业人员1万余人，拥有产品2000多种，其中40多个产品已获国家专利。近年来，该行业依靠科技进步，加大技改投入，产业不断升级。眼镜品种规格扩大到高档次的白铜生产，由配件制造逐步发展成部分成品生产，形成了以规模效益为龙头、以小企业生产为基础的粗放集约相结合的生产格局。目前，玉环已建成大麦屿眼镜工业园区，统一标准厂房和产品销售、展览中心。

玉环眼镜配件行业已初步构筑起专业化生产体系，培育造就了一大批技术专业人才、管理人才，建立了比较健全的销售网络，形成了较为完整的加工流程，配套生产线相对完善，液压、抛光、线切割、车面模、冷锻等一应齐全。其中重点企业有浙江康华眼镜有限公司，2021年产值达到1.07亿元，增长33.6%。台州华强眼镜有限公司产值为1.27亿元，增长31.6%，浙江宏达眼镜有限公司当年产值实现5950万元。

【特色企业1】 浙江苏泊尔股份有限公司是中国最大炊具研发、制造商。是国内炊具行业第一家上市的企业。是集研究开发、生产、营销为一体的股份制民营企业和省级高新技术企业。公司是全行业首家通过了质量、环境、职业健康安全三体系认证的企业,其通过了"ISO9002质量体系认证证书"、"中国方圆标志委员会质量认证证书"及"美国UL安全认证体系认证"等国内外权威机构认证。"苏泊尔"商标于2002年3月被国家工商行政管理总局商标局评为"中国驰名商标"。2004年8月,苏泊尔于深交所成功上市,同年9月,"苏泊尔"牌压力锅和"苏泊尔"牌不粘锅两个系列产品荣获了"中国名牌产品"称号。

苏泊尔集团始建于1994年,是一家无区域、多元化发展的企业集团。产业涉及港口物流、五金制造、制药、房地产、海岛旅游、金融商贸等领域,并形成了各自的产业链。目前,集团员工8000多名,总资产达56亿元。旗下拥有25家全资子公司、股份公司和合资公司,在浙江玉环、杭州、绍兴和湖北武汉、广东东莞、越南胡志明市等地建有4个药业生产基地、6个炊具小家电生产基地。苏泊尔系列炊具产品,在全球已拥有5000万个家庭用户,自中国行业企业信息发布中心1998年开始发布压力锅销量统计信息以来,苏泊尔已连续5年蝉联国内市场同类产品销量第一。苏泊尔集团有限公司通过实施跨区域企业兼并、收购,开发资本市场,推进资本动作,实现企业扩张,做大"苏泊尔"系列产品,进一步放大企业名牌效应,2021年该企业玉环基地工业总产值达25.88亿元,增长12.5%。

苏泊尔股份有限公司是中国典型的股份合作民营企业。经过几年的经营运作,苏泊尔在武汉先后成功地兼并了武汉液压阀厂、长江铝制品厂和武汉龙威工业园,在玉环又成功地兼并了浙江可立思安制药有限公司。并投巨资在武汉创建中国炊具企业最具规模的科研所。如今,公司以铝合金炊具为主导产业,经营范围涉及铝制品、家电、医药、塑胶、包装、五金、宾馆、进出口、旅游等行业。"苏泊尔"商标入选中国500最具价值品牌,其综合实力多次入选中国民营企业500强、浙江省百强企业、中国制造业民营企业品牌竞争力50强等行列。

【特色企业2】 浙江双环传动机械股份有限公司(股票代码:002472)由原玉环县振华齿轮厂发展而来,成立于2006年6月,于2010年9月在深圳交易所公开上市。公司总部位于浙江杭州,下辖浙江台州、江苏淮安两大生产制造基地。公司拥有总资产23.98亿元人民币,总占地面积50万平方米,建筑面积35万平方米,员工3000多人。2021年该公司实现产值27.2亿元,比上年增长47.1%。

公司发展至今已形成涵盖传统汽车、电动汽车、高铁轨道交通、非道路机械、摩托车及沙滩车、电动工具及工业机器人等多个领域门类齐全的产品结构,齿轮散件年产量超过6000万件,已经成为全球生产规模最大、实力最强的齿轮散件专业制造企业之一。业务已经遍布全球,成为包括博格华纳(BorgWarner)、采埃孚(ZF)、康明斯(CUMMINS)、约翰迪尔(JOHN DEERE)、伊顿(EATON)、博世(BOSCH),以及上汽、一汽、重汽等国内外知名企业的供应商。

公司拥有全自动"滚-倒-剃"齿轮加工生产线,生产数控化覆盖率达到95%以上,并配有国际领先的检验、测量和试验设备;在软件能力上持续改进与提升,坚持20年推进精益化生产(TPS)与精细化管理,深入推进信息化建设,全面实施国际标准化质量管理体系。浙江事业部位于中国百强县的浙江省台州市玉环市,总占地面积18万多平方米,员工2000余名。浙江事业部由四个制造分厂和一个锻造子公司构成,其中一分厂专业生产摩托车、沙滩车和乘用车齿轮,二分厂专注于乘用车、商用车、工程机械的发动机、变速箱、分动箱、高端减速机等领域齿轮的生产,五分厂主要从事商用车、非道路工程机械的变速箱、发动机、车桥三大部位齿轮的研发及生产,六分厂产品主要应用于乘用车变速器、分动箱和农业机械发动机、变速箱等领域。事业部具有年生产量超3500万件,年产值超15亿元的齿轮(零件)散件生产能力。

目前,浙江事业部拥有美国格里森数控高效滚齿机、日本清和数控高效滚齿机、德国格里森ZH125强力珩齿机、德国KAPP公司的高精度磨齿机、法国ECM公司低压真空渗碳淬火炉、爱协林热处理连续线等国内外先进设备2000多台,德国格里森—胡尔特公司剃刀磨床、以及德国克林贝格公司生产的全自动数控齿轮测量中心P26、P40C;美国M&M全自动数控齿轮测量中心、德国蔡司三坐标测量机、英国泰勒公司生产的圆度仪、轮廓粗糙度仪;美国热电公司的ARL3460光谱分析仪、滚刀检查仪、JX13万能工具显微镜、理化检测设备、探伤机等检验、测量和试验设备;同时,设有计量室、理化室专门从事量值传递、精密测量、物理性能试验和化学分析各项工作。

浙江事业部产品主要涉及汽车、非道路机械、摩托车、沙滩车及电动汽车齿轮,可大批生产且符合

DIN3962 和 ISO1328 标准的 6 级精度齿轮。浙江事业部推行客户导向专线制造,打造专业化平台,拥有博格华纳、福特、康明斯、ZF、伊顿、约翰迪尔、一汽、上汽等世界 500 强客户和国内知名客户。

该公司坚持专业化生产,产品主要涉及精车锻件、电动工具齿轮、高速缝纫机齿轮、小型减速器齿轮系列、SUV、汽车、工程机械螺旋伞齿轮等高精度、高端市场的中小模数齿轮的研发生产, 可大批生产 6 级精度齿轮。公司致力于精益化生产,推行快速精密制造,严格执行"日本丰田 TPS 管理模式",现场管理一直成为机械制造行业标杆。公司拥有美国百得公司、日本牧田公司以及、意大利康迈尔、青岛卡纳罗、五菱、长安福特、麦格纳、卡特彼勒、DANA、AAM 等国内外知名客户。

【特色企业 3】 永和流体智控股份有限公司(证券代码:002795,简称永和智控)位于素有"中国阀门之都"美誉的海滨城市浙江玉环市,始创于 1996 年,是一家集科研开发、生产、销售、技术服务为一体的高科技创新型企业,2011 年 9 月, 经浙江省科技厅批准为民营高新技术企业单位。2012 年完成股份制改制。2016 年 4 月 28 日, 在深圳证券交易所挂牌上市, 是玉环第 5 家、台州第 39 家上市公司。2021 年该公司实现产值 4.53 亿元,比上年增长 33.3%。

公司占地面积 2.6 万平方米,建筑面积为 1.4 万平方米,注册资金 10000 万元人民币。目前公司已形成年产 2300 万套流体智能控制产品的生产能力,公司开发主导产品水力平衡系统、智能温控系统、家庭供暖系统及其配件、民用铜质阀门、管件、水嘴系列等十多个品种,生产工艺、技术处于国内领先水平,年产销量均居国内前茅,产品质量已达到国外先进水平。产品多年来远销意大利、英国、德国、波兰、西班牙和其它欧洲、美洲、澳洲等数十个国家和地区,深受世界各地客户的一致好评。

公司经过近二十年的发展, 已经成为全国流体智能控制精密机械系列产品的制造和出口基地。目前通过 ISO9001:2008、ISO14001:2004、OHSAS18001:2007 体系认证, 以及中国国家合格评定认可委员会(CNAS)、加拿大标准协会(Canadian Standards Association)和美国国际管道暖通机械认证协会(International Association Plumbing and Mechanical Officials)认可,并颁发检测认可证书。

【特色企业 4】 浙江正裕工业股份有限公司是国内最早从事汽车悬架系统减震器生产的企业之一, 具有二十多年的汽车悬架系统减震器的业务历史。

浙江正裕工业股份有限公司系由浙江正裕工业有限公司整体变更设立。正裕有限的前身是成立于 1994 年的正裕汽配实业公司,1998 年 8 月 20 日,汽配公司改制为有限责任公司;2011 年 10 月,正裕工业有限公司整体变更为股份有限公司并更名为浙江正裕工业股份有限公司。2011 年,公司被中国汽车工业协会评定为"中国汽车零部件减震器行业龙头企业",2021 年产值达 6.58 亿元, 比上年增长 40.9%。公司股票已于 2017 年 1 月 26 日在上海证券交易所挂牌交易。

浙江正裕工业股份有限公司是一家汽车售后市场、整车配套加工和提供悬架支柱总成整体解决方案的制造商和综合服务商。公司具有较强的产品模块化系统化生产制造能力、同步开发能力和整体配套方案设计能力,是中国汽车减震器行业龙头企业之一。

浙江正裕工业股份有限公司一贯秉持"全意为您创造价值 ADD Value For Customers"的企业理念,持续以汽车悬架系统减震器专业化精益制造为发展战略核心,将相应的研发和制造技术向纵深方向发展,致力于推动中国汽车减震器达到国际先进水平, 不断努力由汽车售后市场、整车配套生产加工模式向为客户提供汽车悬架系统设计和制造整体解决方案的转变。公司现有汽车减震器产品 9 大系列 10000 余个型号, 覆盖全球大多数车型,与国际著名品牌公司合作,同时也是国内多家整车厂商的 OEM 配套供应商。

浙江正裕工业股份有限公司通过了 ISO/TS16949 质量管理体系认证, 是"国家汽车零部件出口基地企业"、"国家火炬计划项目实施单位"、"高新技术企业"、"全国乡镇企业创名牌重点企业",是"浙江省诚信示范企业"、"浙江省 AAA 级资信企业"。公司建有"正裕汽车减震器研发中心",被认定为"省级企业技术中心"和"省级高新技术企业研究开发中心", 该中心开发了五大系列省级工业新产品, 其中三项荣获国家火炬计划项目,三项被认定为省级高新技术产品,先后获得 24 项国家专利(不包括鸿裕工业 7 项专利)。

【特色企业 5】 迈得医疗工业设备股份有限公司(股票简称:迈得医疗,股票代码:688310.SH)成立于 2003 年 3 月, 于 2019 年 12 月在上海证券交易所科创板挂牌上市,是浙江省第三家、台州首家科创板上市企业。公司专注于医用耗材智能装备的研发、生产、销售和服务,是国内医用耗材智能装备领军企业,被认定为浙江省"隐形冠军"企业,2019 年工信部第一批专精特新"小巨人企业"。公司现有注册资本 8360 万元,占地面积 50 亩，建筑面积 2.5 万平方米，2021 年该公司产值达到 3.17 亿元，比上年增长 2.6%。建有浙江省迈得医疗智造重点企业研究院。公司是浙江省专利示范企业，拥有 154 项发明专利，实用新型专利 60 项，外观设计专利 1 项，软件著作权 18 项，浙江省创造力百强企业第 34 位。

公司荣获国家高新技术企业、国家“双软”企业、浙江省创新型试点企业、浙江省专利示范企业、国家重点新产品、浙江省名牌产品、浙江省装备制造业重点领域首台（套）产品等荣誉，建有国内唯一的医疗器械自动化装备省级重点企业研究院、浙江省省级企业技术中心。

公司是中国医疗器械行业协会医用高分子制品分会副理事长单位。公司通过了 ISO9001 质量管理体系认证和 ISO14001 环境管理体系认证。

【特色企业 6】 浙江海德曼智能装备股份有限公司创立于 1993 年，从事高端数控机床、自动化成套生产线、智能工厂等产品的研发和生产，公司厂区占地面积近 7 万平方米，建筑面积 5 万多平方米，其中恒温恒湿厂房 1.6 万平方米。公司从业人员共 506 人，其中本科以上学历 61 人，硕士 4 人，其中研发人员 69 人。公司于 2020 年 9 月科创板上市。据统计，2021 年该公司实现产值 5.32 亿元，增长 28.5%。

该公司是浙江制造“精密数控车床与车削中心制造标准”的制定者，并掌握高端机床核心制造技术，如高端精密主轴、刀塔、伺服尾座、热补偿、自动化集成技术等，产品应用于汽车零部件、航天航空、军工、工程机械、电子通讯等各大行业，年产销高端数控机床、普及型数控车床 5000 多台套，产品畅销全国各地及欧美亚等 30 多个国家和地区，境外多个国家注册了商标。数控车床产值行业全国排名前三位，在浙江省范围内排名第一位。

该公司先后获得浙江省名牌、浙江省知名商号等称号。2013 该公司获得国家发改委和工信部的“国家产业振兴与技术改造重大专项”审批，并获得国家项目资金补助，顺利通过了“浙江省重大科技项目”专项验收。2015 年，与西安某大学联合研究课题“数控机床动态误差分析关键技术与应用”获得教育部颁发的“科学技术进步奖一等奖”；HCl300、T35、T55 数控车床被评为中国机床行业先进会员——产品质量十佳单位，是车床领域唯一一家获此殊荣的企业；HTC550 和 T65 两个系列产品被评为省装备制造业重点领域首台（套）产品。2018 年公司技术中心被评为省级企业技术中心，公司研究院被评为省级企业研究院。2015 年被评为“台州市政府质量奖”。2016 年由该公司为主起草的《精密数控车床和车削中心》标准经浙江制造品牌建设促进会批准成为“浙江制造”团体标准。

该公司主导产品有 T 系列高端数控车床、HCL 系列普及型数控车床、自动化柔性车削单元系列、车铣复合加工中心系列。成立省级高新技术企业研究开发中心，已掌握了机床核心关键功能部件（高精端主轴单元、高精高速伺服电主轴、高精高速刀塔、动力刀塔、直线电机等）的自主研发、制造能力，年产高精数控车床、普及型中端数控车床 3000 多台套，获得 29 项专利，部分产品技术指标可达到甚至超越国际先进标准。

在生产高端精密数控机床、工业机器人、普及型数控车床、数控铣床基础上，公司还向客户提供制造单元（成套解决方案），将客户被加工零件的工艺、精度、效率等实际需求融入机床的效率、精度、可靠性、智能化等。海德曼公司向客户提供的制造单元主要组成部分有：机床、刀具、卡具、物流及控制、清洗、检测、装配、环保、工艺功能模块、系统集成、制造过程控制。

该公司目前拥有各种进口高精设备：数控卧加、车铣复合加工中心、大型五面体加工中心、大型加工中心、大型龙门导轨磨床、内外圆磨床等；拥有各种进口高精度检测设备；拥有床头加工专用组合生产线、钣金及喷涂流水线、高精度车床装配流水线等；拥有 1 万多平方米的半精加工设备车间。

目前公司已通过 ISO9001：2008、ISO14001：2004、OHSAS18001：2007 认证和欧盟 CE 认证及标准化良好行为企业验收。2013 年、2014、2016 年度被中国机床工具工业协会评为机床工具行业先进会员产品质量十佳。2018 年被评为全国机械工业质量奖。

·民营经济发展特点·

【综合实力稳步提升】 坚持稳中求进，主动适应和把握新常态、新形势，有效推动经济社会高质量发展。2021 年全市生产总值实现 711.4 亿元，比上年增长 10.9%；一二三产比例调整为 5.8:53.4:40.8；财政总收入、一般公共预算收入分别增至 89.7 亿元、52.6 亿元。工业经济量质齐升，规上企业数和规上工业产值双双“破千”，分别增至 1031 家、1027 亿元，其中亿元企业 244 家、净增 120 家，上市公司 8 家、实现翻番，国家级专精特新“小巨人”企业增至 6 家。发展后劲不断增强，当年完成固定资产投资 204 亿元，工业性投资连续四年实现高位增长。

【科技支撑有效加强】 2021 年全市 R&D 经费支出占 GDP 比重提升至 2.41%，科技型企业实现“双倍增”，国家科学技术进步奖、国家专利优秀奖等收入囊中，创新百强县(市)排名跃居全国第 23 位。招商引资成效明显，招引亿元以上项目 189 个，实际利用外资 4 亿美元。港口潜力逐步释放，大麦屿港内外贸航线增至 14 条，集装箱年吞吐量突破 40 万标箱，浙台(玉环)经贸合作区获评台州唯一的全省十佳开放平台，并被授予全国特色对台经贸合作示范园区。

【产业发展提质增效】 该市坚持产业为基，牢牢把握产业变革大方向、大趋势，用力推动产业向中高端攀登。数字经济“一号工程”扎实推进，520 家规上企业完成数字化改造，上云企业 5300 家，玉环泵阀(水暖阀门)行业产业大脑上线运行，水暖阀门全链集成改革全省领先，两化融合发展指数连续四年保持全省第一梯队，规上企业亩均税收实现 32.4 万元、连续五年位列台州第一。传统产业加快改造，“一老一小”建设成效明显，累计实施老旧工业点改造提升 72 个，投用小微企业园 20 个，吸纳 1000 家小微企业入园发展，城北太平塘小微企业园获评全省首批五星级示范园区。

【特色产业日渐繁荣】 现代服务业入选省“两业融合”发展试点；会展经济逐步升温，市级以上展会成交额实现 6.9 亿元；商业综合体从无到有，社会消费品零售总额实现 240 亿元；文旅经济加快发展，海山生态旅游岛启动开发，乐活节、闯海节、文旦节、汽车赛等活动陆续举办，两度入选县域旅游综合实力全国百强。现代农业特色初显，建成投用国内首个海捕虾全产业链海上加工中心，新增东海渔仓等四个国字号渔业品牌，渔业转型发展先行区、现代农业园区建设通过省级验收，“玉环文旦”列入国家农产品地理标志保护。

【改革创新纵深推进】 该市坚持改革赋能，聚焦重点领域、关键环节，持续激发高质量发展新动力。数字化改革铿锵起步，承接省、台州市“揭榜挂帅”任务 13 项，其中省五大系统任务 4 项、数量居台州第一。全领域改革不断深化，获批省部级以上改革试点项目 20 个，90%省定民生事项实现就近可办，100%政务服务事项实现掌上可办，“跨省联办”覆盖 8 省 32 地，基本创成无证明城市，营商环境综合评价居全省第二；国企改革稳步推进，“1+4+N”运营体系逐步健全，平台实体化运作和投融资改革加快推进，发行一般债 24.2 亿元、专项债 24.2 亿元、企业债 23.5 亿元；乡村集成改革成效初显，农村集体产权制度改革全面完成，村级控债化债三年行动稳步推进，累计减债 17 亿元、负债率下降 37%，39 个经济薄弱村全部摘帽。

·政策措施·

【概况】 2022 年是党的二十大胜利召开之年，也是玉环撤县设市五周年。该市聚焦打造“浙东南地区重要发展极”和“全域创新之城”“海上花园之城”“和美善治之城”，走深走实“融圈入群、开放兴港、强产优城、共富发展”奋进路径，加快建设“活力玉环”“开放玉环”“品质玉环”“幸福玉环”，在新起点新征程上谱写玉环高质量跨越式发展的全新篇章，打造“重要窗口”的共富海岛特色样板。2022 年全市经济社会发展的主要预期目标为：地区生产总值增长 7%以上，财政收入增长与经济增长基本同步，城镇、农村人均可支配收入增长 7.5%、9%，固定资产投资增长 10%以上。

【坚持做强工业经济】 坚定不移建设工业强市。坚持问题导向，强化精准服务，启动实施“强工助企”九项计划。强化数字经济引领。实施数字经济“一号工程”2.0 版，开展智能制造“百大示范专项”培育行动，新增省级未来工厂 1 家、省级智能工厂(数字化车间)2 家。强化园区系统改造。实施新一轮制造业“腾笼换鸟、凤凰涅槃”攻坚行动，启动以玉城机电园区、汽摩园区、坎门科技园区、楚门清港科技园区和芦浦医包园区等为重点，以道路硬化、园区亮化、公共绿、环境美化、服务管理智能化和提升园区综合能级为主要内容的老旧工业园区“五化一提升”改造工程，同步实施对闲置、租赁厂房及土地的收储和重新开发，启动园区内低效工业用地二次开发，全力满足企业厂房改造重建等需求。

【强化各项要素保障】 完善工业用地标准地出让制度，跟进出让后企业承诺考评与管控。完成工业用地供应 1000 亩，启动新一轮老旧工业点改造，完成低效用地再开发 500 亩，消化批而未供土地 800 亩，盘活存量建设用地 800 亩。完善工业性投资项目考评机制，加大企业零地技改、机器换人支持力度，实现制造业投资增长 16%以上。强化企业梯队建设。完善“一企一策”“一事一议”，力争新增亿元级企业 20 家，新培育国家级专精特新“小巨人”企业 3 家、国家高新技术企业 45 家、“小升规”60 家、“下转上”15 家、“产转法”3 家；新增上市公司 1 家、报会 1 家，培育上市后备企业 10 家以上，加大募投项目落地服务力度。

【综合提升三产水平】 做大做优现代服务业，高质量推进省级服务业创新发展区建设，力争创新发展区主导产业营业收入达到60亿元;加快"两业融合"省级试点区域建设,力争新增"两业融合"省级试点企业1家以上;加大规上服务业企业培育力度,探索建立服务业企业"亩均论英雄"评价体系,提升经济小区、外贸经济大楼能级,加快筹划基金小镇建设,新培育总部企业5家以上。推进生活性服务业数字化赋能,大力发展夜间经济、商圈经济等新消费业态,力争社会消费品零售总额突破260亿元。加快旅游事业发展,办好文旦节、闯海节等节庆活动,创成国家3A级以上旅游景区1个以上、省级景区城镇3个、景区村庄50%以上,支持干江全域旅游共富示范区建设,争创省级全域旅游示范市。

【强化科技金融保障】 实行科技协同攻关,实施"名校名院名所"工程,用好科创人才飞地,完成省重点技术改造项目70项以上,新增技术交易额12亿元,R&D经费支出占GDP比重超3%,努力攻克一批影响企业转型升级的行业共性技术难题。完善内外贸一体化服务在线,支持重点展会40个以上,主办系列"云上展",专场组织"玉环制造"供采对接会。加快跨境电商产业园等开放型平台建设,确保自营出口增长15%。办好五大产源地行业展会,加快实现从单一制造大市向制造与销售互促共荣的转变。完善"满意银行"评比等机制,探索多元化融资担保模式,新增贷款130亿元以上,其中小微企业80亿元以上,发放"科创贷""玉贸贷"各3亿元以上。瞄准新能源汽车、智能汽车等重点领域,发挥政府和各行业协会的双重引导作用,加快推进传统产业智能化改造。深化以电控税和以税控电工作,严查瞒报、虚报、外报产值和企业拆分等行为,坚决淘汰一批高能耗、高污染、低产出企业。

【做精做强现代农业】 实施农业"双强"行动,深化全国农民合作社质量提升、全国农产品产地冷藏保鲜设施整市推进试点工作,扶持建设"一村一品"农产品示范村15个,加强耕地"非农化""非粮化"整治,集中连片整治永久基本农田3000亩以上;开展农业标准地建设,推广海水稻种植3000亩以上,确保生猪出栏量6万头,完成原粮储备4.8万吨,创成国家农产品质量安全市。扶持推动文旦产业"接二连三",出台鼓励政策精准培育文旦深加工产业发展,深度做好"文旦+文创+文旅"文章。拉长渔业全产业链,打造中鹿岛海洋牧场、海捕虾一站式加工示范标杆,开展全域限额捕捞试点,加快渔港经济区建设,推动渔区渔业转型升级。

【改革突破增强动力】 坚持对内深化改革和对外扩大开放双管齐下,推动更深层次改革、更高水平开放,不断积蓄高质量发展的持久动能。发挥数字化改革引领撬动作用,优化提升"消消了""智慧卫监"等应用场景,加快形成更多具有玉环辨识度的数字化改革成果。整合提升东部沿海产业带,加快省级高新技术产业园区创建。系统梳理、优化调整扶工助企激励政策,争取将有限财政扶持资金更加精准地用于营商环境优化。实施国企改革三年行动,建设完善智慧国资监管体系,实行国资国企负面清单化管理,开展"混合制"投资体制改革试点,推动国企真正走向市场,提升国企自身"造血"功能;用活产业引导基金,带动社会资本直接投资10亿元;依托玉环蓝湾资本港金融服务平台集聚金融机构100家、基金规模60亿元、实现税收2000万元。试行农村宅基地"三权分置"改革,加快农村产权交易流转、农村金融等领域改革,争创省新时代乡村集成改革试点。统筹推进村级集体经济巩固提升和村级控债化债"两大行动",确保80%行政村年经营性收入达15万元以上。

【打造廉洁高效政府】 建立市长带头每月深入乡镇(街道)破难工作机制,切实做到靠前指挥、一线破难,一级做给一级看,一级带着一级干。坚持"跳出玉环看玉环",瞄准台州领先、全省一流、全国有位,全力争先进位、争金夺银、争创品牌。坚持时时抓效能、事事求效能,坚决严惩服务意识不强、工作庸懒散漫、办事推诿扯皮等问题干部,确保各级政府工作人员在其位、谋其政、尽其责。大力倡导少说多做、简洁高效的工作作风,全面建立挂图作战、清单推进、闭环管理工作机制,集中所有精力投身发展。时刻保持"全面从严治党永远在路上"坚定清醒,把廉洁作为立身之本,依法全面履行政府职能,主动接受人大、政协和社会各方面监督,有纪律有规矩地干,有敬畏有底线地干,干出业绩、干出威信、干出口碑,干出风清气正好氛围。严格履行党风廉政建设主体责任,从严落实中央八项规定精神,持之以恒纠"四风",力戒形式主义、官僚主义。厉行勤俭节约,反对铺张浪费。

(玉环市发展和改革局 陈君岳)

(责任编辑:王怡然 金瑞锋 赵峰)

松 阳 县

·概况·

【经济发展】 2021年,松阳坚持以习近平新时代中国特色社会主义思想为指导,深入贯彻党的十九大和十九届历次全会精神,认真贯彻习近平总书记考察浙江重要讲话精神和重要指示批示精神,统筹疫情防控和经济社会发展,坚定不移走创新实践"绿水青山就是金山银山"理念的发展道路,弘扬践行新时代松阳精神,高水平全面建成小康社会,"田园松阳" 升级版建设取得阶段性成果,全县经济社会发展取得长足进步。经济运行总体平稳。初步核算,2021年,全县地区生产总值(GDP)129.08亿元,增长(可比价、下同)5.4%,两年年均增长4.0%。分产业看,第一产业增加值13.94亿元,增长3.4%,两年年均增速2.8%;第二产业增加值49.04亿元,增长2.5%,两年年均增速1.4%,其中工业增加值40.13亿元,增长4.1%;第三产业增加值66.11亿元,增长8.0%,两年年均增速6.1%。三次产业比重为10.8:38.0:51.2,与2020年的11.3:38.0:50.7相比,呈"一升一降一平"态势。人均生产总值62967元(按年平均汇率6.4515折算为9760美元),比上年增长4.9%。三驾马车协同发力。一是投资运行平稳向好。2021年,全县完成固定资产投资57.44亿元,增长12.1%。其中,其中,房地产开发投资完成10.10亿元,增长22.7%;工业投资增长88.9%;民间投资增长10.0%,其中:项目民间投资增长2.8%;交通投资增长67.4%;生态环保、城市更新和水利设施项目投资下降29.9%;高新技术产业投资下降14.5%。二是消费市场总体良好。2021年,全县全社会消费品零售总额62.84亿元,增长10.6%。2021年末,拥有亿元以上商品交易市场1个,交易总量为8.26万吨,交易总额65.68亿元,分别同比增长2.16%和5.78%。新兴业态加快发展。全县服装、茶叶电商企业利用平台电商、直播电商等多种网上销售渠道拓展目标客户,促进线上零售额不断提升。限上批零单位中,通过公共网络实现的零售额达3.94亿元,同比增长25.4%,增速比限上批零单位平均高16.6个百分点。"互联网+"等新业态发展迅速,据经商部门统计,2021年网络零售额51.86亿元,增长58.0%,增速位列全省第四。三是对外贸易下降明显。2021年,全县进出口总额6.09亿元,下降49.1%。其中,出口总额5.90亿元,下降50.1%。出口结构基本以不锈钢、纺织服装为主的出口格局,出口市场呈现多元化,出口市场由以往的欧美市场为主向东南亚、中东市场等国家和地区拓展。质量效益稳步提升。一是财政收入平稳增长。2021年,全县财政总收入14.06亿元,增长2.7%,其中:一般公共预算收入8.93亿元,增长9.0%,税收收入7.23亿元,增长8.5%。财政收入的持续稳定增长,为促进经济发展,改善民生提供了有力的资金保障。全年财政一般公共预算支出49.65亿元,增长5.2%,民生支出占一般公共预算支出的比重为73.8%。二是居民收入较快增长。2021年,城镇居民人均可支配收入47041元,名义增长10.7%,农村常住居民人均可支配收入23405元,名义增长12.5%。城乡居民的收入差距进一步缩小,由去年的2.04倍降至2.01倍。脱贫攻坚取得显著成效,低收入农户全年人均可支配收入13692元,名义增长15.2%。全面消除集体经济薄弱村,成为全省高质量发展建设共同富裕示范区首批试点。三是企业经营效益提升。2021年,全县规模以上工业企业利润总额11.74亿元,增长31.5%。盈利水平提升。全县规模以上工业企业营业收入利润率为7.2%,比上年提高0.6个百分点。企业成本持续下降,减税降负政策效应显现。全县每百元主营业务收入的成本为84.57元,同比下降0.1%。

·民营经济主要产业特点·

【农业】 农业生产增势平稳。2021年,全县实现农林牧渔业总产值20.32亿元,增长4.7%。其中:农业产值14.93亿元,增长4.1%;林业产值2.34亿元,下降3.3%;牧业产值2.61亿元,增长16.5%;渔业产值0.31亿元,增长6.8%。全县粮食播种面积11.15万亩,下降3%;总产量3.6万吨,增长0.6%。实现农林牧渔业增加值14.01亿元,增长3.4%。主导产业形势较好。启动"中国有机茶乡"建设以来,全县实施化肥农药减量增效工程和茶园基础设施建设,茶叶种植增产增收。全县茶园总面积13万亩,下降2.4%,茶叶总产量1.42万吨,增长6.4%;其中:春茶产量5023吨,增长9.1%,夏茶4565吨,增长9.7%,秋茶4575吨,增长0.8%。全年茶叶总产值8.22亿元,增长4.2%,占全县农林牧渔业总产值的40.5%。畜牧业生产发展迅速。受去年猪肉价格高影响,养殖户生产意愿强烈,限养政策放宽后,全县生猪养殖规模迅速扩大。全年牧业产值2.61亿元,按可比价计算，增长16.5%，其中生猪产值1.85亿元。年末生猪存栏4.07万头，增长6%；生猪出栏7.1万头，增长25.8%。

【工业】 工业生产平稳运行。2021年，全县实现规模以上工业总产值165.57亿元，同比增长21.2%；实现增加值29.75亿元，同比增长0.6%，两年年均增长1.1%。黑色金属冶炼和压延加工业增幅扩大。作为松阳规模以上工业主导产业的黑色金属冶炼和压延加工业，2021年实现产值83.86亿元，同比增长37.1%；实现增加值12.32亿元，同比增长5.5%。有色金属冶炼和压延加工业增长快。有色金属冶炼和压延加工业实现产值16.94亿元，同比增长45.0%；实现增加值2.04亿元，同比增长11.2%，对全县规上工业增加值增长贡献了0.2百分点，是全年规上工业增加值增长的重要贡献力量。企业研发投入不断增多。全县规上工业企业研发费用4.80亿元，同比增长38.8%，增速高出全市7.1个百分点，居全市第3。有研发费用的企业有87家，比2020年增加了25家。

【服务业】 服务业为经济增长的主动力。2021年，全县实现第三产业增加值66.11亿元，增长8.0%，拉动GDP增速增长4.1个百分点。一是实现批零住餐业增加值18.16亿元，增长18.5%，对第三产业经济增长贡献率达43.2%。二是实现房地产业增加值11.45亿元，增长0.9%。三是实现金融业增加值7.65亿元，增长7.1%。2021年末，全县金融系统人民币存贷款余额分别为218.56亿元、207.10亿元，分别增长8.8%、17.2%。四是实现营利性服务业增加值5.00亿元，增长13.7%。五是实现非营利性服务业增加值20.34亿元，增长3.6%，对GDP增速增长贡献了0.6个百分点。六是旅游业快速回暖。全年旅游总收入30.8亿元，增长3%。其中国内旅游收入30.8亿元，增长3.1%。旅游外汇收入2.3万美元，下降52.23%。

·民营经济存在的主要问题·

【农业】 一是种植粮食与种植茶叶、水果等经济作物相比，经济收益存在一定差距。尤其是在"非粮化"整治优化工作中，农民种植粮食作物的积极性有待进一步提高。二是受疫情和猪肉价格下降影响，今年已经有部分规模户清空猪栏，停止养殖。三是山区乡镇田地抛荒严重。地处偏远山区，受医疗、教育、就业等因素影响，年轻人外出打工谋生较多，留守的以年龄大的老人和小孩为主，山区农村劳动力不断流失，田地抛荒逐年增加，农业产业难以发展壮大。

【工业】 工业实体经济发展面临许多困难，工业现代化程度较低。一是增加值增速下降行业较多。全县规上工业24个行业大类中，增加值增速下降的行业有13个，拉低规上工业增加值0.9个百分点，其中医药制造业、纺织业同比分别下降15.2%、10.4%，分别拉低规上工业增加值0.2、0.5个百分点。二是受价格指数高不利因素影响。全省用统一的价格指数对规上工业增加值进行核算，今年以来全省钢压延加工业价格指数高于松阳实际价格指数，全县钢压延加工业（不锈钢产业）企业数占全县规上企业的44%、产值占比50.7%，虽然产值同比增长37.1%，但受价格指数影响，1–12月增加值同比增长仅为5.5%，仅拉动全县规上工业增加值增长0.6个百分点。三是高新技术产业仍处于下降态势。松阳高新技术产业增加值15.04亿元，同比下降3.4%，增速低于全市高新技术产业增加值增速21.3个百分点。四是产业结构不优等其他因素影响。今年增长较快的黑色金属、有色金属冶炼和压延加工业行业增加值率低且价格指数较高，而增加值率高且价格指数低的医药制造业、纺织服装服饰业行业均处于下降态势。另外，近年来新上规工业企业数量少且体量小，对工业经济持续增长支撑不足，2021年新上规及小升规企业8家，增加产值3.35亿元；当年退库企业7家，减少产值3.41亿元。

【投资】 一是民间项目投资后续发展不足。2021年受松阳县火车站站前大道、站前广场及其配套工程项目完工退库影响，全县民间项目投资同比仅增长2.8%。二是受部分续建项目逐渐进入尾声或者竣工投产影响，大项目支撑不足。三是企业融资环境趋紧。受金融去杠杆政策影响，金融机构出于自身金融风险考虑，设置了较严的放贷限制条件，业务收缩，贷款审批权限上收，导致市场流动性整体趋紧。四是政府财政能力不足。受全球经济发展步伐放缓的影响，全县一般公共预算收入增速总体趋缓，在一定程度上制约中央财政在积极财政实施中的杠杆放大效应，影响基建等稳增长投资的扩张空间。

·政策措施·

【生态经济】 大力开展生态工业强基行动。坚持工业强县不动摇，全面夯实工业发展基础，加快工业振兴发展步伐。一是建好一平台。平台是产业发展的重要支撑。下步将进一步加快赤寿工业园区二期和小微企业园建设进度，年内新增1个省级认定小微园。铁腕推进闲置和低效工业用地专项整治，争取今年基本实现亩均税收3万元以下企业的改造升级，腾出或高效利用工业用地500亩以上。二是念好两业经。坚持传统产业转型和新兴产业培育"两条腿"走路。推进不锈钢产业示范区园建设，加快不锈钢、合成革等传统产业整合提升、提质增效，积极推进云中马等重点企业上市。深入实施数字经济"一号工程"2.0版，加快"百企转型"数字化改造步伐，完成30家规上企业数字化转型。积极争取全国自动驾驶先导试点和智能航运先导试点、智慧交通产业发展试点县，加快智慧交通产业成型成势。支持建筑业做大做强，加快发展装配式建筑。三是建好三梯队。实施"151"企业梯队培育行动，加大企业培育力度，今年力争培育年产值超10亿元的"领军型"企业4家以上、年产值超亿元的"成长型"企业50家以上、上规"苗子型"企业10家以上。

【城镇建设】 大力开展美丽城镇建设行动。跳出传统的城市建设思维，用未来视角、国际视野创新理念、标准、规划、设计，打造有魅力、有活力、有吸引力的最美田园城市。一是以精品规划引领城市建设。坚持"全域大花园""松古平原一城化"发展理念，进一步优化国土空间总体规划和基础设施、公共服务、产业人口等总体布局，以"一张图"管控，加速"一城化"建设，全力唱好"双城计"。按照功能互补、有机衔接、融合发展的要求，加快推进"四城联建"，高标准做好南城、火车站、北城、古市等片区的规划修编工作。二是以精致建设彰显城市韵味。深入实施全域城乡风貌整治提升行动，坚持高品质设计、高标准建设，以绣花功夫抓好公共基础设施、江南未来社区、背街小巷改造升级、历史建筑保护、重要景观节点打造等工作，着力打造彰显人文魅力、富有城市活力的现代化品质城市。三是以精细管理提升城市品位。以综合行政执法体制机制改革为契机，运用智慧化手段，推动城市管理由粗放向精细、静态向动态、被动向主动转变，重点以创建全国文明城市和省"无违建县"为载体，抓好交通秩序整治、市容市貌整治、市民素质提升，努力提升城市软环境，努力吸引更多的人走进松阳、爱上松阳、留在松阳。

【社会事业】 大力开展乡村全面振兴行动。以缩小城乡差距改革试点为总牵引，围绕"让农民富起来、产业强起来、乡村美起来"目标，持续全面推动乡村振兴，确保农业稳产增收、农民稳步增收、农村稳定安宁。一是千方百计促增收。推进巩固拓展脱贫攻坚成果与乡村振兴有效衔接，争创革命老区乡村振兴示范区、乡村振兴综合试点。全面开展"农民共富"行动，启动村集体经济巩固提升五年行动，高质量推进"大搬快聚富民安居"工作，着力让农民的腰包鼓起来、村集体经济强起来，确保低收入农户人均可支配收入增长10%以上，确保消除90%以上的集体经济相对薄弱村。二是加快公共服务项目落地。谋划建设职业中专产教融合中心、城区幼儿园等项目，加快育英小学、文教区幼儿园、县中医院迁建等项目建设，完成丽水学院松阳校区搬迁、老剧院等项目。推进全国义务教育优质均衡发展县、浙江省中医药综合改革先行县等系列创建工作，以示范创建推动工作水平的整体提升。三是着力夯实基层治理基础。以迭代"141"体系为牵引，深化县级社会治理中心建设和基层治理"四平台"迭代升级，推进全科网格服务管理规范化，不断提升基层社会治理能力和治理水平现代化。建立完善各领域各方面风险隐患全周期、全链条的闭环管控机制，努力以工作的确定性防范风险的不确定性。紧盯"关键时间节点、人地事物"等关键要素，密织防控网络。牢牢守住安全底线，确保实现省级"平安县"创建"十七连冠"。

【改革创新】 大力开展改革创新深化行动。聚焦妨碍经济社会发展的突出弊端和牵一发而动全身的关键环节、百姓关切的重点领域，持续深化改革创新，全面激发发展活力。一是迭代升级数字化改革。今年是数字化改革全面贯通、集成突破、集中展示的一年，全县将按照省委数字化改革"1512"体系，以"三张清单"和重大应用"一本账"为抓手，迭代升级"民情地图""点亮古村落""乡村振兴互助贷"等场景应用，加快形成管用实用、具有松阳辨识度的数字化改革成果。二是加快重点领域改革。稳步推进新时代乡村集成改革、农村产权制度改革、城乡供水一体化改革、国企二轮改革等关系发展全局的重点改革事项，切实增强要素保障能力。三是加大科技创新力度。坚持科技创新与产业提升联动，强化政府推动、企业主动和社会联动，推进新一轮科技企业"双倍增"行动，力争新增国家高新技术企业5家、省科技型中小企业20家，高新技术产业增加值占规上工业增加值比重50%以上，全社会R&D经费占生产总值比重1.55%。强化创新平台建设，加快茶产业创新服务综合体、长三角创新中心和省交职院数字公路应用松阳分中心等创新平台实体化运转。

（松阳县统计局　徐海霞）

（责任编辑：王怡然　金瑞锋　赵峰）

磐 安 县

·概况·

磐安是年轻的山区县。1939 年设县，1958 年并入东阳，1983 年恢复县建制，县名出自《荀子?富国》中“国安于盘石” 之说，意为 “安如磐石”。县域总面积 1194.74 平方公里，人口 21.01 万人。下辖 7 镇 5 乡 2 街道、216 个行政村、20 个社区。

区位独特，活力无限。磐安有“浙江之心”之称，是杭州、宁波、温州、金义四大都市区辐射圈结合部，到四大都市区都在 2 个小时之内。诸永高速、杭绍台高速已经开通，金台铁路通车，杭温高铁正在加快建设。进入“高铁时代”后，40 分钟即可到达杭州，不用 2 小时即可抵达上海。区位条件不断改善为磐安加快发展、后发崛起注入了强劲动力，现代农业、生态工业、休闲旅游、建筑业、电子商务、清洁能源等产业蓬勃发展，县域经济实力不断增强。

生态大县，天然氧吧。磐安素有“群山之祖、诸水之源”之称，是钱塘江、瓯江、曹娥江、灵江四大水系的共同发源地，是天台山、括苍山、仙霞岭、四明山等山脉的发脉处，是全国首批国家级生态示范区、国家生态县和国家重点生态功能区、国家生态文明建设示范县。全县森林覆盖率达 83.8%。出境水质全部达到功能区要求，空气质量优良率为 100%，PM2.5 平均浓度 21 微克每立方米，县域负氧离子平均值 5768 个/立方厘米(2019 年)，被誉为“浙中水塔、天然氧吧”。

旅游胜地，养生福地。旅游资源丰富，集原真山水、地质奇观、文化古村和奇特民俗为一身，有灵江源森林公园、百杖潭、十八涡、舞龙峡等国家 4A 级、3A 级旅游景区 13 处，以及 25 个古朴优美的古村落，大盘山风景名胜区为国家级风景名胜区，是全国森林旅游示范县、省级全域旅游示范县、省级旅游发展十佳县。有“玉山古茶场”“孔氏家庙”2 个全国重点文物保护单位，有赶茶场、炼火等非物质文化遗产项目 138 项，其中国家级、省级非物质文化遗产 12 项，是非遗大县、中国民间艺术之乡。近年来，依托良好的自然生态环境，打造了“樱花谷、杜鹃谷、玫瑰谷”等“五大花谷”和“养生药乡线”“浪漫花乡线”“休闲茶乡线”三条美丽乡村风景线，推出了“共享农屋?磐安山居”等项目，“乡村慢生活+中医药健康养生”的主体业态加快形成，“身心两安、自在磐安”的品牌不断打响。

千年药乡，特产之乡。磐安是“中国药材之乡”，大盘山自然保护区则是全国唯一以中药材种质资源为主要保护对象的国家级自然保护区，全县有家种和野生中草药 1219 种，“浙八味”中白术、元胡、玄参、贝母、白芍主产磐安，俗称“磐五味”。“江南药镇”被命名为省级特色小镇，“浙八味” 特产市场是目前华东地区规模最大、设施最先进的中药材交易市场，是第二批省现代服务业集聚示范区。磐安是“中国香菇之乡”，年鲜菇出口量占全国 50%以上。磐安是“中国生态龙井茶之乡”“中国名茶之乡”“中国茶文化之乡”，列入龙井茶原产地保护。磐安还是“中国香榧之乡”“中国高山茭白之乡”。此外，板栗、猕猴桃、山茶油、土鸡、高山蔬菜等绿色农产品品质优良，深受消费者欢迎。

平安山城，道德高地。民风淳朴，乡风文明，百姓安居乐业，是国家卫生县城、省级示范文明县城。先后涌现了感动中国人物、孝老爱亲模范陈斌强，最美母亲、把儿子背进浙江大学的韦慧娟等道德模范。社会和谐稳定，实现省级平安县“十六连创”，获评首批省级“星级平安金鼎”县。

当前，磐安正处于生态引领、绿色发展的提升期，抢抓机遇、创新发展的窗口期，克难攻坚、跨越发展的关键期，将不断增强系统观念，围绕“生态富县、生态富民”发展战略，以“推动跨越发展，打造新增长极，奋力实现与全省同步高水平现代化”为主题主线，全力打造“两山”实践样板地、康养旅居大花园，奋力把磐安建设成为诗画浙江大花园最美核心区，成为全省新发展格局中的新增长极。

·综合·

2021 年，全县上下坚持以习近平新时代中国特色社会主义思想为指导，认真贯彻上级决策部署，统筹疫情防控和经济社会发展，深入实施“生态富县，生态富民”战略，经济社会发展取得新成绩，实现“十四五”良好开局。

经初步核算，2021 年我县实现生产总值(GDP) 133.86 亿元，按照可比价计算，同比增长 8.1%。分产业看，第一产业增加值 12.51 亿元，增长 2.2%。第二产业增加值 54.9 亿元，增长 10.3%。第三产业增加值 66.45 亿元，增长 7.7%，第三产业对 GDP 的贡献率为 48.5%。三次产业增加值结构为 9.3、41.0、49.6。按户籍人口计算，人均GDP 为 63525 元(按年平均汇率折算为 9847 美元)，同比增长 8.7%。按常住人口计算，人均 GDP 为 75115 元(按年平均汇率折算为 11643 美元)，同比增长 7.8%。

全县财政总收入 21.46 亿元，增长 17.4%，其中：上划中央财政收入 8.50 亿元，增长 17.9%；一般公共预算收入 12.96 亿元，增长 17.1%。一般公共预算收入中，税收收入 10.64 亿元，增长 19.1%；一般公共预算支出 40.56 亿元，增长 1.7%。

年末金融系统存款余额（本外币)266.96 亿元，比上年末增长 7.26%。其中，住户存款 149.72 亿元，增长 14.27%；非金融企业存款 69.19 亿元，增长 16.92%；机关团体存款 38.27 亿元，下降 3.60%；财政性存款 2.37 亿元，下降 70.92%；金融系统贷款余额(本外币)261.19 亿元，增长 20.91%。其中，住户贷款 132.20 亿元，增长 18.70%；非金融企业及机关团体贷款 128.20 亿元，增长 21.48%。不良率和关注贷款率控制在 0.55%和 1.09%。

全年实现社会消费品零售总额 40.38 亿元，增长 10.3%。其中城镇消费品零售额 37.26 亿元，增长 10.0%；乡村消费品零售额 3.12 亿元，增长 14.2%。按消费形态统计，餐饮收入 10.19 亿元，增长 9.2%；商品零售 30.19 亿元，增长 10.7%。

全年完成进出口总额 43.33 亿元，同比增长 15.9%。其中，出口额 42.39 亿元，增长 15.2%；进口额 0.94 亿元，增长 57.2%。

·农业和农村·

全年完成农林牧渔业产值 18.19 亿元，剔除价格因素(下同)，比上年增长 3.0%。其中，农业产值 14.91 亿元，增长 3.6%；林业产值 1.36 亿元，下降 14.2%；畜牧业产值 1.61 亿元，增长 19.7%。

全年农作物播种面积 21.53 万亩。其中，粮食播种面积 7.29 万亩，同比增长 3.7%；粮食总产量 2.4 万吨，同比增长 4.3%。全年中药材种植面积 7.26 万亩，实现产值 6.59 亿元；食用菌产值 1.42 亿元；茶叶种植面积 7.08 万亩，实现产值 2.86 亿元；蔬菜种植面积 5.24 万亩，实现产值 2.04 亿元。全年生猪出栏 2.59 万头；蚕茧产量 6 吨。(参见下表)。

2021 年主要农产品产量情况表

农产品名称	产量(吨)	同比(%)
粮食	23934	4.3
中药材	21029	3.5
食用菌(干鲜)	6725	-18
茶叶	1725	-32
蔬菜	48935	1.6
肉类	2427	-9.3
其中：猪肉	2115	-17.1
禽蛋	939	7.8
蚕茧	6	-14.3

美丽乡村建设深入推进。持续深化“千万工程”，开展“示范村评选”“落后村摘帽”行动，创建省级新时代美丽乡村示范村 29 个、美丽乡村特色精品村 5 个、美丽宜居示范村 3 个，创成省级新时代美丽乡村示范县。

·工业和建筑业·

全县规模以上工业增加值 26.46 亿元，增长 19.7%；完成产值 123.18 亿元，同比增长 30.2%；实现销售产值 120.95 亿元，同比增长 29.1%。其中，出口交货值 33.04 亿元，增长 24.8%。产值超亿元的企业达到 30 家。全县工业用电量 4.91 亿千瓦时，同比增长 24.9%。其中，规上工业用电量 3.25 亿千瓦时，同比增长 19.9%。

全年实现利税总额 9.60 亿元，增长 12.3%，其中利润总额 6.92 亿元，增长 12.2%。应付职工薪酬 10.84 亿元,增长28.5%。规上工业资产负债率59.9%,较上年上升3.2个百分点;营业收入利润率5.7%;成本费用利润率6.0%;规上工业劳动生产率17.8万元/人,提高12.1%。

全年建筑业增加值13.32亿元,增长4.1%;实现建筑业产值174.34亿元。房屋建筑施工面积1748.41万平方米;房屋竣工面积213.86万平方米,竣工价值313.33亿元。全县在库建筑业企业83家,其中一级资质8家,二级资质28家,三级资质47家。

·固定资产投资和房地产开发·

全县完成固定资产投资同比增长9.7%。其中,房地产投资增长17.8%;基础设施投资增长5.5%;工业投资下降8.3%。在工业投资中,制造业投资下降19.9%。从四大投资结构看,民间投资、生态环保和公共设施投资分别增长18.9%、58.5%,交通运输投资、高新技术产业投资分别下降21.5%、1.6%。

全年房屋施工面积101.51万平方米,其中新开工面积15.03万平方米。商品房销售面积15.65万平方米,商品房销售额14.10亿元。

·交通运输、邮电和旅游·

拥有各种机动车43262辆,增长4.3%。其中:大型、小型汽车38437辆,增长2.7%;摩托车4825辆,增长18.9%。全年完成公路货运量173万吨,公路客运量134万人次,公路货运周转量29993万吨公里,公路客运周转量7685万人公里。

全县完成邮电业务总量2.16亿元。其中,邮政业务总量0.41亿元,电信业务总量1.74亿元(含电信、移动、联通)。年末移动电话用户21.45万户,互联网宽带用户4.10万户。

全年实现旅游总收入46.94亿元,增长17.5%。接待游客290.46万人次,增长11.1%。A级景区门票收入0.39亿元,增长9.8%。

·教育和科学技术·

全县拥有各级各类全日制学校62所。其中,幼儿园32所,在园幼儿6007人,学前三年入园率为99.71%;小学16所,在校学生10145人,小学适龄儿童入学率达到100%;初中8所,在校学生5618人,初中适龄少年入学率达到100%;高中4所,在校生3499人;职高1所,职业高中在校生2052人;初中毕业生升入高中段学校比例为99.10%。

全县专利授权量788件,其中发明专利授权量71件。新认定各类科技型企业59家,其中国家级14家、省级45家,新组建企业研发机构11家,其中省级2家、市级9家。2021年度新立科技计划项目46项,其中省级1项、市级5项、县级40项。

·文化、体育和卫生·

全县拥有文化馆1个,文化分馆4个,公共图书馆1个,图书分馆13个。建成农村文化礼堂23家,提升改造11家,乡村特色馆13个。积极实施文化惠民工程,完成送戏149场、送图书3.03万册、送展览讲座100场、“文化走亲”11场。

全年完成建设中心村全民健身广场1个,社区多功能运动场6个,百姓健身房3个。全县举办体育赛事活动70场。

2021年末全县共有各类医疗卫生机构140家,其中县级医院3家,卫生院21家,社区卫生服务中心(站)2家,服务站2家,妇幼保健、疾病预防控制中心、卫生执法大队各1家,门诊部2家,民营医院4家,诊所(医务室)24家,村卫生室78家,护理院1家。实际开设床位971张。其中,医院795张、卫生院176张。各类卫生技术人员1432人,较上年增长5.6%,其中执业医师473人、执业助理医师108人、注册护士562人、其他卫技人员289人。

·环境保护·

出境断面水质达标率达100%。空气环境质量持续提升。城市空气质量优良率为100%;PM2.5平均浓度21微克每立方米;AQI(空气质量综合指数)为2.52,同比下降0.06%。

2021年,规模以上工业企业综合能源消费量(等价能耗)为10.51万吨标准煤,同比增长15.2%;单位工业增加值能耗为0.40吨标准煤/万元,同比下降3.7%。

·人口、人民生活和社会保障·

年末常住人口17.9万人,城镇化率为53.1%。年末户籍人口210084人。其中,男108374人,女101710

人；出生人口1290人，出生率为6.12‰；死亡人口1549人，死亡率为7.35‰；自然增长率为-1.23‰。全县城镇新增就业1941人；城镇失业人员实现再就业280人；年末城镇登记失业率1.89%，低于2.5%的控制目标。

全县常住居民人均可支配收入34621元，增长10.4%。分城乡看，城镇常住居民人均可支配收入为47358元，增长8.6%；农村常住居民人均可支配收入为22992元，增长9.7%。全体居民人均生活消费支出25680元，增长20.7%。其中城镇常住居民人均生活消费支出34775元，增长18.6%；农村常住居民人均生活消费支出17376元，增长20.5%。

年末全县城镇职工基本养老保险参保缴费59556人；城镇职工基本医疗保险参保28523人；城乡居民基本养老保险参保缴费24886人；城乡居民基本医疗保险参保160508人；参加失业保险、工伤保险、生育保险人数分别为55345、81569和11196人。城乡居民养老保险基础养老金最低标准提高到230元/月，因工死亡职工供养亲属抚恤金月人均提高105元。

年末在册低保对象3758人（不含五保），其中，城镇84人，农村3674人。低保资金（含各类补贴）支出2983.59万元；城乡低保同标，低保标准每月900元。年末各类养老服务机构15家，床位数1708张（含民办）。其中，县社会福利中心（社会福利院）1家，床位数600张。特困对象90人，其中集中供养84人，分散供养6人，集中供养率为93%。全年办理结婚登记803对，离婚231对，补证272对，依法办理收养登记1件。

（磐安县统计局　张姝丹）

（责任编辑：王怡然　金瑞锋　赵峰）

路 桥 区

·概况·

【经济发展】 2021年,路桥区全年经济呈现稳健增长态势,总量规模不断壮大,发展动能不断积聚,民生福祉不断改善,实现了“十四五”良好开局。根据国家统一初步核算,2021年路桥区生产总值(GDP)为716.66亿元,按可比价计算,比上年增长8.3%,两年平均增长5.8%。分产业看,第一产业增加值14.19亿元,同比下降1.9%,两年平均下降0.1%;第二、三产业增加值分别为278.82亿元和423.66亿元,同比分别增长9.1%和8.0%,两年平均分别增长6.4%和5.6%,二三产业增速趋于同步。人均地区生产总值为113576元(按年平均汇率折算为17605美元),比上年增长7.8%。三次产业增加值结构为2.0:38.9:59.1。经最终核实,2020年,路桥区生产总值现价总量为647.61亿元,按可比价格计算,与上年持平,三次产业增加值结构为2.2:38.6:59.2。

【非国有经济发展】 民营经济是路桥最大的特色和优势,也是路桥经济发展的主力军。2021年全区上下克难攻坚、争先进位,收获了一份高质量的成绩单。重点项目扎实推进。新开工项目47个,其中省“152”项目3个、市县长项目7个。强化招大引强力度,新签约5亿元以上市外产业项目25个,总投资170.6亿元。工业经济提质增效。省级经济开发区挂牌成立。“一纲四目多节点”新智造发展体系初步构建,入选省级区域新智造试点;“五企”培育等场景在全省推广应用,数控机床产业大脑揭榜省首批行业产业大脑建设试点,路桥工业4.0中心投用;亚欧汽车、八环轴承分别创成省级“未来工厂”和数字化车间。启动新一轮制造业“腾笼换鸟、凤凰涅槃”攻坚行动,完成低效企业改造提升46家。入选国家专精特新“小巨人”企业2家,“小升规”企业净增55家,绿田机械成功上市,圣牌珠宝挂牌“新三板”。高标准推进环飞龙湖科创生态圈建设,首聚地投用,台州市国际科学家创业基地顺利推进。成功引进陈十一院士团队等高端人才项目16个,与世界顶尖科学家协会、俄罗斯工程院签订合作框架协议。在全市率先建立“创新论英雄”科学评价体系,新增国家高新技术企业40家、省级科技型中小企业149家。新增“品字标”认证企业5家。发布“浙江制造”标准6项。路桥成为省知识产权证券化创新试点区,成功发行全国首单知识产权信贷资产证券化产品。现代服务业加快转型。入选省级“两业融合”发展试点名单。南官中盛夜集开市,十里长街高品质步行街一期开街,创成首批省级夜间经济样板城市。天猫淘宝运营中心等三大平台落地,智慧商圈数字平台上线运行,路北街道获评省首批数字生活新服务特色街道,横街镇获评省商贸特色镇。实施“路桥来消费”系列活动,拉动消费6.51亿元。方林汽车产业集聚区入选省首批现代服务业创新发展区,商城二期项目启动,建成省放心农贸市场8家、“五化”市场3家。台州南铁路智慧陆港新区、普洛斯浙东南智慧物流基地开工,路桥成为省物流示范区综合改革创新发展试点。

【农业】 全区实现农林牧渔业总产值24.46亿元,按可比价格计算,比上年下降2.6%。其中农业产值10.81亿元,下降4.2%;林业产值0.05亿元,增长5.3%;牧业产值0.44亿元,增长108.0%;渔业产值12.83亿元,下降3.9%;农林牧渔服务业产值0.33亿元,下降1.5%。全年经济作物播种面积9903公顷,下降4.7%。全年粮食作物播种面积5675公顷,增长11.3%;粮食总产量3.66万吨,增长15.9%。全年蔬菜产量21.96万吨,下降6.2%,水果产量2.12万吨,下降18.5%。全年累计建成粮食生产功能区37个,总面积4772.5公顷。建成苗木特色农产品优势1个,桐屿枇杷被认定为全国名特优新农产品。全年猪牛羊禽肉总产量1842吨,比上年增长136.5%;年末生猪存栏0.60万头,生猪出栏1.38万头。水产品产量52432吨,比上年下降3.8%。其中海洋捕捞产量30687吨,下降5.8%;海水养殖产量13210吨,下降2.2%。全区共有农民专业合作社209家、家庭农场169家,其中,国家级示范性农民专业合作社6家,省级示范性农民专业合作社9家、省级示范性家庭农场3家,市级示范性农民专业合作社47家、市级示范性家庭农场8家。全区共认证绿色食品8个,国家无公害农产品17个。全区有23家区级以上农业龙头企业,其中市级13家,省级3家。推进全域美丽乡村建设。开展48个村的新时代美丽乡村达标创建工作,其中精品村18个,全年建成省级美丽乡村示范乡镇1个、省美丽乡村特色精品村3个、市级美丽乡村示范乡镇1个、市级美丽乡村精品示范区1个、市级美丽乡村风景线1个、市级精品村3个、市级精品提升村1个、省级星级公厕25个、其中省级示范公厕2个。农村生活垃圾分类“三化”处理行政村覆盖率达到96.0%以上。

【工业、建筑业】 全区实现工业增加值224.62亿元，按可比价计算，比上年增长11.3%，两年平均增长6.9%。全区规模以上工业企业(年主营业务收入2000万元及以上工业企业)达490家，实现工业增加值119.17亿元，比上年增长13.1%，两年平均增长9.5%。其中，国有及国有控股企业增长6.7%，私营企业增长12.7%，大中型企业增长12.8%。规模以上工业销售产值772.20亿元，增长21.3%，其中，出口交货值195.61亿元，增长34.1%；企业产品产销率为99.4%。规模以上工业新产品产值率为38.6%，比上年下降5.5个百分点。全区规模以上工业增加值总量排在前四位的行业中，通用设备制造业、电气机械和器材制造业、金属制品业分别完成工业增加值23.28亿元、16.86亿元、和8.90亿元，分别比上年增长19.0%、15.2%和39.1%，汽车制造业完成工业增加值20.77亿元、比上年下降15.8%。全区规模以上高新技术产业实现增加值72.38亿元，比上年增长13.6%；规模以上装备制造业实现增加值86.64亿元，增长13.7%；规模以上战略性新兴产业实现增加值25.23亿元，增长71.0%；规模以上数字经济核心产业实现增加值9.69亿元，增长12.1%。全区规模以上工业企业实现利税总额53.58亿元，比上年增长25.2%，其中，利润总额38.71亿元，增长30.3%；营业收入利润率为4.63%，比上年提高0.10个百分点；规模以上工业劳动生产率18.04万元/人，比上年提高6.8%。全区实现建筑业增加值54.39亿元，按可比价计算，比上年增长0.8%，占GDP的比重为7.6%。具有资质等级的总承包和专业承包建筑业企业建筑业总产值94.65亿元，房屋建筑施工面积220.59万平方米。

【固定资产投资与房地产业】 全年固定资产投资比上年增长13.5%，两年平均增长10.2%。其中，民间投资增长12.2%；高新技术产业投资增长19.4%；生态环保、城市更新和水利设施投资增长77.9%；工业性投资下降5.2%；交通投资下降38.6%。项目建设全面推进。全年共组织4次13个项目参加省市集中开工活动，台州南铁路智慧陆港新区项目、普洛斯浙东南智慧物流基地、台州市国际会议中心、恒金滨海产业园项目、浙江金卡达纸品有限公司新建厂房项目等47个项目开工建设，全年完成投资40亿元。谋划省市县长项目工程13个(其中省“152”项目4个)，当年开工9个(其中省“152”项目3个)，完成省“152”项目落地率75%，市县长项目落地率69%。列入市级重点项目36个，全年完成投资127亿元。共安排建设区级重点项目200个，年度实际完成投资203亿元。全年房地产开发投资比上年增长41.7%。房屋施工面积486.08万平方米，下降0.3%；房屋竣工面积103.99万平方米，增长186.0%。商品房销售面积131.28万平方米，增长22.2%，其中，住宅销售面积116.84万平方米，增长36.5%。

【交通、邮电】 全年交通运输、仓储和邮政业增加值26.02亿元，按可比价计算，比上年增长9.0%。全年公路完成货物周转量57.25亿吨公里，增长35.4%；公路完成旅客周转量2.12亿人公里，下降17.6%。水运完成货物周转量97.69亿吨公里，增长33.0%。民用航空实现旅客吞吐量133.90万人次，增长23.2%；民用航空完成货邮吞吐量10151.1吨，下降2.7%；飞机起降12081架次，增长27.3%。年末，全区公路总里程634.70公里，其中高速公路10.47公里。全区汽车拥有量26.14万辆，下降3.0%；其中私人汽车拥有量23.70万辆，增长4.7%。全年实现邮电业务收入10.03亿元，比上年增长9.1%。其中移动业务实现收入6.82亿元，电信业务实现收入1.71亿元，联通业务实现收入1.37亿元，邮政0.12亿元。年末城乡固定电话用户10.68万户，移动电话用户102.10万户。年末拥有5G移动电话用户数34.19万户。

【贸易、旅游】 全区实现社会消费品零售总额407.27亿元，比上年增长7.1%，两年平均下降0.2%。按经营地统计，城镇消费品零售额337.67亿元，增长6.9%；乡村消费品零售额69.60亿元，增长7.9%。按消费类型统计，商品零售374.27亿元，增长5.5%；餐饮收入33.01亿元，下降28.8%。在限额以上批发零售企业商品零售额中，出行类商品零售额96.55亿元，比上年增长3.5%。其中，石油及制品类零售额增长46.9%；汽车类商品零售额增长2.5%；新能源汽车零售额增长190.3%。粮油食品类零售额增长3.5%，家用电器和音像器材类零售额增长33.9%，书报杂志类零售额增长5.9%。全区经济市场监督管理部门办理名称登记的各类市场61个，市场成交额489.36亿元，比上年下降8.4%。超亿元市场25个，超10亿元市场9个，超百亿元市场3个。市区居民消费价格总水平比上年增长1.7%，其中，消费品价格增长2.0%，服务项目价格增长1.3%。工业生产者出厂价格比上年增长2.7%，工业生产者购进价格比上年增长12.9%。全年共接待旅游总人数320.34万人次，比上年下降38.1 %；其中国内游客320.33万人次，下降38.1%。实现旅游总收入44.50亿元，下降21.3%，其中旅游外汇收入1.74万美元。全区共有3A级旅游区2个，星级饭店4家，客房809间,床位数1340个,旅行社12家。

【对外经济】 全区实现外贸进出口总额382.60亿元,比上年增长66.9%。其中进口102.48?亿元,增长89.9%;出口280.12亿元,增长59.8%。出口总额中,一般贸易出口148.47亿元,增长21.4%;加工贸易出口78.68亿元,增长48.6%。全年机电及高新技术产品出口212.58亿元,增长43.4%,对“一带一路”沿线国家合计出口104.55亿元。分企业类型看，生产企业出口192.87亿元,比上年增长31.4%;外贸企业出口80.14亿元，增长277.9%；三资企业出口7.11亿元，下降2.9%。全年有进出口实绩的企业657家,比上年增加55家,其中进出口超5000万元的企业有109家。出口国家和地区180个。全年全区新登记外商投资企业11家,实际利用外资4507万美元;新备案境外投资企业2家,中方投资额2711.6万美元。

【财政、金融】 全年财政总收入76.24亿元,比上年增长7.8%；一般公共预算收入42.61亿元，增长11.0%。其中税收收入38.19亿元,增长13.9%,占一般公共预算收入的89.6%。一般预算支出47.63亿元,增长17.9%。年末，全部金融机构本外币各项存款余额1721.84亿元，增长23.5%，其中人民币存款余额1707.67亿元,增长23.6%。全部金融机构本外币各项贷款余额1285.57亿元,增长18.0%,其中人民币贷款余额1276.27亿元,增长17.6%。年末金融机构人民币存贷款比率为1.33:1,贷款不良率0.62%。年末,全区累计已有上市公司4家（其中国内A股上市3家,香港上市1家),新三板挂牌企业累计4家。小额贷款公司4家(正常运营2家),小贷公司本年累计发放贷款3.26亿元。

【科学技术、教育】 全年规模以上高新技术产业增加值72.38亿元,比上年增长13.6%。全社会研究与试验发展(R&D)经费支出10.29亿元,占GDP比重为1.54%。用于科技事业的财政一般预算支出0.99亿元,增长59.3%。全区共有省级企业研究院15家,省级高新技术研发中心56家,新增国家重点扶持的高新技术企业38家，累计131家，新增省级科技型中小企业149家,累计654家。全年专利授权量4378件,其中发明专利授权量758件。全区新增“浙江制造品字标”认证企业5家,累计15家。全区共有幼儿园112所,在园幼儿19882人;普通小学25所,在校生41901人;初级中学15所,在校生18657人;职业高中1所,在校生4388人;特殊教育学校1所,在校生92人。2021年高考报名人数2965人,录取率95.5%。年末,全区教育系统建筑面积共102.36万平方米,新创建省级现代化学校4所,教育基础设施经费总投资8.26亿元,比上年增长3.4%。公办幼儿园开工10所,主体完工7所。北大飞龙湖学校新建、安宝小学拆建工程、金清实验中学运动场工程等投入使用，路桥街道实验小学改扩建项目完成主体结构施工。公办园覆盖面从去年50.9%提升到62.2%(含在建学位数)。79家营利性学科类培训机构压减率100%。全区41所中小学课后托管全覆盖。实施作业改革,作业总量控制达标学校、作业校内公示均实现100%。

【文化、体育、卫生】 年末全区有文化馆1个,公共图书馆1个,博物馆1个(不包括分馆)。全年视觉艺术类作品共12件,入展省级10件、市级2件;获国家级越剧小梅花奖1个,获省级金奖3个、银奖2个、铜奖3个,市级金奖6个、银奖7个、铜奖6个。举办“双百惠民”、“艺多多”等文化活动1800多场次，参与群众20多万人次。图书馆总藏书达92.88万册、办证总数达5万张。全年借阅图书6.99万人次36.8万册次,还书7.84万人次35.6万册次。年末全区广播人口综合覆盖率和电视人口综合覆盖率均为100%。全区共建有农村文化礼堂229家,和合书吧11家。全年新增博物馆藏品783件(套),年末全区共有藏品1732件(套),其中文物藏品1087件(套),一级文物3件,二级文物8件(套),三级文物203件(套)。年末全区拥有非物质文化遗产项目国家级1项,省级9项,市级33项,区级207项。全年全区运动员共获得浙江省级赛事金牌19枚,银牌15枚,铜牌18枚。台州市级赛事金牌42枚,银牌37枚,铜牌76枚。全区共建体育社团34个,新建笼式足球场1个、村级全民健身广场2个、社区多功能运动场1个、百姓健身房10个,举办路桥区农民运动会暨文化礼堂运动会系列活动。全年销售各类体育彩票1.43亿元。年末全区各类医疗卫生机构345个,其中,医院18个,卫生院(社区卫生服务中心)10个。各类卫生技术人员5487人,比上年末增长16.9%,其中,执业(助理）医师2001人，注册护士2194人，分别增长11.4%和7.7%。医疗卫生机构床位数3595张，增长2.4%。医院全年总诊疗740.8万人次，比上年增长9.9%。全区甲、乙类传染病发病率为106.27/10万。全区五岁以下儿童死亡率2.91‰，其中，婴儿死亡率2.81‰。农村自来水普及率100.0%,农村无害化卫生厕所普及率100.0%。

【能耗、环保、安全生产】 全区规上工业万元增加值能耗上升 0.7%。全社会用电量 36.65 亿千瓦时,比上年增长 12.1%。其中第一产业 0.12 亿千瓦时,增长 13.8%;第二产业 22.24 亿千瓦时,增长 12.6%,其中工业 21.42 亿千瓦时,增长 12.6%;第三产业 6.58 亿千瓦时,增长 16.0%;城乡居民生活用电量 7.72 亿千瓦时,增长 7.3%。年末,区域自动气象观测站 32 个。全年平均降水量约 2319.6 毫米。全区 PM2.5 年均浓度为 26.53μg/m³,全年空气优良天数为 326 天,优良率占 97.3%,较上年同期略有提升。全年累计拆除违法建筑面积 155.60 万平方米,拆后土地利用率 81.8%。城中村改造 19.04 万平方米,旧住宅区 30.47 万平方米,旧厂区 26.85 万平方米。水环境功能区达标率为 71.4%,比上年提升 28.6 个百分点,水环境质量改善幅度排名居全省第 1 名。城镇生活污水集中处理率为 97.4%,城镇生活垃圾无害化处理率为 100%。全年共发生各类事故(只统计生产经营性安全事故,包括工矿商贸企业、道路交通、水上交通、渔业船舶事故)4 起、死亡 4 人,均为道路交通安全生产事故,与前两年平均数同比分别下降 33.3%和 38.5%。

【人口、就业、社保、人民生活】 截至 2021 年 11 月 30 日,全区共有户籍人口 461440 人,按性别分男性 230496 人,女性 230944 人,男女性别比例为 99.8:100。全年出生登记 2671 人,出生率为 5.79‰,剔除往年出生登记 269 人,2021 年本年出生登记为 2402 人,本年出生率为 5.21‰。死亡登记 2973 人,死亡率为 6.44‰;自然增长减少 302 人,自然增长率为负 0.65‰,比 2020 年下降 1.52‰。据 2021 年全区 5‰人口变动抽样调查推算,年末全区常住人口 63.3 万人,城镇化率为 65.9%。全年城镇新增就业人数 27432 人,帮助 1776 名城镇失业人员实现再就业。年末城镇登记失业率为 1.13%。年末,全区城镇职工基本养老保险、基本医疗保险、工伤保险、生育保险和失业保险参保人数分别达到 270872 人、181795 人、240338 人、120262 人和 115401 人。全区有 136742 人参加城乡居民基本养老保险,有 301364 人参加城乡居民基本医疗保险。城乡居民养老保险基础养老金最低标准提高到 235 元/月。全区养老机构 13 个,养老机构床位数 3218 张,年末在院老人 1039 人,城乡社区居家养老服务照料中心 224 家。城乡居民最低生活保障人数 2800 人,全区特困供养人员 181 人。全年发放低保资金 2573.41 万元,发放特困资金 401.71 万元。全年全体居民人均可支配收入 68726 元,比上年增长 8.9%。其中城镇和农村常住居民人均可支配收入分别为 82681 元和 40621 元,增长 8.7%和 10.1%。全年全体居民人均消费支出 39410 元,增长 13.8%。其中城镇和农村常住居民人均消费支出分别为 45331 元和 27486 元,增长 14.4%和 11.8%。年末城镇和农村常住居民人均住房建筑面积分别为 57.56 平方米和 59.23 平方米,每百户城镇和农村常住居民家庭分别拥有家用汽车 93 辆和 78 辆。

·非国有经济创新案例·

【发展新型商贸】 (一)智慧物流。台州南铁路智慧陆港新区将依托金台铁路、甬台温铁路物流大通道,以铁路物流服务为基础,以集装箱、商品小汽车、包装成件货物、笨重货物等为核心功能,集仓储、商贸、金融、海关等功能于一体,构筑"一带一路"切入点和区域内"外贸、物流双核心",打造服务台州、辐射甬台温和浙中西的区域性复合型综合物流基地。2021 年 11 月 5 日,在第四届中国国际进口博览会上,路桥新城开发管理委员会和普洛斯(中国)进行项目签约,达成普洛斯浙东南智慧物流园区项目合作。该项目总占地近 190 亩,一期总投资超过 6.8 亿元,有望两年后投入使用。(二)方林汽车贸易升级战略。浙江方林汽车市场集群的系统化转型升级,由二手车出口、新能源汽车销售集聚以及汽车线上销售模式创新、诚信品牌打造等模块组成,是路桥区深化落实"一带一路"合作倡议,发挥路桥商贸业传统优势,瞄准打造"国际国内双循环战略节点,推动商贸高质量发展的重要探索。目前,方林汽车二手车市场已成为台州落实国家首批二手车出口业务试点地区的前沿阵地,方林汽车产业集聚区入选全省首批现代服务业创新发展区,特斯拉、小鹏、理想等国内外知名新能源汽车品牌也落户方林,同时,方林汽车城也开始启动零排放改造,打造全国领先的新能源智能化零排放汽车销售基地。(三)市场采购贸易方式改革。加快打造集市场采购贸易方式、跨境电商综试区和 B 型保税物流中心"三位一体"的发展新格局。这一改革是指由符合条件的经营者在经国家商务主管部门认定的市场集聚区内采购的、单票报关单商品货值 15 万美元以下、在海关指定口岸办理出口商品通关手续的贸易方式。该方式具有多品种、多批次、小批量的交易特点,同时为符合条件的经营者带来快速通关、专用监管、免征增值税等政策便利。(四)台州好产品 直播供应链基地。2021 年 11 月,路桥中国日用品商城股份有限公司与杭州颖上传媒有限公司正式签订"台州好产品直播供应链基地"战略合作协议,共建台州好产品直播生态供应链。该基地采用“直播+供应链”销售模式，设置台州好产品集中展示、体验、选品区域、30余个企业产品展示直播室，实现台州好产品展销中心、一站式供应链基地、一站式综合服务平台、先行先试示范点四大功能。

【创新数字赋能】 (一)机电产业创新服务综合体。机电产业创新服务综合体作为全区首家省级产业创新服务综合体，该综合体重点围绕机电产业创新发展全链条，着力搭建部门协同推进、最多跑一次、数字化服务的综合性科技平台，目前一期、二期场地均已投入使用。引进了浙江大学、华东理工大学、上海理工大学等8所高校院所入驻并搭建了科技平台，引进55家知识产权、工艺设计、技术交易等中介机构为企业提供科技服务。加大研发设备投入，建成创意设计实验室、智能控制实验室、机电产品检验检测中心等三大共享实验室，另外还有3D打印等大型设备供企业使用。(二)“工业在线”应用系统。积极探索“标准化、低成本、易运维、高安全”的设备物联数字化解决方案，搭建台州工业互联网平台，并自主研发上线了“工业在线”应用系统，形成标准化的设备数据采集解决方案，有效破解了数字化转型的痛点。该方案能够为企业节约数字化改造综合成本60%以上，减少产品质量报废品20%，节省刀具使用成本10%，助力小微企业洞悉内部短板、破解管理难点、挖掘数据价值。目前，该系统已经转化为台州工业互联网平台，并于2021年10月入选2021年工信部新一代信息技术与制造业融合发展试点示范项目。全区共有371家工业企业实现了“台州工业在线”的标准化设备物联，接入设备5053台。(三)数控机床产业大脑。2021年，路桥区被浙江省经信厅授予第一批行业产业大脑建设试点——数控机床产业大脑“揭榜挂帅”项目。目前已完成“入链找链”上云用云”和“未来已来”3大业务场景，开发各类应用15个，成为全省5个产业大脑数据仓建设试点之一。注册用户数达2800多个，服务企业800多家，入链企业700家。(四)路桥工业4.0中心。工业4.0中心是路桥立足于“平台优先”这一路径，全力推进打造的数字化展厅，坐落于路桥交通大厦一楼，建筑面积2.9万平方米。中心以“数字赋能、智造价值”为理念，共设置数字化展厅、企业成果展厅、办公赋能区、培训洽谈区“四大”区域，集成了展示、服务、培训、孵化“四大”核心功能。工业4.0中心既是展示中心，也是数字化的赋能中心、服务生态的集聚中心，其核心业务是服务工业企业的数字化、智能化改造，目的是培育一批智能工厂、数字化车间、未来工厂。对照“未来工厂”的8个特色应用场景，中心集聚一批数字经济服务商，为企业多角度、多维度赋能，努力成为路桥数字产业化、产业数字化的发动机和加速器。(五)“未来工厂”培育工程。加快推进创建台州市“工业4.0”先行示范区相关工作，围绕“平台优先、创新突破、标杆引领、企业引育、全面普及、人才支撑”六大行动，全面排摸“工业4.0”重点项目80个，累计培育区级数字化车间49家。其中亚欧汽车成功入选2021年度省未来工厂应用场景试点单位，安露、八环入选省智能工厂——数字化车间培育企业，绿田、欧路莎、豪达、西马、精力轴承、福林国润入选市级智能工厂培育企业。

【优化营商环境】 (一)“五企”培育政策统筹。2021年5月，“五企”培育被浙江省经信厅列为首批数字经济系统多跨应用场景揭榜单位。截至目前，“五企”培育政策统筹和绩效评价系统已完成门户上线，并在台州市10个区县、12个市级重点部门开展应用。该系统通过企业画像、产业评估、效用评估等多个方面对政策进行研判，以达到精准扶企的目的。目前共归集政策条款2241条、涉及资金40.3亿元，惠及企业4296家。2021年9月，承办全省“五企”培育政策统筹数字化改革场景应用推广试点现场会，场景在全省推广应用。(二)“数融通”小微金融服务平台。路桥“数融通”是为了全面落实落细“融资畅通工程”，推动数字化改革，帮助企业解决融资难、融资贵、融资慢三大问题而搭建的一个金融综合性服务平台、平台汇集了路桥区所有银行机构和信贷产品信息，为企业提供多元化、一站式金融服务，有效结合政务数据，对接浙江省、台州市大数据发展管理局及第三方的相关数据，运用人工智能、大数据等核心技术，为金融机构提供企业信用报告查询、征信评级、贷后风控管理、信保担保、政策支撑等全流程服务，全面提升银企对接服务质量和效率，同时融入政策宣传、部门精细化金融服务、政务等服务。(三)企业服务直通车。自主搭建并上线的“企业服务直通车”管理平台，自运行以来，已累计受理企业诉求181件、建档140件，组织60轮会商，办结140件，办结率100%，企业评价满意率98.98%，破解了“优化城区货车限行审批服务”“企业生产生活用水分支”“员工宿舍配套费减免”“新增工业用地项目验收流程后置”“小微园土地出让金补缴政策”等一批企业焦点诉求。(四)构建亲清政商关系“1187”体系。出台了《路桥区构建亲清新型政商关系1187体系实施方案》，聚焦市场主体活力，激发社会创造力，持续推进市场化、法治化、国际化一流营商环境建设。该方案包含1个亲清新型政商关系指数——“路路通亲清指数”,1 个数字化重大应用成果——“路路通亲清在线”,构建“八机制”,落实“七必查”,全面打造浙江乃至全国营商环境最优区。(五)“政银联通”打造“最多跑一次”改革升级版。聚焦“群众办事最方便、政务服务最高效、营商环境最优化”的奋斗目标,在全省率先创新政银联通,通过把更多政务服务事项向银行网点延伸,最大限度让群众和企业办事“就近跑一次”“高效跑一次”,事项涵盖社保、商事登记、不动产、公积金等领域。中行、建行、农商行、泰隆银行、台州银行等 8 家银行加入“政银联通”,实现了“群众得实惠、银行拓业务、政府优服务”三方共赢。

【优选优扶优引】 (一)小微企业园建设提升。坚持开发主体由私营企业和国有平台相结合,园区发展与 500 精英人才引育、行业龙头企业培育、科技型企业孵化等工作相结合的模式,着力打造路桥中小企业创业创新优质发展平台、良好创新生态。目前,共有已建、在建、新建类小微园 17 个,总占地面积 1615.33 亩,总建筑面积 224.68 万平方米,共入驻(备案入驻)企业 321 家,已培育省级四星级园区 1 家、市级三星级园区 2 家、市级小微园示范园区 2 家、省级小微园建设与管理最佳案例 1 家。(二)专精特新企业培育。按照“专业化、精细化、特色化、新颖化”的发展导向,不断强化梯度培育、加强政策支持、开展精准服务,促进民营企业快速发展。截至目前,累计培育国家级专精特新“小巨人”企业 3 家(肯得、八环、金龙);省级隐形冠军企业 2 家(肯得、八环);市级专精特新“小巨人”企业 7 家(肯得、八环、埃飞灵、中策永通、德普莱太、飞达、信溢);浙江省“专精特新”中小企业 17 家(亿利达、三友塑业、大农、西马、日井、德普莱太、三鸥、安露、飞达、荣鹏、耐特、全顺、精力轴承、景耀、天达源、信溢、埃飞灵)。(三)十洋科技。浙江十洋科技有限公司是陈十一院士团队项目公司,于 2021 年 3 月在路桥正式注册落地。公司团队立足服务路桥高端装备产业研发设计需求,致力自主高端工业软件、数字孪生系统与人工智能系统产业化及其技术服务,可为全市规上企业提供全方位的研发合作与技术服务,为企业核心产品及技术研发设计提供一揽子解决方案,促进企业技术进步、核心产品与业务高质量发展。

·政策措施·

(一)实施科创跃升行动。以科技创新为第一动力,精准把握企业需求、科创趋势,加快高端要素集聚,推动科创与企业紧密结合,着力打通创新链、产业链、价值链,全力占领制高点、抢占新赛道,在科技创新中找准路桥高质量发展之路。主动融入台州湾科创走廊,基本建成环飞龙湖科创生态圈,构建“1+X”科创平台体系,增强硬核实力,打造台州科创高地。全力引进符合市场需求的科创项目、科研人员、科研团队;积极引导社会资本、金融资本参与科创项目建设,大力推动科技公司上市,实现平台、主体、人才、资本四链协同。实施“尖兵”“领雁”等科研攻关计划,鼓励企业加大研发投入,加快核心技术攻关和重大创新成果转化,五年内争取拥有国家高新技术企业 280 家以上、省级科技型中小企业 1320 家以上,努力实现科技创新从跟跑到并跑、再到领跑。(二)实施产业突围行动。坚持强工兴商、工贸并进,大力推进业态提升,构造现代产业高地。做强产业体系。绘好“产业图谱”,打造富有路桥特色的“323”现代制造业体系。依托路桥工业 4.0 中心等赋能平台,培育一批智能化改造、数字化转型标杆企业、示范工厂。壮大企业主体。健全梯度培育机制,加快形成以百亿企业为塔尖、十亿企业为骨干、亿元企业为基础的企业梯队。全速推进企业上市,五年力争新增上市公司 12 家以上。重塑商贸优势。围绕新型商贸发展目标,推动商贸业创新发展、开放发展、特色发展,全力打造“活力最强、业态最优、商气最浓、消费体验最好”的核心商圈。大力发展数字贸易,争创数字生活新服务示范区。顺应消费主体年轻化、消费需求多样化趋势,打造浙东南重要消费集聚地。基本完成“三位一体”平台搭建,打造台州对外贸易桥头堡。(三)实施资源解锁行动。坚持问题导向、需求导向,集中力量打好要素保障攻坚战,破解一批“卡脖子”问题,为高质量发展注入充沛动力。破资金之难。全力做强实体经济,涵养优质税源。积极盘活资源,实现资源变资产、资产变资本。加快国企市场化转型,拓展经营性项目,降低融资成本,激发内生动力。树立大财政理念,优化财政资金管理机制,不断提高使用绩效。解用地之困。全方位挖掘用地空间,实施“四个三千亩”行动,全域整治、全面整合,五年盘活低效用地、新增产业用地、城市开发用地、公共设施用地各 3000 亩,提高用地保障能力和土地使用效率。优发展之策。统筹考虑政策的针对性、公平性、系统性,优化政策供给。科学把握政策生命周期,及时做好评估、调整,提升政策的时效度。增强执行刚性,抓好落地落实,不断提高政策的引领作用。

(责任编辑:王怡然　金瑞锋　赵峰)

常 山 县

2021年,常山县坚定不移落实新发展理念,深入实施强发展、求突破、勇争先"八大行动",聚力打造"浙西第一门户",实现县域竞争力更强、工业支撑力更实、城市承载力更大、改革牵引力更足、民生保障力更优的良好发展态势,打开"十四五"发展新的篇章。

·综合·

初步核算,2021年全县实现地区生产总值(GDP)1875787万元,按可比价格计算,比上年增长9.8%。分产业看,第一产业增加值82993万元,增长2.9%;第二产业增加值854057万元,增长11.9%;第三产业增加值938737万元,增长8.8%。第三产业中,交通运输、仓储和邮政业增加值增长23.1%,批发和零售业增加值增长14.6%,住宿和餐饮业增加值增长15.8%,金融业增加值增长11.4%,房地产业增加值增长3.1%,其他服务业增长4.4%。三次产业增加值结构为4.4:45.5:50.1。人均地区生产总值为71998元(按年平均汇率折算为11160美元),比上年增长9.2%。按照地区生产总值统一核算和数据发布制度规定,地区生产总值核算包括初步核算和最终核实两个步骤。经最终核实,2020年,常山县生产总值现价总量为1603907万元,按可比价格计算,比上年增长3.5%,三次产业增加值结构为5.2:42.3:52.5。

·农业和农村建设·

全年实现农林牧渔业增加值87614万元,比上年增长3.1%。

全年实现农林牧渔业总产值132555万元,比上年增长5.3%。农作物播种面积284962亩,其中:粮食作物播种面积146150亩、油料作物播种面积51510亩、蔬菜(含菜用瓜)播种面积65020亩、中草药材播种面积2802亩、瓜果类播种面积9659亩。

全年粮食作物总产量60639吨,比上年增长0.8%;油料产量6633吨,与上年持平;蔬菜产量103510吨,增长0.5%;瓜果类产量22212吨,增长9.8%。柑橘总产量123385吨,下降15.0%,其中胡柚产量102158吨,下降13.7%;茶叶产量258吨,增长21.1%。

生猪年末存栏为6.2万头,比上年增长22.2%;年内出栏9.1万头,增长111.6%。家禽年末存栏为110.1万只,下降28.4%;年内出栏287.9万只,增长3.3%。全年肉类总产量15031吨,增长53.1%,其中猪肉7588吨,增长93.6%;禽肉7216吨,增长26.9%;鸡鸭鹅蛋产量2320吨,下降26.3%。

全年水产品产量6869吨,比上年增长2.2%。全年木材产量9493立方米,比上年增长24.4%。

荣获全国农村创业创新典型县称号,入选全国农民合作社质量提升整县推进试点、全国2021年农产品产地冷藏保鲜整县推进试点、第二轮土地承包到期后再延长30年全国试点、第一批全国农作物病虫害绿色防控示范县名单,入列全国农业科技现代化先行县共建名单,获得"2020年度浙江省新时代美丽乡村示范县"称号,金色同弓农村产业融合发展示范园入选第三批省级农村产业融合发展示范园创建名单,创建省级"肥药两制"改革综合试点县,农村宅基地资格权专项改革被纳入全省新时代乡村集成改革试点项目,列入2021年度省级乡村振兴集成创新示范建设县。

全县180个行政村,经营性收入20万元以上全覆盖,其中20–50万元120个,50–100万元46个,100万元以上14个。开发低收入农户公益性岗位1347人次,累计完成农村产权交易平台交易合同价1.2亿元。土地流转全域开展,全年累计流转土地面积1万亩。

·工业和建筑业·

全县年末共有规模以上工业企业140家,其中,营业收入亿元以上的企业42家(其中20亿元以上1家、10亿元以上1家、5亿元以上3家),大中型企业14家。

全年全部工业增加值643629万元,比上年增长12.5%;其中规模以上工业增加值487628万元,增长12.1%。规模以上工业企业全年完成产值1820738万元,增长30.0%,其中重工业1310485万元,增长32.7%,轻工业510253万元,增长23.4%;分经济类型看,国有控股企业增长26.5%,私营企业增长26.7%,外商投资企业增长48.7%,港澳台商投资企业增长49.6%。规模以上工业销售产值1774121万元,增长28.5%,产销率97.4%。规模以上工业出口交货值120002万元,增长41.1%。

在规模以上工业中：建材行业产值371306万元，比上年增长33.7%；通用设备制造业287783万元，增长36.1%；造纸行业284307万元，增长60.1%；有色金属冶压业171764万元，增长36.5%；电力生产供应业110355万元，增长2.8%；化工行业104328万元，增长23.4%；农副食品加工业65280万元，下降25.2%；通信设备制造业94372万元，增长26.8%；金属制品业101346元，增长28.6%；纺织业63585万元，下降8.7%；电气机械和器材制造业22628万元，增长21.6%；皮革、毛皮、羽毛及其制品和制鞋业19483万元，增长52.9%。

全年规模以上工业企业实现利税238592万元，比上年增长28.9%，其中利润186809万元，增长35.3%。分行业看，建材行业利润93267万元，增长20.1%；造纸行业36112万元，增长113.0%；通用设备制造业21652万元，增长59.1%；化工行业6995万元，增长20.7%；通信设备制造业8787万元，下降2.3%；电力生产供应业4670万元，下降10.8%。规模以上工业利润中，装备制造业利润总额增长35.5%，战略性新兴产业利润总额增长39.3%。规模以上工业研发费用增长32.3%。

全年建筑业实现增加值210506万元，比上年增长10.1%。全县共有总承包或专业承包资质的建筑业企业65家，其中，一级资质企业2家，二级资质企业7家，三级资质企业56家。实现建筑业总产值579183万元，增长22.6%；其中省内建筑业产值507163万元，增长23.6%。

·固定资产投资和房地产业·

全年固定资产投资比上年增长20.3%，其中第一产业投资下降21.9%，第二产业投资增长26.9%，第三产业投资增长18.5%。从投资结构来看，交通基础设施投资下降14.8%，生态环保、城市更新和水利设施投资下降7.7%，高新技术产业投资增长24.1%，民间投资增长6.6%，制造业投资增长25.9%。全年在库项目共476个，其中5000万以上项目140个；新增入库项目173个，其中5000万以上项目35个。

全年国有投资比上年增长34.6%，非国有投资增长10.1%。工业投资增长27.1%，其中工业企业技术改造投资增长20.4%。基础设施投资下降3.9%，公共服务投资增长242.8%。建筑安装工程投资增长20.4%。全年房地产开发投资134368万元，比上年增长9.4%。房屋施工面积1628881平方米，增长9.8%；销售面积314494平方米，下降10.5%；商品房销售额272180万元，增长1.9%。

·国内贸易·

全年实现社会消费品零售总额844763万元，比上年增长18.5%。其中限额以上社会消费品零售总额122562万元，增长75.8%。按销售单位所在地分，城镇120562万元，增长81.5%；乡村2000万元，下降39.2%。按类值分，粮油食品、饮料烟酒类增长10%，日用品类增长1650.7%，书报杂志类增长30.8%，家用电器和音像器材类下降45.1%，中西药品类增长4.7%，石油及制品类增长117.8%。

·对外经济·

全年实现进出口总额261015万元，比上年增长2.1%，其中出口184844万元，下降2.7%；进口76170万元，增长15.8%。

全县有出口实绩的企业89家，比上年增加6家。出口额亿元以上企业4家，1000万元以上企业26家。全县出口排前四位的市场依次是：亚洲、北美洲、拉丁美洲、欧洲。对亚洲出口69850万元，比上年下降29.3%；对北美洲出口48864万元，增长27.7%；对拉丁美洲出口30647万元，增长65.9%；对欧洲出口27520万元，增长16.33%。这四大主要市场出口额合计占全县出口总额的95.7%。

在主要商品出口中，轴承出口60357万元，比上年增长71.1%；餐厨用具金属加工产品出口14985万元，下降6.3%；化工产品（新材料）出口57390万元，增长76.6%；服装、纺织品出口14948元，增长32.0%；节日装饰用品出口9680万元，下降6.0%。

·交通、邮电和旅游业·

全年完成交通运输、仓储和邮政业增加值84215万元，比上年增长23.1%。各种运输完成公路货物运输量1371.8万吨，增长10.5%；公路客运量1087万人次，增长230.0%。

年末境内共有铁路1条，衢九铁路常山段全线长35.3公里；2021年铁路常山站全年总客发129397人，到达129100人。年末境内共有3条国家高速公路、2

条国道、1 条省道、33 条县道、32 条乡道、388 条村道，公路总里程达到 1127.8 公里，公路网密度为 102.8 公里/百平方公里。国家高速公路境内总里程 89.0 公里，其中 G60 沪昆高速 (地方名称杭金衢高速)41.6 公里，G3 京台高速(地方名称黄衢南高速)31.1 公里，G60N 杭长高速 16.2 公里。一般国道总里程 63.8 公里，其中 G205 山深线 23.5 公里，G320 沪瑞线 40.3 公里。省道 S221 江溪线境内里程 22.1 公里。国省道干线公路里程 174.9 公里，占公路总里程的 15.5%。县道公路 301.5 公里，占公路总里程的 26.7%。乡道公路 159.8 公里，占公路总里程的 14.2%。村道公路 491.6 公里，占公路总里程的 43.6%。

年末固定电话用户数 2 万户，比上年下降 6.9%；移动电话用户数 25.3 万户，增长 5.4%，互联网宽带接入用户数(不含手机)10.0 万户，增长 6.2%。

全年累计接待游客 180.3 万人次，实现旅游总收入 22.4 亿元。成功获评省级全域旅游示范县。成功创建 3A 景区城，5 个 4A 景区镇、6 个 3A 景区镇、38 个 3A 景区村、180 个 A 级景区村，在全市率先实现城镇村景区化全覆盖。成功举办常山 YOUYOU 音乐节本土特色活动，拉动全县整体消费达 500 余万元。据不完全统计，五一期间，YOUYOU 音乐节举办地徐村接待旅游人数 3.3 万人次，带动村民收入增长 22.6 万元。积极培育“常山漫居”精品民宿，村上酒舍获评国家首批甲级民宿，彤弓山居入围省级白金宿。金源模式入选全省首批“文旅助力共富最佳实践案例”。推进“诗画浙江·百县千碗”工程，打造华府等 10 家常山鲜辣美食体验店。大力开发研学游产业，推出常山十大中小学生研学游精品线路。

·财政、金融和保险·

全年实现财政总收入 247827 万元，比上年增长 24.5%，其中一般公共预算收入 150007 万元，增长 23.1%；上划中央收入 97820 万元，增长 26.8%。全县税收收入 132730 万元，增长 25.2%，占一般公共财政预算收入的 88.5%。全年公共财政预算支出 615529 万元，增长 12.4%。其中民生支出 417741 万元，增长 8.1%，占一般公共预算支出的 67.9%。

全年完成金融业增加值 99946 万元，比上年增长 11.4%。年末金融机构人民币存款余额 3004714 万元，增长 10.4%。在各项人民币存款中，住户存款余额 1909087 万元，增长 17.5%。年末金融机构人民币贷款余额 3035018 万元，增长 28.6%。

全县全年保费收入 4.5 亿元，比上年增长 4.0%；支付各类赔款 1.7 亿元，增长 20.8%。

·教育和科学技术·

2021 学年，全县有中小学校 39 所，其中高中 5 所(含民办完中 1 所、民办高中 1 所、职高 1 所)、初中 7 所、小学 27 所(含 2 所完小)。有特殊教育学校 1 所，幼儿园 57 所(其中公办幼儿园 19 所)，成人文化技术学校 14 所，教师进修学校 1 所，浙江广播电视大学常山学院 1 所。中小学在校生 30862 人(普通高中 4617 人、职业高中 1987 人、初中段 8095 人、小学段 16112 人、特教 51 人)，在园幼儿 8071 人，在职在编教职工 2230 人。

2021 学年，小学适龄儿童入学率为 100%，初中入学率 100%，小学、初中巩固率 100%，初中毕业生升高中段比例 98.6%，九年义务教育完成率 100%。三残少儿入学率学前阶段 94.1%，义务教育阶段 100%，高中阶段 86.3%。学前三年幼儿入园率 98.1%，十五年教育普及率 98.6%，小学英语普及率 100%。

全县各类学校学生与专任教师比为：普通高中 11.2:1(4617/414)，职业高中 14.0:1(1987/142)，普通初中 12.5:1(8095/646)，小学 14.1:1:(16112/1141)，幼儿园 14.0:1(8071/577)，特殊教育 3:1(51/17)。各类学校专任教师学历达标率为：普通高中 100%、职业高中 97.9%、普通初中 100 %、小学 100%、幼儿园 100%；各类学校专任教师高级职称教师：普通高中 34.5%、职高 21.1%、初中 20.0%、小学 8.1%、幼儿园 1.0%。

全年新认定省科技型中小企业 37 家，新增国家高新技术企业 12 家，新增省级高企研发中心 1 家，市工程技术研发中心 5 家。省领军型培育企业实现破零(浙江天子股份有限公司)。全县县级科技成果转化项目立项 63 项，财政 260 万元资金重点支持 19 项；市级竞争性项目、指导性项目分别立项 3 项、1 项；省级新产品立项 68 项；省“尖兵”“领雁”项目立项 1 项。全年完成专利专利授权量 649 件，其中授权发明 46 件。全年商标申请 955 件，商标注册 810 件。

·文化、卫生和体育·

县图书馆被评为浙江省首批“满意图书馆”。县文化馆成功创建国家一级馆。西源革命纪念馆成为省级红色旅游教育基地。招贤镇获评“浙江省民间文化艺术之乡”。何家乡樊家村被评为“2021年度浙江省文化示范村”。辉埠镇文化站等3家场馆被列入全省公共文化服务功能拓展先行先试单位。全年累计培育发展省级文化示范户7户、省级乡村文化能人16人。持续推进“黄鹂鸟”品牌文化惠民活动,完成送戏下乡300多场、送电影下乡2900多场、送书下乡1.5万余册、送展览、讲座、辅导等300余场、县外文化走亲10多场。创作《我不是英雄》《一切为了U》等优秀作品10余部,其中舞蹈《阿婆的糯糕》获首届浙江乡村舞蹈大赛金穗奖一等奖,歌曲《魔数师》获衢州市文艺精品“南孔奖”,《常山江辞》《胡柚娃》获衢州市文艺汇演双金奖,《千年宋诗河》《过招贤渡》《我不是英雄》等入选衢州市文艺精品项目。

年末全县有广播电台1座,广播综合人口覆盖率100%。电视台1座,电视综合人口覆盖率100%。共有文物保护单位57个;图书馆图书藏书量401千册,比上年增长7.2%。

全县共有各级各类医疗机构271家,其中县级医院3家(县人民医院、县中医院、县妇保院),乡镇(中心)卫生院(医共体分院)15家,民营医院6家(常山贞元医院、民康医院、常山第三医院、常山安康医院、常山眼科医院、常山第二医院)、其他医疗机构4家(常山县监管场所卫生所,疾控中心,浙江省第三监狱医院,新都工业园区医务所),村卫生室(社区卫生服务站、卫生院分院)188家,门诊部2家,个体诊所42家、厂矿医务室11家。全县各医疗机构共核定床位1499张,每千户籍人口床位数4.4张。卫健系统共有在编专业技术人员1261人,其中正高职称67人,占5.3%;副高职称156人,占12.4%;中级433人,占34.3%。全县有注册执业(助理)医师数918人,护士数894人,每千户籍人口执业(助理)医师数、护士数分别为3.5、3.4人。全县公立医疗机构业务总收入为55175万元,门诊服务人次119.8万人次,住院3.3万人次。

全年举办浙江省青少年皮划艇赛艇锦标赛、青少年山地自行车冠军赛、青少年国际跳棋锦标赛、第四届体育大会山地自行车、气排球等8个省级比赛以及市第六届运动会8个比赛等17个市级以上体育赛事。全年组织参加市级以上体育比赛,获省级金牌9枚、银牌5枚、铜牌7枚;市级金牌32枚、银牌15枚、铜牌16枚。

·人口、人民生活和社会保障·

全县年末户籍人口总户数为124695户,比上年增加225户,总人口(不含服现役人员)为339690人,平均每户2.7人。男性175744人,女性163946人,分别占总人口的51.7%和48.3%,性别比为107.2(女=100)。总人口比上年减少1877人。

全年全县办理出生登记2183人,比上年减少348人,出生率为6.4‰,比上年回落1.4个千分点。死亡1909人,比上年减少629人,死亡率为5.6‰,比上年回落1.8个千分点;其中男性死亡1130人,女性死亡779人。全县人口自然增长274人,比上年增加132人,自然增长率0.3‰。全县城镇人口111852人,乡村人口227838人,分别占总人口的32.9%和67.1%。全年省内外迁入751人,比上年增加64人;迁往省内外2902人,比上年增加86人。全县总人口按年龄段分布为:18岁以下的为60364人,占总人口的17.8%;18岁至34岁的为62300人,占总人口的18.3%;35岁至60岁的为142176人,占总人口的41.9%;60岁以上的为74850人,占总人口的22.0%。百岁以上老人30人,比上年增加2人。

全体居民人均可支配收入36135元,比上年增长12.8%。按常住地分,城镇和农村居民人均可支配收入分别为46653元和26901元,增长11.4%和11.9%。全年居民人均消费支出19446元,增长19.8%。按常住地分,城镇居民人均消费支出27289元,增长17.9%;农村居民人均消费支出12561元,增长18.3%。

全县基本养老保险参保率99.6%。全县职工基本养老保险和城乡居民社会养老保险参保人数共216775人(企业参保92442人、当年增加1660人;居保参保124333人、企业养老退休30749人、城乡养老退休50402人)。工伤保险参保人数共54727人,当年增加12551人。机关养老保险参保11199人,当年增加275人。实体社会保障卡持卡人数达315224人,电子社会保障卡持卡人数达298840人。

全年有7774户(9830人)纳入城乡最低生活保障,低保占比达到2.8%。城镇低保372户(455人),农村低保7402户(9375人),年累计支出低保金8304万元。7月1日实施最低生活保障标准提标,最低生活保障标准统一调整为910元/月·人。全年临时救助困难群众76人,救助金额25万元。特困人员供养标准7月1日起实施提标,统一调整为1183元/月·人,共支出特困供养资金1236万元。全年办理结婚登记1301对、离婚登记 502 对、补领结婚证 527 件、补领离婚登记证 54 件、收养登记 10 件,实施婚姻家庭辅导 663 对。

·资源和环境·

常山港流域地表水质 100%符合水功能区要求,饮用水源地水质 100%符合要求，出境水全面达到 II 类水标准,其中 I 类水占比 44.1%;城区环境空气持续改善,有效监测天数为 365 天,空气质量优良天数为 360 天,优良率达 98.6%,城区 PM2.5 浓度为 26μg/?,比去年同期(27μg/?)下降 3.7%,创 2014 年监测以来的新低。主要污染物减排指标化学需氧量、氨氮、二氧化硫、氮氧化物预计完成上级下达目标任务。

·城市建设·

全县建成区面积 18.3 平方公里,城区(县城)人口约 8.3 万人。全县污水处理率 98.1%,生活垃圾处理率 100%。全县建成区绿化覆盖率 44.0%,人均公园绿地面积 17.9 平方米。

(责任编辑:王怡然　金瑞锋　赵峰)

(数据来源:常山县统计局)

遂 昌 县

·概况·

【经济发展】 2021年,全县上下在县委县政府的领导下,大力推动招商引资、招才引智,集中力量发展经济,稳增长、服务企业,积极推动项目建设、市场发展,全年各项工作扎实推进,经济持续恢复,实体经济稳中有进,发展质量稳步提升,民生、社会事业扎实推进。2021年,全县生产总值(GDP)为153.00亿元,按可比价格计算,比上年增长12.0%。其中,第一产业增加值13.31亿元,增长4.4%;第二产业增加值58.79亿元,增长14.6%;第三产业增加值80.90亿元,增长11.6%。三次产业增加值结构调整为8.7:38.4:52.9。全年实现农林牧渔业增加值13.43亿元,按可比价计算增长4.5%;规模以上工业增加值增长19.3%;财政总收入21.84亿元,同比增长17.5%;一般公共预算收入13.04亿元,同比增长14.1%;城镇和农村常住居民人均可支配收入分别为55720元和25091元,增长10.5%和12.7%。

【城市建设】 居住环境持续升级。梯度推进三溪口、梅溪、金岸、南街等区块有机更新,建成城市文化综合体、环城南路、天然气"县县通"工程等重大项目,古院未来社区入选省级试点,完成老旧小区改造提升21万平方米,城市"老破小"问题有效破解。

【社会事业】 教育质量不断提高。全县高考一段上线人数592人,其中上特殊段线206人;本科以上录取519人,其中北大录取1人、C9高校录取18人、省重点建设高校以上录取202人,总录取率、普通高考录取率、单考单招录取率均超过全省、全市平均水平;初中段七八年级总分平均分、优秀率、关注率六项指标全部位居全市第一。文化生活不断丰富。图书馆全年到馆读者187433人次,总流通295546人次,借还人次54122人次,图书借还161960册。数字资源访问量615504次,电子图书下载102868册次,网站访问量40664次。卫生事业稳定发展。全县共有各级各类医疗卫生机构156家。其中医院6家,乡镇卫生院(社区卫生服务中心)21家;诊所、卫生所、医务室、村卫生室等129家,执业及执业助理医生669人,床位数941张,卫生技术人员1411人。困难救助有序开展。年末在册低保4045户5854人,低边1521户2803人;新增低保197户317人,退出低保193户346人,新增低边59户138人,退出低边100户231人;发放低保金2110.09万元;临时救助54人18万元,其中救急难29人9.85万元。社保覆盖稳定增长。全县参加企业基本养老保险人数6.79万人,比上年末增加3219人;参加失业保险人数2.75万人,增加2928人;参加工伤保险人数5.84万人,增加9081人。正常缴费企业职工基本养老保险退休人员月人均养老金2781.64元;城乡居民养老保险基础养老金最低标准225元。

【节能减排、生态建设】 节能降耗持续推进。规上工业增加值能耗降低率6.8%。生态环境更优发展。全县森林覆盖率提升至83.59%,PM2.5均值下降至18微克/立方米,国控断面、跨行政区交接断面、集中式饮用水水源地水质100%达标,创成省级美丽河湖5条,三夺"五水共治"大禹鼎,创成国家生态文明建设示范县。

【前景目标】 *(一)汇聚创新动能,超常规打造县域发展硬核支撑。*全力壮大生态工业"第一经济"。坚持工业强县首位战略,工业投资年均增长15%,构建以金属制品、生态化工、新材料、生命健康为主导,服务型制造业协同发展的现代生态工业体系。实施龙板山二期开发,新增2平方公里工业用地,打造4平方公里特色生态产业平台。推进产城深度融合,强化园区整合扩容提质,打造金属制品两百亿级、新材料及生命健康百亿级产业集群,创成国家级绿色产业示范基地。到2026年,力争上市企业突破5家,规上工业企业超过160家,规上工业增加值实现翻番。全力构建数字经济"第一引擎"。大力推进"天工之城·数字绿谷"建设,持续深化与阿里云、网易、千寻位置等数字经济头部企业战略合作,建成浩威数字文创、晶盛星河等数字产业核心项目,创建牌坊门数字经济产业园、仙侠湖阿里云创新中心等高能级数字产业平台。聚焦高端软件开发、数字技术、生命健康等产业,大力引聚创新企业、高校院所、研发团队,加快培育数字经济新产业、新业态、新应用场景,激发实体经济新动能。到2026年,数字经济核心产业增加值占GDP比重超过6%。全力增强科技创新"第一动力"。深入实施创新强县战略,加快创建数字经济创新发展试验区,积极融入长三角G60科创走廊、杭州城西科创大走廊和浙西南区域创新体系。开展高新技术企业三年培育、企业研发能力提升、创新平台优化行动,加速推进企业自动化、数字化、智能化改造,加强与大院名校、科研院所共建各类创新载体,培育引进高企研发中心、企业研究院、企业技术中心等研发机构40家以上,实现省重点企业研究院、省重点实验室

“零”的突破。到 2026 年,研发投入强度达到 3.0%,战略性新兴产业、高新技术产业、装备制造业增加值占规上工业增加值比重达 25%、35%、35%以上。

(二)厚植内生动力,大力度催动生态经济向美而行。深度释放生态红利。统筹山水林田湖草生态保护修复,完成九龙山国家级自然保护区扩区,打造华东地区优质水源涵养地,创成国家级节水型社会达标县。全力落实碳达峰碳中和任务,开展近零碳示范县创建;持续打好蓝天、碧水、净土、清废保卫战,全面拓展生态产品价值市场化、产业化实现路径,全域开展 GEP 核算评估,争创省林业固碳增汇试点。到 2026 年,PM2.5 均值力争保持在 18 微克/立方米以内,实现分行业率先碳达峰,GDP、GEP 双转化双提升。持续做强美丽经济。依托优质生态资源,持续健全绿色低碳循环经济体系。大力实施农业“双强”行动,做大做强农业主导产业、特色产业和新兴产业,加快林业产业转型升级,不断激活做强水经济,推动农业规模化、数字化、品牌化发展,全力创建全国农村一二三产融合发展先导区。围绕“双核、两翼、三轴、三区”布局,着力发展红色研学、康体运动等文旅新业态,加速红绿融合、做强赛事经济,打造瓯江山水诗路品牌,全力争创国家级全域旅游示范区。到 2026 年,新增国家级农业龙头企业 1 家、省级骨干农业龙头企业 2 家,创成省级现代农业园区 1 个,旅游综合收入年均增长 20%以上。大力推动项目建设。着力“大干项目、干大项目”,实施新一轮扩大有效投资行动,以超常规力度推动项目谋划建设,全力抓好省市重点项目、重大产业项目、“4+1”重大项目、“六个千亿”产业投资工程等引领性项目,系统性增强内生动力。建立健全重大项目“招引、谋划、前期、在建”四张攻坚清单,着力破解土地、资金、能耗等要素制约,优化投资结构,提高投资效益。到 2026 年,累计完成固定资产投资 350 亿元以上。

(三)加速融汇协同,全景化建设大花园最美核心区。构建县域更优布局。完成县域国土空间总体规划和乡镇国土空间规划编制,统筹划定生态保护、永久基本农田、城镇开发边界三条控制线,加快推进“多规合一”“图规合一”。坚持进退并举、差序布局,加快走出以县城为主体、东城新区和“数字绿谷”为两翼、中心镇为节点、中心村为补充的新型城镇化之路。深化“大搬快聚富民安居”工程,更大力度引导农村人口向县城集聚。到 2026 年,常住人口城镇化率突破 70%。塑造城市更好品质。精细化确立城市空间框架,科学推进东城、新城、老城联动发展,高质量推进城市有机更新,倾力打造现代山水城市典范,投入城市建设资金实现翻番。联动推进高铁新城、后江、梅溪区块产业布局和整体开发,全力打造城市经济新增长极;不断完善东城新区基础设施配套,形成空间整合、产城融合的良性发展格局;以都市场景定位中心城区发展,大力发展城市经济,培育商贸经济、总部经济;实施城市品质提升“五个一”工程、开放式小区精细化改造五年行动,优化完善市政设施、加快老城整体重构,进一步提升居民生活品质。刻画乡村更美形态。以产业提升、项目合作、平台共建为重点,全力推进遂松乡村振兴示范区建设。对乡村生态空间、产业发展、人居环境、基础设施等领域进行系统性重塑,进一步做大中心村、活化特色村、退化空心村,不断优化村庄和人口布局。有序推进撤乡并镇、撤村建居,有效引导资源要素向中心镇、中心村和未来乡村配置。优化推广数字乡村平台,推动人工智能、大数据等数字化应用落地,大力实施农产品上行、快递进村等数字惠民举措,实现 5G 网络行政村全覆盖。全力开展县域风貌整治提升行动,创成 3 个省级城乡风貌样板区。

(四)强化外联内畅,深层次融入长三角一体化发展。打好双招双引“组合拳”。坚持“一把手”招商,完善招商激励、项目推进机制,持续优化以商招商、中介招商、飞地招商等模式,深化产业招商小组机制,开展重大招商项目“揭榜挂帅”,每年滚动谋划、集中攻坚十亿级项目 5 个,引进亿元以上项目不少于 12 个。实施人才强县战略,优化升级人才新政,大力引进国内外顶尖团队和科创人才,着力破解企业高端人才招留难题。拓展“两进两回”路径,引导更多优秀人才回乡创业。到 2026 年,力争引进各类人才 2 万人。念好问海借力“山海经”。不断深化与上海虹口、绍兴上虞友好合作,更加主动承接诸暨、南湖、象山等结对地区赋能助力,推动创新能力、共建平台、产业项目、消费帮扶、干部交流、社会事业等全面升级。用好上海科创、人才飞地平台窗口,建立杭州、深圳等中心城市飞地,做优诸暨、南湖、桐乡三大飞地平台,做强遂昌山海协作产业园、特色生态产业平台,积极承接发达地区产业转移和功能外溢。到 2026 年,实现产业合作项目到位资金 80 亿元以上,消费帮扶超过 1 亿元。构建对外开放“新通道”。全方位融入长三角一体化、金义都市区和海西经济区,主动对接义甬舟开放大通道西延工程,开工建设衢丽铁路、义龙庆高速,谋划建设金南铁路、缙云至江山高速、通用机场等重大项目,加快实现赴杭、到丽、县内 3 个“1 小时交通圈”。构建“五纵一横九连”综合运输通道,完成

528国道、遂江公路、新湖山大桥等项目，推进215省道、峡北线等项目，基本建成通江达海、外联内畅的综合交通体系。

（五）提质民生福祉，高品质绘就和美共富现代化家园。推进民生事业现代化。坚决办好人民满意的教育，完成教育资源扩量工程17个、新增学位5000个，创成全国义务教育优质均衡发展县和国家学前教育普及普惠县。完成人民医院迁建，谋划中医院搬迁，持续深化“三大省级改革试点”，促进中医药传承创新发展，打造健康遂昌、公共卫生、综合医改、县域医共体四个“山区示范”。深化新时代文明实践活动和汤显祖文化品牌建设，加强好川文化、农耕文化、红色文化、民俗文化保护传承；实施文体惠民工程，加大文体下乡和文化走亲力度，拓展数字场馆、数字文体服务等场景应用，实现文化礼堂智慧化改造全覆盖，打造“15分钟文体公共服务生态圈”，创成省级示范文明县城。到2026年，教育现代化指数达到90，人均体育场地面积3平方米以上。推进社会保障现代化。进一步完善社会救助、居家养老、社会福利、慈善事业、优抚安置、残疾人保障等服务体系。实施全民参保计划，加强商业保险制度和社会保障制度衔接；推进医保支付方式改革，深化基金综合监管，落实新一轮养老服务设施专项规划，全面提高养老服务保障水平；持续巩固拓展脱贫攻坚成果与乡村振兴有效衔接，实施“扩中”“提低”行动，实现更加充分更高质量就业，确保零就业家庭动态清零；不断壮大村集体经济，实现年经营性收入15万元以上行政村全覆盖。推进基层治理现代化。深化数字政府建设，以数字化手段推进政府治理全方位、系统性、重塑性变革，打造一批具有鲜明遂昌辨识度、管用好用爱用的多跨应用场景，基本建成“掌上办事之县”“掌上办公之县”“掌上治理之县”。坚持和发展新时代“枫桥经验”，不断完善“党建统领+四治融合”社会治理体系，全力创建国家信访工作现代化示范县和省无信访积案县。强化源头防控、系统防控，构建全领域、全环节、全要素安全监管机制，全面遏制各类安全事故发生，有效防范化解各类风险挑战。常态化开展扫黑除恶斗争，防范治理各种新型网络诈骗，强化道路安全治理，确保社会和谐稳定。

·民营经济主要产业·

农业产值突破增长。全年农林牧渔业增加值13.43亿元，按可比价计算增长4.5%。农林牧渔业产值19.85亿元，增长6.2%。分行业看，农业产值13.54亿元，同比增长7.8%；林业产值3.64亿元，同比下降2.3%；牧业产值2.11亿元，同比增长11.5%；渔业产值3214万元，同比增长7.8%；农林牧渔服务业2349万元，同比增长10.6%。主导产业稳定发展。全县茶园种植面积12.79万亩，茶叶产量1.5万吨。年末生猪存栏4.25万头，同比增长13.1%，全年出栏5.84万头，同比增长13.4%；年末家禽存栏32.64万羽，全年出栏32.56万只，禽蛋产量2629吨，同比增长12.6%。粮食播种规模稳定。全年粮食播种面积16.02万亩；其中，谷物10.01万亩；谷物中稻谷7.44万亩，玉米2.47万亩，豆类3.65万亩，薯类种植面积2.36万亩。

【工业】 工业经济较快增长。全年工业增加值47.94亿元，比上年增长15.0%。其中，规模以上工业增加值增长19.3%。分三大门类看，采矿业增加值同比增长3.8%；制造业增长21.8%；电力、热力、燃气及水生产和供应业增长6.3%。分产业看，高端装备制造业、数字经济核心产业制造业、战略性新兴产业、高新技术产业增加值分别增长26.6%、7.1%、19.1%和28.0%。

【固定资产投资】 项目投资优化发展。全年固定资产投资增长43.1%，第一产业投资增长9.5%；第二产业投资增长61.1%；第三产业投资增长39.2%。基础设施投资同比增长30.2%；制造业投资增长44.1%。民间投资增长27.2%，交通投资增幅93.2%，生态环保、城市更新和水利设施投资增幅19.2%，高新技术产业投资增幅52.4%。

【第三产业】 消费市场均衡发展。全年全社会消费品零售总额76.64亿元，同比增长21.4%，其中零售业销售额增长36.5%，批发业销售额增长38.7%，餐饮业营业额增长49.9%，住宿业营业额增长51.5%。旅游产业恢复增长。全年实现旅游综合收入41.0亿元，同比增长45.1%。乡村旅游保持活力。全县农家乐村（点）86个、经营户（点）654户，省级农家乐特色村（点）25个、市级农家乐特色村（点）26个，“丽水山居”农家乐综合体8个、精品民宿示范项目17个，省级农家乐特色乡镇2个，市级农家乐特色乡镇1个，五星级农家乐户（点）5家，四星级经营户（点）14家。共有床位0.8万余个，餐位3.7万余个，从业人员0.8万余人。农家乐民宿综合收入7.62亿元，其中，直接营业收入4.35亿元，农家乐民宿接待游客590.6万人。

·民营经济存在的一些特点·

在转型升级中，遂昌的各行各业特别是民营经济的发展存在以下特点：(一)二产拉动作用增强。二产对GDP的贡献率从一季度的42.2%提升到44.9%，三产贡献率从54.8%回落到到51.7%，第二产业中工业和建筑业对二产的贡献率分别为37.7%和7.2%，经济增长的基础愈加夯实。(二)工业内部行业发展不均衡。全年规上工业增长主要靠制造业拉动，采矿和电力生产供应业发展滞后，尤其是电力生产供应业，靠天吃饭的特点鲜明，受雨水影响很大，全年增速明显低于规上工业增加值，两年平均呈负增长态势。(三)企业创新能力有待提高。高新技术产业增加值占规上工业增加值比重仍居全市后位，战略性新兴产业增加值占比、规上工业企业科研经费支出占营业收入比重也与龙泉、缙云还有较大差距，企业创新能力有待提高。

·发展民营经济的主要措施·

1.以生态发展为底色，推动工业结构“锦上添花”。大力发展生态工业。在县委县政府大力发展生态的工业的大旗挥舞下，工业对综合经济的影响变大。一要优化内部行业结构，采矿、电力供应业受自然资源影响较大，要扩大制造业占比，积极引进、培育制造加工企业，谋求生态工业获得长足发展。二要优化规上规下比重。规模以上企业竞争力强、发展较为稳定，要深入挖掘有潜力、有动力的工业企业，加强政策帮扶，助力更多企业冲刺上规，做大做强。三要提高工业企业附加值，组织企业人员外出学习，强化对企业技改的政策帮扶和奖励，通过政策引导的外生动力营造创新氛围，激起企业内部创新动力。

2.以加快步伐为主题，保障项目推进“井然有序”。一是继续强化考核驱动，对总量、进度同时考核，分乡镇、分部门下达项目建设任务，及时梳理计划项目清单，明确落实主管部门，优化考核方法，营造你追我赶的良好氛围；二是强化投资进度把握，狠抓项目中期的进度跟踪，促项目真抓实干，进一步加快重点项目建设步伐，加快项目建设进度；三是优化投资结构，以结构论英雄，在投资总量有序扩张的基础上，有重点地引进、培育交通、生态、高新产业投资，激活民间投资；四是加速政策落实，各环节突出“快”字，加快土地、金融各项政策早兑现、早落实，促项目早落地、早开工。

3.以优质服务为导向，支撑消费市场“红红火火”。一是做好后勤服务，强化对贸易企业走访调研，了解主要企业销售计划，为贸易企业旺季、节假日促销政策打通关节，优化配套政策服务。二是做好平台服务。优化网上贸易平台搭建，弥补电子商务园区、交通、快递成本短板，深入围绕电子商务进农村综合示范县项目建设，引“数字物流”模式，依托三级物流体系网络优势，有效降低城区及乡镇派件成本。

4.以团结紧张为根本，保持民营经济“严肃活泼”。民营经济创造的增加值占规上工业的90%以上，是拉动工业经济发展的主力军。2021年，规上工业中民营经济增加值增长20.6%，高于规上工业增加值增速1.3个百分点，对规上工业的拉动作用不言而喻。要重视民营企业发展，一要紧密团结民营经济，加强对民营企业的走访调研，了解民营企业发展过程中的难点痛点，为民营企业纾难解困，为企业简化审批流程，优化办事环节。二要强化对民营企业的特殊政策引导、产业扶持，刺激民营经济发展活力，引导民营经济深化产业升级，鼓励民营企业扩大规模，增强民营经济竞争力。

·主要民营企业选介·

【浙江元立集团】 浙江元立集团(前身遂昌钢铁厂)成立于1991年，2001年企业改制组建集团，2003年到衢州进行异地技改，成立衢州元立金属制品有限公司，形成集炼铁、炼钢、轧钢、循环发电及金属制品为一体的现代化大型企业。集团总资产超100亿元，具备年产铁水450万吨，钢500万吨，材500万吨，钉类、丝类、网类、焊材类、标准件类、钢管类六大系列金属制品250万吨的生产规模。目前，元立的产业链之长为国内之最，集团先后获得中国企业500强等荣誉称号。企业现拥有员工13000余人，下辖近30家子公司，两家四星级涉外酒店，并在香港设立了分公司。元立致力于发展循环经济，以超前的理念优选项目、设备和生产工艺，同时利用余热、余气发电，实现了总用电量90%以上自给。目前，元立的产业链之长为国内之最，从源头的矿石开采到炼铁、炼钢、轧钢再到六大系列金属制品，同时也是国内钉、丝类生产总量最大的企业。元立集团先后获得中国钢铁工业协会理事单位、中国企业500强、十一五全国节能先进单位、浙江省重点行业龙头骨干企业、浙江省百强企业、中国卓越钢铁企业品牌、中国钢材市场优秀品牌等荣誉称号，衢州元立成为工信部首批符合《钢铁行业规范条件》的45家企业之一。

(傅鸿燕)

(责任编辑：王怡然　金瑞锋　赵峰)

富 阳 区

·综合·

富阳为杭州"第九区",是座风景秀丽的山水城市、底蕴丰厚的人文城市、产业扎实的先发城市,目标打造大都市新型城区。

(一)区位枢纽优势

富阳地处浙江省西北部,杭州市西南,位于当今中国最富庶、最具发展潜力和活力的长三角经济圈南翼和沪杭甬"金三角"交汇点上。从杭州市域空间格局来看,富阳是杭州市域空间的腹地中心,从杭州主城九区格局来看,富阳的东洲、银湖与之江板块是杭州九城区中心,同时富阳位于"城西科创大走廊"和"钱塘江金融港湾"融合发展的节点上,区位优势明显。

区域内交通十分发达,杭新景高速、杭州绕城、在建二绕、在建杭黄高铁、320国道、杭富沿江公路、祝闲公路、23省道、305省道、在建杭富轨道等使富阳形成了长三角3小时交通圈,上海、宁波两小时交通圈和杭州大都市半小时交通圈。且富阳地处杭州主城西南,是浙西、浙南、浙中乃至赣、皖地区与杭州联系的必经之地,是杭州西南方向的"咽喉"之地;富阳也是与杭州大城西交通一体化的关键地区,是改善大城西现状"尽端式"网络格局、缺少交通枢纽的重要战略布局之地。富阳未来必将成为杭州交通西进的枢纽地区。

(二)山水人文优势

富阳,风景秀丽,拥有富春江、杭州野生动物世界、龙门古镇、富春桃源等国家AAAA级旅游区,以及新沙岛、黄公望隐居地、鹳山、天钟山、中国古代造纸印刷文化村、富春山居国际高尔夫球场、永安山国家滑翔伞训练基地等自然人文名胜。

富阳底蕴丰厚,至今已有2200多年的历史,孕育了三国吴大帝孙权、晚唐诗人罗隐、清代父子宰相董皓、董邦达、现代大文豪郁达夫等一批名人雅士;境内有保存完好的明清建筑孙权后裔聚居地龙门古镇、黄公望结庐和创作名画的隐居地、周雄孝道文化发祥地等自然人文名胜。

富阳是杭州西南部生态带、南部生态带,以及沿钱塘江(富春江)城市生态轴的重要组成部分,也是二江一湖风景名胜区的重要区块,是杭州东方文化的重要内涵之一,未来可成为杭州生态文明和文化生态的重点展现区域,作为杭州打造东方文化国际交流重要城市中的生态型文化交流基地。

(三)发展空间优势

富阳区域面积1808平方公里,约占杭州九城区总面积的1/3,区域内低丘缓坡资源丰富,可使用的低丘缓坡约60余万亩,主要分布于富春区块、新登区块、受降区块及龙门—大源区块,其中新登区块是浙江省低丘缓坡重点区块开发规划中的重点区块,可作为未来城市空间发展资源加以利用,同时也为创新型要素发展提供了充足的发展空间。

(四)产业基础优势

富阳区域范围内拥有国家级经济技术开发区(银湖新城、东洲新城)、江南新城、鹿山(金桥)新城和新登新区四大产业平台和一批正在形成的特色小镇,包括硅谷小镇、药谷小镇、黄公望金融小镇。已集聚起总部研发、电子信息、文化创意、物联网、电子商务、生物医药、先进装备制造、智慧体育等八大特色产业,传化物流、宝龙城市广场、运通网城电商园等重点服务业项目投用,京东、大华、奥特莱斯、浙江日报数据中心等项目快速推进。扎实的传统产业基础,发展迅速地新兴产业为富阳城市经济奠定了良好的发展基础。

经济总量。经初步核算,全年全区实现生产总值873.3亿元,增长7.7%。其中:第一产业增加值49.5亿元,增长2.2%;第二产业增加值391.4亿元,增长9.6%;第三产业增加值432.3亿元,增长6.8%。三次产业增加值结构为5.7∶44.8∶49.5。按户籍人口计算人均生产总值126014元,按2021年平均汇率折算为19533美元。

数字经济。全区实现数字经济核心产业增加值97.2亿元,增长11.1%,占GDP的11.1%。其中,信息软件产业增加值26.5亿元,增长24.5%;人工智能产业增加值13.0亿元,增长18.4%;数字内容产业增加值25.0亿元,增长17.6%。

财政收支。全年实现财政总收入174.6亿元,增长25.9%,其中一般公共预算收入105.0亿元,增长16.5%。全年一般公共预算支出118.0亿元,增长15.1%。

·农业、新农村建设·

农业生产。全年实现农林牧渔业总产值69.3亿元,增长2.7%;农业增加值49.9亿元,增长2.2%。猪牛羊禽等肉产量15005吨，禽蛋产量2807吨。

农业产业化。年末全区农业龙头企业达141家，其中杭州市级以上67家，实现销售收入88亿元。实有各类农民专业合作社515家。各类名牌农产品65个，其中杭州市级以上33个。

农业生产条件。全年投入水利建设资金13.6亿元。年末全区拥有农业机械总动力25.1万千瓦。全区各类水库150座，除险加固病险水库1座、山塘17座。

美丽乡村建设。现代版富春山居图东洲样板段、新桐示范段成效初显。成功创建1个省级历史文化（传统）村落保护利用示范村、2个省级美丽乡村示范乡镇、5个省级美丽乡村特色精品村，建成83个“富春山居美丽乡村”精品村，获评省深化“千万工程”建设优胜区。年末全区共有民宿示范村3个，现代民宿示范点71个，民宿登记经营户619户，民宿床位6967张。276个村集体经济经营性收入全都达30万元以上。培育高素质农民和实用人才2140人。

·工业、建筑业·

工业经济。全年规模以上工业增加值269.9亿元，增长9.1%。其中，高新技术产业增加值177.9亿元，增长14.9%；战略性新兴产业增加值102.1亿元，增长21.4%；装备制造业增加值126.2亿元，增长20.4%。

亿元企业。年末全区工业总产值超亿元企业194家(按独立法人计算)，其中超100亿元企业1家，50亿元以上100亿元以下1家，20亿元以上50亿元以下7家，10亿元以上20亿元以下11家。

企业效益。全区645家规模以上工业企业全年实现营业收入1830.9亿元，增长23.4%；实现利税137.6亿元，增长16.5%；实现利润87.1亿元，增长19.9%。

建筑业。全年实现建筑业增加值56.0亿元。全区有总承包和专业承包资格的建筑企业171家。建筑企业房屋施工面积2003.1万平方米，增长19.7%；房屋建筑竣工面积439.7万平方米，增长20.8%。

·固定资产投资、房地产业·

固定资产投资。全年固定资产投资增长36.2%。从投资结构看，工业投资增长34.9%，交通投资下降0.3%，民间投资(不含房地产项目)增长45.9%，生态环保、城市更新和水利设施投资49.9 %，高新技术产业投资增长120.1%。

房地产业。全年房地产开发投资增长29.1%。房地产住宅施工面积686.9万平方米，增长25.2%；商品房销售面积173.5万平方米，增长6.2%，其中住宅销售164.6万平方米，增长12.7%；实现销售额391.5亿元，增长15.2%。

·商贸、旅游·

消费需求。万达广场建成开业。全年社会消费品零售总额417.4亿元，增长9.2%。限上批零住餐企业销售额1147.7亿元，增长4.6%。

旅游业。年末全区有旅行社33家；星级饭店6家，其中五星级2家。全年共接待国内旅游者600.1万人，实现国内旅游收入109.1亿元。接待入境旅游者1922人，创旅游外汇收入97.0万美元。创建农家乐休闲旅游村(点)166个。

·对外经济·

内外资利用。全年招引产业项目187个，总投资580亿元，其中10亿元以上项目11个。全年新批外商投资项目36个，实到外资33897万美元。

进出口。全年完成进出口总额401.6亿元，同比增长33.5%。其中出口总额169.5亿元，同比增长26.3%；进口总额232.1亿元，同比增长39.3%。全年完成服务贸易出口总额5.15亿美元，同比增长2.8%。

·交通、邮电通信·

交通建设。杭州“中环”富阳段节点开工，灵桥新互通、柏枝岭隧道加快建设，彩虹快速路、金桥南北路通车。新增和优化公交线路20条。年末全区公路通车里程2030.0公里，其中境内高速公路里程85.6公里。全年全社会公路运输4221.6万吨，公路货物周转量269653.2万吨公里。全年完成公路旅客运输量33.3万人次，公路旅客周转量3887万人公里。

邮电通信。全年邮政业务收入11.0亿元，邮政特快专递业务604.3万件。年末全区固定电话用户7.3万户，移动电话用户103.0万户，按户籍人口计算，全区电话普及率148.6部/百人。全区(固定)互联网宽带接入用户32.2万户，移动互联网用户91.4万户。

·金融、保险·

金融。年末全区金融机构本外币存款余额1741.82亿元，增长11.0%；本外币贷款余额2242.49亿元，增长23.8%。人民币贷款中，短期贷款余额564.65亿元，减少5.4%；中长期贷款余额1616.19亿元，增长35.8%，其中住户中长期贷款余额715.56亿元。

保险。全年保险费收入25.6亿元，增长3.3%，其中财产险保费收入8.5亿元，下降0.6%，人身险保费收入17.1亿元，增长5.3%。支付各类保险赔款7.7亿元，增长12.7%，其中财产险5.3亿元，增长12.2%，人身险2.4亿元，增长13.9%。

·教育、科技·

教育。新建成投用富春九小等11所学校，新增学位6700个。杭二中富春学校成功引入。全区学龄儿童入学率100.0%，初中入学率100.0%，初中升高中段比例99.9%，高等教育毛入学率72.2%。全区共有幼儿园75所，在园幼儿26644人；小学46所，在校学生46172人；普通中学24所，在校学生35551人。职业中学(机构)3所，在校学生7920人。民办学校在校学生9302人。全年普通中小学新增校舍7.71万平方米。年末拥有专任教师5813人，中小学校每位教师负担学生14.05人。

科技创新。新增国高企158家、省级科技型企业233家。年末全区拥有众创空间6家，入驻创业团队213个；科技企业孵化器8家，入驻企业229家。全年组织实施各类科技计划项目617项。有效发明专利拥有量3100项；专利授权5130项，其中发明专利760项。新引进高校毕业生8522人，新引进硕士研究生等高层次人才1322人。

·文化、卫生和体育·

文化、广播电视、新闻出版、档案。全年文化产业增加值61.3亿元，增长5.0%。全年越剧团国内演出83场次，观众6.6万人次。区广播电台每日播音17小时，区电视台每日播出18小时。数字电视用户18.7万户。《富阳日报》全年出版251期，日发行4.5万份。区图书馆藏书651千册(件)，书刊外借107万册次。全区县级以上文物保护单位162处(群)，其中省级以上8处(群)。年末馆藏全宗档案193个，案卷(件)档案114152卷。开放馆藏全宗档案84个，案卷(件)档案20236卷。

医疗卫生。全力推进省人民医院富阳院区、省中医院本部2个省级重点项目建设，区一院与浙大城市学院医学院开展挂牌合作。年末全区有各类医疗卫生机构578个，医疗床位4880张；其中医院、社区卫生服务中心49个，医院、社区卫生服务中心床位4240张。拥有各类专业技术人员6536人，其中执业医师2884人，执业助理医师453人，注册护士3199人。全年完成无偿献血14482人次，其中流动献血4163人次，献血总量426.2万毫升。全区儿童“五苗”接种率99.0%，“四苗”接种率99.0%，婴儿死亡率1.6‰。

体育。全民健身活动广泛开展，全年举办各类群众性体育比赛209场，参赛运动员3万人次。全区共有体育场馆28个，健身苑(点)592个。全年新建健身苑(点)10个、篮球场11个、乒乓球室9个。农村健身设施覆盖率达100.0%。体育设施达到省级标准行政村276个，体育强乡镇(街道)24个。全年全区共获得杭州市级以上各类奖牌169.6枚，其中金牌55.6枚、银牌58枚、铜牌56枚。

·人口、居民生活、社会保障、救济福利·

人口。年末全区常住人口83.9万人。年末全区户籍总人口694913人，增长5.5‰；出生人口5207人，出生率7.5‰；死亡人口4161人，死亡率6.0‰，自然增长率1.5‰。登记在册的流动人口数282192人，增长2.7%。

居民生活。全体居民人均可支配收入59666元，增长10.1%；城镇常住居民人均可支配收入69316元，增长9.5%；农村常住居民人均可支配收入42051元，增长10.4%。全区民用汽车拥有量199538辆，其中私人汽车拥有量174772辆。全区每百户家庭拥有私人汽车71.0辆。

就业。全年新增城镇就业26805人；帮扶5390名城镇失业人员实现再就业，帮扶1885名就业困难人员实现再就业。年末全区城镇登记失业人数12521人，城镇登记失业率2.34%。

社会保障。年末全区参加职工基本医疗保险人数419763人；城乡居民基本医疗保险290904人，参保率99.9%。年末全区住房公积金缴存登记单位5942个，年末建缴职工94497人。全年公积金归集总额217992.5

万元，发放公积金个人住房贷款4764户，贷款总额261864.1万元，支持职工购房面积50.2万平方米。

救济福利。全区最低生活保障人数11504人，其中城镇401人。城乡居民最低生活保障标准为1102元。年末全区拥有居家养老照料中心301家，养老床位5105张。年末全区五保供养服务中心12所，供养老人401人。福利院1所，床位166张，收养婴幼儿童10人，老人25人。共有特困人员653人，集中供养286人，集中供养率43.8%。全年区慈善总会募集捐款3520.6万元，支出各项救助金3025.2万元。

·城市建设、资源灾害、环境保护和安全生产·

城市建设。杭黄"门户眼"形象初显，2个新建亚运场馆精彩亮相，春江轻纺、电力城等区块有机更新稳步推进。年末主城区建成区面积达31.7平方公里，市区道路长度294公里。全年全社会用电量71.5亿千瓦时，增长3.2%，其中城乡居民生活用电11.2亿千瓦时，增长10.4%。全年城区供水总量5528万立方米，市区管道煤气用户达43.2万户。年末实有公园22个。年末市区园林绿地面积1255.3公顷，市区公园绿地面积701.0公顷，人均公园绿地面积14.6平方米，建成区绿化覆盖率42.5%。

资源灾害。全区总供用水量30409万立方米，其中工业供用水量4365万立方米。完成造林面积6741亩，其中人工造林6741亩。全区森林覆盖率65.83%。全区农作物受灾面积949.5公顷，各类自然灾害造成直接经济损失20186万元。

环境保护。深入推进"治气、治水、治土、治废"四大攻坚行动，富春江出境断面水质连续7年保持优秀，污染地块安全利用率稳定保持100%，全面完成"无废城市"建设各项任务，获评省级清新空气示范区。空气优良天数337天，空气优良率达92.3%，PM2.5年均浓度30.3微克/立方米。年末拥有国家级生态乡镇(街道)18个，省级生态乡镇(街道)2个、杭州市级生态乡镇(街道)4个。

安全生产。全区共发生各类生产安全事故17起，死亡13人，直接经济损失1159万元；其中交通事故16起，死亡12人。

注：

1.本公报数据为初步统计数，正式数据以《统计年鉴》为准。个别数据因四舍五入原因，存在与分项合计不等的情况。

2. 本公报中生产总值和各产业增加值绝对值为现价，增长速度按可比价计算。

（责任编辑：王怡然　金瑞锋　赵峰）

（数据来源：富阳区统计局）

上 虞 区

·综合·

综合实力稳步提升。综合实力跃居全国百强区第35位,比2016年前进28位。据初步核算,2021年上虞区实现地区生产总值1135.68亿元,按可比价计算增长7.2%,两年平均增长5.9%。按户籍人口计算,人均生产总值158022元,增长7.6%,按年平均汇率(6.4515)计算,人均生产总值达24494美元。从三大产业看:第一产业实现增加值52.02亿元,增长2.4%;第二产业实现增加值571.03亿元,增长7.5%,其中工业增加值481.06亿元,增长9.1%;第三产业实现增加值512.63亿元,增长7.3%。三次产业占地区生产总值的比重由上年的5.0:49.3:45.7演变为4.6:50.3:45.1,对GDP的贡献率分别为1.7%、50.7%和47.6%。

·农业·

农业经济稳中有升。2021年上虞区实现农林牧渔业总产值73.80亿元,按可比价计算增长3.5%,与绍兴平均持平居首位,比上年提高1.1个百分点。其中农业产值53.38亿元,增长4.6%;林业产值4.80亿元,增长1.4%;牧业产值4.16亿元,下降8.1%;渔业产值10.12亿元,增长5.4%;农林牧渔服务业产值1.33亿元,增长16.8%。年内生猪出栏8.41万头、牛出栏147头、羊出栏1.67万头、禽出栏104.78万只,肉类产量0.94万吨,禽蛋产量1330吨,水产品产量2.68万吨,水果产量15.68万吨,茶叶产量2108吨。

现代农业提档升级。获评2020年度全省产粮大县、绍兴市2020年度粮食安全区。打造高品质绿色科技示范基地3个,累计培育新增农创客主体353个。农业“双强”加快赋能,浙江农发雾耕科技示范园列入省级“双强行动”优秀案例;创新四季仙果“政府+”销售模式,指导落实鲜果订单70万公斤。新建省级水稻千亩高产创建示范区6个、市级百亩高产创建示范方1个、区级百亩高产创建示范区9个,总面积达0.82万亩。

美丽乡村蝶变升级。获评全省实施乡村振兴战略优秀单位、省级集体经济薄弱村工作成绩突出集体、全省深化“千万工程”建设新时代美丽乡村工作考核优秀县。全区财政对农林水事务投入12.30亿元,增长1.2%。乡村振兴全面推进,启动建设省级城乡风貌样板区3个,创成美丽城镇省级样板2个、省级园林城镇2个,东澄村列入全省首批未来乡村试点,建成“锦绣虞村”重点村10个;完成14个五星达标村、4个3A示范村市级验收。深入实施闲置农房激活2.0计划,累计激活闲置农房面积129.9万方,带动增加村集体收入2498万元。共同富裕全面发力,村均经营性收入达81.35万元,增长12.4%。

绿色品牌效能提升。创成省级特色农产品优势区,入选省级“三农”新型基础设施集成试点县、省级“肥药两制”改革综合试点。持续打响“觉农·翠茗”茶叶公用品牌,“三品一标”占比率达58.2%。新增国家地理标志农产品1个、绿色食品12个,农产品质量安全抽检合格率始终在98%以上。建成投产万头以上规模猪场2个、新改建开工3个,创建省级渔业健康养殖示范场9家,打造湖羊省级特色畜牧产业集聚区。建成高标准农田2.65亩、在建0.65万亩,全面完成粮食功能区“非粮化”整治1.79万亩任务。

·工业和建筑业·

工业生产平稳运行。2021年实现规模以上工业产值1914.82亿元,增长19.1%,产销率为95.5%。从轻重工业看,规模以上轻工业实现产值399.73亿元,增长9.7%,规模以上重工业实现产值1515.09亿元,增长21.8%。分行业看,机械装备业实现规模以上产值416.04亿元,增长25.2%;医药化工业实现规模以上产值641.97亿元,增长13.7%;轻工纺织业实现规模以上产值182.90亿元,增长12.7%;照明电器业实现规模以上产值43.51亿元,下降9.9%。规模以上工业增加值449.09亿元,增长11.5%。全年工业用电量56.10亿千瓦时,增长10.6%。

发展动能加快释放。全年实现新产品产值845.81亿元,增长23.0%,新产品产值率为44.2%,同比提高1.4个百分点。新旧动能加快转换,数字经济核心产业制造业实现增加值55.81亿元,居全市首位,增长20.8%,比规上工业高9.3个百分点;战略性新兴、装备制造、高技术、环保等产业制造业分别增长19.3%、34.0%、23.7%、16.9%,均高于规上工业。数字改革持续发力,全区电机产业大脑列入全省第一批产业大脑建设试点“揭榜挂帅项目”,绿色化工集群新智造试点成功列入2021年全省产业集群(区域)新智造试点名单,卧龙电驱入选省级未来工厂试点。杭州湾上虞经济技术开发区先进高分子材料产业群列入首批省级“新星”产业群培育名单，综合考评首次进入全省十强。

企业效益较快增长。规模以上工业企业实现营业收入1763.04亿元，增长16.8%；利税总额205.99亿元，增长6.6%；利润总额162.30亿元，增长4.2%。企业亏损面为21.9%，营业收入利润率为9.2%，每百元营业收入中的成本为83.1元。

大型企业贡献突出。全区共有规模以上工业企业771家，其中年营业收入50–100亿元企业3家，10–50亿元企业31家，5–10亿元企业35家，1–5亿元企业208家。营业收入亿元以上企业实现产值1668.50亿元，增长22.1%，营业收入1549.66亿元，增长18.9%，利润总额158.76亿元，增长6.4%，占规模以上工业企业的比重分别达87.1%、87.9%、97.8%。89家大中型企业引领发展，产值、营业收入、利润总额分别占全区规模以上工业的49.0%、45.3%和70.8%。

节能降碳扎实推进。在碳达峰、碳中和背景下，持续打好节能减排攻坚战，成功入选全省首批低碳试点县创建单位。全年规模以上工业企业综合能耗172.60万吨标准煤，增长10.8%；万元产值能耗0.0901吨标准煤/万元，下降7.0%；规模以上单位工业增加值能耗下降1.2%。

建筑产业稳健发展。全区共有建筑业企业381家，其中特级7家，一级43家，全年建筑业税收达13.2亿元，增长19.1%。建筑工业化持续抓实，实现建筑工业化优秀县市区三连冠，获评第二批省建筑工业化示范城市，亚厦、中富、海滨三家企业获评省建筑产业现代化示范企业，全年完成PC基地总产量31.07万立方米。创优夺杯成果丰硕，获全国性奖项30项、省市级奖项69项，其中获鲁班奖5项、国优工程奖6项、全国优秀建筑工程装饰奖19项等。

·固定资产投资和房地产·

投资增速稳定增长。全年完成固定资产投资266.74亿元，增长13.3%。分结构看，民间投资、高新技术投资、制造业投资分别增长22.3%、27.8%、21.8%，均高于固定资产投资；交通运输投资、生态环保、城市更新和水利设施投资分别增长–15.7%和1.7%；房地产投资增长19.6%；制造业投资和民间投资占比分别为24.4%和71.2%。新引进亿元以上项目42个、总投资434亿元，争取省级重点项目15个、资金53.98亿元，全年新释放产能165亿元。

房产销售回归常态。全年实现商品房销售面积140.29万平方米，下降4.4%；商品房销售额164.69亿元，下降26.5%；房屋施工面积605.29万平方米，增长7.0%，其中新开工102.02万平方米；年末待售面积33.77万平方米，下降5.7%。

·城市建设·

城市建设纵深推进。征迁改造有力推进，全区城中村拆除48.7万平方米，皂里湖征迁项目签约率达96.5%，改造老旧小区48万平方米。住房保障亮点纷呈，率先建立公证摇号销售机制，完成危房治理222户，发放人才租赁补贴207万元。交通治堵优化完善，完成新改道路12公里，新增停车位2119只。污水设施有效提升，新建、改造供水管网17公里，新改污水管网20.79公里。

·国内贸易·

消费市场回暖升温。全年实现社会消费品零售总额402.15亿元，增长8.0%，其中限上社会消费品零售总额98.91亿元，增长2.3%。按销售单位所在地分，城镇社会消费品零售额290.02亿元，增长12.9%，乡村社会消费品零售额112.13亿元，下降2.9%。全年上虞区批发零售业实现销售额985.16亿元，增长18.2%，其中限额以上单位销售额473.57亿元，增长20.0%；住宿餐饮业实现营业额50.96亿元，增长21.4%，其中限额以上单位营业额11.92亿元，增长9.6%。加快发展电子商务，新增（跨境）电商主体231家，全年实现网络零售额85.87亿元。快递业务量和业务收入分别增长23.2%和4.8%。深入推进服务业“双抓双优双突破”行动，引进生产性服务业企业103家，获长三角现代服务业试点示范培育项目。

商品市场繁荣活跃。全区共有实体市场41个，实现成交额112.03亿元，其中消费品市场成交额108.32亿元，生产资料市场成交额3.71亿元。大型商品交易市场活力彰显，年成交额超亿元市场17个，实现成交额102.70亿元，占全区商品交易市场成交额比重达91.7%，其中绍兴大通集团公司农副产品批发交易市场和浙江石狮商贸城年成交额占比达51.2%。

·对外经济·

利用外资势头良好。新办外商投资企业 20 家，新批外商增资项目 20 个。全年实现合同利用外资 7.98 亿美元，实际利用外资 1.95 亿美元，实际利用外资完成率和总量居全市第二。新批项目总投资 1.6 亿美元，其中 1000 万美元以上项目 7 只，到资 3800 万美元；第三产业项目占新批项目合同外资总额的比重达 91.1%。

对外贸易稳中提质。全区实现进出口总额 353.85 亿元，增长 13.78%，其中进口总额 51.68 亿元，增长 58.0%；出口总额 302.17 亿元，增长 8.6%。全区有贸易往来国家(地区)达 184 个，其中出口超亿元的国家(地区)43 个，出口总量居前五位的国家(地区)依次为美国、印度、德国、韩国、巴西；对“一带一路”沿线国家出口 89.71 亿元，增长 5.1%；出口超亿元的企业 66 家。从出口方式看，一般贸易出口 285.52 亿元，增长 7.7%；加工贸易出口 11.53 亿元，下降 12.2%。从出口产品结构看，机电产品出口 103.53 亿元，增长 9.5%；化工产品出口 103.16 亿元，增长 11.9%；纺织服装类产品出口 29.64 亿元，下降 1.4%。高新技术产品出口 22.93 亿元，增长 4.3%。全年新增进出口备案企业 211 家，新增重点境内外展 4 个；新培育出口名牌 2 只，累计 57 只，其中省级出口名牌 24 只，居全市首位。

外经合作步伐放缓。受疫情影响，上虞区国际投资活动步伐明显放缓。全年新批境外投资项目 5 个，实现境外投资额 1274.35 万美元，下降 75.8%；实现境外工程营业额 6000 万美元。全区累计拥有境外企业 152 家，总投资额 26.51 亿美元，其中中方投资额 23.64 亿美元。

·交通和旅游·

交通事业全速发展。成功创建全省“万里美丽经济交通走廊”示范县。全年实施综合交通建设类项目 14 个，完成投资 59.34 亿元，出行保障有力强化，新增(更新)公交车辆 200 辆，其中新能源车辆比重达到 90%，新增(更新)清洁能源出租车 7 辆；新增特色公交 3 条、普通公交线路 5 条，新建(改建)公交候车亭 81 个；完成人民医院停车场、上虞火车站停车场两个 ETC 场景应用。农村公路全面提档，全年完成新(改)建农村公路 12.96 公里，养护 71.92 公里，亮化 55 公里。“智慧交通”加快步伐，曹娥江“智慧航道”项目及“浙闸通”、“浙里畅行”两个应用场景成功列入省级试点。资金保障全力落实，全年新增融资 32.11 亿元、转贷 49.37 亿元、储备授信 64 亿元。

旅游服务品质提升。曹娥江旅游度假区“一湖一山两镇”核心区块建设加快推进，入选首批长三角高铁旅游小城。全年培育区级星级基地 74 家，创评省级采摘旅游体验基地 AA 级 15 家。“四季仙果之旅”全年共接待游客 263.2 万人次，带动旅游收入 36.8 亿元。民宿经济蓬勃发展，全区现有民宿 70 家，其中省级白金宿 1 家、金宿 1 家、银宿 2 家。“微改造、精提升”扎实推进，全年入库项目 109 个，其中非遗馆、凤凰山考古遗址公园入选省单项试点单位。全年全区接待旅游总人次 478.5 万人次，增长 11.5%，实现旅游总收入 66.8 亿元，增长 21.2%。全区共有五星级饭店 2 家，旅行社 17 家，其中四星级 2 家、三星级 2 家。

·财政和金融·

财政收支稳中向好。收入形势稳中向好，全年实现财政总收入 170.53 亿元，增长 14.9%，一般公共预算收入 100.10 亿元，增长 13.0%。在一般公共预算收入中，税收收入 85.69 亿元，增长 14.7%，其中增值税增长 31.3%，企业所得税增长 7.8%，个人所得税下降 8.0%，契税和耕占税增长 3.2%。税收收入占一般公共预算收入的比重为 85.6%，比全市平均高 4.3 个百分点。支出保障有力有效，全年完成一般公共预算支出 129.68 亿元，增长 7.1%，其中民生领域共支出 95.73 亿元，增长 3.3%，占一般公共预算支出的 73.8%。全年累计兑现政策资金 16.27 亿元，工作成效获得高兴夫副省长批示肯定。

金融市场运行稳定。年末金融机构本外币存贷款余额 3383.49 亿元，增长 15.4%，本年新增 451.53 亿元。存款余额 1800.78 亿元，增长 15.0%，本年新增 234.77 亿元，其中住户存款 922.93 亿元，增长 6.9%；本外币贷款余额 1582.71 亿元，增长 15.9%，本年新增 216.76 亿元。其中短期贷款 630.10 亿元，增长 6.5%，中长期贷款 890.31 亿元，增长 20.2%。全区银行不良贷款率降至 0.48%，比上年降低 0.08 个百分点。

资本市场保持领先。“凤凰行动”上虞计划深入推进，召开“凤凰行动”上虞计划 2.0 版启动大会。新增上市公司 1 家，累计达 19 家，总市值达 3334.75 亿元，占全市的 38.6%，区域经济证券化率水平达 296%；新增上市报会和报辅导企业 12 家次；重点拟上市企业 33

家，完成企业股改28家。资本运作更趋活跃，全年完成直接融资368.37亿元，其中上市公司及其控股股东实现直接融资85.07亿元；完成并购项目3个、金额为4.6亿元。积极推进基金投资项目产业园招商推介，新征程产业园实现开园投用，新动能产业园完成扩园建设。全区累计银行业金融机构23家、证券省级分公司1家，证券期货营业部11家、保险公司29家、小额贷款公司4家、民融中心1家、担保公司3家、典当行5家。

·科学技术和教育·

科技创新提能造峰。综合创新指数跃升至全省第7位，获评省科技进步优秀县(市、区)。曹娥江科创走廊获评市科创大走廊建设优胜单位，上虞高新技术产业园区列省前4位，获2020年度浙江省高新技术产业园区建设突出贡献集体表彰。创新资源加速集聚，中科院杭州湾新材料创新基地、杭州电子科技大学产教融合创新园一期建成投用，3个企业创新联合体启动建设。新增国家级众创空间2家、省级众创空间5家、市级5家，引进创新创业项目56个。创新能力不断提升，全年新增高新技术企业78家、新增国家技术创新示范企业1家、新认定科技型中小企业167家；8个项目入选省“尖兵”、“领雁”项目，254个项目列入省级新产品试制计划；新认定省级重点企业研究院1家、省级企业研究院2家，省级高新技术企业研发中心10家，市级新型研发机构3家。科技服务精准提升，为企业提供技术服务217次，签订合作协议53份，合同金额达4000万元；入选绍兴“名士之乡”英才计划17项。创新成果加快转化，引育科研成果产业化项目399个，完成技术合同交易额27.6亿元。全年专利授权数7957件，其中发明专利650件。

教育事业亮点纷呈。全区共有小学47所，在校学生38890人；普通中学32所，在校学生29002人；中等职业学校2所，在校学生7174人，九年制义务教育对象入学率100%。接收义务教育阶段新居民子女入学15554人，入学率达100%，占全区义教段学生总数的27.7%。公共服务优质均衡，新建改建中小学和幼儿园17所，实施名校集团化办学1个，引育名师名班主任名校长133名，全国学前教育普及普惠区通过省级验收，列入省大数据精准教学实验区试点。教育现代化保障有力，教育现代化发展水平监测指数继续位列全省第一方阵，教育满意度调测居全省第二。“学在上虞”持续打响，全区有7位学生被北京大学、清华大学录取，82位学生被C9高校录取，306位被双一流高校录取，3位被中科大少创班录取。“双减”政策有效落地，提前实现营利性学科类培训机构压减100%目标，“五位一体”晚托服务创新举措入选全国首批义务教育课后服务典型推广案例单位名单。社会培训提质扩面，全年校企共建核心层校外实训基地50个，完成各类社会培训2.27万人次。

·文化、卫生和体育·

文化惠民提质升级。省“文化基因”解码工程试点强化推进，累计完成22个重点文化元素解码工作。公共文化服务品质提升，全年完成阳光文化惠民演出100场、送戏下乡500场、文化走亲演出活动20场。完成城市书房建设4家，“天香书吧”6家，完成上虞博物馆异地新建，上虞图书馆通过浙江省第一批满意图书馆考评。文艺创作出新出彩，越剧大戏《祝家庄里的年轻人》在浙江音乐学院完成首演，为上虞区庆祝中国共产党成立100周年打造献礼精品。全区现有国家级非遗项目2个、省级非遗项目12个、市级非遗项目45个、区级非遗项目173个。全区公共图书馆总藏量125万册，年末数字电视用户达19.48万户。

卫健事业行稳致远。众志成城打赢抗疫大战，完成14轮1000余万人次核酸检测、2.5万人跨区域转运隔离、40万封控区群众民生保供，10天实现“村社清零”，25天实现全域解封，30天恢复正常秩序，创造了疫情防控的“浙江速度”。人民医院科技综合楼、城南医用综合中心一期建成投用，创成全国健康促进区，高分通过国家卫生城市复评。医疗资源配置不断优化，新建2个院士、专家工作站(室)，全年来虞专家人数4600人次，服务7.1万人次。健康服务能力不断提升，全年建设标准化母婴室28家，配置率达到100%；对645名失独对象发放保险补贴11.6万元。建立电子健康档案72.91万人，建档率90.47%。65岁老年人体检12.03万人，农民健康体检27.46万人。持续做好计划生育工作，2021年全区计划生育率98.49%。

体育事业多面开花。成功创建省体育现代化区，获评全国群众体育先进单位、全国县域足球典型。顺利举办第八届长三角运动休闲体验季(上虞站)、上虞区第十三届运动会等各级各类赛事活动200余场次；2021年全国田径冠军赛暨奥运会选拔赛等高规格大型体育赛事活动闪耀上虞体育中心。学生体质稳步提升，高校大一新生体质健康测试上虞区优秀率排名全省第7位,合格率连续八年位列绍兴市第一;绍兴市学生军体运动会3所学校荣获一等奖;上虞区输送的优秀运动员在今年的国际、全国大赛中共斩获11金3银4铜。特色学校不断扩军,2所学校获评全国校园足球特色学校,3所获评浙江省校园足球特色学校。全年新建社区多功能运动场4个、体育设施进公园5个、百姓健身房51个、体育公园2个、中心村全民健身广场2个、笼式足球场2个、健身步道85公里,人均拥有体育场地面积达到2.82平方米。

·生态环境·

生态建设突破提升。成功创建"国家级生态文明建设示范区",创成省级"清新空气"示范区,荣获全省"五水共治""大禹鼎",美丽浙江建设工作再次考核优秀。深入开展生态绿色创建活动,新创建市级绿色学校2所、省级绿色教育基地1个。

环境质量持续改善。水环境治理不断深入,杭州湾经开区试点建设全省标杆园区,26家企业推行强制性清洁生产,21家企业完成涉水清洁化改造。市考断面水质达标率为100%。蓝天保卫统筹推进,20家"科学治气"企业完成阶段性治理任务,85家企业完成化工2.0版环保对标整治,在全市率先完成印染企业治理"四个100%"。今年全区空气质量优良率达95.9%,同比提高0.8个百分点。PM2.5颗粒浓度为24.5微克/立方米,全市最低,同比下降6.8%,空气质量综合指数为3.24。城市区域环境平均噪声57.1分贝,符合功能区要求。

·人口、居民生活和社会保障·

人口规模小幅下降。据公安局人口年报统计,2021年全区总户数26.62万户,户籍人口71.71万人,其中男性人口35.27万人,女性人口36.43万人,分别占总人口的49.2%和50.8%。全年出生3830人,人口出生率为5.33‰;死亡5479人,人口死亡率为7.62‰,人口自然增长率为-2.29‰。2021年全区流动人口21.30万人。

人民水平稳步提升。全年居民人均可支配收入60095元,增长10.3%。分城乡看,城镇常住居民人均可支配收入74589元,增长9.2%;人均生活消费支出41803元,增长17.0%;城镇恩格尔系数为29.65%,比上年下降0.52个百分点;城镇居民人均住房建筑面积53平方米。农村常住居民人均可支配收入41952元,增长10.3%;人均生活消费支出26958元,增长18.9%;农村恩格尔系数为31.61%,比上年下降0.54个百分点;农村居民人均住房建筑面积61.3平方米。随着收入分配结构的改善,城乡收入差距进一步缩小,全年城乡居民人均收入比为1.78,比上年收窄0.02。

就业形势平稳向好。加大引才育才力度,不断拓展和深化校地转化中心实体化建设,全年累计组织17216家次企业举办线上线下各类招聘会1075场次,新增大学生3.06万人,引育高层次人才132名,组织一万余名高校学子来虞参加见习实习活动。就业形势稳中向好,全区新增就业4.09万人,实现下岗失业人员就业4.69万人,其中就业困难人员3402人,新增18位小金县务工人员在虞稳定就业;城镇登记失业率为1.78%。人才队伍建设卓有成效,新建技能大师工作室14家,其中市级4家。培训各类技能人才3.15万人,鉴定高技能人才4850人。

社会保障全面覆盖。进一步提高社会保险参保覆盖面,至年末全区职工基本养老保险参保41.66万人,城乡居民社会养老保险参保16.28万人;职工基本医疗保险参保34.56万人,城乡居民基本医疗保险参保40.44万人;工伤保险参保29.95万人;失业保险参保21.50万人。企业减负政策落地"接跑",全年累计失业保险稳岗返还失业保险费1721万元,惠及企业4597家次,稳定职工11.87万人次。

民政事业砥砺奋进。至年末全区共有最低生活保障家庭5325户6861人,其中城镇850户1035人,农村4475户5826人。全年最低生活保障资金支出6917.8万元,其中城镇1004.6万元,农村5913.2万元,低保标准提高到每人每年1.07万元。养老服务体系日益完善,新建老年食堂20家,上虞区康养中心异地新建工程正式启动,镇街级居家养老中心四星级运营13家、五星级8家,城乡社区居家养老服务照料中心在全覆盖基础上实现三星级运营的达88家。基层救助水平提升,发放救助资金9056.1万元,特困人员供养标准提高到每人每年1.94万元。慈善公益大力推动,第四轮慈善冠名基金认捐中96家企业(个人)捐款2755万元,认捐企业数和总金额创新高。全年发放各类慈善资金累计8180.79万元,销售各类福利彩票1.26亿元。

说明：

1.本公报所列各项数据为年度初步统计数据。

2.全区生产总值、各产业增加值绝对数是按当年价格计算，增长速度按可比价计算。三次产业划分执行国家统计局2012年制定的《三次产业划分规定》。

第一产业是指农、林、牧、渔业（不含农、林、牧、渔专业及辅助性活动）；

第二产业是指采矿业（不含开采专业及辅助性活动），制造业（不含金属制品、机械和设备修理业），电力、热力、燃气及水生产和供应业，建筑业；

第三产业即服务业，是指除第一产业、第二产业以外的其他行业。

3. 规模以上工业企业指年主营业务收入在2000万元及以上的工业企业。限额以上批零住餐企业指批发业年主营业务收入2000万元以上、零售业年主营业务收入500万元以上、住宿业年主营业务收入200万元以上、餐饮业年主营业务收入200万元以上的法人单位及个体户。

4.图表中地区生产总值和社会消费品零售总额历年数已按第四次经济普查结果修订。

5. 因上虞区沥海街道划归越城区，2021年相关指标口径和增幅已相应调整，历年数据未做调整。

6.部分数据因四舍五入的原因，存在与分项合计不等的情况。

（责任编辑：王怡然　金瑞锋　赵峰）

（数据来源：上虞区统计局）

专题研究

我们为什么选择了民营经济

杜润生

民营经济可以满足人民生活多样化需求；民营经济产权明晰，在经济激励、自我约束、自担风险等方面具有比较优势；民营经济产权多样化，资本社会化，可吸引大量公民参与，体现机会平等。当代欧美发达国家，无不制订政策、设置管理机构扶持民营中小企业发展。我国是发展中国家，正在推进工业化，有必要充分利用私人部门这种供给能力。

当前，为保持发展态势，有必要选择一个适当的经济目标，具体要求：经济带动力较强，投资乘数效应较高。就此而论，发展民营经济应该作为首选。

民营经济是民有、民营、民受益的经济实体。区别于国营经济，它是以民为本，自力更生，自己创业，自己经营，自求发展，人们也称之为民本经济。它以小型私有制经济为主，但同时并存的还有其他非国有制经济，大体上包括个体经济、私人企业、合伙经济、合作经济、合股经济等。

民营经济大多是中小企业，他们可以利用社会闲置的小额资本起家。中小企业，固定资产存量较小，船小好掉头，易于与时俱进，更新设备和产品，启动社会内需，改进自身经营，提高市场竞争力。

我国中小企业，在工商局注册的数字已达800万户，工业产值占全国60%，还提供了75%的就业机会。私人企业1989年有90581户，1997年达到960726户，年均增长34.3%。从业人员由164万人，增至1349万人，产值由97亿元增至36923亿元，已占GDP的1/3以上，也是一个值得关注的经济变量。

总体上看，私人企业大多是家族经济。弱点是在用人等方面，受血缘关系局限，但也具有无可取代的优点，可依法长期存在和发展。其中有条件扩充规模的企业，将走出家族治理，进到现代企业制度，实现所有权和经营权两权分离，五湖四海，引进人才，特别是引进职业化经理人才。

目前，国营企业还处在改革进程之中，民营经济有机会进入原来由行政垄断而现今已开放的产业部门。获国家批准，还可以进入创业风险领域。适应这个变化，必须扩大联合，聚集资本。确立民主监督民主制衡机制。

要回答的问题是，为什么社会主义国家，扶持包括个体私人性质的民营经济？我们的回答很简单：发展民营经济，乃是适应客观形势发展需要做出的必要选择。

人类的经济生活是受客观规律制约的，某一个社会制度当它还能容纳生产发展时，是不会退出历史舞台的。小业主经济和私人企业都是雇工经营。民营经济可以满足人民生活多样化需求；民营经济产权明晰，在经济激励、自我约束、自担风险等方面具有比较优势；民营经济产权多样化，资本社会化，可吸引大量公民参与，体现机会平等。当代欧美发达国家，无不制订政策、设置管理机构扶持民营中小企业发展。我国是发展中国家，正在推进工业化，为发达的社会主义准备生产力。私人部门这种供给能力有必要充分利用。

有人对私人企业主收入过高提出质疑。这要作具体分析，私人企业主剥削工人剩余价值是不容置疑的事实。但它却为繁荣国民经济做出贡献。此外，他们所从事的经营管理是一项复杂劳动，人力资本应该得到报酬，他们投入货币资本和知识专利，承担市场风险、支付机会成本，这些也应有回报，所以将它纳入个人所得，有其合理性。

历史经验提示我们，社会主义初级阶段不适宜实行单一的公有制，单一的私有制也未必是正确选择，国有经济还是国家赖以调节国民收入的一项不可缺失的工具。为此，必须保持结构与功能的协调性，要有公有私，二者并存，不能互相代替。

国家有必要举办一定数量的公营事业，生产一定的公共用品，否则会削弱政权合法性。公民上交税收，就为了支付社会公众的福利和安全设施费用，包括国防、基建建设、文化教育及其它私人无力承办或不愿承办的事业。但国家税收有限，公营事业不能没有，也不能过量，其主要功能应规定为保持对国民经济的主导作用和影响力。某些竞争性行业，应尽量让出，以利集中资本投向。

国有制的弱点主要是所有者缺位，由于经理层委托代理关系不够规范，信息不对称，激励不相容。由于预算缺约束力，风险意识薄弱，带来难以医治的亏损现象，但交易费用比较节约却是命令经济的优点。可以预期，国有经济经过改革，会成为了赢利产业，决不可任意废除。为避免国有企业亏损和资产流失，探索公有制条件下解决所有者缺位问题，正在推行股份公司制，即把权利义务落实到自然人和特定法人，并由国家设立控股公司和资产管理机构，专门收集资本运行讯息，提出处置建议。

本着与时俱进的思想，我们一方面应完善政策法律体系，降低市场准入门槛，鼓励支持发展民营经济，作为市场经济必要组成部分；另一方面要用股份制改造国有企业，进一步完善以公有制为主多种所有制并肩发展的经济体制。20多年来的事实证明：这种中国特色的社会主义经济格局已取得巨大成绩，发展前景十分广阔。

现在民营企业发展感到资本短缺。国营银行有惜贷倾向，居民储蓄倾向强于投资愿望。这是由于存在体制障碍而引起的暂时现象。银行应调整贷存结构，贷款向民营企业适度倾斜。政府应以一定财力支持兴办贷款担保体系，提倡诚信交往，建立个人资信档案。还可试办民营金融机构，完善税收制度，节省交易费用，活化资本市场融资功能。

据一位学者估计，我国全社会资本32万亿元-35万亿元，其中私人储蓄约占11万亿元。这一笔闲置资金，可以开发利用，使之转化为生产资本，在股市健全的条件下会启动民营企业上市制度，为民营企业提供融资机会。上世纪80年代初，乡镇企业异军突起也是靠银行信贷支持，取得较好的经济效果，值得借鉴。

前面所述民营经济，是就城市范围叙述的。乡村拥有20亿亩耕地是更大的一笔资产，交由农民承包经营。农民在全国人口中占60%以上，稳住农民就稳住全局，我国农民在党的领导下，在建国后已打了两次翻身仗，一次是土地改革，废除地主对土地的垄断，免交700亿斤地租；第二次是废除人民公社，实行集体公有土地家庭承包，解决了温饱，丰年尚有一定剩余，但受人多地少这种资源禀赋约束，人均收入只相当于城市1/5。现在农民面临第三次翻身，应着重改变就业结构，有序地组织农民到农外就业，让他们参与工业化建设，分享一定收益，减少农民数量，富裕农民。

在本世纪中期，可望有1.5亿人转到农外就业。必须发展城市民营经济，创造就业机会，这既有利于城市发展，更有利于缓解农村人地紧张关系；适度扩充耕地经营规模，提高土地生产率，增加务农户收入。据有关调查材料显示，农民当中多发出“务农亏本、“种粮吃亏的呼声，这会影响农民生产积极性，甚至影响全国食品供给安全，政府必须尽快做出制度安排，予以解决，决不可忽视。

重申坚持以经济建设为中心意味着什么

陈剑

今天是公元2021年12月18日，是中国改革开放43年纪念日。这一天，在中华民族历史上，在中国共产党历史上，在中华人民共和国历史上，都是载入重要史册的日子。这一天，我们党召开十一届三中全会，实现新中国成立以来党的历史上具有深远意义的伟大转折，开启了改革开放和社会主义现代化的伟大征程。中国改革开放事业从此起航；这一天，灿烂至今。

2021年12月中央经济工作会议提出：“坚持以经济建设为中心是党的基本路线的要求，全党都要聚精会神贯彻执行。”这是对党的基本路线的重新强调，是一种政治宣示。在当下有着重要意义，是送给全国人民的“定心丸”。笔者对此作一解读。

一、历史回顾

1978年11月10日~12月15日，中共中央工作会议在北京召开。1978年11月12日，中共八大以后确认党的七大领袖之一，陈云在东北组发言，提出包括肯定四五运动的正义性质；为彭德怀平凡等6条意见。陈云的发言得到了广泛响应，彻底改变了此次会议原先设定的议题。陈云为此功不可没。

11月25日，华国锋代表中央政治局宣布，决定对“文化大革命”期间发生的几个重大案件，如四五运动、“批邓”、“反击右倾翻案风”、“二月逆流”、薄一波等“六十一人叛徒集团案”以及彭德怀、陶铸、杨尚昆等人的问题彻底平反，并撤销有关材料；决定对康生、谢富治进行审查。

1978年12月13日，邓小平在闭幕会上作了题为《解放思想，实事求是，团结一致向前看》的重要讲话。他指出，解放思想是当前一个重大的政治问题。民主是解放思想的必要条件。处理历史遗留问题是为了顺利实现全党工作重心的转变。这个讲话，实际上为即将召开的十一届三中全会的基本指导思想。

1978年12月13日下午4时，中央工作会议举行闭幕式。会议取得的成果主要是，一致赞成从1979年起把党的工作重点转移到经济建设上来。这次会议宣布，全党工作重心从“以阶级斗争为纲”转移到“以经济建设为中心”；二是为天安门事件等7个重大历史遗留案件平反；三是肯定真理标准讨论的意义，批评了“两个凡是”；四是进行中央人事问题酝酿等。

中央工作会议为党的十一届三中全会奠定了思想基础。会议结束后的3天后，即1978年12月18日，中国共产党十一届三中全会在北京京西宾馆第一会议室举行。 以这一天为标志，党开始了伟大转折，党的工作重心向以经济建设为中心的历史转变，中国经济发展由此发生了翻天覆地的变化，中国经济总量2010跃居到世界第二位，人民生活水平和国家综合实力大为提高。

坚持以经济建设为中心，是由我国社会主义初级阶段的基本国情决定的基本方针。我国正处于并将长期处于社会主义初级阶段，社会主义初级阶段的基本矛盾，始终是人民日益增长的物质文化需要同落后的社会生产之间的矛盾。这个矛盾贯穿于我国社会主义初级阶段的整个过程和社会生活的各个方面。虽然经济发展不是发展的全部，但它却是发展的核心。在整个社会主义初级阶段，经济总量的增长与质量的提高，始终是发展最核心的内容。

二、以经济建设为中心，意味着什么？

党的基本路线，按照邓小平的话说，是要管一百年的。中国目前仍然处在社会主义初级阶段，这一历史发展阶段没有变，中国进入新世纪新阶段，但仍然要坚持党的基本路线不动摇，坚持发展是硬道理不动摇，坚持把发展作为党执政兴国的第一要务不动摇，坚持以经济建设为中心不动摇，坚持邓小平理论不动摇，聚精会神搞建设，一心一意谋发展。

继续坚持以经济建设为中心，就是要在坚持以经济建设为中心的基础上更加注重统筹兼顾，更加注重解决好社会发展中的薄弱环节，这样才能有效地促进各种社会矛盾的解决。否则，我们将缺乏解决各种社会问题的物质基础。

继续重申以经济建业中心，意味着什么呢？

笔者作了一个简要概括，至少有以下一些内容：

（一）发展不能够以政治运动为中心

中国共产党和中国人民曾经饱受政治运动之害，这个深刻记忆不是短期能够抹去的。一个14亿人口的大国，虽然经济有了一定的增长，但就全球发展分析，2021年中国人均GDP还不及世界平均水平。中国虽然已经完全脱贫，但脱贫还只是中国标准，与联合国贫困标准相比，中国解决贫困问题仍然任务艰巨。因此，解决14亿人口的基本生存问题，为他们提供基本的衣食住行等生活保障，基本医疗、教育和养老保障，仍然是执政党全部工作的重中之重。

（二）五位一体建设，经济建设是首位

党的十八大将生态文明建设纳入总体布局，正式形成了经济建设、政治建设、文化建设、社会建设和生态文明建设“五位一体”总体布局。党的十九大站在更高起点上，从“五位一体”总体布局的五个方面，对新时代坚持和发展中国特色社会主义进行了战略谋划，明确了我国未来30多年社会主义现代化建设的基本路径。但“五位一体”不是平均发力，而是有所侧重。经济建设仍然是五位一体的首要工作，是五位一体中最基础、最大量的工作。

（三）意识形态应围绕经济建设为中心展开

中国的发展不能够以意识形态为中心。恰恰相反，官方的意识形态和民间意识形态形成良性互动，都应以经济建设为中心。若如此，需要大力弘扬法治；尊重

经济规律、市场原则,国际上通用的规则;需要讴歌通过合法途径致富的千千万万普通的社会主义建设者,大力激发企业家创业热情,鼓励外资和港澳台企业参与中国经济建设;创造条件让一切生产要要素拥有者的积极性得以迸发;保护产权,特别是保护知识产权;等等。

但更为重要的是,以经济建设为中心,必须对一切不符合这一理念的旧的、不能够与时俱进、滞后于时代发展的意识形态进行清理,这是一项十分艰巨的工程。只有主流的意识形态(官方与民间良性互动)始终以经济建设为中心,才能最大程度地调动和激发人们的参与经济建设的热情,进而凝聚共识、增强信心。

(四)为民营企业创造平等法治的环境

以经济建设为中心,必须让市场参与的主体,特别是量大面广的民营企业家,个体、私营等中小企业主的积极性能够得到充分发挥。这需要创造平等的法治的市场环境,营商环境,所有的市场主体能够能够公平参与、公平竞争的环境,就需要进一步放开市场准入,缩小行政垄断,限制公权力任性,让企业家对中国未来发展有清晰预期,而不是政策多变,口号常换,形式主义盛行。

(五)营造和谐的国际环境

全国工作重点转移到经济建设上来,这不仅需要国内有正确的政策,而且需要有一个良好的国际环境。从大的格局分析,良好和谐的国际环境也是好的营商环境重要内容。道理很简单,中国已经是一个在国际舞台上举足轻重的大国,中国一心一意谋发展,搞建设离不开好的国际环境。

如何营造好的国际环境,以下三方面认识不可或缺。

一是和平与发展仍然是时代主题。上个世纪80年代,经过冷静观察和客观分析,邓小平、胡耀邦等中国领导人改变了战争不可避免的估计,认为世界和平因素的增长超过战争因素的增长,世界大战是可以避免的,争取较长时期的和平是可能的。在此基础上提出“和平与发展是当今时代的两大主题”。这一科学论断意义十分重大,影响极为深远。当下全球发展,这一论断仍然是适用的。

二是永远不称霸。1974年4月9日,邓小平率团出席第六届特别联大并发言。邓小平向国际社会清晰阐明:“中国现在不是,将来也不做超级大国。如果中国有朝一日变了颜色,变成一个超级大国,也在世界上称王称霸,到处欺负人家,侵略人家,剥削人家,那么,世界人民就应当给中国戴上一顶社会帝国主义的帽子,就应当揭露它,反对它,并且同中国人民一道,打倒它。”邓小平这段话,应当成为中国对外关系的基本准则,永远值得铭记。特别是在中国有一定实力基础以后,更应如此。

三是不四面出击,不制造假想敌。既然中国一心一意谋发展,需要良好的国际环境,就不能四面出击,制造假想敌。道理很简单,国与国交往,你认为他是你的敌人,并且行动之,他真的就是你的敌人;你认为他不是你的敌人,并平等友好相待,他大概率的也不是你的敌人,很有可能能够成为你的朋友。中国改革开放四十年,之所以能够创造好的国际环境,正是以此为原则,这样走过来的。

(六)全过程民主需要落实到位

今年十一月,党通过的百年历史决议,提出了全过程民主,意义重大。以经济建设为中心,就是以人民为中心。市场经济的主体,就是亿万人民群众,他们是市场经济的直接参与者。正是亿万人民的积极参与,才有中国市场经济的巨大活力。但市场经济发展,需要善治的民主政治保驾护航。这就需要把亿万人民群众参与的全过程民主落实到位,让每一项经济活动,人民都能够感受到真正当家做主,让每一项经济政策的制定,都能够有人民积极主动参与,并能够准确反映人民的意志。人民是每一个个体公民的集合,只有每一个公民个体意愿能够通过合法途径准确表达,并能够得到准确反映和体现,中国全过程民主才具有无限的使命力,并成为推动中国经济持续发展的制度保障。

走向市场经济的开拓者

吴敬琏

薛暮桥是20世纪中国杰出的经济学家和经济工作领导人。他从1932年发表第一篇经济学文章，到1996年发表总结一生经历的长篇回忆录，在经济学领域跋涉了60多年，留下了宏富的著述。《薛暮桥文集》对他的作品进行了系统的整理和编辑，为我们更好地了解这位有浓厚中国风味、又对中国经济在20世纪后期脱颖而出作出了杰出贡献的经济学家提供了方便。

从这套文集不难看出，在60多年的长时期中，薛暮桥一直没有停止对中国经济问题的探索，即使在下放"五七干校"的艰难岁月中也是如此。"文化大革命"结束以后，中国迎来了一个新时代。这时已经年过古稀的薛暮桥更是老当益壮，作为中国市场化改革的领军经济学家，走在了时代的前头。

我在1984年10月参加国务院经济研究中心的工作，成为暮桥总干事的学生和主要助手之一。在暮桥同志直接领导下工作得越久，对他深沉含蓄的家国情怀越是崇敬，对他在专业上所达到的高度越是钦佩。我甚至经常想，在老一辈经济学家中，薛老可能是对中国经济问题看得最清楚透彻的。我受他的教诲既广且深，他的道德文章不是一篇短短的序言所能尽述。这里只能说自己感受最深的一些要点。

暮桥同志早在1925—1927年的"大革命"时期，就作为一名铁路员工投身工人运动，并在1927年3月加入中国共产党。不久被捕入狱后，在长达3年的牢狱生涯中，他力学不辍，系统学习了马克思主义经济学。1930年保释出狱后不久，进入中央研究院社会科学研究所，在秘密党员陈翰笙博士的指引下，从事中国农村经济调查工作。暮桥同志长期主编左翼团体中国农村经济研究会机关刊物《中国农村》杂志，还与钱俊瑞、姜君辰、徐雪寒、孙冶方等十几位同志一起创办了新知书店(生活·读书·新知三联书店前身之一)。以《中国农村》和新知书店为依托，他与中国农村经济研究会的同仁一起，发表了大量反映农村实际情况的论文和调查报告，并在著名的"中国社会性质论战"中系统阐发了中国共产党的主张。这套关于中国社会性质的理论到现在看也不失为解释中国近代史经验事实的主要参考框架之一。抗战开始不久，薛暮桥投笔从戎，进入中国共产党领导的抗日根据地，在从事新四军干部教育的同时，总结了自己此前的研究，完成了颇有特色的马克思主义政治经济学教科书《经济学》。此书出版后广受欢迎，是20世纪40年代中共领导的地区通行最广的经济学教科书。

1943年，薛暮桥进入山东敌后根据地，从此由研究和教育工作转到政府部门的实际工作，将经济理论研究与经济管理实践创造性地结合起来，积累了丰富的经验。1943年1月至1947年10月，他是山东根据地最主要的经济工作领导人之一，先后担任中共中央山东分局政策研究室主任、工商局局长、山东战时工作委员会(即省政府)秘书长兼实业厅厅长等职。他在当地改革公粮征收方法，发展根据地对外贸易，推动和引导合作社发展，还直接领导了对敌货币战，成功地使山东根据地的通货膨胀率大大低于周边地区和全国的水平。

中华人民共和国成立前后，薛暮桥作为中央财政经济部秘书长、政务院财政经济委员会秘书长和周恩来、陈云最主要的助手，直接参与领导了统一财经和稳定物价的工作。20世纪50年代中期，在周恩来的直接领导下，他作为主要执笔人之一，起草了以"反冒进"为特征的"二五"计划建议。在总路线、大跃进、人民公社"三面红旗"造成巨大灾难的情况下，他作为中共中央财经小组的成员和专职秘书，在周恩来、陈云、李富春等人领导下直接参与了20世纪60年代初期的国民经济调整工作。

如果说在1966年以前，薛暮桥的基本角色是中国党政主要领导既定方针的执行者，在"文化大革命"中他被下放到"五七干校"劳动，促使他对建国17年的经济工作进行了认真的反思，写作了《中国社会主义经济问题研究》最初的六个不同稿本。"文革"结束后，他深入实际调查研究，对于极"左"路线的错误有了更加深切的认识，实现了思想的解放和理论的升华。

当时，暮桥同志苦心焦思和最为关心的，是摆在中国面前的两大问题：一个是如何恢复经济的稳定和发展；另一个是如何建立一个具有活力的经济体制。

"文革"结束不久，追求高指标、高速度的苗头再次出现。暮桥同志有鉴于前“17 年”中国经济大起大落的痛苦经验，对此深为担忧。他在 1978 年 4 月致信邓小平、李先念，指出“在目前新的跃进形势中，中央建设项目的盘子又越来越大，地方工业、社办工业都在大干快上”，这样势必使现在已经存在的不平衡状态继续扩大。他希望领导人出来讲话，打破“左”倾思潮设立的禁区。他在 1979 年的多次讲话中直截了当地指出：过去讳言“左”的错误，其实造成损失最大的是“左”倾思潮的错误。他认为，国民经济比例失调已经十分严重，必须采取措施调整国民经济，使国民经济积累（投资）和消费的比例恢复大体平衡的状态。在论证自己的观点时，暮桥同志使用了“国民收入超分配”概念，表示按不变价计算的“积累基金和消费基金合计超过国民收入总额”（或“货币形态上的积累基金和消费基金合计超过实有的国民收入”）的状态，建议通过各种政策手段控制财政赤字和货币发行，压缩总需求，实现经济的再平衡。

暮桥同志提出的这些意见，对 20 世纪 80 年代初期的国民经济调整起到了重要作用。但是，其间也经过一些波折。当时一些老的经济工作领导还习惯于“跃进”思维，部分主张改革的学者专家也有乘风破浪、推动高速增长的想法。暮桥同志的正确主张，一度被指为“泼冷水”的“保守思想”，受到国家计委主流思想的抵制和批评。只是在 1980 年 3—4 月，国务院召集的长期计划座谈会明确积累率不能太高、需要加快农业和轻工业的发展等指导思想，以及调整国家计委的领导以后，对暮桥同志的批评才告停止。1980 年年末，中央工作会议更加明确地提出了进一步调整国民经济的方针，要求改变投资“过热”和“重重（工业）轻轻（工业）”的结构扭曲状态。

但是，靠投资拉动增长的思维惯性却十分顽强而难以扭转，一次调整过后不久，经济“过热”往往又死灰复燃。每当遇到这种情况，暮桥同志总是一以贯之，在事前发出预警信号，力求防患于未然；“过热”发生以后，积极地提出应对措施，减少可能造成的损失。

在 20 世纪 80 年代，宏观经济稳定政策是充满争议的话题。但时间的流逝使我们看得很清楚，对转型经济体来说，稳定宏观经济是政府的一项基本职责；如果这项职责没有很好地落实，宏观经济政策出现问题，就会使改革受到伤害，并导致其他消极的经济和政治后果，进而丧失了改革的条件与环境。暮桥同志通过历史经验的总结获得了大智慧，为 20 世纪 80 年代的宏观经济政策讨论和决策作出了杰出贡献。

暮桥同志一方面一以贯之地强调进行经济调整和保持宏观经济稳定，同时又坚持进行市场化改革，从 20 世纪 70 年代末到 90 年代中后期，始终站在市场化改革的前沿。

如果说对地方政府放权让利的政策措施主导了 1958—1976 年期间的“经济管理体制改革”，对于 80 年代初期来说，最为流行的莫过于主张在国有制和计划经济框架内加大市场机制对企业决策影响的“市场社会主义”和向国有企业放权让利的改革思路。但暮桥同志敏锐地意识到了这种放权让利改革思路的局限性（他经常称之为“分配制度改革”），认为“从改革流通制度着手，似乎比从改革分配制度着手更为重要”。所谓“流通制度改革”，实质就是建立由供求决定价格的市场制度。为此，他一方面提出要通过改革的整体设计来克服分散尝试造成的矛盾，一方面将大量精力放在促进集体经济和个体经济成分的发展上。这就为走出“一放就乱、一管就死”的放、乱、收、死循环提供了基础。

1980 年 4 月，暮桥同志向中央财经小组汇报时指出，现在很多冲突和矛盾的来源“往往是由于我们过去的体制改革没有进行总体设计，一个一个问题单独解决；且与整个体制未改、先在部分企业试点有关系”。他据此提出：“体制改革要有整体设计，协调各部门的改革计划，共同研究中改、大改方案。建议成立一个体制改革委员会，以现在的（国务院体制改革）办公室为核心，充实扩大，吸收有关部门派人参加。”以后，他还多次强调，国民经济各部门是互相紧密联系的整体，如果各个部门没有共同的长远目标，忽视相互配合，就可能相互牵制。所以，既要深入研究整个经济体制改革的方向目标，又要全面研究各个部门改革的措施，使各个部门的改革符合共同的方向并能相互配合，力求国民经济成为“一个脉络贯通的整体”。2010 年，我和周小川、郭树清等人因整体改革理论获得“中国经济理论创新奖”。从已有的文献看，暮桥同志乃是最先提出这种改革战略思路的先行者。

不仅如此，暮桥同志也是一位最先提出中国改革应当以商品经济（市场经济的俄国说法）为目标的经济学家。1980 年 9 月，他作为国务院体制改革办公室顾问，主持起草了《关于经济体制改革的初步意见》。这份有开创意义的官方文件开头的部分就指出：“我国经济改革的原则和方向应当是，按照发展商品经济的要求，自觉运用价值规律，把单一的计划调节改为在计划指导下，充分发挥市场调节的作用。”这份文件将中国改革的目标模式确定为与商品经济相适应的体制，改革方向应当是市场取向。他当时受命在中共中央召开的省、市、自治区党委第一书记座谈会上对《初步意见》作了说明,引起一部分与会官员的很大兴趣,并得到时任中共中央总书记的胡耀邦的赞扬,但是当时没有作结论。不久以后,暮桥同志的主张就受到了有组织的批判。经过多次曲折后,“公有制基础上的有计划的商品经济”写入1984年的中共十二届三中全会的文件,“社会主义商品经济”的提法写入1987年中共十三大报告,“社会主义市场经济”的改革目标写入1992年的中共十四大决定。

我曾经在纪念薛暮桥的文章中引用经济思想史家R.海尔布鲁纳(Robert L Heilbroner)的说法,把薛老称作“入世的哲人”。他不仅是理论大家,而且是组织实施的能手。他不仅在1980年主持起草的《关于经济体制改革的初步意见》中以整体改革为基本原则,作出了改革目标的“顶层设计”,还在1982—1985年间对计划、财税、价格、金融、外贸、工资制度改革进行了系统的研究,制定了实施方案,并帮助国务院领导同志承担了方案实施的一部分组织协调工作。他关于财税改革的意见直接影响了利改税政策的出台,关于价格改革的意见反映在中共十二届三中全会、十三大和十四届三中全会的决定中。他关于金融改革的意见促成了中国人民银行在20世纪80年代中期剥离信贷业务,成立中国工商银行,搭建了现代银行体系的框架。同时期的财政改革和外贸改革方案,也是由暮桥同志主持制定和帮助国务院领导组织实施的。

说到暮桥同志的精神风貌和治学态度,令人印象最深的是他不唯上、不唯书、只唯实的求实精神。其中突出的例证,就是他对“社会主义改造”和“计划经济为主,市场调节为辅”的深刻反思。

暮桥同志曾经是20世纪50年代对农业、手工业和资本主义工商业进行社会主义改造的积极参加者。他在1957年受中宣部的委托,撰写出版了有中、英、法、日、俄等多种文字版本的《中国国民经济的社会主义改造》一书,被看作是中国社会主义改造成功经验最权威的解释者。可是经过“文革”后的反思,他完全否定了原来的观点,并在中国理论界最先明确地提出了质疑。他写道:“现在看来,社会主义改造总路线似乎提得太早,在经济十分落后的中国,应当有一个较长的新民主主义时期,不宜急急忙忙消灭个体经济和私营企业。”之后,他更进一步指出:“1956年急急忙忙进行农业、手工业和资本主义工商业的社会主义改造,在很大程度上走了过头路,犯了历史性的错误。”认为“不承认这是一个错误”,现在我们经济体制的改革“就无法解释了”。

既然他在20世纪70年代末期就感到社会主义改造“太快了,太远了”,他在改革开始年代的关注中心也就没有停留在向国有企业放权让利方面,而是特别关心如何发展“多种经济成分并存的社会主义”,使多种所有制经济成分有发展的空间。

中国私营经济在“文革”结束后的恢复和发展是从个体经济起步的,这又是从暮桥同志建议把个体商贩这种所谓的“资本主义漏洞”改成“大门”,让民间能够独立创业开始的。“文革”结束后,大批上山下乡的城镇知识青年要求返回城市,城镇就业问题就变得非常严峻。暮桥同志在1979年出版的《中国社会主义经济问题研究》里专门写了一条,针对劳动力“社会所有”提出来“劳动力个人所有”“劳动者仍然把劳动当作自己的谋生手段”。1979年7月,他在中共中央党校作报告时提出“广开就业门路”的建议。他指出,就业问题尖锐化的根本原因,是“盲目追求纯而又纯的公有制”。因此,他主张“改变公有制一统天下的格局”,实行国有企业、集体企业和个体经济“三扇门”的就业方针,广开就业门路。他的这一篇报告得到当时中共中央党校校长胡耀邦的支持,主要内容登载在中央党校的内部刊物《理论动态》上,收到很大的反响。以后,他又在多个场合反复提出这一意见。1980年8月,中央召开的全国劳动就业工作会议作出《进一步做好城镇劳动就业工作的决定》,要求“鼓励和扶植城镇个体经济的发展”。这不仅为劳动就业体制改革提出了新思路,也为所有制结构的改善打开了大门。

乡镇企业的异军突起,是20世纪80年代中国经济发展最引人注目的现象之一。暮桥同志早在极“左”路线统治刚刚被推翻的1978年,就已经指出了作为乡镇企业前身的“社队企业的灿烂前途”,提出“现在还有许多同志对发展社队工业的意义估计不足”,认为“为着使社队企业能在全国遍地开花,必须对过去中央各部所定政策进行认真的检查”,“把社队企业纳入国家计划也不能采取简单办法,必须允许它们自找门路,向主管部门登记,这样就算纳入计划。如果计划部门企图包办,许多社队企业就只能被迫停产”。暮桥同志在20世纪70年代末就敏锐地提出这样的判断来,是与他率先放弃了斯大林式的国有制教条大有关系的。

“计划经济为主,市场调节为辅”是20世纪50年代中期陈云提出的“三为主,三为辅”设想的简式表达。在“社会主义改造”完成后,面对僵硬低效的苏式集中计划经济所造成的经济困难，作为中国经济主要领导人之一的陈云提出了这个与毛泽东"一大二公"有很大差别的设想。暮桥同志在当时对这一设想是衷心赞成和全力支持的。改革开放开始以后，"计划经济为主，市场调节为辅"成为政经圈中一个重要流派的核心主张，在改革启动阶段起到了积极作用。1982年的中共十二大以后，"计划经济为主，市场调节为辅"更成为了主流的方针。但这时暮桥同志已经大大超越了自己在20世纪50年代的认识。他认为，"计划经济为主，市场调节为辅"虽然较之单一的计划经济是一个进步，但是较之商品(市场)经济制度，却有太大的局限性。所以，他明知自己的看法会引起老领导、老战友的不满和反对，仍然反复陈述自己关于改革目标应当是建立商品(市场)经济的主张，直到犯颜直谏，建议不再使用"计划经济为主，市场调节为辅"的提法。我亲身目睹暮桥同志如何处理这些事关理论的严谨性和人民根本利益的问题，深感他在这些重大原则问题上表现出来的"思想自由、精神独立"的铮铮风骨。这永远值得我们这些后生晚辈学习和纪念。

暮桥同志坚持宏观经济稳定和市场化改革的大方向，免不了与一些着重经济高速增长或偏爱计划经济手段的领导和同行产生分歧。作为政府的高级官员和共产党员，他常常受到没有根据的指摘，甚至被迫检讨；作为经济学家，他要坚持自己的专业立场。这二者经常出现冲突。他不能像对待孙冶方、骆耕漠等挚友那样，在学术上寸步不让，而在很多时候要服从党的纪律，甚至不得不作出检讨；他对强调增长、放慢改革的做法很有意见，但很少公开表示，而是着重于正面表达自己的意见，反复提出推进改革的积极建议。

中国经济体制的全面改革在20世纪80年代中期发动第一次冲击以后不久就冷却下来，90年代初更陷于完全停顿。暮桥同志对这种情况十分忧心，担心改革的停滞将造成严重的经济和社会后果，因此，他1990年7月在中央领导召开的会议上慷慨陈词，接着上书中国的党政领导，批评改革停滞的倾向，建议党政领导把工作重点放在通过深化改革来解决结构问题和效率问题上。他指出东欧国家挫折的主要原因，是因为未做彻底的改革，采取对传统体制修修补补，或者搞一点零敲碎打的改革做法，至多只能延迟矛盾的爆发。他要求重整旗鼓，抓住花了很大代价才取得的总供求关系比较平衡的时机，痛下决心，推出综合改革，在加强财政、银行的宏观调控的条件下，用放开价格的办法来理顺价格，让企业公平竞争，以分税制取代财政包干制，中央控制货币发行权并管住货币，专业银行存贷利率要反映供求关系。与此同时，他在1990年底写了《关于社会主义经济的若干理论问题》一文，在《中国社会科学》上公开发表，把他多年来关于经济体制改革的主张进行了理论化的系统论述。1989年10月以后，他还着手写作长篇回忆录，病倒后坚持克服病痛，在病榻上完成了该书的定稿工作，对他经历的生活和时代做了系统回顾，对他的思考和研究进行了认真总结，成为一部讲述中国经济和中国经济学百年发展的经典之作。

暮桥同志的作品通常用马克思主义经济学语言表达，不过概念的内涵外延与马克思主义经典作品往往有所不同，包含了许多独创成分；他的文风朴素通俗，能够用"广开就业门路"、"打破铁饭碗"、"把'资本主义漏洞'改成大门"这样生动的语言表达他的创见。目前中国经济学日益采取现代经济科学的通用语言，走上了规范化、国际化的道路，他的老式风格影响了国内外学界对他独创性的深入认识。但是，如果我们相信作品的恒久性来自内在品格而不是表达形式，他的许多独创概念又往往是可以与现代经济学相通对话的，那么，随着大家对中国经济转型过程了解的深入，他的作品的价值就不会因时间而褪色。通过阅读这套文集，后学者不仅能够对100年来中国人民建设现代国家所经历的曲折和艰辛有更深入的了解，而且能够从中获取丰富的知识和明达的智慧。

没有民营经济，何谈共同富裕

刘尚希

中共中央政治局委员、国务院副总理刘鹤在2021中国国际数字经济博览会上表示，必须坚持社会主义市场经济改革方向，坚持推进高水平对外开放，坚持社会主义初级阶段基本经济制度，坚持"两个毫不动摇"，坚决保护产权和知识产权。支持民营经济发展的方针政策没有变，现在没有改变，将来也不会改变。

刘鹤的讲话针对性很强。当前境外媒体和国内互联网自媒体上有一些杂音，对中央的精神和当前形势有一些误解和误判，引起个别人心浮动。鉴于当前国内外经济发展的复杂形势，有多元化的声音争鸣是一件好事，但是当涉及到重大的方针政策和中国发展的方向性问题时，则不能含糊，一定要及时加以强调和澄清。刘鹤的讲话进一步明确了十八大以来党的路线方针政策，强调支持民营经济发展现在不会变，将来也不会变，对稳定和引导预期有非常重要的作用。

首先，支持和鼓励民营经济发展是由我们所处的社会主义初级阶段决定的。社会主义初级阶段是一个长期的过程，在这个过程中"公有制为主体、多种所有制经济共同发展"是一项基本经济制度。

其次，我国社会主义市场经济是在公有制基础上逐步建立并发展起来的，产权改革是核心，产权是市场经济的基石，是活力来源。改革开放以来，产权改革主要表现在两个方面：一方面，在公有制经济领域，国企所有权与经营权从不分到分开；另一方面，非公有制经济从被禁止到放开，到鼓励，再到全面支持。混合所有制经济的发展是一个基本趋势。

理论上讲，社会分工不发达的时期，所有权强调的更多是占有权，因此公和私是完全对立的。而在市场经济条件下，那种以占有为所有权主要内涵的时代已经过去，更重要的是获取收益，实现增值。所有权社会化、结构化的趋势越来越明显，变为一束权利，包括占有权、使用权、收益权、处分权，这些权可以分解，可以由不同的主体来行使。正是这样的改革，解决了我们的温饱问题，大大提升了全社会资源配置的效率。从发展生产力的角度来分析，如何对资源进行有效配置、提高其利用效率比谁占有资源更重要。

第三，国有企业和民营企业都是实现共同富裕的重要基石。从理论上来讲，公有制是实现广大人民群众根本利益和共同富裕的重要保证，但是这要建立在公有资源通过市场机制进行有效配置、高效使用的前提下。如果公有制经济改革不到位，产权管理等方面存在漏洞，也容易出现一部分人从公有资源中获得了更多的好处，导致贫富差距扩大和不公平。因此，要发挥公有制在促进共同富裕上的作用，要对公权力有更严格的约束，对国有资源如何进入市场要有更专业的管理办法。

民营经济为我国贡献了50%以上的税收、60%以上的GDP、70%以上的技术创新、80%以上的城镇就业、90%以上的市场主体数量，这一组数据已经足以证明民营经济在整个国民经济中的重要地位。显然，民营企业的发展是大多数人勤劳致富、创新致富的基本途径之一。所谓共同富裕，最通俗的理解就是发展的成果人人有份，就是要形成"人人参与、人人努力、人人共享"的格局，这有赖民营经济的健康发展。

没有民营经济的发展，就不可能有我国今天的伟大成就和国际地位；没有民营经济的做大做强，就不可能建成社会主义现代化强国，也就谈不上共同富裕。进入新时代新发展阶段，不能用老眼光和旧观念，把国有和民营对立起来。其实二者是相互促进的关系，国企的混改就反映了这一点。

第四，反垄断不是专门针对民营企业的。实际上，反垄断不分国有企业、民营企业，只要妨碍市场公平竞争就是反垄断的对象，其目标是促进市场在资源配置中发挥决定性作用，提高资源配置的效率。互联网上的一些杂音实际上是对我国基本经济制度和坚持"两个毫不动摇"缺乏基本的认识。

反垄断、共同富裕和坚持"两个毫不动摇"三者在逻辑上是一致的，反垄断是要促进公平竞争，共同富裕是要形成"人人参与、人人努力、人人共享"的格局，而公有制经济和民营经济都是实现共同富裕的重要基石，其核心都是要维护"人人参与"。

第五，鼓励民营企业做大做强是我们一贯的主张。民营企业是技术创新的重要来源，只有创新才能提升竞争力。无论是从全球发展趋势，还是美国对中国的技术封锁打压的背景看，民营企业做大做强都是我国提升综合国力和国际竞争力的重要部分。

扩大中等收入群体的倍增战略

刘世锦

进入2021年，中国经济初步从新冠肺炎疫情的困扰中摆脱，经济增长速度接近潜在增长水平。过去的一年，全球经济深度衰退，中国是唯一实现正增长的大型经济体，而这一成绩是在面对百年不遇的疫情冲击、五十年最差的中美关系困局背景下取得的。政府的决策和执行力、动员能力，人民群众的团结、大局观、守纪律，都至为紧要。同样不能忽视四十多年改革开放造就的市场经济行动能力和物质基础。

可以举两个例子。2020年疫情初来之时，包括笔者在内的几乎所有经济学者都预计外贸出口将会受到极大冲击。但实际情况是，2020年的进出口增速达到1.9%，其中出口增速达到4%，外贸占世界的份额再创历史新高。面对疫情冲击引起的需求缺口，中国企业表现出非凡的快速反应能力和增长韧性。中国企业的出口增长，很大部分是由于其他国家供给能力跟不上"补缺"形成的。

另一个例子是疫情焦灼之际，居民足不出户就能分享到电商平台提供的及时而丰富的产品，生活质量并没有明显下降。而电商平台的背后是先进的数字技术、支付信用体系和遍布城乡的物流体系。不难想象，如果放在改革开放前，仅靠几家国营商店，遇到如此大的疫情冲击，将会是什么样的情景。无疑，疫情是一场压力测试，它使人们看到了正常时期看不到的中国市场体系和技术体系的深层力量。

2020年，中国经济增长十年展望系列研究成果原定以扩大中等收入群体为议题，由于情况变化，转为讨论战疫增长模式。在考虑2021年的主题时，我们决定延续去年定下的议题，因为找不到放弃这个议题的理由。事实上，经过2020年的战疫增长，研究这个议题的必要性、迫切性增加了。

一、较宏观政策更重要的是结构性潜能

为了应对前所未有的疫情冲击，同其他国家一样，中国采取了宽松的货币和财政政策。随着经济逐步回归常态，这样的政策何时以及如何退出，成为人们关注的问题。决策层的方针是"不急转弯"，但还是要转好弯。不急转弯，是因为中国经济尚未完全恢复，比如2020年全年经济已经实现了正增长，但居民消费依然是负增长，尤其是服务消费在年底时仍有较大增长缺口；内防反弹、外防输入仍会使经济完全恢复打折扣，全球范围内能否和何时才能控制住疫情，仍有相当大的不确定性。而要转好弯，是因为原本偏高的宏观杠杆率经过几年努力后基本稳住，但近期又上升了二十多个百分点；楼市、股市也有泡沫重现之势，机构债务违约频现。应该说，这个时期的宏观政策总体上是克制的，"度"把握得比较得当，没有搞大水漫灌，也基本满足了救助和恢复经济的需要。基于此，在经济回归常态较为确定后，宏观政策回归常态的转弯难度相对较小。

需要讨论并澄清、事实上存在很大分歧的一个问题是，包括货币政策、财政政策在内的宏观政策在现阶段中国经济增长中到底起什么作用？宏观政策对经济增长主要起短期平衡和稳定作用，当经济受到某种外力冲击出现大的波动时，宏观政策的作用尤为重要，2020年的非常规宽松政策就属于此类。但与发达经济体的低速增长相比，中国过去长时期的高速增长、现阶段和以后相当长时间的中速增长，主要靠的是结构性潜能。这里所说的结构性潜能，是指中国作为一个后发经济体，在技术进步、结构转型升级、城市化等方面具有的增长潜能。通俗地说，是发达经济体已经做过、中国正在做或有可能、有条件做的事情带动的增长动能。如果一定要排个顺序的话，结构性潜能是第一位的，宏观政策是第二或第三位的。客观地说，这样的排序未必合理，因为结构性潜能和宏观政策的作用各有不同，不能相互替代，但缺少了结构性潜能，宏观政策再高明，比发达经济体也好不到哪里去。

一种值得关注的倾向是，把中国的经济增长寄托于宽松的宏观政策，甚至不惜拿现代货币理论(MMT)的药方到中国做试验。这里且不论现代货币理论能否站得住脚，在中国尚有可能实现中速增长的情况下，把这套理论搬过来，是用错了地方，因为中国还远没有到主要靠宏观刺激政策维持增长的地步。这正是中国与发达经济体的区别所在，中国还有结构性潜能可用，还有更重要的动能摆在宏观政策之前；发达经济体的结构性潜能基本上用完了，不得不主要依靠宏观刺激政策。如果说发达经济体是熟透了的苹果，中国这个苹果

当下还只是熟了一半。中国应当避免把主要注意力和精力放在宏观刺激政策而忽略结构性潜能，因为此类本末倒置的政策组合将会贻误战略机遇期。

结构性潜能本身也有一个识别和发掘的问题，这正是我们将其称为潜能而非现实动能的原因。从潜能到动能之路并不平坦。中国经济高速增长期的结构性潜能主要是房地产、基建、出口等，在这些潜能逐步减弱或消退后，“十四五”乃至更长一段时期就要着力发掘与中速增长期相配套的结构性潜能。

这里我们提出一个“1+3+2”结构性潜能框架。

“1”指以都市圈、城市群发展为龙头，为中国下一步的中速高质量发展打开空间。由于在这个范围具有更高的空间集聚效应，在“十四五”和更长一段时间，中国经济百分之七八十的增长动能都可能分布在这个范围内。

“3”指实体经济方面，补上我国经济循环过程中的三大新短板。一是基础产业效率不高。能源、物流、通信、金融等基础产业领域仍然不同程度地存在行政性垄断，竞争不足，补上这个短板将有利于全社会降成本。二是中等收入群体规模不大。今后10~15年时间，中等收入群体应力争实现规模倍增，由4亿人增加到8亿~9亿人，补这个短板将有利于扩大需求特别是消费需求，同时扩大人力资本。三是基础研发能力不强。基础研究和源头创新是我们内循环中的“卡脖子”环节，补上这个短板才能有效应对外部“卡脖子”问题，为建设创新型国家打牢基础。

“2”指以数字经济和绿色发展为两翼。这是中国具备一定优势的新增长潜能。简单地说，“1+3+2”结构性潜能就是一个龙头引领、补足三大短板、两个翅膀赋能。

如何发掘“1+3+2”结构性潜能是一篇大文章，需要讨论的问题很多。本导言将以此为背景，聚焦于中等收入群体倍增目标，讨论相关的理论和政策议题。

二、扩大中等收入群体规模的难处何在

中等收入群体的界定是一个学术性较强的问题，学界已有不少深度研究成果。流行的界定方法有绝对标准和相对标准。所谓“绝对标准”是指采用收入或支出等客观指标界定中等收入群体。例如世界银行经济学家米兰诺维奇（Milanovic）和伊扎基（Yitzhaki）在对2002年世界各国收入不平等情况进行分析时，以巴西和意大利的年均收入为标准，将其分别界定为中等收入群体划分标准的下限和上限，同时又按世界银行估算的2000年购买力平价进行转换，得出每天人均收入10~50美元区间为中等收入群体的划分标准。卡拉斯（Kharas）以每天人均消费10~100美元作为标准界定发展中国家的中产阶层群体，并对中产阶层结构进行分析。美国的皮尤研究中心（Pew Research Center）在2015年全球中等收入群体研究中表示，其对中等收入群体的划分标准为按购买力平价计算，每天人均收入应在10~20美元的区间。国家统计局也提出了一个绝对标准，即把家庭年收入在10万~50万之间的群体定义为中等收入家庭，并按该标准测算，2018年我国中等收入群体约占总人口的28%，这就是目前我们常提到的我国中等收入群体约4亿人的来源。通过上述研究可以看出，不同研究采用了不同的绝对标准，对中等收入群体的界定标准有比较大的差别，依据不同标准估算出的中等收入群体规模也不一致。

与之相对应，“相对标准”则是以中位数收入为中心，通过设定上下浮动的比例，对中等收入群体边界的上下限进行界定。例如，格拉姆等人（Graham et al）选取人均收入中位数的125%和75%作为划分中等收入群体的上下限。普里斯曼（Pressman）则采用收入中位数的67%~200%作为界定中等收入群体的标准。国内对中等收入群体界定标准的研究也有采用相对标准的。例如，李培林等人以收入分位值为标准，把城镇居民收入的第95百分位界定为中等收入群体上限，下限则为城镇居民收入的第25百分位。按照这一标准，我国城镇中等收入群体在2006年、2008年、2011年和2013年的占比分别为27%、28%、24%和25%。

从上述研究可以看出，以绝对标准测量中等收入群体，处于不同发展水平和收入结构的国家会遇到一些问题，因为按照这样的绝对标准，发达国家的居民可能80%甚至90%以上都是中等收入群体。所以，在国际比较中，学术界更倾向于使用相对标准。通常的做法是，把全国居民收入中位数的75%~200%定义为中等收入群体。

但这种相对标准定义的中等收入群体，受收入差距的影响很大。换句话说，如果一个国家和社会的收入差距不能够缩小，尽管其居民收入在普遍不断提高，但其中等收入群体的规模和比例却可能不仅不扩大，反而会缩小。从我国情况看，如果将居民收入中位数的75%~200%定义为中等收入群体，那么，近10年来我国中等收入群体占比则一直维持在40%左右。

扩大中等收入群体规模之所以重要，首先与能否

跨越中等收入陷阱、进入高收入社会相关。世界银行和国务院发展研究中心2013年在题为《2030年的中国：建设现代、和谐、有创造力的社会》的报告中指出，在1960年的101个中等收入经济体中，到2008年只有13个成为高收入经济体，87%的中等收入经济体在将近50年的时间里，都无法成功跨越"中等收入陷阱"，进入高收入阶段。陷入"中等收入陷阱"的国家多数是拉美国家，如阿根廷、巴西、墨西哥等，也有亚洲国家，如马来西亚等。这些国家在20世纪70年代就达到中等收入水平，但此后几十年无法突破瓶颈，稳定地进入高收入国家行列。对这些国家而言，人均国内生产总值(GDP)1万美元就像一道魔咒，跨越了还要倒退回来。与此形成鲜明对比的是采用"东亚模式"的日本和亚洲"四小龙"，它们用了10年左右的时间就实现了从中等收入经济体到高收入经济体的跃升。

陷入"中等收入陷阱"的原因甚多，其中一个重要变量就是收入差距过大，没有形成足够规模且稳定的中等收入群体。反之，日本、韩国和中国台湾，在跨越"中等收入陷阱"的过程中都保持了较小的收入差距。由此，李培林等人提出了双重中等收入陷阱的命题，认为如果不能解决中等收入群体占主体的问题，也就无法成功跨越"中等收入陷阱"。

就中等收入社会向高收入社会的跨越期来说，扩大中等收入群体的意义首先是增加消费需求，对经济持续增长注入新的动能。这一时期经济增长已由高速转入中速，投资、出口对增长的重要性下降，消费和服务业逐步转为主导性增长力量。中等收入群体作为边际消费倾向高(相对于高收入群体)、消费能力强的部分，成为扩大消费容量进而拉动增长非常重要的力量。

中等收入群体扩大、消费扩容，前提是能够实现收入增长，使这部分人由低收入行列脱颖而出。有论者谈论如何增加低收入阶层的消费意愿，似乎低收入阶层消费水平低是由于他们不愿意消费，这并不符合实际，其主要限制因素仍然是收入水平低。低收入阶层增加收入可以有多种途径，比如通过再分配，但在总体和长期层面，低收入阶层增加收入并进入中等收入行列，要靠他们自身创造财富能力的提升。所以，在增长视角下，对有潜力进入中等收入群体的那部分来说，他们不仅是消费者，更重要的应当是生产者、创新者，在这几种身份之间建立起可持续的循环。他们首先是生产者、创新者，创造出社会财富、提高收入水平，进而增加消费，并为下一轮生产和创新营造条件。

这种循环的形成和提升并非易事，中等收入群体扩大的难处正在于此。已有的高收入和中等收入者，在既有的发展空间和制度约束下，显然最有条件抓住和利用提高收入水平的机会，从而成为先富起来的那部分人，这里姑且先不讨论这种先富一步是否合理的问题。而较低收入人群，或潜在的中等收入人群，对既有发展空间和制度条件的分享可能性显然是偏低的，甚至是可望而不可即的。他们要跻身中等收入阶层，就要打破既有的多个层面的约束，形成一组新的发展空间和制度条件。

二战以后工业化的历史经验表明，摆脱传统社会的低水平增长陷阱，启动现代增长进程是一场苦战，但与此后由中等收入阶段转向高收入阶段相比，似乎还要容易一些。如果把现代经济增长看成火箭发射入轨过程，摆脱传统社会低水平增长陷阱是一次启动，摆脱中等收入陷阱、成功转入高收入社会则是二次启动。二次启动的难度显然大于一次启动。几十个经济体进入现代经济进程，但只有少数经济体跻身高收入社会的事实，提供了有说服力的佐证。坦率地说，我们对二次启动的难度有多大并不很清楚，而这也恰恰是研究扩大中等收入群体的难点和重点所在。

三、增长型收入差距与衰退型收入差距

中国的收入差距扩大是伴随着改革开放推动的经济高速增长而出现并波动的。收入差距扩大对经济社会发展的影响要放到经济转型、制度变迁的架构下考量，并不存在简单的结论。如何扩大中等收入群体的逻辑和政策，也要在这一过程中加以分析。

李实等人把改革开放以来的收入差距变化大体分为两个阶段。

第一阶段，从1978年到2008年，收入差距逐步扩大。这一阶段可以分为三个时期。第一个时期，是从1978年到1983年，收入差距并没有扩大，反而有所缩小。由于农村改革率先启动，农村土地联产承包制的实施，带来了农民收入的快速增加，城乡收入差距一度从1978年的2.6倍下降到1983年的1.8倍，并带动了全国收入差距的缩小。全国收入差距的基尼系数在1981—1983年下降了近3个百分点，直到1986年才上升到1981年的水平。第二个时期，是从1984年到1994年，出现了收入差距全面而持续的拉大。80年代中期，城镇的市场化改革启动，增长加快，而农村改革的第一波增长效应下降，城乡之间的收入差距再次拉大，同时城市内部和农村内部的收入差距也开始拉大。

第三个时期,是从1995年到1997年,收入差距出现了短期下降,主要是由于政府大幅提高了农产品收购价格,对农民收入增长起到了积极作用。此后随着涨价效应的减弱,又重回收入差距扩大的轨道,到2008年达到高位。世界银行专家估计1981年中国全国收入差距的基尼系数为0.31,到2008年上升到0.491。

第二阶段,2008年以后,收入差距高位徘徊或有所下降。从2008年开始,国家统计局公布的全国收入差距的基尼系数出现了逐年下降的势头。但2015年以后又有小幅回升,如到2015年为0.462,2017年达到0.467。全国收入差距出现变化的一个重要原因是城乡收入差距的缩小。最新研究发现,城乡收入差距在全国收入差距中所占的比重从2007年的40%下降到2013年的15%。这一时期城乡收入差距趋于稳定,且某些时段有所回落,这主要得益于若干因素的影响,如农村劳动力向城镇的持续转移,刘易斯拐点出现后农民工工资水平的上升,新农保、新农合、最低社会保障等社会保障体系在农村的建立和完善等。

回顾改革开放以来收入差距的演变历程,可以从中引出两组重要概念。

一组是"增长型收入差距变动"和"衰退型收入差距变动"。所谓"增长型收入差距变动",是指收入差距变动与经济增长同时发生,而且收入差距变动成为经济增长的动因,更具包容性的情景是,各个阶层的收入均有增长,只是增速不一形成收入差距变动。相反,"衰退型收入差距变动"是指收入差距变动与经济衰退同时发生。这里的衰退也可以区分为绝对衰退和相对衰退,前者是指经济规模的收缩或负增长,这种情况少有发生;后者则是指经济增速虽然维持了正增长,但显著低于潜在增长率。

另一组概念是"增效型收入差距变动"与"减效型收入差距变动"。前者是指收入差距变动有利于提高效率,如资源由低效领域向高效领域流动,通过改进激励机制降低成本、增加产出,通过创新拓展新的增长空间等。而"减效型收入差距变动"则是指收入差距变动带来效率下降,如腐败、行政性垄断引起的收入差距效应。增效型与减效型收入差距变动的一个根本性区别,是前者创造社会财富,后者只是在转移社会财富。现实生活中,二者有时是同时发生的,如改革初期的双轨制,在提供部分市场激励的同时,也产生了不少腐败。

把上述两组概念结合起来,就会形成多种组合。一种典型且较为理想的组合是增效型与增长型收入差距变动的组合,效率提升成为增长的主因,各个阶层的收入都能增长,差距主要表现在增速的不同上,经济增速达到或非常接近潜在增长率。另一种比较极端的组合是减效型与绝对衰退型收入差距变动的组合,收入差距变动伴随的效率下降使经济处在收缩状态。

在这两种组合之间,还会看到诸多更接近现实的组合。增效型与减效型通常同时并存,区别在于哪种类型居主导地位。一种典型情景是,尽管不同程度存在减效型因素,但增效型依然为主,经济增长接近潜在增长率水平。另一种情景是,减效型因素超过增效型因素,经济增长处在远离潜在增长率的相对衰退状态,如拉美一些增长长期停滞的国家和中国改革开放前的某些时期。

中国改革开放以来,大体属于增效型主导、经济增长接近潜在增长率水平的收入差距变动状态。改革开放初期,农村改革驱动了低收入阶层增效增收,使收入差距有所收缩。此后出现的收入差距扩大,大体上与中国经济的高速增长相对应,表明更多是增效型差距扩大在起作用。减效型因素也普遍存在,如与行政权力相关的腐败、行政性行业垄断、不公平的市场准入和市场竞争、基本公共服务分享不均,都不同程度地拉低了经济增长水平。问题的复杂性在于,作为转型期的经济体,增效和减效有时是混在一起的,并非泾渭分明,如多种形态的双轨制。

经济增长过程中的收入差距变动是否具有规律可循,在学术界存有争议。一度流行的库兹涅茨曲线,认为随着经济增长和收入水平的提高,收入差距呈倒U形变化,即先低后高,达到某个峰值后,再由高到低。但是这一假说的逻辑不甚清晰,也缺少实证基础。如果这样的倒U形变动确实存在,一种可能暗含的逻辑是,在现代增长过程的初期,高生产率部门人群的收入率先加快增长,在收入差距拉大的同时也推动了经济增长。但达到一定高度后,增长将会减缓。如果此后低收入人群生产率提升,带动其收入增长相对加快,就会在收入差距缩小的同时,也为经济增长提供新的动力。简单地说,第一阶段先富起来的那部分人拉大收入差距;第二阶段后富起来的另一部分人将缩小收入差距。这两个阶段均具有增效型带动增长型收入差距变动的特征。

不过,这种比较理想的格局并不具有必然性。另一种可能出现的情景是,第一阶段先富起来的那部分人增长乏力后,低收入人群无法提高生产率,难以启动后富起来的第二阶段。于是,经济可能陷入收入差距居高不下、增长相对衰退的状态。还有一种可能的情景是,全面压制先富阶层，在“劫富”的同时，也使其不再具有增效积极性，这样收入差距有可能缩小，但无可避免地会重陷改革开放前平均主义加普遍贫穷的困境。

从这样的角度看，现阶段中国应当力争实现第一种情景，避免后两种情景。尽管出现第三种情景的可能性较小，但走回头路的社会基础亦不应低估。更具挑战性的是如何避免第二种情景。在此意义上，扩大中等收入群体的重要性、紧迫性就更显而易见。

四、实现中等收入群体倍增目标的意义和重点人群

邓小平在改革开放初期提出：“一部分地区、一部分人可以先富起来，带动和帮助其他地区、其他的人，逐步达到共同富裕。”经过改革开放四十多年的发展，中国已经进入实现共同富裕目标的第二阶段，也就是通过另一部分人也富起来，带动全体社会成员的共同富裕。从本导言前面的讨论可以看出，第二阶段的难度和不确定性都要大于第一阶段。试图后富起来的群体在人力资本、发展机会和发展条件上总体落后于先富起来的群体，而且向前走或向后退的可能性都是存在的，落入中等收入陷阱的国家已有先例。从国内看，前段时间受疫情冲击，部分地区的劳动者收入和消费水平下降，有数据显示，中等收入群体规模出现阶段性收缩。

在这个时间节点，有必要提出中等收入群体倍增的目标，在已有的4亿中等收入群体的基础上，再用10~15年的时间，推动这个群体增加4亿~5亿人，达到8亿~9亿人，占总人口的60%左右。提出并实施这一目标可以有如下一些考虑。

首先，中等收入群体倍增对扩大内需、提高生产率和社会政治稳定都是不可替代的，中等收入群体的规模和实现倍增的时间都具有重要意义。规模不足或时间拖后都将直接影响经济增长速度和稳定性。对此缺少认识很可能付出全局性代价。其次，提出目标本身就是有意义的，有利于形成全社会共识，调动各方面的积极性和创造性，而这正是中国的制度优势所在。

实现这一目标具有可行性。根据我们研究团队的测算（参见本书“实现中等收入群体倍增的潜力、时间与路径研究”一文），假定2019—2030年实际GDP平均增长5.0%左右，平均通胀率为2.5%，名义GDP年均增幅7.5%，居民可支配收入名义增速与名义GDP增速匹配。同时根据不同收入群体内城乡居民分布的加权计算，低、中和高收入群体收入增速分别为7.7%、7.1%和6.9%，到2030年，我国中等收入群体比重上升至约51%，低收入群体比重下降至约45.6%，高收入群体比重则上升至约3.3%。中等收入群体规模达7.5亿人，与2018年相比有3.7亿人由低收入阶层上升至中等收入阶层。按照大体相同的变动速度，到2035年以前，有可能使中等收入群体规模达到8亿~9亿人，实现倍增的目标。

另一个相关议题是实现这一目标涉及的重点人群。从我们团队的研究成果看，到2030年有可能进入中等收入群体的3.7亿人，主要对应的是2018年家庭年收入介于4万~6万元、6万~8万元和8万~10万元的低收入家庭，也就是我们需要重点分析的潜在中等收入群体。这个群体中城镇居民占比为57%，乡村居民占比为31%，外来务工人员占比为11%。其中外来务工群体，从数量和定义上，更接近进城农民工群体。农民工是指在异地以非农就业为主的农业户籍人口。国家统计局数据显示，2017年我国农民工数量达到2.87亿人，外出农民工1.72亿人，外出农民工中进城农民工1.37亿人。外来务工群体的定义为“来自农村地区、户口不在本城镇社区的人员”，2018年外来务工群体占比为9.7%，人口数量在1.35亿人左右。从数量上看，外来务工群体大体接近进城农民工。

与2013年相比，2018年外来务工人员中属于中等收入群体的部分占总人口的比重从2.2%提升至4.1%，占中等收入群体增量的27%，贡献率相当可观。这里说的外来务工人员，基本属于劳动年龄人口，非就业人口不多。而在乡村居民中，相当多的人口属于外来务工人员的子女和父母，其收入状况直接依赖于外来务工人员。此外，农村人口就地城镇化的比重逐步提高，相当多的农民是在户籍所在地“被城镇化”的。所以，处在城镇化进程中的农村人口规模明显要大于上述外来务工人员。从现阶段我国城乡结构转型、收入增长的特征看，广义上的“进城农民工”是未来扩大中等收入群体需要着力关注的重点人群。

从调查数据看，以外来务工人员为主的进城农民工家庭平均支出强度显著高于农村家庭，但由于无法同等享受城镇户口的相关社会保障和公共服务，其储蓄避险意愿较高，使外来务工家庭平均消费强度与城镇家庭仍有很大差距；受教育水平明显高于农村居民，基本接近城镇居民水平；就业分布与城镇居民有明显差异，外卖、出租车和快递等新型就业场景吸纳了数量可观的“新型农民工”就业，外来务工人员以10%的人

口占比贡献了20%的新型就业，远超城镇和乡村居民；更多就职于民营部门，机关企事业单位就业占比较低，面临收入不高、就业不稳、社保不全等一系列制约其收入和消费稳定增长的因素；无法享受完善的城镇社会保障和公共服务，医保和养老保险覆盖率明显低于同样居住在城镇的居民；相当一部分外来务工人员尤其是其中的较高收入者，有明确定居城镇的需求。应当从进城农民工的这些特点出发，采取针对性强、务实有效的战略和政策，推动更多的进城农民工进入中等收入群体。

五、实施以提升人力资本为核心的倍增战略

进入共同富裕的第二阶段后，扩大中等收入群体战略和政策的核心是促进机会均等，着力提升低收入群体的人力资本，缩小不同群体之间的人力资本差距，以增效带动增长的方式缩小收入差距。一个简单的逻辑是，在剥去种种社会关系的外衣后，人们之间能力的差距，远没有现实世界中收入分配和财产分配差距那么大。如果能够创造一个人力资本公平发展的社会环境，人们的积极性、创造力普遍而充分地发挥出来，公平和效率就可以互为因果，在提升社会公平的同时促进经济增长。

依照这种思路，下一步实施中等收入群体倍增战略，应以提升进城农民工人力资本为重点，采取多方面针对性、可操作性强的政策措施，力争在不长时间内取得明显成效。

一、对农民工及其家属在城市落户实行负面清单制度。目前中小城市和部分省会城市已取消落户限制，对仍有限制的城市改为实行负面清单制度，即由规定符合何种条件能够落户，改为不符合何种条件不能落户。积极创造条件，加快缩减负面清单。对北上广深和其他特大型城市的城市核心区与非核心区域、都市圈内的中小城镇等实行差异化政策，采取不同的负面清单，适当放宽后者的落户限制。

二、建设面向农民工为主的安居房工程。以大城市尤其是几大都市圈、城市群为重点建设安居房，着力解决能够稳定就业、对当地发展做出贡献、就地缴纳社保的低收入农民工住有所居、安居乐业的问题。以40~60平方米的小户型为主，降低建造成本，把安居房价格控制在与农民工购买力相适应的水平。降低购买资格门槛，不歧视无户籍、无学历人口。由政府主导筹措土地资源、设计运行规则、加强监管，在政策框架内实行市场化运营，形成商业可持续机制。

三、与农村人口进城落户、提供安居房相配套，加快推进教育、医疗、社会保障等基本公共服务的均等化，健全财政转移支付同农业转移人口市民化挂钩机制，继续推进并扩展义务教育等基本公共服务随人员流动可携带的政策，打通农村社保、医保和城镇居民社保、医保的衔接。实行以居住证为主要依据的农民工随迁子女入学政策。

四、提供就业基本公共服务，鼓励吸收农民工就业。对有劳动能力和就业需求的进城农民工，持居住证可在常住地公共就业服务机构享受就业基本公共服务。全面加强农民工职业教育培训，逐步将职业教育培训作为一项基本公共服务加以提供。推行农民工新型工匠培训计划。鼓励各类技工院校、职业学校、就业训练中心等参与农民工职业技能培训，给予一定的财政补贴。鼓励企业对农民工员工开展职业技能培训，并在财税、信贷等方面有必要的激励措施。国家对吸收农民工就业、安居较多的城市，在财政补助、基础设施投资等方面给予相应支持。

五、加快推进农村集体建设用地入市和宅基地流转，增加农民工的财产性收入。落实十八届三中全会的要求，推动农村集体建设用地进入市场，与国有土地同价同权、同等入市。创造条件允许宅基地使用权向集体组织外部流转。积极稳妥务实地解决好小产权房问题。农地入市、宅基地流转获取的收入，应优先用于完善相应地区农村人口的社保体系，使他们与城里人一样不再依赖于土地保障，在提高土地利用效率、增加收入的同时，由更为有效和稳定的社会安全网托底。

六、促进机会公平。进一步打破不当行政性管制，疏通社会流动渠道，防止社会阶层固化。改变有些地方对低收入农民工的歧视性做法，在大体相当的条件下，在就业、升学、晋升等方面，给低收入阶层提供更多可及机会。

七、各级政府要制定规划、完善政策、定期督查、确保落实。要将农民工落户、住房、基本公共服务、就业和职业培训等纳入"十四五"规划和年度规划，明确有关部门的任务和职责，定期检查落实情况，做出进度评估，向各级人大报告。同时要根据经济社会转型升级和就业状况变化，对相关规划政策进行必要的调整改进。鼓励各地从实际出发积极探索创新，并将好的经验和做法在全国范围内推广。

对近期房地产市场的思考——土地拍卖视角

赵燕菁

据《中国房地产报》,9 月以来,相继有长春、福州、天津、青岛、济南、成都、苏州、沈阳等多个城市在第二轮集中土拍前临时暂停出让。沈阳累计有 24 宗地块在开拍前一天停牌,占第二批集中供地总量的 52%;济南有 20 宗停牌;天津 19 宗。流拍率也步步走高:沈阳、长春、福州、济南和天津等城二轮土地出让流拍率均超 30%,广州实际流拍率超过 78%,杭州竞品质地块更是全部流拍。

一、大面积流拍原因

此次大流拍涉及的城市从南到北,覆盖几乎全国所有主要城市,表明流拍原因并不是地区性和偶然性的,在我看来,它是之前全国一系列房地产政策的组合结果。

过去几年,从棚改开始的城市更新吸引了大批民间资本。为了完成 GDP 指标,各地政府假开发商之手借钱大拆大建。特别是发端于 ** 的“房地产+三旧”的更新模式,向原本进入不了土地一级市场的开发商敞开了大门,“土地整备”演变为开发商和原住民的饕餮。虽然中央最近发文制止了 ** 模式的蔓延,但前一阶段通过三旧改造已经形成的新增商品房开始对市场形成巨大卖压。

疫情产生时,经济遭受空前打击。国家层面鼓励地方政府依托平台公司发债,平台公司资金充裕。商品房的本质就是资本市场,其价格不是反映住房的供需关系,而是资本价格的投影。为了应对大流行放松银根的结果,必然反映在资本价格上。在美国是股市,在中国则是房市。2020 年中,土价、房价疯涨,就是央行宽松货币的必然反映。

住房价格的上升,直接引发了政府对房地产价格空前的各种“限价”、“限售”。针对一级市场和二级市场的各种交易限制,对地方政府问责,使房地产相关资产的流动性几乎完全丧失。特别是三道红线的判断标准逐渐成为常规金融机构的底层要求。行业陷入不拿地马上死,拿了地很快死的恶性循环。

金融机构放贷严控,包括开发贷和按揭贷。非标融资成本进一步提升,境外融资市场成本同步提高。加上从 2021 年初起,原材料涨价进一步提高了地产开发成本。至此,大多数民营房地产企业都陷入流动性危机。

到 7 月份开始,大量地产企业出现信用违约,企业不得不抛售资产套现。而各地为了社会稳定和金融抵押品安全,限制开发商低价销售。最后,10 月份开始的第二批“集中供地”抑制了通过连续拿地接续流动性的“快周转”融资模式。政府与开发商从原本“一对多”卖方市场变为“多对一”买方市场——最终导致了当前土地大面积流拍。

看上去,每一个部门出台的政策都是“合理”的,都在落实“房住不炒”,但其合成的效果,则是和“房住不炒”预期的宏观经济目标背道而驰。这就好比美国在阿富汗虽然打赢了每一场战役,但最后还是输掉了整个战争。土地流拍只有放到全局,才能理解是什么原因导致的合成谬误。

二、资产负债表危机

土地流拍的最大危险,不在于地方政府突然“没钱了”,不在于开发商的楼“烂尾了”,也不在于房地产产业链上无数的就业瞬间消失了,而在于中国过去高速成长赖以的基础——信贷以及与其密切相关的货币生成——突然消失了。果真如此,土地流拍导致的就不是周期性经济“下滑”,而是中国经济大历史曲线的“脆断”。

最近辜朝明在接受澎湃新闻采访时提出了一个重要观点。他认为以前“央行是最后的贷款人,但我们现在不再需要了”,在信用货币时代,在货币供大于求的条件下,“我们需要的是最后借款人……政府借款实际上比央行更重要”。

在美国,资本的来源是国债,美元是本币,汇率是浮动的,国债等于直接融资;而在中国,货币与美元挂钩,人民币是美元的延伸,国债不是直接融资。中国自主货币,实际是源于 M2 生成机制。政府融资不能指望国债,靠的是地方政府,而地方政府最主要的抵押品和信用,都是直接或间接来自土地。房地产在中国资本市场上的角色,远比其他任何国家都重要。

如果土地大规模流拍,土地为核心的资产就会贬值。表面上看，土地流拍只是影响地方政府的财政收入，实际影响的却是社会融资，而后者乃是现代货币生成的关键一环。一旦社融断崖式下降，政府又失去作为最后借款人的能力，就会触发银行系统性风险。

无论1998年房改还是2008年四万亿，背后支持中国经济脱离全球经济曲线的，都是房地产。今天，在中美贸易战的关键时刻，中国手中最大的牌，依然是房地产。没有财政力量的支持，从抗疫到应对中美贸易战，从农村振兴到发展高科技一系列经济目标都会成为空话。这才是当下土地流拍更深层的危险。

这样的担忧并非杞人忧天。房地产调控政策趋严之下，居民房贷需求继续受到抑制。9月份，30大中城市商品房成交面积较8月继续回落，同比跌幅扩大至-33.4%。根据10月13日，央行公布9月份金融数据，9月居民中长期贷款增加4667亿元，同比少增1695亿元，减幅较上月进一步扩大(-1312亿元)。资产负债表危机已经浮出经济的地平线。

8·23信贷形势分析会后，银行加大了信贷投放。9月29日，人民银行、银保监会联合召开房地产金融工作座谈会，提出金融机构要配合相关部门和地方政府，根据城市实际需求，因城施策，合理安排房地产信贷投放节奏，避免信贷人面积收紧误伤刚需基本住房需求。

“大流拍”中首当其冲的受害者地方政府也开始自救。继多城市政府先后发出限跌令后，10月9日，哈尔滨市一口气发布多条利好购房者和楼市的新举措，被一些媒体称为“打响了救市第一枪”。10月15日下午，中房协召集10家重点房企开会：听取意见与建议，维护行业稳定——表明高层终于意识到打压房地产的严重后果。

三、资本市场还是商品市场？

只有找准问题出现的原因，才能对症施治。土地流拍背后深层原因，在于我们对房地产市场的本质缺少深刻的理解。住房问题之所以复杂，在于其既有资本品的功能，又具有普通商品的属性；既要完成融资的要求，又要解决住的问题。而这两者的政策目标在很多时候是相互冲突的。作为资本品，其价格越高，创造的资本就越多，劳动力越便宜；作为商品，其价格越高，居住成本就越高，劳动力就越贵。

这种既要“炒”，又要“住”的特点，使得我们的房地产政策总是左右摇摆，首鼠两端。每一轮成功打压房价之后，必然紧接着又要防止房价下跌；房价涨，政府愁；房价跌政府也愁。一脚油门，一脚刹车，市场无所适从。要真正建立起房地产市场的“长效机制”，唯一的办法，就是通过制度设计，将住房的资本品和商品两种属性分开。

如果我们想投资一个汽车企业，我们就到资本市场去买这个企业的股票；如果我们想买汽车，我们就到商品市场上购买汽车。汽车降价或涨价不影响其股票的上升与下跌，两个市场是分开的。但住房市场不一样，它的资本没有证券化，如果你要投资住宅，你就必须购买实物住宅，尽管你并没有居住需求。而如果你要自己居住，你也只能从资本市场进入，购买资本市场标价的住宅。

这就好比你只能通过购买汽车股票获得汽车。如果你给两种需求标定两种价格，就会有人从这两个市场套利。1998年房改一开始商品房和经济适用房是分开的。甚至最初设想房地产市场是以经济适用房为主，商品房作为补充。但土地融资的巨大需求使得地方政府必须依赖土地融资完成城市化的重资产(七通一平、电力电讯、学校医疗等)，结果只能牺牲掉住房的商品属性。

资本市场的价格，反映的是资产未来收益的估值；商品市场的价格，更多是反映商品生产的成本。在不少人看来，房价上升是“炒”，房价下跌不是“炒”。打压房价，就是打压“炒房”。殊不知，只要政策是针对的是资本市场的房价，打压房价也一样是变相的“炒”。如果真的要“房住不炒”，土地就根本不应该以招拍挂的方式出让(包括“集中出让”)。因为只要土地是以“炒”(招拍挂)的方式定价的，住房就一定是“炒”的。

显然，房地产对于中国资本市场的巨大作用，使得中国经济已经回不到没有商品住房的时代。教条地理解“房住不炒”的最终结果，必然是房地产资本市场的消失，巨额的资本形态的财富一夜消失，中国立刻就会回到和印度一样的低资本发展中国家。今天的房地产已经深度嵌入中国经济，你可以说房地产绑架了中国经济，反过来也意味着没有房地产，也就没有中国今天的经济奇迹。

正确的“房住不炒”不是去除住房的资本功能，而是要把住房的资本属性和商品属性分离。只有这样，才能把“油门”和“刹车”分成两个脚踏板，资本与商品各自满足不同的市场需求。

有区别才能有政策。属性分离使得我们可以针对“住”和“炒”两个市场制定有区分的政策。

现在的房地产市场，本质上就是一个资本市场。积累了从政府、企业到家庭巨大的资本性财富，是经济目前最主要的信用来源。因此，各部门出台的政策首先都必须立足于“保”。首先，要“限量保价”，要让已经进入市场的土地和在售住房有序出清，不能毫无预警抽贷。不动产市场交易的核心功能，就是给处于非交易状态的资产定价。只要房价不出现暴跌，社会存量资产的价值就不会贬值，就不会出现系统系风险。

为了避免房价暴跌，要大幅度压缩商品房供地规模(包括通过工改居、村改居、棚户增容等渠道进入商品房市场)，同时取消各种限贷、限购、限价的政策，要将保障房地产市场的流动性而不是房价作为首要的政策目标。保证政府、开发商、银行、散户的有效履行其契约，特别是不得随意抽贷、冻结资产。针对过热的房地产，要从卖地这个源头开始，引导现有房地产企业从开发商向运营商(从新建向运维服务)有序转型。有序分流整个产业链的就业。

如果说“炒”的市场是“限量保价”，那么“住”的市场则相反要“限价保量”。所谓“住”的市场，指的是以成本为基准的保障性住房。这一市场与资本定价的市场要有严格区隔。需要指出的是，“住”的市场不能简单理解为“租”的市场，“租”固然可以与“炒”的市场加以切割，但并没有解决“住房问题”。计划经济时代留下的“公房”问题，至今仍是政府难以解决的难题。实践也表明，脱离资本市场，保障性住房投资根本没有来源。

市场上并不缺少“租”的住房。现在那些无房户就是靠租房。所谓“保障性租赁房”是在解决市场已经解决了的问题。真正的“住房问题”不是无房可租，而是无法负担自有住房。正确的做法是，只要城市有贡献的(“五险一金”、个税等)无房户都可以以“先租后售”或“共有产权”等居民负担得起的方式，低价格获得自有住房。

“先租后售”是居民以租赁方式获得住房期权，满足一定年限后解禁期权，租金转为按揭。条件是解禁期要足够长才不会冲击商品房市场。共有产权是政府与个人共同投资商品房，在交易环节政府和个人分享土地升值。条件是确保购房者为无房户，否则很容易将现在有钱人炒房变为政府与散户共同炒房。

由于这两种方式的保障房都可以进入资本市场，因此可以成为有效的抵押品。特别是“先租后售”由于抵押品风险极低，可以通过银行大规模融资，从而起到弥补房地产市场供地减少导致的社融缺口。只要规模足够大，保障房一样可以释放出大量广义货币，确保市场流动性充足稳定。

在双轨制的住房长效机制里，商品房市场价格高，就不再是“坏事”。由于作为抵押品保障房在资本市场具有较高的估值，保障房融资的成本就可以更低，较低的财务成本可以支持的建设规模也就更大，解禁期到期后家庭从住房获得的财产性收入也就更大。

四、辩证理解“房住不炒”

今天的中国已经成功建立起世界上规模最大的住房市场。任何简单的打压都会带来巨大的经济危机和难以预料的社会动荡。在激烈的大国博弈环境下，错误的房地产政策尤其危险。改革都是有风险的，可以试错的。中国房地产政策反复多次的“收放循环”(包括这一次)，已经证明目前只有“炒”没有“住”的住房制度已经难以为继。新的住房政策必须走向“房住不炒”。

这一轮新的房地产治乱周期，一个根本原因，就在于各部门教条主义地理解“房住不炒”，结果形成合成谬误。“房住不炒”不是“打压房价”，不是“只租不售”，而是指居民无需通过“炒”(以资本价格)获得居住权。要建立基于成本的房价体系，首先要解决的就是资金的来源。而只要将保障房与资本市场挂钩，保障房就可以将自身变为有效的抵押品。在这个意义上，打击房地产(“炒”)也是在打击保障房(“住”)。

只有辩证理解“房住不炒”才能正确处理“住”与“炒”的关系，才能设计出一个“住”与“炒”分离的住房制度，才能从根本上彻底解决反复出现的“住”、“炒”循环。房地产在中国经济中的基础作用，使其相关政策在中国经济中具有任何其它政策所不具有的宏观影响。一步走错，就有可能带来远超1989年“价格闯关”的灾难性的后果。

可持续的房地产应该有资本市场和保障市场“两条腿”。现在资本(“炒”)这条腿异常强大，保障(“住”)这条腿却非常短小。正确的做法应该是加长“住”这个短腿，而不是锯掉“炒”这个长腿。“住”是目标，“炒”是工具。只有借助“炒”这个工具，才能解决“住”的问题。缺少任何一条腿的房地产都是不完整的。

房地产既可以成就中国经济史诗般的崛起，也可以导致中国经济的停滞甚至危机。“载舟覆舟，所宜深慎”。

激发数字经济发展潜能

武汉大学国家发展战略智库课题组

党的十八大以来，习近平总书记十分重视数字经济发展，高瞻远瞩、审时度势，对数字经济发展进行了全局谋划和系统部署，提出一系列新理念新思想新战略。2021年10月18日，中共中央政治局就推动我国数字经济健康发展进行第三十四次集体学习，习近平总书记在主持学习时发表重要讲话，为我国数字经济健康发展指明了前进方向、提供了根本遵循。我们要深入学习领会讲话精神，大力激发数字经济发展潜能，推动经济高质量发展。

一、我国数字经济发展取得显著成就

习近平总书记深刻指出，“数字经济发展速度之快、辐射范围之广、影响程度之深前所未有”，“我国数字经济发展较快、成就显著”，“特别是新冠肺炎疫情暴发以来，数字技术、数字经济在支持抗击新冠肺炎疫情、恢复生产生活方面发挥了重要作用”。党的十八大以来，在以习近平同志为核心的党中央坚强领导下，网络强国战略和国家大数据战略深入实施，网络经济空间持续拓展，我国数字经济规模不断扩大，数字经济新技术新业态蓬勃发展，对经济社会的影响日益深入。

数字经济规模不断扩大。近年来，我国数字经济体量不断创造历史新高。数字经济增加值规模由2005年的2.6万亿元，扩张到2020年的39.2万亿元，占国内生产总值比重为38.6%。中国信息通信研究院的研究显示，2020年有13个省市数字经济规模超过了1万亿元。同时，我国数字基础设施与用户规模十分庞大，已经建成全球最大的光纤网络、4G和5G独立组网网络，网民规模位居世界第一。

数字产业化和产业数字化稳步推进。一方面，数字产业持续优化升级。2020年，我国数字产业化规模为7.5万亿元，占数字经济比重为19.1%，数字技术的产业化、规模化应用世界领先。另一方面，产业数字化向深层次演进。2020年，我国产业数字化规模为31.7万亿元，农业、工业、服务业数字经济渗透率分别达8.9%、21.0%和40.7%。数字技术正向更深层次、更广领域渗透融合，产业数字化赋能传统产业与实体经济的重要作用进一步强化。

数字化治理能力快速提升。近年来，我国数字化治理体系不断完善，治理手段和方式逐步优化，数字社会、数字政府建设持续推进，公共服务、社会治理数字化智能化水平不断提高。《2020联合国电子政务调查报告》显示，我国电子政务发展指数(EGDI)排名升至全球第45位，较2018年提升20个位次。2021年6月，《中华人民共和国数据安全法》出台，为数据安全治理提供了重要法治保障，对促进数据要素开发利用和安全保护、推动我国数字产业健康规范发展意义重大。同时，随着《二十国集团数字经济发展与合作倡议》发布，“数字丝绸之路”建设、中欧数字经济合作不断深化，我国在全球数字治理中发挥越来越重要作用。

在支持抗击新冠肺炎疫情中发挥重要作用。疫情期间，数字技术在助力疫情防控和复工复产方面发挥了重要作用，在疫情监测分析、病毒溯源、防控救治、资源调配等方面发挥了支撑作用。面对疫情冲击，我国数字经济逆势加速发展，在2020年保持了9.7%的高位增长，展现出强大的抗冲击能力和发展韧性，在保障消费和就业、维护产业链供应链稳定畅通、推动复工复产等方面发挥了重要作用，成为对冲疫情影响的“稳定器”。此外，还孕育出了生鲜电商、远程办公、直播带货、在线医疗等新业态，成为经济社会高质量发展的“加速器”。

二、深刻把握发展数字经济的战略意义

习近平总书记指出，发展数字经济意义重大，是把握新一轮科技革命和产业变革新机遇的战略选择。数字技术、数字经济正作为新一轮科技革命和产业变革的主导力量，重构全球创新版图，重塑全球经济格局。推动我国数字经济健康发展，要把握数字经济发展的战略意义。

有利于推动构建新发展格局。构建新发展格局的关键在于经济循环的高效运转、畅通无阻。数字技术、数字经济可以推动各类资源要素快捷流动、各类市场主体加速融合，帮助市场主体重构组织模式，实现跨界

发展，打破时空限制，延伸产业链条，畅通国内国际双循环。近年来，新一代信息技术加速向网络购物、移动支付等新型消费领域渗透。2021年前三季度，我国实物商品网上零售额同比增长15.2%，占社会消费品零售总额的比重达23.6%；我国跨境电商进出口同比增长20.1%，已成为国际大循环的重要推动力量。

有利于推动建设现代化经济体系。数字经济具有高创新性、强渗透性、广覆盖性，不仅是新的经济增长点，而且是改造提升传统产业的支点。数字经济可以有效扩大消费需求，激发投资活力，提供新的就业岗位，是现代化经济体系建设中不可或缺的一部分。2021年上半年，我国数字经济核心产业销售收入同比增长34.2%，两年平均增长20.8%；数字技术应用业销售收入同比增长35.3%，两年平均增长26.4%，其中，互联网相关服务、软件开发、信息技术服务销售收入两年平均增长分别为46.5%、27.1%和26.1%。数字经济适应我国高质量发展阶段的新需求，是推动供给侧结构性改革、产业基础高级化、产业链现代化的有力抓手。

有利于推动构筑国家竞争新优势。纵观世界经济发展史，每一次科技革命都带来新技术的突破，引发新的产业革命，催生新的经济范式，形成新的竞争格局。数字经济是重组全球要素资源、重塑全球经济结构、改变全球竞争格局的关键力量，是新一轮国际竞争重点领域。发展数字经济已成为不可阻挡的时代趋势。当今时代，数字技术、数字经济是世界科技革命和产业变革的先机，据经济合作与发展组织(OECD)2020年统计，34个经合组织国家制定了国家数字战略。我国数字经济正处在快速发展的进程中，已成为国民经济中最为核心的增长极之一。2020年，我国数字经济规模位列世界第二，同比增速位居全球第一。抢抓数字技术、数字经济这一世界科技革命和产业变革的先机，对于我国抢占未来发展制高点、构筑国家竞争新优势具有至关重要的意义。

三、充分激发数字经济发展潜能

当前，要以习近平总书记关于数字经济的重要论述为根本遵循，深入贯彻落实中央经济工作会议精神，充分发挥海量数据和丰富应用场景优势，促进数字技术与实体经济深度融合，赋能传统产业转型升级，催生新产业新业态新模式，不断激发数字经济发展潜能。

促进数字技术与实体经济深度融合。中央经济工作会议强调，加快数字化改造，促进传统产业升级。产业数字化是新一轮科技革命和产业变革的前沿端口，是数字生产力与经济发展新动能的重要来源。数字技术正在驱动传统的产业发展范式持续创新，赋予传统产业新的生命力。要以工业互联网为依托促进制造业数字化、网络化、智能化发展，促进新一代信息技术深度赋能农业农村，推动服务业数字化转型。

加快对传统产业的数字化改造提升。进一步发挥制造大国和网络大国叠加优势，促进数字技术与传统制造业场景深度融合，实现“中国智造”；加速工业互联网在重点行业的创新应用，增强平台化设计、数字化管理、智能化制造、个性化定制、网络化协同、服务化延伸能力。推动新一代信息技术与农业全产业链条的融合应用，大力发展智慧农业；健全农业基础数据资源采集体系，完善农产品数字化溯源追踪体系，加快实施一批农业创新示范项目；依托数字技术促进农业组织化、标准化、集约化、规模化生产经营。推动服务业企业数字化转型，促进生产性服务业提高专业化水平和向价值链高端提升，促进生活性服务业品质优化、供给多元化；丰富文旅、医疗、教育、体育等线上服务应用供给。

促进中小企业数字化发展。发展数字经济离不开一大批中小企业特别是有国际竞争力的“专精特新”企业。但中小企业的数字化改造面临成本高、投入大、周期长、见效慢等困难，人才支撑不够、动力意愿不足、技术能力较弱。要帮助中小企业走出数字化改造“心有余而力不足”的困境，鼓励平台企业和大型骨干企业向中小企业开放共享数字化发展资源、提供定制化的整体解决方案，降低中小企业数字化转型成本，加快培育更多“专精特新”的“小巨人”企业和“瞪羚企业”。继续面向市场主体实施新的减税降费，加大“放管服”改革力度，落实好助企纾困政策，增强企业发展信心。

强化数字经济人才支撑。习近平总书记强调，要提高全民全社会数字素养和技能，夯实我国数字经济发展社会基础。数字经济是吸纳就业的重要途径，提升全民全社会数字素养和技能有利于缓解就业结构性矛盾。特别是，数字经济的创新驱动实质是人才驱动，人才短缺是制约数字经济发展的重要因素之一，需要造就数以亿计适应数字经济发展、具备数字化知识结构和数字化动手能力的人才。

加快形成结构多元、层次合理的人才队伍。培育海量的技术技能型人才，以职业教育培养高素质技术技能人才、能工巧匠、大国工匠，引导职业教育更好服务制造强国和数字中国建设；以赛促研、以赛促学，广泛组织开展与数字技能相关的职业技能竞赛。着力培育更多创新研发与高层次应用型专业人才，推进数字经济和前沿数字科技创新相关学科建设，培养一批勇闯科技创新“无人区”的领军型人才。培育大量善于跨界整合的高端人才，加快推进面向数字经济的新工科、新文科建设，发展新兴交叉专业，促进各学科互促共进。企业是数字经济发展的实体，也是培养数字化人才的主体，要引导企业优化综合型数字化人才的开发投入机制和选拔培养体系。

提升全民全社会数字素养和技能。开展形式多样的全民全社会数字素养和技能提升主题活动，营造社会共同关注、全民积极参与的浓厚氛围，让数字素养和技能融入经济、走进生活、植入文化、深入人心。塑造良好的创新文化，秉持包容审慎原则，营造激励创新、宽容失败的社会氛围和发展环境。构建技能型社会，加快建成全民终身数字学习体系，构建面向全体人民、贯穿全生命周期、服务全产业链的数字学习体系。开发和共享优质数字化教育资源，促进老年人、残疾人等特殊群体数字技能稳步提升，弥合数字鸿沟。

打造充满活力的科技创新生态。只有掌握关键核心技术的自主权、先进数字技术产业的主导权，才能把握数字经济发展的主动权。解决关键核心技术“卡脖子”问题，必须营造一个多主体协同、多要素融通、制度环境充满活力的创新生态系统，持续激发创新的内在潜力。要按照中央经济工作会议要求，强化企业创新主体地位，深化产学研结合，完善优化科技创新生态。

实现数字技术的“非对称”赶超。把我国集中力量办大事的制度优势、超大规模的市场优势与发挥市场在资源配置中的决定性作用结合起来，构建关键核心技术攻关新型举国体制。聚焦解决关键核心技术“卡脖子”问题，强化基础研究，加快布局共性技术。完善产学研用协同创新机制，进一步强化企业创新主体地位，提高企业在创新决策、创新资源配置和成果转化等方面的主导权，支持企业与高校、科研院所等构建产业技术创新战略联盟，打造“研发—转化—生产”良性循环的创新链。搭建面向数字科技的高水平科技创新公共服务平台，促进数字技术和通用软硬件的开源开放。激励企业研发投入，协助“卡脖子”攻关企业开拓市场，发挥海量应用场景优势，牵引相关技术和产品迭代升级。

促进各类创新要素融通聚合。激励激发企业家精神，鼓励企业家与科学家深度合作。构建适应数字经济新型生产关系的人才激励机制，优化人才评价制度和成果评价体系，畅通科技成果转化渠道。建立与数字经济创新活动需求相适应的科技金融体系，利用新一代信息技术为传统金融活动赋能，深化多层次资本市场改革，实现金融链和产业链、创新链、数据链多链互动、高效协同。加快培育和完善数据要素市场，统筹好数据的开发利用、隐私保护和公共安全，构建多层次的数据交易流通共享体系。营造公平有序的市场竞争环境，为资本设置“红绿灯”，防止资本野蛮生长和无序扩张。

适度超前开展新型基础设施投资。数字产业集群与数字基础设施是“车”和“路”的关系，应该适度超前布局铺“路”，让“路”等“车”，形成“以建促用”的发展效应。中央经济工作会议强调，适度超前开展基础设施投资。新型基础设施建设具有显著的投资乘数效应和消费带动效应，能够“一业带百业”，是稳住宏观经济大盘、积极扩大有效需求的重要举措。要适度超前开展基础设施投资特别是新基建投资，搭建数字经济创新载体。前瞻性部署新基建项目，助力经济社会数字化转型，赋能产业和消费的“双升级”。

为全球数字经济发展贡献智慧和力量。数字经济是全球未来的发展方向，特别是新冠肺炎疫情全球大流行背景下，数字化转型为恢复生产生活秩序、促进经济复苏提供了重要动力。中国应在推动经济全球化中积极作为，打造“数字丝绸之路”，积极参与数字经济国际规则和标准制定，为全球数字经济发展贡献智慧和力量，促进全人类共享数字经济发展红利。

打造“数字丝绸之路”。共建“数字丝绸之路”有助于进一步缩小各国数字化发展鸿沟，为“一带一路”沿线国家培育新的经济增长点，促进各国共同实现更具包容性和可持续性的发展。要推动“数字丝绸之路”与国内区域重大战略互促共进、融合发展，进一步畅通经济内外循环。推动与“一带一路”相关国家政策、规则等“软联通”，加快数字基础设施“硬联通”，与沿线国家形成多层次对接合作。针对沿线国家数字化发展现实应用场景，弥补数字基础设施短板弱项。在“一带一路”国际合作中，强调以“绿色”与“数字”协同发展推动经济全球化健康发展。

推进数字经济国际合作。中国高度重视数字经济国际合作，提出促进数字时代互联互通倡议，申请加入《数字经济伙伴关系协定》，正以开放的态度积极参与全球数字经贸规则制定。要进一步深化数字经贸国际合作，积极参与数字经济领域全球科技合作与科技创新治理，为全球数字治理贡献中国智慧和中国方案；推动数字贸易领域的制度型开放，支持跨境电商发展，提高跨国数字贸易平台管理服务水平；促进数字经济领域对话协商，积极参与数字经济技术创新领域的国际标准制定，提高我国在全球科技创新体系中的话语权和影响力；加强国际数字治理规则研究与治理政策储备，推动构建网络空间命运共同体。

共同富裕与金融向善

刘晓春

共同富裕，是政治选项，不是单纯的经济选项。中国共产党人说“不忘初心”，就是庄严的政治承诺。改革开放初期，面对百业待兴的特殊情况，提出“让一部分地区、一部分人先富起来”，目的就是让先富起来的地区和人“带动和帮助其他地区、其他的人，逐步达到共同富裕”。所以，这个承诺是一贯的，只是在不同历史时期，有不同的背景，有不同的战略和措施。

现在，“让一部分地区、一部分人先富起来”的阶段性目标已经实现，并且历史性地消除了绝对贫困。同时，在前阶段我国经济的快速发展过程中，也在一定程度上出现了收入差距扩大的趋势。在这样的背景下，中央定调共同富裕就是要实现让先富起来的地区和人“带动和帮助其他地区、其他的人，逐步达到共同富裕”，并且对共同富裕的目标和实现的方式给出了明确的定义。

正确理解共同富裕

共同富裕是一个逐步达至的过程，不可能一蹴而就，要在发展中逐步实现，要通过增量财富的创造来实现。共同富裕，不是平均富裕，不是同步富裕，不可能靠对存量财富的均贫富实现共同富裕。

共同富裕，不是单纯的个人或家庭货币收入上的富裕，而是包括人民充分、公平享受公共福利和公共服务的富裕，更是人的全面发展意义上的富裕。所以，二次分配、三次分配不是杀富济贫，不是通过二次分配、三次分配把货币直接转移支付给个人或家庭。

要创造更多的财富，实现共同富裕，就必须进一步推进市场的发展，推进科技创新，发挥金融在市场中有效配置资源的作用。

然而，正因为有市场、有金融，人类更需要探索共同富裕之路。市场、金融，和科技一样，创造了巨量的财富，使得地球能够养活越来越多的人，推动了人类社会的发展。

但很遗憾，市场、金融、科技却并没有给人类社会带来共同富裕，无法消除人类社会的不平等和贫困现象。也就是说，市场、金融、科技，对人类发展的总体作用和对不同历史时期、不同地域、不同群体、不同个人的作用不是同步的、同向的。

市场固然有其自身的逻辑，但市场不是人类社会中的一个真空存在，与人类政治、文化、军事等根本就没有边界。市场的运作原理在理论上可以自洽，但在现实中却与政治、文化、军事等相互作用。

就市场说，供需会因为价格的变动而平衡，或者说，供需的失衡会导致价格的变化，价格反过来影响供需，最终达至均衡。但，由不均衡到均衡是一个过程，不是瞬间。当市场失衡时，各市场主体无论是机构还是个人，都不会单纯等待市场的均衡。他们的一切行为，既是经济的，也是社会的，

因此，在市场达到均衡前，整个社会就有可能失衡。所以，“看得见的手”之所以出手，往往并不是因为政府要干预市场，实在是“无形之手”挑逗的。经济学家却总是归罪于“看得见的手”。

“劳动者的普通工资……劳动者盼望多得，雇主盼望少给。劳动者都想为提高工资而结合，雇主却想为减低工资而联合。”

“雇主的人数较少，团结较易。加之，他们的结合为法律所公认，至少不受法律禁止。”“据说，工人的结合常常听到，而雇主的结合却很少听到。可是，谁要是因此认为雇主实际很少结合，那就未免昧于世故，不了解这问题的真相了。雇主们为使劳动工资不超过其实际工资率，随时随地都有一种秘而不宣的团结一致的结合。”这可以说是一种自然结合。“对于雇主的这种结合，工人们往往也组织对抗的防御性结合。”“他们的结

合，无论是防御性的或是攻击性的，总是声闻遐迩。为求争点迅速解决，他们老是狂呼呐喊，有时甚至用极可怕的暴力。他们处于绝望的境地，铤而走险，如果不让自己饿死，就得胁迫雇主立即答应他们的要求。这时，雇主也同样喧呼呐喊，请求官厅干涉，部分因为雇主较能持久，部分因为大多数劳动者为了目前生计不得不屈服，往往以为首者受到惩罚或一败涂地而告终。”以上是亚当斯密《国富论》中的叙述。

趋利避害，是人的本性，也是奇妙市场机制的根本推动力，也是经济学所谓的理性人假设。实际上，人类的许多发明创造、灾难动荡、战争革命，都是这个根本动力推动的。本性，是天然的，无所谓善恶。也因此，市场、金融、科技，其本身无所谓善恶。趋利，无论是国家、族群、机构还是个人，都是正常的。当然，某人或某机构趋利行为的结果，一般是对自己有利，但是否必定对他者有利、对社会有利，则不是确定的，有时甚至对自己也不一定是有利的。有时，一个市场参与者所得之利，可能远远低于其他人或者社会的损失。这就是再发达的市场经济体，依然存在贫富分化，不得不有社会福利制度的缘故。

金融是人类最伟大的发明之一，比许多科学发明不遑多让，与文字、哲学等一样对人类社会发展及生活影响至巨。金融的本质就是债权债务(股权实质上就是永续债)，是建立在信任基础上的逐利行为。然而，因为逐利，又往往背离信任，与信任形成拉扯，或在信任与欺诈之间徘徊。

金融加快了社会财富的周转速度，加速了社会资本的积累，极大地推动人类科技的进步、财富的加速创造，也因为这样的机制，金融给社会带来财富集中和收入差距扩大的困境。因此，无法单纯用道德来定义金融的好与坏、善与恶。我们固然可以对创造金融者或应用金融者评判好与坏、善与恶，也可以对金融的结果评判好与坏、善与恶，但没有办法对金融本身评判好与坏、善与恶。

市场、金融，如同科技，不是万恶之源，是人类社会的天然伴生物，是促进人类社会进步的决定性要素，人类无从回避，恐怕也不能消灭。我们要实现共同富裕，依然需要市场、金融和科技。

亚当斯密在《国富论》中说：“对工资劳动者的需求，必随一国收入和资本的增加而增加。”“然而，使劳动工资增高的，不是庞大的现有国民财富，而是不断增加的国民财富。因此最高的劳动工资不在最富的国家出现，却在最繁荣，即最快变得富裕的国家出现。”由此，我们也可以看到，共同富裕只有在社会财富的不断创造中才能实现，一个停止发展的社会是不可能实现共同富裕的。

一、二、三次分配，需要相互配合，相互配合的关键是善于发挥市场机制的作用和金融配置资源的功能。二次分配、三次分配，并不是独立于一次分配之外的。可持续的二次分配、三次分配，必然有利于市场的发展，能促进实现有效的一次分配。有效的二次分配、三次分配，不产生养懒汉的副作用，同样需要借助于市场机制的作用。通过二次分配、三次分配的引导，促使一次分配充分发挥市场效率的同时，实现相对的公平。

二次分配、三次分配的结果，主要的不是体现在个人货币收入上，而是体现在这样一些方面：更加丰富、公平的公共服务、公共福利，比如教育、养老等；更加丰富的公共设施和友好的生活环境；更加公平的法治和营商环境；促进更加活跃的市场发展，提供更多的不同类型的就业岗位；有效的困难救助体系等。

削峰填谷式的二次分配、三次分配，是传统“均贫富”的思维方式，无异于劫富济贫，将会扼杀市场机制的作用，最终只可能共同贫困，不可能共同富裕。

金融支持共同富裕要做好三方面工作

市场、金融要促进共同富裕，就要抑制其可能的负向作用，通过各种政策手段，包括二次分配、三次分配，引导其向善的作用。就金融而言，可以做以下三方面的工作。

第一方面，金融服务向善。

首先，发展普惠金融。

金融支持共同富裕，普惠金融是题中应有之义。但在发展普惠金融、支持共同富裕中，必须始终明确，普惠金融不是三次分配，不是慈善救济，依然是市场机制下的资源配置，是金融机构的经营行为，必须商业可持续。所以，普惠金融不是简单的、不分对象的普遍提供贷款，更不是提供利率优惠贷款。普惠金融是要为广大弱势人群提供适当的可负担的金融服务，尤其是现代经济条件下的银行账户和支付服务。因为现代经济运行和金融服务，都是建立在有效的银行账户及相应的支付体系上的。普惠金融是要创新提供各类保险服务，如就业保险、医疗保险、教育保险、旅行保险、职业病保险等，为各类弱势人群提供托底服务，在共同富裕的道路上不会因为人生中的一些意外导致返贫或滑落社会底层。

应当把大力发展第三支柱商业养老保险作为普惠金融的重要内容。

普惠金融更是要大力发展小微金融服务。服务小微企业,提供贷款不是最重要的,最重要的是提供良好的账户和结算服务,加快资金流通,减少小微企业不合理的应收款占用,降低融资总规模和融资总成本。

其次,金融支持共同富裕,必须大力推动 ESG 投资。

从共同富裕的角度说,ESG 投资应该成为金融服务的硬约束。现在绿色投资方面已经引起各方高度重视,可以预期各类标准很快会建立起来。我觉得,金融机构提供金融服务,尤其要关注服务对象的社会责任担当和公司治理情况。

现在许多企业简单地把社会责任当作就是捐赠、扶贫,这是不够的。捐赠、扶贫是三次分配,应当鼓励。但将其作为投融资的硬约束条件,有利于借助市场机制促使企业加强这方面的工作。这肯定比用道德劝谕、行政方式有效和有益。

但目前在企业公益捐赠方面,需要注意两个问题。一是,一些企业在高杠杆的情况下,无度捐赠,甚至一边大量向银行借款和发债,一边在世界各地进行名目繁多的捐赠。这不仅不能达到共同富裕的目的,而且还给社会带来系统性金融风险隐患。

二是,许多企业的实际控制人严格区分个人财产和公司财产,但捐赠、扶贫却只用公司的资金和财产,个人享受因公司捐赠和扶贫等而获得的荣誉与好处。这同样背离了共同富裕的初衷。因此,金融机构在评价投资对象社会责任时,既要评价公司的社会责任担当情况,也要评价企业实控人的社会责任担当情况。企业公益捐赠的数量应该控制在合理的范围内。

公司治理,不仅是公司治理架构和程序是否完善,就共同富裕而言,要特别关注企业公司治理中对员工合法权益的安排、对利益相关者合法权益的安排。一些企业一方面高杠杆下用贷款在外大搞公益,企业领导人到处担任公益大使,但企业内部却侵犯员工合法权益,甚至利用人工智能算法千方百计剥削员工。一些企业千方百计侵犯消费者权益。还有一些企业挤压上下游中小企业的流动性,给中小企业造成了资金流动性困难,增加了融资总量和融资成本,也给中小企业带来很大的经营困难和风险。这些实际上是在一次分配环节造成了极大的不公平,把共同富裕的责任推给了社会。金融机构应该把服务对象公司治理这方面的内容作为投资与否的实质性要素纳入评价体系。

第三,支持非盈利机构及其创办的企业。随着三次分配的逐步发展,社会上会产生越来越多的公益机构以及这些机构创办的企业。金融机构应积极创新专属的金融产品和金融服务方式,在遵循商业原则的前提下,为这些机构和企业提供有效的金融服务。

第二方面,金融机构向善。

金融机构在提供服务中要求服务对象做到的 ESG 方面的内容,在自身的经营管理中也应该做到。

尤其是在员工绩效考评方面,要兼顾效率、效益和公平,兼顾某项业务本身收益和机构整体长远发展目标的平衡。

在履行社会责任方面,一方面要发挥自身业务优势,另一方面也要有效隔离履行社会责任与业务经营的风险。

第三方面,金融监管向善。

金融监管方式,对于需要禁止的行为,必须明确界限,具有执行的可操作性;对于需要鼓励的行为,则尽可能用引导性政策手段,借助市场机制达到目的。比如,非法经营金融业务,必须明令禁止,坚决打击,不存在所谓因为创新网开一面的模糊地带。普惠金融、支持小微企业等,则以定向降准、定向再贷款优惠利率等引导性政策手段为妙,为金融机构留出差异化竞争的市场空间。金融监管,不应该仅仅是对金融机构的监管,而应该是对所有金融市场参与者的全面监管。

加快 ESG 投资监管标准建设。这方面,特别要关注的是对企业公益捐赠的约束。企业公益捐赠必须控制在一定负债率条件下和一定净利润占比范围内,确保企业的公益捐赠等是可负担、可持续并且不会给社会带来金融风险。企业实际控制人的公益捐赠等可以作为企业社会责任评级的加分项。其次,企业员工权益保护、消费者权益保护、上下游客户权益保护等,都应该有明确的要求和评定标准。通过这些监管标准约束投融资行为,促使金融机构和企业在提升市场竞争力的同时,保证一次分配的公平、公正与效率。

依法实行全面信息披露监管。真实、准确、完整的企业信息披露,不仅仅是资本市场或直接融资市场的要求,应该是企业所有融资活动中都需遵循的法定要求。

制定有利于支持共同富裕的有关引导性政策。比如对于金融机构支持公益机构、公益机构创办的企业、福利企业等实现的收入给予税收优惠、就相关信贷业务给予定向存款准备金缴纳优惠、再贷款额度及再贷款利率优惠等。

百年未有之大变局下的新结构经济学自主理论创新

林毅夫

习近平总书记在2018年提出了"当今世界正遭遇到百年未有之大变局",我想利用这个机会谈谈为什么会出现百年未有之大变局,面对这个变局,怎么驾驭?同时,我也想利用这个机会阐述一下进行新结构经济学理论创新的必要性,并介绍新结构经济学的理论创新将会给在座的同学们带来的机遇。

一、百年未有之大变局为何而起?如何驾驭?

2018年6月,习近平总书记在中央外事工作会议上面提出当今世界处于"百年未有之大变局"的论断。怎样来理解这个论断?我想可以看一下历史。在1900年20世纪刚刚开始的时候,八国联军攻打了北京,这八国是英国、美国、法国、德国、意大利、俄国、日本以及奥匈帝国,它们是当时的列强,也是当时世界上最发达的工业化国家。经济是基础,按购买力平价计算,这八国的GDP总量达到了全世界的50.4%,占了世界的一半。

到了2000年,21世纪刚开始的时候,世界上有一个八国集团:美国、英国、法国、德国、意大利、俄罗斯、日本、加拿大,前七个国家跟八国联军完全一样,奥匈帝国在第一次世界大战以后崩溃了,分成奥地利和匈牙利两个国家,退出了世界列强的行列,后来加拿大取而代之加入了八国集团。按购买力平价计算,八国集团的经济总量占到全世界的47%。可以看到,整个20世纪,这八个工业化国家的经济总量占了全世界的一半或接近一半。经济是基础,整个20世纪全世界的政治经济格局就由这八个工业化国家来主导。

在第一次世界大战以前,大部分的发展中国家是发达国家的殖民地或者半殖民地。第一次世界大战时,民族主义风起云涌,这些发展中国家经过一、两代人的努力,到第二次世界大战以后纷纷摆脱殖民地半殖民地的地位,获得了政治独立,开始追求自己国家的工业化、现代化,冀图赶上发达国家。到2000年的时候,从经济总量来讲,这些八国集团之外的国家只不过提高了3.4%;但是,发展中国家的人口增长率高于发达国家,所以从人均量来看,发展中国家尽管经过100年的努力,人均收入水平、生活水平等等跟发达国家的差距继续在扩大。

但是进入了21世纪以后情况发生了很大的变化。到2018年时,八国集团的经济总量按照购买力平价计算,从2000年的47%掉到了34.7%,只比三分之一高一点。经济是基础,原来世界上的事不是这八个国家内部的冲突引起的,就是只要这八国的领导人坐下来开个会、做个决定,就能够主导全世界的应对和走势。但是随着经济总量的下降,影响力也下降,八国集团再也不能号令世界。最明显的是2008年的国际金融经济危机爆发,由于影响力下降,八国集团就被二十国集团取代。

为什么八国集团会在进入21世纪以后,失去了在国际政治经济各方面的影响力?最主要是因为新兴市场经济体的崛起,尤其是中国的崛起。1949年时,中国的GDP占全世界的4.2%,中国是全世界人口最多的国家,按人均GDP算,中国是世界上最贫穷、最落后的国家之一。到了1978年开始改革开放时,经济总量占全世界的4.9%,人口则从1949年的6亿增加到10亿,人均量和发达国家的差距进一步扩大。但是从1978年开始改革开放以后到2020年,我国取得了连续42年、平均每年9.2%的经济增长。一般发达国家的经济增长速度无非就在3%–3.5%之间,中国的增长速度是它们的三倍,中国的经济总量在世界上的占比快速提升,这是世界经济格局发生变化的一个很主要的原因。受影响最大的是美国。2000年的时候,美国的GDP总量占全世界的21.9%,也就是一个国家占到全世界的1/5。但是,在2014年时,按照购买力平价计算的经济规模,中国超过美国。随着中国经济的快速发展,中国在国际上的影响力越来越大。例如,从贸易来看,中国是世界第一大贸易国,中国是一百二十几个国家的第一大贸易伙伴,也是其他七十多个国家的第二大贸易伙伴。全世界超过90%的国家,中国不是第一大贸易伙伴,就是第二大贸易伙伴。而且将来,各位学习国际贸易时就会知道,贸易是双赢的,在双赢中,小国得到的好处远远大于大国。中国是世界第一大经济体,贸易对中国有利,对其他国家更有利。

所以,随着经济格局的变化,中国的影响力越来越大,美国的影响力不断下滑。当然,按照市场汇率计算,美国现在还是世界第一大国,它的人均GDP比我们高很多,我们才刚超过1万美元,美国的人均GDP达到6.5万美元,它的科技、经济实力都还比中国强。美国就想利用它在科技、军事、金融上的优势来压制中国的发展。在奥巴马时代提出了"重返亚太",把地中海舰队调来加强太平洋舰队,在韩国部署萨德导弹,目标是围堵中国。特朗普上台以后更是变本加厉,以一些莫须有的借口对中国发起了贸易战、科技战,可以说司马昭之心路人皆知。拜登上台以后,斗争的方式可能不像特朗普那样粗粗鲁,但是围堵中国、抑制中国发展的意图还是一样,并且这已经是美国两党的共识,所以我相信不管谁当总统,基本格局不会改变。

按照购买力平价计算,中国是世界第一大经济体;按照市场汇率计算,美国还是第一大经济体。这两个国家的矛盾冲突给世界带来许多不确定性。我想这是百年未有之大变局产生的原因。这种大变局发生后,什么时候世界才能够进入到一个新的、稳定的格局?我个人的看法是:大变局是由于中国经济快速发展引起的,解铃还需系铃人,要想进入到一个新的、稳定的、和平的世界格局,需要中国继续快速发展。而且我判断,当中国的人均GDP达到美国一半的时候,新的、稳定的世界格局可能就会出现。

上述判断的原因有三:第一是当中国的人均GDP达到美国的一半的时候,北京、天津、上海加上东部沿海山东、江苏、浙江、福建、广东五省的人均GDP估计会达到美国的水平,这三市五省的人口加起来四亿多一点,略多于美国。更重要的是,人均GDP代表平均劳动生产力水平,如果平均劳动生产率一样高,就代表产业、技术水平一样高。也就是说,到那时候美国就没有可以卡中国脖子的科技优势来作出像对华为断供那样的事。第二,中国的经济规模已经是美国的两倍了,美国再怎么不高兴,也改变不了这个事实。第三,贸易是双赢的,小经济体得到的好处比大经济体得到的好处大。到时候中国的经济规模是美国的两倍,与中国贸易,美国得到的好处会比中国得到的好处大得多。而且中国不仅是经济规模比它大,前面谈到三市五省的人均GDP跟美国一样高,中西部10亿人口的人均GDP大约是美国的1/3。这些地区由于人均GDP相对比较低,发展的潜力和速度会更快。就像2008年后,全世界每年30%的增长来自中国,到那时候全世界30%甚至更多的增长也会来自于中国。届时美国为了自己的经济发展,为了就业,不能没有中国的市场。这种状况之下,美国就会心悦诚服地接受中国崛起的事实,世界会摆脱老大老二之争,也就会有一个新的、稳定的格局。

实际上这也是有先例。在1900年的八国联军当中,唯一的亚洲国家是日本;在2000年的八国集团当中,唯一的亚洲国家也是日本。所以可以讲,日本在整个20世纪都是亚洲的领头羊。但是中国在改革开放以后经济快速发展,到2010年时,按照市场汇率计算,中国的经济规模超过日本。经济是基础,中国的经济规模超过日本,就代表中国在亚洲地区乃至全世界的影响力,超过了日本。日本右派心里很不舒服,开始制造钓鱼台的争端,想以此来激怒中国,打乱中国的发展步伐,中日关系开始紧张。但现在中日的关系为什么有所缓和?日本是第三大经济体,但是中国的经济规模按照市场汇率计算已经是日本的2.8倍,日本再怎么不高兴,也不可能改变这个事实。而日本自己的经济发展离不开中国市场,所以,日本为了它自己的利益,就只能接受这个事实,中日关系也就有所缓和。所以,百年未有之大变局是由中国的快速发展引起的,要走出这个百年未有之大变局,仍然需要中国的快速发展。

二、中国未来发展的前景

从1978年到2020年,中国平均的经济增长率达到9.2%,是人类经济史上未曾有过的奇迹。对中国未来的发展,媒体和学界则有不少悲观的论调。一种说法是在国际上非常有影响力的拉里·萨默斯(Larry Summers)提出,他当过美国哈佛大学校长、美国财政部长,是在国际上非常有影响的公共知识分子。在2014年时萨默斯写过一篇文章,叫Back to the Normal(《回归到常态》)。他说全世界每个国家经济增长的常态就是3%到3.5%之间,发达国家是这样,发展中国家顶多也是这样,因为实际上发展中国家跟发达国家差距在扩大,所以增长的速度一般还没有发达国家高。他说中国每年9%甚至更高的增长是非常态,必然会回归到常态,潜台词就是中国会从过去9%、10%的增长下降到3%–4%之间,他的文章是2014年写的,由于他在国际上很有影响,而中国确实从2010年以后经济增长速度就一路下滑,很多人也就认为他这个文章很有预测力,有历史和国际的经验,所以中国的经济增长速度很可能就掉到常态增长的3%到3.5%之间。

另一种说法是中国过去的快速发展是靠后来者优势,但是中国已经利用后来者优势40多年了,潜力已经用尽。怎么判断呢?因为在2019年时,按照宾夕法尼亚大学编的世界表(Penn World Table),按照2017年的美元购买力来计算,中国在2019年的时候,按照购买力平价计算的人均GDP已经达到14128美元。有一些国内、国际上的学者指出,世界上发展比较好的其他国家达到这样一个收入水平以后,例如,德国1971年人均GDP达到同一水平,德国从1971年到1987年的16年里增长速度每年只有2.3%。日本是世界上另外一个发展比较好的国家,在1975年时,人均GDP也达到同一个水平,其后的16年,也就是从1975年到1991年,平均每年的增长速度只达到4.4%。德国日本都是发展很好的国家,它们达到这个水平后增长速度掉到2%–4%。因此有些学者认为,中国未来的增长速度顶多也就4%左右,跟萨默斯讲的回归常态非常接近。另外,中国出现了人口老龄化的问题,世界上出现人口老龄化的国家经济增长速度更慢。例如,日本一向发展得非常好,这些年人口老龄化后,经济增长速度连2%都达不到。所以很多人看了这些历史经验就非常悲观,认为中国的经济增长速度可能会一路下滑。如果一路下滑,尤其是下滑到与美国同一个水平,那中国就永远不可能缩小与美国的差距;如果不能缩小和美国的差距,百年未有之大变局的挑战就会永远存在。

我不同意前面的分析。经济增长是包含两部分,一部分是劳动生产力的增长,第二部分是人口增长带来的劳动力的增长。从19世纪末到现在,发达国家平均每年的劳动生产率的增长相当稳定,大概是2%,发达国家的人口和劳动力的增长一般在1%左右,GDP的增长就达到3%左右。像美国,可以大量从国外吸纳移民,人口和劳动力增长率会更高一点,可能达到1.5%,它的经济增长率就会达到3.5%左右。

发展中国家为什么会有可能比发达国家高一倍、两倍甚至三倍的增长?劳动生产力的提高有赖于技术创新和产业升级,因为发达国家由于技术和产业已经在世界最前沿,它只能自己发明新技术和新产业来提高劳动生产力水平。发展中国家同样需要技术创新和产业升级来提高劳动生产力,但可以利用跟发达国家的技术和产业存在差距,可以用"引进、消化、吸收、再创新"的方式来取得技术创新和产业升级,成本和风险会比发达国家低很多,这被称为后来者优势。所以发展中国家劳动生产率的提高可以比发达国家快得多,而且发展中国家普遍的人口增长率也会比发达国家快。因此这两项加起来,发展中国家有可能有两倍、三倍于发达国家的增长速度。当然人口增长在发展中国家可以快一点,但是快不了多少,最重要的还是利用跟发达国家产业技术水平差距所赋予的后来者优势,这是发展中国家发展快速的主要原因。

要判断中国未来的增长潜力会有多大,最重要的不是看绝对收入水平,最重要的是要看发展中国家跟发达国家人均GDP水平的差距。因为人均GDP代表平均劳动生产率水平,代表平均的产业技术水平。固然德国在1971年、日本在1975年时人均GDP跟中国2019年处于14100美元的同一水平,可是德国在1971年时,它的人均GDP已经是美国的72.4%,是当时世界上最发达的国家之一,所以产业和技术与美国已经没有多少差距,要经济增长只能自己发明技术和产业。同样,日本1975年的GDP是14,100美元左右,但是它的人均GDP已经是美国的69.7%,超过2/3,也是全世界上最发达的国家之一,它的产业技术绝大多数已经在世界最前沿了,所以也没有什么后来者优势了。但是中国在2019年的时候人均GDP 14128美元,只有美国的22.6%,差距还非常大,代表产业和技术的差距还非常大,后来者优势的潜力也就还非常大。

到底有多大?德国的人均GDP是美国的22%–23%是在1946年,日本是在1956年,韩国则在1985年。德国1946年到1962年的16年间,平均每年的增长速度达到9.4%;日本从1956年到1972年连续16年,平均每年增长速度达到9.6%。韩国从1985年到2001年的16年里,平均每年的增长速度达到9%,而且,韩国在1997–1998年东亚金融危机时曾经经济负增长。所以,从后来者优势来看,即使2019年我国人均GDP达到14128美元,到2035年还有9%的年均增长潜力。

关于人口老龄化的问题。确实从第七次人口普查来看,我国出现人口老龄化已经是一个事实。值得注意的是,除了中国之外,人口老龄化都发生在发达国家,为什么出现人口老龄化的发达国家经济表现都不好?前面谈到,经济增长来自于两部分:一个是由技术创新、产业升级所带来的劳动生产力水平的提高,一个是人口增长所带来的劳动力增加。技术创新、产业升级所带来的增长每年平均是2%,人口增长所带来的增长是1%左右。所以发达国家一般的经济增长速度在3%到3.5%之间。当发达国家出现人口老龄化,代表人口不增长,劳动力不增长。经济增长靠劳动生产率的增长,达到的就是2%。当一个国家的经济增长率从3%降到2%,下滑了30%多,给人家的感觉当然是经济增长乏力,表现不好。

中国出现人口老龄化,同样是人口不增长,劳动力不增长，但是中国作为一个发展中国家，可以利用后来者优势来快速提高劳动生产力水平。后来者优势所给予的劳动生产力水平的提高到底有多大潜力？从前面讲的德国、日本、韩国来看，德国从1946年到1962年的经济增长率平均每年是9.4%，那段时间里的人口增长率是0.8%，这代表什么？靠劳动生产率水平提高所带来的增长率平均每年是8.6%。日本从1956年到1972年，平均每年的经济增长速度是9.6%，那段时间人口增长是一个百分点，所以靠劳动生产力水平的提高，平均每年的增长速度也是8.6%。韩国从1985年到2001年平均每年的增长速度是9%，而它在那段时间内的人口增长是0.9%，也就是靠劳动生产力水平提高的增长速度平均每年是8.1%。所以，即使中国出现了人口老龄化，人口和劳动力不增长，从后来者优势所可能带来的劳动生产力水平的增长潜力应该不会低于8个百分点。这也就是这些年我在很多场合讲“中国到2035年之前应该还有每年8%增长潜力”的一个主要依据。

后来者优势有赖于我国从国外先进的国家引进比较先进的技术，作为技术创新、产业升级的来源。由于百年未有之大变局，美国想围堵中国，卡中国的脖子，会不会导致中国不能从国外引进技术呢？如果美国真的能够把所有发达国家都联合在一起，像对华为断供那样不把先进的技术设备卖给中国，我国就只能自己发明新技术，也就没有后来者优势。但是，国外那些先进的技术怎么来的？需要大量的研发投入，如果成功了，可以卖给全世界，很赚钱；如果失败了，血本无归。这些高科技企业能有多大的利润，决定于有多大的市场，如果市场越大利润就越高，市场小的利润就低，甚至会亏损。如果亏损或是利润低，就没有办法继续进行大量的研发投入，很可能就会失去技术的领先。所以能进入到世界大市场是这些高科技企业的生存之道，中国现在是全世界第一大市场，如果它的产品技术能卖给中国，企业就赚钱；如果不能卖给中国，那它就不赚钱。美国现在想围堵中国，对中国断供，也就是要那些高科技企业不把它的技术设备卖给中国，这是美国政府出于政治的考虑，要企业来承担成本，也就是政府出政策，企业买单。美国政府为了政治的霸权想这么做；企业从经济利益来讲是不愿意这么做的。现在大部分的高科技不只是美国有，其他发达国家像德国、法国、日本、韩国也都有。美国的企业可能不得不遵循美国政府的命令，但是德国的企业、法国的企业、瑞士的企业、日本的企业、韩国的企业为什么要牺牲自己的经济利益来维持美国的霸权？

实际上，德国总理默克尔向特朗普就这么说，与拜登通了电话见了面也这么说，她想和美国及中国都维持好的关系，为了自己的企业，为了自己国家的发展，不能牺牲中国。甚至包括美国自己的企业也是同样的情形，美国去年开始规定其企业对华为断供芯片，最近，又允许高通把28纳米以下芯片卖给华为，原因是高通为了自己的利润和保持技术领先，不能失掉全世界对芯片使用最多的华为这家公司的市场。

所以，美国想联合全世界其他发达国家来对中国断供，以卡中国脖子的政策难于形成联盟，中国对绝大多数的发达国家来讲是第一大贸易伙伴，中国市场是它的第一大市场，包括美国本身的企业，美国政府也很难强行推行这个政策。能够真正对中国断供，卡中国脖子的技术是只有美国有，其他国家都没有的技术，这样的技术非常少数。我相信绝大多数的技术我们可以引进以利用后来者优势；对那极少数不能引进的技术，我相信只要中国利用新型举国体制，短则1年2年，长则3年5年，中国一定可以突破。

比如说芯片是目前中国进口最多的高科技产品，芯片生产中一个很关键的技术就是光刻机，没有光刻机就不可能制造芯片。现在世界最主要的光刻机企业是ASML，一家荷兰公司，因为它有美国的技术，美国不让它卖给中国。但是大家看到，ASML这家公司的CEO就说，如果美国禁止ASML把光刻机卖给中国，中国自己集中力量来攻关，三年以后中国就会突破了。而且从过去的经验来看，哪个技术中国突破了，中国能卖的价格会比国际上其他国家的价格低很多，他基本就没有这个市场了，所以他也希望能够把光刻器卖给中国。我想这是普遍存在的情形，拥有先进技术的企业最好能卖给我们，大家互利双赢；如果不卖给我们，那我相信我们有能力自己来攻关。不过，这样的情形应该还是极端少数的，对于绝大多数技术中国还是可以利用后来者优势来加速经济增长。

后来者优势所给予的经济增长潜力是从供给侧的技术可能性所做的判断，实际能实现多少还要看国内国外的其他条件。我国现在追求的是高质量发展，要解决环境的问题，在国际上承诺要在2030年碳达标，2060年碳中和，也要解决城乡差距的问题，同时，在有些领域也必须用自己的创新来解决卡脖子的问题。所以在2035年之前，有8%的潜力未必需要用尽全力去得到8%的增长，但我个人认为，实现6%左右的增长是完全有可能的。而且到2050年本世纪中叶的时候，按照前面的分析,中国应该还有6%的增长潜力,实现4%的增长也是完全有可能的。如果能够在2021年到2035年实现6%左右的增长,2036年到2050年实现4%左右的增长,那到了2050年、也就是本世纪中叶的时候,中国的人均GDP应该可以达到美国的一半,到那时候中国的经济规模会是美国的两倍,三市五省的经济总量跟人均收入水平、技术水平、产业水平可以达到美国同一水平,美国基本上就没有卡中国脖子的可能性。中国的经济规模是美国的两倍,美国改变不了这个事实。中国是世界第一大经济体,美国跟中国贸易得到的益处会比中国得到的好处多很多,而且中国的经济增长每年会对全世界贡献30%以上。美国为了自己的就业,为了自己发展,必须要中国市场,世界就会回到一个新的、稳定的格局。

三、新结构经济学的自主理论创新

对研究经济学的、有兴趣来学习新结构经济学的同学们,百年未有之大变局到底有什么含义呢?前面谈发展中国家经济总量在整个20世纪在世界的占比只增加了3.4%,发展中国家由于人口增长快,人均收入水平跟发达国家的差距其实是在扩大的。可是前面谈到发展中国家应该有后来者优势,应该可以像改革开放以后的中国这样,以发达国家两倍三倍以上的速度增长,而缩小和发达国家的人均收入的差距。发展中国家为什么不能挖掘这个潜力?中国有句话,"思路决定出路",绝大多数发展中国家的发展思路是错。发展中国家就像中国一样,普遍有西天取经的心态,认为发达国家之所以发达一定有道理,把这个道理学会,就可以用来改造自己的国家。发达国家也有这个心态,想用他们的理论来帮助其他发展中国家的发展,一个有需求,一个有供给。

发展中国家在第二次世界大战以后纷纷摆脱了殖民地半殖民地的地位,开始追求现代化。那时候从主流经济学当中就分出了一个子学科,叫发展经济学,目的是指导、帮助发展中国家发展经济。第一代发展经济学现在叫做结构主义。其看法是:发达国家为什么生活水平高?因为劳动生产率水平高;劳动生产率为什么水平高?因为他们有先进的产业。所以当时发展中国家普遍有意愿去发展跟发达国家一样先进的产业。但是实际上看到的是先进产业在发展中国家靠市场发展不起来。所以当时的发展经济学家就认为,发展中国家有一些像文化、传统、习俗这种结构性的障碍,使得市场不能发挥动员资源配置资源去发展先进的产业的作用。

既然有市场失灵,就要国家发挥主导的作用,动员资源、配置资源来发展先进的产业。过去先进产业的产品是进口的,现在他们想依靠国家政府的力量来发展这样的产业,自己生产不进口,所以称之为进口替代战略。这种理论的出发点非常好,发展中国家按照这种理论去做政策,通常会有5年、10年经济的快速发展,但是等到把这种产业建立起来以后,经济就停滞了,开始出现各种危机,扩大了跟发达国家的差距。

到了70年代末,中国开始改革开放,基本上世界上所有的发展中国家,不管是社会主义还是资本主义,也都在进行由政府主导的改革和转型。当时主流的新自由主义理论认为,发展中国家发展不好是因为政府干预太多,没有像发达国家那样有非常有效的市场。政府干预就会造成资源错误配置、寻租腐败。发展中国家确实到处都是资源错误配置和寻租腐败,所以这个理论也非常有说服力。当时的建议就是按照新自由主义的华盛顿共识去进行市场化、私有化、宏观稳定化,以建立一个完善的市场。理论上也很有说服力,所以大部分的发展中国家都遵循这种理论,结果普遍是经济停滞、危机不断,跟发达国家的差距进一步拉大。

按照主流的发展思路和转型思路做政策的国家,基本上都失败。在二战后,只有少数几个发展中经济体,绝大多数在东亚,经济发展得非常好,缩小了跟发达国家的差距,甚至赶上了发达国家。它们推行的政策从当时的主流理论来看基本上都是错误的。例如,在上世纪50、60年代的"东亚四小龙"不是用进口替代战略去发展先进的产业,而是出口导向,而是优先发展传统的、小规模的能出口的制造业。当时这个政策被认为是错误的,但是,它们是二战后众多发展中经济体里唯一赶上发达国家的经济体。

上世纪80年代90年代我国进行转型时,当时的主流是新自由主义,主张采用休克疗法推行华盛顿共识的市场化、私有化、宏观稳定化。中国、越南、柬埔寨等转型绩效比较好,能够维持稳定和快速发展的国家,采取的政策不是休克疗法,而是采取了像中国这种渐进的、双轨的、"老人老办法,新人新办法"的渐进转型方式。在80年代,这被认为是最糟糕的转型方式,但是现在它们是发展最好的转型中国家。

为什么根据主流理论来做政策不成功,成功的都不是根据主流理论呢?我们非常需要对现代经济学进行反思。

在反思现代经济学的理论时,我们应该了解提出理论、学习理论的目的是什么。理论是用来帮助人们认识世界,改造世界。前面提到的这些主流理论,不管是结构主义还是新自由主义,在帮助我们认识发展中国家的问题时很有力量。为什么发展中国家落后?因为没有先进的产业。好像有道理。为什么发展中国家全国上下尽了很大努力,但是经济发展不好?因为没有完善的市场,政府干预太多,导致资源错误配置,寻租腐败。好像也很有道理。但是理论的目的不只是认识世界,理论的目的还在于帮助人们改造好世界。可是实际看到的情形是,按照主流理论去做政策的国家都失败了,代表这些理论没有抓住问题的关键的决定因素。只有能真正帮助我们改造好世界的理论,才是真正帮助我们认识世界的理论。因此,作为来自于发展中国家的学者,为了推动发展中国家的发展,应该自己来了解出现在我们自己国家的现象和问题背后的道理,提出自己的理论。

在提出新理论的时候,我倡导要回归到亚当·斯密,但不是回归到《国富论》里的那些理论观点——市场非常重要,分工非常重要,政府应该少干预,让市场发挥作用等等,而是要回归到亚当·斯密研究问题的方法。亚当·斯密研究问题的方法就写在书名上。《国富论》的全称是 An Inquiry into the Nature and Causes of the Wealth of Nations,是"国民财富的本质和决定因素的研究"。亚当·斯密根据他所看到的16、17世纪以来的欧洲,有些国家发展得比较好,国民财富增加比较快,有些发展比较差,国民财富增加比较慢的现象,去了解国民财富的本质是什么,决定因素是什么,形成了《国富论》里的各种理论观点。发展中国家追求的是收入水平不断提高,跟发达国家的财富差距不断缩小以赶上发达国家。我们就应该了解,经济发展的本质是收入水平不断提高,收入水平不断提高的决定因素为何?发展中国家有什么条件让它有可能比发达国家发展得更快?我们就应该按照亚当·斯密这种方法自己来研究,而不是根据发达国家的理论来做研究。

经济发展使收入水平不断提高,收入水平提高取决于劳动生产率水平的不断提高。怎么样才能让劳动生产率水平不断提高?那就要现有产业使用的技术越来越好,要有技术创新,要有新的附加值更高的产业不断涌现,可以把劳动力从附加值低的产业配置到附加值高的产业,这样劳动生产率水平才能够提高。在这样一个过程当中,要有一定硬的基础设施,像电力供给、道路来使技术创新和产业升级成为可能,也要有合适的制度安排,像金融、法律,来降低交易成本,技术和产业所蕴含的生产力才能够释放出来。这是经济发展的过程。

什么因素决定了技术不断创新,产业不断升级?发达国家的产业为什么都是资本很密集的,技术很先进的;而发展中国家的产业都是土地很密集,劳动非常密集?其实背后的主要原因是因为不同发展程度的国家要素禀赋不一样,发达国家必然是资本相对丰富,劳动力相对少;发展中国家正好相反,一定是资本相对短缺,劳动力或是自然资源相对丰富。所以分析这个问题,我们就应该从决定这些产业和技术水平不同的决定因素出发,这个决定因素就是要素禀赋。

为什么要素禀赋很重要?因为要素禀赋会决定什么样的产业和技术具有比较优势。如果按照比较优势来发展经济,要素的生产成本会低。当然,也必须有合适的基础设施和合理的制度安排,交易费用才会低。如果能够在经济发展的时候,按照要素禀赋结构所决定的比较优势来发展经济,并且提供合适的软硬基础设施,经济就有最大的竞争力,就能够创造剩余,积累资本,比较优势变化为资本更密集的产业,资本更密集的技术,这样的生产率水平和收入水平就能够提高。

所以经济要发展,必须靠技术创新、产业升级。在这个过程中,因为发展中国家的产业和技术在世界前沿之内,可以从发达国家引进、消化、吸收,作为技术创新、产业升级的来源,因而具有后来者优势。所以,在了解现代经济增长的本质以后,我们可以从要素禀赋结构为分析的起点来构建一个在不同发展程度的国家经济怎样发展会更好的理论。如果一个发展中国家按照比较优势发展,就可以利用后来者优势,能够比发达国家的技术创新、产业升级和发展的速度更快;如果不按照比较优势发展,想直接去发展发达国家的产业技术,就不能够发挥后来者优势,而且,企业会没有自生能力,需要国家的保护补贴才能生存,会带来资源配置错误、寻租腐败,经济发展效率低下。

按照比较优势发展要是经济学家的语言,要让企业家自发地按照比较优势来来选择产业和技术,必须各种要素的相对价格能够反映各种要素的相对稀缺性,这样的价格体系只有在竞争性的市场才能够存在。所以,按照比较优势发展的一个制度前提就是必须有一个有效的市场。但经济发展不是静态的资源配置,技术不断创新、产业不断升级的过程,需要解决先行者的外部性补偿的问题,同时产业升级后要有竞争力,必须解决完善软硬基础设施的协调问题,外部性和协调是需要政府来帮助解决的市场失灵问题。所以在经济发展过程中,既要有有效的市场,也要有有为的政府。

从上述视角可以了解结构主义所以失败是没有认识到不同发展阶段的国家其产业和技术结构是内生于要素禀赋结构，建议发展中国家去发展先进的产业出发点很好,但这样的产业违反比较优势,企业没有自生能力,当然就发展不好。"四小龙"为什么发展得好？它开始时发展小规模的劳动密集产业符合比较优势,在政府发挥有为作用的帮助下从比较优势变成竞争优势,有了竞争力就会积累资本,在产业升级时能够利用好后来者优势,所以经济发展快。从这个视角看新自由主义之所以失败,道理也很清楚,因为新自由主义没认识到,这些转型中国家存在着大量扭曲,这些扭曲是保护那些违反比较优势的先进产业的需要。如果把那些扭曲一下子都取消掉,这些产业都破产,必然会有大量失业,造成政治不稳定。当中有些军工产业跟国防安全有关,有些产业像电力、电信跟经济运行有关,不能让它倒闭，私有化以后还要大量补贴，结果可能更没效率。中国、越南、柬埔寨为什么能够在转型中维持稳定、快速发展呢?"老人老办法",对旧的产业继续给予必要的补贴,维持稳定。"新人新办法",符合比较优势的产业,政府允许民营企业、乡镇企业、外资企业进入,而且还积极因势利导,设立工业园、加工出口区、经济特区,来解决硬的基础设施和软的制度安排的问题，所以很快就把比较优势变成竞争优势,实现快速发展。经济发展好了,资本增加了,产业升级可以利用后来者优势。并且这种快速发展会大量积累资本，慢慢地把原来的资本密集、违反比较优势的产业，变成了符合比较优势,企业有了自生能力,就不用给予保护补贴,可以把原来的保护补贴取消掉，完成从计划经济向市场经济的过渡。所以,新自由主义的失败主要是没有认识到扭曲的内生性。

新结构经济学的提出起始于发展与转型问题的研究,但是,当考虑到不同发展程度的国家,禀赋结构不同，必然带来产业技术和各种软硬基础设施的结构的不同。发展中国家在不同的发展阶段,由于过去政策的失误可能会造成很多扭曲,扭曲都会有代价,最终需要解决。但是那些扭曲也是内生的,解决扭曲之前,必须把造成扭曲的原因想清楚,创造条件,把扭曲的原因消除掉,转型才会成功。

并且,把结构引进现代经济学的分析以后,会发现实际上是对现代经济学的一场结构革命。现代经济学的理论,不管是宏观、货币、财政、金融、产业组织、国际贸易、资源环境、劳动力市场、区域经济等等,都来自于发达国家，必然以发达国家发展阶段和相应的各种结构作为理论的暗含前提。可是发展中国家的发展阶段和发达国家不一样,存在内生的结构差异性,就会造成经济运行的许多特殊性。比如说经济要发展需要创新,对发达国家来讲,创新就等于发明;对发展中国家,创新可以是引进、消化、吸收。创新的方式不同,发达国家创新的成功条件跟发展中国家创新的成功条件是不一样的。所以实际上,当我们把这种结构的差异性引进现代经济学的分析以后,不仅对发展经济学、转型经济学会有新的见解，并且对关系到经济运行的主流经济学的各个子领域都会有很多新的见解，这些新见解都是理论创新的机会。

四、结语

我相信21世纪会是中国经济学家的世纪,21世纪会是经济学大师在中国辈出的世纪。我最早是在1995年《经济研究》创刊40周年时提出这个论断。我当时为什么认为21世纪会是中国经济学家的世纪、21世纪会是经济学大师在中国辈出的世纪？我们可以简单回顾一下经济学的发展史，从亚当·斯密一直到1930年代的凯恩斯,世界上著名的经济学家不是英国人,就是在英国工作的外国人,其他地方的人有,但是非常少。从第二次世界大战以后到现在,世界上著名的经济学家基本上不是美国人，就是在美国工作的外国人。为什么会是这样?实际上,按前面谈到,想清楚现象的本质和决定因素就不难理解。任何理论在本质上都是一个用来认识世界或解决问题的一个简单的逻辑体系。既然是简单的逻辑体系,一个理论重要不重要就不决定于理论的逻辑，而决定于理论所要解释的现象或所要解决的问题的重要性。什么是重要的现象或重要的问题？发生在重要国家的现象和问题就是重要的现象和问题。亚当·斯密发表《国富论》的时候,英国是当时欧洲最强的国家,并且已经开始了工业革命,引领了全世界的经济发展。第一次世界大战以后,它的经济地位逐渐被美国取代,到第二次世界大战以后,美国变成世界最大最强的国家。当英国是世界中心的时候,英国的经济现象和问题就是世界上最重要的现象和问题。同样,当美国是世界经济中心的时候,美国的现象和问题就是世界上最重要的现象和问题。在认识现象和问题时,近水楼台先得月,所以当英国是世界经济中心的时候,世界上大师级的经济学家绝大多数来自于英国;当美国是世界经济中心的时候，世界上绝大多数大师级的经济学家来自于美国。前面谈到,到本世纪中叶的时候,中国会是世界上最大最强的经济体,中国的现象会是世界上最重要的现象,中国的问题会是世界上最重要的问题。提出认识中国的现象或是解决中国问题的理论创新,就会是对世界上经济学的发展做出最大贡献的创新。

所以,世界经济中心会随着经济发展转移到中国来。中国的经济学家应该抓住这个机会。但是,要抓住这个机会,必须改变当前中国经济学界通行的研究方式。现在大家学的都是发达国家的经济学理论,做研究时普遍是以发达国家的理论来解释中国的现象,或者是以中国的资料来检验发达国家的理论,这样做的研究固然能够发表,但是对理论创新没有贡献。要对理论创新有贡献,就必须了解我们自己的现象背后的道理是什么,不是根据发达国家理论来看中国的现象。

认识中国的现象时要知道,由于发展阶段不同,中国经济的各种结构很可能会跟发达国家有差异,这种差异是内生的。同时中国作为一个转型中国家,也必然有很多扭曲,这种扭曲也是内生的。现代发达国家的理论基本上不重视这种结构的差异性和内生性,只要看到跟发达国家有不同就认为是扭曲,他们也不了解许多扭曲也是内生的。同时由于内生结构的差异性和扭曲性,不管是货币、财政、金融、贸易等等经济运行的方方面面都会有内生的不同。从要素禀赋结构出发来认识一个经济体中的结构、扭曲和经济运行的三个内生性就是新结构经济学所强调的"一个中心三个基本点"的研究视角。这样的研究实际上是对以发达国家的结构作为暗含结构的现代经济学理论体系的一场结构革命。随着中国经济规模的扩大,在世界地位的提高,这样的研究所带来的理论创新在世界上的影响就会越来越大。

近水楼台先得月,这场革命来自于中国,参加夏令营的各位同学目前应该是 20 岁不到或者 20 岁左右,到 2050 年的时候,各位是 50 岁左右,正好是年富力强风华正茂的岁月。我很高兴你们认识到新结构经济学,也愿意来学习新结构经济学,一起加入新结构经济学这个大家庭,来推动新结构经济学这个来自中国的经济学自主理论创新。我相信这个理论创新会给各位带来很多好的发表的机会,成为好的经济学家,甚至是大师级的经济学家。并且,前面谈到,现在学习发达国家的经济学理论,发展中国家按照那样的理论去做政策,没有发展成功的,因为现在的这些经济学理论忽视了不同发展阶段的各种结构、扭曲和运行的内生性问题。新结构经济学的理论从各自国家在任何一个时点上给定、随时间可变的要素禀赋结构作为研究的出发点,来内生各种结构、扭曲和运行,提出的理论对于帮助中国和其他发展中国家认识世界、改造世界,会比来自发达国家的理论更有力,能够更好地帮助其他发展中国家实现与我国一样的经济持续快速发展,消除贫困,实现繁荣,赶上发达国家。所以,学习深化新结构经济学的理论不仅可以贡献于中华民族的伟大复兴,更可以贡献于共享繁荣的人类命运共同体的建设。

好,我就报告到这里,欢迎各位来参加夏令营,也非常高兴有机会跟各位交流,来学习新结构经济学给我们带来的机遇。期盼与各位共同抓住这个机遇,谢谢!

(本文系作者 2021 年 7 月 1 日在第八届新结构经济学优秀学子夏令营开幕式上发表的主旨演讲)

房产税试点需要注意的几个问题

赵燕菁

在 2001 年前后,我就曾在建设部的一次内部会议上建议征收房产税。但当时部领导说中央正在考虑的是如何减税,且税收本身是财政部的事权,这一建议也就不了了之了。尽管如此,我还是在中央电视一个对话栏目提到了这一观点。可以说,在土地财政开始的早期阶段,我是一直力主推行房产税的。但随着房产税逐步引起重视,并多次被写入中央文件,各方的态度越来越积极,我的观点反而更倾向于慎重。在我看来,任何政策都是有利有弊,如果只看到好处,不考虑坏处,极有可能在出现意料不到的效果时惊慌失措。今天,我想从利弊两方面对财产税征收可能发生的后果进行分析。

对房产税试点政策的评价

先说房地产税试点的“利”。

房产税提出至今20多年，直到最近终于步入正确的轨道。一个主要的依据，就是十三届全国人民代表大会《授权国务院在部分地区开展房产税改革试点》。主要基于以下几点：

第一，多地试点

这次人大决定中特别提出，由“国务院制定房产税的具体办法，试点地区人民政府制定具体的实施细则”，这一点非常重要。上一次只选择重庆和上海两个试点城市，实际上还是把房地产税作为一个顶层设计的税种，全国统一实施。中国是一个全国统一税率的国家，几乎所有的地税包括共享税，无论税率、还是征收标准，在全国几乎都是无差异的。而这一次房产税表明，税制的设计者终于明白房地产的本质是为地方政府提供的公共服务定价，其对应的是地方事权。中国各地资源禀赋千差万别，地方政府给公共服务定价的模式肯定也应不同。因此，地方税应当是地方政府的事权，至少不应该是一个全国无差异的税制。从各国经验来看，财产税的征收无不是因地制宜的。在美国，不仅各州的税率和征收办法不一样，甚至一个城市中各学区的财产税税率都不一样。所以说，这次人大授权“试点地区人民政府制定具体的实施细则”是一个非常重要的进步——表明政策制定者开始对房地产有了更深刻的理解。房地产税作为一种地方税，最终一定是各地根据自身要素禀赋和经营理念自主设计的结果。收不收、收多少、怎么收，都应由各地自主决定。

第二，试点期限。

由于房地产税的最优税率只有通过试错才可以找到，因此，人大这次给了地方政府5年的期限进行探索是合适的。税收的效果在1–2年内可能无法显现，但如果试点期太长跨越多届政府任期，决策者对政策后果缺少直接责任，这势必会影响税收设计的动机。而在5年内，调整2–3次大体上就可以试探出合理的税收区间。不仅如此，此次人大决定可以根据实施效果，再决定是否继续授权5年，反映出中央政府在出台这一重大税收时，并不打算急于求成。西方国家很多主力税种（比如所得税）往往需要经历几十年，在多次废立后才能最终确立下来。房产税是千秋大计，绝非一朝一夕可以完成。中国国土空间广袤，资源禀赋、发展阶段差异很大，探索需要的时间可能更长。房产税税率确定、征收办法等，很难用成文法的方式，通过顶层设计来完成。分散独立的试点，实际上是借鉴了习惯法的一些做法方法，在习惯法看来，整个立法过程就是一系列的试验。人大这次试点授权，使得房地产税立法过程可以在实践中不断试错，通过判例不断修正，可以极大地降低房地产税带来的风险。

第三，地方竞争。

改革开放以来，中国地方政府从高度计划的财政分配体制，演变为一个竞争性的公共服务市场。地方政府间的竞争成为中国经济增长最主要的特色。在中央和地方分权的初期，竞争性的公共服务市场还没有形成，为了防止地方政府“乱收费”，采用全国统一的税制是完全必要的。但无差异税制的弊端，也使得地方政府不能根据自身的特点，发现和创造符合自身要素禀赋特征的公共服务定价模式。这就好比奥运会不论运动员身体条件差异多大，都只能参加同一个比赛。其结果就是具有特定身体素质的运动员，一开始就锁定了比赛的结果。地方政府也一样，统一税收的结果就是不同资源禀赋和地理条件的先天差异，在一开始就决定了经济发展的最终绩效。长期结果必然是区域产业趋同、贫富差距加大，城市之间无法通过差异化竞争形成产业分工。

一个明显的例子，就是海南岛。其资源禀赋非常适合发展旅游业，但因为当前的税收主要是从生产环节征收而不是从消费环节征收，这就迫使海南也要发展化工业之类和自己禀赋相悖的产业才能维持基本的公共服务支出。反观国际上一些著名的旅游城市，比如迈阿密就可以通过房产税，在消费环节为其公共服务定价。如果三业在消费环节有足够的税收，就可以专注发展符合自己自然禀赋的休闲度假产业。中国其他自然生态禀赋富集但不适合发展工业的“落后”地区，实际上都面临同样的问题，从某种意义上讲，正是重生产、轻消费的税制决定了“绿水青山”难以变成“金山银山”。而房产税可以在一定程度上给予消费环节拥有资源禀赋的地区更多的发展机会。

缺少差异化税种，就不会有差异化的竞争。无论东西南北都只能被逼到同一条赛道上。税收在很大程度上决定了地方政府可以选择的商业模式。过去我们的理解是：要发展什么行业，就要给这个行业减税。其实正相反，想发展什么行业，就要对什么行业征税。税源不同，才可以差异化发展，才有可能各擅所长避免同质化竞争。此次人大授权试点，更主要的不是设置一个新的税种,而是开启了税权下放的进程。在这个意义上,房地产税试点很可能是一个堪比当年央地分权的伟大改革。通过房地产税下放,地方政府第一次获得了创设税制的权力。而差异化的地方公共服务定价,将会使原本单一项目的地方公共服务奥林匹克竞赛,发展出无数新的比赛,不同地区的资源禀赋特征可以因此被发现、利用,实现价值最大化。

第四,制度迁移

房地产税还给地方政府提供了一个解决历史遗留问题的工具。国有土地和集体土地两分的制度,对于中国土地资本市场的形成和原始资本的获取起到了关键性的作用,也是中国和其他发展中国家绩效差异巨大的主要原因。但土地双市场结构也导致了中国特有的介于国有和集体两个市场之间的“小产权”(比如集体土地上的大量“违建”)。有了财产税这个工具,就给解决“小产权”入市的提供了一个可能的渠道——只要交足额财产税(足以支付其相关的公共服务成本),就可以通过城市更新给这些“违章”物业颁发“大产权”证书。需要指出的是,这次房产税试点将集体土地上的物业排除在外,反映出政策设计者还没有意识到房地产税的这一功能。目前商品房大部分没有达到70年的使用权权期限,作为房地产税征收的主体是非常困难的。此次房地产税恰恰应该从实际上已经在享受城市公共服务但却从未缴费的集体土地上的物业开征。以大产权换房地产税,可以以较小的阻力,消化已经被城市包裹的非正规物业,一方面可以为今后到期物业全面开征房地产税探索经验,另一方面也有利于创造一个更能耐受税痛的社会环境。

推行房产税需注意的几个问题

下面重点谈一下房地产税的“弊”。

第一,资本折损。

现代经济增长的最大特征就是不依赖过去的剩余完成积累,而是依靠未来收益的贴现完成资本积累。贴现率(市盈率、售租比)的高低,取决于资本市场的信用。信用越好,资本估值越高,资本也就越便宜、规模越大。现代经济间的竞争,基本上就是资本的竞争,比的就是谁能创造更廉价的资本。因此,加杠杆去杠杆、加息降息都必须放到全球竞争的大环境里才能做出正确抉择。纵观世界各国,发展最快的时期基本都是资本充裕的时期。比如日本是房价高的时候发展快,房价低的时候发展慢;韩国也是如此。日本房地产崩盘,泡沫破裂“失去的二十年”正是韩国房价飙升的二十年。资本价格高意味着韩国比日本的资本更充裕,韩国企业也因此可以比日本公司更能够承受亏损,并最后把日本企业拖垮。日韩大博弈的背后,其实就是资本能力的较量。实战表明,资本廉价的经济可以抗击更强烈的冲击,承受更大的亏损,并在对手资本耗尽后抄底对手的资产和市场。资本价格高并不是坏事,崩盘才是坏事,这两者之间并不存在简单的等号。

中美两国之所以是全球化受益最多的国家。背后的原因,就在于这两个国家有着世界两个最强大的资本市场:美国股市和中国房地产。美国股票市场的强大体现在在“泡沫”膨胀时,总是高于对手市场,为产业提供最廉价的资本;崩盘时,又总能晚于对手市场,成为资本最安全的避险之地。在信用经济时代,谁的资本市场能挺到最后,谁就能笑到最后。反之,谁先崩盘,谁就可能被抄底。而2008年全球金融危机显示,中国房地产甚至比美国股市有更好的信用,中国当时抄底了很多国际资产(比如吉利抄底沃尔沃)和市场,逆全球经济趋势实现了经济的快速升级。同样,中国能够抵御此次疫情,也并非因为多强大的制度,而首先是因为有钱。有的城市疫情期间,仅仅连续多次全民核酸检测的支出就要100多个亿,这些钱都是当地政府通过土地为核心的资本市场支撑的。没有钱,中国很可能就是另一个越南或印度。房地产对中国经济正面影响有多大,反面影响也就有多大。三季度经济增速下滑有很多原因,在我看来最直接的原因就是错误的房地产政策导致多城房价暴跌和土地流拍。如果这两项指标持续低迷,不仅第四季度而且明年上半年增速仍会持续下跌。被增长隐蔽的许多社会问题都会集中在20大之前爆发。

资本市场是未来收益的贴现,是未来收益和贴现率的乘积。对资产加税,本质上就是未来收益资本化的逆过程。房地产税意味着提前支取未来现金流,因此,即使贴现率不变,资产也会贬值。其他国家也有房地产,为什么他们的房地产市场没有成为和中国一样强大的资本市场,一个重要原因,就是大部分国家有房地产税(property tax),而中国没有。如果按照3%的税率征税,相当于33年重新买了一遍。和70年免税物业相比,理论上市场价值缩水至少一半。在这个意义上,房产税就是土地资本化的逆过程,征收房产税就相当于把未来资产又还原为现金流。开征房产税,就是在打击中国最大的资本来源。我国的股票市场、债券市场发育尚不成熟,真正强大的资本市场就是房地产——几乎等于美国股票市场和房地产市场资本的总和。一旦资本市场因开征房地产税受损，将会对政府所有重资产投资(包括补贴研发、参股创投、升级国防、高等教育、基础设施等)造成影响，我国很可能在一夕之间回到传统的劳动密集型产业中，中美在高技术领域的竞争也随之结束。我们必须理解，在资本市场和商品市场同构的市场里，"炒"和"住"只能二选一。这就像高血压一样，如果治好高血压的代价是把命丢了，那就应该学会与疾病共存。要想两者兼得，只有将住房市场结构解构为新加坡那样的"炒"和"住"的"双轨制"。

第二，货币阻滞

开征财产税另一个不容易想到的可能，就会导致货币生成障碍。市场经济和计划经济的最大区别，就使前者的经济分工都主要依赖于货币分工，因为效率更高。一旦货币不足，就只能转而依赖效率较低的计划分工。表面上，计划经济是意识形态逻辑下的主动选择；在底层，其实是货币不足条件下的被动选择。历史上，我国长期处于货币饥渴状态。改革开放前，在外部封锁下，中国被迫执行严格的计划经济。改革开放后，中国进入国际经济大循环的一个重要目的，就是通过顺差外生货币。直到2004年房地产的资本化完成，中国的广义货币才得以通过商业银行贷款内生。可以说，正是因为有了房地产市场，才使中国成为发展中国家里少数能够依靠自身资本市场内生货币的国家。依托房地产市场，中国不仅成功解决了困扰千年的货币不足难题，而且成为全球性的资本输出大国。特别是2008年之后，中国在大规模内债的基础上，逆势创造出天量货币，在极短的时间内超越日本直追世界头号大国美国。可以说，没有房地产这一巨大的资本市场的支持，中国根本不可能短期里内生如此规模的货币，更不可能在互联网经济和移动支付加持下，实现比很多发达国家还超前的资本深化。

房地产在我国货币生成中如此重要，以至我们可以毫不夸张地说中国的货币基本上就是房地产本位货币。虽然中国的基础货币在一定程度上仍然是通过挂钩美元，依赖顺差生成。但广义货币却是通过银行贷款内生的。这其中，大量非美元定价的不动产扮演了抵押物的关键角色。正是中国货币自主的信用基础，使中国获得了事实上的货币主权。中国也成为唯一一个可以逆美元周期运行的主要经济体。过去20年，中国房地产价格脱离美元周期逆势飙升，虽然广受诟病，但却支撑了中国经济从大基建到高科技天量的投资。中国第一次有机会跨入重资产的赛道，几乎和所有发达国家展开竞争。

在房地产市场里，房价的一个关键功能，就是通过给流通不动产定价，给所有未交易的不动产定价。同样，政府土地出让价格，也是在给未进入流通的土地相关资产定价。如果房价下跌、土地流拍，所有处于银行的抵押状态的不动产也会贬值。中国经济就会像日本泡沫经济破裂时那样被银行坏账拖下水。毫不夸张地说，在中美贸易战进入决战阶段关键时刻，房地产资本市场大幅缩水，很可能使中国丧失近代史上最接近登顶世界强国的机会。这是在目前大规模开征房地产税之前必须考虑的。

有人认为面对货币难题，央行可以通过降息、降准等货币政策来恢复市场的流动性。但央行的这些货币工具只能用来创造基础货币，只有通过银行贷款，这些基础货币才能真正进入市场流通。一旦房地产市场萎缩，市场缺少优质的抵押品，贷款生成货币的渠道就会阻塞。央行的所谓货币政策只能在基础货币供不应求时起作用，一旦市场因缺少抵押品消失导致货币需求不足，基础货币再多也只能堆积在银行系统。美联储如今就是面对这样的困局。在全球化解体和新冠疫情冲击下，美元需求急剧萎缩，美联储大规模扩表与美元需求萎缩同步，美联储不得不通过前所未有 tapper 回收滞留在银行系统内的流动性。

在我国，地方政府主导的城市化是货币需求最主要的创造者。而地方政府负债的几乎所有信用，都是来自土地而非税收。一旦开征房地产税导致房价下跌、土地流拍，地方政府的融资能力就会急剧萎缩。不仅无法展开新的固投，为以前固投提供的融资也可能变为坏账。一旦社融出现断崖式暴跌，真正进入市场的货币就会大量减少，市场机制就会衰退，中国经济就会再次退回低效的计划经济。这是各地推出房地产税时要非常慎重考虑的——局部正确的改革，可能合成整体系统性风险。不要以为发达国家有房地产税没有出现问题，中国也一样不会有问题，因为中国经济的底层逻辑和西方不同。

第三，制度错配

开征房地产税另一个容易被忽略的风险，就是制度错配。熊彼特说过，所有现代国家都是税收国家。税收的本质是公共服务的价格，是政府与社会的交易。现代社会以前直接税征收是政府单方面强加给社会的。这样的机制无法显示社会对公共服务的真实偏好，因此征收效率极低。因为征税导致战争(美国独立战争)甚至革命(法国大革命)的案例不胜枚举。西方国家发展起来的宪政体制，实际上就是同直接税的征收相匹配的制度——通过民选的代议制确定公共服务的价格。房地产税是典型的直接税，是西方国家地方政府公共服务的主要来源。地方民主自治（类似中国的小区物业管理）是公共服务提供的基础制度，而中国目前的地方政府恰恰缺少与直接税相匹配的宪政制度。

中国改革与苏东解体后的改革的一大区别，就是维持了历史上传统的集权式政府模式。尽管这一模式被主流经济学广为诟病，但实践却表明这一制度并没有像几乎所有主流理论预言的那样走向失败。在全球公共服务市场的竞争里，中国体制不仅可行而且高效。其中一个重要原因，就是中国政府的财政迄今为止主要是建立在间接税基础上的，纳税的主体是企业和机构而非个人。间接税制度下虽然购买公共服务的纳税者（主要是企业）不能用“手”投票（民主），但却可以选择用“脚”投票（自由），这使得政府可以在保有非常大的公共权力的条件下，显示消费者的偏好。这种权力在国家竞争（例如新冠疫情的国家对比）中，展现出所有经典理论都没有预料到的巨大优势。

无论在税收理论还是政治理论，税收和制度的匹配都属于研究的盲区。在现实中，只要出现制度错配——间接税对民主，直接税对集权——就一定会导致社会运行的低效乃至混乱。新加坡直接税占政府公共服务支出比例很低，政府得以在民选国家中保持了罕见的集权。香港也是如此。殖民地时期的香港虽然是港督集权，但却与间接税相匹配。回归后，税收制度没变，但却大幅引入民主程序，结果导致后来的街头暴乱。英国最开始对北美征税时，其实税率并不高，但美国人宁愿战争也不交税。事实上，美国独立后，社会的税负反而更重——老百姓宁肯在民主宪政下交更多税，也不愿在中央集权下交很少的税。独立战争后，美国实现了税制和体制的匹配，才成功转型为熊彼特所说的现代国家转型。

离开税率谈房产税就像离开剂量谈论药效。税率高低和居民自治程度是正相关的。小区物业费本质上就是房产税的一种，征收税率越高，就必须让渡更多权利给业主委员会。否则，只收取很高的费用，而不让大家决定如何使用，最终物业费根本收不上来。房地产税也是如此。如果税率很低，和电价、水费差不多，那推行起来就很容易，新加坡、香港都有类似税种。但如果指望房地产税像发达国家那样成为地方政府主流税种，就必须同步对地方的政治制度做出相应调整。这种调整幅度取决于直接税占总税收的比重。除非像三亚、迪拜、迈阿密那样本地人资产占比很少，外来人购买资产占比很多的城市，本地人可能倾向于投票推行高税率的房产税。一般情况下，高税率都会遭到制度性抵制。但在目前人大的试点授权里，地方政治制度改革显然不在授权的范围之内。

用地方政府锦标赛来解释中国特色的经济增长，是近年来开始流行的一个理论。但为什么只有中国地方政府热衷参与这种锦标赛？这才是真正需要被解释的。在我看来，间接税和集权制度的组合，才是中国地方政府行为与众不同的根本原因。只要地方政府收入来自于企业和机构的间接税，它就必须加入税收争夺的比赛。而“民主”在这一锦标赛中，非但无益，反而有害！反倒是“集权”会有最大的生存机会。这就是中国地方公共服务市场竞争如此激烈的根本原因。一旦地方政府主要收入转向房地产税，中国地方政府的行为也就与其他国家地方政府的行为趋同，因为只有“民主”才能降低征税成本，使直接税最大化。地方政府这一的增长发动机也会逐渐熄火。看到发达国家都是直接税为主，就以为直接税比间接税更“先进”，就当然地以为直接税优于间接税，纯属学术懒惰。实践表明，只有和制度匹配的税制才是最优的税制。

在更深层上，任何税收都是政府和公民的契约。新税种一旦建立，就会形成权利与义务的交易。一个例子就是农业税的取消。本世纪初，农业税占税收比重已经很低了，有的地方甚至覆盖不了征收的成本。于是国家取消了这一千百年来加在农民头上的税负。但多年后才发现农业税的取消不在于减轻了农民多少负担，而在于取消了农民和国家间的契约（国家授田）关系。由于对国家义务的消失，农田纯粹成为自己可以随意处置的资产，结果反而导致大量弃荒、更改用途（鱼塘、小产权物业）。房地产税是税收中少数几个涉及公民与国家契约的制度，但相关的理论研究还几乎是完全空白。

第四，脱实向虚。

税基是以真实收入还是以虚拟财富为基础，对经济脱虚向实还是脱实向虚有着隐蔽而深刻的影响。在中国的税收制度里，几乎所有税收都是以社会创造出的真实财富为税基。但房地产税不是。房价体现的不是真实的财富，而是和股票价格是一样，体现的是这套房产未来收益。对虚拟财富进行征税，和透支未来的财富没什么两样。在真实财富不变的条件下，增加税收的一个办法，就是提高资本的估值，其结果就是房地产价格越高，政府收入就有保证，一旦资产价格下跌，政府就会入不敷出。政府税收的基础脱实向虚，所有政策和资源就会像虚拟经济倾斜，并最终会导致整个经济脱实向虚。而房地产税正是这样一种以虚拟财富为对象的税种。这是政府在推出这类以资本为税基的税收时所必须考虑的。

房地产税之所以有欺骗性，就是因为连续的财产税通过会计规则计入政府收益给政府带来现金流的错觉。实际上，房地产税并不是政府通过公共服务带来的真实财富增长，因为房价本身就是虚拟财富度量。表面上看房地产税是给政府带来了连续现金流，但实际上是对虚拟财富征税，其本质是连续的负债。对虚拟财富征税，会让政府不再关心实体经济的好坏，只要政府能放大未来收益，比如降息、发债，就都可以从中抽成，增加收入。实际上，这种连续负债乃是一种伪装的“庞氏骗局”。正是因为这种对虚拟财富的依赖，使得西方地方政府几乎不用去招商引资，它只关注房价是否上涨。

有人说香港也有差饷税这样类似房地产税的税种。其实差饷税与房地产税有本质的不同——差饷税的税基是房租，是真实的财富；而房地产税挂钩的是房价，是对房产未来收益的估值，是虚拟的财富。前者是对现金流征税，后者是对资本征税。两个税种看似都以房产为征收对象，但本质完全不同。正因税基不同，两者的剂量不同，差饷收入在香港政府税收中几乎可以忽略不计。

传统经济学认为，拥有资本的都是富人，对富人征税可以“劫富济贫”，缩小贫富差距，其实这些都是想当然。把公共服务的定价建立在虚拟财富的基础上，不仅不会缩小贫富差距，还会诱导政府乃至整个经济脱实向虚。希望通过对资本征税缩小贫富差距的目标，在西方国家有着广泛的实验，到目前为止，没有证据表明一个国家因为征收财产税而缩小了贫富差距。表面上看不对劳动征税对资本征税是保护劳动抑制资本，但结果却是诱导社会要素向资本汇聚，整体经济脱实向虚，结果反而富的越富，穷的更穷。这和中国对企业征税高于美国(也就是所谓的“死亡税率”)，企业反而迁往中国是一个道理——你要发展什么，就要对什么征税。一旦政府的税基主要是资本，资本就会获得如吸星大法般的魔力。相对资本所吞噬资源而言，被征的那点税不过是隔靴搔痒，根本起不到缩小财富差距的作用。

结语

尽管开征房地产税有种种好处，世界上几乎所有主要国家都把房地产税作为地方政府的一个主要税种，但这一税种移植到中国仍然有许多根本性的问题没有解决。中国改革开放成功的一个重要经验，就是不搞休克疗法，不搞一刀切，而是尊重地方各自的探索。自上而下运动式的改革(比如物价闯关)几乎没有成功的。相反那些源自于各地实践摸索出来的改革(比如土地制度)，都获得了远超预料的成功。和其他发展国家一样，中国在发展过程中并没有通过股市、债市、期货这样的金融工具解决资本生成的难题。过去20年中国经济史诗般的增长，主要是房地产资本市场带来的资本。

房地产资本化在给中国经济带来种种问题的同时，也让中国在全球资本竞争中握有一手好牌。正是房地产在中国经济中的独特作用，使得征收房产税在中国变得和任何国家都不一样。一但房地产行业出现问题，对中国经济的冲击也会远超任何其他国家。房地产税对中国核心资本市场的影响，决定了任何相关的政策出台都要特别的慎重。尤其是在中美贸易战已经从传统的实体经济领域，延烧到非传统的资本经济领域的今天，我们更是要谨慎评估每一个重大决策的全部后果，绝不能让中华复兴的目标在即将登顶时功亏一篑。

人工智能治理与国际合作

傅莹

关于人工智能治理面临的挑战

进入21世纪的第二个十年，人工智能技术的应用进入快速发展的阶段，随着以AlphaGo为代表的深度学习算法的成熟，人工智能技术出现大面积应用的趋势。我参观过深圳和上海的一些企业，可以明显感受到我国人工智能产业所呈现出来的蓬勃发展态势。可以期待，未来人类的生产和生活方式将发生更大的变化，生活将变得更加舒适和便利。

2019 年 7 月，清华大学战略与安全研究中心在世界和平论坛期间举办了三场涉及人工智能技术和治理的论坛，邀请 70 多位国内外专家学者和企业家围绕人工智能的风险和治理进行研讨。大家比较一致的看法是，人工智能技术是一把“双刃剑”，一方面带来科技革命和产业升级的重要机会，另一方面，也带来新的安全风险，在治理上，人类将面临与以往完全不同的难题。

例如，在立法上需要有新的思维。传统的法律是要以社会基本共识为基础的，因此往往要滞后于社会实践。但是在人工智能技术上，我们恐怕没有这样奢侈的时间条件，因为这项技术的应用影响之快、之大，远不同于传统技术，治理的需求与技术的应用几乎同步出现。

再比如，传统立法者关注的是人与人之间的关系。而人工智能作为“非人行为体”，未来会越来越广泛地参与人类活动，那么，在人机共存，甚至人机冲突的情况下，如何面对和处置人类与机器的矛盾呢？“机器代替人”做决策的情况已经不是想象中的事，波音 737 MAX 的空难就是一个重要的警示。

人工智能的到来对就业模式的冲击也是前所未有的。清华大学战略与安全研究中心人工智能项目组的于洋老师牵头做的《中国青年视角下的人工智能技术(AI)风险和治理》调查项目中，超过 50% 的青年人的头等关切是失业风险。如同以往的技术革命，人工智能将取代大量程式化的工作岗位，同时也会创造出新型岗位和就业机会。挑战在于，如何才能让人才结构的调整跑赢技术的更新迭代和产业结构的跃升。

不能忽视的还有伦理规范方面的新问题。例如，国际上讨论比较多的人群歧视和对个人隐私的尊重与保护等问题。有外国人对我说，中国人不需要隐私保护，我认为这是偏见。我国立法高度重视对个人权利的维护，2018 年 8 月，十三届全国人大常委会第五次会议审议的《民法典》人格权编草案稿，对收集、处理自然人个人信息有明确规定，要求必须“征得该自然人或者其监护人同意”等，而且把个人生物识别信息也纳入了保护的范围。另一项重要进展是国家互联网信息办公室发布的《儿童个人信息网络保护规定》，自 2019 年 10 月 1 日起生效。

中国在创新制度和手段、推进人工智能治理方面加快部署

党中央和国务院对人工智能的部署采取的是发展和治理同步推进的方针。2019 年 2 月，科技部牵头组建了中国国家新一代人工智能治理专业委员会，6 月，该委员会发布了新一代人工智能治理八条原则，强调发展负责任的人工智能。工信部在 2017 年颁布了《促进新一代人工智能产业发展三年行动计划(2018—2020 年)》，其中也对人工智能治理提出了要求。现在的重要任务是如何让这些规则和要求落地，形成有利于我国人工智能健康成长的良性环境。上海在人工智能的研发和应用方面走在全国前列，积极探索治理路径，重视推进国际合作。在科技部和工信部的支持下，上海推动建立了国家人工智能创新应用先导区和国家新一代人工智能创新发展试验区。可以期待，上海在人工智能治理的规则与制度的创新、开展国际合作方面也将走在全国的前列。

考虑到这个新兴领域自身独特的性质，我们一方面要加快对立规和立法的研究，另一方面也要依靠科学界和企业界采取负责任的态度和行为。如果科学家在每一项新技术的研发中都能思考其负面风险，如果制造商在每一个新技术的应用中同步构建风险管理的解决办法，那么，对这方面的挑战就不难找到应对办法，其立法和规范也就不难走出新的路径。

目前很多人工智能企业希望国家在立法和立规上，对人工智能的具体技术应用有法律责任和范围的清晰界定，认为这样更有利于企业的发展，他们在采取一些自律措施的同时，也期待国内整体规则环境和基础条件更快得到完善。

人工智能治理的全球视野和国际合作

人工智能技术的研发和应用是在全球平台上实现的，因此，其治理也不是某个国家或区域的问题，而是涉及全人类的福祉。因此，我们需要有全球视野，拓展全球合作。在这方面，国际社会有过一些经验。例如，核军控和气候变化等难题，都是先在学界、企业界和社会组织中被广泛讨论和推动，最终达成国际共识，形成有效的治理原则和制度。

目前，国际学界围绕人工智能带来的挑战正在进行广泛和热烈的讨论，不少国家和机构出台了相应的

法律法规和原则主张。但是,各国间仍缺乏大家共同接受的人工智能治理原则和在价值观和理念上的共识。

中国在人工智能的国际合作和治理上采取的是积极参与的开放态度,也主动搭建了不少平台,乌镇世界互联网大会已经成功举办五届,上海世界人工智能大会也吸引了国际和国内的不少关注,天津的世界智能大会、重庆的国际智能产业博览会等,也都是向世界开放的交流平台。

中美关系的前景也关系到人工智能治理的国际合作。有人认为,美国挑起贸易摩擦,破坏全球贸易体系,是对国际秩序更大的挑战。我觉得确实如此,这是一个主观的破坏性行为,中美关系的动荡对人工智能国际治理的探索也带来一定阻碍。

而现实中,中美学者在人工智能领域的对话与合作关系是相当紧密的。人工智能领域的科技文献数据显示,近几年中国大陆占据发文量榜首,美国紧随其后,两国合作论文数量增长最快,且互为彼此最大的合作对象。

在人工智能技术的快速发展中,中美各有优势。数据显示,在涉及人工智能基础层的算力、数据和算法三大关键要素中,美国在算力和算法上有优势,互联网巨头公司基本掌握着开源算法平台和场景丰富的算法能力,而中国正在积累越来越多的应用和数据资源。从两国的实践看,如果中美无法有效合作形成数据和算法的共同标准,双方的产业和未来发展都将受到很大影响。

2018 年习近平主席在致上海世界人工智能大会的贺信中指出,新一代人工智能正在全球范围内蓬勃兴起,要把握好这一发展机遇,处理好人工智能在法律、安全、就业、道德伦理和政府治理等方面提出的新课题,需要各国深化合作、共同探讨。中国愿在人工智能领域与各国共推发展、共护安全、共享成果。

因此,我们需要从相互依存、命运与共的“共同体”意识出发,主动参与和推动国际交流与合作,同时也要认真履行自己的责任,尤其要重视对知识产权的尊重和维护。历史上每一次科技革命都推动了新的国际议程的设置,相信人工智能技术也能成为各国合作的新平台,为全球化增添新的动力。中国人应该也能够为此做出贡献。

对人工智能的国际治理的三点建议

一是开放性。人工智能的技术发展与产业应用是全球高度协作的成果,其未来的发展也依赖世界各国的优势互补、合作共享。因此,在人工智能的治理上也需要保持开放性,集合各国智慧与经验,实现有效的全球治理。

二是合作性。人工智能被认为是一项综合性的“原力技术”,其治理也需要多学科、多领域、多部门乃至多国的共同参与。各国在探讨和构建治理机制的过程中,只有积极开展国际合作,取长补短,才有可能实现有效的治理。

三是客观性。人工智能作为革命性的新技术,难免引发很多误解和怀疑,没有人能准确预测技术的未来结果。国际治理应该秉承中立客观的立场,保护科学家和企业家的创新积极性,尊重人的权利与尊严。

疫情下的中国与世界

曹远征

引言

疫情下的中国与世界有三个层次的含义:

第一,中国与世界的关系是一个长久以来传统的中国命题。自 1840 年鸦片战争以来,中国近代史就同该问题紧密缠绕在一起,构成了研究中国的底色。中国与世界是何种关系?中国与世界如何互动?它影响着中国现代化的进程,经久不断、常议常新。与此同时,它也是一个世界性命题。目前,中国是全球第二大经济体、第一大贸易体,中国经济已经融入世界,影响着世界经济走向和国际格局变化。从这个意义上讲,世界就是中国,中国就是世界,中国与世界的关系密不可分,成为了国际社会热议的话题,构成了全球出现百年未有之大变局的重要变量。

第二，在全球出现百年未有之变局的当下，新冠疫情为变局增添了新的变量，使其变得更加复杂、更加深刻、更加激烈。疫情不仅引领着当下经济表现及政策安排，也影响着未来全球经济社会的发展轨道，改变着人类的生产生活方式。将疫情纳入视野，从经济社会发展范式变动角度加以讨论，无论在当下还是未来都具有十分重要的意义。

第三，经济关系是国际关系中最重要的底层逻辑，经济关系的变化会引起其他国际关系的变化。疫情影响的并不全然是经济，经济问题仅仅是理解世界问题的一个线索。疫情引领了经济变化，经济变化诱导了其他变化，理解经济问题可能会帮助我们更深刻地洞察国际关系和世界变化。

一、对疫情的经济学理解

2020年，世界经济出现了历史性衰退，是继1933年经济大危机后最大的一次衰退。衰退源于疫情，如何理解疫情成为核心问题。区别于传统的经济危机，本次疫情引发的是全球性的公共卫生危机，涉及到人类的生存，是百年以来未曾遇到过的危机。疫情不仅从外部冲击着经济，而且内生于经济活动本身，已超出了我们的人生经验。我们可以从以往的经济危机中找到答案线索。历史上确实曾发生过外部冲击导致的经济危机。例如自然灾害和地缘冲突。但是冲击通常是偶发的、一次性的，甚至是短暂的。当冲击过后，经济会回归正常轨道。与此相对应，国外的经济危机大多是内生矛盾引起的。例如，在市场经济条件下，市场的扩张跟不上生产的扩张，生产过剩就成为周期性现象。再如，在当代经济中，以杠杆伸缩为标志的金融周期也成为常态。而人类经过长期经济活动实践，已形成了控制办法，至少是找到了应对思路。前者表现为以财政货币政策为代表的宏观调控，后者表现为以控制杠杆率为核心的逆周期宏观审慎管理。然而，新冠疫情是全球化背景下的危机，它伤害的是人。当人类遇到生存与毁灭问题，且当下迫在眉睫时，问题就发生了性质的变化。

经济活动是人类活动，它有两层相辅相成的含义，从经济学角度观察，人是劳动力，是最活跃的基本生产要素，构成经济活动的基本条件。与此同时，从社会学角度观察，经济活动最终目标是为人服务的，构成了经济活动的意义。而本次新冠疫情所引发的公共卫生危机，伤害了劳动力这个生产要素中最基本、最活跃的要素。当劳动力生产和再生产不能自然进行时，不仅经济活动失去了基础条件，更重要的是，经济活动丧失了意义。由此，使深藏于经济活动背后的劳动力再生产的社会意义走到了前台，不能把劳动力再生产视为一个只要给足薪酬就能生产的确定性自然过程，而是一个关乎生命的社会过程。换言之，只有加以干预、控制疫情，才能稳定劳动力生产与再生产条件，才有经济活动的可能及意义。它改写了经济学的前提，以人为本、生命至上，这意味着抗疫不仅内生于经济活动，而且抗疫政策就是经济政策，由此诞生了新冠疫情经济学。

在疫情经济学下，我们考量问题就和过去不一样了。在疫苗和特效药尚不成熟的情况下，物理性隔断依然是抗疫的重要手段。甚至在某种意义上，疫苗反而变成了物理性隔断的辅助措施。然而，经济活动是需要互联互通的，尤其在全球化的今天，互联互通是世界规模的。于是，两者之间形成了悖论，这种社会性公共政策的成本就是经济衰退。经济衰退变成了抗疫政策的代价，由此产生了政策决策的艰难性。抗疫还是经济增长成为眼下必须要做的抉择，犹豫不决由此而生。犹豫不决不仅会导致抗疫政策执行困难，甚至会错失抗疫最好的窗口期。通常看来，疫情蔓延终究会影响经济，经济政策还是要服从于抗疫大局，成为从属性的政策安排，表现为疫情期间的经济政策方向就是对冲经济衰退，它构成了抗疫经济政策的基本出发点，手段就是扩张性的财政货币政策。

但是，第一个悖论导致了第二个悖论的产生。疫情尽管同时影响着经济的供需两端，而随着疫情的蔓延，供给端因停工停产而受到的影响程度远远大于需求端。传统的扩张性财政政策和货币政策是需求侧改革，其手段是以总需求管理为目标的。这种需求管理政策是不能完全对冲因停工停产引发的供给端下降，其结果是宏观经济政策极度扩张，而经济衰退依然存在。一个新的悖论就产生了。在新的悖论下，人们发现抗疫经济政策不应仅仅着眼于短期总需求下降，更应关注长期供给能力的维持。换言之，传统宏观经济政策由此变为以抗疫为主的纾困解难的经济政策，主要是对弱势群体、基本民生行业和市场主体进行纾困，保留未来经济增长的种子，维持未来经济增长的潜力。这时传统的扩张性宏观经济政策就变为以纾困为主的抗疫经济政策。

从疫情发展可看出，疫情是服从正态分布的，各国疫情发展的区别仅仅在于正态分布形状的不一致。从政策制订的角度讲，如果疫情服从正态分布，政策安排就可以随着这一正态分布的阶段变化而进行重心的调整。通常分为三个阶段：第一个阶段是抗疫。疫情初起时，不惜代价控制疫情是经济政策的重心；第二阶段是纾困，当疫情蔓延并走向高峰时，为了避免对经济社会的过分伤害，需要铺上安全垫，对弱势群体、民生行业和市场主体进行帮扶。纾困成为经济政策的重心；第三个阶段是重启，当疫情得到控制并基本平复后，重启成为经济政策的重心。重启既包括以市场为中心的经济恢复，也包括以规则为中心的制度重建。经济重启后宏观经济政策回归常态。需指出的是，政策逻辑是随着疫情的演变而演变的。这是因为疫情对经济表现起到边际引领作用，使经济政策基本处于被动应对地位，视疫情变化亦步亦趋，相应就会出现两种政策状态：一种是正常状态。如果疫情按照预期的正态分布发展，经济政策可按照前所述及的三个阶段进行安排。另一种是非正常状态，如果疫情持续得不到控制，超出人们预期，原先设计的政策工具箱开始见底。而一旦抗疫经济政策弹药耗尽，抗疫政策不再具有系统性，不再是整体、连续、协调的状态，而变成一个头痛医头、脚痛医脚的不可捉摸状态。

综上，从抗疫整个逻辑来讲，缩短疫情的持续时间是保持经济政策有效性的前提。在这个前提下，我们可以把全球现有的抗疫模式总结基本分为三类。

一类是区域阻断式空间遏制。以东亚地区为代表，中国最为典型。基本特征是，在疫情单点爆发的初期立即空间阻断，避免向全国蔓延。与此同时，操作非疫区医疗资源到疫区扑灭疫情。其优点在于疫情可以得到有效控制，其缺点在于经济短期下降幅度比较大，甚至有脱轨的风险。但疫情一旦控制，V 型反弹的概率也比较大。

第二类与一类模式相反，即事实上的群体免疫模式。以瑞典为代表，瑞典曾经倡导自愿原则，不进行社会性的强制隔离。该模式的好处是经济短期受影响较小，但长期后果难以预料。事实上，2020 年下半年，瑞典也开始抛弃这种模式。

第三种模式可称之为阶段性隔断的时间缓和模式，现在逐渐变为主流。主要以美国为代表，通过阶段性的隔离和放松，在疫情防控和经济衰退之间寻求平衡。从目前情况看，该模式实施有相当大的难度。由于对阶段划分以及强制割断政策力度掌控不力，容易造成 W 式摇摆，甚至有可能造成失控，从而使经济衰退时间更长，复苏更为艰难，使经济呈现为 L 型或 U 型走势。从全球来看，疫情发展到今天，使阶段性隔断的时间缓和模式逐渐成为全球主流抗疫模式，它是在生命代价和经济代价做一个权衡。如果不采取公共卫生措施，疫情会出现很高的峰值，如果采取以隔断为代表的公共卫生措施，疫情会变成一个平缓的正态分布。在经济方面，如果不采取任何的宏观经济措施，经济衰退也会在短期内达到峰值，衰退深度会比较大。但如果采取宏观经济政策，经济衰退的深度就不像想象的那么严重。由于公共卫生措施与经济衰退在短期内存在替代关系，需要在生命代价与经济代价之间进行平衡，两者间的均衡点就在公共卫生系统负载量上，即不出现因疫情严重过载使公共卫生系统崩溃的现象疫情。在公共卫生负载量之下，不需要采用过度强制性的隔断措施，经济的互联互通也会有某种程度的存在，从而经济衰退也就不是很严重。这就构成时间缓和抗疫模式的框架，其核心是平滑峰值，不仅仅是疫情峰值，也包括经济衰退的峰值。由此，平滑实际上是在时间轴上拉长过程，以疫情持续时间为代价，在避免疫情过分严重导致生命损失的同时，避免衰退过分严重导致的经济损失。

经济学的基本概念和方法是均衡，以公共卫生负载量为均衡点的生命代价与经济代价的权衡，成为疫情经济学的出发点，构成抗疫政策安排的逻辑。当前，疫情的发展趋势仍然令人担忧。虽然疫苗在大量投入使用，但疫情仍在快速流行，加上病毒又在发生变异，疫苗的使用效果还有待于观察和检验。这意味着至少在 2021 年上半年全球疫情还会延续，全球经济还会处在疫情阴影的笼罩之下。

二、疫情仍在引领着全球经济表现

理论是理解现实的钥匙。疫情经济学告诉我们，疫情与抗疫政策、经济表现存在着一种镜像关系。2020 年疫爆发后，经济开始下行，需要推出以纾困为代表的对称性经济政策，并随着疫情严重而加码。当疫情逐步缓解、经济开始稳定时，需要酝酿推出疫情结束政策。国际货币基金组织在去年 10 月所做的对 2020 到 2021 年全球 GDP 的预测，就是这样一种镜像关系。这种镜像关系在中国的表现更为明显。如果将 2020 年和 2021 年做对比，会发现同样的逻辑存在，疫情蔓延、经济下行，经济政策要纾困，等到疫情缓解、经济开始上行时，经济政策要退出，也构成了一个镜像，并特别明显地体现在 2021 年一季度的经济增长上。去年一季度中国 GDP 增长为-6.8%，今年一季度预计会达到 20% 左右。

这种镜像关系在2021年否能依然成立呢?如果疫情蔓延,会不会造成新的更大衰退?而应对衰退就需要极度扩张的财政政策,辅以极度宽松的货币政策。极度扩张的财政政策意味着继续饮鸩止渴,而极度宽松的货币政策意味着利率继续下行,现在西方国家利率已经变成0了,如果进利率进一步下降就会变成负值。两种政策带来的后果如何?确实成为经济学的难题。大家经常提到的现代货币理论,其实在20年前就已提出,但在疫情冲击下才大行其道。该理论的要点之一就是在主权货币条件下,财政和央行的资产负债表可以变换,表现为赤字融资、财政政策货币化。目前,极度扩张的财政政策只能依赖国债融资,而在疫情冲击下,市场普遍缺乏资金,买单者就成为了中央银行,就是俗话所说的中央银行通过开动印钞机印钞票、购买国债支持经济复苏和支持宏观杠杆率的稳定。货币大幅度放水,后果确实难以预料,全球金融市场仍有大幅波动的风险,世界银行首席经济学家最近提出警告:今年很可能出现新的金融危机。因此,要高度关注今年尤其上半年企业债务违约风险,中小企业将更为困难。

作为这一现象的综合表现,全球经济复苏仍处于不确定中体现为美元在疫情中动荡下行,并预示着美元开始步入下行周期,原因在于出现了新的特里芬难题。传统的特里芬难题是指一个主权货币作为国际货币时,国际收支对外必须要保持逆差,但国际收支常年逆差一定会造成这个货币内在价值趋贬,而不稳定的货币又难以持续充当国际货币。但目前情况使美元内在的特里芬难题变成了新型,美国GDP在全球的比重在持续下降,但美国债务在全球的比重在持续上升,此时美元的稳定性就变成一个世界无法回避的基本问题。国际货币体系进入了"寻锚"的新时期,需要寻找新的"锚货币"来稳定全球经济与金融,不仅使美元走势区别于过去发生过的传统周期,而且可能是持续下行。它加大了全球经济的不确定性,从而加重了2008年全球金融危机以来的世界经济贸易的低迷困局。

在新冠疫情前,人们就已经开始关注到世界经济低迷状态并探讨它的原因,核心在于劳动生产率的持续减缓,取决于两方面的因素:一方面是全球人口的结构变化,人口老龄化,劳动参与率和参与人数均有下降趋势;另一方面是技术进步似乎并没有想象那么快,劳动生产率增速也在下降。所谓技术进步,主要体现为劳动生产率增速在始终减缓。纵观当前的世界经济,全球经济可能延续2008年的经济低增长,未来刺激经济并保持杠杆不崩断,需要宽松的货币政策维持低利率。低利率维持的时间取决于通胀,全球经济体在过去十年间没有出现通胀,未来出现通胀的可能性也比较小,于是变成低通胀。

同时,全球经济还出现了三个新变化:一是世界经济南北的格局正在改变。全球经济重心正在加速向东转移,亚太地区成为世界经济的火车头。二是全球正处在新技术革命的前夜,酝酿着新的技术进步。其中有两个趋势值得关注,其一是与物体物理移动速度相关的科技革命。从前三次科技革命的历史来看,速度是核心。第一次工业革命中,火车取代了马车,速度的提高使机器制造代替了手工制造,出现了大规模的社会化生产,工厂制度成为区别于小农经济的新的制度安排;第二次工业革命中,内燃机和电动机的出现,使速度有了更大提高,有了汽车和飞机,而生产这些产品需要制造机器的机器,出现了工业化趋势,并从原料到市场对全球经济进行了整合,形成了工业化基础上的国际分工,出现了重化工业趋势。第三次工业革命是信息化,围绕着通信产业和电子工业的产生,不仅提高了信息的物理传输速度,也为传统工业进行了赋能,使其生产加速、同时更为精准,出现了全球的产业链、供应链,形成了今日的经济全球化。目前,我们尚处于第三次科技革命的进程中,但已到了末期。展望未来,速度提升的希望在哪里?从金融市场的角度观察,金融市场看好马斯克,因为他的龙飞船代表了一个新的速度,是脱离地球的速度。同时,要保护我们的家园,绿色发展成为保护家园最重要的命题,绿色经济由此成为技术进步第二个新趋势。碳排放成为全球经济技术进步的一个新方向。举个例子来说,中国政府宣布2030年达到碳达峰,2060年碳中和,与此相关的一组新产业,如清洁能源、智慧电网、储能技术和新能源汽车等,将会涌现出来,成为新的朝阳行业。初步测算,如果到2050年,全球气温升高控制在2度以下,中国相关的投资就会达到100万亿人民币以上。国际能源署估计,能源结构的转变将在2050年为全球GDP增加100万亿美元。目前,低碳技术正现实地引领着科技进步的方向,使低碳经济成为新的发展趋势。三是世界格局正酝酿着新的秩序安排。过去几年,全球贸易使人们看到基于单边主义是没有希望的,国际经贸体系必将重返多边主义,而最近签署的亚太15国组成的RCEP以及中国欧洲投资保护协定(BIT)使人们见到了曙光。但是,这种多边主义和过去的多边主义又不一样,从国际经济贸易角度观察,新多边主义的核心命题是从过去关境间减少关税壁垒和减少非关税壁垒的所谓自由贸易,进入到以关境背后条件对等的所谓公平贸易的秩序安排。在新的秩序安排中，南北差距持续缩小，将使发展中国家的地位发生变化，"共商、共建、共享"的新治理理念将会得到进一步倡导。

由上，全球经济中心正在继续向东移，绿色发展助长全球经济增长，新秩序正在萌芽和构建之中。

三、疫情下中国宏观经济表现及趋势

世界经济正在分化中。中国经济因疫情控制得较好，经济率先复苏，而世界经济的复苏迟于中国。疫情如果继续严重，中国疫情又得到相对好的控制，世界经济分化会更严重。目前，从GDP、就业和出口的表现来看，中国经济仍在恢复过程中，主要有两层意思：一是供给端的恢复好于需求端，二是在需求端的恢复中，投资的恢复好于消费。由于消费是过去几年拉动GDP增长的主要力量，消费尚未回到过去水平，意味着需求依然在恢复之中，中国经济还没有完全恢复到常态。但是，值得注意的是，在经济恢复过程中，中国出口的表现是超预期的。无论中国出口占全球的比重，还是中国出口的增速都出现了超预期，而且在中国的贸易差额中盈余，即顺差也在上升。

从产品的角度看，尽管所有产品的出口都在恢复，但有些表现更为突出，如专业设备、通信设备、电器设备、家具、服装等。原因在于疫情在全球蔓延，其他国家尤其是发达国家供给端受到了重大冲击，停工停产，而消费是刚性的，只好从中国进口，使中国出现了出口超增长预期。这是世界经济分化的一个表现，同时也改变了国际贸易态势。

从国际贸易态势看，中国这一超预期的出口增长有两层含义。一方面，从世界来看，由于疫情下发达国家停工停产，供给减少。同时又要纾困，特别是对脆弱人群进行财政补助，居民收入反而有所增长，从而刺激消费增长，扩大消费需求，使中国的出口市场转好。这虽然是暂时的短期因素所致，但如果疫情持续蔓延，这一短期因素可能会拉长，至少2021年在疫情笼罩下的世界，这一因素还会发生作用。另一方面，从中国来看，中国是全球产业链最完善的一个国家，经济具有韧性，从而对全球纾困具有高度的支持性。在疫情下，很多产品表现出逆市上扬的态势，特别是劳动密集型产品，对所有的发达国家尤其对美国都出现了出口替代。2020年，中国出口占全球24个主要经济体的份额都比2019年的16.1%有所提升，在二季度后份额平均提高2.3个百分点。从这个意义讲，疫情下中国出口的政治，实际上是从物质产品上支持了经济全球化，既体现了中国担当，也预示着经济全球化是不可逆转的。

从中国经济的韧性上看，在联合国划分的41个工业大类、191个中类和525个小类中，中国全部拥有，并且许多产品具有国际竞争优势。即使在疫情结束后，这些优势仍可以维持，甚至有些将变成永久性的竞争优势。换言之，疫情后中国的出口份额不仅会维持原有水平，还会有所提升，预计还会提升0.6个百分点。

国际贸易态势变化的背后是世界经济的分化，而在分化的背后是中国经济韧性所表现的持续增长。2021年是我国"十四五"开局之年，又是迈向现代化的起步之年，坚持创新的核心地位，形成科技自立自强的支撑，是未来十五年实现现代化的新战略。这意味着中国全产业链的竞争优势都有提高的可能性，成为支持可持续增长的物质基础。我们曾经预测，在未来15年，中国经济增长将呈现出前高后低的态势，平均增长速度在5%左右，高于美国平均增长速度2%左右的一倍以上，中国经济有望在2035年前赶上美国成为第一大经济体。而疫情的冲击又使上述预测出现了新的变化。疫情影响使2020年美国经济衰退了3.5%，而中国经济又增长了2.3%，中美之间差距进一步缩小，中国GDP占美国GDP的比重由2019年的67%上升到2020年的71%左右。考虑到美元汇率的变动，以现价美元计算的中国GDP还会进一步升高。很多国际机构预测，如果以现在的美元变动趋势推测，很可能中国GDP增长将在2028年超过美国，成为世界第一大经济体。

中国经济可持续增长成为世界关注的焦点。表现为两点：第一，2020年中国是世界唯一正增长的大经济体，GDP总量超过100万亿，成为疫情下全球经济增长的领头羊。而在疫情笼罩下的2021年，中国经济增长不仅会带动全球经济增长，而且也在国际贸易层面以实物满足世界需求，支持全球抗疫。中国经济持续增长，成为全球经济复苏的希望之所在。第二，中国经济可持续增长也引领着世界经济格局的变化，并集中反映在中美两个全球最大经济体的战略竞争上。美国是守成的大国，中国好似崛起的大国，彼此对国际治理的理念、对经济社会发展的体制和政策安排以及相互之间的竞争合作关系等，都与两国GDP的增长快慢所导致的国际经济地位变化相关。对其他经济体而言，直接涉及到未来选择，即"选边站"问题，从而备受关注。换言之，世界经济格局由此会发生深刻变化，疫情下中国经济的表现以及在全球经济中地位的变化，为世界经济既带来了新的希望，也带来了新的挑战。

四、百年变局中的中国与世界

中国经济崛起是当代世界最为重要的变化。中国经济崛起不仅仅是GDP的一维增长，而是经济社会的全面发展。中国是四大文明古国，2000多年前，中国农耕文明已走在世界前列，源远流长。然而，以农耕为基础的自然经济演化到工业文明时代，中国经济迅速衰落，社会衰败、经济凋敝、民主贫困处处可见。1950年中国的GDP仅占世界的7.5%，是世界上最不发达的经济体之一。相对于发达经济体来说，发展中国家的基本特征就是贫困，贫困不只是贫的问题，还有困的问题，在经济学上表现为普勒斯顿曲线，即经济收入和人均预期寿命的强相关关系。人均预期寿命是很重要的指标，它不仅体现为婴儿死亡率的下降，也体现为疾病防治和医疗水平的进步，从而使得预期寿命的延长。1949年新中国成立时，中国人口为5.4亿，人均GDP只有23美元，人均预期寿命只有35岁。2019年，中国人口为14亿，人均GDP超过1万美元，人均预期寿命为78岁。更为重要的是，中国是第一个在全球实现了告别绝对贫困的国家，具有划时代世界意义的成就，提前十年完成了联合国《2030年可持续发展议程》所要求的消灭贫困的任务。目前，中国贫困标准是以2011年不变价人均年收入2300人民币确定的，按现价来说到2020年约在4000人民币左右，按现今汇率大概是600美元，已接近世界银行2010年定的国际贫困线1.9美元/人天的标准。中国已经告别了绝对贫困，为世界减贫事业做出巨大的贡献，中国减贫人口占到世界同指标的80%以上，是我们这代人最值得欣慰自豪的一件大事。从未来看，目前中国大概有4亿人口进入中高收入阶层，到2035年如果中国GDP再翻一番，中国人均收入再翻一番，中高收入人群将有8亿到9亿人口，中国将成为全球最大的中等以上收入的高收入社会。而“十四五”正是中国跨越中等收入进入高收入的关键时期。

中国经济社会的全面发展，是改革开放带来的。何为改革？就是将中国的工业化进程由计划主导的国家工业化转变为由市场主导的全民工业化。何谓开放？就是将中国的工业化进程纳入全球化，在经济全球化中实现技术进步和产业升级。由此，在过去四十年，中国以更大规模再现了亚洲增长模式，在加速产业升级中，实现了经济高速增长。从成果来看，高速增长的结果表现在价值形态上，中国成为全球第二大经济体，表现在实物形态上，中国形成了全球最完整的产业体系。

中国占据了全球制造业产值的四分之一，成为世界生产网络中的重要节点。在2000年中国加入WTO前，中国在全球生产网络的地位微乎其微，但目前已是全球生产网络的三大节点之一，而且中国正以更快的速度超越美国和德国这两个节点，变成全球制造业中心，中国由此深深地嵌入全球产业链，成为世界的工厂。中国的产能面向全世界，加入全球的分工，使国际分工格局发生了重大变化，世界经济逐渐形成了一个相互联系、各有特点的三个板块：

一是以中国为代表新兴经济体的制造业板块，以低成本劳动力形成制造业优势，纳入全球化。在成就中国成为世界工厂的同时，获得了巨额贸易顺差，分享了全球红利，也对全球化做出了贡献，因其低成本制造，不仅满足了世界需求，而且有力拉低了世界物价水平，这是全球在本世纪以后很少出现通胀的重要原因。

二是资源能源出口国板块。以中国为代表的东亚制造业的强劲发展形成了国际大宗商品市场上的强劲需求，引领并带动了资源能源富集国家和地区的出口，不仅使这国家和地区的出口数量大增，而且价格上升，在能源和资源物理层面支持经济全球化的同时，也分享了全球的红利，获得了巨额贸易顺差。

三是以发达国家为代表的服务业、尤其金融服务业板块。以美国为代表的发达经济体服务业尤其金融服务业具有全球竞争优势。随着中国经济的对外开放，这一竞争优势也展现于中国，例如中国企业海外上市、外商对华直接投资等。美国等发达经济体用金融和创新也分享了全球的红利，也为全球经济循环创造了条件，特别明显地表现为金融创新支持美国消费经济的扩张，客观上为以中国为代表的东亚出口创造了市场机会。当然，这种金融创新在使美国出现了所谓寅吃卯粮和透支未来的消费推动型经济增长同时，也带来了很严重的后果，金融的片面发展使美国经济“空心化”，出现了所谓“锈带”问题，产生了美国社会与华尔街“一对九十九”的对立，种下了美国社会今日撕裂的种子。

需要指出的是，这三个板块在形成了经济全球化国际分工的新模式的同时，又是相互依赖的，从而全球经济是循环的。尽管在物质形态中，发展中经济体对欧美顺差，但是顺差最后都回流到发达国家的金融市场，形成了货币与商品的循环，而这个循环以中美之间最为突出，美国是中国出口的一大目的地，但中国对美出口的顺差几乎全部返回到美国，变成美国金融市场上的重要资金来源，这表明经济的全球循环是经济全球化的本质特征，世界经济在相互依赖中发展，中美两国也不例外。

但是，这种国际分工新模式产生的全球经济循环也带来结构性问题，突出表现为全球经济不平衡。自关税贸易总协定在1995年变成了投资和贸易自由化的WTO以后，全球贸易顺差分布出现了系统性偏差，发展中国家顺差占GDP比重和发达国家逆差占GDP比重均持续升高。全球贸易上的这种不平衡背后透视出来的是全球消费和投资的不平衡。由于在全球化的过程中，发展中国家的投资持续提高，而发达国家的投资持续减弱。于是，全球经济不平衡实际上是全球的投资、储蓄及消费间的不平衡，发达经济体消费过多、投资过少，而发展中经济体投资过多、消费过少。

全球经济在不平衡中是难以维持的，构成了2008年国际金融危机爆发的重要原因。为了避免金融危机再次发生，全球经济再平衡就变成了一个必然选择，成为20国集团成立的背景。20国集团自一建立，提出了促进全球经济“强劲、平衡、可持续的发展”的任务。其中，一国的经常项目顺差不能超过本国GDP的4%，成为不成文的全球再平衡共识。在全球经济再平衡中，中国的表现最为出色，中国在2007年的时候，经常项目顺差占GDP比重为9.9%，但到2019年顺差占GDP比重只有不到1%，2020年是特殊情况，顺差占GDP比重又有了上升，但总体来看顺差占GDP比重在下降之中。

由上，中美两国经济是互为支撑、相互循环的，两国经济高度依存，需要并有条件建立经济伙伴关系，但相互之间却出现了贸易战，并逐步升级，有愈演愈烈之势。抛开意识形态因素，从经济上看，涉及对全球经济治理理念和方式的不同。现行的全球经济体系是二次战后由美国主导建立的，与战前的国与国之间的双边或单边的治理不同，它是以规则治理为基础、以投资贸易自由化为导向的多边治理体系。这是历史的进步，不仅避免为瓜分和重新瓜分市场的世界大战，而且投资向发展中国家持续移动，促进了发展中国家的工业化发展，形成了今日以产业链供应链为特征的经济全球化。但是，这一治理体系是建立在“南北差距”基础上的，南北差距既是治理基础优势，也存在系统性缺陷。一是单向性。由于发达国家先于发展中国家发展起来，发达国家的经验就理所应当地成为圭臬，并不容挑战。一切偏离这一经济现代化的努力都被视为“离经叛道”，是“另类现代化”，至少丧失道义的正当性。二是不包容性。与上述单向性相联系，其治理规划是非黑即白、非此即彼，不具包容性。任何不如意的“离经叛道”行为都需要通过制裁来规劝，甚至通过诸如断绝经济来往的威胁来强力纠正。这一治理体系缺陷在战后南北差距较大的时期就已存在，但尚可忍受。然而，进入二十一世纪，南北差距在GDP意义上已经消失，使这一治理体系的基础发生了动摇，尤其2008年金融危机将这一体系的缺陷暴露无遗。于是，改革全球经济治理体系的呼声四起，而国际货币基金组织首当其冲。在新的历史条件下，作为第二大经济体的中国，需要担当国际责任，在“一带一路”上适时提出了“共商、共建、共享”构建人类命运共同体的中国倡议。这一理念得到国际社会的认同，并于2017年联合国第71届联大接纳为全球经济金融治理理念，该理念的核心是合作包容。显然，这有别于单向且不包容的传统理念，构成了中美战略竞争时代的背景。

在中美战略竞争的背景下，无论基于双边还是传统多变的单向性的国际治理理念出发，发达经济体提出了一个疑问，中国经济崛起会使世界陷入萨缪尔森陷阱吗？所谓萨缪尔森陷阱是2004年著名经济学家萨缪尔森提出来的。他首先是针对中国，认为自由贸易和全球化有时候可以把技术进步转化为双方的收益，但有时候一国生产力的提高，却只会带来该国自身的收益，并通过减少两国本来可能已有的贸易收益而伤害另一个国家，该认识颠覆了传统基于比较优势的国际贸易理论。

根据传统比较优势理论，中国作为一个发展中经济体，应该生产劳动密集型的低附加值产品。发达经济体要生产资本和技术密集型的高附加值产品，双方通过贸易可各自获利。但是，现在中国是在高中低的各个层次产业都展现了国际竞争力，不仅具有发达经济体所不具备的低成本劳动力优势，而且具有世界上最全的工业门类和最完整产业链。这对发达经济体而言，不仅是对传统比较优势理论的一个挑战，冲击着传统的自由贸易原则，而且出现了不公性。

所谓自由贸易是二次战后形成的关税贸易总协定所倡导的基本理念。冷战结束后，随着市场经济成为各国一致性的体制安排，贸易和投资也有了在国际间自由流动的条件，于是关税贸易总协定转变为WTO，投资自由化，但其与贸易自由化是一脉相承的，仍与关境相关。所谓公平贸易不仅涉及关境间，而且涉及关境后，其诉求是关境背后的条件对等，准入前国民待遇和负面清单是该诉求的体现。公平贸易不仅是对原来的自由贸易原则的改变，而且是对国际秩序的挑战，而产生这个挑战的背后是对中国经济崛起的认知困惑和认知困难。

如前所述，现有的世界经济的多边治理体系是建立在南北差距基础上的，形成了中心--外围的格局。按照比较优势的原则，处于中心的发达国家应向发展中国家出口工业制成品和资本，而处于外围的发展中国家应向发达国家出口初级产品和劳动。然而中国经济崛起改变了这一传统格局。一方面中国仍从发达国家进口高科技产品及资本，出口一般工业制成品及劳动，表现为一个发展中国家；另一方面，中国从发展中国家进口农矿原材料及初级产品，出口一般工业制成品及资本，又表现为一个发达国家。于是“中国究竟还发展中国家吗？”，成为国际社会认知的困惑。

与此同时，中国是一个超大经济体，以中国特色的社会主义市场加入经济全球化，在改变世界经济格局的同时，也改变着国际治理体系。特别是针对传统国际治理体系中的缺陷，中国提出了以“共商、共建、共享”为核心“一带一路”的新治理理念，这不仅与传统治理理念有冲突，而且在“人类命运共同体究竟为何物”的困惑上，这无疑是即将成为第一大经济体、需要承担“世界历史民族”责任的中国所必须回答的时代拷问。而中国正以努力创造“双循环”的新发展格局回答着逐一问题。

所谓“双循环”，是指以国内循环为主体，国内国际双循环相互促进的新发展格局。它的提出既是中国经济发展的必然，也是世界经济发展的需要。经过改革开放四十年的发展，目前中国既是世界规模成体系的产能提供者，又是一个世界规模产品需求者，成为一个连接发达经济体和发展中经济体的枢纽市场。2019 年中国居民消费已经超过美国成为全球最大的消费市场，2020 年中国经济的正增长，又为全球提供了最大的投资市场，不仅外商对华直接投资创新高，而且证券投资中国方兴未艾。它构成了中国以扩大内需为战略基点的理由。通过扩大内需，中国经济就会持续增长，中国市场就会持续扩大，中国经济不仅能实现以内循环为主体，而且将这一持续扩大的市场通过规则等制度性开放为世界所共享，中国经济的内循环就会带动外循环，在带动世界经济增长的同时，中国拥抱并引领经济全球化。如果从这个角度观察中美战略竞争，其经济含义实质上是世界市场转移之争。中国市场的持续扩大并为世界所共享，将会引领中美战略博弈，并不必然导致唯一的零和结论，相反会出现其他解的情形。而以国内循环为主体，以内循环引领双循环，实现国内国际双循环的相互促进，恰恰是化解中美战略竞争的有效途径。从这个意义上讲，中国经济可持续发展已成为世界性问题，只有双循环才能实现中华民族伟大复兴的中国梦，只有双循环才能为构建人类命运共同体创造条件，这就是双循环战略提出的世界历史意义。

未来双循环如何发展？其实改革开放四十多年既打下了可靠基础，也提供了可靠经验。如前所述，改革使中国工业化由计划主导的国家工业化转变为由市场主导的全民工业化，并带动了城市化的发展。国际经验表明，只要工业化城市化的进程未完结，经济增长的潜力仍然存在，增长过程就不会中断。虽然，中国工业化已进入中后期，服务产业成为主导产业，但城市化仍十分滞后。2019 年中国城市化率仅为 60.6%，距发达国家平均 75-80%的水平尚有距离。按照过去十年的经验数据来看，中国的城市化率平均每年提高一个百分点，按照这个速度，中国可维持 15 年以上的较高增长。

同时，我们注意到半城市化的问题。在现有的城市人口中，仅有 2/3 是常住居民，其他 1/3 是农民工，涉及人口为 2.8 亿。从收入和消费情况来看，农民工家庭收入 70%来自城市，其中 50%是务工收入，还有 20%是城市转移收入，比如种子补贴、化肥补贴等。城市收入超过 70%，但是在城市的消费可能只有 30%。中间的差额基本用在了宅基地上住房的修建。因此，农民形成了有宅基地的住房财产，但没有就业机会，还要出来打工，形成了有财产，但没有财产性收入的局面。如果农民工市民化，辅助农村集体建设用地，尤其是宅基地改革使农民工不仅有务工收入，而且有财产性收入，可以释放巨大的消费需求。从这个意义上，农民工的市民化和土地制度的改革是要素配置中最核心的问题，成为“十四五”期间市场化改革的重要领域和重要环节。

中国过去四十年的高速增长与全球化密不可分，与对外开放密不可分，中国经济深深嵌入全球产业链，维护多边贸易体制，既是人类命运共同体的要求，也是中国的国家利益。在亚太地区中国已签署 RCEP，并积极推动日韩的自贸区谈判，而且也提出对加入 CPTPP 持开放态度；在欧洲地区，中欧已经签署中欧投资协定，这些都成为中国通过规则等制度性开放的新起点。其中，服务业尤其金融服务业的开放又成为重点。于是，如同改革开放初期的经济特区一样，需要通过新的开放培养服务产业竞争力，而粤港澳大湾区、上海自贸区新片区和海南自贸港建设等新的试验田尤其值得关注。在2020年6月1日颁布的海南自贸港总体方案中,明确提出将海南自贸港总体方案中,明确指出将海南打造成“引领我国新时代对外开放的鲜明旗帜”“使海南成为深度融入全球体系的前沿地带”。海南自贸港已成为世界观察中国对外开放的风向标。中国将以新的姿态进行新的开放,以新的姿态拥抱全球化。

杨小凯对经济学的贡献

肖瑞

2002年3月25日,1986年诺贝尔得主布坎南教授(James Buchanan)在莫纳什大学进行访问,他在演讲中大赞杨小凯的新兴古典经济学——超边际经济学对经济学的积极贡献。布坎南甚至在研讨会以及副校长和校长参加的午餐会上分别说:“我认为现在全世界最重要的经济研究就在贵校,就是以杨小凯为主的对分工的分析……”。

2002年6月2—9日,James Buchanan牵头在美国Blacksburg组织了一次超边际经济学的培训班,以杨小凯为首的新兴古典经济学——超边际经济学派的学者黄有光、周林、姚顺添、史鹤凌、李克等人向美国一些大学的经济学博士研究生讲授超边际经济学,而世界顶尖的经济学家Eric Maskin也出席了这次讲习班,并且进行了评论。现在越来越多的经济学家已经认识到了超边际经济学这一新兴学派对于经济学的贡献。

中国改革开放20多年来,已经有很多当年留学北美的华人学者在国际经济学界崭露头角,他们的研究也越来越受到关注。在这些人当中,杨小凯是当之无愧的佼佼者。并不是说他在顶尖的经济学学术杂志上发表的文章最多,而是他对于经济学的贡献是具有原创性的。对于大多数学者而言,往往都是沿着导师或者某一领域的带头人的方向去作一些推进工作,很难成为某一领域的带头人。而杨小凯则是公认的研究劳动分工——超边际经济学的开创者。他对于经济学的贡献已经被一些世界顶尖的经济学家、出版物的匿名审稿人、评论、以及出版物和研究计划的评估报告所承认。

早在1984年出版的《经济控制论初步》中,杨小凯已经提出了研究分工的基本想法,在他的博士论文中,用超边际分析来解释劳动分工问题的框架已经形成,超边际分析是对自马歇尔以来的传统的边际分析方法的一个重大挑战,而超边际经济学则是对新古典微观经济学的一个重大挑战。

被遗忘的劳动分工和专业化

古典经济学的重心在于专业化与分工对经济增长和福利的含义。早在公元前380年柏拉图就论述了专业化和分工对增进社会福利的意义,并认为市场和货币的基础是分工。色诺芬考察了城市与分工的关系,威廉·配弟也认识到专业化对生产力进步的意义,并指出荷兰人之所以有较高的商业效率,就是因为他们使用专用的商船来运输不同的货物。此外,配弟还举了一个表厂的例子来说明分工的好处。在另一部著作中,配弟认为城市由于交易成本低能够促进分工。斯密之前,法国大百科全书指出了分工的三大好处——改进人力资本和提高技能,节省转换活动的时间和促进机器的发明——以及市场和人口在促进专业化的作用。

亚当　斯密在《国富论》(1776)中强调专业化和分工的核心作用,并认为应将它们作为全面考察经济增长和繁荣的基础。斯密提出了一些假想:市场容量由运输效率决定;分工水平由市场大小决定;资本是迂回生产活动中提高分工的工具。他还提出了相当于现代理论中内生比较优势的观点,并认为相同条件的个人之间的生产率差别是分工的结果,而不是分工的原因。他认为,工业与农业在生产率上的差别是由于这两个部门存在的专业化好处与专业化所引起的季节性调整费用之间的相对差别。这个理论不是通过偏好、收入和外生技术条件,而是通过分工经济与分工的协调成本之间的两难冲突来解释经济结构。这意味着,农业部门的收入份额的下滑不是由于偏好、收入和外生技术条件的变化,而是由于在农业部门内分工的协调成本高于其分工的好处,所以农业必须靠不断加大工业品进口来提高生产率。而这些工业品都是由分工经济大于交易费用、具有高水平分工的制造部门生产。大卫·李嘉图(1817)采用了不同方法来研究专业化与分工。他强调外生比较优势与分工的关系。这正是罗森(1978)所指的“一加一大于二”效应。

有趣的是,古典经济学家并没有使用“规模经济”这一概念。他们使用的概念是专业化、分工和相关收益与费用。

马歇尔试图用一个数学框架来组织古典经济学思想。他的著名教科书《经济学原理》(1890)有两部分。第8章至12章是没有数学模型的对专业化和分工问题的洞见,而另一部分是用边际方法分析供给和需求。这部分成功地将古典经济学中相对不太重要的有关资源配置问题数学化。这里,资源配置问题就是指在给定的稀缺度和给定的分工模式和水平条件下,确定不同产品最优的相对数量以及生产这些产品的最优相对要素数量。相反,组织问题则是给定相对生产和消费量,分工规模水平和生产力是怎样由分工的好处与交易费用之间的两难冲突所决定。马歇尔之所以不能用数学模型研究经济组织问题,是因为分工问题涉及角点解,而处理角点问题的数学方法直到20世纪50年代才被数学家发现。这里,角点问题意味着,某些决策变量取0值。超边际分析除了对每个角点解进行边际分析外,还要在角点解进行总效益-费用分析。

马歇尔教科书的第二部分为了避免角点问题,不现实地假定纯消费者和纯生产者绝对分离。然而,这种假设使得马歇尔的边际分析不能解释为什么企业会从分工中出现,不能解释商业周期、城市化、货币的出现,交易中介和交易的分层结构,也不能解释市场容量,生产率、比较优势,贸易依存度,以及诸多有趣而重要的经济现象。

可是,马歇尔数学化的资源配置模型依然成为经济学主流。马歇尔的边际理论为经济学教学建立了很好的框架。一代代的经济学家和学生不仅能分享同一个框架,而且老师也易于教学。一代代的经济学家以及不同分支的经济学家也在这一共同的框架内分工。但是,这个主流并没有解决古典经济学关于专业化和分工的核心问题。正如布坎南(1994,p. 6)发现,为了教学上的方便,马歇尔的新古典模型不得不放弃斯密关于劳动分工的思想。尽管马歇尔成功地将资源配置问题数学化了,但是古典经济学的核心问题——专业化和分工却被遗忘了。

在马歇尔之后,对于分工问题关注的是英国著名的经济学家Allyn Young,他在1928年就任皇家经济学会主席时的那篇著名演讲《Increasing Returns and Economic Progress》(《递增报酬和经济进步》)是有关专业化与经济发展引用率最高的文章,它代表了这一领域的最高成就。杨格强调专业化、生产迂回程度、分工等概念;批评规模经济概念是误导。尽管规模经济概念已经被写进马歇尔的教科书,并在经济学教育界流传甚广。但是,杨格说,“工业组织中内部经济和外部经济之间区分看似澄清了工业组织演进中的某些问题,但这实际使其他问题变得更模糊。”杨格认为,外部规模经济是对专业化和分工古典经济问题的错误解释。在杨格和马歇尔之后,对专业化研究路线有两条:一是跟随马歇尔的规模经济和边际分析方法;二是沿袭杨格的专业化和分工路线。

Young多次提到,他关注的递增规模并不是由一个企业或部门的规模所致。在他看来,正是专业化和分工,而不是规模经济引起了报酬递增。他使用三个概念描述了分工。第一个就是个人专业化。当个人缩小他的活动范围,他的个人专业化水平就提高了;第二个就是迂回生产链的长度,或称为迂回生产程度;第三个就是每条迂回生产链中的中间产品种类数。这三个概念相互依存,并且与规模经济概念不同。Young建立在专业化和分工基础上的社会递增报酬概念等同于现代的分工网络正效应概念。Young(1928,p. 539, p. 534)提出了三个猜想:“获取递增报酬依赖于分工的不断演进”;“不仅分工依赖于市场容量,而且市场容量也依赖于分工”;“供需是分工的两个方面”。Young的猜想反映了网络效应观点。

Young认为市场容量不仅由人口数量决定,也由购买力决定,而购买力由生产率决定,生产率反过来又依赖于分工程度。Young的思想反映网络效应概念。Young为往后解释市场分工网络大小是如何在一个分权的市场中决定的作了开拓性工作,数学化Young的个人专业化经济,迂回效应和中间产品种类数的分工理论,也很有研究价值。在这个数学模型基础上,建立一个动态均衡模型就能同时解释分工的三层含义。

不幸的是,Young英年早逝,并没有象马歇尔那样数学化自己的思想,尽管他的研究成果很有价值。显然,Young的专业化思想与马歇尔的供需概念截然不同,并且两者的分析方法格格不入。马歇尔供需概念的实质就是,增加效用时不同产品之间有着数量上的替代关系,以及在一定产出水平上也存在着要素配置的两难选择。市场权衡这种两难冲突达到一种均衡。相对嗜好、技术、要素禀赋的数量以及在个人之间的初始分配决定了均衡相对价格,以及产品和要素的相对数量。

可是，马歇尔的思想并没有解释需求是怎样与分工水平相关的。

由于马歇尔假定纯消费者和纯企业之间的绝对分离,因此,他的新古典模型就忽略了内生个人专业化水平和分工水平的两难冲突。换言之，在马歇尔的模型中,每个纯消费者的所有消费都要购自市场,并且如果没有外生给定的企业和市场他就无法生存。因此,这个模型不能解释为什么经济体系可以从自给自足状态演进到完全分工状态,也不能解释为何当分工演进时,企业会出现和发展。Young的分工供需分析框架揭示了马歇尔的需求边际分析方法的缺陷。Young说,“新古典的分析工具在诸多报酬递增的问题面前显得无能为力”。Young考察了分工模式和水平能够降低稀缺度或提高生产率,以及决定供需。相反,马歇尔的边际分析方法只是回答了:在给定稀缺度,给定企业的组织模式以及纯消费者和企业的条件下，市场如何决定产品的消费和生产相对数量。

萨缪尔森1948年出版的《经济学原理》则是经济学发展的又一个分界点。这部书包括两个部分,微观经济学就是马歇尔的供求边际分析；而宏观经济学则是凯恩思经济学，它试图解释马歇尔不能预见到的许多经济现象。自1950年代后,萨氏的著作已成为教科书的样板,它不再强调专业化和分工的问题。事实上,往后的教科书都是象征性地仅用一段文字描述专业化和分工的古典思想。在一般教科书中,斯密的内生比较优势概念没有被发展成个人专业化水平内生模型，可是李嘉图的外生比较优势模型却能见到。马歇尔的新古典分析框架假定纯消费者和企业之间的绝对分离,并用规模经济和供求边际分析取代了专业化经济概念。

Young之后关注分工与专业化的经济学家是哈佛大学经济学教授Houthakker(1956)和1983年诺贝尔经济学奖得主，芝加哥大学的George Stigler教授(1951)、Sherwin Rosen(1978)、GaryBecker (1981)。其中Sherwin Rosen和Gary Becker把Allyn Young关于劳动分工与专业化的高深思想用决策模型数学化。

自Stigler和Houthakker以来,有关专业化的研究文献分三类。第一类模型建立在李嘉图的外生比较优势以及马歇尔的纯消费者和企业及其供需边际分析的基础上，着重研究国家之间而不是个人的内生专业化的分工问题。所谓的国际贸易理论代表这条线。迪克特和诺曼的教科书(1980)是这条线的代表作。第二类模型使用规模经济概念和马歇尔的框架，研究Young分工概念中的一部分:即消费和工业品种数。代表作包括:Dixit—Stiglitz (1977)、Ethier (1982)、Paul Krugman (1979)、Judd(1985)、Paul Romer(1986)以及Grossman and Helpman (1989,1990)。第三类模型沿袭斯密，Young和Houthakker的思想，全面研究了个人专业化水平和分工水平。它对分工进行超边际分析,解释了分工水平和模式改变所引起的其他经济现象，这就是以Sherwin Rosen、Kevin Murphy、Gary Becker、杨小凯为代表的超边际经济分析所做的工作。

在《经济控制论初步》(1984)和《数理经济学基础》(1985)中,杨小凯放弃了纯消费者和厂商两分的假定,将个人专业化分工和社会化分工水平纳入其模型中。在他的模型中,每个人既是消费者又是生产者,有多样化消费,还有由专业化经济所形成的专业化生产。专业化生产和多样化消费之间的两难冲突与消费者-生产者的假设相结合，形成了专业化经济与交易成本之间的两难冲突。决策者可以平衡这两者的关系,通过使分工的边际利益等于边际交易成本，从而确定最优分工水平。由于这是一个中央计划决策模型,边际分析方法可用于决策，而且分散化市场造成的角点解可以被避开。杨小凯的博士论文将他1984年的模型发展成一个一般均衡模型。在他的分析框架中,每个人既是消费者又是生产者,存在专业化和交易成本。

杨小凯的先驱工作是把专业化和劳动分工的正式分析带回到主流经济学的核心。沿着专业化与劳动分工这一理论主线，十多年来杨小凯在诸多的经济学匿名审稿杂志上发表的论文、专著以及工作论文中对于经济学的许多领域的研究做出了自己的贡献。包括对企业理论的贡献,对城市经济学的贡献,对发展经济学的贡献,对增长理论的贡献,对国际经济学的贡献,对工业化理论的贡献,对分层组织理论的贡献,对产权和交易费用经济学的贡献,对资本理论的贡献,对货币理论的贡献,对网络理论的贡献,对商业周期和失业理论的贡献,对委托代理理论文献的贡献,对转轨经济和中国经济研究的贡献 。

对增长理论的贡献

一举奠定杨小凯在国际经济学界地位的是他1991年发表在《Journal of Political Economics》上的一篇文章《A Microeconomic Mechanism for Economic Growth》。这篇文章对于经济增长理论具有突出贡献。

1950年代中期到1960年代末期是经济增长理论的黄金时期。自从Solow1956年发表《对经济增长理论的贡献》一文以后,成百上千名经济学家卷入了对增长理论的研究,但是,1970年代初期以来,关于增长理论的文章突然从各主要经济学杂志上消失了,原来相当有建树的增长经济学家逐渐转向其他研究领域。这一段的经济增长理论被称为传统增长理论。经过将近20年的沉寂以后,1986年Paul Romer在《Journal of Political Economics》上发表了著名的《Increasing Returns and Long-run Growth》,随后Robert Lucas在《Journal of Monetary Economics》上发表了《On the Mechanics of Economic Development》,这两篇文章再次引起经济学界对增长理论的兴趣,短短几年内主要经济学杂志上发表了上百篇关于增长理论的论文。这个时期的增长理论被称为新增长理论。

Solow模型是外生增长模型,因为没有外生技术进步,便无法产生长期经济增长;Paul Romer的论文把技术进步内生化了,但是它不能预测贸易依存度、生产力和专业化水平的同时演进;而Robert Lucas的论文则把人力资本视为经济增长的核心,这是第一个能够预测生产部门与教育部门相对大小变化的内生增长模型,但是这只是一个宏观经济模型,不能预测相对价格和非加总变量相对大小的变化,也无法预测经济组织的变化。

杨小凯和博兰1991年发表在《Journal of Political Economics》上的《A Microeconomic Mechanism for Economic Growth》被同行匿名审稿人视为第一篇用劳动分工的内生演进解释经济增长的论文,真正为经济增长奠定了微观基础。这篇论文中的模型是第一个能够预测劳动分工、生产力、贸易依存度和经济结构同时内生演进的动态均衡模型。正是这个模型第一次把杨格关于劳动分工的思想模型化了。《Journal of Political Economics》的匿名审稿人说,"这篇文章发展了一个经济增长和劳动专业化的模型,这个模型能够产生从自给自足到劳动专业化演进的一个模式。我发现这篇论文的许多方面是原创性的"。"理解劳动分工经济是相当重要的,这篇论文展示了这种分工随着时间而变化的一种机制。这是非常有趣的特征,因为我们能够探索什么变量加速或者阻碍经济发展的速率。另一个有趣的特征是在这个模型中人口是固定不变的,劳动分工是被人口变化以外的力量推动的。在大多数劳动分工的静态模型中,人口是一个关键变量"。一个《Quarterly Journal of Economics》的匿名审稿人指出:这篇论文试图通过描述劳动分工可以获得的动态递增报酬和专业化的个人必定发生的交易成本之间的冲突来模型化经济组织的变化。我发现这篇论文的中心主题是有趣的并原创的。"

这篇论文发表以后,杨小凯一举成名。从1980年代末以来,美国经济学年会连续四次组织了重新思考贸易和增长理论的专题研讨,这四次专题研讨的召集者分别是Paul Krugman、Gene Grossman、Robert Lucas和杨小凯,1992年的这次专题研讨的就是讨论杨小凯及其合作者的工作。

《专业化和经济组织》

1993年,杨小凯和黄有光合著的经济学专著《专业化和经济组织——一种新兴古典微观经济框架》(《Specialization and Economic Organization——A New ClassicalMicroeconomic Framework》,North -Holland, 1993)通过了严格的匿名审稿程序,被列入了"对经济分析的贡献"丛书,在世界著名的经济学出版公司——北荷兰出版公司出版。这本专著初步建立了新兴古典经济学的框架。在这个框架中,专业化经济、劳动分工和经济组织结构被引入了经济学的核心部位。他们引入专业化经济和交易费用,并且沿用个人最优化和市场均衡的方法,证明劳动分工内生演进的基础是专业化经济与交易费用之间的两难选择。这可以解释企业、地区性贸易和国际贸易的产生;解释生产力、贸易依存度、专业化水平、最终产品和中间产品的种数、交易层级系统和城市层级系统的层次数、生产集中程度、市场一体化程度以及生产迂回程度的提高;解释专业中间商、城市、货币、失业和景气循环的产生。同时,他们还证明了市场的功能要比经济学家通常认为的复杂得多。它不仅能够有效的配置资源,还能够寻求有效率的专业化水平和分工水平,发现有效率的市场结构和制度安排,找到有效率的交易层级系统,并且确定有效率的货币制度和景气循环模式。

这本专著出版以后,受到了众多顶尖经济学家的好评。原芝加哥大学经济系主任、已故的著名经济学家Sherwin Rosen教授称此书为"第一流的著作"。诺贝尔经济学奖提名者FischerBlack教授是著名的Black—Scholes期权定价公式的创立者。在他写给杨小凯和黄有光的信中称此书为"才华横溢之作"。他在《探索一般均衡》(《Exploring General Equilibrium》,1995)一书中评论到:"杨小凯和黄有光的《专业化与经济组织》建立的模型,将增长视为因学习有效率的组织生产途径和具体的生产过程而使专业化递增的过程。专业化和迂回生产提高生产效率,但增加运输和议价费用。比较优势是获得的，而且在国际和国内它都以同样的方式起作用。企业因降低交易费用而提高交易效率。立约费用隐含着产权的最优模糊程度;甚至许多“外部效果”都是内生的和最优的。当专业化达到某一程度之后,货币和信贷便是必不可少的，但它们并不影响现实经济的演进。连景气循环和失业都是内生的和最优的。实际上,他们证明了,尽管他们将运输费用、交易费用、议价费用以及执行合约的费用都包括在内，他们的均衡仍是最优的。他们坦言,他们的模型难于“检验”,而且通常以一系列事例来介绍这些模型。这些都与研究增长与景气循环的一般均衡方法相一致…”

美国西北大学经济系 Donald Smythe 教授在他的书评（《Journal of EconomicLiterature》,1994）中写到：“这是一部雄心勃勃的著作。尽管作者宣称他们的目标仅仅是增加微观经济学框架的多样性，它涉及贸易和增长、城市经济学、比较经济制度、产业组织,甚至宏观经济学。他们开辟了使微观经济学从资源配置转向经济组织问题的新方向。这是一部有吸引力的原创性著作。立论中肯,主要见解令人信服。杨小凯、黄有光两位教授为我们提供了一种全新的微观经济学方法，使我们有可能讨论许多一直无法做形式化处理的课题。”

AvnerBen-Ner 教授在他的书评(《Journal of Institutional and TheoreticalEconomics》,1995)中陈述到:此书确实是技巧与才智的杰作。作者从几个有限假定出发，试图对许多经济现象：从企业的内生出现到城市化、国际贸易模式、货币的出现、产权的演进以及前社会主义国家的转轨等等,提供理论解释。此外,作者还力图实证地检验其理论的某些方面。此书在很大程度上实现了他们的宏大目标。读者将因阅读此书而收益,因为它论述完整，而且用新颖的方法处理了经济组织的核心问题。作者巧妙的对其他经济学家认为无法处理的问题建立了模型，从而展示了经济理论的若干最佳应用。

《American Economic Review》的一个匿名审稿报告陈述到：作者在并非与一个市场结构内的资源分配相关，而是与市场结构的发展相关的竞争性均衡和帕累托最优的概念。这篇文章包含了一系列好的想法,这个分析推导出的命题是有趣的并显示出相当可观的原创性。

与一些审稿人的交易效率对劳动分工的影响是同义反复的观点相反,《Journal of Political Economics》的一位审稿人陈述到：作者观察到递增的交易效率实际上能够导致更高的总交易费用，因为生产变得更加专业化。当然,更高的费用被递增的生产效率权衡,这是很值得强调的。因为它与强调用于交易的资源减少与引进货币相关联的文献观点相反。事实上,特定的生产函数参数和不同的交易效率水平得到的人均效用水平和总交易费用的一个简单的数字举例能够强调这一中心主题：来自铸造货币的主要利益不是来自用于交易的资源减少,而是来自引起的更有效的生产结构。

超边际经济学文献的理论基础

1990 年代早期,很多审稿人批评分工的网络效果和递增报酬同竞争性的市场不相容。这种批评是此类文献不能起飞的一个主要障碍。为超边际经济学文献建立严格的理论基础是一件极富挑战性的工作。在新古典微观经济学中,从 Adam Smith1776 年在《国富论》提出“看不见的手”到 1954 年 Arrow and Debreu 建立了一般均衡的存在性定理,差不多用了 200 年的时间。从 1980 年代末新兴古典经济学文献开始出现以来。杨小凯就在试图证明几个定理能够用来确定基于一个新兴古典均衡模型非常一般的形式，一般均衡劳动分工网络存在的条件,近年来,这一项工作终于由杨小凯和几位合作者完成。

三篇论文(Sun,Yang,and Zhou,1998, Sun,Yang,and Yao,1999,and Sun,1999)建立起了有非人格网络决策和内生分工结构的非常抽象的一般均衡模型的存在性定理、第一福利定理,以及核和均衡集等价定理。孙广振、杨小凯和姚顺天的论文《Toward a Theory of Impersonal Networking Decisionsand Endogenous Structure of the Division of Labor》(Sun,Yang,and Yao)是第一篇针对一个非常抽象的、有内生分工结构和事前相同消费者-生产者的一般均衡模型建立起存在性定理和第一福利定理的论文。孙广振、杨小凯和周林的论文《General equilibria in large economies withtransaction costs and division of labor》(Sun,Yang,and Zhou,1998)，则针对一个有事前不同的消费者-生产者的非常抽象的模型,建立了存在性定理和第一、第二福利定理。这篇论文同时允许不变报酬和递增报酬存在,并且运用测度理论,孙广振、杨小凯和姚顺天的存在性定理则不需要测度理论来证明。但是,在这两篇论文的模型中,不存在中间商品。孙广振的论文《A general method for identifying the equilibriumstructure of the division of labor》(Sun,1999)则用一类有事前不同消费者-生产者以及有消费品和中间产品的一般均衡模型，建立起了第一个这类模型的存在性定理。这些论文用加权有向图描述分工网络和资源分配。他们证明，一般递增报酬就是分工网络效果，它在没有企业规模经济的条件下也会存在。网络效应由非人格的网络决策产生，它同竞争性市场是相容的。市场最重要的功能是协调个体的非人格网络决策，并利用分工的网络效果。这几篇论文将 Hildenbrand's (1974)有局部递增报酬的大规模经济的方法用来综合 Arrow-Debreu 的资源分配模型以及近期的策略性网络决策文献 (Katz and Shapiro, 1986, Jackson and Wolinsky, 1996,and Duttan and Mutuswami, 1997)。前者集中关注商品数量和价格之间的交互作用，后者则集中关注网络决策，不关心数量、价格和网络决策之间的交互作用。这三篇论文揭示了数量(组织的非拓扑性质)、价格和组织的拓扑性质(诸如联通性、市场一体化，以及核心和外围间的不对称性的程度)这些相互依赖的变量是如何同时决定的一般均衡机制。它们证明，当人们能够进行超边际分析时，市场中的均衡分工模式就是帕累托最优，即使有分工的网络效果、生产中的局部递增报酬，以及交易费用的存在也是如此。这些结果就建立起了这样一个命题，即价格机制不仅能传递所有关于经济组织的非拓扑性质的信息（消费和生产的数量或资源分配)，而且能传递所有关于经济组织的拓扑性质的信息。这几篇论文令人满意地回答了 1990 年代早期来自审稿人的批评，即分工的网络效果和递增报酬同竞争性的市场不相容。1990 年代末，在主要的纯理论研究界就不再有此类批评的声音。如果这些定理被经济学家同行接受，这些定理对于新兴古典经济学的贡献将与 Arrow and Debreu 的存在性定理对新古典经济学的贡献相媲美。

同时，杨小凯和姚顺天的论文《Walrasian Sequential Equilibrium, BoundedRationality, and Social Experiments》(Yang and Yao,2001)发展了瓦尔拉斯序贯均衡的概念，将社会的和内生的不确定性、有限理性和企业家发现等基本概念形式化。它预见，通过对有效的和无效的分工网络模式的社会序贯试验，社会能够逐渐地获得对全社会有用的组织信息。这个试验过程是分散的，且基于个体有限理性。在这个过程中，虽然所有参与者都通过价格逐渐地获得抽象的组织信息，但每个人都不知道其他人的情况。这篇论文证明了对一类很一般的严格定义的瓦尔拉斯序贯均衡模型的均衡存在性定理，并且避免了在个体有限理性出现时的递归矛盾。这种基础理论研究证明，在一个瓦尔拉斯序贯均衡模型中，其信息不对称要远远大于任何有不完全信息的对策论模型。正如(Aumann,1997, p. 8)指出的，有不完全信息和信息不对称的对策论模型以超级理性为基础，而不是有限理性。杨小凯和姚顺天的论文(Yang and Yao,2001)，提供了一个研究个体有限理性有可能产生出社会理性的新方法。

《经济学:新兴古典与新古典框架》

在 1998 年，杨小凯的《经济学原理》由中国社会科学出版社出版，在这本教科书中，杨小凯系统的介绍了新兴古典经济学的研究进展和主要贡献，在国内经济学界引起了很大的反响。到了 2001 年，杨小凯吸收了一些人士对于新兴古典经济学的批评以及这一领域的最新进展，用英文写成的新兴古典经济学的教科书《经济学:新兴古典与新古典框架》由 Blackwell 出版公司出版(中文版 2003 年底由社科文献出版社出版)。这本教科书涵盖了杨小凯运用超边际分析方法对于经济学各个领域做出的贡献，是十多年来新兴古典经济学文献的一个系统总结，标志着新兴古典经济学开始走向成熟和完善。

这本教科书的四个匿名审稿人的评估报告，也高度重视了杨小凯对经济学文献的贡献。“它确实给人深刻印象。没有能与其比较的书。他正建立一个全新的领域。我预测在新兴古典经济学的兴趣越来越大。我认为这可能是将来的方向”。“这是一本有趣的著作，我很喜欢读。它传递了这样一个信息:新兴古典经济学是比新古典经济学对我们的环境的一个更好的描述。这个论述被清晰的、娓娓动人的，以一种有趣的方式提出。我愿意推荐这本书给任何好的经济学图书馆，毫无疑问，它将被许多经济学家和经济学教师得到。简言之，这本书是相当革命性的，有很高的才智。但是即使对新兴古典经济学有日益增长的兴趣，我不预测在近期它将起飞”。“这本书在某些方面是出色的杰作。它几乎百科全书式的覆盖了主流经济学的问题。杨小凯博士带给新兴古典经济学这一主题的激情清晰的表现出来。虽然我不分享杨小凯博士对新兴古典学派的激情，但是我不因此而感到气馁。”

《经济学:发展与劳动分工》

战后几十年来世界银行和发展中国家运用以诺贝尔经济学奖得主 Lewis 等认为代表的发展经济学理论

来解决发展中国家的发展问题收效甚微。传统的发展经济学受到越来越多的质疑和批判，人们迫切需要寻找新的理论来解释发展的问题。即将由 Blackwell 出版公司出版的杨小凯的发展经济学教科书《经济学：发展与劳动分工》是杨小凯将超边际分析用于发展经济学的成果。

八位匿名审稿人对于《经济学：发展与劳动分工》的评估报告与对《经济学：新兴古典和新古典框架》的评估报告非常一致。主要有以下评估：

“这本教科书答应成为一个令人激动的贡献，它将对与增长和发展提出新颖和创新的看法。在读了三章之后，我愿意对这个计划给予我的热心支持，并鼓励你们出版这本书。附上我支持的几个原因。这本书填补了研究生教科书的一个空白。在这方面没有教科书覆盖具有内生专业化、递增报酬、和一般均衡模型，交易费用与产权的综合。这本书使用上述框架解释工业化、城市化和结构变化的议程既具创新性又有重大的政策重要性。它将提供制度对经济增长的影响的一个解释。这本书将是第一流、博得研究经济发展的所有经济学家尊重的最主要的学者合作的成果。基于我已经读过的章节，我预计这本书会有一个巨大的，大体上未开发的研究生用发展经济学教科书的市场”。

“书中这些特定的章节有许多特征来使它们受到欢迎。贸易和相关政策的决定因素的问题在一个相当复杂和现代的方式中被分析。具有交易费用和策略性贸易政策的清晰处理的一般均衡方式是这个分析的强项。从教学方法上，这本书也很强。这本书能够用于我们学院的研究生水平吗？答案令人信服的是肯定的。这本教材具有足够高的质量能够用作博士水平课程的辅助教材。从整体上说，基于我有机会看到的几个选择性章节，这本书在市场特定合适的位置将会是一个有力的竞争者”。“对于作者们通过劳动分工与专业化的斯密原理的一个创造性的形式化来推动发展经济学走向主流的大胆努力应当祝贺。在许多方面这本书是一项绝技，的确代表了对于发展经济学文献的一个重大贡献。所利用的方法论和隐藏在书的组织背后的逻辑是一致的。我相信它在发展经济学的课程中能够有一个重要角色。当前手稿的理论工具巧妙而优美的把经济增长与主流的古典的斯密分配经济学联系起来，同时内生化了当前正在出现的经济学的许多概念性问题和发展决定因素。我想让我的学生了解作者对一般均衡和超边际分析的使用，包括诸如交易效率变量的创新，来论证通过由单个的生产者—消费者的决策驱动的市场专业化的而递增的劳动分工能够对有效的增长的贡献。这样，我一定会将这本书的一些章节包括进一门课程的提纲”。

“看来这本书对这一主题可比较的教科书提供了一个原创性的贡献。首先，它看来提供了贸易和宏观经济学的一个贯穿始终的分析。这两个主题在深度方面没有被可比较的教科书。其次，章节沿着相似的线索（超边际分析对边际分析）被组织。这保证了与一个一般的框架相一致”。

论乡村振兴与共同富裕的内在逻辑及理论议题

黄承伟

习近平总书记在 2021 年 2 月 25 日全国脱贫攻坚总结表彰大会上指出：“脱贫攻坚战的全面胜利，标志着我们党在团结带领人民创造美好生活、实现共同富裕的道路上迈出了坚实的一大步。同时，脱贫摘帽不是终点，而是新生活、新奋斗的起点。解决发展不平衡不充分问题、缩小城乡区域发展差距、实现人的全面发展和全体人民共同富裕仍然任重道远。”“要切实做好巩固拓展脱贫攻坚成果同乡村振兴有效衔接各项工作，让脱贫基础更加稳固、成效更可持续。”“乡村振兴是实现中华民族伟大复兴的一项重大任务。”这些重要论述表明，脱贫攻坚的伟大成就奠定了共同富裕的基础，实现巩固拓展脱贫攻坚成果同乡村振兴有效衔接、推进高质量乡村振兴促进共同富裕是建设社会主义现代化国家的历史性任务。因此，深刻理解和准确把握乡村振兴与共同富裕的内在逻辑关系，加强相关理论议题研究，具有重要的理论实践意义。

一、关于脱贫攻坚、乡村振兴与共同富裕关系的讨论

我国新时代脱贫攻坚历史性地解决了绝对贫困问题,在全面建成小康社会、开启建设社会主义现代化国家新征程的历史时点,脱贫攻坚、乡村振兴与共同富裕之间关系的相关议题,成为学界研究和政策关注的热点。

消除贫困、实现共同富裕是社会主义的本质要求。马克思恩格斯认为共同富裕的思想内涵包含3个方面:一是生产力高度发达是实现共同富裕的首要条件;二是消灭私有制、建立社会主义公有制是共同富裕的制度保障;三是共同富裕的实现是漫长的动态进程,“所有人的富裕”是共同富裕的终极目标,是一种“现在—未来”渐进式发展的共同富裕。在马克思主义中国化的进程中,从毛泽东思想到邓小平理论,从“三个代表”重要思想到科学发展观,再到习近平新时代中国特色社会主义思想,共同富裕的思想具有一脉相承的特点,体现了实现共同富裕既是理论不断创新的过程,也是实践不断探索的过程。

(一)脱贫攻坚与乡村振兴在实现共同富裕中具有不同战略定位

总的来看,脱贫攻坚是实现共同富裕的底线任务,乡村振兴是实现共同富裕的必然选择。打赢脱贫攻坚战、实施乡村振兴战略,其出发点和落脚点就是要通过解决发展不平衡不充分的问题,增进人民福祉、促进人的全面发展、稳步迈向共同富裕。脱贫攻坚,通过做到“六个精准”、实施“五个一批”、解决“四个问题”,实现“扶真贫、真扶贫”,进而实现消除农村绝对贫困人口的目标,有力促进了全体人民共享改革发展成果、促进共同富裕。民族要复兴,乡村必振兴。实施乡村振兴战略是我国在新发展阶段缩小城乡差距、促进城乡人民共同富裕的重要举措。从国家角度看,当绝对贫困问题已经解决,不平衡不充分发展问题更加凸显之后,乡村振兴战略的基本出发点便向实现共同富裕的伟大目标转变;从国土空间角度看,乡村振兴战略是面向全国各类乡村的发展战略;从人口发展角度看,乡村振兴战略是面向全国乡村居民,同时需要全国相关机构组织和市场主体参与的战略。

(二)脱贫攻坚与乡村振兴是实现共同富裕的不同发展阶段

实现共同富裕目标是一个长期的、艰巨的发展过程。在实现这一目标的过程中,必然会面临不同的发展形势,经历不同的发展阶段。从脱贫攻坚与乡村振兴在侧重点、实现路径等方面的差异性看,脱贫攻坚与乡村振兴是战役和战略的关系,前者是为了实现第一个百年奋斗目标打基础,后者是为了实现第二个百年奋斗目标打基础。脱贫攻坚、乡村振兴同属于迈向共同富裕的两大关键步骤,二者具有内在的逻辑一致性:一方面,脱贫攻坚与乡村振兴共同承载了促进社会公平正义和缩小区域、群体、城乡发展差距的使命,是让改革发展成果更多更公平惠及全体人民的重大战略举措,两者本质上最终都是为了实现共同富裕的目标;另一方面,从脱贫攻坚到乡村振兴是迈向共同富裕的关键步骤,脱贫攻坚是乡村振兴的先决前提,乡村振兴是巩固脱贫攻坚成果的力量保障。乡村振兴作为脱贫攻坚的接续战略,在脱贫攻坚取得胜利后全面推进乡村振兴,是“三农”工作重心的历史性转移。

(三)实现脱贫攻坚同乡村振兴的有效衔接是促进共同富裕的客观要求

尽管完成了消除绝对贫困的艰巨任务,但是解决发展不平衡不充分问题、缩小城乡区域发展差距、实现人的全面发展和全体人民共同富裕仍然任重道远。脱贫攻坚与乡村振兴衔接的重点由从消除绝对贫困到巩固拓展脱贫攻坚成果的战略转型、从攻坚期的超常规举措向常态帮扶转变,需要积极探索建立实现巩固拓展脱贫攻坚成果同乡村振兴有效衔接的实现路径。构建包括衔接理论研究、衔接路径研究、衔接体系研究、衔接政策研究在内的巩固拓展脱贫攻坚成果同乡村振兴有效衔接的研究内容体系。以思想协同保障、产业协同保障、人才协同保障、文化协同保障、生态协同保障、组织协同保障和社会协同保障等7个协同推进打好脱贫攻坚战与实施乡村振兴战略。在过渡期内,采取有效举措巩固脱贫攻坚成果,例如,保持脱贫攻坚政策体系的延续,建立防止返贫监测和帮扶机制等。在具体举措上包含扶贫产业后续可持续发展、土地制度改革、重构金融精准扶贫、持续激发人口内生发展动力、统筹城乡一体化发展等诸多方面。

总之,共同富裕是社会主义的本质要求,是中国共产党的初心和使命,也是中国全面开启社会主义现代化国家建设新征程治国理政的基本方略。实现共同富裕,必须围绕解决好发展的不平衡不充分问题,既要更加充分地解放和发展生产力,也要更有效、更直接地回应人民群众的关切、满足人民对美好生活的需要,使全体人民在中国特色社会主义制度保障下共创日益发

达、领先世界的生产力水平,共享幸福美好的生活。从经济维度看,共同富裕不仅要求整体经济发展水平达到一个较高水平,还要求不同群体间的差距得到合理控制与缩小。实现高质量乡村振兴,缓解我国城乡发展不平衡问题,对我国中长期扎实推进共同富裕具有重要作用。另外,共同富裕不仅体现在经济收入维度,还体现在城乡基础设施、公共服务、民生事业等方面发展差距的缩小上。要实现共同富裕的目标,仅靠农业现代化是不够的,农业农村现代化是迈向共同富裕的要求。因此,高质量乡村振兴既是共同富裕的重要内容,也是推进共同富裕的重要路径。

二、乡村振兴与共同富裕的四重逻辑

共同富裕是全体人民的富裕,是人民群众物质生活和精神生活都富裕,不是少数人的富裕,也不是整齐划一的平均主义,要分阶段促进共同富裕。乡村振兴的总目标是实现农业农村现代化,农业农村现代化是实现共同富裕的先决基础。乡村振兴与共同富裕之间的内在逻辑关系可以从理论、历史、实践与国际4个方面来理解和把握。

(一)乡村振兴与共同富裕的理论逻辑

1.乡村振兴是实现共同富裕迈出坚实步伐的必然要求。实施乡村振兴战略是促进区域均衡发展、城乡融合发展、建设新型城乡工农关系的关键。乡村振兴战略关系到亿万农民的权益和福祉,促进农业农村现代化,缩小城乡差距、持续促进农民增收,推进共同富裕迈出坚实步伐,不仅关系发展的正义性,更关系现代化建设的质量。推动乡村振兴,促进农民共同富裕,是扩大中等收入群体规模,促进社会结构优化,服务双循环发展格局的关键;是最大限度激活沉睡要素和激发主体创造性、挖掘发展潜能形成发展动能的关键;是实现城乡工农公平高效互补、互动、互促,不断开创发展新局面的关键;是不断体现社会主义制度优越性、不断夯实党的执政基础、凝聚最广泛发展共识,引领全国人民推动伟大事业的关键。

2. 乡村振兴是实现共同富裕目标的难点和潜力。一方面,新中国成立以来,中国乡村发展取得了巨大成就,但仍然是中国现代化建设的最大短板,是推动共同富裕的最大难点。首先,乡村振兴的基础薄弱。中国人均资源有限,农村人力资本建设较为滞后,存在规模较大的低收入群体和特殊困难群体,发展的要素供给、环境约束都逐步凸显,农民增收难度较大。其次,各种要素下乡的渠道还不够畅通。要素聚合产生化学反应的交易成本仍然居高不下,农业产业弱质性质并没有得到根本性改变。最后,共同富裕的实现基础和实现形式还不够丰富和多元,有效、可推广、可借鉴的模式还比较有限。国际范围来看,益贫增长、共享发展都是世界性难题,解决这些问题,需要付出更多的智慧和更大的努力。另一方面,乡村振兴也是推进共同富裕、提升中国式现代化水平最具潜力的领域。在资源整体匮乏的同时,广大乡村还存在大量沉睡资源,要素还没有被激活,这些要素不仅可以服务于乡村振兴,更能够为中国现代化国家建设提供源源不断的动能,共同富裕起来的乡村、农民能够不断服务于双循环的发展格局。同时,高品位的乡村振兴与城市文明互补互动互促,不仅富裕生活、涵养生活,更能滋润心灵。

3.共同富裕是高质量实施乡村振兴战略的行动指引。党的十九大明确乡村振兴的总要求是产业兴旺、生态宜居、乡风文明、治理有效、生活富裕。其中,生活富裕是出发点,也是落脚点,是亿万农民对美好生活的期盼。中国特色社会主义乡村振兴道路必须坚持共同富裕,既是不变初心,也是现实要求。共同富裕必然成为高质量实施乡村振兴的目标指引和行动指南。一方面,要探索共同富裕的实现基础、实现机制,不断推进农业农村现代化;探索更有效的发展行动、发展干预,让市场运转起来,让市场有益于社会共同体福祉。共同富裕成为发展的有效方法。另一方面,共同富裕是乡村振兴质量和成色的重要衡量标准。考量乡村振兴成果,不仅要看在活跃乡村产业、促进环境改善诸方面的成果,更为重要的落脚点是共同富裕。而且,共同富裕绝不是通过扭曲市场机制来实现超越发展阶段的公平,更不是回到吃大锅饭的状态,而是善用市场机制,用好政府有形之手和市场无形之手,实现有为政府结合有效市场辅之以友善社会。

4.共同富裕目标下的乡村振兴需要持续推进全面深化改革。共同富裕下的乡村振兴,其实现基础、实现机制只有推进全面深化改革才能建立和完善。比如城乡融合发展必然要求有为政府、有效市场和友善社会的协同推进,其核心仍然是市场机制,重点在于开放共享、产权(如资产建设、政府投入等)改革;再比如,城乡互动、互促、互补的新型关系,需要在不断改革中充分发挥市场机制、金融工具的作用,善于借助人工智能和数字乡村,通过政府投入机制改革、利益分享机制改革、要素赋权机制建设、现代公益慈善等创新形式来推动实现。

（二）乡村振兴与共同富裕的历史逻辑

1.城乡关系演变下的乡村振兴与共同富裕。城乡共同富裕是共同富裕的重要内容。按照乡村振兴与城乡共同富裕的互动关系，中国共产党百年历程中城乡发展关系的演变可以划分为4个时期。第一个时期，从中国共产党成立至新中国成立(1921—1949年)。城乡经济关系变动集中表现为：从解放战争前的城乡分离到解放战争中的城乡互助，从农业优先到农工商协调发展。城乡关系中乡村是中心，城乡相互帮助、相互支撑，促进乡村发展以恢复经济。第二个时期，新中国成立后实行计划经济体制(1949—1978年)。党和国家逐渐把中心从乡村转向城市，建立重工业优先发展战略，城乡经济关系体现为以城乡统筹实现城乡互助，在城乡的不平等中乡村向以城市为中心的国家工业化输送农业剩余价值，同时工业品下乡推进农业机械化。尽管乡村在经济和收入上缓慢增长，但教育、医疗卫生等公共服务进步显著。第三个时期，从改革开放到党的十八大前(1978—2012年)。城乡经济关系特点是市场机制下"三农"问题凸显，国家积极构建"以工促农、以城带乡"的发展格局，乡村获得更多的发展资源，但城乡发展差距仍在扩大。第四个时期，党的十八大以来(2012年至今)。这一时期的城乡发展关系，体现在乡村成为党和国家工作的重中之重。为有效解决城乡发展不平衡、农村发展不充分问题，国家推进实施城乡一体化发展、城乡融合发展、脱贫攻坚和乡村振兴战略。可见，在城乡共同富裕的进程中，城乡发展关系的演进逻辑是城乡建设要服务于国家的经济战略和城乡发展要以生产关系符合生产力发展水平的规律为原则。

2.共享发展实践下的乡村振兴与共同富裕。共享发展是缩小贫富差距的重要路径，共享发展理念是共同富裕思想的重要组成部分。建党百年来，党和国家在"三农"领域推进共享发展、共同富裕，历经了创造条件、探索实施、创新推进和全面提升4个阶段，党在不同阶段采取不同策略。在创造条件阶段(1921—1949年)，主要策略包括开展土改运动，农民获得了土地，通过开荒、兴修水利发展农业，推动了根据地经济发展，保障了革命所需。在探索实践阶段(1949—1978年)，主要策略是按照马克思原理并参照苏联经验进行农业社会主义改造，实施计划经济、农业"一大二公"生产模式、城乡分治，这种策略尽管体现了共享发展和共同富裕理念，但没有解决好农民的激励和要素的合理配置问题，乡村的贫富分化在缩小，但乡村振兴缺乏动力，乡村处于低水平的"共同富裕"。在创新推进阶段(1978—2012年)，以邓小平同志为主要代表的中国共产党人打破了传统思想束缚，通过理论与实践创新着力推进乡村发展，打破了低水平共同富裕的局面。在产权制度上实行土地家庭联产承包责任制，实现要素的流动与优化配置，在对乡村的支持上由汲取乡村资源向支持乡村发展转变，在福利与保障上建立农村社会保障体系和大规模推进扶贫开发。在坚持农村土地公有制的基础上，依照市场经济规律推进"三农"领域改革，通过以城带乡加大对乡村发展的支持，为实现乡村高质量振兴和共同富裕提供了制度保障。在全面提升阶段(2012年至今)，以习近平同志为核心的党中央以乡村振兴为引领，全面促进"三农"共享发展。把共享发展作为激活乡村振兴的内生动力，进一步破除二元经济社会结构体制，关注农民的全面发展，通过高质量乡村振兴实现第二个百年的共同富裕目标。

3.建党百年的乡村振兴与共同富裕实践探索积累了丰富经验。一是坚持党对乡村振兴和共同富裕的全面领导。在党的领导和带领下，中国人民推翻"三座大山"，建设社会主义新中国，集中力量发展生产力，经济社会各方面取得了突飞猛进的发展，人民生活水平大幅提高。中国共产党的全面领导是实现高质量乡村振兴和共同富裕目标的根本保障。二是坚持以人民为中心的发展思想。中国共产党获得人民群众支持的根本原因就是始终坚持为人民谋利益求幸福，而带领中国人民走向共同富裕正是人民群众愿望的现实体现。此外，收入分配是体现人民共享最重要最直接的方式，必须处理好利益增长和利益分配问题，必须在把"蛋糕"做大的同时把"蛋糕"分好，实现乡村经济与农民收入同步增长，实现城乡融合发展，促进收入分配更合理更有序，让改革发展成果更多更公平地惠及全体人民。三是遵循社会生产力与生产关系的发展规律。先富带动后富的优化路径，是社会主义生产力和生产关系发展的必然结果。在高质量乡村振兴促进共同富裕进程中，加强社会主义法治建设、维护社会公平正义是关键。先富既是机会，应该人人享有；也是结果，应该以遵纪守法为前提。后富既是权利，应该人人可得；也是结果，被公平正义保障。

（三）乡村振兴与共同富裕的实践逻辑

1. 高质量乡村振兴是实现共同富裕的必然要求。共同富裕不仅指收入方面达到一定的平衡水平，还包含着社会上有多少人享有高收入、社会福利和福祉以及教育、医疗卫生服务等，以及人们的精神面貌如何。不能仅仅看个人收入是否增长，也要看公共财政收入是否增加,更要看公共财政收入是否用于民生事业、公共服务和基础设施等。改革开放以来,中国共产党深刻认识到贫穷不是社会主义,要摆脱传统体制束缚,允许一部分人、一部分地区先富起来,推动解放和发展社会生产力。党的十八大以来,党中央把逐步实现全体人民共同富裕摆在更加重要的位置。打赢脱贫攻坚战,全面建成小康社会,是促进共同富裕的第一阶段。加快农业农村发展、全面推进乡村振兴,是解决人民日益增长的美好生活需要和不平衡不充分的发展之间的矛盾的必然要求,是实现第二个百年奋斗目标的必然要求,是实现全体人民共同富裕的必然要求。

2. 高质量乡村振兴是迈向共同富裕的前提基础。高质量的乡村振兴承载了促进社会公平正义和缩小区域、群体、城乡发展差距的使命,是让改革发展成果更多更公平惠及全体人民的重大战略举措。乡村振兴重在补齐农业农村发展短板,促进城乡、区域发展差距及不同群体之间生活水平差距的持续缩小。乡村振兴的总目标是实现农业农村现代化,共同富裕是农业农村现代化要达到的目标。共同富裕不等同于平均主义,而是体现包容、共享、发展的公平正义原则。高质量全面推进乡村振兴需要坚持时空观。空间上既要考虑不同区域(如发达地区、发展中地区、脱贫地区、“三区三州”、革命老区等)之间的差异,重视国家区域重大战略、区域协调发展战略对乡村振兴的带动和影响,又要特别关注城乡互动与发展融合;时间上服务于“两个一百年”奋斗目标的历史进程和全面推进共同富裕的目标导向,把促进全体人民共同富裕作为高质量乡村振兴的最终目标,脚踏实地、久久为功。高质量推进乡村振兴,既要关注农民物质层面的需求,又要关注他们精神层面的需求。共同富裕是全体人民的富裕,是人民群众物质生活和精神生活都富裕。高质量乡村振兴促进共同富裕,既要着力解决当前农村地区经济发展落后和文化建设落后的现实问题,更要注意解决农村社会物质富裕和精神富裕不平衡不充分的问题。把广大农民对美好生活的向往转化为推动乡村振兴的内生动力,着力推进乡风文明建设,凝聚农民共同的价值取向、道德规范、精神风貌,培育文明乡风、良好家风、淳朴民风,提高乡村社会文明程度,焕发乡村文明新气象,大力提升农村精神文明建设和文化建设的水平,实现物质富裕与精神富裕同落实、同部署、同发展。

3. 高质量乡村振兴是实现共同富裕的必由之路。从历史和发展的维度来看,当前我国发展最大的不平衡是城乡发展不平衡,最大的不充分是农村发展不充分,缩小城乡差距,是共同富裕的关键。乡村振兴战略,就是为了从全局和战略高度来把握和处理工农关系、城乡关系,解决“一条腿长、一条腿短”的问题。乡村振兴的首要任务是缩小城乡差距,实现城乡共同发展和共同富裕。因此,全面推进乡村振兴,不仅要增加农民收入,更要追求和实现农业农村的全面发展,实现农村在基础设施、公共服务、民生事业以及其他生活条件上的改善,实现高质量的乡村振兴。高质量的乡村振兴就是要以满足人民群众日益增长的美好生活的需要为根本目的,着力缩小经济社会发展中的地区差异、城乡差距和收入差距,政策有侧重地向农村、基层、欠发达地区和困难群众倾斜;加快突破发展不平衡不充分问题,实现好、维护好、发展好最广大人民根本利益,不断增强人民群众获得感、幸福感、安全感,扎实推进共同富裕,不断改善人民生活品质、促进人的全面发展和社会全面进步。

4. 高质量乡村振兴是推动共同富裕的有力举措。全面建成小康社会之后,实施乡村振兴战略已是我国在新发展阶段缩小城乡差距、促进城乡人民共同富裕的重要举措。乡村振兴事关中国式现代化发展全局,高质量乡村振兴是高质量发展的重要组成部分。高质量全面实施乡村振兴战略,是准确把握新发展阶段、深入贯彻新发展理念、加快构建新发展格局的重中之重。高质量全面实施乡村振兴战略,有利于有效破除城乡“二元结构”,促进城乡协调发展,实现更高质量、更有效率、更加公平、更可持续的发展,进而全面提升发展质量效益,保持经济持续健康发展;有利于推动各类经济要素在城乡之间自由流动,畅通国内大循环,促进国内国际双循环,加快构建新发展格局;有利于进一步促进革命老区、民族地区、边疆地区等欠发达地区加快发展,提升区域经济发展平衡性,优化区域经济布局,促进区域协调发展;有利于进一步缩小城乡差距,促进基本公共服务的均等化,持续增进民生福祉,扎实推动共同富裕。

(四)乡村振兴与共同富裕的国际逻辑

1.以高质量乡村振兴促进共同富裕是全球现代化实践的重大创新。谋求现代化转型是世界各国共同的发展目标。欧美国家、日本、韩国乡村的现代化发展,采取了先实现城镇化再推动乡村复兴的发展道路。在城市反哺乡村的过程中,虽然乡村具备了与城市相当的基础设施和公共服务,但乡村空心化、老龄化现象依旧严重,实现的仅仅是乡村的发达,离乡村的全面振兴依然存在差距。如何实现农业、农村、农民的现代化是世界现代化进程中始终没有真正完成的发展事业。中国以高质量乡村振兴为抓手,在城镇化的发展过程中,把“三农”工作作为治国理政的重中之重,以农业农村优先发展破题农业农村农民现代化，这是人类国家现代化发展史上前所未有的探索和成就，拓展了发展中国家走向现代化的路径。中国农业农村现代化道路,通过实现城市与乡村各美其美、美美与共、相互尊重、融合发展,必将打破“乡村衰落”的现代化魔咒,实现“农业强、农村美、农民富”的全面振兴,共同筑起乡村现代化的世界体系。

2.以高质量乡村振兴促进共同富裕是社会主义实践蓬勃发展的生动展现。改革开放使中国走上了一条中国特色社会主义道路,而这条道路的本质就是“以先富带动后富,最终实现共同富裕”。对于中国以及世界上大部分发展中国家来说,要想实现共同富裕,面临的最大问题就是城乡发展的不平衡。中国以高质量乡村振兴破题共同富裕，以此实现所有人充分的物质和精神自由,是马克思主义中国化的最新成果。在世界百年未有之大变局中，许多西方资本主义国家陷入持续衰落、冲突不断的社会矛盾,而中国人民在中国共产党的带领下走上了高质量乡村发展道路。中国共同富裕目标的逐步实现,将是对西方资本主义发展话语下“历史终结论”的终结,证明了中国没有辜负社会主义,社会主义也始终没有辜负中国。

3.以高质量乡村振兴促进共同富裕是人类命运共同体构建的重要基础。中国以乡村振兴推进共同富裕,为共建人类命运共同体奠定实践和理论基础。在实践中,农业是每个国家发展必不可少的物质基础,农村是每个国家都不可能舍弃的重要组成部分，农民是每个国家重要的人民群体。农村和城市共同体的建设是人类命运共同体的重要组成部分，是建成人类命运共同体的基础。中国拥有最广大的农村以及相当数量的农村人口,到21世纪中叶,当中国这个发展中大国实现共同富裕,形成以工促农、以城带乡、工农互惠、城乡一体的新型工农城乡关系的时候，意味着世界范围内最大的城市乡村共同体的成功构建，这将带动全人类早日进入人类命运共同体的理想境界。一些拉美国家在第二次世界大战之后学习西方现代化道路，在经历了经济的迅速增长之后纷纷陷入增长停滞、社会动荡的“中等收入陷阱”。西方资本主义现代化道路始终难以解决社会收入不公平、人民贫富差距拉大的社会问题,使得拉美国家始终难以跨越“中等收入陷阱”。与之相反,中国共产党坚持走中国特色社会主义道路,坚持在保持经济增长的同时让劳动者分享经济发展成果。中国以乡村振兴推进共同富裕的理论创新为发展中国家提供了新的道路选择，必将成为推动人类命运共同体构建的持续动力。

三、高质量乡村振兴与共同富裕的相关理论议题

党的十九大报告6次提到“共同富裕”，提出了2035年“全体人民共同富裕迈出坚实步伐”和2050年“全体人民共同富裕基本实现”的发展愿景。2021年，在第二个百年奋斗目标新征程的开局之年，中央作出了“在高质量发展中促进共同富裕”的重大战略部署,提出“要促进农民农村共同富裕,巩固拓展脱贫攻坚成果,全面推进乡村振兴,加强农村基础设施和公共服务体系建设,改善农村人居环境”。乡村振兴作为“全体人民共同富裕的必然要求”与“新时代‘三农’工作总抓手”,对于实现高质量发展、迈向共同富裕都有重大的战略意义:一方面,城乡发展差距是造成发展不均衡的关键变量,“缩小城乡差距将对未来实现共同富裕起着重要的决定作用”;另一方面,农业农村的现代化是高质量发展的重要基础,没有农业农村的现代化,国家的现代化也无从谈起。在实践层面,高质量乡村振兴无疑是迈向共同富裕的关键领域、薄弱环节和重要组成部分,是实现共同富裕的必要条件。但是,各地发展程度的差异性、阶段性,乡村振兴目标的复杂性、艰巨性,以及共同富裕内涵的理想性、丰富性,决定二者在实践中极易受到教条主义或者经验主义的制约。因此,梳理高质量乡村振兴与共同富裕的相关理论议题，澄清二者的逻辑关联,拓展理论分析空间,不仅有助于深化对其重大战略意义的理解，也有助于规避实践的偏差以及推动实践的创新。高质量乡村振兴与共同富裕所蕴含的理论议题可以从“为什么”“是什么”和“怎么办”3个层面进行分析、理解。

(一)高质量乡村振兴与共同富裕目标的逻辑关联

为什么高质量乡村振兴能够促进共同富裕的实现?二者保持目标一致性的前提条件是什么?如果二者之间的逻辑关系得不到清晰的界定,那么就会面临“农业现代化能否缩小城乡发展差距”“农业现代化究竟对农村现代化起到什么样的作用以及怎样发挥作用”“农村现代化又以什么样的方式展开才能达到城乡共同富裕”“农业现代化能否带来农村居民收入的明显增加”

等一系列实践的不确定性。如果将二者的关系简单理解为具体目标与长远目标的关系，或者因果关系，则会导致片面追求城乡“差距”的缩小，而忽视乡村发展对于全局的独特价值。因此，关于高质量乡村振兴与共同富裕逻辑关联的理论议题可以包括：高质量乡村振兴与缩小城乡发展差距；高质量乡村振兴与农业、农村、农民现代化发展；高质量乡村振兴与高质量发展的关系；等等。

(二)共同富裕目标下高质量乡村振兴的理论内涵

高质量乡村振兴的本质是什么？其与经济社会发展的其他领域或方面的关系如何？“富裕是各国现代化追求的目标，但中国式现代化追求的是共同富裕”。同样，无论发达国家还是发展中国家，都面临着乡村衰败的问题，各类振兴、复兴的方案与政策实践层出不穷。如果说脱贫攻坚是全面建成小康社会的底线任务，那么高质量乡村振兴是否可以类比为共同富裕的底线任务？乡村振兴“产业兴旺、生态宜居、乡风文明、治理有效、生活富裕的总要求”指向了人民群众对于美好生活的向往，也创造了农民全面发展的具体条件。由此，需要在实践目标的基础上，进一步挖掘相关的理论内涵，探讨“五大振兴”的逻辑关系，分析城乡融合发展的体制机制与实现路径。因此，聚焦高质量乡村振兴理论内涵的议题可包括：高质量乡村振兴的指标体系；“五大振兴”之间的逻辑关系；“乡村振兴”与“城乡融合发展”；等等。

(三)高质量乡村振兴促进共同富裕的理论构建

在现有实践的基础上，如何通过理论的创新来完善实践，提升乡村振兴的质量，如何在机遇与挑战并存的条件下，不断优化政府政策干预的机制、平衡市场配置资源的效率与局限、协调城乡区域共享发展、激发农民发展的潜能，都需要通过理论上的不断创新来为实践的创新提供指引。对此，需要深入学习领会习近平总书记关于“三农”、乡村振兴、共同富裕的相关重要论述，从总书记思想体系中提炼具体的理论武器。同时，需要系统梳理中国共产党“三农”工作的历史，以史为鉴，提高实践创新的能力。此外还需要放眼世界范围内的乡村发展理论与实践，在国际比较与反思中不断改进实践。从而回答“如何在一个小农社会中实现乡村全面振兴”“如何理解村落在乡村振兴过程中的重要作用”“社会政策理念是如何嵌入乡村政策体系并施加影响的”等问题。高质量乡村振兴促进共同富裕的理论构建聚焦的理论议题可包括：习近平总书记乡村振兴重要论述的理论创新与实践创新；中国共产党“三农”工作的历史逻辑、实践逻辑和理论逻辑；国际乡村振兴实践的经验与教训，等等。

推动民营经济持续健康发展

肖文

改革开放40余年来，民营企业从小到大、民营经济由弱到强，已经成为推动我国经济社会发展的“主力军”，也是新时代激发内需活力构建国内大循环的主体力量。面对百年未有之大变局、错综复杂的国际政治经济形势，以及国内经济发展新旧动能转换的关键时期，民营经济面临着前所未有的发展机遇。对此，我们要继续优化民营经济的发展环境，坚持以供给侧结构性改革为主线助推民营经济健康持续发展。

国家支持民营经济发展是明确的、一贯的，而且是不断深化的。党的十八大以来，习近平总书记高度重视民营经济发展，多次重申要坚持“两个毫不动摇”。党的十九大把“两个毫不动摇”写入新时代坚持和发展中国特色社会主义的基本方略，作为党和国家一项大政方针进一步确定下来。2020年9月，中共中央办公厅印发《关于加强新时代民营经济统战工作的意见》，首次作出“两个始终是”的新论断，即民营经济始终是坚持和发展中国特色社会主义的重要经济基础，民营经济人士始终是我们党长期执政必须团结和依靠的重要力量。可以说“两个始终是”是“两个毫不动摇”的延续和发展，为民营经济持续健康发展构建更为完善的发展环境。

“两个始终是”是习近平总书记关于民营经济重要

论述的重要体现和生动实践，是应对国内外经济形势发展变化的必然选择和必然趋势，继承和发扬了“两个毫不动摇”的内在精神，进一步夯实了新时代民营经济健康持续发展的基础，进一步明确了民营经济和民营经济人士在社会主义事业中的重要地位作用，也为民营经济持续健康发展指明了方向、提供了遵循。

当前，我国已进入高质量发展阶段，人均国内生产总值连续两年超过1万美元，城镇化率超过60%，中等收入群体超过4亿人，同时社会主要矛盾也转化为人民日益增长的美好生活需要和不平衡不充分的发展之间的矛盾。现阶段，我国疫情得到有效防控，经济企稳回升、不断复苏。民营企业作为我国经济活动的主要参与者、就业机会的主要提供者、技术进步的主要推动者，应当发挥更为重要的作用。在新形势下，要充分发挥市场在资源配置中的决定性作用，协调好“有形之手”和“无形之手”，搭建起有效市场和有为政府协同框架，促进民营经济持续健康发展。

新时代助推民营经济健康持续发展需要以供给侧结构性改革为主线，以竞争中性为原则，为民营经济营造良好的发展环境。

一是以供给侧结构性改革为主线，加快民营经济高质量转型升级。供给侧结构性改革，最终目的是满足需求，要深入研究市场变化，理解现实需求和潜在需求，在解放和发展社会生产力中更好满足人民日益增长的美好生活需要。党的十九大报告明确指出，以供给侧结构性改革为主线，推动经济发展质量变革、效率变革、动力变革。深化民营经济供给侧结构性改革的关键在于深化产业模式、对外开放、金融发展等方面的突破性改革。尤其是把握好新一轮科技革命，发挥新一代信息技术的作用，加快“互联网+”的深度融合、“机器换人”的持续推进，以数字平台赋能民营企业转型升级，提高民营企业全要素生产率，加快民营经济高质量发展。

二是着力优化民营企业营商环境。一方面，鼓励地方出台支持民营企业健康持续发展的政策举措，但是应当做到数量少、质量高，体系精、覆盖广，并且将政策的实质性内容真正落到实处，切实解决好民营企业在发展过程中的痛点、难点。另一方面，实施更大范围的减税降费政策，包括降低企业所得税、环保税税率、社保费率、行政审批服务费等，着力减轻企业的负担。同时，有效加强对民营企业家合法权益的保护，进一步优化民营企业的营商环境。

三是加快小微金融服务创新，有效纾解民营企业融资难题。鼓励银行充分重视民营企业融资问题，不断创新小微金融服务。尤其是地方性的城市商业银行更应当关注民营企业的融资，不断下沉服务、简化审批流程，服务当地民营企业，切实减轻企业的融资负担。在此基础上，切实有效发挥政府性融资担保机构作用，出台相应的担保举措等为民营企业融资提供便利。建立民间融资服务中心等机构，为引导民间资本服务实体经济提供信息渠道、融资渠道。同时，积极探索监管创新，实行差异化监管，鼓励商业银行在融资业务中向民营企业倾斜，并加大相应的正向激励力度。

四是进一步完善市场体系，建立公平有序的市场竞争环境。准入和退出是企业参与市场的重要途径，完善企业准入退出机制是建立健全市场经济体系的重要举措。要全面深化改革，贯彻竞争中性原则，对国有企业和民营企业一视同仁，不断优化企业公平竞争环境。引导民间资本进入高新技术领域，提高民营企业在市场竞争中的参与度，建立公平有序的竞争环境，充分激发市场的活力。

对企业家的偏见和敌视

张维迎

今天和大家分享的题目是“对企业家的偏见和敌视”。首先要说明一点，我这里讲的“企业家”是指作为一个社会阶层的群体，他们从事以营利为目的工商业活动，在人口中占少数，大概1%左右，而不是某个特定的企业家。企业家里有坏人，就像教师队伍、警察队伍、政府官员里有坏人一样。但有意思的是，其他群体中出现某个坏人时，曝光的是有名有姓的个体，一般不会影响该群体的整体名声，而企业家群体中如果某个人做了坏事，在好多人看来，就是这个群体的问题！这个现象本身，就反映了人们对企业家群体的偏见和敌视。

对企业家的偏见和敌视是一个普遍现象

人们对商业活动的仇视和对企业家（商人）的偏见和敌视，在今天被称为“仇富”，实际上是一个普遍现象。从古代到现代、东方到西方、宗教到世俗，概莫例外。柏拉图和亚里斯多德都鄙视商业活动，孔子对商人的评价也不高。圣经里说，爱钱是万恶之源；让富人进入天堂，比骆驼穿过针眼还难。罗马时代和中世纪的西方，商人不能从政，也不能被封为贵族。传统中国社会，“士农工商”，商人在底层，更有“无商不奸”的说法。现代西方媒体上，“贪得无厌”似乎是针对企业家的专有形容词；电影里的企业家形象，大部分是负面的；当有金融危机发生时，甚或讨论环境污染和气候变暖时，企业家经常被指控为罪魁祸首。因此，“仇富”不是一个文化现象，中国人“仇富”，西方人也“仇富”。“仇富”也不是一个历史现象，落后地方的人“仇富”，发达国家的人也“仇富”。

为什么人类历史上存在普遍的仇富、仇视商业行动、仇视企业家的现象？这个问题需要我们思考。“仇富”的背后一定有更深的根源。

有不少学者对这个问题做过探讨，其中有几位学者的观点对我们思考这个问题很有帮助。第一位是路德维希·米塞斯，他是奥地利经济学派的代表人物，他的《反资本主义心态》(The Anti-capitalism Mentality)就是专门研究人们的仇富心理的。第二位是弗里德里希·哈耶克，他是米塞斯的学生，也是奥地利经济学派的代表人物，他有好几文章涉及到这个问题，其中最重要的是 1988 年出版的《致命的自负》(The Fatal Conceit)，这本书的第 6 章“贸易和货币的神秘世界”就是解释人们为什么仇视商业活动。第三位是美国杰出的黑人经济学家托马斯·索维尔，他写了《知识分子与社会》(Intellectuals and Society)一书，这本书对知识分子的分析非常有助于我们理解人们的仇富心理，因为现代社会的仇富心理很大程度上是一些知识分子灌输出来的。第四位是德国历史学家、社会学家雷纳·齐特尔曼，他也是一位成功的企业家和作家，出书 20 多本，其中有两本对我们理解人们的仇富心理特别有价值，一本是《资本主义的力量》(The Power of Capitalism)，另一本《公众舆论中的富人》(The Rich in Public Opinion)，分别出版于 2019 年和 2020 年。这两本书目前还没有中文版。

基于以上四位学者的观点和我本人多年来的思考，我将人们对企业家的偏见和敌视归纳为两个原因：一个原因是心理学的；另一个原因是认识论的。心理学的原因是嫉妒心，认识论的原因是对知识的误解。

对敌视企业家的心理学原因：嫉妒心

嫉妒心在中国被称为“红眼病”。嫉妒别人就是眼红别人。嫉妒扎根于人性中，每个人都有嫉妒心，尽管许多人羞于承认自己有嫉妒心。嫉妒心超越历史，古代人会嫉妒，现代人也会嫉妒。嫉妒心也超越人种和国界，超越文化。白人会嫉妒，黑人会嫉妒，黄种人也会嫉妒；纽约人会嫉妒，北京人也会嫉妒。有兴趣的读者可以读一读德国学者赫尔穆特·舒克 (Helmut Schoeck)的经典名著《嫉妒：一个社会行为理论》(Envy: A Theory of Social Behavior)。人与人之间的差别在于嫉妒心的程度不同，以及控制嫉妒心的力度不同。

嫉妒心可以定义为：一个人看到别人有但自己没有并且渴望有的某种东西时，会产生一种不舒服的感受，甚至心生怨恨。引起嫉妒的东西包括财富、名声、社会地位、美貌、才能、考试成绩等。可以说，人与人之间的任何差别都可能引起嫉妒。比如说，别人的孩子上了好学校，你的孩子没有这样的机会，你就会心生妒忌。

嫉妒不同于羡慕。羡慕是自己想得到；而嫉妒是希望别人失去，无论自己是否能得到。所以，如果一个人的嫉妒心很强，当他看到富人破产，或名人出丑闻，或美女被毁容时，他会幸灾乐祸。（有学者区分了善意的嫉妒(benign envy)和恶意的嫉妒(malicious envy)。以此定义，本文针对的是恶意的嫉妒。但多数学者不赞同这种划分。）

嫉妒心让当事人感到不舒服。按照米塞斯的理论，人之所以行动，是基于对现状的不满。因此，为了释放这种不舒服，人们就会采取行动。总结起来，嫉妒大致有五种解法：

第一，谴责社会不公平。当嫉妒者看到自己处于劣势时，首先产生的是一种不公平感。我比你穷，不是因为我自己不努力或者没本事，而是社会游戏规则不公平。凭什么我的孩子不能上好学校？凭什么你长得漂亮就受人关注？于是我就产生改变游戏规则、改变社会现状的想法。（现实中不公正确实存在，但与嫉妒者谴责的“不公正”不同。）

第二，寻找替罪羊。人类普遍具有的一个心理特征是，自己的不幸都是别人所造成的，自己没有责任。这个“别人”,就是自己不幸的“替罪羊”。替罪羊必须是少数人群,因为把特定的少数人作为替罪羊,容易集中火力,博得大众的同情和支持。比如希特勒就把犹太人作为德国所有不幸的替罪羊。任何社会,富人总是少数,所以富人容易变成贫穷的替罪羊。我之所以穷,是因为那些有钱的老板(企业家)把钱赚了。

第三,占据道德制高点。财富有相对客观的标准,容易度量,但道德却没有客观标准,不容易度量,甚至每个人都可以宣称自己道德高尚。由于这个原因,失败的人很容易占领道德制高点:我之所以穷,是因为我道德高尚、为人正派、心地善良、看重感情;那些富人之所以富,是因为他们唯利是图、贪得无厌、冷酷无情、损人利己、不讲道德、欺诈、说谎、为富不仁。一句话,财富与道德是成反比的。我们常听到“为富不仁”这个词。但穷人就一定仁义吗?不一定。就我的观察,为富不仁者有,但为穷不仁者更多。那为什么有“为富不仁”这个成语,没有“为穷不仁”的成语?答案与仇富心理有关。

第四,改变比较的领域。化解嫉妒心的另一个办法是强调自己有优势的领域,贬低别人有优势的领域。因为不同领域通常是难易比较的,改变比较域有助于减少心理不平衡。比如你有钱,我不与你比财富,而是与你比幸福:钱不一定能买来幸福;你能力比我强,我不与你比能力,我与你比善良:善良比能力最重要;你长得比我漂亮,我不与你比相貌,我与你比智力:漂亮的女人通常都比较笨;如此等等。

第五,归结为运气。运气是个人无能为力的东西。当一个人将别人的成功和自己的失败归结为运气时,通常就不会那么难受了。比如赌博或者买彩票,我输钱了是因为我运气差,这样一想内心就释然了。

以上五种解法,前三种解法导向主动的、进攻性的行为,改变社会的价值观念,甚至引发“打土豪分土地”式的暴力革命;后两种解法导向被动的、和平的行为,个人修身养性,不会对社会产生大的影响。

嫉妒心对人类行为和社会制度的影响远远没有引起人们的足够重视。平均主义的理想很大程度上是嫉妒心的产物。计划经济就是改变传统的游戏规则,满足很多人均贫富的心理,因而也是嫉妒心的产物。每个人都吃一样的、穿一样的、住一样的,谁也别有优越感。你比我富有,钱比我多,房子比我大,社会地位比我高。我的财产充公,我乐意,因为毕竟,你比我失去的更多。

贫富是个相对概念。在这个世界上,无论每个人的生活多么富裕,富人总是少数。所以,嫉妒总是有对象的,平均主义在任何社会都有民意基础。但平均主义的制度安排只能“杀富”,不可能“济贫”,因为财富是创造出来的,你可以没收已有的财富,但不可能没收本来可以创造出来但没有人愿意创造的财富。其实,“济贫”本来就未必是目的。

嫉妒心也是各种政治运动的心理学基础。看到那些高高在上的人被拉下马,被批斗、游街,被关进监狱,许多人会获得一种心理满足。

接下来的问题是,传统社会也有富人,但他们并不遭受普遍嫉妒;相比之下,商人和企业家最遭人敌视。为什么?很大程度上与市场的运行特征有关。

嫉妒是基于相互比较产生的,没有比较就没有嫉妒。而比较就会有范围,即你跟谁比。一般来讲,人总是倾向于跟同类比较,比如跟同班同学比,跟左邻右舍比。可比性越强,嫉妒心就越大。所以嫉妒通常发生在同类之间,比如中国人会嫉妒中国的富人,但不太会嫉妒美国的比尔·盖茨和艾伦·巴菲特。计划经济时代,农村人也不嫉妒城市人,因为出生在农村只能怪自己的命不好。

能成为比较对象的人们之间一定不能有不可逾越的障碍。传统社会是等级社会、身份社会,一个人的等级和身份是与生俱来的,不是后天获得的,所以不同等级的人之间不可比较。中世纪的贵族是历史形成的。同等级贵族之间相互嫉妒,但平民不会嫉妒贵族,因为他觉得自己穷是命中注定。米塞斯就讲过这样一个例子:假如一名妇女对她丈夫抱怨说,“看你这个窝囊废!如果你是一位公爵,我就是公爵夫人了”。丈夫的回答让她哑口无言:“如果我是公爵,我就不会娶你了”。正如米塞斯所说,“贵族的财富不是一种市场现象”,但企业家是市场现象。在市场经济下,别人赚钱了但你没有,这时候你在太太面前就会自卑。

这是因为,市场经济下,每个人都是平等的、自由的,都有发财致富的机会,钱成了通用的财富度量单位,所以可比较的范围就大大扩展了,不会像传统社会或者小乡村那样限制在同等阶层内。现代社会,特别是在人员流动以后,几乎每个人都觉得自己可以和任何人比较,哪怕是陌生人之间,过去没法比,但现在可以比较了。于是人们就会想:“那个富人,小时候的生活环境和我一样,甚至他的家庭条件还不如我,为什么他变得那么富有?”如果他是从父母那里继承了一笔财产,那倒也罢,说明他不是靠自己。恼人的是,他白手起家变富了,而我没有,这就会让人很不舒服。因此,现在的企业家也更容易被人嫉妒。

市场经济下任何人都有权利选择做企业家,当企业家没有制度障碍,但成功的企业家毕竟是少数,也就1%左右,而杰出的企业家只会占人口的千分之一甚至万分之一。因此,企业家是社会问题"替罪羊"的最合适人选。骂企业家,说他们"贪得无厌"也好,"为富不仁"也好,即使不能得到多数人的喝彩,至少不会得罪多数人。

嫉妒的认知基础是零和博弈思维。零和博弈意味着社会财富是一个固定的量,一个人所得就意味着另一个人所失,有人变富就一定是有人变穷。如果社会是正和博弈,那么嫉妒也就失去了大部分基础,因为富人并没有侵害穷人的利益,每个人都有致富的机会,别人能得到的你也有希望得到,只要你努力就行。人们为什么一直保持着零和博弈的思维呢?这与人类的演化有关,美国经济学家保罗·鲁宾(Paul Rubin)在《大众经济学》(Folk Economics)一文中,对此有过论述。在数百万年历史上中,人类社会没有什么技术进步和经济增长,资源非常匮乏,土地作为最重要甚至唯一的资源,面积有限,这块地你种了我就不能种,所以长期以来我们就形成了零和博弈的思维,直到今天也没从根本上改变,即使真实世界是正和博弈。

敌视企业家的认识论基础:对知识的误解

敌视企业家的第二个原因与人们对知识的理解(误解)有关,或者说与人们的"无知"有关。

人类进行很多生产活动,其中有些活动是很容易理解的。比如农民种地,春种秋收,种瓜得瓜,种豆得豆;工人做工,从早到晚,出力流汗,把原材料变成产品。这些劳动付出每个人都看得见、摸得着,毫无神秘性可言。

然而,一般人搞不明白企业家为什么赚钱。企业家既不像农民那样下地干活,也不像工人那样出力流汗,凭什么腰缠万贯?特别是从事贸易活动的商人,对物质形态的产品没有做任何改变,为什么就能赚钱?唯一的答案是,他们靠贱买贵卖赚钱,既欺骗卖者,又欺骗买者。

有一个解释是,人们不理解"知识"在财富创造中的作用。你是体力劳动,我是用知识进行劳动。如果人们能认识到企业家是用知识来赚钱倒也可以消除一些偏见,但问题是人们对知识的理解有偏差。

古今中外,知识分子、有学问的人、读书人都受尊重。中国人的说法是"万般皆下品,惟有读书高"。但通常人们理解的知识是书本上学到的知识、老师在课堂上教授的知识、需要花时间积累的知识。哈耶克称这些知识为"科学知识",博兰尼称之为"显性知识",索维尔称之为"程序性知识",我称之为"硬知识"。

实际上,还有一种不同的知识,哈耶克称之为"实践知识",博兰尼称之为"默性知识",索维尔称之为"平常知识",我称之为"软知识"。这种知识不是来自书本或老师,也没有办法在科学上得到证明,甚至与你花多少时间学习无关。这种知识的最大特点是不容易编码和传播,只能拥有者自己使用。

对企业家来说,决定其成败最重要的是实践知识、默性知识、平常知识,或者说是软知识,而不是科学知识、显性知识、程序性知识、硬知识。后一种知识虽然重要,但每个人都可以获得,因而与此相关的工作甚至可以委托给专业人员去做。企业家的软知识很大程度上是一种独特的企业家能力,包括想象力、直觉、警觉性、视野、判断、潜意识、交流能力、说服别人的能力、组织能力等。这种能力大部分人不具有;即使有,也不突出。

因为大部分人理解不了软知识的重要性,所以企业家赚钱似乎就成了"无中生有"、"空手套白狼",背后一定隐藏着魔法、欺诈和不道德的行为。于是,当看到那些小时候调皮捣蛋、从学校辍学的同学成了百万富翁甚至亿万富翁时,有人就会心里不服气:"我从小就是好学生,还留学读了博士,但他反而赚得比我多。岂有此理!"

西方知识分子对企业家的偏见

把心理上的嫉妒和认识论上的无知结合起来,我们就可以很好地理解西方知识分子对企业家的偏见和敌视。这里讲的"知识分子",是指知识分子的主体,不是所有被称为"知识分子"的人,更不是一般概念上的学者。

按照托马斯·索维尔的定义,知识分子是指生产和传播理念的人,他们的最终产品是理念。大学教授是知识分子,但医生和工程师不是,因为后两者工作的最终产品是治病或完成某项工程,而不是理念。但像张文宏这样的医生,当他开始向大众讲授新冠防疫路线的时候,就成了知识分子,因为他在传播理念。当然,我们也可以称他为公共知识分子。公共知识分子还包括媒体人,他们主要是向大众传播理念。

知识分子是理念市场的主导者。我们生活于其中的舆论空间很大程度上是知识分子塑造的。一般人比较崇拜知识分子,觉得他们有知识,但我这里要泼点冷水。英国作家、《1984》的作者乔治·奥威尔说过一句话：一些理念是如此愚蠢，以至于只有某些知识分子可能相信它，因为没有任何一个普通人会愚蠢到相信这些理念。事实也是如此。比如，上世纪 50 年代搞人民公社的时候，农民都觉得不可行，但一些知识分子觉得可行，大力鼓吹，事实证明在这件事上，他们比普通人蠢得多。二十世纪人类最大的灾难，就来自某些知识分子坚信不疑但确实非常愚蠢的理念。

知识分子之所以能导致这么大的灾难，按照索维尔的解释，是因为：第一，对理念的评价主要是在知识分子内部做的，不是由外部人做的。因此，即使很荒唐的理念，只要有足够多的同行认为它能自圆其说，接受它，附和它，就会流行起来。第二，与此相关，知识分子无须对自己理念的实施后果承担责任，甚至在他们的理念被事实证明是错误的时候，他们在学术界的声誉也不会受到影响。比如，萨特在德国学习哲学后于 1939 年回到法国，然后他告诉这个世界：法国与希特勒统治的德国区别不大。但即使在纳粹德国垮台后，萨特照样是学界教主，受到全世界知识分子的崇敬。萨特不是一个特例。上世纪 30 年代大肆吹捧希特勒的著名知识分子很多，但很少有人后来向公众道过歉。

这与企业家形成显明对比。企业家出售的是产品（或服务），他们的产品的评价者不是企业家个人，也不是企业家集体，而是他们的客户。如果他们欺骗了客户，即便不遭受牢狱之灾，也会受到市场的惩罚。客户不买账，企业破产了，企业家损失的不仅是金钱和财富，而且还有他的声誉！

知识分子的理念可能不正确，但这丝毫不影响它们的影响力。直到今天，大部分西方知识分子是市场经济的批评者，对企业家没有好感。或者可以说，西方知识分子总体上是偏左的。社会上许多关于企业家的负面形象都是左派知识分子精心塑造出来的。企业家与工人对立的理念就是知识分子灌输给工人的，而不是普通大众想出来的。按照雷纳·齐特尔曼的说法，反资本主义是西方很多知识分子的“世俗宗教”。

西方左派知识分子对企业家的敌视，既与人类的嫉妒心有关（米塞斯，齐特尔曼），也与知识分子对知识的误解有关（哈耶克，索维尔，齐特尔曼）。

读书人一直是自负的。所以索维尔引用丹尼尔·富林的话说：“知识分子容易因为他们自己拥有的智慧而妄自尊大”。他们认为自己是“知识精英”，理应获得更多的财富、更高的社会地位、更受人敬重。历史上也确实如此。中国的读书人好多经过科举考试进入朝廷做官，有的可以做到“一人之下、万人之上”，应了那句话“书中自有黄金屋，书中自有颜如玉”。

但在市场经济下，知识分子有了竞争对手——“商界精英”。商界精英读书没他们多，但赚的钱比他们多，所以知识精英对商界精英有一种本能的嫉妒、反感和怨恨。

知识分子倾向于认为，他们拥有的知识才是真正的、唯一的知识，他们所不知道的就不能算作知识。他们看不上企业家所拥有的软知识、平常知识。市场经济中，许多成功的企业家都没有受过正规教育，没有接受过科学训练，更不会用科学方法证明自己的观点。即使有些企业家受过正规教育，也不大可能是班上的优秀学生。市场经济中，这些硬知识不硬的企业家，比那些硬知识很硬的知识分子更富有、更神气、更能呼风唤雨，社会地位也不低。如果企业家再表现得财大气粗，让知识分子感到捉襟见肘，甚至像个要饭的，这就更让知识分子心理难以平衡。社会一定出了问题！

罗伯特·诺齐克指出，知识分子优越感的种子从儿童开始就种植下去了。从幼儿园到大学，好坏等级都是按照考试成绩排序的，奖牌总是授予尖子生。怎么来到社会上，奖牌与学习成绩无关了？为什么著名哲学教授的收入居然没有一个杂货店老板的收入高？研制导弹的居然不如卖茶叶蛋的？对知识分子来说，这是乾坤大颠倒，市场经济一定不公平。而一旦这样的舆论多了，也会导致企业家开始自卑。这也是许多企业家想再读个学位的原因之一吧！

进一步，如哈耶克所说，知识分子有一种“致命的自负”，认为自己有足够的知识和能力构建一个理想社会，有资格充当社会进步的向导。知识分子不喜欢自发秩序，因为自发秩序让他们感到无用武之地。市场经济是自发演化而来的，不是知识分子设计的。相反，计划经济是少数知识分子设计的，然后他们通过自己的著作和演讲传播给大众，同时靠强权施加给社会。因而毫不奇怪，知识分子对市场经济有一种基于“非己所出”的疏远感，但对计划经济有“视同己出”的亲近感。

市场经济在与任何现存制度的比较中总是胜出，所以知识分子不愿意把市场经济与其他的现实制度相比较。相反，他们总是想象一个平均主义的理想社会，然后把现实的市场经济与他们的理想社会相比较，结果现实的市场经济总是不如理想的乌托邦。这成了他们批判市场的依据。如索维尔指出的，左派知识分子有辞令技巧的天赋，擅长语言腐败。他们用“关心穷人”“关心弱势群体”“承担社会责任”等一大堆词汇圣化自己的理念，以显示自己的道德高尚。当然，即使对左派知识分子，我们也不应该怀疑他们的真诚，他们的错误更多地来自无知。但他们不知道自己的无知。他们既不负责政策的实施，也不对政策实施的后果承担责任。他们制造的灾难总是让许多其他人付出惨重代价，他们自己却毫发未损。

据我的观察，中国知识分子对市场经济的敌视没有西方知识分子那么普遍和强烈。为什么？或许是因为中国知识分子在计划经济下生活过，计划经济下那种吃不饱、穿不暖的生活让他们记忆犹新，而西方知识分子从来没有体验过计划经济下的生活。

企业家的知识化会改变人们的偏见吗？这个问题也值得思考。今天的企业家与30年前的很不一样，与200年前的就更不一样。越来越多的企业家上过大学甚至拥有博士学位。北大、清华的毕业生中有不少人成为了杰出的企业家。

但这是否能改变许多知识分子对企业家的偏见和敌视？也许不能。因为同样读过大学的人中，成为企业家的通常是那些在读书时并不优秀的学生，优秀的学生都去当教授或从事其他需要程序性知识的工作了。比如，物理学博士中有些人弃学从商，是因为他们觉得自己在学术上没有前途，而那些学术上有前途的同学都去做科学家了，但他们赚得收入可能还没有从商成功者的零头多。因此，即便企业家拥有了更高的学位，知识分子也很难改变他们对企业家的偏见。

经济学家的贡献和责任

经济学家对人们正确认识企业家的最大贡献，就是经济学有助于将人们的认知从零和博弈转向正和博弈，其中经济学之父亚当·斯密的贡献至今无人企及。在亚当·斯密之前，普遍的认知是利己一定损人，赚钱就是不道德的行为。亚当·斯密让人们认识到，在市场经济中，利己不仅不损人，而且是利人的最有效方式；赚钱多少与道德无关，靠商业致富的人不再背负道德枷锁。

但对现在社会上普遍存在的仇富心理，经济学家也是有责任的。主流经济学假定企业决策就是在给定约束条件下求解，是一个计算问题。这实际上又把财富解释为一个由给定技术和资源决定的固定的量。进一步，根据福利经济学第二定理，任何可欲的财富再分配都不会影响给定分配下的资源配置效率。如此一来，效率和平等可以分开处理了，最理想的模式是市场负责效率，政府负责平等。这样的模式听起来是很诱人的！

进一步，在经济学的理性决策模型里，所有人拥有同样的信息和知识，所有人可以获得同样的技术，所有人同样聪明，实践知识是没有价值的，企业家是多余的，企业家所做的工作计算机就可以完成，经济增长与企业家无关。在新古典市场范式里，资本雇佣劳动与劳动雇佣资本是等价的，既不更好也不更坏。新古典经济学没有办法解释长期利润的存在。事实上，在新古典经济学里，利润是市场不均衡、经济无效率的表现，与企业家精神无关；长期利润一定是因为存在垄断，而垄断是损害效率的，反垄断不仅可以改进效率，而且有助于收入公平。

正因为如此，尽管经济学家中反市场、敌视企业家的比例远小于其他社会科学家和人文学者，懂得经济学并不一定能免除人们对企业家的偏见和敌视。诺贝尔奖得主约瑟夫·斯蒂格利茨就是一个典型的例子，他写的文章和书基本都是反市场的。在他看来，任由市场自由发挥作用，一定会导致贫富两极分化，解决收入分配问题必须靠政府干预。

结束语：如何减少对企业家的敌视？

人类的进步依赖于企业家精神的发挥，也就是每个人的积极性和创造性的发挥。企业家精神要想得到有效发挥，人的嫉妒心必须受到抑制和化解，不能让嫉妒之心变成嫉妒之行。不发达国家之所以不发达，与人们的嫉妒心没有得到有效抑制有关。如果一个人做的蛋糕所有人有福同享，那么就没有人愿意做蛋糕。如果一个人做企业家，成功了就遭众人嫉妒，每个人都可以瓜分他的财富，失败了大家就幸灾乐祸，那还会有多少人愿意做企业家呢？

如何抑制和化解嫉妒之心？可以从两个方面努力：

一是从制度上抑制嫉妒。私有财产制度和法治是抑制嫉妒心最有效和最根本的手段。眼红可以，但掠夺不可以！如果私有财产得不到法律的保护，嫉妒之心就会变成掠夺之行，企业家精神就会荡然无存。

有必要强调，尽管嫉妒心经常披着“社会公正”的外衣，但这不意味着“公正”本身是不重要的。恰恰相反，公正是非常重要的。没有公正，就没有市场经济。关键的问题是，什么是真正的公正？在我看来，真正的公正是法律上的平等和人格上的平等。这样定义的公正是市场经济的基本特征和要求。法律上的平等是每个人拥有同等的权利和自由，没有任何人享有他人无法同等享有的特权。人格上的平等是每个人的人格得到同等的尊重，没有人在人格上受到歧视。无论是保证法律上的平等还是捍卫人格上的平等，对私有财产的有效保护是至关重要的。侵害财产权是最大的不公正；赋予某些人特权也是不公正的。这样的不公正与真正的市场经济不相容。尽管个别企业家可能利用特权赚钱，但企业家群体同样是特权的受害者，不应该成为“不公正”的替罪羊。嫉妒者要求的“公正”，才是真正的不公正。

二是通过道德规范抑制嫉妒。《圣经》将嫉妒列为七宗罪之一，规劝人们应该尽量避免嫉妒。许多不同的文化都有抑制嫉妒心的戒律，如中国人讲的“无功不受禄”和“君子爱财取之有道”，就是这样的戒律。

我们必须认识到，平均主义是嫉妒的表现，不是解决嫉妒的办法。用平均主义的再分配解决嫉妒就如同火上浇油。赫尔穆特·舒克早就指出，嫉妒过程一旦启动，就不会停止，嫉妒者总能发现嫉妒的新理由；越是平均主义的社会，人们的嫉妒心越强；你给予的越多，越是证明你的优越性，你失去的是多么微不足道。中国有句古语“升米养恩，斗米养仇”，讲的就是这个道理。观察表明，在福利国家，一个人想得到的总是大于他实际上能得到的；如果失败了，他责怪的是父爱主义的国家，而不是自己。因此，福利国家一定是怨声载道的国家。

为了减少人们对企业家的敌视，除了抑制嫉妒心，我们还必须改变认知局限导致的无知。这也有两个方面的事情可做：

一是改变人们的观念。在1985年发表的《企业家与观念现代化》一文中，我列出十大观念转变，其中讲到财富观和劳动观的改变对我们理解企业家非常重要。如果我们认为财富是一个固定的量(零和博弈)而不是一个可以创造的量(正和博弈)，就容易把别人发家致富当作自己贫困的原因，容易得“红眼病”，热衷于搞阶级斗争；如果我们认为劳动就是出力流汗，不把企业家精神的使用当作特殊形式的劳动，我们就很难理解企业家为什么赚钱。很遗憾，将近40年过去了，我当时讲的观念变革还远没有完成，所以前一段时间我重新发表了这篇文章的部分容易，并改题目为《未完成的观念转变》。

二是建立一个正确的市场理论。现在的主流经济学里没有企业家，因而不是一个好的市场理论。经济学家有责任建立一个正确的市场理论，即以企业家精神为核心的市场理论。这样的市场理论才有助于减少基于认知局限造成的对企业家的偏见以及反市场心态。为此，经济学必须有一个范式转变，把知识的分散性和主观性当作经济学研究的出发点，把分散知识的有效利用当作经济的基本问题。惟其如此，我们才能真正理解企业家是如何创造财富的。

金融开放新格局下的人民币汇率及国际化问题

张明

新冠肺炎疫情暴发后，国际金融市场受到明显冲击，呈现复杂而深刻的变化。人民币汇率整体出现升值，此轮人民币兑美元汇率为何显著升值？此后又将面临怎样的走势？“汇改”已经推进多年，目前进展到了什么程度？未来“汇改”何去何从？党的十九届五中全会指出，要推进金融双向开放，稳慎推进人民币国际化。如何看待“稳慎”两字？数字人民币能否显著推动人民币国际化进程？为此，中国社会科学院金融研究所副所长、国家金融与发展实验室副主任张明接受专访。

一、人民币汇率

问：自新冠疫情爆发以来，人民币兑美元汇率整体出现显著升值的走势，此轮升值背后的原因是什么？

张明：在2020年新冠疫情爆发后，中国政府果断采取有效的防控措施，中国成为全球主要经济体中唯一保持正增长的国家，与此同时，由于主要发达经济体的利率纷纷走低，中外利差的显著存在吸引了大量短期资本流入，人民币兑美元汇率因此明显上升。2020年全年,人民币兑美元汇率升值了6.5%,呈现先抑后扬的走势。从2020年年初到当年5月底,人民币兑美元汇率贬值了2.2%；从2020年6月至2020年年底,人民币兑美元汇率升值了8.5%,这种在短期内显著升值的态势是较为少见的。此轮人民币兑美元汇率升值的原因,大概有四个：

一是新冠疫情对中美两个经济体的冲击呈现不对称性。新冠疫情爆发之后,中国经济受到疫情冲击程度的峰值出现在2020年第一季度,美国经济受疫情冲击稍晚,在第二季度达到了峰值。在此情况下,中美两国季度GDP同比增速的差距在第二季度突然加大,造成中美利差显著扩大，吸引了足够多的短期资本流入中国。以10年期国债收益率为例,中美之间的利差去年一度达250个基点，而与此同时外国投资者持有中国债券的规模也出现了明显增多,这推升了人民币汇率。

二是为缓解新冠疫情冲击，全球主要发达经济体央行实行了极为宽松的货币政策。美联储、欧洲央行、日本央行实行的罕见的量化宽松货币政策，加剧了全球范围内的流动性过剩。

三是近期我国金融市场对外开放的步伐明显加快。2019年,中国政府债券、政策性银行债券已经被纳入彭博巴克莱全球综合指数、摩根大通旗舰全球新兴市场政府债券指数,中国A股相继被纳入富时罗素全球股票指数体系、标普道琼斯新兴市场全球基准指数,中国A股在MSCI全球指数中的权重也得以提高,这有助于增加来自国外的股票和债券投资规模。2019年9月,我国开始全面取消对QFII和RQFII投资额度的限制，合格的境外机构投资者投资我国股票和债券市场无需再经事先审批,投资便利程度已经大幅提高。

四是美元指数自身在波动中下行成为此轮人民币兑美元升值的重要原因。从2020年初到3月,美元指数一度达到103的高点,随后到2020年年底,美元指数下降到90左右。与此同时,人民币、欧元和日元兑美元汇率均呈现显著升值，但人民币兑欧元贬值了2.7%,兑日元升值了1.3%,因此,此轮人民币兑美元升值的一个重要原因并非人民币太强势，而是美元更弱势。

从2021年年初到2月10日，人民币兑美元汇率的延续单边升值趋势,累计升值了1.3%,此后到3月31日，人民币兑美元汇率中间价从6.4391贬值到了6.5713,累计贬值了2.1%。总体来看,在2021年第一季度,人民币兑美元汇率呈现先升后贬的走势,累计贬值了近0.7%。尽管如此,人民币兑美元汇率仍在波动中盘整,目前仍没有出现趋势性的变化,预计此后还将延续双边波动的格局。

问：当前有哪些影响人民币兑美元汇率走势的关键因素？人民币兑美元汇率接下来将面临怎样的走势？

张明：当前,人民币兑美元汇率延续双边波动的格局,汇率的走势仍面临较大的不确定性。在2021年第一季度，强势的美元指数成为国际金融市场的关注焦点,成为2021年2月起人民币兑美元汇率贬值的重要因素。从目前来看,有以下三个因素可能引起人民币兑美元汇率贬值：

一是中国央行倾向于采取更具中性的外汇和资本管制政策。在2015年“811”汇改后,市场对人民币贬值的预期变成现实，央行为遏制住人民币过快贬值采取了一系列措施,形成了“宽进严出”的资本管制格局。近期,央行迫于人民币升值的压力,开始放松QDII额度的管理,暂停了“逆周期因子”的使用,并在大湾区启动跨境财富管理新政策,等等。一系列举措表明央行正在采取更具中性的外汇和资本管制政策。

二是如果接下来中国经济复苏的基本面不及预期,或系统性金融风险持续上升,央行仍有可能边际放松货币政策。在经济增长方面,预计2021年出口增速将低于2020下半年,消费增速受城乡居民收入增速下滑的影响将不会太快，房地产投资增速将持续受到调控政策的限制，基建投资的走向也受到财政政策和地方政府融资能力的限制。在风险方面,随着金融开放提速，更大规模的跨境资本流动与近期中国脆弱的国际收支结构很有可能相互强化,为金融稳定蒙上阴影。

三是美元指数有可能继续走强。2021年第一季度,受大规模财政刺激的影响,市场对美国通货膨胀的预期持续旺盛，引起美国10年期国债收益率上升,进而带动了美元指数持续走强。这一因素预计还会决定下一阶段美元指数的走势。另外,美元指数也受全球经济政策不确定性的影响。考虑到中美关系不容乐观、地缘政治风险上升等因素，全球经济政策不确定性指标有可能进一步上升,进而使美元指数走强。

从目前来看，有以下因素可能推动人民币兑美元汇率升值：

一是中美利差。受大规模接种疫苗的影响,美国经济增长超过预期，按照IMF的预计,2021年美国经济增速为6.4%。尽管随着中美经济增速差的缩小,中美利差也将从2020年的250个基点左右回落到100-

120 个基点上下，但即便如此，这一利差的存在在金融开放加速的背景下仍可能吸引跨境资金流入。

二是中国国际收支可能再次出现“双顺差”。具体而言，2021 年中国可能面临一个规模较小的经常账户顺差以及一个规模较大的金融账户顺差的组合。在此背景之下，人民币兑美元汇率以及人民币有效汇率依然有一定的升值空间。

我们预计 2021 年人民币兑美元汇率可能围绕 6.3–6.8 区间进行波动，中枢水平为 6.5–6.6 左右。

问：人民币汇率市场化改革为何至关重要？“汇改”目前进展到了什么程度？

张明：在新发展阶段，高质量发展为高水平开放提出了更高要求。金融开放是高水平开放的重要一环，而人民币汇率市场化改革，也即人民币汇率形成机制的市场化，则是金融开放的一个重要维度。人民币汇率形成机制的最终目标，就是实现双向自由浮动，由市场来决定汇率走势。

从理论上看，汇率的自由浮动至关重要。汇率既是国际金融市场上本币与外币的相对价格，又是本国贸易品与非贸易品之间的相对价格。一个无法实现自由浮动的汇率形成机制意味着，市场汇率水平往往会与理论上的均衡汇率水平相背离，最终扭曲资源配置。经验表明，缺乏弹性的汇率形成机制往往为套利、套汇和资本外逃行为提供了空间，威胁金融稳定。

迄今为止，人民币汇率形成机制市场化改革已经走过近 25 年，可分为三个阶段。

在第一阶段，1994 年中国通过汇率并轨改革，将官方汇率与调剂市场汇率合二为一，形成了单一的、有管理的浮动汇率机制。此后，人民币汇率开始了长达四年的缓慢升值之旅，人民币兑美元汇率从 1994 年初到 1998 年 1 月累计升值了 5%。1997 年，受亚洲金融危机的影响，中国国内出现资本外逃，人民币贬值压力大增，有鉴于此，中国开始实行事实上盯住美元的汇率制度。在此之后，中国国际收支开始出现“双顺差”，人民币又出现了显著的升值压力，中国央行为稳定住汇率开始在外汇市场上进行干预，然而最终外汇储备进一步增加，“双顺差”和升值压力也不断加剧。在当时，实行盯住美元的汇率制度固然有效，人民币兑美元汇率从 1998 年初到 2005 年 6 月基本维持到 8.27–8.28 的水平，但同时也可以看出，在相对固定的汇率制度下央行的行为往往处于被动局面。

在第二阶段，2005 年 7 月，中国央行宣布实行以市场供求为基础、参考一篮子货币的、有管理的浮动汇率制度，这意味着人民币名义上不再以美元为锚，开始从固定汇率制度向更具弹性的汇率制度迈进。此后，人民币开始步入长达近 10 年的持续升值阶段。2014 年 3 季度后，人民币汇率走势出现了转折，同时国际收支资本账户出现了逆差。2015 年，市场上有关人民币兑美元汇率的贬值预期甚嚣尘上。

在第三阶段，2015 年 8 月 11 日，中国央行宣布进一步对人民币汇率中间价报价机制进行改革，定价的基准改为前一日银行间外汇市场收盘价，做市商据此报出汇率中间价。在一定程度上，“811”汇改引爆了市场对人民币的贬值预期，造成了显著的资本外流，资本外流与汇率贬值形成恶性循环，进而引发国内外金融市场动荡。2015 年 12 月，人民币汇率中间价开始参考货币篮子，“收盘价+篮子货币”的定价机制逐渐形成，2017 年初中国央行进一步扩大 CFETS 篮子中的货币数量，参考篮子货币的时间范围也进一步缩短。

2017 年 5 月，中国央行在人民币汇率中间价报价机制中加入“逆周期因子”，一定程度上平抑了市场上人民币汇率的贬值预期。随着 2018 年 1 月跨境资金流与外汇市场供求逐渐趋于稳定，“逆周期因子”调整至中性，当年 8 月由于美元指数走强，外汇市场的顺周期情绪旺盛，人民币中间价报价行调整了“逆周期系数”加以应对。2020 年 10 月 30 日，中国央行宣布暂停“逆周期因子”的使用。

问：如何看待人民币汇率形成机制改革的未来走向？

张明：人民币汇率形成机制的最终目标，就是实现双向自由浮动，由市场来决定汇率走势。我们认为，有必要加快人民币汇率定价的市场化进程，让市场在汇率形成中发挥决定作用，因为维持汇率稳定的做法从以往来看是得不偿失的。

例如，从 2003 到 2013 年间，中国国际收支出现了持续的“双顺差”格局，中国央行在此期间为了避免人民币过快升值，开始在外汇市场上进行持续的公开市场操作，卖出人民币、买进美元，结果之一，就是造成了中国外汇储备规模迅速膨胀，从数千亿美元增长到 4 万亿美元的高位。然而外汇储备并非越多越好，其一，中国外汇储备的收益率远远低于中国海外负债的投资收益率，等于说中国一边借钱给别的国家，一边还要给人家付利息，完全是赔本买卖；其二，中国持有的外汇储备越多，在本币相对于外币升值的情况下，外汇储备价值缩水的风险就越大。央行公开市场操作的结果之二就是，央行因购入美元而释放的人民币（外汇占款）越来越多，会加剧国内流动性过剩、推高通胀预期、推升资产价格，因此在当时央行采取了大规模的冲销操作。一开始，央行通过发行央票进行冲销，造成自身财务成本上升，为了降低财务成本，央行转而采用提高法定存款准备金率的方式。此时商业银行发现，本身可以用来放贷赚取更高收益的资金，现在不得不上缴给央行，获得极低的存款准备金利息。最终，通过被政策压低的存款利率，商业银行进一步把冲销成本转嫁给了中国家庭。

再如，在2015年“811”汇改之后，市场对人民币的贬值预期被引爆，造成了显著的资本外流，资本外流与汇率贬值形成恶性循环，进而引发国内外金融市场动荡，中国央行不得不采取措施抑制人民币兑美元汇率的贬值势头。在当时，中国央行通过在外汇市场上卖出美元、买入人民币，耗费了近1万亿美元的外汇储备，导致中国外汇储备又从4万亿美元缩水到3万亿美元左右，实在令人扼腕。与此同时，中国央行明显收紧了资本管制政策，这确实抑制了跨境资本套利、套汇的行为，但是也刺破了人民币国际化的“泡沫”。中国央行反复调整人民币兑美元的开盘价定价机制，纵然提高了央行对汇率的掌控，但却背离了市场化改革的初衷。

又如，2017年5月之后，“逆周期因子”在人民币对美元汇率中间价形成机制中发挥着明显作用。一方面，它也许有助于暂时抑制人民币的贬值预期，但另一方面它的引入却一定程度上模糊了人民币汇率的定价规则，不利于人民币汇率形成机制的市场化取向。

凡此种种都表明，应坚持让市场更多地来决定人民币汇率形成机制，中国央行应减少干预。

二、人民币国际化

问：人民币国际化已经进行多年，如何看待人民币国际化的历程？

张明：2006年爆发于美国的次贷危机迅即蔓延至全球，酿成了一场全球性金融危机。这场危机的深刻教训之一就是，过度依赖美元是不可取的。从2009年起，中国政府开始多措并举推动人民币国际化。在第一阶段，从2010年至2015年间，中国采用旧“三位一体”策略推动人民币国际化，并取得了一定成效：

一是人民币在跨境贸易与投资的结算中取得突破和进展。人民币在中国跨境贸易结算中实现从0到1的突破，在这一时期，人民币结算金额的比重上升到近1/3，在全球跨境结算中的地位也一路上升，排名从第35位提升到了第4位。

二是离岸人民币金融中心多点开花。香港是离岸人民币金融中心的“桥头堡”，之后增加的离岸中心包括伦敦、新加坡、中国台湾、东京和澳大利亚等地。在香港离岸中心，中国政府一方面推动人民币债券、股权和基金类等投资理财产品的发行，另一方面大力构建了离岸人民币资金回流到内地的机制。

三是中国与其他国家（地区）签署了一系列双边本币互换协议。迄今为止，中国签署双边本币互换协议的时间集中在2009年至2015年间。截止到2019年底，中国央行已经与39个国家或地区签署了双边本币互换协议，互换规模超过了3.7万亿元人民币。

2016年10月，人民币被纳入IMF特别提款权（SDR）货币篮子，成为人民币国际化的里程碑事件。然而，在2016与2017年间，人民币国际化似乎遭遇了挫折，陷入了停顿。在此之后，中国央行采取了新“三位一体”策略来推动人民币国际化：

一是在石油交易中推出人民币计价的期货合约。2018年3月26日正式上市的上海原油期货合约，是中国国内首个原油期货合约，也是全球首个人民币计价原油期货，境外投资者可以直接参与交易。截至2021年3月25日，其单边累计成交量已经达到11319.66万手，累计成交金额近30万亿元，成为仅次于WTI和Brent原油期货的世界第三大原油期货。

二是加快了国内金融市场开放力度。其一，在投资额度的开放上，近年来中国不断放松外资参与国内金融市场的限制，于2019年9月全面取消了对QFII和RQFII额度的要求。其二，在机构股权比例开放上，中国通过准入前国民待遇和“负面清单”的方式逐步放松，并于2020年6月取消了外资参与资本市场服务业、保险业的股比限制。其三，中国的股票与债券市场已经相继被纳入国际主流指数之中，沪深港交易所互联互通机制也正不断优化。

三是推动在“一带一路”沿线增加人民币的真实需求及使用粘性。“一带一路”沿线基础设施建设及产业发展需要大量的资金投入，中国作为其中关键的资金供给方，自然为人民币在“一带一路”沿线地区的贸易和投资中发挥计价、结算货币的功能创造了良好机遇。

与旧的策略相比，新的人民币国际化“三位一体”策略更注重培育人民币的计价货币功能、海外真实需求，更注重为国际投资者提供丰富的人民币计价资产。

问：人民币汇改、人民币国际化和资本账户开放，三者是什么样的关系？

张明：人民币汇率形成机制市场化、人民币国际化和资本账户开放，三者同属于新发展格局下金融开放的范畴。

近年来随着对外开放水平不断提高，金融开放成为热点问题，其中有关中国政府是否应该加快资本账户开放成为讨论的焦点之一，至今仍未形成共识。我认为可以从四个维度来把握金融开放，分别是金融市场开放、人民币汇率形成机制市场化、人民币国际化和资本账户全面开放。我们的研究认为，在金融开放过程中，各个维度间存在一个优先次序，就三者而言，人民币汇率市场化改革应该在前，人民币国际化居中，资本账户全面开放是中国金融开放的最后一步。因为对中国而言，资本账户管理是防范系统性金融危机的最后一道"防火墙"，不能轻易拆除。

人民币国际化的实质就是人民币资本账户可兑换，也即中国的资本账户开放，两者可以看作一枚硬币的"两面"。人民币国际化的最终目标是成为可自由兑换的货币，事实上，早在1996年人民币经常账户的可兑换已经实现了，人民币资本账户的可兑换稍显滞后。在东南亚金融危机爆发后，中国政府格外重视对潜在金融风险的管控，因此采取了渐进、审慎的资本账户开放方式。国际金融危机后，中国央行加快了资本账户开放的步伐。IMF在报告中曾指出，在2017年人民币资本账户的40个子项目中，不可兑换的项目仅剩下两大项，涉及非居民参与国内货币市场和衍生工具的交易，其它项目都已经实现基本可兑换或部分可兑换。有报告测算后认为，从2012年到2017年，中国资本账户的开放度提升了大约40%。

同样是在国际金融危机后，中国政府深刻意识到过度依赖美元是不可取的，于是从2009年起开始大力推动人民币国际化。从2009年到2015年上半年，跨境套利、套汇交易肆虐，这类交易通过人民币跨境贸易、投资结算渠道，实现了规避监管的目的，带来了人民币国际化的短暂"泡沫"。在当时，国内利率的市场化改革尚未取得决定性进展，人民币汇率的形成机制也缺乏足够的弹性，两者无法有效缓冲由频繁的跨境资本流动带来的冲击。从2015年"811"汇改至2016年年底，人民币兑美元汇率显著贬值，与此同时，跨境套利、套汇交易空间迅速收窄、交易规模大幅下降，"泡沫"终于被刺破，2016到2017年间，人民币国际化进程陷入了停滞。

人民币国际化进程中的"挫折"带给我们两个重要启示：

第一，人民币国际化应放在人民币汇率形成机制改革之后。迄今为止，人民币汇率市场化改革已经经历三个阶段，形成了以收盘价为基础、参考一篮子货币进行调节、有管理的浮动汇率机制。但是人民币汇率仍有待进一步走向自由浮动，其一，由于人民币汇率仍缺乏足够的双向弹性，本币汇率持续高估或低估不可避免地成为常态，在资本账户开放之后，极有可能会出现跨境资本的大规模进出，进而为投机性攻击提供空间。其二，人民币存在离岸和在岸两个明显割裂的市场，由此形成两个有差别的汇率定价，即便在当前跨境资本尚不能完全自由流动的情况下，跨境套利、套汇的活动依然得以大行其道，并随着汇差的逆转而迅速改变套利方向，最终进一步加剧跨境资本的波动，威胁金融市场稳定。

第二，资本账户全面开放应放在人民币国际化取得决定性进展之后。无论是离岸人民币中心的建设，还是人民币的国际使用，在很大程度上都是资本账户进一步放开的过程。因此，人民币国际化的实质就是人民币资本账户可兑换，两者可以看作一枚硬币的"两面"。然而，从开放策略的角度看，两者并不是完全相同的，而且存在优先次序，人民币国际化的实现并不必然对应资本账户的完全放开。经验表明，无论是套利资金还是真实需求，都可以驱动货币国际化进程，但是这两种模式在可持续性上却有显著差别，由套利资金驱动的货币国际化往往会遭遇挫折。

党的十九届五中全会明确提出，要稳慎推进人民币国际化。我认为"稳慎"不仅是对人民币国际化的要求，更是对资本账户开放的要求。在人民币国际化取得决定性进展前，短期资本的持续大规模流入流出将对金融稳定造成负面影响，因此不能轻易放弃资本账户管理。

问：目前，数字货币的发展成为人们关注的焦点之一。如何看待数字货币的发展前景？中国央行数字货币的推出能否显著推动人民币国际化进程？

张明：目前，有三种数字货币最具有代表性：

第一种是以比特币为代表的加密数字货币。这种数字货币是由私人部门创造出来的，在币值上不和现存的任何主权货币挂钩，一般总量是固定的。比特币以令人惊艳的创新性成为市场持续关注的热点。但由于比特币缺少政府信用作背书，不以经济增长为依据，而且总量无法增加，因此它并不能看作是一种真实的货币形态。比特币的持有者之所以争相持有，不是为了交易，而是坐等比特币升值，从这个意义上看，比特币是一种金融资产。

第二种是以Libra为代表的稳定币。之所以被称为稳定币，是因为这种数字货币的币值和一揽子货币挂钩，能够保持相对稳定。正因为Libra币值挂钩多个货币，理论上一旦它能够得以广泛使用，将对现有国际货币体系及秩序造成冲击。但正因为它和比特币一样是由私人部门创设的，没有政府的信用背书，包括美国在内的多国政府纷纷对这一稳定币形态存有戒心，担心它会威胁到货币主权。因此迄今为止Libra依然只停留在倡议阶段。

第三种是央行发行的数字货币(CBDC)。中国央行推出的数字人民币(eCNY)是一个典型，它的创新性相比于比特币和稳定币较少，但却是主权货币，能够和传统人民币一比一挂钩，因此可以部分取代替代M0的功能。目前数字人民币正在国内如火如荼进行测试和推广，市场与业界对数字人民币充满期待，有的认为它能够解决传统金融体系解决不了的问题，有的认为它可以有效推动人民币国际化。但从货币形态上来看，数字人民币目前只是取代了部分M0，它对中国金融体系、对现有国际货币体系在边际上的改变恐怕并不会很显著。

在未来，全球范围内不同形态的数字货币有可能呈现出相互竞争的格局。在这个格局下，比特币、Libra、CBDC等不同性质的数字货币百花齐放，CBDC也将划分为不同类型、不同货币层次。然而，就国际储备体系而言，长期内少数货币仍将是主角。展望未来，除了美元、欧元、人民币等主权或国别货币，SDR、eSDR、Libra等依托国家政府信用建立起来的货币形态也有望成为国际储备货币。进而，数量有限的货币将在国际货币体系中展开激烈竞争。

对于央行数字货币的短期作用，目前市场上的估计可能过于乐观了，而我对央行数字货币的长期发展前景是乐观的。对于数字人民币，未来有四个问题至关重要，需要认真考虑：

第一，数字人民币涵盖的货币层次是否会超越M0？第二，央行数字货币目前是零息资产，未来能否有突破并成为一种付息资产？第三，未来是否会出现由中国央行主导或管理的更统一的第三方支付平台？第四，在跨境流动和离岸市场的使用中，中国央行对数字人民币和传统人民币会否执行不同的政策？

关于数字人民币是否能显著推动人民币国际化进程，我认为不应有过高期待。数字货币可以提高跨境支付便利度，这一点是不能否认的。但跨境支付便利度并非一个国家货币国际化程度的决定性指标。

从货币国际化的国际经验来看，决定一种货币能否成长为国际货币的因素主要有三个，第一个是货币发行国金融发展的程度，包括金融市场的深度、广度与流动性状况等；第二个是历史上形成的该货币的网络正外部性及其使用上的路径依赖；第三个是货币发行国的经济和贸易规模在全球范围中的地位。这是美元取得长期霸权的主要原因。试想，如果在当前美联储成功推出数字美元，并将其推广至全球范围内，那么美元的国际储备地位无疑会进一步固化。原因很简单，美国已经有了成熟的金融市场，美元具备了网络正外部性，美国的经济实力仍然排在第一。此时如果数字美元的推出能进一步提高美元的跨境支付便利度，那么对美元全球储备货币地位的巩固来说，简直"如虎添翼"。

有观点认为，美国可能捡起经济制裁的武器甚至威胁切断SWIFT系统，而数字人民币的推出有望建立独立的跨境支付清算体系，降低中国对SWIFT的路径依赖。我认为这一观点也过于乐观，因为非居民的接受意愿才是国际支付清算系统得以建立的关键。在根本上决定中国能否建立一个新的跨境支付清算网络的，是中国的实体经济竞争力和金融市场成熟度，如果实现了这两点，非居民的接受意愿自然会随之大幅提高。

问：当前如何看待人民币国际化未来的发展前景？

张明：从全球储备、结算、交易货币的角度看，人民币所占的份额不仅均远低于美元、欧元，甚至与日元、英镑也有不小差距。展望未来，人民币国际化依旧长路漫漫。

目前，中国已经步入新发展阶段，中国政府审时度势提出了打造"双循环"新发展格局的判断。这是一套以我为主、以内促外的发展策略，在全球化重构、中美冲突将会长期化持续化的背景下意义重大。因此，新的人民币国际化策略亟需以打造"双循环"新发展格局为契机进一步做实做细。具体而言，我认为：

首先，要大力拓展人民币作为计价、结算货币的功能。尤其在大宗商品贸易方面，应充分利用中国作为全球第一大原油进口国、第一大铁矿石进口国、第一大天然气进口国等市场地位，推动大宗商品贸易使用人民币进行计价、结算，推出相应的期货、衍生品工具，在关键品种上争取国际定价权。还应鼓励中国企业在对外直接投资中使用人民币进行计价与结算，允许东道国居民和企业使用人民币购买商品和投资，争取形成人民币真实需求回流机制。

其次，应着力在RCEP和“一带一路”沿线培育对人民币的真实需求，增加人民币的需求粘性。在RCEP签署之后，协定区域内国家与中国的经贸联系将更加紧密，另外随着“一带一路”建设落到实处，一旦人民币与美元进一步脱钩，这些区域国家很有可能会增加人民币在其货币篮子中的权重，进而会自发产生对人民币计价资产的需求。与此同时应巩固与东亚国家之间的双边本币互换协议，必要时可推动亚洲区域外汇储备库建设，以区域货币合作为突破口推动人民币国际化。

再次，应拓展国内金融市场的广度和深度，为国际投资者提供丰富的人民币计价资产。例如可推动“熊猫债”市场做大做强，鼓励RCEP区域内的政府与企业到中国内地发行以人民币计价、交易和结算的债券，探索允许其直接将募集的人民币资金调出境外使用的机制，进而实现内地债券市场与香港“点心债”市场的联动。如果人民币成为主要的境外主体的发债货币，则意味着人民币从贸易型货币转向了金融型国际货币。

最后，在推动人民币国际化过程中，中国政府仍应保持适当的资本管制。只有在中国经济保持高质量发展、金融市场不断得以深化、能够守住不发生系统性金融风险的前提下，人民币才可能最终实现国际化，成为全球性货币。

我对未来中国经济的若干见解

黄益平

中国经济的三个反转和一个困惑

纵观过去40年的经济改革历史，2008年似乎是一个很重要的分水岭。这倒并非仅仅因为在那一年发生了全球金融危机，更主要是因为在那前后，中国的宏观经济表现出现了较大反转。

经济奇迹之后应该就是“常规发展”，现在主流说法是“新常态”。新常态与之前相比有什么不同？主要表现在以下三个反转：

第一，中国经济从之前的“高速增长”突然变为“持续减速增长”。

2008年之前，年均GDP增长率接近10%。2008年和2009年受到全球金融危机的影响，增长明显减速。2010年在一揽子计划的推动下，GDP增长率重新回到10%以上，可惜这样的表现并未持续太久，随后GDP增长率连年下降，到2016年和2017年，已经稳定地跌到7%以下。

第二，经济结构从之前的“严重失衡”迅速走向了“再平衡”。

2008年之前，只要讨论中国经济问题，就避不开经济结构失衡的话题。经济增长主要靠投资与出口两驾马车拉动。2008年之后，经济结构开始了再平衡的过程，投资率持续下降，经常项目顺差显著收窄，消费成了支持经济增长的重要力量。

第三，金融体系从“相对稳定”演变为“系统性风险上升”。

过去我们一直很自豪地说，中国是主要新兴市场大国中唯一一个没有发生过系统性金融危机的国家，但最近这几年金融风险在不同的领域之间游走，发生金融危机的概率有所提高。

如何理解2008年前后在中国经济中发生的这些反转？再往之前看，为什么在2008年之前中国经济会出现一方面经济高速增长、另一方面结构出现失衡的现象？

而这后一个问题，正是我在2009年来北京大学工作时希望解开的谜。这个问题也可以表述为：为什么大家对中国经济前景的判断分歧较大？

有的专家对中国经济非常乐观，有的人则相对悲观。简单地说，看增长速度的往往乐观，看结构失衡的往往悲观。

事实上，这两种观点都有一定的道理，或者可以说，它们描述的可能是同一个硬币的两面。那么，究竟是什么因素导致了这个现象?

中国经济反转背后的根本原因

如果我们要对40年的改革政策做一个提炼,那应该就是“市场化”。但我们的市场化改革策略有很多特点,比如它不是“休克疗法”,而是“渐进式改革”。还有一个非常重要的特征,我将其称为“不对称的市场化”策略。

一方面,产品市场基本上都放开了,竞争也比较充分,无论是农产品、制造品还是服务品,都直接由市场机制调节,供求决定价格;另一方面,要素市场基本上都还没有实现市场化,资本、劳动力、土地、能源和水,凡是用于生产投入的要素市场,都还受到政府的干预。

这样的干预在金融领域最为明显。即使在实施改革开放政策40余年的今天,金融体系所面临的最大问题仍然是“金融抑制”,即政府金融体系的各种干预。40年金融改革的一个基本特点是行业规模做得很大,但市场机制还没能很好地发挥作用。

在改革初期,中国只有中国人民银行一家金融机构,今天我们已经拥有一个非常庞大的金融体系,四大国有商业银行每年都能排在全球十大银行之列,股票市场市值全球排名第二,债券市场全球排名第三。

但同时也要看到,政府还在影响或者干预利率、汇率、资金配置甚至跨境资本流动,还在控股大型金融机构。IMF(国际货币基金组织)的经济学家曾经对各国的金融抑制程度做过专项研究,在能够找到数据的91个国家中,中国的金融抑制程度排在第四位。

劳动力市场可能是一个特例。很多人认为政府并不干预劳动力市场,工资是市场决定的,其实并非完全如此。由于存在户口制度,很长时间里中国的人口流动率极低,而且都是在政府的安排下进行的。

改革开放之后出现的农民工,等于突破了户口制度的限制,劳动力得以流动。但是在相当长时间内,农民工和城市居民的待遇是不一样的,即便是在同样一家公司做同样的工作,农民工获得的工资收入也可能只有当地居民的1/3甚至更少。也就是说,户口制度变相地压低了城市工业的劳动成本。

刚刚开始实施改革开放政策的时候,政府在南方设立了四个经济特区,提供很多优惠政策吸引外国投资,比如不收税、提供免费的土地使用权以及廉价的资金和能源等。优惠政策其实就是一种市场扭曲,虽然它促进了经济活动的活跃,但从根本上说,优惠政策意味着要素的使用者没有按照市场价格支付成本。在后来相当长一段时间里,全国各地都推出了不同的优惠政策,而且地方政府之间相互竞争。因此,“要素市场扭曲”实际是一个非常普遍的现象。

概括起来看,要素市场的扭曲主要体现在两个方面:第一是把要素的成本压低;第二是在要素配置时偏好大企业、国有企业。

换句话说,过去中国的经济发展水平比较低,生产成本低也很正常。但要素市场的扭曲政策进一步扩大了中国的低成本优势。

那么政府为什么要实施扭曲要素市场的政策?背后的原因应该就是我们的“双轨制”改革策略。一方面政府要支持国有部门持续运行;另一方面,政府又要为非国有部门的发展创造条件。

这种扭曲政策的实质,是对居民和企业实行收入再分配,变相地补贴企业,补贴出口商、生产者和投资者。

举个例子,假设银行存款利率为1%,如果没有抑制性的金融政策,存款利率可能会达到3%。这之间的差额到哪儿去了?银行可以在低存款利率的前提下压低贷款利率,这等于是存钱的储户向贷款的企业进行了变相的转移支付。

这种收入再分配的结果是,出口越来越活跃,投资越来越多,经济增长越来越强劲,但消费变得越来越疲软。这就是为什么我国经济一方面形成了增长奇迹,另一方面结构失衡的矛盾不断恶化。

中国经济即将面临重大转型

前面说到两本书,其中一本叫《告别“中国奇迹”》,说的是中国改革开放以来前30年的故事——为什么中国经济增长速度非常快,但结构失衡很严重。我用“不对称的市场化”来解释这种状况。

但故事并没有就此停止,我们做了一个大胆的预言——要超越中国奇迹。

中国奇迹之所以发生,一方面是因为过去经济水平确实很低,增长潜力自然就大,另一方面是因为中国的改革开放政策确实释放出了能量。过去的“不对称的市场化”,也就是各种要素市场的扭曲,在一定程度上放大了中国产品的低成本优势。

在中国经济实现高速增长的同时,这样的政策扭曲也导致了经济结构的失衡。

中国经济增长对于投资的依赖度很高,最高时是在2009年,投资占GDP的45%。这样看起来当年的增长速度非常快,但当年的投资会变成来年的生产能力,生产出的产品最终要在市场上销售，而老百姓又没有足够的资金用于消费，最后产能压力就变成很大的问题。

中国的运气比较好，当时正是一个大力宣扬全球化的时代,中美关系也处于良好时期,而美国人正在尽力消费,其储蓄率非常低。美国的消费能力和中国的生产能力刚好碰上,一拍即合,中国生产出的大量产品都销售到了国际市场上,最主要的方向便是美国。于是,中国的顺差越来越大,美国的逆差越来越大。

但这个体系是不可持续的，我们当时预料到国际贸易要出问题。中国刚开始改革开放时,很多国家并不太在意,而且愿意看到这种局面,因为这对整个世界来说都是好事。但在中国的经济规模变大以后(2010年中国GDP超过日本成为全球第二),麻烦就来了,原因在于大国和小国对于世界市场的影响是很不一样的。

像中国这种体量的大国,经济长期高速增长,市场不断扩张,意味着中国的市场份额在扩大,别的国家的市场份额则在减小,后续就会出现就业问题。最近这些年可以看到，在国际市场上，凡是中国需求量大的商品,价格就会上扬,而在中国制造的商品占据主导地位的市场上,价格就会下跌。中国经济对全球市场的影响力越来越大。

所以,无论是从投资效率、经济结构,还是从国际市场调整等方面来看，中国原有的经济增长模式都是无法持续的,奇迹总归是要过去的。

当时我们观察到两方面的变化：一是劳动力市场已经出现了逆转,以前劳动力严重过剩,后来逐步出现了短缺问题,2005年后工人的工资就明显上升了;另一方面,政府也不断地说要推进要素市场化,即过去的种种扭曲要被取消,比如让市场来决定利率水平。

如果上面的分析成立，也就是说要素市场的扭曲是导致中国经济增速很快、结构失衡的重要原因,那这种扭曲的消除必将会大大影响中国经济。所以,我们当时判断:中国经济即将面临重大转型,要从创造奇迹转向常规发展。

在这个转变的过程中，我们提出可能会发生以下四个方面的变化：

第一,经济增长速度会持续下行。因为过去的低成本优势丧失了,成本变得越来越高,经济增长速度下降是不可避免的。

第二,收入分配状况会改善。一个重要原因是,过去劳动工资被压着不让上涨,未来则可能会上涨。一般来说,穷人靠工资收入,富人靠投资回报。如果工资上涨挤压了投资回报的空间,虽对经济增长有压力,但是从收入分配的角度来看是好事,会缩小贫富差距。

第三,经济结构会变得更加平衡。居民收入占国民收入的比重开始上升,消费会随之增加,经济对出口和投资的依赖会下降,经济结构得以逐步实现再平衡。

第四,产业升级换代会不断加速。以前的低成本优势很难持续,不仅仅是因为经济发展了,成本提高了,还由于过去的扭曲政策消除了,成本进一步回归正常。

中国制造业的成本上升速度远远超过其他相同发展水平国家的上升速度，这意味着中国花了很长时间培养的在低成本产业有竞争力的企业一夜之间失去了竞争力。而成本在以后会变得越来越高,唯一的应对办法是提升技术、效率、品牌,使得产业不断往上走。

新时代的中国急需“金融创新”

现在有一个很时髦的说法,叫“未来已来”,在很多场合被人使用。对于中国经济的发展,我的看法是奇迹已经过去,但是未来还没来,仍在来的路上。在这个调整过程中,一系列因素结合在一起,比如以前要素成本的扭曲逐步消除,导致经济发生了很大变化。

中国经济今天所面对的挑战和以前不一样，可以称为“中等收入陷阱”。近几年中国经济的增长速度不断下降,我们经常会听到学者、企业家、官员讨论,这种下行趋势到什么时候会触底回升,但这个“底”到底在哪里,无从知道。

我认为中国跨越中等收入陷阱的可能性非常大,但现在还不能断言一定能走过去，或者明确到哪个时间点可以走过去。中国现在面临的一大问题是产业升级,其根本在于技术创新,而技术创新不是随便哪个国家、哪个企业都能做的。有些学者说中国可以有理论创新,但做不了技术创新。我去很多地方考察,感觉企业在应用技术的创新方面还是不错的，很多企业可以直接利用现有的技术往产业链上游走。

但是，中国在新时代面临着一个重大挑战，就是“金融创新”问题。

新技术的出现和应用往往要以金融的支持为基础。每一次工业革命的发生都是因为新技术引发了产业的变化，而每一次工业革命也都是由金融革命来支持的,包括信息产业革命、互联网的出现和普及,都是由资本市场的发展来推动的。

目前看来所谓的金融挑战，有两个方面的含义：

第一，中国过去的金融运行方式是不是适合支持技术创新。

第二，中国过去没有金融风险，现在金融风险变得更大，能不能控制住。

这两个问题混合在一起，就需要金融创新，既是为了支持实体经济的增长、创新，也是为了防范系统性风险。

中国的金融体系现在可以说是全世界最大的金融体系之一了，广义货币(M2)供应量已远远超过美国。现在讨论中国经济问题，很少有人再担心经济结构失衡的问题，谈论最多的是杠杆率是不是太高了。杠杆率过高肯定是有问题的，会导致金融困难。

目前中国急需的是对实实在在的技术进步、技术创新提供实实在在的金融支持。从中国经济的长远发展来看，光靠餐饮外卖的创新或者共享单车的创新无法支撑整体经济的可持续增长。支撑经济长期增长的根本力量是技术进步，是产业的升级换代，在这一点上中国还需要做很多努力。

未来金融领域的四个挑战

在进行金融创新的同时，也要控制系统性风险。中国现在系统性风险比以前更高，我认为有多方面的原因。

第一，增长速度下来了，再加上产业要更新换代，意味着微观层面很多企业的资产负债表恶化了，所以容易出现金融风险。

第二，产业更新换代意味着相当一部分企业都要被淘汰，在这个过程中也可能引发新的金融风险，这是增长速度持续下行必然导致的结果。

过去的政府兜底，好处是短期金融稳定了，但长期来看金融变得更不稳定。政府兜底导致的直接结果之一是道德风险，反正有人兜底，金融行业的从业者就对风险不介意，肆意扩张。现在的难题是，要释放局部的风险点，打破刚性兑付，让市场来决定，“该破产的破产，该违约的违约”，但具体从哪里着手去做，确实很难判断。

在打破刚性兑付这方面，中国做得最成功的是股票市场，但在其他金融市场上如何打破刚性兑付，之后会不会引发系统性风险，这对决策者来说是很困难的抉择。

银行业是一个很好的例子。前几年出台的存款保险制度是用来做什么的？万一某家银行出了问题，该破产就破产，该兼并就兼并，每一个储蓄账户只要不超过50万元，由存款保险制度来兜底，老百姓便不用恐慌了，政府也不用忙着去“灭火”。这是一个很好的机制，但实际上存款保险制度已经运行三年了，还没有真正处置过一个案例。是不是中国的所有银行在这三年里都运行良好，完全不需要处置风险呢？每个人心里都会有个答案。难就难在怎么处理这个问题，虽然还没发生，但有些运营不善的银行总归是要破产的，大方向不会改变。

第三，杠杆率太高，也就是市场上的钱真的太多了。

在发展水平还不高的情况下，中国的广义货币供应量已经多于美国。为什么中国要发这么多货币？主要是因为融资仍然以银行为主。中国的货币供应还有一个特殊的加速机制，源于政府的兜底行为。政府托底往往请央行帮忙，货币供应量便上去了。

假如所有的资金安安心心待在银行，钱多了也不是大问题，毕竟过去很多年都是这么过来的，由银行提供资金支持经济增长。但现在资金太多了，而可投资的资产不多，中央政府就特别担心出现系统性风险。这有各种原因，其中一个原因是金融风险在不同的领域之间游走，一开始是股票市场，之后又到了债券市场，还有理财产品、互联网金融、房地产市场，包括资本外流等。

这背后反映出的根本问题是，社会上有这么多资金以后，总要找到投资的出口。所以，只要资金瞄准了某个市场，无论是金融市场还是商品市场，这个市场马上就会出现泡沫，因为资金确实太多了。这是系统性的问题，需要很长时间才能解决。归根到底，宏观的问题是资金很多，而能投资的标的不多，这种风险要逐步释放和逐步缓解。

最后是金融监管体制

过去的监管体制是“一行三会”各管一摊，看上去四平八稳，各司其职，新设立的金融机构要拿牌照，只要拿牌照，它就由发牌照的机关来监管。后来发现这种监管方式出问题了，实践中交叉业务变得越来越多，由谁来监管呢？比如商业银行销售保险产品，这事由谁管？保险公司销售理财产品，又由谁来管？

分业监管出现了问题。更重要的问题是现在新的金融业务出来，牌照成为难题，比如说影子银行、互联网金融。这都是分业监管的问题。对于金融领域的交叉业务、新兴业务和全能性的银行,这种运营模式变得越来越多,过去的监管方式不太有效,所以金融监管的转型变得非常重要。

总而言之,中国奇迹已经过去了,不要再想着过去10%以上的经济增长速度,但是中国经济在未来仍有可能发展得很好。即便经济增速降到6%甚至5%,只要是高质量的增长,对中国来说也非常好。

中国经济正在走向新时代,但转型能不能成功,能不能真正走到未来,还存有疑问,这其中的关键就是新旧动能转换,而新旧动能转换的核心在于政府千万不要一见经济表现疲软就忙着去托底,否则又走回了老路。

我发现一个有意思的现象:新经济和旧经济经常是反向运动的。

旧经济无非就是由投资拉动,比如基础设施、房地产等,政府一托,这些行业一起来,经济就平稳了,但新经济又下去了,原因应该是社会的资源就那么多,新旧经济在资源的使用上是有竞争关系的。

在新经济的培育过程中,金融创新已变得必不可少、至关重要。如果没有金融创新,首先是产业升级会遇到很大的障碍,其次是很难防范系统性金融风险。

所以,下一步中国能不能成功地超越奇迹,能不能进入较低速度但更高质量、更平衡的增长阶段,“金融创新”至关重要。

增加农民收入是实现共同富裕目标的路径选择

张红宇

党的十九届五中全会明确要求,要针对城乡收入分配差距较大的现状,致力于城乡居民人均收入再迈上新的大台阶,城乡居民收入分配结构明显改善,差距显著缩小。中央财经委员会第十次会议明确指出,共同富裕是社会主义的本质要求。贯彻落实党中央的决策部署,促进农民收入增长是当前和今后一个时期“三农”工作的重中之重,是实现高质量发展的必然选择。

一、农民增收形势正在发生阶段性变化

2004年以来农民收入增长实现“十七连快”,过去十年农民收入增速连续高于城镇居民收入增速,2020年的农民人均可支配收入达17131元,提前一年实现党的十八大提出的翻一番目标,城乡居民可支配收入之比自2008年以来连续13年平稳下降,2020年为1:2.56,收入差距缩小的趋势明显。在新的历史起点上,如何促进农民收入持续增长,持续推进缩小城乡居民收入差距,实现共同富裕目标要求,在日趋复杂多变的外部环境下,需要从机遇与挑战两个方面厘清形势,把握机遇,应对挑战。

(一)现代农业发展为农民增收夯实了基础

现代农业发展到今天,已越来越呈现出规模化、集约化、绿色化、数字化特征。从而一方面通过专业化、规模化经营,提高劳动生产效率,集约资本、技术集成提高土地产出率,提高从业农民的综合生产效率,增加农业收入;一方面通过一二三产业融合,发展农产品加工业、观光旅游休闲农业,生产性服务业、“互联网+”等新产业新业态发展,延长产业链,提升价值链,保障供给链,完善利益链,增加从业者在农业内部的就业机会,提高农民收入。事实上,在工业化城镇化推进过程中产生出对滞留在农业内部富余劳动力的“虹吸效应”,以及由于农业机械装备应用对农业内部富余劳动力产生的“挤出效应”双重背景下,留在农业内部务农的劳动力呈持续下降态势,从而极大地提升了农业从业者的劳动生产效率,增加了从业者的农业收入,缩小了农业与非农从业者的收入差距。1978年农业与非农就业劳动生产率之比为1:5.88,到2020年已缩小到1:3.72。从未来趋势看,随着从事农业的劳动力绝对数量减少,农业从业者劳动生产率还会不断提升,收入不断增加,现代农业为农民增收夯实了基础。

（二）新型城镇化为农民增收注入持久动力

改革开放以来，农村劳动力转移在为我国经济增长提供充足人口红利的同时，也为农民收入创造了强劲增长点，工资性收入在农民收入中已占优势地位。提高农民收入在长时期内依然要将优化农村劳动力资源配置作为重点，依托新型城镇化带动农民在非农产业实现高质量充分就业，并间接提高农业劳动生产率。2020年末，我国常住人口城镇化率达63.9%，户籍人口城镇化率为45.5%，二者相差18.4个百分点。同年，第一产业就业人员占23.6%，比第一产业GDP占比高15.9个百分点，2020年农民工外出数量尽管比上年减少4.6个百分点，但2021年前三季度数据显示，外出农民工规模呈恢复性增长，已基本接近2019年同期水平，预示着农业劳动力转移还在继续。如果将常住人口城镇化率提高到70%，还将增加约1.4亿农村人口进城就业生活。我国城镇化提升空间还远未穷尽，对农民就业增收的带动作用依然很强。

（三）农村改革和城乡融合发展将为农民收入增长创造难得机遇

农村拥有丰富的资源要素，农村改革为激活农村要素提供了良好的制度环境，城乡融合发展为优化配置农村要素提供了广阔的舞台。2020年农民财产性收入占比仅有2.4%左右，主要原因是与城镇居民相比，农民的土地、房屋等财产权利不完整、权益不平等，束缚了财产权益的发挥。一些沿海发达地区农村居民财产性收入占比很高，得益于当地经济发展水平高和制度政策环境好的有机结合，租金、股息、红利等财产性收入增长强劲。农民的集体收益分配收入仍有很大提升潜力。随着乡村振兴战略的深入实施，特别是城乡融合发展体制机制和政策体系的建立健全，要素市场化配置水平的不断提高，以及农村集体产权制度等改革的不断深化，农民的财产性收入增长潜力将得到充分释放。

（四）国民经济增长放缓将对农民收入增速形成制约

农民收入增长在根本上是经济发展的结果，宏观经济形势对农民增收的作用不容低估。上世纪80年代后期的治理整顿、90年代的亚洲金融危机期间，我国经济增速都曾出现明显回落，农民收入增速随之持续数年显著下降。过去几年，我国农民收入由快速增长转向较快增长，固然与基数增大有关，但也与经济增速放缓紧密相联。经济发展深刻影响农产品需求和价格、农民就业和工资等，农民增收前景与宏观经济走势基本面有高度相关性。现阶段我国经济已经由高速增长变为中高速增长，由前些年的10%以上回落到7%以内，今年以季度为区间的增速更是逐季回落，深刻表明农民增收与宏观经济密切相关。2010—2019年农民收入增速和GDP增速相关系数高达0.87。受经济下行影响，同期农民收入增速由11.4%下降到6.2%。2018年以来农民收入增速与GDP增速基本同步，稳定增长应成为今后一段时期农民增收的主基调。

（五）传统农区和小农户将成为农民收入增长的难点和重点

基于我国特殊国情，以小规模农户为主体的经营结构将长期存在，小规模农业经营加大了普通农户增收致富难度。以1978年不变价格计算的农业劳动生产率提高速度，由“十二五”时期的年均9.3%下降到2016—2018年的年均6.3%。受此影响，农业收入增长困难，比重呈下降趋势。2013—2019年，农村居民人均第一产业经营净收入年均名义增速仅为4.7%，低于可支配收入年均名义增速4.5个百分点，占比由30.1%下降到23.3%。按照收入五等份分组，有60%的农户人均可支配收入低于全国平均水平。2020年脱贫地区农村居民人均可支配收入12588元，仅为全国平均水平的73%。若按世界银行标准，收入少于经济体平均收入1/3的社会成员为相对贫困人口。OECD提出以全体居民收入平均数50%作为相对贫困标准。2020年中国城乡居民收入为32188元，50%为16094元。按这个标准，我国去年有12个省份的农民收入低于此标准。中低收入农户大多位于传统农区和欠发达地区，对农业收入的依赖程度较高，既是农民增收工作的重点群体，也是难点所在。

从总体上看，当前我国正处在国民经济发展的结构调整期，城乡经济社会的深度融合期，农业支持保护政策的转型优化期，农业经营体制的改革创新期。农民增收形势正在出现的趋势性变化值得关注，主要表现为以下四点：

1.农民收入增速稳中趋降。改革开放以来，农民增收经历了超高速（上世纪80年代前半期）、快速下降（80年代后半期）、平稳上升（90年代前半期）、明显回落（90年代后半期）、恢复至中高速增长（本世纪前11年）、然后又逐步回落（2012年以来）的过程。从增速变化看，当前已经进入一个下降通道，增速稳中趋降的势头已经显现，特别是新冠肺炎疫情影响蔓延至今，在全球范围内仍未得到有效控制，全球经济恢复增长乏力，对我国经济持续增长十分不利，极有可能预示一个新的转折点到来。

2.两大来源的增收贡献双双减弱。家庭经营收入和工资性收入作为农民收入两大支柱，其增收贡献基本决定了农民收入走势。1991—2013年，家庭经营纯收入和工资性收入贡献率在短期内基本是此强彼弱、一升一降，在多数年份工资性收入贡献率更高一些。2004—2013年，家庭经营纯收入贡献率从65%下降到27%，工资性收入贡献率由26%上升到60%左右。近几年情况发生明显变化，2014—2019年，可支配收入中工资性收入贡献率由47.2%下降到41.8%，经营净收入贡献率延续弱势，仅保持在25%—29%，少见地出现了两大收入贡献率同时走弱的情况。

3.农村内部和城乡之间收入差距扩大。随着市场化改革的深入和农民分工分业的深化，农民内部收入差距在扩大。1980—2013年，农村居民人均纯收入基尼系数由0.2407扩大到0.3857。2020年尽管从总体上消除了绝对贫困现象，脱贫地区农村居民收入增长较快，但与其他地区的差距依然很大。城乡居民收入相对差距缩小，但绝对差距还在扩大。从农村居民人均可支配收入口径看，2013—2020年，城乡居民收入之比从2.81下降到2.56，绝对差距从17037元扩大到26703元，短期内很难达到明显缩小的效果。

4.政策调控难度日益加大。在相当长的时期内，由于国民经济和财政收入增长较快，农产品和农村劳动力总体上供不应求，可采取的调控手段有多种组合方式，促增产、提价格、增补贴、促转移、涨工资等政策都可产生立竿见影的效果。但近年来，财政收入增速回落，农产品总体上供大于求，农民工供求匹配困难现象有所增加，这些条件和手段还可以单独或整体应用，但强度会大幅减弱，农民增收政策创设难度越来越大。

上述变化深刻表明，农民收入又到了一个关键转折期，增收的环境和动力正在发生调整，阶段性特征正在积累形成，对此需要高度关注。未来一段时期，对农民增收的最大利好是乡村振兴战略实施和共同富裕目标设定。坚持农业农村优先发展，有利于强化各方对“三农”工作的重视，为农民增收营造良好氛围；城乡融合程度不断加深，有利于生产要素流入农业农村，为农民增收注入强劲动力；城乡居民消费结构加快升级，有利于推进农业结构调整，为提高农业经营效益创造基本条件；国民经济结构调整深入推进，有利于新产业新业态孕育发展，为农民拓宽就业渠道；农村产权制度改革逐步推开，有利于激活沉睡的资源资产，为农民增收开辟重要来源。加快推进农业农村现代化，将进一步激发农村内生动力，促进农村经济社会全面发展，推动形成农民增收新局面。

二、促进农民收入较快增长应成为战略目标

立足新发展阶段，贯彻新发展理念，构建新发展格局，推进高质量发展，在后全面小康时代，促进农民收入较快增长、持续缩小城乡收入差距，实现共同富裕，应该成为“三农”工作的中心任务和战略选择。

（一）缩小城乡收入差距是解决“三农”问题的核心

1.缩小城乡收入差距是实现共同富裕目标的重要任务。党的十八大以来，党中央把握发展阶段新变化，采取有力措施改善民生，打赢了脱贫攻坚战，全面建成了小康社会，为共同富裕创造了良好条件。实现第二个百年奋斗目标，必须把促进全体人民共同富裕作为为人民谋幸福的着力点。致力于不断增加农民收入，缩小城乡收入差距，体现社会主义公平发展的本质，夯实实现共同富裕目标和基础。

2.缩小城乡收入差距是实施扩大内需战略的根本途径。现阶段拉动经济增长的三驾马车中，投资和出口都难以保持高速增长，拉动经济增长必须更多地依靠消费。2012—2018年，消费对GDP增长的贡献率由54.9%提高到76.2%，投资对GDP增长的贡献率由43.4%下降到32.4%，净出口对GDP增长的贡献率由1.7%下降到-8.6%。增加居民收入特别是农民收入是扩大消费的重要条件。从城乡居民人均消费之比是2.0:1左右的现实表现看，扩大内需战略能否顺利实现，关键是农民收入能否持续快速提高。

3.缩小城乡收入差距是跨越“中等收入陷阱”的关键因素。改革开放以来，我国经济经历了从低收入阶段到中低收入阶段，并于2010年进入中等收入发展阶段。现阶段到未来一个时期，处在跨越“中等收入陷阱”的关键阶段，人均GDP突破1万美元，距离高收入国家门槛还有一定的差距。缩小城乡收入差距，顺利跨过“中等收入陷阱”，我国经济发展可以再上新的平台，顺利进入发达国家行列；收入差距持续扩大，跌入“中等收入陷阱”，则可能出现经济停滞不前的局面。“进”与“退”，“十四五”是关键时期。

4.缩小城乡收入差距是实现城乡融合发展的重要抓手。加快农民收入增长，要求构建新型城乡关系，以工补农，以城带乡，加大农业农村投入力度，强化农村产业基础，改善农村基础设施和公共服务，建立城乡平

等就业制度，推进农村土地制度和产权制度改革，完善要素市场化配置机制。这些措施有助于从根本上破除城乡二元结构，逐步实现城乡发展规划、基础设施、公共服务、人居环境一体化，实现城乡要素平等交换和公共资源均衡配置，促进城乡融合发展体制机制和政策体系进一步健全完善。

（二）促进农民增收要把握重大问题和关键因素

1. 结合经济社会发展阶段制定农民增收战略。2004年，党的十六届四中全会提出“两个趋向”的重要论断，即“综观一些工业化国家发展的历程，在工业化初始阶段，农业支持工业、为工业提供积累是带有普遍性的趋向；但是工业化达到相当程度以后，工业反哺农业、城市支持农村，实现工业与农业、城市与农村协调发展，也是带有普遍性的趋向。”从发展实践来看，进入工业化中期阶段后，国际上普遍加大对农民收入增长的支持力度以实现工农、城乡协调发展。日本从1961年开始实施“国民收入倍增计划”，在增加农民收入方面，对农产品生产实行直接价格支持，对农业生产投入进行补贴，对特定农户提供直接收入补贴。在一系列政策共同作用下，日本城乡居民收入差距从上世纪60年代起逐渐缩小，用20多年时间，实现了城乡居民收入增长平衡。2011年前后，我国江苏等一些省份也制定实施了居民收入倍增计划，把增加农民收入作为重点，采取有力政策措施，取得明显成效。党的十八大提出居民收入翻番目标后，成绩更是有目共睹。因此，农民收入增长态势，与一个国家或地区能否及时调整经济发展战略和国民收入分配关系、从根本上转变经济发展方式高度相关。当前，我国已经成为中等偏上收入国家，处在经济转型的关键阶段，必须坚持正确的战略指导思想，在促进共同富裕行动纲要中，把农民增收置于重中之重的位置，国民收入分配格局向农民倾斜，推动农民收入增速超越经济增速和城镇居民收入增速，为实施乡村振兴战略、促进城乡融合发展、构建和谐社会奠定坚实基础。

2.关注产业和就业结构变动对农民收入的影响。产业结构、就业结构和收入结构存在密切的内在联系。我国工业化早期阶段，产业结构和就业结构决定了农业收入是农民收入的主要来源，上世纪八九十年代农民家庭经营收入所占比重长期保持在70%以上。进入工业化中期阶段，随着工业经济迅猛发展，农业劳动力大量向二、三产业转移就业，工资性收入占农民人均纯收入的比重上升，2012年达43.6%，成为农民增收的重要来源。工业化中后期阶段，随着城镇化加快推进，农业转移人口市民化取得重要进展，2016年以来有9000多万农业转移人口成为城镇户籍居民，进城落户或常住农民的收入不再被统计为农村居民收入，工资性收入占农民收入的比重在达到一个峰值后逐渐下降。要避免农民收入增速徘徊甚至下降，必须推动农民家庭经营收入加快增长。为此，应推动农民分工分业，一方面，利用专业化带动农业生产的规模化、集约化，使务农收益水平达到甚至超过外出务工收入水平，同时加快培育农民专业合作社、家庭农场、农业产业化联合体等多种形式的新型农业经营主体，充分发挥其示范带动作用，优化农业资源要素配置，促进资源集约节约利用；另一方面，继续推动农业转移人口真正市民化，实现人口自由迁徙，促使产业结构、就业结构和收入结构均衡发展。

3.国民收入分配格局调整要向农民倾斜。改革后很长一个时期内，我国经济发展的主要任务是做大经济总量，注重效率优先、兼顾公平，城乡收入绝对差距随着经济总量增长不断扩张。发展新阶段，必须在继续做大“蛋糕”的同时，更加注重建立公平合理的收入分配制度，分好“蛋糕”。应加强农民增收的顶层设计，推进体制机制改革，完善扶持政策体系。初次分配是决定收入水平的关键环节。在初次分配领域，应建立合理的农产品价格形成机制，引导农产品价格合理调整，使其反映要素稀缺程度和生产成本。同时，建立农产品价格和低收入群体生活补助联动机制，提高各方面对农产品涨价的容忍度。在再分配领域，应有针对性地出台差别化的补贴政策。新增农业补贴向主产区倾斜、向山区牧区渔区垦区倾斜、向脱贫地区和边远地区倾斜，既充分发挥财政转移支付作用，缩小农民内部收入差距；又进一步强化政策激励效应，促进农业生产发展和生态环境保护。

4.通过城乡融合改善农民增收的外部环境。城乡融合是缩小城乡收入差距的根本途径。2020年浙江、上海、江苏城乡居民收入之比为1:1.96，1:2.19，1:2.19，浙江宁波、嘉兴、湖州，江苏苏州，四川成都则为1:1.6–1:1.8之间，其根本原因在于这类地方都是城乡融合起步比较早，做得比较好的地区，有典型示范性。健全完善城乡融合发展体制机制和政策体系，需要从三个层面入手。首先，推进城乡要素平等交换。改革农村土地参与市场交换的方式，充分体现土地的财产属性。其次，推进公共资源均衡配置。提高农村教育、医疗、社保等公共服务水平，减少农民生活开支，间接提高农民收入，让农民获得更多发展机会，实现城乡居民权利平等、机会平等。再次，加强农村基础设施建设。进一步科学编制乡镇村庄建设规划，合理安排乡村空间布局，把固定资产投资重点转向农村，完善生产生活基础设施和服务设施，改善农民生产生活条件，降低农民生产生活成本，推动农村产业发展，夯实农民增收基础。

（三）完善农民增收政策需要形成共识

现阶段，影响农民增收的因素错综复杂。不仅源于现代农业发展，也取决于农产品供给以及农产品需求之间的平衡；不仅来自农业自身健康运行，也来自二三产业的联动发展；不仅来自国内经济社会发展形势变化，也来自国际环境的因素影响。促进农民增收，需要立足我国实际，加大支持力度和创新支持方式。进一步完善农民增收政策，在重大问题的认识上逐步形成共识。

1.政策指向要由注重普惠性转向突出差异性。从国际上看，发达国家和地区（如欧盟共同农业政策）不仅对农民增收有一般性的支持政策，而且对欠发达地区和小农场还有专门的扶持措施。受各地的资源禀赋、发展水平、产业基础、发展机会、个人能力等因素影响，我国不同地区和不同群体的农民之间一直存在明显的收入差距。长期以来，由于农民收入水平普遍较低，农民增收政策中普惠性政策多、投入大，差异性政策少、投入小。脱贫攻坚任务完成后，农村低收入问题已经越来越集中到传统农区和普通农户。从未来看，大力发展农村新产业、新业态，激活农村资源资产，潜力最大、最有希望的仍然主要是经济发达地区、大中城市郊区等，广大传统农区和普通农户的增收问题会愈发突出。因此，应适时调整农民增收政策，更加鲜明地指向农村低收入群体，采取更加有针对性的措施，将有限的政策资源更多地向脱贫地区、增收困难区域和群体倾斜，加快提高他们的收入水平。

2.财政支持方式要由“直给”带增收转向“巧力”促增收。以往，财政主要是通过提价、补贴等方式直接带动农民收入增长，但这种“直给”的做法已经难以为继。从欧美发达和地区国家实践看，为摆脱预算压力，精巧设计财政支持方式、放大财政资金使用效益，越来越成为通行做法。我国农村人口数量庞大、人均农业资源非常有限，如果单纯依靠现行的直接补贴来促进农民增收，难以摆脱补不起、补不到位的“厨师困境”，需要转变财政支持方式。发挥财政资金的撬动作用，利用市场机制吸引更多金融资本和其他社会资金共同促进农民增收，应当成为政策创设调整的重要方向。

3. 拓宽增收渠道要由政策开口子转向市场找办法。在由计划经济体制向社会主义市场经济体制转轨过程中，拓宽农民增收渠道首先需要政策“开绿灯”。但随着经济体制改革的不断深入，市场机制已经越来越成为促进或约束农民增收的关键因素。目前农民收入四大来源中，除部分转移性收入外，都是由市场决定的。进一步拓宽农民增收渠道，根本上还是要依靠市场。实践证明，只要尊重市场规律，农民增收依然蕴藏着巨大空间。近些年来，随着各种新理念、新技术、新模式、新要素的不断进入，农村新产业、新业态层出不穷，为农民增收创造了新的机会。一些地区积极探索激活农村产权，优化经营方式等，为农民带来了长期稳定的收益。市场拓渠道、政策给空间，应当成为下一步农民增收工作的基本原则。为此，应将工作重心放在放宽政策限制、规范市场运行、营造良好环境等方面，更大力度地推进改革，更加精巧地创设政策，保障市场在资源配置中的决定性作用能够充分释放、有效发挥。

4.农村社会保障要由单纯提高标准转向城乡制度并轨。社会保障制度是农民增收政策的重要补充。从目前情况看，短时间内显著缩小城乡收入差距面临很大困难，但是通过加大公共产品供给，完善农村社会保障制度，能显著增强农民的获得感和幸福感，尤其是能使低收入群体感受到最直接的实惠和真正的生活保障。在城乡之间、农村不同群体之间收入差距较大的情况下，健全社会保障制度是调节收入分配的重要手段。应将社保摆在更为优先的位置，按照“完善制度、提高水平、加快并轨”的原则，加快健全农村社会保障制度。

三、努力实现农民收入可持续增长

适应我国社会主要矛盾的变化，更好满足人民日益增长的美好生活需要，必须把促进全体人民共同富裕作为为人民谋幸福的着力点，不断夯实党的长期执政基础。为此要突出四个方面的政策导向：在群体上，要突出农民群体，特别是脱贫地区和经济欠发达地区的农民群体；在区域上，要向脱贫地区、中西部地区和经济欠发达地区倾斜；在机制上，要调整优化收入分配结构、改善公共服务环境；在要求上，要突出城乡融合和政府行动举措。从国内外促进农民增收实践看，成功的做法就是通过建立市场主导、政府支持的机制，构建可持续、有实效的农民收入保障安全网。

1.制定农民增收中长期目标。党的十八大提出的城乡居民收入倍增目标，对于促进农民收入增长发挥了重要作用。2021年是"十四五"开局之年，是建设现代化国家的关键起点，要在制定出台的共同富裕行动纲要中明确新时期农民收入增长要求和城乡居民收入差距缩小目标。从国家层面制定农民收入增长规划，出台重大政策和改革措施，建立农民增收长效机制。从历史经验看，农民增收的长期目标应该具有约束性，而短期目标应该是指导性的，这样既能适应短期形势变化，又能完成一个结果确定性较高的长期任务。

2.明确农民增收思路举措。立足新发展阶段，顺应新发展格局，着眼于农民收入增长继续快于经济增长和城镇居民收入增长、脱贫地区农民收入增速继续快于全国平均水平。秉承以人民为中心的发展思想，在高质量发展中促进共同富裕的理念，紧紧依靠效率驱动和创新驱动，坚持市场化方向，通过深化改革，持续激发农民增收内生动力；加大支持力度，为农民生活提供基本保障；强化政策配套协同，为农民增收提供全方位支撑。

在全面实施乡村振兴战略、加快城乡融合发展进程中，推动现代农业提质增效，促进农村劳动力高质量就业，拓宽农民财产性收入来源，加大农民增收直接支持力度，建立和完善农民收入稳定增长的长效机制。通过勤劳致富，夯实共同富裕基础，通过调整收入分配格局，让广大农民共享发展成果，有充分获得感。

（一）挖掘农业内部增收潜力

农业经营收入是农民收入的基本盘，尽管改革开放以来，农民收入构成中来自于农业经营的收入不断下降，现阶段其比重大约占农民收入的1/4，而且这一比例可能继续缓慢下降，但农业生产和经营对农民增收的作用依然不可忽视。在农业供给侧结构性改革深入推进的过程中，农业高质量发展对农民增收仍然会起到基础性作用，特别是对以农业经营为主的农民而言，从业收入占比很大，作用明显。挖掘农业增收潜力，应坚持市场和消费导向，创新产业组织方式，推动种养业向规模化、集约化、绿色化和数字化方向发展，延伸拓展产业链，调整优化农业结构，增加绿色优质产品供给，不断提高质量、效益和竞争力。

1.夯实农业基础。多年来，国家加大投入，强化农业基础能力建设，农业生产条件明显改善，但相对于非农产业发展，农业基础设施建设和生产条件还不足以支撑现代农业发展。应在建立粮食生产功能区和重要农产品生产保护区制度的基础上，实施更加严格的耕地保护制度，完善耕地建设保护激励机制，提高高标准农田建设的标准，把高标准农田建设好、管护好，强化农业基础设施，增强农业抵御自然灾害的能力。加快以现代种业、农业机械化、耕作技术、基础研究等为重点的农业科技创新，深化农业科技成果使用权、处置权和收益权改革，激发科技创新活力。完善粮食主产区利益补偿机制，加大对产粮大县的有效激励，使主产区真心重农、安心抓粮。进一步完善国家粮食储备调控制度，完善重要农产品市场调控机制，确保农产品市场平稳运行。

2.发展富民乡村产业。近年来，各地在乡村产业发展中不断探索好做法，呈现出不错效果，但现实中仍存在一些影响产业高质量发展的突出问题，如发展方式粗放、与现代要素结合不够、政策支持体系不健全、要素缺失问题突出等。应将富民乡村产业视为战略性产业纳入中长期发展规划，丰富乡村产业内涵外延，从"产业兜底"向"产业富民"转变，从短平快发展向可持续发展转变，培育管根本管长远的富民产业。因地制宜转变富民乡村产业发展方式，发展新产业新业态，注重业态升级，强化链式发展，把现代市场观念、现代物流、现代金融、现代科技、现代人才、现代管理制度等要素融入乡村产业发展中。完善富民乡村产业支持体系，采取更加灵活的财政支持方式，坚持目标导向和责任导向，支持各级政府发展富民乡村产业，赋予统筹整合支农资金的权利，解决项目资金专项专用与实际需要的偏差问题。落实好土地出让收入用于农业农村比例的相关政策。加快构建以财政资金撬动社会资本流向富民乡村产业的体制机制，加强乡村投资的产权保护，提振社会投资主体的信心。探索建立农业农村发展用地保障机制，将年度新增建设用地计划指标确定一定比例用于支持农村产业发展，允许村庄土地综合整治节约的建设用地采取入股、联营等方式，重点支持农村产业融合发展。建立富民乡村产业人才的"内培外引"机制，解决乡村产业发展面临的人才短缺问题。

3.延伸农业价值链利益链。建立农产品优质优价正向激励机制，支持新型经营主体发展"三品一标"农产品、打造区域公用品牌，提高产品档次和附加值。支持发展适度规模经营，鼓励采用节本增效技术，培育农业社会化服务组织，开展农业废弃物资源化利用，降低农业生产成本。大力发展农产品初加工和精深加工，加强农产品物流骨干网络和冷链物流体系建设，延长农业产业链条。推动"互联网+"现代农业，大力发展农产品电子商务，发展农业新型业态。推动农业全产业链改造升级，引导龙头企业与农民共建农业产业化联合体，完善企业与农民利益联结机制，支持农民共享产业发展增值收益，增加经营性收入。推动一二三产业融合和产村产镇融合，形成“一村一品”“一镇一特”“一县一业”发展格局。

4.强化农业风险管理。新冠肺炎疫情防控的实践表明，现阶段不确定性、不稳定性已渐呈常态趋势，农业不仅面临传统的自然风险、疫病风险以及市场风险，也面临其他风险带来的传导性风险。因此，对各种风险进行有效防范，是维护农业产业安全、降低损失、维护从业者利益的重要手段。大力发展农民收入保险是重要选择，利用市场机制来保障农业收入稳定，是普遍发展趋势。近年来探索开展的粮食作物完全成本和收入保险试点，迈出了我国农业保险由“保成本”向“保收入”的关键一步。充分利用市场机制为农民的农业收入保驾护航。重点是做好两方面工作：一方面，为农业收入保险发展创造基础环境。深化农产品价格形成机制改革，充分发挥市场在农产品价格形成中的决定性作用。继续探索发展农产品产量保险、价格指数保险等，建立科学的产量和价格监测体系，积累较好的产量价格数据和保险实践经验。加快农产品期货市场发展，增加农产品期货品种，扩大农产品期货交易规模，完善农产品期货市场机制。另一方面，为农业收入保险发展提供政策支持。建立和完善农业大灾风险分散机制，包括再保险、大灾风险准备金等，鼓励保险机构开展农业收入保险产品创新。中央和省级财政设立农业收入保险保费补贴专项资金，支持地方开展收入保险项目，在粮食作物收入保险试点的基础上逐步扩大试点的品种和区域范围，探索支持收入保险开展的成熟模式和经验。

（二）促进农村劳动力高质量就业

就业是最大的民生。在工业化城镇化发展过程中，促进农村劳动力到效率更高的领域和部门就业，分工分业是增加农民收入的必然选择，也是经济社会发展的基本规律。1978年，我国全部劳动力构成中，从事第一产业的高达70.5%，到2020年下降到23.6%；平均每年下降一个百分点。2002年从事农业的劳动力总量为3.66亿，到2020年下降到1.77亿，平均每年减少1000万。从趋势上看，从事农业的劳动力每年下降一个百分点，绝对数量每年下降1000万，还将会持续一个阶段。促进农村劳动力就业，应在推进新型城镇化、吸引农村劳动力向城市转移的同时，扎实推进乡村振兴，拓展就近就地就业空间。

1.继续引导农村劳动力外出就业。推动形成平等竞争、规范有序、城乡统一的人力资源市场，落实农民工与城镇职工平等就业、同工同酬制度。推动农村劳动力有序外出就业，加大对相对贫困人口转移就业的支持力度。深入实施以新生代农民工为重点的职业技能提升计划，开展农村相对贫困家庭子女、未升学初高中毕业生、农民工、退役军人免费接受职业培训行动，创新培训内容和方式，拓宽就业创业渠道，引导新生代农民工到新产业、新业态就业创业。健全最低工资标准调整、工资集体协商和企业薪酬调查制度，落实保障农民工工资支付条例。深化户籍制度改革等，解决好进城农民工及随迁子女教育问题，让他们心要进城，稳定就业，使其成为中等收入群体的重要群体来源。

2.积极扩大乡村就业空间。统筹城乡产业布局，实施乡村建设行动，发展县域经济。将城市部分劳动密集型产业向农村地区产业园转移，实现城乡产业合理布局、优势互补，促进农村劳动力就地就近就业。大力发展特色县域经济、魅力小镇、乡村旅游和农村服务业，为农村劳动者就地就近转移就业创造空间。深入实施返乡创业能力提升行动、乡村就业创业促进行动，创建农村创新创业和孵化实训基地，培育一批家庭工场、手工作坊、乡村车间，鼓励在乡村地区兴办环境友好型企业，实现乡村经济多元化，提供更多就业岗位。鼓励新型劳动密集产业发展，引导和支持沿海劳动密集型产业向中西部地区有序转移。

3.创新农村劳动力就业领域和方式。鼓励发展家政、养老、护理等生活性服务业和手工制作等民族地区特色产业，吸纳更多中低技能劳动者就业。大力发展城乡社区服务，扩大劳动力市场的包容性。支持劳动者通过临时性、非全日制、季节性、弹性工作等形式实现灵活就业。完善城镇失业登记制度和农村失业登记制度，对处于无业状态的农村劳动力在常住地进行失业登记，并为其提供均等化公共就业服务和普惠性就业政策。

（三）创造增加农民财产性收入的制度环境

近几年，农村土地制度、集体产权制度改革取得重要进展，城乡统一劳动力市场建设积极推进，但农村要素流动不畅、资源配置效率不高的问题依然不同程度地存在。与城镇居民相比，农民的土地、房屋等财产权利不完整、权益不平等，束缚了财产权益的发挥。增加农民财产收入，必须建立现代产权制度，促进要素市场化配置，培育发展乡村产权要素交易市场，促进各类要素融合发展，健全要素由市场评价贡献、按贡献决定报酬的机制。

1.完善农村土地管理制度。落实农村土地承包关系长久不变政策，完善承包地制度，在稳妥开展试点、总结实践经验的基础上，做好第二轮承包到期后的延包工作，稳定农民预期。稳慎推进农村宅基地制度改革，探索宅基地所有权、资格权、使用权“三权分置”，深化宅基地制度改革试点，健全宅基地管理体制机制，完善盘活农民闲置宅基地和闲置农房的政策。加快建设城乡统一的建设用地市场，建立同权同价、流转顺畅、收益共享的农村集体经营性建设用地入市制度，合理提高农民收益。完善农村集体土地征收制度，缩小土地征收范围，建立土地征收目录和公共利益用地认定机制，规范土地征收程序，完善对被征地农民合理、规范、多元保障机制。依法合规开展农村集体经营性建设用地使用权、农民房屋财产权、集体林权抵押融资，以及承包地经营权等担保融资。全面开展农村土地整理，运用市场机制盘活乡村存量土地和低效用地，积极探索乡村产业用地市场化配置方式。

2.深化农村集体产权制度改革。近几年，农村集体产权制度改革取得积极进展，清查核实乡村组集体资产6.5万亿元，集体土地资源总面积65.5亿亩，经营性资产股份合作制改革已经覆盖所有涉农县市，确认集体成员6亿多人。集体经济发展壮大，对于农民增收意义重大。应以市场化改革为导向，继续深化农村集体产权制度改革，推动资源变资产、资金变股金、农民变股东。创新农村集体经济运行机制，探索混合经营等多种实现形式，确保集体资产保值增值和农民收益。完善农村集体产权权能，赋予农民对集体资产股份的占有、收益、有偿退出及担保、继承权。允许农村集体经济组织探索人才加入机制，不断增强集体经济发展活力。

3.健全农民农村财产权能。完善相关法律法规，明确农民农村财产各项权利，加强对农民财产的物权化保护。建立农村产权交易市场，试点农民住房财产权抵押、担保和转让，鼓励开展养殖在产品、农业机械设施、多年生经济作物抵押融资，探索相关具体政策。有效维护进城落户农民的土地承包权、宅基地使用权、集体收益分配权，支持引导其依法自愿有偿转让上述权益，探索完善这些权益退出转让价格形成机制。

(四)完善转移性收入保障机制

正确处理效率与公平的关系，构建初次分配、再分配、三次分配协调配套的制度安排。增加农民的转移性收入，是有效发挥政府作用的重要体现，通过分配调节不同行业、不同群体的收入水平，是国内外经验证明的有效举措，是实现全体人民共同富裕目标的必然选择。目前，我国农民收入中转移净收入占20%左右，其中有相当一部分来自农村家庭外出成员寄回或带回的收入，据国家统计局数据，2019年农村居民人均寄回或带回收入为1426元，占农村居民人均可支配收入的8.9%，占农村居民人均转移净收入的43.2%。因此，政府加大对农民收入直接支持还有较大空间。

1.完善对农民直接补贴政策。健全以税收、社会保障、转移支付等为主要手段的再分配调节机制，加大对农民直接补贴的力度。完善重要农产品生产者补贴制度，总结玉米、大豆、稻谷生产者补贴制度改革经验，以粮食生产功能区和重要农产品生产保护区为重点区域，健全完善重要农产品生产者补贴制度，逐步扩大覆盖范围，既弥补全部生产成本，又确保生产者取得行业平均水平以上的利润，并建立补贴标准动态调整机制。出台农业服务补贴政策，政府向农户和新型农业经营主体发放农业服务券，用来向服务组织择优购买生产性服务，促进农业生产性服务业良性竞争、提质增效，为农业生产和农民增收提供有力支撑。在统筹整合涉农资金的基础上，探索建立普惠性农民补贴长效机制。创新涉农财政性建设资金使用方式，支持符合条件的农业产业化规模化项目。以绿色生态为导向，创新完善农业政策工具和手段，扩大“绿箱”政策实施范围和规模，加快建立新型农业支持保护政策体系。完善农业生态补偿制度，根据经济发展水平变化，及时调整农业资源休养生息补偿标准。

2.加强农民生活兜底保障。健全统筹城乡、可持续、一元化的基本养老保险制度、基本医疗保险制度，建立完善城乡居民基本养老保险待遇确定和基础养老金正常调整机制，完善缴费补贴政策，稳步提高保障水平。完善失业保险制度，推动农民工失业保险扩大覆盖面、提高参保率，合理确定农民工失业保险待遇，建立农民工失业救助体系。统筹城乡社会救助体系，完善最低生活保障制度，做好农村社会救助兜底工作。巩固脱贫攻坚成果，建立解决相对贫困的长效机制，做好困难农民重特大疾病救助工作。

促进农民收入增长，夯实共同富裕基础，必须破解城乡二元体制结构，促进城乡融合发展，为缩小城乡收入差距创造必要前提。要深化重点领域和关键环节改革，促进城乡要素自由流动和平等交换，实现资源要素优化配置。推进城乡基础设施一体化发展和基本公共服务均等化，提升农村社会事业发展水平，增强农民群众的幸福感，不断提高城乡融合发展质量。完善考核机制，把促进农民增收作为城乡融合发展的重要衡量指标，在政府绩效考核中赋予更大权重。

中国金融发展应当重视德国经验

李扬

作为在发达经济体中独具特色的金融制度安排，德国金融体系一直是我比较关注且希望做些深入研究的领域，无奈一直杂务缠身，蹉跎至今，未能如愿。如今得到这样一部凝聚几位专家学者智慧的最新研究成果，我当然不愿放过了解和研究的机会。

一

在我看来，与类似的论著相比，《金融的谜题：德国金融体系比较研究》的突出特点之一，就是贯穿始终的问题导向。这些"问题"绝非概念化的教义，而是在40余年乃至70年中国金融改革和发展过程中反复出现但迄今未能得到解决的体制机制性问题。毫无疑问，这些问题是未来我国金融发展面临的难点、疼点、堵点，是我们需要通过进一步深化改革来攻克的难关。

问题导向作为主线，在全书中一咏三叹。

在内容十分充实的"前言"中，这些问题以"德国金融印象"之题首次集中展现，并进行了初步梳理，发挥了为全书导读的作用。在继之而来的第一章中，该主题则以醒目的"德国金融谜题"之称再现，而这次出现的角度则主要立足德国自身，概括的是第二次世界大战结束以来德国金融发展的主要特点，并与美英为首的西方"主流"发达经济体的实践及其理论概括进行了比较分析。做了这些铺垫之后，全书后续的九个章节，浓墨重彩地再现了问题导向的主题，顺次从金融与实体经济关系、低杠杆率、维持物价稳定的货币政策铁律、金融与房地产市场的良性循环、银行"雨天少收伞"的亲客户特征、中小企业融资安排、金融运行中政策性因素与商业性因素的有机互补、信用社的独特作用，以及股票市场发展相对滞后之谜等几个方面，向我们全面展示了德国金融体系、货币金融政策乃至宏观经济政策的图景。最后，作者用"德国金融的十个启示"作为全书的总结，再次从中国金融改革的角度回看了德国金融体系，并提炼出若干可能为中国金融改革提供借鉴的方面。

这种安排，既便利读者由浅入深地把握德国金融体系的全貌，又凸显了德国金融体系的特色。就专著的布局谋篇而言，这本书显然是成功的。

二

以中国的问题为牵引来研究德国金融，当然意在从这项研究中获取借鉴。我以为，这是该书又一值得关注的地方。

如所周知，中国金融的改革和发展始终伴随着对发达经济体的学习过程。在我的记忆中，最先进入改革设计者视野的是中国香港，其主要经验就是：市场经济条件下，"银行多于米店"。于是内地就兴起一轮大办银行（主要是储蓄所）和其他金融机构的浪潮。然而，中国香港毕竟只是一个城市经济体，其经验难与大国相匹，于是，学习的视野自然便转移到我们一衣带水的邻国日本，于是就有了大机构、专业银行体制、产融结合、主办银行制等在20世纪80年代的推广。但是，中国经济的高速发展，很快就把建立更先进的金融体系的任务摆在中国改革者的面前。这个更先进的金融体系，不仅能够继续为大规模工业化进程提供长期资金的支持，还应能为改善中国企业的资本结构提供助力，更能为着眼未来但充满了风险的创业资本提供激励。于是，学习的目光最终落在金融业最发达的美国头上。毋庸讳言，20世纪90年代以来我国的金融改革，无论是相继设立资本市场（主板）、中小板市场、创业板市场，还是兴办"真正的"投资银行，乃至金融机构治理机制的设计，或多或少都有美国的影子。

然而，令人遗憾的是，20余年下来，我国金融体系中固然引入了诸多美国因素，但是，我们最希望引入中国的若干制度安排，包括"发展多层次资本市场""提高直接融资比重"，以及"完善风险投资机制"等，似乎都没有在中国扎下根来，这些机制和市场都为我们急需，以至于我们一次次地在金融改革方案中重复这些诉求。

这一事实令我们反思。近年来，越来越多严肃的研究者开始质疑这种制度诉求的合理性：如果那些总是位列榜首的改革目标历经20余年都成效甚微，我们是不是应当重新审视这些目标的合理性呢？

令人欣喜的是,新的探索已经出现。大致说来,新的探索沿着两条路径展开。第一条路径是植根于中国特色社会主义经济体制,认真且深入地思考,对于中国这种独具特色的体制机制,对于中国这个历史悠久、文化独特的东方国度,我们究竟需要怎样的金融体系?或者说,怎样的金融体系才更契合中国特色社会主义经济体系?才更有利于社会主义市场经济体制逐步走向成熟?第二条路径则是拓展向发达经济体学习、借鉴的范围——我们不再仅仅面向美国,不再仅仅面对盎格鲁-撒克逊传统,还将我们的视野投向德国、日本这些具有其他文明传统的市场经济国度。在我看来,这本书主要是沿着第二条路径开展研究的,然而,由于其明确的中国问题导向,其中又蕴含着第一条路径的深刻寓意。在这个意义上,《金融的谜题:德国金融体系比较研究》值得关心中国金融改革、货币金融政策,乃至关心金融理论发展的人们一读。

特别值得指出的是,这种比较研究,在方法论上也有可称道之处。《金融的谜题:德国金融体系比较研究》不像过去一些从事比较分析的论著那样,以宣示某种教义或最佳实践为能事,而是透过那些在作者看来值得学习的德国的制度安排或做法,致力于挖掘使这些制度安排或做法得以生成、发展、稳定发挥作用的更深层次的体制机制条件。下了如此深入的"有机体解剖"的功夫之后,作者事实上进一步告诉读者:德国的经验,哪些是我们可以学得来的,哪些是需要我们创造若干前提条件方可借鉴实施的,哪些是我们可望而不可即的。我认为,从"解剖肌体"这种理念出发,以这样的分析为铺垫,我们当可避免陷入类如号召大力"发展直接融资"20余年而收效甚微的困境。当然,由于同样的原因,读了这本书之后,我更强化了需要向德国学点什么的愿望,毕竟,中国以银行融资为主的金融体系,集体主义至上、追求公平的社会精神等,使得中德之间似乎更有共通之处,基于这些民族精神和社会背景,我们学习德国发展金融业的经验似乎更有条件一些。

三

正是因为全书的研究和写作是带着"中国问题"的,所以,《金融的谜题:德国金融体系比较研究》对于若干困扰我国金融改革和发展的问题均进行了比较深入的探讨。我相信,每位读者都会从这本书中寻得自己感兴趣的内容,我则对金融服务实体经济和房地产金融市场有浓厚的兴趣。

(一)关于金融服务实体经济

近年来,"金融应当服务实体经济"几乎成为国内所有财经文件、会议、文章以及媒体的箴言。然而,遗憾的是,迄今为止,这个命题显然并未很好地得到落实,否则它就不会数年来总是占据着我国金融发展和改革任务的头条。作为研究金融问题的专著,这本书自然不会缺少对这一问题的探讨。

正如我早在几年前就曾指出的,"金融服务实体经济"这个命题,并不像一望之下的那么简单明了。稍一深究便可发现,要想把其中的道理阐述清楚,其实相当困难。问题在于,在大多数人的认知中,所谓金融服务实体经济,就是为企业的生产和投资活动提供资金。秉着这种认知,倘若企业的融资需求得不到满足,金融机构便很容易被说成是"不服务实体经济"的。

然而,只要不是心怀偏见且具有正常的判断力,人们都不会认同这种判别方法。任谁都知道,企业有优劣之别,正常的经济发展,恰正是一个企业不断优胜劣汰的过程。显然,如果不加甄别地为那些注定要被经济发展所淘汰的企业提供资金,金融部门肯定要承担失职之责。纵观世界各国,这个问题具有相当的普遍性,所以我们看到,为了在"应该支持"和"不应该支持"之间找到一个能被普遍接受的标准,各国当局,甚至世界银行都费尽心思,其中最典型的努力便是编制各种类型的"拒贷率"(其对应便是"放贷率"),用来为金融部门的贷款行为划定合理界限。然而,在实践中,哪怕指数编制得再精细,各种影响因素考虑得再全面,用之来评判金融部门的行为时,始终难以在借、贷双方之间找到共识。作为研究者,我还当真曾经身陷此等窘境之中。那是1999年底,正是亚洲金融危机肆虐之时。受危机影响,国内经济急剧下行,优良客户急剧减少,很多企业被银行停贷、断贷甚至抽贷。在此局面下,货币当局在各种讨论经济形势的会议上,自然成为众矢之的。作为专业且负责任的宏观调控机构,央行始终坚持自己严防金融风险的立场,但是急切之间却难以找到强有力的论据来反驳各方的汹汹指责。在这种情势下,央行委托我们做了一项课题——编制中国的"有效信贷需求指数",希望能够通过这一指数,将那些真正需要信贷支持,并能够真正生产出为社会所需(而不是过剩)的产品的企业准确识别出来,以防止贷款错配给那些不符合贷款条件的企业。课题的结果可以想见,我们只是将过去若干年一些银行申请贷款和未获贷款的户数以及金额做了个统计分析,得出"在经济下行时期有效信贷需求急剧下降",而"在经济上行阶段有效信贷需求逐步增加"的结论。其实,这种结论充其量也只是聊胜于无。

显然,要对金融服务实体经济的效能进行较为切近且能获得各方认同的刻画,我们还须另辟蹊径。越来越多的研究者认为,从金融功能入手分析,或许能引导我们走出困境。如所周知,关于金融功能,罗伯特·默顿已经给出了比较完备的解说。在他看来,金融的功能有多个方面,广泛涉及便利储蓄投资、支付清算、促进社会分工、防范和化解风险、改善资源配置效率、协调非集中化的决策过程、降低交易成本等。金融功能多种多样,金融工具林林总总,金融活动种类繁多,其根本目的,就是在市场经济运行中作为媒介配置资源。因此,所谓"金融要服务实体经济",根本要求就是有效发挥其媒介资源配置的功能;所谓为实体经济提供更好的金融服务,根本要求就是降低流通成本,提高金融的中介效率和分配效率,助力企业创造利润。

我们看到,《金融的谜题:德国金融体系比较研究》正是沿着这样的思路展开分析的。在书中,金融业增加值的高低是度量金融中介成本的标尺,从而构成评价金融是否服务实体经济的重要指标。"金融规模及其之于实体经济的相对规模,体现的是金融在整个经济生活中的地位和影响力,可以作为观察金融与实体经济的关系,度量金融化的重要视角。在全球金融化浪潮中,德国的金融规模并未急剧膨胀,长期处于主要经济体的最低行列。美国、英国和中国等国金融业增加值占比超过 7% 的情形从未在德国出现过。2017 年,德国金融业增加值占 GDP 比重仅为 4%,分别比同期美国和英国低 3.6 个和 3 个百分点,2019 年该比例进一步降至 3.9%。"

书中的分析非常重要,因为它理顺了金融与实体经济的关系,提出金融部门是不从事物质生产的部门,它的功能只是服务于资本形式的转化。因此,维持这个部门的费用构成社会生产的"纯粹流通费用",显然,这种费用当然是越低越好。同样显然的是,这个部门的成本越低越好。

讨论了金融服务实体经济的金融侧,我们还需讨论该命题的企业侧。我们看到,在德国,金融是否为实体经济服务这个命题,似乎没有我们这里炒得凶,仔细想一想,在发达经济体那里,这个问题远不像我们这里,动辄就会登上头条,甚至有时引起高层关注。其根本原因在于,发达经济体的企业发展资金对外源融资并没有过高的依赖。 这种状况显然是符合现代公司金融理论的,或者毋宁说,现代公司金融理论根本就是根据发达经济体的企业实践概括提炼出来的。根据该理论,可以把企业的融资渠道和方式分为内源融资(利润积累)和外源融资,其中外源融资又分为股权融资和债务融资两大类。企业理性的融资优先次序为:内源融资、债务融资和股权融资。所以我们看到,在成熟的发达经济体中,内源融资无不占据主导地位。资料显示,发达经济体的企业杠杆率始终保持在较低水平。日本企业在发达经济体中杠杆率最高,2000 年为 117.7%,2019 年年底已降至 101.6%;美国企业的杠杆率在发达经济体中较低,2000 年为 64.1%,此后逐渐攀升,到 2019 年年底达到 75.7%;德国企业在发达经济体中杠杆率最低,2000 年为 58.8%,2019 年年底也才微弱提升至 59.1%,几乎没有变化。很明显,如果说中国的经济体制相对于发达经济体还有多少差距,则企业的融资结构便是其中重要的一条。

当然,中国企业资本金不足,以及负债率和杠杆率过高,有其历史原因。在传统体制下,企业的主要资金来自政府拨款,只有流动资金由银行提供。那时,企业的负债率、杠杆率均处于很低的水平。由于企业利润纳入国家财政,企业基本上没有内源融资的能力。改革开放之后,由于国民经济一度极其困难,国家财政也陷入"两个比重下降"(财政收入占国民收入、中央财政收入占整个财政收入的比重下降)的困境,加之国有企业面临历史性的改革,有关部门遂决定推行"拨改贷"改革,即对企业的资金支持,从主要由财政拨款,改变为主要由银行贷款。我国企业的负债率和杠杆率立即急剧飙升。

20 世纪末,由于企业债务负担过重,有关部门又推出"贷改投"改革,将一些对企业(主要是国企)的贷款转换为对企业的投资(权益),同时还伴有"债转股"的安排,希冀由此降低企业的负债率,减少企业的债务成本支出。然而,此次改革进展并不顺利,我国企业的债务率、杠杆率以及债务支出均一直保持在相当高的水平。在这种情况下,我国企业内源融资的渠道非常不畅,对外源融资的过度依赖亦成必然。这种格局,使得我国金融、实体两大部门之间的矛盾较其他国家更为突出。

总结以上,我以为,《金融的谜题:德国金融体系比较研究》为我国破解"金融服务实体经济"困局提供了颇有思想性和可操作性的改革思路,这个思路可以归结为两大要点:一是以降低金融中介成本为根本方向,理顺金融部门与实体经济部门的关系;二是以建立现代企业制度为根本方向,强固企业的内源融资能力。

(二)住房制度及住房金融制度

在大多数国家中，房地产都是国民经济的支柱产业，相应地，房地产金融也构成多数国家金融体系的重要组成部分。正因为占据如此重要的地位，房地产市场和房地产金融的剧烈波动，都强烈影响着一国宏观经济的运行。20 世纪末期以来，房地产市场的扭曲、房地产金融市场的波动，甚至成为导致多数国家宏观经济波动和经济长期衰退的主要因素。

日本堪称这方面的典型。20 世纪 90 年代，日本房地产市场下泻造成国民经济一蹶不振，遂有“失去的二十年”甚至“失去的三十年”之说。美国的情况也许更为严重，20 世纪八九十年代，美国发生了绵延十余年的“储贷危机”。据中金公司的估计，为了救助危机，美国的公共部门和私营部门总共付出了 3 180 亿美元的成本，相当于 1995 年美国 GDP 的 4.2%！ 2007 年，“储贷危机”的阴影尚未完全褪去，美国又以“次贷危机”的方式，再次在房地产金融市场中爆发危机，并由此引发了美国、欧洲乃至全球的金融危机。可以说，在 20 世纪 80 年代以来全球主要的经济金融危机中，房地产市场和房地产金融的动荡难辞其咎。

然而，如果有少数国家可以自外于这个趋势的话，那就是德国。德国可能是唯一没有受到房地产市场和房地产金融波动的重要的发达经济体——房地产市场基本上没有成为引发经济波动的主要因素，其国民经济的波动亦未对房地产市场产生重要影响，更没有出现国民经济总体和房地产市场相互影响、彼此“绑架”的情况。

德国之所以能在发达经济体乃至全球各国中独树一帜，原因可以从房地产市场和房地产金融两个侧面加以分析。

在房地产市场方面，德国长期坚持租房为主、购房为辅。截至 2020 年，德国居民自有住房率仅为 43%，租赁住房则占 57%。如所周知，能够在市场上被炒作的，只有自有住房，而租赁住房的产权性质和物理性质则决定了其基本进入不了市场炒作的范围。因此，确定租赁住房为主的“国策”，从根本上弱化了房地产市场与金融体系的相互关系，杜绝了两者之间相互加强的恶性循环。不仅如此，在租赁住房市场上，政府对租金也实施了严格且周到的管理，更进一步加强了对房地产市场的管理。

作为比较，我国居民的自有住房率在 2020 年达到 89.84%，远超 69% 的世界平均水平。因此，基于这种房地产市场结构，要贯彻“房住不炒”的方针，实在十分困难。

在房地产金融一侧，德国也极具特色。《金融的谜题：德国金融体系比较研究》对德国的住房金融体系做了精练的概括，即：以审慎的住房金融制度对住房金融市场进行有效控制；固定利率主导，较好地隔离了货币政策变动对房地产市场的扰动；基于 MLV（抵押贷款价值）方法进行抵押物价值评估、审慎的再融资制度设计、低贷款价值比以及以 MLV 为基准计算贷款价值比，可以避免金融与房地产市场顺周期性叠加，阻断房价上涨与房贷扩张的螺旋式循环。

在德国，对资产增值抵押贷款的管理颇具特色。这本书甚至认为，正是对资产增长抵押贷款实施严格管理，相当程度上阻断了房地产市场与金融市场的正反馈关系，使得房地产市场和房地产金融不至于成为扰乱整体经济和金融运行的主要因素。

所谓资产增值抵押贷款指的是，在房产升值的情况下，可以基于房产升值部分增加抵押贷款额度或进一步安排新的贷款。加抵押、转抵押、房屋净值贷款等是其主要形式。在实践中，由于此类贷款存在杠杆，因而是在金融体系和房地产市场之间传导信息、放大政策效应的重要渠道，自然地，对此类贷款施以管理，可以有效地防止房地产市场和金融市场共振。在德国，虽然法律和监管并未禁止此类贷款，但金融系统在从事此类贷款业务时均持十分谨慎的态度。另外，任何机构如果要发行潘德布雷夫抵押债券，必须具有充足的担保，而且在发行潘德布雷夫抵押债券时，抵押贷款用作担保物时不得超过房产 MLV 的 60%。这一比例远低于西班牙(80%)、葡萄牙(80%)、爱尔兰(75%)等国的水平。这种安排，事实上发挥了抑制高贷款价值比的贷款发放的作用。同时，德国的贷款价值比通常为 70%，也比美国、日本、英国、法国等国低。另外，德国住房贷款市场在计算贷款价值比时，所适用的房屋评估价低于即时市场价值的 MLV。这意味着，与广大使用房产市场价值计算贷款价值比的其他国家相比，德国的实际贷款价值比还要更低。显然，在住房金融领域，德国通行的是金融业中的审慎原则。

正是因为重重设防，房地产市场中天然存在的投机因素被降至最低，从而使得德国成为所有发达国家中唯一没有受到房地产市场干扰的国家，进而，在房地产市场中不可避免的不公平因素，也大大消弭了。

论及德国的房地产金融，其房地产金融市场的结构也值得关注。截至 2019 年，德国住房资金的来源，储蓄银行占 32.1%、商业银行占 24.7%、信用社占 23.8%、建房互助协会则占10%。这种结构大大弱化了房地产金融的商业色彩，也对抑制德国房地产市场和房地产金融市场的泡沫产生了积极的作用。

总之，在房地产制度上坚持租赁住房为主，在房地产金融市场中坚持审慎原则，同时，在金融产品设计上尽可能阻断房地产市场与金融体系的正反馈效应，是德国住房制度和住房金融制度的成功之处。在我看来，如果中国真正想从德国借鉴些什么的话，住房制度和住房金融制度应是首选。

当前经济形势和有关民营企业发展的问题

贾康

本文系贾康先生在华夏新供给经济学研究院2021年二季度宏观经济形势研讨会上的发言。

谢谢主持人。尊敬的广宇理事长，张蕾会长，尊敬的到会各位领导，各位专家，各位媒体朋友，以及线上参加我们交流的各位朋友，今天我在二季度宏观研讨会上，想就当前经济形势和一个有关民营企业发展的问题，谈一些自己探讨性的看法。

首先谈一下自己对当前形势概况的基本认识。今年一二季度的数据统计局已经发布了，二季度情况看起来应该跟原来预期相当吻合：今年的经济运行速度按照季度同比，一定是前高后低，因为去年是很特殊的大疫之年，去年一季度出现了几十年从来没有的-6.8%的增长，今年一季度同比，一下高达18.3%，到二季度我们同比的增速，就落到13%以下，在可以预计的三四季度，这个同比速度一定还会往下，而这种前高后低的结果，其实最值得我们看重的，是把两年的复合增长率形成一个发展态势的判断来看，两年复合增长率在今年逐季来看，一定是前低后高，在一季度的时候已经达到了5%，二季度又进一步拉升到5.3%，三四季度一定还会继续往上抬升。两年如果说平均下来，走到接近6%，那么它实际上是中国经济在经过疫情考验以后仍然表现出明显亮点的一个代表性的指标。我国在2019年的时候，经济下行过程中间，年度增长速度落在了6.1%，而2019年第四季度是6%，现在我看到很多研究者的基本判断，是中国的潜在经济增长率也就是6%左右，如果我们今年能够把全年的两年复合增长率拉到接近6%，那当然就是为往后追求中长期进一步以中高速发展而实现“新的两步走”的目标，进一步来提供基础条件。

我个人看，其实在今年这样一个态势判断后面，最关键的认识，是明后年我们国家的发展态势，能不能延续我们所必须追求的从2010年以后告别两位数高速增长，追求高质量发展，以结构优化支撑着实现供给体系质量和效益提高过程中，把所谓“L型转换”加以确认：从原来的高速往下，来“认识、适应和引领新常态”，那么可以比喻为大写英文字母L的“竖”，但它不能一低再低，在中高速区间里，一定要拉出它的尾巴，这个尾巴拉出来以后，应该使这样的平台状态在高质量特征的伴随之下，延续的时间越长越好，延续的时间越长，越有利于我们更好地去贯彻现代化战略，对接到“新的两步走”中先基本实现社会主义现代化和再往前成为社会主义现代化强国这样“中国梦”的诉求。

所以，我们现在考虑经济运行的速度和整个发展态势，追求高质量发展，我认为要特别关注“高质量发展的后劲儿从何而来”。我非常认同领导人特别强调的：改革是中国实现现代化的“关键一招”，“唯改革创新者胜”。那么我们必须抓住和处理好制度创新概念上“改革啃硬骨头”这样一个挑战性的问题。在实际生活中，改革到了深水区，“问题导向”之下，我们要注重一些所谓“苗头性的问题”，这也是中央现在在指导思想方面有明确表述的。要注意一些可能影响我们实现现代化战略目标的苗头性的问题，那就要避免我们“见事过迟”。从这个视角，我想比较直率地探讨一个有关民营企业发展的问题。

我认为综合判断下来，在中国使民营企业继续吃好定心丸，是一个非常重要的影响全局的问题。我们民营企业的大发展，应该讲就是改革开放的产物，在原来传统体制下根本就没有这个空间，而现在40多年改革过去以后，民营企业的基本情况是什么？其实早已经不是“半壁江山”的问题，领导人、有关部门都反复说了基本数据是“五六七八九”，实际上五六七八九就已经不止半壁江山，而我现在调研中间更感受到，在我们一些经济发达的前沿，长三角、珠三角这样的区域，我们实际看到的民营企业发展的结果，就是半壁江山已越，而所谓五九之局渐多。温州那样的地方，党政领导说，我们这里哪里是五六七八九，我们是五个九，“99999”。而且实际上有学者已经在探讨，过去说民营企业贡献了新增就业的90%以上，其实应该讲，是贡献了新增就业的100%，甚至超过100%。什么意思？因为我们这些年国有企业发展的特色，是它的资本有机构成不断提高，生产线、机器人的发展，以后还要对接人工智能，国有企业这种特点使它吸纳的就业，不光在绝对数上往往不增加，而且可能还在减少。它的就业吸纳能力的萎缩，必须由民营企业这方面的贡献去对冲。所以，从这个意义上来讲，李克强总理两会上特别强调必保的首位的目标是城镇新增就业岗位，支撑着全局的基本稳定，支撑基本民生这个必须实现的目标，最主要的贡献来自哪儿？就是来自民营企业他们的发展和他们的就业支撑力。对于全局，他们的意义和影响，直观的看，就应该使我们要有战略思维上进一步的提升：讨论中国的现代化问题，全局的问题，一定要注意怎么样使民营企业在继续吃好定心丸的过程中，得到健康的可持续的发展。这方面相关的矛盾和纠结，我认为也必须加以正视。

民营企业要吃好定心丸这个命题，绝对不是凭空而来的，这是习总书记等领导人反复在重要讲话中给出的信号和指导意见，特别是2018年11月1号总书记亲自主持座谈会，有长篇讲话，从大的思路要领，一直到具体工作里的那些操作性的环节——领导人想到的，统统在这个讲话里都有指导。在这个吃好定心丸的导向之下、“问题导向”之下，是针对着民营企业碰到的纠结、矛盾、困惑的。

实际生活中间，我认为在民营企业发展这个问题上的纠正一些偏向，还有怎样继续支持民营企业积极创新发展，在当下已明显形成必须正确结合的理性统筹两大视角。大家都在关注，对蚂蚁金服上市叫停之后，其他的一系列的纠偏和整顿的措施，还在陆续出台，民营企业在这些年冲到一线的所谓头部企业，现在几乎都涉及到。还有现在大家信息上并没有掌握全面情况的比如滴滴，它现在的问题似乎比原来所说的层面，又严重得多。纠偏显然是必要的，必须掌握好，才有民营企业的健康和可持续发展。但同时我认为社会中在认识上非理性、出偏差的一些因素，也不可忽视。

我自己想点到为止地举一些例子。在民营企业的纠偏和继续创新发展理性统筹这样一个命题之下，首先我觉得还是应该坚定不移地贯彻总书记座谈会上给民营企业正确定位所给出的“自己人”这样的战略思维，就是在整个中国现代化的过程中，民营企业绝对不是出于权宜之计要拉着他们来一起做事情的这样一种力量，民营企业和民营企业家就是我们自己人。但是很遗憾，隔了一段时间以后，我看也有红头文件（在红头文件的权能意义上讲，它甚至可以说是中国法规体系里的一个组成部分），把民营企业的定位又表述为“统战对象”。自己人和统战对象的差异，这是常识性的认识，我对这个事情是百思不得其解。在内在取向上，我自己从研究者的角度，愿意强调领导人所说的“自己人”，完全符合马克思主义经典作家给出的基于社会发展规律认识的重要思想指引导向。马克思有生之年，他敏锐地意识到并充分重视了股份制——我们现在把它称为现代企业制度的代表性形式，它的形成和发展，带来了资本私有制的“扬弃”，马克思认为在这个扬弃的逻辑线索上，生产力发展推动生产关系的变革，可以实现“重建个人所有制”，对接《共产党宣言》所说的“自由人联合体”理想社会远景，这样进一步实现人类社会在生产关系上的进步。我们由于过去有思想上的种种束缚，学术界对于重建个人所有制，讨论是远远不够的，我们这些年已经写了论文，而且也正式发表了，也是在呼应着前面董辅礽、胡德平等研究者的看法，就是中国的实践和整个社会发展的实践，在马克思身后一百多年，已经可以看得很清楚，生产力发展带来生产关系变革，可使我们过去所说的资本私有制和我们必须要发展的与社会主义对应的公有制，在股份制这样一个框架之下，扬弃、融合而实现中央所说的“成为公有制的主要实现形式”。具体路径，就是中央文件近年多次强调的“混合所有制改革”。混合所有制改革这个主线，就是内在于供给侧结构性改革主线的非常明确的大政方针。如果在这个方面来想，当然民营企业的定位，就是在一起共同走向未来共赢前景的“自己人”的位置上。

这个例子之外，我想再举另外一个例子，在总书记的座谈会讲话里，特别强调怎么样破解民营企业融资难的问题，具体到一些工作指标上的设计，总书记都给出了要求，有关的央行、金融管理部门的领导，也在以后的工作中间具体化了这样的量值。但实际生活中不可讳言，仍然存在着民营企业融资难，它被称为带有长期病根特征的一个现象。这个病根客观讲有两个方面原因：第一个方面是技术性的问题。中国现在一亿多企业里的绝大多数是民营企业，民营企业中绝大多数是小微企业，小微企业他们在融资这方面，就是单个项目一个个看风险度高，安全度低，一个比较成规模的在商言商的商业性金融机构要支持这些企业的融资，一单一单做好各个具体方案的综合成本，是相当高的，他们天然地倾向于首先考虑锦上添花式给那种大企业，给那种安全度高、风险度低的企业融资，这是技术性原因。这个技术性原因怎么解决？那当然也要有综合的方案。比如我们现在信息化、大数据、云计算支撑的技术手段，可以把在商言商的商业金融边界往外推，一直推到小微企业的贷款，普惠金融概念下的创新。当然，另外一些方面，就得说到还要有政策性金融匹配上去，雪中送炭的不以盈利为目的政策支持，是四两拨千斤地运用公共资源，达到支持民营企业、小微企业他们破解融资难问题。除了技术角度，我愿意直率说到，中国社会里还存在具有相当大影响的政治性因素。出于这种政治性因素，在实际生活中我也听到金融界的一些有长期工作经验的同志说，实际上金融机构对于国有企业和民营企业在融资方面的态度，必然是不一样的。有很多的案例表明两方的风险度不是一个数量级。给国有企业的融资如果出了问题，责任终身追索的话，一般还是比较实事求是，就事论事，在哪个环节判断失误了，这个事情怎么总结教训，再把必要的一些事后的措施跟上来，不至于有多么大的政治色彩的风险。但民营企业不一样了，如果说碰到民营企业这方面出了问题，就叫做吃不了兜着走，很可能追责的时候怀疑的眼光投射过来跟着是问：你跟那个老板搞了什么暗中的名堂没有？矛盾马上升级。他们形象化的说法是如感冒国企吃药点滴，民企直送太平间。

再举个例子，中国创新过程中，我一向非常看重以政策性因素加入的政府和社会资本合作的PPP，其发展是2014年以后，李克强总理作为重中之重要求发改委、财政部两个部门全面协调积极推进的，在推进过程中有了很多成绩，也有必然的波浪式发展中的要求，稳一稳这样来进一步规范化。但是我感觉有一个事情在2019年年末出来以后，讨论得很不够，对实际推进PPP的影响，是其产生的，直言不讳地说，就是困扰和不利影响。我们在2019年11月的时候，看到最高法院出台了一个《关于审理行政协议案件若干规范》，这个事情一石激起千层浪，是把跟PPP相关的合同分成两类，一类可以认为是民事合同，另外一类认为应该属于行政协议（协议也是合同形式之一），并援引了已经有的关于行政协议的法律文本。而我理论联系实际地说，我是不认同最高法的这次司法解释和给出的这个文本的，商榷意见也发表过。以后总体来说，整个社会对这样一个中国怎么样在创新过程中守正出奇去支持PPP健康发展的问题，绝大多数人绕道走，没有给予充分的讨论。实际生活中，我说最高法的这个解释，在学理上讲，基本逻辑是紊乱的，实际工作中，则很不利于PPP在中国的创新发展。具体的论据时间关系不展开，点到为止说一下：中国除了高法所说关于行政协议这方面的文件之外，还有我们比较规范的中国的《合同法》，合同可称为一种协议，但不能反过来说协议一定就是合同，你要做PPP，一定要有规范化的合同，这个签合同的双方，一定要有平等关系。在这个所谓行政协议（行政合同）的解释上，从逻辑上讲它就说不过去。行政系统上下级之间，还有什么合同问题？只是说形式上可能有商量，实质上只有指令，下级必须服从上级。行政体系同级的协商协调相关文本，如算它是个协议，也可以这么说，但它绝不具备作为法律裁判依据的合同性质，有纠纷时的解决机制，只能来自上级机关——比如西城区和东城区，有什么备忘录、协议，但在纠纷相持不下的时候，要靠市一级作为上级出面来解决问题。还有一方为行政主体、另一方为企业非行政主体的约定——如叫行政协议或者所谓行政合同，你可以说在中国社会中有这样的文字形式，但其实质的作用只是备忘录，只是某种告示，只是某些事情可以参考的凭据，一旦到了PPP签合同的时候，如果不坚持这是平等民事主体双方自愿签字的合同，并以此受到《合同法》对双方平等身份的权益保护，那以后将会后患无穷。

所以，我认为以行政诉讼法覆盖的，只可能是在PPP之外的那样一些所谓的行政协议，而不可能是《合同法》覆盖的PPP合同，如果对《合同法》在这方面已有定位的PPP协议的单一、规范性质加以否定，就意味着颠覆PPP创新机制的根基，它实际上会摧毁在中国改革开放过程中PPP创新发展这方面民营企业持续地、有积极性加入的可能性，它会使社会资本，特别是广大民营企业将PPP视为畏途。实际生活中这样的问题，难道不是一个非常值得讨论的问题吗？我们提出了意见，这也是公开的信息，但很遗憾，到此为止，没有进一步的讨论与回应。这些年实际生活反复告诉我们，在中国现代化建设中PPP不发展是不可想象的，绝对不可能对PPP叫停。这方面我们怎么样面对现实的“问题导向”，给民营企业吃定心丸，显然就要在全面依法治国的轨道上，进一步动态优化相关的司法解释和相关的规则文件，也包括进一步动态优化我们的相关各法。

还有一点，关于数字化平台公司的纠偏。我觉得现在要正视偏差问题，比如以烧钱模式走到了“二选一”被认定的、有流量为王特征以后的垄断问题，必须整改，这是国家管理当局已明确、而且有罚款的。还有就是它有可能在自己市场影响力相当大的时候，在抬价这方面走得过偏，黄奇帆同志也说到，一旦定价大局被它控制以后，线上收费比线下还高，显然就不合理。还有利用人性弱点设计一些产品来引诱消费，把一些“套路”的东西施加到经济生活中；还有不对等的采信可能侵犯老百姓的隐私权；还有以大数据支撑的“杀熟”等等，这些问题都必须整改。无论对它们叫不叫垄断，显然都应当纠偏。但是这种纠偏，绝对不能否定民营企业千辛万苦于国际竞争环境下终于形成了为数不多（也就是十家出头）的头部企业，他们已经有了对于经济全局的明显影响力和不能否定的连接供需、提升整个体繁荣程度和发展后劲的贡献。这种经济价值也引出了社会价值，比如普惠金融，比如穷乡僻壤的淘宝户、淘宝村的发展，一直到中国现在已有几千家淘宝镇——对这些创新发展方面的成绩，也同样应该加以充分的肯定，而且要看到今后发展的大趋势。我们纠偏，是为了使这些数字经济平台更好地贡献于中国的创新发展。这是在我们必须面对的硅谷引领潮流的全球竞争大局之下，追求中国现代化、满足人民美好生活需要、保障民族根本利益之所系的重大问题。我愿意把这个事情也在这个场合加以强调。

最后我在哲理层面上，谈几点自己初步的研究心得。

一个是在市场经济完善发展中，结合中央强调要素流动，一定要注意“人心是最大的政治”——领导人讲的这个话当然是有所指的。要拢住的，是我们中国自古以来特别看重的“人心”，如果没有这样一条，你的要素也拢不住。人心思治、人心向党是党的基本路线“一百年不动摇”所保障的，我们要进一步给民众、特别是民营企业头部企业以方向感、安全感、希望感的必要引导，鼓励继续把创新发展作为第一动力和作为建设现代化经济体系的核心。

第二点，我认为相关的体制内的官员、地方和基层，必须进一步按照中央文件的要求，破除形式主义和官僚主义。中央文件已屡次下发，要求地方一线通过破除这两个“主义”，来敢担当办实事有作为，所以必须抓牢在“发展创新中规范”这个大道理。肯定需要规范，肯定需要规避风险、防范风险，但是第一动力仍然是创新，大道理必须管小道理，基本的顺序必须掌握好，统筹协调绝对不是空话，要敢于担当地掌握好这里面的主心骨。

再有，就是我们在改革深水区的攻坚克难，需要聚焦“冲破利益固化的藩篱”，这是基于啃硬骨头的胆识，要力争实现经济社会转轨中我们的配套改革取得决定性成果，这样才能避免早有学者强调的渐进改革路径依赖之下有可能发生的制度视角上的“后发劣势”，和现在人们越来越看重的所谓自我纠结而退化式的“内卷化”这样一种风险。

这些不成熟的看法汇报出来，请各位批评指正，谢谢大家！

寻求新发展格局下的增长路径

夏斌

当前，我国正在积极推进构建以国内大循环为主、国内国际双循环相互促进的新发展格局。构建新发展格局和实现高质量发展绝非一句空洞的口号。2021 年两会《政府工作报告》提出全年 GDP 增长 6%以上的预期目标。同时指出要实现预期目标，必须做好九项重点工作，落实上百条措施，需要完成的任务更是数不胜数。可见，实现预期目标的关键在于政策措施的落实，并非目标一确定，任务就能自动实现。

那么，什么是双循环下新发展格局？又该如何构建双循环下的新发展格局？

所谓国内大循环和国内国际双循环，是对国民经济运行状态的一种描述，是非对经济增长结构与增长动力的一种经济学解释。如果以问题为导向,分析实现国民经济运行的良性循环,就要解决循环中出现的各种问题。就其实质而言,即要解决国民经济高质量、可持续发展中的“梗阻”、“卡脖子”问题。因此新发展格局问题的实质就转化为 GDP 的可持续增长问题。由此,按支出法分析,GDP 由消费、投资及出口组成。解决当前消费、投资、出口良性循环发展的“卡脖子”现象,就是解决构建新发展格局“需迫切解决的问题”。

然而,必须认识到,尽管从中长期看,我国仍具有相对较高的潜在增长率。从供给方看,中国在主要大国经济体中拥有最高的国民储蓄率,是第二大外资吸引国,具有数量巨大的人力资本。从需求方看,中国存在4亿多中等收入群体的巨大市场,存在城乡差距和东西部差距下巨大的投资需求,加上进一步深化改革的红利空间。但是现实经济的运行是由长短期资金的各种组合搭配形成的,既包含未化解的存量风险,也包含可预期和不可预期的增量风险。

解决投资消费出口中的各种“卡脖子”问题,项项工作最后指向的都是改革。核心手段是改革。所以,谈论新发展格局,实质谈论的就是改革。

而进一步深化改革与防范金融风险之间已有着密不可分的关系。总体上说,改革的深化会提高宏观经济和微观主体抗御风险的能力(包括以淘汰一小部分劣质微观主体为代价),但进入深水区的很多改革,是会暴露风险的,需要付出代价的。推动各项改革落地的具体时间、力度以及落地路径等,都会给未来的风险防范压力和经济增长带来不确定性影响。

所以,分析构建新发展格局,重点要着眼于把握政策变量可能导致发生的动态变化,展开全面具体分析。篇幅所限,分析思路和分析过程详见本期封面文章。该文从解决消费投资出口三大方面九个“卡脖子”着眼点出发,围绕寻求增长路径中应重点关注的改革动态、金融风险和国际动荡三个重要维度,逐一解读分析如何构建新发展格局。在此不做赘述。

现实经济是在长短期资金的各种不同组合下搭配形成的,包含未化解的存量风险,也包含可预期的增量风险。尽管中国经济未来的潜在增长和发展韧劲能消化相当部分的风险,但会是在什么阶段、以什么政策变量推动实施,对经济走势的判断结果都会不同。

2021 年两会通过的“十四五规划和二O三五年远景目标纲要”,提出到 2035 年基本实现社会主义现代化远景目标,中国经济总量或人均收入翻一番。在 2020 年全球主要经济体皆负增长、唯独中国正增长 2.3%的基础上,《政府工作报告》提出 2021 年增长 6%以上的预期目标。

看一国经济能否增长,要看是否存在满足增长的供给与需求。从增长的供给方看,中国在主要大国经济体中拥有最高的国民储蓄率,是第二大外资吸引国,具有数量巨大的人力资本。从增长的需求方看,中国存在4亿多中等收入群体的巨大市场,存在城乡差距和东西部差距下巨大的投资需求,加上进一步深化改革的红利空间,决定了中国未来仍具有较高的潜在增长率。

影响未来经济走势的“卡脖子”问题

国民经济循环是对国民经济运行状态的一种描述,是非对经济增长结构与增长动力的一种经济学解释。解决循环中的问题,就其实质而言,就是要实现经济高质量、可持续的发展。由此,这一问题可转化为 GDP 的可持续增长问题。按支出法分析,GDP 由消费、投资及出口组成。如果以问题为导向进行分析,那么解决当前消费、投资、出口循环发展中的“卡脖子”现象,就是解决构建新发展格局“所需迫切解决的问题”。概括说,可将这些问题总结为三大方面九个着眼点。

一是在进一步扩大消费方面。

①要解决广大居民的后顾之忧(有钱不敢消费)。众所周知,有钱而不敢消费,是因为有后顾之忧。因此要扩大居民消费,必须解决居民在教育、医疗、养老、住房等方面的困境。为此,必须进一步改革,提高民生保障标准。

②要提高部分居民的收入水平(想消费没有钱)。简单说,部分居民不是不想消费,而是没钱消费。当前中小微企业生存压力大,就业困难,一些人的收入非但没有提高,反而是在下降。特别是就“控高扩中扶低”的收入分配制度改革,是个慢功夫,任务艰巨。在农村,纯靠务农赚不了很多钱,有些地区还存在种地亏损现象。与此同时,近一二十年城市化进程中,从北到南,全国各中等以上城市都加大注重城市建设,成效显著。然而在土地市场化过程中,个体农民只得卖地收入的 5%10%,还有 60%70%归各级政府。2020 年 1 月 1 日《中华人民共和国土地管理法》实施,对农民土地卖出收益如何分配仍无明确规定。今后为让农民的收入水平上一台阶,土地改革中的卖地收入分配制度必须改革,收入不仅要向农村农业倾斜,更要直接向农民倾斜。

③要解决富裕居民的“用脚投票”(有钱没处消费)。针对一些富有阶层赴境外体检、购买日本智能马

桶等现象，说明国内消费供给存在严重“梗阻”。这一方面需要企业加快产品的创新与升级，另一方面需要政府在相关领域放松管制，激励企业提供更多的新产品与新服务。

二是在提高投资效率、扩大投资方面。

④要推动国企的真正改革。据社科院一份报告指出，目前国有企业资产已近300万亿元，加上未开发的资源性资产，高达近500万亿元。同时，全国银行贷款中，对民企贷款仅占对国企贷款的一半。然而众所周知，民营经济具有“五六七八九”的贡献，即全国50%以上税收由民企创造，60%以上GDP由民企贡献，70%以上技术创新来自民企，80%以上就业由民企提供，新增就业和企业数量的90%以上也来自于民企。一个显而易见的问题是，国企占据了巨大的资产及金融资源，为何其产出效益、社会贡献却难与民企相比。可见，要实现高质量发展，事实上不缺资金，关键是要提高投资效率。而改革在于市场资源配置不当现象，国企改革则是其中关键。

⑤要尽快补上供应链短板。面对当前及今后的国际环境，要想维持中国经济的长期良性循环，必须尽快补上生产链供应链的短板。补短板的核心在于自主创新，其关键在于如何调动有创新能力的科技领域知识分子的积极性。这又指向了创新体制的改革。

⑥要坚决稳住房市。我国房地产市场十几年来已积累了不少泡沫，当下泡沫又不宜一下子刺破，需慢慢消化。因此论及当前形势下可持续发展又不能不稳住房市。目的是让更多的资金进入实体经济，扩大实体经济的投资，再也不能引导居民把更多的钱投向房市，把房子当作股票炒作，同时守住不让系统性风险爆发的底线。

⑦要保护好民企的合法权益。随着40多年来市场经济机制的不断深入，保护好民企合法利益越发显示出核心意义和紧迫性。民企投资是中国投资的主力军，连续多年占全国投资比重超60%，最高时达65.4%，其中制造业的民企投资占比达80%。如果民企利益得不到很好的保护，民企投资的积极性不能充分发挥，国家整体投资效率和投资水平则停滞不前，国民经济自然难以实现真正可持续的良性循环。

三是在进一步促进外需发展方面。

⑧要做好国际环境处于长期不利形势的准备。受疫情影响，短期看我国出口形势向好。但美国持续、长久的包括税收、贸易、金融、科技、人才等方面遏制措施，必将冲击中国经济的正常发展，我们必须做好充分的准备。

⑨要做好应对美元霸权“最后一博”的准备。美国已放弃遵守公共债务不超过GDP的60%国际惯例，转向政府债务利息支出在GDP中占比这一指标。只要名义GDP增速高于利率水平，美政府不担心偿债压力。这一指导思想下，尽管美国政府债务已达历史高峰的28万亿美元，但美加大发行美元不会收手。对全球金融市场，更重要的是对人民币汇率、利率、资产价格将形成什么样的冲击，目前难以预料。

归纳以上从消费、投资、出口三个方面分析的九个“卡脖子”问题，显示构建新发展格局和实现高质量、可持续发展，绝不是一句空洞的口号。解决这些“卡脖子”问题，核心手段是改革。因此，讲新发展格局，实质讲的就是改革。

寻求增长路径应重点关注的三个方面

基于以上国民经济循环中“梗阻”“卡脖子”问题的分析，看下一步经济走势，应重点关注什么？

第一，应关注改革及政策制度的调整。

在消费领域，针对部分居民不敢消费的，要深化医疗、养老、教育和住房制度的改革。针对低收入农民，要调整粮食收购价钱等政策，更需要改革土地出让收益分配制度。针对有钱无处消费的居民，需要放松某些领域的管制，进行市场化改革。

在投资领域，要提高投资效率和扩大投资水平，需要深化国企的真正改革，需要毫不动摇支持和保护民营经济发展的营商环境改革。要稳住房价、支持实体经济发展，需要加快保障房建设，逐步建立“房住不炒”的各项房市长效机制与制度。要尽快补齐产业链供应链短板，鼓励自主创新，必须也必然会推动激励科研人员的创新体制改革等。在稳定外贸外资方面，除在信贷、出口信用、跨境电商、扩大服务业开放方面做出进一步政策调整外，做好与东盟的“区域全面经济合作”“中欧投资协定”及“中日韩自贸协定”，协议达成后，国内进行更大范围制度调整与改革的准备。要削弱美元霸权的负面影响，要持之以恒推动人民币国际化改革。在坚持这一战略方向的同时，也要清楚看到，国际化是长期战略，需要讲究策略。包括既鼓励在“一带一路”沿线使用人民币，也鼓励国内企业在境外使用欧元进行支付清算。尽管当前国际货币体系仍以美元为主，人民币在全球储备货币和全球支付清算中占比还不到2%，但美元的地位在缓慢下降，今后的国际货币体系必将是一个多极化的时代。应该看到这一历史趋势，顺势而为推动，对人民币国际化不宜过于高调。

以上的各种制度改革，在《政府工作报告》预期经济增长率达到6%以上的语境下都已明确指出，而且是作为完成6%以上增长目标的手段和措施所指出。因此，分析下一步经济走势时，不仅要看项目规划、红头文件的提法，更重要的，要分析相关制度改革的实际进程，以及改革对经济产出效应的实际结果。

第二，应关注发展、改革与金融风险的关系。

40多年来，我国经济发展取得了举世瞩目的成就。在这一过程中，产生了不少问题与风险。最典型的是，20世纪初四大银行及国开行卖给四大资产管理公司1.4万亿不良贷款。其后至今的20年时间里，随着不断有企业倒闭，银行又核销了不少不良贷款。其中，从2017年到2020年，商业银行处理8.8万亿不良贷款，超过之前12年的总和。加上债转股部分，合计处理问题资产达10.2万亿。万幸的是，我国在1997年亚洲金融危机和2008年全球金融危机的国际冲击下，在国内房市泡沫的自身压力下，迄今未爆发系统性金融风险。

但是，未爆发并不意味着可以放松警惕。房地产市场泡沫压力依然存在。2020年中国宏观杠杆率上升23.6个百分点，达到270.1%，涨幅仅次于2009年的31.8个百分点。一些中小银行已资不抵债。一些地方政府欠债难还，债务违约已从民企向国企蔓延。

在这种压力下，中国经济要保持6%以上的增长，宏观政策必须既要保持持续性还要保持稳定性。由于财政赤字不宜太多，仅安排了3.2%，其中地方专项债3.65万亿元，中央预算内投资6100亿元。相对中国2020年1015986亿元的GDP规模和284.8万亿元的社会融资总量，可见财政资金微乎其微，主要依靠信贷资金。央行货币政策则要保持宏观杠杆率基本稳定，重点解决信贷结构调整中的中小企业融资、绿色金融等难题。

在这种情况下，“十四五”规划的100个重大工程和项目从2021年开始起步，全国各地将有一大批交通、能源、水利等重大工程项目和信息网络等新型基础设施开工，需要大量社会资本参与民生项目和建设项目的投资。那么，资金从哪里筹集？以什么方式筹集？能否如数筹集？以什么成本筹集？如果是高成本筹集，未来如何偿还？加上已关闭的5000家P2P公司遗留资产的风险暴露、一些有问题中小银行重组过程中的风险暴露、房市政策“三条红线”发布后的新的违约事件、今明两年是到期债券规模最大的两个年份，等等，会有多少企业到期债务不能偿还？据称2021年一季度地方发债中近40%用于还本付息，而在过去三年同期该比为10%。一些地方政府和企业的借新还旧如果不能持续，怎么办？这一切必须在分析2021年后三个季度经济发展时需提前关注。

进一步深化改革与防范化解金融风险同样有密切的关系。市场化改革的深入，会提高宏观经济和经济主体抗御风险冲击的承受力，其中包含以淘汰一小部分劣质经济主体为代价。实事求是地说，随着改革进入深水区，很多改革都是有代价的，有些改革是要花钱的，譬如涉及居民医保的提高，全国养老统筹的改革，有些政策制度的调整是会加大政府财政压力的，如农产品补贴标准的提高、土地转让收入分配制度的改革、“房住不炒”下加快保障房的建设等。这些问题的解决，要么是财政花钱，要么是利益调整，都会暴露财政资金缺口压力和部分社会阻力，压力太大就会牵制改革进度。有些加强市场监管，改善企业治理的改革，如企业退市、建立政府发债官员终身追责制、对国有大型银行放贷中绿色金融及中小企业融资的比例限制等，这些改革一方面规范了风险管控，另一方面约束了地方政府和企业融资能力，不同程度上也会影响筹资能力，进而影响经济增速。

此外，追求碳达峰、碳中和的过程中，所需资金估计百万亿级（长期需求），如此巨大的资金需求，财政资金只能覆盖一点点，主要靠市场解决，市场怎么解决？在绿色转型中，高碳排放的企业资产价值会下跌，一些传统能源企业利润将减少甚至资不抵债，都会直接影响社会的市场流动性和银行贷款的资产质量。总之，制度的进一步改革以及经济的进一步转型与金融风险的防范之间会产生新的更大的平衡压力。由此，思考经济形势，绝不能孤立地、静态地在发展规划和项目计划中寻找答案。因为文件的提法和规划的蓝图对风险暴露的动态情况并没做出明确的预估与详细的对策。

第三，应关注国际金融市场动荡可能造成的冲击。

各国央行“大放水”。美国国债1月已达到惊人的27.8万亿美元，美国家庭每户平均债务高达22.2万美元。一旦爆发金融危机，在我国资本市场已进一步放开的情况下，将会形成什么冲击？尽管这一大动荡尚未来临，实际上当前投资者行为中已经悄然包含了对未来经济担忧的分析。

以上对2021年全年经济走势的分析，并非直接根据投资、消费和出口的增长目标进行分析，也不是针对产业行业指标的变化进行分析,而是指出,分析日后趋势,要从不确定性出发,关注改革动态、金融风险、国际动荡三个重要维度。只有把这三个重要维度紧紧嵌入常规经济增长分析,对未来的形势判断才能看得更清楚。其中要特别认识到,不能抽离货币因素分析经济走势。现实经济是在长短期资金的各种不同组合下搭配形成的,包含未化解的存量风险,也包含可预期和不可预期的增量风险。尽管中国经济未来的潜在增长和发展韧劲能消化相当部分的风险,但会是在什么阶段、以什么政策变量推动实施,对经济走势的判断结果都会不同,对社会的影响也是不同的。

走向好的市场经济

钱颖一

一、新比较经济学

我研究转轨经济学、比较经济学。很多人喜欢强调的一点就是中国的情况很特殊。中国确实有特殊的问题,特殊的事情,特殊的约束。但倘若我们把眼界放宽一些,不仅看中国,也看世界上其他国家,同时还看历史,就会发现在建立市场经济的过程中,中国面临的许多问题和其他国家和地区非常相似,并不那么特殊,比如公司治理结构问题、金融市场问题、劳动力问题、腐败问题等,所有这些问题都是很多国家面临的共同问题。

我想主要有两个基本原因。第一,市场经济有其自身的发展规律。市场经济的发展有一个过程,这个过程我们正在经历,在其他国家或者是正在经历或者是曾经经历。让我用一个例子来说明。我在斯坦福大学任教过多年,这所世界著名的大学由美国实业家利兰·斯坦福夫妇成立于1891年。斯坦福本人曾经担任加利福尼亚州州长、美国联邦参议员,同时还经营中央太平洋铁路公司。在修建铁路的过程中,斯坦福赚了不少钱,用我们现在的标准来看,其间也相当腐败。他从联邦政府拿到了2000多万美元的政府补贴,但这些钱没有用于铁路工程,基本上进了自己的公司。他把债务放进一家公司,把盈利放进另一家公司,并且让放债务的那家公司破产。这样的事在当今美国可能不多,但在美国的历史上可能也不少。这也是为什么到了19世纪末20世纪初有所谓的“进步运动”,对垄断的限制等。所以,中国的事情其实并不特殊。

第二,中国的经济现在日益与国际接轨并融入全球化体系。中国在2001年加入了WTO,不仅要建立市场经济,而且要建立与国际接轨的市场经济,因此面临的问题更多是与其他国家相仿的。从这个意义上说,我们应该汲取世界其他国家过去和现在的经验教训。

比较经济学有旧比较经济学与新比较经济学之分。旧比较经济学是比较计划经济和市场经济之间的差异。因为现在仍然实行计划经济的国家已经所剩无几了,新比较经济学应运而生,它研究的是不同的市场经济的比较。

以下试举10个例子来具体理解新比较经济学。

第一,不开放的经济一定落后。经济学家对100多个国家的经济增长做了研究,经验数据发现,在控制其他变量的条件下,开放政策可以使一国经济增长提高2个百分点。这是一个相当可观的数字,意味着每35年翻一番。

第二,国有企业和国有银行经济效率较低。大量的经验证据表明,平均而言,无论是在发达国家还是发展中国家,国有企业和国有银行的效率比较低。当然,这并不排除可能有很好的国有企业,比如空客与波音的竞争非常激烈。

第三,新生的私营小企业是发展中国家增长的动力。我们往往喜欢把注意力放在大公司、几百强企业上,因为它们引人瞩目,也容易获得数据。但是经验证据表明,新生的小企业、小的私营企业才是发展中国家、转轨国家经济增长的主要动力。即使在发达国家,它们也是创造就业的主要力量。无论是中国还是俄罗斯、波兰、匈牙利,抑或秘鲁、印度,正是这些小的新生企业,而非国有企业或国有企业私有化后的大企业,才是经济增长的主力。

第四,高福利、大锅饭的体制无法维持。“二战”以后一些欧洲发达国家实行福利国家制度,它们认为这样更能体现社会主义。但是现在很多证据表明这种制度是难以为继的。例如,北欧国家发现,福利制度刚开始实行的几年很好,但是它对激励的影响以及给财政带来的负担是难以承受的。

第五,受管制的行业没有竞争力并缺乏创新。一些有力的证据来自于,电信、航空、电力行业在过去几十年内在很大程度上解除了管制,至少放松了管制。

第六,对劳动力市场的管制使企业失去竞争力。在很多国家,连私营企业都不能随便解雇工人,比如印度的《劳资争议法》规定,凡是雇工50人以上的企业,解雇工人都必须经过政府批准。经济学家对印度各邦进行了详尽的经验研究,发现实行这一法律的地区,对企业的竞争力有很大影响。

第七,政府监管不力的金融市场发展不快。在过去几十年中,经济学家包括金融学家做了非常细致的研究,把政府对金融的监管量化,如信息披露到什么程度,多少股东可以召开董事会,有多大的权利,信息披露的形式到底是邮寄还是通知等,从中获得不少发现。政府的监管,即使在发达国家,比如美国、德国、日本,都是不一样的,它对金融、资本融资的大小有很大影响,对股权的分散程度也有很大影响。转轨国家也一样,波兰和捷克监管不力,金融市场的发展水平就非常低。

第八,没有政府维持社会秩序,经济不能繁荣。一些国家,比如非洲国家,长期处于战争或种族冲突状态,或者像20世纪90年代的俄罗斯,政府功能失调使黑社会猖獗,都直接破坏了它们的经济增长。所以,一个稳定的社会对市场经济的发展至关重要。

第九,法治和产权保护促进经济发展。跨国回归分析发现,法治和产权保护对促进经济发展非常重要。

第十,土地所有权分配的高度不平等阻碍经济发展。我们经常讲分配与效率之间有什么关系,这方面的证据很难找,因为这两者经常是同时决定的。历史学家在研究市场经济发展时发现了一个有意思的现象,即为什么北美(加拿大和美国)的发展比南美快得多?有意思的是,南美事实上资源比北美更丰富。历史学家研究发现,南美的土地资源分配高度不平等,这极大地阻碍了教育的投入以及金融市场的发展,进而阻碍了后来的经济发展。

二、如何造就好的市场经济

总体而言,市场经济比计划经济好,这是我们过去几十年已经达成的一个共识。但是,一旦我们确定要搞市场经济,而且把视野放到全世界之后,我们就发现市场经济并不是都搞得很好,市场经济中其实也有好有坏。

市场经济搞得是好是坏,很重要的一条是取决于政府在经济中扮演的角色。我们看到市场经济中有两种政府:一种是“支持市场的政府”(market-supporting-government);另一种是“摧毁市场的政府”(market-destroyinggovernment)或 “扼杀市场的政府”(market-suppressinggovernment),即政府通过种种干预,或将已有的市场摧毁掉,或把即将出现的市场扼杀在萌芽状态。

不同的政府,会产生不同的市场经济。观察世界各国的经济,我们发现支持市场的政府都是一个有限和有效的政府。而摧毁、扼杀市场的政府或者是无限政府(即全能政府),或者是无效政府。

那么怎样实现有限和有效的政府呢?历史经验表明,法治是造就有限政府和有效政府的至关重要的制度基础。我们甚至可以说,在现代社会中,法治是目前人们所实践的、能够维持一个有限和有效政府的最好的制度安排。所以法治就成了我们所谈论的如何实现好的市场经济这一问题的一个核心。

需要说明的是,法治的概念非常宽泛,不仅仅是经济发展的问题。但我们这里集中讨论法治和经济的关系,探讨我们需要什么样的市场经济和什么样的政府,以及如何应用法治来造就这样一个市场和政府。

三、经济学家论说法治

新古典经济学最初研究稀缺资源的有效配置,分析价格机制在其中的作用。后来人们发现,价格固然重要,但经济运行的效果不仅取决于价格,还有深层次的产权问题。比如说,产权对人的激励非常重要,如果没有好的产权制度,人们就没有激励去投资和工作,即使价格正确也没有用,甚至根本无法形成正确的市场价格。产权研究进一步深入,人们就发现法治和法律的重要性。有无法治,不同的法律体系都会导致产权界定、执行、保护以及合同的实施,乃至市场秩序的不同。

这一学术上的演进过程恰与我国过去40多年的改革进程非常吻合。20世纪80年代初,当我们讨论经济问题时，比较普遍的认识是认为企业搞不好的原因是管理落后。到了80年代末人们有了进一步的认识，认识到这不仅仅是管理问题，更重要的是产权问题。从那时开始诺斯(DouglassNorth)、科斯(RonaldCoase)等人的著作被引入中国。到了90年代，我们的认识又深化了，从产权扩展到整个制度环境。进入21世纪，我们的认识则已经深入到经济制度的法律框架和法治大环境了。

经济学家研究法治问题，并不是中国的特殊现象。在过去几十年中，世界各国不同领域的众多优秀经济学家以定性或定量的方法从不同角度探讨法律和法治对经济发展的影响。这是世界范围内的共性问题。

经济学家对法律、判例以及它们的历史演变的知识，可能不如法学家多。但经济学家在研究法治和法律对经济的作用时，有他们的一些长处。现代经济学的分析框架、视角、分析工具有助于将对问题的分析推向深入。经济学从成本收益的角度分析问题，容易理解在不同选择间应做的权衡取舍，因为任何一种选择都会有机会成本。比如，是通过法庭监管好还是通过行政监管部门监管好，就需要比较这两种机制的成本和收益而进行取舍。这样的分析方法确实有一致性，而且不大会走极端。很多经济学家在法和经济学上的研究在经济学界和法学界都产生了重要影响。随着经济学家与法学家之间的交流越来越多，经济发展和法治之间的关系在理论和实践上也都越来越受到重视。

四、推动法治建设的三种力量

法治不会自动实现，建设法治需要有推动力。同任何制度变迁一样，推动法治建设的力量首先来自利益相关者的自身利益，这其中包括经济人的利益和政府的利益。对于经济人而言，有财产了，财产多了，就要求更多的法律保护。比如说，当住房由过去的公房变为私房，人们就对物业公司有需求，又进一步对保护房产的法律有需求。又比如，老百姓买了上市公司的股票，就会对公司信息披露方面的法律有需求，希望对媒体曝光公司恶劣行为的权利提供法律保护。随着经济的发展，市场在不断扩展。为了减少交易成本，利益相关者对新的法律的需求也不断扩展，对法治和对政府约束的要求也就越来越高。经济发展也有了建设法制所需的经费，因为供给也会增加。

法治会给个人和企业的经济利益带来好处，这比较容易理解。法治经济特别强调约束政府的行为，为什么政府会有积极性建设法治呢？实际上法治也会提高政府的利益，这包括多个方面：一是法治可以促使经济持续发展，从而增加政府税收；二是法治促进社会稳定，这也符合政府的目标；三是政府由很多地区、部门的官员组成，法治有利于政府内部的监督和控制。因此，基于法治的政府，将会更好地促进经济的发展，这样对政府整体的长远利益会有好处。

第二种推动法制建设的力量是来自外部的压力。中国加入WTO后，处在经济全球化的环境之中。WTO的规则就是法治规则。在这种环境中，整个经济的游戏规则就同过去完全不一样了。外部压力不仅对小国重要，对于中国这样的大国同样重要。虽然大国相对于小国而言在国际事务中回旋余地较大，但是违反规则带来的损失也大。所以外部压力是推动法治建设的一种力量。

第三种推动法制建设的力量来自知识，这是一种不能忽视的力量。学者和媒体是知识创造和传播的重要组成部分，而且两者是互动的。媒体传递信息，但并不仅仅是传递信息，它本身也起到创造知识的作用。因此，学者和媒体共同推动知识的发展。

虽然利益是强大的内在驱动力，但知识的力量不可低估。比如说，计划经济这一想法阻碍了中国经济发展20余年。而市场经济这一想法带来了随后40多年的经济繁荣。现在，市场、竞争、价格、激励、产权等重要经济概念已经深入人心。类似的，法治也是一个想法，与之相连的关于有限政府、程序、透明化等观念，也逐渐深入人心。又比如说，人们通常会以为法治约束自己(包括政府)总是对自己不利的。其实不然。从理论和实践中得到的知识会告诉人们，这种约束从长远来看对经济人和政府自身都是有益的。因此，要想理解自己利益的真正所在，离不开知识。

中国以往的改革开放经验表明，内部利益、外部压力加上知识，这三种力量的结合将中国的改革一步步地向前推进。

中央经济工作会议提的供给冲击有哪些，如何应对

滕泰 张海冰 徐治翔

刚刚结束的中央经济工作会议提出，“我国经济发展面临需求收缩、供给冲击、预期转弱三重压力”，这是“供给冲击”的概念首次进入中国宏观调控的政策体系。如何认识和应对供给冲击的影响呢？

一、不同类型的供给冲击

第一类是原材料供给冲击，是由于突发性因素或长期因素造成原材料价格大幅上升或供给不足。例如，疫情发生以后，由于疫情防控造成人员无法工作，导致一些矿山停产、减产，引发了铁矿石等大宗商品的供给减少和价格暴涨。又如，欧洲因“减碳”步伐过快，造成火电、核电供给的迅速减少，给全球的能源市场造成了巨大冲击。

第二类是劳动力供给冲击。包括因为疫情防控等原因实施的社会活动和交通禁令，将导致劳动者不能正常上班，形成的短期的劳动力供给冲击；或老龄化、少子化、收入结构变化导致的劳动意愿下降、政策因素导致的劳动力成本上升所引发的中长期劳动力供给冲击。

还有一类供给冲击是供应链冲击。例如由于美国政府的政策禁令而导致了芯片等重要商品断供的供给冲击，就给全球供应链造成严重影响。又比如美国因为港口装卸效率低下以及人手短缺，导致进口产品不能及时卸货而形成的供应链冲击。

短期的供给冲击会在较短时间内恢复正常，不大可能对一国经济乃至全球经济造成严重影响，真正值得重视的是那些还有可能长期化的供给冲击。

中国作为全球最大的制造业国家，同时也是人口最多的国家，产生了对能源、原材料的巨大需求，同时也导致中国多种大宗商品对外依存度过高。例如铜精矿对外依存度超过85%，铁矿石对外依存度超过80%，原油对外依存度超过70%，铝土矿对外依存度接近60%，天然气对外依存度超过42%。在这种情况下，必须对这些初级产品供给冲击的长期化有足够的重视。

与此同时，不仅日本等老龄化严重的国家遭遇了劳动力短缺的问题，中国也正在面临劳动力供给冲击的挑战，一方面中国人口结构的变化的确在让劳动力人群的增长速度减缓。从2014年开始，5岁-64岁之间的劳动年龄人口就已经结束了正增长，且负增长的幅度在逐渐加大，到2020年，已经达到-9.58%的惊人水平。另一方面，中国劳动参与率也在缓慢下降，从2008到2019年，中国劳动人口参与率从71.88%下降到68.19%。现在，即使开出的工资越来越高，工厂、餐厅和建筑工地却越来越难招到年轻人，保守估计，现在中国每年的劳动力缺口都在千万人以上。

在中国加入WTO之后的20年里，中国逐渐融入国际分工体系，主要承担了中下游的加工生产环节，因此对中上游的高端零部件和原料等中间产品也产生了较高的依存度，例如中国芯片进口量大约占世界的1/4，是全球最大的芯片进口国。其他如航空发动机、重型燃气轮机、高端传感器、高端医疗设备和科研仪器等，也都存在不同程度的对外依赖。在这种情况下，如果这些在全球供应链中的关键商品经常性出现供给冲击，可能对中国相关行业乃至整体经济产生很大的影响，因而也要高度重视。

二、供给冲击对物价的影响

无论是原材料供给冲击、劳动力供给冲击还是供应链冲击，都会对物价造成影响。原材料供给冲击和劳动力供给冲击的第一波反应，往往都是上游原材料和工业产品的价格上涨，体现在经济指标上就是工业通胀率，即PPI指数上涨。而工业品价格上涨能否传导至消费品价格，则取决于原材料等成本占比系数、技术进步空间、生产者利润弹性、消费品行业竞争格局等很多因素。

例如2021年以来，中国铁矿石最大涨幅达到154%，带动钢材价格指数上涨181%，优质动力煤指数上涨了165.9%，有色金属价格指数上涨了191.6%，综合表现就是中国PPI指数（生产者价格指数）不断上涨，10月涨幅达到13.5%的高位，11月略有回落仍达到12.9%，给下游企业造成了很大的成本压力。

实际上，各主要经济体的PPI指数都出现明显上行，在欧洲，由于能源价格暴涨，德国PPI指数也出现剧烈上涨，11月居然高达19.2%——这是自1951年以来的历史新高。加拿大10月PPI达到16.7%；在印度，11月PPI是14.23%；土耳其甚至达到了54.62%。

在正常情况下，从原材料成本和劳动力成本上升，到消费品价格上涨，也就是从PPI到CPI的传导，有一定的吸收机制。例如，无论是原材料成本还是劳动力成本，都只占了全部成本的一部分，因此原材料价格和劳动力成本上升，只能带动一部分产品成本；同时，通过技术进步、提升劳动生产率，又可以对冲一部分原材料成本和劳动力成本上升的压力；另外，如果消费品生产环节处于完全竞争甚至过度竞争的状态，生产商往往会通过牺牲利润来消化成本上涨压力，也不愿因为提价而丧失市场份额。还有就是，如果流通环节也存在效率提升和利润让渡的空间，那么也将构成吸收成本上涨压力的一道缓冲垫。

在十年前的中国经济中，原材料和劳动力价格上涨的压力都是这么消化掉的，而十年后这些有吸收因素都已经大大减弱了，例如劳动力成本占比在上升，技术进步和效率提升的空间大大减少，流通环节的电商红利和快递红利基本见顶，最重要的是，各生产环节的竞争格局已经发生了根本的变化，从以往的完全竞争、过度竞争变成了寡头竞争甚至是寡头垄断，因此向下游传导成本压力的能力大大提升了。面对蔓延全球的原材料供给冲击和劳动力供给冲击，美国、欧洲的通货胀胀已经创下40年来的新高。

而供应链冲击对物价的影响也相当严重。例如美国对中国部分企业实施的半导体禁令导致芯片出现供应链冲击，导致国内路由器等通讯产品、安防产品等工业品出现不同程度的上涨。又例如，受疫情影响，美国肉类加工企业和物流运输环节都出现了劳动力短缺，导致美国肉类供应减少，肉类价格不断上涨。2021年11月，美国牛肉价格较上年同期上涨20.9%，以肉类为代表的食品价格是推动美国通胀上行的主要动力之一。

三、供给冲击对经济增长和企业盈利的影响

供给冲击导致经济衰退，最为典型的案例就是历史上的石油危机，由于石油输出国组织大幅减产、对西方国家实施禁运和提高原油价格，导致1974年美国GDP出现-0.54%的负增长，日本GDP出现-1.23%的负增长。

供给冲击可能导致原材料和中间产品供应短缺，也可能导致原材料和中间产品价格上涨，这两种情况对产出的影响机理略有不同。

一般情况下，原材料的供给量和供给效率与产出总量呈现正相关关系，即供给量越多、供给效率越高对应的总产出越大。而供给成本与产出总量呈现负相关关系，在市场均衡条件下，当供给成本提高时，在原有价格水平和产品供给量的情况下，企业利润率降低，产出降低。

当原材料的供给量受到冲击时，供给量缩减，进而使得对应的产出降低，即图中为由于原材料供给量受到抑制产生的产出损失。例如2021年的芯片缺货导致手机、汽车、数码相机等产品都无法正常生产，手机厂商仅能获得其订单数量需求的七至八成零件，有咨询机构估计2021年全球范围内的汽车芯片短缺将造成200万至450万辆汽车产量的损失。

原材料的供给成本，受到环保成本、运费等多方面的影响而上升时，即从提升到，进而形成供给成本冲击，导致总产出出现的损失[参见滕泰《新供给经济学》，第9章，上海财经大学出版社，2019年12月]。例如，中国很多化肥企业生产尿素是使用煤炭作为原料，生产1吨尿素约耗煤1.5吨。2021年10月份以来，山西省无烟块煤价格快速上涨，最高成交价达3300元/吨，化肥企业每生产1吨尿素，就要亏损500~900元，一些山西省的肥料企业不得不停产、减产以止损。

而对于企业来说，供给冲击对其盈利的影响要看它在产业链中所处的位置和它的市场影响力。上游的煤炭、化工、钢铁、有色等行业一般来说都是供给冲击导致的原材料涨价的受益者。以煤炭行业为例，2021年受经济复苏需求转好，但煤炭行业短期难以大幅增产，导致5月以后煤炭价格持续走高，受益于此，规模较大的29家煤炭上市公司前三季度营收同比上涨近30%，净利润同比增长超60%。

在通胀发生初期，市场供需状况都较宽松，生产者不会受到什么损害或者损害较轻微，因为一来下游需求旺盛，二来当上游原材料价格上涨时，那些具备市场主导权的行业龙头企业可以通过提价，在一定程度上将部分新增成本转移给下游厂商，最终转移给消费者。比如，自2020年开始，酱油行业的上游原材料大豆、豆粕、玻璃等涨价，导致国内调味品龙头企业海天味业毛利率从45%~46%水平下降至39~42%水平，为此，，2021年10月海天味业将酱油、蚝油、酱料等产品的出

厂价格上调3%~7%不等。

如果企业面临上游供给冲击而没有涨价能力,其盈利就会受到挤压而大幅下降,严重者甚至造成企业亏损甚至关门、倒闭。据不完全统计,近一年的时间,家具行业注销9万多家,家电行业注销3万多家,建筑工程注销近5万家,涂料下游客户汽车、家电等多个行业注销企业数超过30万家,中小企业倒闭数量明显超过往年。

四、如何化解供给冲击

面对供给冲击有可能长期化的情况及其严重影响,中央经济工作会议提出了一系列针对性的政策,例如专门提出"正确认识和把握初级产品供给保障","增强国内资源生产保障能力";提出"要正确认识和把握碳达峰碳中和","传统能源逐步退出要建立在新能源安全可靠的替代基础上……加快形成减污降碳的激励约束机制,防止简单层层分解","要确保能源供应,大企业特别是国有企业要带头保供稳价",同时还提出要"保障产业链供应链稳定"。中央财经委员会办公室副主任韩文秀解读中央经济工作会议精神时也表示,初级产品,包括农产品和能源矿产等等,是整个经济最为基础的部分,基础不牢,地动山摇。要增强国内资源生产保障能力,加快油气等资源先进开采技术的开发应用,等等,这些都是针对供给冲击提出的应对之策。

应对供给冲击,需要提升中国自身对原材料、能源和关键中间产品的供给能力,包括增强对全球资源供给方的控制和影响力;也需要逐步实现供给方的多元化,在一方出现供给冲击时可以启用备份供应方。例如为了应对中国钢铁产业对澳大利亚和巴西铁矿石的高度依赖,正在逐步开发非洲的铁矿石资源,逐步实现铁矿石供给的多元化。

应对供给冲击,还需要提高市场竞争程度,避免过多行业出现垄断格局。垄断和不合理的产业竞争格局,在供给冲击出现时,增加了成本压力向下游传导的可能性,已经成为推动物价上涨、削弱经济增长的阻滞性因素。通过反垄断和反不正当竞争,限制头部企业的不合理扩张及不正当竞争,激发市场活力,减缓供给冲击带来的物价上涨压力,是全球各经济体都应当考虑的课题。中国在20世纪90年代为解除垄断而实施的一些列改革,为过去20多年的经济增长奠定了基础和动力,也为中国三十年的低通胀时代奠定了基础。例如,取消煤炭工业部,拆分出若干家煤炭企业;取消化工部,超分出若干家化工企业;取消冶金部,拆分出若干冶金企业……即便如此,少数垄断中国石油行业的大型国有企业,由于产品供给质量和价格与国际市场有差距,这些年也饱受批评。

近年来,中国政府正试图鼓励更多的社会资本参与许多领域的公共投资,或引入私人资本让他们成为老国有企业股东,以期提高现有垄断企业的供给效率。但是,如果垄断企业规模过大,就有必要对这些巨头进行拆分,以鼓励竞争、增强经济活力,减轻物价上涨压力。同时,对于通过市场化成长起来的已经形成垄断地位的企业,应当加强反垄断立法和执法,有必要的情况下也可以研究对某些垄断企业进行拆分。

应对供给冲击,还应当提升重要产品和物资的储备水平,在需要时可以释放战略储备来应对供给冲击。有数据显示,日本国家石油战略储备相当于145天国内消费量(4461万千升),企业商业储备为90天(2773万千升),与产油国联合储备为6天(191万千升),合计为241天(截至2021年9月末)。而美国作为石油出口国,全美战略石油储备总库容达到7.14亿桶,目前美国战略原油库存为6.125亿桶(截至2021年10月末)。中国的石油等战略储备规模还远远无法与日本,美国等国家相比,未来还需要大力加强重要战略物资的储备体系建设。

而对企业来说,面对原材料上涨,中下游企业可以通过调整库存的方式来应对,在价格逐步提升的过程中快速积累原材料锁定成本,但提库存对企业综合能力要求较高,需要对行业、产品、价格未来走势有充分认知,而且提升原材料库存的过程中会增加库存成本,对企业现金流也提出较大挑战。

对于化工、螺纹钢、水泥、焦化等中游行业,普遍会使用长协合同或买入远期合约,双方通过商定基准价及上下浮动幅度,来基本稳定未来原料价格,避免原材料供给冲击的影响。也有部分企业会通过期货市场套期保值来锁定原材料成本,企业事先在期货市场买进期货,以防止未来买进现货时因价格上涨而造成经济损失,部分数据显示,2020年部分上市公司对上游材料进行大额期货套期保值,如中国化工企业恒力石化针对上游的原油、PTA、苯乙烯、乙二醇等品种保证金额度达到90亿元,新能源电池龙头企业宁德时代对上游镍、铝、铜等品种套期保值保证金达60亿元,中国白色家电巨头美的集团对上游铜、铝、钢材、塑料等品种套期保值保证金达30亿元。当然,进行期货套期保值也需要相应金融专业能力以及市场判断能力,一旦看错方向，企业面临的压力也会非常大。

部分中下游企业，面对可能的原材料供给冲击，会选择实施产业链的纵向一体化来应对。例如，光伏行业曾是国内竞争最惨烈的行业之一，上中下游一直存在着话语权的争夺。2021年硅料价格从年初每吨不足8万元涨到26万元，涨幅超200%[中国能源报，2021年10月22日]。上游硅料企业因此利润暴涨700%以上，下游电池及组件企业则出现了亏损。中国光伏行业单晶硅龙头企业隆基股份除了上游多晶硅料外，在单晶硅棒、单晶硅片、单晶电池片、单晶组件，下游的单晶地面电站以及分布式电站均有布局，形成了比较完整的产业价值链，从而使企业不论是对上游通胀还是下游波动，都能拥有比较好的抗风险能力。

开拓国内外资源、收购矿山，也是企业应对原材料供给冲击的有效战略。仅有冶炼但不具备矿山资源，那么企业业绩将在上游供给冲击下大幅波动。作为全球大型矿企的必和必拓，目前在美洲、欧洲、亚洲、澳洲、南非等地均有相应子公司进行上游的勘探及资源项目的并购，从而保证企业行业地位及成长。国内也有相关案例，如中国五矿2009年以13.86亿元收购澳大利亚第三大矿产OZ Minerals公司主要资产，2014年以约60亿美元的价格收购秘鲁拉斯邦巴斯铜矿，成为当时中国最大的一起海外矿业收购。中国商务部发布的报告显示，2019年，尽管中国对外直接投资流量萎缩4.3%，但中国对外矿业投资增长10.8%，至51.3亿美元[见商务部2021年2月发布的《中国对外投资合作发展报告2020》。]。考虑到当前国际环境的变化，中国企业在收购方式上不得不更多考虑到对方所在国的顾虑及利益诉求。

为应对美国贸易保护主义政策带来的芯片供给冲击，华为开始扶持众多国内企业，华为旗下哈勃投资在近几年时间里，在上游芯片领域进行多起投资，超20家芯片企业包含其中，涵盖了半导体材料、工具、设计、测试仪器等多个产业链环节，甚至第三代半导体都有所涉及，已不再是简单的财务投资，通过订单扶持上游企业成长，最终解决卡脖子问题，实现国内半导体产业的快速发展。

而从长期来看，那些具备研发、设计、品牌等软价值创造能力的企业，在面对供给冲击和周期波动时往往具备更强的抵御能力，因此无论是传统制造业，还是传统服务业，都可以借鉴“软价值创造新需求”的战略来推动企业创新升级，不仅做硬价值的制造者，还要在产品中赋予更多的研发、设计、品牌、体验等软价值元素，并创新渠道、应用场景、流量，来创造软价值，以此来改变人们的生活方式，提高人们的生活质量，创造新需求，带来新的经济增量。

学习领会中央精神：民企要吃好“定心丸”

贾康

2021年12月的中央经济工作会议，已经向全社会给出了我国2022年工作要领和实际上以明后年工作和中长期推进现代化、达到“新的两步走”目标的对接思路，有非常重要、非常及时、内容厚重的指导精神。学习领会中央精神，我愿首先说到自己印象特别深刻的三个概念：

一个是定向——在中国推进现代化的大方向上，在把握总体发展的大方向这方面，中央给予了最具权威性的指导，就是重申“”经济建设为中心”党的基本路线毫不动摇，要聚精会神地抓住发展这个硬道理。

第二个概念是调整——我们需要在已经感受到的经济运行中间的“三大压力问题”面前，保持清醒的头脑，正视这三大问题带来的挑战。中央的表述就是在需求的收缩、供给的冲击旁边，还有预期的减弱。正视这三大问题，我们需要在政策组合和协调配套上面，做好必要的调整。

再有，和前面两个概念有密切联系的第三个概念，就是中央有明确的“问题导向”之下的纠偏——经济工作会议之后，我们看到了非常简洁而到位的表述，实际上在宣示中央精神，即韩文秀副主任（中央财经领导小组办公室主持常务工作的副主任）所说的概念总结上的这种纠偏，既包括“合成谬误”，也包括“分解谬误”。在我们领会中央精神这方面，我觉得有很多相关的重要问题非常值得探讨。

接着在此直接切入“合成谬误”这个概念，讨论关于中央精神的领会。韩文秀副主任指出，所谓“合成谬误”是面对着经济社会发展这一个相互关联的复杂系统，而出现了分兵把关中只顾自己不顾其余，这样局部看起来合理的政策，叠加之后却造成了负面效应。这种合成谬误旁边还有一个“分解谬误”。这个“分解谬误”也可以看得很清楚，即按照韩文秀副主任的表述，是把长期目标短期化，系统目标碎片化——结果是把持久战打成突击战，整体任务简单一分了之，层层加码，导致基层难以承受。这个“基层”显然既包括地方，也包括企业。

我们当然要肯定在推进中国改革发展中间，前面一个阶段上取得的成绩，但是领会中央精神，在问题导向之下谈问题，则应该正视一些在经济社会生活中间各个方面伴随“三重压力”而值得重视的、再次强调“定向”之后应该处理好的“调整”与“纠偏”。

中国整个的发展过程，在2010年中央经济工作会议提出“稳中求进”以后，这个稳字当头、稳中求进的带有哲理意味的指导方针被中央肯定为我们的总基调而一直延续到当下，其后面的背景，原来有我们整个经济运行经历下行过程中三层不利因素的叠加，现在可能要加上第四层了。前面这三层因素，最简要的说，一个就是2010年我们成功抵御了世界金融危机的冲击、人均国民收入达到4000美元坐稳中等收入经济体这把交椅以后，合乎逻辑地和世界上其他经济体大同小异要告别高速发展阶段，而经历一个后来领导人表述为“认识、适应和引领新常态”的这样一个牺牲一些速度而追求高质量发展的阶段转换。这必然在我们发展态势的表现上出现速度的降低，而又不能一降再降，要寻求一个L型转换的调整和适应过程。这一因素后面，特别值得注意的是2018年一季度以后，叠加上了中美关系交恶，我们开始称为“贸易战”，后来其实就包括着科技战、外交战，甚至带有金融战色彩，乃至有像一些敏感地区，比如南海，是不是会擦枪走火热战的这样的一些风险因素，产生对于整个市场预期的不良冲击。我国的经济增长速度在第一层因素冲击之下，是落到了2015年下半年以后的6.7–6.9%，持续了三年左右时间段的一个平台状，但这个平台状在有第二层因素即中美关系交恶之后，它的下线被击穿，走到2019年，已经落到了全年只有6.1%，四季度只有6.0%整数关口这样一个状态。其后第三层因素又加上来，就是2020年突发的新冠疫情冲击，这个冲击带来的结果，是去年我们出现了几十年从来没有过的只有2.3%的增长速度，当然这个2.3%也是来之不易的，是主要经济体里唯一的一个正增长的个案表现。

在我们于全局基本控制了疫情冲击、复工复产的过程中间，前面三层因素的叠加还没有完全消化的时候，今年一二季度的总的趋势还是符合一般意料的，一季度，应特别看重的可比口径的指标，是把去年、今年两年平均作为一个统计指标口径，和2019年相比的增长率，为5%；二季度，从一月份到六月份合在一起，把两年平均的增长率提高到了5.3%，但是三季度，应该说在相当大的程度上出乎人们意料，却出现了一个回调。三季度本季度的增长率落到了5%以下，只有4.9%，使1–9月份的两年平均增长率回调到了5.2%。那么四季度如何呢？现在很多的预测是不够乐观的，我们还要拭目以待。但是从现在已经看出来的1–9月份出现了前面的一二季度和三季度之间的变化来看，非常值得我们注意。对这后面的原因，中央非常清晰地概括了三重压力，就是公报开门见山提到的需求收缩，供给冲击，预期减弱。造成新判定的这种三重压力的原因，我认为实际上可以认为是在经济下行过程中，又有第四层叠加的综合因素——其中当然有一些外因，比如说外部的输入型疫情对我们经济生活的影响，还有主要经济体美国、欧洲、日本还是疫情阴晴不定这个背景之下，国际市场上的能源、大宗原材料等等价格的猛升，对于我们也形成了一定的冲击影响。除了这些外因之外，内因的方面，我愿从一些特定角度来做一下勾画，就对应到前面首先说到的两个谬误上了。

一个是我们可以观察到，前一段时间，特别是三季度以后，对于经济生活很有影响的数字化头部平台公司纠偏整改推进的过程中间，市场的感受已是前面这些年应该讲是千辛万苦中间终于冲过烧钱痛苦阶段的瓶颈期、而成为为数不多头部企业的这些中国的大的互联网平台公司，几乎都受到了纠偏和整改的明显影响。这种纠偏和整改显然是必要的，但是，跟着伴随着的一种社会情绪，却也有明显的非理性之处，这种情绪不是像中央所强调的，纠偏整改主要是为了使这些民营企业为主的头部平台公司能够得到更健康的发展，能够更好地坚持创新发展，而是一味指责这些企业好像他们有非常严重的一些罪行问题。网上看到最典型的，是一口气列出“十宗罪”，整个的社会氛围，实际上带来的是民营企业的许多业界人士的人心惶惶，有些它的余波现在可能还并没有完全消化掉。那么涉及到的，就是怎么样给民营企业进一步吃好“定心丸”的问题——我认为这个问题还没有得到很好的解决：虽然领导人在亲自主持的座谈会上早已经定性，民营企业和民营企业家是“自己人”，实际生活中间，这个“自己人”却往往是被入另册的。

那么另外一个角度上，在前面的这种头部企业怎么样更好地纠偏整改而得到健康发展的问题还没有得到完全好的处理、还带来了收缩效应的旁边，又加上另外一个我们可以列举出的收缩效应，就是中央非常明确地对全世界宣布了我们的“双碳”目标，它对于中国长期发展来说是非常重大的推进现代化过程中既是中国自己必须追求的高质量发展战略部署，也是对于打造人类命运共同体的庄严承诺。但是，双碳目标确立以后，却出现了韩文秀副主任所说到、我们过去其实也非常容易出现的一种偏向，即运动式的、行政手段为主“一刀切”的、碳冲锋式的一线工作部署，甚至走到拉闸限电。这在三季度，可能就是闹得比较严重的一些情况了，某些地方的冲击可能大家还记忆犹新。

还可以举出第三个相关的视角，即前面两个收缩效应后边，我们也不必讳言，在已经积累了多少年社会矛盾的这个教培领域里面，管理部门推行“双减”，这种雷厉风行的纠偏却又带出了一定的“一刀切”影响问题，在这个领域里的民营企业近乎是全军覆灭。这个事情怎么样更理性地处理，还非常有值得探讨之处。我个人认为，并不能设想一些在教培领域里已经成为上市公司的很有影响的企业，可以简单按照有关部门所说的纯粹非盈利来定位自己的行为逻辑。那么，到底怎么样更好地推进这种教培行业的“双减”这种纠偏和整改，确实还有进一步值得探讨之处。但是它带来收缩效应，已是叠加到前面两个角度的问题上了。

再举出一个角度：8 月 17 号中央的重要会议，特别强调了我们应该发力推进共同富裕，这是贯彻社会主义的本质诉求非常重要的一个全局部署，但是这当然又应是按这一次中央经济工作会议特别强调的，坚持以做大蛋糕带出切好分好蛋糕，是一个长期历史过程。但实际生活中间，在中国社会却激起了新的一波“仇富”心态的宣泄，而且这种仇富心态的宣泄还带出来对于一些很有影响的企业，特别是实际上被社会上看作在混改以后已经有民营企业一定特征、并不是简单按国有企业可以归类的这样一些企业他们“原罪”的追溯，这种社会氛围里有韩文秀副主任所批评的，似乎推进共同富裕可以杀富济贫这样的社会心态，这也是必须做出明显纠正的非理性问题。这些当然对于市场的预期产生的影响就是减弱，对于需求来说，就是弱化而收缩。它使很多的企业无心考虑长期行为，实际上是更多考虑能不动就不动，甚至要躺平。再有，“三次分配”这个概念的泛化也造成了一定的民企心态上的压力，就是一些现实场景中的感受，似乎地方层面，在“逼捐”式的取向上实际上已经形成了他们的一种担忧。这也是中央已经明确给出要纠偏的一个方面。

还可以再举出一个收缩效应，就是各方高度关注的房地产市场有了“三条红线”，抽紧融资条件，有其必要性，但是如果说在抽紧融资条件的同时，对于房地产市场发展里面刚需性质的投融资的供给，也跟着一起过于抽紧的话，那么显然就是出现偏差的问题。整个融资条件抽紧后出现的恒大危机，固然与恒大自己整个发展中间生产经营战略出现严重偏差有关，过于把战线拉长，过于的多元化，但是跟整个房地产市场的氛围也不能说没有关系，以至又引起了另外一些企业的风雨飘摇状态，一度有“多米诺骨牌”式的风险传染威胁。现在管理部门认定恒大问题的性质是其并不是资不抵债，恒大必须以极大的壮士断腕的决心来做自己资产结构的重整调整，做一些资产的变现和腾挪，才能够自救，才能够按市场原则争取走出危机。但现在这个局面中，我们值得总结的，也应放在全景图内考虑：包括单项上来看非常正确的三条红线，跟前面所有这些因素合在一起，如不能与“保障刚需”作有一定弹性的协调适应，是不是也含有合成谬误的一定意味？这都是值得我们在统筹协调更好做政策优化和调整中，值得探讨的问题。

中央经济工作会议十当下再次强调经济建设为中心党的基本路线的贯彻执行，我觉得是明确地有所指的：这样一个对经济建设为中心的发展硬道理坚定不移的把握，紧跟着的就是现在从稳字当头、稳中求进和与六稳六保相结合的诉求，是经济增长的运行状态需要保持在合理区间。什么是合理区间？实际上就要对应到“十四五”期间，按照总书记对于中央总体的“十四五”和 2035 远景目标规划建议所做的说明里勾画的，我们应很有希望在“十四五”末期使中国人均国民收入达到现行标准的高收入经济体的门槛水平——这个门槛水平所要求的在提高增长质量同时的保障速度是多少呢？粗线条测算一下，五年平均应该在 5.5%以上。2021 年三季度带来的情况，就是“十四五”的第一年看来很难达到 5.5%，明后年怎么样，就非常凸显它的现实意义了：这个发展硬道理落到实际的保持经济增长速度在合理区间之内，就有跨越"中等收入陷阱"的战略性意义。我们一定要高度重视地把相关政策统筹协调好，进而处理好这样一个高质量发展和保障速度的结合。那么紧跟着还有中央精神给出的重点要领，就是推进现代化的"持久战"思维：现代化推进中我们怎么样结合好防止非常容易发生的急于求成偏颇，以纠正行政手段上来以后的一刀切、突击战、运动式碳冲锋这样一些偏差？这值得我们很好总结已有的经验教训。问题导向下中央还非常清晰地再次强调了系统论的思路，为实事求是地优化掌握总体的发展，就要防止和纠正碎片化的、叠加式的非理性倾向。不必讳言，现在中国社会上一些符合系统论、大局观的思想和观念的碰撞，往往是两极化，却缺少中间相对来说比较中肯、比较带有沉稳和理性特征的一些真知灼见，去支撑对于市场主体预期的合理引导。这一次中央经济工作会议的指导精神，给出了非常好的要领，指导全局中怎样来追求社会理性程度的提高。继续按照现代化战略部署推进现代化进程的具体要领，一些重大现实问题上的权威性表述，给人以拨云见日之感。比如对于在国民经济中的影响作用已不止"56789"的民营企业，现在中央提到的政策调整，就有非常鲜明的针对性——我认为，就是要给予市场人士尤其是民营企业家在发展过程中的方向感、安全感、希望感，这样促使民营企业吃好"定心丸"，更好地发挥功能作用，更好培育民营企业长期行为。在领导人反复强调民营企业和民营企业家是自己人之后，怎么样把自己人的定位真正落实到实际的方方面面？还必须应对复杂的问题，必须化解相关不利因素。而这次中央经济工作会议的一些具体表述，确实给民营企业吃了"定心丸"。

比如经济工作会议公报里，关于微观政策有这样一段话，"要持续激发市场主体活力，提振市场主体信心，深入推进公平竞争政策实施，营造各类所有制企业竞相发展的良好环境"。后面与此呼应，经济工作会议明确提出"社会主义市场经济中间必然有各种形态的资本，要发挥资本作为生产要素的积极作用"。这段话对于资本的表述，在我的印象中是前所未有的，明确地说社会主义市场经济中间的资本就是生产要素，发挥积极作用跟着讲"设置红绿灯"，是非常有新意的"金句式"的指导性表述，即是以此明确：资本是生产要素，无论国资民资、内资外资，功能合理发挥的要开绿灯，对可能出现的资本无序扩张和野蛮生长，则要亮红灯；紧跟着强调：资本作用的发挥要在纳入两个"毫不动摇"的轨道上加以规范，从而进一步树立民营企业发展的大局观和应有的信心。这些都是非常好的对于民营企业吃"定心丸"重量级的表述，称得上是我们要反复领会的"金句"。

令人印象深刻的还有在中央再次强调"六稳六保"之后，在表述上说"更大激发市场活力和发展内生动力，运用市场化机制，鼓励企业创新投入，促进多种所有制经济共同发展，优化民营经济发展环境，依法保护各类市场主体产权和合法权益，政策要一视同仁，平等对待"。一份篇幅并不长的文件中，再三强调支持民营经济发展，坚持两个毫不动摇，平等竞争，一视同仁，这非常鲜明地体现了中央要通过经济工作会议给出指导，让民营企业吃好政策"定心丸"的战略意图，是一以贯之地在支持民营企业的发展。

所以，我们应该充分领会中央经济工作会议的重要指导精神，进一步树立民营企业发展的大局观和应有的信心。我们要从明年的工作做起，做好支持民营企业发展的各项工作，更为充分地发挥民营企业的功能作用，力争于"十四五"期间跨越中等收入陷阱，推进中国行稳致远地实现新的"两步走"现代化宏伟蓝图。

论 RCEP 与 WTO 规则的关系

杨国华

一、RCEP 是 WTO 规则允许并约束的自由贸易协定

《区域全面经济伙伴关系协定》(RCEP)是东南亚国家联盟成员国(文莱、柬埔寨、印度尼西亚、老挝、马

来西亚、缅甸、菲律宾、新加坡、泰国和越南)、澳大利亚、中国、日本、韩国和新西兰等 15 个国家在 2020 年 11 月 15 日签订的协议。这些国家都是 WTO 成员,因此该协议属于 WTO《关税与贸易总协定》(GATT)第 24 条所指"自由贸易区"(FTA)和《服务贸易总协定》(GATS)第 5 条所指"经济一体化"(economic integration)协议。从一般国际法角度看,WTO 共有 164 个成员,其中部分成员签订更加优惠的经贸协议,属于《维也纳条约法公约》(VCLT)第 41 条所指"仅在若干当事国间修改多边条约之协定"。

根据 GATT 第 24 条和 GATS 第 5 条可以确定 RCEP 与 WTO 的关系,而 VCLT 第 41 条则是对这种关系的一般国际法定性。RCEP 条款明确反映了这种关系,但是在方式上呈现出多样性,并且在某些方面非常独特。相比于《全面与进步跨太平洋伙伴关系协定》(CPTPP),RCEP 也有细微差异。

(一)GATT 和 GATS 允许设立 FTA

GATT 序言开宗明义,声明其宗旨之一为"实现世界资源的充分利用以及扩大货物的生产和交换",而其手段为"达成互惠互利安排,实质性削减关税和其他贸易壁垒,消除国际贸易中的歧视性待遇"。为此,GATT 相关条款做出了具体规定,例如约束关税(第 2 条)、取消数量限制(第 11 条)、最惠国待遇(第 1 条)和国民待遇(第 3 条)。简而言之,GATT 序言表达了一种理念:降低关税、减少贸易壁垒和消除歧视性待遇有利于国际贸易。在此背景下,第 24 条第 4 款允许成员之间缔结更加紧密的经济一体化协议以增加贸易自由,这一点就不难理解了。也就是说,GATT 制定了促进国际贸易的基本规则,同时支持其成员之间做出更加有利于国际贸易的安排,例如关税同盟(customs union)和 FTA。

GATT 第 24 条第 4 款阐明了 FTA 两个宗旨,即促进 FTA 成员之间贸易且不对非成员贸易增加障碍,而第 8 款和第 5 款则规定了相应的两项纪律:FTA 成员之间取消"实质上所有贸易"(substantially all the trade)的关税和限制性措施;对非成员贸易的关税和管理不高于或不严于 FTA 成立之前。前者属于"积极条件",即 FTA 成员应该做什么;后者属于"消极条件",即 FTA 成员不应该做什么。两项宗旨的含义不言自明:FTA 成员之间可以更加互惠互利,但不应对非成员造成不利影响。然而,两项纪律的含义却耐人寻味。取消"实质上所有贸易"的关税和限制性措施,既是互惠互利的内容,也是 FTA 的前提——只有取消"实质上所有贸易"的关税和限制性措施,才是 FTA。尽管"实质上所有贸易"一词没有界定,但如果只取消部分产品的进出口关税和限制性措施,则不属于 FTA,而其后果之一可能是,根据 GATT 第 1 条,该优惠也应该给与非 FTA 成员。至于对非成员贸易的关税和管理不高于或不严于 FTA 成立之前,则更多是事实或结果层面的要求。部分成员设立 FTA,进一步取消关税和限制性措施,在形式上不会出现关税和管理更高或更严的情况,而事实上会是怎样情形却是难以想象的,更像是一个概括性的"兜底条款",不一定有具体所指。

GATT 形成于 1947 年,首次在多边条约中对 FTA 做出规定,随后也很少有争端解决案例,有关条款的含义没有得到进一步澄清。相比之下,1995 年签订的 GATS 则在体例和含义上更加明晰,也对追溯性地理解 GATT 第 24 条提供了启示。GATS 与 GATT 的区别在于其管理范围是服务贸易而不是货物贸易,因此在 FTA 问题上,除了对象是服务贸易之外,宗旨和纪律一脉相承。在"积极条件"方面,GATS 第 5 条第 1 款规定,部分成员之间签订的服务贸易自由化协定应该具备"实质性行业覆盖"(substantial sectoral coverage)且在国民待遇方面取消"实质上所有歧视"(substantially all discrimination)。这句话几乎是对 GATT 第 24 条"取消实质上所有贸易的关税和限制性措施"的拆分,对 FTA 服务贸易规定了相同纪律。不仅如此,对于何为"实质性行业覆盖",GATS 脚注提供了指导意见:应该从行业的数量、受影响的贸易量和服务提供模式进行理解;FTA 不应预先排除某种服务提供模式。对于何为"实质上所有歧视",GATS 第 5 条第 2 款也提供了分析方向:应该从 FTA 与更广泛的经济一体化或贸易自由化进程之间的关系角度进行考虑。依此追溯,GATT 第 24 条的"实质上所有贸易"也可以从货物的数量和受影响的贸易量等方面进行理解。在"消极条件"方面,对应于 GATT"不对非成员贸易增加障碍"和"对非成员贸易的关税和管理不高于或不严于 FTA 成立之前"的规定,GATS 第 5 条第 4 款规定:FTA 旨在为成员之间的贸易提供便利,同时针对非成员,FTA 不应提高服务贸易壁垒的总体水平。

综上所述,从性质上看,FTA 与 WTO 的关系是"允许加约束"。WTO 允许部分成员通过 FTA 进一步实行贸易自由化,但是 FTA 应该对绝大多数产品取消关税和限制以及对绝大多数服务取消歧视,同时不对非成员增加障碍或歧视。这种关系完全符合 VCLT 第

41 条的规定:"多边条约两个以上当事国得于下列情形下缔结协定仅在彼此间修改条约:(a)条约内规定有作此种修改之可能者;或(b)有关之修改非为条约所禁止,且:(一)不影响其他当事国享有条约上之权利或履行其义务者;(二) 不关涉任何如予损抑即与有效实行整个条约之目的及宗旨不合之规定者。"从 VCLT 角度看,FTA 属于部分成员对于 WTO 的修改, 已经得到 GATT 第 24 条和 GATS 第 5 条明确授权,不影响其他成员的权利和义务,也不影响其他条款的效力。

(二)RCEP 为 WTO 规则所允许

RCEP 第 1 条明确规定:RCEP 是 FTA, 依据 GATT 第 24 条和 GATS 第 5 条建立。根据官方宣布,RCEP 货物贸易最终零关税产品数整体上将超过 90%, 服务行业开放的覆盖面也将超过 70%。由此观之,在货物贸易和服务贸易方面,RCEP 符合"实质上所有贸易"和"实质性行业覆盖"。关于在服务贸易国民待遇方面取消"实质上所有歧视",第 8 章(服务贸易)第 4 款专门对"国民待遇"做出规定,要求每个成员给予另一个成员的服务和服务提供商的待遇不低于本国的待遇。总而言之,FTA"积极条件"已经满足。此外,货物关税降为零, 货物管理也没有专门针对非成员的内容,因此不存在增加障碍的情况,而服务贸易进一步开放,并且没有专门限制非成员的内容,应该符合"不应提高服务贸易壁垒的总体水平",FTA"消极条件"得到满足。

尽管 WTO 没有审查 FTA 是否"合法"的机制,实践中也没有出现挑战 FTA "合法性"的案件,但是从上述简单对照可以看出,RCEP 为 WTO 所允许, 符合 FTA 条件。

(三)RCEP 受 WTO 协定约束

RCEP 序言宣称:该协定建立在《WTO 协定》权利和义务之上。也就是说,WTO 规则是基础,RCEP 成员应该遵守。第 20 条(最终条款)第 2 款则更加明确规定:"该协定与《WTO 协定》共存(coexist),其权利和义务应予确认。"此外,第 17 条(一般条款和例外)第 2 款(适用的地理范围)声明:本协定的适用范围与成员在《WTO 协定》所承担义务的地理范围相同。

二、RCEP 对 WTO 规则的纳入

从内容上看,RCEP 与 WTO 属于"交集"关系,例如货物贸易、海关程序和贸易便利化、卫生和植物卫生措施、标准、技术法规、贸易救济、服务贸易和知识产权。

(一)直接援引

RCEP 有些内容直接援引 WTO 条款,没有再做进一步规定,例如第 2 条(货物贸易)第 3 款(国民待遇和国内税及管理) 规定:"每个成员应根据 GATT 第 3 条(国民待遇)给予其他成员的货物以国民待遇;GATT 第 3 条纳入本协定,成为本协定的一部分。"第 8 款(海关估价)规定:"海关估价应适用 WTO《海关估价协定》。"第 9 款(转运货物)规定:"成员应按照 WTO《贸易便利化协定》,为货物清关和转运提供便利。"第 13 款(农产品出口补贴)规定:"成员确认根据 2015 年部长级会议决定所做的取消农产品出口补贴的承诺。"第 19 款 (进口许可程序) 规定:"成员不应采取不符合 WTO《进口许可协议》的措施;现有进口许可程序应向其他成员通报, 但是已经向 WTO 进口许可委员会通报者,视为已经履行义务。"第 17 条第 12 款(一般例外)将 GATT 第 20 条(一般例外)和 GATS 第 14 条(一般例外)纳入本协定,而第 13 款(安全例外)也与 GATT 第 21 条(安全例外)和 GATS 第 14 条之二(安全例外)基本相同。

直接援引是最为简单而明确的做法, 同时也可以看作对 WTO 某些规则的强调。根据序言和第 20 条的一般性规定,没有强调的规则也应遵守。

(二)援引加进一步规定

RCEP 有些内容援引了 WTO 条款,但是在此基础上提出了进一步要求。例如第 2 条第 17 款(普遍取消数量限制)规定:"除非另有规定,成员应取消进出口数量限制,为此将 GATT 第 11 条(普遍取消数量限制)纳入本协定。"随后,该协定进一步规定:"为缓解粮食或其他必需品短缺而依照 GATT 第 11 条临时限制或禁止出口时,应向其他成员通报理由及其性质和期限,并且提供磋商机会。"第 20 款(进出口规费和手续)规定:"依据 GATT 第 8 条(进出口规费和手续),收费应限于服务成本而不应构成对国产货物的间接保护或对进出口的征税。"该协定还进一步规定:"不得要求进口成员的海外代表或实体对海关单证背书、认证或以其他方式出具证明或批准,也不得收取任何相关费用。"

在 WTO 规则基础上做出进一步规定是 FTA 应有之意。如果只是简单重复 WTO 的内容,FTA 的"附加值"就不大。在此方面,RCEP 第 5 章(卫生与植物卫生措施,SPS)和第 6 章(标准、技术法规和合格评定程序,TBT)更为典型。这两章都明确规定,其宗旨之一就是落实 WTO 的 SPS 协定(第 5 条第 2 款和 TBT 协定

第6条第2款)。其中,RCEP第5条第4款强调了SPS协定的权利和义务,第6条第4款还列明TBT协定的若干条款,将其纳入本协定。当然,作为专门章节,RCEP第5章还在等效性、适应地区条件(包括适应病虫害非疫区和低度流行区的条件)、风险分析、审核、认证、进口检查和紧急措施等方面,第6章还在标准、技术法规和合格评定程序等方面做出了更为详尽的规定。

除了第5章和第6章,RCEP第7章(贸易救济)也很有特色。除了援引WTO《保障措施协定》《反倾销协定》和《补贴与反补贴措施协定》之外,RCEP还在过渡性保障措施和临时性保障以及反倾销禁止归零和基本事实披露等方面做出了具体安排,在价格承诺、裁定的公告和说明等方面列举了有利于贸易救济调查透明度和正当程序的做法(附件7A)。

三、RCEP与WTO规则的冲突

RCEP与WTO规则也有不同部分,即RCEP独有的内容,例如原产地规则、自然人临时流动、投资、电子商务和竞争等,二者可能存在一定的冲突。

(一)一般规定

在两个条约共存的情况下,必须就条约之间可能出现的冲突做出规定。一般国际法对此有比较确定的规则,即"特别法优先"(lex specialis)、"后续法优先"(lex posterior)和"上位法优先"(lex superior)。例如,《WTO协定》是WTO"宪法性"文件,规定了WTO宗旨、原则、范围、职责、机构、决策和修正等基本内容,而其附件《多边贸易协定》(《货物贸易多边协定》《服务贸易总协定》《与贸易有关的知识产权协定》(TRIPS)、《关于争端解决规则与程序的谅解》和《贸易政策审议机制》)则是在货物贸易、服务贸易、知识产权、争端解决和政策审议方面的具体安排,二者是"上位法"与"下位法"关系,在出现冲突的情况下,《WTO协定》优先。相比之下,GATT属于货物贸易总体规定,而农产品、纺织品、SPS、TBT、贸易救济、进口许可和装船前检验等方面的协定是在各个领域规则的具体化,二者是"特别法"与"一般法"关系,在出现冲突时前者优先。

RCEP依据GATT第24条和GATS第5条建立,吸纳了WTO若干规则,并且在某些方面有所发展,是WTO部分成员对于规则的修改。RCEP与WTO的关系是"后续法"与"先前法"关系,在出现冲突时应该是RCEP优先。例如,第6章列明了所纳入TBT协定的若干条款,但是明确规定:"在出现二者不一致的情况下,本协定优先。"

然而,令人困惑的是,RCEP纳入了WTO众多条款,却没有一般性"冲突规范",TBT仅为个案。如果SPS等与WTO相应规则不一致,何者优先?"后续法优先"原则应该适用,但是TBT明文规定与SPS付之阙如,显然给条约解释带来了麻烦。

更加令人困惑的是,RCEP第11章(知识产权)规定:"在本章内容与TRIPS不一致的情况下,TRIPS优先。"尽管RCEP成员可以自由制定"冲突规范",但是这项规定却不符合"后续法优先"原则,也与TBT相反,造成了混乱。不仅如此,"TRIPS优先"的理念也令人费解:新旧之间为什么是旧者优先呢?

(二)特殊安排

RCEP虽然没有一般性"冲突规范",但是在第20条第2款第2项对条约冲突做出了安排,即如果一个成员认为本协定条款与其他协定(包括WTO)条款不一致,则应该与其他成员进行协商(consult),以期达成"相互满意的方案"(mutually satisfactory solution)。采用"个案协商"而不是"冲突规范"的方式解决RCEP与WTO不一致问题,虽然能够解决具体问题,但是也会产生体制性影响。例如,两个成员是否可以不顾"后续法优先"原则而随意采取类似于"TRIPS优先"的方案,甚至创造出既非RCEP、亦非WTO的方案?两个成员的方案对其他成员会有什么影响?是否可以与其他成员达成不同方案?现实中也许不会出现如此复杂的局面,但是逻辑上却存在各种可能性。简而言之,相比于"冲突规范","个案协商"有很大不确定性。

RCEP做出"个案协商"安排之后,随即声明:"成员在第19章(争端解决)中的权利和义务不受影响。"第19章适用范围是解决本协定解释和适用(interpretation and application)之间的争端以及确定某项措施是否不符合协定义务或某个成员是否没有履行义务。RCEP与WTO条款不一致问题应该归为协定"解释和适用"事项。由此观之,在两个成员就此产生分歧的时候,可以诉诸RCEP争端解决程序,包括成立专家组进行审查。也就是说,"个案协商"和诉诸争端解决程序可以同时使用。

特别值得一提的是,RCEP提到了与WTO争端解决程序的关系,包括专家组成员可以来自WTO专家组、上诉机构或WTO秘书处人员,专家组主席尽量来自WTO专家组和上诉机构成员,可以请求WTO总干事协助任命专家组成员。由于内容的相近性,WTO领域的专业人士比较熟悉 RCEP 内容,容易成为裁决争端的专家。不仅如此,对于涉及纳入本协定的 WTO 条款,专家组应参考 WTO 专家组和上诉机构所做的条款解释,从而有利于裁决的连续性和一致性。

(三)借鉴 CPTPP 处理与 WTO 规则的冲突

CPTPP 的前身 TPP 谈成于 2015 年,早于 RCEP,且 TPP 成员中的东盟国家文莱、新加坡、马来西亚和越南以及日本、澳大利亚和新西兰等 7 国也是 RCEP 成员,属于“双重成员”。可以想象,RCEP 一定参考了 CPTPP。事实上,从内容看,RCEP 是“简版”CPTPP,二者有很多“交集”,但是没有国有企业、劳工和环境等内容。

不仅如此,CPTPP 与 WTO 的关系也与 RCEP 与 WTO 的关系大致相同。例如,在性质上,CPTPP 第 1 条第 1 款宣称是 FTA,依据 GATT 第 24 条和 GATS 第 5 条建立;在内容上,CPTPP 与 WTO 属于“交集”关系,既有共同部分,也有不同部分;在共同部分既涉及 CPTPP 对 WTO 的纳入,也涉及二者可能存在的冲突;在内容纳入方式上,既有直接援引,也有援引加进一步规定;在冲突解决方式上,没有一般“冲突规范”,而是采取“个案协商”(第 1 条第 2 款)。此外,在争端解决部分,也有专家组应参考 WTO 条款解释的要求(第 28 条第 12 款)。但是,TBT 部分没有“后续法优先”的规定;知识产权部分没有“冲突规范”,也没有“TRIPS 优先”这样的反常条款。最后,CPTPP 第 30 条第 3 款规定:“对于纳入 CPTPP 的 WTO 条款,如果 WTO 条款被修改,则成员应商量是否相应修改 CPTPP,而 RCEP 对此没有明确规定。”既然是参考了 CPTPP,那么 RCEP 增加或省略的内容应该推定为“明知”和“故意”,有特别的原因或考量。

当然,不管谈判起草者的意图是什么,并不妨碍学习研究者从逻辑和比较的角度进行分析,从而得出合理或不合理的判断。例如,不管是 CPTPP 还是 RCEP,内容纳入方式比较合理,而冲突解决方式缺乏一致。再如,“TRIPS 优先”不太合理,可改为“RCEP 优先”,或像 CPTPP 一样不提,但事实上使用“后续法优先”的原则。

四、结语

RCEP 领导人联合声明宣称,RCEP 是一项前所未有的、由域内发达国家、发展中国家和最不发达国家参与的大型区域贸易安排;涵盖了拥有 22 亿人口(占全球将近 30%)的市场、26.2 万亿美元 GDP(占全球约 30%)和将近 28% 的全球贸易(基于 2019 年数据);作为世界最大的自由贸易安排,代表着向构建理想全球贸易投资规则框架迈出了重要一步;是一个现代、全面、高水平和互惠的协定。

既然如此重要而现代,那么 RCEP 与 WTO 规则的关系就为未来 FTA 提供了范本。从上述分析可以看出,在内容纳入方式上,“直接援引”和“援引加进一步规定”的方式基本可行,但是在措辞的一致性和章节的协调性方面并非无可挑剔,可以考虑对没有直接援引以及为何进一步规定做出统一明确的说明。同时,在冲突解决方式上,“个案协商”不太可行,而一般性“冲突规范”很有必要,可以参照一般国际法“特别法优先”“后续法优先”和“上位法优先”等原则进行设计。如本文所述,从性质上看,FTA 与 WTO 规则的关系是“允许加约束”。FTA 与 WTO 将长期共存,因此 RCEP 的范本意义非常深远。

充分发挥民营经济在扩大内需方面的重要作用

陈剑

中央经济工作会议部署的 2021 年我国第三项重大经济工作任务是,坚持扩大内需这个战略基点。会议强调,要紧紧扭住供给侧结构性改革这条主线,注重需求侧管理,打通堵点,补齐短板,贯通生产、分配、流通、消费各环节,形成需求牵引供给、供给创造需求的更高水平动态平衡,提升国民经济体系整体效能。

扩大内需,特别是促进全社会消费水平的提升,对中国经济增长具有重要意义。稳定的国内需求是中国经济发展最为稳定、持久的动力。在全球化面临逆势之机，庞大的国内需求是我国发展的最大的优势。2019年最终消费支出对国内生产总值增长的贡献率为57.8%，高于资本形成总额26.6个百分点。消费已经成为我国经济增长的主要引擎，居民消费是潜力最大的内需，应顺应消费升级趋势，增强消费对经济发展的基础性作用。在这方面，民营经济具有不可替代的重要作用。

一、扩大就业，提升全社会消费水平

扩大消费最根本的是促进就业，完善社保，优化收入分配结构，扩大中等收入群体，扎实推进共同富裕。其中就业是民生之本，是收入之源。更高质量和更充分的就业不仅是增强人民获得感、幸福感、安全感的重要保障，也是逐步实现全体人民共同富裕的重要保障。而就业带来收入的提升和收入分配结构的优化，有利于消费规模的扩大及消费结构的升级。

民营企业具有"五六七八九"的鲜明特征，特别是贡献了80%以上的城镇劳动力就业。在一些地方，90%以上的劳动力就业是由民营企业提供的。民营企业也是新增市场主体的主力军，其中新设立的小微企业占比超过9成，显示出我国民营经济发展的旺盛活力。大力发展民营经济，有利于稳定和扩大民营经济对就业的作用，强化就业优先政策，对消费规模的扩大具有积极意义。特别是在疫情还没有完全消除之前更具有重要意义。

民营企业要为扩大就业做贡献，大力发展服务业和新业态，更有利于扩大就业。国家人社部发布的《2019年度人力资源和社会保障事业发展统计公报》显示，到2019年末，第一产业就业人员占25.1%，第二产业就业人员占27.5%，第三产业就业人员占47.4%。第三产业从业人员就业占比从2015年的42.4%上升到2019年的47.4%，成为吸纳就业人员的主渠道。也就是说，从近几年我国就业情况看，第二产业比第一产业更能带动就业，而服务业比工业更能拉动就业。大力发展服务业和新业态，包括医疗保障、健康服务等更有利于推动就业发展。应支持和规范民营企业发展新就业形态，注重缓解结构性就业矛盾，努力扩大就业容量、提升就业质量、促进充分就业。进而扩大全社会消费水平。

二、全面促进居民消费水平的提升

消费是我国经济增长主要引擎，居民消费是潜力最大的内需。从市场规模看，中国消费市场规模巨大。2019年，零售市场规模超过40万亿元，消费对经济增长的主引擎作用持续显现；从市场潜力看，中国有14亿人口，中等收入群体规模已经超过4亿，且还在持续扩大，乡村市场蕴藏较大潜力，是中国消费市场稳定发展的有力支撑。民营经济作为市场经济最重要主体，应顺应消费升级趋势，在以下这些领域发力以增强消费对经济发展的基础性作用。

(一)提升传统消费

民营企业是内贸流通的主力军。在批发、零售、住宿、餐饮四大行业中，限额以上民营企业数量、从业人员、销售额占比均达90%左右。此外，汽车、家电、家具等传统大宗商品消费占社会消费品零售额的比重超过20%，是居民消费升级的主要组成部分。以汽车为例，汽车产业具有产业链长、消费价值高的特点，汽车消费带动起来后，整个产业链链条带动力就会增强。对带动就业、促进经济增长具有很大的作用。民营企业应顺应我国汽车、家电、家具等消费步入成熟阶段后的变化与要求，推动其以质量品牌为重点，朝着绿色、健康、安全的方向发展。

(二)助推新消费

疫情防控过程中催生的新型消费，促进了部分新兴业态的快速发展，使其成为消费市场增长的重要推动力。包括在线娱乐、远程教育、远程医疗、智慧零售等新消费业态。这些新消费业态，实际是消费升级的另一表达。消费升级，包含的内容是消费结构升级，消费的水平、质量提升，消费结构不断优化，消费层次从低层次向高层次转变。消费升级通常体现为新的消费现象。消费升级是民营企业转型发展的重大机遇，突破口在于新常态下的新业态、新模式、新产品、新品牌、新质量标准在新的市场空间的推广和普及。

中国是一个区域发展很不平衡的国家。消费升级一方面体现在经济较为发达的沿海地区、一线二线城市人们收入和购买力提升，人们有更强烈的意愿支付更高水平的商品和服务；另一方面，一些三四线城市乃至经济不发达的地区的人口消费购买能力也在提升，呈现消费升级的趋势。这无疑带来消费生态的巨大改变，人口城市化的快速推进，对新业态、新模式、新产品、新品牌、新质量标准提出不断升级的新的要求，促进了消费向不同发展阶段城市渗透。民营经济只有适应新消费需要，并培育新消费，才能够为推动经济持续增长做出贡献。

（三）推动健康产业发展

推动健康产业发展，是促进居民消费水平提升的重要内容。有必要作专门分析。

新一轮消费结构升级转型正驱动着相关产业的增长。在这场消费升级中，增长最快的是教育、娱乐、文化、交通、通信、医疗保健、住宅、旅游等方面的消费。与上述产业相关联并渗透其中的是健康产业发展。

健康产业是指以医疗卫生和生物技术、生命科学为基础，以维护、改善和促进人民群众健康为目的，为社会公众提供与健康直接或密切相关的产品（货物和服务）的生产活动集合。健康产业包括 13 个大类 1000 多个小类。健康产业发展程度与经济发展到一定阶段相联系。中国作为一个新兴的进入中高收入的国家，居民的对健康产业的巨大需求实际是一种刚性需求，在中国有着巨大的潜力和发展空间。此次新冠疫情说明，在经济面临持续下滑的情况下，诸多健康产业发展不仅没有下滑，反而逆势上扬。说明健康产业有着显著的刚性需求特征。2016 年 10 月 25 日，中共中央、国务院印发了《“健康中国 2030”规划纲要》提出，到 2020 年，健康服务业总规模超过 8 万亿元，2030 年达到 16 万亿元。实际上，2019 年中国健康产业总规模已经达到 8.78 万亿规模，2020 年底，中国健康产业总规模超过了 10 万亿元。因此，大力推进健康产业的发展，既有利于遏制因疫情而导致的经济持续下滑，更有利于满足全社会对健康发展的巨大需求。健康产业的大部分内容，与居民生活密切相关。例如，康养文旅、健康养生、运动健康、养老服务等，民营经济完全可以在这些领域扮演基础性角色，推动健康产业向高品质和多样化发展。

三、大力发展数字经济，加大新型基础设施投资力度

投资是扩大内需的重要组成部分，也是扩大再生产、促进技术进步的重要途径。就全球范围看，由信息技术引领的新一轮科技革命和产业变革方兴未艾、正深入发展。中国的企业，特别是民营企业，应抓住这轮科技革命的带来的机遇，瞄准产业链长、带动性强的机器人、新材料、高端装备、智能制造等领域加大投资力度，增强新产业新业态顺应新需求的能力，推动传统产业智能化、绿色化、服务化、高端化。

中央经济工作会议强调，要大力发展数字经济，加大新型基础设施投资力度。我国数字经济对 GDP 增长的贡献率已超过 67%。疫情防控过程中催生的新型消费十分依赖数字经济的发展。包括云计算、大数据、移动互联网、物联网、人工智能为代表的新一代信息技术消费呈爆炸式增长。特别是新一代信息基础设施和大量绿色智能产品，具有集约智能、绿色高效等特点。新基建能够给新消费开拓更多创新空间，新消费则为新基建指明更多投资领域，提升新基建的整体效能。

大力发展数字经济，加大新型基础设施投资力度，有利于让新消费和新基建同频共振。民营经济应充分借力新基建已经或即将实现的新技术、新产品、新模式、新渠道，抓紧布局谋划，加大新型基础设施投资力度。要扩大制造业设备更新和技术改造投资。开发出更多更好满足大众需求的消费业态，不断推进消费扩容提质。这需要全面提升企业技术研发能力。使新消费有着强有力技术根底作为支撑，这是链接新基建和新消费不可或缺的导线。而民营经济作为创新意识最强的市场主体，在这方面无疑具有明显优势。创新在现代化建设全局中居于核心地位。民营经济是中国企业创新发展的主要支撑。只有提升科技创新能力，培育一批新产业、新业态、新模式，才能不断引领和创造新需求，扩大就业岗位和空间，提高劳动生产率，增加人民群众收入。

四、缩小收入分配差距有利于扩大消费

需求侧改革核心在于扩大内需、拉动消费。应当从收入分配、社会保障等深层次矛盾入手，用改革的办法疏通难点、堵点。这需要下大力气提高居民收入，疏通民众消费不起、消费意愿低的最大瓶颈。?在这方面，民营企业可以做出自己独特贡献。

中国的基本经济制度是坚持按劳分配为主体、多种分配方式并存。统筹兼顾社会主义基本经济制度的整体性，要求完善按劳分配与按生产要素分配相结合的机制。就是既努力贯彻按劳分配原则，即坚持多劳多得、保护乃至增加劳动者特别是一线劳动者劳动报酬，又要构建更加完善的按生产要素分配体制机制。这包括完善初次分配制度，也就是国民总收入直接与生产要素相联系的分配，是市场经济体制的重要根基。健全和完善这一基本经济制度，劳动力作为生产要素重要内容，其收入分配需要符合市场公正。劳动者收入有一个可预期的合理分配，有助于切实保障和促进居民消

费能力的提升。

中国目前居民收入分配差距较大。而缩小居民收入分配差距,有利于扩大消费。而在这方面,民营企业可以有所作为。例如,通过完善初次分配,民营经济可以为提高劳动报酬在初次分配中的合理性做出贡献。包括按劳动合同及时足额给员工发放工资及社保缴纳。

民营企业也可以为健全和完善第三次分配作用做出贡献。第三次分配建立在公民自愿性的基础上,以募集、自愿捐赠和资助等慈善公益方式对社会资源和社会财富进行的分配,是对初次分配和再分配的有益补充。第三次分配的制度和机制形式多样,包括社会救助、民间捐赠、慈善事业、志愿者行动等。随着我国经济快速发展,相当一部分人群已经率先富裕起来,出现了数量较大的富裕阶层和世界上人数最多的中产阶层。《2019 胡润全球富豪榜》显示,全球 2470 位十亿美金富豪中,中国以 658 位十亿美金富豪位居世界第一,比美国多 74 人。中国富人的迅速增长,这是建立第三次分配制度的经济社会基础。我国第三次分配制度正在建立并完善,需要民营企业特别是一些富裕起来的企业家阶层积极参与,包括社会救助、捐赠、慈善事业等,以推进社会的公平正义,扩大社会消费。

五、推进改革,发挥民营经济在扩大内需方面的作用

发挥民营经济在扩大内需方面的作用,需要推进改革。这主要有以下一些内容:

(一)放宽市场准入

在放宽市场准入方面,2020 年 10 月,国家发展改革委、科技部、工业和信息化部、财政部、人力资源社会保障部、人民银行六部委联合印发了《关于支持民营企业加快改革发展与转型升级的实施意见》(以下简称《意见》)给民营企业的“大礼包”是,共涉及电网装备制造、油气基础设施、石油、化工、?电力、天然气、铁路和铁路客货站、快递物流、检验检测等,并且支持社会资本进入银行、证券、资产管理、债券市场等金融服务业。《意见》还提出,扩大基础设施建设投资主体,带动民营企业参与 5G 网络、数据中心、工业互联网等新型基础设施投资建设运营等。让新消费和新基建同频共振,需要民营企业积极参与新基建投资。如果不能够放宽市场准入,不能够把放宽市场准入真正落实到位,民营企业也就难以在这一领域发挥作用。

此外,《意见》还对降低企业生产经营成本、破解中小微企业融资难等问题提出了政策要求。现在的问题是,如何使这些措施能够真正落地。

(二)推进“放管服”改革,支持民营企业创新流通

民营企业已经成为电子商务等新业态新模式的中坚力量。政府相关部门应当着力推进“放管服”改革,为以民营企业为主体的各类商贸流通企业松绑减负。同时,支持发展新业态新模式,推动民营企业创新商业流通模式,引导网络消费、定制消费、体验消费等新模式加快成长。支持民营企业创新流通,促进扩大消费。

政府相关部门还应支持民营企业参与城乡流通设施建设,支持民营企业建设社区便民服务中心、特色商贸小镇,鼓励民营企业在建设高品位步行街、国际消费中心城市中发挥更大作用。

(三)健全和完善第三次分配制度

第三次分配在我国实际上还处在起步发展阶段,对国民经济收入结构调节优化的治理效能较弱,发挥再分配调节力度较小。政府在大力倡导的同时,应积极制定相关鼓励性政策法律,同时遵循经济和社会规律,循序渐进发展。当前重要的是完善关键性法律及配套法规。

近年来我国第三次分配领域的相关制度,尤其是关键性法律法规陆续制定,如《中华人民共和国慈善法》《中华人民共和国公益事业捐赠法》等,为完善我国第三次分配制度提供了基本法治前提。还应加快推进社会组织登记管理条例的立法,完善社会组织管理法规政策,做好与《慈善法》的制度衔接,分类完善慈善公益事业的税收优惠制度。对新出现和发展趋势较明显的股权、知识产权、网络众筹等特殊捐赠方式要研究出台相应的规范条例和税收制度,简化程序,便利于受益人直接获益。

我国供应链脱碳及金融支持的思考

王信

一、供应链脱碳逐步成为国际发展趋势

跨国公司将"碳中和"纳入公司核心战略，并通过绿色采购、绿色供应链管理等方式，推动供应链上下游脱碳。越来越多的跨国公司出于多重考量，将"碳中和"纳入核心战略，更愿选择能共同履行社会责任、实现绿色低碳发展的供应商合作，通过对产品进行绿色设计、使用可回收材料和可再生能源、进行清洁生产等，实现绿色供应链管理，推动供应链上下游企业减排。对300多家跨国公司的一项调查发现，76%的受访公司设定了自身组织运营的碳中和目标，其中90%的公司到2030年实现此目标。

各国政府通过绿色政府采购、碳交易市场等方式，引导支持供应链脱碳。美、欧等发达经济体普遍重视政府绿色采购，通过制定相关法律法规，优先采购经过环境认证的产品或实行强制采购政策，将绿色产品作为政府采购的首选。美国在推行政府绿色采购方面建立了比较完善的法律政策体系；欧盟发布《政府绿色采购手册》，制定"绿色公共采购共同标准"，指导各成员国在采购决策中考虑环境问题。欧盟碳交易市场有效推动了核心企业供应链脱碳，拟议实施的"碳边境调节机制"可能推动有关行业的供应链脱碳进一步提速。

二、我国核心企业供应链脱碳主要做法和存在的问题

我们近期对四省60多家企业调研表明，受访大部分供应链核心企业已制定或正在制定减排脱碳方案，主要有两种模式：

一是供应链强脱碳模式。即核心企业明确提出自身碳达峰碳中和规划，通过绿色采购、合作研发、建立激励监督机制等方式，推动供应链整体减排脱碳。例如，国内某龙头电器公司，定期对上下游企业进行考核，根据评分结果采用不同的产品采购、定价、结算策略。对暂不符合绿色管理要求的客户，通过人员交流、工程师驻场等灵活机制，为客户提供技术支持和培训。

二是供应链弱脱碳模式。即核心企业未明确提出供应链脱碳，但通过自身示范，引导上下游企业脱碳；或通过加强供应商管理，推动上下游企业优化生产工艺，加大环保材料使用，实现降耗减排；推进供应链企业的碳排放、碳足迹核算。

金融支持供应链脱碳的做法，主要有以下几种：

一是"绿色供应链+供应链金融"模式。例如，广东发布了《大湾区绿色供应链金融服务指南（汽车制造业）》，以整车制造企业现有供应链管理体系为基础，制定绿色供应链管理评价体系，确保核心企业供应链的绿色、可溯源，金融机构向上下游企业提供金融服务时，无需对企业的绿色资质再次审核，大大提高上下游企业的融资效率。

二是基于碳账户的管理。核心企业可联合权威第三方评估机构，建立企业碳账户核算体系，通过给予绿色标识，引导金融机构对低碳供应商提供更优质的金融产品和服务。

三是"金融机构+第三方专业技术服务公司"模式。金融机构通过与拥有脱碳减排技术的第三方公司合作，为供应链企业提供一站式脱碳服务，包括能效测量和监测、制定能效提升方案、项目建设及运营等。有的金融机构通过这种合作模式，2020年帮助苹果公司中国区供应商实现二氧化碳减排11.1万吨。

目前，我国供应链脱碳存在的主要问题：

第一，我国核心企业推动供应链脱碳内生动力不够强，对上下游企业减排约束不足。受访的国内大多数供应链核心企业都具备碳减排意识，但与跨国公司相比，供应链脱碳内在动力不强、外在压力不足。核心企业未对供应链上下游企业提出碳排放要求或要求较低。

第二，供应链上的中小微企业减排自主性不强、能力不足。小微企业整体生命周期短、盈利能力和抗风险能力较弱，难以及时掌握节能减排技术和承担较高脱碳成本。

第三，财税金融等激励约束机制有待进一步完善。我国的政府绿色采购多为鼓励性政策，不具强制性，且缺乏实施细则，对绿色供应链企业的激励不足。金融机构支持绿色供应链的积极性普遍不高、能力不足。很多

减排项目建设周期长、贷款风险大,一定程度上影响了商业银行的积极性。目前,银行获得企业碳减排信息主要通过企业本身和环保部门等,但企业信息的真实性难以核证,有关部门的信息针对性和时效性不强。此外,不同类型的脱碳项目的商业模式、融资需求不同,现有金融工具无法完全满足其融资需求。

第四,绿色供应链评价体系等基础设施建设不健全。工信部已制定绿色供应链管理的评价要求和指标体系,细化了机械、汽车、电子电器行业的绿色供应链管理企业评价指标体系,但其他行业的评价标准、第三方机构认定仍处于探索阶段。企业碳排放数据监测、报告、认证核查体系等不健全,环境信息评价、多方监督、第三方评估的作用发挥不充分。传统高排放企业生产工艺复杂,排放成因多,加大了碳排放监测难度。

三、推动供应链脱碳的几点思考

第一,通过试点引导和支持核心企业实施供应链减排。可在试点地区筛选数家头部供应链核心企业,推动其制定碳中和目标、路线图。建立供应链企业碳账户管理体系,监测评估核心企业及其上下游企业的碳排放情况。政府可加大绿色采购力度。

第二,大力发展绿色供应链金融。支持金融机构为具有显著碳排放效应的核心企业及其上下游企业提供优惠利率融资。通过搭建绿色供应链金融平台,及时充分披露供应商采购、生产加工、销售回收全过程的环境信息,便于金融机构为上下游企业提供专业化服务。引导投资机构通过加强与高碳企业的沟通、减少相关资产配置等方式,倒逼高碳核心企业推动自身及整个供应链减排。

第三,建立环境信息披露和共享机制,强化市场监督约束。针对不同行业制定环境标志认证等绿色供应链政策,对企业生产全流程适用严格的环保要求,细化认定标准。完善环境信息披露监督管理机制,推动企业充分利用金融科技手段加强碳核算,定期公布碳排放数据。大力培育专业、权威的第三方评估机构,提供更优质的绿色评价、项目咨询等服务。整合不同部门的监管信息,将环评结果等信息与征信体系连接,完善市场监督约束机制。

市场经济是经济发展的正确道路

张军

关于中国经济发展模式,首先的问题是怎么评价改革开放四十年来中国经济成功崛起的经验,尤其是90年代初邓小平南巡讲话以后到现在,我们的发展靠了什么?毫无疑问,我们走了社会主义市场经济的道路。1993年的十四届三中全会通过的关于建立社会主义市场经济体制的决议是里程碑式的。

但是,我们在坚持市场经济发展道路这个方向问题上并没有排斥政府,也没有放弃政府在经济发展中的重要角色,尤其是在宏观调控和基础性、战略性领域的规划与发展方面,政府的存在和角色是非常重要的。

在2008年以后,为了应对全球金融危机冲击和全球经济的不确定性,我们加强了国家在经济发展中的总体控制力,而且政府的风险意识和战略意识也明显提高了。当下的国际环境和反全球化思潮下,我们更是在加强国家对经济发展方向和战略性领域的规划。但这些没有颠覆中国经济的基础——依然是市场经济的逻辑,也不意味着中国有意回到封闭的计划经济模式上去,这是不可能的。中国在90年代中期对传统的国有经济进行大规模的改革和重组之后,除了极少数战略性行业之外,绝大多数的竞争性行业都已经成为竞争性市场的主体而不再是政府机构的附属物,所以市场机制在处理资源配置上面的决定性作用是显而易见的,今天并没有发生变化。

如果没有这样一个市场经济体制,没有这样一个在产品市场和要素市场上的基本的市场机制,我们很难想象中国能从90年代初那么困难的状况当中成功走出来。此外，我国可贸易部门的发展也足以说明中国经济事实上依赖了市场经济体制的创造力和活力，使得中国在全球的贸易格局当中能够占据重要的地位，使中国成为全球工厂，这个跟市场经济密不可分。因此，如果我们要对中国经济过去成功崛起的三十年做一个基本评估的话，市场经济道路无疑是中国经济发展的正确道路。

一个市场要能够有效地发挥资源配置的作用，需要有一系列的基础制度的保障，需要政府来保障市场主体的财产，特别是保护使用权人的财产。在中国，政府除了推动市场化改革之外，还做了很多工作来确保市场经济能运转良好。例如，要清理市场的准入障碍，要确保生产性投资可以顺利进入到一个给定的行业中去。中国各级政府致力于改善投资环境、营商环境和硬件基础设施，为市场主体创造从事更多更好经济活动的条件。

这些年来，我们是看到经济发展中国家干预的多了一些。但这些干预是为了更好地规范市场经济，也为了在经济发展中更好地克服市场不能完全避免的东西，体现国家目标。比如说，这些年国家加强了对环保的管控，这个政策可能是近年来诸多干预性政策当中对我们的经济影响最大的一个政策。

很多北方的经济在痛苦地转型和调整，我们也看到有一些企业和人口开始往南方转移，这个现象是可以理解的。很多人关心，这是否让北方失去了发展的机会？其实不会，只要我们坚持市场经济的道路，北方的经济发展依然是有机会的，但发展模式会改变。北方经济在调整期暂时出现一些衰退是正常的，当北方的某些产业发生衰落迹象的时候，市场机制会在当地去发现新的投资机会，会形成新的增长动能。比如说，如果环保的政策限制了一些产业在北方的发展，那么一些对环境友好的要素在北方就可以重新聚集而产生新的增长机会。事实上，这样的机会将代表未来质量更好的经济增长。

（责任编辑：王怡然　金瑞锋　赵峰）

政 策 法 规

“十四五”市场监管现代化规划

创新和完善市场监管，推进市场监管现代化，是建立统一开放竞争有序的现代市场体系的客观需要，是完善社会主义市场经济体制的内在要求。为深入贯彻党中央、国务院决策部署，建设科学高效的市场监管体系，全面提高市场综合监管效能，更大激发各类市场主体活力，持续优化营商环境，根据《中华人民共和国国民经济和社会发展第十四个五年规划和2035年远景目标纲要》，编制本规划。

第一章 规划背景

一、“十三五”时期工作成效

“十三五”时期，市场监管部门会同相关部门深入实施《“十三五”市场监管规划》，市场准入环境持续优化，竞争环境不断改善，消费环境稳中向好，监管体制机制进一步完善，监管能力水平跃上新台阶，为市场平稳运行和经济高质量发展提供了有力保障，为“十四五”时期深化市场监管改革创新奠定了坚实基础。

监管体制实现重大改革，统一市场监管格局初步形成。党中央、国务院从战略高度出发，对市场监管体制改革作出重大决策部署，历史性完善市场监管和执法体制，整合监管职能，加强监管协同，实现了分段、分领域监管向统一、综合监管的转变。

商事制度改革纵深推进，市场活力充分释放。从注册资本实缴制到认缴登记制，从改革市场主体登记管理到精简优化涉企经营许可，从传统监管到全面推行“双随机、一公开”监管，商事制度实现根本性变革，成为“放管服”改革的“先手棋”和突破口。我国营商环境显著改善，五年来企业平均开办时间由22.9天压缩至4个工作日以内，企业普通注销平均耗时由100天下降至60天，简易注销平均耗时20天左右。对所有涉企经营许可事项实行“证照分离”改革，着力推进照后减证并证，工业产品生产许可证由60类压减至10类，强制性产品认证(CCC认证)目录压缩近40%。一系列改革举措有效激发了各类市场主体活力，市场主体数量由0.77亿户增长到1.38亿户，五年共新设市场主体1.06亿户，日均新设企业由1.22万户提高到2.20万户，49.36%的注销企业通过简易注销程序退出，年均净增市场主体1218.77万户。

基础性制度不断完善，市场监管“四梁八柱”基本确立。公开透明的监管规则和标准体系不断完善，竞争政策基础地位逐步强化。知识产权保护政策和制度体系不断健全，侵权惩罚性赔偿制度初步建立。电子商务法、疫苗管理法等一批法律从无到有，填补了重要领域监管制度空白。

市场安全监管全面加强，安全基础巩固向好。食品安全等隐患排查治理能力稳步提高，农产品和食品抽检量实现每年4批次/千人的目标。国家药品标准体系日趋完善，监督检查、抽查检验、不良反应报告和监测有效实施，上市药品监管能力显著提升。特种设备安全监管体系逐步完善，万台特种设备死亡率下降75%。企业质量安全风险意识进一步强化，重大质量事故报告制度建立实施，工业产品质量安全水平不断提高。

质量提升行动成效明显，助推经济发展质量变革。质量强国上升为国家战略，质量政策不断完善。质量基础设施建设持续推进，我国获得国际承认的校准与测量能力跃居全球第三，主要消费品领域标准与国际标准一致性达到95%以上，认证认可颁发证书数量和获证组织数量均居全球第一。计量筑基、标准引领、合格评定、政策激励有效助力增品种、提品质、创品牌，制造业产品质量合格率稳定在90%以上。

市场秩序持续好转，市场自律和监管约束不断增强。新型监管机制逐步完善，监管能力不断提升，消费环境持续优化。重要民生商品假冒伪劣违法行为得到有力遏制，百城消费者满意度从71.8分提高到79.3分，知识产权保护社会满意度从72.38分提高到80.05

分。在应对新冠肺炎疫情等重大事件中，市场监管部门有力有效维护市场秩序，为保持经济平稳运行、保障和改善民生作出了重要贡献。

二、市场监管面临的新形势新要求

市场是全球最稀缺的资源。经过多年发展，我国已形成超大规模市场，这是构建新发展格局的独特优势和必要条件。与此同时，市场监管工作面临新形势、新特点、新挑战，主要表现为：随着经济总量和各类市场主体快速增长，合作和竞争、优胜和劣汰格局深刻演化；商品和服务市场在相互渗透中加快融合，线上和线下市场在并行交织中形成复杂生态，新产业新业态新模式不断涌现，效率和公平、创新和保护的需求更趋多元；构建新发展格局过程中，国内市场国际化、国际市场中国因素增多的特征更加明显；人民群众对消费安全和消费升级的期待不断提高。

加快构建以国内大循环为主体、国内国际双循环相互促进的新发展格局，要求持续营造市场化法治化国际化营商环境，培育壮大市场主体，为增强经济发展内生动力提供可靠载体；要求打通各类循环堵点、规范市场竞争秩序，在市场平稳运行中保障经济循环效率和活力；要求有效防范市场运行风险，维护市场安全，保障人民群众放心消费；要求深入推进质量强国建设，全面提升产品和服务质量水平；要求加快市场监管制度型开放，更好统筹国内国际两个市场、两种资源。必须聚焦我国市场运行中的各类问题，着力补短板、锻长板，挖潜力、增优势，进一步完善现代化市场监管机制，促进超大规模市场不断优化提升，为构建新发展格局提供坚实基础和有力支撑。

第二章　总体要求

一、指导思想

以习近平新时代中国特色社会主义思想为指导，全面贯彻党的十九大和十九届历次全会精神，立足新发展阶段，完整、准确、全面贯彻新发展理念，构建新发展格局，坚持统筹发展和安全、效率和公平、活力和秩序、国内和国际，围绕“大市场、大质量、大监管”一体推进市场监管体系完善和效能提升，推进市场监管现代化，着力营造市场化法治化国际化营商环境、激发市场活力，强化公平竞争政策基础地位、维护市场秩序，坚守安全底线、增强人民群众获得感幸福感安全感，完善质量政策和技术体系、全面提升质量水平，维护和优化高效、有序、统一、安全的超大规模市场，切实推动高质量发展，为全面建设社会主义现代化国家开好局、起好步提供有力支撑。

二、基本原则

——坚持以人民为中心。将增进人民福祉作为市场监管工作的出发点和落脚点，围绕人民群众需求，坚守质量安全底线，强化消费者权益保护，提升市场监管领域政务服务水平，不断增强人民群众获得感幸福感安全感。依靠人民推进监管，自觉接受人民监督，形成市场监管社会共治合力。

——坚持改革创新、提升效能。围绕建设高标准市场体系，加快推动市场监管制度机制不断成熟定型。遵循市场监管规律，顺应市场发展趋势，创新丰富监管工具，优化监管资源配置，强化科技支撑，不断增强监管效能。

——坚持有效市场、有为政府。正确处理政府和市场的关系，充分发挥市场在资源配置中的决定性作用，更好发挥政府作用，进一步激发市场活力。加强市场监管与经济调控的协同，促进市场健康发展。提高市场规制能力，有效维护市场秩序和消费安全。

——坚持依法行政、公正监管。加快推动市场监管领域法律法规制度完善和统一，营造稳定公平透明可预期的制度环境，依法规范政府监管行为，一视同仁对待各类市场主体，为激发市场活力和维护市场主体合法权益提供法治保障。

——坚持系统观念、统筹施策。统筹监管线上和线下、产品和服务、传统经济和新兴业态等各类对象，统筹发展和安全、效率和公平、活力和秩序、国内和国际等多元目标，统筹运用市场、法律、技术、标准、信用、行政等多种手段，统筹行业管理和综合监管、事前事中事后监管，统筹发挥市场、政府、社会等各方作用，切实提高市场综合监管能力。

三、主要目标

——营商环境持续优化。高效大市场活力增强，准入、准营、退出制度规范便利，投资创业更加便捷。知识产权大保护格局基本形成，企业创新主体地位进一步确立。支持市场主体发展的政策不断完善，市场主体活力充分激发。

——市场运行更加规范。有序大市场巩固提升，竞争规制能力明显增强，线上线下市场竞争生态不断优化，市场秩序突出问题得到有力解决，市场主体诚信守法、合规经营的激励约束机制更加健全，公平、透明、可预期的市场环境进一步形成。

——市场循环充分畅通。统一大市场不断完善，公平竞争政策基础地位进一步强化，竞争政策和产业政策更加协调，市场基础制度规则逐步统一，地方保护、行业分割、市场壁垒有效破除，商品要素在更大范围自由流动。

——消费安全保障有力。安全大市场稳中向好，统筹发展和安全的监管机制不断健全，"四个最严"要求得到严格落实，食品药品等安全风险和市场运行风险有效防范，标本兼治的制度措施不断完善，消费者权益和社会公共利益得到有力保护。

——质量水平显著提升。质量强国建设加快推进，质量基础设施对产业升级和经济发展的支撑作用显著增强，优质产品和服务供给大幅增加，实现需求牵引供给、供给创造需求的更高水平动态平衡，形成更具质量竞争优势的大市场。

——监管效能全面提高。综合监管制度机制更趋完善，信用监管基础性作用进一步发挥，智慧监管手段广泛运用，多元共治的监管格局加快构建，市场监管制度型开放水平进一步提高，推动构建与高水平社会主义市场经济体制相匹配的现代化市场监管体系。

第三章　重点任务

一、持续优化营商环境，充分激发市场主体活力

坚持放管结合、放管并重，深入推进"放管服"改革，深化商事制度改革，提升公正监管水平，完善市场主体支持政策，有效降低制度性交易成本，更大激发市场主体活力和发展内生动力，为畅通经济循环、推动高质量发展提供有力支撑。

（一）深化市场主体准入准营退出制度改革。

深入推进"证照分离"改革。大力推动照后减证和简化审批，力争2022年底前建立简约高效、公正透明、宽进严管的行业准营规则，大幅提高市场主体办事便利度和可预期性。在全国范围内实施涉企经营许可事项全覆盖清单管理，对清单内事项按照直接取消审批、审批改为备案、实行告知承诺、优化审批服务等方式，逐项确定改革方式、具体改革举措和加强事中事后监管措施。在自由贸易试验区进一步加大改革试点力度，探索按照许可事项功能进一步创新改革举措，除维护经济安全和公共安全等需要许可把关的领域外，对市场和社会能够调节、事中事后监管能够实现相关功能的事项，进一步精简许可。

加快提升市场主体登记规范化水平。深入实施《中华人民共和国市场主体登记管理条例》，统一各类市场主体登记管理制度，稳妥落实歇业制度，依法保障市场主体合法权益和促进创业创新。动态调整和发布企业登记前置审批事项目录，巩固"先照后证"改革成果。探索容缺受理等方式，不断优化前置审批和企业登记办理流程。在自由贸易试验区试点市场主体登记确认制改革。优化企业名称登记管理制度，推进住所与经营场所分离登记改革，深化经营范围登记改革。

持续优化企业开办服务。全面推行"一网通办"，深化企业开办"一网通办"平台使用，将公章刻制、申领发票和税控设备、员工参保登记、住房公积金企业缴存登记等业务纳入平台覆盖范围。逐步实现内外资一体化服务，探索将外商投资企业开办纳入"一网通办"平台。制定完善电子证照有关标准、规范和样式，加快实现涉企证照电子化。在加强监管、保障安全前提下，进一步推进电子营业执照应用，扩大电子营业执照、电子印章同步发放和应用试点范围。提高企业开办身份验证服务水平，实行身份验证信息互认，开发企业开办移动应用程序（APP），完善身份验证方式。制定实施企业开办全程网上办国家标准，建立企业开办标准化规范化指标体系，不断提升企业开办服务水平，到2025年企业平均开办时间由目前的4个工作日以内进一步压缩到2个工作日左右。

畅通市场主体退出机制。建立便利、高效、有序的市场主体退出制度，健全强制退出机制，完善企业吊销、注销等规定，规范企业清算与注销程序，研究建立自然人破产制度。优化企业注销"一网服务"平台功能，提升企业注销便利化水平。全面实施简易注销，降低市场主体退出成本。

（二）增强各类市场主体发展活力。

促进新设市场主体可持续发展。加强市场主体全生命周期监测和分析，坚持问题导向，提升支持政策精准性。用好用足税收、信贷、社保等政策，更好适应新设市场主体发展阶段需求。深化知识产权金融服务，扩大知识产权质押融资规模，积极探索多样化科技金融服务模式，健全知识产权价值评估机制，规范探索知识产权证券化等金融创新。

精准扶持小微企业和个体工商户健康发展。完善促进小微企业发展的政策体系。建立支持市场主体发展政策服务平台，完善小微企业名录功能。健全扶持个体工商户发展部际联席会议制度，研究并推进实施扶持个体工商户发展的重大政策措施。发挥个体劳动者协会等组织在服务个体工商户和私营企业发展中的作用。加强小微企业、个体工商户、专业市场党建工作。

为市场主体减费降负。完善涉企收费监督管理制度，持续加大违规涉企收费治理力度，健全收费公示制度。制定行业协会商会、中介机构、商业银行等收费规则，引入第三方开展违规涉企收费情况评估。引导平台型、科技型企业利用数字技术赋能中小微企业，完善平台收费监管规则，推动降低商户经营成本。

（三）增强市场主体创新动能。

构建知识产权大保护格局。建立完善跨区域、全链条知识产权行政保护协作机制，加大执法力度。探索建立知识产权侵权快速处理机制。完善行政执法和司法衔接机制，促进知识产权行政执法标准和司法裁判标准统一。全面建立并实施知识产权侵权惩罚性赔偿制度。在条件成熟的地区建设一批国家知识产权保护试点示范区。加强反不正当竞争执法，坚决查处侵犯商业秘密违法行为。完善药品专利保护、跨境电商领域知识产权保护规则，发布企业知识产权保护指南。加强知识产权信息化、智能化基础设施建设，建设知识产权保护大数据中心和公共服务平台。优化专利、商标等申请和审查程序。

完善企业创新服务体系。优化专利资助奖励政策和考核评价机制，全面取消对专利和商标申请阶段的资助和奖励，更好保护和激励高价值专利。完善防止知识产权滥用相关制度。建设计量、标准、认证认可、检验检测等质量基础设施"一站式"服务平台。强化标准对创新的引领作用，健全科技成果转化为技术标准的机制，推进科技成果标准化服务平台建设。健全首台（套）装备产品检测评定体系。强化企业创新主体地位，激励企业加大研发投入，支持产业共性基础技术研发，推动各类创新要素向企业集聚。

优化适应新经济发展的监管机制。探索创新符合平台经济、产业数字化、新个体、微经济、共享经济等新经济特点的监管模式，促进新经济健康有序发展。优化完善新产业新业态新模式登记注册服务。加强新经济监管工具创新供给，探索触发式监管机制，完善敏捷治理等新型监管模式。完善网约车、共享单车、汽车分时租赁、网络货运等交通运输新业态监管规则和标准。引导平台企业提升服务水平，吸引更多经营者线上经营创业。

（四）提升公正监管水平。

持续提升"双随机、一公开"监管权威性公正性。完善"双随机、一公开"监管相关配套制度和工作机制，除特殊行业、重点领域和根据问题线索开展的靶向监管以外，原则上所有日常涉企行政检查一律通过"双随机、一公开"方式进行。提高双随机抽查的科学化水平，合理确定抽查范围、抽查行业、抽查比例、抽查频次和被抽查概率，真正做到随机抽取检查对象、随机选派执法检查人员、向社会公开抽查情况及查处结果，实现监管"无事不扰"而又"无处不在"。

依法规范监管执法行为。编制实施市场监管部门权责清单，按照清单事项的不同类型制定办事指南和行政权力运行流程图，确保权责一致、履职到位。优化和完善行政执法程序，全面落实行政执法公示、执法全过程记录和重大执法决定法制审核制度，落实市场监管行政执法自由裁量权基准制度，促进公平公正执法。强化市场监管执法监督机制和能力建设，加强普法工作和法治教育，健全执法考核评议和执法案卷评查机制。

二、加强市场秩序综合治理，营造公平竞争市场环境

加强市场综合监管，提高竞争执法水平，推进线上线下市场一体化监管，在规范市场秩序中推动发展，在维护公平竞争中增强创新动力。

（一）统筹提升反垄断和反不正当竞争监管能力。

完善反垄断和反不正当竞争规则。深入贯彻《关于强化反垄断深入推进公平竞争政策实施的意见》，完善竞争规制基础制度。加快推进反垄断法修订，完善以反垄断法为基础、法规规章为支撑、反垄断指南为配套的反垄断规则体系，增强配套规则的适用性。健全公平竞争审查制度。创新完善重点监管规则，细化垄断行为的认定标准。完善经营者集中审查制度，加快修订《国务院关于经营者集中申报标准的规定》，科学优化申报标准，提高审查质效。梳理与反不正当竞争法存在交叉重叠的法律法规，推动厘清相关法律规定之间的关系，完善配套实施细则。

健全市场竞争状况评估机制。建立健全市场总体竞争状况评估和行业、地区竞争状况评估相结合的评估体系，完善竞争状况评估框架和规则，适时发布评估报告。完善以竞争状况评估为基础的反垄断、反不正当竞争执法重点引导机制，加强重点行业和领域市场竞争状况评估，及时跟进分析细分领域竞争状况，提高垄断和不正当竞争风险监测预警能力。

提高竞争执法水平。加强平台经济、科技创新、信息安全、民生保障等重点领域反垄断和反不正当竞争执法，防止资本无序扩张。健全垄断和不正当竞争行为定期研判制度，增强监管及时性和针对性。完善反垄断和反不正当竞争执法法律分析制度，强化重大案件经

济学分析，实现科学监管、精准监管。加强竞争监管与知识产权保护衔接协调，强化对滥用标准必要专利的反垄断规制。强化公共事业、医疗、药品等领域竞争执法，预防和制止不合理收费、指定交易、搭售商品、附加不合理交易条件等行为。加强对商业混淆、虚假宣传、虚假交易、违法有奖销售等误导消费行为的监督，保护经营者和消费者合法权益。根据反垄断执法特点，创新完善监管体制机制，优化监管资源配置，加强授权执法管理。强化行业管理、反垄断执法和司法衔接。加快推进反垄断、反不正当竞争理论研究和专家队伍、技术支撑能力建设。

（二）统筹优化线上线下市场竞争生态。

完善线上市场监管体系。加快完善线上市场准入、产品质量安全、价格、广告等监管制度机制。明确线上市场各类主体责任，落实平台企业对平台内经营者资质、商品质量等的审核把关和监督责任。建设国家网络交易监管平台，提高线上市场风险监测和预警能力。推动网络交易跨区域执法协作，探索建立跨区域联席会议、线索通报、证据移送、案件协查、联合办案等机制。完善线上市场监管部门协作机制，推动综合监管部门和行业管理部门信息共享。推进全国网络市场监管与服务示范区建设。

引导平台经济有序竞争。完善平台经济相关市场界定、市场支配地位认定等分析框架。推动完善平台企业数据收集使用管理、消费者权益保护等方面的法律规范。强化平台内部生态治理，督促平台企业规范规则设立、数据处理、算法制定等行为。健全事前事中事后监管制度，制定大型平台企业主体责任清单，建立合规报告和风险评估制度。加强源头治理、过程治理，完善民生、金融、科技、媒体等领域市场准入与经营者集中审查制度的衔接机制，落实平台企业并购行为依法申报义务，防止“掐尖式并购”。加强反垄断和反不正当竞争协同，统筹运用电子商务法、广告法、价格法等，依法查处“二选一”、歧视性待遇、虚假宣传、刷单炒信、大数据杀熟、强制搭售等垄断和不正当竞争行为。

加大线上线下一体化监管力度。落实线上线下市场监管和行业管理法定职责。健全集中整治与日常监管相结合的工作机制，以食品药品、保健用品、防疫用品、老人儿童用品等民生商品为重点，严厉打击线上市场假冒伪劣、虚假宣传、消费欺诈等违法行为，切实规范线上营销秩序。加强食品药品网络经营行为监管，严格落实第三方平台责任，保证线上线下餐饮服务同标同质，保证药品质量安全。加强互联网广告监测能力建设，落实平台企业广告审核责任，严厉查处线上线下市场虚假违法广告行为。健全传销监测查处工作机制，提升监测能力水平，加大网络传销防范打击力度，加强直销市场监管。规范线上市场价格行为，严厉打击哄抬价格、价格串通、低价倾销、价格欺诈等行为。修订应对市场价格异常波动工作预案，完善价格异常波动监管调节机制，强化市场价格秩序预警能力，加大价格失序防范处置力度。

加强新产业新业态新模式市场秩序监管。研究制定新型不正当竞争行为的认定条件、判定标准、处罚梯度，出台相关执法指南。及时跟进新产业新业态新模式竞争行为监管，强化对电子数据的取证固证，有效防范和解决虚假宣传、侵权假冒、误导消费等问题。密切监测“互联网+服务业”市场竞争秩序，及时查处相关违法行为。

有效遏制假冒伪劣乱象。加强对假冒伪劣产品类别和制售流通重点市场、重点区域、重点环节的分析研判，落实监管责任，强化整治措施。持续开展打击侵犯知识产权和制售假冒伪劣商品行动，严厉查处不符合强制性标准、掺杂掺假、以假充真、以次充好、以不合格产品冒充合格产品、无证制售 CCC 认证目录内产品等违法行为。以城乡结合部、农村等为重点，铲除假冒伪劣生存土壤。强化假冒伪劣源头治理，建立商品生产、流通、销售全链条监管机制。

三、维护和完善国内统一市场，促进市场循环充分畅通

加强市场监管与产业政策的协调，深入实施公平竞争政策，破除妨碍要素市场化配置和自由流动的制度障碍，促进经济循环畅通，维护和完善全国统一大市场。

（一）健全完善维护国内统一市场的政策体系。

强化平等对待各类市场主体的制度保障。促进地区和行业涉企政策、标准、规则协调统一。优化各类市场主体平等使用资源要素、公开公平公正参与竞争、同等受法律保护的制度环境，在准入许可、要素获取、经营运行、政府采购和招标投标等方面对各类市场主体平等对待。废除要素供给、监管规则等方面的歧视性规定。建立健全各类企业平等参与涉企政策制定的机制。

加强竞争政策与宏观经济政策协调。建立宏观经济政策公平竞争后评估制度，及时修订废止排除、限制竞争的产业政策。建立公平竞争政策与产业政策协调保障机制，推动产业政策向普惠化和功能性转型。开展竞争政策环境评价和满意度调查。

更好发挥公平竞争审查作用。完善公平竞争审查范围,细化纳入审查的政策措施类别。逐步研究制定市场准入、产业发展、招商引资、招标投标、政企合作、土地供应、资质标准等重点领域和行业性专项公平竞争审查规则,细化审查标准。建立公平竞争审查例外规定动态调整机制。建立公平竞争审查信息化管理系统和数据库。强化公平竞争审查制度刚性约束,实行政策制定机关内部统一审查,推行重大政策措施会审制度,开展独立审查试点。建立健全公平竞争审查抽查、考核、公示和第三方评估制度。健全面向各类市场主体的有违公平竞争问题投诉举报和处理回应机制,定期开展公平竞争审查实施情况督查和效果评价分析。将公平竞争审查工作纳入政府部门年度考核、优化营商环境、法治政府建设等考核评价体系,建立公平竞争审查责任制,强化监督考核。

(二)强化完善国内统一市场的有效措施。

畅通跨区域生产经营活动。坚决破除地方保护,禁止违法违规通过地方标准、团体标准、目录清单、备案等方式,制定歧视性政策措施。严禁违法以所有制形式、经营者所在地、股权结构、商品或服务品牌等设定投标人资格条件,加大滥用行政权力排除、限制竞争执法力度,及时纠正指定交易、限制商品要素在地区间自由流动、阻碍异地经营、妨碍公平竞争等行为。保障企业登记自主权,除法律规定外,不得限制企业根据实际需要选择组织形式和注册地,不得对企业跨区域迁移设置障碍,不得强制到本地开展投资经营活动的企业在本地设立分支机构。

提高要素配置效率。建立数据要素市场化流通标准和规则,保护数字经济领域各方主体权益。建立健全碳达峰碳中和标准体系,分行业制修订并严格执行能耗限额强制性国家标准,清理妨碍优胜劣汰的不合理政策措施,促进落后和过剩产能有序退出。

推进自然垄断行业竞争性环节市场化改革。加快实现能源、铁路、电信、公用事业等行业竞争性环节市场化,放开竞争性业务准入,进一步引入市场竞争机制。创新投融资机制,鼓励民间资本参与基础设施建设。强化自然垄断行业价格和竞争执法,坚决纠正滥用市场支配地位、价格违法、乱收费等行为。强化自然垄断行业计量监管,加强公共事业服务质量评价,提升自然垄断行业产品和服务质量水平。

(三)不断健全与国内统一市场相适应的监管机制。

推行重点区域市场监管一体化。在京津冀、长三角、成渝地区双城经济圈等重点区域推行市场监管协同治理,建立健全区域市场监管一体化机制。加强监管联动,协同试行更高水平更大范围的"跨省通办"、联合执法等措施。建立地方立法沟通机制,加快实现准入、信用、计量、标准、合格评定和消费者权益保护等制度规则的衔接。

探索建立跨区域协同监管机制。鼓励各地区探索有效合作方式,借鉴复制推广区域市场监管一体化机制,促进不同地区实现协调统一监管。鼓励各地区构建跨区域的统一市场准入服务系统,统一身份实名认证互认、统一名称自主申报行业字词库、统一企业经营范围库,实现跨区域注册登记无差别标准。

四、完善质量政策和技术体系,服务高质量发展

大力推进质量强国建设,深入实施质量提升行动,统筹推进企业、行业、产业质量提升,加强全面质量管理和质量基础设施体系建设,全面提升产品和服务质量水平,塑造产品供给和需求良性互动的大市场。

(一)健全宏观质量政策体系。

加强质量工作顶层设计。科学编制和全面实施质量强国建设纲要,系统规划和有效落实质量强国建设重点任务。大力实施国家标准化发展纲要、计量发展规划。逐步完善大质量工作机制,优化实施政府质量工作考核,推动建立中央质量督察工作机制。健全质量工作部际联席会议制度,形成质量工作合力。

完善质量管理制度。建立健全质量统计监测体系,开展高质量发展综合绩效评价,完善质量安全与质量发展监测指标。完善质量激励政策,开展中国质量奖评选表彰活动,建立政府质量奖获奖企业和个人先进质量管理经验宣传推广机制,引导各行业加强全面质量管理。完善质量提升资金多元筹集和保障机制,加强对质量创新和质量提升的支持。

优化质量发展环境。推进"全国质量强市示范城市"、"全国质量品牌提升示范区"建设,发挥示范引领、辐射带动作用。鼓励各行业和广大企业树立崇尚质量、追求卓越的价值导向。广泛开展全国"质量月"等群众性质量活动,提高全民质量意识。

(二)建设适配现代化经济体系的质量基础设施。

构建现代先进测量体系。加强以量子计量为核心的先进测量体系建设,加快建立新一代国家计量基准,推进社会公用计量标准升级换代,制定一批关系国计民生的重要计量技术规范。改革完善计量器具型式批准、检定、法制监督等管理制度,对强制管理的计量器具目录实施动态调整,完善商品量、计量数据等量值监

管制度。深入推进计量技术机构改革创新发展，探索计量校准市场和校准机构建设的有效途径，规范计量校准市场，满足市场对量值溯源和测试服务的需求。建立国家计量数据建设应用示范基地，提升国家产业计量测试和能源计量能力。积极参与国际计量比对，提升国际承认的校准与测量能力。

深化标准化改革创新。加快标准供给由政府主导向政府与市场并重转变，标准运用由产业与贸易为主向经济社会全域转变，标准化工作由国内驱动向国内国际相互促进转变，标准化发展由数量规模型向质量效益型转变。持续优化政府颁布标准与市场自主制定标准协调配合的新型标准体系，推动一般性产品、服务标准由市场自主制定，建立健全政府颁布标准采信市场自主制定标准的机制。建立法规引用标准制度，强化法规与标准有效协调机制，运用标准支撑法规落地实施。加强标准化技术组织建设，提升国家标准研制和实施能力。加强国家技术标准创新基地和国家级标准验证检验检测点建设，提升标准化技术支撑水平。实施标准全生命周期闭环管理，完善标准实施信息反馈与评估制度，建立国家标准动态维护机制。开展对标达标专项行动，推动团体标准培优计划和企业标准领跑者制度实施，消除标准制定团体培育发展的政策障碍，释放企业、社会团体标准化活力。

提高质量认证服务能力。加快构建统一管理、共同实施、权威公信、通用互认的质量认证体系，全面提升质量认证服务能力，打造一批具有国际竞争力的认证品牌。推动完善重点产业质量认证制度体系，加大网络安全认证制度推行力度，加快战略性新兴产业领域质量认证制度建设，大力推行高端品质认证和新型服务认证，加快研究和完善国家数据安全标准与认证认可体系。广泛开展质量管理体系认证升级行动。健全政府、行业、社会等多层面的认证采信机制，推动在市场采购、行业管理、行政监管、社会治理等领域广泛采信认证结果。提升认证行业专业化集约化水平，优化行业布局结构，推动认证行业数字化发展。

加大认可和检验检测改革创新力度。建立适应高质量发展需要的认可和检验检测体系，实现检测能力显著增强、行业规范运行水平和社会公信力明显提升。稳定事关人民群众身体健康和生命财产安全、公共安全、生态环境安全等方面的检验检测队伍，建设强有力的权威实验室。坚持市场化改革方向，积极推进事业单位性质的检验检测认证机构改革，促进第三方检验检测认证机构发展。建立健全检验检测认证行业品牌培育、发展、激励、保护政策和机制，推动检验检测认证服务业做优做强。推进国家检验检测认证公共服务平台示范区、检验检测认证高技术服务业集聚区建设，完善检验检测认证机构布局，引导检验检测认证产业集约化发展。组织实施检验检测促进重点产业优化升级行动，规划建设一批高水平国家质检中心和检测实验室。研发一批重要检验检测技术和规定，提升综合检验检测能力。完善认可制度，加强认可机构管理，推进认可结果国际互认。

运用质量基础设施改善市场环境。统筹质量基础设施建设与应用，发挥计量、标准、认证认可、检验检测等支撑作用，优化市场运行价值和信任传递机制。推进民生计量建设，强化对食品安全、医疗卫生、生态环境等民生领域的计量监管，筑牢市场公平公正基础。严格排污单位污染源自动监控（测）设备运维机构监管，严厉打击自动监控（测）数据弄虚作假行为。以涉及人民群众身体健康和生命财产安全、公共安全、生态环境安全等方面产品和服务为重点，建立统一的强制性国家标准体系。加强对重点强制性标准实施情况的监督检查，加大对违反强制性标准行为的查处力度。强化认证机构监管，健全认证机构资质持续符合性核查、认证活动全过程追溯、风险监测预警机制。完善检验检测认证机构资质认定办法，建立健全日常监督检查与长效监管相结合的工作机制，切实规范检验检测认证市场秩序。

（三）深入实施质量提升行动。

扩大中高端产品供给。实施优质制造工程，开展中国品牌创建行动，制造业产品质量合格率提高到94%左右。强化质量监督管理措施，探索建立产品质量安全监管与服务双向互动机制，深入开展产品质量技术帮扶。健全集体商标、证明商标注册管理制度，加强农产品商标及地理标志商标注册和保护，打造一批特色鲜明、竞争力强、市场信誉好的区域品牌。推动消费品国内外标准接轨，在医用电器、消毒用品、智能照明电器、家用电器、学生用品、婴童用品、老年用品等领域制修订一批国家标准，积极推广应用国际标准和国外先进标准。率先在化妆品、服装、家纺、电子产品等消费品领域培育一批高端品牌。推进实施内外贸产品“同线同标同质”（以下称“三同”）工程。完善统一的绿色产品标准、认证、标识体系。

全面提高服务业品质。推动服务业企业公布实施服务质量承诺和执行标准。建立服务质量监测评价和结果通报制度。建立健全服务质量监管协同处置机制，强化重大服务质量事件评价考核工作，加快制定市场监管领域重点服务行业监管目录、流程和标准。推进服务市场信用体系建设，建立市场主体信用记录，依法依规建立涉及人民群众身体健康和生命财产安全、公共安全等重点服务领域从业人员失信惩戒制度。推进服务业标准化、品牌化建设，完善商贸旅游、家政服务、现代物流、医疗卫生、养老服务、休闲娱乐、教育培训、体育健身等服务业标准体系，加快电子商务、知识产权、检验检测认证、婴幼儿托育、信息技术等新兴服务领域标准研制。健全服务质量认证体系，开展服务认证示范活动，建立生活性服务业质量认证制度。促进文化服务提质扩容。实施广告业服务能力提升行动和公益广告振兴行动。

推动产品和服务融合发展。适应产品服务化、服务产品化趋势，探索建立符合混合业态特点的市场准入制度。建立健全"商品+服务"终端供应者主体责任制度。强化合同行政监管，完善与混合业态相适应的格式条款监管制度，引导重点行业经营者建立健全格式条款公示制度，建立合同示范文本库。建立"商品+服务"质量自我声明公开和监督制度。建立健全质量分级制度。

五、坚守安全底线，强化消费者权益保护

统筹发展和安全，深入贯彻"四个最严"要求，对涉及人民群众身体健康和生命财产安全、公共安全的特殊行业、重点领域，加强全覆盖重点监管，强化消费者权益保护，构建和完善产品设施安全可靠、人民群众放心消费的安全大市场。

(一)推进食品安全标本兼治。

加强食品安全源头治理。加强食品全链条质量安全监管，推进食品安全放心工程建设攻坚行动，加大重点领域食品安全问题联合整治力度。提高粮食收储质量，防止不符合食品安全标准的粮食流入口粮市场和食品生产企业。加快制修订农药残留、兽药残留、重金属、食品污染物、致病性微生物等食品安全通用标准，推进产业发展和监管急需的食品安全基础标准、产品标准、标签标准、配套检验方法标准制修订，完善食品添加剂、食品相关产品等标准。加快食品相关标准样品研制。加强进口食品安全监管，严防输入型食品安全风险。实施农产品原产地追溯促进行动，打造追溯管理规范、市场机制成熟、带动能力强的农产品追溯标杆企业，推动全程追溯协作和示范推广。

完善食品安全责任体系。落实食品安全责任制，坚持党政同责，完善食品安全工作评议考核办法，推动食品安全属地管理责任落实。夯实企业主体责任，督促企业全面加强质量安全管理，建立食品安全追溯体系，引导企业积极投保食品安全责任保险。严格落实监管责任，厘清食品安全监管权责边界，压实行业管理责任。强化食品生产加工、销售和餐饮服务等各环节监管措施，改进提升以问题为导向的监督检查机制。

健全食品安全风险防控机制。进一步强化食品安全风险监测评估对监督管理的科学支撑，加强风险监测和监督管理各环节的信息化平台建设和信息共享。面向医院、学校、托育机构等重点场所，科学布局食品安全风险监测点，提升风险监测覆盖面和问题发现率。聚焦执法、司法重点难点问题，提高食品安全检验检测和技术鉴定能力。加快重点品种食品安全信息化追溯体系建设，鼓励生产经营企业、行业协会和第三方平台向政府信息平台开放数据。深化食品安全抽检制度改革，明确监督抽检、风险监测与评价性抽检的功能定位，以功能为导向优化实施机制，推进"你点我检"、"你送我检"常态化，强化抽检监测的隐患排查和风险管控作用。稳步实现农产品和食品抽检量每年5批次/千人目标，其中种养殖环节抽检量每年2批次/千人。依托现有资源加强职业化食品安全检查员队伍建设，完善相应技术职务体系，提高检查人员专业技能。加强食品安全风险预警交流体系建设。加大农产品质量安全风险评估力度。强化食品和农产品安全突发事件应急处置，提升应急响应、现场处置、医疗救治能力。

严惩重处食品安全违法行为。研究修订食品安全法及其配套法规制度，推动修订完善刑法中危害食品安全犯罪和刑罚规定，加快推进修订农产品质量安全法，推动农产品追溯入法。加快完善办理危害食品安全刑事案件的司法解释，推动严重危害食品安全的制假售假行为直接入刑。落实处罚到人要求，对违法企业及其法定代表人、实际控制人、主要负责人和其他直接责任人员加大惩处力度，大幅提高违法成本。探索建立食品安全民事公益诉讼惩罚性赔偿制度。

(二)稳步提升药品安全性有效性可及性。

优化管理方式促进新药好药加快上市。完善创新药物、创新疫苗、医疗器械等快速审评审批机制，加快临床急需和罕见病治疗药品、医疗器械审评审批。健全符合中药特点的审评审批体系，建立以临床价值为导向，中医药理论、人用经验、临床试验相结合的中药特色审评证据体系。建立国家药物医疗器械创新协作机制，加强对重大创新药研发的指导。鼓励研制短缺药品、儿童用药品、防治重大传染病药品、公共卫生方面急需药品，鼓励新药境内外同步研发申报。继续推进仿制药质量和疗效一致性评价，完善与仿制药相关的技术指导原则体系、一致性评价政策和技术标准体系，进一步推动仿制药质量提升。

加强药品安全风险防范。构建全国药品追溯协同平台，整合药品生产、流通、使用等环节追溯信息，从疫苗、血液制品、特殊药品等推开，逐步实现重点类别药品来源可溯、去向可追。开展常态化药品风险隐患排查治理，建立健全国家药物警戒体系和医疗器械不良事件监测体系，落实药品上市许可持有人、医疗器械注册人主体责任，推进建设药品不良反应、医疗器械不良事件监测哨点。科学制定抽检计划，优化生产、经营、使用等环节抽检比例，加大对高风险重点产品的抽检力度。强化应对突发重特大公共卫生事件中检验检测、体系核查、审评审批、监测评价等工作的统一指挥与协调，提升药品监管应急处置能力。

完善药品安全监管制度。加强药物临床试验核查，严格执行药品、医疗器械、化妆品等生产质量管理规范，对重点生产企业开展全覆盖检查。开展药品质量提升行动，健全生物制品等高风险产品标准制定工作机制，提高药品、医疗器械、化妆品标准。改革和完善疫苗监管体制机制，提高省级药品检验检测机构对辖区内生产的主要疫苗品种批签发能力。深入开展无菌植入性医疗器械监督检查、化妆品“线上净网、线下清源”等专项整治行动，切实规范药品、医疗器械、化妆品市场秩序。

（三）保障特种设备运行安全。

强化特种设备安全风险监控体系建设。优化特种设备监管信息化建设基础和应用环境，推动国家与地方监管数据互联互通，增强数据分析和信用管理功能，完善全国统一的特种设备信息公示查询系统。加强特种设备风险预警与应急处置能力建设，提高安全风险识别和防控能力。推动特种设备使用单位开展风险分级管控，从源头上系统辨识风险、防控风险。完善生产单位、检验检测机构和人员资格信息等特种设备基础数据库。以电梯、气瓶和移动式压力容器、叉车等为重点，建立健全特种设备质量安全管理追溯体系。推动特种设备生产企业加大研发投入，建立科学严密、反应及时的风险防范系统。完善锅炉安全、节能、环保三位一体的监管体系，以实现碳达峰碳中和目标为导向，进一步提升锅炉节能环保水平。

加强特种设备安全隐患治理。严格落实特种设备生产和使用单位安全管理主体责任。健全特种设备风险管控、隐患治理双重预防机制，完善双重预防体系、标准、规范。加强对重点区域、重点时段、重点场所、重点设备的监管和隐患排查，确保安全规范使用特种设备。扎实推进特种设备安全专项整治三年行动，深入开展危化品相关特种设备、油气长输管道、起重机械、电梯、电站锅炉、大型游乐设施等安全隐患专项治理和“回头看”。建立重大活动、重大项目特种设备安全保障工作机制。适应科技创新和能源变革需要，加强和完善对涉氢特种设备的监管。加强特种设备事故预防、调查处理、统计分析与应急能力建设。

完善特种设备安全保障市场化机制。积极引入商业保险等市场化手段，鼓励电梯、气瓶等特种设备生产和使用单位投保相关保险，发挥保险的他律和风险分担作用，推广电梯按需维保、“物联网+维保”，探索“保险+服务”模式。推进特种设备检验检测改革，突出市场监管部门检验机构的技术支撑和公益性保障属性，做优做强检验技术机构，有序引入社会检验检测力量作为补充。鼓励符合条件的企业开展自检工作，提高特种设备安全检测和服务能力。

（四）加强工业产品质量安全监管。

创新生产用工业品监管制度。根据生产用工业品的用途和市场交易特点，创新监管方式和手段，更加注重运用市场机制，采取认证检测等方式保证产品质量安全。推动企业建立产品质量安全承诺制度，督促落实产品质量出厂检验、自主排查和主动报告风险隐患等制度，鼓励企业投保产品质量安全责任保险。完善CCC认证制度，建立科学合理的认证目录动态调整机制。探索强制性产品标识制度，按照不同风险等级分别采用第三方认证、自我声明等多种符合性评价方式。

加大消费品安全监管力度。推动企业建立主要消费品质量安全追溯体系，记录重点环节过程信息，实现产品质量安全问题可追溯。健全缺陷产品召回制度，加强大中型客货车、新能源汽车与智能网联汽车、智能家居、儿童用品、电子电器等重点产品召回管理，强化重大案件调查与召回后续监督工作，完善缺陷产品召回技术支撑体系。完善产品伤害监测制度，拓宽监测信息采集渠道，增加监测点，推进产品伤害预防干预。完善产品质量安全事故强制报告和调查处理制度，提高质量安全事故人身伤害赔偿标准。

提升产品事中事后监管能力。完善产品质量监督抽查制度，改革完善抽查模式，实施抽查目录动态管理，优化抽查技术方法，加大联动抽查力度，提高流通领域抽查比率，强化对质量失信企业的跟踪抽查，提高不合格产品发现能力。强化监督抽查后处理,及时封存不合格产品,严防流入市场。加强CCC认证目录内产品监管,加大对无证出厂、销售CCC认证目录内产品等违法行为的打击力度。严厉查处质量低劣、违反强制性标准、存在安全风险的产品,坚决防范和遏制质量安全事故。强化棉花种植、交售、收购、加工、销售、承储等环节全链条质量监管,保证监管棉、储备棉等纤维质量安全。强化工业产品质量安全评估,建立健全产品质量安全监测预警制度。根据安全评估结果,制定实施重点工业产品质量安全监管目录,加强对关系人民群众身体健康和生命财产安全、公共安全、生态环境安全的重点产品监管。

(五)提高消费者权益保护水平。

加强消费教育和消费警示。针对新型消费领域维权热点,提高消费者自我预防风险、依法维权能力。加强消费投诉信息分析,及时发布消费风险报告。推行消费投诉信息公示,建立健全消费后评价制度,减少消费领域信息不对称。综合运用比较试验、认证检测、消费体察、服务评议、调查点评等方式,及时发布消费警示。

建立消费纠纷多元化解机制。简化消费争议处理程序,鼓励小额消费纠纷案件通过小额诉讼程序快速处理。完善消费纠纷在线解决机制,推进地方12345热线平台和全国12315平台互联互通与信息共享,推动12315平台一体化建设,全量归集市场监管投诉举报数据,实现对市场环境和消费环境的统一动态研判。健全行政机关、人民调解组织、专业组织与人民法院、仲裁机构相衔接的消费争议多元化解机制。

加大消费维权行政执法和司法保护力度。提高对重大维权事件的快速反应、及时处置和舆论引导能力。完善12315平台"五级循环联动"效能评价体系。健全"诉转案"工作机制,切实提高经营者侵害消费者合法权益的违法成本。健全消费者公益诉讼制度,在诉讼程序、庭审过程、举证责任等方面加强对消费者的司法保护。支持消费者协会行使公益性诉讼权利。

推进消费维权制度建设。大力开展放心消费创建活动,鼓励实施线下购物无理由退货,探索推行异地、异店退换货制度。改革完善产品质量"三包"制度,探索建立第三方质量争议处理机制。完善预付卡消费部门联合治理机制,加强商务、文化、体育、教育、交通等领域单用途预付卡行业管理。加强医疗、健康、托育服务和老龄产业等市场监管,依法打击非法医疗美容等违法行为。持续完善政府、企业、行业协会、消费者、媒体等多位一体的消费维权格局,优化维权流程,降低维权成本。探索建立维权处理结果消费者反馈评价机制。健全消费者个人信息保护机制。

六、构建现代化市场监管体系,全面提高市场综合监管效能

完善基础制度,健全体制机制,创新监管工具,加强科技支撑,统筹运用市场、法律、技术、标准、信用、行政等多种手段,提升市场综合监管能力,提高市场监管现代化水平。

(一)完善市场监管基础制度。

健全市场监管法律体系。全面推进市场监管法治建设,加快推动相关法律法规立改废释,形成系统完备、科学规范、运行有效的市场监管法律规范体系。坚持立法和改革相衔接相促进,运用法律制度巩固和深化改革成果。加快推动新经济监管等领域立法。加强配套规章制定,细化法律法规要求,提高监管规则体系化水平。健全规章和规范性文件清理工作机制,持续清理市场监管领域规章和规范性文件,推进市场监管规则统一。充分发挥执法指南对市场活动的引导作用,分行业分领域制定执法指南,制定重点行业综合性执法指南。注重以案普法,加大以案释法力度,建立市场监管指导性案例发布机制。

提高市场监管基础制度的科学化水平。健全公平竞争制度,完善公平竞争政策框架,构建覆盖事前事中事后的公平竞争政策实施机制。完善知识产权保护制度,推动专利、商标、著作权等领域法律法规修订。有重点、分领域加强和完善市场主体信用监管制度措施,促进信用赋能市场监管加快落地见效。健全市场交易监管规则,推动计量法、消费者权益保护法实施条例等制修订。健全产品质量安全监管制度,加快推进产品质量法等工业产品质量安全监管法律法规制修订,着力解决违法成本低、维权成本高等问题。

推进市场监管制度型开放。完善市场监管国际合作体系和对港澳台交流机制。深入开展双边交流与合作,积极参与国际组织和多边机制,服务共建"一带一路"高质量发展。加强公平竞争政策国际协调,积极稳妥推进竞争议题谈判,加强竞争执法国际合作。深入参与数字经济国际治理,主动参与数字领域国际标准制定。推进我国知识产权有关法律规定域外适用,加强跨境知识产权保护协作安排。积极参与质量基础设施领域的国际组织活动,实质性参与国际标准及规则制定,推动计量、标准对接以及合格评定结果互认。深化产品质量安全监管和消费者权益保护国际合作,强化食品、药品和特种设备安全监管合作,推进我国产品召回信

息在国际组织和平台公开共享。健全完善技术性贸易措施体系,提升应对新兴技术性贸易措施能力,促进外贸发展,引领转型升级。

(二)完善市场监管体制机制。

优化监管事项层级配置。合理划分市场监管各层级权责事项,形成有利于发挥各层级履职优势的职能体系。坚持属地管理和分级管理相结合,根据监管事项风险范围、专业要求合理配置监管资源。支持基层监管能力建设,确保基层市场监管部门对下放的监管权限接得住、管得好。建立并动态调整市场监督管理综合行政执法事项指导目录,明确案件管辖、调查、处置以及处罚方面的事权划分。

强化跨部门综合监管。编制并动态调整市场监管权责清单,实现权责一致、依法监管。坚持"谁审批、谁监管,谁主管、谁监管"原则,厘清行业管理和市场监管职责边界,加强行业准入和市场主体登记协同。健全市场监管领域议事协调工作制度,完善行业管理和市场监管定期会商沟通协调、重要情况及时通报、重点工作协调联动等机制。完善市场监管部门与司法机关之间案源共享及检验鉴定结果互认等制度,加强行刑衔接。

深化综合执法改革。加强对地方市场监管综合执法改革的指导,推动形成与统一市场监管相适应的执法模式。建立横向协同、纵向联动的执法办案机制,地市级以上市场监管部门加强对重大跨区域案件的查办、指导,实行重大案件挂牌督办、指定管辖、公开通报制度。加强日常监管与综合执法衔接,建立健全信息通报、案件移交、执法反馈等协调机制。统筹综合执法和专业执法,探索建立分类执法机制,对市场秩序类、产品安全类、质量标准类等不同类型予以分类指导,推进专业化执法,提高综合执法效能。加强职业化专业化执法队伍建设,健全执法人才库和专家库,加快培养跨领域跨专业的复合型执法人才,对于专业性技术性较强的执法岗位原则上实行专人专岗。

(三)创新丰富市场监管工具。

完善阶梯式监管工具。针对不同违法倾向、违法阶段和违法程度,创新和丰富普法宣传、合规指南、行政指导、行业公约、公开承诺、约谈、警告、检查执法等监管手段,实现规范市场行为、降低执法成本、形成执法震慑的综合效果。坚持预防为先、重在引导,建立完善针对市场违法苗头性问题的提醒告诫制度,进一步创新引导市场主体自我规范的监管方式。对主观恶意较大、屡罚不改、屡禁不止,以及危害人民群众身体健康和生命财产安全、公共安全的违法行为,依法予以严惩。

完善市场化社会化多元监管工具。遵循经济规律,运用市场机制推动主体责任和监督责任落实,加强企业信用信息深度开发利用,引导市场根据企业信用状况评估交易风险。创新社会监督引导方式,在涉及人民群众身体健康和生命财产安全、公共安全、生态环境安全的领域强化举报制度,落实内部举报人奖励政策。注重发挥行业协会商会专业优势,支持协会商会加强行业自律。建立完善市场监管领域新闻传播和交流协作机制,强化舆情监测,提高发现和处置苗头性、趋势性问题的能力。

(四)健全信用监管长效机制。

完善信息归集公示机制。强化跨地区、跨部门、跨层级信息归集共享,推动国家企业信用信息公示系统全面归集市场主体信用信息并依法公示,与全国信用信息共享平台、国家"互联网+监管"系统等实现信息共享。整合市场监管领域涉企信息,实现登记注册、行政审批、生产许可、监督抽查、产品认证、行政处罚等信息"应归尽归",及时将企业登记注册信息推送至有关主管部门。健全信息归集标准规范,建立信用记录核查机制,确保信用记录真实、准确。

完善信用约束激励机制。强化市场监管领域经营异常名录、严重违法失信名单管理及信用约束工作,建立市场监管部门统一的严重违法失信名单管理制度。健全失信惩戒响应和反馈机制,依法推进失信惩戒措施向相关责任人延伸。健全失信惩戒对象认定机制,明确认定依据、标准、程序、异议申诉和退出机制。依法依规建立失信惩戒措施清单,动态更新并向社会公开。推行守信联合激励。完善失信市场主体信用修复机制,依法合理设定信用修复条件和影响期限。

完善信用风险分类管理机制。结合"互联网+监管"系统企业信用评价结果、公共信用综合评价结果、行业信用评价结果等,进一步提高信用监管科学化水平。明确企业信用风险分类标准,根据企业信用等级确定差异化的监管措施,与"双随机、一公开"监管、专业领域风险防控等有机结合,提高监管及时性、精准性、有效性。编制企业信用监管指数,动态优化指标模型,发挥信用监管指数在行业性、区域性监管中的导向作用。全面建立市场主体信用信息核查应用机制,加快推动信用信息嵌入市场监管各业务领域。强化信用监管对重点领域监管的支撑作用,建立食品药品、特种设备、重点工业产品质量安全等领域信用监管专门制度,提升产品质量安全综合治理水平。建立告知承诺事项信用监管制度,加强对市场主体信用状况的事中事后核查,将信用承诺履行情况纳入市场主体信用记录。

(五)增强市场监管基础能力。

加快推进智慧监管。充分运用互联网、云计算、大数据、人工智能等现代技术手段,加快提升市场监管效能。建立市场监管与服务信息资源目录和标准规范体系,全面整合市场监管领域信息资源和业务数据,深入推进市场监管信息资源共享开放和系统协同应用。

加强科技支撑体系建设。鼓励市场监管领域科研创新,加强市场监管重点领域关键技术攻关和先进装备研制,布局一批国家和部门科技创新基地。重点推进中国标准化研究院国家标准馆建设工程和昌平实验基地二期建设工程、中国计量科学研究院实验基地二期建设工程、国家食品质量安全检(监)测能力建设工程、国家消费品质量安全风险监测预警能力建设工程等建设,全面提升市场监管科技支撑能力。

加强基层基础能力建设。加快市场监管所条例立法工作,推进基层市场监管标准化规范化建设。统筹各方资源,改善基层市场监管部门业务用房、执法车辆、检验检测和执法装备等监管条件,提升基层监管现代化水平。

加强人才队伍建设。健全人才引进、培养、使用、评价、激励机制,统筹推进市场监管人才队伍建设。加快高水平市场监管智库和综合型研究机构建设,加强重大理论和实践问题战略研究、决策咨询,开展人才需求分析。推进市场监管人才培养,加快相关学科专业建设,培养符合市场监管现代化需求的后备人才。在检验检测、药品审评、检查核查、网络数据监管、知识产权、质量技术等重点专业领域,着力培养引进一批“高精尖缺”人才。组织开展综合执法大练兵,提升基层人才队伍能力水平。加强市场监管文化建设,增进价值认同、情感认同、文化认同,增强做好市场监管工作的责任感和使命感。

第四章 保障措施

健全规划实施保障机制,更好推动各地区、各有关部门履职尽责,最大程度激发各类市场主体、行业组织和社会各界的积极性,形成推动市场监管工作的强大合力。

一、强化组织领导

加强党对市场监管工作的全面领导,建立统一领导、部门协同、上下联动的工作体系,推动规划目标任务如期完成。各地区、各有关部门要把推进市场监管现代化作为推动经济社会发展的重大战略任务,根据工作实际和财力可能统筹加强市场监管能力建设,为市场监管工作创造良好的政策环境、体制环境和法治环境。

二、落实职责分工

各地区、各有关部门要强化责任意识,按照职责分工,根据本规划提出的各项任务和政策措施,研究制定配套政策和具体实施方案,进一步压实各方责任,明确工作重点,细化工作举措,推动规划有效落实。各地区要把规划目标任务纳入政府工作部署,建立规划实施长效机制,通过优化市场环境促进地方经济发展。各有关部门要立足职责定位,完善工作机制,把规划提出的目标任务纳入年度工作部署,抓好本领域市场监管重点任务落实。

三、鼓励探索创新

各地区要鼓励基层大胆探索,针对规划实施中的痛点、难点问题,支持有条件的地区先行先试,创新工作思路和方法,积极探索积累务实管用、科学精准的具体举措,不断丰富完善有关政策措施。各有关部门要深入研究市场监管工作中的全局性、战略性、前瞻性问题,夯实市场监管的理论基础,推动市场监管创新发展。

四、加强评估考核

市场监管总局要会同有关部门加强对规划实施情况的跟踪分析,研究构建科学反映市场监管成效的指标体系,组织开展规划实施动态监测、中期评估和总结评估,鼓励开展第三方评估,及时总结推广典型经验做法,研究解决规划实施中存在的问题,重要情况及时报告国务院。各地区要将规划实施情况纳入政府综合评价和绩效考核,加强督查考核,强化评估结果运用,报告规划落实情况,确保规划落地见效。

五、引导社会参与

加大宣传力度,加强舆论引导,深入解读规划的重要意义、目标任务和重点举措,鼓励引导各类市场主体、行业组织、广大消费者和新闻媒体积极参与市场监管工作,营造良好社会氛围。拓宽社会参与渠道,以适当方式及时公开规划实施情况,主动接受社会监督。

国务院
2021 年 12 月 14 日

国家标准化发展纲要

标准是经济活动和社会发展的技术支撑，是国家基础性制度的重要方面。标准化在推进国家治理体系和治理能力现代化中发挥着基础性、引领性作用。新时代推动高质量发展、全面建设社会主义现代化国家，迫切需要进一步加强标准化工作。为统筹推进标准化发展，制定本纲要。

一、总体要求

(一)指导思想。以习近平新时代中国特色社会主义思想为指导，深入贯彻党的十九大和十九届二中、三中、四中、五中全会精神，按照统筹推进“五位一体”总体布局和协调推进“四个全面”战略布局要求，坚持以人民为中心的发展思想，立足新发展阶段、贯彻新发展理念、构建新发展格局，优化标准化治理结构，增强标准化治理效能，提升标准国际化水平，加快构建推动高质量发展的标准体系，助力高技术创新，促进高水平开放，引领高质量发展，为全面建成社会主义现代化强国、实现中华民族伟大复兴的中国梦提供有力支撑。

(二)发展目标。到2025年，实现标准供给由政府主导向政府与市场并重转变，标准运用由产业与贸易为主向经济社会全域转变，标准化工作由国内驱动向国内国际相互促进转变，标准化发展由数量规模型向质量效益型转变。标准化更加有效推动国家综合竞争力提升，促进经济社会高质量发展，在构建新发展格局中发挥更大作用。

——全域标准化深度发展。农业、工业、服务业和社会事业等领域标准全覆盖，新兴产业标准地位凸显，健康、安全、环境标准支撑有力，农业标准化生产普及率稳步提升，推动高质量发展的标准体系基本建成。

——标准化水平大幅提升。共性关键技术和应用类科技计划项目形成标准研究成果的比率达到50%以上，政府颁布标准与市场自主制定标准结构更加优化，国家标准平均制定周期缩短至18个月以内，标准数字化程度不断提高，标准化的经济效益、社会效益、质量效益、生态效益充分显现。

——标准化开放程度显著增强。标准化国际合作深入拓展，互利共赢的国际标准化合作伙伴关系更加密切，标准化人员往来和技术合作日益加强，标准信息更大范围实现互联共享，我国标准制定透明度和国际化环境持续优化，国家标准与国际标准关键技术指标的一致性程度大幅提升，国际标准转化率达到85%以上。

——标准化发展基础更加牢固。建成一批国际一流的综合性、专业性标准化研究机构，若干国家级质量标准实验室，50个以上国家技术标准创新基地，形成标准、计量、认证认可、检验检测一体化运行的国家质量基础设施体系，标准化服务业基本适应经济社会发展需要。

到2035年，结构优化、先进合理、国际兼容的标准体系更加健全，具有中国特色的标准化管理体制更加完善，市场驱动、政府引导、企业为主、社会参与、开放融合的标准化工作格局全面形成。

二、推动标准化与科技创新互动发展

(三)加强关键技术领域标准研究。在人工智能、量子信息、生物技术等领域，开展标准化研究。在两化融合、新一代信息技术、大数据、区块链、卫生健康、新能源、新材料等应用前景广阔的技术领域，同步部署技术研发、标准研制与产业推广，加快新技术产业化步伐。研究制定智能船舶、高铁、新能源汽车、智能网联汽车和机器人等领域关键技术标准，推动产业变革。适时制定和完善生物医学研究、分子育种、无人驾驶等领域技术安全相关标准，提升技术领域安全风险管理水平。

(四)以科技创新提升标准水平。建立重大科技项目与标准化工作联动机制，将标准作为科技计划的重要产出，强化标准核心技术指标研究，重点支持基础通用、产业共性、新兴产业和融合技术等领域标准研制。及时将先进适用科技创新成果融入标准，提升标准水平。对符合条件的重要技术标准按规定给予奖励，激发全社会标准化创新活力。

(五)健全科技成果转化为标准的机制。完善科技成果转化为标准的评价机制和服务体系，推进技术经理人、科技成果评价服务等标准化工作。完善标准必要专利制度，加强标准制定过程中的知识产权保护，促进创新成果产业化应用。完善国家标准化技术文件制度，拓宽科技成果标准化渠道。将标准研制融入共性技术平台建设，缩短新技术、新工艺、新材料、新方法标准研制周期，加快成果转化应用步伐。

三、提升产业标准化水平

（六）筑牢产业发展基础。加强核心基础零部件（元器件）、先进基础工艺、关键基础材料与产业技术基础标准建设，加大基础通用标准研制应用力度。开展数据库等方面标准攻关，提升标准设计水平，制定安全可靠、国际先进的通用技术标准。

（七）推进产业优化升级。实施高端装备制造标准化强基工程，健全智能制造、绿色制造、服务型制造标准，形成产业优化升级的标准群，部分领域关键标准适度领先于产业发展平均水平。完善扩大内需方面的标准，不断提升消费品标准和质量水平，全面促进消费。推进服务业标准化、品牌化建设，健全服务业标准，重点加强食品冷链、现代物流、电子商务、物品编码、批发零售、房地产服务等领域标准化。健全和推广金融领域科技、产品、服务与基础设施等标准，有效防范化解金融风险。加快先进制造业和现代服务业融合发展标准化建设，推行跨行业跨领域综合标准化。建立健全大数据与产业融合标准，推进数字产业化和产业数字化。

（八）引领新产品新业态新模式快速健康发展。实施新产业标准化领航工程，开展新兴产业、未来产业标准化研究，制定一批应用带动的新标准，培育发展新业态新模式。围绕食品、医疗、应急、交通、水利、能源、金融等领域智慧化转型需求，加快完善相关标准。建立数据资源产权、交易流通、跨境传输和安全保护等标准规范，推动平台经济、共享经济标准化建设，支撑数字经济发展。健全依据标准实施科学有效监管机制，鼓励社会组织应用标准化手段加强自律、维护市场秩序。

（九）增强产业链供应链稳定性和产业综合竞争力。围绕生产、分配、流通、消费，加快关键环节、关键领域、关键产品的技术攻关和标准研制应用，提升产业核心竞争力。发挥关键技术标准在产业协同、技术协作中的纽带和驱动作用，实施标准化助力重点产业稳链工程，促进产业链上下游标准有效衔接，提升产业链供应链现代化水平。

（十）助推新型基础设施提质增效。实施新型基础设施标准化专项行动，加快推进通信网络基础设施、新技术基础设施、算力基础设施等信息基础设施系列标准研制，协同推进融合基础设施标准研制，建立工业互联网标准，制定支撑科学研究、技术研发、产品研制的创新基础设施标准，促进传统基础设施转型升级。

四、完善绿色发展标准化保障

（十一）建立健全碳达峰、碳中和标准。加快节能标准更新升级，抓紧修订一批能耗限额、产品设备能效强制性国家标准，提升重点产品能耗限额要求，扩大能耗限额标准覆盖范围，完善能源核算、检测认证、评估、审计等配套标准。加快完善地区、行业、企业、产品等碳排放核查核算标准。制定重点行业和产品温室气体排放标准，完善低碳产品标准标识制度。完善可再生能源标准，研究制定生态碳汇、碳捕集利用与封存标准。实施碳达峰、碳中和标准化提升工程。

（十二）持续优化生态系统建设和保护标准。不断完善生态环境质量和生态环境风险管控标准，持续改善生态环境质量。进一步完善污染防治标准，健全污染物排放、监管及防治标准，筑牢污染排放控制底线。统筹完善应对气候变化标准，制定修订应对气候变化减缓、适应、监测评估等标准。制定山水林田湖草沙多生态系统质量与经营利用标准，加快研究制定水土流失综合防治、生态保护修复、生态系统服务与评价、生态承载力评估、生态资源评价与监测、生物多样性保护及生态效益评估与生态产品价值实现等标准，增加优质生态产品供给，保障生态安全。

（十三）推进自然资源节约集约利用。构建自然资源统一调查、登记、评价、评估、监测等系列标准，研究制定土地、矿产资源等自然资源节约集约开发利用标准，推进能源资源绿色勘查与开发标准化。以自然资源资产清查统计和资产核算为重点，推动自然资源资产管理体系标准化。制定统一的国土空间规划技术标准，完善资源环境承载能力和国土空间开发适宜性评价机制。制定海洋资源开发保护标准，发展海洋经济，服务陆海统筹。

（十四）筑牢绿色生产标准基础。建立健全土壤质量及监测评价、农业投入品质量、适度规模养殖、循环型生态农业、农产品食品安全、监测预警等绿色农业发展标准。建立健全清洁生产标准，不断完善资源循环利用、产品绿色设计、绿色包装和绿色供应链、产业废弃物综合利用等标准。建立健全绿色金融、生态旅游等绿色发展标准。建立绿色建造标准，完善绿色建筑设计、施工、运维、管理标准。建立覆盖各类绿色生活设施的绿色社区、村庄建设标准。

（十五）强化绿色消费标准引领。完善绿色产品标准，建立绿色产品分类和评价标准，规范绿色产品、有机产品标识。构建节能节水、绿色采购、垃圾分类、制止餐饮浪费、绿色出行、绿色居住等绿色生活标准。分类建立绿色公共机构评价标准，合理制定消耗定额和垃圾排放指标。

五、加快城乡建设和社会建设标准化进程

（十六）推进乡村振兴标准化建设。强化标准引领，实施乡村振兴标准化行动。加强高标准农田建设，加快智慧农业标准研制，加快健全现代农业全产业链标准，加强数字乡村标准化建设，建立农业农村标准化服务与推广平台，推进地方特色产业标准化。完善乡村建设及评价标准，以农村环境监测与评价、村容村貌提升、农房建设、农村生活垃圾与污水治理、农村卫生厕所建设改造、公共基础设施建设等为重点，加快推进农村人居环境改善标准化工作。推进度假休闲、乡村旅游、民宿经济、传统村落保护利用等标准化建设，促进农村一二三产业融合发展。

（十七）推动新型城镇化标准化建设。研究制定公共资源配置标准，建立县城建设标准、小城镇公共设施建设标准。研究制定城市体检评估标准，健全城镇人居环境建设与质量评价标准。完善城市生态修复与功能完善、城市信息模型平台、建设工程防灾、更新改造及海绵城市建设等标准。推进城市设计、城市历史文化保护传承与风貌塑造、老旧小区改造等标准化建设，健全街区和公共设施配建标准。建立智能化城市基础设施建设、运行、管理、服务等系列标准，制定城市休闲慢行系统和综合管理服务等标准，研究制定新一代信息技术在城市基础设施规划建设、城市管理、应急处置等方面的应用标准。健全住房标准，完善房地产信息数据、物业服务等标准。推动智能建造标准化，完善建筑信息模型技术、施工现场监控等标准。开展城市标准化行动，健全智慧城市标准，推进城市可持续发展。

（十八）推动行政管理和社会治理标准化建设。探索开展行政管理标准建设和应用试点，重点推进行政审批、政务服务、政务公开、财政支出、智慧监管、法庭科学、审判执行、法律服务、公共资源交易等标准制定与推广，加快数字社会、数字政府、营商环境标准化建设，完善市场要素交易标准，促进高标准市场体系建设。强化信用信息采集与使用、数据安全和个人信息保护、网络安全保障体系和能力建设等领域标准的制定实施。围绕乡村治理、综治中心、网格化管理，开展社会治理标准化行动，推动社会治理标准化创新。

（十九）加强公共安全标准化工作。坚持人民至上、生命至上，实施公共安全标准化筑底工程，完善社会治安、刑事执法、反恐处突、交通运输、安全生产、应急管理、防灾减灾救灾标准，织密筑牢食品、药品、农药、粮食能源、水资源、生物、物资储备、产品质量、特种设备、劳动防护、消防、矿山、建筑、网络等领域安全标准网，提升洪涝干旱、森林草原火灾、地质灾害、地震等自然灾害防御工程标准，加强重大工程和各类基础设施的数据共享标准建设，提高保障人民群众生命财产安全水平。加快推进重大疫情防控救治、国家应急救援等领域标准建设，抓紧完善国家重大安全风险应急保障标准。构建多部门多区域多系统快速联动、统一高效的公共安全标准化协同机制，推进重大标准制定实施。

（二十）推进基本公共服务标准化建设。围绕幼有所育、学有所教、劳有所得、病有所医、老有所养、住有所居、弱有所扶等方面，实施基本公共服务标准体系建设工程，重点健全和推广全国统一的社会保险经办服务、劳动用工指导和就业创业服务、社会工作、养老服务、儿童福利、残疾人服务、社会救助、殡葬公共服务以及公共教育、公共文化体育、住房保障等领域技术标准，使发展成果更多更公平惠及全体人民。

（二十一）提升保障生活品质的标准水平。围绕普及健康生活、优化健康服务、倡导健康饮食、完善健康保障、建设健康环境、发展健康产业等方面，建立广覆盖、全方位的健康标准。制定公共体育设施、全民健身、训练竞赛、健身指导、线上和智能赛事等标准，建立科学完备、门类齐全的体育标准。开展养老和家政服务标准化专项行动，完善职业教育、智慧社区、社区服务等标准，加强慈善领域标准化建设。加快广播电视和网络视听内容融合生产、网络智慧传播、终端智能接收、安全智慧保障等标准化建设，建立全媒体传播标准。提高文化旅游产品与服务、消费保障、公园建设、景区管理等标准化水平。

六、提升标准化对外开放水平

（二十二）深化标准化交流合作。履行国际标准组织成员国责任义务，积极参与国际标准化活动。积极推进与共建“一带一路”国家在标准领域的对接合作，加

强金砖国家、亚太经合组织等标准化对话，深化东北亚、亚太、泛美、欧洲、非洲等区域标准化合作，推进标准信息共享与服务，发展互利共赢的标准化合作伙伴关系。联合国际标准组织成员，推动气候变化、可持续城市和社区、清洁饮水与卫生设施、动植物卫生、绿色金融、数字领域等国际标准制定，分享我国标准化经验，积极参与民生福祉、性别平等、优质教育等国际标准化活动，助力联合国可持续发展目标实现。支持发展中国家提升利用标准化实现可持续发展的能力。

（二十三）强化贸易便利化标准支撑。持续开展重点领域标准比对分析，积极采用国际标准，大力推进中外标准互认，提高我国标准与国际标准的一致性程度。推出中国标准多语种版本，加快大宗贸易商品、对外承包工程等中国标准外文版编译。研究制定服务贸易标准，完善数字金融、国际贸易单一窗口等标准。促进内外贸质量标准、检验检疫、认证认可等相衔接，推进同线同标同质。创新标准化工作机制，支撑构建面向全球的高标准自由贸易区网络。

（二十四）推动国内国际标准化协同发展。统筹推进标准化与科技、产业、金融对外交流合作，促进政策、规则、标准联通。建立政府引导、企业主体、产学研联动的国际标准化工作机制。实施标准国际化跃升工程，推进中国标准与国际标准体系兼容。推动标准制度型开放，保障外商投资企业依法参与标准制定。支持企业、社会团体、科研机构等积极参与各类国际性专业标准组织。支持国际性专业标准组织来华落驻。

七、推动标准化改革创新

（二十五）优化标准供给结构。充分释放市场主体标准化活力，优化政府颁布标准与市场自主制定标准二元结构，大幅提升市场自主制定标准的比重。大力发展团体标准，实施团体标准培优计划，推进团体标准应用示范，充分发挥技术优势企业作用，引导社会团体制定原创性、高质量标准。加快建设协调统一的强制性国家标准，筑牢保障人身健康和生命财产安全、生态环境安全的底线。同步推进推荐性国家标准、行业标准和地方标准改革，强化推荐性标准的协调配套，防止地方保护和行业垄断。建立健全政府颁布标准采信市场自主制定标准的机制。

（二十六）深化标准化运行机制创新。建立标准创新型企业制度和标准融资增信制度，鼓励企业构建技术、专利、标准联动创新体系，支持领军企业联合科研机构、中小企业等建立标准合作机制，实施企业标准领跑者制度。建立国家统筹的区域标准化工作机制，将区域发展标准需求纳入国家标准体系建设，实现区域内标准发展规划、技术规则相互协同，服务国家重大区域战略实施。持续优化标准制定流程和平台、工具，健全企业、消费者等相关方参与标准制定修订的机制，加快标准升级迭代，提高标准质量水平。

（二十七）促进标准与国家质量基础设施融合发展。以标准为牵引，统筹布局国家质量基础设施资源，推进国家质量基础设施统一建设、统一管理，健全国家质量基础设施一体化发展体制机制。强化标准在计量量子化、检验检测智能化、认证市场化、认可全球化中的作用，通过人工智能、大数据、区块链等新一代信息技术的综合应用，完善质量治理，促进质量提升。强化国家质量基础设施全链条技术方案提供，运用标准化手段推动国家质量基础设施集成服务与产业价值链深度融合。

（二十八）强化标准实施应用。建立法规引用标准制度、政策实施配套标准制度，在法规和政策文件制定时积极应用标准。完善认证认可、检验检测、政府采购、招投标等活动中应用先进标准机制，推进以标准为依据开展宏观调控、产业推进、行业管理、市场准入和质量监管。健全基于标准或标准条款订立、履行合同的机制。建立标准版权制度、呈缴制度和市场自主制定标准交易制度，加大标准版权保护力度。按照国家有关规定，开展标准化试点示范工作，完善对标达标工作机制，推动企业提升执行标准能力，瞄准国际先进标准提高水平。

（二十九）加强标准制定和实施的监督。健全覆盖政府颁布标准制定实施全过程的追溯、监督和纠错机制，实现标准研制、实施和信息反馈闭环管理。开展标准质量和标准实施第三方评估，加强标准复审和维护更新。健全团体标准化良好行为评价机制。强化行业自律和社会监督，发挥市场对团体标准的优胜劣汰作用。有效实施企业标准自我声明公开和监督制度，将企业产品和服务符合标准情况纳入社会信用体系建设。建立标准实施举报、投诉机制，鼓励社会公众对标准实施情况进行监督。

八、夯实标准化发展基础

（三十）提升标准化技术支撑水平。加强标准化理论和应用研究，构建以国家级综合标准化研究机构为龙头，行业、区域和地方标准化研究机构为骨干的标准化科技体系。发挥优势企业在标准化科技体系中的作用。完善专业标准化技术组织体系，健全跨领域工作机制，提升开放性和透明度。建设若干国家级质量标准实验室、国家标准验证点和国家产品质量检验检测中心。有效整合标准技术、检测认证、知识产权、标准样品等资源，推进国家技术标准创新基地建设。建设国家数字标准馆和全国统一协调、分工负责的标准化公共服务平台。发展机器可读标准、开源标准，推动标准化工作向数字化、网络化、智能化转型。

（三十一）大力发展标准化服务业。完善促进标准、计量、认证认可、检验检测等标准化相关高技术服务业发展的政策措施，培育壮大标准化服务业市场主体，鼓励有条件地区探索建立标准化服务业产业集聚区，健全标准化服务评价机制和标准化服务业统计分析报告制度。鼓励标准化服务机构面向中小微企业实际需求，整合上下游资源，提供标准化整体解决方案。大力发展新型标准化服务工具和模式，提升服务专业化水平。

（三十二）加强标准化人才队伍建设。将标准化纳入普通高等教育、职业教育和继续教育，开展专业与标准化教育融合试点。构建多层次从业人员培养培训体系，开展标准化专业人才培养培训和国家质量基础设施综合教育。建立健全标准化领域人才的职业能力评价和激励机制。造就一支熟练掌握国际规则、精通专业技术的职业化人才队伍。提升科研人员标准化能力，充分发挥标准化专家在国家科技决策咨询中的作用，建设国家标准化高端智库。加强基层标准化管理人员队伍建设，支持西部地区标准化专业人才队伍建设。

（三十三）营造标准化良好社会环境。充分利用世界标准日等主题活动，宣传标准化作用，普及标准化理念、知识和方法，提升全社会标准化意识，推动标准化成为政府管理、社会治理、法人治理的重要工具。充分发挥标准化社会团体的桥梁和纽带作用，全方位、多渠道开展标准化宣传，讲好标准化故事。大力培育发展标准化文化。

九、组织实施

（三十四）加强组织领导。坚持党对标准化工作的全面领导。进一步完善国务院标准化协调推进部际联席会议制度，健全统一、权威、高效的管理体制和工作机制，强化部门协同、上下联动。各省（自治区、直辖市）要建立健全标准化工作协调推进领导机制，将标准化工作纳入政府绩效评价和政绩考核。各地区各有关部门要将本纲要主要任务与国民经济和社会发展规划有效衔接、同步推进，确保各项任务落到实处。

（三十五）完善配套政策。各地区各有关部门要强化金融、信用、人才等政策支持，促进科技、产业、贸易等政策协同。按照有关规定开展表彰奖励。发挥财政资金引导作用，积极引导社会资本投入标准化工作。完善标准化统计调查制度，开展标准化发展评价，将相关指标纳入国民经济和社会发展统计。建立本纲要实施评估机制，把相关结果作为改进标准化工作的重要依据。重大事项及时向党中央、国务院请示报告。

国务院关于进一步深化预算管理制度改革的意见

国发〔2021〕5号

各省、自治区、直辖市人民政府，国务院各部委、各直属机构：

预算体现国家的战略和政策，反映政府的活动范围和方向，是推进国家治理体系和治理能力现代化的重要支撑，是宏观调控的重要手段。党的十八大以来，按照党中央、国务院决策部署，预算管理制度不断改革完善，为建立现代财政制度奠定了坚实基础。当前和今后一个时期，财政处于紧平衡状态，收支矛盾较为突出，加之预算管理中存在统筹力度不足、政府过紧日子意识尚未牢固树立、预算约束不够有力、资源配置使用效率有待提高、预算公开范围和内容仍需拓展等问题，影响了财政资源统筹和可持续性。为落实《中华人民共和国预算法》及其实施条例有关规定，规范管理、提高效率、挖掘潜力、释放活力，现就进一步深化预算管理制度改革提出以下意见。

一、总体要求

（一）指导思想。以习近平新时代中国特色社会主义思想为指导，深入贯彻党的十九大和十九届二中、三中、四中、五中全会精神，全面贯彻党的基本理论、基本路线、基本方略，坚持稳中求进工作总基调，立足新发展阶段、贯彻新发展理念、构建新发展格局，以推动高质量发展为主题，以深化供给侧结构性改革为主线，以改革创新为根本动力，以满足人民日益增长的美好生活需要为根本目的，更加有效保障和改善民生，进一步完善预算管理制度，更好发挥财政在国家治理中的基础和重要支柱作用，为全面建设社会主义现代化国家提供坚实保障。

（二）基本原则。坚持党的全面领导。将坚持和加强党的全面领导贯穿预算管理制度改革全过程。坚持以人民为中心，兜牢基本民生底线。坚持系统观念，加强财政资源统筹，集中力量办大事，坚决落实政府过紧日子要求，强化预算对落实党和国家重大政策的保障能力，实现有限公共资源与政策目标有效匹配。

坚持预算法定。增强法治观念，强化纪律意识，严肃财经纪律，更加注重强化约束，着力提升制度执行力，维护法律的权威性和制度的刚性约束力。明确地方和部门的主体责任，切实强化预算约束，加强对权力运行的制约和监督。

坚持目标引领。按照建立现代财税体制的要求，坚持目标导向和问题导向相结合，完善管理手段，创新管理技术，破除管理瓶颈，推进预算和绩效管理一体化，以信息化推进预算管理现代化，加强预算管理各项制度的系统集成、协同高效，提高预算管理规范化、科学化、标准化水平和预算透明度。

坚持底线思维。把防风险摆在更加突出的位置，统筹发展和安全、当前和长远，杜绝脱离实际的过高承诺，形成稳定合理的社会预期。加强政府债务和中长期支出事项管理，牢牢守住不发生系统性风险的底线。

二、加大预算收入统筹力度，增强财政保障能力

（三）规范政府收入预算管理。实事求是编制收入预算，考虑经济运行和实施减税降费政策等因素合理测算。严禁将财政收入规模、增幅纳入考核评比。严格落实各项减税降费政策，严禁收取过头税费、违规设置收费项目或提高收费标准。依照法律法规及时足额征收应征的预算收入，如实反映财政收入情况，提高收入质量，严禁虚收空转。不得违法违规制定实施各种形式的歧视性税费减免政策，维护全国统一市场和公平竞争。严禁将政府非税收入与征收单位支出挂钩。

（四）加强政府性资源统筹管理。将依托行政权力、国有资源（资产）获取的收入以及特许经营权拍卖收入等按规定全面纳入预算，加大预算统筹力度。完善收费基金清单管理，将列入清单的收费基金按规定纳入预算。将应当由政府统筹使用的基金项目转列一般公共预算。合理确定国有资本收益上交比例。

（五）强化部门和单位收入统筹管理。各部门和单位要依法依规将取得的各类收入纳入部门或单位预算，未纳入预算的收入不得安排支出。各部门应当加强所属单位事业收入、事业单位经营收入等非财政拨款收入管理，在部门和单位预算中如实反映非财政拨款收入情况。加强行政事业性国有资产收入管理，资产出租、处置等收入按规定上缴国库或纳入单位预算。

（六）盘活各类存量资源。盘活财政存量资金，完善结余资金收回使用机制。新增资产配置要与资产存量挂钩，依法依规编制相关支出预算。严格各类资产登记和核算，所有资本性支出应当形成资产并予以全程登记。各级行政事业单位要将资产使用管理责任落实到人，确保资产安全完整、高效利用。推动国有资产共享共用，促进长期低效运转、闲置和超标准配置资产以及临时配置资产调剂使用，有条件的部门和地区可以探索建立公物仓，按规定处置不需使用且难以调剂的国有资产，提高财政资源配置效益。

三、规范预算支出管理，推进财政支出标准化

（七）加强重大决策部署财力保障。各级预算安排要将落实党中央、国务院重大决策部署作为首要任务，贯彻党的路线方针政策，增强对国家重大战略任务、国家发展规划的财力保障。完善预算决策机制和程序，各级预算、决算草案提请本级人大或其常委会审查批准前，应当按程序报本级党委和政府审议；各部门预算草案应当报本部门党组（党委）审议。

（八）合理安排支出预算规模。坚持量入为出原则，

积极运用零基预算理念，打破支出固化僵化格局，合理确定支出预算规模，调整完善相关重点支出的预算编制程序，不再与财政收支增幅或生产总值层层挂钩。充分发挥财政政策逆周期调节作用，安排财政赤字和举借债务要与经济逆周期调节相适应，将政府杠杆率控制在合理水平，并预留应对经济周期变化的政策空间。

（九）大力优化财政支出结构。各级预算安排要突出重点，坚持"三保"（保基本民生、保工资、保运转）支出在财政支出中的优先顺序，坚决兜住"三保"底线，不留硬缺口。严格控制竞争性领域财政投入，强化对具有正外部性创新发展的支持。不折不扣落实过紧日子要求，厉行节约办一切事业，建立节约型财政保障机制，精打细算，严控一般性支出。严禁违反规定乱开口子、随意追加预算。严格控制政府性楼堂馆所建设，严格控制和执行资产配置标准，暂时没有标准的要从严控制、避免浪费。清理压缩各种福利性、普惠性、基数化奖励。优化国有资本经营预算支出结构，强化资本金注入，推动国有经济布局优化和结构调整。

（十）完善财政资金直达机制。在保持现行财政体制、资金管理权限和保障主体责任基本稳定的前提下，稳步扩大直达资金范围。完善直达资金分配审核流程，加强对地方分配直达资金情况的监督，确保资金安排符合相关制度规定、体现政策导向。建立健全直达资金监控体系，加强部门协同联动，强化从资金源头到使用末端的全过程、全链条、全方位监管，资金监管"一竿子插到底"，确保资金直达使用单位、直接惠企利民，防止挤占挪用、沉淀闲置等，提高财政资金使用的有效性和精准性。

（十一）推进支出标准体系建设。建立国家基础标准和地方标准相结合的基本公共服务保障标准体系，由财政部会同中央有关职能部门按程序制定国家基础标准，地方结合公共服务状况、支出成本差异、财政承受能力等因素因地制宜制定地方标准，按程序报上级备案后执行。鼓励各地区结合实际在国家尚未出台基础标准的领域制定地方标准。各地区要围绕"三保"等基本需要研究制定县级标准。根据支出政策、项目要素及成本、财力水平等，建立不同行业、不同地区、分类分档的预算项目支出标准体系。根据经济社会发展、物价变动和财力变化等动态调整支出标准。加强对项目执行情况的分析和结果运用，将科学合理的实际执行情况作为制定和调整标准的依据。加快推进项目要素、项目文本、绩效指标等标准化规范化。将支出标准作为预算编制的基本依据，不得超标准编制预算。

四、严格预算编制管理，增强财政预算完整性

（十二）改进政府预算编制。上级政府应当依法依规提前下达转移支付和新增地方政府债务限额预计数，增强地方预算编制的完整性、主动性。下级政府应当严格按照提前下达数如实编制预算，既不得虚列收支、增加规模，也不得少列收支、脱离监督。进一步优化转移支付体系，完善转移支付资金分配方法，健全转移支付定期评估和动态调整、退出机制，提高转移支付管理的规范性、科学性、合理性。规范国有资本经营预算编制，经本级人大或其常委会批准，国有资本规模较小或国有企业数量较少的市县可以不编制本级国有资本经营预算。

（十三）加强跨年度预算平衡。加强中期财政规划管理，进一步增强与国家发展规划的衔接，强化中期财政规划对年度预算的约束。对各类合规确定的中长期支出事项和跨年度项目，要根据项目预算管理等要求，将全生命周期内对财政支出的影响纳入中期财政规划。地方政府举借债务应当严格落实偿债资金来源，科学测算评估预期偿债收入，合理制定偿债计划，并在中期财政规划中如实反映。鼓励地方结合项目偿债收入情况，建立政府偿债备付金制度。

（十四）加强部门和单位预算管理。政府的全部收入和支出都应当依法纳入预算，执行统一的预算管理制度。落实部门和单位预算管理主体责任，部门和单位要对预算完整性、规范性、真实性以及执行结果负责。各部门要统筹各类资金资产，结合本部门非财政拨款收入情况统筹申请预算，保障合理支出需求。将项目作为部门和单位预算管理的基本单元，预算支出全部以项目形式纳入预算项目库，实施项目全生命周期管理，未纳入预算项目库的项目一律不得安排预算。有关部门负责安排的建设项目，要按规定纳入部门项目库并纳入预算项目库。实行项目标准化分类，规范立项依据、实施期限、支出标准、预算需求等要素。建立健全项目入库评审机制和项目滚动管理机制。做实做细项目储备，纳入预算项目库的项目应当按规定完成可行性研究论证、制定具体实施计划等各项前期工作，做到预算一经批准即可实施，并按照轻重缓急等排序，突出保障重点。推进运用成本效益分析等方法研究开展事前绩效评估。依法依规管理预算代编事项，除应急、救灾等特殊事项外，部门不得代编应由所属单位实施的项

目预算。

（十五）完善政府财务报告体系。建立完善权责发生制政府综合财务报告制度，全面客观反映政府资产负债与财政可持续性情况。健全财政总预算会计制度，将财政财务信息内容从预算收支信息扩展至资产、负债、投资等信息。推动预算单位深化政府会计改革，全面有效实施政府会计标准体系，完善权责发生制会计核算基础。完善国有资产管理情况报告制度，做好与政府综合财务报告的衔接。

五、强化预算执行和绩效管理，增强预算约束力

（十六）强化预算对执行的控制。严格执行人大批准的预算，预算一经批准非经法定程序不得调整。对预算指标实行统一规范的核算管理，精准反映预算指标变化，实现预算指标对执行的有效控制。坚持先有预算后有支出，严禁超预算、无预算安排支出或开展政府采购，严禁将国库资金违规拨入财政专户。严禁出台溯及以前年度的增支政策，新的增支政策原则上通过以后年度预算安排支出。规范预算调剂行为。规范按权责发生制列支事项，市县级财政国库集中支付结余不再按权责发生制列支。严禁以拨代支，进一步加强地方财政暂付性款项管理，除已按规定程序审核批准的事项外，不得对未列入预算的项目安排支出。加强对政府投资基金设立和出资的预算约束，提高资金使用效益。加强国有资本管理与监督，确保国有资本安全和保值增值。

（十七）推动预算绩效管理提质增效。将落实党中央、国务院重大决策部署作为预算绩效管理重点，加强财政政策评估评价，增强政策可行性和财政可持续性。加强重点领域预算绩效管理，分类明确转移支付绩效管理重点，强化引导约束。加强对政府和社会资本合作、政府购买服务等项目的全过程绩效管理。加强国有资本资产使用绩效管理，提高使用效益。加强绩效评价结果应用，将绩效评价结果与完善政策、调整预算安排有机衔接，对低效无效资金一律削减或取消，对沉淀资金一律按规定收回并统筹安排。加大绩效信息公开力度，推动绩效目标、绩效评价结果向社会公开。

（十八）优化国库集中收付管理。对政府全部收入和支出实行国库集中收付管理。完善国库集中支付控制体系和集中校验机制，实行全流程电子支付，优化预算支出审核流程，全面提升资金支付效率。根据预算收入进度和资金调度需要等，合理安排国债、地方政府债券的发行规模和节奏，节省资金成本。优化国债品种期限结构，发挥国债收益率曲线定价基准作用。完善财政收支和国库现金流量预测体系，建立健全库款风险预警机制，统筹协调国库库款管理、政府债券发行与国库现金运作。

（十九）拓展政府采购政策功能。建立政府采购需求标准体系，鼓励相关部门结合部门和行业特点提出政府采购相关政策需求，推动在政府采购需求标准中嵌入支持创新、绿色发展等政策要求。细化政府采购预算编制，确保与年度预算相衔接。建立支持创新产品及服务、中小企业发展等政策落实的预算编制和资金支付控制机制。对于适合以市场化方式提供的服务事项，应当依法依规实施政府购买服务，坚持费随事转，防止出现“一边购买服务，一边养人办事”的情况。

六、加强风险防控，增强财政可持续性

（二十）健全地方政府依法适度举债机制。健全地方政府债务限额确定机制，一般债务限额与一般公共预算收入相匹配，专项债务限额与政府性基金预算收入及项目收益相匹配。完善专项债券管理机制，专项债券必须用于有一定收益的公益性建设项目，建立健全专项债券项目全生命周期收支平衡机制，实现融资规模与项目收益相平衡，专项债券期限要与项目期限相匹配，专项债券项目对应的政府性基金收入、专项收入应当及时足额缴入国库，保障专项债券到期本息偿付。完善以债务率为主的政府债务风险评估指标体系，建立健全政府债务与项目资产、收益相对应的制度，综合评估政府偿债能力。加强风险评估预警结果应用，有效前移风险防控关口。依法落实到期法定债券偿还责任。健全地方政府债务信息公开及债券信息披露机制，发挥全国统一的地方政府债务信息公开平台作用，全面覆盖债券参与主体和机构，打通地方政府债券管理全链条，促进形成市场化融资自律约束机制。

（二十一）防范化解地方政府隐性债务风险。把防范化解地方政府隐性债务风险作为重要的政治纪律和政治规矩，坚决遏制隐性债务增量，妥善处置和化解隐性债务存量。完善常态化监控机制，进一步加强日常监督管理，决不允许新增隐性债务上新项目、铺新摊子。强化国有企事业单位监管，依法健全地方政府及其部门向企事业单位拨款机制，严禁地方政府以企业债务形式增加隐性债务。严禁地方政府通过金融机构违规

融资或变相举债。金融机构要审慎合规经营，尽职调查、严格把关，严禁要求或接受地方党委、人大、政府及其部门出具担保性质文件或者签署担保性质协议。清理规范地方融资平台公司，剥离其政府融资职能，对失去清偿能力的要依法实施破产重整或清算。健全市场化、法治化的债务违约处置机制，鼓励债务人、债权人协商处置存量债务，切实防范恶意逃废债，保护债权人合法权益，坚决防止风险累积形成系统性风险。加强督查审计问责，严格落实政府举债终身问责制和债务问题倒查机制。

(二十二)防范化解财政运行风险隐患。推进养老保险全国统筹，坚持精算平衡，加强基金运行监测，防范待遇支付风险。加强医疗、失业、工伤等社保基金管理，推进省级统筹，根据收支状况及时调整完善缴费和待遇政策，促进收支基本平衡。各地区出台涉及增加财政支出的重大政策或实施重大政府投资项目前，要按规定进行财政承受能力评估，未通过评估的不得安排预算。规范政府和社会资本合作项目管理。各部门出台政策时要考虑地方财政承受能力。除党中央、国务院统一要求以及共同事权地方应负担部分外，上级政府及其部门不得出台要求下级配套或以达标评比、考核评价等名目变相配套的政策。加强政府中长期支出事项管理，客观评估对财政可持续性的影响。

七、增强财政透明度，提高预算管理信息化水平

(二十三)改进预决算公开。加大各级政府预决算公开力度，大力推进财政政策公开。扩大部门预决算公开范围，各部门所属预算单位预算、决算及相关报表应当依法依规向社会公开。推进政府投资基金、收费基金、国有资本收益、政府采购意向等信息按规定向社会公开。建立民生项目信息公示制度。细化政府预决算公开内容，转移支付资金管理办法及绩效目标、预算安排情况等应当依法依规向社会公开。细化部门预决算公开内容，项目预算安排、使用情况等项目信息应当依法依规向社会公开。推进按支出经济分类公开政府预决算和部门预决算。

(二十四)发挥多种监督方式的协同效应。充分发挥党内监督的主导作用，加强财会监督，促进财会监督与党内监督、监察监督、行政监督、司法监督、审计监督、统计监督、群众监督、舆论监督等协同发力。各级政府、各部门要依法接受各级人大及其常委会、审计部门的监督。推进人大预算联网监督工作。各级财政部门要做好财税法规和政策执行情况、预算管理有关监督工作，构建日常监管与专项监督协调配合的监督机制。强化监督结果运用，对监督发现的问题，严格依规依纪依法追究有关单位和人员责任，加大处理结果公开力度。

(二十五)实现中央和地方财政系统信息贯通。用信息化手段支撑中央和地方预算管理，规范各级预算管理工作流程等，统一数据标准，推动数据共享。以省级财政为主体加快建设覆盖本地区的预算管理一体化系统并与中央财政对接，动态反映各级预算安排和执行情况，力争2022年底全面运行。中央部门根据国家政务信息化建设进展同步推进相关信息系统建设。建立完善全覆盖、全链条的转移支付资金监控机制，实时记录和动态反映转移支付资金分配、拨付、使用情况，实现资金从预算安排源头到使用末端全过程来源清晰、流向明确、账目可查、账实相符。

(二十六)推进部门间预算信息互联共享。预算管理一体化系统集中反映单位基础信息和会计核算、资产管理、账户管理等预算信息，实现财政部门与主管部门共享共用。积极推动财政与组织、人力资源和社会保障、税务、人民银行、审计、公安、市场监管等部门实现基础信息按规定共享共用。落实部门和单位财务管理主体责任，强化部门对所属单位预算执行的监控管理职责。

各地区、各部门要充分认识到进一步深化预算管理制度改革的重要意义，把思想认识和行动统一到党中央、国务院的决策部署上来，增强“四个意识”、坚定“四个自信”、做到“两个维护”，主动谋划，精心组织，扎实推进改革。各地区要按照本意见要求，结合本地区实际，细化各项政策措施，切实加强制度建设，夯实改革基础，推进人才队伍建设，确保各项改革任务及时落地见效，推动预算管理水平再上新台阶。

国务院

2021年3月7日

中共中央办公厅 国务院办公厅关于加快推进乡村人才振兴的意见

乡村振兴，关键在人。为深入贯彻落实习近平总书记关于推动乡村人才振兴的重要指示精神，落实党中央、国务院有关决策部署，促进各类人才投身乡村建设，现就加快推进乡村人才振兴提出如下意见。

一、总体要求

（一）指导思想。以习近平新时代中国特色社会主义思想为指导，全面贯彻党的十九大和十九届二中、三中、四中、五中全会精神，坚持和加强党对乡村人才工作的全面领导，坚持农业农村优先发展，坚持把乡村人力资本开发放在首要位置，大力培养本土人才，引导城市人才下乡，推动专业人才服务乡村，吸引各类人才在乡村振兴中建功立业，健全乡村人才工作体制机制，强化人才振兴保障措施，培养造就一支懂农业、爱农村、爱农民的“三农”工作队伍，为全面推进乡村振兴、加快农业农村现代化提供有力人才支撑。

（二）目标任务。到2025年，乡村人才振兴制度框架和政策体系基本形成，乡村振兴各领域人才规模不断壮大、素质稳步提升、结构持续优化，各类人才支持服务乡村格局基本形成，乡村人才初步满足实施乡村振兴战略基本需要。

（三）工作原则

——坚持加强党对乡村人才工作的全面领导。贯彻党管人才原则，将乡村人才振兴纳入党委人才工作总体部署，引导各类人才向农村基层一线流动，打造一支能够担当乡村振兴使命的人才队伍。

——坚持全面培养、分类施策。围绕全面推进乡村振兴需要，全方位培养各类人才，扩大总量、提高质量、优化结构。尊重乡村发展规律和人才成长规律，针对不同地区、不同类型人才，实施差别化政策措施。

——坚持多元主体、分工配合。推动政府、培训机构、企业等发挥各自优势，共同参与乡村人才培养，解决制约乡村人才振兴的问题，形成工作合力。

——坚持广招英才、高效用才。坚持培养与引进相结合、引才与引智相结合，拓宽乡村人才来源，聚天下英才而用之。用好用活人才，为人才干事创业和实现价值提供机会条件，最大限度激发人才内在活力。

——坚持完善机制、强化保障。深化乡村人才培养、引进、管理、使用、流动、激励等制度改革，完善人才服务乡村激励机制，让农村的机会吸引人，让农村的环境留住人。

二、加快培养农业生产经营人才

（四）培养高素质农民队伍。深入实施现代农民培育计划，重点面向从事适度规模经营的农民，分层分类开展全产业链培训，加强训后技术指导和跟踪服务，支持创办领办新型农业经营主体。充分利用现有网络教育资源，加强农民在线教育培训。实施农村实用人才培养计划，加强培训基地建设，培养造就一批能够引领一方、带动一片的农村实用人才带头人。

（五）突出抓好家庭农场经营者、农民合作社带头人培育。深入推进家庭农场经营者培养，完善项目支持、生产指导、质量管理、对接市场等服务。建立农民合作社带头人人才库，加强对农民合作社骨干的培训。鼓励农民工、高校毕业生、退役军人、科技人员、农村实用人才等创办领办家庭农场、农民合作社。鼓励有条件的地方支持农民合作社聘请农业经理人。鼓励家庭农场经营者、农民合作社带头人参加职称评审、技能等级认定。

三、加快培养农村二三产业发展人才

（六）培育农村创业创新带头人。深入实施农村创业创新带头人培育行动，不断改善农村创业创新生态，稳妥引导金融机构开发农村创业创新金融产品和服务方式，加快建设农村创业创新孵化实训基地，组建农村创业创新导师队伍。壮大新一代乡村企业家队伍，通过专题培训、实践锻炼、学习交流等方式，完善乡村企业家培训体系，完善涉农企业人才激励机制，加强对乡村企业家合法权益的保护。

（七）加强农村电商人才培育。提升电子商务进农村效果，开展电商专家下乡活动。依托全国电子商务公共服务平台，加快建立农村电商人才培养载体及师资、标准、认证体系，开展线上线下相结合的多层次人才培训。

（八）培育乡村工匠。挖掘培养乡村手工业者、传统艺人，通过设立名师工作室、大师传习所等，传承发展传统技艺。鼓励高等学校、职业院校开展传统技艺传承人教育。在传统技艺人才聚集地设立工作站，开展研习培训、示范引导、品牌培育。支持鼓励传统技艺人才创办特色企业，带动发展乡村特色手工业。

（九）打造农民工劳务输出品牌。实施劳务输出品牌计划，围绕地方特色劳务群体，建立技能培训体系和评价体系，完善创业扶持、品牌培育政策，通过完善行业标准、建设专家工作室、邀请专家授课、举办技能比赛等途径，普遍提升从业者职业技能，提高劳务输出的组织化、专业化、标准化水平，培育一批叫得响的农民工劳务输出品牌。

四、加快培养乡村公共服务人才

（十）加强乡村教师队伍建设。落实城乡统一的中小学教职工编制标准。继续实施革命老区、民族地区、边疆地区人才支持计划、教师专项计划和银龄讲学计划。加大乡村骨干教师培养力度，精准培养本土化优秀教师。改革完善“国培计划”，深入推进“互联网+义务教育”，健全乡村教师发展体系。对长期在乡村学校任教的教师，职称评审可按规定“定向评价、定向使用”，高级岗位实行总量控制、比例单列，可不受所在学校岗位结构比例限制。落实好乡村教师生活补助政策，加强乡村学校教师周转宿舍建设，按规定将符合条件的乡村教师纳入当地住房保障范围。

（十一）加强乡村卫生健康人才队伍建设。按照服务人口1‰左右的比例，以县为单位每5年动态调整乡镇卫生院人员编制总量，允许编制在县域内统筹使用，用好用足空余编制。推进乡村基层医疗卫生机构公开招聘，艰苦边远地区县级及基层医疗卫生机构可根据情况适当放宽学历、年龄等招聘条件，对急需紧缺卫生健康专业人才可以采取面试、直接考察等方式公开招聘。乡镇卫生院应至少配备1名公共卫生医师。深入实施全科医生特岗计划、农村订单定向医学生免费培养和助理全科医生培训，支持城市二级及以上医院在职或退休医师到乡村基层医疗卫生机构多点执业，开办乡村诊所，充实乡村卫生健康人才队伍。完善乡村基层卫生健康人才激励机制，落实职称晋升和倾斜政策，优化乡镇医疗卫生机构岗位设置，按照政策合理核定乡村基层医疗卫生机构绩效工资总量和水平。优化乡村基层卫生健康人才能力提升培训项目，加强在岗培训和继续教育。落实乡村医生各项补助，逐步提高乡村医生收入待遇，做好乡村医生参加基本养老保险工作，深入推进乡村全科执业助理医师资格考试，推动乡村医生向执业（助理）医师转化，引导医学专业高校毕业生免试申请乡村医生执业注册。鼓励免费定向培养一批源于本乡本土的大学生乡村医生，多途径培养培训乡村卫生健康工作队伍，改善乡村卫生服务和治理水平。

（十二）加强乡村文化旅游体育人才队伍建设。推动文化旅游体育人才下乡服务，重点向革命老区、民族地区、边疆地区倾斜。完善文化和旅游、广播电视、网络视听等专业人才扶持政策，培养一批乡村文艺社团、创作团队、文化志愿者、非遗传承人和乡村旅游示范者。鼓励运动员、教练员、体育专业师生、体育科研人员参与乡村体育指导志愿服务。

（十三）加强乡村规划建设人才队伍建设。支持熟悉乡村的首席规划师、乡村规划师、建筑师、设计师及团队参与村庄规划设计、特色景观制作、人文风貌引导，提高设计建设水平，塑造乡村特色风貌。统筹推进城乡基础设施建设管护人才互通共享，搭建服务平台，畅通交流机制。实施乡村本土建设人才培育工程，加强乡村建设工匠培训和管理，培育修路工、水利员、改厕专家、农村住房建设辅导员等专业人员，提升农村环境治理、基础设施及农村住房建设管护水平。

五、加快培养乡村治理人才

（十四）加强乡镇党政人才队伍建设。选优配强乡镇领导班子特别是乡镇党委书记，健全从乡镇事业人员、优秀村党组织书记、到村任职过的选调生、驻村第一书记、驻村工作队员中选拔乡镇领导干部常态化机制。实行乡镇编制专编专用，明确乡镇新录用公务员在乡镇最低服务年限，规范从乡镇借调工作人员。落实乡镇工作补贴和艰苦边远地区津贴政策，确保乡镇机关工作人员收入高于县直机关同职级人员。落实艰苦边远地区乡镇公务员考录政策，适当降低门槛和开考比例，允许县乡两级拿出一定数量的职位面向高校毕业生、退役军人等具有本地户籍或在本地长期生活工作的人员招考。

（十五）推动村党组织带头人队伍整体优化提升。坚持把政治标准放在首位，选拔思想政治素质好、道德品行好、带富能力强、协调能力强，公道正派、廉洁自律，热心为群众服务的党员担任村党组织书记。注重从本村致富能手、外出务工经商返乡人员、本乡本土大学毕业生、退役军人中的党员里培养选拔村党组织书记。对本村暂时没有党组织书记合适人选的，可从上级机关、企事业单位优秀党员干部中选派，有条件的地方也可以探索跨村任职。全面落实村党组织书记县级党委组织部门备案管理制度和村“两委”成员资格联审机制，实行村“两委”成员近亲属回避，净化、优化村干部队伍。加大从优秀村党组织书记中考录乡镇公务员、招聘乡镇事业编制人员力度。县级党委每年至少对村党组织书记培训1次，支持村干部和农民参加学历教育。坚持和完善向重点乡村选派驻村第一书记和工作队制度。

（十六）实施“一村一名大学生”培育计划。鼓励各地遴选一批高等职业学校，按照有关规定，根据乡村振兴需求开设涉农专业，支持村干部、新型农业经营主体带头人、退役军人、返乡创业农民工等，采取在校学习、弹性学制、农学交替、送教下乡等方式，就地就近接受职业高等教育，培养一批在乡大学生、乡村治理人才。进一步加强选调生到村任职、履行大学生村官有关职责、按照大学生村官管理工作，落实选调生一般应占本年度公务员考录计划10%左右的规模要求。鼓励各地多渠道招录大学毕业生到村工作。扩大高校毕业生“三支一扶”计划招募规模。

（十七）加强农村社会工作人才队伍建设。加快推动乡镇社会工作服务站建设，加大政府购买服务力度，吸引社会工作人才提供专业服务，大力培育社会工作服务类社会组织。加大本土社会工作专业人才培养力度，鼓励村干部、年轻党员等参加社会工作职业资格评价和各类教育培训。持续实施革命老区、民族地区、边疆地区社会工作专业人才支持计划。加强乡村儿童关爱服务人才队伍建设。通过项目奖补、税收减免等方式引导高校毕业生、退役军人、返乡入乡人员参与社区服务。

（十八）加强农村经营管理人才队伍建设。依法依规划分农村经营管理的行政职责和事业职责，建立健全职责目录清单。采取招录、调剂、聘用等方式，通过安排专兼职人员等途径，充实农村经营管理队伍，确保事有人干、责有人负。加强业务培训，力争3年内轮训一遍。加强农村土地承包经营纠纷调解仲裁人才队伍建设，鼓励各地探索建立仲裁员等级评价制度。将农村合作组织管理专业纳入农业技术人员职称评审范围，完善评价标准。加强农村集体经济组织人才培养，完善激励机制。

（十九）加强农村法律人才队伍建设。加强农业综合行政执法人才队伍建设，加大执法人员培训力度，完善工资待遇和职业保障政策，培养通专结合、一专多能执法人才。推动公共法律服务力量下沉，通过招录、聘用、政府购买服务、发展志愿者队伍等方式，充实乡镇司法所公共法律服务人才队伍，加强乡村法律服务人才培训。以村干部、村妇联执委、人民调解员、网格员、村民小组长、退役军人等为重点，加快培育“法律明白人”。培育农村学法用法示范户，构建农业综合行政执法人员与农村学法用法示范户的密切联结机制。提高乡村人民调解员队伍专业化水平，有序推进在农村“五老”人员中选聘人民调解员。完善和落实“一村一法律顾问”制度。

六、加快培养农业农村科技人才

（二十）培养农业农村高科技领军人才。国家重大人才工程、人才专项优先支持农业农村领域，推进农业农村科研杰出人才培养，鼓励各地实施农业农村领域“引才计划”，加快培育一批高科技领军人才和团队。加强优秀青年后备人才培养，突出服务基层导向。支持高科技领军人才按照有关政策在国家农业高新技术产业示范区、农业科技园区等落户。

（二十一）培养农业农村科技创新人才。依托现代农业产业技术体系、农业科技创新联盟、现代农业产业科技创新中心等平台，发现人才、培育人才、凝聚人才。加强农业企业科技人才培养。健全农业农村科研立项、成果评价、成果转化机制，完善科技人员兼职兼薪、分享股权期权、领办创办企业、成果权益分配等激励办法。

（二十二）培养农业农村科技推广人才。推进农技推广体系改革创新，完善公益性和经营性农技推广融合发展机制，允许提供增值服务合理取酬。全面实施农技推广服务特聘计划。深化农技人员职称制度改革，突出业绩水平和实际贡献，向服务基层一线人才倾斜，实行农业农村科技推广人才差异化分类考核。实施基层农技人员素质提升工程，重点培训年轻骨干农技人员。建立健全农产品质量安全协管员、信息员队伍。鼓励地方对“土专家”、“田秀才”、“乡创客”发放补贴。开展“寻找最美农技员”活动。引导科研院所、高等学校开展专家服务基层活动，推广“科技小院”等培养模式，派驻研究生深入农村开展实用技术研究和推广服务工作。

（二十三）发展壮大科技特派员队伍。坚持政府选派、市场选择、志愿参加原则，完善科技特派员工作机制，拓宽科技特派员来源渠道，逐步实现各级科技特派员科技服务和创业带动全覆盖。完善优化科技特派员扶持激励政策，持续加大对科技特派员工作支持力度，推广利益共同体模式，支持科技特派员领办创办协办农民合作社、专业技术协会和农业企业。

七、充分发挥各类主体在乡村人才培养中的作用

（二十四）完善高等教育人才培养体系。全面加强涉农高校耕读教育，将耕读教育相关课程作为涉农专业学生必修课。深入实施卓越农林人才教育培养计划2.0，加快培养拔尖创新型、复合应用型、实用技能型农林人才。用生物技术、信息技术等现代科学技术改造提升现有涉农专业，建设一批新兴涉农专业。引导综合性高校拓宽农业传统学科专业边界，增设涉农学科专业。加强乡村振兴发展研究院建设，加大涉农专业招生支持力度。加强农林高校网络培训教育资源共享，打造实用精品培训课程体系。

（二十五）加快发展面向农村的职业教育。加强农村职业院校基础能力建设，优先支持高水平农业高职院校开展本科层次职业教育，采取校企合作、政府划拨、整合资源等方式建设一批实习实训基地。支持职业院校加强涉农专业建设、开发技术研发平台、开设特色工艺班，培养基层急需的专业技术人才。采取学制教育和专业培训相结合的模式对农村“两后生”进行技能培训。鼓励退役军人、下岗职工、农民工、高素质农民、留守妇女等报考高职院校，可适当降低文化素质测试录取分数线。

（二十六）依托各级党校（行政学院）培养基层党组织干部队伍。发挥好党校（行政学院）、干部学院主渠道、主阵地作用，分类分级开展“三农”干部培训。以县级党校（行政学校）为主体，加强对村干部、驻村第一书记、基层团组织书记等乡村干部队伍的培训。采取线上线下相结合等模式，将党校（行政学院）、干部学院的教育资源延伸覆盖至村和社区。

（二十七）充分发挥农业广播电视学校等培训机构作用。支持职业院校、农业广播电视学校、农村成人文化技术培训学校（机构）、农技推广机构、农业科研院所等，加强对高素质农民、能工巧匠等本土人才培养。探索建立农民学分银行，推动农民培训与职业教育有效衔接。建立政府引导、多元参与的投入机制，将农民教育培训经费按规定列入各级预算，吸引社会资本投入。

（二十八）支持企业参与乡村人才培养。引导农业企业依托原料基地、产业园区等建设实训基地，推动和培训农民应用新技术。鼓励农业企业依托信息、科技、品牌、资金等优势，带动农民创办家庭农场、农民合作社，打造乡村人才孵化基地。支持农业企业联合科研院所、高等学校建设产学研用协同创新基地，培育科技创新人才。

八、建立健全乡村人才振兴体制机制

（二十九）健全农村工作干部培养锻炼制度。完善县级以上机关年轻干部在农村基层培养锻炼机制，有计划地选派县级以上机关有发展潜力的年轻干部到乡镇任职、挂职，多渠道选派优秀干部到农村干事创业。

（三十）完善乡村人才培养制度。加大公费师范生培养力度，实行定向培养，明确基层服务年限，推动特岗计划与公费师范生培养相结合。推动职业院校（含技工院校）建设涉农专业或开设特色工艺班，与基层行政事业单位、用工企业精准对接，定向培养乡村人才。支持中央和国家机关有关部门、地方政府、高等学校、职业院校加强合作，按规定为艰苦地区和基层一线“订单式”培养专业人才。

（三十一）建立各类人才定期服务乡村制度。建立城市医生、教师、科技、文化等人才定期服务乡村制度，支持和鼓励符合条件的事业单位科研人员按照国家有关规定到乡村和涉农企业创新创业，充分保障其在职称评审、工资福利、社会保障等方面的权益。鼓励地方整合各领域外部人才成立乡村振兴顾问团，支持引导退休专家和干部服务乡村振兴。落实中小学教师晋升高级职称原则上要有1年以上农村基层工作服务经历要求。国家建立医疗卫生人员定期到基层和艰苦边远地区从事医疗卫生工作制度。执业医师晋升为副高级技术职称的，应当有累计1年以上在县级以下或者对口支援的医疗卫生机构提供医疗卫生服务的经历。支持专业技术人才通过项目合作、短期工作、专家服务、兼职等多种形式到基层开展服务活动，在基层时间累

计超过半年的视为基层工作经历,作为职称评审、岗位聘用的重要参考。对县乡事业单位专业性强的岗位聘用的高层次人才,可采取协议工资、项目工资、年薪制等灵活多样的分配方式,合理确定薪酬待遇。鼓励地方通过建设人才公寓、发放住房补助,允许返乡入乡人员子女在就业创业地接受学前教育、义务教育,解决好返乡入乡人员的居住和子女入学问题。完善社保关系转移接续机制,为返乡入乡人员及其家属按规定参加城镇职工基本养老保险、基本医疗保险提供便捷服务。

(三十二)健全鼓励人才向艰苦地区和基层一线流动激励制度。适当放宽在基层一线工作的专业技术人才职称评审条件。对长期在基层一线和艰苦边远地区工作的,加大爱岗敬业表现、实际工作业绩及工作年限等评价权重,落实完善工资待遇倾斜政策,激励人才扎根一线建功立业。推广医疗、教育人才"组团式"援疆援藏经验做法,逐步将人才"组团式"帮扶拓展到其他艰苦地区和更多领域。

(三十三)建立县域专业人才统筹使用制度。积极开展统筹使用基层各类编制资源试点,探索赋予乡镇更加灵活的用人自主权,鼓励从上往下跨层级调剂行政事业编制,推动资源服务管理向基层倾斜。推进义务教育阶段教师"县管校聘",推广城乡学校共同体、乡村中心校模式。加强县域卫生人才一体化配备和管理,在区域卫生编制总量内统一配备各类卫生人才,强化多劳多得、优绩优酬,鼓励实行"县聘乡用"和"乡聘村用"。

(三十四)完善乡村高技能人才职业技能等级制度。组织农民参加职业技能鉴定、职业技能等级认定、职业技能竞赛等多种技能评价。探索"以赛代评"、"以项目代评",符合条件可直接认定相应技能等级。按照有关规定对有突出贡献人才破格评定相应技能等级。

(三十五)建立健全乡村人才分级分类评价体系。坚持"把论文写在大地上",完善农业农村领域高级职称评审申报条件,探索推行技术标准、专题报告、发展规划、技术方案、试验报告等视同发表论文的评审方式。对乡村发展急需紧缺人才,可以设置特设岗位,不受常设岗位总量、职称最高等级和结构比例限制。

(三十六)提高乡村人才服务保障能力。完善乡村人才认定标准,做好乡村人才分类统计,加强乡村人才工作信息化建设,建立健全县乡村三级乡村人才管理网络。加强人才管理服务工作,大力发展乡村人才服务业,引导市场主体为乡村人才提供中介、信息等服务。

九、保障措施

(三十七)加强组织领导。各级党委要将乡村人才振兴作为实施乡村振兴战略的重要任务,建立党委统一领导、组织部门指导、党委农村工作部门统筹协调、相关部门分工负责的乡村人才振兴工作联席会议制度。把乡村人才振兴纳入人才工作目标责任制考核和乡村振兴实绩考核。加强农村工作干部队伍的培养、配备、管理、使用,将干部培养向乡村振兴一线倾斜,选优配强涉农部门领导班子和市县分管乡村振兴的领导干部,注重提拔使用政治过硬、实绩突出的农村工作干部。

(三十八)强化政策保障。加强乡村人才振兴投入保障,支持涉农企业加大乡村人力资本开发投入。农村集体经营性建设用地和复垦腾退建设用地指标注重支持各类乡村人才发展新产业新业态。推进农村金融产品和服务创新,鼓励证券、保险、担保、基金等金融机构服务乡村振兴,引导工商资本投资乡村事业,带动人才回流乡村。

(三十九)搭建乡村引才聚才平台。加强现代农业产业园、农业科技园区、农村创业创新园区等平台建设,支持入园企业、科研院所等建设科研创新平台,完善科技成果转化、人才奖补等政策,引进高层次人才和急需紧缺专业人才。加强人才驿站、人才服务站、专家服务基地、青年之家、妇女之家等人才服务平台建设,为乡村人才提供政策咨询、职称申报、项目申报、融资对接等服务。

(四十)制定乡村人才专项规划。对标实施乡村振兴战略需要,评估乡村人才供求总量和结构,细分乡村人才供求缺口,探索建立乡村人才信息库和需求目录。在摸清乡村人才现状基础上,制定乡村人才振兴规划,明确乡村人才振兴的总体要求、重点任务、政策措施,推动"三农"工作人才队伍建设制度化、规范化、常态化。

(四十一)营造良好环境。完善扶持乡村产业发展的政策体系,建好农村基础设施和公共服务设施,改善农村发展条件,提高农村生活便利化水平,吸引城乡人才留在农村。通过优秀人才评选、创新创业比赛、职业技能大赛等途径,每年选树一批乡村人才先进典型,按照规定给予表彰和政策扶持,引导乡村人才增强力争上游、务农光荣的思想观念。

国务院办公厅关于做好跨周期调节进一步稳外贸的意见

各省、自治区、直辖市人民政府，国务院各部委、各直属机构：

当前，我国外贸面临的不确定不稳定不平衡因素增多，外贸运行基础并不牢固。为深入贯彻习近平总书记关于保持经济运行在合理区间的重要指示精神，落实党中央、国务院决策部署，进一步扩大开放，做好跨周期调节，助企纾困特别是扶持中小微外贸企业，努力保订单、稳预期，促进外贸平稳发展，经国务院同意，现提出以下意见：

一、挖掘进出口潜力

（一）进一步发挥海外仓带动作用。积极利用服务贸易创新发展引导基金等，按照政策引导、市场运作的方式，促进海外仓高质量发展。鼓励具备跨境金融服务能力的金融机构在依法合规、风险可控前提下，加大对传统外贸企业、跨境电商和物流企业等建设和使用海外仓的金融支持。（各地方人民政府，商务部、发展改革委、财政部、人民银行、银保监会、外汇局、开发银行、进出口银行、中国出口信用保险公司按职责分工负责）

（二）做好大宗商品进口工作。积极保障大宗商品国内供给。统筹保障大宗商品进口各环节稳定运行。（各地方人民政府，商务部、发展改革委、交通运输部、国资委、海关总署、粮食和储备局、能源局按职责分工负责）

（三）挖掘消费品进口潜力。进一步调整优化跨境电商零售进口商品清单、扩大进口类别，更好满足多元化消费需求。适时举办国际消费季促进活动，带动消费品进口。（商务部、发展改革委、财政部、海关总署、税务总局、市场监管总局按职责分工负责）

二、保障外贸产业链供应链稳定畅通

（四）缓解国际物流压力。鼓励外贸企业与航运企业签订长期协议。引导各地方、进出口商协会组织中小微外贸企业与航运企业进行直客对接。支持金融机构在依法合规、风险可控前提下，利用普惠性金融政策，向符合条件的小微外贸企业提供物流方面的普惠性金融支持。（各地方人民政府，交通运输部、商务部、人民银行、银保监会按职责分工负责）持续加强国际海运领域监管，依法打击违法违规收费、哄抬运价等行为。依法依规调查涉嫌垄断行为。在多双边场合呼吁共同畅通国际物流。完善日常监测和应急调度机制，增强港口间协同配合。（市场监管总局、交通运输部、外交部、商务部、海关总署按职责分工负责）

（五）新培育一批外贸创新发展试点。增设一批跨境电子商务综合试验区。（商务部、中央网信办、发展改革委、工业和信息化部、财政部、交通运输部、人民银行、海关总署、税务总局、市场监管总局、银保监会、邮政局、外汇局按职责分工负责）培育一批离岸贸易中心城市（地区），支持创新发展离岸贸易。（商务部、人民银行、外汇局按职责分工负责）

（六）稳定加工贸易发展。加强国家加工贸易产业园培育建设，深化东部与中西部、东北地区合作共建，鼓励支持加工贸易重点项目落地发展。加快培育认定新一批加工贸易梯度转移重点承接地和示范地，加大支持力度，发挥示范引领和辐射带动作用。（各地方人民政府，商务部、人力资源社会保障部、海关总署按职责分工负责）暂免征收加工贸易企业内销税款缓税利息至2022年底，稳定加工贸易发展，减轻企业负担。（财政部、海关总署、税务总局按职责分工负责）

（七）培育贸易双循环企业。培育一批具有国际竞争力的贸易双循环企业，支持贸易双循环企业加强关键技术和商业模式创新。加强对企业的配套服务，推动解决企业在发展内外贸同线同标同质产品、拓展贸易渠道、完善供应链网络等方面遇到的问题。（各地方人民政府，商务部、工业和信息化部、市场监管总局按职责分工负责）

（八）提升贸易自由化便利化水平。将《区域全面经济伙伴关系协定》（RCEP）生效实施作为稳外贸的重要抓手，用足用好市场开放承诺和规则，扩大原产地区域累积规则的综合效应。（商务部会同相关部门负责）各地方要在严格落实疫情防控要求基础上，根据货物种类、来源地等，科学精准实施疫情防控措施。持续优化营商环境，在确保有效监管的基础上，进一步提升跨境贸易便利化水平，降低进出口环节合规成本。继续加快出口退税进度，2022 年税务部门办理正常出口退税的平均时间压缩至 6 个工作日以内。研究适时组织对中资企业海外员工开展新冠病毒疫苗加强免疫接种，助力企业在海外开展经贸活动。（各地方人民政府，外交部、商务部、卫生健康委、国资委、海关总署、税务总局按职责分工负责）

（九）加快推进贸易调整援助。支持各地方结合本地实际建立健全贸易调整援助制度，积极开展贸易调整援助工作，助力稳定产业链供应链。（各地方人民政府，商务部、工业和信息化部、财政部、人力资源社会保障部、农业农村部按职责分工负责）

三、稳市场主体保订单

（十）巩固提升出口信用保险作用。在依法合规、风险可控前提下，进一步优化出口信保承保和理赔条件，强化产品联动，支持内外贸一体化发展，积极拓展产业链承保，扩大对中小微外贸企业承保的覆盖面和规模，加大对中小微外贸企业、出运前订单被取消风险等的保障力度以及对跨境电商、海外仓等新业态的支持力度。（财政部、商务部、银保监会、中国出口信用保险公司按职责分工负责）

（十一）持续培育发展短期险项下的保单融资业务。鼓励引导银行机构结合外贸企业需求创新保单融资等产品，重点缓解中小微外贸企业融资难、融资贵问题。有条件的地方可利用“再贷款+保单融资”等方式向小微外贸企业提供融资支持。（各地方人民政府，财政部、商务部、人民银行、银保监会、中国出口信用保险公司按职责分工负责）

（十二）抓实抓好外贸信贷投放。发挥各类金融机构作用，在依法合规、风险可控前提下，开展产品服务创新，按照市场化原则进一步加大对外贸企业特别是中小微外贸企业的信贷支持力度。（财政部、商务部、人民银行、银保监会、开发银行、进出口银行按职责分工负责）鼓励大型骨干外贸企业向金融机构共享信息，加强合作，推动大型骨干外贸企业为上下游企业增信，在真实交易的背景下，引导金融机构向大型骨干外贸企业的上下游企业提供供应链金融产品。（各地方人民政府，财政部、商务部、人民银行、银保监会、进出口银行、中国出口信用保险公司按职责分工负责）

（十三）提升外贸企业应对汇率风险能力。保持人民币汇率在合理均衡水平上基本稳定。鼓励银行机构在依法合规、风险可控前提下，对符合条件的小微外贸企业根据客户资信情况以授信或保证金等方式开展远期结售汇业务。推动银行机构进一步开展针对中小微外贸企业的远期结售汇业务。加强宣传培训，支持、引导外贸企业树立汇率风险中性意识，提升外贸企业汇率避险意识与能力。（各地方人民政府，财政部、商务部、人民银行、国资委、银保监会、外汇局按职责分工负责）

（十四）积极稳妥推进人民币跨境贸易结算。扩大经常项目人民币跨境使用。进一步完善人民币清算行安排，稳步推进人民币跨境支付系统建设和推广。（人民银行、发展改革委、商务部、国资委按职责分工负责）

（十五）进一步稳定外贸领域就业。对纺织品、服装、家具、鞋靴、塑料制品、箱包、玩具、石材、陶瓷、优势特色农产品等劳动密集型产品出口企业，各地方要落实好各项减负稳岗扩就业政策措施，以符合世贸组织规则的方式加大出口信贷、出口信保等政策支持力度。支持各地方人力资源社会保障、商务主管部门加强协作，研究建立外贸领域用工定点定期监测机制。（各地方人民政府，商务部、人力资源社会保障部、发展改革委、工业和信息化部、财政部、人民银行、税务总局、银保监会、进出口银行、中国出口信用保险公司按职责分工负责）

四、加强组织实施

各地区、各有关部门要以习近平新时代中国特色社会主义思想为指导，认真贯彻党中央、国务院决策部署，高度重视做好跨周期调节，特别是要稳定中小微外贸企业预期，切实支持中小微外贸企业降成本，将减税降费等措施落实到位，继续整治乱收费、乱罚款等问题，多措并举稳定外贸。各地区要结合实际，出台针对性支持举措，认真组织实施，推动各项政策措施在本地区落地见效。商务部要会同各有关部门加强政策指导，组织引导有条件的地方建立完善外贸监测预警体系，密切跟踪分析形势变化，研究解决新问题。各有关部门要按照职责分工，加强协同、形成合力，确保各项政策措施落实到位。

国务院办公厅

2021 年 12 月 29 日

加强信用信息共享应用促进中小微企业融资实施方案

中小微企业是稳增长、促就业、保民生的重要力量。近年来,金融供给侧结构性改革深入推进,社会信用体系不断完善,有效促进了中小微企业融资。但受银企信息不对称等因素制约,中小微企业贷款可得性不高、信用贷款占比偏低等问题仍然存在。为进一步发挥信用信息对中小微企业融资的支持作用,推动建立缓解中小微企业融资难融资贵问题的长效机制,根据《中共中央办公厅　国务院办公厅关于促进中小企业健康发展的指导意见》部署和《政府工作报告》要求,制定本实施方案。

一、总体要求

(一)指导思想。以习近平新时代中国特色社会主义思想为指导,深入贯彻落实党的十九大和十九届历次全会精神,按照党中央、国务院决策部署,充分发挥各类信用信息平台作用,在切实保障信息安全和市场主体权益的前提下,加强信用信息共享整合,深化大数据应用,支持创新优化融资模式,加强对中小微企业的金融服务,不断提高中小微企业贷款覆盖率、可得性和便利度,助力中小微企业纾困发展,为扎实做好"六稳"工作、全面落实"六保"任务、加快构建新发展格局、推动高质量发展提供有力支撑。

(二)基本原则。需求导向,充分共享。以支持银行等金融机构提升服务中小微企业能力为出发点,充分发挥各类信用信息平台作用,多种方式归集共享各类涉企信用信息,破解银企信息不对称难题。创新应用,防控风险。充分运用大数据等技术,完善信用评价体系,创新金融产品和服务,加大信贷资源向中小微企业倾斜力度。建立健全风险识别、监测、分担、处置等机制,提升风险防范能力。多方参与,协同联动。健全信用信息共享协调机制,发挥政府在组织协调、信息整合等方面的作用,加快构建政府与银行、保险、担保、信用服务等机构协同联动的工作格局,形成工作合力。依法依规,保护权益。强化信息分级分类管理,规范信息使用权限和程序,加强信息安全保护,防止信息泄露和非法使用。依法查处侵权行为,保护商业秘密和个人隐私,维护市场主体合法权益。

二、加强信用信息共享整合

(三)健全信息共享网络。省级人民政府要在充分利用现有地方信用信息共享平台、征信平台、综合金融服务平台等信息系统的基础上,统筹建立或完善地方融资信用服务平台,鼓励有条件的市县结合实际建立相关融资信用服务平台。依托已建成的全国中小企业融资综合信用服务平台(以下简称全国融资信用服务平台),横向联通国家企业信用信息公示系统和有关行业领域信息系统,纵向对接地方各级融资信用服务平台,构建全国一体化融资信用服务平台网络,与全国一体化政务服务平台等数据共享交换通道做好衔接。(国家发展改革委、人民银行、银保监会牵头,各地区各有关部门和单位按职责分工负责)

(四)扩大信息共享范围。进一步整合市场主体注册登记、行政许可、行政处罚、司法判决及执行、严重失信主体名单、荣誉表彰、政策支持等公共信用信息,不断提高数据准确性、完整性和及时性。以中小微企业、个体工商户融资业务需求为导向,在依法依规、确保信息安全的前提下,逐步将纳税、社会保险费和住房公积金缴纳、进出口、水电气、不动产、知识产权、科技研发等信息纳入共享范围,打破"数据壁垒"和"信息孤岛"。鼓励企业通过"自愿填报+信用承诺"等方式补充完善自身信息,畅通信息共享渠道。(国家发展改革委、人民银行、银保监会牵头,最高人民法院、人力资源社会保障部、自然资源部、生态环境部、住房城乡建设部、农业农村部、海关总署、税务总局、市场监管总局、国家版权局、国家知识产权局等有关部门和单位及各地区按职责分工负责)

(五)优化信息共享方式。立足工作实际,灵活采取物理归集、系统接口调用、数据核验等多种方式共享相关信息。已实现全国集中管理的信息原则上在国家层面共享,由国家有关部门和单位负责与全国融资信用服务平台共享,在完成"总对总"对接前可以根据实际需求先行推进地方层面共享;其他信息在地方层面共享,由地方人民政府负责归集整合,以适当方式与地方融资信用服务平台共享。充分利用现有信息共享机制和渠道,凡已实现共享的信息,不再要求有关部门和单位重复提供。全国融资信用服务平台要根据有关部门和单位工作需要，依法依规同步共享所归集的信用信息，加强信息使用和管理的有效衔接。建立相关工作机制，支持有需求的银行、保险、担保、信用服务等机构(以下统称接入机构)接入融资信用服务平台。(各地区各有关部门和单位按职责分工负责)

(六)优化信用信息服务。各级融资信用服务平台按照公益性原则，依法依规向接入机构提供基础性信息服务，并将相关信息使用情况及时反馈数据提供单位。对依法公开的信息，应当整合形成标准化信用信息报告供接入机构查询，鼓励有条件的融资信用服务平台根据接入机构需求，按照区域、行业等维度批量推送相关信息。对涉及商业秘密等不宜公开的信息，未经信息主体授权不得向接入机构提供原始明细数据，主要通过数据提供单位与融资信用服务平台联合建模等方式供接入机构使用，或经信息主体授权后提供数据查询、核验等服务，实现数据“可用不可见”。在切实加强监管的基础上，稳妥引入企业征信机构依法依规参与平台建设和运营。(国家发展改革委、工业和信息化部、人民银行、银保监会及各地区按职责分工负责)

三、深化信用信息开发利用

(七)完善信用评价体系。各级融资信用服务平台要建立完善中小微企业信用评价指标体系，对中小微企业开展全覆盖信用评价，供银行等接入机构参考使用。鼓励接入机构根据自身业务特点和市场定位，充分利用内外部信息资源，完善信用评价模型，实现对中小微企业的精准“画像”。鼓励接入机构依法依规将相关信息向融资信用服务平台和有关部门开放共享。(国家发展改革委、工业和信息化部、人民银行、银保监会及各地区按职责分工负责)

(八)强化风险监测处置。各级融资信用服务平台要加强对获得贷款企业信用状况的动态监测，分析研判潜在风险并及时推送相关机构参考。依托融资信用服务平台等，探索建立中小微企业贷款“线上公证”、“线上仲裁”机制和金融互联网法庭，高效处置金融纠纷。对依法认定的恶意逃废债等行为，各有关部门和单位要依法依规开展联合惩戒。(国家发展改革委、最高人民法院、司法部、人民银行、银保监会等有关部门和单位及各地区按职责分工负责)

四、保障信息主体合法权益

(九)规范信息管理使用。各数据提供单位要按照相关法律法规和党中央、国务院政策文件要求，明确相关信息的共享公开属性和范围。各级融资信用服务平台要建立信息分级分类管理和使用制度。信息主体有权免费查询其在融资信用服务平台上的所有信息，并可按照有关规定提起异议申诉和申请信用修复。未经脱敏处理或信息主体明确授权，不得对外提供涉及商业秘密或个人隐私的信息。(各地区各有关部门和单位按职责分工负责)

(十)加强信息安全保障。各级融资信用服务平台应当建立完备的信息安全管理制度，强化信息安全技术保障，对接入机构进行信息安全评估，提升信息安全风险监测、预警、处置能力。接入机构要加强内部信息安全管理，严格遵守国家有关规定和融资信用服务平台信息管理要求，获取的信息不得用于为企业提供融资支持以外的活动。严肃查处非法获取、传播、泄露、出售信息等违法违规行为。(各地区各有关部门和单位按职责分工负责)

五、保障措施

(十一)加强组织协调。国家发展改革委、工业和信息化部、人民银行、银保监会要会同有关部门和单位建立健全加强信用信息共享应用促进中小微企业融资工作协调机制，做好与国家政务数据共享协调机制的衔接，设立工作专班负责推动相关信息共享，通报工作成效。人民银行、银保监会要依法依规对涉及的相关金融机构和金融业务进行监督管理。各有关部门和单位要加快实现本领域相关信息系统与融资信用服务平台互联互通，推动信用信息应用服务。地方各级人民政府要加大工作力度，按照本实施方案要求统筹建立或完善地方融资信用服务平台，做好本行政区域内信用信息共享应用相关工作。(国家发展改革委、工业和信息化部、人民银行、银保监会牵头，最高人民法院、司法部、财政部、人力资源社会保障部、自然资源部、生态环境部、住房城乡建设部、农业农村部、海关总署、税务总局、市场监管总局、国家版权局、国家知识产权局等有关部门和单位及各地区按职责分工负责)

(十二)强化政策支持。地方人民政府要对地方融资信用服务平台建设予以合理保障。鼓励有条件的地方建立中小微企业信用贷款市场化风险分担补偿机制，合理分担信用风险。鼓励有条件的地方为符合产业政策导向、信用状况良好的中小微企业提供贷款贴息，对为中小微企业提供有效担保的政府性融资担保机构予以补贴。充分发挥国家融资担保基金引导作用，增强地方政府性融资担保机构增信能力，推动完善政府性融资担保体系。（财政部、银保监会及各地区按职责分工负责）

（十三）做好宣传引导。创建一批加强信用信息共享应用促进中小微企业融资示范地区、示范银行、示范平台，强化正面引导，推广先进经验。组织动员银行、保险、担保、信用服务等机构广泛参与，加强中小微企业融资服务供给，不断提升中小微企业获得感。充分发挥部门、地方、行业组织、新闻媒体等作用，通过召开新闻发布会、制作新媒体产品等多种形式，全面准确解读政策，大力宣传工作成效、典型案例和创新做法，营造良好舆论环境。（国家发展改革委、工业和信息化部、人民银行、银保监会牵头，各地区各有关部门和单位按职责分工负责）

国务院办公厅

2021 年 12 月 22 日

“十四五”节能减排综合工作方案

为认真贯彻落实党中央、国务院重大决策部署，大力推动节能减排，深入打好污染防治攻坚战，加快建立健全绿色低碳循环发展经济体系，推进经济社会发展全面绿色转型，助力实现碳达峰、碳中和目标，制定本方案。

一、总体要求

以习近平新时代中国特色社会主义思想为指导，全面贯彻党的十九大和十九届历次全会精神，深入贯彻习近平生态文明思想，坚持稳中求进工作总基调，立足新发展阶段，完整、准确、全面贯彻新发展理念，构建新发展格局，推动高质量发展，完善实施能源消费强度和总量双控（以下称能耗双控）、主要污染物排放总量控制制度，组织实施节能减排重点工程，进一步健全节能减排政策机制，推动能源利用效率大幅提高、主要污染物排放总量持续减少，实现节能降碳减污协同增效、生态环境质量持续改善，确保完成“十四五”节能减排目标，为实现碳达峰、碳中和目标奠定坚实基础。

二、主要目标

到 2025 年，全国单位国内生产总值能源消耗比 2020 年下降 13.5%，能源消费总量得到合理控制，化学需氧量、氨氮、氮氧化物、挥发性有机物排放总量比 2020 年分别下降 8%、8%、10%以上、10%以上。节能减排政策机制更加健全，重点行业能源利用效率和主要污染物排放控制水平基本达到国际先进水平，经济社会发展绿色转型取得显著成效。

三、实施节能减排重点工程

（一）重点行业绿色升级工程。以钢铁、有色金属、建材、石化化工等行业为重点，推进节能改造和污染物深度治理。推广高效精馏系统、高温高压干熄焦、富氧强化熔炼等节能技术，鼓励将高炉—转炉长流程炼钢转型为电炉短流程炼钢。推进钢铁、水泥、焦化行业及燃煤锅炉超低排放改造，到 2025 年，完成 5.3 亿吨钢铁产能超低排放改造，大气污染防治重点区域燃煤锅炉全面实现超低排放。加强行业工艺革新，实施涂装类、化工类等产业集群分类治理，开展重点行业清洁生产和工业废水资源化利用改造。推进新型基础设施能效提升，加快绿色数据中心建设。“十四五”时期，规模以上工业单位增加值能耗下降 13.5%，万元工业增加值用水量下降 16%。到 2025 年，通过实施节能降碳行动，钢铁、电解铝、水泥、平板玻璃、炼油、乙烯、合成氨、电石等重点行业产能和数据中心达到能效标杆水平的比例超过 30%。（工业和信息化部、国家发展改革委、生

态环境部、市场监管总局、国家能源局等按职责分工负责，地方各级人民政府负责落实。以下均需地方各级人民政府落实，不再列出）

（二）园区节能环保提升工程。引导工业企业向园区集聚，推动工业园区能源系统整体优化和污染综合整治，鼓励工业企业、园区优先利用可再生能源。以省级以上工业园区为重点，推进供热、供电、污水处理、中水回用等公共基础设施共建共享，对进水浓度异常的污水处理厂开展片区管网系统化整治，加强一般固体废物、危险废物集中贮存和处置，推动挥发性有机物、电镀废水及特征污染物集中治理等“绿岛”项目建设。到2025年，建成一批节能环保示范园区。（国家发展改革委、工业和信息化部、生态环境部等按职责分工负责）

（三）城镇绿色节能改造工程。全面推进城镇绿色规划、绿色建设、绿色运行管理，推动低碳城市、韧性城市、海绵城市、“无废城市”建设。全面提高建筑节能标准，加快发展超低能耗建筑，积极推进既有建筑节能改造、建筑光伏一体化建设。因地制宜推动北方地区清洁取暖，加快工业余热、可再生能源等在城镇供热中的规模化应用。实施绿色高效制冷行动，以建筑中央空调、数据中心、商务产业园区、冷链物流等为重点，更新升级制冷技术、设备，优化负荷供需匹配，大幅提升制冷系统能效水平。实施公共供水管网漏损治理工程。到2025年，城镇新建建筑全面执行绿色建筑标准，城镇清洁取暖比例和绿色高效制冷产品市场占有率大幅提升。（住房城乡建设部、生态环境部、国家发展改革委、自然资源部、交通运输部、市场监管总局、国家能源局等按职责分工负责）

（四）交通物流节能减排工程。推动绿色铁路、绿色公路、绿色港口、绿色航道、绿色机场建设，有序推进充换电、加注（气）、加氢、港口机场岸电等基础设施建设。提高城市公交、出租、物流、环卫清扫等车辆使用新能源汽车的比例。加快大宗货物和中长途货物运输“公转铁”、“公转水”，大力发展铁水、公铁、公水等多式联运。全面实施汽车国六排放标准和非道路移动柴油机械国四排放标准，基本淘汰国三及以下排放标准汽车。深入实施清洁柴油机行动，鼓励重型柴油货车更新替代。实施汽车排放检验与维护制度，加强机动车排放召回管理。加强船舶清洁能源动力推广应用，推动船舶岸电受电设施改造。提升铁路电气化水平，推广低能耗运输装备，推动实施铁路内燃机车国一排放标准。大力发展智能交通，积极运用大数据优化运输组织模式。加快绿色仓储建设，鼓励建设绿色物流园区。加快标准化物流周转箱推广应用。全面推广绿色快递包装，引导电商企业、邮政快递企业选购使用获得绿色认证的快递包装产品。到2025年，新能源汽车新车销售量达到汽车新车销售总量的20%左右，铁路、水路货运量占比进一步提升。（交通运输部、国家发展改革委牵头，工业和信息化部、公安部、财政部、生态环境部、住房城乡建设部、商务部、市场监管总局、国家能源局、国家铁路局、中国民航局、国家邮政局、中国国家铁路集团有限公司等按职责分工负责）

（五）农业农村节能减排工程。加快风能、太阳能、生物质能等可再生能源在农业生产和农村生活中的应用，有序推进农村清洁取暖。推广应用农用电动车辆、节能环保农机和渔船，发展节能农业大棚，推进农房节能改造和绿色农房建设。强化农业面源污染防治，推进农药化肥减量增效、秸秆综合利用，加快农膜和农药包装废弃物回收处理。深入推进规模养殖场污染治理，整县推进畜禽粪污资源化利用。整治提升农村人居环境，提高农村污水垃圾处理能力，基本消除较大面积的农村黑臭水体。到2025年，农村生活污水治理率达到40%，秸秆综合利用率稳定在86%以上，主要农作物化肥、农药利用率均达到43%以上，畜禽粪污综合利用率达到80%以上，绿色防控、统防统治覆盖率分别达到55%、45%，京津冀及周边地区大型规模化养殖场氨排放总量削减5%。（农业农村部、生态环境部、国家能源局、国家乡村振兴局牵头，国家发展改革委、工业和信息化部、住房城乡建设部、水利部、市场监管总局等按职责分工负责）

（六）公共机构能效提升工程。加快公共机构既有建筑围护结构、供热、制冷、照明等设施设备节能改造，鼓励采用能源费用托管等合同能源管理模式。率先淘汰老旧车，率先采购使用节能和新能源汽车，新建和既有停车场要配备电动汽车充电设施或预留充电设施安装条件。推行能耗定额管理，全面开展节约型机关创建行动。到2025年，创建2000家节约型公共机构示范单位，遴选200家公共机构能效领跑者。（国管局、中直管理局等按职责分工负责）

（七）重点区域污染物减排工程。持续推进大气污染防治重点区域秋冬季攻坚行动，加大重点行业结构调整和污染治理力度。以大气污染防治重点区域及珠三角地区、成渝地区等为重点，推进挥发性有机物和氮氧化物协同减排，加强细颗粒物和臭氧协同控制。持续打好长江保护修复攻坚战，扎实推进城镇污水垃圾处理和工业、农业面源、船舶、尾矿库等污染治理工程，到2025年，长江流域总体水质保持为优，干流水质稳定达到Ⅱ类。着力打好黄河生态保护治理攻坚战，实施深度节水控水行动，加强重要支流污染治理，开展入河排污口排查整治，到2025年，黄河干流上中游(花园口以上)水质达到Ⅱ类。(国家发展改革委、生态环境部、工业和信息化部、水利部牵头，住房城乡建设部、交通运输部、国家能源局等按职责分工负责)

(八)煤炭清洁高效利用工程。要立足以煤为主的基本国情，坚持先立后破，严格合理控制煤炭消费增长，抓好煤炭清洁高效利用，推进存量煤电机组节煤降耗改造、供热改造、灵活性改造“三改联动”，持续推动煤电机组超低排放改造。稳妥有序推进大气污染防治重点区域燃料类煤气发生炉、燃煤热风炉、加热炉、热处理炉、干燥炉(窑)以及建材行业煤炭减量，实施清洁电力和天然气替代。推广大型燃煤电厂热电联产改造，充分挖掘供热潜力，推动淘汰供热管网覆盖范围内的燃煤锅炉和散煤。加大落后燃煤锅炉和燃煤小热电退出力度，推动以工业余热、电厂余热、清洁能源等替代煤炭供热(蒸汽)。到2025年，非化石能源占能源消费总量比重达到20%左右。“十四五”时期，京津冀及周边地区、长三角地区煤炭消费量分别下降10%、5%左右，汾渭平原煤炭消费量实现负增长。(国家发展改革委、生态环境部、工业和信息化部、住房城乡建设部、市场监管总局、国家能源局等按职责分工负责)

(九)挥发性有机物综合整治工程。推进原辅材料和产品源头替代工程，实施全过程污染物治理。以工业涂装、包装印刷等行业为重点，推动使用低挥发性有机物含量的涂料、油墨、胶粘剂、清洗剂。深化石化化工等行业挥发性有机物污染治理，全面提升废气收集率、治理设施同步运行率和去除率。对易挥发有机液体储罐实施改造，对浮顶罐推广采用全接液浮盘和高效双重密封技术，对废水系统高浓度废气实施单独收集处理。加强油船和原油、成品油码头油气回收治理。到2025年，溶剂型工业涂料、油墨使用比例分别降低20个百分点、10个百分点，溶剂型胶粘剂使用量降低20%。(工业和信息化部、生态环境部等按职责分工负责)

(十)环境基础设施水平提升工程。加快构建集污水、垃圾、固体废物、危险废物、医疗废物处理处置设施和监测监管能力于一体的环境基础设施体系，推动形成由城市向建制镇和乡村延伸覆盖的环境基础设施网络。推进城市生活污水管网建设和改造，实施混错接管网改造、老旧破损管网更新修复，加快补齐处理能力缺口，推行污水资源化利用和污泥无害化处置。建设分类投放、分类收集、分类运输、分类处理的生活垃圾处理系统。到2025年，新增和改造污水收集管网8万公里，新增污水处理能力2000万立方米/日，城市污泥无害化处置率达到90%，城镇生活垃圾焚烧处理能力达到80万吨/日左右，城市生活垃圾焚烧处理能力占比65%左右。(国家发展改革委、住房城乡建设部、生态环境部等按职责分工负责)

四、健全节能减排政策机制

(一)优化完善能耗双控制度。坚持节能优先，强化能耗强度降低约束性指标管理，有效增强能源消费总量管理弹性，加强能耗双控政策与碳达峰、碳中和目标任务的衔接。以能源产出率为重要依据，综合考虑发展阶段等因素，合理确定各地区能耗强度降低目标。国家对各省(自治区、直辖市)“十四五”能耗强度降低实行基本目标和激励目标双目标管理，由各省(自治区、直辖市)分解到每年。完善能源消费总量指标确定方式，各省(自治区、直辖市)根据地区生产总值增速目标和能耗强度降低基本目标确定年度能源消费总量目标，经济增速超过预期目标的地区可相应调整能源消费总量目标。对能耗强度降低达到国家下达的激励目标的地区，其能源消费总量在当期能耗双控考核中免予考核。各地区“十四五”时期新增可再生能源电力消费量不纳入地方能源消费总量考核。原料用能不纳入全国及地方能耗双控考核。有序实施国家重大项目能耗单列，支持国家重大项目建设。加强节能形势分析预警，对高预警等级地区加强工作指导。推动科学有序实行用能预算管理，优化能源要素合理配置。(国家发展改革委牵头，国家统计局、国家能源局等按职责分工负责)

(二)健全污染物排放总量控制制度。坚持精准治污、科学治污、依法治污，把污染物排放总量控制制度作为加快绿色低碳发展、推动结构优化调整、提升环境治理水平的重要抓手，推进实施重点减排工程，形成有效减排能力。优化总量减排指标分解方式，按照可监测、可核查、可考核的原则，将重点工程减排量下达地方，污染治理任务较重的地方承担相对较多的减排任务。改进总量减排核算方法，制定核算技术指南，加强与排污许可、环境影响评价审批等制度衔接，提升总量减排核算信息化水平。完善总量减排考核体系，健全激励约束机制，强化总量减排监督管理，重点核查重复计

算、弄虚作假特别是不如实填报削减量和削减来源等问题。(生态环境部负责)

(三)坚决遏制高耗能高排放项目盲目发展。根据国家产业规划、产业政策、节能审查、环境影响评价审批等政策规定,对在建、拟建、建成的高耗能高排放项目(以下称"两高"项目)开展评估检查,建立工作清单,明确处置意见,严禁违规"两高"项目建设、运行,坚决拿下不符合要求的"两高"项目。加强对"两高"项目节能审查、环境影响评价审批程序和结果执行的监督评估,对审批能力不适应的依法依规调整上收审批权。对年综合能耗5万吨标准煤及以上的"两高"项目加强工作指导。严肃财经纪律,指导金融机构完善"两高"项目融资政策。(国家发展改革委、工业和信息化部、生态环境部牵头,人民银行、市场监管总局、银保监会、国家能源局等按职责分工负责)

(四)健全法规标准。推动制定修订资源综合利用法、节约能源法、循环经济促进法、清洁生产促进法、环境影响评价法及生态环境监测条例、民用建筑节能条例、公共机构节能条例等法律法规,完善固定资产投资项目节能审查、电力需求侧管理、非道路移动机械污染防治管理等办法。对标国际先进水平制定修订一批强制性节能标准,深入开展能效、水效领跑者引领行动。制定修订居民消费品挥发性有机物含量限制标准和涉挥发性有机物重点行业大气污染物排放标准,进口非道路移动机械执行国内排放标准。研究制定下一阶段轻型车、重型车排放标准和油品质量标准。(国家发展改革委、生态环境部、司法部、工业和信息化部、财政部、住房城乡建设部、交通运输部、市场监管总局、国管局等按职责分工负责)

(五)完善经济政策。各级财政加大节能减排支持力度,统筹安排相关专项资金支持节能减排重点工程建设,研究对节能目标责任评价考核结果为超额完成等级的地区给予奖励。逐步规范和取消低效化石能源补贴。扩大中央财政北方地区冬季清洁取暖政策支持范围。建立农村生活污水处理设施运维费用地方各级财政投入分担机制。扩大政府绿色采购覆盖范围。健全绿色金融体系,大力发展绿色信贷,支持重点行业领域节能减排,用好碳减排支持工具和支持煤炭清洁高效利用专项再贷款,加强环境和社会风险管理。鼓励有条件的地区探索建立绿色贷款财政贴息、奖补、风险补偿、信用担保等配套支持政策。加快绿色债券发展,支持符合条件的节能减排企业上市融资和再融资。积极推进环境高风险领域企业投保环境污染责任保险。落实环境保护、节能节水、资源综合利用税收优惠政策。完善挥发性有机物监测技术和排放量计算方法,在相关条件成熟后,研究适时将挥发性有机物纳入环境保护税征收范围。强化电价政策与节能减排政策协同,持续完善高耗能行业阶梯电价等绿色电价机制,扩大实施范围、加大实施力度,落实落后"两高"企业的电价上浮政策。深化供热体制改革,完善城镇供热价格机制。建立健全城镇污水处理费征收标准动态调整机制,具备条件的东部地区、中西部城市近郊区探索建立受益农户污水处理付费机制。(国家发展改革委、财政部、人民银行、银保监会、证监会、工业和信息化部、生态环境部、住房城乡建设部、税务总局、国家能源局等按职责分工负责)

(六)完善市场化机制。深化用能权有偿使用和交易试点,加强用能权交易与碳排放权交易的统筹衔接,推动能源要素向优质项目、企业、产业及经济发展条件好的地区流动和集聚。培育和发展排污权交易市场,鼓励有条件的地区扩大排污权交易试点范围。推广绿色电力证书交易。全面推进电力需求侧管理。推行合同能源管理,积极推广节能咨询、诊断、设计、融资、改造、托管等"一站式"综合服务模式。规范开放环境治理市场,推行环境污染第三方治理,探索推广生态环境导向的开发、环境托管服务等新模式。强化能效标识管理制度,扩大实施范围。健全统一的绿色产品标准、认证、标识体系,推行节能低碳环保产品认证。(国家发展改革委、生态环境部、工业和信息化部、财政部、市场监管总局、国家能源局等按职责分工负责)

(七)加强统计监测能力建设。严格实施重点用能单位能源利用状况报告制度,健全能源计量体系,加强重点用能单位能耗在线监测系统建设和应用。完善工业、建筑、交通运输等领域能源消费统计制度和指标体系,探索建立城市基础设施能源消费统计制度。优化污染源统计调查范围,调整污染物统计调查指标和排放计算方法。构建覆盖排污许可持证单位的固定污染源监测体系,加强工业园区污染源监测,推动涉挥发性有机物排放的重点排污单位安装在线监控监测设施。加强统计基层队伍建设,强化统计数据审核,防范统计造假、弄虚作假,提升统计数据质量。(国家统计局、国家发展改革委、生态环境部、工业和信息化部、住房城乡建设部、交通运输部、市场监管总局等按职责分工负责)

(八)壮大节能减排人才队伍。健全省、市、县三级节能监察体系,加强节能监察能力建设。重点用能单位按要求设置能源管理岗位和负责人。加强县级及乡镇基层生态环境监管队伍建设，重点排污单位设置专职环保人员。加大政府有关部门及监察执法机构、企业等节能减排工作人员培训力度，通过业务培训、比赛竞赛、经验交流等方式提高业务水平。开发节能环保领域新职业，组织制定相应职业标准。（国家发展改革委、生态环境部、工业和信息化部、人力资源社会保障部等按职责分工负责）

五、强化工作落实

（一）加强组织领导。各地区、各部门和各有关单位要充分认识节能减排工作的重要性和紧迫性，把思想和行动统一到党中央、国务院关于节能减排的决策部署上来，立足经济社会发展大局，坚持系统观念，明确目标责任，制定实施方案，狠抓工作落实，确保完成“十四五”节能减排各项任务。地方各级人民政府对本行政区域节能减排工作负总责，主要负责同志是第一责任人，要切实加强组织领导和部署推进，将本地区节能减排目标与国民经济和社会发展五年规划及年度计划充分衔接，科学明确下一级政府、有关部门和重点单位责任。要科学考核，防止简单层层分解。中央企业要带头落实节能减排目标责任，鼓励实行更严格的目标管理。国家发展改革委、生态环境部要加强统筹协调，做好工作指导，推动任务有序有效落实，及时防范化解风险，重大情况及时向国务院报告。（国家发展改革委、生态环境部牵头，各有关部门按职责分工负责）

（二）强化监督考核。开展“十四五”省级人民政府节能减排目标责任评价考核，科学运用考核结果，对工作成效显著的地区加强激励，对工作不力的地区加强督促指导，考核结果经国务院审定后，交由干部主管部门作为对省级人民政府领导班子和领导干部综合考核评价的重要依据。完善能耗双控考核措施，增加能耗强度降低约束性指标考核权重，加大对坚决遏制“两高”项目盲目发展、推动能源资源优化配置措施落实情况的考核力度，统筹目标完成进展、经济形势及跨周期因素，优化考核频次。继续开展污染防治攻坚战成效考核，把总量减排目标任务完成情况作为重要考核内容，压实减排工作责任。完善中央生态环境保护督察制度，深化例行督察，强化专项督察。（国家发展改革委、生态环境部牵头，中央组织部等按职责分工负责）

（三）开展全民行动。深入开展绿色生活创建行动，增强全民节约意识，倡导简约适度、绿色低碳、文明健康的生活方式，坚决抵制和反对各种形式的奢侈浪费，营造绿色低碳社会风尚。推行绿色消费，加大绿色低碳产品推广力度，组织开展全国节能宣传周、世界环境日等主题宣传活动，通过多种传播渠道和方式广泛宣传节能减排法规、标准和知识。加大先进节能减排技术研发和推广力度。发挥行业协会、商业团体、公益组织的作用，支持节能减排公益事业。畅通群众参与生态环境监督渠道。开展节能减排自愿承诺，引导市场主体、社会公众自觉履行节能减排责任。（中央宣传部、中直管理局、国家发展改革委、科技部、生态环境部、国管局、全国妇联等按职责分工负责）

国务院

2021 年 12 月 28 日

国务院关于新时代支持革命老区振兴发展的意见

各省、自治区、直辖市人民政府，国务院各部委、各直属机构：

革命老区是党和人民军队的根，是中国人民选择中国共产党的历史见证。革命老区大部分位于多省交界地区，很多仍属于欠发达地区。为加大对革命老区支持力度，2012 年以来国务院先后批准了支持赣南等原中央苏区和陕甘宁、左右江、大别山、川陕等革命老区振兴发展的政策文件，部署实施了一批支持措施和重大项目，助力革命老区如期打赢脱贫攻坚战，持续改善基本公共服务，发挥特色优势推进高质量发展，为全面建成小康社会作出了积极贡献。为深入贯彻落实党中央、国务院决策部署，支持革命老区在新发展阶段巩固拓展脱贫攻坚成果，开启社会主义现代化建设新征程，让革命老区人民逐步过上更加富裕幸福的生活，现提出以下意见。

一、总体要求

（一）指导思想。以习近平新时代中国特色社会主义思想为指导，全面贯彻党的十九大和十九届二中、三中、四中、五中全会精神，坚持和加强党的全面领导，坚持以人民为中心，立足新发展阶段、贯彻新发展理念、构建新发展格局、推动高质量发展，巩固拓展脱贫攻坚成果，激发内生动力，发挥比较优势，努力走出一条新时代振兴发展新路，把革命老区建设得更好，让革命老区人民过上更好生活，逐步实现共同富裕。

（二）主要目标。到2025年，革命老区脱贫攻坚成果全面巩固拓展，乡村振兴和新型城镇化建设取得明显进展，基础设施和基本公共服务进一步改善，居民收入增长幅度高于全国平均水平，对内对外开放合作水平显著提高，红色文化影响力明显增强，生态环境质量持续改善。到2035年，革命老区与全国同步基本实现社会主义现代化，现代化经济体系基本形成，居民收入水平显著提升，基本公共服务实现均等化，人民生活更加美好，形成红色文化繁荣、生态环境优美、基础设施完善、产业发展兴旺、居民生活幸福、社会和谐稳定的发展新局面。

二、巩固拓展脱贫攻坚成果，因地制宜推进振兴发展

坚持统筹谋划、因地制宜、各扬所长，聚焦重点区域、重点领域、重点人群巩固拓展脱贫攻坚成果，促进革命老区振兴发展。

（三）推动实现巩固拓展脱贫攻坚成果同乡村振兴有效衔接。一定时期内保持脱贫攻坚政策总体稳定，完善防止返贫监测和帮扶机制，优先支持将革命老区县列为国家乡村振兴重点帮扶县，巩固“两不愁三保障”等脱贫攻坚成果。做好易地扶贫搬迁后续帮扶工作，建设配套产业园区，提升完善安置区公共服务设施。加大以工代赈对革命老区的支持力度，合理确定建设领域、赈济方式。统筹城乡规划，以交通、能源、水利、信息网络等为重点，加快推进革命老区美丽生态宜居乡村建设。提高农房设计和建造水平，改善群众住房条件和居住环境。因地制宜发展规模化供水、建设小型标准化供水设施，大力实施乡村电气化提升工程，全面推进“四好农村路”建设，开展数字乡村试点，加快乡村绿化美化。坚持扶志扶智相结合，加大对革命老区农村低收入群体就业技能培训和外出务工的扶持力度。完善城乡低保对象认定方法，适当提高低保标准，落实符合条件的“三红”人员（在乡退伍红军老战士、在乡西路军红军老战士、红军失散人员）、烈士老年子女、年满60周岁农村籍退役士兵等人群的优抚待遇。

（四）促进大中小城市协调发展。落实推进以人为核心的新型城镇化要求，支持革命老区重点城市提升功能品质、承接产业转移，建设区域性中心城市和综合交通枢纽城市。研究支持赣州、三明等城市建设革命老区高质量发展示范区。支持革命老区县城建设和县域经济发展，促进环境卫生设施、市政公用设施、公共服务设施、产业配套设施提质增效，支持符合条件的县城建设一批产业转型升级示范园区，增强内生发展动力和服务农业农村能力。健全城乡融合发展体制机制，推进经济发达镇行政管理体制改革。推动信息网络等新型基础设施建设，加快打造智慧城市，提升城市管理和社会治理的数字化、智能化、精准化水平。

（五）对接国家重大区域战略。将支持革命老区振兴发展纳入国家重大区域战略和经济区、城市群、都市圈相关规划并放在突出重要位置，加强革命老区与中心城市、城市群合作，共同探索生态、交通、产业、园区等多领域合作机制。支持赣南等原中央苏区和海陆丰革命老区深度参与粤港澳大湾区建设，支持赣州、龙岩与粤港澳大湾区共建产业合作试验区，建设好赣州、井冈山、梅州综合保税区和龙岩、梅州跨境电商综合试验区，支持吉安申请设立跨境电商综合试验区，支持三明推动海峡两岸乡村融合发展。鼓励大别山、川陕、湘鄂渝黔等革命老区对接长江经济带发展、成渝地区双城经济圈建设，陕甘宁、太行、沂蒙等革命老区重点对接黄河流域生态保护和高质量发展，浙西南革命老区融入长江三角洲区域一体化发展，琼崖革命老区在海南自由贸易港建设中发挥独特作用。鼓励左右江革命老区开展全方位开放合作，引导赣南等原中央苏区与湘赣边区域协同发展。支持革命老区积极参与“一带一路”建设，以开放合作增强振兴发展活力。

三、促进实体经济发展，增强革命老区发展活力

加快完善革命老区基础设施，发展特色产业体系，提升创新能力，培育革命老区振兴发展新动能，提高经济质量效益和核心竞争力。

（六）完善基础设施网络。支持将革命老区公路、铁路、机场和能源、水利、应急等重大基础设施项目列入国家相关规划，具备条件后尽快启动建设，促进实现互联互通。加快建设京港（台）、包（银）海、沿江、厦渝等高铁主通道，规划建设相关区域连接线，加大普速货运铁路路网投资建设和改造升级力度。大力支持革命老区高速公路规划建设，优化高速公路出入口布局，便捷连接重点城镇和重点红色文化纪念地，加快国省道干线改造。支持革命老区民用运输机场新建和改扩建，规划建设一批通用机场。加快综合水运枢纽建设和航道整治，推进百色水利枢纽过船设施等工程，研究论证赣粤运河可行性。建设一批重点水源工程和大型灌区工程，推进大中型灌区续建配套与现代化改造、中小河流治理、病险水库除险加固和山洪灾害防治等工程。有序规划建设支撑性清洁煤电项目、煤运通道和煤炭储备基地，加快建设跨区域输电工程，持续完善电力骨干网架，推动石油、天然气管道和配套项目建设，保障革命老区能源稳定供应。

（七）培育壮大特色产业。支持革命老区加强农田水利和高标准农田建设，深入推进优质粮食工程，稳步提升粮食生产能力。加强绿色食品、有机农产品、地理标志农产品认证和管理，推行食用农产品合格证制度，推动品种培优、品质提升、品牌打造和标准化生产。做大做强水果、蔬菜、茶叶等特色农林产业，支持发展沙县小吃等特色富民产业。建设一批农村产业融合发展园区、农业标准化示范区、农产品质量检验检测中心和冷链物流基地，鼓励电商企业与革命老区共建农林全产业链加工、物流和交易平台。支持有条件的地区建设新材料、能源化工、生物医药、电子信息、新能源汽车等特色优势产业集群，支持符合条件的地区建设承接产业转移示范区。推进"中国稀金谷"建设，研究中重稀土和钨资源收储政策。支持革命老区立足红色文化、民族文化和绿色生态资源，加快特色旅游产业发展，推出一批乡村旅游重点村镇和精品线路。支持有条件的地区规划建设稀土、旅游等行业大数据中心，鼓励互联网企业在革命老区发展运营中心、呼叫中心等业务。

（八）提升创新驱动发展能力。支持革命老区重点高校、重点学科和重点实验室建设，加大对口支援革命老区重点高校工作力度，鼓励"双一流"建设高校、中国特色高水平高职学校与革命老区开展合作共建。完善东中西部科技合作机制，促进中西部革命老区与东部地区加强科技合作。鼓励科研院所、高校与革命老区合作，共建中科院赣江创新研究院、国家钨与稀土产业计量测试中心等创新平台，研究建设稀土绿色高效利用等重大创新平台，支持有条件的地区组建专业化技术转移机构，创建国家科技成果转移转化示范区。支持在革命老区建设创新型城市和创新型县（市），布局建设一批国家级高新区、创新研发基地等创新载体。支持地方完善人才政策和激励机制，加大人才培养和引进力度，在科技特派员制度创新等方面先行先试，深入推进大众创业、万众创新。强化企业创新主体地位，鼓励企业加大研发投入。鼓励革命老区完善第五代移动通信（5G）网络、工业互联网、物联网等新一代信息基础设施，因地制宜促进数字经济发展，鼓励有条件的地区开展北斗系统应用。

四、补齐公共服务短板，增进革命老区人民福祉

健全基本公共服务体系，改善人民生活品质，提高社会治理水平，繁荣发展红色文化，促进人与自然和谐共生，增强革命老区人民群众获得感、幸福感、安全感。

（九）提升公共服务质量。支持革命老区依据国家基本公共服务标准，结合本地实际，尽力而为、量力而行，建立健全本地区基本公共服务标准，保障群众基本生活。完善革命老区中小学和幼儿园布局，加大教师培训力度。继续推进"八一爱民学校"援建工作。继续面向革命老区实施相关专项招生计划倾斜。推进高职学校、技工院校建设，实施省部共建职业教育试点项目。加强革命老区公共卫生防控救治能力建设，支持市县级综合医院、传染病医院（传染科）和卫生应急监测预警体系建设。鼓励国内一流医院与革命老区重点医院开展对口帮扶，合作共建医联体。按照"保基本、强基层、建机制"要求，深化县域综合医改，整合县域医疗卫生资源，推动发展县域医共体。实施中医临床优势培育工程和中医康复服务能力提升工程，建设中医优势专科。提升公共文化和公共体育设施建设运营水平，优化广播电视公共服务供给和基层公共文化服务网络，建设一批体育公园，鼓励革命老区承办全国性、区域性文化交流和体育赛事活动。

（十）弘扬传承红色文化。把红色资源作为坚定理想信念、加强党性修养的生动教材，围绕革命历史创作一批文艺作品，将红色经典、革命故事纳入中小学教材，在干部培训中加强党史、新中国史、改革开放史、社会主义发展史教育。加大对瑞金中央苏区旧址、古田会议旧址、杨家岭革命旧址、鄂豫皖苏区首府革命博物

馆、川陕革命根据地博物馆等革命历史类纪念设施、遗址和英雄烈士纪念设施的保护修缮力度,加强西路军、东北抗联等战斗过的革命老区县现存革命文物保护修复和纪念设施保护修缮。统筹推进长征国家文化公园建设,建设一批标志性工程。公布革命文物名录,实施革命文物保护利用工程。支持革命历史类纪念设施、遗址积极申报全国爱国主义教育示范基地、全国重点文物保护单位、国家级英雄烈士纪念设施和国家级抗战纪念设施、遗址。推动红色旅游高质量发展,建设红色旅游融合发展示范区,支持中央和地方各类媒体通过新闻报道、公益广告等多种方式宣传推广红色旅游。

(十一)促进绿色转型发展。坚持绿水青山就是金山银山理念,促进生态保护和经济发展、民生保障相得益彰。统筹推进革命老区山水林田湖草一体化保护和修复,加强长江、黄河等大江大河和其他重要江河源头生态环境治理,支持赣南等原中央苏区和陕甘宁、左右江等革命老区建设长江、黄河、珠江流域重要生态安全屏障。深入总结浙西南等革命老区生态保护修复成果经验,继续支持新安江等流域探索生态保护补偿,复制推广经验做法,建立健全流域上下游横向生态保护补偿机制。支持大别山、川陕等革命老区实施生物多样性保护重大工程。支持科学布局建设国家公园。支持革命老区开展促进生态保护修复的产权激励机制试点。鼓励地方依法依规通过租赁、置换、合作等方式规范流转集体林地。加快能源资源产业绿色发展,延伸拓展产业链,鼓励资源就地转化和综合利用,支持资源开发和地方经济协同发展。推动绿色矿山建设,加强赣南、陕北等历史遗留矿山生态修复,开展尾矿库综合治理,推进采煤沉陷区综合治理,推动将部分厂矿旧址、遗址列为工业遗产。

五、健全政策体系和长效机制

坚持目标导向和问题导向,健全长效普惠性的扶持机制和精准有效的差别化支持机制,激发革命老区振兴发展内生动力。

(十二)加强党的全面领导。增强“四个意识”、坚定“四个自信”、做到“两个维护”,充分发挥党总揽全局、协调各方的领导核心作用,把党的领导始终贯穿革命老区振兴发展全过程和各领域各方面各环节。完善支持赣南等原中央苏区振兴发展部际联席会议制度,研究建立省部会商和省际协商机制,及时协调推动陕甘宁、大别山、左右江、川陕等革命老区振兴发展重要事项。出台中央国家机关及有关单位对口支援赣南等原中央苏区工作方案,继续组织对口支援工作。研究建立发达省市与革命老区重点城市对口合作机制,支持革命老区重点城市与中央国家机关及有关单位、重点高校、经济发达地区开展干部双向挂职交流。发挥井冈山、延安等干部学院作用,支持地方办好瑞金、古田、百色、大别山等干部学院,开展理想信念和党性教育。大力弘扬老区精神,广泛凝聚正能量,表彰奖励正面典型,努力营造全社会支持参与革命老区振兴发展的良好氛围。

(十三)加大财政金融支持力度。中央财政在安排革命老区转移支付、地方政府专项债券时,对革命老区所在省份予以倾斜支持。探索制定革命老区转移支付绩效评估和奖惩激励办法。继续支持赣州执行西部大开发政策,在加快革命老区高质量发展上作示范。中央预算内投资对赣南等原中央苏区参照执行西部地区政策,对沂蒙革命老区参照执行中部地区政策,研究安排专项资金支持革命老区产业转型升级平台建设。支持符合条件的革命老区海关特殊监管区域按规定开展增值税一般纳税人资格试点,对其他地区向革命老区重点城市转移的企业,按原所在地区已取得的海关信用等级实施监督。鼓励政策性金融机构结合职能定位和业务范围加大对革命老区支持力度,鼓励商业性金融机构通过市场化方式积极参与革命老区振兴发展,支持符合条件的革命老区重点企业上市融资。

(十四)优化土地资源配置。支持革命老区重点城市开展城镇低效用地再开发,对损毁的建设用地和零星分散的未利用地开发整理成耕地的,经认定可用于占补平衡,允许城乡建设用地增减挂钩节余指标按规定在省域范围内流转使用。对革命老区列入国家有关规划和政策文件的建设项目,纳入国家重大建设项目范围并按规定加大用地保障力度。支持探索革命老区乡村产业发展用地政策。

(十五)强化组织实施。相关省(自治区、直辖市)要将革命老区振兴发展列为本地区重点工作,加强组织领导,完善工作机制,明确责任分工,制定配套政策,健全对革命老区的差别化绩效评估体系,对重点城市和城市化地区侧重考核经济转型发展和常住人口基本公共服务等方面指标,对重点生态功能区和农产品主产区进一步强化生态服务功能和农产品供给能力相关指标考核,在开展试点示范和安排中央补助时对革命老区给予倾斜支持。有关部门要加强工作指导,在国土空间规划、专项规划、区域规划等相关规划编制实施过程中强化对革命老区的统筹支持，研究制定支持革命老区巩固拓展脱贫攻坚成果、基础设施建设、生态环境保护修复、红色旅游等重点领域实施方案，细化具体支持政策，指导地方开展革命老区振兴发展规划修编。国家发展改革委要加强对革命老区振兴发展各项工作的协调，制定重点任务分工和年度工作要点，重大事项及时向国务院报告。

国务院

2021年1月24日

国家发展改革委等部门关于推动平台经济规范健康持续发展的若干意见

各省、自治区、直辖市、新疆生产建设兵团有关部门：

平台经济是以互联网平台为主要载体，以数据为关键生产要素，以新一代信息技术为核心驱动力、以网络信息基础设施为重要支撑的新型经济形态。近年来我国平台经济快速发展，在经济社会发展全局中的地位和作用日益突显。要坚持以习近平新时代中国特色社会主义思想为指导，全面贯彻党的十九大和十九届历次全会精神，深入落实党中央、国务院决策部署，立足新发展阶段、贯彻新发展理念、构建新发展格局，推动高质量发展，从构筑国家竞争新优势的战略高度出发，坚持发展和规范并重，坚持“两个毫不动摇”，遵循市场规律，着眼长远、兼顾当前，补齐短板、强化弱项，适应平台经济发展规律，建立健全规则制度，优化平台经济发展环境。为进一步推动平台经济规范健康持续发展，现提出以下意见。

一、健全完善规则制度

(一)完善治理规则。

修订《反垄断法》，完善数据安全法、个人信息保护法配套规则。制定出台禁止网络不正当竞争行为的规定。细化平台企业数据处理规则。制定出台平台经济领域价格行为规则，推动行业有序健康发展。完善金融领域监管规则体系，坚持金融活动全部纳入金融监管，金融业务必须持牌经营。

(二)健全制度规范。

厘清平台责任边界，强化超大型互联网平台责任。建立平台合规管理制度，对平台合规形成有效的外部监督、评价体系。加大平台经济相关国家标准研制力度。建立互联网平台信息公示制度，增强平台经营透明度，强化信用约束和社会监督。建立健全平台经济公平竞争监管制度。完善跨境数据流动“分级分类+负面清单”监管制度，探索制定互联网信息服务算法安全制度。

(三)推动协同治理。

强化部门协同，坚持“线上线下一体化监管”原则，负有监管职能的各行业主管部门在负责线下监管的同时，承担相应线上监管的职责，实现审批、主管与监管权责统一。推动各监管部门间抽查检验鉴定结果互认，避免重复抽查、检测，探索建立案件会商和联合执法、联合惩戒机制，实现事前事中事后全链条监管。推动行业自律，督促平台企业依法合规经营，鼓励行业协会牵头制定团体标准、行业自律公约。加强社会监督，探索公众和第三方专业机构共同参与的监督机制，推动提升平台企业合规经营情况的公开度和透明度。

二、提升监管能力和水平

(四)完善竞争监管执法。

对人民群众反映强烈的重点行业和领域，加强全链条竞争监管执法。依法查处平台经济领域垄断和不正当竞争等行为。严格依法查处平台经济领域垄断协议、滥用市场支配地位和违法实施经营者集中行为。强化平台广告导向监管，对重点领域广告加强监管。重点规制以减配降质产品误导消费者、平台未对销售商品的市场准入资质资格实施审查等问题，对存在缺陷的消费品落实线上经营者产品召回相关义务。加大对出行领域平台企业非法营运行为的打击力度。强化平台企业涉税信息报送等税收协助义务，加强平台企业税收监管，依法查处虚开发票、逃税等涉税违法行为。强化对平台押金、预付费、保证金等费用的管理和监督。

（五）加强金融领域监管。

强化支付领域监管，断开支付工具与其他金融产品的不当连接，依法治理支付过程中的排他或“二选一”行为，对滥用非银行支付服务相关市场支配地位的行为加强监管，研究出台非银行支付机构条例。规范平台数据使用，从严监管征信业务，确保依法持牌合规经营。落实金融控股公司监管制度，严格审查股东资质，加强穿透式监管，强化全面风险管理和关联交易管理。严格规范平台企业投资入股金融机构和地方金融组织，督促平台企业及其控股、参股金融机构严格落实资本金和杠杆率要求。完善金融消费者保护机制，加强营销行为监管，确保披露信息真实、准确，不得劝诱超前消费。

（六）探索数据和算法安全监管。

切实贯彻收集、使用个人信息的合法、正当、必要原则，严厉打击平台企业超范围收集个人信息、超权限调用个人信息等违法行为。从严管控非必要采集数据行为，依法依规打击黑市数据交易、大数据杀熟等数据滥用行为。在严格保护算法等商业秘密的前提下，支持第三方机构开展算法评估，引导平台企业提升算法透明度与可解释性，促进算法公平。严肃查处利用算法进行信息内容造假、传播负面有害信息和低俗劣质内容、流量劫持以及虚假注册账号等违法违规行为。推动平台企业深入落实网络安全等级保护制度，探索开展数据安全风险态势监测通报，建立应急处置机制。国家机关在执法活动中应依法调取、使用个人信息，保护数据安全。

（七）改进提高监管技术和手段。

强化数字化监管支撑，建立违法线索线上发现、流转、调查处理等非接触式监管机制，提升监测预警、线上执法、信息公示等监管能力，支持条件成熟的地区开展数字化监管试点创新。加强和改进信用监管，强化平台经济领域严重违法失信名单管理。发挥行业协会作用，引导互联网企业间加强对严重违法失信名单等相关信用评价互通、互联、互认，推动平台企业对网络经营者违法行为实施联防联控。

三、优化发展环境

（八）降低平台经济参与者经营成本。

持续推进平台经济相关市场主体登记注册便利化、规范化，支持省级人民政府按照相关要求，统筹开展住所与经营场所分离登记试点。进一步清理和规范各地于法无据、擅自扩权的平台经济准入等规章制度。完善互联网市场准入禁止许可目录。引导平台企业合理确定支付结算、平台佣金等服务费用，给予优质小微商户一定的流量扶持。平台服务收费应质价相符、公平合理，应与平台内经营者平等协商、充分沟通，不得损害公平竞争秩序。

（九）建立有序开放的平台生态。

推动平台企业间合作，构建兼容开放的生态圈，激发平台企业活力，培育平台经济发展新动能。倡导公平竞争、包容发展、开放创新，平台应依法依规有序推进生态开放，按照统一规则公平对外提供服务，不得恶意不兼容，或设置不合理的程序要求。平台运营者不得利用数据、流量、技术、市场、资本优势，限制其他平台和应用独立运行。推动制定云平台间系统迁移和互联互通标准，加快业务和数据互联互通。

（十）加强新就业形态劳动者权益保障。

落实网约配送员、网约车驾驶员等新就业形态劳动者权益保障相关政策措施。完善新就业形态劳动者与平台企业、用工合作企业之间的劳动关系认定标准，探索明确不完全符合确立劳动关系情形的认定标准，合理确定企业与劳动者的权利义务。引导平台企业加强与新就业形态劳动者之间的协商，合理制定订单分配、计件单价、抽成比例等直接涉及劳动者权益的制度和算法规则，并公开发布，保证制度规则公开透明。健全最低工资和支付保障制度，保障新就业形态劳动者获得合理劳动报酬。开展平台灵活就业人员职业伤害保障试点，探索用工企业购买商业保险等机制。实施全民参保计划，促进新就业形态劳动者参加社会保险。加强对新就业形态劳动者的安全意识、法律意识培训。

四、增强创新发展能力

（十一）支持平台加强技术创新。

引导平台企业进一步发挥平台的市场和数据优势，积极开展科技创新，提升核心竞争力。鼓励平台企业不断提高研发投入强度，加快人工智能、云计算、区块链、操作系统、处理器等领域的技术研发突破。鼓励平台企业加快数字化绿色化融合技术创新研发和应用,助推构建零碳产业链和供应链。营造良好技术创新政策环境,进一步健全适应平台企业创新发展的知识产权保护制度。支持有实力的龙头企业或平台企业牵头组建创新联合体,围绕工业互联网底层架构、工业软件根技术、人工智能开放创新、公共算法集、区块链底层技术等领域,推进关键软件技术攻关。

(十二)提升全球化发展水平。

支持平台企业推动数字产品与服务“走出去”,增强国际化发展能力,提升国际竞争力。积极参与跨境数据流动、数字经济税收等相关国际规则制定,参与反垄断、反不正当竞争国际协调,充分发挥自由贸易试验区、自由贸易港先行先试作用,推动构建互利共赢的国际经贸规则,为平台企业国际化发展营造良好环境。培育知识产权、商事协调、法律顾问等专业化中介服务,试点探索便捷的司法协调、投资保护和救济机制,强化海外知识产权风险预警、维权援助、纠纷调解等工作机制,保护我国平台企业和经营者在海外的合法权益。鼓励平台企业发展跨境电商,积极推动海外仓建设,提升数字化、智能化、便利化水平,推动中小企业依托跨境电商平台拓展国际市场。积极推动境外经贸合作区建设,培育仓储、物流、支付、通关、结汇等跨境电商产业链和生态圈。

(十三)鼓励平台企业开展模式创新。

鼓励平台企业在依法依规前提下,充分利用技术、人才、资金、渠道、数据等方面优势,发挥创新引领的关键作用,推动“互联网+”向更大范围、更深层次、更高效率方向发展。鼓励基于平台的要素融合创新,加强行业数据采集、分析挖掘、综合利用,试点推进重点行业数据要素市场化进程,发挥数据要素对土地、劳动、资本等其他生产要素的放大、叠加、倍增作用。试点探索“所有权与使用权分离”的资源共享新模式,盘活云平台、开发工具、车间厂房等方面闲置资源,培育共享经济新业态。鼓励平台企业开展创新业务众包,更多向中小企业开放和共享资源。

五、赋能经济转型发展

(十四)赋能制造业转型升级。

支持平台企业依托市场、数据优势,赋能生产制造环节,发展按需生产、以销定产、个性化定制等新型制造模式。鼓励平台企业加强与行业龙头企业合作,提升企业一体化数字化生产运营能力,推进供应链数字化、智能化升级,带动传统行业整体数字化转型。探索推动平台企业与产业集群合作,补齐区域产业转型发展短板,推动提升区域产业竞争力。引导平台企业积极参与工业互联网创新发展工程,开展关键技术攻关、公共平台培育,推动构建多层次、系统化的工业互联网平台体系。深入实施普惠性“上云用数赋智”行动,支持中小企业从数据上云逐步向管理上云、业务上云升级。实施中小企业数字化赋能专项行动,鼓励推广传统产业数字化、绿色化、智能化优秀实践。

(十五)推动农业数字化转型。

鼓励平台企业创新发展智慧农业,推动种植业、畜牧业、渔业等领域数字化,提升农业生产、加工、销售、物流等产业链各环节数字化水平,健全农产品质量追溯体系,以品牌化、可追溯化助力实现农产品优质优价。规范平台企业农产品和农资交易行为,采购、销售的农产品、农兽药残留不得超标,不采购、销售质量不合格农资,切实保障产品质量安全,支持有机认证农产品采购、销售。引导平台企业在农村布局,加快农村电子商务发展,推进“互联网+”农产品出村进城。进一步引导平台经济赋能“三农”发展,加快推动农村信用信息体系建设,以数字化手段创新金融支持农业农村方式,培育全面推进乡村振兴新动能。

(十六)提升平台消费创造能力。

鼓励平台企业拓展“互联网+”消费场景,提供高质量产品和服务,促进智能家居、虚拟现实、超高清视频终端等智能产品普及应用,发展智能导购、智能补货、虚拟化体验等新兴零售方式,推动远程医疗、网上办公、知识分享等应用。引导平台企业开展品牌消费、品质消费等网上促销活动,培育消费新增长点。鼓励平台企业助力优化公共服务,提升医疗、社保、就业等服务领域的普惠化、便捷化、个性化水平。鼓励平台企业提供无障碍服务,增强老年人、残疾人等特殊群体享受智能化产品和服务的便捷性。引导平台企业开展数字帮扶,促进数字技术和数字素养提升。

六、保障措施

(十七)加强统筹协调。

充分依托已有机制,强化部门协同、央地联动,加强对平台经济领域重大问题的协同研判。加强监管行动、政策的统筹协调,充分听取各方意见,尤其是行政相对人意见,避免影响、中断平台企业正常经营活动,防范政策叠加导致非预期风险。强化中央统筹、省负总责、地方落实属地管理责任,坚持责任划分、评估考评与追责问责有机统一。

(十八)强化政策保障。

鼓励创业投资、股权投资(基金)等加大投入科技创新领域,支持企业科技创新。鼓励依托各类高等学校、职业院校和研究机构加强对数字经济高端人才、实用人才的培养。加强全民数字技能教育和培训。各地要积极推进平台经济发展,健全推进平台经济发展的政策体系,及时研究解决平台经济发展中的重大问题。

(十九)开展试点探索。

依托国家数字经济创新发展试验区、全面创新改革试验区、国家智能社会治理实验基地、全国网络市场监管与服务示范区、国家电子商务示范基地、自由贸易试验区、自由贸易港等,探索建立适应平台经济发展的监管模式,构建与平台经济创新发展相适应的制度环境。

国家发展改革委
市场监管总局
中央网信办
工业和信息化部
人力资源社会保障部
农业农村部
商务部
人民银行
税务总局
2021年12月24日

国务院办公厅关于服务“六稳”“六保”进一步做好“放管服”改革有关工作的意见

各省、自治区、直辖市人民政府,国务院各部委、各直属机构:

深化“放管服”改革,打造市场化法治化国际化营商环境,是做好“六稳”工作、落实“六保”任务的重要抓手。近年来,“放管服”改革深入推进,有效激发了市场主体活力和社会创造力,但仍然存在一些企业和群众关注度高、反映强烈的突出问题亟待解决。为进一步深化“放管服”改革,切实做好“六稳”、“六保”工作,推动高质量发展,经国务院同意,现提出以下意见。

一、总体要求

(一)指导思想。以习近平新时代中国特色社会主义思想为指导,全面贯彻党的十九大和十九届二中、三中、四中、五中全会精神,认真落实党中央、国务院决策部署,立足新发展阶段、贯彻新发展理念、构建新发展格局,围绕“六稳”、“六保”,加快转变政府职能,深化“放管服”改革,促进要素资源高效配置,切实维护公平竞争,建设国际一流营商环境,推进政府治理体系和治理能力现代化,推动经济社会持续健康发展。

(二)基本原则。

坚持目标导向、综合施策。围绕稳定和扩大就业、培育市场主体、扩大有效投资、促进消费、稳外贸稳外资、保障基本民生等重点领域,以务实管用的政策和改革举措,增强企业和群众获得感。

坚持问题导向、务求实效。聚焦企业和群众办事创业的难点堵点继续“啃硬骨头”,坚持放管结合、并重,着力清理对市场主体的不合理限制,实施更加有效监管,持续优化政务服务,不断提高改革含金量。

坚持系统集成、协同推进。坚持系统观念,加强各领域“放管服”改革有机衔接、统筹推进,促进中央和地方上下联动,强化部门之间协作配合,立足全生命周期、全产业链条推进改革,完善配套政策,放大综合效应,增强发展内生动力。

二、进一步推动优化就业环境

(三)推动降低就业门槛。进一步梳理压减准入类职业资格数量，取消乡村兽医、勘察设计注册石油天然气工程师等职业资格，推进社会化职业技能等级认定，持续动态优化国家职业资格目录。合理降低或取消部分准入类职业资格考试工作年限要求。进一步规范小微电商准入，科学界定《中华人民共和国电子商务法》中“便民劳务活动”、“零星小额交易活动”标准。（人力资源社会保障部、住房城乡建设部、农业农村部、市场监管总局等国务院相关部门及各地区按职责分工负责）

（四）支持提升职业技能。建立职业技能培训补贴标准动态调整机制，科学合理确定培训补贴标准。拓宽职业技能培训资金使用范围。延长以工代训政策实施期限，简化企业申请以工代训补贴材料。加强对家政、养老等行业从业人员职业技能培训，全面提升就业能力。创新开展“行校合作”，鼓励行业协会、跨企业培训中心等组织中小微企业开展学徒制培训，鼓励各地区探索开展项目制培训等多种形式培训。采取优化审批服务、探索实行告知承诺制等方式，便利各类职业培训机构设立。（人力资源社会保障部、民政部、财政部等国务院相关部门及各地区按职责分工负责）

（五）支持和规范新就业形态发展。着力推动消除制约新产业新业态发展的隐性壁垒，不断拓宽就业领域和渠道。加强对平台企业的监管和引导，促进公平有序竞争，推动平台企业依法依规完善服务协议和交易规则，合理确定收费标准，改进管理服务，支持新就业形态健康发展。落实和完善财税、金融等支持政策，发挥双创示范基地带动作用，支持高校毕业生、退役军人、返乡农民工等重点群体创业就业。完善适应灵活就业人员的社保政策措施，推动放开在就业地参加社会保险的户籍限制，加快推进职业伤害保障试点，扩大工伤保险覆盖面，维护灵活就业人员合法权益。（国家发展改革委、教育部、财政部、人力资源社会保障部、农业农村部、退役军人部、人民银行、税务总局、市场监管总局、国家医保局、银保监会等国务院相关部门及各地区按职责分工负责）

三、进一步推动减轻市场主体负担

（六）健全惠企服务机制。推广财政资金直达机制的有效做法，研究将具备条件的惠企资金纳入直达机制。优化国库退税审核程序，逐步实现智能化、自动化处理。推动实现非税收入全领域“跨省通缴”。精简享受税费优惠政策的办理流程和手续，持续扩大“自行判别、自行申报、事后监管”范围。整合财产和行为税10税纳税申报表，整合增值税、消费税及城市维护建设税等附加税费申报表。大力发展市场化征信机构，建设和完善“信易贷”平台，推动水电气、纳税、社保等信用信息归集共享，依托大数据等现代信息技术为企业精准“画像”、有效增信，提升金融、社保等惠企政策覆盖度、精准性和有效性。持续规范水电气暖等行业收费，确保政策红利传导到终端用户。推动企业建立健全合规经营制度，依法查处垄断行为，严厉打击价格串通、哄抬价格等价格违法行为。（国家发展改革委、财政部、人力资源社会保障部、国家医保局、人民银行、税务总局、市场监管总局、银保监会等国务院相关部门及各地区按职责分工负责）

（七）规范提升中介服务。从严查处行政机关为特定中介机构垄断服务设定隐性壁垒或将自身应承担的行政审批中介服务费用转嫁给企业承担等违规行为。严格规范国务院部门和地方政府设定的中介服务事项。依法降低中介服务准入门槛，破除行业壁垒，打破地方保护，引入竞争机制，促进提升中介服务质量，建立合理定价机制。加强对中介机构的监管，推动中介机构公开服务条件、流程、时限和收费标准，坚决查处乱收费、变相涨价等行为。（国务院办公厅、市场监管总局、国家发展改革委等国务院相关部门及各地区按职责分工负责）

（八）规范改进认证服务。推动认证机构转企改制、与政府部门脱钩，提高市场开放度，促进公平有序竞争。加强对认证机构的监管，督促认证机构公开收费标准，及时公布认证信息，提高服务质量。清理规范涉及认证的评价制度，推动向国家统一的认证制度转变。健全政府、行业、社会等多层面的认证采信机制，推动认证结果在不同部门、层级和地区间互认通用。（市场监管总局等国务院相关部门及各地区按职责分工负责）

（九）优化涉企审批服务。分行业分领域清理规范行政审批前置条件和审批标准，明确行政备案材料、程序，依托全国一体化政务服务平台，推动更多涉企事项网上办理，简化优化商事服务流程，大力推进减环节、减材料、减时限、减费用，降低制度性交易成本。精简优化涉及电子电器产品的管理措施，探索推行企业自检自证和产品系族管理。加快商标专利注册申请全流程电子化，分类压减商标异议、变更、转让、续展周期和专利授权公告周期，建立健全重大不良影响商标快速驳回机制，严厉打击商标恶意注册、非正常专利申请等行为。（国务院办公厅、工业和信息化部、市场监管总局、

国家知识产权局等国务院相关部门及各地区按职责分工负责）

四、进一步推动扩大有效投资

（十）持续提高投资审批效率。进一步深化投资审批制度改革，简化、整合投资项目报建手续，推进实施企业投资项目承诺制，优化交通、水利、能源等领域重大投资项目审批流程。鼓励各地区推进“标准地”出让改革，科学构建“标准地”出让指标体系，简化优化工业项目供地流程，压缩供地时间，降低投资项目运行成本。推动投资项目在线审批监管平台和各相关审批系统互联互通和数据共享，避免企业重复填报、部门重复核验。（国家发展改革委、自然资源部、住房城乡建设部、交通运输部、水利部、国家能源局等国务院相关部门及各地区按职责分工负责）

（十一）优化工程建设项目审批。持续深化工程建设项目审批制度改革，完善全国统一的工程建设项目审批和管理体系。进一步精简整合工程建设项目全流程涉及的行政许可、技术审查、中介服务、市政公用服务等事项。支持各地区结合实际提高工程建设项目建筑工程施工许可证办理限额，对简易低风险工程建设项目实行“清单制+告知承诺制”审批。研究制定工程建设项目全过程审批管理制度性文件，建立健全工程建设项目审批监督管理机制，加强全过程审批行为和时间管理，规范预先审查、施工图审查等环节，防止体外循环。（住房城乡建设部、国家发展改革委等国务院相关部门及各地区按职责分工负责）

五、进一步推动激发消费潜力

（十二）清除消费隐性壁垒。着力打破行业垄断和地方保护，打通经济循环堵点，推动形成高效规范、公平竞争的国内统一市场。有序取消一些行政性限制消费购买的规定，释放消费潜力。加快修订《二手车流通管理办法》，推动各地区彻底清理违规设置的二手车迁入限制，放宽二手车经营条件。规范报废机动车回收拆解企业资质认定，支持具备条件的企业进入回收拆解市场，依法查处非法拆解行为。鼓励各地区适当放宽旅游民宿市场准入，推进实施旅游民宿行业标准。制定跨地区巡回演出审批程序指南，优化审批流程，为演出经营单位跨地区开展业务提供便利。（国家发展改革委、公安部、生态环境部、商务部、文化和旅游部等国务院相关部门及各地区按职责分工负责）

（十三）便利新产品市场准入。针对市场急需、消费需求大的新技术新产品，优先适用国家标准制定快速程序，简化标准制修订流程，缩短发布周期。在相关国家标准出台前，鼓励先由社会团体制定发布满足市场和创新需要的团体标准，鼓励企业制定有竞争力的企业标准并自我声明公开，推动新技术新产品快速进入市场。加快统一出口商品和内贸商品在工艺流程、流通规则等方面的规定，推进内外贸产品“同线同标同质”，破除制约出口商品转内销的系统性障碍。继续扩大跨境电商零售进口试点城市范围，调整扩大跨境电商零售进口商品清单。（市场监管总局、商务部、海关总署、财政部等国务院相关部门及各地区按职责分工负责）

六、进一步推动稳外贸稳外资

（十四）持续优化外商投资环境。完善外商投资准入前国民待遇加负面清单管理制度，确保外资企业平等享受各项支持政策。支持外资企业更好参与国家和行业标准制定。优化外商投资信息报告制度，完善企业登记系统和企业信用信息公示系统功能，加强填报指导，减轻企业报送负担。（国家发展改革委、商务部、市场监管总局等国务院相关部门及各地区按职责分工负责）

（十五）持续推进通关便利化。推动国际贸易“单一窗口”同港口、铁路、民航等信息平台及银行、保险等机构对接。优化海关风险布控规则，推广科学随机布控，提高人工分析布控精准度，降低守法合规企业和低风险商品查验率。深入推进进出口商品检验监管模式改革，积极推进第三方检验结果采信制度化建设。鼓励理货、拖轮、委托检验等经营主体进入市场，促进公平竞争。（海关总署、交通运输部、银保监会、国家铁路局、中国民航局等国务院相关部门及各地区按职责分工负责）

（十六）清理规范口岸收费。加快修订《港口收费计费办法》，进一步完善港口收费政策，减并港口收费项目。定向降低沿海港口引航费标准，进一步扩大船方自主决定是否使用拖轮的船舶范围。完善洗修箱服务规则，清理规范港外堆场洗修箱费、铁路运输关门费等收费。实行口岸收费项目目录清单制度，做到清单外无收费。对政府依成本定价的收费项目，开展成本监审或成本调查，及时调整收费标准；对实行市场调节价的收费项目及对应的收费主体，开展典型成本调查，为合理规范收费提供依据。(国家发展改革委、财政部、交通运输部、国务院国资委、海关总署、市场监管总局等国务院相关部门及各地区按职责分工负责)

七、进一步推动优化民生服务

(十七)创新养老和医疗服务供给。推进公办养老机构公建民营改革，引入社会资本和专业管理服务机构,盘活闲置床位资源,在满足失能、半失能特困人员集中供养基础上,向其他失能、失智、高龄老年人开放。推动取消诊所设置审批，推动诊所执业登记由审批改为备案。推动取消职业卫生技术服务机构资质等级划分,便利市场准入。在确保电子处方来源真实可靠的前提下，允许网络销售除国家实行特殊管理的药品以外的处方药。(民政部、国家卫生健康委、国家药监局等国务院相关部门及各地区按职责分工负责)

(十八)提高社会救助精准性。支持各地区推动民政、人力资源社会保障、残联、医保、乡村振兴等部门和单位相关数据共享，运用大数据等现代信息技术建立困难群众主动发现机制和动态调整机制，优化服务流程,缩短办理时限,实现民生保障领域问题早发现、早干预,确保符合条件的困难群众及时得到救助,防止产生违规冒领和设租寻租等问题。(民政部、人力资源社会保障部、国家医保局、国家乡村振兴局、中国残联等相关部门和单位及各地区按职责分工负责)

(十九)提升便民服务水平。建立健全政务数据共享协调机制,加强信息共享和证明互认,通过完善信用监管、全面推行告知承诺制等方式,推动减少各类证明事项。实施证明事项清单管理制度,清单之外不得向企业和群众索要证明。确需提供证明的,应告知证明事项名称、用途、依据、索要单位、开具单位等信息。围绕保障改善民生,推动更多服务事项“跨省通办”。坚持传统服务方式与智能化服务创新并行，切实解决老年人等特殊群体在运用智能技术方面遇到的突出困难。(国务院办公厅、司法部等国务院相关部门及各地区按职责分工负责)

八、进一步加强事中事后监管

(二十)加强取消和下放事项监管。坚持放管结合、并重,把有效监管作为简政放权的必要保障,推动政府管理从事前审批更多转向事中事后监管，对取消和下放的行政许可事项，由主管部门会同相关部门逐项制定事中事后监管措施,明确监管层级、监管部门、监管方式,完善监管规则和标准。进一步梳理监管部门监管职责,强化与地方监管执法的衔接,建立相互协作、齐抓共管的高效监管机制,确保责任清晰、监管到位。(国务院办公厅牵头，国务院相关部门及各地区按职责分工负责)

(二十一)提升事中事后监管效能。各地区各部门要完善“双随机、一公开”监管、信用监管、“互联网+监管”等方式,实施更加精准更加有效的监管。梳理职责范围内的重点监管事项,聚焦管好“一件事”实施综合监管。加强对日常监管事项的风险评估,实施分级分类监管,强化高风险环节监管。对涉及人民群众生命健康和公共安全的要严格监管,坚决守住安全底线。对新产业新业态实行包容审慎监管,引导和规范其健康发展。完善全国一体化在线监管平台,推动监管信息共享,加快形成统一的监管大数据,强化监管信息综合运用,提升监管质量和效率。(国务院办公厅牵头,国务院相关部门及各地区按职责分工负责)

(二十二)严格规范行政执法。制定出台进一步规范行政裁量权基准制度的指导意见，推动各地区各部门明确行政裁量种类、幅度,规范适用程序,纠正处罚畸轻畸重等不规范行政执法行为。鼓励各地区依法依规建立柔性执法清单管理制度,对轻微违法行为,慎用少用行政强制措施,防止一关了之、以罚代管。(司法部牵头,国务院相关部门及各地区按职责分工负责)

九、保障措施

(二十三)完善企业和群众评价机制。坚持以企业和群众获得感和满意度作为评判改革成效的标准,依托全国一体化政务服务平台、中国政府网建立企业和群众评价国家层面改革举措的常态化机制。及时公开评价结果,强化差评整改,形成评价、反馈、整改有机衔接的工作闭环,做到群众参与、社会评判、市场认可。各地区要建立地方层面改革举措社会评价机制。

(二十四)加强组织实施。各地区各部门要高度重视,及时研究解决“放管服”改革中出现的新情况、新问题,切实做到放出活力、管出公平、服出效率。要结合实际情况,依法依规制定实施方案,出台具体政策措施,逐项抓好落实。国务院办公厅要加强督促指导,确保改革举措落实到位。

国务院办公厅

2021 年 4 月 7 日

国务院办公厅关于进一步加大对中小企业纾困帮扶力度的通知

各省、自治区、直辖市人民政府，国务院各部委、各直属机构：

中小企业是国民经济和社会发展的主力军，在促进增长、保障就业、活跃市场、改善民生等方面发挥着重要作用。近期，受原材料价格上涨、订单不足、用工难用工贵、应收账款回款慢、物流成本高以及新冠肺炎疫情散发、部分地区停电限电等影响，中小企业成本压力加大、经营困难加剧。为贯彻落实党中央、国务院决策部署，进一步加大助企纾困力度，减轻企业负担，帮助渡过难关，经国务院同意，现就有关事项通知如下：

一、加大纾困资金支持力度。鼓励地方安排中小企业纾困资金，对生产经营暂时面临困难但产品有市场、项目有前景、技术有竞争力的中小企业，以及劳动力密集、社会效益高的民生领域服务型中小企业（如养老托育机构等）给予专项资金支持，减轻房屋租金、水电费等负担，给予社保补贴等，帮助企业应对原材料价格上涨、物流及人力成本上升等压力。落实创业担保贷款贴息及奖补政策。用好小微企业融资担保降费奖补资金，支持扩大小微企业融资担保业务规模，降低融资担保成本。有条件的地方要发挥好贷款风险补偿机制作用。（财政部、工业和信息化部、人力资源社会保障部、人民银行等国务院相关部门及各地区按职责分工负责）

二、进一步推进减税降费。深入落实月销售额15万元以下的小规模纳税人免征增值税、小型微利企业减征所得税、研发费用加计扣除、固定资产加速折旧、支持科技创新进口等税收优惠政策。制造业中小微企业按规定延缓缴纳2021年第四季度部分税费。研究适时出台部分惠企政策到期后的接续政策。持续清理规范涉企收费，确保政策红利落地。（财政部、税务总局、海关总署、市场监管总局等国务院相关部门及各地区按职责分工负责）

三、灵活精准运用多种金融政策工具。加强再贷款再贴现政策工具精准“滴灌”中小企业，用好新增3000亿元支小再贷款额度。加大信用贷款投放，按规定实施普惠小微企业信用贷款支持政策。对于受新冠肺炎疫情、洪涝灾害及原材料价格上涨等影响严重的小微企业，加强流动资金贷款支持，按规定实施普惠小微企业贷款延期还本付息政策。（人民银行、银保监会按职责分工负责）

四、推动缓解成本上涨压力。加强大宗商品监测预警，强化市场供需调节，严厉打击囤积居奇、哄抬价格等违法行为。支持行业协会、大型企业搭建重点行业产业链供需对接平台，加强原材料保供对接服务。推动期货公司为中小企业提供风险管理服务，助力中小企业运用期货套期保值工具应对原材料价格大幅波动风险。稳定班轮公司在中国主要出口航线的运力供给。发挥行业协会、商会及地方政府作用，引导外贸企业与班轮公司签订长约合同，鼓励班轮公司推出中小企业专线服务。（国家发展改革委、工业和信息化部、市场监管总局、中国证监会、交通运输部、商务部等国务院相关部门及各地区按职责分工负责）

五、加强用电保障。加强电力产供储销体系建设，科学实施有序用电，合理安排错峰用电，保障对中小企业尤其是制造业中小企业的能源安全稳定供应。推动产业链龙头企业梳理上下游重点企业名单，保障产业链关键环节中小企业用电需求，维护产业链供应链安全稳定，确保企业已有订单正常生产，防范订单违约风险。加快推进电力市场化改革，充分考虑改革进程和中小企业承受能力，平稳有序推动中小企业进入电力市场。鼓励有条件的地方对小微企业用电实行阶段性优惠。（国家发展改革委、工业和信息化部及各地区按职责分工负责）

六、支持企业稳岗扩岗。落实失业保险稳岗返还及社保补贴、培训补贴等减负稳岗扩就业政策，支持中小企业稳定岗位，更多吸纳高校毕业生等重点群体就业。推动各级政府公共服务平台、人力资源服务机构为中小企业发布实时有效的岗位信息，加强用工供需信息对接。（人力资源社会保障部、财政部及各地区按职责分工负责）

七、保障中小企业款项支付。进一步落实《保障中小企业款项支付条例》，制定保障中小企业款项支付投诉处理办法，加强大型企业应付账款管理，对滥用市场优势地位逾期占用、恶意拖欠中小企业账款行为，加大联合惩戒力度。继续开展清理拖欠中小企业账款专项行动。推动各级政府部门、事业单位、大型企业及时支付采购中小企业货物、工程、服务的账款,从源头防范层层拖欠形成“三角债”。严禁以不签合同、在合同中不约定具体付款时限和付款方式等方法规避及时支付义务的行为。(工业和信息化部、国务院国资委、财政部、人民银行等国务院相关部门及各地区按职责分工负责)

八、着力扩大市场需求。加大民生领域和新型基础设施建设投资力度,进一步落实《政府采购促进中小企业发展管理办法》,鼓励各地因地制宜细化预留采购份额、价格评审优惠、降低投标成本、优先采购等支持措施。组织开展供需对接活动,促进大型企业扩大向中小企业采购规模。搭建政银合作平台,开展中小企业跨境撮合服务。依托跨境电商等外贸新业态,为中小企业提供远程网上交流、供需信息对接等服务。加快海外仓发展,保障外贸产业链供应链畅通运转。充分发挥境外经贸合作区作为中小企业“抱团出海”平台载体的作用,不断提升合作区建设质量和服务水平,引导和支持有合作需求的中小企业入区开展投资合作。(国家发展改革委、财政部、商务部、工业和信息化部按职责分工负责)

九、全面压实责任。各有关部门、各地区要进一步把思想认识行动统一到党中央、国务院决策部署上来,强化责任担当,勇于开拓创新,进一步细化纾困举措,积极采取针对性措施,帮助中小企业应对困难,推动中小企业向“专精特新”方向发展,不断提升市场竞争力。各有关部门要加强对中小企业面临困难和问题的调研,总结经验做法,加强政策储备,适时推动出台;要加大对地方的指导支持力度,扎实推动各项政策措施落地见效。落实情况要及时报送国务院促进中小企业发展工作领导小组办公室。(国务院相关部门及各地区按职责分工负责)

国务院办公厅
2021 年 11 月 10 日

国务院办公厅关于促进内外贸一体化发展的意见

各省、自治区、直辖市人民政府,国务院各部委、各直属机构:

推进内外贸一体化有利于形成强大国内市场,有利于畅通国内国际双循环。近年来,我国内外贸一体化取得了长足发展,但也存在调控体系不够完善,统筹利用两个市场、两种资源的能力不够强,内外贸融合发展不够顺畅等问题,还不能完全适应构建新发展格局的需要。为深入贯彻党中央、国务院决策部署,促进内外贸一体化发展,经国务院同意,现提出以下意见:

一、总体要求

(一)指导思想。以习近平新时代中国特色社会主义思想为指导,全面贯彻党的十九大和十九届历次全会精神,立足新发展阶段,完整、准确、全面贯彻新发展理念,加强改革创新驱动、产品对标驱动、渠道对接驱动、主体引领驱动、数字赋能驱动、服务优化驱动,促进内外贸法律法规、监管体制、经营资质、质量标准、检验检疫、认证认可等高水平衔接,降低企业市场转换的制度成本,提高统筹利用两个市场、两种资源的能力,促进内贸和外贸、进口和出口协调发展,服务构建新发展格局,实现更高水平开放和更高质量发展。

(二)基本原则。

坚持政府引导、市场为主。充分发挥市场在资源配置中的决定性作用,更好发挥政府政策引导和公共服务作用,充分调动企业积极性,提升市场主体内外贸一体化经营能力,激发内生发展动力。

坚持改革开放、规则衔接。加快制度型开放,推动制度和模式创新,循序渐进推进体制机制改革,不断破除内外贸一体化发展面临的制度障碍,促进制度规则衔接,优化内外贸融合发展环境。

坚持系统观念、统筹推进。强化对内外贸一体化发展的顶层设计和统筹谋划,立足当前,着眼长远,突出重点,以点带面,完善内外贸一体化发展的制度体系、工作体系和评价体系，全面协调持续推进内外贸一体化发展。

（三）发展目标。到2025年，内外贸法律法规、监管体制、经营资质、质量标准、检验检疫、认证认可等衔接更加有效，市场主体内外贸一体化发展水平进一步提升，内外联通网络更加完善，政府管理服务持续优化，内外贸一体化调控体系更加健全，实现内外贸高效运行、融合发展。

二、完善内外贸一体化制度体系

（四）健全法律法规。推动健全有利于内外贸一体化的法律法规体系，梳理并推动修订妨碍内外贸一体化的法律、法规、规章和规范性文件。（各有关部门及各地区按职责分工负责）健全知识产权侵权惩罚性赔偿制度，加大损害赔偿力度，实行严格的知识产权保护，提高企业创新和产品内销的积极性。（市场监管总局、国家知识产权局及各地区按职责分工负责）

（五）完善监管体制。对标国际先进水平，促进内外贸监管规则衔接，推进内外贸监管部门信息互换、监管互认、执法互助，提高监管的精准性有效性，优化内外贸营商环境。加强反垄断和反不正当竞争执法，强化公平竞争审查，清理纠正地方保护、行业垄断、市场分割等不公平做法和隐性壁垒，推动形成全国统一大市场，促进内外贸资源要素顺畅流动、优化配置。（各有关部门及各地区按职责分工负责）深化海关国际合作，与贸易伙伴加强在技术性贸易措施、口岸监管、产品合规情况等方面的信息交换，推动检验检疫证书国际联网核查，积极稳妥推进商品检验第三方结果采信，提升通关、资金结算、纳税便利化水平。（海关总署、市场监管总局、国家外汇局及各地区按职责分工负责）

（六）加强规则对接。加强在联合国、世界贸易组织等框架和多边机制中的国际合作，积极参与国际规则制定。推进实施自由贸易区提升战略，与更多贸易伙伴商签自由贸易协定。加强国内市场规则与国际通行贸易规则对接，做好贸易政策合规工作，在贸易自由化便利化、知识产权保护、电子商务、招标投标、政府采购等方面实行更高标准规则，更好联通国内国际市场，促进企业拓展内外贸业务。（商务部牵头，国家发展改革委、工业和信息化部、财政部、海关总署、市场监管总局、国家知识产权局及各地区按职责分工负责）

（七）促进标准认证衔接。积极开展国内国际标准转化，补齐国内标准短板，提高标准技术水平，持续提升国内国际标准一致性。鼓励国内企事业单位积极参与国际标准化活动，加强与全球产业链上下游企业协作，共同制定国际标准。支持检验检测、认证认可等第三方合格评定服务机构为内外贸企业提供一站式服务，鼓励第三方合格评定服务机构国际化发展。在共建“一带一路”倡议、区域全面经济伙伴关系协定等框架下深化国际合作，促进合格评定机构、政府间合格评定结果国际互认水平不断提升。简化出口转内销相关强制性产品认证程序，缩短办理时间。（市场监管总局、工业和信息化部及各地区按职责分工负责）加强绿色食品、有机农产品、地理标志农产品认证和管理，提升内外贸农产品质量安全水平。统一林草可持续经营认证标准，对接国际森林认证标准，增加优质内外贸林草产品供给。（农业农村部、市场监管总局、国家林草局及各地区按职责分工负责）

（八）推进同线同标同质。推进内外贸产品同线同标同质（以下称“三同”），带动国内相关产业加快提质升级，优化供需结构。鼓励企业对其产品作出满足“三同”要求的自我声明，或委托第三方机构依据“三同”要求进行质量评价。建设“三同”公共服务平台，强化服务企业功能。加强“三同”企业和产品信息宣传推广，提高消费者认知度。（市场监管总局、工业和信息化部、商务部及各地区按职责分工负责）

三、增强内外贸一体化发展能力

（九）支持市场主体内外贸一体化经营。鼓励有条件的大型商贸、物流企业“走出去”，加强资源整合配置，优化国际营销体系，完善全球服务网络。支持跨国大型供应链服务企业发展，提高国际竞争力，增强产业链供应链韧性。培育一批国内国际市场协同互促、有较强创新能力和竞争实力的优质贸易企业，引导带动更多企业走一体化经营道路。对标国际先进农产品种植和生产标准，建设一批优质农产品种植和生产基地，培育一批种养加、产供销、内外贸一体化的现代农业企业。加大对企业的指导和服务力度，提升知识产权管理能力。加强区域品牌建设，加快自主品牌培育。（国家发展改革委、农业农村部、商务部、国务院国资委、海关总署、市场监管总局、国家邮政局、国家知识产权局及各地区按职责分工负责）

（十）创新内外贸融合发展模式。推动内外贸数字化发展，充分利用现代信息技术，加快线上线下融合，促进产销衔接、供需匹配，推动传统产业转型升级，培育内外贸新业态新模式。支持反向定制(C2M)、智能工厂等创新发展，增强企业柔性生产和市场需求适配能力，促进内外贸产业链供应链融合。扎实推进跨境电子商务综合试验区建设，鼓励跨境电商平台完善功能，更好对接国内国际市场。促进跨境电商零售进口规范健康发展，丰富产品供给。复制推广服务贸易创新发展试点经验，提升服务贸易自由化便利化水平。(商务部牵头，财政部、工业和信息化部、海关总署、税务总局、国家外汇局、国家邮政局及各地区按职责分工负责)

(十一)加强内外贸一体化专业人才培养培训。增强职业技术教育适应性，加强产教融合、校企合作，创新推广“外语+职业技能”等人才培养模式，探索中国特色学徒制，推进相关专业升级和数字化改造。培养熟悉国内外法律、规则和市场环境的专业人才，进一步健全终身职业技能培训制度，为企业提高内外贸一体化经营能力提供人才和技能支撑。(教育部牵头，各有关部门及各地区按职责分工负责)

四、加快内外贸融合发展

(十二)建设内外贸融合发展制度高地。发挥自由贸易试验区、自由贸易港的示范引领作用，对标高标准国际经贸规则推动高水平制度型开放，促进内外贸融合发展。发挥国家级经济技术开发区、综合保税区、跨境电子商务综合试验区等开放平台和产业集聚区作用，积极探索内外贸融合发展的新模式、新举措，促进内外贸体制机制对接和一体化发展。(国家发展改革委、商务部、海关总署等有关部门及各地区按职责分工负责)

(十三)打造内外贸融合发展平台。提升市场采购贸易方式便利化水平，吸引地方特色产业集聚，带动更多市场主体拓展外贸业务。促进重点商品交易市场与国外营销网络互联互通，培育一批运营模式与国际接轨的国内商品交易市场，打造特色鲜明的区域或国际商品集散中心。充分利用中国国际进口博览会、中国进出口商品交易会、中国国际服务贸易交易会等具有国际影响力的会展平台，增进国内外市场交流。推进国家进口贸易促进创新示范区建设，充分发挥促进进口、服务产业、提升消费、示范引领作用。(商务部牵头，财政部、海关总署及各地区按职责分工负责)搭建出口转内销平台，支持国内商贸企业与外贸企业开展订单直采，引导外贸企业精准对接国内市场消费需求，多渠道拓展内销市场。(商务部及各地区按职责分工负责)

(十四)完善内外联通物流网络。加强国际航空货运能力建设，提升国际海运竞争力，推动中欧班列高质量发展，加快推进国际道路运输便利化。引导外贸企业、跨境电商、物流企业加强业务协同和资源整合，加快布局海外仓、配送中心等物流基础设施网络，提高物流运作和资产利用效率。优化城市物流配送网络，补齐城市配送“最后一公里”短板。持续支持中西部地区、县域商贸物流基础设施建设，强化协同共享，畅通区域间、城乡间流通网络，降低内外贸商品流通成本，促进高效通达国内国际市场。(国家发展改革委、商务部、交通运输部、中国民航局、国家邮政局及各地区按职责分工负责)

五、完善保障措施

(十五)加强财政金融支持。在符合多双边经贸协定规则前提下，加大对内外贸一体化发展的支持力度。统筹用好现有财政支持政策，推动内外贸融合创新发展。鼓励金融机构按照市场化原则加大对内外贸的信贷支持力度，依托内外贸企业的应收账款、存货、仓单、订单、保单等，创新金融产品，加强金融服务。进一步扩大出口信用保险和国内贸易信用保险覆盖面。(国家发展改革委、财政部、商务部、人民银行、银保监会、中国出口信用保险公司及各地区按职责分工负责)

(十六)开展内外贸一体化试点。在部分地区开展内外贸一体化试点，全面梳理内外贸一体化调控体系的问题清单和需求清单，促进内外贸法律法规、监管体制、经营资质、质量标准、检验检疫、认证认可等衔接，探索建立内外贸一体化评价体系，培育一批内外贸一体化经营企业，打造一批内外贸融合发展平台，形成一批可复制推广的经验和模式。(商务部牵头，各有关部门及试点地区按职责分工负责)

(十七)发挥行业组织作用。鼓励行业协会、商会制定发布内外贸一体化产品和服务标准，参与制定国家标准、行业标准及有关政策法规。积极发挥第三方服务机构和市场中介组织作用，提升市场化专业化服务能力。(市场监管总局、工业和信息化部、农业农村部、商务部及各地区按职责分工负责)

(十八)强化组织领导。各地区、各有关部门要充分认识促进内外贸一体化发展的重要性，加强组织领导，完善工作机制，落实工作职责，密切协调配合。商务部牵头建立促进内外贸一体化发展部际工作机制，会同有关部门加强协调指导，确保各项工作有效落实。各地区要结合本地区实际，研究确定促进内外贸一体化发展的具体政策措施，推动取得实效。重大问题要及时请示报告。

国务院办公厅
2021 年 12 月 30 日

国务院办公厅关于加快发展外贸新业态新模式的意见

各省、自治区、直辖市人民政府，国务院各部委、各直属机构：

新业态新模式是我国外贸发展的有生力量，也是国际贸易发展的重要趋势。加快发展外贸新业态新模式，有利于推动贸易高质量发展，培育参与国际经济合作和竞争新优势，对于服务构建新发展格局具有重要作用。为深入贯彻党中央、国务院决策部署，促进外贸新业态新模式健康持续创新发展，经国务院同意，现提出以下意见：

一、总体要求

（一）指导思想。以习近平新时代中国特色社会主义思想为指导，全面贯彻落实党的十九大和十九届二中、三中、四中、五中全会精神，坚持稳中求进工作总基调，立足新发展阶段、贯彻新发展理念、构建新发展格局，以供给侧结构性改革为主线，深化外贸领域“放管服”改革，推动外贸领域制度创新、管理创新、服务创新、业态创新、模式创新，拓展外贸发展空间，提升外贸运行效率，保障产业链供应链畅通运转，推动高质量发展。

（二）基本原则。

坚持鼓励创新。充分发挥市场在资源配置中的决定性作用，更好发挥政府作用，进一步释放市场主体活力。开展先行先试，鼓励在外贸领域广泛运用新技术新工具，推动传统业态转型升级，细化贸易分工，提升专业化水平，促进业态融合创新，不断探索新的外贸业态和模式。

坚持包容审慎。统筹发展和安全，坚持在发展中规范、在规范中发展。建立健全适应外贸新业态新模式发展的政策体系。完善信息数据、信用体系、知识产权保护等方面标准、制度。科学合理界定平台责任。加强事中事后监管，持续优化营商环境，促进公平竞争。

坚持开放合作。统筹国内国际两个市场、两种资源，坚持互利共赢开放战略，促进贸易和投资自由化便利化。加强部门、地方、行业、企业间协作联动，提升政府管理和服务效能。积极探索建立适应和引领外贸新业态新模式发展的国际规则，推动高水平开放。

（三）发展目标。到 2025 年，外贸新业态新模式发展的体制机制和政策体系更为完善，营商环境更为优化，形成一批具有国际竞争力的行业龙头企业和产业集群，产业价值链水平进一步提升，对外贸和国民经济的带动作用进一步增强。到 2035 年，外贸新业态新模式发展水平位居创新型国家前列，法律法规体系更加健全，贸易自由化便利化程度达到世界先进水平，为贸易高质量发展提供强大动能，为基本实现社会主义现代化提供强劲支撑。

二、积极支持运用新技术新工具赋能外贸发展

（四）推广数字智能技术应用。运用数字技术和数字工具，推动外贸全流程各环节优化提升。发挥“长尾效应”，整合碎片化订单，拓宽获取订单渠道。大力发展数字展会、社交电商、产品众筹、大数据营销等，建立线上线下融合、境内境外联动的营销体系。集成外贸供应链各环节数据，加强资源对接和信息共享。到 2025 年，外贸企业数字化、智能化水平明显提升。（商务部牵头，各有关单位按职责分工负责）

（五）完善跨境电商发展支持政策。在全国适用跨

境电商企业对企业(B2B)直接出口、跨境电商出口海外仓监管模式,完善配套政策。便利跨境电商进出口退换货管理。优化跨境电商零售进口商品清单。稳步开展跨境电商零售进口药品试点工作。引导企业用好跨境电商零售出口增值税、消费税免税政策和所得税核定征收办法。研究制定跨境电商知识产权保护指南,引导跨境电商平台防范知识产权风险。到2025年,跨境电商政策体系进一步完善,发展环境进一步优化,发展水平进一步提升。(商务部牵头,财政部、海关总署、税务总局、国家外汇局、国家药监局、国家知识产权局按职责分工负责)

(六)扎实推进跨境电子商务综合试验区建设。扩大跨境电子商务综合试验区(以下简称综试区)试点范围。积极开展先行先试,进一步完善跨境电商线上综合服务和线下产业园区"两平台"及信息共享、金融服务、智能物流、电商诚信、统计监测、风险防控等监管和服务"六体系",探索更多的好经验好做法。鼓励跨境电商平台、经营者、配套服务商等各类主体做大做强,加快自主品牌培育。建立综试区考核评估和退出机制,2021年组织开展考核评估。到2025年,综试区建设取得显著成效,建成一批要素集聚、主体多元、服务专业的跨境电商线下产业园区,形成各具特色的发展格局,成为引领跨境电商发展的创新集群。(商务部牵头,中央网信办、国家发展改革委、工业和信息化部、财政部、交通运输部、人民银行、海关总署、税务总局、市场监管总局、银保监会、国家邮政局、国家外汇局按职责分工负责)

(七)培育一批优秀海外仓企业。鼓励传统外贸企业、跨境电商和物流企业等参与海外仓建设,提高海外仓数字化、智能化水平,促进中小微企业借船出海,带动国内品牌、双创产品拓展国际市场空间。支持综合运用建设—运营—移交(BOT)、结构化融资等投融资方式多元化投入海外仓建设。充分发挥驻外使领馆和经商机构作用,为海外仓企业提供前期指导服务,协助解决纠纷。到2025年,力争培育100家左右在信息化建设、智能化发展、多元化服务、本地化经营等方面表现突出的优秀海外仓企业。(商务部牵头,外交部、国家发展改革委、银保监会按职责分工负责)

(八)完善覆盖全球的海外仓网络。支持企业加快重点市场海外仓布局,完善全球服务网络,建立中国品牌的运输销售渠道。鼓励海外仓企业对接综试区线上综合服务平台、国内外电商平台等,匹配供需信息。优化快递运输等政策措施,支持海外仓企业建立完善物流体系,向供应链上下游延伸服务,探索建设海外物流智慧平台。推进海外仓标准建设。到2025年,依托海外仓建立覆盖全球、协同发展的新型外贸物流网络,推出一批具有国际影响力的国家、行业等标准。(商务部牵头,国家发展改革委、交通运输部、市场监管总局、国家邮政局按职责分工负责)

三、持续推动传统外贸转型升级

(九)提升传统外贸数字化水平。支持传统外贸企业运用云计算、人工智能、虚拟现实等先进技术,加强研发设计,开展智能化、个性化、定制化生产。鼓励企业探索建设外贸新业态大数据实验室。引导利用数字化手段提升传统品牌价值。鼓励建设孵化机构和创新中心,支持中小微企业创业创新。到2025年,形成新业态驱动、大数据支撑、网络化共享、智能化协作的外贸产业链供应链体系。(商务部牵头,各有关单位按职责分工负责)

(十)优化市场采购贸易方式政策框架。完善市场采购贸易方式试点动态调整机制,设置综合评价指标,更好发挥试点区域示范引领作用。支持各试点区域因地制宜探索创新,吸纳更多内贸主体开展外贸,引导市场主体提高质量、改进技术、优化服务、培育品牌,提升产品竞争力,放大对周边产业的集聚和带动效应。到2025年,力争培育10家左右出口超千亿元人民币的内外贸一体化市场,打造一批知名品牌。(商务部牵头,国家发展改革委、财政部、海关总署、税务总局、市场监管总局、国家外汇局按职责分工负责)

(十一)提升市场采购贸易方式便利化水平。进一步优化市场采购贸易综合管理系统,实现源头可溯、风险可控、责任可究。继续执行好海关简化申报、市场采购贸易方式出口的货物免征增值税等试点政策,优化通关流程。扩大市场采购贸易预包装食品出口试点范围。对在市场采购贸易综合管理系统备案且可追溯交易真实性的市场采购贸易收入,引导银行提供更为便捷的金融服务。(商务部牵头,国家发展改革委、财政部、人民银行、海关总署、税务总局、市场监管总局、国家外汇局按职责分工负责)

四、深入推进外贸服务向专业细分领域发展

(十二)进一步支持外贸综合服务企业健康发展。

落实落细集中代办退税备案工作,提高工作效率。对已经办理代办退税备案但尚未进行过首次申报退(免)税实地核查的生产企业,在收到首次委托代办退税业务申报信息后,进一步提高实地核查工作效率。引导外贸综合服务企业(以下简称综服企业)规范内部风险管理,提升集中代办退税风险管控水平。进一步落实完善海关"双罚"机制,在综服企业严格履行合理审查义务,且无故意或重大过失情况下,由综服企业和其客户区分情节承担相应责任。到2025年,适应综服企业发展的政策环境进一步优化。(商务部牵头,海关总署、税务总局按职责分工负责)

(十三)提升保税维修业务发展水平。进一步支持综合保税区内企业开展维修业务,动态调整维修产品目录,研究将医疗器械等产品纳入目录。支持自贸试验区内企业按照综合保税区维修产品目录开展"两头在外"的保税维修业务,由自贸试验区所在地省级人民政府对维修项目进行综合评估、自主支持开展,对所支持项目的监管等事项承担主体责任。探索研究支持有条件的综合保税区外企业开展高技术含量、高附加值、符合环保要求的自产出口产品保税维修,以试点方式稳妥推进,加强评估,研究制定管理办法和维修产品清单。到2025年,逐步完善保税维修业务政策体系。(商务部牵头,财政部、生态环境部、海关总署、税务总局按职责分工负责)

(十四)稳步推进离岸贸易发展。鼓励银行探索优化业务真实性审核方式,按照展业原则,基于客户信用分类及业务模式提升审核效率,为企业开展真实合规的离岸贸易业务提供优质的金融服务,提升贸易结算便利化水平。在自贸试验区进一步加强离岸贸易业务创新,支持具备条件并有较强竞争力和管理能力的城市和地区发展离岸贸易。(商务部、人民银行、国家外汇局按职责分工负责)

(十五)支持外贸细分服务平台发展壮大。支持在营销、支付、交付、物流、品控等外贸细分领域共享创新。鼓励外贸细分服务平台在各区域、各行业深耕垂直市场,走"专精特新"之路。鼓励外贸企业自建独立站,支持专业建站平台优化提升服务能力。探索区块链技术在贸易细分领域中的应用。到2025年,形成一批国际影响力较强的外贸细分服务平台企业。(商务部牵头,各有关单位按职责分工负责)

五、优化政策保障体系

(十六)创新监管方式。根据外贸业态发展需要,适时研究完善相关法律法规,科学设置"观察期"和"过渡期"。引入"沙盒监管"模式,为业态创新提供安全空间。推动商务、海关、税务、市场监管、邮政等部门间数据对接,在优化服务的同时,加强对逃税、假冒伪劣、虚假交易等方面的监管。完善外贸新业态新模式统计体系。(商务部牵头,海关总署、税务总局、市场监管总局、国家统计局、国家邮政局按职责分工负责)

(十七)落实财税政策。充分发挥外经贸发展专项资金、服务贸易创新发展引导基金作用,引导社会资本以基金方式支持外贸新业态新模式发展。积极探索实施促进外贸新业态新模式发展的税收征管和服务措施,优化相关税收环境。支持外贸新业态新模式企业适用无纸化方式申报退税。对经认定为高新技术企业的外贸新业态新模式企业,可按规定享受高新技术企业所得税优惠政策。(财政部、商务部、税务总局按职责分工负责)

(十八)加大金融支持力度。深化政银企合作,积极推广"信易贷"等模式,鼓励金融机构、非银行支付机构、征信机构、外贸服务平台等加强合作,为具有真实交易背景的外贸新业态新模式企业提供便利化金融服务。鼓励符合条件的外贸新业态新模式企业通过上市、发行债券等方式进行融资。加快贸易金融区块链平台建设。加大出口信用保险对海外仓等外贸新业态新模式的支持力度,积极发挥风险保障和融资促进作用。(国家发展改革委、财政部、商务部、人民银行、银保监会、证监会、国家外汇局、进出口银行、中国出口信用保险公司按职责分工负责)

(十九)便捷贸易支付结算管理。深化贸易外汇收支便利化试点,支持更多符合条件的银行和支付机构依法合规为外贸新业态新模式企业提供结算服务。鼓励研发安全便捷的跨境支付产品,支持非银行支付机构"走出去"。鼓励外资机构参与中国支付服务市场的发展与竞争。(人民银行、国家外汇局按职责分工负责)

六、营造良好环境

(二十)维护良好外贸秩序。加强反垄断和反不正当竞争规制,着力预防和制止外贸新业态领域垄断和不正当竞争行为,保护公平竞争,防止资本无序扩张。探索建立外贸新业态新模式企业信用评价体系,鼓励建立重要产品追溯体系。支持制定外贸新业态领域的国家、行业和地方标准,鼓励行业协会制定相关团体标

准。(商务部、国家发展改革委、海关总署、市场监管总局按职责分工负责)

(二十一)推进新型外贸基础设施建设。支持外贸领域的线上综合服务平台、数字化公共服务平台等建设。鼓励电信企业为外贸企业开展数字化营销提供国际互联网数据专用通道。完善国际邮件互换局(交换站)和国际快件处理中心布局。开行中欧班列专列,满足外贸新业态新模式发展运输需要。(商务部、国家发展改革委、工业和信息化部、国家邮政局、中国国家铁路集团有限公司按职责分工负责)

(二十二)加强行业组织建设和专业人才培育。依法推动设立外贸新业态领域相关行业组织,出台行业服务规范和自律公约。鼓励普通高校、职业院校设置相关专业。引导普通高校、职业院校与企业合作,培养符合外贸新业态新模式发展需要的管理人才和高素质技术技能人才。(商务部、教育部、民政部按职责分工负责)

(二十三)深化国际交流合作。积极参与世贸组织、万国邮联等多双边谈判,推动形成电子签名、电子合同、电子单证等方面的国际标准。加强知识产权保护、跨国物流等领域国际合作,参与外贸新业态新模式的国际规则和标准制定。加强与有关国家在相关领域政府间合作,推动双向开放。大力发展丝路电商,加强"一带一路"经贸合作。推动我国外贸新业态新模式与国外流通业衔接连通。鼓励各地方、各试点单位、各企业开展国际交流合作。(商务部牵头,各地方人民政府、各有关单位按职责分工负责)

七、做好组织实施

(二十四)加强组织领导。充分发挥国务院推进贸易高质量发展部际联席会议制度作用,加强部门联动、央地协同,统筹协调解决重大问题。各地区、各有关部门要按照职责分工抓好贯彻落实,密切协作配合,及时出台相关措施,继续大胆探索实践。商务部要会同有关部门加强工作指导,确保各项措施落地见效。(商务部牵头,各地方人民政府、各有关单位按职责分工负责)

(二十五)做好宣传推广。不断总结推广好经验好做法。加强舆论引导,宣介外贸新业态新模式发展成效。积极营造鼓励创新、充满活力、公平竞争、规范有序的良好氛围,促进外贸新业态新模式健康持续创新发展。(商务部牵头,各地方人民政府、各有关单位按职责分工负责)

国务院办公厅

2021年7月2日

商务部等17部门关于加强县域商业体系建设促进农村消费的意见

各省、自治区、直辖市人民政府,新疆生产建设兵团:

建设县域商业体系是全面推进乡村振兴、推动城乡融合发展的重要内容,是畅通国内大循环、全面促进农村消费的必然选择,是落实以人民为中心发展思想、满足人民对美好生活向往的客观要求。近年来,我国县域商业发展迅速,在脱贫攻坚和乡村振兴中发挥了积极作用。但总的看,县域商业发展依然滞后,商品和服务供给不足,与构建新发展格局要求还存在差距。为加强县域商业体系建设,推动农村消费提质扩容,经国务院同意,现提出以下意见。

一、总体要求

(一)指导思想。以习近平新时代中国特色社会主义思想为指导,深入贯彻党的十九大和十九届二中、三中、四中、五中全会精神,认真落实党中央、国务院决策部署,立足新发展阶段,贯彻新发展理念,构建新发展格局,充分发挥市场在资源配置中的决定性作用,更好发挥政府作用,分层分类,因地制宜,实事求是,以渠道下沉和农产品上行为主线,推动资源要素向农村市场倾斜,完善农产品现代流通体系,畅通工业品下乡和农产品进城双向流通渠道,推动县域商业高质量发展,实现农民增收与消费提质良性循环。

(二)发展目标。"十四五"时期,实施"县域商业建设行动",建立完善县域统筹、以县城为中心、乡镇为重点、村为基础的农村商业体系。到2025年,在具备条件的地区,基本实现县县有连锁商超和物流配送中心、乡镇有商贸中心、村村通快递,年均新增农村网商(店)100万家,培育30个国家级农产品产地专业市场,经营农产品的公益性市场地市级覆盖率从40%提高到60%。

二、健全农村流通网络

(一)完善县城商业设施。把县域作为统筹农村商业发展的重要切入点,强化县城综合商业服务能力,推动县乡村商业联动。改造提升县城综合商贸服务中心和物流配送中心。鼓励城市大型流通企业拓展农村市场,共建共享仓储等设备设施,示范带动中小企业发展。(商务部、各省级人民政府等负责)

(二)建设乡镇商贸中心。鼓励企业通过自建、合作等方式,建设改造一批乡镇商贸中心,推动购物、娱乐、休闲等业态融合,改善乡镇消费环境。引导乡镇商贸中心向周边农村拓展服务,满足农民消费升级需求。(商务部、住房城乡建设部、各省级人民政府等负责)

(三)改造农村传统商业网点。鼓励商贸流通企业输出管理和服务,通过技术赋能、特许经营、供应链整合等方式,改造夫妻店等传统网点,发展新型乡村便利店。丰富村级店快递收发、农产品经纪等服务,满足农民便利消费、就近销售需求。支持邮政企业建设村级邮政综合服务站点,支持符合条件的农村加油点升级改造为加油站。(商务部、邮政局、中华全国供销合作总社、中国邮政集团有限公司等按职责分工负责)

三、加强市场主体培育

(四)支持企业数字化、连锁化转型。培育县域重点商贸流通企业,引导企业通过组织创新、资源整合做强做大。引导供销、邮政、快递和农村传统商贸流通企业运用5G、大数据、人工智能等技术,强化数据驱动,推动产品创新数字化、运营管理智能化、为农服务精准化,加快转型升级。支持发展直营连锁、加盟连锁等经营模式,鼓励品牌连锁流通企业通过连锁或股权加盟,促进县乡村商业网络连锁化。(商务部、工业和信息化部、邮政局、中华全国供销合作总社、中国邮政集团有限公司等按职责分工负责)

(五)培育农村新型商业带头人。鼓励各地开展新型商业带头人培育计划。举办创业创新和技能大赛,挖掘农村商业人才。利用县级电子商务公共服务中心、师资团队等县域资源开展品牌设计、市场营销、电商应用等专业培训,强化实操技能,提高就业转化率。引入县域外智力、人力资源,加强跨区域人员交流学习,提升对返乡农民工、大学生、退役军人等的就业创业服务水平。依托国家电子商务示范基地、全国电子商务公共服务平台,加快建立农村电商人才培养载体和师资、标准、认证体系。推广农村商业网络公开课,共享培训资源。(商务部、农业农村部、教育部、人力资源社会保障部、退役军人部、全国妇联、中华全国总工会、共青团中央等按职责分工负责)

(六)壮大新型农业经营主体。实施家庭农场培育计划,把规模经营户培育成有活力的家庭农场。扎实开展农民合作社规范提升行动,鼓励以家庭农场为主要成员组建农民合作社,支持农民合作社联合社发展。培育壮大农业专业化社会化服务组织,支持开展面向小农户和粮食等大宗农产品生产关键薄弱环节的统防统治、代耕代收等服务。建设区域性农业全产业链综合服务中心。(农业农村部负责)

四、丰富农村消费市场

(七)开发适合农村市场的消费品。通过大型商贸流通企业、电商平台大数据分析,了解农民消费特征,支持消费领域平台企业挖掘市场潜力,增加优质产品和服务供给。以农民需求为导向,鼓励生产企业开发适合农村市场的日用消费品、大家电、家居、汽车等,促进农村耐用消费品更新换代。完善农村道路、水、电(充电桩)、通信等基础设施,改善耐用消费品等使用环境。(工业和信息化部、交通运输部、水利部、发展改革委、商务部、能源局、各省级人民政府等负责)

(八)优化农村生活服务供给。引导社会资本加大投入,加快建立完善县乡村协调发展的生活服务网络。依托乡镇商贸中心、农村集贸市场等场所,提供餐饮、亲子、洗浴、健身等服务。利用村民活动中心、夫妻店等场所,提供理发、维修、废旧物资回收等便民服务。鼓励

城镇市场主体到乡村设点,直接向农民提供服务,缩小城乡居民服务消费差距。(商务部、各省级人民政府等负责)

(九)提升县域文旅服务功能。鼓励文旅、民俗等资源丰富的乡镇推动商旅文娱体等融合发展，吸引城市居民下乡消费。鼓励客栈酒店提供文旅服务,配合全国乡村旅游重点村镇、全国优选乡村民宿名录和森林景区建设,发展乡村民宿、自驾车旅居车营地、木屋营地、帐篷营地等,完善生活服务配套设施,提升服务水平。合理开发利用农耕文化遗产,培育乡村特色文化产业,建设一批特色文化产业村镇和文化产业群。推出一批休闲农业和乡村旅游精品路线，打造乡村休闲旅游聚集区,建设美丽休闲乡村和全国休闲农业重点县。创新举办特色农事节庆活动,发展会展经济,促进特色农产品销售。(文化和旅游部、农业农村部、乡村振兴局、商务部等按职责分工负责)

五、增强农产品上行能力

(十)提升农产品供给质量。建设国家粮食安全产业带。统筹推进现代农业产业园、农业产业强镇和优势特色产业集群建设,继续抓好特色农产品优势区,推动加工、仓储、物流等向主产区布局,实现产购储加销衔接配套。实施农业生产“三品一标”提升行动,加快推进品种培优、品质提升、品牌打造和标准化生产。加强农产品质量安全监管,稳步推进绿色农产品、有机农产品和地理标志农产品认证，全面试行食用农产品达标合格证制度。(发展改革委、农业农村部、粮食和储备局等按职责分工负责)

(十一)提高农产品商品化处理能力。支持产地建设改造具有产后商品化处理功能的集配中心、产地仓等,鼓励研发应用产后初加工、精深加工设施设备。支持农民合作社、家庭农场、中小微企业等发展农产品产地初加工,培育一批生产标准、技术集成、管理科学的农产品初加工企业。鼓励龙头企业和产业园区开展农产品精深加工,拓展延伸产业链,提升产品附加值。(农业农村部、乡村振兴局、商务部等按职责分工负责)

(十二)加强农业品牌培育。建设完善农业品牌标准体系,塑强一批精品区域公用品牌,带动企业品牌和农产品品牌协同发展。深入推进中国农业品牌目录制度,发布消费索引。挖掘品牌内涵,讲好品牌故事,创新品牌营销,支持流通企业、电商平台等开设品牌农产品销售专区，培育农产品网络品牌，促进品牌农产品销售。(农业农村部、商务部等按职责分工负责)

六、完善农产品市场网络

(十三)加快发展产地市场体系。推进以国家级农产品产地专业市场和田头市场为核心的产地市场建设,形成与农业生产布局相适应的产地流通体系。认定一批国家级农产品产地专业市场,提升价格形成、信息服务、物流集散、品牌培育、科技交流、会展贸易等主要功能。加快推进田头市场建设,促进小农户与大市场的有效对接。(农业农村部、商务部等按职责分工负责)

(十四)提高农产品市场公益性保障能力。各地要通过土地作价、投资建设、财政入股、购买服务等方式，支持经营农产品的公益性批发市场建设，增强保供稳价和综合服务能力。采取入股参股、产权回购回租、公建配套等方式,建设改造产地市场、农贸市场、菜市场等,提高便民服务水平。各地要与财政资金支持的农产品市场签订协议,明确市场公益性职责,持续增强民生保障能力。(商务部、农业农村部、自然资源部、中华全国供销合作总社、各省级人民政府等负责)

(十五)完善农产品流通骨干网。以农产品主产区、重要集散地和主销区为基础,提升产地初加工、批发和零售等环节功能,促进流通节点有效衔接,完善跨区域产销链条。综合考虑节点功能、地理位置、产销规模等因素，确定一批全国农产品骨干批发市场和骨干流通企业,带动农产品生产、运输、仓储、流通、消费等各环节信息互联互通、设施共用共享。(商务部、发展改革委、农业农村部、中华全国供销合作总社、中国邮政集团有限公司等按职责分工负责)

(十六)加快补齐冷链设施短板。实施农产品仓储保鲜冷链物流设施建设工程，支持新型农业经营主体建设规模适度的产地冷藏保鲜设施，加强移动式冷库应用,发展产地低温直销配送中心。加强农产品批发市场冷链设施建设。引导生鲜电商、邮政、快递企业建设前置仓、分拨仓,配备冷藏和低温配送设备。推动农产品冷链技术装备标准化,推广可循环标准化周转箱,促进农产品冷链各环节有序衔接。科学布局农产品骨干冷链物流基地,提高冷链物流规模化、集约化、组织化、网络化水平。进一步加强冷链设施建设指导,新建设施要落实疫情防控要求，结合实际预留消杀防疫空间。(发展改革委、农业农村部、商务部、交通运输部、市场监管总局、卫生健康委、住房城乡建设部、邮政局、中华全国供销合作总社、中国邮政集团有限公司等按职责

分工负责）

七、加强农业生产资料市场建设

（十七）健全农资流通网络。鼓励各类农资市场主体共建共享，发展直供直销、连锁经营、统一配送等现代流通方式。引导传统农资经销商创新营销模式，提高线上线下融合销售比例。发挥供销系统农资流通主渠道作用，推动传统农资流通企业向现代农资综合服务商转型，加快构建现代农资流通网络。鼓励品牌农资生产经营企业通过兼并、联合等方式进行资产和业务重组，增强核心竞争力。（中华全国供销合作总社等负责）

（十八）增强农资服务能力。引导服务组织面向小农户、家庭农场和农民合作社等新型农业经营主体，发展测土配方施肥、机具租赁等社会化服务，促进现代农业发展。支持供销系统、邮政乡镇网点巩固基层农资供应、农资配送、农产品收购等传统业务，因地制宜发展冷藏保鲜、烘干收储、加工销售、农技推广等生产性服务，打造乡镇区域服务中心。（农业农村部、中华全国供销合作总社、中国邮政集团有限公司等按职责分工负责）

八、创新流通业态和模式

（十九）支持大型企业开展供应链赋能。鼓励大型电商、邮政、快递和商贸流通企业以县镇为重点，延伸供应链，推广应用新型交易模式，为中小企业、个体商户提供集中采购、统一配送、销售分析、库存管理、店面设计等服务，增强农村实体店铺经营水平和抗风险能力。（商务部、邮政局、中华全国供销合作总社、中国邮政集团有限公司等按职责分工负责）

（二十）扩大农村电商覆盖面。强化县级电子商务公共服务中心统筹能力，为电商企业、家庭农场、农民合作社、专业运营公司等主体提供市场开拓、资源对接、业务指导等服务，提升农村电商应用水平。引导电商平台投放更多种类工业品下乡，弥补农村实体店供给不足短板。实施“数商兴农”，发展农村电商新基建。创新农产品电商销售机制和模式，提高农产品电商销售比例。深入推进“互联网+”农产品出村进城工程，建立健全适应农产品网络销售的供应链体系、运营服务体系和支撑保障体系。培育快递服务现代农业项目。加强部门协同、资源整合，鼓励农村电商服务站点、益农信息社、村邮站、供销社等多站合一、服务共享。（商务部、农业农村部、邮政局、中华全国供销合作总社、中国邮政集团有限公司等按职责分工负责）

（二十一）发展县乡村物流共同配送。支持邮政、快递、物流、商贸流通等企业开展市场化合作，实现统一仓储、分拣、运输、配送、揽件，建立完善农村物流共同配送服务规范和运营机制。在整合县域电商快递基础上，搭载日用消费品、农资下乡和农产品进城双向配送服务，推动物流快递统仓共配。推进邮快合作下乡进村工程。推动农村寄递物流公共信息服务平台建设，促进信息共享、数据互联。（商务部、交通运输部、农业农村部、邮政局、中华全国供销合作总社、中国邮政集团有限公司等按职责分工负责）

（二十二）强化产销对接长效机制。引导农产品流通企业与新型农业经营主体通过订单农业、产销一体、股权合作等模式实现精准对接。开展多种形式的产销对接活动，鼓励各地发挥东西部协作、对口支援、县企合作等机制作用，推动对接资源向乡村振兴重点帮扶县和脱贫地区倾斜。压实“菜篮子”市长负责制，加强城市郊区农产品基地建设，积极推进地产地销。（商务部、农业农村部、乡村振兴局、中华全国供销合作总社、中国邮政集团有限公司、各省级人民政府等负责）

九、规范农村市场秩序和加强市场监管

（二十三）强化农村市场执法监督。完善市场监管城乡联动机制，充实执法力量，加大执法力度。加强源头治理，落实企业进货查验责任和质量承诺制度。完善商品质量、“双随机、一公开”和进货台账、不合格商品退市等监管制度，依法查处无证无照经营行为。畅通农村消费投诉举报渠道，发挥社会监督作用。（市场监管总局负责）

（二十四）促进农资市场有序发展。结合春耕、夏种、秋播等重要农时，抓好化肥、农药、农膜、农业机械及零配件等重点农业生产资料市场监管。加快推进农资领域信用体系建设，积极引导农资市场主体加强行业自律，倡导行业内部推行守法经营或质量公开承诺制，规范农业生产资料经营行为。（农业农村部、市场监管总局、中华全国供销合作总社、中国邮政集团有限公司等按职责分工负责）

（二十五）加强市场质量安全监管。围绕与农村居民生产生活密切相关的产品，加大检查力度，依法查处商品销售中掺假使假、以假充真、以次充好、以不合格产品冒充合格产品行为。严格落实食品生产经营许可

制度，加强对食品生产经营者食品安全现场检查和抽查，严厉打击生产经营假冒伪劣食品等违法违规行为。加强农村市场假冒伪劣食品整治行动，加强流通渠道管理，完善农村市场食品安全治理机制，加大宣传力度，切实保障食品安全。（市场监管总局、农业农村部、公安部、商务部、知识产权局、中华全国供销合作总社等按职责分工负责）

十、完善政策机制

（二十六）加强分级分类管理。将县域商业体系建设作为乡村振兴规划的重要内容。制定县域商业建设指南，立足东中西差异，明确商业设施、业态的结构和功能，各地根据人口结构、收入水平等情况，实事求是确定建设规模和标准，加强分级分类管理。（自然资源部、住房城乡建设部、商务部、中央农办、农业农村部等按职责分工负责）

（二十七）便利交通运输。严格执行鲜活农产品运输“绿色通道”政策，整车合法装载运输全国统一的《鲜活农产品品种目录》内的产品的车辆，免收车辆通行费，提高通行效率，减少拥堵，便利群众。（交通运输部、农业农村部、商务部、各省级人民政府等负责）

（二十八）加强财政投入保障。统筹用好中央财政服务业发展资金等现有专项资金或政策，支持符合条件的县域商业领域发展。各地优化财政支出结构，将县域商业设施、农产品产地流通设施建设纳入乡村振兴投入保障范围，加大支持力度。（财政部、商务部、各省级人民政府等负责）

（二十九）创新投融资模式。有序引导金融和社会资本投入县域商业体系建设。加强银企合作，深化信息协同和科技赋能，为县域商贸、物流、供销等领域企业和合作社提供资金结算、供应链融资、财务管理等服务。鼓励农村信用社等银行业金融机构结合县域商业实际使用场景，开展抵押、担保及信用类小额贷款业务。聚焦特色产业，用好新型农业经营主体名单制，对符合条件的可提供中长期贷款产品。（人民银行、银保监会等按职责分工负责）

（三十）完善标准统计等相关制度。制定强制性国家标准，对农产品市场分级管理。建立健全农村消费相关指标体系，加强农村限额以上批发零售企业统计工作，完善发布内容。推动农产品批发市场立法工作。（商务部、农业农村部、市场监管总局、统计局、司法部等按职责分工负责）

（三十一）强化指导考核。将县域商业建设情况作为乡村振兴工作的重要内容，对国有企业承担的公益性流通网络建设任务，在业绩考核中予以支持。各地要结合实际确定本地区县域商业体系建设的发展目标，按年度分解细化任务安排，明确责任主体、时间表和路线图，形成上下联动工作格局。（中央农办、发展改革委、住房城乡建设部、国资委、商务部、各省级人民政府等负责）

各地区各部门把加强县域商业体系建设作为全面推进乡村振兴、加快农业农村现代化的重要任务，商务部牵头建立县域商业体系建设工作协调机制，会同有关部门加强协调指导，各地方要抓好贯彻落实。重要情况及时按程序请示报告。

商务部
中央农办
发展改革委
工业和信息化部
公安部
财政部
自然资源部
住房城乡建设部
交通运输部
农业农村部
文化和旅游部
人民银行
市场监管总局
银保监会
邮政局
乡村振兴局
中华全国供销合作总社
2021 年 6 月 11 日

国家发展改革委 国家能源局关于加快推动新型储能发展的指导意见

各省、自治区、直辖市、新疆生产建设兵团发展改革委、能源局，国家能源局各派出机构：

实现碳达峰碳中和，努力构建清洁低碳、安全高效能源体系，是党中央、国务院作出的重大决策部署。抽水蓄能和新型储能是支撑新型电力系统的重要技术和基础装备，对推动能源绿色转型、应对极端事件、保障能源安全、促进能源高质量发展、支撑应对气候变化目标实现具有重要意义。为推动新型储能快速发展，现提出如下意见。

一、总体要求

（一）指导思想。以习近平新时代中国特色社会主义思想为指导，全面贯彻党的十九大和十九届二中、三中、四中、五中全会精神，落实“四个革命、一个合作”能源安全新战略，以实现碳达峰碳中和为目标，将发展新型储能作为提升能源电力系统调节能力、综合效率和安全保障能力，支撑新型电力系统建设的重要举措，以政策环境为有力保障，以市场机制为根本依托，以技术革新为内生动力，加快构建多轮驱动良好局面，推动储能高质量发展。

（二）基本原则。统筹规划、多元发展。加强顶层设计，统筹储能发展各项工作，强化规划科学引领作用。鼓励结合源、网、荷不同需求探索储能多元化发展模式。

创新引领、规模带动。以“揭榜挂帅”方式加强关键技术装备研发，推动储能技术进步和成本下降。建设产教融合等技术创新平台，加快成果转化，有效促进规模化应用，壮大产业体系。

政策驱动、市场主导。加快完善政策机制，加大政策支持力度，鼓励储能投资建设。明确储能市场主体地位，发挥市场引导作用。

规范管理、保障安全。完善优化储能项目管理程序，健全技术标准和检测认证体系，提升行业建设运行水平。推动建立安全技术标准及管理体系，强化消防安全管理，严守安全底线。

（三）主要目标。到 2025 年，实现新型储能从商业化初期向规模化发展转变。新型储能技术创新能力显著提高，核心技术装备自主可控水平大幅提升，在高安全、低成本、高可靠、长寿命等方面取得长足进步，标准体系基本完善，产业体系日趋完备，市场环境和商业模式基本成熟，装机规模达 3000 万千瓦以上。新型储能在推动能源领域碳达峰碳中和过程中发挥显著作用。到 2030 年，实现新型储能全面市场化发展。新型储能核心技术装备自主可控，技术创新和产业水平稳居全球前列，标准体系、市场机制、商业模式成熟健全，与电力系统各环节深度融合发展，装机规模基本满足新型电力系统相应需求。新型储能成为能源领域碳达峰碳中和的关键支撑之一。

二、强化规划引导，鼓励储能多元发展

（一）统筹开展储能专项规划。研究编制新型储能规划，进一步明确“十四五”及中长期新型储能发展目标及重点任务。省级能源主管部门应开展新型储能专项规划研究，提出各地区规模及项目布局，并做好与相关规划的衔接。相关规划成果应及时报送国家发展改革委、国家能源局。

（二）大力推进电源侧储能项目建设。结合系统实际需求，布局一批配置储能的系统友好型新能源电站项目，通过储能协同优化运行保障新能源高效消纳利用，为电力系统提供容量支撑及一定调峰能力。充分发挥大规模新型储能的作用，推动多能互补发展，规划建设跨区输送的大型清洁能源基地，提升外送通道利用率和通道可再生能源电量占比。探索利用退役火电机组的既有厂址和输变电设施建设储能或风光储设施。

（三）积极推动电网侧储能合理化布局。通过关键节点布局电网侧储能，提升大规模高比例新能源及大容量直流接入后系统灵活调节能力和安全稳定水平。在电网末端及偏远地区，建设电网侧储能或风光储电站，提高电网供电能力。围绕重要负荷用户需求，建设一批移动式或固定式储能，提升应急供电保障能力或延缓输变电升级改造需求。

（四）积极支持用户侧储能多元化发展。鼓励围绕

分布式新能源、微电网、大数据中心、5G基站、充电设施、工业园区等其他终端用户，探索储能融合发展新场景。鼓励聚合利用不间断电源、电动汽车、用户侧储能等分散式储能设施，依托大数据、云计算、人工智能、区块链等技术，结合体制机制综合创新，探索智慧能源、虚拟电厂等多种商业模式。

三、推动技术进步，壮大储能产业体系

（五）提升科技创新能力。开展前瞻性、系统性、战略性储能关键技术研发，以“揭榜挂帅”方式调动企业、高校及科研院所等各方面力量，推动储能理论和关键材料、单元、模块、系统中短板技术攻关，加快实现核心技术自主化，强化电化学储能安全技术研究。坚持储能技术多元化，推动锂离子电池等相对成熟新型储能技术成本持续下降和商业化规模应用，实现压缩空气、液流电池等长时储能技术进入商业化发展初期，加快飞轮储能、钠离子电池等技术开展规模化试验示范，以需求为导向，探索开展储氢、储热及其他创新储能技术的研究和示范应用。

（六）加强产学研用融合。完善储能技术学科专业建设，深化多学科人才交叉培养，打造一批储能技术产教融合创新平台。支持建设国家级储能重点实验室、工程研发中心等。鼓励地方政府、企业、金融机构、技术机构等联合组建新型储能发展基金和创新联盟，优化创新资源分配，推动商业模式创新。

（七）加快创新成果转化。鼓励开展储能技术应用示范、首台（套）重大技术装备示范。加强对新型储能重大示范项目分析评估，为新技术、新产品、新方案实际应用效果提供科学数据支撑，为国家制定产业政策和技术标准提供科学依据。

（八）增强储能产业竞争力。通过重大项目建设引导提升储能核心技术装备自主可控水平，重视上下游协同，依托具有自主知识产权和核心竞争力的骨干企业，积极推动从生产、建设、运营到回收的全产业链发展。支持中国新型储能技术和标准“走出去”。支持结合资源禀赋、技术优势、产业基础、人力资源等条件，推动建设一批国家储能高新技术产业化基地。

四、完善政策机制，营造健康市场环境

（九）明确新型储能独立市场主体地位。研究建立储能参与中长期交易、现货和辅助服务等各类电力市场的准入条件、交易机制和技术标准，加快推动储能进入并允许同时参与各类电力市场。因地制宜建立完善“按效果付费”的电力辅助服务补偿机制，深化电力辅助服务市场机制，鼓励储能作为独立市场主体参与辅助服务市场。鼓励探索建设共享储能。

（十）健全新型储能价格机制。建立电网侧独立储能电站容量电价机制，逐步推动储能电站参与电力市场；研究探索将电网替代性储能设施成本收益纳入输配电价回收。完善峰谷电价政策，为用户侧储能发展创造更大空间。

（十一）健全“新能源+储能”项目激励机制。对于配套建设或共享模式落实新型储能的新能源发电项目，动态评估其系统价值和技术水平，可在竞争性配置、项目核准（备案）、并网时序、系统调度运行安排、保障利用小时数、电力辅助服务补偿考核等方面给予适当倾斜。

五、规范行业管理，提升建设运行水平

（十二）完善储能建设运行要求。以电力系统需求为导向，以发挥储能运行效益和功能为目标，建立健全各地方新建电力装机配套储能政策。电网企业应积极优化调度运行机制，研究制定各类型储能设施调度运行规程和调用标准，明确调度关系归属、功能定位和运行方式，充分发挥储能作为灵活性资源的功能和效益。

（十三）明确储能备案并网流程。明确地方政府相关部门新型储能行业管理职能，协调优化储能备案办理流程、出台管理细则。督促电网企业按照“简化手续、提高效率”的原则明确并网流程，及时出具并网接入意见，负责建设接网工程，提供并网调试及验收等服务，鼓励对用户侧储能提供“一站式”服务。

（十四）健全储能技术标准及管理体系。按照储能发展和安全运行需求，发挥储能标准化信息平台作用，统筹研究、完善储能标准体系建设的顶层设计，开展不同应用场景储能标准制修订，建立健全储能全产业链技术标准体系。加强现行能源电力系统相关标准与储能应用的统筹衔接。推动完善新型储能检测和认证体系。推动建立储能设备制造、建设安装、运行监测等环节的安全标准及管理体系。

六、加强组织领导，强化监督保障工作

（十五）加强组织领导工作。国家发展改革委、国家

能源局负责牵头构建储能高质量发展体制机制，协调有关部门共同解决重大问题，及时总结成功经验和有效做法；研究完善新型储能价格形成机制；按照“揭榜挂帅”等方式要求，推进国家储能技术产教融合创新平台建设，逐步实现产业技术由跟跑向并跑领跑转变；推动设立储能发展基金，支持主流新型储能技术产业化示范；有效利用现有中央预算内专项等资金渠道，积极支持新型储能关键技术装备产业化及应用项目。各地区相关部门要结合实际，制定落实方案和完善政策措施，科学有序推进各项任务。国家能源局各派出机构应加强事中事后监管，健全完善新型储能参与市场交易、安全管理等监管机制。

（十六）落实主体发展责任。各省级能源主管部门应分解落实新型储能发展目标，在充分掌握电力系统实际情况、资源条件、建设能力等基础上，按年度编制新型储能发展方案。加大支持新型储能发展的财政、金融、税收、土地等政策力度。

（十七）鼓励地方先行先试。鼓励各地研究出台相关改革举措、开展改革试点，在深入探索储能技术路线、创新商业模式等的基础上，研究建立合理的储能成本分摊和疏导机制。加快新型储能技术和重点区域试点示范，及时总结可复制推广的做法和成功经验，为储能规模化高质量发展奠定坚实基础。

（十八）建立监管长效机制。逐步建立与新型储能发展阶段相适应的闭环监管机制，适时组织开展专项监管工作，引导产业健康发展。推动建设国家级储能大数据平台，建立常态化项目信息上报机制，探索重点项目信息数据接入，提升行业管理信息化水平。

（十九）加强安全风险防范。督促地方政府相关部门明确新型储能产业链各环节安全责任主体，强化消防安全管理。明确新型储能并网运行标准，加强组件和系统运行状态在线监测，有效提升安全运行水平。

国家发展改革委
国家能源局
2021 年 7 月 15 日

知识产权强国建设纲要(2021–2035 年)

为统筹推进知识产权强国建设，全面提升知识产权创造、运用、保护、管理和服务水平，充分发挥知识产权制度在社会主义现代化建设中的重要作用，制定本纲要。

一、战略背景

党的十八大以来，在以习近平同志为核心的党中央坚强领导下，我国知识产权事业发展取得显著成效，知识产权法规制度体系逐步完善，核心专利、知名品牌、精品版权、优良植物新品种、优质地理标志、高水平集成电路布图设计等高价值知识产权拥有量大幅增加，商业秘密保护不断加强，遗传资源、传统知识和民间文艺的利用水平稳步提升，知识产权保护效果、运用效益和国际影响力显著提升，全社会知识产权意识大幅提高，涌现出一批知识产权竞争力较强的市场主体，走出了一条中国特色知识产权发展之路，有力保障创新型国家建设和全面建成小康社会目标的实现。

进入新发展阶段，推动高质量发展是保持经济持续健康发展的必然要求，创新是引领发展的第一动力，知识产权作为国家发展战略性资源和国际竞争力核心要素的作用更加凸显。实施知识产权强国战略，回应新技术、新经济、新形势对知识产权制度变革提出的挑战，加快推进知识产权改革发展，协调好政府与市场、国内与国际，以及知识产权数量与质量、需求与供给的联动关系，全面提升我国知识产权综合实力，大力激发全社会创新活力，建设中国特色、世界水平的知识产权强国，对于提升国家核心竞争力，扩大高水平对外开放，实现更高质量、更有效率、更加公平、更可持续、更为安全的发展，满足人民日益增长的美好生活需要，具有重要意义。

二、总体要求

（一）指导思想。坚持以习近平新时代中国特色社会主义思想为指导，全面贯彻党的十九大和十九届二中、三中、四中、五中全会精神，紧紧围绕统筹推进“五位一体”总体布局和协调推进“四个全面”战略布局，坚持稳中求进工作总基调，以推动高质量发展为主题，以深化供给侧结构性改革为主线，以改革创新为根本动力，以满足人民日益增长的美好生活需要为根本目的，立足新发展阶段，贯彻新发展理念，构建新发展格局，牢牢把握加强知识产权保护是完善产权保护制度最重要的内容和提高国家经济竞争力最大的激励，打通知识产权创造、运用、保护、管理和服务全链条，更大力度加强知识产权保护国际合作，建设制度完善、保护严格、运行高效、服务便捷、文化自觉、开放共赢的知识产权强国，为建设创新型国家和社会主义现代化强国提供坚实保障。

（二）工作原则

——法治保障，严格保护。落实全面依法治国基本方略，严格依法保护知识产权，切实维护社会公平正义和权利人合法权益。

改革驱动，质量引领。深化知识产权领域改革，构建更加完善的要素市场化配置体制机制，更好发挥知识产权制度激励创新的基本保障作用，为高质量发展提供源源不断的动力。

——聚焦重点，统筹协调。坚持战略引领、统筹规划，突出重点领域和重大需求，推动知识产权与经济、科技、文化、社会等各方面深度融合发展。

——科学治理，合作共赢。坚持人类命运共同体理念，以国际视野谋划和推动知识产权改革发展，推动构建开放包容、平衡普惠的知识产权国际规则，让创新创造更多惠及各国人民。

（三）发展目标

到2025年，知识产权强国建设取得明显成效，知识产权保护更加严格，社会满意度达到并保持较高水平，知识产权市场价值进一步凸显，品牌竞争力大幅提升，专利密集型产业增加值占GDP比重达到13%，版权产业增加值占GDP比重达到7.5%，知识产权使用费年进出口总额达到3500亿元，每万人口高价值发明专利拥有量达到12件（上述指标均为预期性指标）。

到2035年，我国知识产权综合竞争力跻身世界前列，知识产权制度系统完备，知识产权促进创新创业蓬勃发展，全社会知识产权文化自觉基本形成，全方位、多层次参与知识产权全球治理的国际合作格局基本形成，中国特色、世界水平的知识产权强国基本建成。

三、建设面向社会主义现代化的知识产权制度

（四）构建门类齐全、结构严密、内外协调的法律体系。开展知识产权基础性法律研究，做好专门法律法规之间的衔接，增强法律法规的适用性和统一性。根据实际及时修改专利法、商标法、著作权法和植物新品种保护条例，探索制定地理标志、外观设计等专门法律法规，健全专门保护与商标保护相互协调的统一地理标志保护制度，完善集成电路布图设计法规。制定修改强化商业秘密保护方面的法律法规，完善规制知识产权滥用行为的法律制度以及与知识产权相关的反垄断、反不正当竞争等领域立法。修改科学技术进步法。结合有关诉讼法的修改及贯彻落实，研究建立健全符合知识产权审判规律的特别程序法律制度。加快大数据、人工智能、基因技术等新领域新业态知识产权立法。适应科技进步和经济社会发展形势需要，依法及时推动知识产权法律法规立改废释，适时扩大保护客体范围，提高保护标准，全面建立并实施侵权惩罚性赔偿制度，加大损害赔偿力度。

（五）构建职责统一、科学规范、服务优良的管理体制。持续优化管理体制机制，加强中央在知识产权保护的宏观管理、区域协调和涉外事宜统筹等方面事权，不断加强机构建设，提高管理效能。围绕国家区域协调发展战略，制定实施区域知识产权战略，深化知识产权强省强市建设，促进区域知识产权协调发展。实施一流专利商标审查机构建设工程，建立专利商标审查官制度，优化专利商标审查协作机制，提高审查质量和效率。构建政府监管、社会监督、行业自律、机构自治的知识产权服务业监管体系。

（六）构建公正合理、评估科学的政策体系。坚持严格保护的政策导向，完善知识产权权益分配机制，健全以增加知识价值为导向的分配制度，促进知识产权价值实现。完善以强化保护为导向的专利商标审查政策。健全著作权登记制度、网络保护和交易规则。完善知识产权审查注册登记政策调整机制，建立审查动态管理机制。建立健全知识产权政策合法性和公平竞争审查制度。建立知识产权公共政策评估机制。

（七）构建响应及时、保护合理的新兴领域和特定领域知识产权规则体系。建立健全新技术、新产业、新

业态、新模式知识产权保护规则。探索完善互联网领域知识产权保护制度。研究构建数据知识产权保护规则。完善开源知识产权和法律体系。研究完善算法、商业方法、人工智能产出物知识产权保护规则。加强遗传资源、传统知识、民间文艺等获取和惠益分享制度建设，加强非物质文化遗产的搜集整理和转化利用。推动中医药传统知识保护与现代知识产权制度有效衔接，进一步完善中医药知识产权综合保护体系，建立中医药专利特别审查和保护机制，促进中医药传承创新发展。

四、建设支撑国际一流营商环境的知识产权保护体系

（八）健全公正高效、管辖科学、权界清晰、系统完备的司法保护体制。实施高水平知识产权审判机构建设工程，加强审判基础、体制机制和智慧法院建设。健全知识产权审判组织，优化审判机构布局，完善上诉审理机制，深入推进知识产权民事、刑事、行政案件“三合一”审判机制改革，构建案件审理专门化、管辖集中化和程序集约化的审判体系。加强知识产权法官的专业化培养和职业化选拔，加强技术调查官队伍建设，确保案件审判质效。积极推进跨区域知识产权远程诉讼平台建设。统一知识产权司法裁判标准和法律适用，完善裁判规则。加大刑事打击力度，完善知识产权犯罪侦查工作制度。修改完善知识产权相关司法解释，配套制定侵犯知识产权犯罪案件立案追诉标准。加强知识产权案件检察监督机制建设，加强量刑建议指导和抗诉指导。

（九）健全便捷高效、严格公正、公开透明的行政保护体系。依法科学配置和行使有关行政部门的调查权、处罚权和强制权。建立统一协调的执法标准、证据规则和案例指导制度。大力提升行政执法人员专业化、职业化水平，探索建立行政保护技术调查官制度。建设知识产权行政执法监管平台，提升执法监管现代化、智能化水平。建立完善知识产权侵权纠纷检验鉴定工作体系。发挥专利侵权纠纷行政裁决制度作用，加大行政裁决执行力度。探索依当事人申请的知识产权纠纷行政调解协议司法确认制度。完善跨区域、跨部门执法保护协作机制。建立对外贸易知识产权保护调查机制和自由贸易试验区知识产权保护专门机制。强化知识产权海关保护，推进国际知识产权执法合作。

（十）健全统一领导、衔接顺畅、快速高效的协同保护格局。坚持党中央集中统一领导，实现政府履职尽责、执法部门严格监管、司法机关公正司法、市场主体规范管理、行业组织自律自治、社会公众诚信守法的知识产权协同保护。实施知识产权保护体系建设工程。明晰行政机关与司法机关的职责权限和管辖范围，健全知识产权行政保护与司法保护衔接机制，形成保护合力。建立完善知识产权仲裁、调解、公证、鉴定和维权援助体系，加强相关制度建设。健全知识产权信用监管体系，加强知识产权信用监管机制和平台建设，依法依规对知识产权领域严重失信行为实施惩戒。完善著作权集体管理制度，加强对著作权集体管理组织的支持和监管。实施地理标志保护工程。建设知识产权保护中心网络和海外知识产权纠纷应对指导中心网络。建立健全海外知识产权预警和维权援助信息平台。

五、建设激励创新发展的知识产权市场运行机制

（十一）完善以企业为主体、市场为导向的高质量创造机制。以质量和价值为标准，改革完善知识产权考核评价机制。引导市场主体发挥专利、商标、版权等多种类型知识产权组合效应，培育一批知识产权竞争力强的世界一流企业。深化实施中小企业知识产权战略推进工程。优化国家科技计划项目的知识产权管理。围绕生物育种前沿技术和重点领域，加快培育一批具有知识产权的优良植物新品种，提高授权品种质量。

（十二）健全运行高效顺畅、价值充分实现的运用机制。加强专利密集型产业培育，建立专利密集型产业调查机制。积极发挥专利导航在区域发展、政府投资的重大经济科技项目中的作用，大力推动专利导航在传统优势产业、战略性新兴产业、未来产业发展中的应用。改革国有知识产权归属和权益分配机制，扩大科研机构和高校知识产权处置自主权。建立完善财政资助科研项目形成知识产权的声明制度。建立知识产权交易价格统计发布机制。推进商标品牌建设，加强驰名商标保护，发展传承好传统品牌和老字号，大力培育具有国际影响力的知名商标品牌。发挥集体商标、证明商标制度作用，打造特色鲜明、竞争力强、市场信誉好的产业集群品牌和区域品牌。推动地理标志与特色产业发展、生态文明建设、历史文化传承以及乡村振兴有机融合，提升地理标志品牌影响力和产品附加值。实施地理标志农产品保护工程。深入开展知识产权试点示范工作，推动企业、高校、科研机构健全知识产权管理体系，鼓励高校、科研机构建立专业化知识产权转移转化机

构。

（十三）建立规范有序、充满活力的市场化运营机制。提高知识产权代理、法律、信息、咨询等服务水平，支持开展知识产权资产评估、交易、转化、托管、投融资等增值服务。实施知识产权运营体系建设工程，打造综合性知识产权运营服务枢纽平台，建设若干聚焦产业、带动区域的运营平台，培育国际化、市场化、专业化知识产权服务机构，开展知识产权服务业分级分类评价。完善无形资产评估制度，形成激励与监管相协调的管理机制。积极稳妥发展知识产权金融，健全知识产权质押信息平台，鼓励开展各类知识产权混合质押和保险，规范探索知识产权融资模式创新。健全版权交易和服务平台，加强作品资产评估、登记认证、质押融资等服务。开展国家版权创新发展建设试点工作。打造全国版权展会授权交易体系。

六、建设便民利民的知识产权公共服务体系

（十四）加强覆盖全面、服务规范、智能高效的公共服务供给。实施知识产权公共服务智能化建设工程，完善国家知识产权大数据中心和公共服务平台，拓展各类知识产权基础信息开放深度、广度，实现与经济、科技、金融、法律等信息的共享融合。深入推进“互联网+”政务服务，充分利用新技术建设智能化专利商标审查和管理系统，优化审查流程，实现知识产权政务服务“一网通办”和“一站式”服务。完善主干服务网络，扩大技术与创新支持中心等服务网点，构建政府引导、多元参与、互联共享的知识产权公共服务体系。加强专业便捷的知识产权公共咨询服务，健全中小企业和初创企业知识产权公共服务机制。完善国际展会知识产权服务机制。

（十五）加强公共服务标准化、规范化、网络化建设。明晰知识产权公共服务事项和范围，制定公共服务事项清单和服务标准。统筹推进分级分类的知识产权公共服务机构建设，大力发展高水平的专门化服务机构。有效利用信息技术、综合运用线上线下手段，提高知识产权公共服务效率。畅通沟通渠道，提高知识产权公共服务社会满意度。

（十六）建立数据标准、资源整合、利用高效的信息服务模式。加强知识产权数据标准制定和数据资源供给，建立市场化、社会化的信息加工和服务机制。规范知识产权数据交易市场，推动知识产权信息开放共享，处理好数据开放与数据隐私保护的关系，提高传播利用效率，充分实现知识产权数据资源的市场价值。推动知识产权信息公共服务和市场化服务协调发展。加强国际知识产权数据交换，提升运用全球知识产权信息的能力和水平。

七、建设促进知识产权高质量发展的人文社会环境

（十七）塑造尊重知识、崇尚创新、诚信守法、公平竞争的知识产权文化理念。加强教育引导、实践养成和制度保障，培养公民自觉尊重和保护知识产权的行为习惯，自觉抵制侵权假冒行为。倡导创新文化，弘扬诚信理念和契约精神，大力宣传锐意创新和诚信经营的典型企业，引导企业自觉履行尊重和保护知识产权的社会责任。厚植公平竞争的文化氛围，培养新时代知识产权文化自觉和文化自信，推动知识产权文化与法治文化、创新文化和公民道德修养融合共生、相互促进。

（十八）构建内容新颖、形式多样、融合发展的知识产权文化传播矩阵。打造传统媒体和新兴媒体融合发展的知识产权文化传播平台，拓展社交媒体、短视频、客户端等新媒体渠道。创新内容、形式和手段，加强涉外知识产权宣传，形成覆盖国内外的全媒体传播格局，打造知识产权宣传品牌。大力发展国家知识产权高端智库和特色智库，深化理论和政策研究，加强国际学术交流。

（十九）营造更加开放、更加积极、更有活力的知识产权人才发展环境。完善知识产权人才培养、评价激励、流动配置机制。支持学位授权自主审核高校自主设立知识产权一级学科。推进论证设置知识产权专业学位。实施知识产权专项人才培养计划。依托相关高校布局一批国家知识产权人才培养基地，加强相关高校二级知识产权学院建设。加强知识产权管理部门公职律师队伍建设，做好涉外知识产权律师培养和培训工作，加强知识产权国际化人才培养。开发一批知识产权精品课程。开展干部知识产权学习教育。进一步推进中小学知识产权教育，持续提升青少年的知识产权意识。

八、深度参与全球知识产权治理

（二十）积极参与知识产权全球治理体系改革和建设。扩大知识产权领域对外开放，完善国际对话交流机制，推动完善知识产权及相关国际贸易、国际投资等国

际规则和标准。积极推进与经贸相关的多双边知识产权对外谈判。建设知识产权涉外风险防控体系。加强与各国知识产权审查机构合作,推动审查信息共享。打造国际知识产权诉讼优选地。提升知识产权仲裁国际化水平。鼓励高水平外国机构来华开展知识产权服务。

(二十一)构建多边和双边协调联动的国际合作网络。积极维护和发展知识产权多边合作体系,加强在联合国、世界贸易组织等国际框架和多边机制中的合作。深化与共建“一带一路”国家和地区知识产权务实合作,打造高层次合作平台,推进信息、数据资源项目合作,向共建“一带一路”国家和地区提供专利检索、审查、培训等多样化服务。加强知识产权对外工作力量。积极发挥非政府组织在知识产权国际交流合作中的作用。拓展海外专利布局渠道。推动专利与国际标准制定有效结合。塑造中国商标品牌良好形象,推动地理标志互认互保,加强中国商标品牌和地理标志产品全球推介。

九、组织保障

(二十二)加强组织领导。全面加强党对知识产权强国建设工作的领导,充分发挥国务院知识产权战略实施工作部际联席会议作用,建立统一领导、部门协同、上下联动的工作体系,制定实施落实本纲要的年度推进计划。各地区各部门要高度重视,加强组织领导,明确任务分工,建立健全本纲要实施与国民经济和社会发展规划、重点专项规划及相关政策相协调的工作机制,结合实际统筹部署相关任务措施,逐项抓好落实。

(二十三)加强条件保障。完善中央和地方财政投入保障制度,加大对本纲要实施工作的支持。综合运用财税、投融资等相关政策,形成多元化、多渠道的资金投入体系,突出重点,优化结构,保障任务落实。按照国家有关规定,对在知识产权强国建设工作中作出突出贡献的集体和个人给予表彰。

(二十四)加强考核评估。国家知识产权局会同有关部门建立本纲要实施动态调整机制,开展年度监测和定期评估总结,对工作任务落实情况开展督促检查,纳入相关工作评价,重要情况及时按程序向党中央、国务院请示报告。在对党政领导干部和国有企业领导班子考核中,注重考核知识产权相关工作成效。地方各级政府要加大督查考核工作力度,将知识产权强国建设工作纳入督查考核范围。

商务部关于加强“十四五”时期商务领域标准化建设的指导意见

各省、自治区、直辖市、计划单列市及新疆生产建设兵团商务主管部门,有关事业单位、行业协会、标准化技术委员会:

标准化是商务工作的重要基础,是引领行业发展、规范市场秩序、推动流通变革、促进消费升级的技术支撑,对畅通国内大循环、促进国内国际双循环,引领商务高质量发展、高水平开放具有重要意义。为进一步加强“十四五”商务领域标准化工作,现提出以下意见。

一、总体要求

(一)指导思想。

以习近平新时代中国特色社会主义思想为指导,全面贯彻党的十九大和十九届二中、三中、四中、五中全会精神,紧紧围绕统筹推进“五位一体”总体布局和协调推进“四个全面”战略布局,立足新发展阶段,贯彻新发展理念,按照党中央、国务院关于实施标准化战略的决策部署,统筹内外贸标准,充分发挥标准在商务工作中的基础性、战略性和引领性作用,提升标准化治理效能,优化标准供给结构,提升标准化对外开放水平,加快建立推动商务高质量发展的标准体系,为构建以国内大循环为主体,国内国际双循环相互促进的新发展格局提供有力支撑。

(二)基本原则。

——完善工作机制,强化治理水平。健全标准化管理机制,明确商务领域行业标准管理范围,充分发挥商务领域标准化技术委员会、行业协会和专业机构在标准制修订、标准审查、宣贯培训等方面的支撑作用。

——优化供给质量,促进深度发展。明确重点领域和行业标准制修订指导目录和方向,围绕高标准市场体系建设、培育壮大流通主体、提升消费能级、促进内外贸一体化和建设高水平开放平台等方面,形成以基础通用类、管理类和服务类为主体的政府与市场共同发挥作用的标准供给方式。

——完善实施机制,增强实施效能。强化标准实施应用,实现从"有好标准"到"用好标准"的转变。应用标准开展宏观调控、产业推进、市场准入和质量监管,强化企业在标准实施中的主体作用,发挥地方商务主管部门的基础作用,开展标准化试点示范建设。

——开展对外合作,促进内外联通。鼓励市场主体积极参与国际标准化活动。加强同世贸组织有关方面在技术性贸易壁垒方面的交涉和协调,推动国内标准与国外标准之间相互转换和应用,开展标准互认,推动中国标准与国际标准体系兼容。

(三)总体目标。

到 2025 年,引领商务创新发展的标准供给更加充分,初步形成科学适用、结构合理、衔接配套、国际接轨的新型商务标准体系。标准化管理机制更加完善,标准化应用水平明显提升,标准化工作基本实现由政府主导向政府与市场协同发展转变,由数量规模型向质量效益型转变,由国内驱动向国内国际相互促进转变。标准化带动商贸流通提质增效、促进内外贸一体化发展作用更加显著,成为畅通资源要素循环、提高流通效能、引领消费升级、促进高水平对外开放的有效载体,更好引领商务工作高质量发展。

二、主要任务

(一)提升标准化管理水平。健全标准化管理机制,根据《中华人民共和国标准化法》及国家标准化改革有关文件精神,修订《商务领域标准化管理办法(试行)》。开展标准化基础研究和国内国际标准比对分析,为持续深入推进标准化建设提供参考和指南。突出标准先导作用,加强流通新业态、新模式、新技术标准研究储备。支持各地出台标准化工作支持政策,保障标准化项目经费。强化标准化队伍力量建设,开展标准化相关培训。

(二)优化标准供给结构。优化标准框架体系,明确重点领域和行业标准制修订指导目录和方向,加强公益类、基础类标准研制。充分调动各社会组织、企业制定标准的积极性,更好激发市场主体参与标准化工作的活力,推动建立政府和市场共同发挥作用的标准供给方式。开展老旧标准、已下达的标准计划项目复审和评估,减少交叉重复。主动研判商务领域新发展趋势,加快绿色流通、数字商务等新兴领域标准制修订。

(三)加快提高标准供给质量。严格标准审查机制,加强标准起草全过程技术审查,完善审查规则,规范审查程序。鼓励各地组织开展标准化培训工作,指导起草单位按照标准规则开展制修订工作,提高标准制修订水平和效率。紧扣经济社会发展需要,制定有科技含量、先进适用的标准,切实提高标准质量和水平。学习借鉴国际标准和国外先进标准先进经验,为制定高水平标准提供更加有力的保障。

(四)强化标准宣贯应用。鼓励综合运用文本公开、标准释义、标准解读、信息反馈、评估评价等方式,增强标准宣贯效能。社会关注度高的重点标准利用新闻发布会进行发布。围绕内外贸一体化、商贸流通提质增效开展标准化试点,总结形成可复制推广经验。地方商务主管部门要发挥标准引领作用,在制定政策措施时积极应用标准,探索标准在实施、评估方面的新模式,充分发挥标准化试点示范在标准实施中的重要载体作用。

(五)提升标准化对外开放水平。鼓励市场主体积极参与国际标准制定,推动先进适用国际标准转化应用。主动应用宣传商务领域标准,探索同主要贸易伙伴开展标准互认,促进政策法规、质量标准、检验认证等相衔接,推动中国标准与国际标准体系兼容。开展标准化对外合作与交流,鼓励行业协会、专业机构等组织参与国际标准化活动,为对外开放特别是"一带一路"建设提供信息服务支撑。加强国际标准化人才储备。

三、重点领域

(一)加强农产品流通标准化,创新流通方式。推进农产品市场标准化、规范化建设,制修订市场管理技术标准,规范市场升级改造,推进市场分级分类管理,推行拍卖、订单农业等现代交易方式。研究探索内外贸流通一体化的农产品市场标准,推广企业典型做法,加快相关技术指南向标准的转化,为农产品流通主体提升产品质量和打造品牌提供技术指导。

(二)加强生产资料流通标准化,促进健康发展。在技术应用和管理创新方面加强标准化建设,构建线上线下融合的生产资料流通标准体系。支持生产资料流通企业利用标准化手段衔接匹配上游供应与下游需求，打通产业链各环节，形成供应链集成服务模式，促进生产资料流通更好服务产业发展。鼓励生产资料流通企业在基础设施、交易方式、运营管理、物流配送、场景体验等方面加强标准化建设与应用，以标准化推进转型升级，促进健康发展。

（三）加强供应链物流标准化建设，促进流通降本增效。完善供应链相关标准，推动供应链技术、服务、模式等方面的协同创新，提高跨行业、全环节的供应链协调效率。重点推进供应链风险评估、供应链数字化、供应链管理服务等领域标准研制，提高产业链供应链现代化水平。持续推进商贸物流标准化建设，进一步推广标准托盘、标准周转箱（筐），提高循环共用效率和水平。

（四）完善流通设施标准化建设，培育创新发展新动能。加强县域商业体系标准化建设，改造提升县城综合商贸服务中心、物流配送中心和乡镇商贸中心、村级商店。提升商品市场标准化水平，完善市场建设、管理、运营、服务等相关标准，提高流通效率，促进消费潜力释放。推动农贸市场标准化、智慧化升级改造，打通城乡流通“微循环”。优化社区便民生活服务标准，完善“智慧商店”、“智慧街区”、“智慧商圈”建设标准，健全城市一刻钟便民生活圈标准体系。

（五）健全现代服务业标准体系，提升传统消费能级。推动汽车流通、石油成品油流通、茧丝绸、酒类流通、旧货流通、药品流通、国际货运代理、生产性服务业、居民服务业和网络拍卖等方面标准化建设，着力改善消费环境，促进行业转型升级，构建适应新形势下流通发展需要的高质量标准体系。加强流通企业信用评价指标、信用管理体系标准化建设，充分发挥信用标准化的技术支撑和保障作用。引导中华老字号企业标准化生产和企业内部标准化体系建设，助力规范化发展。

（六）完善商贸流通数字化标准，支撑商务高质量发展。加强商务领域数字技术应用标准体系建设，研究建立统一的大数据全流程管理标准，推动5G、人工智能、物联网、区块链等新技术标准化应用。加强电子商务新业态新模式标准建设，促进直播电商、社交电商等规范发展。完善电子商务公共服务标准体系，加强服务载体、物流支付、监测分析、人才培养等标准建设，提升公共服务平台、示范基地、产业园区的服务承载能力。

（七）强化内外贸一体化发展，促进高水平对外开放。加快外贸领域标准研制，制定相关产品出口质量要求。组织动员跨境电商综合试验区研究开展跨境电商领域相关标准制修订，输出更多“中国方案”和“中国经验”。落实外商投资法等规定，保障外资企业平等参与标准化活动。做好世贸组织框架下强制性标准的合规、咨询等工作，按照世贸规则做好标准制定与通报事项。

四、保障措施

（一）加强组织领导。商务部将充分发挥部内标准化工作推进机制作用，加强与标准化主管部门的协调配合，强化对地方商务标准化工作的指导，支持建立跨区域的标准化协作机制。加强对事业单位、行业协会和标准化技术机构的指导，提高有关单位标准研究、制修订及推广能力。各地商务主管部门要进一步增强对标准化工作的认识，加强组织领导，明确责任分工，确保各项工作落地见效。

（二）完善保障政策。完善标准制修订经费保障机制，积极协调有关部门争取将标准化建设纳入有关试点示范项目资金支持范围。各地要制定完善促进标准化发展的政策措施，强化政策支持，健全标准化表彰和奖励制度。建立和健全财政投入保障制度，统筹安排标准化工作资金，加大标准化资金投入，鼓励和引导企事业单位、社会组织加大投入，形成政府部门引导、市场主体为主的标准化经费投入保障机制。

（三）强化队伍建设。支持标准化技术委员会、行业协会对企业从事标准化工作的人员开展专业知识培训，鼓励企业技术和管理人员参与国家标准和行业标准研制工作。加强标准化专家队伍建设，建立标准化专家库，稳定和扩大标准化人才队伍，发挥专家咨询与技术指导作用。商务部将加强对地方商务主管部门、标准化技术委员会、技术支撑单位从事标准化工作人员的标准化培训。

（四）做好宣传推广。建立商务标准化案例库和优秀成果推广平台，推广先进经验做法。加大媒体宣传和推广力度，提高社会认知度和企业参与积极性，提升从业人员标准业务水平。各地商务主管部门要加强对标准化试点工作的宣传力度，通过地方媒体、政府网站等多种渠道和方式，有针对性地选择引导带动作用强、公众关注度高、社会影响面广的试点单位进行深度宣传和跟踪报道，持续扩大试点影响力。

商务部

2021年8月17日

浙江省运输机场新冠肺炎疫情防控工作指引

为贯彻落实新冠肺炎疫情防控决策部署，严格按照“外防输入、内防反弹”要求，落实“人物同防”各项措施，做好我省航空口岸新冠肺炎疫情防控工作,有效防范新冠肺炎疫情通过入境物品和人员引起输入疫情风险，避免疫情扩散蔓延，制定本指引。

一、适用范围

本指引适用于通过我省航空口岸入境的客、货防疫管理，以及相关人、物疫情防控工作，省内其他运输机场参照执行。

二、总体要求

进一步落实航空口岸疫情防控措施，切实压实疫情防控“四方责任”，采取最坚决、最果断、最严格措施，加强航空口岸入境的客、货防疫管理以及工作人员的健康管理、封闭管理，严防输入疫情。

三、严格压实“四方责任”

（一）严格落实属地责任。航空口岸所在设区市政府落实航空口岸疫情防控属地责任，建立航空口岸疫情防控工作机制，完善防控工作体系，加强疫情防控形势研判，完善疫情防控专项预案。加强综合协调和监督检查，组织落实入境人员集中隔离，实现闭环管理。负责航空口岸涉疫突发事件的处置工作。统筹保障航空口岸从业人员疫苗接种，按要求开展核酸检测。组织做好航空口岸出现阳性病例或阳性环境样本的处置工作，并对口岸工作人员集中居住点的设置、监管和垃圾、污水处理以及集中封闭管理予以支持保障。

（二）严格落实行业主管部门的行业监管责任。民航浙江安全监管局、民航温州安全监管局严格落实行业监管责任，指导辖区民航企事业单位贯彻执行国务院联防联控机制、中国民航局和属地政府的防疫规定，制定专项疫情防控预案，负责监督航空公司、运输机场和其他驻场民航单位，落实民航部门和属地政府疫情防控工作要求和部署，协同有关单位共同做好航空口岸疫情防控工作。海关、边检等口岸查验单位应压实卫生检疫、入境人员核查和本部门工作人员防护监督、健康管理等责任，配合属地政府做好疫情防控相关工作。

（三）严格落实口岸机场公司和驻场单位主体责任。口岸机场公司和驻场单位严格落实口岸机场疫情防控主体责任。建立完善口岸机场疫情防控工作机制和疫情防控专项预案。按照行业和属地政府疫情防控工作要求和部署，强化“人物同防”，突出做好国际入境航班、入境货物等重点环节管控，将外包业务纳入机场防疫一体化管控，确保防疫管理闭环有序。强化制度措施执行，根据国家、省、市最新防控指引和要求，制定并落实本单位疫情防控工作流程和操作规范。加大疫情防控投入，保障各项疫情防控措施落实到位。做好机场工作人员分类管理、防护监督、健康监测、技能培训等工作。

（四）严格落实个人疫情防控责任。航空口岸从业人员是自我健康的第一责任人，要提高自我防控意识和健康素养，切实落实疫情防控个人责任，自觉遵守疫情防控工作制度，不折不扣落实疫情防控措施、做好个人防护；严格落实个人健康监测，做到新冠病毒疫苗应接尽接，按时进行核酸检测，出现发热等不适症状及时向所属单位报告，并到当地卫生健康部门指定（或公布）的医疗机构排查、治疗。

四、人员分类管理

（一）入境人员管理。

1.通过国际航班在我省航空口岸直接入境人员乘机管理。

（1）提前报备与远端指导。切实做好入境人员疫情防控相关政策宣传，引导入境人员自觉遵守相关健康管理措施。落实入境人员联系人制度，联系人或用人单位提前向目的地社区（村）报备入境人员有关信息。入境人员登机来浙前，严格按照我国驻外使领馆有关要求提供核酸和抗体“双阴性”证明（或核酸检测阴性证明和血清抗体检测阳性并新冠病毒疫苗接种证明），申领国际版“健康码”，并在入境全过程严格做好个人防护。

(2)航空口岸通关入境检疫。充分发挥海关第一道关口作用,入境航班抵达后,严格按照海关总署要求做好入境人员核酸检测和血清抗体检测工作,相关检测结果及时通报入境口岸所在地政府及相关部门。将入境人员纳入口岸所在地政府集中隔离医学观察管理,对核酸检测阳性或血清抗体检测阳性(无新冠病毒疫苗接种史)的入境人员,按规定及时送定点医疗机构排查。

(3)集中隔离医学观察与健康监测。严格按照《浙江省新型冠状病毒肺炎疫情防控工作领导小组办公室关于进一步落实入境人员全流程闭环管理的通知》(省疫情防控办〔2021〕58号)要求,做好入境人员集中隔离医学观察、核酸检测、闭环转运、居家健康管理与日常健康监测等工作,确保所有人员不脱管、不失管、不漏管。

2.入境人员结束隔离医学观察后的乘机管理。

(1)信息通报。对在浙结束14天集中隔离医学观察后乘坐飞机前往外省的入境人员,属地政府应提前48小时将乘机信息告知乘机机场;对在外省结束14天集中隔离医学观察后乘坐飞机来浙返浙的入境人员,目的地政府接到出发地政府的通知或省大数据局等单位推送的信息后,及时与入境人员确认来浙返浙信息,并将有关信息告知目的地机场。各设区市政府和运输机场做好工作衔接和信息协同。

(2)途中管控。对结束14天集中隔离医学观察前往外省的入境人员,由属地政府“点对点"转运至乘机机场,并由机场安排专门通道、专人引导快速乘机,避免交叉接触,全程做好个人防护;对在外省结束14天集中隔离医学观察乘机来浙返浙的入境人员,目的地机场接到乘机信息后,应及时与航空公司联系,督促做好前端管控,到机场后由机场安排专人移交给目的地政府,由目的地政府“点对点”转运至居住点。航空公司乘务人员按民航规定加强防护,并监督入境人员和同航班乘客做好个人防护。

(3)应急处置。发现结束14天集中隔离医学观察入境人员阳性病例后,运输机场和航空公司应积极配合做好疫情处置工作,提供密切接触者详细信息,并做好航班消毒、工作人员核酸检测等工作。

3.国际(地区)航班机组人员隔离管理。实施集中隔离、集中管理,将集中隔离点纳入属地政府疫情防控管理范围,按照就高不就低的原则落实具体防控措施。

(二)一线工作人员管理。

航空口岸各单位要对所有一线工作人员登记造册,及时汇总人员名单、所属单位和岗位、健康状态;人员变动时,及时更新并按时上报。属地卫生健康部门负责指导航空口岸相关单位科学判定一线工作人员。

1.一线工作人员。主要包括:登临入境航空器的作业人员;直接接触入境旅客、机组人员、物品(货物、行李等)的人员;直接接触入境航班保障设施设备的人员(含摆渡车、牵引车、平台车、传送带车等操作人员);直接从事医疗废物处置和入境航班消毒的人员;卫生健康专业人员评估认为其他符合认定标准的人员。

接触上述高风险人员的后勤服务及管理人员(如集中居住点废弃垃圾转运工、保洁人员和“点对点”接送的驾驶员等),参照一线员工管控。

2.建立“N+7+7”健康管理制度。航空口岸有关单位根据实际需要确定若干天为工作期,工作期结束后进行7天集中隔离健康观察和7天日常健康监测。经卫生健康机构现场评估,符合居家健康观察条件,可采用居家健康观察代替集中隔离健康观察。

(1)工作期间封闭管理。一线工作人员工作期间,实行“两集中”(即相关工作区域集中、相关作业人员居住集中),“四固定”(即作业人员固定、作业场地固定、生产设备固定、休息区域固定)闭环管理,定期轮换。严禁一线工作人员同时服务涉及国际、国内业务等多个岗位,严禁一线工作人员在岗期间岗位交叉、工作区域交叉或兼职其他岗位等情况。一线工作人员工作期间集中居住,不得外出、不得接访;工作期间实行分餐制度,在单独宿舍内用餐或固定房间隔离就餐。

(2)集中隔离健康观察期管理。集中隔离健康观察期与工作期的工作人员应安排在采取有效物理隔离的不同区域居住。集中隔离健康观察期原则上单人单间居住,非因病就医等情况一般不得外出。

(3)日常健康监测期管理。日常健康监测期一般采用居家方式,航空口岸有关单位应按照当地疫情防控的要求,主动对接社区做好日常健康监测人员的管理工作。按属地政府网格化管理要求开展每日健康状况监测,督促其控制活动范围,不参加会展、旅游、聚餐等聚集性活动,不进入学校、养老院、福利院等特定机构,不进入影剧院、歌舞厅、浴室、网吧等室内密闭场所,不开展线下教学、培训等活动。外出时须全程规范佩戴口罩,切实保持安全社交距离。期满健康状况无异常、核酸检测阴性,恢复正常社区生活或从事其他工作。

(三)全体工作人员健康监测和活动轨迹管理。航空口岸各单位做好全体工作人员(含临时作业人员、外包人员)日常健康状况监测,掌握工作人员14天内行程,健全健康状况和活动轨迹登记监测制度,完善风险接触信息报告制度。坚持工作人员上班测温亮码,一旦发现体温异常或身体不适,应立即送医。加强健康教育,引导工作人员掌握新冠肺炎和其他呼吸道传染病防治相关知识和技能,增强自我防护意识,同时按要求做好一线工作人员家属的健康监测。一线工作人员轮休后返岗应筛查健康状况,持 48 小时内核酸检测阴性证明方可进入工作场所。

(四)全体工作人员核酸检测和疫苗接种。加强航空口岸工作人员新冠病毒核酸检测,新入职工作人员上岗前须进行核酸检测,一线工作人员工作期间每隔 1 天开展一次核酸检测,隔离健康观察期第 2 天、第 7 天各进行一次核酸检测;日常健康监测期第 7 天进行 1 次核酸检测。其他服务保障人员每周进行 2 次核酸检测、每次间隔 2 天以上。属地政府应做好机场工作人员核酸检测工作,由机场设置核酸检测点并做好现场组织。航空口岸工作人员除有禁忌症外应全部完成新冠病毒疫苗全程接种。一线工作人员需完成疫苗全程接种满 14 天,未达条件的不能安排上岗。

五、现场作业防护

(一)作业人员个人防护。现场作业人员工作期间应按规范要求正确穿脱防护服、工作服,佩戴工作帽、一次性医用外科口罩、手套、鞋套、雨靴等防护用品,保持工作服清洁并定期清洗,必要时进行消毒。直接接触入境人员和物品的工作人员,必须按要求规范穿着防护服或一次性隔离衣,佩戴防护护目镜或防护面屏、手套等防护用品。养成良好的卫生习惯,不随地吐痰,擤鼻涕时注意卫生,尽量避免用手触摸口、眼、鼻。

(二)防护用品处置。作业过程中使用过的个人防护用品,包括口罩、一次性手套、防护护目镜、防护面屏、鞋套等,以及生活垃圾均按照医疗废物规范处置。使用双层黄色医疗废物收集袋封装后,放置于硬质容器内密闭转运至专门垃圾存放站,48 小时内由医疗废物处置单位用专车进行回收处置,并做好日期、数量、交接双方签名登记工作。

(三)作业现场指导监督。航空口岸有关单位应优化作业流程,减少一线工作人员与入境人员或物品的接触机会,降低工作人员暴露风险。设立现场疫情防控督导指导岗位,加强督查检查。提前得知入境人员或入境交通工具上的工作人员有发烧、咳嗽等异常情况的,必须登临作业的应提高防护等级,提前开展作业场所消毒,必要时可请卫生专业人员提供现场指导。

(四)外来人员登记与管理。外来人员原则上不能进入入境人员区域、入境通道、入境货物转运作业区域和存放区域,确需进入的,应事先报备,在做好登记、测温亮码无异常、采取必要的个人防护措施情况下方可进入,并严格遵守疫情防控规定,保持安全社交距离。外来人员进入国际货站送取货必须测温亮码。

六、入境物品管控

(一)防范入境物品运抵后各作业环节疫情风险。航空口岸各运营单位要按照《浙江省航空口岸入境物品及相关人员新冠病毒防控工作指引》(省疫情防控办〔2020〕139 号)和有关文件要求,深入梳理国际航班入境物品管理各环节风险点,针对全货机机舱作业、机下装卸、外围货舱、物品清关、海关查验,以及客运航班入境旅客行李提取、货物装卸等环节中可能存在的风险点,制定严密的风险防范措施。

(二)分类实施入境物品管控。对国际航班运抵我省航空口岸的进口货物,区分冷链货物和普通货物,实行分类管理,分别设置货物装卸、转运、分拣、储存等区域,不同风险等级货物的操作设备和运输车辆应避免混用。入境旅客托运的行李应设立单独行李转盘,避免与其他航班旅客共同等候提取。

(三)严格落实入境物品的消毒。对经航空器入境运抵我省航空口岸的进口货物,除部分大宗商品外,应对航空集装器和货物外包装进行预防性全面消毒,入境旅客托运的行李外表面在通过行李转盘前原则上都应经过统一消毒。消毒工作遵循安全有效、操作便捷原则,既最大程度降低新冠病毒通过进口货物输入的风险,又尽可能减少不必要的作业环节和成本。

七、重点场所管理

1.机场为入境国际航班设立专用机位,提供专用通道和专用转运车辆。为搭载可疑旅客及疫情严重国家(地区)入境航班的旅客设置隔离候机区域,提供餐食等基本生活保障。旅客下机时至少应佩戴医用外科口罩。

2.机场应为机组人员设置专门通道、工作区域,或采取分时段入境等方式,降低交叉感染风险。

3.国际入境航班保障完成后,对入境保障区域的环境、车辆、设施设备及高频接触物体表面(如电梯按钮、手推车等)严格进行预防性消毒。对有症状旅客停留过的场所及触碰过的物体表面、污物等及时进行终末消毒。

4.入境人员通道管理单位按照卫生健康部门防疫要求和标准实施管理场所消杀。

(二)隔离留观点。

1.机场设置临时隔离留验点、流行病学调查和样本采集区、留观场所。机场负责落实场地和配足工作人员,属地政府安排医务人员,共同做好进出港旅客的健康监测排查。

2.隔离留验点、流行病学调查区应位于相对独立区域,保持通风,确保工作人员与待排查旅客之间保持1米以上距离。

3.现场配备防护用品、消毒药械、采样器材、转运车辆等设施设备。

4.隔离留观点等场所开展日常预防性消毒,疑似、确诊病例或可疑旅客转移后进行终末消毒。

5.隔离留观点管理单位按照卫生健康部门防疫要求和标准实施管理场所消杀。

(三)安检区域。

1.安检通道配备快速手消毒液。

2.每日定时清洁消毒,根据人流量调整频次。

3.每日运营结束后,对安检现场、垃圾桶等进行湿式清洁并全面消毒。对重点区域(验证柜台、行李整理区域、行李筐、手持金属探测器)和民航安检设施设备进行重点消毒处理。

4.安检区域管理单位按照卫生健康部门防疫要求和标准实施管理场所消杀。

(四)机场公共区域。

1.加强通风,可采用自然通风;如采用全空气空调系统,可实行全新风运行,并开启排风系统,保持空气清洁。

2.公共环境及物体表面开展预防性消毒。根据人流量大小,采取相应频次对高频接触物体表面进行消毒。

3.旅客聚集重点区域,每天至少进行2次环境消毒。

4.如发现疑似、确诊病例或可疑旅客,或发现呕吐物、血液等感染性体液时,由专业人员进行终末消毒处理。

5.机场公共区域管理单位按照卫生健康部门防疫要求和标准实施管理场所消杀。

(五)货站及地面分区。

1.机场货站根据货物装卸、转运和消毒的工作流程,依次设立货物的污染区、半污染区和清洁区,不同区域予以明确区分标记,作业时货物不得逆向流动O

2.货站地面工作人员的活动区域,区分设立工作人员室内办公及休息区、穿脱防护装备区和货运作业区,分别视为货运操作人员的清洁区、缓冲区和污染区,不同区域间应予以区分标记,保证物理隔离,相互不交叉。货运操作人员的缓冲区应每日进行环境消毒,作业期间至少每4小时一次消毒,脱卸的防护装备按有害垃圾清运后集中处理°货站管理单位按照卫生健康部门防疫要求和标准实施管理场所消杀。

(六)集中居住点。

1.集中居住点设置。集中居住点应相对独立,与人口密集居住与活动区域保持一定防护距离,远离污染源,远离易燃易爆产品生产、储存区域,以及存在卫生污染风险的生产加工区域。集中居住点应为合法建筑,其基础设施必须符合国家现行的建筑安全、消防安全、抗震防灾、城市建设、环境保护等标准要求。优先选择楼层较低的建筑作为集中居住点,加强高楼层窗户、阳台、天井封闭式安全防护,确保室内各类设施安全。原则上不使用带回风系统中央空调。

2.集中居住点日常管理。

(1)相关用人单位应建立集中居住点日常管理体系,宿舍入口处设非接触式体温检测点,明确专人负责工作人员的日常健康监测,分班次详细记录工作人员出勤和休息状态,工作人员每日早、晚上报自身健康状况。不得将在工作场所使用过的防护用品(包括口罩)带入宿舍。工作场所与集中居住点在不同区域的,应安排固定的车辆“点对点”接送。

(2)集中居住点内部根据需要分为生活区、隔离健康观察区和物资保障供应区等,分区标示要明确。有条件在外部独立设置的,隔离健康观察区应独立设置。原则上要求单人单间住宿;不具备条件的安排相同班次、相同区域的工作人员同住,原则上不超过3人。加强宿舍通风,公共卫生间等公用空间每日至少预防性消毒2次,在人员集中使用前完成。

(3)集中居住的房间及楼层卫生间均应配备洗手液、流动水和手消毒液。每个房间的卫生间和生活区各放置一个垃圾桶,桶内均套上垃圾袋。轮换间隔期,做好集中居住设施和环境消杀。

(4)集中居住点宜设置独立化粪池,污水在进入市政排水管网前进行消毒处理。如确不具备条件设置独立化粪池,可采取“一用一投”消毒方式,及时进行消毒,消毒处理后再排放,消毒方式参照《特定场所消毒技术指南》执行。

(5)集中居住点生活垃圾包括用过的纸巾、口罩应装入塑料袋,放置到专用垃圾桶,每天清理,清理前用含有效氯 500mg/L 的含氯消毒液喷洒消毒至完全湿润,然后扎紧塑料袋口,可按照生活垃圾分类中有害废弃物处置。当出现疫情或者集中居住人员有疑似症状表现时,污染区域内的所有垃圾均按照医疗废物处置。

(一)制定完善应急预案。航空口岸所在地政府及机场运营有关单位要根据自身特点和实际情况,制定完善疫情防控突发事件应急预案,并做好预案衔接,明确突发事件处置流程,及时处置突发事件。属地政府要统筹组织应急情况下的全要素演练,相关单位要各自开展专项演练。航空口岸相关单位实行 24 小时领导值班制度,保证随时都有领导在岗处理各类突发事件。

(二)加强信息共享。航空口岸要主动加强与海关、边检等口岸查验单位和当地公安、卫生健康、大数据管理等部门的信息共享和联动,加强入境人员健康状况、入境货物的信息收集,及时掌握相关信息,制定相关工作计划。省公安厅、省大数据局做好重点人员数据信息对接,及时提供相关密切接触者、解除集中医学隔离人员、"健康码"信息异常人员等重点管控对象信息,特别是加强对入境未满 28 天来浙返浙人员的预警,做好分类管控。

(三)做好应急物资储备。航空口岸所在地政府协同机场运营有关单位统筹本地资源,结合机场货运客运航班作业特点,提前做好应急物资储备和应急队伍建设工作。加强不同场景的应急演练,确保出现异常情况时能够及时有效应对。

浙江省铁路新冠肺炎疫情防控工作指引

为进一步加强常态化疫情防控工作,全面落实"外防输入、内防反弹""人物同防"的防控策略,规范做好我省铁路新冠肺炎疫情防控工作,根据近期新冠肺炎流行的特点和我省实际,在原有工作指引基础上,制定本指引。

一、适用范围

本指引适用于我省列车在运行准备、上线运行及到站出场等环节开展消毒、通风、运输组织、人员防护等疫情防控工作,以及铁路运行涉疫突发事件的应急处置工作。

二、各环节防控基本要求

(一)运行准备环节。

1.工作环节风险点。

(1)车站消毒可能不到位,重点部位的消毒流程可能不规范,存在接触传播风险。

(2)车辆消毒可能不到位,车辆重点部位的消毒流程可能不规范,存在被污染的风险。

(3)列车工作人员健康状况可能有异常,出车前人员检测可能未按照要求落实,存在交叉传播风险。

(4)旅客客流量大,存在交叉传播风险。

(5)进口冷链货物,存在接触传播风险。

2.作业和消毒要求。

(1)封闭环境的车站。乘客接触闸机、门把手、无障碍设施设备等的消毒,要求:高风险地区所在设区市(以下简称高风险地区)每 2 小时 1 次,中风险地区所在设区市(以下简称中风险地区)每 4 小时 1 次,低风险地区所在设区市(以下简称低风险地区)每日 1 次。有条件的配备速干手消毒剂或感应式手消毒设施。火车站如使用集中空调,开启前检查设备是否正常,对冷却塔等进行清洗,保持新风口清洁;运行过程中以最大新风量运行,加强对冷却水、冷凝水等卫生管理,定期对送风口等设备和部件进行清洗、消毒或更换。乘客接触区域如公共卫生间、电梯间等的消毒,要求:高风险地区每 4 小时 1 次,中风险地区每 6 小时 1 次,低风险地区每日 1 次。候车室(含座椅)、商店等区域,每日消毒 1 次。公共区域通风时间间隔,要求:高风险地区持续通风,中风险地区每 2 小时通风 1 次,低风险地区每 4 小时通风 1 次。若出现人员发热情况,立即对接触区域及设施设备进行消毒。

(2)货运营业厅。客户接触设施设备如业务等候区座椅、台桌等的消毒,要求:高风险地区每2小时1次,中风险地区每4小时1次,低风险地区每日1次。有条件的配备速干手消毒剂或感应式手消毒设施。客户接触区域如业务等候区域、公共卫生间等的消毒,要求:中高风险地区每6小时1次,低风险地区每日1次。公共区域通风时间间隔,要求:高风险地区持续通风,中风险地区每2小时通风1次,低风险地区每4小时通风1次。若出现人员发热情况,立即对接触区域及设施设备进行消毒。

(3)列车。车厢内部厕所、盥洗室、通过台、过道等的消毒,要求:中高风险地区每2小时1次,低风险地区每4小时1次。空调出风口、车窗根据实际情况及时消毒;车厢内座椅套等织物应保持清洁,定期进行洗涤和消毒处理。

(4)站内工作人员和列车工作人员(包括乘警)。应保持个人卫生,勤洗手,佩戴一次性医用外科口罩。工作服应保持清洁卫生并及时更换。要求:站内工作人员100%佩戴口罩;中高风险地区的100%佩戴防护手套;高风险地区每4小时1次对工作人员测量体温,中风险地区每6小时1次,低风险地区每日上岗前1次。列车工作人员上班时应接受每日健康监测,建立一线列车工作人员体温监测台账,当出现发热、乏力、干咳和胸闷等症状时,应及时主动上报,按照规定程序和要求就医,不带病上班。出现下列情况之一时,一线列车工作人员不应出车并及时上报:14天内有疫情发生的设区市逗留经历的,有与疫情区域重点人员接触的,有与已确诊或疑似病例接触史的;体温N37.3Y的,有咳嗽、流涕等呼吸道症状的,有呕吐、腹泻等消化道症状的,有其他疑似症状的。站内工作人员和列车工作人员新冠病毒疫苗应做到应接尽接。定期开展站内工作人员和列车工作人员核酸检测,其中停靠国内中高风险地区的列车工作人员核酸检测每2天一次(在途时间超过2天的,每趟一次),途经(不停靠)国内中高风险地区的列车工作人员核酸检测每7天一次,其他站内和列车工作人员核酸检测每14天一次。属地政府应当配合铁路部门做好铁路工作人员核酸检测工作,由车站在合适位置设置核酸检测点。

(5)加强进口冷链等货物风险管控。严把受理审核关,在网上受理承运进口冷链食品时,审核海关放行通知或检验检疫证明,无海关放行通知或检验检疫证明的,一律不予承运,也不得提冷藏集装箱进出站。优化业务流程,划小作业单元,对进口货物装卸人员、货站内外勤人员实施分级管控,防止人与人、货与人之间交叉感染。源于港口的自备集装箱无论空重一律视为进口箱,不在站内开箱。站内堆存留出充足距离,非作业人员避免靠近,作业人员应落实佩戴口罩等防护措施,原则上不得接触箱体、门把手等区域;确需接触的,必须规范穿戴相关防护用品,接触后立即做好清洁消毒工作。吊箱作业时如需调整集装箱,应使用司索钩,严禁身体接触箱体,作业完毕对司索钩进行消毒处理。

(6)统筹安排铁路运力。针对疫情中高风险地区,城市、街道(乡镇)或小区封闭管理情形,铁路客运站配合属地政府对进站旅客查验48小时内核酸检测阴性证明,严格控制客运列车超员率;针对城市(或县域)全域封闭管理情形,根据疫情发生地省级政府要求,按程序报批,暂停该地区铁路客运站旅客乘车业务,保证其他地区铁路运输畅通。始发或者途经中高风险地区的车次应合理安排运力,通过售票尽可能安排乘客分散就座。

(二)上线运行环节。

1.工作环节风险点。

(1)列车在行驶中存在通风、空调使用不规范情况,车内乘客拥挤度可能不符合要求,存在接触传播风险。

(2)列车工作人员防护措施可能不到位,操作不规范,存在接触传播风险。

(3)乘客上车未出示健康凭证,没有规范佩戴口罩,存在接触传播风险。

(4)中途站消毒和乘客秩序管理不规范,存在接触传播风险。

2.作业和消毒要求。

(1)车内环境。在列车醒目位置张贴疫情防控告示。通过车载广播、视频等开展卫生防护知识宣传。车辆通风时间间隔,要求:中高风险地区持续通风;低风险地区每趟次通风1次、每次通风时间N10分钟,室外温度和车速等条件适宜情况下可关闭车内空调、开窗通风;中高风险地区车辆使用空调时,选择外循环模式。车内乘客拥挤度应控制在合理范围,每平方米W4人。

(2)列车工作人员健康。列车工作人员上线运行必须符合以下要求:每天检查落实车辆和公共场所规范消毒,列车工作人员上岗前测量体温,列车工作人员戴口罩、勤洗手,监督乘客戴口罩乘车,每天按时报告身体状况及有关情况。上线工作期间,列车工作人员体温测量:高风险地区要求每趟次1次,中风险地区每次往返1次,低风险地区每日上岗前1次;防护手套佩戴:中高风险地区要求佩戴率达到100%。

(3)乘客要求。乘客应出示“健康码”、行程卡,对乘客出行信息进行数字化管理,做到涉疫人员的乘车信息可查询、可追踪。老年人等群体可凭有效身份证件登记,或持纸质证明或出示“行程卡”等作为辅助行程证明。乘客应服从疫情流行期间采取的各项管控措施。有发热、乏力、干咳等症状的乘客不得乘坐列车。乘客应做好下列防护措施:口罩佩戴率要求100%;不用手触碰口、眼和鼻部;尽量不触碰车上易污染的部位;接触可能被污染的物品后,下车后洗手或用手消毒剂消毒;上车后自觉接受列车工作人员的安排,分散乘坐,并与他人保持一定距离。要求:高风险地区乘客体温检测率100%,必要时进行复测;劝返有发热、干咳等症状和不佩戴口罩的乘客。鼓励乘客使用移动支付等非现金支付方式,便利老年人持不同类型有效证件乘坐列车。现场购票时与其他人保持1米以上距离,避免人群聚集。

(4)车站要求。根据《重点场所重点单位重点人群新冠肺炎疫情常态化防控相关防护指南(2021年8月版)》(联防联控机制综发〔2021〕82号)和省疫情防控办的要求,火车站售票大厅、出入口处应设置体温测量设备并定期进行校准,铁路部门工作人员应在售票大厅入口处核验“健康码”、行程卡,属地政府工作人员应在客运车站进出站口外核验“健康码”、行程卡,核验正常者方可出入。在适当位置设立应急区域,临时隔离出现发热、咳嗽等可疑症状的乘客,并按相关规范要求进行处理。

(5)货运营业厅要求。营业厅出入口处设置体温测量设备,定期进行校准;对进出营业厅客户进行体温检测和核验“健康码”、行程卡,核验正常者方可进入。体温N37.3°C的人员,应按照相关规范要求前往医疗机构发热门诊进行诊治。

(三)到站环节。

1.工作环节风险点。

(1)车辆到站消毒及车内设施卫生检查不到位,存在被污染风险。

(2)呕吐物、排泄物及分泌物直接污染地面情况的处置不规范,存在被污染风险。

(3)防护服处置不到位,工作服的洗涤消毒不规范,存在被污染风险。

2.作业和消毒要求。

(1)车辆消毒。列车消毒程序应自列车后车厢起的全部车厢进行消毒。列车消毒范围包括:车厢的地板、座椅、扶手、空调通风口、内壁及乘客接触设施、驾驶室、厕所,均需全面消毒。结束运行后,由场站物业工作人员对当天营运车辆做好保洁和消毒工作。中高风险地区首末站做好“一趟一保洁”“一趟一消毒”。

(2)污染处置。呕吐物、排泄物及分泌物少量污染时,应用一次性纱布、抹布等吸水材料沾取5000mg/L—l0000m^/L含氯消毒剂或能达到高水平消毒的消毒湿巾小心移除。大量污染时,应用一次性抹布沾取50000mg/L—10000mg/L含氯消毒剂或含高效消毒剂对污染物进行覆盖消毒。处理污染物时,工作人员应佩戴手套与口罩,并使用专用工具进行处理,处理完毕后应彻底洗手消毒。

(3)工作服应一日一换,采用可高温洗涤模式的洗衣机,水温达65°C以上浸泡30分钟后,洗涤烘干;也可煮沸30分钟后或用500mg/L含氯消毒液浸泡30分钟以上,再进行常规洗涤烘干。需重复使用的织物,也按上述步骤进行洗涤消毒。使用过的口罩、手套应投放在有生物危害标识的垃圾桶集中规范处置。

三、应急处理

(一)列车应急处理。

1.疫情报告。在列车上发现发热(体温N37.3C)、咳嗽等症状旅客(以下简称发热旅客)时,列车长应立即向本单位生产指挥中心报告。列车担当单位应按照规定上报所属铁路局集团公司防控办、客调。所属铁路局集团公司防控办及时上报国铁集团防控办。铁路局集团公司客调及时向国铁集团客调报告。

2.应急处置。

(1)应急隔离。列车长应立即将发热旅客移至防控隔离席位进行隔离。防控隔离席位,普速列车预留一间软卧包房,每两节硬卧预留车厢一端、两组相对席位,每两节硬席车厢指定一个乘务员间;动车组列车每节一等座预留一排席位、每两节二等座预留一排座位。

(2)做好防护。让发热旅客佩戴口罩,并测量或复测体温。列车长或指定专人佩戴口罩、手套、护目镜等防护用品处置发热旅客。暂时关闭发热旅客所在车厢空调。

(3)确定密切接触者。了解发热旅客的活动范围,确定密切接触者。原则上,乘坐全封闭空调列车,发热旅客所在硬座、硬卧车厢或软卧同包厢的全部乘客和乘务人员;乘坐非全封闭的普通列车,发热旅客同间软卧包厢内,或同节硬座(硬卧)车厢内同格及前后邻格的旅客和为该区域服务的乘务人员,以及其他已知与病例有密切接触的人员,均应判定为密切接触者。

(4)旅客登记。对发热旅客所在车厢及可能污染的旅客进行登记,内容包括:姓名、性别、年龄、单位、目的地、居住地、旅行目的、身份证号码、联系电话等。

3.下交发热旅客。立即向前方车站或所在局防控办发调度报告,调度部门根据铁路局集团公司防控办确定的处置方案,安排列车在前方最近车站停车,列车上进行应急消毒。车站及属地卫生健康部门做好接车紧急处置。

接收发热旅客的车站,做好个人防护,由专人负责发热旅客移送属地卫生健康部门。

4.维护秩序。公安部门维护好站车治安秩序,确保区域封锁、旅客隔离、站车移交等工作正常开展。

5.终末消毒。当列车到达目的地后,由铁路部门组织对全列车进行消毒。

6.应急处理箱。列车上应配备应急处理箱一套,包括:一次性医用口罩10个、N95口罩5个、一次性手套10副、防护护目镜5副、体温计2支、防护服2套、片剂含氯消毒剂等,可视编组情况适当增加。重联动车组前组、后组各配备应急处理箱一套。

(二)车站应急处理。

1.疫情报告。车站发现发热等症状旅客时,及时通报当地卫生健康部门,并上报铁路局集团公司防控办。铁路局集团公司防控办及时上报国铁集团防控办。

2.应急处理。因地制宜,立即将发热旅客进行隔离,减少污染。

3.移交发热旅客。铁路客运站指定专门场地作为疑似患者和密切接触者临时隔离场所,待地方转运车辆达到后,按照属地政府有关要求,移送相关人员。

4.维护秩序。公安部门维护好站内治安秩序,确保区域封锁、旅客隔离和疏散等工作正常开展。

5.终末消毒。车站按照规定对发热旅客隔离地点进行终末消毒。

6.应急处理箱。车站应急处理箱应配备一次性医用口罩20个、N95口罩10个、一次性手套20副、防护护目镜10副、体温计5支、防护服5套、片剂含氯消毒剂等。

(三)结束隔离入境人员乘坐规范。

1.信息通报。对在浙结束14天集中隔离医学观察后乘坐火车前往外省的入境人员,属地政府应提前48小时告知始发火车站其乘坐信息。对在外省结束14天集中隔离医学观察后乘坐火车来浙返浙人员,目的地政府接到出发地政府的通知或省大数据局等单位推送的信息后,及时与入境人员确认来浙返浙信息,并告知到达火车站其乘坐信息。

2.防控措施。对结束14天集中隔离医学观察前往外省的入境人员,由属地政府“点对点"转运至火车站,经相对独立的通道进入列车,安排在防控隔离席位就座,全程做好个人防护 o 对在外省结束14天集中隔离医学观察来浙返浙的入境人员,到达火车站接到乘坐信息后,应及时与列车联系,安排至防控隔离席位就座,全程做好个人防护,到站后经相对独立的通道离开车站,由目的地政府“点对点”转运至居住点。同时,车厢乘务人员提高防护等级,并监督入境人员和同车厢乘客做好个人防护。

3.应急处置。发现结束14天集中隔离医学观察入境人员阳性病例后,铁路部门应积极配合做好疫情处置工作,提供密切接触者详细信息,并做好列车消毒、工作人员核酸检测等工作。

浙江省人民政府办公厅关于进一步深化企业减负担降成本改革的若干意见

各市、县(市、区)人民政府,省政府直属各单位:

为进一步减轻企业各类负担和成本,深化打造一流营商环境,激发市场主体活力,有效促进我省经济持续健康发展,经省政府同意,现提出进一步深化企业减负担降成本改革的若干意见。

一、落实减免税收政策

1.实施小微企业普惠性优惠政策。(1)增值税小规模纳税人月销售额15万元(含本数)以下免税。小规模纳税人增值税起征点从月销售额10万元提高到15万元(含本数)。执行时间为2021年4月1日至2022年12月31日。(2)延续实施小规模纳税人减半征收"六税两费"。对增值税小规模纳税人,按照50%幅度减征资源税、城市维护建设税、房产税、城镇土地使用税、印花税、耕地占用税和教育费附加、地方教育附加。执行时间至2021年12月31日。(3)对小型微利企业减免企业所得税。对小型微利企业年应纳税所得额不超过100万元的部分,在现行优惠政策基础上,再减半征收所得税。执行时间为2021年1月1日至2022年12月31日。(责任单位:省税务局)

2.延续实施普惠金融税收政策。对金融机构向农户、小微企业及个体工商户发放小额贷款取得的利息收入,免征增值税;对小额贷款公司取得的农户小额贷款利息收入,免征增值税;对金融机构农户小额贷款的利息收入,按90%计入收入总额。执行时间至2023年12月31日。(责任单位:省税务局)

3.增值税增量留抵退税。对先进制造业企业按月全额退还增值税增量留抵税额。自2021年4月1日起,将运输设备、电气机械和器材、仪器仪表、医药、化学纤维等制造业企业纳入先进制造业企业增值税增量留抵退税政策范围。执行时间为长期。(责任单位:省税务局)

4.延续并优化研发费用加计扣除政策。延续执行企业研发费用加计扣除75%政策,执行时间至2023年12月31日;将制造业企业加计扣除比例进一步提高到100%;改革研发费用加计扣除清缴核算方式,允许企业自主选择按半年享受加计扣除优惠,上半年的研发费用由次年所得税汇算清缴时扣除改为当年第3季度(按季预缴)或9月份(按月预缴)时即可扣除。(责任单位:省税务局)

5. 延续实施软件和集成电路企业所得税优惠政策。符合条件的企业或项目,可按规定享受"十免""五免五减半""两免三减半""五免接续年度减按10%"所得税优惠政策。执行时间为长期。(责任单位:省税务局、省发展改革委、省经信厅。列第一位的为牵头单位,下同)

6.继续实施高新技术企业所得税优惠。高新技术企业经认定后减按15%的税率征收企业所得税。执行时间为长期。(责任单位:省税务局)

7.环境保护、节能节水企业所得税优惠政策。扩大环境保护、节能节水等企业所得税优惠目录范围,具体政策细则另行明确。(责任单位:省税务局)

8.个体工商户个人所得税减免政策。对个体工商户经营所得年应纳税所得额不超过100万元的部分,在现行优惠政策基础上,再减半征收个人所得税。执行时间为2021年1月1日至2022年12月31日。(责任单位:省税务局)

9.持续减免房产税、城镇土地使用税。延续住宿餐饮、文体娱乐、交通运输和旅游四大行业和小微企业房产税、城镇土地使用税减免政策。执行时间至2021年6月30日,其中2021年第一季度按100%减免、第二季度按50%减免。(责任单位:省财政厅、省税务局)

10.延续疫情防控相关减税政策。增值税小规模纳税人征收率从3%降至1%;对参加疫情防治工作的医务人员和防疫工作者按照政府规定标准取得的临时性工作补助和奖金,免征个人所得税;支持电影等行业发展,对纳税人提供电影放映服务取得的收入免征增值税;免征文化事业建设费。执行时间延长至2021年12月31日。(责任单位:省税务局、省委宣传部、省财政厅、省文化和旅游厅)

11. 落实进口税收政策,增加优质产品和服务进口。落实中国-东盟等19项优惠贸易协定及安排政策(中国-东盟、中国-巴基斯坦、中国-智利、中国-新西兰、中国-新加坡、中国-秘鲁、中国-哥斯达黎加、中国-瑞士、中国-冰岛、中国-韩国、中国-澳大利亚、中国-格鲁吉亚、中国-毛里求斯优惠贸易协定,内地与香港关于建立更紧密经贸关系的安排、内地与澳门关于建立更紧密经贸关系的安排、海峡两岸经济合作框架协议、对部分原产于台湾地区农产品零关税措施、亚太贸易协定、对最不发达国家特别优惠关税待遇)。执行时间为长期。(责任单位:杭州海关、宁波海关、省税务局)

12.落实税收政策调研减负成效。广泛用于疫苗等生物制药产业的药用硼硅玻璃管进口关税税率由12%降至7%,造影剂重要原料碘进口关税税率由5%降至1%。执行时间为2021年1月1日至2021年12月31日。(责任单位:杭州海关、宁波海关)

二、落实减免政府性基金政策

13.延续实施暂停征收地方水利建设基金政策。自

2021年1月1日至2025年12月31日，继续暂停征收地方水利建设基金。(责任单位:省财政厅、省税务局)

14.延续实施残疾人就业保障金减免政策。对残疾人就业保障金实行分档减缴政策；对在职职工人数在30人(含本数)以下的企业，暂免征收残疾人就业保障金。执行时间为2021年1月1日至2022年12月31日。(责任单位:省财政厅、省税务局、省残联)

15.延续实施减征城市基础设施配套费政策。城市基础设施配套费按现行收费标准的70%征收政策执行时间延长至2022年12月31日。(责任单位：省建设厅、省财政厅，各市、县〔市、区〕)

三、落实降用工成本政策

16.延续实施阶段性下调失业保险费率、工伤保险费率政策。阶段性降低失业保险、工伤保险费率政策2021年4月30日到期后，延续实施至2022年4月30日。(责任单位:省人力社保厅、省财政厅、省税务局)

17. 扩大失业保险返还等阶段性稳岗政策惠及范围。对不裁员或少裁员的企业返还失业保险费，具体政策细则另行明确。(责任单位:省人力社保厅、省财政厅、省税务局)

18.延长以工代训补贴政策执行时间。以工代训职业培训补贴标准为每人每月500元，补贴期限最长不超过6个月。执行时间为2021年1月1日至2021年12月31日。(责任单位:省人力社保厅、省财政厅)

四、落实降用能成本政策

19.深化电力市场化交易改革，放开省内10千伏以上电压等级制造业企业参与电力直接交易。2021年，全省安排电力直接交易电量2100亿千瓦时，其中普通直接交易电量1500亿千瓦时、售电市场交易电量600亿千瓦时。普通直接交易采用发电企业平台集中竞价的模式；售电市场交易采用双边协商交易、集中竞价、挂牌交易等模式。执行时间为2021年1月1日至2021年12月31日。(责任单位:省能源局、省电力公司)

五、落实降物流成本政策

20.延续实施电子不停车收费系统(ETC)车辆基本优惠政策。对通行全省收费公路、安装并使用ETC支付通行费的车辆，其车辆通行费继续实行9.5折基本优惠。执行时间为长期。(责任单位:省交通运输厅)

21.延续实施鲜活农产品运输绿色通道政策。对整车合法装载运输全国统一的《鲜活农产品品种目录》内产品的车辆，免收车辆通行费。执行时间为长期。(责任单位:省交通运输厅)

22.实施高速公路差异化收费政策。贯彻落实经省政府批准的高速公路差异化收费政策，探索和推广高速公路差异化收费。黄衢南高速公路对货车实施分时段差异化收费，对当日22:00至次日6:00间行驶黄衢南高速公路，安装并使用ETC的5类、6类合法装载货车按4类货车通行费标准收费，其余时间仍按省政府批准的原收费标准收费，执行时间为2021年3月26日至2022年3月25日；钱江通道及南接线高速公路对5类(5轴)、6类(6轴以上)合法装载货车实施通行费优惠，其中钱江隧道路段按省政府批准标准的8.8折收取、南接线高速公路路段按省政府批准标准的4.0折收取，执行时间为2021年2月9日至2021年6月30日。(责任单位:省交通运输厅)

23.取消港口建设费。自2021年1月1日起，取消港口建设费。执行时间为长期。(责任单位:浙江海事局、省财政厅)

24.降低航空公司民航发展基金征收标准。自2021年4月1日起，将航空公司应缴纳民航发展基金的征收标准，在按照《财政部关于调整部分政府性基金有关政策的通知》(财税〔2019〕46号)降低50%的基础上，再降低20%。(责任单位:民航浙江安全监管局)

25.不断提升通关便利化水平。优化口岸通关流程和作业方式，提升通关效率；持续巩固压缩整体通关时间成效；高水平推进口岸信息化建设。执行时间为长期。(责任单位:省口岸办、杭州海关、宁波海关)

26.持续清理规范口岸收费。落实《清理规范海运口岸收费行动方案》，进一步完善港口收费政策。健全口岸收费目录清单制度，在口岸现场、国际贸易“单一窗口”实时更新进出口环节企业收费情况，公布投诉举报渠道，加大目录清单外收费执法力度。加强海运口岸收费监管，依法查处报关、物流、仓储、货物装卸等环节强制服务收费和明码标价不规范等违规行为。海港口岸收费保持全国主要海港最低水平。执行时间为长期。(责任单位:省口岸办、省发展改革委、省交通运输厅、省商务厅、省国资委、省市场监管局、杭州海关、宁波海关、省海港集团)

六、落实降融资成本政策

27. 深化利率优惠政策。支持金融机构向民营企业、小微企业、个体工商户和小微企业主等发放优惠利率贷款，推动降低企业融资成本；继续引导金融机构产品和服务方式创新，促进小微金融服务扩面增量、提质降本；加大再贷款再贴现支持普惠金融力度，推动实际贷款利率进一步降低；疏通货币政策传导机制，深化贷款市场报价利率（LPR）改革，以改革方式进一步促进降低企业融资成本。执行时间为长期。（责任单位：人行杭州中心支行、浙江银保监局）

28.推动小微企业贷款扩面增量，持续降低融资成本。大力推广“贷款码”，持续拓展首贷户，开展首贷户拓展三年行动。督促落实小微企业“三张清单”金融服务机制，提高小微企业融资可得性和覆盖面。用好省企业信用信息服务平台，推动央行政策资金高效直达实体，推动融资供需精准对接，促进降低企业融资成本。（责任单位：人行杭州中心支行）鼓励和引导银行机构依托省金融综合服务平台，开展大数据精准对接和风险控制管理，开展批量化营销，提高服务质效，降低营销和风险控制成本，进而推动降低企业融资成本。（责任单位：浙江银保监局）引导银行扩大信用贷款、持续增加首贷户，推广随借随还贷款，使资金更多流向科技创新、绿色发展，更多流向小微企业、个体工商户、新型农业经营主体，对受疫情持续影响行业企业给予定向支持。执行时间为长期。（责任单位：人行杭州中心支行、省财政厅、浙江银保监局）

29. 延长普惠小微企业贷款延期还本付息支持政策执行期限。进一步延长普惠小微企业贷款延期还本付息支持政策执行时间至 2021 年 12 月 31 日。对符合条件的 2021 年底前到期的普惠小微企业贷款，由企业和银行自主协商延期还本付息，并继续对办理延期还本付息的地方法人银行按延期贷款本金的 1%给予激励。执行时间为 2021 年 1 月 1 日至 2021 年 12 月 31 日。（责任单位：人行杭州中心支行、浙江银保监局）

30. 延长普惠小微企业信用贷款支持政策执行期限。进一步延长普惠小微企业信用贷款支持政策执行时间至 2021 年 12 月 31 日。对符合条件的地方法人银行发放小微信用贷款，继续按本金的 40%提供优惠资金支持。执行时间为 2021 年 1 月 1 日至 2021 年 12 月 31 日。（责任单位：人行杭州中心支行）

31.适当降低小微企业支付手续费。按照央行相关政策要求，推动银行机构、非银行支付机构、清算机构落实小微企业支付服务降费措施，降低小微企业支付手续费，具体政策细则另行明确。（责任单位：人行杭州中心支行、省发展改革委、省地方金融监管局、浙江银保监局）

32.持续推进小微企业无还本续贷增量扩面。推动银行机构进一步完善无还本续贷工作机制和措施，强化对优质、诚信小微企业的激励，完善小微企业“正面清单+负面清单”，积极引导银行机构依托省金融综合服务平台，深化线上续贷中心建设，全面推广线上续贷方式。执行时间为长期。（责任单位：浙江银保监局）

33.深化中期流动资金贷款。加大银行机构对传统中期流动资金贷款投放力度，创新推行“两内嵌一循环”服务模式，建立健全信贷配套服务机制，进一步优化信贷供给结构，稳定企业融资预期，降低企业融资成本。执行时间为长期。（责任单位：浙江银保监局）

34.持续深化运用保险机制推进保证金领域改革。继续在建设工程、政府采购、海关关税等领域深化保险机制运用，推行以保险、保函等替代现金缴纳涉企保证金，释放企业沉淀保证金，减轻企业现金流压力。推进投标保证保险线上办理，逐步推进设区市对接。执行时间为长期。（责任单位：浙江银保监局、省发展改革委、省经信厅、省财政厅、省建设厅、省交通运输厅、省水利厅、杭州海关、宁波海关）

35.推进“双保”融资常态化。建立常态化“双保”融资支持机制，不局限于受疫情影响企业，支持更多暂遇困难但发展前景良好的中小微企业，对经营指标有劣变趋势，但基本面仍然可控、及时输血有望恢复的企业，给予增量贷款支持。执行时间为长期。（责任单位：浙江银保监局）

36.落实小微企业融资担保降费奖补政策。争取中央财政小微企业融资担保降费奖补资金，采用奖补结合的方式，促进融资担保机构扩大小微企业融资担保业务规模，降低小微企业融资担保费率。执行时间为 2021—2023 年。（责任单位：省财政厅、省经信厅、省地方金融监管局）

37.发挥政府性融资担保机构作用。发挥政府性融资担保机构在减负降本中的积极作用，加大对小微企业和“三农”的融资担保支持力度，扩大业务规模，降低担保费率。执行时间为 2021 年 1 月 1 日至 2021 年 12 月 31 日。（责任单位：省地方金融监管局）

七、落实降其他成本政策

38. 引导平台企业合理降低商户服务费。引导外卖、网约车、电子商务等网络平台合理优化中小企业商户和个人利用平台经营的抽成、佣金等费用,以技术赋能制度创新,促进平台内经营者降本增效。积极争取数字人民币应用试点，扩展数字人民币在新型消费领域的应用场景,着力降低企业支付成本、提高资金周转效率。执行时间为2021年1月1日至2021年12月31日。(责任单位:省发展改革委、省交通运输厅、省商务厅、省市场监管局、省地方金融监管局、人行杭州中心支行)

39.深入实施制造业首台套提升工程。支持首台套产品工程化攻关,强化首台套装备认定奖励;加大首台套产品推广应用力度,完善保险补偿机制,创新首台套产品金融服务，在首台套装备等相关重点领域率先试行应用奖励，落实政府采购和招标投标支持首台套产品政策。执行时间为长期。(责任单位:省经信厅、省发展改革委、省财政厅、省卫生健康委、省国资委、省医保局、省药监局、人行杭州中心支行、浙江银保监局)

40.降低中小企业宽带和专线资费。督促基础电信企业切实履行国有企业社会责任，进一步针对中小企业,推出有针对性、差异化的并符合特定需求的降费举措,2021年底前中小企业宽带和专线平均资费再降10%。(责任单位:省通信管理局)

41.持续推进涉企审批减环节、减材料、减时限、减费用。深入优化营商环境,降低企业市场准入门槛,不断激发市场活力。深化企业投资审批制度改革,扎实推动投资项目在线审批监管平台建设应用，推进投资项目审批减环节、减材料、减时限、减费用。迭代推进“标准地”、承诺制改革,加强投资项目事中事后监管。执行时间为长期。(责任单位:省发展改革委、省自然资源厅、省建设厅、省交通运输厅等涉企审批单位)

42.降低守法合规企业和低风险商品通关查验率。落实海关总署有关规定，高级认证企业进出口货物平均查验率在一般信用企业平均查验率的20%以下,一般认证企业进出口货物平均查验率在一般信用企业平均查验率的50%以下。执行时间为长期。(责任单位:杭州海关、宁波海关)

浙江省人民政府办公厅

2021年6月24日

中国(浙江)自由贸易试验区杭州片区建设方案

为加快推进中国(浙江)自由贸易试验区(以下简称自贸试验区)杭州片区建设,根据《国务院关于印发北京、湖南、安徽自由贸易试验区总体方案及浙江自由贸易试验区扩展区域方案的通知》(国发〔2020〕10号)、《浙江省人民政府关于印发中国(浙江)自由贸易试验区深化改革开放实施方案的通知》(浙政发〔2020〕32号)精神,特制定本方案。

一、总体要求

以习近平新时代中国特色社会主义思想为指导,围绕贯彻新发展理念、构建新发展格局,发挥“一带一路”建设、长江经济带发展、长三角区域一体化发展等国家战略的叠加优势,以开放促改革、促发展、促创新,营造法治化、国际化、便利化和公平、稳定、透明、可预期的一流营商环境,加大投资贸易便利化和数字经济、科技创新、服务业对外开放等领域先行先试力度,突出制度集成创新,以数字贸易、数字产业、数字金融、数字物流、数字治理为重点,加速数字产业化、产业数字化、城市数字化,创新数字生活新服务,着力打造全国领先的新一代人工智能创新发展试验区、国家金融科技创新发展试验区和全球一流的跨境电商示范中心，建设数字经济高质量发展示范区，把自贸试验区杭州片区建设成为链接国内大循环和联通国内国际双循环、服务构建新发展格局的重要平台。

到2025年,对标国际一流,自贸试验区杭州片区初步建成贸易投资便利、创新活力强劲、高端产业集聚、金融服务完善、监管安全高效的数字自由贸易试验区，为国家在数字经济领域规则、规制、标准制定和管理创新提供可复制可推广的经验。自贸试验区杭州片区带动所在区、县(市)国内生产总值(GDP)增速和规上工业企业研发经费支出增速均高于全省平均增速2个百分点，外贸进出口总额、实际利用外资总额增速均高于全省平均增速3个百分点，成为引领开放型经济高质量发展的先行区。

到2035年，全面提高对外开放水平，建设更高水平开放型经济新体制，将自贸试验区杭州片区建设成为新时代全面展示中国特色社会主义制度优越性重要窗口的高水平开放平台；在数字贸易、数字产业、数字金融、数字物流、数字治理等领域形成更加成熟定型的数字全产业链制度成果。

二、功能布局

整合自贸试验区内外开放资源，探索构建“自贸试验区杭州片区+联动创新区+辐射带动区”三位一体的开放新格局。

自贸试验区杭州片区实施范围为37.51平方公里，包括钱塘区块10.10平方公里，由杭州综合保税区、大创小镇、东部湾总部基地等组成，重点发展数字贸易、跨境电商、生命健康、智能制造、跨境金融、研发检测、保税贸易等产业；萧山区块16.09平方公里，由萧山经济技术开发区和杭州空港经济区组成，重点发展数智制造、跨境电商、临空高端服务、生物医药、科创金融等产业；滨江区块11.32平方公里，由物联网小镇、互联网小镇等组成，重点发展数字经济、金融科技、人工智能、数字识别(安防)等产业。

自贸试验区杭州联动创新区实施范围为118.08平方公里，涵盖四个片区：主城片区(包括滨江区、上城区玉皇山南基金小镇和江干区杭州金融城)42.96平方公里；钱塘片区25.59平方公里；临空片区24.18平方公里；余杭片区(包括余杭经济技术开发区和未来科技城)25.35平方公里，同时积极推动城西科创大走廊与自贸试验区杭州片区改革联动、创新联动。联动创新区重点承担率先复制推广自贸试验区杭州片区政策制度，优先布局重大产业项目和公共服务平台，开展差异化、特色化改革探索，形成与自贸试验区杭州片区优势互补、资源共享、政策互通、布局统筹的协同格局。

辐射带动区为自贸试验区杭州片区功能拓展、项目落地、产业辐射的区域，范围包括杭州全市域。通过构建与自贸试验区杭州片区、联动创新区协同发展机制，充分吸纳改革创新与制度开放的溢出效应，加强创新政策和改革成果的创新推广，进一步扩大自贸试验区杭州片区的辐射半径和影响范围，构筑全市一体化高水平开放发展新体系。

三、主要任务和措施

(一)以数字贸易为核心，打造贸易创新发展先行区。

聚焦“贸易自由化便利化”，加快传统外贸数字化升级，完善国际贸易全链条数字化生态。到2025年，力争新型国际贸易占比超过三分之一，成为引领贸易高质量发展的硬核力量。

1.创新发展跨境电商。深化中国(杭州)跨境电子商务综合试验区建设，加大跨境电商新技术新业态新模式先行先试力度，整合跨境电商与市场采购贸易优势，发展全球中心仓业务，优化跨境电商进出口模式，试点非处方药品及家用医疗器械品类跨境零售进口，探索跨境零售进口商品“线上下单、线下展示、定点配送”模式，开展跨境进口流通企业延伸加工服务试点，加快传统外贸企业数字化转型，完善国际贸易全链条数字化生态，打造全球一流的跨境电商示范中心。围绕“数据管住、口岸放开、进出高效、全程可控”，创新“数字围网”，探索“数据多跑路、人为少干预、货物快通关、退换更便捷”的新型监管模式，促进通关便利和货物贸易自由。借鉴上海洋山特殊综保区创新经验，根据口岸与内陆综保区的不同物流特点和产业需求，按不同原则对口岸与内陆综保区的一线和二线通关流程进行整合优化，争取条件成熟时设立特殊综保区。建立跨境电商质量安全公共服务平台，试行寄递渠道进口个人物品数字清关等便利化举措。

2.推进数字贸易国际合作。创新办会模式，争取全球数字贸易博览会每年在杭举办。扩大国际行业组织合作，支持会展企业提升数字化营销能力，促进展贸联动。支持以市场化方式推进世界电子贸易平台(eWTP)全球布局，加快数字贸易平台和载体建设。支持本土数字贸易平台加快国际化发展，吸引大型数字贸易平台地区总部、结算中心、贸易中心和订单中心落户自贸试验区杭州片区，建设数字贸易平台集聚地，完善数字贸易体系，打造全球数字贸易中心。率先承接《区域全面经济伙伴关系协定》(RCEP)带来的经贸规则红利，推进在数据交互、业务互通、监管互认、服务共享等方面的国际合作及数字确权等数字贸易基础设施建设。支持开展数字贸易区块链应用，提高各类交易和数据流通安全可信度，探索构建兼顾安全和效率的数字贸易规则。争取数据分类监管政策，开展商务数据跨境流动试点，为数字经济、人工智能、智能制造等提供跨境数据有序流动的便利。加强数字贸易领域国际标准、规则研究制定，推进制度型开放。

3.加快服务贸易创新发展。全面深化服务贸易创新发展试点，争取试行跨境服务贸易负面清单管理模式。放宽现代服务业从业限制，允许具有境外职业资格的金融、建筑、规划、设计等领域符合条件的专业人才经备案后在自贸试验区杭州片区提供服务，其在境外的从业经历可视同国内从业经历。加快滨江区物联网产业园国家数字服务出口基地和中国(浙江)影视产业国际合作试验区国家文化出口基地建设。推动服务外包向高技术、高品质、高效益、高附加值升级，发展在线教育、远程医疗、数字会展、数字文旅等服务贸易，探索以高端服务为先导的"数字+服务"新业态新模式。为研发、执业、参展、交流、培训等高端人才提供签证便利。运用数字化技术创新监管服务模式，推进服务贸易自由。

4.优化"单一窗口"服务。建设具有国际先进水平的国际贸易"单一窗口"，优化"单一窗口"跨境电商特色应用，将服务贸易管理事项纳入"单一窗口"管理，逐步覆盖国际贸易管理全链条。探索长三角国际贸易"单一窗口"合作共建机制，建设覆盖国际贸易全流程的大数据平台。推动国际贸易"单一窗口"标准版功能优化和拓展，加强"单一窗口"数据协同和"通关+物流"服务联动，实现运输工具企业端申报数据跨区域、跨单位共享复用，进一步提升贸易便利化水平。

5.培育数字消费新业态。以举办亚运会为契机，加大消费领域对外开放力度，发展免税经济、首店经济、休闲经济、体育经济等，培育特色休闲消费街区和便民生活圈，努力建设国际消费中心城市。推动数字技术和各类消费业态深度融合，增强软硬件基础设施支撑，促进线上线下消费双向提速。支持符合条件的企业申报国家免税品经营资质，设立市内免税店和口岸免税店。发展跨境电商保税新零售，试点开展免税店进口商品与网购保税进口商品相互转化，探索保税展示交易、保税直播销售、保税加工销售等新模式新场景，加快发展数字生活新服务。

(二)以数字产业为引擎，打造新制造重要基地。

聚焦"高质量建设现代化开放型经济体系"，充分激发数字技术、数据资源、数字人才等要素活力，加快数字贸易和数字制造融合，建设全球数字产业基地。到2025年，力争实现全市数字经济核心产业主营业务收入超过2万亿元。

6.推动数字技术创新。发挥高校、重点科研院所、实验室和龙头平台企业科学研究的源头作用，以人工智能、云计算、大数据、物联网、网络数据安全、集成电路等领域为重点，实施重大基础研究和科技攻关专项，加快突破一批核心关键技术，形成一批重大原始创新成果。支持国内外知名高校、科研机构和高新技术企业在自贸试验区杭州片区设立研发中心、开放式实验室等，探索建立"离岸研发，就地转化"的产学研合作新机制。支持企业参与全球创新资源配置，鼓励有条件的企业加快在世界主要创新源地布局一批海外创新中心、海外离岸孵化基地等科创平台，提高自主创新能力。引进国内外顶尖的孵化器、加速器企业，创新"科技资本+技术交易+离岸外包"的新型孵化、加速模式。深化钱塘硅谷中心建设，推进海内外创新联动发展。推进技术要素跨境自由流动，依托杭州龙头企业打造国家级软件开源社区，开展科技成果转化激励政策试点，落实支持科技创新进口税收政策，对符合条件的自贸试验区杭州片区内单位科研设备进口免税。

7.加快数字基础设施建设。推进以5G、数据中心、人工智能、工业互联网、超算中心为核心的数字新基建，创新一批新科技、打造一批新场景、推出一批新产品。发挥国家(杭州)新型互联网交换中心作用，深化下一代互联网(IPv6)规模化部署应用，高水平建设5G和固网"双千兆"宽带网络，提速实现5G网络连片优质覆盖。规划建设超大规模高等级绿色云计算中心，搭建全球领先的云计算、边缘计算等多元普惠的新技术和算力基础设施。推进之江实验室、阿里达摩院等研发机构建设，加大对国内外顶尖云制造、人工智能、大数据等企业的招引。依托区块链技术应用，整合高精尖制造业企业信息和信用数据，打造高效便捷的通关模式。

8.推进数字贸易和数字制造融合发展。加快推进"1+N"工业互联网平台体系建设，实施"新工厂计划"，推动消费互联网向工业互联网拓展，促进数字贸易与制造业深度融合。深化机器换人、工厂物联网、企业上云等行动，加快企业数字化改造，提升产业基础高级化和产业链现代化水平。实施智能制造升级工程，开展"5G+工业互联网"、网络协同制造、数字化车间、智能工厂等示范推广，鼓励重点制造业企业从生产智能化向研发、设计、管理、仓储、物流和服务等全流程智能化拓展，打造智能制造方案输出地。大力引进国内外顶尖的智能制造示范企业，支持自贸试验区杭州片区企业推进国际协同研发，积极融入国际高端制造业全球供应链、创新链和价值链。

9.培育数字产业集群。研究探索国际产业合作新内容、新规则、新机制，做强做优电子商务、云计算、大数据、信息软件、物联网等优势产业，推动数字产业化二次攀升。围绕半导体产业“强链延链”，实施集成电路攻坚工程，做强数字安防、集成电路、网络通信等数字经济“硬”产业。高起点谋划推进中国V谷建设，加快全球数字安防产业中心建设，推动以数字安防、智能视觉、人工智能等为重点的智联产业发展。不断拓展以城市大脑为核心的人工智能应用场景，围绕创新链布局量子通信、区块链、航天航空等未来产业发展。

10.推进生命大健康产业发展。加快杭州医药港建设，构建全链式生物医药研发生态圈，推动基于新结构、新靶点、新机制的新药研发，加快发展生物技术药物、生命医学工程、高端医疗器械、智慧医疗等产业。争取设立“首次进口药品和生物制品口岸”，推动生物制品、实验动物、实验设备材料的快速通关查验。支持互联网医疗发展，争取取消“医疗器械网络销售企业备案”“医疗器械网络销售企业变更备案”。争取逐步放开境外资本在自贸试验区杭州片区设立外资健康医疗、保险机构、健康管理等专业医疗机构。开展医疗器械注册人制度试点，允许医疗器械注册申请人或注册人委托具备相应生产条件的企业生产样品或产品。探索建立公允的生物医药产权评估、评级和产权认定机制。

（三）以数字金融为特色，打造金融科技创新发展高地。

聚焦“金融服务实体经济”，创新金融科技应用，增加有效金融服务供给，有序推进自贸试验区杭州片区与境外实现跨境资金自由便利流动。到2025年，力争实现全市跨境人民币结算量超过6000亿元。

11.创新发展跨境支付。整合跨境支付、贸易融资等资源，搭建完备的支付结算体系，打造数字经济时代服务小额化、交易高频次的跨境支付中心。探索新跨境贸易形态下的跨境支付监管模式和标准规范，开展货物贸易、服务贸易跨境外汇便利化试点，探索银行由事前单证审核转向事后审核。积极发挥银行卡清算牌照作用，发展多元化支付清算服务，支持外国客商在境内便利使用移动支付，支持开展海外客商在线进行国内供应商款项跨境支付的便利化试点。支持银行直接办理跨境电商收付汇。在风险可控前提下，支持海外仓模式下跨境电商阳光化收汇模式。引导境内支付机构为数字贸易提供优质服务，支持开展跨境支付业务的企业通过并购方式获得境内支付牌照。

12.助推人民币国际化。扩大优质企业贸易投资便利化范围，进一步提升贸易便利化水平。支持跨境电商企业以人民币计价结算，鼓励金融机构与支付机构合作开展跨境人民币结算。以“一带一路”沿线国家和对外经贸产业园区为重点，拓宽境外跨境人民币使用范围。探索开展以人民币计价、结算的贸易融资资产和不良资产跨境转让，拓宽企业境外融资渠道。支持金融机构为外贸企业提供跨境人民币贸易融资和再融资。

13.推进金融改革创新。探索开展本外币合一账户试点。探索开展合格境外有限合伙人（QFLP）试点，逐步放开公开市场投资范围限制，推进科创金融领域制度创新。鼓励企业境外融资并打通资金回流通道，支持本土跨国公司探索本外币一体化资金池业务，破解“两头在外”、基于真实贸易背景的离岸贸易资金收付障碍，推进离岸贸易、转口贸易发展。大力发展知识产权质押贷款、应收账款质押贷款、仓单质押贷款、票据贴现等融资业务，降低企业融资成本。探索开展离岸保险业务。争取开展证监会区域性股权市场浙江创新试点，建立立足杭州、覆盖全省、辐射长三角地区的资本市场普惠金融服务体系。支持设立民营银行，探索股债联动，支持科技型企业发展。

14.深化金融科技应用创新。有序推进国家金融科技创新监管试点，鼓励大科技公司技术驱动下的金融产业应用，聚焦跨境电商、小微企业融资服务和移动支付，探索数字金融的基础设施、制度安排和监管科技创新应用模式。加快推进钱塘江金融港湾建设，加强与上城区玉皇山南基金小镇、西溪谷互联网金融小镇、运河财富小镇、海创园科技金融集聚区、钱塘江金融城、湘湖金融小镇等平台联动发展，鼓励发展供应链金融、区块链金融及监管科技等金融科技产业。完善信用与金融服务平台建设，开展科技企业综合信用等级评价，推广国际化标准，加快建设杭州国际金融科技中心。

（四）以数字物流为支撑，打造亚太重要门户。

聚焦“四港联动”，以空港为特色、信息港为纽带，推进数字中枢（eHub）网络体系建设，打通海陆空物流通道。力争到2025年，杭州空港航空货运量达到百万吨级，成为辐射全球的航空货运重要节点。

15.提升空港服务能级。简化航空公司开辟至“一带一路”航权开放国家国际航线的经营许可审批手续，落实开通第五航权航线，大力开辟国际航线和国际包机。积极推动萧山国际机场开拓与“一带一路”、东南亚、非洲等新兴市场地区的国际货运航线，加强与浦东国际机场的联动，培育区域一体化的国际航空分拣中心。争取铁路货运线路与空港物流接轨，支持机场货运物流集疏运路网体系建设。支持建设公务机服务中心，争取开展公务机按照包修协议报关业务。加快保税航油基础设施扩容，提高为境内外国际航班在萧山国际机场开展加注保税航油能力。支持航空公司设立飞机总部租赁公司，开展飞机保税租赁和融资租赁业务。

16.加快“数字口岸”建设。创新“互联网+口岸”新服务，建设具有数据联通、数字围网、秒级通关、智能物流、综合服务等功能的“数字口岸”。全面实行海关电子放行和智能卡口模式，提升货物通关效率。搭建数字监管平台，实现海关监管货物行车轨迹追踪。探索海陆空多式联运新模式，促进“四港”联动、便利通关。支持杭州综合保税区城市货站与上海浦东机场对接合作，推动进出口货物从上海浦东机场到杭州综合保税区间的货站联程货物运输，实现属地申报、数据互认。

17.构建数字物流枢纽体系。整合菜鸟、顺丰和“三通一达”等头部企业资源，完善集海陆空运输、口岸服务、分拨运转、保税仓储、快递配送等一体的全方位物流产业链，推进物流全产业链的要素数字化及智能化运营，强化跨境电商出口全模式集货集拼功能，打造数字物流枢纽。依托下沙虚拟空港，实现陆空联动。支持以市场化方式加快 eHub 全球节点布局，打造成为全球物流骨干网络的核心节点。

18.推动临空产业发展。加强杭州临空经济示范区与自贸试验区杭州片区协同发展，创新发展跨境电商、现代物流、临空制造、生物医药、会展等临空产业业态。探索在境内关外模式下新技术新业态新模式发展，大力推动金融、资本、人才等要素在区域内高效配置。加快推动杭州保税物流中心(B 型)与萧山国际机场东区国际货站整合升级为杭州空港综合保税区，实现“区港一体化”发展。支持相关临空指向性产业业务与空港综保区联动发展，争取在空港综保区外开展生物医药保税研发和航空航材保税维修业务。打造全球保税维修中心，简化免税返修流程，探索建立先进制造业保税维修制度。支持建设面向国内外的航材维修中心、交易中心、储备中心，开展航材进出口、维修、储备、交易等业务。

(五)以数字治理为重点，打造国际一流营商环境。

聚焦“整体智治”，推进数字赋能，深化改革扩权，完善制度供给，着力建设与数字全产业链发展相适应的治理体系。

19.加快“数字政府”建设。以“风险可控、促进开放”为原则，发挥“数字化监管、全流程监控”优势，建立风险防范和精密智控机制，实施安全高效的智能精准监控。完善“城市大脑”，形成“一脑治全城、两端同赋能”运行模式。推进政务服务 2.0 建设和“亲清在线”数字平台建设，率先开展“去中心化”改革，推动“掌上办事”和“掌上办公”在自贸试验区杭州片区全覆盖。推进部门数据归集、对接和服务下沉，建立与企业征信平台、企业数据库的数据接口，促进政府和社会数据协同应用。健全事中事后监管服务，推进“互联网+监管”，探索建立大数据信息监管系统，为准入承诺即入等业务侧系统提供支撑。

20.推进营商环境集成改革。支持重大改革举措优先在自贸试验区杭州片区先行先试，争取更多管理权限依法经批准下放至自贸试验区杭州片区。对标国际先进和最佳实践，深化“放管服”改革，构建审批最少、流程最简、效率最高的政务极优服务新模式，推进国家营商环境创新试点城市建设。深入推进杭州钱塘新区营商环境集成改革试点，探索建立投资之家全周期服务新模式、生物医药产业发展保障新模式。支持自贸试验区杭州片区在土地管理制度上深化探索。落实外资准入和市场准入两张“负面清单”，实现企业经营和市场竞争自由。建立国际投资“单一窗口”，进一步减少或取消外商投资准入限制，扩大数字经济、互联网、人工智能、生命健康领域开放；争取逐步放开境外资本在自贸试验区杭州片区设立独资医疗机构，取消合资医疗机构的境外资本股权比例限制。

21.提升城市国际化服务能级。推动市域统筹机制改革，加快重大基础设施建设和智能化升级，推进空港、大会展中心、杭州云城、湘湖和三江汇流区块“未来城市”等重大项目规划建设。深入开展全方位国际合作，放大亚运会效应，争取更多国际会议、国际赛事、国际组织落户。打造一站式中非交流合作综合服务平台，推动中新未来城建设。引进国内外优质高等教育资源建设中外合作教育项目，引进国际性医疗机构，开展若干国际化社区建设试点，提升城市国际化服务能级。

22.优化人才服务环境。实施高峰人才引育计划，依托国家、省、市重大人才工程重点引进全球顶尖科学家。引导企业通过技术入股、设立博士后科研工作站和院士工作站等多种方式引进海内外高层次人才。深化国家移民局 12 条便利政策以及杭州 7 条出入境便利政策，研究争取经认证的外籍高层次人才在签证次数、居留许可、创新创业等方面的便利。争取允许外籍高层次人才和中外方高级管理人员雇佣外籍家政人员和办理私人事务类居留许可。给予境外专业人士就业创业自由便利，对持私人事务居留许可证加注“创业”的外籍人员，争取给予其与持有工作类居留许可证人员同等待遇。实施高层次人才专项奖励，对符合条件的人才分类分档予以奖励。研究制定配套住房政策，建设国际自贸公寓，给予经认定的高层次人才购房或居住优惠。

23.营造数字经济最优生态。完善要素市场配置体制机制，推动土地、能源、金融、财政资金、数据等资源要素向自贸试验区杭州片区倾斜。大力培育数据要素市场，争取设立数据交易中心。引进和培育国际化的中介组织，允许外商独资设立人才中介机构，允许外资直接入股中资人才中介机构。加快中国(杭州)知识产权保护中心建设，完善跨境电商诚信体系，发挥 eWTP 秘书处、国际标准化组织 ISO/TC321、中国贸促会自贸协定(杭州)服务中心作用，参与数字经济国际规则制定。贯彻落实《杭州市城市大脑赋能城市治理促进条例》精神，支持杭州互联网法院发挥在推进数字经济示范区建设中的服务和保障作用，建立健全诉讼、仲裁、调解等有机衔接、相互协调的国际商事多元化纠纷解决机制，完善数字贸易治理体系。

四、保障机制

(一)加强组织领导。

设立自贸试验区杭州片区管理机构，作为中国(浙江)自由贸易试验区杭州片区建设领导小组的日常办事机构，配强其力量，实行实体化运作，负责综合协调、政策研究、制度创新、统筹推进等工作。自贸试验区杭州片区各区块所在的行政区，承担该区块自贸试验区工作的主体责任，要建立相应的领导机制和办事机构，抓好工作落实。

(二)编制行动计划。

结合“十四五”规划，编制自贸试验区杭州片区建设五年行动计划。自贸试验区杭州片区各区块和联动创新片区要按照发展指标高于全省全市平均水平的要求，建立指标体系；要按照多规合一的要求，抓紧编制建设规划；要建立项目清单，优化产业布局，强化空间保障，以招引和推进大项目为着力点，加大产业培育力度，尽快形成新的经济增长点。

(三)注重创新突破。

将制度集成创新作为核心任务，把可复制可推广作为基本要求，加大原始创新、特色突破和学习借鉴，综合集成再创新。编制自贸试验区杭州片区创新清单，建立制度创新优秀案例提炼总结和评比制度，充分发挥阿里巴巴等龙头企业的创新主体作用，加大对市场主体和政府部门开展制度创新的奖励激励。设立自贸试验区杭州创新发展中心，探索建立聘用雇员制、咨询顾问制等模式，吸纳专业领域的企业代表和专家代表参加，成立若干政策创新、制度创新攻关组。建立梳理问题、研究方案、攻关突破、向上争取、组织实施的闭环系统。

(四)强化责任落实。

将自贸试验区杭州片区建设纳入市重点工作考核体系，建立督查考核机制，开展比学赶超、争先创优。各相关部门、单位和区、县(市)要切实承担建设主体责任，细化任务分工；要利用互联网、大数据等技术，建立统计监测系统，定期统计分析；要建立阶段性评估总结机制，开展评估评价，及时总结经验和创新成果，不断推进各项改革任务的实施。

(五)营造改革氛围。

各相关部门和单位要认真做好自贸试验区杭州片区改革创新政策的宣传解读，强化与主流媒体战略合作，开展“线上+线下”立体宣传，展现自贸试验区杭州片区的新举措、新进展、新成效。要建立自贸试验区制度创新容错机制和授权管理机制，加强正向激励，坚持“三个区分开来”，鼓励大胆试、大胆闯。

本方案自 2021 年 2 月 21 日起施行，由中国（浙江)自由贸易试验区杭州片区建设领导小组办公室(市商务局)负责牵头组织实施。

杭州市人民政府

2021 年 1 月 21 日

杭州市人民政府办公厅关于加快生物医药产业高质量发展的若干意见

各区、县(市)人民政府,市政府各部门、各直属单位:

为充分发挥生物医药产业引领作用,加快构建生物医药创新高地,完善产业生态体系,夯实高质量产业支撑,打造先进制造业产业集群,经市政府同意,现就加快我市生物医药产业高质量发展提出如下意见。

一、明确目标领域对象

(一)主要目标。立足我市生物医药产业基础,围绕产业全领域生态构建,健全研发、临床、制造、要素、生态和机制的全产业链政策支撑体系,进一步完善"一核四园多点"的生物医药产业空间布局,落实生物医药与健康产业"156行动"计划,通过3年努力,实现全市生物医药制造业年度工业总产值翻番。在此基础上,到2030年,力争全市生物医药与健康产业规模达到万亿级。

(二)重点领域。本意见重点支持药品、高端医疗器械、先进制药装备及材料、新型服务外包、数字化医疗(医药)及医美等领域。

(三)支持对象。本意见适用于在本市行政辖区内依法登记注册,从事生物医药相关领域研发、生产、服务等生产经营活动,具有独立法人资格的企事业单位、社会团体、行业组织(或联合体)、药品(医疗器械)上市许可人(MAH)等。

二、提升创新研发能力

(四)夯实创新策源基础。依托重点单位对接国家药物科技创新战略型平台、国家药监局重点实验室,争取国家、省级重大科技基础设施和国家高级别生物安全实验室落地本市。鼓励重点企业和科研院所承担省级攻关任务,布局一批科技重大项目,建设若干具有重要影响力的新型研发机构。(牵头单位:市科技局、市市场监管局,配合单位:市发改委、市经信局、市卫生健康委员会)

(五)支持创新药品研发。对已在国内开展Ⅰ期、Ⅱ期、Ⅲ期临床试验,本市或同意落地本市的注册申请人获得许可并在本市生产的1类化学药、1类生物制品、1类中药,按临床试验的不同阶段,经评审给予不超过研发投入40%,单个品种最高分别为600万元、1200万元、3000万元资金支持(含本地临床试验费用减免)。(牵头单位:市科技局、市卫生健康委员会、市市场监管局,配合单位:市经信局、市财政局)

(六)支持改良型新药研发。对已在国内开展Ⅰ期、Ⅱ期、Ⅲ期临床试验,本市或同意落地本市的注册申请人获得许可并在本市生产的2类化学药、2类生物制品、2类中药,按临床试验的不同阶段,经评审给予不超过研发投入30%,单个品种最高分别为300万元、600万元、1200万元资金支持(含本地临床试验费用减免)。

对已在国内开展Ⅱ期、Ⅲ期临床试验,本市或同意落地本市的注册申请人获得许可并在本市生产的3类化学药、3类生物制品和古代经典名方中药复方制剂,按临床试验的不同阶段,经评审给予不超过研发投入20%,单个品种最高分别为300万元、600万元资金支持(含本地临床试验费用减免)。对在本市生产的已上市创新药品进行再开发,并新增适应症的,择优单个品种给予最高200万元资助(含本地临床试验费用减免)。(牵头单位:市科技局、市卫生健康委员会、市市场监管局,配合单位:市经信局、市财政局)

(七)支持医疗器械研发。对进入国家创新医疗器械特别审查程序或医疗器械优先审批程序的医疗器械,首次获得医疗器械注册证书并在本市生产的,经评审给予不超过研发投入40%,最高600万元的资金支持(含本地临床试验费用减免)。对获得医疗器械注册证书并在本市生产的创新型二类医疗器械、三类医疗器械,经评审给予不超过研发投入20%,单个品种最高分别为200万元、400万元的资金支持(含本地临床试验费用减免)。(牵头单位:市科技局、市卫生健康委员会、市市场监管局,配合单位:市经信局、市财政局)

(八)提升创新国际化水平。对首次取得美国食品药品监督管理局(FDA)、欧洲药品管理局(EMA)、日本药品医疗器械局(PMDA)等机构批准,获得境外上市资质并在相关国外市场实现销售的药品，每个产品给予最高100万元资助。对已取得国内第三类医疗器械注册证的产品，首次取得FDA、EMA、PMDA等市场准入资质并在相关国外市场实现销售的，每个产品给予最高50万元资助。每家企业每年累计支持额度不超过500万元。(牵头单位:市经信局,配合单位:市财政局、市商务局、市市场监管局、钱江海关)

三、完善临床研究应用

(九)建立伦理协作审查工作机制。建立全市临床研究伦理协作审查联盟制度，推动多中心临床研究伦理协作审查工作。探索建立多中心临床研究伦理审查结果互认制度。统一本市临床生物样本库信息采集标准,实现样本共享。(牵头单位:市卫生健康委员会,配合单位:市经信局)

(十)加强临床研究成果转化激励。支持医疗机构开展临床研究及成果转化。对经认定的研究型病房可不纳入医院平均住院日、床位周转次数、病床使用率、疾病诊断相关分组(DRGs)付费规则体系等考核。对在临床研究及成果转化中做出主要贡献的人员，允许其职务科技成果转化现金奖励一次性计入当年本单位工资总额,但不纳入事业单位绩效工资总量。(牵头单位:市卫生健康委员会,配合单位:市科技局、市财政局、市人力社保局、市医疗保障局)

(十一)提升医企融合创新能力。建立医企对接工作机制,以“揭榜挂帅”形式鼓励医疗机构与企业、研发机构联合开展临床应用研究。支持医疗机构建设临床研究型医院,联合建立技术转化平台,挂牌院内临床研究中心。鼓励医疗机构通过合同研究组织(CRO)、合同生产组织(CMO)或合同研发生产组织(CDMO)方式，委托本市企业开展研发和生产活动，加强院内制剂的开发和转化。(牵头单位:市卫生健康委员会,配合单位:市经信局、市科技局、市医疗保障局)

(十二)支持杭产药械应用。对本市医疗机构采购经省、市有关部门认定的首台(套)医疗器械,给予其采购金额20%的奖励,单家医疗机构奖励每年合计最高不超过300万元；对本市医疗机构使用经认定的创新药械、优质杭产药械,不纳入医疗机构药占比和耗占比的考核范围，且给予其最高不超过实际使用产品金额3%的奖励，单家医疗机构奖励每年合计最高不超过300万元。(牵头单位:市经信局、市卫生健康委员会，配合单位:市财政局、市医疗保障局)

(十三)加强医保体系对创新产品应用支撑。积极引导各类创新产品纳入国家药品目录或国家谈判药品目录。发挥本市商业保险等金融服务作用,丰富商业补充医疗保险产品供给。完善“卫健—医保—企业”面对面机制,引导本市优质创新产品进入在杭医院。(牵头单位:市医疗保障局,配合单位:市卫生健康委员会、市经信局)

四、促进产业集聚发展

(十四)提升产业链发展水平。实施生物医药产业链“链长制”,大力引育龙头企业和单项冠军企业,通过提升产业链推动鲲鹏企业、链主企业、单项冠军企业、专精特新“小巨人”企业等做大做强做优。持续推进生物医药制造企业数字化、智能化改造,完善生物医药产业“未来工厂”新体系。(牵头单位:市经信局,配合单位:市发改委、市科技局、市投资促进局)

(十五)推动创新项目产业化落地。对本政策有效期内新建设的固定资产投资(不含购置土地、厂房、旧设备和作为单位流动资金的投资等）达到2亿元以上的重大生物医药产业项目，按照最高不超过其实际固定资产投资总额的20%给予资金支持。(责任单位:市经信局、市发改委、市投资促进局)

(十六)鼓励企业拓展市场做大做强。鼓励区、县(市)按企业实际贡献给予属地工业产值亿元以上的生物医药企业相应奖励。奖励方案由区、县(市)政府报市促进生物医药产业创新发展领导小组（以下简称市领导小组)办公室审核,奖励资金由市和属地区、县(市)按财政体制比例承担。鼓励企业积极参加国家药品集中带量采购拓展市场,中标品种按中标总价的3%予以奖励,单个品种最高奖励不超过300万元。(牵头单位:市经信局,配合单位:市财政局、市医疗保障局)

(十七)推广合同研发生产组织新模式。鼓励区、县(市)对通过CMO或CDMO方式委托开展研发生产活动且销售税收结算及产值体现在本市的MAH企业，及受MAH企业委托生产其所持有药械产品的企业(委托双方须无投资关联情况),予以适当奖励。具体方案由属地区、县(市)政府报市领导小组办公室审核,奖励资金由市和属地区、县(市)按财政体制比例承担。(牵头单位:市经信局,配合单位:市财政局、市市场监管局)

(十八)推进数字健康融合发展。根据国家医疗健康大数据开放分级分类标准，建设医疗健康大数据中心和开放基础设施，推动数据向企业有序开放。鼓励医学人工智能应用、数字健康新服务，支持本地医疗机构参与数字疗法产品购买服务试点。(牵头单位：市卫生健康委员会，配合单位：市经信局、市财政局、市数据资源局)

五、提升要素支撑能级

(十九)提升产业空间承载能力。在符合国土空间规划的前提下，优先保障生物医药产业项目用地指标。对在“一核四园多点”内落地的省重点项目，争取省重大产业项目新增建设用地、能耗、排污指标，并给予重点保障。市领导小组办公室对“一核四园”重大产业平台3年的产业发展指标、GMP标准厂房指标等予以量化分解和考核。(责任单位：市经信局、市发改委、市规划和自然资源局、市生态环境局、市投资促进局)

(二十)优化生物医药环境准入管理。对符合生态环境监管要求的生物医药企业，纳入生态环境监管正面清单管理。加快推动重点区域规划环评与项目环评联动，简化办理流程。市级重大产业项目享受绿色审批通道，污染物排放总量指标由市及属地两级统筹保障。鼓励各区、县(市)对处理生物医药园区内危险废弃物的专业机构，按照危险废弃物处置量给予补贴。鼓励微反应器等绿色化、小型化生产设备及工艺开发。(牵头单位：市生态环境局，配合单位：市发改委)

(二十一)强化产业金融支撑。发挥政府产业基金的投资引导作用，带动社会资本、金融资本投向生物医药产业。通过政府产业创新发展基金以股权投资方式支持生物医药创新项目研发、GMP标准厂房建设、MAH产业化落地和重大项目引进，基金优惠让利部分可用于项目核心团队奖励。鼓励“一核四园”主平台，遵循市场化机制，设立多层次生物医药产业基金。基金设立方案由区、县(市)政府报市政府审核同意后，其中政府出资部分由市本级1:1比例配套。灵活运用央行再贷款再贴现等货币政策工具，引导金融机构创新金融产品和服务。(牵头单位：市地方金融监管局，配合单位：市财政局、市国资委、市经信局、人行杭州中心支行)

(二十二)加大生物医药领域人才引育。探索具有“杭州特色”的生物医药人才认定标准，在高层次人才分类认定中予以支持。绘制生物医药人才地图，强化精准引才。在重点用人单位试行按实际贡献对高层次人才进行自主分类认定。积极推进生物医药产业的国际职业资格比照认定及专项评审等工作，畅通生物医药专业技术人才职称评审和等级晋升渠道。用好“杭商学堂”平台，设立生物医药产业专题班次。(牵头单位：市委人才办，配合单位：市经信局、市人力社保局、市卫生健康委员会)

六、健全生态服务体系

(二十三)支持重点公共服务平台建设。支持GCP、CRO、CMO、CDMO、注册检验、MAH持证交易、知识产权交易、智慧医疗等公共服务平台建设。对经认定的市重点生物医药产业公共服务平台按照不超过其核定研发设备、软件投入等新增投入的30%予以最高1800万元的资助。经认定的公共服务平台为本市生物医药企事业单位提供服务的(服务双方须无投资关联情况)，根据其技术合同和服务绩效等，给予其不超过技术合同金额10%的创新券补贴，单个平台每年度补贴金额最高不超过100万元。(牵头单位：市科技局，配合单位：市经信局、市财政局、市市场监管局、市卫生健康委员会)

(二十四)提升审核查验服务能力。提升注册审评服务能力，建立产品注册指导服务中心，完善“一站式”生物医药注册服务体系。提升检验检测机构能力，完善生物医药公共检验检测平台。支持第三方药械注册、GMP合规咨询、质量体系认证机构，缩短药品与医疗器械审评审批周期。(责任单位：市市场监管局)

(二十五)健全完善通关便利化措施。建立本市生物医药企业和物品“白名单”，健全生物材料仓储、冷链物流、通关检验等配套服务。进一步发挥“浙江生物医药特殊物品出入境集中监管平台”的作用，提升整体通关效率。发挥空港物流优势，构建辐射全省的生物医药流通枢纽，带动生物医药企业和研发机构集聚。[牵头单位：市商务局(杭州自贸片区管委会)、钱江海关，配合单位：市市场监管局]

七、强化统筹推进机制

(二十六)落实生物医药与健康产业“156行动”。围绕健全生物医药与健康产业全领域生态体系，聚焦创新药物、医疗器械、生物+数字技术、医药流通、医药康养等5大重点领域，实施健全研发创新体系、完善生态服务体系、打造企业引育体系、构建数字赋能体系、

建立现代流通体系、强化要素保障体系等6项重点任务，打造万亿级产业集群。(责任单位：市领导小组成员单位)

(二十七)完善重点项目决策推进机制。围绕重点目标企业、目标任务，建立项目统筹、协同攻坚、会商促进等推进机制，对全市招引项目信息进行全生命周期管理。对特别重大项目或市区联动项目，由市领导小组办公室、市级有关部门或区、县(市)报市委、市政府决策。(责任单位：市领导小组成员单位)

(二十八)推进专班机制细化落实。压实药研、临床、注册、流通、企业招引、康养服务业和制造业提升等专项工作组和区、县(市)责任。建立督查考核、工作例会等机制，推动生物医药与健康产业工作落细落实、落地见效。(责任单位：市领导小组成员单位)

本意见自2021年8月23日起施行，有效期至2025年12月31日，由市领导小组办公室负责牵头组织实施。2021年5月1日至本意见施行前符合扶持条件的，可参照本意见执行。本意见与本市各级其他同类政策有重叠的，按照“从优、就高、不重复”的原则予以支持，资助(奖励)资金由市和各区、县(市)按财政体制共同承担。前发《杭州市人民政府办公厅关于促进杭州市生物医药产业创新发展的实施意见》(杭政办函〔2018〕66号)同时废止。

杭州市人民政府办公厅

2021年7月23日

构建市域一体规划建设体系专项计划

为加强市域规划统筹，着力打开高品质建设“新空间”，加快构建“一核九星”多中心、网络化、组团式、生态型的特大城市新型空间格局，破解市域空间失衡问题，促进高质量均衡发展，特制定本计划。

一、明确目标定位，增强规划引领

(一)总体目标。到2025年，形成“一核九星”特大城市新型空间格局。核心城区常住人口400万人左右，生产总值达到10000亿元，承担中央活动区功能，集聚创新研发、金融服务、高端商务、文化创意等经济形态，成为国际大都市的“会客厅”；九大星城集聚950万左右常住人口，生产总值达到13000亿元，建成产城融合、职住平衡、生态宜居、交通便利的九大星城，成为杭州都市圈具有辐射带动作用的综合性节点城市。

(二)功能定位。坚持“四个杭州、四个一流”要求，厚植历史文化名城、创新活力之城和生态文明之都特色优势，以“数智杭州·宜居天堂”为发展导向，落实长三角一体化发展国家战略，强化区域协同，提升省会城市功能，做强杭州都市圈，唱好杭州宁波“双城记”，奋力打造高质量发展建设共同富裕示范区城市范例。萧山区、余杭区、临平区与核心城区紧密联动，做强开放门户枢纽功能，打造产业、科创高地；钱塘区、富阳区、临安区加速与核心城区互联互通，做强产业链支撑，打造双创热土、品质近郊；桐庐县、淳安县、建德市承担守护生态安全、保护水源重大使命，打造“诗画走廊、生态屏障”。

二、坚持一体规划，强化规划统筹

(三)完善规划体系。增强市国土空间总体规划(以下简称市总规)在功能定位、空间布局、要素配置和资源保护等方面的战略引领作用。构建具有杭州特色的以市、区县(市)、乡(镇)三级，总体规划、专项规划、详细规划三类和城市设计为主体的“3+3+1”国土空间规划体系。统筹做好重大公共设施、重大发展平台和重大民生项目空间布局，做到刚性管控、弹性适应相结合，增强国土空间规划的综合性、协调性和约束性。

(四)统筹规划编制。市总规由市规划和自然资源局具体负责编制；国土空间分区规划由区、县(市)政府组织编制，按市总规约束性内容细化落实。跨行政区域重大“三公”设施(公共基础设施、公共服务设施、公共开放空间）专项规划由市规划和自然资源局会同市级相关部门主导编制，报市政府同意后明确编制计划清单。中心城区详细规划由市规划和自然资源局组织编制，报市政府审批；非中心城区详细规划由市规划和自然资源局委托属地分局组织编制，经市规划和自然资源局审查后报市政府审批。按照“五年一评估”原则规范详细规划修编工作，经评估确有需要的方可开展修编。严控详细规划调整，实行正面、负面及审慎清单管理。各级各类规划编制均应在“多规合一”的底图上进行，编制成果及时录入数字化平台。

（五）加快规划全覆盖。2021—2022 年，完成市总规、国土空间分区规划编制，压茬推进专项规划、详细规划编制，形成一张“空间智治”三维实景底图；以乡镇（街道）为基本单位，整合第三级第三类规划编制，尽快实现详细规划全覆盖。

三、强化规划传导，确保规划落地

（六）建立规划落地转换机制。对接“十四五”规划和各类专项规划，以项目为抓手，实施三年行动方案和年度计划，实现规划—计划—项目的有效衔接。产业类项目严格执行项目跟着规划走；公共类项目强化政府主导，实现规划推着项目走。建立城市风貌管控落地机制，实行土地出让与城市设计联动，探索带建筑方案、带历史建筑保护、带景观风貌管控等条件出让模式，落实城市设计成果，提升城乡审美韵味和文化品位。

（七）建立开发强度总量控制机制。以人口管控、品质提升、产业转型、环境优化为导向，实行开发强度与人口规模相挂钩，完善“一核九星”空间布局和资源配置，实行容积率差别化管理，加快推进“优核”“强星”。核心城区住宅实行总量管控，疏解人口密度，优化供地结构，提升经济密度、人居环境和公共服务水平，补齐公园绿地、体育、文化、养老、医疗健康等功能短板。加快九大星城建设，增强公共中心、交通枢纽的集聚能力以及周边地区的开发强度，大力推广功能混合布置、空间复合利用、土地综合开发等节地模式。

（八）健全做地供地机制。切实加强市级对做地、供地工作的统筹、协调、指导和监督。厘清做地、供地事权，市区所有用地统一做地模式、计划编制、土地收储、组织供应。增强规划、做地、供地的协同工作，未编制详细规划的地区不得开展土地供应。探索“以城带乡、产业共兴”的土地出让新机制，鼓励推行“政府运作、村级所有、村民受益”的留用地开发新模式，研究农村集体经营性建设用地入市制度，建立读地、供地、用地、评地的闭环机制。进一步严格商服用地管理，完善出让、审批及使用全过程监管机制。

四、彰显大美杭州，打造宜居空间

（九）构建可达可感开敞生态空间。做好资源环境承载能力与国土空间开发适宜评价成果的分析和应用，系统推进山水林田湖草整体保护和生态修复，形成“三江绿楔”“八带融城”大生态格局。加快“湿地水城”建设，推动“森林进城”，实施西湖西溪一体化保护提升，推进淳安特别生态功能区建设。加快公园城市建设，构建郊野公园—城市公园—社区公园—口袋公园四级城乡公园体系，挖掘空间资源，提高人均公园绿地面积，实现“300 米见绿、500 米见园”。推动公园绿地和体育、文化等功能混合，规划建设一批体育主题公园，打造绕城体育休闲环。

（十）推进公共服务提标升级扩量。推动省市优质公共服务资源向九大星城均衡布局，每个“星城”至少拥有 1 所三级综合性医院、1 个综合性体育运动中心和 1 座市级文化场馆。根据人口结构，出台差异化公共服务设施标准，对人口导入量大的“星城”适度提高基础教育百户指标，满足入学入托需求。完善养老设施布局，推进“嵌入式”养老服务设施建设，建成居家、社区、机构相协调和医养、康养相结合的养老服务体系。实现公共服务设施向乡村地区全面延伸覆盖，提升乡村市政基础设施覆盖率与建设标准，促进城乡基本公共服务更加普惠、均等、可及。

（十一）提升城乡空间品质。实施核心城区城市更新行动，组织编制城市更新专项规划，以区为单位加大规划、土地、资金等政策保障力度。开展“百社示范、千社提升”活动，高质量分类推进未来社区、未来乡村建设，积极打造低碳社区。以相对集中方式建设邻里中心，作为未来社区场景落地的重要依托，提供办事和养老、幼托、健身、阅读、早餐等“一站式”服务，构筑 15 分钟社区生活圈，打造全龄友好健康社区。对 2000 年以前建成的老旧小区进行全面改造提升；规划新建未来社区时，除满足社区自身配套外，还要辐射带动周边老旧小区解决公共服务配套不足的问题。切实加强文化遗产和名城保护，深入实施“城市记忆”工程。以体现“江南韵、杭州味、现代风”为引导，提升农房建设质量，加大农村危房改造力度，建立农房设计图集更新机制，推行带图审批，提升城乡宜居水平。

五、优化资源配置，提高保障水平

（十二）统筹新增用地。加强土地要素市级统筹，将上级下达的市区新增建设用地指标的50%用于保障市委市政府确定的重点项目。加大全市耕地占补平衡指标统筹力度，按不高于跨市异地调剂价格标准实施经济补偿。完善增量与质量挂钩机制，新增建设用地向发展质量高、发展动能强、发展潜力大的地区优先配置。

（十三）加大存量土地盘活力度。完善增存挂钩机制，制定激发市场主体活力的政策措施，创新低效用地分类处置和退出机制。探索低效工业用地在本行政区范围内异地置换盘活；严格规范工业用地二级市场，倒逼低效用地集约高效利用；在落实产业履约监管要求的前提下，支持存量节余土地按规定进行分割盘活；除政府统一收储外，低效用地在符合规划前提下可由原土地使用权人以存量补差价的方式实施有机更新；持续深化“亩产论英雄”改革，完善工业用地资源要素评价机制，组织开展“消低增效”专项行动，对2018—2020年平均税收低于10万元/亩的工业用地，实行一地一档、销号管理。

（十四）优先保障产业用地。优化产业用地空间布局，开展“300+”制造业空间拓展行动，在确保全市工业用地不少于300平方公里基础上，坚持“能高则高”，按不同区域限定最低容积率。支持发展工业综合体，推动研发设计、中试生产、生产服务等功能混合，促进产业链协同发展。因实施规划需要调整工业用地的，严格落实“退一补一”。创新供地方式，支持以土地使用权作价出资（入股）或长期租赁方式供应工业邻里中心、标准厂房、科技孵化器用地，探索暂不开发的存量土地以租赁、附期限划拨等方式短期利用，开展以工业为主的工商混合产业用地供给，积极发展总部经济，推进重大服务业用地以“标准地”方式精准供应。

（十五）加快地下空间有序开发。强化地下连通通道的公共属性，加大政府投资建设力度，按照“互联互通、连片成网”的要求，系统推进城市地下空间开发。编制详细规划时应将地下空间开发利用情况作为规划审查必备内容，明确提出地下空间开发具体要求。出台城市地下空间基准地价，探索将城市地质条件、地下空间开发等要求纳入做地标准，拓展做地内涵。适应地上、地表、地下空间分层设立、分别登记、一体管理的需要，构建建设用地三维规划、供应和登记一体化体系。

六、强化“三线”约束，落实用途管制

（十六）严守生态保护红线。按照国家明确的生态保护红线，尽快完成生态保护红线勘界定标，推动红线落地。实行生态保护红线分区管控，自然保护地核心区内原则上禁止人为活动，其他区域实行正面清单管理，严格禁止开发性、生产性经营活动。

（十七）严格耕地保护。全面落实耕地保有量、永久基本农田保护任务，遏制耕地“非农化”、严控“非粮化”，筑牢“米袋子”“菜篮子”安全底线。创新保护举措，推进农业和城市的融合，打造都市农业公园，发挥耕地生态、经济、社会综合效益；依靠数字赋能，建设“耕地云”，实现耕地保护数量、质量、矢量一体化管控；实施一批“百千万亩”永农集中连片区建设工程；推行粮食生产功能区、高标准农田和永农一体化布局，增强保护合力，落实高标准保护。

（十八）严控城镇开发边界。按照尊重自然地理格局和防止“摊大饼”的要求，科学划定城镇开发边界，一经确定，严格管控。城镇开发边界外，严控开发建设活动，实行“正面清单+建设许可”制度；城镇开发边界内，实行集中建设区、弹性发展区和特别用途区分区管控。增强城市韧性，划定战略留白区块并制定使用规则。

七、完善保障措施，提升实施效果

（十九）加强组织领导。强化市规划委员会对市域一体规划建设的组织领导和统筹协调作用，委员会办公室进行实体化运作，健全议事规则。各区、县（市）政府应压实主体责任，抓好市域规划建设统筹管理工作落实，严格执行规划。

（二十）加强平台支撑。建立“空间智治”平台，着力打造“数字孪生、精明智治”的空间“管家”，形成可视化、可分析、可计算的三维数字空间，集成土地、人口、企业登记、统计、税务等各类数据，打造多领域管用、实用、好用的应用场景。数字赋能规划全生命周期管理，助推编制科学合理、落地精准高效、实施全程监督、评估即时感知。

（二十一）优化服务保障。遴选国内外设计开发团队，组建规划统筹专家顾问组，推进重点发展地区高起点规划、高标准设计、高品质建设。完善推广责任规划师制度。统筹全市规划用地审批事项流程、标准、平台。统一市区规划用地审批权限，构建统分结合的审批机制，提升项目审批效率。推进全市不动产登记“一体化、

网办化、去中心化”,提升改革获得感、服务体验感。

(二十二)推进建章立制。加强国土空间规划立法保障,确保规划建设管理工作纳入法治轨道。建立规划建设统筹管理实施情况年度评估机制,对规划的传导落实情况、年度实施计划的执行情况等进行评估,确保任务落实。

本通知自2021年9月9日起施行,由市规划和自然资源局负责牵头组织实施。

杭州市人民政府办公厅

2021年8月10日

要素市场化配置综合改革试点总体方案

为深入贯彻落实《中共中央　国务院关于构建更加完善的要素市场化配置体制机制的意见》,现就积极稳妥开展要素市场化配置综合改革试点工作制定本方案。

一、总体要求

(一)指导思想。以习近平新时代中国特色社会主义思想为指导,全面贯彻落实党的十九大和十九届历次全会精神,弘扬伟大建党精神,坚持稳中求进工作总基调,完整、准确、全面贯彻新发展理念,加快构建新发展格局,充分发挥市场在资源配置中的决定性作用,更好发挥政府作用,着力破除阻碍要素自主有序流动的体制机制障碍,全面提高要素协同配置效率,以综合改革试点为牵引,更好统筹发展和安全,为完善要素市场制度、建设高标准市场体系积极探索新路径,为推动经济社会高质量发展提供强劲动力。

(二)基本原则。

——顶层设计、基层探索。按照党中央、国务院统一部署,在维护全国统一大市场前提下,支持具备条件的地区结合实际大胆改革探索,尊重基层首创精神,注重总结经验,及时规范提升,为全国提供可复制可推广的路径模式。

——系统集成、协同高效。突出改革的系统性、整体性、协同性,推动各领域要素市场化配置改革举措相互配合、相互促进,提高不同要素资源的组合配置效率。

——问题导向、因地制宜。牢牢把握正确的改革方向,聚焦要素市场建设的重点领域、关键环节和市场主体反映最强烈的问题,鼓励地方结合自身特点开展差别化试点探索。

——稳中求进、守住底线。从实际出发,坚持以安全可控为前提,尊重客观规律,科学把握工作时序、节奏和步骤,做到放活与管好有机结合,切实防范风险,稳步有序推进试点。

(三)试点布局。围绕推动国家重大战略实施,根据不同改革任务优先考虑选择改革需求迫切、工作基础较好、发展潜力较大的城市群、都市圈或中心城市等,开展要素市场化配置综合改革试点,严控试点数量和试点范围。党中央、国务院授权实施以及有关方面组织实施的涉及要素市场化配置的改革探索任务,原则上优先在试点地区开展。试点期限为2021—2025年。

(四)工作目标。2021年,启动要素市场化配置综合改革试点工作。2022年上半年,完成试点地区布局、实施方案编制报批工作。到2023年,试点工作取得阶段性成效,力争在土地、劳动力、资本、技术等要素市场化配置关键环节上实现重要突破,在数据要素市场化配置基础制度建设探索上取得积极进展。到2025年,基本完成试点任务,要素市场化配置改革取得标志性成果,为完善全国要素市场制度作出重要示范。

二、进一步提高土地要素配置效率

(五)支持探索土地管理制度改革。合理划分土地管理事权,在严格保护耕地、节约集约用地的前提下,探索赋予试点地区更大土地配置自主权。允许符合条件的地区探索城乡建设用地增减挂钩节余指标跨省域调剂使用机制。探索建立补充耕地质量评价转换机制,在严格实行耕地占补平衡、确保占一补一的前提下,严格管控补充耕地国家统筹规模,严把补充耕地质量验收关，实现占优补优。支持开展全域土地综合整治，优化生产、生活、生态空间布局，加强耕地数量、质量、生态“三位一体”保护和建设。

（六）鼓励优化产业用地供应方式。鼓励采用长期租赁、先租后让、弹性年期供应等方式供应产业用地。优化工业用地出让年期，完善弹性出让年期制度。支持产业用地实行“标准地”出让，提高配置效率。支持不同产业用地类型合理转换，完善土地用途变更、整合、置换等政策。探索增加混合产业用地供给。支持建立工业企业产出效益评价机制，加强土地精细化管理和节约集约利用。

（七）推动以市场化方式盘活存量用地。鼓励试点地区探索通过建设用地节约集约利用状况详细评价等方式，细化完善城镇低效用地认定标准，鼓励通过依法协商收回、协议置换、费用奖惩等措施，推动城镇低效用地腾退出清。推进国有企事业单位存量用地盘活利用，鼓励市场主体通过建设用地整理等方式促进城镇低效用地再开发。规范和完善土地二级市场，完善建设用地使用权转让、出租、抵押制度，支持通过土地预告登记实现建设用地使用权转让。探索地上地下空间综合利用的创新举措。

（八）建立健全城乡统一的建设用地市场。在坚决守住土地公有制性质不改变、耕地红线不突破、农民利益不受损三条底线的前提下，支持试点地区结合新一轮农村宅基地制度改革试点，探索宅基地所有权、资格权、使用权分置实现形式。在依法自愿有偿的前提下，允许将存量集体建设用地依据规划改变用途入市交易。在企业上市合规性审核标准中，对集体经营性建设用地与国有建设用地给予同权对待。支持建立健全农村产权流转市场体系。

（九）推进合理有序用海。探索建立沿海、海域、流域协同一体的海洋生态环境综合治理体系。统筹陆海资源管理，支持完善海域和无居民海岛有偿使用制度，加强海岸线动态监测。在严格落实国土空间用途管制和海洋生态环境保护要求、严管严控围填海活动的前提下，探索推进海域一级市场开发和二级市场流转，探索海域使用权立体分层设权。

三、推动劳动力要素合理畅通有序流动

（十）进一步深化户籍制度改革。支持具备条件的试点地区在城市群或都市圈内开展户籍准入年限同城化累计互认、居住证互通互认，试行以经常居住地登记户口制度，实现基本公共服务常住地提供。支持建立以身份证为标识的人口管理服务制度，扩大身份证信息容量，丰富应用场景。建设人口发展监测分析系统，为重大政策制定、公共资源配置、城市运行管理等提供支撑。建立健全与地区常住人口规模相适应的财政转移支付、住房供应、教师医生编制等保障机制。

（十一）加快畅通劳动力和人才社会性流动渠道。指导用人单位坚持需求导向，采取符合实际的引才措施，在不以人才称号和学术头衔等人才“帽子”引才、不抢挖中西部和东北地区合同期内高层次人才的前提下，促进党政机关、国有企事业单位、社会团体管理人才合理有序流动。完善事业单位编制管理制度，统筹使用编制资源。支持事业单位通过特设岗位引进急需高层次专业化人才。支持探索灵活就业人员权益保障政策。探索建立职业资格证书、职业技能等级证书与学历证书有效衔接机制。加快发展人力资源服务业，把服务就业的规模和质量等作为衡量行业发展成效的首要标准。

（十二）激发人才创新创业活力。支持事业单位科研人员按照国家有关规定离岗创新创业。推进职称评审权下放，赋予具备条件的企事业单位和社会组织中高级职称评审权限。加强创新型、技能型人才培养，壮大高水平工程师和高技能人才队伍。加强技术转移专业人才队伍建设，探索建立健全对科技成果转化人才、知识产权管理运营人员等的评价与激励办法，完善技术转移转化类职称评价标准。

四、推动资本要素服务实体经济发展

（十三）增加有效金融服务供给。依托全国信用信息共享平台，加大公共信用信息共享整合力度。充分发挥征信平台和征信机构作用，建立公共信用信息同金融信息共享整合机制。推广“信易贷”模式，用好供应链票据平台、动产融资统一登记公示系统、应收账款融资服务平台，鼓励金融机构开发与中小微企业需求相匹配的信用产品。探索建立中小企业坏账快速核销制度。探索银行机构与外部股权投资机构深化合作，开发多样化的科技金融产品。支持在零售交易、生活缴费、政务服务等场景试点使用数字人民币。支持完善中小银行和农村信用社治理结构，增强金融普惠性。

（十四）发展多层次股权市场。创新新三板市场股债结合型产品，丰富中小企业投融资工具。选择运行安全规范、风险管理能力较强的区域性股权市场，开展制

度和业务创新试点。探索加强区域性股权市场和全国性证券市场板块间合作衔接的机制。

（十五）完善地方金融监管和风险管理体制。支持具备条件的试点地区创新金融监管方式和工具，对各类地方金融组织实施标准化的准入设立审批、事中事后监管。按照属地原则压实省级人民政府的监管职责和风险处置责任。

五、大力促进技术要素向现实生产力转化

（十六）健全职务科技成果产权制度。支持开展赋予科研人员职务科技成果所有权或长期使用权试点，探索将试点经验推广到更多高校、科研院所和科技型企业。支持相关高校和科研院所探索创新职务科技成果转化管理方式。支持将职务科技成果通过许可方式授权中小微企业使用。完善技术要素交易与监管体系，推进科技成果进场交易。完善职务科技成果转移转化容错纠错机制。

（十七）完善科技创新资源配置方式。探索对重大战略项目、重点产业链和创新链实施创新资源协同配置，构建项目、平台、人才、资金等全要素一体化配置的创新服务体系。强化企业创新主体地位，改革科技项目征集、立项、管理和评价机制，支持行业领军企业牵头组建创新联合体，探索实施首席专家负责制。支持行业领军企业通过产品定制化研发等方式，为关键核心技术提供早期应用场景和适用环境。

（十八）推进技术和资本要素融合发展。支持金融机构设立专业化科技金融分支机构，加大对科研成果转化和创新创业人才的金融支持力度。完善创业投资监管体制和发展政策。支持优质科技型企业上市或挂牌融资。完善知识产权融资机制，扩大知识产权质押融资规模。鼓励保险公司积极开展科技保险业务，依法合规开发知识产权保险、产品研发责任保险等产品。

六、探索建立数据要素流通规则

（十九）完善公共数据开放共享机制。建立健全高效的公共数据共享协调机制，支持打造公共数据基础支撑平台，推进公共数据归集整合、有序流通和共享。探索完善公共数据共享、开放、运营服务、安全保障的管理体制。优先推进企业登记监管、卫生健康、交通运输、气象等高价值数据集向社会开放。探索开展政府数据授权运营。

（二十）建立健全数据流通交易规则。探索“原始数据不出域、数据可用不可见”的交易范式，在保护个人隐私和确保数据安全的前提下，分级分类、分步有序推动部分领域数据流通应用。探索建立数据用途和用量控制制度，实现数据使用“可控可计量”。规范培育数据交易市场主体，发展数据资产评估、登记结算、交易撮合、争议仲裁等市场运营体系，稳妥探索开展数据资产化服务。

（二十一）拓展规范化数据开发利用场景。发挥领军企业和行业组织作用，推动人工智能、区块链、车联网、物联网等领域数据采集标准化。深入推进人工智能社会实验，开展区块链创新应用试点。在金融、卫生健康、电力、物流等重点领域，探索以数据为核心的产品和服务创新，支持打造统一的技术标准和开放的创新生态，促进商业数据流通、跨区域数据互联、政企数据融合应用。

（二十二）加强数据安全保护。强化网络安全等级保护要求，推动完善数据分级分类安全保护制度，运用技术手段构建数据安全风险防控体系。探索完善个人信息授权使用制度。探索建立数据安全使用承诺制度，探索制定大数据分析和交易禁止清单，强化事中事后监管。探索数据跨境流动管控方式，完善重要数据出境安全管理制度。

七、加强资源环境市场制度建设

（二十三）支持完善资源市场化交易机制。支持试点地区完善电力市场化交易机制，提高电力中长期交易签约履约质量，开展电力现货交易试点，完善电力辅助服务市场。按照股权多元化原则，加快电力交易机构股份制改造，推动电力交易机构独立规范运行，实现电力交易组织与调度规范化。深化天然气市场化改革，逐步构建储气辅助服务市场机制。完善矿业权竞争出让制度，建立健全严格的勘查区块退出机制，探索储量交易。

（二十四）支持构建绿色要素交易机制。在明确生态保护红线、环境质量底线、资源利用上线等基础上，支持试点地区进一步健全碳排放权、排污权、用能权、用水权等交易机制，探索促进绿色要素交易与能源环境目标指标更好衔接。探索建立碳排放配额、用能权指标有偿取得机制，丰富交易品种和交易方式。探索开展资源环境权益融资。探索建立绿色核算体系、生态产品

价值实现机制以及政府、企业和个人绿色责任账户。

八、健全要素市场治理

(二十五)完善要素市场化交易平台。持续推进公共资源交易平台整合共享，拓展公共资源交易平台功能,逐步覆盖适合以市场化方式配置的自然资源、资产股权等公共资源。规范发展大数据交易平台。支持企业参与要素交易平台建设,规范要素交易平台运行。支持要素交易平台与金融机构、中介机构合作,形成涵盖产权界定、价格评估、流转交易、担保、保险等业务的综合服务体系。

(二十六)加强要素交易市场监管。创新要素交易规则和服务，探索加强要素价格管理和监督的有效方式。健全要素交易信息披露制度。深化“放管服”改革，加强要素市场信用体系建设，打造市场化法治化国际化营商环境。强化反垄断和反不正当竞争执法,规范交易行为,将交易主体违法违规行为纳入信用记录管理,对严重失信行为实行追责和惩戒。开展要素市场交易大数据分析,建立健全要素交易风险分析、预警防范和分类处置机制。推进破产制度改革,建立健全自然人破产制度。

九、进一步发挥要素协同配置效应

(二十七)提高全球先进要素集聚能力。支持探索制定外国高端人才认定标准,为境外人才执业出入境、停居留等提供便利。支持符合条件的境内外投资者在试点地区依法依规设立证券、期货、基金、保险等金融机构。探索国际科技创新合作新模式,支持具备条件的试点地区围绕全球性议题在世界范围内吸引具有顶尖创新能力的科学家团队“揭榜挂帅”。支持行业领军企业牵头组建国际性产业与标准组织，积极参与国际规则制定。

(二十八)完善按要素分配机制。提高劳动报酬在初次分配中的比重，强化工资收入分配的技能价值激励导向。构建充分体现知识、技术、管理等创新要素价值的收益分配机制。创新宅基地收益取得和使用方式,探索让农民长期分享土地增值收益的有效途径。合理分配集体经营性建设用地入市增值收益,兼顾国家、农村集体经济组织和农村居民权益。探索增加居民财产性收入,鼓励和引导上市公司现金分红,完善投资者权益保护制度。

十、强化组织实施

(二十九)加强党的全面领导。坚持和加强党对要素市场化配置综合改革试点的领导,增强“四个意识”、坚定“四个自信”、做到“两个维护”,充分发挥党总揽全局、协调各方的领导核心作用,把党的领导始终贯穿试点工作推进全过程。

(三十)落实地方主体责任。各试点地区要把要素市场化配置综合改革试点摆在全局重要位置，增强使命感和责任感,强化组织领导,完善推进落实机制,在风险总体可控前提下,科学把握时序、节奏和步骤,积极稳妥推进改革试点任务实施。试点过程中要加强动态跟踪分析,开展试点效果评估,重要政策和重大改革举措按程序报批。

(三十一)建立组织协调机制。建立由国家发展改革委牵头、有关部门作为成员单位的推进要素市场化配置综合改革试点部际协调机制，负责统筹推进试点工作,确定试点地区,协调解决重大问题,加强督促检查。国家发展改革委要会同有关方面指导试点地区编制实施方案及授权事项清单,按程序报批后组织实施;在地方自评估基础上,定期开展第三方评估。对取得明显成效的试点地区,要予以表扬激励,及时总结推广经验;对动力不足、执行不力、成效不明显的试点地区,要限期整改,整改不到位的按程序调整退出试点。重要情况及时向党中央、国务院报告。

(三十二)强化试点法治保障。建立健全与要素市场化配置综合改革试点相配套的法律法规与政策调整机制,统筹涉及的法律法规事项,做好与相关法律法规立改废释的衔接。试点地区拟实行的各项改革举措和授权事项,凡涉及调整现行法律或行政法规的,经全国人大及其常委会或国务院依法授权后实施；其他涉及调整部门规章和规范性文件规定的，有关方面要按照本方案要求和经批准的授权事项清单，依法依规一次性对相关试点地区给予改革授权。

(责任编辑:王怡然　金瑞锋　赵峰)

附 录

2021 中国民营企业 500 强榜单

第 1 名:华为投资控股有限公司
营业收入:8913.68 亿元
省份:广东省
所属行业:计算机、通信和其他电子设备制造业;
第 2 名:京东集团
营业收入:7686.2419 亿元
省份:北京市
所属行业:互联网和相关服务;
第 3 名:恒力集团有限公司
营业收入:6953.3561 亿元
省份:江苏省
所属行业:石油、煤炭及其他燃料加工业;
第 4 名:正威国际集团有限公司
营业收入:6919.3677 亿元
省份:广东省
所属行业:有色金属冶炼和压延加工业;
第 5 名:阿里巴巴(中国)有限公司
营业收入:6442.08 亿元
省份:浙江省
所属行业:互联网和相关服务;
第 6 名:腾讯控股有限公司
营业收入:4820.64 亿元
省份:广东省
所属行业:互联网和相关服务;
第 7 名:碧桂园控股有限公司
营业收入:4628.56 亿元
省份:广东省
所属行业:房地产业;
第 8 名:万科企业股份有限公司
营业收入:4191.1168 亿元
省份:广东省
所属行业:房地产业;
第 9 名:联想控股股份有限公司
营业收入:4175.6685 亿元
省份:北京市
所属行业:计算机、通信和其他电子设备制造业;
第 10 名:中南控股集团有限公司
营业收入:3300.9152 亿元
省份:江苏省
所属行业:房地产业;
第 11 名:浙江吉利控股集团有限公司
营业收入:3256.1869 亿元
省份:浙江省
所属行业:汽车制造业;
第 12 名:国美控股集团有限公司
营业收入:3104.766 亿元
省份:北京市
所属行业:零售业;
第 13 名:浙江荣盛控股集团有限公司
营业收入:3086.0925 亿元
省份:浙江省
所属行业:化学原料和化学制品制造业;
第 14 名:青山控股集团有限公司
营业收入:2928.9244 亿元
省份:浙江省
所属行业:黑色金属冶炼和压延加工业;
第 15 名:山东魏桥创业集团有限公司
营业收入:2889.6461 亿元
省份:山东省
所属行业:有色金属冶炼和压延加工业;
第 16 名:美的集团股份有限公司
营业收入:2857.0972 亿元
省份:广东省
所属行业:电气机械和器材制造业;

第 17 名:江苏沙钢集团有限公司
营业收入:2667.9182 亿元
省份:江苏省
所属行业:黑色金属冶炼和压延加工业;
第 18 名:浙江恒逸集团有限公司
营业收入:2660.7632 亿元
省份:浙江省
所属行业:化学纤维制造业;
第 19 名:盛虹控股集团有限公司
营业收入:2652.3669 亿元
省份:江苏省
所属行业:化学原料和化学制品制造业;
第 20 名:苏宁易购集团股份有限公司
营业收入:2522.9567 亿元
省份:江苏省
所属行业:零售业;
第 21 名:阳光龙净集团有限公司
营业收入:2502.113 亿元
省份:福建省
所属行业:综合;
第 22 名:小米通讯技术有限公司
营业收入:2458.6563 亿元
省份:北京市
所属行业:计算机、通信和其他电子设备制造业;
第 23 名:秦康保险集团股份有限公司
营业收入:2447.8229 亿元
省份:北京市
所属行业:保险业;
第 24 名:融创中国控股有限公司
营业收入:2305.8734 亿元
省份:北京市
所属行业:房地产业;
第 25 名:敬业集团有限公司
营业收入:2244.4527 亿元
省份:河北省
所属行业:黑色金属冶炼和压延加工业;
第 26 名:重庆市金科投资控股(集团)有限责任公司
营业收入:2238.1421 亿元
省份:重庆市
所属行业:房地产业;
第 27 名:新希望控股集团有限公司
营业收入:2180.795 亿元
省份:四川省
所属行业:农业;
第 28 名:海尔智家股份有限公司
营业收入:2097.2582 亿元
省份:山东省
所属行业:电气机械和器材制造业;
第 29 名:海亮集团有限公司
营业收入:1964.2059 亿元
省份:浙江省
所属行业:有色金属冶炼和压延加工业;
第 30 名:北京建龙重工集团有限公司
营业收入:1956.951 亿元
省份:北京市
所属行业:黑色金属冶炼和压延加工业;
第 31 名:多弗国际控股集团有限公司
营业收入:1909.1564 亿元
省份:浙江省
所属行业:综合;
第 32 名:新疆广汇实业投资(集团)有限责任公司
营业收入:1893.9387 亿元
省份:新疆维吾尔自治区
所属行业:零售业;
第 33 名:中国民生银行股份有限公司
营业收入:1849.51 亿元
省份:北京市
所属行业:货币金融服务;
第 34 名:龙湖集团控股有限公司
营业收入:1845.473 亿元
省份:重庆市
所属行业:房地产业;
第 35 名:珠海格力电器股份有限公司
营业收入:1704.9742 亿元
省份:广东省
所属行业:电气机械和器材制造业;
第 36 名:南通三建控股有限公司
营业收入:1677.716 亿元
省份:江苏省
所属行业:房屋建筑业;
第 37 名:天能控股集团有限公司
营业收入:1647.9669 亿元
省份:浙江省
所属行业:电气机械和器材制造业;
第 38 名:南京钢铁集团有限公司
营业收入:1571.5916 亿元

省份:江苏省
所属行业:黑色金属冶炼和压延加工业;
第 39 名:比亚迪股份有限公司
营业收入:1565.9769 亿元
省份:广东省
所属行业:汽车制造业;
第 40 名:顺丰控股股份有限公司
营业收入:1539.8687 亿元
省份:广东省
所属行业:邮政业;
第 41 名:TCL(集团)
营业收入:1528.1977 亿元
省份:广东省
所属行业:计算机、通信和其他电子设备制造业;
第 42 名:新城控股集团股份有限公司
营业收入:1454.7523 亿元
省份:上海市
所属行业:房地产业;
第 43 名:新奥集团股份有限公司
营业收入:1436 亿元
省份:河北省
所属行业:燃气生产和供应业;
第 44 名:河北新华联合冶金控股集团有限公司
营业收入:1423.2625 亿元
省份:河北省
所属行业:黑色金属冶炼和压延加工业;
第 45 名:中天钢铁集团有限公司
营业收入:1400.3355 亿元
省份:江苏省
所属行业:黑色金属冶炼和压延加工业;
第 46 名:复星国际有限公司
营业收入:1366.2948 亿元
省份:上海市
所属行业:综合;
第 47 名:广东鼎龙实业集团有限公司
营业收入:1346.2321 亿元
省份:广东
所属行业:商务服务业;
第 48 名:河北津西钢铁集团股份有限公司
营业收入:1303.6986 亿元
省份:河北省
所属行业:黑色金属冶炼和压延加工业;
第 49 名:西安迈科金属国际集团有限公司
营业收入:1288.7062 亿元
省份:陕西省
所属行业:商务服务业;
第 50 名:超威集团
营业收入:1282.2745 亿元
省份:浙江省
所属行业:电气机械和器材制造业;
第 51 名:万向集团公司
营业收入:1267.3776 亿元
省份:浙江省
所属行业:汽车制造业;
第 52 名:东方希望集团有限公司
营业收入:1256.5917 亿元
省份:上海市
所属行业:有色金属冶炼和压延加工业;
第 53 名:三一集团有限公司
营业收入:1253.1796 亿元
省份:湖南省
所属行业:专用设备制造业;
第 54 名:中天控股集团有限公司
营业收入:1206.5311 亿元
省份:浙江省
所属行业:房屋建筑业;
第 55 名:东岭集团股份有限公司
营业收入:1202.0369 亿元
省份:陕西省
所属行业:批发业;
第 56 名:上海均和集团有限公司
营业收入:1176.2032 亿元
省份:上海市
所属行业:综合;
第 57 名:亨通集团有限公司
营业收入:1170.0579 亿元
省份:江苏省
所属行业:计算机、通信和其他电子设备制造业;
第 58 名:德龙钢铁有限公司
营业收入:1156.1923 亿元
省份:河北省
所属行业:黑色金属冶炼和压延加工业;
第 59 名:上海找钢网信息科技股份有限公司
营业收入:1154.5254 亿元
省份:上海市
所属行业:互联网和相关服务;

第 60 名:阳光保险集团股份有限公司
营业收入:1149.7979 亿元
省份:广东省
所属行业:保险业;
第 61 名:北京三快在线科技有限公司
营业收入:1147.9451 亿元
省份:北京市
所属行业:互联网和相关服务;
第 62 名:南山集团有限公司
营业收入:1135.867 亿元
省份:山东省
所属行业:有色金属冶炼和压延加工业;
第 63 名:洛阳栾川钼业集团股份有限公司
营业收入:1129.8101 亿元
省份:河南省
所属行业:有色金属矿采选业;
第 64 名:传化集团有限公司
营业收入:1117.3172 亿元
省份:浙江省
所属行业:其他服务业;
第 65 名:九州通医药集团股份有限公司
营业收入:1108.5951 亿元
省份:湖北省
所属行业:批发业;
第 66 名:百度公司
营业收入:1070.74 亿元
省份:北京市
所属行业:互联网和相关服务;
第 67 名:海澜集团有限公司
营业收入:1052.1688 亿元
省份:江苏省
所属行业:纺织服装、服饰业;
第 68 名:雅戈尔集团股份有限公司
营业收入:1048.1096 亿元
省份:浙江省
所属行业:纺织服装、服饰业;
第 69 名:宁波金田投资控股有限公司
营业收入:1038.2009 亿元
省份:浙江省
所属行业:有色金属冶炼和压延加工业;
第 70 名:长城汽车股份有限公司
营业收入:1033.0761 亿元
省份:河北省
所属行业:汽车制造业;
第 71 名:卓尔控股有限公司
营业收入:1020.8663 亿元
省份:湖北省
所属行业:综合;
第 72 名:辽宁方大集团实业有限公司
营业收入:1019.771 亿元
省份:辽宁省
所属行业:黑色金属冶炼和压延加工业;
第 73 名:唯品会(中国)有限公司
营业收入:1018.5849 亿元
省份:广东省
所属行业:零售业;
第 74 名:山东东明石化集团有限公司
营业收入:1016.6832 亿元
省份:山东省
所属行业:石油、煤炭及其他燃料加工业;
第 75 名:江苏永钢集团有限公司
营业收入:1009.6904 亿元
省份:江苏省
所属行业:黑色金属冶炼和压延加工业;
第 76 名:龙光集团
营业收入:1006.7914 亿元
省份:广东省
所属行业:房地产业;
第 77 名:扬子江药业集团有限公司
营业收入:1006.2428 亿元
省份:江苏省
所属行业:医药制造业;
第 78 名:协鑫集团有限公司
营业收入:1003.9029 亿元
省份:江苏省
所属行业:电气机械和器材制造业;
第 79 名:蓝思科技集团
营业收入:990.1303 亿元
省份:湖南省
所属行业:计算机、通信和其他电子设备制造业;
第 80 名:弘阳集团有限公司
营业收入:978.7913 亿元
省份:江苏省
所属行业:综合;
第 81 名:日照钢铁控股集团有限公司
营业收入:971.1525 亿元

省份:山东省
所属行业:黑色金属冶炼和压延加工业;
第 82 名:内蒙古伊利实业集团股份有限公司
营业收入:968.8564 亿元
省份:内蒙古自治区
所属行业:食品制造业;
第 83 名:利华益集团股份有限公司
营业收入:962.1648 亿元
省份:山东省
所属行业:石油、煤炭及其他燃料加工业;
第 84 名:融侨集团股份有限公司
营业收入:952.1034 亿元
省份:福建省
所属行业:房地产业;
第 85 名:前海人寿保险股份有限公司
营业收入:938.7258 亿元
省份:广东省
所属行业:保险业;
第 86 名:永辉超市股份有限公司
营业收入:931.9911 亿元
省份:福建省
所属行业:零售业;
第 87 名:万达控股集团有限公司
营业收入:930.2513 亿元
省份:山东省
所属行业:石油、煤炭及其他燃料加工业;
第 88 名:通威集团有限公司
营业收入:926.3517 亿元
省份:四川省
所属行业:农副食品加工业;
第 89 名:立讯精密工业股份有限公司
营业收入:925.0126 亿元
省份:广东省
所属行业:计算机、通信和其他电子设备制造业;
第 90 名:东方集团有限公司
营业收入:921.3774 亿元
省份:黑龙江省
所属行业:综合;
第 91 名:神州数码集团股份有限公司
营业收入:920.6044 亿元
省份:广东省
所属行业:批发业;
第 92 名:正泰集团股份有限公司
营业收入:893.5473 亿元
省份:浙江省
所属行业:电气机械和器材制造业;
第 93 名:奥园集团有限公司
营业收入:883.5171 亿元
省份:广东省
所属行业:房地产业;
第 94 名:福建大东海实业集团有限公司
营业收入:881.6736 亿元
省份:福建省
所属行业:黑色金属冶炼和压延加工业;
第 95 名:双胞胎(集团)股份有限公司
营业收入:866.3084 亿元
省份:江西省
所属行业:衣副食品加工业;
第 96 名:江苏南通二建集团有限公司
营业收入:860.2674 亿元
省份:江苏省
所属行业:房屋建筑业;
第 97 名:广州富力地产股份有限公司
营业收入:858.9178 亿元
省份:广东省
所属行业:房地产业;
第 98 名:隆基泰和集团有限公司
营业收入:855.457 亿元
省份:河北省
所属行业:综合;
第 99 名:天津荣程祥泰投资控股集团有限公司
营业收入:850.5107 亿元
省份:天津市
所属行业:黑色金属冶炼和压延加工业;
第 100 名:瑞钢联集团有限公司
营业收入:850.0291 亿元
省份:北京市
所属行业:批发业;
第 101 名:江苏德龙镍业有限公司
营业收入:822.7026 亿元
省份:江苏省
所属行业:黑色金属冶炼和压延加工业;
第 102 名:五星控股集团有限公司
营业收入:821.8043 亿元
省份:江苏省
所属行业:批发业;

第 103 名:振悖国际产业控股集团(深圳)有限公司
营业收入:810.5145 亿元
省份:广东省
所属行业:综合;
第 104 名:重庆华宇集团有限公司
营业收入:808.4989 亿元
省份:重庆市
所属行业:房地产业;
第 105 名:荣盛控股股份有限公司
营业收入:807.2639 亿元
省份:河北省
所属行业:房地产业;
第 106 名:雅居乐地产置业有限公司
营业收入:802.4525 亿元
省份:广东省
所属行业:房地产业;
第 107 名:上海永达控股(集团)有限公司
营业收入:798.36 亿元
省份:上海市
所属行业:综合;
第 108 名:富德生命人寿保险股份有限公司
营业收入:795.2155 亿元
省份:广东省
所属行业:保险业;
第 109 名:河北普阳钢铁有限公司
营业收入:791.8524 亿元
省份:河北省
所属行业:黑色金属冶炼和压延加工业;
第 110 名:中基宁波集团股份有限公司
营业收入:791.3177 亿元
省份:浙江省
所属行业:批发业;
第 111 名:杭州锦江集团有限公司
营业收入:788.9834 亿元
省份:浙江省
所属行业:有色金属冶炼和压延加工业;
第 112 名:永锋集团有限公司
营业收入:786.6643 亿元
省份:山东省
所属行业:黑色金属冶炼和压延加工业;
第 113 名:南通四建集团有限公司
营业收入:782.0558 亿元
省份:江苏省
所属行业:房屋建筑业;
第 114 名:玖龙纸业(控股)有限公司
营业收入:781.3009 亿元
省份:广东省
所属行业:造纸和纸制品业;
第 115 名:中国佳源控股集团有限公司
营业收入:769.9951 亿元
省份:浙江省
所属行业:综合;
第 116 名:华泰集团有限公司
营业收入:764.9093 亿元
省份:山东省
所属行业:造纸和纸制品业;
第 117 名:武安市裕华钢铁有限公司
营业收入:762.6638 亿元
省份:河北省
所属行业:黑色金属冶炼和压延加工业;
第 118 名:红豆集团有限公司
营业收入:750.0322 亿元
省份:江苏省
所属行业:纺织服装、服饰业;
第 119 名:温氏食品集团股份有限公司
营业收入:749.3891 亿元
省份:广东省
所属行业:畜牧业;
第 120 名:金鼎钢铁集团有限公司
营业收入:743.6768 亿元
省份:河北省
所属行业:黑色金属冶炼和压延加工业;
第 121 名:河南双汇投资发展股份有限公司
营业收入:739.3519 亿元
省份:河南省
所属行业:农副食品加工业;
第 122 名:网易(杭州)网络有限公司
营业收入:736.6713 亿元
省份:浙江省
所属行业:互联网和相关服务;
第 123 名:中天科技集团有限公司
营业收入:718.3181 亿元
省份:江苏省
所属行业:电气机械和器材制造业;
第 124 名:梧昆控股集团有限公司
营业收入:710.1058 亿元

省份:浙江省
所属行业:化学纤维制造业;
第 125 名:蓝润集团有限公司
营业收入:710.0016 亿元
省份:四川省
所属行业:综合;
第 126 名:奥克斯集团有限公司
营业收入:706.4332 亿元
省份:浙江省
所属行业:电气机械和器材制造业;
第 127 名:恒信汽车集团股份有限公司
营业收入:705.1452 亿元
省份:湖北省
所属行业:零售业;
第 128 名:贝壳控股有限公司
营业收入:704.8098 亿元
省份:北京市
所属行业:互联网和相关服务;
第 129 名:广厦控股集团有限公司
营业收入:683.1071 亿元
省份:浙江省
所属行业:房屋建筑业;
第 130 名:深圳市怡亚通供应链股份有限公司
营业收入:681.2033 亿元
省份:广东省
所属行业:商务服务业;
第 131 名:唐山港陆钢铁有限公司
营业收入:680.1593 亿元
省份:河北省
所属行业:黑色金属冶炼和压延加工业;
第 132 名:青建集团股份公司
营业收入:666.321 亿元
省份:山东省
所属行业:房屋建筑业;
第 133 名:浙江前程投资股份有限公司
营业收入:662.0344 亿元
省份:浙江省
所属行业:批发业;
第 134 名:上海中梁企业发展有限公司
营业收入:661.5524 亿元
省份:上海市
所属行业:房地产业;
第 135 名:四川省川威集团有限公司
营业收入:657.9094 亿元
省份:四川省
所属行业:黑色金属冶炼和压延加工业;
第 136 名:山东京博控股集团有限公司
营业收入:653.308 亿元
省份:山东省
所属行业:石油、煤炭及其他燃料加工业;
第 137 名:山东海科控股有限公司
营业收入:653.2582 亿元
省份:山东省
所属行业:石油、煤炭及其他燃料加工业;
第 138 名:河北新金钢铁有限公司
营业收入:651.1408 亿元
省份:河北省
所属行业:黑色金属冶炼和压延加工业;
第 139 名:重庆东银控股集团有限公司
营业收入:646.1892 亿元
省份:重庆市
所属行业:房地产业;
第 140 名:深圳市神州通投资集团有限公司
营业收入:641.9956 亿元
省份:广东省
所属行业:批发业;
第 141 名:宁夏天元猛业集团有限公司
营业收入:641.3255 亿元
省份:宁夏回族自治区
所属行业:有色金属冶炼和压延加工业;
第 142 名:江苏省苏中建设集团股份有限公司
营业收入:640.2683 亿元
省份:江苏省
所属行业:房屋建筑业;
第 143 名:东铭实业集团有限公司
营业收入:636.9687 亿元
省份:上海市
所属行业:批发业;
第 144 名:深圳海王集团股份有限公司
营业收入:633.9653 亿元
省份:广东省
所属行业:医药制造业;
第 145 名:三房巷集团有限公司
营业收入:632.5015 亿元
省份:江苏省
所属行业:化学纤维制造业;

第 146 名：德力西集团有限公司
营业收入：629.1633 亿元
省份：浙江省
所属行业：电气机械和器材制造业；
第 147 名：修正药业集团
营业收入：628.0288 亿元
省份：吉林省
所属行业：医药制造业；
第 148 名：旭辉集团股份有限公司
营业收入：625.8852 亿元
省份：上海市
所属行业：房地产业；
第 149 名：伟仕佳杰控股有限公司
营业收入：624.6596 亿元
省份：重庆市
所属行业：批发业；
第 150 名：武安市明芳钢铁有限公司
营业收入：621.7859 亿元
省份：河北省
所属行业：黑色金属冶炼和压延加工业；
第 151 名：巨星控股集团有限公司
营业收入：620.2943 亿元
省份：浙江省
所属行业：橡胶和塑料制品业；
第 152 名：晶科能源控股有限公司
营业收入：620.2061 亿元
省份：江西省
所属行业：电气机械和器材制造业；
第 153 名：河北新武安钢铁集团文安钢铁有限公司
营业收入：617.8592 亿元
省份：河北省
所属行业：黑色金属冶炼和压廷加工业；
第 154 名：内蒙古鄂尔多斯投资控股集团有限公司
营业收入：617.045 亿元
省份：内蒙古自治区
所属行业：综合；
第 155 名：新疆特变电工集团有限公司
营业收入：609.6838 亿元
省份：新疆维吾尔自治区
所属行业：电气机械和器材制造业；
第 156 名：广东海大集团股份有限公司
营业收入：603.2386 亿元
省份：广东省
所属行业：农副食品加工业；
第 157 名：牧原实业集团有限公司
营业收入：594.275 亿元
省份：河南省
所属行业：畜牧业；
第 158 名：浙江富冶集团有限公司
营业收入：590.6312 亿元
省份：浙江省
所属行业：有色金属冶炼和压延加工业；
第 159 名：远大物产集团有限公司
营业收入：586.0282 亿元
省份：浙江省
所属行业：综合；
第 160 名：江苏新长江实业集团有限公司
营业收入：584.8383 亿元
省份：江苏省
所属行业：黑色金属冶炼和压延加工业；
第 161 名：广西盛隆冶金有限公司
营业收入：584.0699 亿元
省份：广西壮族自治区
所属行业：黑色金属冶炼和压延加工业；
第 162 名：上海钢银电子商务股份有限公司
营业收入：580.3951 亿元
省份：上海市
所属行业：批发业；
第 163 名：天元建设集团有限公司
营业收入：577.913 亿元
省份：山东省
所属行业：土木工程建筑业；
第 164 名：歌尔股份有限公司
营业收入：577.4274 亿元
省份：山东省
所属行业：计算机、通信和其他电子设备制造业；
第 165 名：建业控股有限公司
营业收入：572.4197 亿元
省份：河南省
所属行业：房地产业；
第 166 名：山西鹏飞集团有限公司
营业收入：567.8218 亿元
省份：山西省
所属行业：石油、煤炭及其他燃料加工业；
第 167 名：恒申控股集团有限公司
营业收入：566.6242 亿元

省份:福建省
所属行业:化学纤维制造业;
第 168 名:福建永荣控股集团有限公司
营业收入:566.1317 亿元
省份:福建省
所属行业:化学纤维制造业;
第 169 名:佳兆业集团(深圳)有限公司
营业收入:557.7018 亿元
省份:广东省
所属行业:房地产业;
第 170 名:湖南博长控股集团有限公司
营业收入:557.35 亿元
省份:湖南省
所属行业:黑色金属冶炼和压延加工业;
第 171 名:物美科技集团有限公司
营业收入:556.777 亿元
省份:北京市
所属行业:零售业;
第 172 名:江苏国泰国际集团股份有限公司
营业收入:556.3778 亿元
省份:江苏省
所属行业:批发业;
第 173 名:闻泰通讯股份有限公司
营业收入:551.8361 亿元
省份:浙江省
所属行业:计算机、通信和其他电子设备制造业;
第 174 名:红狮控股集团有限公司
营业收入:549.7879 亿元
省份:浙江省
所属行业:非金属矿物制品业;
第 175 名:样生实业集团有限公司
营业收入:548.7326 亿元
省份:浙江省
所属行业:房地产业;
第 176 名:隆基绿能科技股份有限公司
营业收入:545.8318 亿元
省份:陕西省
所属行业:电气机械和器材制造业;
第 177 名:大汉控股集团有限公司
营业收入:543.9571 亿元
省份:湖南省
所属行业:商务服务业;
第 178 名:山东太阳控股集团有限公司
营业收入:540.4945 亿元
省份:山东省
所属行业:造纸和纸制品业;
第 179 名:杉杉控股有限公司
营业收入:531.3824 亿元
省份:上海市
所属行业:电气机械和器材制造业;
第 180 名:辽宁嘉晨控股集团有限公司
营业收入:531.2895 亿元
省份:辽宁省
所属行业:黑色金属冶炼和压延加工业;
第 181 名:禾丰食品股份有限公司
营业收入:526.5492 亿元
省份:辽宁省
所属行业:农副食品加工业;
第 182 名:美的置业集团有限公司
营业收入:524.8361 亿元
省份:广东省
所属行业:房地产业;
第 183 名:龙记泰信实业集团有限公司
营业收入:521.3655 亿元
省份:陕西省
所属行业:房地产业;
第 184 名:新凤祥控股集团有限责任公司
营业收入:518.5887 亿元
省份:山东省
所属行业:有色金属冶炼和压延加工业;
第 185 名:新凤鸣控股集团有限公司
营业收入:514.8647 亿元
省份:浙江省
所属行业:化学纤维制造业;
第 186 名:富通集团有限公司
营业收入:512.3604 亿元
省份:浙江省
所属行业:计算机、通信和其他电子设备制造业;
第 187 名:研祥高科技控股集团有限公司
营业收入:509.5715 亿元
省份:广东省
所属行业:计算机、通信和其他电子设备制造业;
第 188 名:兴华财富集团有限公司
营业收入:508.2717 亿元
省份:河北省
所属行业:黑色金属冶炼和压延加工业;

第 189 名:稻花香集团
营业收入:505.7532 亿元
省份:湖北省
所属行业:酒、饮料和精制茶制造业;
第 190 名:宁德时代新能源科技股份有限公司
营业收入:503.1949 亿元
省份:福建省
所属行业:电气机械和器材制造业;
第 191 名:福佳集团有限公司
营业收入:503.123 亿元
省份:辽宁省
所属行业:化学原料和化学制品制造业;
第 192 名:天瑞集团股份有限公司
营业收入:502.6666 亿元
省份:河南省
所属行业:非金属矿物制品业;
第 193 名:龙信建设集团有限公司
营业收入:501.4875 亿元
省份:江苏省
所属行业:房屋建筑业;
第 194 名:汇通达网络股份有限公司
营业收入:501.2072 亿元
省份:江苏省
所属行业:互联网和相关服务;
第 195 名:六安钢铁控股集团有限公司
营业收入:499.0002 亿元
省份:安徽省
所属行业:黑色金属冶炼和压延加工业;
第 196 名:郑州中瑞实业集团有限公司
营业收入:498.1717 亿元
省份:河南省
所属行业:商务服务业;
第 197 名:威高集团有限公司
营业收入:497.8281 亿元
省份:山东省
所属行业:医药制造业;
第 198 名:山东泰山钢铁集团有限公司
营业收入:497.4172 亿元
省份:山东省
所属行业:黑色金属冶炼和压延加工业;
第 199 名:江苏南通六建建设集团有限公司
营业收入:491.8672 亿元
省份:江苏省
所属行业:房屋建筑业;
第 200 名:江西正邦科技股份有限公司
营业收入:491.663 亿元
省份:江西省
所属行业:畜牧业;
第 201 名:山东九羊集团有限公司
营业收入:490.7189 亿元
省份:山东省
所属行业:黑色金属冶炼和压延加工业;
第 202 名:三盛集团有限公司
营业收入:488.7874 亿元
省份:福建省
所属行业:房地产业;
第 203 名:河北天山实业集团有限公司
营业收入:485.8162 亿元
省份:河北省
所属行业:房地产业;
第 204 名:浙江明日控股集团股份有限公司
营业收入:485.4778 亿元
省份:浙江省
所属行业:零售业;
第 205 名:融信(福建)投资集团有限公司
营业收入:485.4412 亿元
省份:福建省
所属行业:房地产业;
第 206 名:天津友发钢管集团股份有限公司
营业收入:484.187 亿元
省份:天津市
所属行业:金属制品业;
第 207 名:欧菲光集团股份有限公司
营业收入:483.497 亿元
省份:广东省
所属行业:计算机、通信和其他电子设备制造业;
第 208 名:三河汇福粮油集团有限公司
营业收入:481.5435 亿元
省份:河北省
所属行业:农副食品加工业;
第 209 名:宁波均胜电子股份有限公司
营业收入:478.8984 亿元
省份:浙江省
所属行业:汽车制造业;
第 210 名:中通快递股份有限公司
营业收入:471.8996 亿元

省份:上海市
所属行业:邮政业;
第211名:人民电器集团有限公司
营业收入:469.6591亿元
省份:浙江省
所属行业:电气机械和器材制造业;
第212名:通州建总集团有限公司
营业收入:468.635亿元
省份:江苏省
所属行业:房屋建筑业;
第213名:河北文丰钢铁有限公司
营业收入:468.3338亿元
省份:河北省
所属行业:黑色金属冶炼和压延加工业;
第214名:明阳新能源投资控股集团有限公司
营业收入:462.682亿元
省份:广东省
所属行业:通用设备制造业;
第215名:重庆中昂投资集团有限公司
营业收入:462.4605亿元
省份:重庆市
所属行业:房地产业;
第216名:远景能源有限公司
营业收入:455.5397亿元
省份:江苏省
所属行业:通用设备制造业;
第217名:山东创新金属科技有限公司
营业收入:455.1359亿元
省份:山东省
所属行业:有色金属冶炼和压延加工业;
第218名:心里程控股集团有限公司
营业收入:453.8097亿元
省份:广东省
所属行业:计算机、通信和其他电子设备制造业;
第219名:东方润安集团有限公司
营业收入:453.7856亿元
省份:江苏省
所属行业:黑色金属冶炼和压延加工业;
第220名:浙江中成控股集团有限公司
营业收入:453.5824亿元
省份:浙江省
所属行业:房屋建筑业;
第221名:四川德胜集团钒钛有限公司
营业收入:452.1138亿元
省份:四川省
所属行业:黑色金属冶炼和压延加工业;
第222名:通鼎集团有限公司
营业收入:451.1879亿元
省份:江苏省
所属行业:计算机、通信和其他电子设备制造业;
第223名:雪松大宗商品供应链集团有限公司
营业收入:446.4238亿元
省份:广东省
所属行业:商务服务业;
第224名:齐成(山东)石化集团有限公司
营业收入:441.7152亿元
省份:山东省
所属行业:石油、煤炭及其他燃料加工业;
第225名:山东汇丰石化集团有限公司
营业收入:441.5001亿元
省份:山东省
所属行业:石油、煤炭及其他燃料加工业;
第226名:山东渤海实业股份有限公司
营业收入:439.8565亿元
省份:山东省
所属行业:农副食品加工业;
第227名:杭州娃哈哈集团有限公司
营业收入:439.8203亿元
省份:浙江省
所属行业:酒、饮料和精制茶制造业;
第228名:福建省金纶高纤股份有限公司
营业收入:437.5495亿元
省份:福建省
所属行业:化学纤维制造业;
第229名:远东控股集团有限公司
营业收入:434.9782亿元
省份:江苏省
所属行业:综合;
第230名:迁安市九江线材有限责任公司
营业收入:434.3708亿元
省份:河北省
所属行业:黑色金属冶炼和压延加工业;
第231名:荣民控股集团有限公司
营业收入:433.0564亿元
省份:陕西省
所属行业:综合;

第 232 名：山东金岭集团有限公司
营业收入：430.2881 亿元
省份：山东省
所属行业：化学原料和化学制品制造业；
第 233 名：步步高集团
营业收入：430.2278 亿元
省份：湖南省
所属行业：零售业；
第 234 名：宏旺投资集团有限公司
营业收入：430.1255 亿元
省份：广东省
所属行业：黑色金属冶炼和压延加工业；
第 235 名：富海集团新能源控股有限公司
营业收入：428.5114 亿元
省份：山东省
所属行业：石油、煤炭及其他燃料加工业；
第 236 名：广东圣丰集团有限公司
营业收入：428.3326 亿元
省份：广东省
所属行业：橡胶和塑料制品业；
第 237 名：西王集团有限公司
营业收入：426.369 亿元
省份：山东省
所属行业：农副食品加工业；
第 238 名：金澳科技（湖北）化工有限公司
营业收入：425.6735 亿元
省份：湖北省
所属行业：石油、煤炭及其他燃料加工业；
第 239 名：宁波富邦控股集团有限公司
营业收入：421.7583 亿元
省份：浙江省
所属行业：综合；
第 240 名：山东金诚石化集团有限公司
营业收入：421.0501 亿元
省份：山东省
所属行业：石油、煤炭及其他燃料加工业；
第 241 名：重庆新鸥鹏企业（集团）有限公司
营业收入：415.024 亿元
省份：重庆市
所属行业：房地产业；
第 242 名：金浦投资控股集团有限公司
营业收入：414.9067 亿元
省份：江苏省
所属行业：化学原料和化学制品制造业；
第 243 名：云账户技术（天津）有限公司
营业收入：414.0397 亿元
省份：天津市
所属行业：商务服务业；
第 244 名：天茂实业集团股份有限公司
营业收入：412.0041 亿元
省份：湖北省
所属行业：保险业；
第 245 名：深圳金雅福控股集团有限公司
营业收入：410.2225 亿元
省份：广东省
所属行业：商务服务业；
第 246 名：法尔胜泓昇集团有限公司
营业收入：409.8826 亿元
省份：江苏省
所属行业：金属制品业；
第 247 名：佛山市兴海铜铝业有限公司
营业收入：407.1246 亿元
省份：广东省
所属行业：批发业；
第 248 名：北京蓝色光标数据科技股份有限公司
营业收入：405.2689 亿元
省份：北京市
所属行业：商务服务业；
第 249 名：森马集团有限公司
营业收入：405.1223 亿元
省份：浙江省
所属行业：纺织服装、服饰业；
第 250 名：四川科伦实业集团有限公司
营业收入：404.2711 亿元
省份：四川省
所属行业：医药制造业；
第 251 名：山东科达集团有限公司
营业收入：404.1564 亿元
省份：山东省
所属行业：土木工程建筑业；
第 252 名：石药控股集团有限公司
营业收入：403.5608 亿元
省份：河北省
所属行业：医药制造业；
第 253 名：江苏扬子江船业集团
营业收入：402.6258 亿元

省份:江苏省
所属行业:铁路、船角、航空航天和其他运输设备制造;
第 254 名:双良集团有限公司
营业收入:398.3063 亿元
省份:江苏省
所属行业:专用设备制造业;
第 255 名:山东清源集团有限公司
营业收入:397.1183 亿元
省份:山东省
所属行业:石油、煤炭及其他燃料加工业;
第 256 名:江苏阳光集团有限公司
营业收入:396.1174 亿元
省份:江苏省
所属行业:纺织业;
第 257 名:卧龙控股集团有限公司
营业收入:395.8745 亿元
省份:浙江省
所属行业:电气机械和器材制造业;
第 258 名:鲁丽集团有限公司
营业收入:395.7637 亿元
省份:山东省
所属行业:黑色金属治炼和压延加工业;
第 259 名:浙江新湖集团股份有限公司
营业收入:395.3226 亿元
省份:浙江省
所属行业:综合;
第 260 名:石横特钢集团有限公司
营业收入:394.2296 亿元
省份:山东省
所属行业:黑色金属治炼和压延加工业;
第 261 名:雅迪科技集团有限公司
营业收入:393.4437 亿元
省份:江苏省
所属行业:铁路、船舶、航空航天和其他运输设备制造;
第 262 名:盛屯矿业集团股份有限公司
营业收入:392.3619 亿元
省份:福建省
所属行业:有色金属矿采选业;
第 263 名:金田阳光投资集团有限公司
营业收入:391.7619 亿元
省份:浙江省
所属行业:商务服务业;
第 264 名:澳洋集团有限公司
营业收入:391.6403 亿元
省份:江苏省
所属行业:纺织业;
第 265 名:山河控股集团有限公司
营业收入:391.3243 亿元,
省份:湖北省
所属行业:房屋建筑业;
第 266 名:山东鲁花集团有限公司
营业收入:390.3065 亿元
省份:山东省
所属行业:食品制造业;
第 267 名:江苏天工工具有限公司
营业收入:388.5141 亿元
省份:江苏省
所属行业:黑色金属治炼和压延加工业;
第 268 名:河北千喜鹤饮食股份有限公司
营业收入:387.2674 亿元
省份:河北省
所属行业:餐饮业;
第 269 名:江苏中利控股集团有限公司
营业收入:386.2221 亿元
省份:江苏省
所属行业:电气机械和器材制造业;
第 270 名:帝海投资控股集团有限公司
营业收入:385.3969 亿元
省份:北京市
所属行业:房地产业;
第 271 名:广州市时代控股集团有限公司
营业收入:382.239 亿元
省份:广东省
所属行业:房地产业;
第 272 名:北京运通国融投资集团有限公司
营业收入:380.7672 亿元
省份:北京市
所属行业:零售业;
第 273 名:得力集团有限公司
营业收入:380.4946 亿元
省份:浙江省
所属行业:文教、工美、体育和娱乐用品制造业;
第 274 名:江苏江润铜业有限公司
营业收入:380.3819 亿元
省份:江苏省
所属行业:金属制品业;

第 275 名:舜宇集团有限公司
营业收入:380.0177 亿元
省份:浙江省
所属行业:计算机、通信和其他电子设备制造业;
第 276 名:重庆市博赛矿业(集团)有限公司
营业收入:378.8251 亿元
省份:重庆市
所属行业:有色金属冶炼和压延加工业;
第 277 名:浙江宝业建设集团有限公司
营业收入:377.9438 亿元
省份:浙江省
所属行业:房屋建筑业;
第 278 名:深圳传音控股股份有限公司
营业收入:377.9189 亿元
省份:广东省
所属行业:计算机、通信和其他电子设备制造业;
第 279 名:郑州宇通企业集团
营业收入:374.8355 亿元
省份:河南省
所属行业:汽车制造业;
第 280 名:东营齐润化工有限公司
营业收入:373.8045 亿元
省份:山东省
所属行业:石油、煤炭及其他燃料加工业;
第 281 名:俊发集团有限公司
营业收入:373.1537 亿元
省份:云南省
所属行业:房地产业;
第 282 名:天津亿联控股集团有限公司
营业收入:370.1796 亿元
省份:天津市
所属行业:房地产业;
第 283 名:山西潞宝集团
营业收入:369.2541 亿元
省份:山西省
所属行业:石油、煤炭及其他燃料加工业;
第 284 名:重庆市中科控股有限公司
营业收入:367.4382 亿元
省份:重庆市
所属行业:土木工程建筑业;
第 285 名:湖南五江控股集团有限公司
营业收入:362.5615 亿元
省份:湖南省
所属行业:金属制品业;
第 286 名:新华锦集团
营业收入:361.6207 亿元
省份:山东省
所属行业:批发业;
第 287 名:正荣地产控股股份有限公司
营业收入:361.2609 亿元
省份:福建省
所属行业:房地产业;
第 288 名:创维集团有限公司
营业收入:358.6162 亿元
省份:广东省
所属行业:计算机、通信和其他电子设备制造业;
第 289 名:华勤橡胶工业集团有限公司
营业收入:357.1859 亿元
省份:山东省
所属行业:橡胶和塑料制品业;
第 290 名:河北大柱钢铁集团有限公司
营业收入:356.867 亿元
省份:河北省
所属行业:黑色金属冶炼和压延加工业;
第 291 名:东莞华贝电子科技有限公司
营业收入:355.3117 亿元
省份:广东省
所属行业:计算机、通信和其他电子设备制造业;
第 292 名:安踏体育用品集团有限公司
营业收入:355.12 亿元
省份:福建省
所属行业:皮革、毛皮、羽毛及其制品和制鞋业;
第 293 名:内蒙古伊泰集团有限公司
营业收入:351.7772 亿元
省份:内蒙古自治区
所属行业:煤炭开采和洗选业;
第 294 名:利时集团股份有限公司
营业收入:351.7263 亿元
省份:浙江省
所属行业:橡胶和塑料制品业;
第 295 名:江苏大明金属制品有限公司
营业收入:351.013 亿元
省份:江苏省
所属行业:金属制品业;
第 296 名:建华建材(中国)有限公司
营业收入:350.9414 亿元

省份:江苏省
所属行业:其他制造业;
第297名:金发科技股份有限公司
营业收入:350.6117亿元
省份:广东省
所属行业:橡胶和塑料制品业;
第298名:河北鑫海控股集团有限公司
营业收入:350.3626亿元
省份:河北省
所属行业:石油、煤炭及其他燃料加工业;
第299名:山西晋南钢铁集团有限公司
营业收入:350.172亿元
省份:山西省
所属行业:黑色金属冶炼和压延加工业;
第300名:圆通速递股份有限公司
营业收入:349.0704亿元
省份:上海市
所属行业:邮政业;
第301名:山西建邦集团有限公司
营业收入:348.0273亿元
省份:山西省
所属行业:黑色金属冶炼和压延加工业;
第302名:浙江升华控股集团有限公司
营业收入:346.4045亿元
省份:浙江省
所属行业:化学原料和化学制品制造业;
第303名:山东寿光鲁清石化有限公司
营业收入:346.0001亿元
省份:山东省
所属行业:石油、煤炭及其他燃料加工业;
第304名:江苏金峰水泥集团有限公司
营业收入:340.7848亿元
省份:江苏省
所属行业:非金属矿物制品业;
第305名:振石控股集团有限公司
营业收入:340.2332亿元
省份:浙江省
所属行业:商务服务业;
第306名:潍坊恒信建设集团有限公司
营业收入:339.5088亿元
省份:山东省
所属行业:房地产业;
第307名:贵州通源集团
营业收入:338.8682亿元
省份:贵州省
所属行业:零售业;
第308名:华东医药股份有限公司
营业收入:336.8306亿元
省份:浙江省
所属行业:医药制造业;
第309名:攀华集团有限公司
营业收入:336.3066亿元
省份:江苏省
所属行业:金属制品业;
第310名:华峰集团有限公司
营业收入:336.257亿元
省份:浙江省
所属行业:化学原料和化学制品制造业;
第311名:重庆协信控股(集团)有限公司
营业收入:335.8781亿元
省份:重庆市
所属行业:房地产业;
第312名:上海韵达货运有限公司
营业收入:335.0042亿元
省份:浙江省
所属行业:邮政业;
第313名:五得利面粉集团有限公司
营业收入:332.8399亿元
省份:河北省
所属行业:农副食品加工业;
第314名:文一投资控股集团
营业收入:332.7056亿元
省份:安徽省
所属行业:房地产业;
第315名:华南物资集团有限公司
营业收入:331.0915亿元
省份:重庆市
所属行业:批发业;
第316名:波司登股份有限公司
营业收入:328.8516亿元
省份:江苏省
所属行业:纺织服装、服饰业;
第317名:永鼎集团有限公司
营业收入:328.7071亿元
省份:江苏省
所属行业:计算机、通信和其他电子设备制造业;

第 318 名:天津华北集团有限公司
营业收入:328.4748 亿元
省份:天津市
所属行业:有色金属冶炼和压延加工业;
第 319 名:重庆小康控股有限公司
营业收入:327.6438 亿元
省份:重庆市
所属行业:汽车制造业;
第 320 名:三花控股集团有限公司
营业收入:327.4796 亿元
省份:浙江省
所属行业:通用设备制造业;
第 321 名:花园集团有限公司
营业收入:326.7598 亿元
省份:浙江省
所属行业:综合;
第 322 名:广西南丹南方金属有限公司
营业收入:326.6685 亿元
省份:广西壮族自治区
所属行业:有色金属冶炼和压延加工业;
第 323 名:深圳市铜锣湾商业发展有限公司
营业收入:325.2189 亿元
省份:广东省
所属行业:房地产业;
第 324 名:江苏沃得机电集团有限公司
营业收入:322.7795 亿元
省份:江苏省
所属行业:通用设备制造业;
第 325 名:太平鸟集团有限公司
营业收入:322.7611 亿元
省份:浙江省
所属行业:商务服务业;
第 326 名:宁波申洲针织有限公司
营业收入:322.2441 亿元
省份:浙江省
所属行业:纺织服装、服饰业;
第 327 名:伟星集团有限公司
营业收入:320.4167 亿元
省份:浙江省
所属行业:其他制造业;
第 328 名:上海均瑶(集团)有限公司
营业收入:319.2953 亿元
省份:上海市
所属行业:综合;
第 329 名:苏州金螳螂企业(集团)有限公司
营业收入:319.2217 亿元
省份:江苏省
所属行业:建筑装饰、装修和其他建筑业;
第 330 名:河北新武安钢铁集团烘熔钢铁有限公司
营业收入:319.0441 亿元
省份:河北省
所属行业:黑色金属冶炼和压延加工业;
第 331 名:道恩集团有限公司
营业收入:318.4087 亿元
省份:山东省
所属行业:综合;
第 332 名:河北新武安钢铁集团鑫汇冶金有限公司
营业收入:318.1759 亿元
省份:河北省
所属行业:黑色金属冶炼和压延加工业;
第 333 名:杭州东恒石油有限公司
营业收入:317.8373 亿元
省份:浙江省
所属行业:批发业;
第 334 名:浙江龙盛控股有限公司
营业收入:317.6536 亿元
省份:浙江省
所属行业:化学原料和化学制品制造业;
第 335 名:河北兴华钢铁有限公司
营业收入:317.6396 亿元
省份:河北省
所属行业:黑色金属冶炼和压延加工业;
第 336 名:家家悦控股集团股份有限公司
营业收入:316.0326 亿元
省份:山东省
所属行业:零售业;
第 337 名:华芳集团有限公司
营业收入:315.0194 亿元
省份:江苏省
所属行业:纺织业;
第 338 名:浙江元立金属制品集团有限公司
营业收入:314.9802 亿元
省份:浙江省
所属行业:金属制品业;
第 339 名:北京学而思教育科技有限公司
营业收入:314.706 亿元

省份:北京市
所属行业:互联网和相关服务;
第340名:西子联合控股有限公司
营业收入:312.8623亿元
省份:浙江省
所属行业:专用设备制造业;
第341名:福星集团控股有限公司
营业收入:310.9076亿元
省份:湖北省
所属行业:综合;
第342名:河北诚信集团有限公司
营业收入:310.5712亿元
省份:河北省
所属行业:化学原料和化学制品制造业;
第343名:济源市万洋冶炼(集团)有限公司
营业收入:309.9762亿元
省份:河南省
所属行业:有色金属冶炼和压延加工业;
第344名:武汉市金马凯旋家具投资有限公司
营业收入:309.2297亿元
省份:湖北省
所属行业:综合;
第345名:万通海欣控股集团股份有限公司
营业收入:308.5453亿元
省份:山东省
所属行业:石油、煤炭及其他燃料加工业;
第346名:浙江东南网架集团有限公司
营业收入:308.5396亿元
省份:浙江省
所属行业:金属制品业;
第347名:河南正商企业发展集团有限责任公司
营业收入:307.1123亿元
省份:河南省
所属行业:房地产业;
第348名:亚厦控股有限公司
营业收入:306.7738亿元
省份:浙江省
所属行业:建筑装饰、装修和其他建筑业;
第349名:香驰控股有限公司
营业收入:306.0157亿元
省份:山东省
所属行业:农副食品加工业;
第350名:河南金利金铅集团有限公司
营业收入:304.894亿元
省份:河南省
所属行业:有色金属冶炼和压延加工业;
第351名:江苏江都建设集团有限公司
营业收入:304.6192亿元
省份:江苏省
所属行业:房屋建筑业;
第352名:深圳市信利康供应链管理有限公司
营业收入:304.4375亿元
省份:广东省
所属行业:商务服务业;
第353名:南通化工轻工股份有限公司
营业收入:304.1959亿元
省份:江苏省
所属行业:批发业;
第354名:山东东方华龙工贸集团有限公司
营业收入:303.6502亿元
省份:山东省
所属行业:石油、煤炭及其他燃料加工业;
第355名:山东中海化工集团有限公司
营业收入:303.5591亿元
省份:山东省
所属行业:石油、煤炭及其他燃料加工业;
第356名:奥德集团有限公司
营业收入:303.0466亿元
省份:山东省
所属行业:燃气生产和供应业;
第357名:江阴长三角钢铁集团有限公司
营业收入:302.8876亿元
省份:江苏省
所属行业:批发业;
第358名:月星集团有限公司
营业收入:302.1932亿元
省份:上海市
所属行业:综合;
第359名:天津天士力大健康产业投资集团有限公司
营业收入:301.6187亿元
省份:天津市
所属行业:医药制造业;
第360名:万丰奥特控股集团有限公司
营业收入:301.1647亿元
省份:浙江省
所属行业:汽车制造业;

第361名:百世物流科技(中国)有限公司
营业收入:299.9503亿元
省份:浙江省
所属行业:邮政业;
第362名:腾达建设集团股份有限公司
营业收入:299.0342亿元
省份:浙江省
所属行业:建筑安装业;
第363名:鸿翔控股集团有限公司
营业收入:298.3217亿元
省份:浙江省
所属行业:房屋建策业;
第364名:合景泰富集团控股有限公司
营业收入:297.4206亿元
省份:广东省
所属行业:房地产业;
第365名:北京爱奇艺科技有限公司
营业收入:297.0722亿元
省份:北京市
所属行业:软件和信息技术服务业;
第366名:欣旺达电子股份有限公司
营业收入:296.9231亿元
省份:广东省
所属行业:计算机、通信和其他电了设备制造业;
第367名:方同舟控股有限公司
营业收入:296.0972亿元
省份:北京市
所属行业:综合;
第368名:广州市方圈房地产发展有限公司
营业收入:294.1845亿元
省份:广东省
所属行业:房地产业;
第369名:天合光能股份有限公司
营业收入:294.1797亿元
省份:江苏省
所属行业:电气机械和器材制造业;
第370名:东华能源股份有限公司
营业收入:290.8175亿元
省份:江苏省
所属行业:批发业;
第371名:迪信通科技集团有限公司
营业收入:290.6224亿元
省份:北京市
所属行业:零售业;
第372名:金剧控股集团有限公司
营业收入:289.1226亿元
省份:安徽省
所属行业:综合;
第373名:程力汽车集团股份有限公司
营业收入:288.7906亿元
省份:湖北省
所属行业:汽车制造业;
第374名:山东垦利石化集团有限公司
营业收入:287.7844亿元
省份:山东省
所属行业:石油、煤炭及其他燃料加工业;
第375名:中国万向控股有限公司
营业收入:287.2934亿元
省份:上海市
所属行业:综合;
第376名:江苏江中集团有限公司
营业收入:286.8769亿元
省份:江苏省
所属行业:房屋建筑业;
第377名:新八建设集团有限公司
营业收入:286.4254亿元
省份:湖北省
所属行业:房屋建筑业;
第378名:杭州滨江房产集团股份有限公司
营业收入:285.968亿元
省份:浙江省
所属行业:房地产业;
第379名:源山投资控股有限公司
营业收入:285.4553亿元
省份:上海市
所属行业:综合;
第380名:江西博能实业集团有限公司
营业收入:283.8724亿元
省份:江西省
所属行业:金属制品业;
第381名:万洋集团有限公司
营业收入:283.649亿元
省份:浙江省
所属行业:房屋建筑业;
第382名:和润集团有限公司
营业收入:282.7636亿元

省份:浙江省
所属行业:农副食品加工业;
第 383 名:美欣达集团有限公司
营业收入:281.7919 亿元
省份:浙江省
所属行业:废弃资源综合利用业;
第 384 名:江西东旭投资集团有限公司
营业收入:281.6236 亿元
省份:江西省
所属行业:综合;
第 385 名:广东领益智造股份有限公司
营业收入:281.4255 亿元
省份:广东省
所属行业:计算机、通信和其他电子设备制造业;
第 386 名:新七建设集团有限公司
营业收入:281.0571 亿元
省份:湖北省
所属行业:房屋建筑业;
第 387 名:苏州东山精密制造股份有限公司
营业收入:280.934 亿元
省份:江苏省
所属行业:计算机、通信和其他电子设备制造业;
第 388 名:广东联塑科技实业有限公司
营业收入:280.7306 亿元
省份:广东省
所属行业:橡胶和塑料制品业;
第 389 名:浙江方远控股集团有限公司
营业收入:280.6528 亿元
省份:浙江省
所属行业:综合;
第 390 名:海外海集团有限公司
营业收入:278.1712 亿元
省份:浙江省
所属行业:前务服务业;
第 391 名:天洁集团有限公司
营业收入:277.6942 亿元
省份:浙江省
所属行业:专用设备制造业;
第 392 名:华立集团股份有限公司
营业收入:277.5838 亿元
省份:浙江省
所属行业:综合;
第 393 名:红星美凯龙控股集团有限公司
营业收入:277.5457 亿元
省份:上海市
所属行业:综合;
第 394 名:江苏恒瑞医药股份有限公司
营业收入:277.346 亿元
省份:江苏省
所属行业:医药制造业;
第 395 名:华泽集团有限公司
营业收入:277.1707 亿元
省份:湖南省
所属行业:酒、饮料和精制茶制造业;
第 396 名:河北鑫达钢铁集团有限公司
营业收入:277.0306 亿元
省份:河北省
所属行业:黑色金属冶炼和压延加工业;
第 397 名:日照兴业集团有限公司
营业收入:276.4782 亿元
省份:山东省
所属行业:综合;
第 398 名:浙江协和集团有限公司
营业收入:276.0507 亿元
省份:浙江省
所属行业:金属制品业;
第 399 名:德邦物流股份有限公司
营业收入:275.0344 亿元
省份:上海市
所属行业:邮政业;
第 400 名:致远控股集团有限公司
营业收入:275.0255 亿元
省份:浙江省
所属行业:废弃资源综合利用业;
第 401 名:江苏国强镀锌实业有限公司
营业收入:274.8437 亿元
省份:江苏省
所属行业:金属制品业;
第 402 名:常熟市龙腾特种钢有限公司
营业收入:273.8731 亿元
省份:江苏省
所属行业:黑色金属冶炼和压延加工业;
第 403 名:江苏省镇鑫钢铁集团有限公司
营业收入:273.4481 亿元
省份:江苏省
所属行业:黑色金属冶炼和压延加工业;

第 404 名:中亿丰建设集团股份有限公司
营业收入:272.0999 亿元
省份:江苏省
所属行业:房屋建筑业;
第 405 名:瑞康医药集团股份有限公司
营业收入:272.0388 亿元
省份:山东省
所属行业:批发业;
第 406 名:新十建设集团有限公司
营业收入:271.5644 亿元
省份:湖北省
所属行业:房屋建筑业;
第 407 名:广东海伦堡地产集团有限公司
营业收入:271.4874 亿元
省份:广东省
所属行业:房地产业;
第 408 名:武汉当代科技产业集团股份有限公司
营业收入:271.4402 亿元
省份:湖北省
所属行业:医药制造业;
第 409 名:利群集团股份有限公司
营业收入:271.2631 亿元
省份:山东省
所属行业:零售业;
第 410 名:浙江富春江通信集团有限公司
营业收入:270.1823 亿元
省份:浙江省
所属行业:计算机、通信和其他电子设备制造业;
第 411 名:奥盛集团有限公司
营业收入:269.7786 亿元
省份:上海市
所属行业:其他制造业;
第 412 名:宁波博洋控股集团有限公司
营业收入:267.7358 亿元
省份:浙江省
所属行业:纺织业;
第 413 名:西子国际控股有限公司
营业收入:266.7079 亿元
省份:浙江省
所属行业:通用设备制造业;
第 414 名:名城控股集团有限公司
营业收入:265.7086 亿元
省份:福建省
所属行业:房地产业;
第 415 名:泰地控股集团有限公司
营业收入:265.3581 亿元
省份:浙江省
所属行业:装卸搬运和仓储业;
第 416 名:法派服饰股份有限公司
营业收入:265.102 亿元
省份:浙江省
所属行业:纺织服装、服饰业;
第 417 名:广州中色物联网有限公司
营业收入:265.0004 亿元
省份:广东省
所属行业:批发业;
第 418 名:新疆生产建设兵团第八师天山铝业公司
营业收入:264.8108 亿元
省份:新疆生产建设兵团
所属行业:有色金属冶炼和压延加工业;
第 419 名:浙江大华技术股份有限公司
营业收入:264.6596 亿元
省份:浙江省
所属行业:软件和信息技术服务业;
第 420 名:中哲控股集团有限公司
营业收入:264.1275 亿元
省份:浙江省
所属行业:纺织服装、服饰业;
第 421 名:齐鲁制药集团有限公司
营业收入:263.587 亿元
省份:山东省
所属行业:医药制造业;
第 422 名:兴惠化纤集团有限公司
营业收入:263.2223 亿元
省份:浙江省
所属行业:纺织业;
第 423 名:重庆谊品弘科技有限公司
营业收入:263.0894 亿元
省份:重庆市
所属行业:零售业;
第 424 名:民生人寿保险股份有限公司
营业收入:262.0718 亿元
省份:北京市
所属行业:保险业;
第 425 名:邯郸正大制管集团股份有限公司
营业收入:261.3111 亿元

省份:河北省
所属行业:黑色金属冶炼和压延加工业;
第426名:大亚科技集团有限公司
营业收入:260.7501亿元
省份:江苏省
所属行业:木材加工和木、竹、藤、棕、草制品业;
第427名:江苏吴中集团有限公司
营业收入:260.7102亿元
省份:江苏省
所属行业:综合;
第428名:江西济民可信集团有限公司
营业收入:259.6233亿元
省份:江西省
所属行业:医药制造业;
第429名:德华集团控股股份有限公司
营业收入:258.6811亿元
省份:浙江省
所属行业:木材加工和木、竹、藤、棕、草制品业;
第430名:晶澳太阳能科技股份有限公司
营业收入:258.4652亿元
省份:河北省
所属行业:电气机械和器材制造业;
第431名:胜达集团有限公司
营业收入:258.1679亿元
省份:浙江省
所属行业:造纸和纸制品业;
第432名:合肥维天运通信息科技股份有限公司
营业收入:257.6226亿元
省份:安徽省
所属行业:互联网和相关服务;
第433名:震雄钢业集团有限公司
营业收入:257.0876亿元
省份:江苏省
所属行业:有色金属冶炼和压延加工业;
第434名:江苏中超投资集团有限公司
营业收入:256.808亿元
省份:江苏省
所属行业:电气机械和器材制造业;
第435名:江苏万帮金之星车业投资集团有限公司
营业收入:256.3424亿元
省份:江苏省
所属行业:零售业;
第436名:正黄集团有限公司
营业收入:256.1287亿元
省份:四川省
所属行业:房地产业;
第437名:广州华多网络科技有限公司
营业收入:255.9318亿元
省份:广东省
所属行业:软件和信息技术服务业;
第438名:宁夏宝丰集团有限公司
营业收入:255.6702亿元
省份:宁夏回族自治区
所属行业:化学原料和化学制品制造业;
第439名:山西晋城钢铁控股集团有限公司
营业收入:255.4951亿元
省份:山西省
所属行业:黑色金属冶炼和压延加工业;
第440名:广西费港钢铁集团有限公司
营业收入:255.1834亿元
省份:广西壮族自治区
所属行业:黑色金属冶炼和压延加工业;
第441名:骆驼集团股份有限公司
营业收入:255.046亿元
省份:湖北省
所属行业:电气机械和器材制造业;
第442名:三宝集团股份有限公司
营业收入:254.9969亿元
省份:福建省
所属行业:黑色金属冶炼和压延加工业;
第443名:成都蛟龙港
营业收入:254.5036亿元
省份:四川省
所属行业:综合;
第444名:福建三安集团有限公司
营业收入:254.0036亿元
省份:福建省
所属行业:其他制造业;
第445名:兴达投资集团有限公司
营业收入:253.487亿元
省份:江苏省
所属行业:化学原料和化学制品制造业;
第446名:浙江中南建设集团有限公司
营业收入:252.5758亿元
省份:浙江省
所属行业:房屋建筑业;

第 447 名:合众人寿保险股份有限公司
营业收入:252.2813 亿元
省份:湖北省
所属行业:保险业;
第 448 名:福信集团有限公司
营业收入:252.0871 亿元
省份:福建省
所属行业:综合;
第 449 名:广州立白凯控股有限公司
营业收入:251.853 亿元
省份:广东省
所属行业:化学原料和化学制品制造业;
第 450 名:大华(集团)有限公司
营业收入:251.3157 亿元
省份:上海市
所属行业:房地产业;
第 451 名:南京新华海科技产业集团有限公司
营业收入:251.0405 亿元
省份:江苏省
所属行业:批发业;
第 452 名:南京金鹰国际集团有限公司
营业收入:250.6571 亿元
省份:江苏省
所属行业:综合;
第 453 名:中如建工集团有限公司
营业收入:250.0848 亿元
省份:江苏省
所属行业:房屋建筑业;
第 454 名:山鹰国际控股股份公司
营业收入:249.6915 亿元
省份:安徽省
所属行业:造纸和纸制品业;
第 455 名:山东永鑫能源集团有限公司
营业收入:249.2333 亿元
省份:山东省
所属行业:石油、煤炭及其他燃料加工业;
第 456 名:雅鹿集团股份有限公司
营业收入:249.1301 亿元
省份:江苏省
所属行业:纺织服装、服饰业;
第 457 名:大自然钢业集团有限公司
营业收入:248.5861 亿元
省份:浙江省
所属行业:黑色金属冶炼和压延加工业;
第 458 名:深圳理士电源发展有限公司
营业收入:248.5143 亿元
省份:广东省
所属行业:电气机械和器材制造业;
第 459 名:广州美涂士投资控股有限公司
营业收入:247.5387 亿元
省份:广东省
所属行业:化学原料和化学制品制造业;
第 460 名:长江润发售团有限公司
营业收入:247.3139 亿元
省份:江苏省
所属行业:医药制造业;
第 461 名:江阴市金桥化工有限公司
营业收入:247.2219 亿元
省份:江苏省
所属行业:批发业;
第 462 名:淄博齐翔腾达化工股份有限公司
营业收入:246.8592 亿元
省份:山东省
所属行业:化学原料和化学制品制造业;
第 463 名:江苏三木集团有限公司
营业收入:246.6685 亿元
省份:江苏省
所属行业:化学原料和化学制品制造业;
第 464 名:广东格兰仕集团有限公司
营业收入:246.4602 亿元
省份:广东省
所属行业:电气机械和器材制造业;
第 465 名:江苏西城三联控股集团有限公司
营业收入:245.9365 亿元
省份:江苏省
所属行业:黑色金属冶炼和压延加工业;
第 466 名:东方恒信资本控股集团有限公司
营业收入:245.8251 亿元
省份:江苏省
所属行业:综合;
第 467 名:四联创业集团股份有限公司
营业收入:245.5046 亿元
省份:北京市
所属行业:批发业;
第 468 名:河南济源钢铁(集团)有限公司
营业收入:245.2762 亿元

省份:河南省
所属行业:黑色金属冶炼和压延加工业;
第 469 名:纳爱斯集团有限公司
营业收入:245.2551 亿元
省份:浙江省
所属行业:其他制造业;
第 470 名:亿利资源集团有限公司
营业收入:244.8612 亿元
省份:内蒙古自治区
所属行业:综合;
第 471 名:新阳科技集团
营业收入:243.6694 亿元
省份:江苏省
所属行业:化学原料和化学制品制造业;
第 472 名:无锡市不锈钢电子交易中心有限公司
营业收入:243.3146 亿元
省份:江苏省
所属行业:批发业;
第 473 名:青岛世纪瑞丰集团有限公司
营业收入:243.2325 亿元
省份:山东省
所属行业:批发业;
第 474 名:浙江宝利德股份有限公司
营业收入:242.7341 亿元
省份:浙江省
所属行业:其他服务业;
第 475 名:江苏东渡纺织集团有限公司
营业收入:242.5625 亿元
省份:江苏省
所属行业:纺织服装、服饰业;
第 476 名:广东省联泰集团有限公司
营业收入:242.4088 亿元
省份:广东省
所属行业:土木工程建筑业;
第 477 名:浙江国泰建设集团有限公司
营业收入:242.0148 亿元
省份:浙江省
所属行业:房屋建筑业;
第 478 名:阿特斯阳光电力集团有限公司
营业收入:241.9 亿元
省份:江苏省
所属行业:电气机械和器材制造业;
第 479 名:奥康集团有限公司
营业收入:241.0288 亿元
省份:浙江省
所属行业:皮革、毛皮、羽毛及其制品和制鞋业;
第 480 名:山东龙大肉食品股份有限公司
营业收入:241.0164 亿元
省份:山东省
所属行业:农副食品加工业;
第 481 名:小鼎能源有限公司
营业收入:240.9909 亿元
省份:浙江省
所属行业:批发业;
第 482 名:江南集团有限公司
营业收入:240.68 亿元
省份:江苏省
所属行业:电气机械和器材制造业;
第 483 名:今麦郎投资有限公司
营业收入:240.4289 亿元
省份:河北省
所属行业:食品制造业;
第 484 名:恒尊集团有限公司
营业收入:240.0891 亿元
省份:浙江省
所属行业:房屋建筑业;
第 485 名:无锡新三洲特钢有限公司
营业收入:239.9839 亿元
省份:江苏省
所属行业:黑色金属冶炼和压延加工业;
第 486 名:南通建工集团股份有限公司
营业收入:239.896 亿元
省份:江苏省
所属行业:房屋建筑业;
第 487 名:河南金汇不锈钢产业集团有限公司
营业收入:239.6455 亿元
省份:河南省
所属行业:废弃资源综合利用业;
第 488 名:新星宇建设集团有限公司
营业收入:239.1744 亿元
省份:吉林省
所属行业:房屋建筑业;
第 489 名:南通五建控股集团有限公司
营业收入:238.8543 亿元
省份:江苏省
所属行业:房屋建筑业;

第 490 名：浙江建华集团有限公司
营业收入：238.8253 亿元
省份：浙江省
所属行业：批发业；
第 491 名：江阴江东集团公司
营业收入：238.6266 亿元
省份：江苏省
所属行业：通用设备制造业；
第 492 名：连云港亚新钢铁有限公司
营业收入：238.4132 亿元
省份：江苏省
所属行业：黑色金属冶炼和压延加工业；
第 493 名：吉林省长久实业集团有限公司
营业收入：238.1033 亿元
省份：吉林省
所属行业：综合；
第 494 名：深圳华强集团有限公司
营业收入：237.8916 亿元
省份：广东省
所属行业：综合；
第 495 名：江苏无锡朝阳集团股份有限公司
营业收入：237.7874 亿元
省份：江苏省
所属行业：批发业；
第 496 名：江苏华宏实业集团有限公司
营业收入：237.7545 亿元
省份：江苏省
所属行业：化学纤维制造业；
第 497 名：精工控股集团有限公司
营业收入：237.5543 亿元
省份：浙江省
所属行业：化学纤维制造业；
第 498 名：江苏大经集团有限公司
营业收入：236.0503 亿元
省份：江苏省
所属行业：多式联动和运输代理业；
第 499 名：广东电白建设集团有限公司
营业收入：235.0179 亿元
省份：广东省
所属行业：房屋建筑业；
第 500 名：连云港兴鑫钢铁有限公司
营业收入：235.0149 亿元
省份：江苏省
所属行业：黑色金属冶炼和压延加工业。

2021 浙江省民营企业 100 强名单

1　浙江吉利控股集团有限公司
2　浙江荣盛控股集团有限公司
3　青山控股集团有限公司
4　浙江恒逸集团有限公司
5　海亮集团有限公司
6　多弗国际控股集团有限公司
7　万向集团公司
8　中天控股集团有限公司
9　传化集团有限公司
10　雅戈尔集团股份有限公司
11　宁波金田投资控股有限公司
12　正泰集团股份有限公司
13　中基宁波集团股份有限公司
14　杭州锦江集团有限公司
15　桐昆控股集团有限公司
16　奥克斯集团有限公司
17　浙江前程投资股份有限公司
18　德力西集团有限公司
19　巨星控股集团有限公司
20　浙江富冶集团有限公司
21　远大物产集团有限公司
22　闻泰通讯股份有限公司
23　红狮控股集团有限公司
24　新凤鸣控股集团有限公司

25 富通集团有限公司
26 浙江菜鸟供应链管理有限公司
27 宁波均胜电子股份有限公司
28 人民电器集团有限公司
29 祥生地产集团有限公司
30 浙江中成控股集团有限公司
31 杭州娃哈哈集团有限公司
32 宁波富邦控股集团有限公司
33 森马集团有限公司
34 卧龙控股集团有限公司
35 浙江新湖集团股份有限公司
36 金田阳光投资集团有限公司
37 得力集团有限公司
38 舜宇集团有限公司
39 浙江宝业建设集团有限公司
40 浙江升华控股集团有限公司
41 振石控股集团有限公司
42 华东医药股份有限公司
43 三花控股集团有限公司
44 花园集团有限公司
45 太平鸟集团有限公司
46 伟星集团有限公司
47 杭州东恒石油有限公司
48 浙江龙盛控股有限公司
49 浙江元立金属制品集团有限公司
50 西子联合控股有限公司
51 浙江东南网架集团有限公司
52 万丰奥特控股集团有限公司
53 腾达建设集团股份有限公司
54 杭州滨江房产集团股份有限公司
55 万洋集团有限公司
56 方远控股集团有限公司
57 海外海集团有限公司
58 天洁集团有限公司
59 华立集团股份有限公司
60 浙江协和集团有限公司
61 致远控股集团有限公司
62 浙江富春江通信集团有限公司
63 西子国际控股有限公司
64 浙江大华技术股份有限公司
65 中哲控股集团有限公司
66 兴惠化纤集团有限公司
67 德华集团控股股份有限公司
68 胜达集团有限公司
69 浙江中南建设集团有限公司
70 鸿翔控股集团有限公司
71 纳爱斯集团有限公司
72 浙江国泰建设集团有限公司
73 奥康集团有限公司
74 恒尊集团有限公司
75 浙江建华集团有限公司
76 精工控股集团有限公司
77 农夫山泉股份有限公司
78 天颂建设集团有限公司
79 久立集团股份有限公司
80 申通快递股份有限公司
81 浙江甬金金属科技股份有限公司
82 浙江人本实业有限公司
83 国强建设集团有限公司
84 龙元建设集团股份有限公司
85 顾家集团有限公司
86 永兴特种材料科技股份有限公司
87 宁波君安控股有限公司
88 杭州京东惠景贸易有限公司
89 广博控股集团有限公司
90 浙江天圣控股集团有限公司
91 宁波华翔电子股份有限公司
92 露笑集团有限公司
93 浙江泰普森实业集团有限公司
94 海天建设集团有限公司
95 东方日升新能源股份有限公司
96 浙江晶科能源有限公司
97 利欧集团股份有限公司
98 维科控股集团股份有限公司
99 歌山建设集团有限公司
100 浙江世纪华通集团股份有限公司

(责任编辑:王怡然　金瑞锋　赵峰)